헌법소송법

허완중

Constitutional
Adjudication

박영사

서 문

그동안 써온 글들을 토대로 강의안에 살을 붙여 헌법재판 전반을 설명하는 체계서를 낸다. 헌법재판을 주제로 박사학위논문을 썼다는 원죄 때문에 그리고 헌법재판에 관해서 쓰는 사람이 별로 없어서 나라도 써야 한다는 의무감 때문에 헌법재판에 관한 많은 글을 썼다. 그러다 보니 헌법재판에 관한 주요 문제를 상당 부분 연구하게 되었다. 이에 헌법재판 전체를 아우르는 체계서 하나를 쓰고픈 욕심이 생겼다. 그래서 기존 강의안에 부족하거나 빠진 부분을 하나둘 다듬고 보태고 담다가 보니 이제 어느 정도 체계서의 꼴을 갖추게 되었다. 아직 이것저것 아쉬움이 남고 부족함을 절감하지만 그래도 이미 나온 헌법재판 관련 책들과 다른 형식과 내용을 담은 체계서라고 생각한다. 첫술에 배부를 수는 없다. 앞으로 제대로 된 체계서가 되도록 꾸준히 다듬을 생각이다. 솔직하고 가감 없는 비판은 언제나 환영하며 늘 기다린다. 그러한 비판이 성숙의 필수적인 양분이고 과정이라고 믿는다.

이 책의 지향점은 한국 실정법과 헌법현실에 바탕을 둔 한국 헌법재판에 관한 충실한 체계서이다. 이 책은 한국 헌법재판에 관한 해석과 검토를 주된 내용으로 한다. 이 책에서 전개하는 연구방법은 독일식임을 부정할 수 없다. 하지만 연구대상이 한국 헌법재판임을 잊지 않으려고 노력하였다. 그래서 독일 논의 수용에 적극적이지도 그리 우호적이지도 않다. 독일 논의는 철저하게 그들의 실정법과 헌법현실에 기초함을 너무도 잘 알기 때문이다. 그리고 이 책의 출발점은 헌법재판도 사법재판의 하나라는 것이다. 헌법재판은 분명 헌법과 소송법의 접점이다. 하지만 헌법재판은 헌법보다는 소송법에 기울어 있다. 이 점에 충실히 하려고 줄곧 애를 썼다.

헌법재판의 중요 법원인 헌법재판소법이 헌법재판소조직법과 헌법소송법을 아우르므로, 이 책은 헌법소송법뿐 아니라 헌법재판소조직법에 관한 내용도 담고 있다. 따라서 '헌법재판론'이라는 제목이 적절하다고 생각한다. 그러나 헌법재판 관련 체계서는 보통 '헌법소송법'이라는 제목을 달고 있다. 이러한 경향을 수용하여 쓸데없는 오해를 피하고자 이 책의 제목도 '헌법소송법'이라고 지었다. 더하여 이 책은 헌법재판소가 수행하는 헌법재판은 물론 법원이 담당하는 헌법재판도 빠짐없이 다루었다. 헌법재판소 담당 아래 있는 헌법재판만 헌법재판으로서 의미 있는 것이 아닐 뿐 아니라 법원의 헌법재판도 헌법재판소의 헌법재판에 버금가는 중요성이 있기 때문이다. 헌법재판에 관한 논점은 가능한 한 모두 망라하려고 하였다. 서술은 강약을 조절하였다. 즉 중요한 부분과 중요성과 비교하면 논의가 많지 않거나 좀 더 논의되었으면 하는 부분은 자세히 서술하고 기술적인 부분이나 논란이 없다고 생각하는 부분은 축약해서 서술하였다.

이 책은 김선택 선생님의 '헌법재판론' 강의안에 뿌리를 둠을 고백한다. 선생님의 강의를 듣고 선생님의 강의안을 읽으며 처음 헌법재판을 배웠고 연구조교로서 강의안 개정에 관여하면서 이것저것 관련 지식을 쌓았을 뿐 아니라 헌법재판에 관한 강의를 시작하면서 선생님 강의안을 토대로 처음 강의안을 만들었다. 그래서 지금도 여기저기 그 흔적이 남아있다. 게다가 헌법재판을 박사학위논문 주제로 삼은 것도 선생님의 권유 때문이었다. 따라서 이 책의 적지 않은 부분은 선생님의 몫이라고 해도 과언이 아니다. 헌법재판을 본격적으로 연구하는 계기를 마련해 주신 독일 지도교수 슈테판 코리오트(Stefan Korioth) 선생님께서 베푼 사랑과 은혜도 너무나 크다. 지은이가 보낸 전자우편에 즉각 지도를 승낙하시고 지도해 주실 때 언제나 지은이 생각을 물으시며 지은이의 견해를 끝까지 존중해 주셔서 용기와 희망을 잃지 않고 행복하게 박사학위과정을 마칠 수 있었다. 실정법 해석에서 출발하는 학문태도와 강약을 조절하는 서술은 선생님께 배운 것이다. 정태호 교수님도 잊을 수 없다. 적지 않은 부분에서 교수님의 견해를 수용하였을 뿐 아니라 안정적으로 연구하는 데 여러모로 주신 가르침과 격려가 너무도 많기 때문이다. 김하열 교수님도 음으로 양으로 주신 도움이 너무도 많다. 그래서 많은 어려움을 뚫고 나올 수 있었다. 그리고 한국 헌법재판의 기반을 다지는 데 결정적인 역할을 하신 남복현 교수님 덕분에 지금까지 외롭지 않게 헌법재판을 연구할 수 있었다. 이 책의 출판을 허락해 주신 안종만 회장님과 출판의 길을 열어주시고 여러모로 도움을 주신 이영조 팀장님, 편집과 교정에 고생을 많이 하신 한두희 대리님께도 감사드린다.

사랑과 헌신이라는 말을 빼놓고 말할 수 없는 부모님, 처음 만나 지금까지 편안하게 살게 해준 아내 박수은, 신이 주신 위대한 선물 진솔, 인우, 우진에게 사랑했고, 사랑하고, 사랑할 것이라고 말하고 싶다.

2019년 2월
봄의 속삭임에 귀 기울이고 싶은 맑은 날
바람과 정답게 걸어가는 구름에 손짓하며
허완중

차 례

제 1 편 헌법재판소조직법

제 1 장 헌법재판의 의의와 역사

제 2 장 헌법재판의 본질과 한계

제 3 장　헌법재판소의 지위와 정당성

제 2 편 헌법소송법

제 1 장 헌법소송법의 일반이론

제 2 장 직접적 기본권보호수단

제 3 장　간접적 기본권보호수단

제1편

헌법재판소조직법

제 1 장 헌법재판의 의의와 역사

제 1 절 헌법재판의 의의

Ⅰ. 헌법재판의 개념

헌법재판은 독립한 기관이 헌법을 기준으로 사법적 절차를 통해서 일반 사법기관이 판단하기 어렵거나 곤란한 헌법구조상 중요한 헌법분쟁에 관하여 종국적으로 결정하는 것을 말한다.[1] ① 헌법재판은 기존 국가기관에 맡길 수도 있고, 이것을 담당하기 위한 새로운 국가기관을 창설할 수도 있다. 하지만 최소한 이 국가기관은 다른 모든 국가기관에서 독립하여야 한다. ② 헌법재판은 심사기준 중심에 성문헌법을 놓는다. 물론 성문헌법 이외에 불문헌법이나 법률 등도 심사기준이 될 수 있다. 그러나 이것은 어디까지나 성문헌법을 보충하고 구체화하는 범위에서만 가능하다. 다만, 예외적으로 개별 심판절차에 따라서 헌법과 법률이 함께 심사기준이 되는 때도 있다[예를 들어 탄핵심판(헌법재판소법 제48조), 권한쟁의심판(헌법재판소법 제61조)]. 그러나 이때 법률은 헌법전에 규정된 형식적 헌법은 아니지만 헌법사항을 규율하는 실질적 헌법에는 속한다. 물론 규범통제의 속성상 헌법이 아닌 상위법규범이 심사기준이 될 수도 있다(예를 들어 헌법 제107조 제2항 법원의 명령과 규칙에 대한 위헌·위법심사). ③ 헌법재판은 사법적 절차를 통해서 이루어져야 한다. 여기서 말하는 사법적 절차는 일반 사법절차와 같은 절차를 말하는 것이 아니라, 헌법재판의 공정성과 중립성을 확보할 수 있는 한 그에 버금가는 절차로 충분하다. 여기서는 특히 헌법재판의 수동성, 즉 당사자의 청구에 따른 절차 개시와 신분이 보장된 독립한 재판관의 심판 그리고 미리 확정된 심판절차가 중요하다. ④ 일반 사법기관이 판단하기 어렵거나 곤란하다는 것은 일반적인 재판과 다른 특성이 있는 심판 대상의 특이성을 뜻한다. 이러한 심판 대상의 특이성은 심사기준인 헌법의 특성에서 비롯한다. ⑤ 헌법구조상 중요하다는 것은 전체 헌법구조에 비추어 해당 헌법분쟁과 관련하여 헌법의 뜻을 밝히는 것이 헌법실현에 특별히 필요하다는 것을 말한다. ⑥ 헌법분쟁은 헌법을 매개로 법적 문제를 다툰다는 것을 말한다. 그리고 ⑦ 종국적으로 결정한다는 것은 헌법재판은 대상이 되는 헌법분쟁에 최종적 판단기관으로서 이에

---

[1] Klaus Stern, Das Staatsrecht der Bundesrepublik Deutschland, Bd. Ⅱ, München 1980, S. 943 참조.

관해서 더는 불복할 수 없음을 말한다. 따라서 헌법재판의 결정을 다툴 수 있는, 다른 국가기관을 통한 구제수단은 없어야 한다. 그러나 이것이 헌법재판을 담당하는 기관이 헌법재판을 반드시 한 번의 심사만으로 끝내야 함을 뜻하지는 않는다. 즉 심급제는 해당 국가기관 안의 구제절차로서 '헌법재판의 결정이 일반적 효력이 아니라 개별적 효력이 있는 때에 한해서' 허용될 수 있다(예를 들어 법원의 명령과 규칙에 대한 위헌·위법심사). 헌법재판의 결정에 일반적 효력이 있으면, 심급제에 따른 재판 파기 가능성으로 말미암아 심각한 법적 혼란이 발생할 수 있기 때문이다.

헌법재판제도는 국민의 기본권을 국가권력 남용에서 보호하고, 국가권력이 헌법의 틀 안에서 작용하도록 함으로써 헌법을 실질적으로 실현하는 헌법 보호의 중요한 수단이다. 좁은 뜻의 헌법재판은 위헌법률심판만을 말한다. 이것은 위헌법률심판이 헌법재판의 본질적 부분임을 가리킨다. 따라서 위헌법률심판제도가 없는 나라는 헌법재판제도가 있다고 보기 어렵다. 넓은 뜻의 헌법재판은 규범통제, 탄핵심판, 정당해산심판, 헌법소원심판, 권한쟁의심판, 선거소송, 국민투표소송을 포함한다. 한국에서 헌법재판이라고 하면 일반적으로 헌법재판소가 관할하는 위헌법률심판, 탄핵심판, 정당해산심판, 권한쟁의심판, 헌법소원심판을 말한다(헌법 제111조 제1항). 헌법재판에 속하는 모든 심판절차는 객관적 헌법을 보호한다. 하지만 규범통제[2]나 헌법소원심판은 개인의 기본권보호에 중점이 있다. 따라서 넓은 뜻의 헌법재판은 기본권 보호의 직접성 여부에 따라서 직접적 기본권보호수단(기본권보호절차)과 간접적 기본권보호수단(헌법보호절차)으로 나눌 수 있다. 직접적 기본권보호수단에는 규범통제와 헌법소원심판이, 간접적 기본권보호수단에는 탄핵심판, 정당해산심판, 권한쟁의심판 그리고 선거소송과 국민투표소송이 속한다.

Ⅱ. 헌법재판제도의 유형

1. 헌법재판담당기관(의 유형)에 따른 분류

헌법재판은 그 담당기관에 따라 일반법원형과 헌법재판소형 그리고 특별기관형(정치기관형)으로 나뉜다. 일반법원형은 미국과 일본 등이, 헌법재판소형은 독일,

---

2) 구체적 규범통제가 개인의 기본권 보호에 중점이 있다는 점은 의문이 없다. 하지만 추상적 규범통제나 예방적 규범통제는 객관적 헌법을 보호하는 측면이 강한 것을 부정할 수 없다. 그러나 추상적 규범통제나 예방적 규범통제를 구체적 규범통제를 미리 하거나 예방한다는 측면에서 바라보면, 추상적 규범통제나 예방적 규범통제에서 개인의 기본권 보호 측면이 객관적 헌법 보호 측면보다 결코 작다고 볼 수는 없을 것이다.

오스트리아, 이탈리아, 스페인, 포르투갈, 터키 등이, 특별기관형은 프랑스(헌법위원
회[3]), 그리스(특별최고법원) 등이 채택한다. 한국 헌법을 따르면, 법원도 헌법재판을
일부 담당하기는 하지만, 헌법재판소가 헌법재판을 주로 담당하므로 헌법재판소형
에 해당한다.

　헌법사적으로 한국 헌법은 가능한 모든 형태의 헌법재판을 경험하였다. 즉
1948년 헌법, 1972년 헌법과 1980년 헌법은 특별기관형, 1960년 헌법과 1987년
헌법은 헌법재판소형 그리고 1962년 헌법은 일반법원형을 채택하였다. 이것은 먼
저 헌법재판은 다른 법규범에 대한 헌법 우위를 전제로 하는데, 그동안 헌법은 때
로는 정권의 장식품으로, 때로는 정권을 정당화하는 수단으로 기능하면서 실질적으
로 효력이 없었다는 점에서 비롯한다. 헌법이 효력이 없는데 헌법재판의 실질화를
바랄 수는 없다. 특히 헌정사의 많은 부분이 독재로 점철된 상황에서 일반재판도
정상적으로 이루어질 수 없었는데, 특수재판인 헌법재판이 본래 기능을 충실하게
수행하길 바라는 것은 지나친 기대일 수밖에 없었다. 그에 따라 헌법재판제도가 어
떠한 유형인지는 큰 문제가 되지 않았다. 다음 헌법재판에 관한 법철학적이나 법사
상적 혹은 전통적 바탕 없이 그리고 아무런 역사적 경험 없이 외국의 헌법재판제도
를 충분히 검토하지 않고 수용하였다는 점이다. 확고한 바탕이나 풍부한 경험이 있
어도 헌법재판의 성공을 장담할 수 없는데, 그러한 것이 없는 상태에서는 더더욱
성공하기 어렵고, 더욱이 외국제도가 어떠한 것인지에 관해서 제대로 알지 못한다
면 그 제도의 정착은커녕 경험을 쌓기 위한 지속성도 확보할 수 없다.[4]

2. 헌법재판(사법심사)권한의 집중 여부에 따른 분류

　헌법재판은 헌법재판권한의 집중 여부에 따라 집중형 사법심사제(집중적 위헌심
사제)와 비집중형 사법심사제(부수적 위헌심사제)로 나뉜다. 집중형 사법심사제는 독
일과 오스트리아 등이, 비집중형 사법심사제는 미국과 일본 등이 취한다. 한국 헌

---

3) 프랑스의 헌법재판기관인 'Conseil constitutionnel'을 헌법위원회가 아니라 헌법재판소로 번역하는
　것이 적절하다고 보는 견해가 있다(정재황, 「프랑스에서의 헌법재판제도에 관한 헌법개정」, 『성균관
　법학』 제20권 제3호, 성균관대학교 법학연구소, 2008, 486쪽 주 6). 이에 동조하는 견해로는 전학선,
　「프랑스 헌법재판제도의 개혁과 한국 헌법재판의 비교」, 『공법학연구』 제10권 제1호, 한국비교공법
　학회, 2009, 267~300쪽.
4) 비슷한 견해로는 갈봉근, 「한국헌법상의 위헌법률심사제도의 변천과정」, 『동아법학』 제6호, 동아대
　학교 법학연구소, 1988, 76쪽; 김운용, 『위헌심사론』, 삼지원, 1998, 92쪽; 김철수, 『위헌법률심사제
　도론』, 학연사, 1983, 77~78쪽; 한동섭, 「헌법재판제도의 제유형」, 『법률행정논집』 제12집, 고려대
　학교 법률행정연구소, 1974, 72~73쪽.

법은 일부 헌법재판권한을 법원에 부여하기는 하지만, 헌법재판소에 헌법재판권한 대부분을 집중시키므로 집중형 사법심사제로 볼 수 있다.

제 2 절 헌법재판의 역사

Ⅰ. 임시정부시대(대일항쟁기)

1. 임시정부 헌법의 탄핵심판제도

임시정부 헌법은 헌법재판제도를 본격적으로 도입하지 않았다. 하지만 임시정부 헌법은 탄핵심판제도는 두었다. 임시정부 헌법의 탄핵심판제도에서 심판기관은 임시의정원이었다. 이것은 입법부의 집행부 통제를 강하게 드러낸 것으로 이해할 수 있다. 그리고 1925년 임시헌법을 제외하고는 가중다수결로 탄핵을 의결하도록 하였다는 특징이 있다. 1919년 대한민국 임시헌법에서는 대통령과 국무원의 탄핵 사유가 달랐으나, 이후에는 탄핵사유가 탄핵대상자에 따라 달라지지 않았다. 탄핵 사유로 위법이나 범죄행위 등을 든 것은 누구나 예외 없이 법에 구속된다는 법치국가원리 표현으로 볼 수 있다. 임시정부 헌법이 헌법재판제도 중 유독 탄핵심판제도만을 수용한 것은 조선시대 대간의 탄핵활동이라는 역사적 전통에 힘입은 바 크다고 생각한다.

2. 성공한 최초의 대통령 탄핵

임시의정원은 1925년 3월 23일 초대 임시대통령 이승만을 탄핵하였다. 이승만은 3·1 혁명[5] 직후에 결성된 한성정부에서는 집정관 총재로, 상해임시정부에서는 국무총리로 선출되었다. 두 정부 어디에도 대통령이란 직제는 없었다. 그런데 이승만 자신은 대통령(President)이라고 칭하고 다녔다. 안창호는 한성정부와 상해임시정부 어디에도 대통령이란 직명은 없다고 하면서, 이승만이 대통령 행세를 하는 것

---

[5] 이것을 통해서 제국이 공화국으로 바뀌어서 인민이 신민이 아닌 국민으로서 비로소 주권자로 나섰다는 점에서 3·1 운동이 아니라 3·1 혁명이 적절한 용어라고 생각한다. 1944년 대한민국 임시헌장 서문("우리 국가가 강도일본에게 패망된 뒤에 전 민족은 오매에도 국가의 독립을 갈망하였고 무수한 선열들은 피와 눈물로써 민족자유의 회부에 노력하야 삼일대혁명에 이르러 전민족의 요구와 시대의 추향에 순응하야 정치, 경제, 문화 기타 일절 제도에 자유, 평등 및 진보를 기본정신으로 한 새로운 대한민국과 임시의정원과 임시정부가 건립되었고 아울러 임시헌장이 제정되었다.")에도 '삼일대혁명'이라고 규정되었을 뿐 아니라 헌법기초위원회가 만든 1948년 헌법 초안 전문도 "유구한 역사와 전통에 빛나는 우리들 대한민국은 3·1 혁명의 위대한 독립정신을 계승하여…"라고 시작하였다.

은 명백한 헌법 위반이라는 경고 편지를 이승만에게 보냈다. 이에 이승만은 "이미 대통령 명의로 각국에 국서를 보냈으니 문제 제기를 해서 우리끼리 떠들어서 행동 일치를 하지 못한 소문이 세상에 전파되면 독립운동에 큰 방해가 될 것이며, 그 책임이 당신들에게 돌아갈 것이니 떠들지 마시오."라는 오만한 답장을 보냈다. 황당한 노릇이었지만, 안창호는 동분서주하며 사람들을 설득하여 통합정부로 새롭게 출발하는 상해임시정부 헌법을 대통령제로 바꿨다. 이미 1919년 3월 '국제연맹 위임 통치안' 제출로 신망을 상실한 이승만은 대통령으로 선출되고 나서도 "대통령은 의정원의 허락 없이 국경을 마음대로 떠날 수 없다."라는 임시헌법 제16조와 달리 상해에는 6개월 밖에 머물지 않았다. 그리고 그가 주장하던 이른바 '외교독립론'은 아무런 소득이 없었고, 임시의정원 동의를 받지 않고 교령을 남발하였으며, 미주 재정을 독자적으로 처리한 것 등이 문제 되어 1924년 6월에 기어이 유고안이 통과되었다. 그런데도 이승만은 기존 모습을 바꾸지 않고, 오히려 "1. 하와이 교민단장과 부인회장에게 상해에 납부하던 돈을 전부 중지하라고 명령한 것은 본인이니 하와이 교민단장을 문책하지 말라. 2. 임시정부를 그대로 두고 태평양의 동서를 나누어 극동지방은 상해에서 관할하고 미주는 워싱턴에서 관할하되 중요사항은 협의하자. 3. 의정원이 가결한 유고안은 무효다."와 같은 주장을 하였다. 이러한 까닭에 임시의정원은 1925년 6월 이승만을 탄핵하였고, 박은식을 제2대 임시대통령으로 선출하였다.[6]

임시대통령 이승만을 탄핵할 수밖에 없었던 것은 1919년 대한민국 임시헌법에는 대통령과 국무총리의 임기규정이 없었는데, 이승만이 사퇴 요구를 거부하여 탄핵 이외에 이승만을 쫓아낼 방법이 없었기 때문이다. 1919년 대한민국 임시헌법에 대통령과 국무총리의 임기규정이 없었던 이유는 독립운동이 오래가지 않을 것이고 독립운동 기간에는 대통령과 국무총리가 교체되지 말아야 하며, 대통령과 국무총리는 임시로 맡는 자리에 불과하다는 생각에서 비롯한 것으로 보인다.[7]

임시대통령 이승만 탄핵은 대한민국에서 최초로 성공한 탄핵이다. 이것은 대통령을 선출된 군주로 착각한 이승만과 주권자인 국민의 대표자가 되려고 한 임시의정원이 충돌한 결과로 볼 수 있다. 여기서 대통령 독재에 대한 통제수단과 임기규

---

6) 이상 김희곤, 『대한민국임시정부 Ⅰ - 상해시기』(한국독립운동의 역사 제23권), 독립기념관 한국독립운동사연구소, 2008, 201~211쪽; 『독립운동사』 제4권 - 임시정부사, 독립운동사편찬위원회, 1972, 539~545쪽; 한홍구, 『대한민국사 03』, 한겨레출판, 2009, 135~136쪽.
7) 김영수, 『한국헌법사』, 학문사, 2000, 259쪽; 김희곤, 『대한민국임시정부 Ⅰ - 상해시기』(한국독립운동의 역사 제23권), 독립기념관 한국독립운동사연구소, 2008, 202쪽.

정의 필요성이 드러난다. 그리고 이때 탄핵당한 이승만이 해방 이후 다시 대통령이 되어 독재하다가 하와이로 쫓겨난 사실에서 탄핵당한 사람의 공직취임 허용 여부에 관해서 진지하게 고민하게 한다. 또한, 탄핵심판제도의 실효성을 위해서 대통령의 탄핵소추정족수를 가중한 것(헌법 제65조 제2항 단서)이 정당한 것인지 다시 검토가 필요한 것으로 보인다. 더하여 대통령의 독재와 축출이라는 불행한 역사가 잊히고 되풀이되었다는 사실은 헌정사의 교훈이 얼마나 중요한 것인지를 알려준다.

Ⅱ. 정부수립준비기(이른바 미군정기)

1948년 8월 15일 대한민국 정부가 수립되기 이전에 미국 군정이 구성한 대법원[8]은 1947년 9월 2일에 처의 행위능력을 제한하는 의용민법 제14조 적용을 배제하였다.[9] 원고는 피고를 상대로 가옥인도청구의 소를 제기하였다. 원심(전주지방 심리원)에서 원고가 승소하자 피고가 소송대리인을 통하여 상고하였다. 피고 측은 원고가 혼인한 여자인데 원심법원이 직권조사사항인 당사자의 소송능력을 조사하지 아니한 잘못이 있다는 것을 상고이유의 하나로 주장하였다. 의용민사소송법 제45조,[10] 의용민법 제14조 제1항 제1호,[11] 제12조 제1항 제4호[12]를 따르면 처(妻)가 소를 제기하려면 '부(夫)의 허가'를 얻어야 한다. 그러므로 원고가 부의 허가를 받지 아니하고 소를 제기한 것이면 원고는 소송능력이 없으므로 소 제기 등의 행위는 무효라는 것이다. 이것에 관해서 대법원은 의용민법 제14조 제1항을 따르면 그 해당 행위는 부의 허가가 필요하여 그 능력을 제한하는데, 이것은 부부 화합을 위한 이유도 없지 않으나, 주로 부에게 우월한 지배권을 부여한 취지라고 하였다. 그런데 1945년 8월 15일 해방되어서 민주를 기초 삼아 국가를 건설할 것이고, 법률·정치·

---

8) 미국 군정청은 1945년 10월 11일 기존 일본인 판·검사들을 전원 면직시키고(면직사령 제14호) 그 공석을 한국인으로 대체하였다(임명사령 제12호). 대법관으로는 김용무 대법원장을 포함하여 5명이 임명되었는데, 이것을 계기로 종래 조선고등법원이 대법원(Supreme Court)으로 명칭이 바뀌게 되었다(『법원사』, 법원행정처, 1995, 170~171쪽).

9) 대법원 1947. 9. 2. 선고 1947민상88 판결, 『법정』 제2권 제10호(통권 제13호), 법정사, 1947. 10., 49쪽.

10) 의용민사소송법 제45조: "당사자능력, 소송능력 및 소송무능력자의 법정대리는 본법에 별단의 정함이 없는 경우를 제외하고 민법 기타의 법령에 따른다."

11) 의용민법 제14조 제1항: "처가 다음의 행위를 함에는 부의 허가를 받을 것을 요한다.
　　　　　　　1. 제12조 제1호 내지 제6호의 행위를 하는 것. …"

12) 의용민법 제12조 제1항: "준금치산자가 다음의 행위를 함에는 그 보좌인의 동의를 얻을 것을 요한다. …
　　　　　　　4. 소송행위를 하는 것. …"

경제·문화 등 모든 제도를 민주주의이념을 바탕으로 건설할 것은 오늘날 우리의 국시라고 하였다. 그러므로 만민은 모름지기 평등할 것이고 성 구별로 말미암아 생긴 차별적 제도는 이미 민주주의 추세에 적응하여 변화가 일어나 오늘날 여성에 대해서 선거권과 피선거권을 인정하고 그 밖의 관공리에 임명되는 자격도 남성과 구별이 없어서 여성은 남자와 동등한 공권을 누린다고 하였다. 여성의 사권도 똑같아서 남녀평등을 부인하는 옛 제도로서 그 차별을 가장 현저히 드러내는 의용민법 제14조는 사회상태에 적합하지 않아서 그 적용에서 적당한 변경을 가하여야 하는 것은 당연하다고 하였다. 이에 대법원은 사회 진전과 법률 해석을 조정하여야 비로소 타당한 심판을 할 수 있음을 고려하여 의용민법 제14조에 따른 처의 능력 제한을 인정하지 않는다고 하였다.

Ⅲ. 문민독재헌정시기

1. 위헌법률심사

문민독재헌정시기의 헌법재판은 구체적 규범통제만 허용되었는데, 명령과 규칙에 대한 규범통제는 법원이 관할하였고(1948년 헌법 제81조 제1항), 법률에 대한 규범통제는 헌법위원회가 담당하였다(1948년 헌법 제81조 제2항).[13] 명령과 규칙이 헌

---

13) 유진오는 ① 당시 한국 법원관계자들은 공법학 지식이 모자라서 법원에 위헌법률심사권을 맡기는 것은 불안하였고, ② 한국 법률가들의 법사상 변천에 관한 인식 부족을 우려하였으며, 즉 아담스적인 자유방임주의는 20세기 중엽 한국 현실에 적합하지 않다고 확신한 결과 한국 법률가들에 대해서 불만과 불안을 느꼈으며, ③ 미국식 사법심사제도는 대통령제와 함께 몽테스키외적 권력분립사상의 산물인데 이것은 국제관계가 긴박하고 국내적으로도 사상적·정치적·경제적·사회적 여러 문제가 산적하였던 당시 한국 현실에는 적합하지 않았다고 생각하여서 헌법위원회제도를 구상하였다고 한다(유진오, 『헌법기초회고록』, 일조각, 1980, 41~42쪽). 그리고 유진오는 당시 법원은 국회를 견제하는 권한을 수임받을 만큼 신뢰와 권위를 확립하지 못하였을 뿐 아니라 대일항쟁기(이른바 일본강점기) 때부터 계속 재직하는 법관들은 '친일파'로 규탄받는 액운은 면하였을망정 대일항쟁기(이른바 일본강점기) 때 행정관으로 있던 사람들이 모두 백안시되어 관계에서 물러나 자숙하고 있던 만큼 위헌법률심사권을 법원에 주자는 주장은 도저히 통하기 어려운 형편이었다고 하였다(유진오, 『헌법기초회고록』, 일조각, 1980, 53~54쪽). 그러나 당시 사법부 인사들은 법원의 지위와 권한 약화를 우려하여 헌법위원회 창설을 반대하고 미국식 사법심사제 채택을 주장하였다고 한다. 즉 초안을 작성할 때 정윤환 판사가 위헌법률심사를 위한 헌법위원회제도에 반대하였고, 초안을 토의할 때 장경근 서울지방법원장이 미국식으로 법원에 위헌심사권을 주는 제도를 채용할 것을 강경히 주장하였으며, 이상기 대법관도 수차 토의장에 찾아와서 미국식 제도 채택을 설득하였고(유진오, 『헌법기초회고록』, 일조각, 1980, 38, 41, 43쪽), 김용무 대법원장은 헌법 초안에 관해서 이견서를 제출하여 법원에 위헌심사권을 줄 것을 주장하였다(법전편찬위원회이견서, 국회보편찬위원회 편, 「헌법이 제정되기까지의 제자료」, 『국회보』 제20호, 국회사무처, 1958. 7., 78~80쪽).

법과 법률에 위반되는지에 관해서는 최종적으로 대법원이 심판하였고, 명령과 규칙의 위헌이나 위법 여부가 재판의 전제가 되면 그 사건은 필수적 상고사건에 해당하여 반드시 대법원의 심판을 받도록 하였다. 국회가 제정한 법률의 위헌 여부가 재판의 전제가 되면, 법원은 헌법위원회에 제청하여 그 결정에 따라서 재판을 진행하였다(1948년 헌법 제81조 제2항). 소송당사자의 제청 신청이 있거나 사건담당 법관이 직권으로 제청하려면 법관 3명으로 구성되는 법원 합의부 결정으로 제청 여부를 결정하였다. 그리고 제청 여부에 관한 합의부 결정에 대해서는 민사소송법을 준용하여서 항고할 수 있었다. 하급법원 제청은 반드시 대법원을 거치도록 하였고, 대법원은 제청에 관한 의견서를 첨부할 수 있었다(헌법위원회법 제12조). 법원이 위헌심판을 제청하면 해당 재판은 정지되었고, 헌법위원회도 제청 수리 후에 대법원을 통하여 모든 제청법률의 적용사건에 대해서 재판을 중지시키도록 하였다(헌법위원회법 제10조). 헌법위원회는 제정된 법률조항의 위헌 여부만을 심사·결정하였지만, 해당 법률 전부를 위헌으로 결정할 수 있었다(헌법위원회법 제18조). 헌법위원회의 위헌결정은 즉시효(장래효)가 있으나 형벌법규에 대해서는 소급효를 인정하였다(헌법위원회법 제20조). 헌법위원회 위원은 이견을 발표할 수 있었다(헌법위원회법 제21조). 헌법위원회 결정은 관보에 게재하여 공고하였다(헌법위원회법 제22조).

헌법위원회는 부통령을 위원장으로 하고, 대법관 5명과 국회의원 5명을 합하여 모두 11명으로 구성되었다(1948년 헌법 제81조 제3항). 헌법위원회의 조직과 절차에 관해서는 법률로 정하도록 하였다(1948년 헌법 제81조 제5항). 1952년 제1차 헌법개정으로 국회 구성과 관련하여 양원제가 도입되면서 국회의원 5명은 민의원의원 3명과 참의원의원 2명으로 바뀌었다. 다만, 부칙은 참의원 존재를 전제로 하는 규정은 참의원이 구성된 날부터 시행한다고 규정하였는데, 참의원은 문민독재헌정시기에 구성되지 않았다. 헌법위원회에는 위원 이외에 국회의원 중에서 예비위원 5명, 대법관 중에서 예비위원 약간 명을 두어서, 소속을 같이 하는 위원이 사고로 말미암아 출석할 수 없으면 출석하여 위원 직무를 대행하도록 하였다(헌법위원회법 제2조). 대법관인 위원과 예비위원은 대법원장 추천에 따라서 대통령이 임명하였고(헌법위원회법 제3조), 국회의원인 위원과 예비위원은 국회에서 선출하였다(헌법위원회법 제4조 제1항). 위원과 예비위원의 임기는 대법관인 사람은 4년, 국회의원인 사람은 그 임기 중으로 하되 국회의원이나 대법관을 퇴임하면 당연히 퇴임하게 하였다(헌법위원회법 제6조).

문민독재헌정시기에는 정치상황이 자유당 독재의 비민주적인 상황이었고, 사법권 독립이 제대로 이루어지지 않았다. 그래서 법원이 법률의 위헌 여부를 가려 달라고 헌법위원회에 제청하는 것은 어려운 일이었다.[14] 따라서 1948년 헌법의 헌법위원회는 1952년의 귀속재산처리법 합헌결정, 1952년의 농지개혁법 위헌결정, 1952년의 '비상사태하의 범죄처벌에 관한 특별조치령' 위헌결정, 1953년의 계엄법 제13조(계엄지구 내 체포구금 등에 관한 특별조치) 합헌결정, 1954년의 '남조선 과도정부 행정명령 제9호' 합헌결정, 1954년의 '간이소청절차에 의한 귀속해제결정의 확인에 관한 법률' 제2조 합헌결정과 같은 6건의 위헌법률심사(위헌제청된 7건 중 2건은 병합심의됨)를 하는 데 그쳤다.[15] 그중에서 헌법위원회는 최고법원인 대법원의 상고권을 박탈하여 2심제로 규정한 농지개혁법에 관해서는 '대법원의 심판을 받을 권리'를 재판청구권을 규정한 헌법 제22조와 최고법원과 하급법원의 조직을 규정한 헌법 제76조 제2항에서 도출되는 헌법상 기본권으로 파악하면서 해당 규정이 '대법원의 심판을 받을 권리'를 침해하여 위헌이라고 결정하였다.[16] 그리고 헌법위원회는 비상사태 아래에서 단심을 규정한 범죄처벌에 관한 특별조치령에 관해서도 농지개혁법 사건과 같은 이유로 위헌결정을 내렸다.[17] 서울고등법원이 법률이 아닌 귀속재산처리법 시행령 44조[18]에 대해서 위헌제청한 것은 법원이 위헌법률심사권과 명령·규칙에 대한 위헌심사권을 아직 명확하게 구별하지 못함을 보여준다. 그런데 헌법위원회가 대통령령인 귀속재산처리법 시행령 제44조의 위헌성을 확인하고서도 이것에 대한 위헌심사는 대법원 권한이라는 이유로 기각결정을 한 것[19]은 이해하기 어렵다. 헌법위원회는 위헌심사 없이 명령이라는 이유로 각하하는 것이 타당하다고 생각한다. 이 시기 헌법위원회 결정들은 해당 결정의 당·부당 문제는 차치하고 결정례 자체가 많지 않아서 일정한 판례경향을 추출해내는 것은 어렵다. 다만, 심사

---

14) 허 영, 『헌법소송법론(제13판)』, 박영사, 2018, 76쪽.
15) 헌법위원회 1952. 3. 29. 결정 4284헌위1, 2, 『대법원행정판례집 Ⅰ』, 어문각, 1963, 위헌제청판례 1~3쪽; 헌법위원회 1952. 9. 9. 결정 4285헌위1, 『대법원행정판례집 Ⅰ』, 어문각, 1963, 위헌제청판례 4~5쪽; 헌법위원회 1952. 9. 9. 결정 4285헌위2, 『대법원행정판례집 Ⅰ』, 어문각, 1963, 위헌제청판례 6~9쪽; 헌법위원회 1953. 10. 8. 결정 4286헌위2, 『대법원행정판례집 Ⅰ』, 어문각, 1963, 위헌제청판례 9~13쪽; 헌법위원회 1954. 2. 27. 결정 4286헌위1, 『대법원행정판례집 Ⅰ』, 어문각, 1963, 위헌제청판례 13~15쪽; 헌법위원회 1954. 3. 26. 결정 4287헌위1, 『대법원행정판례집 Ⅰ』, 어문각, 1963, 위헌제청판례 15~19쪽. 이 결정들의 내용에 관해서는 『헌법재판소 20년사』, 헌법재판소, 2008, 69~77쪽 참조.
16) 헌법위원회 1952. 9. 9. 결정 4285헌위1, 『대법원행정판례집 Ⅰ』, 어문각, 1963, 위헌제청판례 4~5쪽.
17) 헌법위원회 1952. 9. 9. 결정 4285헌위2, 『대법원행정판례집 Ⅰ』, 어문각, 1963, 위헌제청판례 6~9쪽.
18) 헌법위원회 1952. 3. 29. 결정 4284헌위1, 2, 『대법원행정판례집 Ⅰ』, 어문각, 1963, 위헌제청판례 1~3쪽.
19) 헌법위원회 1952. 9. 9. 결정 4285헌위2, 『대법원행정판례집 Ⅰ』, 어문각, 1963, 위헌제청판례 6~9쪽.

된 법률들이 정부수립과 전쟁이라는 특수상황과 관련된 긴급입법 성격을 띤 것이
많았다는 점, 계엄법 제13조에 관한 합헌결정에서는 일종의 합헌적 법률해석에 따
른 판단이 시도되었다는 점,20) 헌법위원회가 실정법에 없는 기본권이라는 용어를
이미 사용하였다는 점21) 등이 주목된다.

한편 1948년 헌법의 헌법위원회는 대통령에게 구성권한이 있었는데, 자유당 정
권 말기에 대통령이 대법관 중에서 임명할 헌법위원을 제때 임명하지 않아서 헌법
위원회 기능이 마비되기도 하였다. 대법원은 1959년 '경향신문 폐간·정간처분 사
건'에 앞서 5명의 대법관을 헌법위원으로 제청하였고, 그 후 두 대법관의 퇴임으로
말미암아 다른 두 대법관을 헌법위원으로 추가 제청하였다. 그러나 이승만 대통령
은 이들의 임명절차를 밟지 않다가 경향신문 정간처분과 관련하여 1960년 2월 5일
군정법령 제88호에 대한 위헌제청22)이 있고 나서, 한 달 여가 지난 1960년 3월 12
일에야 헌법위원을 임명하였다. 그런데 당시 헌법위원회는 부통령을 위원장으로 대
법관 5명, 민의원 의원 3명, 참의원 의원 2명으로 구성되게 되어 있었는데, 이때 참
의원이 아직 구성되지 않아서 여전히 헌법위원회가 구성되지 않았다. 이처럼 헌법
위원회가 결정을 내릴 수 없는 상황에서 4·19 혁명이 일어나자 1960년 4월 26일
대법원은 헌법위원회 위원장인 부통령이 사임하여 비어 있는데다가 국회에서 위원
도 선출하지 않아 '위헌 여부 결정을 조속(早速)하기 어려운 상태'라는 이유로 경향
신문에 대해서 발행허가 정지의 행정처분 집행을 정지한다는 결정을 내렸다.23) 24)

2. 탄핵심판

고위공직자에 대한 탄핵사건은 탄핵재판소에서 심판하였다. 탄핵재판소는 부통
령을 재판장으로 하고 대법관 5명과 국회의원 5명이 심판관이 되어 모두 11명으로
구성되었다. 대통령과 부통령을 심판할 때는 대법원장이 재판장 직무를 수행하도록

---

20) 이 사안에서 헌법위원회는 계엄지구 안에서 군사상 필요한 때에 한하여 체포·구금·수색·거주·
   이전·언론·출판·집회 또는 단체행동에 관한 특별한 조치를 할 수 있음을 규정한 계엄법 제13조
   해석에서 동 규정이 영장제도를 규정한 헌법 제9조 제2항을 부정할 수는 없다고 전제하고 나서 그
   렇게 해석하는 한 헌법에 위반되지 않는다고 판단하였다(헌법위원회 1953. 10. 8. 결정 4286헌위2,
   『대법원행정판례집 I』, 어문각, 1963, 위헌제청판례 9~13쪽).

21) 헌법위원회 1952. 9. 9. 결정 4285헌위1, 『대법원행정판례집 I』, 어문각, 1963, 위헌제청판례 4~5
   쪽; 헌법위원회 1952. 9. 9. 결정 4285헌위2, 『대법원행정판례집 I』, 어문각, 1963, 위헌제청판례
   6~9쪽.

22) 대법원 1960. 2. 5.자 4292행상110 결정.

23) 대법원 1960. 4. 26.자 4292행항12 결정.

24) 이 사건에 관해서는 『법원사』, 법원행정처, 1995, 278~282쪽 참조.

하였다(1948년 헌법 제47조 제2항). 대법관인 심판관은 대법관회의에서 선출하였다(탄핵재판소법 제4조 제1항). 국회의원이나 참의원의원인 심판관은 국회나 참의원에서 선출하였다(탄핵재판소법 제5조 제1항). 탄핵재판소에도 예비심판관제도를 두어 심판관 사고 시에 그 직무를 대행하게 하였다(탄핵재판소법 제4조 제3항, 제5조 제2항).

1948년 헌법 제46조 제1항은 "대통령, 부통령, 국무총리, 국무위원, 심계원장, 법관 기타 법률이 정하는 공무원의 그 직무수행에 관하여 헌법 또는 법률에 위배한 때에는 국회는 탄핵의 소추를 결의할 수 있다."라고 규정하여 탄핵심판의 대상과 사유를 제한하였다. 그리고 탄핵소추는 국회가 담당하도록 하여 1948년 헌법 제46조 제2항은 "국회의 탄핵소추의 발의는 의원 50인 이상의 연서가 있어야 하며 그 결의는 재적의원 3분지 2 이상의 출석과 출석의원 3분지 2 이상의 찬성이 있어야 한다."라고 규정하였다. 1952년 제1차 헌법개정으로 국회 구성에 양원제가 도입되면서 국회의원 5명의 심판관은 참의원의원 5명으로 바뀌었고(1952년 헌법 제47조 제2항), 탄핵소추 발의를 민의원의원 50명 이상 찬성으로 하고 그 결의는 양원 합동회의에서 각 원의 재적의원 3분의 2 이상 출석과 출석의원 3분의 2 이상 찬성을 필요로 하도록 하였다(1952년 헌법 제46조 제2항). 그리고 1954년 제2차 헌법개정으로 국무총리제가 폐지됨에 따라 탄핵대상에서 국무총리가 제외되었고, 탄핵소추 발의와 결의의 요건을 완화하여 민의원의원 30명 이상 발의가 있어야 하며, 이에 대한 소추결의는 양원에서 각각 그 재적의원 과반수 찬성이 필요하도록(1954년 헌법 제46조) 개정하였다.

국회가 탄핵소추를 의결하면 소추위원 3명을 뽑아서 탄핵재판소에서 소추업무를 수행하였다(탄핵재판소법 제2조). 탄핵재판소는 탄핵소추를 접수하면 즉시 심리를 개시하여야 하였는데(탄핵재판소법 제13조), 탄핵심판은 구두변론에 의하고(탄핵재판소법 제15조), 심판관 평의는 공개하지 않았다(탄핵재판소법 제21조 제1항). 탄핵재판소는 상당하다고 인정하면 언제든지 소추를 받은 사람의 직무를 정지할 수 있었다(탄핵재판소법 제28조). 그리고 탄핵재판소는 동일한 사유에 관해서 형사소송이 계속되는 동안은 재판을 중지할 수 있었다(탄핵재판소법 제29조). 탄핵재판에는 이유를 붙이도록 하였다(탄핵재판소법 제23조). 탄핵판결은 심판관 3분의 2 이상 찬성이 있어야 하였다(1948년 헌법 제47조 제3항). 탄핵판결은 공직에서 파면함에 그쳤다(1948년 헌법 제47조 제4항, 탄핵재판소법 제27조). 다만, 이에 따라서 민사상이나 형사상 책임이 면제되는 것은 아니었다(1948년 헌법 제47조 제4항 단서). 그리고 탄핵심판에도 일사부재리 원칙이 적용되고(탄핵재판소법 제22조), 탄핵소추를 받은 사람이 재판 전

에 면관되면 탄핵소추를 기각하도록 규정하였다(탄핵재판소법 제30조). 탄핵재판의
종국판결은 관보에 공시하였다(탄핵재판소법 제26조). 하지만 문민독재헌정시기에 탄
핵재판소는 탄핵심판을 한 건도 하지 않았다.

Ⅳ. 일시적 문민민주헌정시기

1. 헌법재판소의 구성과 심판절차

4·19 혁명으로 탄생한 1960년 헌법은 제8장에 헌법재판을 담당할 독립기관으
로 헌법재판소를 규정하였다. 그에 따라 1961년 4월 17일 헌법재판소법이 제정되
었다. ① 한국 법원은 전통적인 권위와 경험이 있는 미국 연방대법원과 달리 헌법
수호자 임무를 담당하기 어렵고, ② 법률에 대한 위헌심사를 중심으로 한 헌법재판
은 비록 그것이 재판의 명칭이 있으나, 법원의 일반 재판과는 성질이 전연 다르며,
③ '이른바 사사오입개헌'과 같은 다수자의 위헌적 행위는 헌법재판소를 설치하여
위헌법률심사권뿐 아니라 헌법해석권까지 부여하여야 비로소 억제될 수 있고, ④
헌법재판은 헌법해석과 같은 정치적 문제를 다루므로 원칙적으로 비정치적인 문제
를 그 대상으로 하는 법원이 반드시 적격자로 볼 수 없어서 1960년 헌법이 헌법재
판소를 설치하여 다양한 권한을 부여하였다고 한다.[25] 헌법재판소는 대통령, 대법
원, 참의원이 각 3명씩 선임하는 심판관 9명으로 구성되도록 하였다(1960년 헌법 제
83조의4 제1항과 제2항). 심판관 임기는 6년이고, 2년마다 3명씩 바꾸어 임명하도록
하였다(1960년 헌법 제83조의4 제3항). 심판관은 법관 자격이 있는 사람 중에서 선임
하여야 하였다(헌법재판소법 제2조 제1항). 심판관 9명은 대통령이 3명을 임명하고,
대법원은 대법관회의에서 재적대법관 과반수 득표로 선출한 3명을 선임하며, 참의
원은 재적의원 과반수 찬성으로 3명을 선임하도록 하였다(헌법재판소법 제3조 제1항
과 제2항). 헌법재판소장은 심판관 중에서 재적심판관 과반수 찬성으로 호선하여 대
통령이 확인하고(헌법재판소법 제5조 제2항과 제3항), 헌법재판소장이 사고가 있으면
심판관 중에서 연장자가 그 직무를 대리하게 하였다(헌법재판소법 제5조 제5항). 구
헌법위원회와는 달리 헌법재판소는 상설기구로 하였다.

---

25) 헌법재판소, 『헌법재판소 20년사』, 헌법재판소, 2008, 83~84쪽.

2. 헌법재판소의 관장사항

헌법재판소는 법률의 위헌 여부 심사, 헌법에 관한 최종적 해석, 국가기관 사이의 권한쟁의, 정당의 해산, 탄핵심판, 대통령·대법원장과 대법관의 선거에 관한 소송을 관할하도록 되어 있었다(1960년 헌법 제83조의3). 그러나 헌법재판소의 관장사항에는 헌법소원이 없었다. 그리고 명령과 규칙에 대한 위헌·위법심사는 여전히 법원이 담당하였다(1960년 헌법 제81조).

(1) 법률의 위헌 여부 심사

법률의 위헌 여부가 재판의 전제가 되면 사건법원이나 소송당사자가 헌법재판소에 위헌 여부의 심판을 신청할 수 있도록 하였다. 이때 법원뿐 아니라 소송당사자도 헌법재판소에 직접 규범통제를 신청할 수 있도록 한 것이 특이하다. 그리고 법원의 재판과 관계없이도 법률의 위헌 여부 심사를 헌법재판소에 신청할 수 있었다. 즉 신청인 제한 없이 누구나 위헌이라고 해석되는 법률조항을 표시하고 위헌이라고 해석되는 이유를 밝혀서 헌법재판소에 규범통제를 신청할 수 있었다(헌법재판소법 제10조 제2항). 일종의 민중소송적 규범통제를 규정한 것이었다고 볼 수 있다. 통상 입법에 관여하는 국가기관에만 신청권을 부여하는 추상적 규범통제와 구별되는, 성격이 다른 독특한 제도이다.

규범통제에서 위헌법률심사 제청이 있으면 제청법원이나 해당 법원의 사건이 당연히 정지되는 것이 아니라 헌법재판소가 결정으로 헌법재판소의 판결이 있을 때까지 해당 사건을 정지시킬 수 있도록 규정하였다(헌법재판소법 제9조 제1항). 헌법재판소의 재판정지결정은 대법원에 통고하여서 심사대상 법률조항을 적용할 모든 재판의 심리를 중지시키도록 하였다(헌법재판소법 제9조 제2항). 이것은 민중소송적 규범통제소송이라는 성격에서 말미암은 것으로 보인다. 즉 신청인 제한이 없어서 위헌법률심사 제청이 있다고 언제나 해당 사건을 당연히 정지시킬 수는 없었을 것이다. 법률의 위헌판결은 심판관 6명 이상 찬성이 있어야 하였다(1960년 헌법 제83조의4 제5항). 법률의 위헌 여부에 관한 헌법재판소 판결은 법원과 기타 국가기관 및 지방자치단체의 기관을 기속한다(헌법재판소법 제22조 제1항). 위헌판결을 받은 법률이나 법률조항은 판결이 있는 날부터 법률로서 가지는 효력이 상실하지만, 형벌에 관한 조항은 소급하여 그 효력을 상실하도록 규정하였다(헌법재판소법 제22조 제2항).

(2) 헌법에 관한 최종적 해석

헌법재판소는 헌법에 관한 최종적 해석권한이 있었는데, 이것은 국가의 모든 작

용에 적용되어 헌법질서와 헌법해석의 통일을 위한 것이다. 헌법재판소법은 이것을
두 가지로 구체화하였다. 이것은 민주주의와 헌법의 수호자에 대한 당시 국민의 열
망이 관철된 것으로 볼 수 있다.[26] 먼저 법원에 계속 중인 사건에서 법원이나 소송
당사자가 헌법에 관한 최종적인 해석을 헌법재판소에 신청할 수 있었다(헌법재판소
법 제9조 제1항). 법률의 위헌 여부와 관계없이 헌법의 유권적인 해석을 구하는 것이
므로 규범통제와 다르다. 그러나 재판과정에서 구체적인 법률의 위헌 여부를 떠나
헌법의 해석이 따로 문제 되는 때를 쉽게 상정할 수 없다는 점에서 일종의 제도적
인 과욕의 산물이었다고 생각한다.[27] 다음 법원에 계속 중인 구체적인 사건과 무관
하게 헌법의 최종적인 해석을 헌법재판소에 신청할 수 있었다. 이때 신청권자를 제
한하지 않아서 누구라도 신청인의 신원을 밝히고 해석을 요구하는 헌법 조항을 표
시하고 나서 그 조항에 관한 신청인의 해석을 적어 헌법재판소에 최종적인 해석을
구할 수 있었다(헌법재판소법 제10조 제2항). 헌법재판소의 헌법해석은 관보를 통해서
공시하였는데(헌법재판소법 제21조 제2항), 헌법해석에 관한 헌법재판소의 판결은 법
원과 기타 국가기관 및 지방자치단체의 기관을 구속하는 기속력이 있었다(헌법재판
소법 제22조 제1항). 법원에 계속 중인 사건과 관련한 헌법해석의 기속력은 해당 사
건에 국한되므로 큰 문제가 없다. 그러나 법원에 계속 중인 사건과 관계없는 헌법
해석은 그러한 객관적·주관적 한계가 없어서 헌법해석을 고정하여(헌법해석의 화석
화) 실질적으로는 헌법의 개방성에 어긋나고 자칫 실질적인 헌법개정 결과를 초래
할 수도 있다는 점에서 커다란 문제점이 있다.

(3) 국가기관 사이의 권한쟁의

1960년 헌법은 헌정사에서 최초로 헌법재판소의 관장사항에 권한쟁의심판을 포
함하였다. 1960년 헌법은 권한쟁의심판 대상을 국가기관 사이의 권한쟁의로 한정
하였다. 그러나 헌법재판소법은 권한쟁의에 관한 헌법재판소의 판결은 모든 국가나
지방자치단체의 기관을 기속한다고 규정하였다(헌법재판소법 제22조 제3항).

(4) 정당의 해산

1960년 헌법은 위헌정당해산심판을 인정하여 정당의 목적이나 활동이 헌법의
민주적 기본질서에 어긋나면 정부가 대통령의 승인을 얻어 소추하고 헌법재판소가
판결로써 그 정당의 해산을 명하도록 규정하였다(1960년 헌법 제13조 제2항 단서, 제
83조의3 제4호). 이것은 과거 진보당에 대한 탄압과 민주혁신당에 대한 정당등록 거

---

26) 정종섭, 『헌법소송법(제8판)』, 박영사, 2014, 68쪽.
27) 허 영, 『헌법소송법론(제13판)』, 박영사, 2018, 80쪽.

부 등처럼 행정부가 지나치게 야당을 탄압하였던 사실에 대한 반성의 결과이었다. 정부가 대통령의 소추승인서를 첨부한 정당소추서(해산 요구 정당 표시와 소추 이유 명시)를 헌법재판소에 제출하여서 정당의 해산심판을 요구하게 하였다(헌법재판소법 제12조). 정당은 헌법재판소의 해산판결로 즉시 해산되었는데(헌법재판소법 제22조 제5항), 헌법재판소는 정당해산판결 등본을 정부와 해당 정당의 대표자에게 송달하게 하였다(헌법재판소법 제13조).

  (5) 탄핵심판

  헌법재판소는 탄핵재판을 관장사항으로 하여 고위공직자에 대해서 국회가 탄핵소추를 의결하였고, 헌법재판소는 파면 재판 선고를 통해서 탄핵소추를 받은 공직자를 파면하였다(헌법재판소법 제22조 제4항). 국회가 탄핵소추를 결의하면 소추의원 3명을 선임하여 탄핵심판에 관여하게 하였다(헌법재판소법 제15조). 탄핵소추 결의를 받은 자는 탄핵판결이 있을 때까지 그 권한 행사가 정지되었다. 탄핵판결은 공직에서 파면함에 그쳤다. 다만, 이에 따라서 민사상이나 형사상 책임이 면제되는 것은 아니었다(1960년 헌법 제47조). 탄핵의 피소추자는 헌법재판소의 파면 재판 선고로 파면되었는데(헌법재판소법 제22조 제4항), 헌법재판소의 탄핵판결에는 심판관 6명 이상 찬성이 있어야 하였다(1960년 헌법 제83조의4 제5항). 그리고 탄핵소추를 받은 사람이 헌법재판소의 재판 전에 면직되면 탄핵소추는 기각되게 하였다(헌법재판소법 제16조). 헌법재판소의 탄핵재판에는 일사부재리원칙이 적용되어 재판을 거친 사건은 다시 재판할 수 없게 하였고(헌법재판소법 제20조), 같은 사유로 형사소송절차가 진행 중이면 형사소송이 끝날 때까지 탄핵재판을 중지할 수 있었다(헌법재판소법 제23조). 이것은 피고사실에 대해서 법원과 헌법재판소 사이에 서로 다른 결론이 생기는 것을 가능한 한 피하고, 사실 확정에서 사실심법원의 의견을 존중하기 위한 것이었다.[28] 탄핵재판절차에는 구속에 관한 규정을 제외하고 형사소송법을 준용하게 하였다(헌법재판소법 제24조 제2항).

  (6) 대통령·대법원장과 대법관의 선거에 관한 소송

  1960년 헌법 제53조는 대통령을 양원합동회의에서 재적의원 3분의 2 이상 득표로 선출하도록 하였다. 그리고 대법원장과 대법관은 법관 자격이 있는 사람으로 구성되는 선거인단이 선거하고 대통령이 확인하도록 하였다(1960년 헌법 제78조 제1항). 그런데 1960년 헌법은 대통령과 대법원장 및 대법관의 선거에서 발생하는 선

---

28) 정종섭, 『헌법소송법(제8판)』, 박영사, 2014, 69쪽.

거소송을 헌법재판사항으로 정하고 헌법재판소가 심사하게 하였다(1960년 헌법 제83
조의3 제6호). 대의기관 구성을 신속하게 마무리함으로써 국정 공백이 발생하는 것
을 방지하기 위해서 헌법재판소는 선거에 관한 소송은 모든 사건에 우선하여 심리
하여야 하였다(헌법재판소법 제17조 제1항 단서). 그리고 선거소송에서는 이미 재판을
거친 사건을 다시 재판할 수 없었다(헌법재판소법 제20조).

3. 평가

헌법재판소법이 공포된 지 한 달 만에 발생한 5·16 군사쿠데타로 말미암아 헌
법재판소는 구성조차 하지 못하였다. 그 후 1964년 12월 30일 헌법재판소폐지에관
한법률에 따라서 헌법재판소법은 폐지되었다. 1960년 헌법의 헌법재판소제도는 구
체적으로 실현되지는 못하였지만, 현행 헌법재판소제도 형성에 중요한 참고가 되었
다. 예를 들어 헌법재판소의 관장사항(① 법률의 위헌심사, ② 헌법에 관한 최종적 해석,
③ 국가기관 간의 권한쟁의, ④ 정당의 해산심판, ⑤ 탄핵재판, ⑥ 대통령·대법원장·대법관
의 선거에 관한 소송 - 1960년 헌법 제83조의3)이나 심판관 구성(1960년 헌법 제83조의4
제1항과 제2항)과 위헌결정 정족수(1960년 헌법 제83조의4 제5항), 헌법재판소 판결의
기속력(헌법재판소법 제22조 제1항과 제3항) 등은 현행 헌법재판소제도와 상당히 비슷
하다. 특히 헌법재판기관을 3부가 3명씩 동등하게 선출하는 전통은 1960년 헌법에
서 시작되었다.

Ⅴ. 군사독재헌정시기(제1기) – 박정희 군사독재 전기

1. 1962년 헌법의 헌법재판제도

1962년 헌법은 헌정사에서 처음으로 미국형 헌법재판제도를 도입하였다. 헌법
재판에 속하는 사항 중 위헌법률심사와 정당해산심판 그리고 선거소송은 법원이,
탄핵심판은 탄핵심판위원회가 담당하게 하였다. 그러나 권한쟁의심판제도는 두지
아니하였다.

법원에 위헌법률심사권을 준 것은 1948년 헌법을 제정할 때부터 주장된 법조계
의견을 받아들인 것이다. 1962년 헌법을 개정할 때도 법조계는 위헌법률심사권은
법원의 재판권과 분리할 수 없을 뿐 아니라 법수호면에서 헌법재판소보다 대법원이
유리하고, 3권분립에서 사법권이 약한 경향이 있는데 헌법재판기능을 법원에 주면
사법권 독립에 이바지하게 되며, 헌법재판소를 따로 설치하면 막대한 예산이 소요

될 뿐 아니라 그 권한이 확대되면 헌법재판소가 권력을 남용할 우려가 있고, 국민이 선거하지 아니한 재판관이 헌법을 좌우하는 것은 국민주권원리에 모순된다는 것 등을 내세우며 헌법재판소를 둘 필요가 없다고 주장하였다.[29]

2. 법원의 헌법재판권

(1) 법원 구성

대법원은 16명 이하의 법관으로 구성되었고(1962년 헌법 제97조 제2항), 대법원장은 법관추천회 제청에 따라서 대통령이 국회 동의를 얻어 임명하였으며(1962년 헌법 제99조 제1항), 대법원 판사인 법관은 대법원장이 법관추천회 동의를 얻어 제청하였고 대통령이 임명하였다(1962년 헌법 제99조 제2항). 법관추천회의는 법관 4명, 변호사 2명, 대통령이 지명하는 법학교수 1명, 법무부장관과 검찰총장으로 구성하였다(1962년 헌법 제99조 제4항). 대법원장 임기는 6년으로 연임할 수 없었다(1962년 헌법 제100조 제1항). 그러나 나머지 법관 임기는 10년으로 연임이 가능하였다(1962년 헌법 제100조 제2항). 법관 정년은 획일적으로 65세이었고(1962년 헌법 제100조 제3항), 법관은 탄핵이나 형벌에 의하지 아니하고는 파면되지 않으며, 징계처분에 의하지 아니하고는 정직, 감봉이나 불리한 처분을 받지 않도록 하여(1962년 헌법 제101조) 그 신분을 보장하였다.

(2) 법원의 위헌법률심사권

1962년 헌법 제102조 제1항은 "법률이 헌법에 위배되는 여부가 재판의 전제가 된 때에는 대법원은 이를 최종적으로 심사할 권한을 가진다."라고 규정하여 부수적·구체적 위헌법률심사권을 법원에 부여하였다. 대법원이 법률에 대해서 위헌결정을 하면 그 법률은 당연히 효력을 상실하는 것은 아니지만 사실상 하급법원에서 적용이 배제되는 효력이 있었다.[30] 한편, 헌법 제102조 제2항은 "명령·규칙·처분이 헌법이나 법률에 위반되는 여부가 재판의 전제가 된 때에는 대법원은 이를 최종적으로 심사할 권한을 가진다."라고 규정하여 명령·규칙에 대한 위헌·위법심사권도 법률의 위헌법률심사권과 똑같이 법원에 주었다.

1962년 헌법에서는 위헌법률심사권을 법원의 권한으로 규정하였지만, 당시 법

---

29) 『헌법재판소 20년사』, 헌법재판소, 2008, 91쪽.
30) 대법원 1971. 6. 22. 선고 70다1010 전원합의체 판결(집19-2, 민110): "법률 등의 조항의 위헌결정의 효력은 그 법률 등을 무효화하는 것이 아니고 다만 구체적 사건에 그 법률 또는 그 일부 조항의 적용을 거부함에 그치는 것이다."

원의 위헌선언을 기대하기는 어려운 상황이었다. 따라서 6·3 사태와 관련하여, 계엄법 제16조의 비상계엄 아래에서 군법회의 재판권과 계엄선포 전의 일반인 범죄에 대한 군법회의 관할권에 관한 심사에서 판단을 회피한 사례³¹⁾와 같이 수많은 사건에서 법원은 소극적인 태도로 합헌판결을 내렸다. 예외적으로 내린 위헌판결의 예로는, 법률에 관한 것으로 국가배상법 제2조 제1항 단서와 법원조직법 제58조 제1항 단서에 대해서,³²⁾ 대통령령에 관한 것으로 '징발재산의 보상(대통령령 제1914호 제2조)'에 대해서³³⁾ 내려진 위헌결정을 들 수 있다. 특히 국가배상법 제2조 제1항 단서에 대한 위헌판결은 사법파동의 실마리가 되었던 것으로 중요한 의의가 있는 판결로 평가된다.³⁴⁾ 그러나 1972년 헌법이 제정되면서 같은 내용의 조항이 헌법 규정(제26조 제2항)으로 삽입되어 이에 관한 법원 판단을 무의미하게 만들었다.

(3) 법원의 위헌정당해산심판권

1962년 헌법 제7조 제3항은 "정당은 국가의 보호를 받는다. 다만 정당의 목적이나 활동이 민주적 기본질서에 위배될 때에는 정부는 대법원에 그 해산을 제소할 수 있고, 정당은 대법원의 판결에 의하여 해산된다."라고 규정하여서 위헌정당해산심판권도 대법원 관장사항으로 하였다. 대법원이 정당해산을 명하는 판결을 하려면 대법원 법관 정수의 5분의 3 이상 찬성을 얻도록 규정하였다(1962년 헌법 제103조).

3. 탄핵심판위원회

탄핵심판위원회는 1962년 헌법 국회 편에서 규정하였는데, 대법원장을 위원장으로 하고 대법원판사 3명과 국회의원 5명의 위원으로 구성하였다. 다만, 대법원장을 심판할 때는 국회의장이 위원장이 되었다(1962년 헌법 제62조 제1항과 제2항). 탄핵심판위원 중 대법원판사인 심판위원은 대법원판사회의에서, 국회의원인 심판위원은 국회에서 각각 선출하였다. 탄핵심판위원회에 헌법이 정한 8명의 심판위원 이외에 8명의 예비심판위원을 두되 그중 3명은 대법원판사회의에서, 5명은 국회에서 각각 선출하였다. 심판위원과 예비심판위원의 임기는 대법원판사인 사람은 4년, 국회

---

31) 대법원 1964. 7. 21. 선고 64초3 판결(집12-2, 형2).
32) 대법원 1971. 6. 22. 선고 70다1010 전원합의체 판결(집19-2, 민110).
33) 대법원 1967. 11. 2. 선고 67다1334 판결(집15-3, 민271).
34) 1995년 MBC TV 근대사법 100주년 기념 다큐멘터리 제작팀이 여론조사기관 인사이트리서치에 의뢰하여, 서울 등 전국 5대 도시 법관 357명을 대상으로 벌인 법관의식 설문조사 결과 '가장 자랑스러운 사법부 관련사건'으로 선정된 바 있다(동아일보, 1995. 4. 12., 5쪽).

의원인 사람은 그 임기 중으로 하였다(탄핵심판법 제10조). 탄핵소추에 관하여 국회 법제사법위원회의 위원장과 간사가 소추위원이 되고, 소추위원은 심판위원이나 예비심판위원이 될 수 없었다(탄핵심판법 제5조, 제11조). 탄핵심판위원회 위원은 명예직으로 일당과 실비변상만 받을 수 있었고, 동 위원회 경비는 독립하여 국비예산에 계상되었다(탄핵심판법 제3조, 제4조).

　　대통령, 국무총리, 국무위원, 행정 각부의 장, 법관, 중앙선거관리위원회 위원, 감사위원 그 밖의 법률에 정한 공무원이 그 직무집행에서 헌법이나 법률을 위배하면 국회는 탄핵소추를 의결할 수 있었다(1962년 헌법 제61조 제1항). 국회 탄핵소추는 국회의원 30명 이상 발의가 있어야 하고, 그 의결은 재적의원 과반수 찬성이 있어야 하였다(1962년 헌법 61조 제2항). 1969년 제6차 헌법개정으로 대통령에 대한 탄핵소추 요건을 강화하여 국회의원 50명 이상 발의와 재적의원 3분의 2 이상 찬성이 필요하도록 개정하였다(1962년 헌법 제61조 제2항 단서). 탄핵소추 의결을 받은 사람은 탄핵결정이 있을 때까지 그 권한 행사가 정지되었고(1962년 헌법 제61조 제3항), 탄핵결정은 구성원 6명 이상 찬성이 있어야 가능하였다(1962년 헌법 제62조 제3항). 탄핵결정은 공직에서 파면함에 그쳤지만, 민사·형사상 책임이 면제되지는 않았다(1962년 헌법 제62조 제4항). 탄핵사건 재판은 평의를 제외하고는 공개재판원칙에 따르도록 하였다(탄핵심판법 제20조와 제24조). 그리고 같은 사유로 형사재판이 진행 중이면 재판절차를 중지할 수 있었다(탄핵심판법 제22조). 파면결정에는 이유를 붙여야 하고, 파면사유와 그 증거를 명시하게 하였다(탄핵심판법 제26조). 1962년 헌법의 탄핵심판에서 특징적인 것은 탄핵파면된 사람이 탄핵심판위원회의 자격회복 판결을 받으면 다시 헌법 제61조 제1항이 정하는 공직에 취임할 수 있었다는 점이다. 물론 탄핵파면 선고일부터 3년을 지난 때와 파면사유가 없었다는 분명한 증거가 발견된 때에 한해서 허용되는 예외적인 제도이었다(탄핵심판법 제30조 내지 제32조).

4. 평가

　　미국에서 성공한 사법제도가 한국에서 실패한 원인으로서 ① 대륙법을 계수한 한국 법체계에 미국 위헌법률심사제도를 도입하는 것은 현실과 격리된 이상이었고, ② 한국 법원이 위헌법률심사권을 감당할 만한 권위와 신임 그리고 실력이 있는지 의문이었으며, ③ 미국 위헌심사제도는 연방국가에서 법의 통일화를 기하려고 발전한 것이지만, 단일국가인 한국은 그러한 필요성이 없었고, ④ 1962년 헌법의 위헌법률심사제도는 법원 자신이 아니라 이른바 10월 유신이라는 외적 힘 때문에 무너졌으며, ⑤ 미국 위헌법률심사제도를 지탱하는 미국식 판사임명제도를 도입하지 않고 미국식 위헌법률심사제도만 도입하였고, 즉 미국 연방판사들이 종신임기로 임명되지만, 한국 판사들은 정기적인 보임·승진 인사를 당해야 하기에 '반다수적 주권적 특권'을 행사하는 것이 무리였고, ⑥ 전형적인 자유권에 관한 위헌심사를 주로 하였던 미국과 달리 청구권적 기본권에 관한 위헌심사에 집중하였던 한국에서는 집행부에 상당한 부담을 지워서 사법부와 집행부의 충돌을 불러왔다는 점이 지적된다.35) 국가안보를 내세우며 시작한 군사독재 아래에서 실질적 법치국가 완성에 해당하는 위헌법률심사제도가 성공길 바라는 것은 처음부터 무리였고, 문민독재헌정시기에 이미 드러났듯이 법원은 독재에 저항하기보다는 순응하는 경향이 두드러졌으며, 당시 헌법학 수준이 실무에 필요한 내용을 충분히 공급할 정도로 성숙하지 않았다는 점에서 1962년 헌법 아래 법원의 위헌법률심사제 실패는 피할 수 없었다고 생각한다. 다만, 1962년 법원의 위헌법률심사제도 실패는 일반 법원에 위헌법률심사권을 부여하였을 때 발생할 문제점을 극명하게 보여주어서 현행 헌법에서 헌법재판소제도를 도입하는 결정적 이유의 하나가 되었다는 점은 잊지 말아야 한다.

VI. 군사독재헌정시기(제1기) – 박정희 군사독재 후기

1. 헌법위원회 구성

1972년 헌법은 헌법재판을 담당하는 기관으로 헌법위원회를 두었다(제8장). 1948년 헌법의 헌법위원회는 법률의 위헌법률심사만 담당하였다. 그러나 1972년 헌법의 헌법위원회는 위헌법률심사, 탄핵심판, 정당해산심판을 관할하였다(1972년 헌법 제109조 제1항). 명령·규칙에 대한 위헌·위법심사권은 법원 관장사항으로 인정하였다(1972년 헌법 제105조 제2항). 헌법위원회는 9명의 위원으로 구성하였고 대통령이 임명하는데, 3명은 국회에서 선출하는 사람을, 3명은 대법원장이 지명하는 사람을 임명하도록 하였다(1972년 헌법 제109조 제2항과 제3항). 위원장은 위원 중에서

---

35) 갈봉근, 「한국헌법상의 위헌법률심사제도의 변천과정」, 『동아법학』 제6호, 동아대학교 법학연구소, 1988, 86~87쪽; 김운용, 『위헌심사론』, 삼지원, 1998, 98쪽; 김철수, 『위헌법률심사제도론』, 학연사, 1983, 86쪽; 이상돈, 「우리 나라의 위헌법률심사제도의 변천」, 『중앙대학교 법정논총』 제26권, 중앙대학교 법학연구소, 1986, 42~44쪽.

대통령이 임명하였다(1972년 제109조 제2항 내지 제4항). 헌법위원회 위원 임기는 6년이고, 정당에 가입하거나 정치에 관여할 수 없었다. 그리고 탄핵이나 형벌에 의하지 않으면 파면되지 않는 신분보장을 받았다. 헌법위원회 위원 자격요건에는 법관 자격을 요구하지 않고, 대통령·국회의장·대법원장·국무총리·국무위원·법제처장의 직에 있던 사람, 20년 이상 판사·검사나 변호사의 직에 있던 사람, 판사·검사나 변호사의 자격이 있는 사람으로서 20년 이상 법원·검찰청·법무부·국방부·법제처·국회사무처나 법원행정처에서 법률사무를 전담한 사람, 20년 이상 공인된 법과대학에서 법률학조교수 이상의 직에 있던 사람 중에서 임명하였다(헌법위원회법 제3조). 헌법위원회 위원 중에서 대통령이 임명하는 위원장과 상임위원 1명을 두었고, 나머지 위원은 모두 비상임 명예직으로 하였다(헌법위원회법 제9조, 제10조 제1항). 상임위원은 별정직 국가공무원 신분이 있고 대법원 판사에 준하는 대우와 보수를 받았지만(헌법위원회법 제10조 제2항), 비상임위원은 일당과 여비 기타 실비보상만 받았다(헌법위원회법 제10조 제1항).

2. 헌법위원회 관장사항

(1) 위헌법률심사

법률이 헌법에 위반되는지가 재판의 전제가 되면 담당 법관의 직권이나 사건당사자의 신청으로 사건이 계속 중인 법원의 합의부 결정으로 헌법위원회에 법률의 위헌 여부를 제청하였다(헌법위원회법 제12조). 제청에 관한 법원 합의부 결정에 대해서 이의가 있으면 항고할 수 있었는데, 이때 민사소송법 규정을 준용하였다(헌법위원회법 제12조 제2항과 제3항). 하급법원의 위헌여부심판제청서는 반드시 대법원을 거치게 하였다. 그런데 대법원은 제청법률에 대한 1차적인 심사를 하고 제청이 불필요하다고 판단하면 헌법위원회에 제청서를 보내지 않을 수 있는 이른바 불송부결정권이 있었다(헌법위원회법 제15조 제3항). 1972년 헌법 제105조는 "법률이 헌법에 위반되는 여부가 재판의 전제가 된 때에는 법원은 헌법위원회에 제청하여 그 결정에 의하여 재판한다."라고 규정하여서 법원에 법률의 위헌 여부에 대한 판단권을 부여하지 않았다. 그런데 불송부결정권은 법원에 법률에 대한 합헌판단권을 부여한 것이 되어 헌법위원회 권한을 침해한 것이라는 문제 제기가 있었다. 법률의 위헌 여부 심판을 제청하면 해당 사건 재판은 정지되었고, 대법원은 헌법위원회에 제청하고 나서 각급 법원에 계류 중인 제청된 법률을 적용할 모든 사건의 재판을 정지하게 하였다(헌법위원회법 제13조). 헌법위원회는 위원 7명 이상 출석으로 심리하고,

법률의 위헌결정, 탄핵결정, 정당해산결정은 위원 6명 이상 찬성으로 하며(1972년 헌법 제111조 제1항), 그 이외 결정은 출석위원 과반수 찬성으로 하였다(헌법위원회법 제9조). 법률에 대한 헌법위원회의 위헌결정은 즉시효(장래효)가 있었고, 법원 기타 국가기관이나 지방자치단체를 기속하는 효력이 있었다(헌법위원회법 제18조). 헌법위원회는 제청된 법률이나 법률조항의 위헌 여부만을 결정하였다. 하지만 헌법위원회는 위헌으로 결정된 법률조항으로 말미암아 해당 법률 전부를 시행할 수 없다고 판단하면 그 법률 전부를 위헌결정할 수 있었다(헌법위원회법 제16조). 당시 대법원은 군사정권 통제 아래에 있어서 일절 위헌제청을 하지 않아서 헌법위원회는 휴면기관화하고 말았다.

　(2) 탄핵심판

　대통령, 국무총리, 국무위원, 행정 각부의 장, 헌법위원회 위원, 법관, 중앙선거관리위원회 위원, 감사위원 기타 법률에 정한 공무원이 그 직무집행에서 헌법이나 법률을 위배하면 국회는 탄핵소추를 의결할 수 있었다(1972년 헌법 제99조 제1항). 국회 탄핵소추는 국회 재적의원 3분의 1 이상 발의가 있어야 하였고, 그 의결은 국회 재적의원 과반수 찬성이 있어야 하였다. 다만, 대통령에 대한 탄핵소추는 국회 재적의원 과반수 발의와 국회 재적의원 3분의 2 이상 찬성이 있어야 하였다(1972년 헌법 제99조 제2항). 국회 탄핵소추는 소추위원이 소추의결서 정본을 헌법위원회에 제출함으로써 하였다(헌법위원회법 제21조). 탄핵사건 심판은 변론과 증거조사를 통해서 이루어졌고, 피소추자가 정당한 사유 없이 거듭 출석하지 않으면 그의 진술을 듣지 않고 심판할 수 있게 하였다(헌법위원회법 제27조). 탄핵사유와 관련하여서 형사소송이 계속하는 동안에는 탄핵심판절차를 정지할 수 있었다(헌법위원회법 제28조). 탄핵소추 의결을 받은 사람은 탄핵결정이 있을 때까지 그 권한 행사가 정지되고(1972년 헌법 제99조 제3항), 탄핵결정은 위원 6명 이상 찬성이 필요하였다(제111조 제1항). 탄핵결정은 공직에서 파면함에 그치나, 민사상이나 형사상 책임이 면제되지는 아니하였다(제99조 제4항). 탄핵소추를 받은 사람이 탄핵심판 전에 파면되면 헌법위원회는 탄핵소추를 기각하여야 하였다(헌법위원회법 제32조). 탄핵으로 파면된 사람은 3년이 지나야 다시 헌법 제99조 제1항이 정하는 공무원이 될 수 있었다(헌법위원회법 제31조).

　(3) 정당해산심판

　정당의 목적이나 활동이 민주적 기본질서에 어긋나거나 국가 존립에 위해가 되면 정부는 헌법위원회에 그 해산을 제소할 수 있고, 정당은 헌법위원회 결정에 따라서 해산된다(1972년 헌법 제7조 제3항). 정당해산 사유로 '국가의 존립에 위해가 되는 경우'를 추가한 것이 특징이다. 정부가 정당해산을 헌법위원회에 제소하려면 국무회의 심의를 거쳐(헌법 제66조 제14호) 제소장을 제출하여야 하였다(헌법위원회법 제33조 제1항과 제34조). 정당해산 제소가 있거나 그 제소가 계속되지 않게 되거나 정당해산결정이 선고되면 헌법위원회 위원장은 그 사실을 국회와 중앙선거관리위원회에 통지하여야 하였다(헌법위원회법 제37조). 정당해산결정은 위원 6명 이상 찬성이 필요하였다(1972년 헌법 제111조 제1항).

3. 평가

1972년 헌법은 제53조 제4항을 통해서 대통령의 긴급조치가 사법심사 대상이 되지 않는다고 함으로써 사법통제에서 완벽하게 해방된 대통령의 권한 행사 영역을 설정하였다. 그리고 1972년 헌법 부칙은 이른바 10월 유신 당시 비상국무회의에서 제정한 법령과 그에 따라 이루어진 재판과 예산 기타 처분 등은 그 효력을 지속하고 그것에 대해서 이 헌법 기타의 이유로 제소하거나 이의를 할 수 없게 하였고(제4조, 제6조, 제7조), 1972년 10월 17일부터 1972년 헌법 시행일까지 대통령이 한 특별선언과 이에 따른 비상조치에 대해서도 제소하거나 이의를 할 수 없게 하였으며(제9조), 특수범죄처벌에 관한 특별법·부정선거관련자 처벌법·정치활동정화법 및 부정축재처리법과 이에 관련되는 법률은 그 효력을 지속하며 이에 대해서 이의를 할 수 없게 하였다(제11조). 이로 말미암아 헌법위원회 위헌심사는 헌법 자체에서 이미 심사대상이 축소되었다. 또한, 1972년 헌법 제103조는 대법원장을 국회 동의를 얻어, 그 외의 법관들은 대법원장 제청으로 대통령이 임명하도록 규정함으로써 1962년 헌법보다 대통령의 법관에 대한 인사권을 강화하였다. 이를 통해서 대통령의 헌법위원회 위원 임명권을 간접적으로 강화하였다. 즉 9명 위원 중 3명은 직접 임명하고, 대법원장이 지명하는 3명에 대해서는 대법원장을 통하여 간접적 영향을 미치며, 국회에서 선출하는 3명도 여당과 유신정우회를 통해서 영향을 주었고, 위원장에 대한 임명도 대통령이 장악하였다. 헌법위원회 위원 자격도 법조인 자격을 필수요건으로 하지 않아서 정치적 임명이 가능하도록 하였다. 더욱이 위헌법률심사에서 심사권은 헌법위원회에 부여하였지만, 독립성이 약한 대법원에 불송부결정권을 부여함으로써 법원이 헌법위원회의 위헌법률심사권을 무력화할 길을 열어놓았다. 나아가 헌법위원회법 제48조가 "헌법위원회에서 위헌심판을 할 때에는 결정에 앞서 법무부장관의 의견을 들어야 한다."라고 규정하여 행정부의 위헌법률심사에 대한 직접적 영향력도 높았다.36) 이러한 점에서 헌법위원회의 위헌법률심사권은 헌법 자체에서 이미 그 활성화를 저지하여서 그 실패는 당연한 결과였다. 다만, 대법원의 불송부결정권은 현행 헌법재판소법이 제68조 제2항의 헌법소원을 도입하게 된 직접적 계기가 되었다.

Ⅶ. 군사독재헌정시기(제2기) – 전두환 군사독재

1. 1972년 헌법 헌법위원회제도 계승

1980년 헌법은 1972년 헌법 헌법위원회제도를 거의 그대로 계승하였다. 즉 헌법위원회를 구성하여 위헌법률심사권, 탄핵심판권, 정당해산심판권을 담당하게 하였다(1980년 헌법 제112조). 명령과 규칙에 대한 위헌·위법심사권은 종전과 같이 법원에 있었다(1980년 헌법 제108조 제2항). 헌법위원회는 대통령이 임명하는 9명의 위원으로 구성하였는데, 3명은 국회에서 선출하는 사람을, 3명은 대법원장이 지명하는 사람을 임명하여야 하였으며, 위원장은 위원 중에서 대통령이 임명하였다(1980년 헌법 제112조 제2항, 제3항, 제4항). 헌법위원회 위원 임기는 6년이고, 법률이 정하는 바에 따라서 연임할 수 있었다. 헌법위원회 위원은 정당에 가입하거나 정치에 관여할 수 없었고, 탄핵이나 형벌에 의하지 않으면 파면되지 않았는데, 그 자격은 법률로 정하였다(1980년 헌법 제113조). 헌법위원회법은 헌법위원회 위원 자격을 거의 1972년 헌법 아래 헌법위원회법과 같게 정하면서, 다만 경력요건만 20년에서 15년으로 하향 조정하였다. 그리고 법조인으로 법률사무를 전담한 근무부서를 일일이 열거하던 종전 규정방식을 탈피하여서 '국가기관, 국·공영기업체, 정부투자기관 기타 법인'으로 규정해 그 범위를 넓혔다(헌법위원회법 제3조).

2. 위헌법률심사

1980년 헌법 제108조 제1항은 "법률이 헌법에 위반되는 여부가 재판의 전제가 된 경우에 법원은 법률이 헌법에 위반되는 것으로 인정할 때에는 헌법위원회에 제청하여 그 결정에 의하여 재판한다."라고 규정함으로써 1972년 헌법 규정과 비교하면 '법률이 헌법에 위반되는 것으로 인정할 때'에 제청한다는 문구를 추가하였다. 이것은 대법원의 불송부결정권에 관한 헌법적 근거를 마련하려는 의도로 보인다.

---

36) 채영호, 「한국·일본·대만의 위헌심사제도에 관한 비교법적 연구」, 서울대학교 법학박사학위논문, 20~21쪽.

하지만 이 문구를 추가하였다고 하여서 불송부결정권이 법리적으로 정당성이 인정되는 것은 아니다. 그런데도 헌법위원회법은 법원의 위헌 여부 제청이 있으면 대법원은 대법원 판사 3분의 2 이상의 합의체에서 제청법률의 위헌 여부를 심사하여서 위헌이라고 인정할 때만 제청서를 헌법위원회에 보내도록 함으로써 오히려 요건을 강화하여 불송부결정권을 유지하였다(헌법위원회법 제15조 제3항). 1980년 헌법은 1972년 헌법과 달리 대통령의 긴급조치가 사법심사 대상이 될 수 없다는 무리한 예외조항을 두지 않았다. 그러나 1972년 헌법과 비슷하게 1980년 헌법 부칙은 국회 권한을 대행하며 많은 헌법의 부속법률을 만든 국가보위입법회의가 제정한 법령과 이에 따라 이루어진 재판 및 예산 기타 처분 등은 그 효력을 지속하며, 이 헌법 기타의 이유로 제소하거나 이의를 할 수 없도록 규정하였다. 1972년 헌법 아래에서와 마찬가지로 위헌법률심판이 한 건도 이루어지지 않았다.

3. 탄핵심판과 정당해산심판

헌법위원회는 탄핵심판권이 있었는데, 그 내용과 절차에 대해서는 1972년 헌법 내용을 그대로 계승하여 규정하였다. 정당의 목적이나 활동이 민주적 기본질서에 어긋나면 정부는 헌법위원회에 그 해산을 제소할 수 있고, 정당은 헌법위원회의 결정에 따라서 해산되었다(1980년 헌법 제7조 제4항). 정당해산 요건에서 '국가의 존립에 위해가 된 때'가 삭제되었다.

4. 평가

이 시기의 헌법재판은 전 시기의 헌법재판은 거의 그대로 수용하여 별다른 변화가 없었다. 게다가 관련 판례도 전혀 없었다. 그래서 헌법재판은 깊은 잠에 빠져서 전 시기의 문제점이 이 시기에 더욱 고착화하였다. 그리고 법원은 군사독재 수령 속에서 기본권 보장과 권력통제에서 여전히 역할을 제대로 하지 못하였다. 이러한 상황에서 국민은 새로운 사법부를 통한 다른 재판, 특히 헌법재판을 갈구하게 된 점은 헌법재판사에서 간과할 수 없는 중요한 사실이다. 즉 헌법재판의 기나긴 정체가 새로운 발전의 소중한 씨앗이 되었다. 그리고 본업인 일반재판도 제대로 하지 못하였던 법원이 특수재판인 헌법재판을 맡겠다고 나설 명분도 잃고 말았다. 나아가 1987년 헌법 헌법재판제도가 이 시기의 문제점을 고쳐나가는 쪽으로 만들어진 점은 이 시기가 의미 없다고 무시할 수만은 없는 중요한 이유이다.

Ⅷ. 문민민주헌정시기

1. 헌법재판소 창설

1987년 6월 민주항쟁의 결과로 탄생한 1987년 헌법은 헌법재판소를 설치하여 위헌법률심판, 탄핵심판, 정당해산심판, 권한쟁의심판, 헌법소원심판을 관장하도록 하였다. 특히 헌법재판소는 헌정사에서 처음으로 헌법소원제도를 도입하여 국민의 기본권을 실효적으로 보장하고 헌법의 규범력을 실질화하였다.

1987년 헌법이 헌법재판권을 헌법재판소에 부여한 이유는 먼저 군사독재 시절 법원이 독재에 맞서 국민의 기본권을 보호하기는커녕 위법한 공권력 행사를 묵인함으로써 불신의 멍에를 썼기 때문이다. 그리고 법원 자신도 군사독재헌정시기에 위헌법률심사권을 행사하다가 호되게 당한 기억 때문에 헌법재판권을 가지려고 하지 않았다. 또한, 무기력한 모습만 보여준 헌법위원회는 더는 선택지에 없었다. 덧붙여 한국 헌법학이 독일 헌법학의 강력한 영향 아래에 있어서 서독 헌법재판제도가 그동안 충분히 소개되었던 점도 간과할 수 없다. 더하여 1960년 헌법이 헌법재판소에 헌법재판권을 주기는 하였지만, 5 · 16 군사쿠데타로 말미암아 헌법재판소를 창설하지 못하여 헌법재판소에 관해서 나쁜 기억이 없었던 점도 지적해 둔다.

2. 헌법재판소의 성공적 정착과 성과

헌법재판소는 9명의 재판관으로 구성되는데, 9명의 재판관은 대통령이 임명하고, 그중 3명은 미리 국회에서 선출하고, 3명은 대법원장이 미리 지명하도록 하였다(1987년 헌법 제111조 제2항과 제3항). 마침내 1988년 9월 1일 헌법재판소법이 발효되고 그달 15일에 헌법재판소 재판관 9명이 임명되어 헌법재판소가 출범하였다. 헌법재판소 출범에는 기대와 우려가 교차하였다. 그러나 헌법재판소는 헌법재판을 30년 넘게 해 오면서 국내적으로는 물론 세계적으로도 성공적인 운영사례라고 평가받는다. 이것은 헌법재판소 재판관을 비롯한 헌법재판소 구성원의 열정과 노력, 국민의 헌법에 대한 의지 그리고 법학자의 학문적 연구가 함께 반영된 결과라고 할 수 있다. 헌법재판소는 수많은 위헌결정을 통해서 국가권력의 한계를 확인함으로써 국가권력의 권위적 행사를 개선하려고 노력해 왔다. 그리고 헌법재판소는 기본권을 적극적으로 해석하고 위헌심사기준으로 사용하여서 기본권 내용을 일반화하였고 기본권에 관한 국민 의식 변화를 이끌어냈다. 이로 말미암아 오늘날 국민은 국가권력이 자기 기본권을 침해한다고 생각하면, 즉시 헌법재판소에 위헌심사를 청구하는 것을 주저하지 않는다. 이것은 민주화 이후 국민이 자기 권리에 대한 각성이 이루어져 권리구제에 목말랐지만, 기존 법원에 대한 불신이 만연한 것에서도 비롯하였다. 그리고 헌법재판소는 수많은 비민주적 법률을 위헌결정을 통해서 제거함으로써 민주화를 가속한다. 그 밖에 헌법재판소는 전에 보수적 혹은 수구적 세력의 저항 때문에 방치되었던 동성동본불혼과 호주제, 간통죄, 양심적 병역거부 같은 수많은 묵은 문제를 해결하였다. 이러한 활동을 통해서 헌법재판소는 자기 지위를 확고하게 다졌고, 국민은 헌법의 효력을 명확하고 분명하게 인식하게 되었다. 더하여 민주주의는 자기 자리를 찾았고 실질적 법치국가가 확실히 실현됨을 피부로 느낄 수 있게 되었다. 게다가 다른 국가기관도 지난날과 달리 행위를 할 때마다 헌법 위반 여부를 진지하게 검토하기 시작하였다. 그러나 헌법재판소는 때때로 시대에 맞지 않는 오래된 가치를 고수함으로써 보수적이라는 비난을 받기도 한다. 그리고 다양한 의견과 가치를 충분히 반영하지 못함으로써 소수자 보호에 소홀하다는 의심을 사기도 한다. 또한, 헌법재판소가 정치적 색채가 강한 문제를 일관적이고 명확한 원칙에 따라서 처리하지 않고 자의적 판단에 따라서 정치에 지나치게 개입한다는 비판이 제기되기도 한다. 무엇보다도 중립적이고 객관적인 관점에서 결정하지 않고 특정 주장을 편파적으로 지지하는 것처럼 보이는 때도 있다는 지적이 있다. 이러한 것들은 헌법재판소가 다양한 의견을 수렴한 바탕 위에서 명확하고 통일적인 심사기준을 확고하게 설정하고, 그에 따라서 합리적 근거를 충분히 담은 일관된 결정을 내림으로써 국민의 신뢰를 계속 확보하여야 극복될 수 있다.

제 2 장　 헌법재판의 본질과 한계

제 1 절　 헌법재판의 본질과 기능

Ⅰ. 헌법재판의 본질(법적 성격)

1. 순수한 사법작용설

순수한 사법작용설을 따르면 헌법재판은 중립적 기관을 통해서 사법절차에 따라 이루어지므로 사법작용이라고 한다.[1] 헌법재판소는 오로지 법관 자격이 있는 사람으로만 구성된다(헌법 제111조 제2항). 그리고 헌법재판소 재판관의 독립은 보장되고, 헌법재판소 재판관은 오로지 헌법과 법률에만 구속되며(헌법재판소법 제4조), 헌법재판소 재판관은 사법절차를 통해서 구속력 있는 결정을 내린다(특히 헌법재판소법 제40조 참조). 이 견해는 이러한 헌법재판소의 특징이 사법 개념에 합치한다고 한다. 그리고 헌법 제101조 제1항이 법원에 사법권을 부여하기는 하지만, 이 조항은

---

1) 계희열, 「헌법재판과 국가기능」, 『헌법재판의 회고와 전망 ─창립 10주년 기념세미나─』, 헌법재판소, 1998. 206쪽; 김선택, 「국가기능체계에 있어서 헌법재판소의 역할과 한계 ─ 국가조직관련 헌법재판소판례의 분석과 평가 ─」, 『공법연구』 제33집 제4호, 한국공법학회, 2005, 185~188쪽; 김철수, 『학설·판례 헌법학(전정신판)(중)』, 박영사, 2009, 1085쪽; 김학성, 『헌법학원론(전정2판)』, 피앤씨미디어, 2018, 1120~1121쪽; 남복현, 「법률의 위헌결정의 효력에 관한 연구」, 한양대학교 법학박사학위논문, 1994, 12~14쪽; 박승호, 「헌법재판의 본질과 한계」, 고려대학교 법학박사학위논문, 1991, 36~37쪽; 같은 사람, 「헌법 제111조」, 『헌법주석[법원, 경제질서 등]』, 경인문화사, 2018, 1207~1208쪽; 박일경, 『제6공화국 신헌법』, 법경출판사, 1990, 563~564쪽(그러나 민중소청에 의한 법률에 대한 추상적 규범통제의 권력이나 작용은 입법·행정·사법의 어느 부분에도 속하지 아니하는 독특한 국가권력이나 국가작용이라고 한다); 방승주, 「국가배상법 제2조 제1항 단서에 대한 한정위헌결정의 기속력」, 『인권과 정의』 제304호, 한국변호사협회, 2001. 12., 110~111쪽; 성낙인, 『헌법학(제18판)』, 법문사, 2018, 747~748쪽; 성낙인/이효원/권건보/정　철/박진우/허진성, 『헌법소송론』, 법문사, 2012, 8~10쪽; 신　평, 『헌법재판법(전면개정판)』, 법문사, 2011, 16~25, 60쪽; 이성환, 「헌법재판소 결정의 효력에 관한 연구」, 서울대학교 법학박사학위논문, 1994, 13~19쪽; 이욱한, 「헌법재판과 법과 정치」, 『헌법논총』 제3집, 헌법재판소, 1992, 470~471쪽; 이준일, 「헌법재판의 법적 성격」, 『헌법학연구』 제12권 제2호, 한국헌법학회, 2006, 314쪽; 같은 사람, 『헌법학강의(제6판)』, 홍문사, 2015, 981쪽; 장영수, 「현행헌법체계상 헌법재판소의 헌법상의 지위」, 『법학논집』 제30집, 고려대학교 법학연구소, 1994, 45~46쪽; 같은 사람, 「헌법재판소 변형결정의 구속력」, 『판례연구』 제9집, 고려대학교 법학연구소, 1998, 57~59쪽; 같은 사람, 『헌법학(제10판)』, 홍문사, 2017, 1042~1044쪽; 전광석, 『한국헌법론(제13판)』, 집현재, 2018, 789~790쪽; 정재황, 「헌법재판소의 구성과 헌법재판소절차상의 문제점 및 그 개선방안」, 『공법연구』 제22집 제2호, 1994, 39~40쪽; 같은 사람, 『헌법재판개론(제2판)』, 박영사, 2003, 27~28쪽; 같은 사람, 『신헌법입문(제8판)』, 박영사, 2018, 812쪽; 최희수, 「헌법재판의 본질과 헌법재판소의 헌법상 편제」, 『공법학연구』 제9권 제4호, 한국비교공법학회, 2008, 169~171쪽; 홍성방, 『헌법학(하)(제3판)』, 박영사, 2014, 317쪽; 같은 사람, 『헌법소송법』, 박영사, 2015, 11~20쪽.

헌법재판이 사법이 아니라는 근거가 되지 못한다고 한다. 이 조항은 현대 권력분립
원리를 따라 법원이 사법 기능을 독점한다는 것으로 이해될 수 없기 때문이라고 한
다. 또한, 헌법재판이 헌법의 불명확성과 개방성 때문에 다른 사법재판보다 더 많
은 형성적 요소가 있더라도, 구체화와 입법은 같지 않다고 한다. 그 밖에 일반사법
도 최소한 부분적으로 법의 발전과 형성에 참여한다고 한다. 따라서 헌법재판이 새
로운 가치나 규범을 창조하지 않고 기존 규범에 구속되는 한, 헌법재판은 사법작용
이라고 한다. 헌법재판소도 자신을 사법기관의 일종으로 본다.[2]

2. 정치적 사법작용설

정치적 사법작용설은 헌법재판이 사법적 성격뿐 아니라 정치적 성격도 있다고
주장한다.[3] 이 견해를 따르면 헌법재판은 사법작용의 개념적 징표를 충족하므로 일
종의 사법작용이지만, 헌법은 정치성이 강한 규범이므로 그 재판도 정치형성적이
고, 그 판결이나 결정의 내용을 국가가 강제로 집행하기 곤란하다는 특성이 있다고
한다. 그리고 헌법재판은 그 정치적 성격으로 말미암아 본질적으로 사법기능에 해
당하여도 그 법적 성격은 '정치적 사법기능'으로 표현할 수 있다는 견해도 있다.[4]

그러나 정치와 사법이 본질적으로 다른 개념이므로, 이 견해는 헌법재판의 본질
을 모호하게 만든다. 그리고 정치적 사법이 무엇인지는 헌법재판의 정치적 성격을
강조한다는 것을 제외하고는 확인하기 어렵다. 또한, 헌법재판에 정치적 성격이 있
는 것이 아니라 헌법재판의 심사기준, 즉 헌법과 헌법재판의 심판 대상이 정치적
성격이 있다. 따라서 헌법재판의 정치적 성격에서 헌법재판 자체가 정치적 성격이

---

2) 헌재 1994. 8. 31. 92헌마126, 판례집 6－2, 176, 192; 헌재 2004. 5. 14. 2004헌나1, 판례집 16－1,
  609, 625.
3) 권영성, 『헌법학원론(개정판)』, 법문사, 2010, 1116~1117쪽; 양 건, 『헌법강의(제7판)』, 법문사,
  2018, 1378~1379, 1306쪽(1302쪽에서 헌법재판은 입법작용의 성격도 있다고 한다); 정연주, 『헌법
  소송론』, 법영사, 2015, 6~7쪽. 문홍주, 『제6공화국 한국헌법』, 해암사, 1988, 595~596쪽도 비슷한
  견해이다("헌법재판소가 심판기관이고 헌법과 법률이 신분을 보장하는 법관으로 구성되기 때문에 3
  권분립하에서는 하나의 독립한 대법원과 같은 자주적인 법원이라고 말할 수 있으나, 그 관장사항이
  광범위하여 국가의 중요문제를 정치적으로 결단을 내리게 되어 헌법보장기능을 담당하고 있어서 일
  반 법원과는 다르다. 하나의 정치적 기관이라는 성격도 아울러 가지고 있다."). 그리고 헌법재판소
  는 일반 법원과 함께 사법 일부를 담당하는 사법기관이지만, 그 권한에 속하는 사항이 고유한 의미
  의 사법이 아니고 정치적 성격의 사건인 점이 다르므로 정치적 사법기관이라는 견해도 있다(구병삭,
  『신헌법원론(개정판)』, 박영사, 1996, 1193쪽). 그 밖에 헌법재판소의 헌법적 지위 중 하나로 정치적
  사법기관을 드는 견해도 있다(김학성, 『헌법학원론(전정2판)』, 피앤씨미디어, 2018, 1127~1128쪽).
4) 한수웅, 『헌법학(제8판)』, 법문사, 2018, 1375~1376쪽; 한수웅/정태호/김하열/정문식(한수웅 집필),
  『주석 헌법재판소법』, 헌법재판소 헌법재판연구원, 2015, 12~16쪽.

있다는 것이 바로 도출되지 않는다. 이러한 점에서 정치적 사법작용설은 독자적 견
해로 인정받기 어렵다.[5]

3. 제4의 국가작용설

제4의 국가작용설은 헌법재판을 입법·사법·행정 등 모든 공권력을 통제대상으
로 하는 제4의 국가작용으로 이해한다.[6] 이 견해를 따르면 헌법재판을 통해서 달성
하려는 헌법실현 목적에 비추어 보면, 헌법재판이 비록 사법적인 형태로 이루어지
더라도 그것은 하나의 수단에 불과하고 헌법재판의 본질은 아니라고 한다. 헌법재
판은 헌법해석을 통해서 이루어지고 헌법해석은 법인식기능이지만, 헌법재판을 위
한 헌법해석은 그 자체가 목적이 아니라 헌법실현 수단에 불과하므로 헌법재판의
본질은 수단이 아닌 목적에서 찾아야 한다고 한다. 따라서 헌법재판은 그 기능과
목적이 권력(입법·행정·사법)통제를 통한 헌법실현이므로, 헌법재판은 헌법실현을
위해서 마련된 제4의 국가작용이라고 한다. 헌법재판을 재판작용·입법작용·정치
작용의 복합적 성질이 있는 제4의 국가작용으로 보면서 한국의 권력분립체계를 4
권분립으로 볼 수 있다는 견해도 있다.[7]

4. 소결 - 특별한 법원

(1) 판단기준

헌법재판소가 사법에 관한 장에 규정되었거나 헌법에 실정법적으로 헌법재판을
사법권으로 규정하였다는 것만으로, 헌법재판이 사법작용에 속한다는 것이 명확하
게 증명된 것으로 볼 수 없다. 마찬가지로 헌법재판을 독립된 장에 규정하였으므로
헌법재판이 사법작용이 아니라 특별한 헌법적 성격이 있는, 고유한 독립적 기능으
로 볼 수 있다는 해석도 바로 받아들일 수 없다.[8] 헌법 조항은 헌법재판소의 지위

---

5) 비슷한 견해: 김하열, 『헌법소송법(제3판)』, 박영사, 2018, 17쪽.
6) 안용교, 『한국헌법(전정판)』, 고시연구사, 1989, 1008쪽; 이기철, 「헌법재판은 순수한 사법작용인
   가?」, 『현대공법이론연구』(금촌 육종수박사 정년기념논문집), 금촌 육종수박사 정년기념논문집 간
   행위원회, 2002, 234~236쪽; 조홍석, 「위헌법률심판제도(상)」, 『고시연구』 제21권 제12호(통권 제
   249호), 고시연구사, 1994. 12., 166~167쪽; 허 영, 『헌법이론과 헌법(신8판)』, 박영사, 2017, 1022~
   1023쪽; 같은 사람, 『한국헌법론(전정14판)』, 박영사, 2018, 893~894쪽; 같은 사람, 『헌법소송법론
   (제13판)』, 박영사, 2018, 20~21쪽.
7) 정종섭, 『헌법소송법(제8판)』, 박영사, 2014, 9~20, 83~85쪽; 같은 사람, 『헌법학원론(제12판)』, 박
   영사, 2018, 1037~1043, 1476쪽.
8) 같은 견해: 김선택, 「국가기능체계에 있어서 헌법재판소의 역할과 한계 - 국가조직관련 헌법재판
   소판례의 분석과 평가 -」, 『공법연구』 제33집 제4호, 한국공법학회, 2005, 186쪽; 김하열, 『헌법소

를 판단하는 중요한 근거 중의 하나이기는 하지만, 유일하거나 절대적인 근거는 아니기 때문이다. 헌법재판소는 독일 기본법 제92조[9]와 같은 헌법 조항을 통해서 단지 법원으로 추정될 수 있을 뿐이다. 그리고 한국 헌법 제6장처럼 헌법재판을 독립한 장에 규정하는 것은 헌법재판소가 독립한 국가기관이라는 점을 강조할 뿐이다. 헌법재판소는 자신을 법원으로 규정하는 헌법 조항 이외에 법원의 실질이 있어야 비로소 법원으로 인정될 수 있다. 따라서 헌법재판소의 실질이 구체적으로 검토되어야 한다.

(2) 실질적 사법인 헌법재판

'실질적 사법'은 중립기관, 즉 법관이 특별히 규정된 절차에서 실정법을 적용하여 내리는, 사안에 대한 최종적인 결정이다.[10] 헌법재판은 중립기관인 헌법재판소 재판관이 헌법재판소법이 규율하는 절차에 따라 헌법을 적용하여 사안에 대한 최종적인 결정에 이르는 판단이므로, 헌법재판은 실질적 사법에 속한다.[11] 다루는 대상

송법(제3판)』, 박영사, 2018, 16쪽; 홍성방, 『헌법소송법』, 박영사, 2015, 16쪽; Klaus Stern, Das Staatsrecht der Bundesrepublik Deutschland, Bd. Ⅱ, München 1980, S. 943.

9) "사법권은 법관이 담당한다. 사법권은 연방헌법재판소, 독일 기본권에 규정된 연방법원과 주법원이 행사한다."

10) Konrad Hesse, Grundzüge des Verfassungsrechts der Bundesrepublik Deutschland, 20. Aufl., Heidelberg 1995, Rdnr. 547 ff. (콘라드 헷세, 계희열 역, 『통일독일헌법원론』, 박영사, 2001, 337~339쪽); Klaus Stern, Das Staatsrecht der Bundesrepublik Deutschland, Bd. Ⅱ, München 1980, S. 898 참조.

11) 헌법재판은 사법의 특성을 모두 충족한다: ① 사건성 – 사법작용은 구체적인 법적 분쟁 발생을 전제로 한다. 즉 사법의 대상은 구체적이고 현실적인 권리·의무에 관한 분쟁이다. 헌법재판은 구체적인 헌법분쟁을 대상으로 하므로 사건성이 긍정된다. 추상적 규범통제는 이러한 사건성이 부정되는 것처럼 보이지만, 국가기관 사이에서 법률의 위헌성에 관한 다툼이 있다는 점에서 권한쟁의심판과 비슷한 모습을 띠는 것으로 볼 수 있어 사건성을 부정하기는 어렵다. ② 수동성 – 법적 분쟁이 현재화하였다는 사실만으로 사법권이 발동되는 것은 아니다. 사법작용은 당사자가 소를 제기할 때만 발동될 수 있다. 헌법재판에서도 당사자의 심판 청구가 있을 때만 헌법재판소가 심판할 수 있으므로(헌법재판소법 제41조, 제48조, 제55조, 제61조, 제68조) 수동성은 인정된다. ③ 판단의 독립성 – 사법작용은 독립적 지위가 있는 기관이 제3자적 입장에서 수행하여야 할 작용이다. 사법에서 법의 판단과 선언은 엄정하고 공정한 것이어야 하므로, 신분이 보장된 법관이 누구의 명령이나 지시에도 따르지 아니하고 오로지 법과 양심에 따라서만 할 것이 요청된다. 헌법재판소는 법관 자격이 있는 9명의 재판관으로 구성되고(헌법 제111조 제2항, 헌법재판소법 제5조 제1항), 헌법재판소 재판관은 정당에 가입하거나 정치에 관여할 수 없으며(헌법 제112조 제2항, 헌법재판소법 제9조), 헌법재판소 재판관은 탄핵이나 금고 이상의 형 선고에 따르지 아니하고는 파면되지 아니한다(헌법 제112조 제3항, 헌법재판소법 제8조). 그리고 헌법재판소 재판관은 겸직이 금지되고(헌법재판소법 제14조), 헌법과 법률에 의하여 그 양심에 따라 독립하여 심판한다(헌법재판소법 제4조). 따라서 판단의 독립성도 보장된다. ④ 절차의 특수성 – 사법절차는 객관성과 공정성을 담보하기 위해서 특별하게 규정된다. 따라서 사법절차는 엄격하고 명확하게 형성된다. 헌법재판소법은 일반 사법절차가 (헌법재판의 성질에 어긋나지 아니하는 한도에서) 헌법재판에 준용된다는 것을 전제로 일반 사법절차와 다른 심판절차가 필요할 때 특별규정을 둔다(헌법재판소법 제22조 이하, 특히 제40조 참조).

이 일반 사법재판처럼 구체적 사건이 아니라 주로 구체적 사안에 적용되는 법규범이라는 점에서 헌법재판은 일반 사법과 다른 점이 있다. 그러나 민사소송 및 형사소송과는 확연히 다른 심판 대상을 다루는 행정소송이 사법이라는 점에 의심이 없는 것처럼 헌법재판이 사법인지를 결정하는 기준은 대상이 아니라 절차와 결정의 효력이다.[12] 따라서 심판 대상의 특수성은 헌법재판의 사법성을 부정하는 결정적인 근거가 되지 못한다. 부분적인 차이 때문에 몇몇 눈에 띄는 특징(예를 들어 통제대상의 추상성에 따른 통제밀도 차이, 기판력을 넘어서는 일반적 구속성이 있는 위헌결정의 효력)이 드러난다는 점을 고려하더라도, 헌법재판은 실질적 사법의 개념적 표지를 모두 충족하므로, 헌법재판을 실질적 사법으로 분류하는 것은 어렵지 않다.[13]

(3) 헌법재판의 정치적 성격

다른 사법재판과 구별되는 헌법재판의 특수성은 그 유일한 심사기준과 그 심판 대상에서 비롯한다.[14] 헌법재판[한국 헌법에서 탄핵심판(헌법재판소법 제48조)과 권한쟁

그러므로 헌법재판에서 절차의 특수성은 충분히 보장된다. ⑤ 법기속성 – 사법작용은 무엇이 법인지를 판단하고 선언하는 작용이다. 따라서 사법은 언제나 법에 구속된다. 그리고 이러한 구속을 통해서 사법은 민주적 정당성을 부여받을 수 있다. 헌법재판소 재판관은 헌법과 법률에 따라 심판하여야 한다(헌법재판소법 제4조). 그래서 헌법재판에서 법기속성은 당연히 요구된다. ⑥ 보수성 – 사법작용은 분쟁해결을 통해서 현존하는 법질서를 유지하고 법적 평화를 유지하기 위한 작용이다. 집행작용이 새로운 질서형성을 위한 적극적 작용이라면, 사법은 현재 분쟁을 해결함으로써 법질서를 유지하려는 현상유지적인 소극적 작용이다. 헌법재판은 법을 정립하는 것이 아니라 이미 존재하는 법의 위헌성을 확인하는 것에 그친다. 이러한 점에서 헌법재판의 보수성을 부정할 수 없다(이상 허완중, 「헌법재판소의 지위와 민주적 정당성」, 『고려법학』 제55호, 고려대학교 법학연구원, 2009, 30쪽 주 30).

12) 같은 견해: 정재황, 「헌법재판소의 구성과 헌법재판소절차상의 문제점 및 그 개선방안」, 『공법연구』 제22집 제2호, 1994, 39쪽.

13) 같은 견해: 김선택, 「국가기능체계에 있어서 헌법재판소의 역할과 한계 – 국가조직관련 헌법재판 소판례의 분석과 평가 –」, 『공법연구』 제33집 제4호, 한국공법학회, 2005, 186쪽; 김하열, 『헌법소 송법(제3판)』, 박영사, 2018, 15~16쪽.

14) 같은 견해: Ernst–Wolfgang Böckenförde, Verfassungsgerichtsbarkeit: Strukturfragen, Organisation, Legitimation, in: NJW 1999, S. 11 f.; Christoph Degenhart, Staatsrecht Ⅰ – Staatsorganisationsrecht, 34. Aufl., Heidelberg 2018, Rdnr. 808; Friedrich Klein, Bundesverfassungsgericht und richterliche Beurteilung politischer Fragen, Münster 1966, S. 19 f.; Stefan Korioth, Die Bindungswirkung normverwerfender Entscheidungen des Bundesverfassungsgerichts für den Gesetzgeber, in: Der Staat 30 (1991), S. 563 (슈테판 코리오트, 허완중 옮김, 「입법자에 대한 연방헌법재판소 규범폐기재 판의 기속력」, 『헌법판례연구』 제12권, 집현재, 2011, 261쪽); Otwin Massing, Recht als Korrelat der Macht?, in: Peter Häberle (Hrsg.), Verfassungsgerichtsbarkeit, Darmstadt 1976, S. 413; Christian Pestalozza, Verfassungsprozeßrecht, 3. Aufl., München 1991, § 1 Rdnr. 1; Wiltraut Rupp–von Brünneck, Verfassungsgerichtsbarkeit und gesetzgebende Gewalt – Wechselseitiges Verhältnis zwischen Verfassungsgericht und Parlament, in: AöR 102 (1977), S. 3; Wolf–Rüdiger Schenke, Der Umfang der bundesverfassungsgerichtlichen Überprüfung, in: NJW 1979, S. 1322; Klaus Stern, Das Staatsrecht der Bundesrepublik Deutschland, Bd. Ⅱ, München 1980, S. 348, 944; Gregor Stricker,

의심판(헌법재판소법 제61조 제2항) 그리고 법원의 명령과 규칙에 대한 위헌·위법심사(헌법 제107조 제2항)와 선거소송, 국민투표소송 제외]의 유일한 심사기준은 헌법이다. 헌법은 정치적 세력 사이의 투쟁과 타협의 산물이고 정치적 질서를 규율하는 통제규범이므로 정치적 성격이 있으며, 헌법재판의 심사대상은 정치적 분쟁이다. 따라서 헌법재판소는 자기 결정에서 정치적 요소를 고려하여야 하고, 헌법재판소 결정은 정치에 영향을 미칠 수밖에 없다. 그러나 이것이 헌법재판절차와 헌법재판소 결정의 효력을 다른 사법재판절차와 재판의 효력과 다르게 하거나 구별 짓게 하지는 않는다. 즉 부분적인 수정이나 보완이 있거나 필요할 수는 있지만, 헌법재판절차와 헌법재판소 결정의 효력은 본질적인 측면에서 일반 사법재판절차 및 재판의 효력과 다르지 않다. 그리고 헌법재판보다 그 범위가 더 좁고, 그 강도가 낮기는 하지만, 다른 사법재판(예를 들어 국가보안법과 관련된 형사소송)도 정치적 성격이 있다는 것을 부정할 수 없다. 따라서 헌법재판의 정치적 성격을 헌법재판의 특별한 고유성격으로 볼 수도 없다.

　헌법 조항은 너무 자주 일반적이고 불완전하며 추상적이다. 그래서 헌법해석은 헌법 조항 대부분에서 사비니(C. F. Savigny) 이후 발전한 전통적인 해석에 그치는 것이 아니라 후버(H. Huber)가 제창하여[15] 받아들인 개념인 '구체화'에 이르게 된다. 다른 법원과 국가기관도 헌법 구체화에 참여하므로, 헌법재판소가 이러한 구체화 과제를 독점하는 것은 아닐지라도, 헌법재판소는 최종적인 헌법해석자이므로, 헌법재판은 헌법 구체화에서 가장 중요한 자리를 차지한다.[16] 헌법을 구체화할 때 창조적이고 법형성적이며 계속발전적인, 즉 형성적 요소가 증가할 수밖에 없다. 이 것을 정치적인 것으로 볼 수도 있다. 그러나 헌법재판은 주어진 법적 기준, 즉 헌법에 구속되므로, 헌법재판은 입법자나 행정부의 행위와는 아주 다른 의미에서 정치적이다. 헌법재판은 여전히 법내재적인 것에 머물고, 일반적으로가 아니라 오로지 사항별로 법창조적일 뿐이다. 구체적 사건을 해결하려고 헌법재판소는 추상적 법에

Subjektive und objektive Grenzen der Bindungswirkung verfassungsgerichtlicher Entscheidungen gemäß § 31 Abs. 1 BVerfGG, in: DÖV 1995, S. 983; Rüdiger Zuck, Das Bundesverfassungsgericht als Dritte Kammer, in: ZRP 1978, S. 191. 재판의 일종으로서 사법작용에 속하는 헌법재판이 다른 법규범에 비해서 정치성이 강한 헌법의 특성 때문에 다른 통상적인 민·형사재판과 다른 특별한 성격이 있다는 견해도 있다(양　건, 『헌법강의(제7판)』, 법문사, 2018, 1378쪽).

15) Hans Huber, Probleme des ungeschriebenen Verfassungsrechts, in: Rechtsquellenprobleme im schweizerischen Recht: Festgabe der Rechts- und Wirtschaftswissenschaftlichen Fakultät der Universität Bern für den schweizerischen Juristenverein, Bern 1955, S. 109.
16) Klaus Stern, Verfassungsgerichtsbarkeit und Gesetzgeber, Opladen 1997, S. 17 참조.

서 구체적 법을 형성해 낼 뿐이다. 그리고 헌법재판소 재판관은 어떤 새로운 가치
나 법규범을 창조해 낼 수 없다. 헌법재판소 재판관은 단지 확정된 가치와 법규범
안에서 해석하고 재판하며 추론할 뿐이다.[17] 그래서 국가권력에 대한 헌법재판소
통제는 합헌성 그리고/또는 합법성의 심사에 국한된다.[18]

(4) 소극적 입법자인 헌법재판소?

법치국가의 권력분배에 따라 제3의 권력은 법규범 해석에 관한 사법분쟁을 심
판한다. 그에 상응하여 헌법재판소는 헌법분쟁에 관해서 결정을 내린다.[19] 헌법재
판소는 규범통제에서, 특히 위헌법률 폐기에서 입법자 권한에 개입할 수 있다. 이
때 헌법재판소는 소극적 입법권을 행사하는 것처럼 보인다. 그러나 헌법재판소 행
위는 입법행위와 비슷한 성격이 있음을 부인할 수는 없지만, 그것은 헌법재판소가
법원 이외에 다른 지위가 있어서가 아니라 헌법재판의 심사기준이 헌법이라는 점에
서 비롯하는 것에 불과하다. 헌법재판에서도 다른 사법재판처럼 사법적 3단논법에
따라 대전제인 법규범을 해석하고 법규범에 사안을 포섭한다. 헌법재판의 특수성은
사안이 실제 사건이 아니라 법규범이라는 점에 있다.[20] 헌법재판소는 개별 사건이
아니라 법규범에 관해서 결정하고, 사안이 아니라 법규범을 근거로 법규범을 심사
하지만, 소극적 입법자가 아니라 여전히 사법기관이다. 헌법재판소는 소극적 입법
자와는 달리 자기 의지에 따라 법률을 폐기하는 것이 아니라 법률의 위헌성만을 확
인하기 때문이다.[21] 법률의 위헌성은 창조되는 것이 아니라 확인될 뿐이다.[22] 헌법
재판소는 자기 규범통제권한 범위 안에서 적법한 심판 청구가 있을 때만 심판할 수
있으므로,[23] 특히 헌법재판소 과제는 최적의 결과를 찾는 것이 아니라 법률의 합헌
성을 심사하는 것이므로, 헌법재판소는 어떠한 입법기능도 행사하지 않는다.[24] 따
라서 헌법재판은 법정립으로 표징이 되는 자유롭고 창조적인 법규범 형성이 아니

17) Klaus Stern, Das Staatsrecht der Bundesrepublik Deutschland, Bd. Ⅱ, München 1980, S. 946 f.
18) Detlef Merten, Demokratischer Rechtsstaat und Verfassungsgerichtsbarkeit, in: DVBl. 1980, S. 777.
19) Ernst Benda, Bundesverfassungsgericht und Gesetzgeber im dritten Jahrzehnt des Grundgesetzes,
    in: DÖV 1979, S. 466 참조.
20) Klaus Stern, Das Staatsrecht der Bundesrepublik Deutschland, Bd. Ⅱ, München 1980, S. 950 참조.
21) Detlef Merten, Demokratischer Rechtsstaat und Verfassungsgerichtsbarkeit, in: DVBl. 1980, S. 776 f.
22) Detlef Merten, Demokratischer Rechtsstaat und Verfassungsgerichtsbarkeit, in: DVBl. 1980, S. 776.
23) Peter Häberle, Grundprobleme der Verfassungsgerichtsbarkeit, in: ders. (Hrsg.), Verfassungsgerichtsbarkeit,
    Darmstadt 1976, S. 8 f.
24) Fritz Ossenbühl, Bundesverfassungsgericht und Gesetzgebung, in: Peter Badura/Horst Dreier (Hrsg.),
    Festschrift 50 Jahre Bundesverfassungsgericht: Verfassungsgerichtsbarkeit − Verfassungsprozeß, Bd.
    I, Tübingen 2001, S. 36.

다.[25] 그래서 헌법재판소는 언제나 입법자의 형성 재량을 존중하여야 한다. 그러므로 헌법재판소는 법률의 위헌성을 확인하면 그 법률을 다시 형성하거나 개선할 수 없고, 단지 그 법률을 폐기하거나 그 위헌성을 소극적으로 선언할 수 있을 뿐이다.[26] 결국, 헌법재판소가 법률을 폐기할 때, 헌법재판소는 기존 법률을 상반된 행위를 통해서 형성적으로 제거하는 것을 목적으로 하는 소극적 입법자가 아니다.[27] 소극적 입법자처럼 보이는 헌법재판소 외형은 오로지 헌법재판소 결정의 법적 효과 [특히 법률의 효력을 상실시키는 법률요건적 효력(이나 형성력 혹은 법률적 효력)]일 뿐이다.

(5) 헌법 제101조 제1항과 제111조 제1항의 의미

헌법 조항이 어떤 국가권력을 특정 국가기관에 부여한다고 규정한다면, 그것은 그 국가기관이 부여된 국가권력을 예외 없이 독점한다는 것을 뜻하는 것이 아니라 그 국가기관을 중심으로 그 국가권력이 행사된다는 것만을 의미할 뿐이다. 그래서 헌법 제101조 제1항에 따라 사법권이 법관으로 구성된 법원에 부여된다면, 이것은 법원이 사법권을 독점한다는 것이 아니라 먼저 법원이 사법권의 핵심영역은 반드시 행사하여야 하고, 핵심영역 밖에 있는 사법권은 헌법에 다른 규정이 없는 한 원칙적으로 법원에 부여된다는 것만을 뜻한다. 헌법재판권은 사법권의 핵심영역에 해당하지 않고, 헌법재판소에 관한 규정을 헌법에 있는 다른 규정으로 볼 수 있다. 헌법 제111조 제1항에 따라 심사기준이 헌법인 사법권은 독립한 국가기관인 헌법재판소에 부여된다. 이러한 맥락에서 일반 사법권을 규율하는 헌법 제101조 제1항은 일반규정이고, 헌법재판소 권한을 규율하는 헌법 제111조 제1항은 특별규정이다. 이러한 관계에 따라 헌법재판소는 원칙적으로 헌법에서 열거된 사법권만을 담당하고, 이러한 권한은 법원의 권한에서 제외된다. 이러한 점에 비추어 헌법에서 사법권 분배를 달리 규정하는 것은 오로지 헌법정책적일 뿐이다. 따라서 헌법 제101조 제1항을 헌법재판이 사법에 속하고 헌법재판소가 법원이라는 것을 부정하는 근거로 삼기 어렵다.[28]

---

25) Klaus Stern, Das Staatsrecht der Bundesrepublik Deutschland, Bd. Ⅱ, München 1980, S. 950.

26) Karl August Bettermann, Richterliche Normenkontrolle als negative Gesetzgebung?, in: DVBl. 1982, S. 94.

27) Klaus Schlaich, Das Bundesverfassungsgericht – Stellung, Verfahren, Entscheidung, in: JuS 1982, S. 599.

28) 같은 견해: 김선택, 「국가기능체계에 있어서 헌법재판소의 역할과 한계 – 국가조직관련 헌법재판소판례의 분석과 평가 –」, 『공법연구』 제33집 제4호, 한국공법학회, 2005, 187쪽.

(6) 제4의 권력인 헌법재판?

헌법재판소 권한은 일반 사법권에 속하지 않으므로, 헌법재판은 헌법에 따라 새롭게 창출된 (정치적 성격이 있는) 특별한 국가권력이라는 주장이 제기될 수도 있다. 이러한 주장을 따르면 헌법재판은 사법에 속하지 않으므로, 헌법재판소는 법원이 아니고 헌법재판권은 입법권, 집행권, 사법권 어디에도 속하지 않는 제4의 권력으로 볼 수 있다. 그러나 이러한 견해는 헌법재판 도입을 통해서 수평적 권력분립을 확대하고 입법권, 집행권, 사법권 사이의 견제와 균형을 실질적으로 실현하는 현대 권력분립원리에 합치될 수 없는 것으로 보인다. 사법이 헌법재판을 포함함으로써 전통적으로 열세에 있던 사법권이 입법권과 집행권에 버금가는 지위를 확보할 수 있고, 국가지도적 결정에 참여할 수 있다. 즉 사법권은 오로지 헌법재판을 통해서만 국가의사 형성과정에 관여할 수 있다. 헌법재판권을 제4의 권력으로 본다면, 일반 사법권과 헌법재판권을 포괄하는 사법권은 더는 있을 수 없고, 단지 국가지도적 결정에 참여할 수 없는 (따라서 입법과 맺는 관계에서 상대적 열위에 있는) 전통적인 법원과 그 성격과 지위를 의심받는 (정치유사적) 기관인 헌법재판소가 병존하게 된다. 이러한 상황에서 법원과 헌법재판소가 서로 대립한다면, 법원은 중립성과 공정성에 대한 신뢰가 훼손될 것이고, 헌법재판소는 최종적 헌법해석기관으로서 가지는 권위가 손상될 것이다.29) 그리고 순수사법과 제4의 권력의 차이는 명확하지 않다.30) 헌법재판의 심판 대상이 헌법분쟁이므로, 헌법재판이 다른 세 국가권력 모두를 통제한다는 점을 제외하고, 순수사법과 제4의 권력의 차이점을 찾기 쉽지 않다. 심판 대상은 다양하고 늘 새롭게 발견될 수 있으므로, 심판 대상은 국가기관이 행사하는 국가권력의 성질을 판단하는 결정적 기준이 될 수 없다. 따라서 헌법재판은 행정소송처럼 사법에 속한다고 보아야 할 것이다. 이 견해에서 제시하는 헌법재판의 특수성 중 상당 부분[예를 들어 직권탐지주의, 기속력, 법률요건적 효력(이나 형성력 혹은 법률적 효력) 등]을 행정소송에서도 찾아볼 수 있다는 점도 이러한 결론을 뒷받침한다. 또한, 제4의 국가작용이 무엇인지가 분명하지 않아서 사법작용과 달리 헌법재판의 한계를 설정하는 기준을 제공하지 못한다는 점도 지적될 수 있다. 이러한 점에서 제4의 국가작용설은 그 독자성을 인정받기 어렵다.

---

29) 같은 견해: 김선택, 「국가기능체계에 있어서 헌법재판소의 역할과 한계 ─ 국가조직관련 헌법재판소판례의 분석과 평가 ─」, 『공법연구』 제33집 제4호, 한국공법학회, 2005, 187쪽.
30) 홍성방, 『헌법소송법』, 박영사, 2015, 19~20쪽.

(7) 소결

헌법재판이 정치적 성격을 띠는 것은 헌법재판의 심사기준인 헌법과 그 심판대상이 정치성을 띠기 때문이다. 그리고 헌법재판을 통해서 법률이 폐기되기는 하지만, 이것은 헌법재판의 결과에 불과하므로 이것을 근거로 헌법재판을 입법작용으로 볼 수도 없다. 또한, 헌법재판을 제4의 국가작용으로 보려면 기존 세 국가권력과 구별되는 제4의 국가작용의 명확한 구체적 실질이 제시되어야 하는데, 그러한 실질을 찾기 어렵다. 따라서 헌법재판은 심사기준이 헌법인 특별한 사법작용으로 보는 것이 타당하다고 생각한다. 그에 따라 헌법재판소는 특별한 법원으로 보아야 할 것이다.

헌법재판소의 정치성보다 그 사법기관성을 강조하는 것은 헌법재판의 한계를 설정할 때 명확한 기준을 제시할 수 있다. 특히 헌법재판의 기능적 한계는 헌법재판소의 사법기관성을 출발점으로 삼는다는 점에서 헌법재판소의 사법기관성이 갖는 한계설정기능을 명확하게 확인할 수 있다. 그에 반해서 헌법재판소의 사법기관성보다 그 정치성을 강조하는 것은 정치과정을 거쳐 입법 형태로 결론이 난 문제를 다시 헌법재판소가 심사하는 의미를 설명하기 어렵게 하거나 적어도 퇴색시킨다. 특히 정치과정에서 포착하지 못하거나 소홀히 한 부분을 다시 검토한다는 점에서 소수자 보호를 중요한 기능으로 삼는 헌법재판은 정치기관이라는 점보다는 통제기관이라는 점이 강조되어야 할 것이다. 물론 헌법재판소가 법원이라는 점이 헌법재판의 정치성이 중요하지 않거나 무시될 수 있다는 것을 뜻하지는 않는다. 강한 정치성 때문에 헌법재판소가 일반 법원과 구별되는 '특별한' 법원일 수밖에 없다는 점에서 일반 사법재판에서 논의되는 내용이 그대로 헌법재판에 적용될 수 없고, 그것이 헌법재판에 수용되는 과정에서 헌법재판의 정치성에 비추어 수정되거나 보완되어야 할 것이다.

결론적으로 헌법재판과 관련하여 헌법을 비롯한 실정법을 해석할 때, 헌법재판소는 법원이라는 점에서 출발하면서 헌법재판의 특수성을 고려하여 수정되거나 추가되어야 할 사항이나 내용이 없는지를 면밀하게 검토하여야 한다. 특히 헌법재판소의 권한과 한계, 특히 헌법재판소 결정의 효력을 확정할 때, 일반적으로 논의되는 사법재판의 효력과 사법적 한계를 살펴보는 것은 필수적이다. 그리고 헌법개정 논의에서 주장되는 헌법재판소 폐지와 대법원의 헌법재판 관장은 헌법재판의 특수성을 충분히 살리기 어렵고, 헌법재판소의 정치기관화나 새로운 정치기관의 헌법재판 관장은 헌법재판의 사법작용성을 무시하는 것이다. 따라서 모호하게 규정된 헌

법재판소의 지위를 헌법재판의 본질에 맞게 법원성을 명확하게 규정하는 방향으로
헌법개정이 이루어져야 할 것이다. 즉 헌법재판소가 법원이라는 것을 구체적으로
헌법에 규정하여 법원성에 어긋나는 규정이나 법원성을 의심하게 하거나 그에 관한
오해를 유발하는 규정은 바로잡거나 제거하여야 한다. 그리고 법원성에 걸맞은 중
립성을 확보하는 개별 내용을 헌법에 충분히 담고, 헌법재판절차를 일반 사법절차
에 상응하는 정도로 구체적으로 형성하도록 하는 근거를 마련하여야 한다. 특히 헌
법재판의 특성 때문에 일반 사법재판과 달라지거나 추가되는 부분을 헌법이나 법률
을 통해서 명확하게 밝혀야 할 것이다. 예를 들어 같은 법원인 대법원과 헌법재판
소의 관계를 명확하게 정립하고, 그 사이의 권한 분배를 명확하게 밝히며, 그 기능
에 맞게 대법원에 부여된 최종적 헌법해석권 일부(특히 명령과 규칙에 대한 규범통제
권한)는 헌법재판소로 이관시켜 법질서 통일을 꾀하여야 할 것이다. 그리고 추상적
으로 규정된 헌법재판소 결정의 효력, 특히 법률로 규정된 기속력이나 법률요건적
효력(이나 형성력 혹은 법률적 효력)은 헌법에 구체적으로 규정할 필요가 있다.

Ⅱ. 헌법재판과 일반재판[헌법재판소와 (대)법원의 관계]

1. 헌법재판소에 대한 (대)법원의 영향력

헌법은 대법원장이 3명의 헌법재판소 재판관을 지명하도록 규정하고(헌법 제111
조 제3항), 이것을 통해서 대법원도 헌법재판소 구성에 직접적인 영향력을 미친다.
나아가 헌법재판작용 가운데서도 핵심적인 것으로 일컬어지는 위헌법률심판이 구
체적 규범통제 형태로만 인정되므로, 위헌법률에 대한 법원의 심판 제청은 헌법재
판소의 위헌법률심판절차 개시를 좌우하는 의미가 있다. 그러나 헌법재판소법 제68
조 제2항이 위헌소원을 인정함으로써 이러한 법원의 영향력은 상당히 약화한다. 그
리고 대법원은 헌법재판소가 제정한 헌법재판소규칙의 위헌 여부와 위법 여부를 최
종적으로 심사할 수 있다(헌법 제107조 제2항).

2. (대)법원에 대한 헌법재판소의 영향력

헌법재판소는 위헌법률심판, 대법원규칙에 대한 위헌심사 그리고 법원과 다른
국가기관의 권한분쟁에 대한 결정을 통해서 법원에 대한 통제기능을 행사한다. 그러
나 헌법재판소법이 한국 헌법재판소의 모델이 되었던 독일 연방헌법재판소와 달리
법원의 재판에 대한 헌법소원을 배제하여서(헌법재판소법 제68조 제1항 단서) 법원 활

동의 가장 중요한 부분이 헌법재판소의 통제대상에서 벗어나는 것은 문제가 있다.

3. 헌법재판소와 (대)법원의 구체적 관계

헌법은 제5장에서 대법원과 각급 법원으로 조직되는 법원을 설치하고, 제6장에서는 헌법재판소를 따로 설치함으로써 사법기능을 두 기관에 분장시킨다. 그런데 헌법은 헌법재판소와 법원의 관계에 관해서 구체적으로 규정하지 않는다. 따라서 두 기관 사이의 관계는 명확하지 않다.

헌법은 제101조 제1항에서 "사법권은 법관으로 구성된 법원에 속한다."라고 규정하여 법원에 포괄적인 사법권을 부여한다. 따라서 헌법과 법률에 특별한 규정이 없는 한 법원이 사법권을 행사한다. 한편, 헌법은 제111조에서 헌법재판소가 특별히 관장할 심판사항을 규정하므로 법원은 헌법재판소 심판사항에 관해서는 사법권을 행사할 수 없다는 제한을 받는다. 헌법은 제107조 제1항에서 이것을 구체화하여 "법률이 헌법에 위반되는 여부가 재판의 전제가 된 때에는 법원은 헌법재판소에 제청하여 그 심판에 의하여 재판한다."라고 규정하여, 법률이 헌법에 위반되는지는 법원 스스로 판단할 수 없다. 따라서 법원의 법률해석권은 법률내용에 대한 '위헌심판권'이 제외된 법률해석권을 뜻한다. 법원은 구체적인 사건에서 법률을 해석하여 적용할 때, ① 법률내용이 헌법에 위반되지 아니하도록 해석하여 적용하여야 하고, ② 법문에 따라 법률을 해석하여 일정한 법률내용을 적용하려고 할 때, 그 법률내용이 위헌이라고 의심되면 재판절차를 정지하고 그러한 해석으로 말미암아 도출된 법률내용이 헌법에 합치하는지를 먼저 헌법재판소에 위헌제청하고 나서 헌법재판소 결정에 따라 재판을 하여야 한다. 헌법재판소가 일단 특정한 법률내용에 관해서 위헌이라고 선언하면, 헌법재판소법 제47조 제2항과 제3항을 따라 해당 법률이나 법률조항은 그 효력을 상실하고, 법원은 헌법재판소 위헌결정에 기속되어 위헌으로 결정된 법률이나 법률조항을 구체적인 사건에서 적용할 수 없다(헌법재판소법 제47조 제1항).

헌법재판소 권한쟁의심판과 법원 기관소송의 관계에 관해서는 행정소송법 제3조 제4호 단서에서 "헌법재판소법 제2조의 규정에 의하여 헌법재판소의 관장사항으로 되는 소송(권한쟁의심판)은 행정소송법상의 기관소송에서 제외된다."라고 명문으로 규율한다. 따라서 법원은 헌법재판소 권한쟁의심판 대상이 되는 사항에 관해서는 기관소송 관할권이 배제된다.

헌법재판소의 헌법소원심판절차는 공권력의 행사나 불행사로 말미암아 기본권을 침해받은 사람을 구제하는 절차이다. 따라서 헌법소원심판은 행정청의 위법한 처분 그 밖에 공권력의 행사·불행사로 말미암은 국민의 권리나 이익 침해를 구제하는 행정소송절차와 마찰을 빚을 수 있다. 이에 헌법재판소법은 제68조 제1항에서 헌법소원심판을 청구할 때 다른 법률에 구제절차가 있으면 그 절차를 모두 거친 후가 아니면 청구할 수 없도록 규정한다. 여기서 '다른 법률'에 행정소송법이 포함됨은 물론이다. 그러므로 행정소송절차에서 구제될 수 있는 공권력의 행사나 불행사는 먼저 행정소송절차를 통해서 구제받게 된다. 그에 따라 헌법재판소는 행정소송법과 그 밖의 다른 법률에 따라서 구제되지 아니하는 사항에 관해서만 헌법소원심판권을 행사할 수 있다. 그리고 헌법재판소법 제68조 제1항에서 법원의 재판을 헌법소원심판 대상에서 제외한다. 그러므로 헌법재판소는 법원의 재판에도 헌법소원심판권을 행사할 수 없다. 다만, 이때 법원의 재판에는 헌법재판소가 위헌으로 결정한 법령을 적용함으로써 국민의 기본권을 침해한 재판이 포함되지 아니하므로,[31] 이러한 한도 안에서 법원의 재판에 대해서 심판할 수 있고, 이러한 범위 안에서 법원의 사법권은 제한받는다.

Ⅲ. 헌법재판과 입법(헌법재판소와 입법자의 관계)

1. 헌법재판소에 대한 입법부의 영향력

헌법재판소에 미치는 입법부의 영향력은 헌법재판소 구성에 관한 것과 헌법재판소 활동에 관한 것으로 나누어 볼 수 있다. 먼저 헌법재판소 구성과 관련하여 국회는 9명의 헌법재판소 재판관 중 3명을 선출한다(헌법 제111조 제3항). 그리고 재판관을 임명할 때 국회의 인사청문회를 거친다(국회법 제46조의3, 제65조의2). 비록 독일처럼 입법부에서 헌법재판소 재판관 전원을 선출하지는 않으나,[32] 이처럼 국회가 헌법재판소 재판관 선출에 직접 관여함으로써 헌법재판소 구성에 커다란 영향력을 행사한다. 더하여 국회는 헌법재판소 재판관을 탄핵소추할 수도 있다(헌법 제65조 제1항). 그리고 국회는 (헌법의 테두리 안에서) 헌법재판소법을 제정하고 개정함으로써[33] 헌법재판소의 활동범위와 방식에 관해서도 매우 결정적인 영향력을 행사할

---

31) 헌재 1997. 12. 24. 96헌마172등, 판례집 9-2, 842.

32) 독일 연방헌법재판소법 제5조 제1항에 따라 독일 연방헌법재판소의 재판관은 연방의회와 연방참사원에서 각기 반수씩 선출된다.

33) 이러한 입법부 권한은 헌법재판소의 위헌법률심사권과 미묘한 긴장을 이룰 수 있다. 그러므로 헌법재판소에 관한 법률을 개정할 때 입법부도 특히 신중한 태도를 보여야 한다. 이와 관련하여 예를

수 있고, 탄핵소추를 통해서 헌법재판소의 탄핵심판권 행사에 관여할 수 있다.

2. 입법부에 대한 헌법재판소의 영향력

헌법재판소는 국회의 입법권 행사에 대한 가장 강력한 통제권이 있다. 헌법재판 작용 가운데서도 핵심적인 것으로 꼽히는 위헌법률심사권이 그것이다(헌법 제107조 제1항, 제111조 제1항 제1호). 위헌법률심사는 무엇보다 국회가 다수의 힘을 앞세워 부당한(즉 헌법이 정하는 근본가치에 어긋나는) 입법을 함으로써 국민의 기본권을 침해 하는 것을 예방하거나 구제할 수 있도록 하는 데 그 의의가 있다. 그러나 헌법은 법률이 헌법에 위반되는지가 재판의 전제가 되면 법원이 헌법재판소에 위헌법률심 사를 제청하도록 함으로써(헌법 제107조 제1항) 이른바 구체적 규범통제제도만을 채 택할 뿐이고, 프랑스의 예방적 규범통제(사전적 위헌심사)나 독일의 추상적 규범통제 는 인정하지 않는다. 그러나 법원의 제청권 불행사가 위헌법률심사를 사실상 불가 능하게 만들지 않도록 헌법재판소법 제68조 제2항을 따라서 위헌소원을 제기할 수 있도록 한 것은 의미 있는 것으로 평가된다.[34] 그 밖에도 헌법재판소는 권한쟁의심 판을 통해서 입법부와 다른 기관의 권한분쟁에 대한 결정을 내릴 수 있고, 국회가 소추한 탄핵을 심판함으로써 입법부의 정치적 활동에 대한 견제기능도 한다.

Ⅳ. 사법적극주의와 사법소극주의

사법소극주의(judicial passivism)는 입법부와 집행부의 의사결정은 국민의 법의 식이나 정서에 근본적으로 배치되거나 기존 판례에 명백히 어긋나는 것이 아니라 면, 최대한 존중되어야 한다는 의미에서 사법부가 그에 관한 가치판단을 자제하는 것이 바람직하다고 인식하는 사법철학이나 헌법재판적 철학을 말한다. ① 국민의 선거를 통해서 구성되는 기관도 아니고 국민에게 직접 정치적 책임을 지는 기관도 아닌 사법부가 국민의 대표기관인 의회가 제정한 법률을 무효로 한다는 것은 비민 주적이고(사법부 구성의 비민주성), ② 정치적·경제적 쟁점이라는 성격이 있는 헌법 문제에 관해서 정치나 경제 분야에 전문적 지식이 없는 사법부가 입법이나 행정을

들어 독일에서는 최고의 비상상태인 방위사태에서는 비상입법권을 담당하는 공동위원회의 헌법재 판소법 개정은 헌법재판소 자신이 그 기능을 수행해 나가는 데 필요하다고 인정하는 범위 안에서만 할 수 있다(독일 기본법 제115g조)는 점도 참고할 수 있다.

34) 1972년부터 1987년에 이르기까지의 15년간 법원의 (헌법위원회에 대한) 위헌법률심사 제청이 단 1 건도 없었던 헌정사적 경험이 고려되어 이러한 특별규정이 도입되었다.

심사하고 판단한다는 것은 적절하지 못하며(사법부의 비전문성), ③ 사법부가 고도의 정치성을 띤 다른 국가기관의 행위에 개입함으로써 사법부의 정치화를 가져오게 되면 그 독립적 지위를 위협당할 우려가 있으므로, 사법부는 정치적 사건에 관한 판단을 자제하거나 회피하는 경향으로 나아가야 하고(고전적 권력분립론), ④ 입법부와 집행부의 행위에 관해서는 합헌성이 추정되어야 하므로, 그에 관한 헌법재판은 바람직하지 않다는(합헌성 추정 강조) 점에 사법소극주의의 이론적 근거가 있다. 이에 관해서는 사법소극주의는 헌법이 부여한 사법적 심사권을 포기하는 것이므로 그것은 위헌일 뿐 아니라 고의의 심사 회피나 심사 거부는 그 자체가 어느 쪽의 정치적 처지를 대변하거나 기정사실화하는 것이 된다는 비판이 있다. 그리고 중립적 권력론 등을 명분으로 하는 사법소극주의에 대해서는 가치중립적 판결이라는 것은 허구에 불과하므로 모든 판결에서 가치판단의 불가피성을 역설한다.

그에 반해서 사법적극주의(judicial activism)는 사법부도 역사발전과 진보적인 사회정책형성에 이바지하여야 하고, 그러려면 사법적 선례에 지나치게 기속될 것이 아니라 헌법규범을 시대적 변화에 적용할 수 있도록 탄력적으로 해석함으로써 입법부나 집행부의 행위를 적극적으로 판단하는 것이 바람직하다고 인식하는 사법철학이나 헌법재판적 철학을 말한다. 이것은 ① 사법부 구성은 비록 비민주적일지라도 사법적 심사는 원내다수파 횡포를 방지하는 역할을 하므로, 사법부도 민주적 성격을 띠고(사법적 심사의 민주성), ② 현대에 와서 입법부와 집행부의 공화와 집행권력 강화 현상은, 그에 대한 견제세력으로서뿐 아니라 헌법 수호자로서 사법부의 기능적 적극성을 요구하며(사법부의 헌법수호자적 기능), ③ 사법부는 도덕적 원리를 객관적으로 담보하는 기능을 수행할 뿐 아니라 역사적으로도 헌법질서를 유지하고 수호하기 위한 양심적 역할을 담당하였고, 오늘날에도 국민의 의사를 대변한다는(양심적 역할과 국민의사의 대변) 점에 근거한다. 이에 관해서는 최고법원은 최종적인 법정일 뿐이지 결코 초실정법적 기구가 될 수 없다는 비판이 있다.

사법소극주의와 사법적극주의는 '스스로 헌법재판권을 창설한' 미국 연방대법원을 중심으로 논의된다. 따라서 '헌법과 법률을 통해서 권한을 부여받는' 한국 헌법재판소를 대상으로 논의하는 것은 적절하지 않다. 한국 헌법재판소의 권한 행사 여부와 범위는 오로지 헌법과 법률에 따라서 확정되기 때문이다. 다만, 헌법과 법률을 해석할 때 이러한 논의에서 제기된 논거를 일부 참고할 수는 있다. 하지만 그러한 논거 대부분은 이미 해석론적 관점에서 검토된 것이라서 큰 도움이 되기는 어렵다.

Ⅴ. 헌법재판의 기능

1. 기본권보장기능(주관적 기능)

헌법재판은 국가권력의 기본권기속성과 국가권력 행사의 절차적 정당성을 확보함으로써 국민의 자유와 권리를 보호하는 기능이 있다. 특히 헌법소원제도는 국민의 기본권구제를 위한 대표적인 헌법재판제도이다. 사실적 측면에서 헌법이 보장하는 기본권과 법률유보 및 기본권제한입법의 한계조항 등은 헌법재판제도를 통해서 그 규범적 효력이 제대로 관철될 수 있어야 비로소 그 실효성을 발휘할 수 있다. 따라서 헌법재판제도는 모든 국가적 권능의 정당성 근거인 동시에 국가권력의 최종목적인 국민의 기본권 보장을 가장 실질적으로 확보해 주는 제도라고 할 수 있다.

2. 헌법수호기능 – 헌법질서의 유지와 보호(객관적 기능)

헌법재판은 헌법의 규범적 효력을 관철함으로써 국가의 최고규범인 헌법을 보호하는 기능이 있다. 이를 통해서 헌법은 국가법질서의 중심에 확고하게 자리잡아 헌법 우위는 보장되고 실질적 의미를 갖게 된다. 한편, 헌법재판은 헌법질서를 위협하는 세력에서 헌법을 보호하는 기능이 있다. 따라서 정당해산심판·탄핵심판·권한쟁의심판과 같은 것이 헌법재판제도에 포함된다.

3. 권력의 통제·조정기능(객관적 기능)

헌법재판은 헌법의 규범적인 테두리를 벗어나려는 정치의 탈헌법적 경향에 대한 강력한 제동장치로서 기능한다. 동시에 헌법재판은 정치권력 행사가 언제나 헌법질서와 조화될 수 있도록 감시하고 견제하는 권력통제기능이 있다. 따라서 헌법재판을 오늘날 권력분립원리의 현대적 실현형태로서 중요한 기능적 권력통제 장치로 간주한다. 즉 헌법재판제도는 사회구조 변화와 정당국가화에 따른 권력통합현상 때문에 고전적·구조적 권력분립제도가 제도로서 구실을 못하는 상황에서 새로운 권력통제 장치로서 기능한다. 특히 민주적 정치질서 속에서 다수와 소수의 기능적인 상호견제 장치는 소수자를 보호하는 헌법재판제도를 통해서 비로소 그 실효성을 기대할 수 있다. 예를 들어 정치적 소수(국회의원, 야당교섭단체 등)에 권한쟁의심판의 제소권을 주는 것은 다수의 권력 행사에 대한 강력한 통제효과를 나타낸다.

4. 정치적 평화보장기능

헌법재판은 헌법질서를 이탈하여 걷잡을 수 없을 만큼 극단적일 수도 있는 정치세력이 벌이는 힘의 투쟁을 대신하여 헌법질서 안에서 평화적으로 헌법적 가치를 실현하는 최후 보루로 기능한다. 그럼으로써 국가가 위기에 봉착하거나 저항권이 행사되기 전에 합헌적인 예방창구를 열어 주어 정치적 대립풍토를 순화하는 촉매 역할을 하고, 사회통합 동기를 더욱더 활성화하는 기능을 한다. 특히 권한쟁의심판과 정당해산심판을 통해서 헌법문제와 관련한 많은 정치적인 문제가 해결될 수 있고, 자칫 '장외정치'로 빠질 위험이 있는 정치적 사건을 헌법재판이 해결하여 정치적 평화를 가져올 수 있다. 그리고 정치적 소수세력에 헌법재판을 통해서 그의 주장을 밝힐 기회를 줌으로써 국가권력의 정당성 확보에도 이바지할 수 있다.

5. 교육적 기능

헌법재판을 통한 유권적 결정은 곧바로 정치·경제·사회·문화 등 모든 영역에서 합헌적 질서를 형성하는 기능을 한다. 따라서 헌법재판은 분쟁 해결이라는 기능 외에, 국민과 국가기관 모두에 헌법적 가치에 따라서 행위를 하도록 유도하는 교육적·예방적 기능이 있다.

제 2 절   헌법재판의 한계

Ⅰ. 헌법 우위

1. 헌법의 최고규범성

(1) 의의

"지속성과 안정성을 확보하기 위해서 특별한 방식으로 형성된"[35] 공존의 기본질서인 헌법은 국가법질서 안에서 최상위의 법규범으로서 전체 국가법질서의 시원적인 효력근거이며 다른 모든 법규범의 제정근거이다. 이러한 헌법 우위는 헌법이 모든 국가권력을 조직·구성·제한하고, 그 과제와 절차, 권한을 규율한다는 점에서 비롯한다.[36] 헌법 우위 때문에 국가법질서는 정의 그리고 법적 평화와 법적 안정성

---

35) Horst Dreier, Grenzen demokratischer Freiheit im Verfassungsstaat, in: JZ 1994, S. 742.

36) Josef Isensee, Verfassungsrecht als „politisches Recht", in: Josef Isensee/Paul Kirchhof (Hrsg.),

을 창설하여야 하는 자기 과제를 옹글게(완벽하게) 수행할 수 있다. 헌법은 다른 모든 국내 법규범과 모든 국가행위에 대해서 효력적 우위가 있고, 법률을 포함한 다른 모든 법규범은 헌법을 개정하거나 폐지할 수 없다.[37] 그래서 모든 법규범과 국가기관의 행위는 헌법에 근거하거나 헌법 안에서만 효력이 있다.[38] 따라서 모든 국가권력은, 입법권도 물론 헌법에 구속된다.[39] 헌법 우위를 통해서 모든 국가권력이 행사될 때 행사자의 주관적 자의가 제거될 수 있고,[40] 국가법질서는 통일성을 형성하고 유지할 수 있다. 헌법 우위에서 헌법이 법률적 질서와 그 관계에 따라서 해석되는 것이 아니라 헌법 자체에서 해석되어야 한다는 것이 도출된다.[41] 헌법 우위는 규범서열적 우위와 효력적 우위를 뜻하지만, 적용 우위를 포함하지는 않는다. 오히려 구체적 사안에서는 하위법규범이 먼저 적용된다. 하위법규범이 규율하지 않거나 하위법규범의 합헌성이 의심받을 때 비로소 헌법 적용이 문제 된다.[42]

HStR, Bd. Ⅶ, Heidelberg 1992, § 162 Rdnrn. 30, 37; Christian Starck, Vorrang der Verfassung und Verfassungsgerichtsbarkeit, in: Christian Starck/Albrecht Weber (Hrsg.), Verfassungsgerichtsbarkeit in Westeuropa, Teilband 1, Baden-Baden 1986, S. 24; ders., Die Verfassungsauslegung, in: Josef Isensee/Paul Kirchhof (Hrsg.), HStR, Bd. Ⅶ, Heidelberg 1992, § 164 Rdnr. 10.

37) Hans Hugo Klein, Verfassungsgerichtsbarkeit und Verfassungsstruktur − Vom Rechtsstaat zum Verfassungsstaat −, in: Paul Kirchhof/Klaus Offerhaus/Horst Schöberle (Hrsg.), Steuerrecht, Verfassungsrecht, Finanzpolitik: Festschrift für Franz Klein, Köln 1994, S. 512 참조.

38) Josef Isensee, Verfassungsrecht als „politisches Recht", in: Josef Isensee/Paul Kirchhof (Hrsg.), HStR, Bd. Ⅶ, Heidelberg 1992, § 162 Rdnr. 38; Christian Starck, Vorrang der Verfassung und Verfassungsgerichtsbarkeit, in: Christian Starck/Albrecht Weber (Hrsg.), Verfassungsgerichtsbarkeit in Westeuropa, Teilband 1, Baden-Baden 1986, S. 24 참조.

39) 헌재 1989. 7. 21. 89헌마38, 판례집 1, 131, 145; Peter Badura, Die Verfassung im Ganzen der Rechtsordnung und die Verfassungskonkretisierung durch Gesetz, in: Josef Isensee/Paul Kirchhof (Hrsg.), HStR, Bd. Ⅶ, Heidelberg 1992, § 163 Rdnr. 19; Konrad Hesse, Die Verfassung und ihre Eigenart, in: Ernst Benda (Hrsg.), Handbuch des Verfassungsrechts der Bundesrepublik Deutschland, Berlin 1984, S. 18; ders., Verfassung und Verfassungsrecht, in: Ernst Benda/Werner Maihofer/Hans-Jochen Vogel (Hrsg.), HVerfR, 2. Aufl., Berlin/NewYork 1994, § 1 Rdnr. 14; Ki-Cheol Lee, Schonung des Gesetzgebers bei Normenkontrollentscheidungen durch das Bundesverfassungsgericht − Eine verfassungstheoretische Betrachtung von Kompetenzstreitigkeiten −, Diss. jur. Göttingen, 1993, S. 100; Uk-Han Lee, Das Verfassungsgericht der Republik Korea − Überlegung zu Problemen koreanischer Verfassungsgerichtsbarkeit unter Berücksichtigkeit der deutschen Rechtslage −, Diss. jur. Bayreuth, 1991, S. 10; Christian Starck, Gewaltenteilung und Verfassungsgerichtsbarkeit, in: ders. (Hrsg.), Fortschritte der Verfassungsgerichtsbarkeit in der Welt − Teil I, Baden-Baden 2004, S. 118; Rainer Wahl, Der Vorrang der Verfassung, in: Der Staat 20 (1981), S. 485 f. 참조.

40) Dieter Grimm, Verfassung, in: ders., Die Zukunft der Verfassung, Frankfurt am Main 1991, S. 14.

41) Ernst-Wolfgang Böckenförde, Verfassungsgerichtsbarkeit: Strukturfragen, Organisation, Legitimation, in: NJW 1999, S. 12.

42) 이상 강태수, 「헌법의 우위와 헌법유보」, 『법학논집』 제18집, 청주대학교 법학연구소, 2002, 8~9쪽.

(2) 헌법적 근거

다른 법규범과 국가행위에 대한 헌법의 우위는 헌법 스스로 헌법 우위를 규정함으로써 가장 명확하게 인정될 수 있다. 독일 기본법은 제1조 제3항[43])과 결합한 제20조 제3항[44])에서 분명하게 입법이 헌법합치적 질서에 구속된다는 것을 규정한다. 법률은 헌법을 제외한 다른 모든 법규범에 대해서 효력적 우위가 있고 모든 국가행위는 법률에 구속되며 입법자가 법률을 제정하므로, 논리적으로 헌법이 다른 모든 법규범과 모든 국가행위에 앞선다는 것이 드러난다. 따라서 독일 기본법은 헌법 우위를 직접적으로 인정한다.[45]) 미국 연방헌법[46])과 일본 헌법[47])도 헌법의 최고규범성을 명문으로 인정한다. 그에 반해서 한국 헌법은 헌법 우위를 직접 규정하지 않는다.

그러나 대한민국은 민주공화국이고(헌법 제1조 제1항), 대한민국의 주권은 국민에게 있으며, 모든 권력은 국민에게서 나온다(헌법 제1조 제2항). 국민은 헌법을 제정함으로써 국가권력을 창설하고 권력담당기관을 조직한다. 따라서 모든 국가권력과 권력담당기관은 자신의 존립·지위·권한의 근거인 헌법에 표현된 국민의사에 구속된다. 헌법 제10조 제2문은 "국가는 개인이 가지는 불가침의 기본적 인권을 확인하고 이를 보장할 의무를 진다."라고 규정함으로써 헌법이 모든 국가권력을 구속한다는 것을 확인한다. 헌법의 목적은 기본권 보호에 있기 때문이다.[48]) 이처럼 헌법이 모든 국가권력을 구속한다는 것은 실체법적으로 확정된다. 명령·규칙이나 처분이 헌법에 위반되는지가 재판의 전제가 되면 대법원이 이를 최종적으로 심사하고(헌법 제107조 제2항), 법관은 헌법에 따라 심판한다(헌법 제103조)는 점에서 집행권과 사법권은 헌법에 구속되고 이러한 구속성은 절차적으로 통제된다. 그리고 집행권과 사법권의 활동기준이 되는 법률도 그것이 헌법에 위반되는지가 재판의 전제가 되면 법원의 제청에 따라 헌법재판소가 이를 심판하므로(헌법 제107조 제1항, 제111

---

43) "이하의 기본권은 직접 효력이 있는 법으로서 입법과 집행 그리고 사법을 구속한다."

44) "입법은 헌법질서에 구속되고, 집행과 사법은 법률과 법에 구속된다."

45) Klaus Schlaich/Stefan Korioth, Das Bundesverfassungsgericht – Stellung, Verfahren, Entscheidungen, 11. Aufl., München 2018, Rdnr. 13 참조.

46) 제6조 제2항: "이 헌법, 이 헌법에 근거하여 제정되는 합중국 법률 그리고 합중국의 권한에 따라 체결되거나 앞으로 체결될 모든 조약은 국가의 최고법규이며, 모든 주의 법관은, 어느 주의 헌법이나 법률 중에 이에 배치되는 규정이 있을지라도, 이에 구속된다."

47) 제98조 제1항: "이 헌법은 국가의 최고 법규이며, 이 조규에 어긋나는 법률, 명령, 조칙과 국무에 관한 그 밖의 행위 전부나 일부는 효력이 없다."

48) 헌재 1996. 2. 29. 93헌마186, 판례집 8-1, 111, 116: "이른바 통치행위를 포함하여 모든 국가작용은 국민의 기본권적 가치를 실현하기 위한 수단이라는 한계를 반드시 지켜야 하는 것이고 ⋯"

조 제1항 제1호) 역시 헌법에 구속되며, 이러한 구속성은 규범통제를 통해서 절차적으로 보장된다. 또한, 헌법 개정은 법률 개정보다 더 까다로운 요건 아래에서만 가능하다(헌법 제128조~제130조). 따라서 헌법 우위는 실체법적으로는 물론 절차법적으로도 헌법에서 보장된다.[49]

(3) 헌법재판의 근거

헌법재판(특히 규범통제)의 과제는 심판 대상이 헌법과 부딪히는지 그리고 그에 따라 효력을 상실하는지를 심사하는 것이다. 그래서 헌법재판은 헌법국가[50]의 이념에서 도출되는 국가의 규범적 기본질서인 헌법의 법적 존재와 이러한 헌법의 규범적 우위에 근거한다.[51] 그리고 헌법 우위의 이념은 헌법재판을 통해서 옹글게(완벽하게) 관철될 수 있다.[52] 즉 "헌법재판의 핵심은 헌법의 보호·유지·보장이다."[53] "헌법은 미리 주어진 헌법재판의 심사기준을 형성하고, 헌법재판소 통제

---

49) 이상 김선택, 「국가기능체계에 있어서 헌법재판소의 역할과 한계」, 『공법연구』 제33집 제4호, 한국공법학회, 2005, 181쪽 참조. 헌법재판소도 헌법의 최고규범성을 명시적으로 인정한다(헌재 1989. 7. 21. 89헌마38, 판례집 1, 131, 145).

50) 형식적 의미의 헌법국가는 성문헌법 형태로 법적 헌법이 존재하고 효력이 있는 모든 국가이다. 이때 이러한 헌법이 어떠한 내용을 담는지는 중요하지 않다. 그에 반해서 헌법국가에 따른 더 좁고 실질적인 의미에서 헌법은 형식적이고 제한된 국가지배의 계기에 그치는 것이 아니고, 헌법은 맨먼저 국가권력 행사의 전제를 일반적으로 형성한다. 그에 따라 헌법은 국가와 국가지배 및 결정권력의 모든 유형을 정립하는 '최상위 법률'로서 효력이 있다[Ernst−Wolfgang Böckenförde, Begriff und Problem des Verfassungsstaates, in: Rudolf Morsey/Helmut Quaritsch/Heinrich Siedentopf (Hrsg.), Staat, Politik, Verwaltung in Europa: Gedächtnisschrift für Roman Schnur, Berlin 1997, S. 137 ff.].

51) Peter Badura, Verfassungsänderung, Verfassungswandel, Verfassungsgewohnheitsrecht, in: Josef Isensee/Paul Kirchhof (Hrsg.), HStR, Bd. VII, Heidelberg 1992, § 160 Rdnr. 6; Udo Di Fabio, Gewaltenteilung, in: Josef Isensee/Paul Kirchhof (Hrsg.), HStR, Bd. Ⅱ, 3. Aufl., Heidelberg 2004, § 27 Rdnr. 29; Karl Korinek, Die Verfassungsgerichtsbarkeit im Gefüge der Staatsfunktionen, in: VVDStRL 39, Berlin 1981, S. 11; Jutta Limbach, Missbraucht die Politik das Bundesverfassungsgericht?, Köln 1997, S. 13; Franz−Joseph Peine, Normenkontrolle und konstitutionelles System, in: Der Staat 22 (1983), S. 529 f.; Ulrich Scheuner, Verfassungsgerichtsbarkeit und Gesetzgebung − Zum ersten Thema der Staatsrechtslehrertagung 1980 −, in: DÖV 1980, S. 473 f.; Klaus Stern, Verfassungsgerichtsbarkeit zwischen Recht und Politik, Opladen 1980, S. 13 f.; Rainer Wahl, Der Vorrang der Verfassung, in: Der Staat 20 (1981), S. 485 참조.

52) Hans Hugo Klein, Verfassungsgerichtsbarkeit und Verfassungsstruktur − Vom Rechtsstaat zum Verfassungsstaat −, in: Paul Kirchhof/Klaus Offerhaus/Horst Schöberle (Hrsg.), Steuerrecht, Verfassungsrecht, Finanzpolitik: Festschrift für Franz Klein, Köln 1994, S. 512; Ki−Cheol Lee, Schonung des Gesetzgebers bei Normenkontrollentscheidungen durch das Bundesverfassungsgericht − Eine verfassungstheoretische Betrachtung von Kompetenzstreitigkeiten −, Diss. jur. Göttingen, 1993, S. 100 f.; Klaus Stern, Das Staatsrecht der Bundesrepublik Deutschland, Bd. Ⅱ, München 1980, S. 944.

53) Ulrich Scheuner, Verfassungsgerichtsbarkeit und Gesetzgebung − Zum ersten Thema der

권한의 범위를 확정한다.”[54] 여기서 헌법은 이론과 (헌법에 선재하는) 개념의 집합이
아니고, 헌법재판의 ‘본질’도 아니며, 실정법일 뿐이다.[55] 따라서 헌법재판소 결정은
개별 법률과 상관없이 헌법에만 의존하여 오로지 헌법에서만 도출될 수 있다.[56] 그
러한 측면에서 헌법 우위는 헌법재판소를 통한 입법통제의 근거일 뿐 아니라 헌법
재판소 권한의 근거와 한계이다. 그에 따라 헌법 우위의 관철 수단인 헌법재판소는
헌법과 나란히 또는 헌법보다 위에 위치할 수 없다. 오히려 헌법재판소는 다른 모
든 국가기관처럼 헌법 아래에 있고, 헌법에 근거하여 헌법의 범위 안에서 활동할
수 있을 뿐이다.[57] 따라서 헌법재판소는 헌법이 규정한 절차에 따라 헌법이 부여한
권한 범위 안에서 헌법을 기준으로 자기 과제를 수행할 수 있고, 수행하여야 한다.
헌법 제103조와 헌법재판소법 제4조는 이것을 실정법적으로 확인한다. 이것은 먼
저 헌법재판소의 논증의무로 나타난다. 즉 헌법재판소의 권한 행사와 그 결과물인
헌법재판소 결정은 언제나 예외 없이 헌법을 근거로 충분히 논증되었을 때 비로소
정당성을 획득할 수 있다. 헌법재판소가 정당성을 획득하는 그 밖의 길은 헌법질서
안에서 찾을 수 없다.

2. 헌법재판의 심사기준으로서 성문헌법

(1) 문제 제기

헌법재판소 결정은 헌법을 구체화하고 실질화한다. 그러나 이것은 헌법재판소
가 헌법의 새로운 내용을 창출할 수 있다는 것을 뜻하지 않는다. 헌법재판소는 선
재하는 헌법의 내용을 단지 확인할 수 있을 뿐이다. 따라서 헌법재판소 결정은 언
제나 헌법에 근거하여야 하고, 헌법은 헌법재판의 심사기준이다. 헌법은 심사기준
으로서 헌법규범의 범위와 제한 가능성을 위해서 최대한으로 명확성과 정확성이 필

Staatsrechtslehrertagung 1980 —, in: DÖV 1980, S. 474.

54) Stefan Korioth, Die Bindungswirkung normverwerfender Entscheidungen des Bundesverfassungsgerichts
für den Gesetzgeber, in: Der Staat 30 (1991), S. 563. Walter Frenz, Die Rechtsfolgenregelung
durch das Bundesverfassungsgericht bei verfassungswidrigen Gesetzen, in: DÖV 1993, S. 851; Jutta
Limbach, Vorrang der Verfassung oder Souveränität des Parlaments?, Stuttgart 2001, S. 14;
Franz—Joseph Peine, Normenkontrolle und konstitutionelles System, in: Der Staat 22 (1983), S.
521; Klaus Stern, Verfassungsgerichtsbarkeit zwischen Recht und Politik, Opladen 1980, S. 15도 참조.

55) Andreas Voßkuhle, in: Hermann von Mangoldt/Friedrich Klein/Christian Starck (Hrsg.), Kommentar
zum Grundgesetz, Bd. 3, 7. Aufl., München 2018, Art. 93 Rdnr. 18.

56) Martin Drath, Die Grenzen der Verfassungsgerichtsbarkeit, in: VVDStRL 9, Berlin 1952, S. 57 참조.

57) Andreas Voßkuhle, in: Hermann von Mangoldt/Friedrich Klein/Christian Starck (Hrsg.), Kommentar
zum Grundgesetz, Bd. 3, 7. Aufl., München 2018, Art. 93 Rdnr. 18.

요하다.58) 그래서 헌법재판은 성문헌법을 전제한다.59)

　법원(法源)은 '무엇이 법인지를 인식하기 위한 근거'로서 일반적으로 이해된다. 법원에는 어떤 형태로 나타나는지에 관계없이 행위전형을 규정하고 행정행위의 목적과 기준을 확정하며 분쟁의 사법적(司法的) 판단을 결정하는 모든 행위지침과 규준이 포함된다. 그래서 성문법은 물론 관습법을 포함한 불문법도 법원에 속한다.60) 관습법은 수범자인 국민 스스로 만든 법규범으로서 법공동체 안에서 일반적으로 그리고 지속적으로 반복된 사실적 관행이 법적 확신을 획득함으로써 성립하는 불문법이다.61) 관습법은 실정법 일부이고, 다양한 법영역에서 발생한다. 따라서 불문법, 특히 관습법이 헌법의 규범서열이 있는지, 즉 불문헌법, 무엇보다도 관습헌법이 성문헌법 이외의 심사기준으로서 인정받을 수 있는지가 문제 된다.

　(2) 헌법재판소 견해

　헌법재판소 다수의견은 관습법이 헌법의 효력이 있을 수 있다고 하면서 관습법을 위헌결정의 유일한 판단기준으로 사용하였다. 이러한 다수의견은 다음과 같이 주장한다.62)

　① 성문헌법이 모든 헌법사항을 빠짐없이 옹글게(완벽하게) 규율할 수 없고, 헌법은 국가의 기본법으로서 간결성과 함축성을 추구하므로 형식적 헌법전에 기재되지 아니한 사항이라도 불문헌법이나 관습헌법으로 인정할 수 있다. 특히 헌법제정

58) 한수웅, 「헌법재판의 한계 및 심사기준」, 『헌법논총』 제8집, 헌법재판소, 1997, 187~188쪽; Ki-Cheol Lee, Schonung des Gesetzgebers bei Normenkontrollentscheidungen durch das Bundesverfassungsgericht ― Eine verfassungstheoretische Betrachtung von Kompetenzstreitigkeiten ―, Diss. jur. Göttingen, 1993, S. 101; Christian Starck, Vorrang der Verfassung und Verfassungsgerichtsbarkeit, in: Christian Starck/Albrecht Weber (Hrsg.), Verfassungsgerichtsbarkeit in Westeuropa, Teilband 1, Baden-Baden 1986, S. 35; Rainer Wahl, Der Vorrang der Verfassung, in: Der Staat 20 (1981), S. 486.
59) Jutta Limbach, Vorrang der Verfassung oder Souveränität des Parlaments?, Stuttgart 2001, S. 12 참조.
60) Fritz Ossenbühl, Gesetz und Recht ― Die Rechtsquelle im demokratischen Rechtsstaat, in: Josef Isensee/Paul Kirchhof (Hrsg.), HStR, Bd. Ⅲ, 3. Aufl., Heidelberg 2005, § 61 Rdnr. 3.
61) "관습법이란 사회의 거듭된 관행으로 생성한 사회생활규범이 사회의 법적 확신과 인식에 의하여 법적 규범으로 승인 강행되기에 이르른 것을 말"한다. 대법원 1983. 6. 14. 선고 80다3231 판결(집 31-3, 민31; 공1983, 1072); 대법원 2003. 7. 24. 선고 2001다48781 전원합의체 판결(공2003하, 1785); 대법원 2005. 7. 21. 선고 2002다1178 전원합의체 판결(공2005하, 1326); 대법원 2005. 7. 21. 선고 2002다13850 전원합의체 판결. Stefan Korioth, Integration und Bundesstaat, Diss. jur. Bonn, 1990, S. 52; Karl Larenz/Claus-Wilhelm Canaris, Methodenlehre der Rechtswissenschaft, 3. Aufl., Berlin/Heidelberg 1995, S. 176 f.; Kai-Jochen Neuhaus, Gewohnheitsrecht ― Rolle und Anerkennung in Deutschland, in: JuS-Lernbogen 1996, S. L 42 f.; Klaus Stern, Das Staatsrecht der Bundesrepublik Deutschland, Bd. Ⅱ, München 1980, S. 579 f.; Alfred Voigt, Ungeschriebenes Verfassungsrecht, in: VVDStRL 10, Berlin 1952, S. 37 참조.
62) 헌재 2004. 10. 21, 2004헌마554, 판례집 16-2하, 1, 39-41.

당시 자명하거나 전제된 사항과 보편적 헌법원리와 같은 것은 명문 규정을 두지 않는 때가 있다.

② 헌법사항에 관해서 형성되는 관행이나 관례가 전부 관습헌법이 되는 것은 아니고 강제력이 있는 헌법규범으로서 인정되려면 엄격한 요건이 충족되어야만 하며, 이러한 요건이 충족된 관습만 관습헌법으로서 성문헌법과 같은 법적 효력이 있다.

③ 국민이 대한민국의 주권자이며, 최고의 헌법제정권력이므로 성문헌법의 제·개정에 참여할 뿐 아니라 헌법전에 포함되지 아니한 헌법사항을 필요에 따라 관습 형태로 직접 형성할 수 있다. 이러한 관습헌법은 성문헌법과 마찬가지로 주권자인 국민의 헌법적 결단에 관한 의사표현이며 성문헌법과 동등한 효력이 있다. 국민주권주의는 성문이든 관습이든 실정법 전체의 정립에 대한 국민의 참여를 요구하고, 국민이 정립한 관습헌법은 입법권자를 구속하며 헌법의 효력이 있다.

④ 관습헌법이 성립하려면 관습법의 일반적 성립요건을 충족하여야 할 뿐 아니라 관습이 성립하는 사항이 단지 법률로 정할 사항이 아니라 반드시 헌법이 규율하여 법률에 대해서 효력적 우위가 있어야 할 만큼 헌법적으로 중요한 기본적 사항이 되어야 한다.

이에 대해서 헌법재판소 소수의견은 헌법의 효력이 있는 관습법을 인정하지 않는다.[63] 소수의견은 성문헌법을 포함한 법체제에서 관습헌법에 성문헌법과 같거나 특정 성문헌법 조항을 무력화할 수 있는 효력이 있는 것으로 볼 수 없다고 한다. 성문헌법전은 헌법제정권자인 국민이 직접 명시한 의사표시로써 제정한 최고규범으로 모든 국가권력을 기속하는 강한 힘을 보유하고, 그 내용 개정은 엄격한 절차를 거치도록 한다고 한다. 이러한 성문헌법의 강한 힘은 국민주권의 명시적 의사가 특정한 헌법제정절차를 거쳐서 수렴되었다는 점에서 가능한 것이라고 한다. 관습만으로는 헌법을 특징화하는 그러한 우세한 힘을 보유할 수 없다고 한다. 그리고 관습헌법은 성문헌법에서 동떨어져 성립하거나 존속할 수 없고, 늘 성문헌법의 여러 원리와 조화를 이룸으로써 성립하고 존속하는 보완적 효력만 있다고 한다. 이러한 법리는 관습헌법 내용이 중요한 헌법사항이라도 변함없다고 한다.

(3) 실질적 헌법인 관습헌법

관습법은 모든 법영역에서 발생할 수 있으므로 헌법사항과 관련될 수 있다. 법

---

63) 헌재 2004. 10. 21, 2004헌마554, 판례집 16-2하, 1, 68-70 재판관 전효숙의 반대의견.

형식과 상관없이 오로지 규정 내용만을 기준으로 법규범에 헌법적 성격이 있으면 그것을 실질적 헌법이라고 하므로, 헌법사항을 규율하는 관습법은 실질적 헌법으로서 인정될 수 있다.[64] 그러나 실질적 헌법은 다양한 법단계에서 발생할 수 있으므로, 이것이 헌법사항을 규율하는 관습법이 헌법의 규범서열이 있다는 것을 뜻하지 않는다. 따라서 헌법사항을 규율하는 관습법을 관습헌법이라고 정의한다면, 관습헌법의 발생 가능성과 관습헌법의 규범서열 문제는 구별되어야 한다. 즉 관습헌법이 성립할 수 있더라도, 이러한 관습헌법에 당연히 헌법의 효력이 귀속되는 것은 아니다.

(4) 성문헌법의 불완전성

국가공동체 과제는 구성원의 평화롭고 안전한 삶을 보장하는 공동체의 형성과 유지이다. 그것을 위해서 국가공동체는 고유한 전통과 구성원의 합의에 따라 형성되는 규범체계가 있다. 인간중심적 관점에 따른 가치 변화와 공동체 발전·분화·다양화는 복잡한 규범체계 속에서 규범내용을 관철하고, 공동체 일부가 이념적 근본가치와 구성원의 진정한 합의를 쉽게 왜곡하거나 침해할 수 없게 하려고 성문헌법을 요구한다. 그러나 모든 국가에 성문헌법이 있는 것은 아니다.[65] 즉 성문헌법 성립은 모든 국가에 필연적으로 요구되지 않는다. 성문헌법 제정은 단지 법적 명확성과 확실성을 위한 국가전통과 국민 의사표시의 결과이다. 따라서 성문헌법의 규율 대상은 단지 고유한 국가전통과 주권자인 국민의 합의에 따라 확정된다. 그래서 모든 헌법사항을 성문헌법으로 규율할 필요성도 없고, 반드시 성문헌법으로 규율하여야 하는 절대적 헌법사항도 있을 수 없다.[66] 그리고 성문헌법은 다양한 정치세력 사이에서 얻어진 타협의 산물이고, 현실의 역동적 변화에 비추어 성문헌법이 모든 헌법사항을 빠짐없이 규율하는 것은 합리적이지도 않다.[67] 특히 잦은 개정 필요성 때문에 성문헌법으로 규율하기 곤란한 헌법사항(예를 들어 선거법, 국회법, 정부조직법 등)도 있다. 그래서 성문헌법은 무흠결성이나 체계적 완결성을 요구하지 않는다.[68]

---

64) 정재황, 「헌법관습과 헌법판례의 불문헌법법원성 여부」, 『고시계』 제36권 제10호(통권 제416호), 고시계사, 1991. 10., 105쪽; Brun–Otto Bryde, Verfassungsentwicklung, Baden–Baden 1982, S. 433 참조.

65) 예를 들어 영국에는 성문헌법이 없다.

66) 같은 견해: Heinrich Amadeus Wolff, Ungeschriebenes Verfassungsrecht unter dem Grundgesetz, Tübingen 2000, S. 274 ff. 이러한 맥락에서 "단지 법률로 정할 사항이 아니라 반드시 헌법에 의하여 규율되어 법률에 대하여 효력상 우위를 가져야 할 만큼 헌법적으로 중요한 기본적 사항"이 있다는 헌법재판소 견해(헌재 2004. 10. 21, 2004헌마554, 판례집 16–2하, 1, 40)는 수긍하기 어렵다.

67) 같은 견해: 정태호, 「헌법재판소에 의해 왜곡된 "관습헌법"의 법리」, 『시민과변호사』 제132호, 서울지방변호사회, 2005. 1., 23쪽.

68) Konrad Hesse, Grundzüge des Verfassungsrechts der Bundesrepublik Deutschland, 20. Aufl.,

따라서 성문헌법 규율은 옹글지도(완벽하지도) 빈틈이 없는 것도 아니다.[69] 이러한 점 때문에 헌법의 개방성이 헌법 특성의 하나로 이야기된다.

물론 성문헌법이 수많은 헌법문제를 구체적으로 규율하지만, 전혀 규율하지 않은 헌법문제도 있고, 규율하더라도 헌법 규정 자체가 개념적으로 개방적이거나 불분명한 때가 잦다.[70] 이러한 불완전성이나 빈틈을 주로 하위법규범, 특히 법률이 구체화하거나 보충한다. 이러한 점에서 성문헌법은 규율대상이나 규율내용의 측면에서는 옹글지(완벽하지) 않지만, 헌법문제를 해결하는 구조적 측면에서 옹글다(완벽하다). 성문헌법이 규율하지 않은 대상이나 내용을 하위법규범이 규율하는 한 성문헌법은 빈틈이 없는 옹근(완벽한) 구조가 될 수 있기 때문이다. 그러나 이러한 하위법규범이 있어도 법의 불완전성이나 빈틈이 계속 남을 수 있다. 이러할 때 불문헌법[71]이 생길 수 있다. 그러나 불문헌법의 발생 가능성은 헌법해석을 통해서 상당한 부분을 차단될 수 있고,[72] 불문헌법이 성립하더라도 이것을 원용하여 성문헌법을 무시하거나 개폐할 수 없다.[73] 헌법적 내용의 성문화는 법적 명확성과 확실성을 창조하는 기능이 있기 때문이다.[74] 나아가 단순한 기본권제한적 불문헌법은 원칙적으로 인정될 수 없다. 그렇지 않으면 기본권제한에 요구되는 법적 명확성과 안정성(헌법 제37조 제2항)이 침해되기 때문이다.[75]

(5) 불문헌법에 헌법의 규범서열을 인정할 때 따르는 문제점

실질적 헌법이라는 개념에서 알 수 있듯이 헌법사항은 헌법전을 통해서만 규율

Heidelberg 1995, Rdnr. 21 (콘라드 헷세, 계희열 옮김, 『통일독일헌법원론』, 박영사, 2001, 16쪽).

69) 예를 들어 최초의 미국 연방헌법에는 누구도 헌법의 본질적 핵심임을 의심하지 않는 권리장전이 없었다.

70) Konrad Hesse, Die Verfassung und ihre Eigenart, in: Ernst Benda (Hrsg.), Handbuch des Verfassungsrechts der Bundesrepublik Deutschland, Berlin 1984, S. 18 (콘라드 헷세, 계희열 옮김, 「헌법(의 개념)과 그 특성」,『헌법의 기초이론』, 박영사, 2001, 8쪽); ders., Grundzüge des Verfassungsrechts der Bundesrepublik Deutschland, 20. Aufl., Heidelberg 1995, Rdnr. 19 (콘라드 헷세, 계희열 옮김, 『통일독일헌법원론』, 박영사, 2001, 15~16쪽).

71) 불문헌법은 성문헌법이 규율하지 않는 헌법사항을 규율하는 불문법을 총칭하는 것으로 관습헌법을 포함하는 상위 개념이다.

72) Anna Leisner-Egensperger, Ungeschriebenes Verfassungsrecht zur Gewaltenteilung, in: DÖV 2004, S. 776.

73) Klaus Stern, Das Staatsrecht der Bundesrepublik Deutschland, Bd. I, 2. Aufl., München 1984, S. 111 f.

74) Konrad Hesse, Grundzüge des Verfassungsrechts der Bundesrepublik Deutschland, 20. Aufl., Heidelberg 1995, Rdnr. 32 (콘라드 헷세, 계희열 옮김, 『통일독일헌법원론』, 박영사, 2001, 20쪽).

75) 정재황, 「헌법관습과 헌법판례의 불문헌법법원성 여부」,『고시계』 제36권 제10호(통권 제416호), 고시계사, 1991. 10., 103~104쪽; Kai-Jochen Neuhaus, Gewohnheitsrecht — Rolle und Anerkennung in Deutschland, in: JuS-Lernbogen 1996, S. L 43 참조.

되는 것은 아니다. 그리고 헌법문제를 해결할 가능성이라는 측면에서 헌법전은 불완전성이나 빈틈이 없다. 그래서 헌법전이 규율하지 않은 헌법사항은 헌법전이 규율할 필요가 없거나 헌법전이 의도적으로 배제한 것으로 일단 평가하여야 할 것이다. 헌법체계에 비추어 이러한 헌법사항은 헌법이 일반적으로 규정한 절차와 방식을 통해서, 특히 국회가 법률을 제정함으로써 처리되어야 할 것이다. 따라서 이러한 헌법사항을 규율하는 불문헌법이 발생하더라도 이러한 불문헌법에 헌법의 규범서열이 부여되는 것이 아니라 다른 법적 사항을 규율하는 관습법처럼 원칙적으로 법률의 규범서열이 부여되는 것에 그칠 것이다. 만약 헌법의 규범서열이 이러한 불문헌법에 부여된다면, 헌법이 이러한 사항을 규율하지 않은 뜻에 어긋나게 될 것이다. 즉 헌법이 열어놓은 입법적 형성이나 해석의 가능성을 관습법이 제거함으로써 헌법의 화석화가 일어나므로 헌법의 개방성은 훼손될 것이다.

그리고 불문헌법의 존재를 인정하는 것과 그 적용이 동시에 일어나고 같은 기관에 부여되므로 불문헌법은 조작될 수 있다.[76] 그것을 통해서 법원, 특히 헌법재판소는 국회의 권한을 찬탈할 수 있다. 불문헌법 존재의 불명확성 때문에 이러한 위험은 증가한다. 특히 다른 국가기관이 헌법재판소 결정을 통제할 수 없으므로, 헌법의 규범서열이 있는 불문헌법을 인정함으로써 헌법재판소 스스로 심사기준을 창설할 수 있다. 이것을 통해서 규범통제 심사기준은 개방되고, 헌법재판소가 헌법의 구속에서 (최소한 부분적으로) 벗어날 가능성이 생긴다. 이러한 점 때문에 최소한 헌법을 통해서 통제될 수 있는 다른 불문법과 달리 통제 가능성이 전혀 없는 헌법의 규범서열이 있는 불문헌법은 인정될 수 없다고 보아야 할 것이다. 그것을 통해서 성문헌법이 보장하려고 하였던 법적 안정성과 명확성이 극단적으로 침해될 수 있기 때문이다.

그 밖에 인적 민주적 정당성이 약한 헌법재판소와 일반 법원은 오로지 헌법과 법률에 구속됨으로써(헌법 제103조, 헌법재판소법 제4조) 실질적 민주적 정당성을 부여받을 수 있다.[77] 헌법과 법률에 대한 구속을 통해서 헌법재판소와 일반 법원의 재판이 독자적인 의사표시가 아니라 국민의 의사표시인 헌법과 법률의 확인에 머무를 수 있기 때문이다. 헌법에 합치하는 법률의 규범서열이 있는 관습법을 허용하더라도 헌법재판소와 일반 법원은 여전히 헌법의 구속 아래에 있으므로 민주적 정당성을

---

76) Walter Schick, Verfassungsgewohnheitsrecht, Verfassungsrechtssprechng und soziologische Betrachtungsweise, in: Mélanges Marcel Bridel, Lausanne 1968, S. 518 f.

77) Claus Dieter Classen, Gesetzesvorbehalt und Dritte Gewalt, in: JZ 2003, S. 693, 695 참조.

부여받을 수 있다. 그러나 헌법전과 같은 효력이 있는 관습법을 인정한다면, 헌법재
판소와 일반 법원은 이러한 관습법을 확인하여 (최소한 부분적으로) 헌법과 법률의 구
속에서 벗어날 수 있다. 이때 헌법재판소와 일반 법원은 민주적 정당성을 부여받을
길을 잃게 된다. 이러한 점에서도 헌법과 같은 효력이 있는 관습법은 인정될 수 없
다고 생각한다. 헌법전과 같은 효력이 있는 관습법도 국민이 직접 제정하는 것이므
로, 이러한 관습법에 구속되는 것을 통해서도 민주적 정당성을 부여받을 수 있다는
주장이 있을 수 있다. 그러나 민주적 정당성은 (최소한 먼저) 실질이 아니라 형식을
통해서 부여되고 확인된다는 점에서 이러한 주장은 타당성을 인정받기 어렵다.

　헌법의 규범서열이 있는 관습법과 관련하여 개별 사안에서 그것의 인정에 어려
움이 있다. 모든 관습법의 성립요건은 같아서 성립요건은 헌법의 규범서열이 있는
관습법의 확인기준으로 적합하지 않다.[78] 그리고 법적 확신은 단지 관습이 법으로
기능한다는 추상적인 확신일 뿐이다. 이러한 확신의 질적인 차이를 명확하게 구별
하기는 쉬운 일이 아니다. 특히 법적 확신의 주체가 일반 국민이라는 점에서 규범
서열을 구별하는 구체적 확신을 기대하는 것 자체가 어렵다. 따라서 헌법의 규범서
열이 있는 관습법의 인정기준을 법적 확신에서 찾을 수도 없다. 규율대상 역시 헌법
의 규범서열이 있는 관습법의 확인기준으로 기능할 수 없다. 헌법이 규율하여야 하
는 사항은 단지 고유한 국가전통과 국민 합의를 통해서 확정되므로 법규범에 헌법
의 규범서열을 부여하는 사항은 없기 때문이다. 그리고 이러한 사항이 있더라도 이
러한 사항을 규율하는 성문법에는 왜 헌법의 규범서열이 부여되지 않는지를 설명할
수 없다. 나아가 이러한 헌법사항을 규율하는 성문법에 헌법의 규범서열이 부여된다
면, 성문법의 변경이나 폐지가 성문헌법을 위반하지 않을지라도 국회가 변경하거나
폐지할 수 없는 성문법이 인정되어야 하는데, 이러한 결과는 성문헌법 규정 자체와
헌법과 법률의 관계 그리고 형식적 법률[79]의 개념에 비추어 인정하기 어렵다. 결국,
헌법의 규범서열이 있는 관습법을 인정하기 위한 명확한 기준이 없는 것으로 보인다.

　그리고 모든 국가권력은 조직된 기관이 특정절차을 통해서 행사하여야 한다. 이
러한 원칙은 헌법제정권력이나 헌법개정권력에도 적용된다.[80] 따라서 모든 헌법전

---

78) 같은 견해: 장영수, 「관습헌법의 의미와 헌법적 한계」, 『사회과학연구』 제12집, 경원대학교 사회과
　　학연구소, 2005, 25~26쪽.
79) 형식적 법률이란 국회가 헌법과 법률이 정한 절차를 따라 법률의 형식으로 제정한 법규범을 말한
　　다(헌법 제40조, 제52조, 제53조). 이에 관해서는 허완중, 「법률과 법률의 효력」, 『공법학연구』 제11
　　권 제1호, 한국비교공법학회, 2010, 189~190쪽.
80) Heinrich Amadeus Wolff, Ungeschriebenes Verfassungsrecht unter dem Grundgesetz, Tübingen

은 개정조항을 포함한다(헌법 제128－130조). 그에 따라 헌법전은 단지 이러한 방식과 절차를 통해서만 개정되거나 보충될 수 있다. 심지어 국민의사가 국민투표(예를 들어 헌법 제72조)를 통해서 명확하게 확인되었다고 하여도 관련 규정이 헌법전에 없다면, 이러한 의사는 헌법전을 바꾸거나 (헌법의 효력으로) 보충할 수 없고, 법률을 제정하거나 개정하거나 폐지할 수도 없다. 국민의사는 헌법국가 개념에 따라 헌법전 형태로 표현되는 때에 한하여 헌법적 구속력이 있다.[81] 관습법의 형성주체인 자연적 의미의 국민은 이러한 점에서 헌법제정자나 헌법개정자인 정치적 의미의 국민과 구별되어야 한다. 따라서 관습헌법은 헌법전을 바꾸거나 (헌법의 효력으로) 보충할 수 없다. 국회가 법률을 개정하거나 폐지하지 않는 한 법률에 구속되는 것처럼 헌법제정자나 헌법개정자도 헌법전을 개정하거나 폐지하지 않는 한 헌법전에 구속되어야 한다.

또한, 국회는 국민의 대표이다. 따라서 그의 의사는 국민의사로서 추정된다. 이러한 점에서 국회가 관습헌법에 어긋나는 법률을 제정하였다면, 관습헌법의 성립요건인 법적 확신은 사라지거나 최소한 바뀐 것으로 볼 수 있다. 특히 관습헌법의 존재는 법원이 확인한다. 그러나 국회는 조직이나 절차의 측면에서 일반적으로 법원보다 국민의사를 더 잘 확인할 수 있다. 따라서 관습헌법은 법률보다 규범적 효력에서 우위에 있을 수 없고, 국회는 법률 제정을 통해서 관습헌법을 바꾸거나 폐지할 수 있다고 보아야 할 것이다.

결론적으로 관습헌법을 포함한 불문헌법은 헌법전의 불명확성과 불완전성을 보충하거나 구체화함으로써 또는 헌법전의 효율성을 강화함으로써 성문헌법의 범위 안에서 생기더라도 헌법전과 같은 규범서열이 있을 수 없다. 그에 따라 불문헌법은 단지 헌법해석의 보충적 기준으로만 기능할 수 있고, 법률의 위헌성을 판단하는 독자적 기준으로 기능할 수 없다. 따라서 불문헌법은 다른 법규범처럼 심사기준인 헌법전을 보충하거나 구체화할 수 있지만, 위헌결정의 유일한 기준이 될 수는 없다. 다만, 입법자인 국회도 헌법전이 의도적으로 규율하지 않은 것으로 볼 수 없는 헌법사항을 규율하는, 오랜 기간에 걸쳐 확고하게 성립한 관습법을 법률을 통해서 바꾸거나 배제하기 곤란한 때가 예외적으로 (적어도 이론적으로) 있을 가능성을 완벽하게 부정하기 어렵다. 이러한 관습법이 만약 있다면 이것에는 (적어도 사실적인) 헌법

2000, S. 199, 278 참조.

81) 같은 견해: Josef Isensee, Verfassungsrecht als „politisches Recht", in: Josef Isensee/Paul Kirchhof (Hrsg.), HStR, Bd. Ⅶ, Heidelberg 1992, § 162 Rdnr. 29.

(률)의 효력이나 그와 비슷한 효력이 귀속될 수밖에 없을 것이다.

(6) 헌법해석의 특수성과 성문헌법 확장

헌법의 해석은 다른 법규범의 해석과 구별된다. 헌법의 개방성, 간결성, 추상성, 광범성, 불완전성 그리고 불명확성 때문에 헌법제정자의 주관적 의사가 헌법에 내재한다는 것을 전제하기 어렵다.[82] 그리고 헌법제정자는 주로 개별적·구체적 의미내용을 특정절차에서 확정하는 것을 입법자에게 위임하므로, 헌법 규정에 바뀌지 않는 확정된 의미가 있다는 것을 생각하기도 어렵다. 그래서 구체적 규율대상을 고려하여 헌법 규정의 의미내용을 확정하는 것이 필요하다. 따라서 헌법해석은 일반적으로 주관적 의사나 객관적 의사가 없다는 것에서 시작된다. 이러한 점 때문에 헌법해석을 해석이 아니라 구체화라고 부른다.[83] 즉 헌법은 해석을 통해서 구체화와 보충이 이루어진다. 입법목적에 따라 법률 규정의 의미를 구체화하는 법률해석과 달리 헌법해석은 헌법의 이념과 기본원칙 그리고 다른 헌법 규정과 맺는 관계 속에서 이루어져야 한다. 그리고 의미내용은 바뀌는 헌법현실에 맞게 헌법 문언의 범위 안에서 다르게 이해될 수도 있다. 헌법 조항은 헌법변천처럼 심지어 기존 의미내용과 전혀 다르게 해석될 수도 있다. 그러나 헌법해석은 여전히 법해석이다. 그리고 헌법해석의 객관성은 보장되어야 한다. 따라서 헌법해석의 중심에는 언제나 헌법 규정이 위치하여야 한다. 즉 헌법해석의 결과는 예외 없이 헌법 규정에서 도출되어야 한다.[84] [85]

규범적으로 다른 법규범에 대해서 우위가 있으면서 반드시 헌법이 규율하여야 하는 규범내용은 확정할 수 없다. 단지 고유한 국가전통과 국민 합의를 통해서 확정된 헌법전만 있을 뿐이다. 따라서 다른 법규범에 대해서 규범적 우위가 있는 규범내용을 확인할 수 있는 유일한 기준은 헌법전뿐이다. 그래서 단지 성문헌법, 즉

---

82) Konrad Hesse, Grundzüge des Verfassungsrechts der Bundesrepublik Deutschland, 20. Aufl., Heidelberg 1995, Rdnr. 56 (콘라드 헷세, 계희열 옮김, 『통일독일헌법원론』, 박영사, 2001, 32~33쪽) 참조.

83) Konrad Hesse, Grundzüge des Verfassungsrechts der Bundesrepublik Deutschland, 20. Aufl., Heidelberg 1995, Rdnr. 60 (콘라드 헷세, 계희열 옮김, 『통일독일헌법원론』, 박영사, 2001, 36쪽); Hans Huber, Probleme des ungeschriebenen Verfassungsrechts, in: Rechtsquellenprobleme im schweizerischen Recht: Festgabe der Rechts- und Wirtschaftswissenschaftlichen Fakultät der Universität Bern für den schweizerischen Juristenverein, Bern 1955, S. 109 참조.

84) Konrad Hesse, Grundzüge des Verfassungsrechts der Bundesrepublik Deutschland, 20. Aufl., Heidelberg 1995, Rdnr. 77 (콘라드 헷세, 계희열 옮김, 『통일독일헌법원론』, 박영사, 2001, 43~44쪽) 참조.

85) 이상 허완중, 「헌법 제29조 제2항 "법률이 정하는 보상"의 적극적 해석」, 『고려법학』 제51호, 고려대학교 법학연구원, 2008, 200~202쪽.

헌법전에서 문서로 확인한 규범내용만이 다른 법규범에 대해서 규범적 우위가 있다. 그러나 여기서 성문헌법은 헌법해석의 특수성 때문에 헌법전에 있는 개별 규정의 단순한 합계를 의미하지 않는다. 성문헌법은 명시적으로나 암묵적으로 함께 규정되거나 전제된 헌법 규정의 규범내용도 포함한다.[86] 따라서 규범통제의 심사 기준인 헌법은 헌법전에서 직접 도출될 수 있는 모든 법규범내용을 포함한다.[87] 이때 헌법전에서 도출된다는 것은 도출 가능성만으로 충분하지 않다. 성문헌법체계 속에서 충분히 논증될 확실성이 있을 때만 헌법전에서 도출되는 법규범내용으로서 인정될 수 있고, 인정되어야 한다. 불문의 법규범이 입법자와 재판의 기준으로서 헌법재판소를 구속하고 그에 어긋나는 법률을 무효로 만드는 우위적 효력이 있으면 성문헌법과 같은 규범서열이 있는 불문헌법이 발생할 수 있다는 견해가 있다.[88] 이러한 불문헌법의 허용범위는 헌법전에 따라서 확정된다고 한다.[89] 즉 헌법전 해석 (Auslegung)의 결과물은 성문헌법이고, 헌법전에서 도출(Ableitung)되는 규범내용은 불문헌법이라고 한다.[90] 따라서 불문헌법도 결국 헌법전에 소급하여야 한다고 한다. 이 견해는 규범내용이 헌법전에 덜 의존하게 되는 결과를 낳는다. 그러므로 이러한 규범내용에 헌법의 규범서열이 부여되는 이유를 논증하기 어렵다. 그리고 이 견해는 해석과 도출의 경계를 명확하게 확정할 수 없어서 이러한 규범내용의 범위와 한계를 확정하기 쉽지 않다. 이러한 점에서 이 견해는 타당성을 인정받기 어렵다고 생각한다.

---

86) Karl August Bettermann, Die konkrete Normenkontrolle und sonstige Gerichtsvorlagen, in: Christian Starck (Hrsg.), Bundesverfassungsgericht und Grundgesetz: Festgabe aus Anlaß des 25jährigen Bestehens des Bundesverfassungsgerichts – Verfassungsgerichtsbarkeit, Bd. 1, Tübingen 1976, S. 344 f.; Young Huh, Probleme der konkreten Normenkotrolle, Diss. jur. München, 1971, S. 122 참조.

87) 헌법전에 직접 명시되지 않더라도 성문헌법법규 해석이나 구체화의 산물이거나 복잡한 논증과정을 거쳐서 추론될 수 있는 법규만 헌법의 효력이 있다는 견해(정태호, 「헌법재판소에 의해 왜곡된 "관습헌법"의 법리」, 『시민과변호사』 제132호, 서울지방변호사회, 2005. 1., 23~24쪽)와 헌법이 명시하는 사항이나 헌법에서 명시하지 않지만, 성문헌법을 관통하는 헌법의 기본원리나 성문헌법해석의 해석이나 논리적인 추론을 통해서 포섭되거나 도출될 수 있는 내용도 헌법의 효력이 있다는 견해(박경철, 「'신행정수도의 건설을 위한 특별조치법' 위헌결정(헌재결 2004. 10. 21, 2004헌마554·566(병합))의 헌법이론적 문제점」, 『헌법판례연구』 제8권, 박영사, 2006, 124쪽)도 있다.

88) Heinrich Amadeus Wolff, Ungeschriebenes Verfassungsrecht unter dem Grundgesetz, Tübingen 2000, S. 290 ff.

89) Heinrich Amadeus Wolff, Ungeschriebenes Verfassungsrecht unter dem Grundgesetz, Tübingen 2000, S. 345 ff.

90) Heinrich Amadeus Wolff, Ungeschriebenes Verfassungsrecht unter dem Grundgesetz, Tübingen 2000, S. 404 ff.

(7) 초헌법적 법인 자연법

자연법은 사회적 법이 규율하는, 정립되거나 실정적인 법에 선행하거나 상위에 있는 법이다. 자연법은 국가의 입법절차 속에서 정립되지 않는다. 따라서 자연법은 성문법이 아니다. 자연법의 존재가 인정된다면, 자연법은 헌법제정자를 포함한 모든 입법자를 구속한다. 자연법을 실정화하여도 자연법은 자신의 특별한 성질을 잃지 않는다. 이때 자연법은 헌법과 비슷한 법단계를 인정받을 수 있는 것처럼 보인다. 그러나 자연법은 헌법의 규범서열이 있는 불문법에 속할 수 없다. (성문화했는지와 상관없이) 자연법은 모든 헌법규범보다 더 높은 규범서열이 있어서 헌법제·개정의 법적 한계로 기능한다. 따라서 헌법제정자나 헌법개정자도 자연법을 위반할 수 없다. 이러한 점에서 자연법은 직접적으로 효력 있는 법으로 작용하는 한 헌법이 아니라 가장 높은 단계의 법, 즉 초헌법적 법이다.[91]

Ⅱ. 법과 정치의 관계

1. 헌법의 정치성

주권국가의 국민은 대내·외적인 타인결정 없이 국가의 모든 과제와 문제를 스스로 결정한다. 이러한 과정은 정치로 나타나고, 국가 안에서 정치세력 사이의 투쟁과 타협이 낳은 가장 중요하고 기본적인 결과물은 헌법이다. 헌법은 정치공동체를 규율한다. 즉 헌법은 국가와 공동체 안에서 중요한 행위자 사이의 대립을 공공복리를 위해서 조정하고 그에 한계를 설정하며,[92] 정치적 지배 정당성의 근원이다. 달리 말하면 헌법은 정치권력 행사와 분배 그리고 제한, 즉 정치기관의 권한을 규율하고, 공동체질서에 관한 기본결정을 한다.[93] 따라서 헌법 규율대상은 법정립을 포함한 정치라고 하겠다.[94] 그리고 헌법의 과제는 국가의 정치적 통일을 형성하는

---

91) Heinrich Amadeus Wolff, Ungeschriebenes Verfassungsrecht unter dem Grundgesetz, Tübingen 2000, S. 130 f. 참조.

92) Ernst−Wolfgang Böckenförde, Verfassungsgerichtsbarkeit: Strukturfragen, Organisation, Legitimation, in: NJW 1999, S. 11; Ki−Cheol Lee, Schonung des Gesetzgebers bei Normenkontrollentscheidungen durch das Bundesverfassungsgericht − Eine verfassungstheoretische Betrachtung von Kompetenzstreitigkeiten −, Diss. jur. Göttingen, 1993, S. 44; Andreas Voßkuhle, in: Hermann von Mangoldt/Friedrich Klein/ Christian Starck (Hrsg.), Kommentar zum Grundgesetz, Bd. 3, 7. Aufl., München 2018, Art. 93 Rdnr. 32.

93) Klaus Stern, Verfassungsgerichtsbarkeit zwischen Recht und Politik, Opladen 1980, S. 18.

94) Dieter Grimm, Politik und Recht, in: Eckart Klein (Hrsg.), Grundrechte, soziale Ordnung und Verfassungsgerichtsbarkeit: Festschrift für Ernst Benda zum 70. Geburtstag, Heidelberg 1995, S.

것이다. 이러한 점에서 헌법에 정치성이 있다는 것을 부정할 수 없다. 그래서 헌법을 정치적 법이라고 한다.[95] 그러나 헌법이 정치에 지도적 방향점을 제시하기는 하지만, 정치를 대체하지는 않는다. 즉 헌법은 정치세력의 활동공간을 제공할 뿐이다.[96]

2. 법과 정치의 구별?

(1) 문제 제기

헌법재판이 정치적으로 특별히 민감한 대상을 다루고 헌법재판소 결정이 자주 과도하게 중요한 정치적 결과를 가져온다는 점에는 다툼이 없다. 나아가 헌법재판소가 결정을 내릴 때 자기 결정이 가져올 정치적 결과를 고려할 수 있고, 심지어 고려하여야 한다는 점도 인정된다. 그러나 헌법재판소가 입법과 집행[97]의 고유한 정치적 영역에 과도하게 개입하는지 혹은 반대로 헌법재판소가 정치영역에 헌법을 관철하여야 하는 자기 과제를 너무 소홀히 하는지가 언제나 다시 다양하고 세심하게 평가되어야 한다. 이러한 문제와 관련하여 헌법재판소가 법의 외투를 입고 정치를 한다는 비판이 제기되기도 한다. 그래서 헌법재판소가 정치에 어느 정도 개입할 수 있는지가 문제 된다. 법과 정치의 2분론을 바탕으로 그에 관한 기준을 찾으려는 시도가 자주 있다.

(2) 정치에 관한 재판인 헌법재판

재판은 법만을 기준으로 하는 심사이지만, 정치적 결정은 다른 기준에 근거하고, 다른 목적을 추구하며, 다른 척도를 따르고, 다른 동기에서 활동하며, 다른 절차에 따라 형성된다.[98] 따라서 정치에 관한 재판은 여전히 사법적 분쟁해결의 유형과 방

100; Jörn Ipsen, Staatsrecht I – Staatsorganisationsrecht, 18. Aufl., Neuwied 2006, Rdnr. 861; Michael Piazolo, Das Bundesverfassungsgericht und die Beurteilung politischer Fragen, in: ders. (Hrsg.), Das Bundesverfassungsgericht – Ein Gericht im Schnittpunkt von Recht und Politik, Mainz/München 1995, S. 245.

95) Klaus Stern, Das Staatsrecht der Bundesrepublik Deutschland, Bd. I, 2. Aufl., München 1984, S. 109: "헌법이 정치적 법이라는 것은 헌법 안에서 정치기관의 권한, 형태, 제도 그리고 절차와 결정 체계가 규율되고, 헌법에 기본적인 정치구조원리가 포함되며, 헌법 안에 정치권력의 범위와 한계를 끌어낼 수 있는 원칙적인 가치결정의 규범화가 이루어진다는 것을 말한다."

96) Dieter Grimm, Recht und Politik, in: JuS 1969, S. 504 f.; Konrad Hesse, Grundzüge des Verfassungsrechts der Bundesrepublik Deutschland, 20. Aufl., Heidelberg 1995, Rdnr. 30 (콘라드 헷세, 계희열 옮김, 『통일독일헌법원론』, 박영사, 2001, 19쪽).

97) 물론 헌법재판소는 모든 입법과 집행 영역이 아니라 심판 청구가 가능한 입법과 집행 영역만을 심사할 수 있을 뿐이다. 예를 들어 헌법 제107조 제2항 때문에 명령·규칙 또는 처분이 헌법에 위반되는지가 재판의 전제가 되면 헌법재판소가 아닌 법원이 심사한다.

98) Klaus Stern, Das Staatsrecht der Bundesrepublik Deutschland, Bd. II, München 1980, S. 348.

식에 따른 재판이므로, 정치에 관한 재판은 정치적 사법, 즉 정치적 결정의 유형과 방식에 따른 재판과 구별되어야 한다.[99] 헌법재판이 정치를 규율하는 법을 심사기준으로 하고 그 심판 대상이 정치분쟁인 한, 헌법재판은 정치적일 수밖에 없다. 그러나 이것이 헌법재판소가 정치권력이거나 입법자나 집행부처럼 정치적으로 활동할 수 있다는 것을 뜻하지는 않는다. 헌법재판은 정치적 사법이 아니라 '정치에 관한 재판'이고, 헌법재판의 인식은 정치적 인식이 아니다. 그러므로 헌법재판은 정치적 가능성 통제가 아니라 '오로지 헌법에 근거한 정치적 합법성 통제'이다. 그래서 헌법재판소는 다른 국가권력을 침해하지 않고 법적 당위를 기준으로 정치적 존재를 심사할 수 있고, 심사하여야 한다. 즉 헌법재판은 정치적 의견과 평가에 주관적으로 의존하여 결정하는 것이 아니라 법의 실정성에 객관적으로 구속되어 결정하는 것이다. 그리고 헌법재판은 법적 추론이지 정치적 결정이 아니다.[100] 이러한 맥락에서 헌법재판은 '정치의 사법화'와 '사법의 정치화'라는 양 극단 사이에서 움직인다.[101]

(3) 법과 정치의 상호연관성

많은 학자가 정치와 관련하여 헌법재판소의 권한 유월을 지적한다. 하지만 누구도 법과 정치의 명확한 구별을 오늘날까지 제시하지 못하였다.[102] 그리고 다툼 없는 명확한 정치 개념은 정치의 다양한 의미 때문에 아직 발견되지 않았다.[103] 따라서 법과 정치의 구별은 처음부터 한계로서 가져야 할 명확성과 정확성을 갖추지 못한다.

법과 정치는 여러 방면에서 얽혀 있다. 법은 정치의 산물, 이른바 침전된 정치일 뿐 아니라 정치의 목적, 근거, 한계 그리고 기준이다.[104] 즉 법은 정치과정에서

---

99) Klaus Stern, Das Staatsrecht der Bundesrepublik Deutschland, Bd. Ⅱ, München 1980, S. 957.

100) Detlef Merten, Demokratischer Rechtsstaat und Verfassungsgerichtsbarkeit, in: DVBl. 1980, S. 777 f.

101) Fritz Ossenbühl, Bundesverfassungsgericht und Gesetzgebung, in: Peter Badura/Horst Dreier (Hrsg.), Festschrift 50 Jahre Bundesverfassungsgericht: Verfassungsgerichtsbarkeit — Verfassungsprozeß, Bd. I, Tübingen 2001, S. 37 참조.

102) Peter Häberle, Verfassungsgerichtsbarkeit als politische Kraft, in: ders., Verfassungsgerichtsbarkeit zwischen Politik und Rechtswissenschaft, Königstein/Ts. 1980, S. 64; Ki—Cheol Lee, Schonung des Gesetzgebers bei Normenkontrollentscheidungen durch das Bundesverfassungsgericht — Eine ver—fassungstheoretische Betrachtung von Kompetenzstreitigkeiten —, Diss. jur. Göttingen, 1993, S. 45.

103) Klaus Stern, Das Staatsrecht der Bundesrepublik Deutschland, Bd. I, 2. Aufl., München 1984, S. 18.

104) 김상겸, 「법과 정치관계에 있어서 헌법재판」, 『공법학연구』 창간호, 한국비교법학회, 1999, 143쪽; 이욱한, 「헌법재판과 법과 정치」, 『헌법논총』 제3집, 헌법재판소, 1992, 462쪽; Willi Geiger, Das Verältnis von Recht und Politik im Verständnis des Bundesverfassungsgerichts, in: ders., Recht und Politik im Verständnis des Bundesverfassungsgerichts, Bielefeld 1980, S. 10; ders., Das Bundes-verfassungsgericht im Spannungsfeld zwischen Recht und Politik, in: EuGRZ 1985, S. 402; Dieter Grimm, Recht und Politik, in: JuS 1969, S. 502; ders., Politik und Recht, in: Eckart Klein (Hrsg.),

만들어지고 법이 정치의 작품일지라도, 정치는 단지 법의 궤도 안에서만 이루어질 수 있다. 그리고 법은 정치 목적 관철에 이바지한다.[105] 따라서 법을 정치적 현상으로 보지 않으면, 법은 파악될 수 없다. 특히 헌법은 다른 어떤 법보다 더 정치적인 법이다. 따라서 그 심사기준이 헌법인 헌법재판은 당연히 정치성이 있다.[106] 헌법재판소 결정이 정치영역에 넓게 효력을 미치더라도 헌법재판소는 여전히 법원이다.[107] 이것은 헌법재판소가 단순히 정치에 개입하는 것이 아니라 '헌법을 근거로 정치에 개입'한다는 것을 뜻한다. 그래서 헌법재판소가 입법자나 집행부처럼 능동적으로 참여할 수 있는 것이 아니라 '단지 수동적으로 참여'할 수 있을 뿐이다. 이러한 점에서 헌법재판소가 정치영역에 부당하게 간섭한다는 비난은 헌법재판소가 법적 기준이 아니라 정치적 기준에 따라 결정을 내리는 범위에서만 제기될 수 있다.[108] 그리고 법과 정치의 본질적인 차이가 있어 어느 하나가 다른 하나를 포섭할 수 없다면, 법적 구속에서 벗어난 순수한 정치영역이 있을 것이다. 그러나 모든 국가행위는 그 정치적 영향력과 상관없이 법적 기준 아래에 있으므로, 이러한 사고는 헌법국가에서 인정될 수 없다.[109]

　이러한 다양한 얽힘에 비추어 법과 정치 사이를 분명하고 확실하게 구별하는 것은 불가능하고, 심지어 민주적이고, 법의 실정성이 의무 지우는 법질서에서 법과 정치는 동전의 양면처럼 보일 수 있다.[110] 그래서 헌법재판소가 정치과정에 참여할

Grundrechte, soziale Ordnung und Verfassungsgerichtsbarkeit: Festschrift für Ernst Benda zum 70. Geburtstag, Heidelberg 1995, S. 91; Jörn Ipsen, Staatsrecht I − Staatsorganisationsrecht, 18. Aufl., Neuwied 2006, Rdnr. 862; Nina−Luisa Siedler, Gesetzgeber und Bundesverfassungsgericht − eine funktionell−rechtliche Kompetenzabgrenzung −, Hamburg 1999, S. 7 f. 참조.

105) Josef Isensee, Verfassungsrecht als „politisches Recht", in: Josef Isensee/Paul Kirchhof (Hrsg.), HStR, Bd. Ⅶ, Heidelberg 1992, § 162 Rdnr. 29; ders., Die Verfassungsgerichtsbarkeit zwischen Recht und Politik, in: Michael Piazolo (Hrsg.), Das Bundesverfassungsgericht − Ein Gericht im Schnittpunkt von Recht und Politik, Mainz/München 1995, S. 49.

106) 한수웅, 「헌법재판의 한계 및 심사기준」, 『헌법논총』 제8집, 헌법재판소, 1997, 189쪽 참조.

107) Christoph Gusy, Parlamentarischer Gesetzgeber und Bundesverfassungsgericht, Berlin 1985, S. 44 참조.

108) Wolf−Rüdiger Schenke, Der Umfang der bundesverfassungsgerichtlichen Überprüfung, in: NJW 1979, S. 1322.

109) Joachim Burmeister, Stellung und Funktion des Bundesverfassungsgerichts im System der Gewaltengliederung, in: Pierre Koenig/Wolfgang Rüfner (Hrsg.), Die Kontrolle der Verfassungsmäßigkeit in Frankreich und in der Bundesrepublik Deutschland, Köln/Berlin/Bonn/München/Heymann 1985, S. 42.

110) Ernst Benda, Das Bundesverfassungsgericht im Spannungsfeld von Recht und Politik, in: ZRP 1977, S. 2; Dieter Grimm, Politik und Recht, in: Eckart Klein (Hrsg.), Grundrechte, soziale Ordnung und Verfassungsgerichtsbarkeit: Festschrift für Ernst Benda zum 70. Geburtstag, Heidelberg

수 있는지가 아니라 정치과정에서 어떤 기능을 수행하는지가 중요하다. 헌법재판소
가 스스로 정치를 하는 것이 아니라 그에게 부여된 통제임무를 오로지 헌법만을 기
준으로 수행한다면, 즉 법원으로서 부여된 자기 기능을 따른다면, 헌법재판소는 언
제나 헌법이 부여한 기능 범위 안에 머물러야 한다.111) 따라서 행위 내용을 규율하
는 헌법 규정이 있다면, 그것이 정치적인지 아닌지에 상관없이 헌법재판소는 그 행
위를 심사할 수 있고, 심사하여야 한다.112) 그렇지 않다면 그 행위는 정치적인지 아
닌지와 상관없이 헌법재판소 심판 대상이 아니므로, 헌법재판소는 심판 청구를 각
하하여야 한다. 이러한 점에서 법과 정치에 관한 논의는 헌법재판의 한계 확정에
아무런 구실을 할 수 없어 불필요한 것으로 보인다.

3. 사법 자제?

한국 헌법재판소는 사법 자제에 관한 미국 연방대법원 판례를 받아들여서, 사법
자제를 근거로 헌법소원을 각하한 적이 있다.113) 그 견해를 따르면 고도의 정치적
결단을 필요로 하는 문제에 관한 대통령과 국회의 판단은 절차적 정당성이 확보되
었다면 존중되어야 하고, 헌법재판소가 사법적 기준만으로 이것을 심판하는 것은
자제되어야 한다. 그리고 이것에 관해서 설혹 사법적 심사 회피로 자의적 결정이
방치될 수도 있다는 우려가 있을 수 있으나, 그러한 대통령과 국회의 판단은 궁극
적으로는 선거를 통해서 국민의 평가와 심판을 받게 될 것이라고 하였다. 독일 연
방헌법재판소도 사법 자제 이론을 수용하고,114) 사법 자제를 '정치하는 것, 즉 헌법
이 형성하고 제한하는 자유로운 정치형성에 개입하는 것을 포기하는 것'으로 이해
한다.115)

사법 자제 명령은 헌법재판의 한계에 관한 어떠한 윤곽과 내용을 제시하지 못하

1995, S. 97; Jörn Ipsen, Staatsrecht I – Staatsorganisationsrecht, 18. Aufl., Neuwied 2006, Rdnr.
862; Ki–Cheol Lee, Schonung des Gesetzgebers bei Normenkontrollentscheidungen durch das
Bundesverfassungsgericht – Eine verfassungstheoretische Betrachtung von Kompetenzstreitigkeiten
–, Diss. jur. Göttingen, 1993, S. 59; Alfred Rinken, in: Erhard Denninger/Wolfgang Hoffmann–
Riem/Hans–Peter Schneider/Ekkehart Stein (Hrsg.), AK–GG, 3. Aufl., Neuwied/Kriftel 2001
(Stand: August 2002), vor Art. 93 Rdnr. 90 참조.

111) Christian Hillgruber/Christoph Goos, Verfassungsprozessrecht, 4. Aufl., Heidelberg 2015, Rdnr. 37.

112) Gerhard Leibholz, Das Bundesverfassungsgericht im Schnittpunkt von Politik und Recht, in: DVBl.
1974, S. 398.

113) 헌재 2004. 4. 29. 2003헌마814, 판례집 16–1, 601.

114) Christian Rau, Selbst entwickelte Grenzen in der Rechtsprechung des United States Supreme
Court und des Bundesverfassungsgerichts, Berlin 1996, S. 125 ff. 참조.

115) BVerfGE 36, 1 (14).

고, 헌법재판소 재판관의 자제를 촉구할 뿐이다. 그래서 헌법재판의 한계는 재판관의 개인적 성향에 따라서 확정되고, 그에 관한 어떠한 규범적 기준이 제공되지 않는다.[116] 그리고 사법 자제는 '행위를 하는 힘', 즉 '행위 여부를 결정하는 힘'을 전제한다.[117] 그러나 이러한 힘의 자의적 행사는 엄격한 사법의 규범구속에 어긋난다.[118] 특히 독일 연방헌법재판소[119]처럼 한국 헌법재판소는 미국 연방대법원과 달리 명확하게 규정된 권한목록이 있다. 이러한 권한은 헌법재판소가 정치적 판단에 따라 사용하거나 사용하지 않을 권한일 뿐 아니라 그것을 행사할 의무를 포함한다.[120] 또한, 헌법재판소의 과제는 사법 자제를 통해서 해결되지 않는다. 헌법재판소는 헌법에

---

116) 계희열, 「헌법재판과 국가기능」, 『헌법재판의 회고와 전망 ― 창립 10주년 기념세미나 ―』, 헌법재판소, 1998, 207~208쪽; 한수웅, 「헌법재판의 한계 및 심사기준」, 『헌법논총』 제8집, 헌법재판소, 1997, 190쪽; Ernst—Wolfgang Böckenförde, Grundrechte als Grundsatznormen, in: Der Staat 29 (1990), S. 26; Kostas Chryssogonos, Verfassungsgerichtsbarkeit und Gesetzgebung, Berlin 1987, S. 174; Rainer Eckertz, Die Kompetenz des Bundesverfassungsgerichts und die Eigenheit des Politischen, in: Der Staat 17 (1978), S. 189; Roman Herzog, Offene Fragen zwischen Verfassungsgericht und Gesetzgeber, in: ZG 1987, S. 292; Werner Heun, Funktionell—rechtliche Schranken der Verfassungsgerichtsbarkeit, Baden—Baden 1992, S. 12; Alfred Rinken, in: Erhard Denninger/Wolfgang Hoffmann—Riem/Hans—Peter Schneider/Ekkehart Stein (Hrsg.), AK—GG, 3. Aufl., Neuwied/Kriftel 2001 (Stand: August 2002), vor Art. 93 Rdnr. 92; Klaus Schlaich/Stefan Korioth, Das Bundesverfassungsgericht ― Stellung, Verfahren, Entscheidungen, 11. Aufl., München 2018, Rdnr. 505; Nina—Luisa Siedler, Gesetzgeber und Bundesverfassungsgericht ― eine funktio— nell—rechtliche Kompetenzabgrenzung ―, Hamburg 1999, S. 57; Christian Starck, Gewaltenteilung und Verfassungsgerichtsbarkeit, in: ders. (Hrsg.), Fortschritte der Verfassungsgerichtsbarkeit in der Welt ― Teil I, Baden—Baden 2004, S. 127; Andreas Voßkuhle, in: Hermann von Mangoldt/ Friedrich Klein/Christian Starck (Hrsg.), Kommentar zum Grundgesetz, Bd. 3, 7. Aufl., München 2018, Art. 93 Rdnr. 36.

117) Christian Hillgruber/Christoph Goos, Verfassungsprozessrecht, 4. Aufl., Heidelberg 2015, Rdnr. 40; Dietrich Murswiek, Der Umfang der verfassungsgerichtlichen Kontrolle staatlicher Öffentlichkeitsarbeit ― Zum „Grundsatz des judicial self—restraint" ―, in: DÖV 1982, S. 532.

118) Brun—Otto Bryde, Verfassungsentwicklung, Baden—Baden 1982, S. 308 f.; Werner Heun, Funktionell—rechtliche Schranken der Verfassungsgerichtsbarkeit, Baden—Baden 1992, S. 12; Detlef Merten, Demokratischer Rechtsstaat und Verfassungsgerichtsbarkeit, in: DVBl. 1980, S. 779; Klaus Schlaich/Stefan Korioth, Das Bundesverfassungsgericht ― Stellung, Verfahren, Entscheidungen, 11. Aufl., München 2018, Rdnr. 505.

119) Ernst Benda, Das Bundesverfassungsgericht im Spannungsfeld von Recht und Politik, in: ZRP 1977, S. 4; Dieter Blumenwitz, Judicial self—restraint und die verfassungsgerichtliche Überprüfung von Akten der Auswärtigen Gewalt, in: DVBl. 1976, S. 464 f.; Jutta Limbach, Das Bundesverfassungsgericht als politischer Machtfaktor, Speyer 1995, S. 20.

120) Josef Isensee, Verfassungsrecht als „politisches Recht", in: Josef Isensee/Paul Kirchhof (Hrsg.), HStR, Bd. Ⅶ, Heidelberg 1992, § 162 Rdnr. 85; Dietrich Murswiek, Der Umfang der verfassungs— gerichtlichen Kontrolle staatlicher Öffentlichkeitsarbeit ― Zum „Grundsatz des judicial self—re— straint" ―, in: DÖV 1982, S. 531 f.

구속되므로 헌법은 통제행위 제한을 헌법재판소 재판관의 주관적 판단에 맡겨두지 않는데, 사법 자제 요구는 이것을 경시하기 때문이다. 오히려 헌법재판소의 통제행위는 헌법이 규범화한 과제에 따라서 요구된다.[121) 그에 따라 헌법재판소는 헌법문제에 대한 최종결정자로서 다투어지는 헌법문제에 관해서 결정할 의무가 있다.[122] 그 밖에 사법 자제 명령은 기존상황 유지나 다수의견 관철에 이바지함으로써 소수자 보호에 불리하게 작용할 수 있다. 그러나 이것은 다수를 통제하고 소수를 보호하여야 하는 헌법재판의 과제에 어긋난다.[123] 따라서 헌법재판소는 헌법문제에 관한 결정을 자제할 권한이 없고, 심판 청구가 허용된다면 결정을 내려야 한다. 헌법문제를 판단하는 것이 매우 어려울지라도, 사법적 응답을 정치적, 심지어 정당정치적 의사표시의 토대가 대체할 수 없다. 이러한 점에서 사법 자제는 헌법에 그것이 포함되거나 헌법에서 도출될 수 있을 때만 가능하다.[124] 그러나 이것은 헌법해석 문제로서 사법적 자기제한 문제가 아니라 헌법규범이 충분한지 그리고 그 규율밀도가 충분한

---

121) Konrad Hesse, Funktionelle Grenzen der Verfassungsgerichtsbarkeit, in: Recht als Prozess und Gefüge: Festschrift für Hans Huber zum 80. Geburtstag, Bern 1981, S. 263 f.; ders., Grundzüge des Verfassungsrechts der Bundesrepublik Deutschland, 20. Aufl., Heidelberg 1995, Rdnr. 570 (콘라드 헷세, 계희열 옮김, 『통일독일헌법원론』, 박영사, 2001, 348쪽); Alfred Rinken, in: Erhard Denninger/Wolfgang Hoffmann−Riem/Hans−Peter Schneider/Ekkehart Stein (Hrsg.), AK−GG, 3. Aufl., Neuwied/Kriftel 2001 (Stand: August 2002), vor Art. 93 Rdnr. 92; Rupert Scholz, Verfassungsgerichtsbarkeit im gewaltenteiligen Rechtsstaat, in: Ulrich Karpen (Hrsg.), Der Richterals Ersatzgesetzgeber, Baden−Baden 2002, S. 24.

122) Ernst Benda, Das Verhältnis von Parlament und Bundesverfassungsgericht, in: Uwe Thaysen/Roger H. Davidson/Robert G. Livingston (Hrsg.), US−Kongreß und Deutscher Bundestag, Opladen 1988, S. 218; Friedrich August Freiherr von der Heydte, Judicialself−restraint eines Verfassungsgerichts im freiheitlichen Rechtsstaat?, in: Gerhard Leibholz/Hans Joachim Faller/Paul Mikat/Hans Reis (Hrsg.), Menschenwürde und freiheitliche Rechtsordnung: Festschrift für Willi Geiger zum 65. Geburtstag, Tübingen 1974, S. 922; Christian Hillgruber/Christoph Goos, Verfassungsprozessrecht, 4. Aufl., Heidelberg 2015, Rdnr. 40; Helmut Simon, Verfassungsgerichtsbarkeit, in: Ernst Benda/Werner Maihofer/Hans−Jochen Vogel (Hrsg.), HVerfR, 2. Aufl., Berlin/NewYork 1994, § 34 Rdnr. 47; ders., Das Bundesverfassungsgericht − Ersatzgesetzgeber und Superrevisionsinstanz?, in: NJ 1996, S. 170; Christian Starck, Gewaltenteilung und Verfassungsgerichtsbarkeit, in: ders. (Hrsg.), Fortschritte der Verfassungsgerichtsbarkeit in der Welt − Teil I, Baden−Baden 2004, S. 127; Andreas Voßkuhle, in: Hermann von Mangoldt/Friedrich Klein/Christian Starck (Hrsg.), Kommentar zum Grundgesetz, Bd. 3, 7. Aufl., München 2018, Art. 93 Rdnr. 36. 참조.

123) 계희열, 「헌법재판과 국가기능」, 『헌법재판의 회고와 전망 − 창립 10주년 기념세미나 −』, 헌법재판소, 1998, 207~208쪽. Jutta Limbach, Vorrang der Verfassung oder Souveränität des Parlaments?, Stuttgart 2001, S. 14 참조.

124) Ernst Benda, Das Verhältnis von Parlament und Bundesverfassungsgericht, in: Uwe Thaysen/Roger H. Davidson/Robert G. Livingston (Hrsg.), US−Kongreß und Deutscher Bundestag, Opladen 1988, S. 222. 이때 실체법적 한계는 물론 기능법적 관점에서 도출되는 한계도 함께 고려되어야 한다.

지의 문제이다.[125] 따라서 그것은 사법적 '자제'가 아니라 헌법적 '강제'이다.

4. 정치문제?

'정치문제이론'[126]을 따라서 미국 연방대법원은 정치적 연관성이 있는 특정한 사안에서 재판을 거부한다. 그러나 정치문제이론은 한국 헌법과 합치할 수 없다. 따라서 정치문제이론은 한국 법체계에 원용될 수 없다.

먼저 정치문제이론은 법과 정치의 2분론을 전제한다.[127] 그러나 이러한 구분은 앞에서 언급한 것(2.)처럼 가능하지 않다. 이러한 점에서 정치문제이론의 근거가 이미 사라진다. 그리고 정치문제이론은 통일적이고 일관적인 결정지침을 제시하지 못한다. 즉 정치문제이론에 관한 미국 연방대법원 판례에서 명확한 지침을 끄집어낼 수 없다. 미국 연방대법원의 정치문제 인정은 대단히 탄력적이다. 따라서 정치문제이론은 법적 안정성을 담보할 수 없다.[128]

헌법은 주로 정치를 규율한다. 따라서 헌법재판소는 정치적 문제 심사를 피할 수 없다.[129] 한국 헌법에는 세부적으로 규정한 권한과 과제의 목록이 있으므로, 헌법재판소의 권한영역 안에서 헌법재판소의 결정은 강제된다. 따라서 헌법문제로서 받아들여지는 것이 헌법재판소 심판 대상에서 배제되지 않는다.[130] 헌법문제를 포

---

125) Klaus Stern, Außenpolitischer Gestaltungsspielraum und verfassungsgerichtliche Kontrolle − Das Bundesverfassungsgericht im Spannungsfeld zwischen Judicial Activism und Judicial Restraint, in: NWVBl. 1994, S. 244 참조.

126) Michael Piazolo, Verfassungsgerichtsbarkeit und Politische Fragen, München 1994, S. 27 ff.; Christian Rau, Selbst entwickelte Grenzen in der Rechtsprechung des United States Supreme Court und des Bundesverfassungsgerichts, Berlin 1996, S. 64 ff. 참조.

127) Michael Piazolo, Verfassungsgerichtsbarkeit und Politische Fragen, München 1994, S. 15; Alfred Rinken, in: Erhard Denninger/Wolfgang Hoffmann−Riem/Hans−Peter Schneider/Ekkehart Stein (Hrsg.), AK−GG, 3. Aufl., Neuwied/Kriftel 2001 (Stand: August 2002), vor Art. 93 Rdnr. 91.

128) Friedrich August Freiherr von der Heydte, Judicialself−restraint eines Verfassungsgerichts im freiheitlichen Rechtsstaat?, in: Gerhard Leibholz/Hans Joachim Faller/Paul Mikat/Hans Reis (Hrsg.), Menschenwürde und freiheitliche Rechtsordnung: Festschrift für Willi Geiger zum 65. Geburtstag, Tübingen 1974, S. 913; Christian Rau, Selbst entwickelte Grenzen in der Rechtsprechung des United States Supreme Court und des Bundesverfassungsgerichts, Berlin 1996, S. 230; Klaus Stern, Verfassungsgerichtsbarkeit zwischen Recht und Politik, Opladen 1980, S. 31 f.; ders., Außenpoli−tischer Gestaltungsspielraum und verfassungsgerichtliche Kontrolle − Das Bundesverfassungsgericht im Spannungsfeld zwischen Judicial Activism und Judicial Restraint, in: NWVBl. 1994, S. 244.

129) 계희열, 「헌법재판과 국가기능」, 『헌법재판의 회고와 전망 − 창립 10주년 기념세미나 −』, 헌법재판소, 1998, 209쪽.

130) Ernst Benda, Das Bundesverfassungsgericht im Spannungsfeld von Recht und Politik, in: ZRP 1977, S. 4; ders., Die Verfassungsgerichtsbarkeit der Bundesrepublik Deutschland, in: Christian Starck/Albrecht Weber (Hrsg.), Verfassungsgerichtsbarkeit in Westeuropa, Teilband 1, Baden−

함하지 않은 정치적 문제만 헌법재판소 심판 대상에서 제외된다. 따라서 헌법재판소의 권한 범위 안에서 헌법재판소에 심판이 청구되고 사법 판단의 기준과 근거로서 사법심사를 가능하게 하는 규범이 있는 한, 헌법재판소는 언제나 재판을 하여야 하고,[131] "문제가 너무 정치적이거나 정치기관이 더 잘 결정할 수 있거나 결정에 대한 책임을 회피하려고 한다는 이유를 들어 재판을 거부할 수 없다."[132] 그렇지 않다면 헌법재판소는 재판거부 책임을 져야 한다.[133] 헌법재판소는 정치적 결정(의회의 법률이나 집행부의 처분[134])이 정치적으로 옳은지가 아니라 오로지 합헌인지만을

Baden 1986, S. 140; ders., Das Verhältnis von Parlament und Bundesverfassungsgericht, in: Uwe Thaysen/Roger H. Davidson/Robert G. Livingston (Hrsg.), US−Kongreß und Deutscher Bundestag, Opladen 1988, S. 223 f.; Brun−Otto Bryde, Verfassungsentwicklung, Baden−Baden 1982, S. 311; Kostas Chryssogonos, Verfassungsgerichtsbarkeit und Gesetzgebung, Berlin 1987, S. 178; Willi Geiger, Das Verältnis von Recht und Politik im Verständnis des Bundesverfassungsgerichts, in: ders., Recht und Politik im Verständnis des Bundesverfassungsgerichts, Bielefeld 1980, S. 21; Christoph Gusy, Parlamentarischer Gesetzgeber und Bundesverfassungsgericht, Berlin 1985, S. 57; Ki−Cheol Lee, Schonung des Gesetzgebers bei Normenkontrollentscheidungen durch das Bundesverfassungsgericht − Eine verfassungstheoretische Betrachtung von Kompetenzstreitigkeiten −, Diss. jur. Göttingen, 1993, S. 170 f.; Jutta Limbach, Missbraucht die Politik das Bundesverfassungsgericht?, Köln 1997, S. 24; Michael Piazolo, Verfassungsgerichtsbarkeit und Politische Fragen, München 1994, S. 76; Horst Säcker, Die Rechtsmacht des Bundesverfassungsgerichts gegenüber dem Gesetzgeber, in: BayVBl. 1979, S. 194; Wolf−Rüdiger Schenke, Der Umfang der bundesverfas−sungsgerichtlichen Überprüfung, in: NJW 1979, S. 1325; Christian Starck, Gewaltenteilung und Verfassungsgerichtsbarkeit, in: ders. (Hrsg.), Fortschritte der Verfassungsgerichtsbarkeit in der Welt − Teil I, Baden−Baden 2004, S. 127; Klaus Stern, Verfassungsgerichtsbarkeit zwischen Recht und Politik, Opladen 1980, S. 32; ders., Das Staatsrecht der Bundesrepublik Deutschland, Bd. Ⅱ, München 1980, S. 962; Rüdiger Zuck, Political−Question−Doktrin, Judicial−selfrestraint und das Bundesverfassungsgericht, in: JZ 1974, S. 364.

131) Joachim Burmeister, Stellung und Funktion des Bundesverfassungsgerichts im System der Gewaltengliederung, in: Pierre Koenig/Wolfgang Rüfner (Hrsg.), Die Kontrolle der Verfassungsmäßig−keit in Frankreich und in der Bundesrepublik Deutschland, Köln/Berlin/Bonn/München/Heymann 1985, S. 43; Alfred Rinken, in: Erhard Denninger/Wolfgang Hoffmann−Riem/Hans−Peter Schneider/Ekkehart Stein (Hrsg.), AK−GG, 3. Aufl., Neuwied/Kriftel 2001 (Stand: August 2002), vor Art. 93 Rdnr. 91; Hans−Peter Schneider, Verfassungsgerichtsbarkeit und Gewaltenteilung − Zur Funktionsgerechtigkeit von Kontrollmaßstäben und Kontrolldichte verfassungsgerichtlicher Entscheidung, in: NJW 1980, S. 2104; Klaus Stern, Das Staatsrecht der Bundesrepublik Deutschland, Bd. Ⅱ, München 1980, S. 962; Wolfgang Zeidler, Die Verfassungsrechtsprechung im Rahmen der staatli−chen Funktionen − Arten, Inhalt und Wirkungen der Entscheidungen über die Verfassungsmäßig−keit von Rechtsnormen, in: EuGRZ 1988, S. 216.

132) Klaus Stern, Das Staatsrecht der Bundesrepublik Deutschland, Bd. Ⅱ, München 1980, S. 962.

133) Andreas Voßkuhle, in: Hermann von Mangoldt/Friedrich Klein/Christian Starck (Hrsg.), Kommentar zum Grundgesetz, Bd. 3, 7. Aufl., München 2018, Art. 93 Rdnr. 22.

134) 헌법 제107조 제2항 때문에 한국 헌법재판소 심판 대상이 될 수 있는 집행부 처분은 매우 제한적이다.

심사할 수 있고, 심사하는 것이 당연히 허용된다.[135] 미국 연방대법원과 달리 헌법
이 헌법재판소에 헌법재판권을 부여하여 헌법재판소가 국가권력의 행위를 심판 대
상에서 배제할 수 없다. 그러므로 사법심사를 할 수 없는 국가권력의 행위를 처음
부터 인정할 수 없더라도, 어떤 국가권력의 행위를 규율하는 헌법규범이 없다면,
이러한 행위는 헌법재판소 심판 대상에서 제외될 수밖에 없다.[136] 그러나 이것은
오로지 헌법의 규범적 한계 문제이다.[137] 그 밖에 정치적 문제가 정치기관이 결정
하는 헌법문제가 헌법의 범위 안에 있는지에 관한 문제로서 이해된다면, 그것은 헌
법적 한계로 기능할 수 있다.[138] 그러나 이것도 헌법구속성 강조에 지나지 않는다.

5. 정치중재자인 헌법재판소?

정치세력이 서로 저지하며 다투거나 정치적 책임을 지지 않으려고 할 때, 정치
세력은 헌법재판소에 문제 해결을 미루곤 한다. 그리고 국회 소수파는 때때로 자신
의 무력함을 헌법재판소를 통해서 보완하려고 한다. 때에 따라서 국회 다수파의 결
정이 받아들일 수 없는 것으로 밝혀지기도 한다. 게다가 국회의 법률이나 행정처분
에 반대하는 몇몇 국민이나 사회적 세력은 국회나 정부를 믿지 않으므로 자주 헌법
재판소에 헌법소원심판을 청구한다. 드물지 않게 정치세력이 너무 오랫동안 문제를
내버려두어서 헌법재판소에 헌법소원심판이 청구되기도 한다. 이러한 때에 헌법재
판은 대의제를 대체하는 기능을 하는 것처럼 보인다. 그래서 헌법재판소가 분쟁을
해결하는 활동뿐 아니라 분쟁을 중재하거나 조정하는 활동도 할 수 있는지 혹은 활
동하여야 하는지 그리고 어떠한 범위 안에서 그럴 수 있는지가 문제 된다.

먼저 법은 자주 정치적 문제를 해결하기 위한 적절한 기준이 아니고,[139] 정치의

---

135) Joachim Burmeister, Stellung und Funktion des Bundesverfassungsgerichts im System der
Gewaltengliederung, in: Pierre Koenig/Wolfgang Rüfner (Hrsg.), Die Kontrolle der Verfassungsmäßig-
keit in Frankreich und in der Bundesrepublik Deutschland, Köln/Berlin/Bonn/München/Heymann
1985, S. 43 f.

136) Ki-Cheol Lee, Schonung des Gesetzgebers bei Normenkontrollentscheidungen durch das
Bundesverfassungsgericht - Eine verfassungstheoretische Betrachtung von Kompetenzstreitigkeiten
-, Diss. jur. Göttingen, 1993, S. 171; Klaus Stern, Verfassungsgerichtsbarkeit zwischen Recht und
Politik, Opladen 1980, S. 32; ders., Das Staatsrecht der Bundesrepublik Deutschland, Bd. II,
München 1980, S. 962.

137) 한수웅, 「헌법재판의 한계 및 심사기준」, 『헌법논총』 제8집, 헌법재판소, 1997, 191~192쪽.

138) Christian Starck, Das Bundesverfassungsgericht in der Verfassungsordnung und im politischen
Prozeß, in: Peter Badura/Horst Dreier (Hrsg.), Festschrift 50 Jahre Bundesverfassungsgericht:
Verfassungsgerichtsbarkeit - Verfassungsprozeß, Bd. I, Tübingen 2001, S. 9.

139) Rüdiger Zuck, Das Bundesverfassungsgericht als Dritte Kammer, in: ZRP 1978, S. 191 참조.

범위와 한계를 설정할 뿐이다. 따라서 정치적 문제는 정치과정을 통해서 해결되어야 하고, 헌법재판소 결정이 정치적 결정을 대체할 수 없다. 헌법재판소 결정이 이성적이고 건전한 사람의 인식에 더욱더 합치하더라도, 정치중재자로 등장하고 정치적 타협을 꾀하는 것은 헌법재판소의 일이 아니다[140]. 그리고 헌법이 정치적으로 대립하는 집단 사이의 타협물이더라도 헌법재판소는 정치중재자나 정치적 조정위원회가 아니다.[141] 헌법재판소는 특별한 법원일 뿐이고, 헌법재판소 결정은 언제나 사법재판 그 이상도 그 이하도 아니다. 헌법재판소가 예외적으로 긴급입법자로서 정치적 결정을 내리더라도, 그 결정은 오로지 입법적 빈틈을 메우는 임시규율에 불과하다. 따라서 헌법재판소는 사법기관으로서 단지 정치적 갈등 속에서 발생하는 (헌)법적 분쟁에 관해서만 결정한다. 그래서 헌법재판소는 원칙적으로 다양한 가능성 중의 하나를 선택하는 것이 아니라 선택된 가능성이 합헌인지만을 심사한다. 그 선택 자체는 본래 국회나 정부의 일이다. 따라서 헌법재판소의 선택은 다른 국가기관의 권한을 찬탈하는 것이 될 수 있다. 다른 국가기관이 헌법재판소에 이러한 권한을 넘길지라도, 이러한 선택은 허용되지 않는다. 모든 국가기관은 자기 과제를 이행할 권한뿐 아니라 의무도 있기 때문이다. 그래서 사인과 달리 국가기관은 사적 자치를 누릴 수 없다. 그에 따라 국가기관은 자신의 합헌적 과제를 수행하기 위해서 필수적인 권한('핵심영역')을 포기할 수 없고, 다른 국가기관에 이러한 권한을 넘길 수도 없다. 당연히 국가기관은 이러한 권한을 빼앗거나 빼앗기는 것도 허용되지 않는다.[142] 그 밖에 이러한 포기나 위임은 권한 찬탈처럼 헌법이 확정한 권한질서를 바꾸므로, 이것은 권력 분할과 '다른 국가기관에 대한 분할된 권력 분배' 그리고 이러한 권력의 상호 견제와 통제로서 이해되는 권력분립원리[143]에 어긋난다.

결론적으로 헌법재판소가 정치중재자로 기능한다면, 그것은 자기 권한을 넘어

---

140) '중재'나 '조정'과 그것과 '재판'의 구별에 관해서는 Hans‒Peter Schneider, Richter oder Schlichter?, in: Walther Fürst/Roman Herzog/Dieter C. Umbach (Hrsg.), Festschrift für Wolfgang Zeidler, Berlin/New York 1987, S. 306 f. 참조.

141) Erhard Denninger, Das Bundesverfassungsgericht zwischen Recht und Politik, in: Hauke Brunkhorst/Peter Niesen (Hrsg.), Das Recht der Republik, Frankfurt am Main 1999, S. 290 참조.

142) 김선택, 「국가기능체계에 있어서 헌법재판소의 역할과 한계」, 『공법연구』 제33집 제4호, 한국공법학회, 2005, 191, 194쪽; BVerfGE 9, 268 (279 f.); 22, 106 (111); 34, 52 (59); Udo Di Fabio, Gewaltenteilung, in: Josef Isensee/Paul Kirchhof (Hrsg.), HStR, Bd. Ⅱ, 3. Aufl., Heidelberg 2004, § 27 Rdnr. 9; Klaus Stern, Das Staatsrecht der Bundesrepublik Deutschland, Bd. Ⅱ, München 1980, S. 541 f.; ders., Das Staatsrecht der Bundesrepublik Deutschland, Bd. I, 2. Aufl., München 1984, S. 795.

143) Klaus Stern, Das Staatsrecht der Bundesrepublik Deutschland, Bd. Ⅱ, München 1980, S. 529 f.; ders., Das Staatsrecht der Bundesrepublik Deutschland, Bd. I, 2. Aufl., München 1984, S. 792.

선다. 사법심사를 가능하게 하는 헌법규범이 없고 그것이 헌법의 구체화 속에서도 발견되지 않는다면, 사법심사를 가능하게 하는 판단기준이 없다. 그러므로 당연히 헌법재판소는 재판할 수 없을 뿐 아니라 중재를 하여서도 안 된다.[144] 반대로 사법심사를 가능하게 하는 헌법규범이 있다면, 헌법재판소는 그에 따라 재판을 하여야 한다. 이때 헌법재판소는 오로지 헌법문제만을 심사할 수 있고, 다른 문제는 각하하여야 한다. 헌법재판소는 늘 사법적으로 대체할 수 없는 국회나 정부의 과제와 책임을 거부하여야 한다. 그런데도 헌법의 정치성 때문에 헌법재판소가 대립하는 정치적 이익을 헌법의 범위 안에서 고려할 수 있고, 때에 따라서는 고려하여야 하므로, 헌법재판소는 부분적으로 그리고 부차적으로 정치중재자로 기능할 수도 있다. 그러나 이때도 헌법재판소는 법원의 본질에서 벗어날 수 없고, 법적 판단만 할 수 있을 뿐이다.

Ⅲ. 기능법적 한계

1. 기능법적 사고의 새로운 문제 제기

전통적 관점을 따르면, 헌법재판의 과제와 한계는 개별 사건과 관련 있는 실질적 헌법의 해석과 적용 속에서 찾을 수 있다. 심사기준인 헌법은 '헌법재판소 기능과 권한 영역의 근거와 한계'이다.[145] 그러나 폭넓은 헌법재판소의 권한, 많은 규범의 개방성, 헌법의 포괄적 규율영역 그리고 특히 원하는 결과를 도출할 수 있게 하는 해석방법을 헌법재판소가 선택할 수 있을 정도로 다양한 기존 헌법해석방법 때문에 헌법에 대한 구속이 어느 정도 정확한 심사기준으로서 정치세력에 대한 헌법재판의 한계를 확정할 수 있는지가 문제 된다. 따라서 많은 학자는 헌법재판의 한계를 '기능법적' 고찰 속에서 찾으려고 한다.[146]

모든 '기능법적' 고찰은 헌법재판소가 법원이라는 것에서 출발한다.[147] 따라서 그 출발점은 헌법재판소도 헌법이 그에 부여한 기능 범위 안에서 활동하여야 한다

---

144) Hans‒Peter Schneider, Richter oder Schlichter?, in: Walther Fürst/Roman Herzog/Dieter C. Umbach (Hrsg.), Festschrift für Wolfgang Zeidler, Berlin/New York 1987, S. 298.

145) Alfred Rinken, in: Erhard Denninger/Wolfgang Hoffmann‒Riem/Hans‒Peter Schneider/Ekkehart Stein (Hrsg.), AK‒GG, 3. Aufl., Neuwied/Kriftel 2001 (Stand: August 2002), vor Art. 93 Rdnr. 93.

146) Klaus Schlaich/Stefan Korioth, Das Bundesverfassungsgericht ‒ Stellung, Verfahren, Entscheidungen, 11. Aufl., München 2018, Rdnr. 506.

147) Klaus Schlaich/Stefan Korioth, Das Bundesverfassungsgericht ‒ Stellung, Verfahren, Entscheidungen, 11. Aufl., München 2018, Rdnr. 510.

는 고려이다.[148] 즉 기능법적 고찰은 헌법이 확정한 권한질서에 바탕을 둔 권력분
립원리에 근거한다.[149] 권력분립적 국가에서 헌법은 의회, 행정을 포함한 집행부
그리고 법원에 헌법재판소가 존중하여야 할, 고유한 책임을 지는 행위에 대한 기능
적 영역을 부여한다. 그에 따라 의회는 헌법과 합치하는 범위에서 자유롭게 법규범
을 형성할 수 있다.[150] 헌법재판소가 헌법해석에 대한 최종심이라는 사실은 헌법재
판소가 언제나 다른 기관, 특히 입법부의 지위를 자기 결정을 통해서 대신하는 결
과를 발생시키지 않는다.[151] 헌법재판소는 오로지 헌법이 그에 부여한 기능 범위
안에서만 행위를 하여야 한다.[152] 따라서 헌법적 기능 부여는 동시에 소극적 권한
한계로 기능한다. '기능법적' 고찰은 단지 권한의 제한에만 이바지할 뿐이고, 권한
을 근거 짓지는 않는다.[153]

2. 법원형식성

헌법재판의 본질적인 기능법적 확정과 한계는 헌법재판의 법원형식성에서 발견
된다. 구성과 조직, 기능 그리고 절차방식에 따라서 확정되는, 헌법이 확정한 헌법
재판소의 기관구조는 상응하는 기능 부여뿐 아니라 권력분립원리의 법치국가적 한

---

148) Konrad Hesse, Funktionelle Grenzen der Verfassungsgerichtsbarkeit, in: Recht als Prozess und
　　Gefüge: Festschrift für Hans Huber zum 80. Geburtstag, Bern 1981, S. 265; Werner Heun,
　　Funktionell－rechtliche Schranken der Verfassungsgerichtsbarkeit, Baden－Baden 1992, S. 13.
149) Kostas Chryssogonos, Verfassungsgerichtsbarkeit und Gesetzgebung, Berlin 1987, S. 151; Konrad
　　Hesse, Funktionelle Grenzen der Verfassungsgerichtsbarkeit, in: Recht als Prozess und Gefüge:
　　Festschrift für Hans Huber zum 80. Geburtstag, Bern 1981, S. 265 f.; Werner Heun, Funktionell－
　　rechtliche Schranken der Verfassungsgerichtsbarkeit, Baden－Baden 1992, S. 13; Christian Rau,
　　Selbst entwickelte Grenzen in der Rechtsprechung des United States Supreme Court und des
　　Bundesverfassungsgerichts, Berlin 1996, S. 231; Alfred Rinken, in: Erhard Denninger/Wolfgang
　　Hoffmann－Riem/Hans－Peter Schneider/Ekkehart Stein (Hrsg.), AK－GG, 3. Aufl., Neuwied/Kriftel
　　2001 (Stand: August 2002), vor Art. 93 Rdnr. 85.
150) Helmut Simon, Das Bundesverfassungsgericht － Ersatzgesetzgeber und Superrevisionsinstanz?, in:
　　NJ 1996, S. 170.
151) Wolfgang Zeidler, Die Verfassungsrechtsprechung im Rahmen der staatlichen Funktionen － Arten,
　　Inhalt und Wirkungen der Entscheidungen über die Verfassungsmäßigkeit von Rechtsnormen, in:
　　EuGRZ 1988, S. 216.
152) Ernst Benda, Das Verhältnis von Parlament und Bundesverfassungsgericht, in: Uwe Thaysen/
　　Roger H. Davidson/Robert G. Livingston (Hrsg.), US－Kongreß und Deutscher Bundestag, Opladen
　　1988, S. 223; Konrad Hesse, Funktionelle Grenzen der Verfassungsgerichtsbarkeit, in: Recht als
　　Prozess und Gefüge: Festschrift für Hans Huber zum 80. Geburtstag, Bern 1981, S. 262.
153) Werner Heun, Funktionell－rechtliche Schranken der Verfassungsgerichtsbarkeit, Baden－Baden
　　1992, S. 84; Klaus Schlaich/Stefan Korioth, Das Bundesverfassungsgericht － Stellung, Verfahren,
　　Entscheidungen, 11. Aufl., München 2018, Rdnr. 526.

계기능에 상응하는 소극적 기능한계도 확정한다. 헌법재판의 법원형식성은 헌법재판소의 기관구조를 결정적으로 확정한다.[154]

헌법재판소는 주도적으로 활동할 권한이 없어서 다른 법원처럼 오로지 심판 청구가 있을 때만 재판할 수 있다. 그러므로 헌법재판소의 권한은 열거된 종류의 청구와 절차에 국한된다. 그리고 헌법재판소는 특별하게 형성되고 정돈된 절차를 지켜야 한다. 법원으로서 당연히 헌법재판소는 심사기준, 즉 헌법에 구속된다. 그 밖에 "헌법재판소는 그가 통제하는 다른 국가기관과 달리 반동적 · 사후적 · 쟁점관련적 · 통제적 역할을 수행한다."[155] [156]

3. 행위규범과 통제규범의 구별 가능성

헌법재판소의 존재와 법원형식성 그리고 권한은 실질적 헌법 해석에 영향을 미친다. 헌법해석에서 헌법재판소는 해석되어야 할 헌법을 구속적으로 적용하려면 언제나 이러한 요소를 고려하여야 한다. 이때 기능법적 고찰이 문제 된다.[157]

기능법적으로 지향된 헌법해석 근거는 단순하다. 헌법규범은 적극적으로 행위를 하는 국가기관(예를 들어 입법자나 집행부)에는 '행위규범', 즉 행위지시와 행위한계로서 기능한다. 하지만 같은 규범이 헌법재판소에는 '통제규범'으로서 기능한다. 어떤 규범이 한편에서는 국가행위의 근거와 지침을 제공하고, 다른 한편에서는 국가의 작위와 부작위를 심사하는 기준이 된다. 행위규범이 적용되는 영역은 통제규범이 적용되는 영역보다 더 넓다. 행위규범과 통제규범이 구체적으로 적용되는 범위가 다르지만, 양자는 같은 규범에서 도출된다. 즉 같은 규범이 헌법의 명확한 규정과 상관없

---

154) Werner Heun, Funktionell − rechtliche Schranken der Verfassungsgerichtsbarkeit, Baden − Baden 1992, S. 13.

155) Klaus Schlaich/Stefan Korioth, Das Bundesverfassungsgericht − Stellung, Verfahren, Entscheidungen, 11. Aufl., München 2018, Rdnr. 512.

156) 이상 김선택, 「국가기능체계에 있어서 헌법재판소의 역할과 한계」, 『공법연구』 제33집 제4호, 한국공법학회, 2005, 200~202쪽; Hans Boldt, Verfassungsrechtsprechung ohne Grenze? − Bemerkung zum Versuch, dem Bundesverfassungsgericht „funktionell − rechtlich" Schranken zu setzen, in: Max − Emanuel Gleis/Dieter C. Umbach (Hrsg.), Planung − Steuerung − Kontrolle: Festschrift für Richard Bartlsperger zum 70. Geburtstag, Berlin 2006, S. 201; Brun − Otto Bryde, Verfassungsentwicklung, Baden − Baden 1982, S. 338; Werner Heun, Funktionell − rechtliche Schranken der Verfassungsgerichtsbarkeit, Baden − Baden 1992, S. 13; Klaus Schlaich/Stefan Korioth, Das Bundesverfassungsgericht − Stellung, Verfahren, Entscheidungen, 11. Aufl., München 2018, Rdnr. 512; Helmut Simon, Verfassungsgerichtsbarkeit, in: Ernst Benda/Werner Maihofer/Hans − Jochen Vogel (Hrsg.), HVerfR, 2. Aufl., Berlin/NewYork 1994, § 34 Rdnr. 51.

157) Klaus Schlaich/Stefan Korioth, Das Bundesverfassungsgericht − Stellung, Verfahren, Entscheidungen, 11. Aufl., München 2018, Rdnr. 515.

이 행위규범뿐 아니라 통제규범으로도 기능한다.[158] 한국 헌법재판소는 이러한 독일의 구별을 받아들여 행위규범과 통제규범을 언급하고 그 의미를 설명하였다. 즉 헌법재판소는 "헌법재판소와 입법자는 모두 헌법에 기속되나, 그 기속의 성질은 서로 다르다. 헌법은 입법자와 같이 적극적으로 형성적 활동을 하는 국가기관에는 행위의 지침이자 한계인 행위규범을 의미하나, 헌법재판소에는 다른 국가기관의 행위의 합헌성을 심사하는 기준으로서의 재판규범 즉 통제규범을 의미한다."[159]라고 하였다.

그러나 행위규범과 통제규범의 구별은 설득력 있게 근거 지울 수 없다. "행위규범과 통제규범은 단지 동전의 양면에 불과하다."[160] 어떤 규범이 행위규범으로서 국가기관에 의무를 부과한다면, 그 규범은 기준적인 통제규범으로 헌법재판소에 기능하여 헌법재판소가 그 의무 위반을 심사할 수 있어야 한다. 국가기관이 행위규범을 위반하였을 때 그것을 위헌으로 확인할 수 없다면, 그 행위규범은 더는 규범으로서 헌법적 의미가 있을 수 없기 때문이다.[161] 행위규범인 헌법규범 준수가 헌법적으로 강제될 수 없다면, 그 규범내용은 헌법적 구속 밖에 있게 된다. 그래서 그 규범내용은 헌법이 규율할 수 없는 영역으로서 권한이 있는 국가기관의 재량범위 안에 있다. 이것은 규범이 아니라 형성의 자유이다.[162] 따라서 행위규범과 통제규범 사이에 내용적 차이가 없다. 그리고 헌법 자신이 그러한 구별을 알지 못한다.[163] 그러므로 헌법은 이러한 구별을 위한 준거점을 포함하지 않는다. 오히려 헌법은 헌법재판소가 결정을 위해서 헌법재판소에 귀속된 절차에서 제한 없이 모든 국가행위

---

158) 계희열, 「헌법재판과 국가기능」, 『헌법재판의 회고와 전망 – 창립 10주년 기념세미나 –』, 헌법재판소, 1998, 225~227쪽; 한수웅, 「헌법재판의 한계 및 심사기준」, 『헌법논총』 제8집, 헌법재판소, 1997, 203~207쪽; Brun–Otto Bryde, Verfassungsentwicklung, Baden–Baden 1982, S. 306 f.; Konrad Hesse, Funktionelle Grenzen der Verfassungsgerichtsbarkeit, in: Recht als Prozess und Gefüge: Festschrift für Hans Huber zum 80. Geburtstag, Bern 1981, S. 269; Werner Heun, Funktionell–rechtliche Schranken der Verfassungsgerichtsbarkeit, Baden–Baden 1992, S. 46; Dietrich Murswiek, Der Umfang der verfassungsgerichtlichen Kontrolle staatlicher Öffentlichkeitsarbeit – Zum „Grundsatz des judicial self–restraint" –, in: DÖV 1982, S. 534; Klaus Schlaich/Stefan Korioth, Das Bundesverfassungsgericht – Stellung, Verfahren, Entscheidungen, 11. Aufl., München 2018, Rdnr. 516.

159) 헌재 1997. 1. 16. 90헌마110, 판례집 9–1, 90, 115. 헌재 1997. 5. 29. 94헌마33, 판례집 9–1, 543, 553–554도 마찬가지.

160) Christian Hillgruber/Christoph Goos, Verfassungsprozessrecht, 4. Aufl., Heidelberg 2015, Rdnr. 39.

161) Werner Heun, Funktionell–rechtliche Schranken der Verfassungsgerichtsbarkeit, Baden–Baden 1992, S. 47 f.

162) Christian Starck, Die Verfassungsauslegung, in: Josef Isensee/Paul Kirchhof (Hrsg.), HStR, Bd. Ⅶ, Heidelberg 1992, § 164 Rdnr. 14.

163) Rainer Wahl, Der Vorrang der Verfassung, in: Der Staat 20 (1981), S. 501 f. 참조.

의 합헌성을 심사하라고 요구한다. 그래서 헌법심사 밀도는 실질적 헌법의 구속과 같다. 그러나 구속력이 있는 개별 헌법규범의 규율밀도는 다르다. 개별 헌법 규정에서 권한 있는 국가기관에 '헌법재판소 심사가 오로지 구속적으로 확정된 범위 준수에만 국한되는' 결정 여지와 행위 여지를 부여하는지 그리고 때에 따라 어떠한 범위에서 부여하는지를 확인하여야 한다. 이러한 범위에서 내려진 결정은 (헌법적으로 아직 결정되지 않은) 정치적 성격이 있으므로, 헌법재판소는 그것을 심사할 수 없다.[164] 이러한 맥락에서 행위규범과 통제규범의 구별은 기껏해야 불명확한 헌법개념을 적용할 때 입법자의 제한된 평가대권이나 결정 여지를 근거 지울 뿐이다.[165]

4. 부차적 한계

기능법적 사고에서 기능은 헌법에서 도출되어야 한다. 먼저 헌법이 기능을 행사하기 위해서 특정한 향유자에게 부여하거나 특정한 법적 효과를 기능 행사와 결부시킬 때 기능은 헌법적 의미가 있다.[166] 그래서 헌법재판소의 기능은 그에 부여된 권한과 독립적인 것이 아니라 권한에 따라서 비로소 확정된다.[167] 이것은 기능법적 사고가 헌법해석을 전제하고 권한에 한계를 설정하는 헌법 규정을 대신하지 못한다는 것[168]을 뜻한다. 그리고 기능법적 사고는 일반적으로 단지 추상적인 기준을 제공할 뿐이다.[169] 그 구체적인 내용은 오로지 개별 헌법 규정 해석에서 얻어질 수 있다. 그렇지 않다면 헌법재판의 한계는 필연적으로 헌법재판소 재판관의 '주관적' 판단에 맡길 수밖에 없다. 이때 그 한계는 객관적 한계가 아니라 주관적 한계일 뿐이다.[170] 그리고 기능은 헌법 밖에서 추상적이고 다양한 의미가 있다. 그러므로 헌법재판의 한계를 오로지 기능에 따라서만 결정하면, 개별 헌법 규정의 의미를 벗어날 가능성이 있다. 그러나 헌법재판소의 기능은 오로지 헌법의 범위 안에 머물러 있어야 한다. 따라서 이것은 헌법에 대한 헌법재판소의 구속에 어긋난다. 이러한

---

164) Christian Hillgruber/Christoph Goos, Verfassungsprozessrecht, 4. Aufl., Heidelberg 2015, Rdnr. 39.

165) Ernst—Wolfgang Böckenförde, Grundrechte als Grundsatznormen, in: Der Staat 29 (1990), S. 27.

166) Helmut Lecheler, „Funktion" als Rechtsbegriff?, in: NJW 1979, S. 2274 참조.

167) Ernst—Wolfgang Böckenförde, Grundrechte als Grundsatznormen, in: Der Staat 29 (1990), S. 26.

168) Claus Dieter Classen, Funktional ausdifferenzierte Rechtsprechungskompetenzen?, in: JZ 2007, S. 55.

169) Klaus Schlaich/Stefan Korioth, Das Bundesverfassungsgericht — Stellung, Verfahren, Entscheidungen, 11. Aufl., München 2018, Rdnr. 525.

170) Hans Boldt, Verfassungsrechtsprechung ohne Grenze? — Bemerkung zum Versuch, dem Bundesverfassungsgericht „funktionell—rechtlich" Schranken zu setzen, in: Max—Emanuel Gleis/ Dieter C. Umbach (Hrsg.), Planung — Steuerung — Kontrolle: Festschrift für Richard Bartlsperger zum 70. Geburtstag, Berlin 2006, S. 203.

점에서 실정법적 관점과 기능법적 관점은 거의 구별할 수 없다. 따라서 기능법적 사고는 독자적인 한계기준으로가 아니라 오로지 보충적이거나 구체화하는 기준으로 작용할 뿐이다. 결론적으로 헌법재판의 한계는 (헌법해석이 어려워도) 먼저 헌법에서 도출된다. 헌법재판소 심사밀도도 오로지 심사기준, 즉 헌법의 규율밀도에 달렸다.171) 그러나 심사기준인 헌법을 해석할 때, 통제자가 법원인 헌법재판소이고 통제대상이 어떤 기관인지를 함께 고려하여야 한다. 이러한 점에서 실체법적 사고는 본질적 한계이고, 기능법적 사고는 부차적 한계이다.172) 따라서 헌법재판소의 권한한계는 모든 헌법 규정이 헌법체계 속에서 올바르게 해석될 수 있는 것처럼 권한을 규율하는 헌법 규정의, 헌법적 기능질서를 고려한 해석에서 정확하게 확정될 수 있다.173)

---

171) BVerfGE 62, 1 (51); Peter Badura, Richterliches Prüfungsrecht und Wirtschaftspolitik, in: Peter Oberndorfer/Herbert Schambeck (Hrsg.), Verwaltung im Dienste von Wirtschaft und Gesellschaft: Festschrift für Ludwig Fröhler zum 60. Geburtstag, Berlin 1980, S. 339; Karl Korinek, Die Verfassungsgerichtsbarkeit im Gefüge der Staatsfunktionen, in: VVDStRL 39, Berlin 1981, S. 40 ff.; Klaus Schlaich/Stefan Korioth, Das Bundesverfassungsgericht − Stellung, Verfahren, Entscheidungen, 11. Aufl., München 2018, Rdnrn. 514, 527 참조.

172) Peter Badura, Richterliches Prüfungsrecht und Wirtschaftspolitik, in: Peter Oberndorfer/Herbert Schambeck (Hrsg.), Verwaltung im Dienste von Wirtschaft und Gesellschaft: Festschrift für Ludwig Fröhler zum 60. Geburtstag, Berlin 1980, S. 339; Klaus Schlaich/Stefan Korioth, Das Bundesverfassungsgericht − Stellung, Verfahren, Entscheidungen, 11. Aufl., München 2018, Rdnr. 528.

173) Konrad Hesse, Grundzüge des Verfassungsrechts der Bundesrepublik Deutschland, 20. Aufl., Heidelberg 1995, Rdnr. 71 ff. (콘라드 헷세, 계희열 옮김, 『통일독일헌법원론』, 박영사, 2001, 40~42쪽); Christian Starck, Die Verfassungsauslegung, in: Josef Isensee/Paul Kirchhof (Hrsg.), HStR, Bd. Ⅶ, Heidelberg 1992, § 164 Rdnr. 19; ders., Das Bundesverfassungsgericht in der Verfassungsordnung und im politischen Prozeß, in: Peter Badura/Horst Dreier (Hrsg.), Festschrift 50 Jahre Bundesverfassungsgericht: Verfassungsgerichtsbarkeit − Verfassungsprozeß, Bd. I, Tübingen 2001, S. 17 f.

제3장 헌법재판소의 지위와 정당성

제1절 헌법재판소의 지위와 구성, 관장사항

Ⅰ. 헌법재판소의 지위

1. (특별한) 법원

헌법재판소는 사법적으로 헌법을 보호하는 독립한 법원이다. 헌법재판소는 개별 국가행위를 헌법에 근거하여 심사한다. 헌법은 고정된 규율기준을 형성하고, 헌법재판소의 규율권한 범위를 확정한다. 헌법재판소가 입법작용이나 정치적 작용의 면이 있는 것은 사실이다. 그러나 이것은 헌법재판소 심사기준이 헌법이고 그 심판대상이 정치적 분쟁이라는 점에서 비롯하는 것이지 헌법재판소가 법원 이외의 어떠한 다른 지위가 있어서는 아니다.

2. 헌법기관

'법원'과 '연방의 최상위 헌법기관'이라는 2중 기능으로 독일 연방헌법재판소의 지위를 일반적으로 특징짓는다.[1] 연방헌법재판소법 제1조 제1항은 이러한 연방헌

---

1) Ernst Benda. Die Verfassungsgerichtsbarkeit der Bundesrepublik Deutschland, in: Christian Starck/ Albrecht Weber (Hrsg.), Verfassungsgerichtsbarkeit in Westeuropa, Teilband 1, Baden－Baden 1986, S. 124 ff.; Herbert Bethge, Stellung und Sitz des Gerichts, in: Th eodor Maunz/Bruno Schmit－Bleibtreu/Franz Klein/Gerhard Ulsamer/Herbert Bethge/Karin Grasshof/Rudolf Mellinghoff/ Jochen Rozek, Bundesverfassungsgerichtsgesetz － Kommentar, Bd. 1, München 2017 (Stand: Januar 2017), § 1 Rdnrn. 3 ff.; Christoph Degenhart, Staatsrecht Ⅰ － Staatsorganisationsrecht, 34. Aufl., Heidelberg 2018, Rdnr. 808; Friedrich Klein, Bundesverfassungsgericht und richterliche Beurteilung politischer Fragen, Münster 1966, S. 11; Ingo von Münch, Das Bundesverfassungsgericht als Teil des Rechtsstaates, in: Jura 1992, S. 506; Christian Pestalozza, Verfassungsprozeßrecht, 3. Aufl., München 1991, § 2 Rdnr. 13; Wiltraut Rupp－von Brünneck, Stellung und Tätigkeit des deutschen Bundesverfassungsgerichts, in: Hans－Peter Schneider (Hrsg.), Verfassung und Verantwortung, Baden－ Baden 1983, S. 249; Horst Säcker, Die Rechtsmacht des Bundesverfassungsgerichts gegenüber dem Gesetzgeber, in: BayVBl. 1979, S. 194; ders., Gesetzgebung durch das Bundesverfassungsgericht?, in: Michael Piazolo (Hrsg.), Das Bundesverfassungsgericht － Ein Gericht im Schnittpunkt von Recht und Politik, Mainz/München 1995, S. 190 f.; Klaus Schlaich, Das Bundesverfassungsgericht － Stellung, Verfahren, Entscheidung, in: JuS 1981, S. 744; ders./Stefan Korioth, Das Bundesverfassungsgericht － Stellung, Verfahren, Entscheidungen, 11. Aufl., München 2018, München 2007, Rdnrn. 26 ff.; Christian Starck, Das Bundesverfassungsgericht in der Verfassungsordnung und im politischen Prozeß, in: Peter Badura/Horst Dreier (Hrsg.), Festschrift 50 Jahre Bundesverfassungsgericht: Verfassungsgerichtsbarkeit － Verfassungsprozeß, Bd. Ⅰ, Tübingen 2001, S. 4 f.; Klaus Stern, Das

법재판소의 지위를 실정법적으로 확인한다. 연방헌법재판소도 자기 자신을 최상위 헌법기관으로 본다.[2]

"헌법기관은 그 지위와 주요권한을 헌법이 직접 창설하고 그 내부조직이 대체로 자유로우며, 다른 어떤 기관에도 종속되지 않으며 국가의 특별한 존재양식(본질)을 형성하는 기관이다. … 그 기관이 헌법에 언급되는 것으로 충분하지 않고, 그 임무가 주로 헌법 자체에서 도출되어야만 한다."[3] 특히 국가기관이 헌법기관으로 인정받으려면 헌법에 단순히 언급된 것만으로는 충분하지 않고, "그 존재와 지위 그리고 주요권한을 헌법이 창설하고, 그 존재와 기능을 통해서 국가에 특별한 형상을 부여하며, 그 활동을 통해서 최상위 국가방향설정에 일정한 몫이 있는 기관이어야 한다."[4]

독일의 학설과 판례를 받아들여 헌법재판소의 2중 기능을 인정하는 것이 일반적인 경향이다. 한국 헌법재판소도 그 자신을 헌법기관으로 본다.[5] 하지만 "우리 헌법상 최고 헌법기관에는 국회(헌법 제3장), 대통령(제4장 제1절), 국무총리(제2절 제1관), 행정 각부(제2절 제3관), 대법원(제5장), 헌법재판소(제6장), 중앙선거관리위원회(제7장)가 있다."[6]라고 하므로, 헌법재판소는 헌법기관의 의미를 독일에서 논의되는 것과 다르게 이해하는 것으로 보인다. 헌법재판소가 언급한 기관은 모두 헌법이 규정하기는 하지만, 최소한 국무총리와 행정 각부는 독립성을 인정하기 어렵고, 국가의 특별한 존재양식을 형성하는 기관으로 볼 수도 없기 때문이다. 헌법기관에 붙은 '최고'라는 수식어를 고려하면, 헌법재판소는 헌법기관의 의미를 '헌법에 규정된 국가기관' 정도의 의미로 사용하는 것 같다.

독일 기본법처럼 한국 헌법은 헌법재판소가 헌법기관이라는 것을 명시적으로 언급하지 않는다. 그리고 독일 연방헌법재판소법과는 달리 한국 헌법재판소법에도 그에 관한 명시적 규정이 없다. 그러나 한국 헌법에 따라 헌법재판소가 설치되고, 헌법재판소는 기능적으로 다른 모든 국가기관에서 독립하며, 다른 국가기관에 종속되지 않는다(제112조 제2항과 제3항). 그리고 헌법재판소의 지위와 주요권한이 헌법, 특히 헌법전의 개별 장(제6장 헌법재판소)에서 직접 규정된다. 나아가 헌법재판소는

Staatsrecht der Bundesrepublik Deutschland, Bd. Ⅱ, München 1980, S. 341 ff.

2) BVerfGE 7, 1 (14); 60, 175 (213) 참조.

3) Klaus Stern, Das Staatsrecht der Bundesrepublik Deutschland, Bd. Ⅱ, München 1980, S. 42.

4) Klaus Stern, Das Staatsrecht der Bundesrepublik Deutschland, Bd. Ⅱ, München 1980, S. 344.

5) 헌재 1993. 9. 27. 92헌마284, 판례집 5-2, 340, 354.

6) 헌재 2004. 10. 21. 2004헌마554, 판례집 16-2하, 1, 37.

위헌법률심판, 탄핵심판, 정당해산심판, 권한쟁의심판, 헌법소원심판과 같은 자기 권한을 행사함으로써 국가의 방향결정에 참여할 몫을 헌법을 통해서 직접 부여받는 다. 이러한 점에서 한국 헌법재판소도 헌법기관으로 보아야 한다.[7] 현재 다툼이 없 는 헌법재판소의 헌법기관성에 상응하는 몇몇 규정이 있다. 즉 헌법 제113조 제2항 과 헌법재판소법 제10조를 따라 헌법재판소에 헌법재판소규칙을 제정할 권한이 부 여된다. 그리고 헌법재판소 경비는 독립하여 국가 예산에 계상하여야 하고(헌법재판 소법 제11조 제1항), 헌법재판소는 독립적으로 행정사무를 처리한다(헌법재판소법 제 17조 제1항).

헌법재판소가 헌법기관이라는 것을 헌법기관을 포함한 다른 국가기관에 대한 헌법재판소의 우위를 인정하는 것으로 볼 수는 없다. 그것은 헌법재판소가 다른 헌 법기관과 동등한 지위에서 헌법이 부여한 자기 권한을 독립적으로 행사할 수 있다 는 것만을 뜻한다. 그에 따라서 전통적으로 열위에 있던 사법권은 입법권 및 집행 권과 대등한 지위에 있게 된다. 그러나 헌법기관의 성격을 헌법재판소에 인정하더 라도 헌법재판소가 사법기관의 성격을 넘어 다른 정치적 헌법기관과 정치적 경쟁을 벌일 수 있는 지위를 얻게 되는 것은 아니다.[8] 헌법재판소의 헌법기관성은 헌법이 그에게 부여한 기능과 과제 그리고 권한 때문에 인정된다. 그러므로 헌법기관성이 헌법재판소에 새로운 권한을 부여할 수 없다. 헌법기관성은 권한 확대 근거로 사용 될 수 없다.[9] 헌법재판소는 여전히 헌법과 법률이 부여한 권한만을 행사할 수 있을

---

7) 같은 견해: 김선택, 「국가기능체계에 있어서 헌법재판소의 역할과 한계 – 국가조직관련 헌법재 판소판례의 분석과 평가 –」, 『공법연구』 제33집 제4호, 한국공법학회, 2005, 185쪽; 장영수, 「현행헌 법체계상 헌법재판소의 헌법상의 지위」, 『법학논집』 제30집, 고려대학교 법학연구소, 1994, 50쪽; 같은 사람, 『헌법학(제10판)』, 홍문사, 2017, 1250~1252쪽.

8) 같은 견해: 김선택, 「국가기능체계에 있어서 헌법재판소의 역할과 한계 – 국가조직관련 헌법재 판소판례의 분석과 평가 –」, 『공법연구』 제33집 제4호, 한국공법학회, 2005, 185쪽.

9) 같은 견해: Herbert Bethge, Verfassungsstreitigkeit als Rechtsbegriff, in: Jura 1998, S. 529; Christian Hillgruber/Christoph Goos, Verfassungsprozessrecht, 4. Aufl., Heidelberg 2015, Rdnr. 9; Jörn Ipsen, Staatsrecht I – Staatsorganisationsrecht, 18. Aufl., Neuwied 2006, Rdnrn. 850 f.; Alfred Rinken, in: Erhard Denninger/Wolfgang Hoffmann–Riem/Hans–Peter Schneider/Ekkehart Stein (Hrsg.), AK–GG, 3. Aufl., Neuwied/Kriftel 2001 (Stand: August 2002), vor Art. 93 Rdnr. 82; Gerd Roellecke, Aufgaben und Stellung des Bundesverfassungsgerichts im Verfassungsgefüge, in: Josef Isensee/Paul Kirchhof (Hrsg.), HStR, Bd. Ⅲ, 3. Aufl., Heidelberg 2005, § 67 Rdnr. 19; Klaus Schlaich, Das Bundesverfassungsgericht – Stellung, Verfahren, Entscheidung, in: JuS 1981, S. 744; ders./Stefan Korioth, Das Bundesverfassungsgericht – Stellung, Verfahren, Entscheidungen, 11. Aufl., München 2018, Rdnr. 33; Rupert Scholz, Verfassungsgerichtsbarkeit im gewaltenteiligen Rechtsstaat, in: Ulrich Karpen (Hrsg.), Der Richter als Ersatzgesetzgeber, Baden–Baden 2002, S. 15; Christian Starck, Das Bundesverfassungsgericht in der Verfassungsordnung und im politischen Prozeß, in: Peter Badura/Horst Dreier (Hrsg.), Festschrift 50 Jahre Bundesverfassungsgericht:

뿐이다. 물론 헌법재판소가 자기 과제를 완벽하게 이행하려면 자기 권한을 넘어서거나 최소한 넘어설 수밖에 없는 상황이 발생할 수도 있다. 그러나 헌법재판소의 헌법기관성이 이것을 정당화하는 것이 아니라 긴급상황에서 인정되는 예외적 사태로서 정당성을 인정받는 것에 불과하다.[10] 다만, 헌법기관성은 헌법재판소의 권한을 구체화할 때 중요한 기준으로 기능할 수 있다.

헌법재판소의 헌법기관성이 갖는 의미는 그리 크지 않다. 그러므로 헌법이나 헌법재판소법에 헌법재판소의 헌법기관성을 명시할 필요성은 크지 않다. 그러나 헌법재판소의 헌법기관성에 걸맞은 개별 내용을 실정법에 구체적으로 규정하거나 추가하는 것은 헌법재판소가 독립하여 헌법재판의 중립성을 확보하는 데 크게 이바지할 것이다. 따라서 헌법을 개정할 때 이에 관한 검토가 필요하다.

Ⅱ. 헌법재판소 구성

1. 헌법재판소 재판관 9명

헌법재판소는 법관 자격[11]이 있는 9명의 재판관으로 구성되며, 재판관은 대통령이 임명한다(헌법 제111조 제2항, 헌법재판소법 제3조, 제6조 제1항 제1문). 재판관 중 3명은 국회에서 선출하는 사람을, 3명은 대법원장이 지명하는 사람을 임명한다(헌법 제111조 제3항, 헌법재판소법 제6조 제1항 제2문). 재판관은 ① 판사, 검사, 변호사, ② 변호사 자격이 있는 사람으로서 국가기관, 국영·공영 기업체, '공공기관의 운영에 관한 법률' 제4조에 따른 공공기관이나 그 밖의 법인에서 법률에 관한 사무에

Verfassungsgerichtsbarkeit － Verfassungsprozeß, Bd. Ⅰ, Tübingen 2001, S. 5; Andreas Voßkuhle, in: Hermann von Mangoldt/Friedrich Klein/Christian Starck (Hrsg.), Kommentar zum Grundgesetz, Bd. 3, 7. Aufl., München 2018, Art. 93 Rdnr. 29. 정종섭, 『헌법소송법(제8판)』, 박영사, 2014, 85쪽도 헌법재판소가 헌법에서 정하는 다른 헌법기관의 행위에 대해서 합헌성 통제를 하는 것이나 법원과 달리 국회의 입법행위나 국가기관 서로 간의 권한쟁의에 관해서도 권한을 적극적으로 행사할 수 있는 것이 헌법기관성에서 바로 도출되는 결론이 아니라 헌법재판의 특성과 헌법재판소의 관할을 구체적으로 정하는 헌법 규정에서 나오는 결론이라고 한다.

10) Klaus Schlaich/Stefan Korioth, Das Bundesverfassungsgericht － Stellung, Verfahren, Entscheidungen, 11. Aufl., München 2018, Rdnr 36.

11) 법원조직법 제42조(임용자격) ① 대법원장과 대법관은 20년 이상 다음 각 호의 직(職)에 있던 45세 이상의 사람 중에서 임용한다.
　　1. 판사·검사·변호사
　　2. 변호사 자격이 있는 사람으로서 국가기관, 지방자치단체, 「공공기관의 운영에 관한 법률」 제4조에 따른 공공기관, 그 밖의 법인에서 법률에 관한 사무에 종사한 사람
　　3. 변호사 자격이 있는 사람으로서 공인된 대학의 법률학 조교수 이상으로 재직한 사람
　　② 판사는 10년 이상 제1항 각 호의 직에 있던 사람 중에서 임용한다.

종사한 사람, ③ 변호사 자격이 있는 사람으로서 공인된 대학의 법률학 조교수 이상의 직에 있던 사람 중 어느 하나에 해당하는 직에 15년 이상 있던 40세 이상인 사람 중에서 임명한다. 다만, 둘 이상의 직에 있던 사람의 재직기간은 합산한다(헌법재판소법 제5조 제1항). 그러나 ① 다른 법령에 따라 공무원으로 임용하지 못하는 사람, ② 금고 이상의 형을 선고받은 사람, ③ 탄핵에 의하여 파면된 후 5년이 지나지 아니한 사람은 재판관으로 임명할 수 없다(헌법재판소법 제5조 제2항).

재판관을 임명할 때 국회 인사청문회를 거친다. 국회 동의가 필요한 헌법재판소장과 국회에서 선출하는 재판관의 인사청문은 인사청문특별위원회에서 실시한다(국회법 제46조의3 제1항 본문). 대통령이 임명하는 재판관과 대법원장이 지명하는 재판관에 대한 인사청문은 국회 소관 상임위원회, 즉 법제사법위원회가 실시한다(국회법 제65조의2 제2항 제1호와 제3호). 재판관 후보자가 헌법재판소장 후보자를 겸하면 인사청문특별위원회에서 인사청문을 실시한다. 이때 소관 상임위원회 인사청문회를 겸하는 것으로 본다(국회법 제65조의2 제5항).

2. 헌법재판소장

헌법재판소장은 재판관 중에서 국회 동의를 얻어 대통령이 임명한다(헌법 제111조 제4항, 헌법재판소법 제12조 제2항). 헌법재판소장은 헌법재판소를 대표하고, 헌법재판소 사무를 통리하며, 소속 공무원을 지휘·감독한다(헌법재판소법 제12조 제3항). 헌법재판소장의 대우와 보수는 대법원장의 예에 의한다(헌법재판소법 제15조).

헌법재판소장이 궐위되거나 사고로 말미암아 직무를 수행할 수 없으면 다른 재판관이 헌법재판소규칙이 정하는 순서에 따라서 그 권한을 대행한다(헌법재판소법 제12조 제4항). 즉 헌법재판소장이 일시적인 사고로 말미암아 직무를 수행할 수 없으면 헌법재판소 재판관 중 임명일자순으로 그 권한을 대행한다. 이때 임명일자가 같으면 연장자순으로 대행한다('헌법재판소장의 권한대행에 관한 규칙' 제2조). 그리고 헌법재판소장이 궐위되거나 1월 이상 사고로 말미암아 직무를 수행할 수 없다면 헌법재판소 재판관 중 재판관회의에서 재판관 7명 이상 출석과 출석인원 과반수 찬성으로 선출된 재판관이 그 권한을 대행한다('헌법재판소장의 권한대행에 관한 규칙' 제3조).

3. 헌법재판소장 임명의 헌법적 문제

(1) 헌법재판소장 자격

헌법은 제111조 제4항은 '재판관 중에서' 헌법재판소장을 임명하도록 규정한다.

하지만 헌법 제104조 제1항은 대법원장 임명과 관련하여 '대법관 중에서'라는 제한 없이 "국회의 동의를 얻어 대통령이 임명한다."라고만 규정한다. 이러한 차이 때문에 현직 재판관만 헌법재판소장으로 임명할 수 있는지 의문이 제기된다. ① 헌법재판소는 합의제기관으로서 헌법재판소장은 다른 재판관과 동등한 지위에 있다. 따라서 헌법재판소장 임명절차와 재판관 임명절차에 실질적 차이가 없다. ② 헌법 제111조 제4항의 문구해석 결과를 엄격하게 고수하면, 재판관 신분을 이미 확보하지 아니한 사람을 헌법재판소장으로 임명할 때 소장 공백 사태가 발생하는 것을 피할 수 없다. ③ 헌법 제111조 제2항("헌법재판소는 법관의 자격을 가진 9인의 재판관으로 구성하며, 재판관은 대통령이 임명한다.")과 헌법재판소법 제7조 제2항("재판관의 정년은 70세로 한다.")을 따르면 헌법재판소장으로 임명되는 사람은 당연히 재판관이 된다. 그런데 현직 재판관만을 헌법재판소장으로 임명할 수 있다는 논리는 이것에 어긋난다. 이러한 점에서 헌법과 헌법재판소법을 종합하면, 헌법재판소장이 되면 동시에 재판관이 되므로 헌법재판소장 임명행위에는 헌법재판소 재판관 임명행위가 포함된다.[12] 그리고 특별한 규정이 없으면 재판관에 관한 규정은 헌법재판소장에게 적용된다.[13] 따라서 헌법재판소 재판관이 아닌 사람을 헌법재판소장으로 지명하여도 헌법재판소장 임명동의안을 국회에 제출하였던 과거 관행은 성문헌법에 근거한 것으로 정당하다. 이러한 관행은 행정 각부 장관을 임명할 때도 있다(헌법 제87조 제1항, 제94조 참조).

(2) 헌법재판소장 임기

헌법 제105조 제1항은 대법원장 임기를 6년으로 규정한다. 하지만 헌법은 헌법재판소장 임기를 규정하지 않는다. 헌법재판소장도 헌법재판소 재판관이므로 헌법재판소장 임기는 6년이다. 문제는 현직 재판관이 헌법재판소장으로 임명되면 새롭게 6년 임기가 시작되는지이다. 성문헌법은 헌법적 관행 형성 한계라서 대법원장 임기와 달리 헌법재판소장 임기에 관해서 침묵하는 헌법을 헌법재판소장 임기가 6년이라고 새기는 것은 무리이다. 헌법재판소 재판관이 헌법재판소장으로 임명되어

---

12) 김학성, 『헌법학원론(전정2판)』, 피앤씨미디어, 2018, 1128쪽; 양 건, 『헌법강의(제7판)』, 법문사, 2018, 1390쪽. 그러나 국가조직을 정하는 헌법 규정인 헌법 제114조 제4항은 엄격히 해석하여 적용하여야 하고, 헌법에 어긋나게 실현되는 내용은 헌법현실, 즉 실현된 헌법이 아니며, 헌법재판소장 부재 가능성은 법해석 문제가 아니라 법운용 문제라고 하면서 헌법재판소장은 현직 재판관 중에서 선출하여야 한다는 견해도 있다(홍성방, 『헌법소송법』, 박영사, 2015, 41~42쪽).

13) 같은 견해: 김하열, 『헌법소송법(제3판)』, 박영사, 2018, 76쪽; 정태호, 「헌법재판소장 임명의 헌법적 문제」, 『법학논총』 제27집 제1호, 전남대학교 법률행정연구소, 2007, 380~385쪽; 한수웅/정태호/김하열/정문식(정태호 집필), 『주석 헌법재판소법』, 헌법재판소 헌법재판연구원, 2015, 169쪽.

도 그는 여전히 재판관 중의 1명일 뿐이다. 그리고 헌법재판소와 대법원은 별개의 독립한 헌법기관이고 두 기관의 구성방식이 근본적으로 달라서 대법원장 임기에 관한 헌법 규정은 헌법재판소장 임기 문제 해결에 아무런 도움을 줄 수 없다. 따라서 헌법재판소 재판관으로 재직하다가 헌법재판소장으로 임명되었다면 그 소장 임기는 재판관 잔여임기로 보아야 할 것이다.[14]

(3) 6년 임기를 확보하기 위한 재판관직 사직 후의 헌법재판소장 임명 가부

헌법재판소 재판관직에 있던 사람을 퇴직하게 하고 나서 6년 임기의 헌법재판소장으로 임명할 수 있는지가 문제 된다. 재판관직에서 사퇴한 사람을 연임시키는 것은 연임 가능성이 없는 재판관이 편법으로 임기를 연장하는 길을 여는 것이 되어서 헌법상 임기제도 취지를 침해하고, 후임 국회, 후임 대법원장, 후임 대통령의 헌법재판소 구성권을 침해하는 것이어서 위헌이라는 견해가 있다.[15] 그리고 외부인을 처음부터 헌법재판소장인 재판관으로 임명하는 것과 달리 재임 중인 재판관을 사직시키고 나서 헌법재판소장인 재판관으로 다시 임명하는 것은 재판관 중에서 헌법재판소장을 임명한다는 헌법 규정을 자의적으로 왜곡하여서 헌법정신에 들어맞지 않는다는 견해도 있다.[16] 또한, 연임이라는 문리적 의미에 부합하지 않고, 그러한 행위가 가능하다면 대통령 지명 3명 중 자신이 선호하는 재판관 임기가 대통령 임기를 넘겨 끝날 때 대통령은 자신의 임기 중 그 재판관 임기를 중단시키고 새로 6년 연임을 시작하게 하는 불합리한 일도 가능하므로, 재판관 연임을 근거로 6년 임기의 헌법재판소 소장을 임명하는 것은 위헌이라는 견해도 있다.[17] 그러나 ① 대통령(5년)과 헌법재판소장(6년)의 임기가 다르고, 현직 대통령이 차기 대통령의 헌법재판소장과 재판관 인사권 행사에 영향을 미칠 다양한 가능성이 있어서 모든 대통령의 헌법재판소장 임명권이 보장된 것이 아니다. 따라서 이러한 임명방식이 후임 대

---

14) 김도협, 『헌법재판개설』, 진원사, 2017, 20~21쪽; 김학성, 『헌법학원론(전정2판)』, 피앤씨미디어, 2018, 1128쪽; 성낙인/이효원/권건보/정 철/박진우/허진성, 『헌법소송론』, 법문사, 2012, 74쪽; 신 평, 『헌법재판법(전면개정판)』, 법문사, 2011, 90~91쪽; 양 건, 『헌법강의(제7판)』, 법문사, 2018, 1390쪽; 정연주, 『헌법소송론』, 법영사, 2015, 36쪽; 정태호, 「헌법재판소장 임명의 헌법적 문제」, 『법학논총』 제27집 제1호, 전남대학교 법률행정연구소, 2007, 385~386쪽; 조재현, 『헌법재판론』, 박영사, 2013, 12쪽; 한수웅/정태호/김하열/정문식(정태호 집필), 『주석 헌법재판소법』, 헌법재판소 헌법재판연구원, 2015, 167쪽; 허 영, 『헌법소송법론(제13판)』, 박영사, 2018, 112쪽; 홍성방, 『헌법소송법』, 박영사, 2015, 43쪽.

15) 정종섭, 『헌법학원론(제12판)』, 박영사, 2018, 1484쪽.

16) 허 영, 『헌법소송법론(제13판)』, 박영사, 2018, 112쪽.

17) 김 욱, 「헌법재판소장 임기, 3년인가 6년인가」, 『오마이뉴스』, 2006. 9. 11. [http://www.ohmynews.com/NWS_Web/View/at_pg.aspx?CNTN_CD=A0000359095 (2017년 1월 17일 방문)].

통령의 헌법재판소장 임명권을 침해한다고 보기 어렵다. 그리고 ② 이러한 임명방
식은 헌법재판의 인적 독립과 물적 독립을 침해한다고 볼 수 없어서 헌법재판의 독
립성을 침해하지 않는다. 따라서 이러한 임명방식은 (정치적 논란을 배제할 수는 없을
지라도) 헌법적으로 가능하다고 생각한다.[18]

(4) 대통령은 헌법재판소장을 자신이 지명한 재판관 중에서 임명하여야 하는가?

헌법은 대통령이 임명하는 9명의 재판관으로 헌법재판소를 구성하되(제111조 제
2항), "재판관 중 3명은 국회에서 선출하는 자를, 3명은 대법원장이 지명하는 자를
임명한다."라고 규정한다(제111조 제3항). 결국, 대통령, 국회, 대법원장이 각기 3명
의 재판관에 대한 지명권을 부여받는다. 여기서 대통령이 헌법재판소장을 자신이
지명한 재판관 중에서 임명하여야 하는지가 문제 된다. 헌법은 대통령이 '재판관
중에서' 헌법재판소장을 임명할 것만을 주문할 뿐이어서 소장으로 임명될 수 있는
사람의 범위에 아무런 추가적인 제한을 가하지 않는다. 그리고 체계적 또는 목적론
적 관점에서도 제한할 근거를 찾기 어렵다. 따라서 대통령은 자신이 지명한 재판관
중에서 헌법재판소장을 임명하여야 하는 것은 아니다.[19]

4. 재판관

헌법재판소는 법관 자격이 있는 9명의 재판관으로 구성되며, 재판관은 대통령
이 임명한다(헌법 제111조 제2항, 헌법재판소법 제3조, 제6조 제1항 제1문). 대통령은 재
판관 중 3명은 국회에서 선출하는 사람을, 3명은 대법원장이 지명하는 사람을 임명
한다(헌법 제111조 제3항, 헌법재판소법 제6조 제1항 제2문). 재판관은 국회 인사청문을
거쳐 임명·선출 또는 지명되어야 한다. 이때 대통령은 재판관(국회에서 선출하거나
대법원이 지명하는 사람 제외)을 임명하기 전에, 대법원장은 재판관을 지명하기 전에
인사청문을 요청한다(헌법재판소법 제6조 제2항, 국회법 제46조의3, 제65조의2). 재판관
임기가 만료되거나 정년이 도래하면 임기만료일이나 정년도래일까지 후임자를 임
명하여야 한다(헌법재판소법 제6조 제3항). 임기 중 재판관이 결원되면 결원된 날부터
30일 이내에 후임자를 임명하여야 한다(헌법재판소법 제6조 제4항). 그런데도 국회에
서 선출한 재판관이 국회의 폐회나 휴회 중에 그 임기가 만료되거나 정년이 도래한

---

18) 정태호, 「헌법재판소장 임명의 헌법적 문제」, 『법학논총』 제27집 제1호, 전남대학교 법률행정연구
　　소, 2007, 387~393쪽.
19) 정태호, 「헌법재판소장 임명의 헌법적 문제」, 『법학논총』 제27집 제1호, 전남대학교 법률행정연구
　　소, 2007, 395~397쪽; 한수웅/정태호/김하열/정문식(정태호 집필), 『주석 헌법재판소법』, 헌법재판
　　소 헌법재판연구원, 2015, 170쪽.

때 또는 결원된 때에 국회는 다음 집회가 개시되고 나서 30일 이내에 후임자를 선출하여야 한다(헌법재판소법 제6조 제5항). 이처럼 재판관 임명에 시간적 제한을 두는 것은 후임 재판관 임명절차가 지연됨으로 말미암아 발생하는 헌법재판소 심판업무 공백을 방지하는 데 그 취지가 있다.

재판관 임기는 6년으로 하며, 연임할 수 있다(헌법 제112조 제1항, 헌법재판소법 제7조 제1항). 연임 횟수에 제한이 없으므로 여러 차례에 걸친 연임도 가능하다.[20] 재판관의 정년은 70세이다(헌법재판소법 제7조 제2항).

재판관은 탄핵이나 금고 이상의 형 선고에 의하지 아니하고는 그 의사에 반하여 해임되지 아니한다(헌법 제112조 제3항, 헌법재판소법 제8조). 재판관의 대우와 보수는 대법관의 예에 의한다(헌법재판소법 제15조).

5. 재판관회의

재판관회의는 재판관 전원으로 구성하며, 헌법재판소장이 의장이 된다(헌법재판소법 제16조 제1항). 의장은 회의를 주재하고 의결된 사항을 집행한다('헌법재판소 재판관회의 규칙' 제3조). 재판관회의는 헌법재판소장이 필요하다고 인정하거나 재판관 3명 이상의 요청이 있을 때 헌법재판소장이 소집한다('헌법재판소 재판관회의 규칙' 제2조). 재판관회의는 재판관 전원으로 구성된다는 점에서 재판부와 같다. 그러나 재판부는 재판권을 행사한다는 점에서 재판관회의와 구분된다.

재판관회의는 재판관 7명 이상 출석과 출석인원 과반수 찬성으로 의결한다(헌법재판소법 제16조 제2항). 의장은 의결에서 표결권이 있다(헌법재판소법 제16조 제3항). 재판관회의 의결을 거쳐야 하는 사항으로는 헌법재판소규칙의 제정과 개정, 입법의견 제출 등에 관한 사항, 예산 요구·예비금 지출과 결산에 관한 사항, 사무처장, 사무차장, 헌법연구관과 3급 이상 공무원의 임면에 관한 사항, 특히 중요하다고 인정되는 사항으로서 헌법재판소장이 부의하는 사항 등이다(헌법재판소법 제16조 제4항).

의안은 보고안건과 의결안건으로 구분하여 사무처장이 재판관회의 개최 전일까지 의사일정표와 함께 각 재판관에게 배포하는데, 다만 긴급한 사항에 대해서는 그러하지 아니하다('헌법재판소 재판관회의 규칙' 제4조). 의결안건으로서 경미한 사항은 서면으로 의결할 수 있고('헌법재판소 재판관회의 규칙' 제5조), '비밀'표시 안건은 헌법재판소장 승인 없이 이를 발표하지 못한다('헌법재판소 재판관회의 규칙' 제6조).

---

20) 현재까지 연임한 재판관은 두 명[김진우(1988-1997)와 김문희(1988-2000)]에 불과하다.

사무처장은 소관사무에 관해서 재판관회의에 출석하여 발언할 수 있고, 사무차장과 기획조정실장은 재판관 회의에 배석하며, 헌법재판소장이 필요하다고 인정하면 헌법연구관이나 국장 등을 배석하게 하거나 담당공무원이나 관계전문가를 출석시켜 발언이나 의견을 들을 수 있다('헌법재판소 재판관회의 규칙' 제4조의2).

재판관회의 간사는 행정관리국장으로 하고, 간사는 재판관회의록(서면의결을 한 때는 재판관회의 결의록)을 작성하고 서명하며, 헌법재판소장은 회의록이나 결의록을 확인하고 서명한다('헌법재판소 재판관회의 규칙' 제7조).

6. 사무처

헌법재판소의 행정사무를 처리하기 위해서 헌법재판소에 사무처를 둔다(헌법재판소법 제17조 제1항). 사무처장은 헌법재판소장의 지휘를 받아 사무처 사무를 관장하며, 소속 공무원을 지휘·감독한다(헌법재판소법 제17조 제3항). 사무처장은 국회나 국무회의에 출석하여 헌법재판소 행정에 관해서 발언할 수 있다(헌법재판소법 제17조 제4항). 사무처장은 헌법재판소장이 한 처분에 대한 행정소송의 피고가 된다(헌법재판소법 제17조 제5항). 사무처장은 정무직으로 하고, 보수는 국무위원의 보수와 같은 금액으로 한다(헌법재판소법 제18조 제1항). 사무차장은 사무처장을 보좌하며, 사무처장이 부득이한 사유로 직무를 수행할 수 없으면 그 직무를 대행한다(헌법재판소법 제17조 제6항). 사무차장은 정무직으로 하고, 보수는 차관의 보수와 같은 금액으로 한다(헌법재판소법 제18조 제2항).

7. 헌법연구관(보), 헌법연구위원, 헌법연구원

헌법재판소에는 헌법재판소규칙으로 정하는 수의 특정직국가공무원인 헌법연구관을 둔다(헌법재판소법 제19조 제1항과 제2항). 헌법연구관은 헌법재판소장의 명을 받아 사건의 심리와 심판에 관한 조사·연구에 종사한다(헌법재판소법 제19조 제3항). 그러나 헌법재판소장은 헌법연구관을 사건의 심리와 심판에 관한 조사·연구업무 외의 직에 임명하거나 그 직을 겸임하게 할 수 있다. 이때 헌법연구관의 수는 헌법재판소규칙으로 정하며, 보수는 그 중 고액의 것을 지급한다(헌법재판소법 제19조 제11항). 헌법연구관 임기는 10년으로 하며, 연임할 수 있고, 정년은 60세로 한다(헌법재판소법 제19조 제7항). 사무차장은 헌법연구관의 직을 겸임할 수 있다(헌법재판소법 제19조 제10항). 헌법연구관을 신규임용할 때는 3년의 기간 헌법연구관보로 임용하여 근무하게 하고 나서 그 근무성적을 참작하여 헌법연구관으로 임용한다(헌법재판소법 제19조의2 제1항). 헌법연구관보는 별정직공무원으로 하고, 헌법재판소장이 재판관회의 의결을 거쳐 임용한다(헌법재판소법 제19조의2 제2항과 제3항). 헌법재판소장은 다른 국가기관에 대해서 그 소속 공무원을 헌법연구관으로 근무하게 하려고 헌법재판소에 파견근무를 요청할 수 있다(헌법재판소법 제19조 제6항).

그 밖에 헌법재판소는 사건의 심리와 심판에 관한 전문적인 조사·연구에 종사하는 헌법연구위원을 둘 수 있고(헌법재판소법 제19조의3), 공법 분야의 박사학위 소지자 등을 전문임기제공무원(헌법연구원)으로 채용하여 헌법재판을 위한 조사·연구를 수행하도록 한다('헌법재판소 공무원 규칙' 제4조의3 제3항).

8. 헌법재판연구원

헌법 및 헌법재판 연구와 헌법연구관, 사무처 공무원 등의 교육을 위해서 헌법재판소에 헌법재판연구원을 둔다(헌법재판소법 제19조의4 제1항). 헌법재판연구원은 중장기적 측면에서 헌법과 헌법재판을 체계적으로 연구하여 한국 특성에 맞는 헌법과 헌법재판제도의 발전방안을 모색하고, 사회적으로 중대한 파급효과가 있으면서 헌법적 쟁점이 포함된 사건을 선행적·능동적으로 연구하여 헌법재판사건을 신속히 처리하며, 공무원·법조인을 비롯한 다양한 계층을 대상으로 헌법과 헌법재판 교육을 실시하여 기본권 보호의식을 강화하려는 목적으로 설립된 연구기관이다. 헌법재판연구원 정원은 원장 1명을 포함하여 40명 이내로 하고, 원장 밑에 부장, 팀장, 연구관 및 연구원을 둔다(헌법재판소법 제19조의4 제2항). 원장은 헌법재판소장이 재판관회의 의결을 거쳐 헌법연구관으로 보하거나 1급인 일반직국가공무원으로 임명한다(헌법재판소법 제19조의4 제3항). 헌법재판연구원은 제도연구팀, 기본권연구팀, 비교헌법연구팀, 교육팀으로 구성되어 연구와 교육을 담당하는 연구교수부와 이를 지원하는 기획행정과로 구성된다.

Ⅲ. 현행 헌법에 따른 헌법재판소의 관장사항

1. 구체적 규범통제(법원의 제청에 따른 법률의 위헌여부심판)

일반적으로 위헌법률심판은 헌법재판기관이 국회가 제정한 법률이 헌법에 위반되는지를 심사하고, 그 법률이 헌법에 위반되는 것으로 인정하면 그 효력을 상실하게 하거나 그 적용을 거부하도록 하는 제도를 말한다. 현행 헌법이 규정하는 위헌법률심판제도는 구체적 사건에서 법률의 위헌 여부가 재판의 전제가 되면 이루어지는 사후적·구체적인 규범통제를 그 내용으로 하는 것으로서 법률에 대한 '위헌제청권'과 '위헌결정권'을 분리하여서, 위헌제청권은 일반 법원이, 위헌결정권은 헌법재판소가 담당한다(헌법 제107조 제1항, 제111조 제1항 제1호). 이것은 주로 유럽국가의 헌법재판제도에서 흔히 나타나는 유형으로서 헌법의 특성, 민주주의, 권력분립, 법적 안정성, 전문성 등을 그 이론적인 근거로 한다.

2. 탄핵심판

대통령, 국무총리, 국무위원, 행정 각부의 장, 헌법재판소 재판관, 법관, 중앙선거관리위원회 위원, 감사원장, 감사위원, 그 밖에 법률에서 정한 공무원이 그 직무집행에서 헌법이나 법률을 위배하면 국회는 탄핵의 소추를 의결할 수 있다. 이처럼 탄핵심판은 대통령을 비롯한 고위직 공직자를 대상으로 그 법적인 책임을 특히 헌법이 정하는 특별한 소추절차를 따라 추궁함으로써 헌법을 보호하는 제도이다. 현행 헌법은 탄핵심판에 관해서 그 소추기관과 심판기관을 나누어 국회에는 '소추권'을, 헌법재판소에는 그 '심판권'을 맡긴다(헌법 제65조, 제111조 제1항 제2호).

3. 정당해산심판

정당의 목적이나 활동이 민주적 기본질서에 위배되면 정부는 헌법재판소에 그 해산을 제소할 수 있고 정당은 헌법재판소 결정에 따라서 해산된다(헌법 제8조 제4항, 제111조 제1항 제3호). 이처럼 위헌정당의 해산심판제도는 민주주의의 적에게서 민주주의를 수호하면서, 동시에 정당의 강제해산은 오직 헌법재판소 결정에 따라서만 가능하도록 함으로써 정당을 보호하려는 것이 목적이다. 정부가 헌법재판소에 정당해산심판을 청구하려면 국무회의 심의를 거쳐야 한다(헌법재판소법 제55조).

4. 권한쟁의심판

현행 헌법은 '국가기관 상호간, 국가기관과 지방자치단체간 및 지방자치단체 상호간의 권한쟁의에 관한 심판'을 헌법재판소의 관할사항으로 한다(헌법 제111조 제1항 제4호). 한국 헌정사에서 1960년 헌법에 이어 두 번째로 권한쟁의제도를 채택하였다. 그러나 1960년 헌법의 권한쟁의제도가 국가기관 사이의 권한쟁의심판만을 그 내용으로 하였던 것과 달리, 현행 헌법의 권한쟁의제도는 그 심판사항을 국가기관과 지방자치단체 사이 및 지방자치단체 상호간의 권한쟁의까지 확대한다.

5. 법률(헌법재판소법)이 정하는 헌법소원심판

현행 헌법은 '법률이 정하는 헌법소원에 관한 심판'을 헌법재판소에 맡김으로써 (헌법 제111조 제1항 제5호) 한국 헌정사에서 처음으로 헌법소원제도를 채택하였다. 헌법소원제도는 공권력의 남용과 악용에서 헌법이 보장한 국민의 기본권을 보호하는 헌법재판제도이므로, 국가권력의 기본권 기속성을 실현할 가장 실효성 있는 권력통제장치에 속한다. 현행 헌법재판소법의 헌법소원제도는 공권력의 행사나 불행사로 말미암아 헌법이 보장한 기본권을 침해받은 자가 제기하는 권리구제형 헌법소원(헌법재판소법 제68조 제1항에 따른 헌법소원)과 법률이 헌법에 위반되는지가 재판의 전제가 되어 법원에 위헌법률심판제청신청을 하였으나 기각된 자가 헌법재판소에 제기하는 규범통제형(위헌심사형) 헌법소원(위헌소원, 제68조 제2항에 따른 헌법소원)으로 나뉘어 규율된다.

Ⅳ. 헌법재판소의 규칙제정권과 입법의견 제출

1. 규칙제정권

헌법 제113조 제2항은 "헌법재판소는 법률에 저촉되지 아니하는 범위 안에서 심판에 관한 절차, 내부규율과 사무처리에 관한 규칙을 제정할 수 있다."라고 규정하여 헌법재판소에 규칙제정권이 있음을 인정한다. 이처럼 헌법이 헌법재판소에 규칙제정권을 인정한 취지는 헌법재판소의 자주성과 독립성을 보장하고, 전문적·기술적인 사항은 헌법재판소가 제정하게 함으로써 헌법재판 실정에 적합한 규칙을 제정하게 하려는 데 있다. 헌법이 직접 헌법재판소의 규칙제정권을 인정하므로, 법률에 정함이 없더라도 헌법재판소는 필요한 범위에서 규칙을 제정할 수 있다. 헌법재판소가 대통령을 수반으로 하는 정부와 대등한 헌법적 지위가 있다는 점에 비추어 헌법재판소규칙은 대통령령과 같은 법적 지위가 있다고 보아야 한다. 따라서 헌법재판소규칙은 '규칙'이라는 용어에 상관없이 법규명령에 해당한다.

2. 규칙제정의 대상과 범위

헌법재판소가 제정하는 규칙은 ① 심판에 관한 절차사항, ② 내부규율에 관한 사항, ③ 사무의 처리방법에 관한 사항을 그 대상으로 한다(헌법 제113조 제2항, 헌법재판소법 제10조 제1항). 그러나 헌법재판소에 규칙제정권을 부여하는 헌법 취지에 비추어 헌법재판소는 자기 권한 범위 안에 속하는 그 밖의 사항도 헌법과 법률에 위반되지 않는 범위에서 규율할 수 있다고 보아야 한다. 헌법재판소법은 헌법재판소규칙으로 정할 수 있는 사항을 예시하는데, 헌법재판소장이 유고될 때 대리할 재판관의 순서(헌법재판소법 제12조 제4항), 재판관회의 운영에 관하여 필요한 사항(헌법재판소법 제16조 제5항), 사무처의 조직, 직무범위, 사무처에 두는 공무원의 정원, 그 밖에 필요한 사항(헌법재판소법 제17조 제9항), 헌법재판소장 비서실의 조직과 운영(헌법재판소법 제20조 제3항), 당사자의 신청에 의한 증거조사 비용(헌법재판소법 제37조 제1항), 공탁금의 납부와 국고귀속(헌법재판소법 제37조 제2항, 제3항), 국선대리인의 보수(헌법재판소법 제70조 제4항), 지정재판부의 구성과 운영(헌법재판소법 제72조 제6항)이 그것이다.

3. 규칙과 내규의 차이점

헌법재판소가 제정하는 자율입법으로는 규칙 외에 내규가 있는데, 이것은 단순한 내부규율에 관한 사항을 정하는 것에 불과하다는 점에서 국민의 권리·의무와 밀접한 관련이 있는 사항에 관한 규칙과 구별된다. 따라서 규칙은 대국민적 구속력이 있는 법규명령의 효력이 있고 공포를 필요로 하지만, 내규는 행정규칙에 해당하는 것으로 공포를 필요로 하지 아니한다.[21]

4. 규칙제정의 방법과 절차

헌법재판소규칙의 제정과 개정은 재판관회의 의결사항이다(헌법재판소법 제16조 제4항 제1호). 재판관회의는 7명 이상 출석과 출석인원 과반수 찬성으로 의결한다(헌법재판소법 제16조 제2항). 재판관회의에서 의결된 규칙은 의결되고 나서 15일 이내에 사무처장이 공포절차를 취한다('헌법재판소규칙의 공포에 관한 규칙' 제4조 제1항). 헌법재판소규칙은 관보에 게재하여 공포한다(헌법재판소법 제10조 제2항, '헌법재판소규칙의 공포에 관한 규칙' 제4조 제2항). 헌법재판소규칙의 공포일은 그 규칙을 게재한 관보가 발행된 날로 한다('헌법재판소규칙의 공포에 관한 규칙' 제5조). 헌법재판소규칙은 특별한 규정이 없는 한 공포한 날부터 20일이 지나면 효력이 발생한다('헌법재판

---

21) 헌법재판소규칙을 헌법기관의 자율권을 근거로 헌법기관이 제정하여 기관 내부적으로만 효력이 있는 내부법이라는 견해가 있다[한수웅/정태호/김하열/정문식(한수웅 집필), 『주석 헌법재판소법』, 헌법재판소 헌법재판연구원, 2015, 151~154쪽]. 그러나 이 견해는 규칙과 내규의 차이를 무시할 뿐 아니라 헌법이 직접 규정한 법규범의 효력 자체를 부정한다는 점에서 타당하지 않다고 생각한다.

소규칙의 공포에 관한 규칙' 제6조).

5. 입법의견 제출

헌법재판소장은 헌법재판소의 조직·인사·운영·심판절차 그 밖에 헌법재판소의 업무에 관련된 법률의 제정 또는 개정이 필요하다고 인정하면 국회에 서면으로 그 의견을 제출할 수 있다(헌법재판소법 제10조의2).

제 2 절 헌법재판소의 민주적 정당성

Ⅰ. 자주 공격받는 헌법재판소의 민주적 정당성

국민이 선거를 통해서 직접 선출하는 국회의원과 대통령은 다른 어느 국가기관보다 강한 민주적 정당성이 있다고 한다. 이러한 강한 민주적 정당성은 국회와 대통령이 강력한 권한을 행사할 수 있는 가장 강력한 근거라고 한다. 이에 반해서 헌법재판소는 국회와 대통령 그리고 약한 민주적 정당성이 있는 대법원장이 구성에 관여하므로, 대법원보다도 약한 민주적 정당성이 있다고 한다. 그래서 민주적 정당성이 약한 헌법재판소가 더 강한 민주적 정당성이 있는 국회와 대통령을 수반으로 하는 정부를 통제하는 것은 문제가 있다고 비판하곤 한다. 실제로 국회나 집행부가 헌법재판소 결정을 비판하거나 헌법재판소의 개혁을 거론할 때 헌법재판소의 약한 민주적 정당성은 늘 등장하는 단골논거이다. 이러한 논의에서는 민주적 정당성을 국민근접성으로 이해하거나 국민근접성을 민주적 정당성의 핵심내용으로 이해하는 것으로 보인다.

그러나 민주적 정당성은 국민주권(헌법 제1조 제2항)의 핵심내용으로서 '국가권력이 국민에게서 비롯하고 국민에게 소급함'을 뜻한다. 여기서 국가권력은 통치권으로서 입법권, 집행권, 사법권, 지방자치권을 모두 포함한다. 따라서 사법권에 속하는 헌법재판권도 당연히 민주적 정당성이 필요한 국가권력에 포함된다. 주권자인 국민이 국가권력을 직접 행사하는 것이 이상적이다. 하지만 개개인의 총체인 국민이 언제나 국가권력을 직접 행사할 수는 없어서, 국민은 매우 제한된 범위에서만 국가권력을 직접 행사한다[예를 들어 국회의원선거(헌법 제41조 제1항)와 대통령선거(헌법 제67조 제1항), 국민투표(헌법 제72조와 제130조 제2항)]. 국민이 국가권력을 언제나 직접 행사할 필요는 없다. 하지만 반드시 국민이 국가권력을 정당화하여야 한다.

따라서 특정기관이 국가권력을 행사하더라도 그 행사가 국민의 행위로 인정받으려면 그 행사에 국민이 효과적으로 영향을 미칠 수 있어야 한다.[22] 따라서 국가기관의 행위는 국민의 의사에 소급하여야 하고, 국가기관은 자기 행위에 관해서 국민에게 책임을 져야 한다. 이러한 귀속관계는 다양한 정당성 부여수단을 통해서 형성된다. 이러한 정당성 부여수단 중에서 직접선거가 가장 강력한 수단인 것으로 보인다. 그러나 직접선거가 민주적 정당성을 부여하는 유일한 수단도 아니고 모든 국가행위에 민주적 정당성을 부여하는 적합한 수단도 아니다. 보통은 간접적으로 국가권력의 주체인 국민에게 소급할 수 있는 것으로 충분하다.[23] 즉 국민에게서 직접 정당성을 부여받는 것, 즉 국민근접성이 민주적 정당성이 있는지를 판단하는 중요한 요소임을 부정할 수 없지만, 국민근접성이 절대적 판단기준이거나 유일한 판단기준이 아니라 여러 판단기준 중 하나일 뿐이다. 그래서 해당 국가기관의 지위와 기능, 권한에 따라 적합한 민주적 정당성 부여 수단이 선택되어야 한다.

따라서 민주적 정당성 문제에서 중요한 것은 강한 민주적 정당성이 아니라 해당 국가기관의 지위와 기능, 권한에 걸맞은 민주적 정당성 수준이다. 즉 민주적 정당성에 관한 평가는 해당 국가기관이 자기 지위와 기능, 권한에 따라 요구되는 일정 수준의 민주적 정당성 확보 여부를 확인하는 것이지 여러 국가기관을 비교하여 그 강약을 판단하는 것이 아니다. 따라서 민주적 정당성에 강하거나 약하다는 수식어는 적절하지 않고, 충분하거나 불충분하다는 수식어만을 붙일 수 있다. 민주적 정당성은 비교기준이 아니라 확인기준일 뿐이다. 따라서 헌법재판소는 국민이 직접 선출하는 국회와 대통령보다 민주적 정당성이 약하고, 심지어 법원보다 약한 민주적 정당성이 있다고 하면서, 헌법재판소의 민주적 정당성이 약하다고 비판하는 것도 타당하지 않다. 헌법재판소는 오로지 헌법재판권 행사에 충분한 민주적 정당성을 확보하지 못할 때만 민주적 정당성과 관련하여 공격받을 수 있을 뿐이기 때문이다.

Ⅱ. 기능적-제도적 민주적 정당성

기능적-제도적 민주적 정당성은, 독립적이고 각각 그 자체를 민주적으로 정당

---

22) Andreas Voßkuhle/Gernot Sydow, Die demokratische Legitimation des Richters, in: JZ 2002, S. 675 참조.
23) BVerfGE 47, 253 (275).

화한 국가권력의 헌법적 구성이다.[24] 헌법제정자 스스로 국가권력을 나누어 각각 고유한 기능과 기관(조직적 의미에서 권력)으로 정립하고, 그것을 통해서 국민이 자신에게서 비롯한 국가권력을 행사한다는(헌법 제1조 제2항) 관점에서 기능적―제도적 민주적 정당성이 논의된다. 헌법 제111조 제1항은 법원의 제청에 의한 법률의 위헌여부심판, 탄핵의 심판, 정당의 해산심판, 국가기관 상호간, 국가기관과 지방자치단체간 및 지방자치단체 상호간의 권한쟁의에 관한 심판, 법률이 정하는 헌법소원에 관한 심판을 헌법재판소 관장사항으로 규정한다. 헌법재판소는 법관 자격이 있는 9명의 재판관으로 구성된다(헌법 제111조 제2항). 국가기능인 헌법재판 자체와 헌법재판소의 헌법재판권 행사는 이러한 헌법 규정들을 통해서 기능적―제도적으로 정당성을 부여받는다. 이러한 제도화를 통해서 헌법재판소는 헌법제정자인 국민에게서 이미 추상적 민주적 정당성을 획득한다. 따라서 헌법재판소의 헌법재판권 행사는 그 자체로 민주적으로 위임된 국가권력 행사로 인정된다.

헌법 형태로 표현되는 국가의사는 법률 형태로 표현되는 국가의사를 비롯한 다른 모든 국가의사보다 우위에 있다. 그리고 헌법을 제정할 권한이 있는 국민은 헌법을 통해서 어떤 국가기관을 설치하고 그 기관에 어떠한 권한을 부여할 것인지에 관해서 최종적으로 결정할 수 있다. 이러한 국가의사는 헌법을 제정하고 민주적 정당성을 부여하는 주체인 국민 자신도 구속한다. 따라서 헌법제정자인 국민 자신이 헌법을 통해서 헌법재판소를 설치하고 그에 권한을 부여함으로써 다른 국가기관을 통제할 권한이 명백하게 헌법재판소에 속한다면, 헌법재판소가 헌법재판권을 행사하는 것 자체에 관한 문제 제기는 적어도 법적으로는 의미와 타당성이 없다. 따라서 헌법재판소가 헌법재판권을 행사하는 것이 적절하지 않다는 비판은 오로지 개헌론으로서만 의미가 있을 뿐이다. 이러한 점에서 헌법재판소와 그 권한에 대한 기능적―제도적 민주적 정당성은 헌법재판소의 헌법재판권 보유와 행사 자체에 관한 모든 법적 문제 제기를 봉쇄한다.

그러나 헌법재판소가 기능적―제도적으로 민주적 정당성을 부여받았다는 것이 구체적인 헌법재판소 결정이 이로 말미암아 충분한 민주적 정당성을 자동으로 부여받는다는 것을 뜻하지는 않는다. 즉 기능적―제도적 민주적 정당성은 국가권력의 국민에 대한 정당성관계를 실질적으로 담보하지 못한다. 따라서 기능적―제도적 민주적 정당성은 구체적(조직적―인적 그리고 실질적―내용적) 민주적 정당성을 통해서

---

24) Andreas Voßkuhle/Gernot Sydow, Die demokratische Legitimation des Richters, in: JZ 2002, S. 676 참조.

매개되는, 개별 직무담당자와 그 행위에 구체적 민주적 정당성을 분배한 기능영역에서 구체적 민주적 정당성을 대체하지 못한다.[25] 즉 기능적－제도적 민주적 정당성은 국가기관이 국가권력을 행사할 지위와 자격이 있다는 것만을 보장할 뿐이지, 국가기관의 행위에 구체적 민주적 정당성을 부여하지 못한다. 기능적－제도적 민주적 정당성이 헌법적 정당성형태라는 것은 의심할 수 없지만, 기능적－제도적 민주적 정당성은 국가권력과 국가기능의 분리·배분 및 국가기관의 설립·권한과 관련이 있을 뿐이지, 구체적이고 지속적인 귀속관계에 관해서는 아무것도 말하지 않기 때문이다. 그러한 범위에서 기능적－제도적 민주적 정당성은 권력분립 차원에 머문다. 따라서 기능적－제도적 민주적 정당성은 다른 정당성형태(조직적－인적 민주적 정당성과 실질적－내용적 민주적 정당성)와 같은 차원에 있지 않다.[26] [27]

결국, 기능적－제도적 민주적 정당성은 국가기관의 행위가 민주적 정당성이 있다고 추정하는 것에 그친다. 그래서 구체적 직무담당자에게 '구체적 민주적 정당성'이 '추가로' 필요하다. 그렇지 않으면 [일단 (헌법제정자인 국민이) 민주적으로 형성한] 개별 권력은 그 인적 구성과 행위도 독자적으로 할 수 있고, 국민에게서 독립적일 수 있다. 그리고 국민이 부여하는 권력 행사의 민주적 정당성도 지속적으로 보장되지 못한다. 결론적으로 제도적－기능적 민주적 정당성만으로는 헌법재판소의 민주적 정당성을 충분히 담보할 수 없다.[28] [29]

Ⅲ. 조직적-인적 민주적 정당성

1. 조직적-인적 민주적 정당성의 의의

조직적－인적 민주적 정당성은 직무담당자와 국민 사이의 중단 없는 정당성사슬을 요구한다.[30] 정당성사슬의 개념은 국민과 상황에 따른 개별 직무담당자 사이

---

25) 한수웅, 『헌법학(제8판)』, 법문사, 2018, 125쪽 참조.

26) Hans－Heinrich Trute, Die demokratische Legitimation der Verwaltung, in: Wolfgang Hoffmann－Riem/Eberhard Schmidt－Aßmann/Andreas Voßkuhle (Hrsg.), Grundlagen des Verwaltungsrechts Ⅰ, München 2006, § 6 Rdnr. 8.

27) 이상 허완중, 「민주적 정당성」, 『저스티스』 제128호, 한국법학원, 2012. 2., 144쪽.

28) 박승호, 「헌법재판의 민주적 정당성」, 『헌법재판연구(Ⅰ)』, 도서출판 경인, 1998, 10쪽; Ernst－Wolfgang Böckenförde, Demokratie als Verfassungsprinzip, in: Josef Isensee/Paul Kirchhof (Hrsg.), HdbStR, Bd. Ⅱ, 3. Aufl., Heidelberg 2004, § 24 Rdnr. 15.

29) 이상 허완중, 「민주적 정당성」, 『저스티스』 제128호, 한국법학원, 2012. 2., 144쪽.

30) BVerfGE 47, 253 (275); 52, 95 (130); 77, 2 (40); 83, 60 (72 f.); 93, 37 (66); 107, 59 (87).

에 연결고리가 삽입될 수 있다는 것을 명확하게 밝힌다(간접적 민주적 정당성). 즉 조
직적－인적 민주적 정당성은 국민에 직접 소급하여야 한다는 것을 뜻하지 않는다.
직접 임명이 더 높은 민주적 권위의 근거가 될 수 있더라도, 국민의 직접 임명은
물론 국민의 간접 임명도 차별 없이 허용된다. 물론 삽입되는 연결고리는 그 자체
로 충분한 민주적 정당성을 획득하여야 한다. 그렇지 않다면, 끊김 없는 정당성사
슬이 있을 수 없기 때문이다. 따라서 정당성사슬은 민주적으로 정당화하지 않거나
민주적으로 충분히 정당화하지 않은 기관이나 직무담당자의 개입에 따른 중단이 없
어야 한다는 것이 중요하다. 해당 직무담당자부터 국가권력의 소유자인 국민까지의
개별 임명행위 사슬은 끊어지지 말아야 한다.[31] 즉 직무담당자는 국민이 직접 선거
를 통해서 선출하거나 국민에 소급하는 임명사슬을 통해서 결정되어야 한다. 정당
성사슬 연속에는 어떠한 예외도 없다. 결론적으로 조직적－인적 민주적 정당성을
부여하는 수단은 정해져 있지 않아서, 정당성사슬이 끊어지지 않는다는 전제 아래
국가권력의 성격에 따라 기능과 권한 그리고 담당기관에 적합한 정당성 부여 수단
을 선택하여야 한다.[32] [33] 헌법재판소도 다른 국가기관과 마찬가지로 재판관 임명
절차를 통해서 조직적－인적 민주적 정당성을 부여받는다. 그러나 헌법재판소는 다
른 법원과 마찬가지로 헌법재판소 재판관의 인적 독립을 보장받아야 한다. 헌법재
판소 재판관의 인적 독립은 헌법재판소의 조직적－인적 민주적 정당성에 강한 영
향을 미친다.

2. 헌법재판소 재판관의 인적 독립

헌법재판소 재판관의 인적 독립은 헌법재판의 독립을 확보하기 위해서 재판관의
인사 독립과 재판관의 자격 및 임기를 헌법과 법률로 규정함으로써 재판관의 신분
을 보장하는 것을 말한다. 헌법재판의 독립은 결국 재판을 담당하는 재판관의 독립
을 그 본질로 하고, 재판관의 독립은 재판관의 신분이 보장될 때만 가능하기 때문이
다. 헌법 제112조 제3항과 헌법재판소법 제8조는 헌법재판소 재판관은 탄핵이나 금
고 이상의 형 선고에 의하지 아니하고는 파면되지 아니한다고 하여 헌법재판소 재

---

31) 한수웅, 『헌법학(제8판)』, 법문사, 2018, 126쪽; Ernst－Wolfgang Böckenförde, Demokratie als
    Verfassungsprinzip, in: Josef Isensee/Paul Kirchhof (Hrsg.), HdbStR, Bd. Ⅱ, 3. Aufl., Heidelberg
    2004, § 24 Rdnr. 16 참조.
32) 허완중, 「헌법재판소의 지위와 민주적 정당성」, 『고려법학』 제55호, 고려대학교 법학연구원, 2009,
    26쪽.
33) 이상 허완중, 「민주적 정당성」, 『저스티스』 제128호, 한국법학원, 2012. 2., 144~145쪽.

판관의 인적 독립을 규정한다. 그리고 헌법재판소 재판관 임기는 6년이다(헌법 제112조 제1항 전문, 헌법재판소법 제7조 제1항 전문). 헌법재판소 재판관의 임기 보장은 임기 중에는 헌법과 법률이 정한 경우를 제외하고는 의사에 어긋나게 퇴직하지 않는다는 적극적인 내용이 있다. 그러나 헌법재판소 재판관 연임을 허용하는 것(헌법 제112조 제1항 후문, 헌법재판소법 제7조 제1항 후문)은 헌법재판소 재판관이 연임 가능성을 염두에 두고 헌법재판 심리에서 자기 임명에 영향을 미친 정치세력에 우호적인 태도를 보일 위험성이 있어 헌법재판소 재판관의 인적 독립적 측면에서 연임 허용보다는 임기를 연장하는 쪽으로 헌법정책적 재고가 필요하다고 생각한다. 그 밖에 헌법재판소장의 대우와 보수는 대법원장의 예에 따르고, 헌법재판소 재판관은 정무직으로 하고 그 대우와 보수는 대법관의 예에 따른다(헌법재판소법 제15조).

공정성과 중립성이 강하게 요구되는 헌법재판의 특성상 헌법재판소 재판관의 인적 독립과 아울러 헌법재판소 재판관의 정치적 중립성도 보장되어야 한다. 따라서 헌법재판소 재판관은 정당에 가입하거나 정치에 관여할 수 없다(헌법 제112조 제2항, 헌법재판소법 제9조). 그리고 헌법재판소 재판관은 공정한 심리를 위해서 이것에 영향을 미치는 직을 겸할 수 없다. 즉 헌법재판소 재판관은 국회 또는 지방의회 의원의 직, 국회·정부 또는 법원 공무원의 직 그리고 법인·단체 등의 고문·임원 또는 직원의 직을 겸할 수 없다. 또한, 헌법재판소 재판관은 영리를 목적으로 하는 사업을 영위할 수 없다(헌법재판소법 제14조).

헌법재판소 재판관의 인적 독립은 민주적 정당성과 관련하여 상반된 두 가치를 포함한다. 먼저 ① 헌법재판소 재판관의 인적 독립은 재판관에 대한 주기적 심판 가능성과 임명을 통한 민주적 정당성 갱신을 처음부터 제한한다. 그리고 ② 헌법재판소 재판관의 인적 독립이 직무법적 지위에서 물적 독립을 침해, 특히 집행부의 침해에서 보호함으로써, 조직적-인적 민주적 정당성형태에 속하는 헌법재판소 재판관의 인적 독립은 실질적-내용적 민주적 정당성에 속하는 헌법재판소 재판관의 물적 독립을 보장한다.[34] 따라서 헌법재판소 재판관의 인적 독립은 재판관 임명절차를 통해서 부여되는 조직적-인적 민주적 정당성의 의미를 약하게 하고, 실질적-내용적 민주적 정당성의 의미를 강화한다. 즉 헌법재판소 재판관의 인적 독립으로 말미암아 헌법재판소의 민주적 정당성에서 조직적-인적 민주적 정당성보다 실질적-내용적 민주적 정당성이 더욱 중요해진다.

---

34) Andreas Voßkuhle/Gernot Sydow, Die demokratische Legitimation des Richters, in: JZ 2002, S. 678 참조.

3. 재판관 임명절차

(1) 헌법재판소 구성에서 조직적 – 인적 민주적 정당성의 의미

헌법재판소는 (특별한) 법원으로서 무엇보다 독립적이어야 한다. 헌법재판은 심사기준이 헌법이고, 심사대상이 정치작용이라서, 어느 사법재판보다 더 정치성이 강하다. 이러한 강한 정치성은 헌법재판소 결정의 공정성과 중립성을 끊임없이 의심하게 하고, 헌법재판소에 대한 정치적 개입 시도를 강하게 불러일으킨다. 따라서 헌법재판소는 일반 법원보다도 더 강한 독립성을 요구받는다. 그러나 헌법재판소에 요구되는 독립성은 헌법재판소 재판관의 인적 및 물적 독립만으로는 충분히 확보될 수 없다. 헌법재판소 재판관 구성이 일방적이거나 편파적이라면 헌법재판소의 독립성을 확보할 수 없기 때문이다. 그래서 헌법재판소 재판관 선출에 대한 일방적이거나 편파적인 모든 영향이 배제되어야 한다. 그러나 민주주의에서 헌법재판소 재판관 선출과 관련하여 모든 정치적 세력 배제는 받아들일 수 없다. 그러므로 이것은 헌법재판소 재판관 선출에서 옹근(완벽한) 탈정치화를 요구한다는 것을 뜻하지 않는다. 이것은 헌법재판소 재판관이 정치적 세력의 정당한 참여 속에서 일방적인 정치적 영향 없이 선출되어야 한다는 것을 의미할 뿐이다.

(2) 헌법에 따른 재판관 임명절차

헌법은 헌법재판소 구성과 관련하여 입법부, 집행부, 사법부 3부의 모든 국가권력이 헌법재판소 재판관 선출에 동등한 자격으로 참여하여야 한다는 것에서 출발한다. 대통령은 집행부 수반일 뿐 아니라 국가원수(헌법 제66조 제1항과 제4항)로서 9명의 헌법재판소 재판관 전원을 임명한다(헌법 제111조 제2항, 헌법재판소법 제6조 제1항 전문). 그러나 대통령은 재판관 중 3명은 국회에서 선출하는 사람을, 3명은 대법원장이 지명하는 사람을 임명하여야 한다(헌법 제111조 제3항, 헌법재판소법 제6조 제1항 후문). 따라서 대통령은 다른 국가기관 영향 없이 단지 3명만을 임명할 수 있다. 헌법재판소장은 국회 동의를 얻어 재판관 중에서 대통령이 임명한다(헌법 제111조 제4항, 헌법재판소법 제12조 제2항). 3부의 모든 국가권력이 재판관 선출에 참여하는 것은 헌법재판소의 정치적 성격에 특별한 중요성을 부여한 것으로 이해된다.

(3) 헌법재판소 구성방식의 문제점

① 잘못된 전제조건

헌법재판소 구성방식은 헌법재판소의 중립성을 보장하기 위해서 엄격한 권력분립에 근거한다. 외형적으로 입법부, 집행부, 사법부의 세 국가권력이 헌법재판소 구성에 동등한 자격으로 참여함으로써 헌법재판소는 세 국가권력 사이의 견제와 균형 속에서 독립적이고 중립적인 기관으로 구성될 수 있으리라고 기대된다.[35] 그러나 이러한 방식으로 헌법재판소 재판관 선출에 대한 일방적이거나 편파적인 영향 배제를 보장할 수 없는 것으로 보인다. 오히려 그것을 통해서 헌법재판소의 독립성이 위협받을 수 있다. 헌법재판소 구성방식은 국가권력의 3분이 실질적으로 있을 때만 비로소 의미가 있을 수 있다. 그러나 현대국가에서 이러한 상황은 없다. 오로지 사법부만 원칙적으로 다른 국가권력과 엄격한 거리를 유지할 뿐이고, 입법부와 집행부는 정당을 매개로 결합한다. 대통령이나 수상이 다수당을 이끄는 것이 보통이므로, 오늘날 일반적으로 국회 전체가 아니라 야당만이 집행부를 통제할 수 있다. 헌법은 헌법재판소 재판관 선출에서 이러한 상황을 과소평가하거나 무시하였다.

② 정치적 편파성이 가져올 위험성

헌법을 따르면 대통령은 3명의 헌법재판소 재판관을 국회 동의 없이 마음대로 임명할 수 있다. 그리고 국회가 3명의 헌법재판소 재판관을 선출하려면 가중된 다수가 아니라 단순다수로 충분하다. 그래서 이론적으로는 다수당이 헌법재판소 재판관 3명 모두 자기 의사에 따라 선출할 수도 있다. 그러나 현재 관행은 여당과 야당의 다수당이 각 1명의 헌법재판소 재판관을 그리고 여야 합의로 1명의 헌법재판소 재판관을 선출하거나 의석수 상위 3개당이 1명씩 선출한다. 따라서 이론적으로는 최대 6명, 현재 관행으로는 최소 4명의 헌법재판소 재판관이 대통령이 소속된 여당의 영향력 아래에 있을 수 있다. 법률의 위헌결정은 헌법 제113조 제1항에 따라 헌법재판소 재판관 6명 이상 찬성을 요구하므로, 대통령이 소속된 다수당은 법률의 위헌결정에 독자적으로 결정적인 영향을 미칠 수 있다. 즉 이론적으로는 대통령이 소속된 다수당이 단독으로 위헌결정을 내리도록 영향력을 행사할 수도 있고, 현재 관행으로는 대통령이 소속된 다수당이 단독으로 위헌결정을 저지하도록 영향을 미칠 수도 있다. 그리고 대법원장은 국회 동의를 얻어 대통령이 임명한다(헌법 제104조 제1항). 따라서 대법원장에 대한 대통령이 소속된 다수당의 영향력도 무시할 수 없어서, 대법원장이 지명하는 나머지 헌법재판소 재판관 3명의 독립성도 보장되기가 쉽지 않다. 결국, 이론적으로 헌법재판소의 구성방식은 정치적 편파성을 피하기 어렵다.

③ 헌법재판소 재판관의 부족한 조직적-인적 민주적 정당성

헌법은 대통령 선거에서 결선투표를 도입하지 않아서, 절대다수나 단순다수의

---

[35] 다수당의 헌법재판기관 석권을 막아준다는 견해도 있다[박용상, 「헌법재판소의 구성과 조직」, 『헌법재판의 이론과 실제』(금랑 김철수교수 화갑기념 논문집), 박영사, 1993, 72쪽].

득표가 아니라 상대적 다수의 득표만으로 대통령에 당선될 수 있다. 실제로 1987년 헌법 아래에서 선출된 대통령 대부분은 과반수 득표에 실패하였다. 자신을 지지하는 사람보다 자신을 지지하지 않는 사람이 더 많은 상황에서 취임하는 대통령의 조직적−인적 민주적 정당성은 취약할 수밖에 없다. 따라서 이러한 대통령이 임명하는 헌법재판소 재판관은 부족한 조직적−인적 민주적 정당성이 있을 수밖에 없다. 물론 대통령이 충분한 조직적−인적 민주적 정당성이 없더라도 임명과정에서 견제와 통제를 통해서 대통령의 조직적−인적 민주적 정당성을 보충하고 보완할 수 있다면, 이러한 문제점이 해소될 수도 있다. 하지만 대통령은 헌법재판소 재판관을 임명하는 과정에서 어떠한 견제와 통제를 받지 않음으로써 헌법재판소 재판관을 마음대로 임명할 수 있다(헌법재판소 재판관 지명은 심지어 국무회의 심의사항도 아니다). 따라서 대통령의 불충분한 조직적−인적 민주적 정당성은 통제와 견제 없는 임명 절차를 통해서 대통령이 독자적으로 임명한 헌법재판소 재판관에게 그대로 전달될 수밖에 없다. 그 밖에 모든 대법관 임명에 국회 동의를 얻도록 한 것과 비교해 보아도 대통령이 임명하는 헌법재판소 재판관의 조직적−인적 민주적 정당성은 충분하다고 보기 어려운 점이 있다.[36]

그리고 국회에서 헌법재판소 재판관을 선출할 때 가중된 다수가 아니라 단순다수만을 요구하므로, 국회가 선출한 헌법재판소 재판관도 충분한 조직적−인적 민주적 정당성을 확보하기 어렵다. 헌법재판소의 중요한 기능 중 하나는 소수자 보호이다. 따라서 헌법재판소 재판관은 다수당뿐 아니라 소수당에서도 조직적−인적 민주적 정당성을 부여받아야 한다. 그러나 단순다수결 아래에서 소수당은 다수당의 헌법재판소 재판관 선출을 저지할 수 없어서 헌법재판소 재판관 선출에 실제로 관여하기 어렵다. 따라서 소수당은 헌법재판소 재판관에게 조직적−인적 민주적 정당성을 부여할 길을 찾기가 쉽지 않다. 그래서 국회가 선출하는 헌법재판소 재판관은 다수당이 부여하는 조직적−인적 민주적 정당성만을 받기 쉬워서 충분한 조직적−인적 민주적 정당성을 확보하기가 어렵다. 여당 선출 1명, 야당 다수당 선출 1명, 여·야 합의 선출 1명이나 의석수 상위 3개당 1명씩 선출로 이루어지는 현재 국회의 헌법재판소 재판관 선출방식(이른바 나눠먹기식)도 헌법재판소 재판관의 부족한 조직적−인적 민주적 정당성 문제를 해결하지 못한다. 이러한 방식은 적절한 인물을 헌법재판소 재판관으로 선출하기 위한 합리적인 대화와 타협을 회피하고, 여당

---

36) 같은 견해: 양 건/김문현/남복현, 『헌법재판소법의 개정방향에 관한 연구용역보고서』(헌법재판연구 제10권), 헌법재판소, 1999, 14쪽.

과 야당 각각의 이해관계에 맞는 헌법재판소 재판관을 선출하도록 할 뿐이기 때문이다. 특히 이러한 선출방식을 통해서는 정치적 편파성을 극복하기는커녕 오히려 강화할 수 있다는 점을 지적하고 싶다.

조직적−인적 민주적 정당성의 결정적 결여는 대법원장이 지명하는 헌법재판소 재판관에서 나타난다.[37] 대법원장은 자신의 민주적 정당성을 그 자신이 조직적−인적 민주적 정당성이 충분하지 못한 대통령과 단순다수결 때문에 충분한 조직적−인적 민주적 정당성을 부여하기 어려운 국회에서 받는다. 따라서 충분한 조직적−인적 민주적 정당성을 받지 못한 대법원장은 당연히 충분한 조직적−인적 민주적 정당성을 자신이 지명하는 헌법재판소 재판관에게 줄 수 없다. 즉 부족한 조직적−인적 민주적 정당성이 있는 국가기관들을 통한 이중의 간접적 조직적−인적 민주적 정당성은 헌법재판소 재판관에게 충분한 조직적−인적 민주적 정당성을 확보해 줄 수 없다.[38] 특히 대법관 후보 추천을 위한 대법관후보추천위원회를 두면서도(법원조직법 제41조의2) 헌법재판소재판관후보추천위원회는 두지 않아 대법원장의 헌법재판소 재판관 지명을 통제하거나 견제할 수단이 없다.[39] 게다가 재판관 지명은 대

---

37) 그러나 ① 대통령과 국회 선출의 재판관은 정당정치적 경향을 벗어날 수 없지만, 대법원장 지명의 재판관은 그러한 부담에서 벗어날 수 있고, ② 기존 전통적 일반 법질서를 대변하는 대법원이 헌법재판소 구성에 관여함으로써 법질서의 통일성이나 권위가 확보되어 헌법재판소의 위상을 강화할 수 있으며, ③ 총체 법질서를 다루는 헌법재판소의 역할을 통상 법질서 전문가가 뒷받침할 계기를 제공한다는 점에서 대법원장 지명의 재판관 선출은 충분한 의미가 있다는 견해가 있다(박용상,「헌법재판소의 구성과 조직」,『헌법재판의 이론과 실제』(금랑 김철수교수 화갑기념 논문집), 박영사, 1993, 72쪽). 그리고 ① 대의제도 아래 통치권의 형성과 행사에 직접적인 민주적 정당성이 필수적인 것도 아니고, 의회를 통한 간접적인 민주적 정당성 부여만으로도 통치권의 형성과 행사에 대한 헌법적 요청을 충족시킬 수 있으므로, 헌법기관을 구성하기 위한 대법원장 권한에 직접민주주의적인 민주적 정당성이 반드시 요구된다는 지적은 논리적 비약이고, ② 헌법재판에서는 다수결원칙에 따르는 정치적 의사 형성 및 결정의 한계로서 소수자 보호(기본권 보장)가 무엇보다 중요한 과제이므로, 이것에 부합하는 재판관 선출방법이 고려되어야 하며, ③ 정당국가화 경향에 따른 집권당을 통한 권력통합으로 말미암아 형식적 권력분립 형해화에 대한 우려가 고조되는 현대적 상황에서, 원래 소수자 보호를 임무로 하는 법원 수장으로서 국회 동의를 얻어 대통령이 임명한 대법원장이 헌법재판소 구성에 참여하는 것은 사법기능에 따른 정치세력 통제라는 실질적·기능적 권력분립 실현에 이바지한다는 견해도 있다(장석조,「헌법재판소의 구성」,『헌법재판의 이해』(재판자료 제92집), 법원도서관, 2001, 340~341쪽).

38) 같은 견해: 김문현/정재황/한수웅/음선필,『현행 헌법재판제도의 문제점과 개선방안』(헌법재판연구 제16권), 헌법재판소, 2005, 112~113쪽; 양 건/김문현/남복현,『헌법재판소법의 개정방향에 관한 연구용역보고서』(헌법재판연구 제10권), 헌법재판소, 1999, 14쪽; 정재황,「헌법재판소의 구성과 헌법재판소절차상의 문제점 및 그 개선방안」,『공법연구』제22집 제2호, 1994, 49쪽; 최희수,「헌법재판소의 구성·임명 등과 관련한 개정방향」,『헌법학연구』제17권 제2호, 한국헌법학회, 2011, 179쪽.

39) 최근 대법원은 '헌법재판소재판관추천위원회 내규'를 만들어 위원장을 포함한 9명의 위원으로 헌법재판소재판관추천위원회를 구성하여 헌법재판소 재판관 후보자를 추천하도록 하였다. 참고로 1960년 헌법에서도 헌법재판소 심판관은 대통령·대법원·참의원이 각 3명씩 선임하도록 하였는데(제83

법관회의 의결사항도 아니다. 따라서 부족한 대법원장의 조직적 – 인적 민주적 정당성은 그대로 대법원장이 지명한 헌법재판소 재판관에 각인될 수밖에 없다.

결국, 헌법재판소 구성방식은 헌법재판소 재판관들에게 충분한 조직적 – 인적 민주적 정당성을 보장해 주기 어렵다. 이러한 문제점을 다소나마 해소하기 위해서 국회에서 선출하는 헌법재판소 재판관 3명은 국회 인사청문특별위원회의 인사청문절차를 거치고(국회법 제46조의3), 대통령이 임명하거나 대법원장이 지명하는 헌법재판소 재판관 6명은 해당 상임위원회인 국회의 법제사법위원회에서 인사청문절차를 거치도록 한다(국회법 제65조의 제2항 제1호와 제3호). 하지만 인사청문회 심사보고서는 구속력이 없어서 헌법재판소 재판관의 부족한 조직적 – 인적 민주적 정당성을 보충하고 보완하는 데 한계가 있을 수밖에 없다.

그러나 헌법재판소 재판관의 부족한 조직적 – 인적 민주적 정당성으로 말미암아 국민과 헌법재판소 사이의 정당성사슬이 끊어지지는 않는다. 다만, 연결하는 정당성사슬이 충분한 강도가 없어서 헌법재판소 재판관의 조직적 – 인적 민주적 정당성을 확고하게 보장하지 못할 뿐이다. 그리고 헌법재판소가 충분한 조직적 – 인적 민주적 정당성을 확보하지 못한다는 것이 바로 헌법재판소의 민주적 정당성이 부족하다는 것을 뜻하지는 않는다. 헌법재판소는 실질적 – 내용적 민주적 정당성이나 보충적 민주적 정당성을 통해서 충분한 민주적 정당성을 확보할 수도 있기 때문이다. 하지만 헌법재판소가 가능한 범위에서 조직적 – 인적 민주적 정당성을 충분히 획득할 필요는 있다. 헌법재판소 재판관의 조직적 – 인적 민주적 정당성에 대한 의심은 헌법재판소의 민주적 정당성과 헌법재판소 결정의 객관성이나 공정성과 중립성에 대한 의심으로 이어질 수밖에 없기 때문이다. 따라서 헌법재판소 재판관의 조직적 – 인적 민주적 정당성을 강화하는 것은 헌법재판소의 권위를 높이고 헌법재판소의 행위에 대한 신뢰를 다지는 데 중요한 밑거름이 된다. 특히 헌법재판의 정치성은 국회나 대통령의 수준까지는 아닐지라도 상당 정도의 조직적 – 인적 민주적 정당성을 요구한다는 점도 고려할 필요가 있다. 그리고 특별한 법원이라는 헌법재판소의 지위가 헌법재판소 재판관의 부족한 조직적 – 인적 민주적 정당성을 정당화하는 근거가 되지 못함도 잊지 말아야 한다. 더불어 충분한 조직적 – 인적 민주적 정당성을 담보하지 못하는 헌법재판소 구성방식은 재판관 자격과 결합하여 헌법재판소 구성의 다양성에 걸림돌이 된다는 점도 주목하여야 한다. 헌법재판소 구성의 비다양성

조의4 제2항), 대법원에서 심판관을 선임할 때는 대법관회의에서 이를 선거하고 재적대법관 과반수 투표를 얻도록 하였다(구 헌법재판소법 제3조 제1항).

은 다양한 의사를 반영하지 못하여, 특히 소수자를 보호하는데 한계를 드러낼 수밖에 없어서 헌법재판소 결정의 객관성과 공정성을 의심받게 한다. 이러한 점에서 특별한 법원이라는 헌법재판소의 지위가 요구하는 정치적 중립성을 충족하고 그에 걸맞은 조직적-인적 민주적 정당성을 확보하여 다양한 정치적 의사, 특히 정치적 소수 의사를 반영하기 위해서는 헌법재판소 재판관 자격을 개방하는 것과 함께 헌법재판소 재판관 전원을 국회의 가중다수결(국회 재적의원 3분의 2나 4분의 3 이상 혹은 5분의 4 이상)로 선출하는 것을 신중하게 고려할 필요가 있다.[40]

Ⅳ. 실질적-내용적 민주적 정당성

1. 실질적-내용적 민주적 정당성의 의의

국가권력의 민주적 구성과 개별 직무담당자의 조직적-인적 민주적 정당성 이외에 민주적 정당성 명령은 국민의사에 대한 국가행위의 실질적-내용적 재연결을 요구한다.[41] 여기서 실질적-내용적 민주적 정당성이 문제 된다. 실질적-내용적

---

40) 헌법연구 자문위원회는 헌법재판소의 민주적 정당성을 확보하기 위해서 헌법재판소장과 재판관 전원을 국회에서 선출하되 대통령은 형식적인 임명권만 갖도록 하고, 재판관 자격을 법관 자격이 있는 사람 외의 사람에게도 개방할 것을 제안하였다(헌법연구 자문위원회, 『헌법연구 자문위원회 결과보고서』, 2009, 17, 291~292쪽). 그리고 대화문화아카데미가 내놓은 헌법안에서도 정당성 문제 때문에 헌법재판소 재판관과 예비재판관은 헌법재판관추천위원회의 3배수 추천을 받아 하원에서 선출하도록 규정하였다(대화문화아카데미 편, 『새로운 헌법을 무엇을 담아야 하나』, 대화문화아카데미, 2011, 281~282, 426쪽). 또한, 대한변호사협회 헌법개정연구위원회는 헌법재판제도를 채택하는 국가 대부분에서 헌법재판소 재판관의 임명권한을 국회가 보유한다는 점과 민주적 정당성 관점에 비추어 재판관 전원을 국회에서 선출하는 것이 적절하다고 하였다(황도수, 「헌법개정의 필요성 및 개정방향」, '헌법개정'에 대한 공청회, 대한변호사협회 헌법개정연구위원회, 2011. 6. 30., 30~31, 54쪽). 국회 헌법개정 자문위원회 헌법개정안도 헌법재판소의 위상과 기능 및 민주적 정당성을 고려하면, 대법관과 마찬가지로 재판관 전원이 국회 동의를 받도록 할 필요가 있고, 대통령의 단독 임명(현행 9명 중 3명)과 대법원장의 지명권(현행 9명 중 3명)은 헌법재판의 독립을 위해서 삭제할 필요가 있으며, 이에 따라 헌법재판소장과 재판관 역시 대법원장과 대법관과 마찬가지로 참의원 동의로 임명하고, 헌법재판소장이 아닌 재판관은 인사추천위원회 추천을 받도록 하였으며, 헌법재판의 전문성과 다양성을 함께 보장하기 위해서 9명의 재판관 중 법관의 자격은 7명 이하만 요구하고, 최소 2명의 재판관은 법관의 자격이 아닌 사람 중에서 배출되도록 하였다(국회 헌법개정 자문위원회, 『활동결과보고서 Ⅰ』, 국회 법제실 법제연구과, 2014, 210쪽). 그 밖에 대화문화아카데미에서 내놓은 2016 새헌법안에서도 헌법재판소장을 포함한 재판관 12명과 예비재판관 3명을 헌법재판관추천위원회 추천을 받아 민의원에서 선출하도록 하였다(김문현/김선택/김재원/박명림/박은정/박찬욱/이기우, 『대화문화아카데미 2016 새헌법안』, 대화문화아카데미, 2016, 382~389, 565쪽). 문재인 대통령 개헌안에서는 9명의 재판관을 대통령이 임명하되 그 중 3명은 국회에서 선출하는 사람을, 3명은 대법관회의에서 선출하는 사람을 임명하도록 하고, 헌법재판소의 장은 재판관 중에서 호선하도록 하였다(청와대, 『문재인 대통령 개헌안: 발표집 및 전문』, 알라딘, 2018, 117쪽).

41) Andreas Voßkuhle/Gernot Sydow, Die demokratische Legitimation des Richters, in: JZ 2002, S.

민주적 정당성에서는 국가행위 내용이 국민의사로 소급하는 것을 문제 삼는다. 그래서 실질적－내용적 민주적 정당성은 국가권력 행사가 그 내용에 비추어 국민에게서 도출되거나 국민의사로 매개되고, 이러한 방식으로 국민의 국가권력 행사가 보장될 때 인정된다.[42)]

　민주적 책임과 한편에는 지시 구속(특정 행위를 하라는 요구에 따라야 하는 것), 다른 한편에는 법률 구속 사이에 실질적－내용적 민주적 정당성 관점에서 상관관계가 있다. 사법처럼 (그 특성과 그 기능 보장 때문에) 민주적 책임과 지시 구속성에서 벗어나면, 고유한 형성여지가 없는 (내용상으로 확정된) 법률에 대한 엄격한 구속은 사법권 독립의 필수적 상관물이다. 법관의 법률에 대한 엄격한 구속 때문에 매우 광범위한 법관법과 사법적 법계속형성은 곤란하고, 매우 좁은 범위에서만 허용되어야 한다.[43)] 특별한 법원인 헌법재판소도 그 특성과 그 기능 보장으로 말미암아 민주적 책임과 지시 구속성에서 벗어나 있다. 즉 헌법재판소는 누구에게도 책임지지 않고 누구의 지시도 받지 않는다. 따라서 헌법재판소의 실질적－내용적 민주적 정당성에서는 헌법과 법률에 대한 구속이 중요하다.

2. 헌법과 법률에 대한 구속

　헌법재판소 재판관은 심판할 때 헌법과 법률에 구속된다(헌법재판소법 제4조). 헌법재판소 재판관이 재판할 때 헌법과 법률에 구속된다는 것은 법치국가원리에 비추어 당연하다. 하지만 이것은 실천적으로는 헌법을 정점으로 하는 법질서의 통일성을 유지하고 헌법재판의 민주적 정당성을 보장하려는 것이다. 헌법은 국민이 직접 제정하는 것이고, 법률은 국민의 대표기관인 국회가 제정하는 것이므로, 헌법과 법률에 따른 헌법재판만이 국민의 의사에 따른 재판으로서 실질적－내용적 민주적 정당성이 있을 수 있기 때문이다.

　헌법과 법률은 그 내용이 명확하지 않아서 그 내용을 밝히려면 해석이 필수적이다. 특히 헌법은 다원적 정치세력 사이의 합의이므로 구체적인 사항까지 합의할 수 없다. 따라서 원칙적인 사항만 규정하고 입법자가 토론을 통해서 사후에 구체화하도록 맡겨둔다. 즉 헌법은 골격입법이나 대강입법에 그친다(개방성). 게다가 원하는 결과를 도출할 수 있게 하는 해석방법을 헌법재판소가 선택할 수 있을 정도로

678.

42) 허완중, 「민주적 정당성」, 『저스티스』 제128호, 한국법학원, 2012. 2., 146쪽.
43) 허완중, 「민주적 정당성」, 『저스티스』 제128호, 한국법학원, 2012. 2., 147쪽.

다양한 해석방법이 있다. 따라서 헌법과 법률에 대한 구속을 명확히 담보하려면 헌법과 법률에 대한 해석을 통제할 수 있어야 한다. 그런데 헌법재판소는 헌법과 법률44)에 대한 최종적 해석기관으로서 그 해석을 통제할 방법이 없다. 따라서 헌법재판소나 헌법재판소 재판관의 헌법과 법률에 대한 구속을 담보할 수단이 마땅치 않다. 그래서 헌법재판소가 헌법과 법률에 대한 구속을 명확하게 확인시켜 주지 못하거나 이에 대한 다른 통제의 길을 열어놓지 않는다면, 헌법재판소는 실질적 - 내용적 민주적 정당성을 충분히 확보하기 어렵다. 이러한 점은 불충분한 조직적 - 인적 민주적 정당성을 실질적 - 내용적 민주적 정당성 강화를 통해서 보완하여야 하는 헌법재판소에 심각한 문제를 일으킬 수도 있다.

3. 헌법재판소 재판관의 물적 독립

헌법재판소법 제4조는 헌법재판소 재판관은 헌법과 법률에 의하여 그 양심에 따라 독립하여 심판한다고 하여 헌법재판소 재판관의 물적 독립을 보장한다. 헌법재판소 재판관의 물적 독립 보장은 지시에서 자유로운 것을 보장한다. 헌법재판소 재판관의 물적 독립은 먼저 집행부의 영향력 행사를 배제하고, 법률을 제외한 입법부의 영향력 행사 시도를 배제한다. 물론 각급 법원과 선거관리위원회, 각종 지방자치단체를 비롯한 모든 국가기관의 헌법재판소에 대한 간섭 배제도 헌법재판소 재판관의 물적 독립이 보장한다. 그리고 헌법재판소 재판관이 청구인에게서 독립하여 심판할 수 있도록 제척·기피 및 회피제도를 둔다(헌법재판소법 제24조). 또한, 헌법재판소 재판관은 헌법재판을 할 때 다른 헌법재판소 재판관에게서도 독립한다. 그래서 결정서의 주문과 이유에 대해서 다수의견과 다른 의견이 있는 재판관은 결정이유서에 반대의견이나 보충의견을 표시할 수 있다(헌법재판소법 제36조 제3항). 게다가 헌법재판소 재판관은 종전에 헌법재판소가 판시한 헌법 또는 법률의 해석 적용에 관한 의견을 바꿀 수 있어서 헌법재판소 선례에서도 벗어날 수 있다(헌법재판소법 제23조 제2항 단서 제2호). 그 밖에 헌법재판소는 법률에 저촉되지 아니하는 범위 안에서 심판에 관한 절차, 내부규율과 사무처리에 관한 규칙을 제정할 수 있고(헌법 제113조 제2항, 헌법재판소법 제10조), 헌법재판소 경비는 독립하여 국가의 예산에 계상하여야 한다(헌법재판소법 제11조).

헌법재판소 재판관의 물적 독립으로 말미암아 사법작용인 헌법재판의 실질적 -

---

44) 법률에 대한 최종적 해석기관은 대법원인 것이 원칙이다. 하지만 헌법재판을 위해서 법률의 해석이 필요하면 헌법재판소가 최종적 해석기관이 될 수밖에 없다.

내용적 민주적 정당성은 헌법과 법률 구속의 순수한 명령으로 축소된다. 따라서 헌법재판소 재판관의 물적 독립성은 민주적 정당성 측면에서 헌법재판소 재판관의 인적 독립처럼 상반된 이중 가치를 드러낸다. 먼저 ① 헌법과 법률에 대한 구속은 외부 영향력 행사에 대한 배제를 통해서 장려되고 보장된다. 그러나 ② 헌법재판소의 헌법재판권 행사의 형태와 방식은 핵심적 부분에서 통제되지 않는다.[45]

4. 합의제원칙

합의제원칙은 헌법과 법률 구속을 보장한다. 재판부 안에서 9명의 헌법재판소 재판관은 심판결정에 동등한 위치에서 함께 관여하여서, 9명의 헌법재판소 재판관은 합의적 심리의 범위 안에서 서로 통제하고 영향을 주고받을 수 있다. 그래서 합의제원칙은 언제나 기능에 적합한 재판부의 조직형태로 인정된다.[46] 합의제원칙으로 말미암아 헌법재판소 결정은 일방적이거나 독단적이거나 편협한 결정이 아니라 합리적이고 공정한 결정으로 추정 받게 된다. 그러나 헌법재판소 결정이 최종결정으로서 누구의 통제도 받지 않고, 재판부 구성원인 헌법재판소 재판관의 조직적-인적 민주적 정당성이 충분하지 않는데다가 재판부 구성의 다양성을 확보하기 어려운 현실 속에서는 헌법과 법률에 대한 구속을 보장하는 합의제원칙의 기능은 한계에 부딪힐 수밖에 없다.

Ⅴ. 보충적 민주적 정당성

1. 보충적 민주적 정당성의 필요성

헌법재판소는 엄격한 권력분립을 전제하는 재판관 임명절차로 말미암아 충분한 조직적-인적 민주적 정당성을 확보하기 어렵고, 헌법과 법률에 대한 구속이 충분히 담보되지 않아서 실질적-내용적 민주적 정당성을 충분히 획득한다고 인정하기 어렵다. 따라서 헌법재판소의 충분한 민주적 정당성 확보와 관련하여 추가적인 고찰이 요구된다. 즉 공동체에 대한 구속을 통해서 기능에 맞는 헌법재판소의 과제를 수행할 수 있도록 함으로써, 국민에 직접 소급할 수는 없을지라도, 헌법재판소의

---

45) Andreas Voßkuhle/Gernot Sydow, Die demokratische Legitimation des Richters, in: JZ 2002, S. 678 참조.

46) Andreas Voßkuhle/Gernot Sydow, Die demokratische Legitimation des Richters, in: JZ 2002, S. 679 참조.

헌법재판권 행사를 정당화할 수 있는 정당성요소가 고려되어야 한다.

2. 재판관의 전문성: 재판관의 자격

헌법재판소 재판관은 법관 자격이 있어야 한다(헌법 제111조 제2항, 헌법재판소법 제5조 제1항). 헌법재판소 재판관에 요구되는 법관 자격은 재판관이 헌법재판에 필요한 전문지식을 갖도록 한다. 그리고 헌법재판소는 사건의 심리 및 심판에 관한 조사·연구에 종사하는 헌법연구관(헌법재판소법 제19조)과 헌법연구관보(헌법재판소법 제20조)를 두고, 헌법연구위원을 두어 사건의 심리 및 심판에 관한 전문적인 조사·연구에 종사하게 하며(헌법재판소법 제19조의3), 헌법 및 헌법재판 연구를 담당하는 헌법재판연구원을 두고(헌법재판소법 제19조의4), 헌법재판을 위한 조사·연구 업무를 담당하는 헌법연구원을 둠으로써(헌법재판소 계약직공무원 규칙 제2조 제3호, 별표 1) 헌법재판소 재판관의 전문성을 더욱 강화한다. 교육과 직업적 경험을 통해서 얻은 헌법재판소 재판관의 전문지식은 사항에 적합한 과제 수행에 이바지함으로써 헌법재판소 재판관 행위의 정당성을 떠받친다. 그리고 헌법재판소 재판관의 전문성 확보는 헌법재판을 수행할 충분한 능력이 있음을 담보함으로써 국민이 헌법재판소 결정을 굳게 믿고 의지할 수 있게 한다. 이것을 통해서 헌법재판소 결정이 충분한 민주적 정당성이 있음을 국민이 신뢰할 수 있게 된다. 특히 재판관에게 일정한 자격을 요구하는 것은 재판관에 임명될 수 있는 사람의 범위를 한정함으로써 헌법재판소 재판관 임명권을 제한하는 효과를 발생시킨다. 이러한 제한은 헌법재판소 재판관 임명에 대한 통제로 이어져 헌법재판소 재판관의 조직적−인적 민주적 정당성을 보충하는 결과를 낳는다.

그런데 법관 자격이 있는 사람이 법전문가임을 부정할 수는 없지만, 이전에 헌법재판을 경험할 기회가 거의 없어서 헌법재판에 대한 충분한 전문성이 있다고 보기 어렵다. 이러한 점을 보완하려면 헌법재판소 재판관의 임기만료 전 1년 혹은 2년 전에 미리 후임자를 뽑아 예비재판관으로 임명하는 방안을 고려해 볼 필요가 있다. 이러한 예비재판관은 1년 혹은 2년 동안 헌법재판에 (최소한 간접적이나마) 참여하여 경험을 쌓고 헌법적 전문성을 확보해 나갈 수 있으며, 언제나 9명의 헌법재판소 재판관이 심리에 관여하는 것을 보장하고, 헌법재판소 재판관 선임절차 지연에 따른 공백을 방지할 수도 있다. 나아가 헌법재판에 관한 전문성을 높이려면 헌법재판소 재판관의 자격을 헌법이나 법률의 개정을 통하여 공법학교수와 헌법재판소에서 일정 기간 이상 재판 관련 업무를 직접 담당한 공법학박사에게도 개방하는 것을 진지하게 고민할 필요가 있다.

3. 구두변론 및 심판의 변론과 결정의 선고 공개

탄핵심판·정당해산심판·권한쟁의심판은 구두변론에 의하고, 위헌법률심판과 헌법소원심판은 서면심리에 의하되 재판부가 필요하다고 인정하면 변론을 열 수 있다(헌법재판소법 제30조 제1항과 제2항). 헌법재판소에 청구되는 사건 대부분을 차지하는 위헌법률심판과 헌법소원심판에서는 구두변론이 필요한 사건도 없지는 않다. 그러나 대립하는 양 당사자가 있다고 보기 어려운 때가 잦고, 모든 사건을 구두변론을 거치도록 한다면 재판부 업무가 가중되는 어려움이 있다. 따라서 헌법재판소법은 서면심리를 원칙으로 하고 전문지식이 있는 참고인 진술을 청취하기 위한 때 등 필요하면 구두변론을 열 수 있도록 규정한다. 그리고 심판 변론과 결정 선고는 공개한다. 다만, 국가의 안전보장·안녕질서나 선량한 풍속을 해할 염려가 있으면 결정으로 변론을 공개하지 아니할 수 있다. 서면심리와 평의는 공개하지 아니한다(헌법재판소법 제34조, 법원조직법 제57조 제1항 단서). 구두변론 및 심판 변론과 결정 선고 공개는 국민의 감시 아래 재판의 객관성과 공정성을 확보하고, 소송당사자의 기본권을 보장하며, 나아가 재판에 대한 국민의 신뢰를 확보하려는 것으로 불편부당한 사법절차 보장으로 요구된다. 이것은 당연히 헌법재판소와 그 결정에 대한 민주적 정당성을 높인다.

4. 종국결정에 대한 논증의무

헌법재판소는 종국결정을 할 때 반드시 이유를 결정서에 적어야 한다(헌법재판소법 제36조 제2항 제4호). 이로 말미암아 헌법재판소는 종국결정을 내릴 때마다 종국결정에 대한 논증의무를 진다. 이것은 자기 결정에 대한 구체적이고 공식적인 논증의무를 언제나 부담하지는 않는 입법부나 집행부와 구별되는 특별법원인 헌법재판소의 특징이다. 헌법재판소의 종국결정에 대한 논증의무는 통제 허용에 비견할 기능이 있다. 즉 헌법재판소는 논증의무 때문에 헌법과 법률에 따라 논증할 수 있는 내용만 결정문에 담을 수 있고, 결정문을 통해서 이러한 논증 내용이 공개됨으로써 그 적절성에 관한 국민 일반의 평가를 받게 된다. 이것은 헌법재판소 결정에 대한 사실적 통제로 기능하여 헌법재판소가 종국결정을 마음대로 내릴 수 없게 한다. 헌법재판소의 이러한 논증의무는 법률이 규정할 뿐 아니라 헌법상 법치국가원리에서 도출된다. 결정문 출판은 구체적 절차의 범위를 넘어 전문가에게 공개함으

로써 통제, 특히 헌법재판소 재판관의 법계속형성 활동 통제를 가능하게 한다. 그
러나 헌법재판소는 결정이유를 통해서 자기 결정을 충분히 설명하고 변호함으로써
국민 일반을 설득할 기회를 얻는다. 이러한 논증이 국민 일반을 옹글게(완벽하게)
설득하는 데 실패할지라도 결정이유의 논리일관성과 합리성을 인정받는 수준에만
이르더라도 헌법재판소와 그 결정의 민주적 정당성은 (최소한 크게) 의심받지 않게
될 것이다. 요컨대 종국결정에 대한 논증의무는 헌법재판소의 실질적－내용적 민주
적 정당성을 강화함으로써 불충분한 조직적－인적 민주적 정당성을 보충한다. 즉
종국결정에 대한 논증의무는 헌법재판소의 헌법과 법률 구속을 구체적이고 실질적
으로 확인시켜주고 비판과 통제의 길을 열어줌으로써 입법부나 집행부의 실질적－
내용적 민주적 정당성보다 더 높은 수준의 실질적－내용적 민주적 정당성을 헌법
재판소에 확보시켜 준다. 이것을 통해서 헌법재판소는 불충분한 조직적－인적 민주
적 정당성을 보완하여 전체적으로 충분한 민주적 정당성을 얻을 수 있게 된다.

Ⅵ. 소결: 민주적 정당성이 부족하다고 보기 어려운 헌법재판소

헌법의 권한분배를 통해서 기능적－제도적 민주적 정당성을 확보함으로써 헌법
재판소는 헌법재판권 보유와 행사 자체에 관한 모든 의심과 비판에서 벗어난다. 그
리고 재판관 임명절차를 통해서 어느 정도 조직적－인적 민주적 정당성도 얻는다.
또한, 헌법과 법률에 대한 구속을 통해서 헌법재판소는 실질적－내용적 민주적 정
당성도 받는다. 게다가 헌법재판소 재판관의 전문성, 구두변론 및 심판 변론과 결
정 선고 공개, 종국결정에 대한 논증의무를 통해서 민주적 정당성을 추가로 확보한
다. 이것들을 통해서 헌법재판소는 헌법재판권 행사에 필요한 민주적 정당성을 충
분히 확보한다고 볼 수 있다. 물론 부분적으로 부족한 점이 있다는 것을 부정할 수
는 없지만, 그것이 헌법재판소의 민주적 정당성을 부정하는 수준에 이르지는 못한
다. 특히 다른 국가기관도 그러한 부분적인 민주적 정당성 부족이 발견된다는 점에
서 유독 헌법재판소만 그로 말미암아 비판받아서는 아니 될 것이다. 따라서 그러한
지적과 비판은 헌법재판소가 민주적 정당성을 더 충실하게 확보하기 위한 입법론이
나 개혁론으로 전환되어야 할 것이다. 덧붙여 헌법재판소의 부족한 조직적－인적
민주적 정당성만을 강조하여 헌법재판소의 민주적 정당성 자체가 충분하지 못하다
고 비판하는 것은 부실한 검토와 평가에서 비롯한 지나친 비약이고 과도한 편견인
것으로 보인다.

그러나 민주적 정당성 획득은 1회적 사건으로 충분한 것이 아니라 지속적으로 이루어지고 확인되어야 한다. 즉 민주적 정당성 문제는 일시적 문제가 아니라 항상적 문제이다. 특히 헌법재판소의 민주적 정당성에서 가장 중요한 실질적－내용적 민주적 정당성은 지난 결정들을 통해서 쌓아온 국민의 신뢰가 중요한 역할을 한다는 것을 부정할 수 없지만, 개별 결정 자체를 중심으로 평가된다. 따라서 어제 충분한 민주적 정당성을 확보하였다는 것이 오늘 충분한 민주적 정당성이 있다는 것을 담보하지 않고, 오늘 충분한 민주적 정당성을 확보하지 못하였다는 것이 올제(내일) 충분한 민주적 정당성이 없을 거라고 확인해 주지도 못한다. 그래서 민주적 정당성은 국가권력 행사가 있을 때마다 문제가 될 수 있다. 따라서 민주적 정당성에 대한 의문이 제기될 때마다 해당 국가기관은 자신의 민주적 정당성을 증명해 나가야 한다. 헌법재판소도 자기 결정을 통해서 끊임없이 자신의 민주적 정당성을 확인하고 선언하여야 한다. 이러한 헌법재판소의 부단한 노력은 헌법재판소의 지위를 흔드는 민주적 정당성에 대한 의심을 제거하여 헌법재판소의 지위를 확고하게 다지는 중요한 주춧돌이 될 것이다. 이것은 헌법재판소의 지위가 위협받고 헌법재판소 결정의 관철 가능성이 의심받았던 때는 외부적 요인에서 시작된 것이 아니라 헌법재판소 결정 자체의 설득력이 부족하였거나 최소한 부족하다는 주장에서 시작되었다는 점에서 확인된다.

제2편
헌법소송법

제 1 장 헌법소송법의 일반이론

제 1 절 일반심판절차

I. 헌법소송과 헌법소송법의 의의

1. 헌법소송과 헌법소송법의 개념

일반적으로 법원이 일정한 법적 절차에 따라 진행하며 재판을 통해서 분쟁 종식을 지향한다는 점에 소송의 특징이 있다. 헌법소송에도 이러한 소송의 일반적 특징이 나타난다. 즉 헌법재판을 담당하는 기관, 특히 헌법재판소가 일정한 법적 절차에 따라 재판을 하여 분쟁 종식이나 사건 해결을 지향하는 절차가 헌법소송이다.

소송법은 법원에서 이루어지는 재판을 목적으로 하는 절차, 즉 소송을 규율하는 모든 법규범을 말한다. 헌법소송법은 좁은 뜻으로는 헌법재판소의 심판이나 재판을 지향하는 절차를 규율하는 모든 법규범을 말한다. 헌법소송법은 헌법재판소의 관할 사항, 심판청구권에 관한 법규범, 심판의 효과에 관한 규정을 포함한다. 그러나 헌법재판소의 조직이나 지위 등에 관한 법규범은 실체법의 구성부분이다. 그런데도 일반적으로 이 법규범도 모두 헌법소송법의 구성부분으로 이해된다. 이것은 입법자의 편제를 기준으로 하는 다분히 형식적인 분류이다. 이것은 넓은 뜻의 헌법소송법에 해당한다. 헌법재판기관이 재판하기 위해서는 본래의 헌법분쟁이나 헌법 위반 문제를 가리는 기준으로 실체법적 기준이 필요할 뿐 아니라 그 기관이 질서 있는 법적 절차 속에서 재판하기 위한 준거가 필요하다. 바로 이 절차적 준거가 헌법소송법이다.

2. 완결된 헌법소송법의 필요성

헌법은 추상적이며 개방적이라는 구조적 특성이 있다. 따라서 헌법이라는 실체적 판단기준은 모호한 것이 일반적이다. 헌법해석은 단순한 법발견이 아니라 규범의 문언이 그은 한계 안에서 개방된 것을 채워 넣는 창조적 과정인 구체화이다. 그래서 소송당사자가 헌법재판소의 재판 결과를 수용하려는 용의를 높이려면 합리적이고 법적으로 명확하게 규율된 소송절차가 필수적이다.

그러나 헌법소송을 규율하는 헌법과 헌법재판소법은 일부 사항을 간단하게 규정하고 포괄적인 준용규정을 둘 뿐이다. 하지만 헌법소송법의 특성 때문에 다른 소송법령을 준용하는 것은 한계에 부딪힐 수밖에 없다. 따라서 헌법소송법은 규율 측면에서 상당히 많은 빈틈이 있다. 이것은 입법자가 헌법재판에 관한 경험이 부족하여서 구체적 사건에 즈음하여 법관법을 탄력적으로 형성하여 절차를 진행하도록 헌법재판소에 폭넓게 위임한 것으로 볼 수 있다. 이러한 법관법은 반드시 헌법 테두리 안에서 형성되어야 하고, 법치국가적 명확성 요청 때문에 경험이 축적되면 법관법을 토대로 법전화작업이 이루어져야 할 것이다.

3. 법원(法源)

헌법소송법에서 가장 중요한 법원은 헌법과 헌법재판소법이다. 그리고 헌법재판소 스스로 제정하는 헌법재판소규칙(헌법 제113조 제2항)은 헌법과 헌법재판소법 안에서 헌법소송법을 보충한다. 또한, 법원조직법과 다른 소송법령은 헌법소송의 특성에 어긋나지 않는 범위 안에서 준용되어 헌법소송법의 빈틈을 메우고(헌법재판소법 제40조), 때에 따라 헌법소송의 특성에 맞는 소송법을 찾는 중요한 기준으로 기능한다. 그 밖에 헌법재판소가 그때그때의 구체적 사건을 해결하며 쌓은 헌법재판소 판례도 사실적인 법원으로 작용한다.

4. 헌법재판소법 제40조에 따른 준용

헌법재판소법에 특별한 규정이 없으면 헌법재판의 성질에 반하지 아니하는 한도에서 민사소송에 관한 법령을 준용한다(헌법재판소법 제40조 제1항 전문). 탄핵심판에는 형사소송에 관한 법령을, 권한쟁의심판과 헌법소원심판에는 행정소송법을 함께 준용한다(헌법재판소법 제40조 제1항 후문). 이때 형사소송에 관한 법령이나 행정소송법이 민사소송에 관한 법령과 저촉되면 민사소송에 관한 법령은 준용하지 아니한다(헌법재판소법 제40조 제2항). 심판절차의 더 구체적·세부적 사항에 관해서는 심판 규칙이 적용된다. 심판 규칙에 특별한 규정이 없으면 헌법재판소법 제40조에 따라 관련 법령이 준용된다.

준용은 어떤 사항을 직접 규율하지 않고 비슷한 다른 사항에 관한 규율을 의미에 맞게 적용하도록 하는 입법기술이다. 헌법재판소법 제40조는 '헌법재판의 성질에 반하지 아니하는 한도에서'라는 문구를 준용에 추가함으로써 헌법재판소가 헌법재판의 고유성과 특수성에 맞게 탄력적으로 민사소송법 등 다른 절차법령의 규정을 준용하여야 함을 강조한다. 헌법재판소도 헌법재판의 성질에 반하지 아니하는 경우의 의미에 관해서 다른 절차법 준용이 헌법재판의 고유한 성질을 훼손하지 않는 경

우를 말하고, 이것은 헌법재판소가 구체적·개별적으로 판단한다고 하여 그 의미를 분명히 밝혔다.[1]

Ⅱ. 헌법소송과 다른 소송의 비교

1. 헌법소송법과 다른 소송법의 비교 실익

민사소송은 법원이 개인 사이의 사적 법률관계에서 생기는 분쟁을 대립하는 이해관계인인 당사자로서 하는 신청을 기다려 실체사법에 따라 해결하여 개인의 권리를 보호하고 실현하는 절차이다. 민사소송은 법사학적 측면에서 처음 나타난 분쟁해결절차이고 민사소송을 규율하는 민사소송법은 실정법 중 가장 먼저 형성된 소송법이므로, 형사소송법, 행정소송법, 가사소송법 등의 다른 모든 소송법은 민사소송법에서 분화하여 발전하였다. 이러한 이유 때문에 민사소송법은 민법이 실체법의 일반법으로 기능하는 것처럼 소송법의 일반법으로 기능한다. 그래서 다른 소송법은 민사소송법을 바탕으로 민사소송법과 다른 특칙만을 규정하는 방식으로 구성된다. 즉 다른 소송법은 자신이 규정한 것 이외에는 민사소송법을 준용한다(예를 들어 형사소송법 제65조, 행정소송법 제7조, 제8조 제2항, 제16조 제4항, 제17조 제3항, 가사소송법 제3조 제2항, 제4조, 제12조, 제15조 제1항, 제39조 제4항, 제47조). 물론 역사가 오래된 형사소송법처럼 거의 자족적인 규율이 가능한 형태로 체계화한 것도 있다. 그러나 아직도 소송법 대부분은 민사소송법에 많이 의지한다. 헌법재판소법 일부를 구성하는 헌법소송법도 이러한 모습을 띤다(헌법재판소법 제24조 제6항, 제40조 제1항 제1문, 제41조 제3항, 제75조 제8항). 그리고 헌법소송법은 형사소송법과 행정소송법에도 기댄다(헌법재판소법 제40조 제1항 제2문, 제47조 제4항, 제75조 제8항). 헌법소송을 규율하는 헌법재판소법과 개별 사법절차를 규율하는 다른 소송법을 비교하는 것은 헌법소송법의 본질과 특성을 찾는 데 도움이 된다. 특히 일반소송법인 민사소송법과 헌법소송법을 비교하는 것은 헌법소송법의 특수성을 명확하게 드러나게 한다.

2. 헌법소송과 민사소송의 비교

(1) 헌법소송과 민사소송의 비슷한 점

헌법소송과 민사소송 모두 국가가 당사자의 자의를 전혀 인정하지 않고 강제적

---

[1] 헌재 2014. 2. 27. 2014헌마7, 판례집 26-1상, 310, 317 참조.

으로 분쟁을 해결하여 법질서를 유지하는 절차이다. 즉 양자는 분쟁의 공권적 해결
방식이다. 그리고 양자는 수동적인 절차이다. 즉 양자는 당사자의 신청, 즉 소 제기
나 심판 청구(헌법재판소법 제26조 제1항)가 있어야 비로소 절차가 개시된다. 그래서
헌법재판소와 일반 법원 스스로 절차를 개시할 수 없다. 또한, 양자는 구체적 분쟁
을 해결하는 절차에 불과하다. 따라서 언제나 절차의 계기가 된 구체적 사건을 중
심으로 헌법재판소와 일반 법원의 권한 범위와 한계가 설정되고, 소송의 결과물인
헌법재판소 결정과 민사재판의 효력 범위도 구체적 사건을 바탕으로 확정된다. 다
만, 헌법소송법과 민사소송법은 선례적 구속력을 법률적 차원에서 수용하여 인정한
다(헌법재판소법 제23조 제2항 단서 제2호, 법원조직법 제7조 제1항 단서 제3호, 민사소송
법 제451조 제1항 제1호, '상고심절차에 관한 특례법' 제4조 제1항 제1호, 제3호와 제4호 참
조). 즉 헌법재판소 결정과 민사재판은 선례적 구속력을 통해서 해당 사건을 넘어
다른 사건에도 추정적 구속력이 있다.

(2) 헌법소송과 민사소송의 다른 점

① 규율의 내용과 완비 여부

민사소송법은 민사소송만을 다루는 절차법이다. 법원조직에 관한 사항은 법원
조직법이 다룬다. 그리고 민사소송법은 민사소송과 관련된 모든 사항을 규율한다.
그러나 헌법소송을 규율하는 헌법재판소법은 민사소송법과 달리 헌법소송에 관한
사항뿐 아니라 헌법재판소조직에 관한 사항도 포함한다(헌법재판소법 제1조 참조).[2]
그리고 헌법재판소법은 헌법소송에 관한 사항 전부를 규율하지 않고, 일부 특별한
사항만을 규율하고 민사소송에 관한 법령, 형사소송에 관한 법령, 행정소송법을 준
용한다(헌법재판소법 제40조). 헌법재판소법이 헌법소송과 헌법재판소조직에 관한 사
항을 아울러 규율하고, 헌법소송에 대한 규율이 완비되지 않은 것은 헌법재판을 다
루는 법원이 헌법재판소 하나에 불과하고, 민사소송법은 소송법의 일반법이지만,
헌법소송법은 소송법의 특별법으로서 독자적인 내용이 많지 않기 때문이다. 이러한
점에서 헌법재판소법에 빈틈이 많다는 것은 규율의 흠결을 말하는 것이지, '절차운
영의 자율권'이 헌법재판소에 부여되었음을 뜻하지 않는다.[3] 게다가 그러한 흠결은

---

2) 이러한 점에서 '헌법재판소법'과 '헌법소송법'은 구별되어야 한다. 헌법재판소법은 헌법재판을 규율
　하는 개별 법률로서 '헌법재판소법'이라는 이름이 붙은 것을 말한다. 헌법소송법은 일반적으로 헌법
　과 헌법재판소법을 포함한 하위법규범에서 헌법소송을 규율하는 법규범을 아울러 가리키고, 좁은
　뜻에서는 '헌법재판소법'이라는 개별 법률에서 헌법소송을 규율하는 법규정을 포괄하여 이른다.
3) 같은 견해: Klaus Schlaich/Stefan Korioth, Das Bundesverfassungsgericht － Stellung, Verfahren,
　Entscheidungen, 11. Aufl., München 2018, Rdnr. 57 참조.

준용을 통해서 메워지므로 헌법재판소가 자율적으로 절차를 운영할 틈도 생각보다 많지 않다.

② 변론주의와 직권탐지주의

민사소송은 변론주의를 채택한다. 따라서 소송자료, 즉 사실과 증거의 수집·제출 책임을 당사자에게 맡기고, 당사자가 수집하여 변론에서 제출한 소송자료만을 재판의 기초로 삼아야 한다. 이와 비교해서 헌법소송은 직권탐지주의를 취한다. 따라서 재판부는 청구서의 청구취지나 당사자의 주장에 얽매이지 않고 심판 대상을 확장하거나 축소할 수 있고, 청구인의 주장을 종합적으로 판단하여 심판 대상을 확정하며, 심판 대상을 청구와 관련되는 범위 안에서 변경할 수도 있다. 그리고 재판부는 사건 심리를 위해서 필요하다고 인정하면 직권으로 증거조사를 할 수 있다(헌법재판소법 제31조 제1항). 또한, 재판부는 결정으로 다른 국가기관이나 공공단체의 기관에 대해서 심판에 필요한 사실을 조회하거나 기록 송부나 자료 제출을 요구할 수 있다(헌법재판소법 제32조 본문). 헌법소송에 직권탐지주의가 적용되는 것은 헌법소송의 기능이 주관적 권리구제에 그치는 것이 아니라 객관적 헌법 보호도 아우르기 때문이다.

③ 특별한 효력 – 기속력

민사소송의 판결에는 원칙적으로 불가변력, 불가쟁력 그리고 기판력이 있다. 헌법재판소 결정에도 이러한 효력이 있다. 그러나 헌법재판소 결정 중 법률의 위헌결정(헌법재판소법 제47조 제1항, 제75조 제6항), 권한쟁의심판의 결정(헌법재판소법 제67조 제1항) 그리고 헌법소원의 인용결정(헌법재판소법 제75조 제1항)에는 민사소송의 판결에는 없는 기속력이 있다. 따라서 이러한 헌법재판소 결정은 일반적인 사법판결의 효력을 넘어서 모든 국가기관을 기속한다. 그래서 이 효력은 헌법재판소 결정의 특별한 효력으로 볼 수 있다. 이 효력이 인정되는 이유는 헌법재판소 결정이 헌법에 대한 최종적 해석이고, 헌법재판은 개별적 기본권 보호에 그치지 않고, 객관적 헌법을 보장하고 헌법의 해석과 계속형성에 이바지하는 기능도 있으며, 헌법재판의 대상이 일반적 효력이 있고, 헌법재판소 스스로 자기 결정을 집행할 수 없기 때문이다. 법률적 효력(법규적 효력)도 헌법재판소 결정의 특별한 효력으로 논의되지만, 한국 헌법과 헌법재판소법에서는 이러한 효력의 근거를 찾을 수 없고, 민사소송의 판결에도 귀속될 수 있는 법률요건적 효력이나 형성력이 법률적 효력의 중요 내용을 충분히 설명할 수 있으므로 적절한 논의로 보기 어렵다.

④ 합의 방법

민사소송에서 합의심판은 헌법과 법률에 다른 규정이 없으면 과반수로 결정한다(법원조직법 제66조 제1항). 헌법소송에서도 재판부는 종국심리에 관여한 재판관의 과반수 찬성으로 사건에 관한 결정을 한다. 다만, 법률의 위헌결정, 탄핵의 결정, 정당해산의 결정 또는 헌법소원에 관한 인용결정을 할 때와 종전에 헌법재판소가 판시한 헌법이나 법률의 해석적용에 관한 의견을 변경할 때는 재판관 6명 이상 찬성이 있어야 한다(헌법재판소법 제23조 제2항). 따라서 권한쟁의심판을 제외한 헌법재판소 심판에서 인용결정은 재판관 6명 이상 찬성이 있어야 한다. 이것은 헌법재판이 국가법질서에 미치는 파급효과를 고려하여 법적 안정성을 중시하였기 때문이다.

⑤ 소송비용 부담

민사소송에서 소송비용은 당사자 중 패소자가 부담하는 것을 원칙으로 한다(민사소송법 제98조). 그러나 헌법소송에서 헌법재판소의 심판비용은 국가부담으로 한다. 다만, 당사자의 신청에 의한 증거조사 비용은 헌법재판소규칙이 정하는 바에 따라 그 신청인에게 부담시킬 수 있다(헌법재판소법 제37조 제1항). 즉 헌법소송에서는 헌법재판소를 이용하는 비용은 국민이 낸 세금으로 충당한다. 이것은 헌법소송에는 주관소송적 성격이 없는 것은 아니지만, 객관소송적 성격이 강하므로 당사자에게 비용을 부담시키는 것이 적절하지 않고, 위헌법률심판처럼 헌법소송에서는 당사자가 없을 때가 있는데, 이러한 때는 당사자에게 비용을 부담시킬 수 없어서 국가가 부담할 수밖에 없기 때문이다.

⑥ 변호사 선임 강제 여부

민사소송과 달리 헌법재판의 각종 심판절차에서 당사자인 사인(私人)은 변호사를 대리인으로 선임하지 아니하면 심판 청구를 하거나 심판수행을 하지 못한다. 다만, 그가 변호사 자격이 있으면 그러하지 아니하다(헌법재판소법 제25조 제3항). 이것을 '변호사강제주의'라고 하며, 사인이 당사자가 되는 헌법소원심판 청구에 적용된다. 변호사강제주의는 법절차 부지로 말미암아 권리구제를 받지 못할 때를 방지하기 위한 것이다.

⑦ 강제집행력

헌법소송은 다른 소송과 달리 재판 결과를 강제할 수단이 없거나 약하다. 민사집행법의 강제집행절차, 형사소송법과 행형법에 따른 형의 집행절차, 행정법규 위반에 대한 행정강제나 행정벌 등 일반 재판에서는 국가의 공권력이 그 실효성을 담보하는 제도적인 장치가 있다. 그러나 헌법소송은 보통 공권력을 담당하는 국가기관이나 지방자치단체를 소송당사자로 하므로 특별히 이 기관에 헌법재판의 결정내용을 준수하도록 강제할 수단이 따로 없다. 물론 독일 연방헌법재판소법(제35조)처럼 연방헌법재판소가 판결로 강제집행기관과 강제집행방법 등을 선고할 수 있도록 규정하는 방법도 입법론적으로는 고려할 수 있다. 하지만 그러한 선고만으로 헌법재판 내용이 당연히 강제집행되는 것은 아니다. 관련 국가기관의 자발적인 협조의지가 전제되지 않고는 헌법재판의 강제집행은 성립하기 어렵다. 헌법재판의 이러한 특성 때문에 헌법재판의 실효성은 궁극적으로 공권력을 행사하는 국가기관의 헌법준수의지에 달렸다.

3. 헌법소송과 행정소송의 비슷한 성질

(1) 행정소송의 특수성

행정소송은 행정작용으로 말미암아 위법하게 권리나 이익을 침해받은 자의 권리보호 신청을 전제로 하여, 중립적인 지위에 있는 사법기관인 법원이 하는 쟁송절차이다. 행정소송은 행정에 관한 공법분쟁을 대상으로 하는 소송으로서 사법분쟁(私法紛爭)을 대상으로 하는 민사소송과 구별된다. 행정소송사항과 민사소송사항의 구별은 공법과 사법의 구별기준에 따라 판단된다. 행정소송은 국가형벌권의 존부와 범위에 관한 소송인 형사소송과도 구별된다. 한국은 민·형사소송은 물론 행정소송도 일반 법원이 담당하는 영미형의 사법국가주의를 취한다(헌법 제101조 제1항, 제107조 제2항).

행정소송도 정식재판절차에 따른 심리·판단작용이라는 점에서는 민사소송과 다르지 않다. 따라서 행정소송법도 동법에 특별히 규정하는 사항 이외는 법원조직법과 민사소송법 및 민사집행법의 규정을 준용한다(행정소송법 제8조 제2항). 그러나 행정소송은 기본적으로 공익실현을 내용으로 하는 공권력 행사를 대상으로 하므로 그 심판 대상은 제3자에게 끼치는 영향이 크고 개인 처분에만 맡길 수 없는 사항이어서 민사소송과 달리 취급할 필요가 있다. 즉 행정소송은 공권력 행사에 관한 행정청 판단의 적법성을 법원이 심리하고 판단하는 작용이므로, 행정소송이 다루는 사건은 단순히 개인의 권리구제뿐 아니라 행정의 적법·타당성과 공익 문제가 개재되어서 완벽히 대등한 사인 서로 간의 권리관계에서 발생하는 분쟁을 해결하는 민사소송과는 다른 특성이 있다. 행정소송법에서 제1심 법원이 지방법원급의 행정법원인 점(제9조), 관련 청구 병합(제10조), 처분청으로 피고적격을 한정(제13조 제1항), 행정청의 소송참가(제17조), 임의적 심판전치주의(제18조), 제소기간 제한(제20조), 집행부정지(제23조), 직권탐지주의(제26조), 재량에 의한 청구 기각(사정판결: 제28조), 처분 등을 취소하는 확정판결의 기속력(제30조), 제3자에 의한 재심 청구(제31조), 판결의 간접강제(제34조) 등은 이러한 행정소송의 특수성을 반영한 것이다. 하지만 이러한 특수성이 있어도 행정소송법이 소송법의 하나라는 것에는 의문이 없다.

  (2) 헌법소송과 행정소송의 비교

  행정소송은 행정법규의 해석과 적용을 내용으로 하는 사법작용이라는 점에서 헌법의 해석과 적용을 내용으로 하는 헌법소송과 다르다. 그리고 행정소송의 심사 주체는 법원이고 3심제를 취한다는 점에서도 심사주체가 헌법재판소이고 단심제를 취하는 헌법소송과 구별된다. 또한, 행정소송은 원칙적으로 구두변론절차를 거치고 양 당사자 존재를 전제하므로 원칙적으로 사실심을 포함하지 아니하고 양 당사자 존재를 반드시 전제하지 아니하는 헌법소송과 같지 않다. 게다가 행정소송은 공익 관련성 때문에 예외적으로 사정판결을 허용할 뿐이고, 변형결정 같은 것이 인정되지 아니한다는 점에서 헌법소송과 차이가 난다. 그 밖에 행정소송은 간접강제 등의 방법으로 국가권력이 집행할 수 있지만, 헌법소송은 결정내용 실현을 국가기관의 자발적 이행과 이에 대한 국민 감시에 의지할 수밖에 없다.[4] 이것은 양자의 심판 대상(행정처분과 공권력 행사)과 심사기준(행정법규와 헌법)이 다르고 중심이 되는 구체적인 기능(당사자 권리 구제와 객관적 헌법 보호 그리고 처분의 위법성 확인과 헌법의 최종적 해석)이 같지 않으며 판결에 귀속되는 효력이 미치는 범위가 차이가 난다는 점에서 비롯한다. 하지만 이러한 다른 점이 있어도 행정소송과 헌법소송은 헌법소송을 다른 일반소송과 구별 짓는다고 주장되는 몇 가지 점에서는 비슷한 점이 발견된다.

  ① 이중적 기능

  주관소송은 개인의 권리 보호를 직접적인 목적으로 하는 소송이고, 객관소송은 일반공공 이익 보호를 직접적인 목적으로 하는 소송이다. 주관소송에서는 소송당사자가 소송을 제기하여 다툴 만한 개별적·직접적인 이해관계가 있을 것이 필요하지만, 객관소송에서는 개인의 권리나 이익을 위한 쟁송이 아니므로 객관소송을 제기하기 위해서는 개별적·직접적인 이해관계가 있는 당사자일 필요는 없으나 법률이 이러한 소송유형을 허용할 때만 그 제기가 인정된다.

  행정소송이 수행하는 기능은 권리구제기능과 행정의 적법성을 보장하는 기능으로 나눌 수 있다. 즉 행정소송은 쟁송절차로서 당사자의 권리구제 신청을 전제로

---

4) 김철용, 「행정소송 총설」, 『주석 행정소송법』, 박영사, 2004, 5~7쪽.

기능하는 제도이고, 궁극적으로 헌법이 보장한 재판청구권(헌법 제27조 제1항)을 구
체적으로 실현하는 제도이다. 따라서 행정소송은 기본적으로 행정작용을 통해서 위
법하게 권익을 침해받은 당사자의 권리를 보호하는 기능을 수행한다. 그러나 다른
한편, 행정소송은 권력분립원리에 따른 사법부의 집행부 통제수단으로서도 기능한
다. 즉 위법한 행정작용에 대해서 그 시정을 요구함으로써 법치행정원칙에 따른 행
정의 적법성을 보장하는 기능을 수행한다. 그러나 이 기능은 그 자체로서 독자적인
의미가 있다기보다는 당사자의 권리를 보호하기 위한 심사과정에서 인정되는 부수
적인 기능으로 보아야 할 것이다.[5] 다만, 기관소송과 같은 소송유형에서는 사법부
가 집행부를 통제하는 기능이 독자적인 의미가 있다고 볼 수밖에 없을 것이다.

 헌법재판의 기능에 대해서는 다양한 견해가 있지만, 객관적 헌법 보호 기능과
주관적 권리 보호 기능이 주된 기능이라는 점에 관해서는 의문이 없다. 즉 헌법재
판은 헌법의 규범력을 관철함으로써 국가의 최고규범인 헌법을 보호하고, 국가권력
의 기본권 구속성과 국가권력 행사의 절차적 정당성을 확보함으로써 국민의 자유와
권리를 보호한다. 성문헌법이 있는 국가는 성문헌법을 기준으로 국가질서를 형성하
고 유지한다. 이러한 헌법을 수호하고 실현하는 것을 보장하려고 헌법재판이 고안
되었다. 따라서 객관적 헌법을 보호하는 것은 헌법재판의 첫 번째 기능이다. 그리
고 헌법은 기본권 보장을 목적으로 한다. 그래서 헌법을 수호하고 실현하는 것은
국민의 기본권을 보장한다는 것을 뜻한다. 기본권을 규정하여 보장하는 헌법의 규
범력과 실효성을 확실하게 보장하는 것은 재판기관을 통해서 기본권을 실현하는 것
이다. 따라서 헌법재판은 기본권을 보장하는 효과적인 수단이다. 헌법재판은 이 두
가지 기능을 모두 수행하는 것이 일반적이지만, 그 비중이 언제나 같은 것은 아니
다. 즉 탄핵심판, 정당해산심판, 권한쟁의심판은 객관적 헌법 보호에 중점이 있지
만, 위헌법률심판과 헌법소원심판은 주관적 권리 보호를 주된 기능으로 한다.

 이처럼 헌법소송과 행정소송은 모두 주관적 기능과 객관적 기능을 함께 수행하
는 소송유형이다. 따라서 이들 소송에서는 주관소송적 측면이 강조되거나 일부 인
정되기도 하지만, 객관소송적 측면이 강조되거나 고려되어야 할 때가 잦다. 다만,
일반적으로 행정소송에서는 주관적 기능이 주된 기능이고 행정통제가 딸린 기능이
지만, 헌법소송에서는 객관적 헌법질서의 유지와 보장이 주된 기능일 때가 잦다는
점에서 다르다. 그래서 주관소송인 민사소송의 내용이 이들 소송의 객관적 기능 때

---

 5) 류지태/박종수, 『행정법신론(제16판)』, 박영사, 2016, 673쪽.

문에 수정되거나 새로운 내용이 추가될 수 있다. 이들 소송의 특수성은 대부분 여기서 유래한다. 따라서 객관적 기능에서 비롯하는 특수성은 헌법소송이 소송의 본질에서 벗어난다는 것을 증명하는 합리적 근거가 될 수 없다. 즉 행정소송이 객관적 기능에서 비롯하는 특수성에도 소송이라는 점을 의심받지 않는 것처럼 헌법소송도 객관적 기능에서 비롯하는 특수성 때문에 소송이라는 점이 부정되지 않는다.

② 직권탐지주의 인정

민사소송은 소송구조에서 변론주의가 지배한다. 변론주의는 당사자의 공격과 방어에만 의존하고, 법원은 이들 당사자가 제출한 자료에 따라서만 심리하며, 법원이 직권으로 사실관계 등을 조사하는 것은 허용하지 않는 원칙이다. 이에 반해서 직권탐지주의는 심리를 위하여 필요하면 당사자가 주장하지 않은 증거자료를 수집할 수 있고, 이에 기초하여 결정할 수 있는 원칙이다. 행정소송에서는 원칙적으로 변론주의가 지배하면서도, 법률관계의 실체적 진실 규명을 위해서 필요하다고 인정하면 법원이 보충적으로 직권 탐지할 수 있다. 이에 따라 법원은 직권으로 증거조사를 할 수 있고, 당사자가 주장하지 아니한 사실에 관해서도 판단할 수 있게 된다(행정소송법 제26조). 이것은 행정소송이 당사자의 권리구제 기능 이외에도 행정작용의 자율적 통제를 통한 적법성 확보 기능이 있음에 비추어, 공익적인 측면에서 실체적 진실 확보에 필요하면 예외적으로 이것을 인정하려는 것이라고 볼 수 있다. 헌법소송에서 직권탐지주의가 인정되는 것은 행정소송과 마찬가지로 객관적 기능이 있다는 점에서 비롯한다. 즉 헌법소송은 주관적 권리 보호 기능뿐 아니라 객관적 헌법 보호 기능도 수행하므로 심리에 필요한 증거자료를 당사자에게만 의존하는 것은 불합리하여서 헌법재판소 스스로 증거자료를 수집할 수 있도록 한 것이다. 따라서 헌법소송을 직권탐지주의를 이유로 다른 소송과 다르다고 볼, 즉 소송이 아니라고 부정할 근거는 없다.

③ 기속력

헌법재판소 결정 중 법률의 위헌결정(헌법재판소법 제47조 제1항, 제75조 제6항), 권한쟁의심판의 결정(헌법재판소법 제67조 제1항) 그리고 헌법소원의 인용결정(헌법재판소법 제75조 제1항)에는 기속력이 귀속되어 일반적인 사법판결의 효력을 넘어서 모든 국가기관을 기속한다. 따라서 이러한 기속력은 헌법재판소 결정을 다른 사법판결과 구별 짓는 특별한 효력으로 볼 수 있다. 하지만 행정소송에서 처분 등을 취소하는 확정판결은 그 사건에 관하여 당사자인 행정청과 그 밖의 관계 행정청을 기속한다(행정소송법 제30조). 즉 처분 등을 취소하는 확정판결에도 기속력이 부여된

다. 이때 기속력은 그 사건에 관해서만 효력을 미치는데, 법률의 위헌결정, 권한쟁
의심판의 결정 그리고 헌법소원의 인용결정의 기속력도 기판력이나 확정력의 주관
적 확장으로서 해당 심판 대상에 국한하여서만 효력이 미친다는 점에서 양자의 차
이는 없다. 따라서 기속력을 근거로 헌법재판소 결정을 일반 사법판결과 질적으로
다른 것으로 보는 것은 행정소송에서 처분 등을 취소하는 확정판결의 사법판결성을
부정하지 않는 한 타당성을 인정받을 수 없다. 다만, 행정소송에서 처분 등을 취소
하는 확정판결은 당사자인 행정청과 그 밖의 관계 행정청을 기속하지만, 법률의 위
헌결정, 권한쟁의심판의 결정 그리고 헌법소원의 인용결정은 모든 국가기관을 구속
한다는 점에서 효력이 미치는 범위에서 차이가 있다. 이러한 점에서 법률의 위헌결
정, 권한쟁의심판의 결정 그리고 헌법소원의 인용결정에 귀속되는 기속력은 여전히
헌법재판소 결정의 특별한 효력이라고 보아도 문제가 없을 것이다.

4. 소송법의 하나인 헌법소송법

살펴본 것처럼 헌법소송법은 민사소송법과 비교하면 다른 점이 여러 가지 있다.
하지만 그것은 주로 주관소송인 민사소송과 객관소송인 헌법소송의 차이 때문에 발
생하는 것으로 민사소송법을 수정하거나 보충하는 수준에 머문다. 즉 헌법소송법이
소송법의 본질에서 벗어나는 점을 찾기 어렵다. 게다가 헌법소송법의 특수성이라고
논의되는 내용도 소송법임에 의문이 없는 행정소송법과 비교하면 헌법소송법만의
특수성이라고 보기도 어렵다. 따라서 헌법소송법은 소송법의 하나로 보아야 하고,
헌법소송절차는 다른 일반 사법절차와 질적으로 다르다고 볼 수 없다. 결국, 헌법
소송법은 헌법재판소 종국결정이 판결이라는 점을 명확하게 밝혀줄 뿐이고, 헌법재
판소의 법원성을 부정할 아무런 실마리를 제공하지 못한다. 다만, 헌법재판소가 '특
별한' 법원이라는 점을 확인하고 강조하는 측면이 발견될 뿐이다.

헌법소송법도 다른 소송법과 마찬가지로 당연히 실체법에 봉사하고 그것을 지
원하는 기능을 수행한다. 그리고 헌법소송법은 헌법재판소 결정에 '합리성과 그에
따르는 재판에 대한 승복 자체'를 조성하거나 창출하여야 하는 '질서 있게 규율된
법적 절차'이다. 그러나 헌법재판소가 자유롭게 절차를 선택할 수 있다면, 헌법재
소의 활동은 통제될 수도 없을 뿐 아니라 헌법재판소 결정에 필요한 정당성과 설득
력은 창출될 수 없다. 이러한 정당성과 설득력은 입법자가 미리 될 수 있으면 엄밀
하게 확정하여 놓은 절차를 통해서 획득된다. 헌법처럼 적용되어야 할 규범이 개방
적이고 불확정적이며 추상적일수록 헌법재판소가 자기 재판에 구속력이 있다고 자

부하고 그래야만 한다면 완결된 소송법이 필요하다. 따라서 '개방적' 헌법질서와 짝을 이루어야 하는 것은 개방적 소송법이 아니라 엄밀한 소송법이다. 헌법의 해석과 구체화는 실제로 공개적인 과정에서 이루어지고, 헌법재판소는 헌법 내용에 관한 담론에 참여한다. 그렇지만 헌법소송법은 헌법재판소를 위해서 이 담론을 대화의 종점에서 헌법재판소의 구속력 있는 종국결정이 내려질 방향으로 구조화하는 기능을 수행한다.[6] 이러한 엄밀한 소송법은 헌법재판소법의 해석과 구체화를 통해서 옹글게(완벽하게) 획득될 수 없다. 결국, 헌법을 바탕으로 그리고 헌법소송을 특성을 고려한 전제 아래 헌법재판소법의 빈틈이나 불명확한 부분을 민사소송법을 비롯한 다른 소송법을 준용하거나 변형하거나 필요하면 새로운 내용을 추가하면서 그러한 엄밀한 소송법을 찾아 나가야 할 것이다.

Ⅲ. 심판 주체

1. 전원재판부

(1) 구성

헌법재판소법에 특별한 규정이 없으면 심판은 재판관 전원으로 구성되는 재판부에서 관장하며, 재판부의 재판장은 헌법재판소장이 된다(헌법재판소법 제22조).

(2) 심판정족수

헌법재판소는 재판관 9명으로 구성되는 전원재판부에서 재판관 7명 이상 출석으로 사건을 심리하며(헌법재판소법 제23조 제1항), 재판부는 종국심리에 관여한 재판관 과반수 찬성으로 사건에 관한 결정을 하되, 위헌결정·탄핵결정·정당해산결정과 헌법소원의 인용결정 그리고 종전에 헌법재판소가 판시한 헌법 또는 법률의 해석적용에 관한 의견을 변경할 때는 재판관 6명 이상 찬성이 있어야 한다(헌법 제113조 제1항, 헌법재판소법 제23조 제2항). 이때 다른 일반정족수보다 가중하여 재판관 6명 이상 찬성을 요구하도록 규정한 것은 헌법재판 인용결정의 중요성으로 말미암아 사회에 미치는 파급효과와 법적 안정성을 고려한 것이다. 그리하여 재판관 5명의 위헌의견이 있었으나 법률의 위헌결정을 위한 심판정족수에는 이르지 못하여 합헌으로 결정된 사례가 많다.[7]

---

6) 이상 Klaus Schlaich/Stefan Korioth, Das Bundesverfassungsgericht – Stellung, Verfahren, Entscheidungen, 11. Aufl., München 2018, Rdnr. 57.

7) 예를 들어 헌재 1996. 2. 16. 96헌가2등, 판례집 8–1, 51; 헌재 1999. 7. 22. 98헌가3, 판례집

2. 지정재판부

헌법재판소장은 헌법소원심판사건에서 재판관 3명으로 구성되는 지정재판부를 두어 사전심사를 담당하게 할 수 있다(헌법재판소법 제72조 제1항: 임의적 재판부). 현재 3개의 지정재판부가 있다('지정재판부의 구성과 운영에 관한 규칙' 제2조). 지정재판부는 (헌법재판소법 제68조 제1항과 제2항에 따른) 헌법소원심판의 사전심사만 관장한다. 지정재판부는 소속 재판관 전원의 일치된 의견으로 헌법소원심판 청구를 각하할 수 있다(헌법재판소법 제72조 제3항).

3. 재판관의 제척 · 기피 · 회피

(1) 헌법재판에서 나타나는 특성

헌법재판은 대체로 개별적 · 구체적 이해관계를 다루는 것이 아니라 법규범에 관한 추상적 헌법판단을 하는 재판이다. 그리고 헌법재판소는 지정재판부가 아니면 단일의 재판부를 구성하므로 재판부의 교체 가능성이 없고, 예비재판관제도도 없다. 이러한 특성이 있어도 민사소송법의 제척 · 기피 · 회피에 관한 규정을 그대로 적용하는 것은 헌법재판의 특성과 기능에 들어맞지 않을 수 있다. 제척 · 기피 · 회피로 말미암아 재판관이 재판에서 배제되면 위헌판단이나 인용판단에서 재판관 6명 이상 찬성을 요구하는 현행 제도 아래에서는 위헌판단 확률은 그만큼 낮아질 수 있고, 헌법재판소 구성의 균형이 깨질 수도 있다. 즉 헌법재판소 재판관 9명 중 3명 이상이 결원, 제척, 기피, 회피 등으로 심리에 참석할 수 없으면 심판정족수 미달로 사건 심리 자체가 불가능하게 된다. 결과적으로 헌법재판소 재판관이 결원, 제척, 기피, 회피 등으로 재판에 관여하지 않으면 의결에 반대나 부표를 행사한 것과 같은 효력이 발생한다. 따라서 헌법재판소 재판관의 제척 · 기피 · 회피의 사유는 일반재판보다 더 좁은 것으로 보아야 할 것이다.

(2) 제척

① 의의

제척은 재판관이 구체적인 사건에 관해서 법률이 정하는 특수한 관계가 있으면 법률상 당연히 그 사건에 관한 직무집행에서 제외되는 제도를 말한다. (i) 재판관이 당사자이거나 당사자의 배우자 또는 배우자였던 때, (ii) 재판관과 당사자가 친

---

11 – 2, 1; 헌재 2001. 8. 30. 99헌바90, 판례집 13 – 2, 158; 헌재 2012. 12. 27. 2011헌바217, 판례집 24 – 2하, 443; 헌재 2013. 7. 25. 2012헌바320, 판례집 25 – 2상, 212.

족관계가 있거나 친족관계가 있었던 때, (ⅲ) 재판관이 사건에 관하여 증언이나 감정을 한 때, (ⅳ) 재판관이 사건에 관하여 당사자의 대리인이 되거나 되었던 때, (ⅴ) 그 밖에 재판관이 헌법재판소 외에서 직무상 또는 직업상 이유로 사건에 관여한 때는 재판관은 직무집행에서 제척된다(헌법재판소법 제24조 제1항).

② 절차

제척 원인이 있으면 헌법재판소는 직권이나 당사자의 신청에 따라서 제척 결정을 한다(헌법재판소법 제24조 제2항). 재판부의 재판관에 대한 제척은 사전심사 단계에서는(헌법소원에서는) 해당 지정재판부에, 전원재판부에 회부되면 전원재판부에, 수명재판관에 대한 제척은 그 재판관에게 이유를 밝혀 신청하여야 한다. 제척하는 이유와 소명방법은 신청한 날부터 3일 안에 서면으로 제출하여야 한다(헌법재판소법 제24조 제6항. 민사소송법 제44조 제1항, 제2항). 제척 신청을 할 수 있는 당사자는 헌법재판의 당사자 개념과 같다. 다만, 보조참가인은 제외된다(기피 신청도 같음).

제척 신청이 법정 방식에 위배되거나 재판 지연을 목적으로 하는 것이 분명하면 신청을 받은 재판부나 수명재판관은 결정으로 이를 각하한다(헌법재판소법 제24조 제6항, 민사소송법 제45조 제1항). 제척 신청이 있으면 그 신청에 대한 심판이 확정될 때까지 본안절차를 정지하여야 한다. 다만, 제척 신청이 각하된 때 또는 종국결정을 선고하거나 긴급을 필요로 하는 행위를 하는 때는 그러하지 아니하다(헌법재판소법 제24조 제6항, 민사소송법 제48조). 제척을 당한 재판관은 그 제척 신청이 전술과 같은 사유로 각하된 때를 제외하고는 그 제척 신청에 대한 의견서를 작성하여 제출하여야 한다(헌법재판소법 제24조 제6항, 민사소송법 제45조 제2항). 제척 신청에 대한 심판은 재판부에서 결정으로 한다(헌법재판소법 제24조 제6항, 민사소송법 제46조 제1항). 헌법소원사건의 지정재판부 소속 재판관에 대한 제척 신청에 관한 결정도 전원재판부에서 하여야 한다. 하지만 본안사건이 제척 신청 대상인 재판관이 소속되지 않은 지정재판부에서 각하되면 제척 신청 역시 이것을 유지할 이익이 없다는 이유로 같은 지정재판부에서 각하한 사례가 있다.[8] 제척 신청을 받은 재판관 자신은 이 심판에 관여하지 못하나 의견을 진술할 수는 있다(헌법재판소법 제24조 제6항). 그런데 한 사건에서 3명 이상의 재판관에게 제척사유가 있으면 재판부의 심판정족수(헌법재판소법 제23조)와 관련하여 헌법재판소 기능이 마비되는 문제가 생길 수 있으므로 입법적 해결이 필요하다. 제척 신청에 대한 결정을 하면 결정서 정본을 신청

---

8) 헌재 2015. 7. 7. 2015헌사669.

인에게 송달하여야 한다('헌법재판소 심판 규칙' 제51조 제2항).

(3) 기피

기피는 특정한 재판관에게 제척사유 이외에 심판의 공정을 기대하기 어려운 사정이 있으면 당사자의 신청을 기다려 그 재판관을 직무집행에서 제외하는 제도이다. 제척 원인을 제외한 다른 사유로서 심판의 공정을 기대하기 어려운 사정이 기피 사유에 해당한다(헌법재판소법 제24조 제3항). 기피 사유는 공정한 심판을 기대하기 어려운 객관적 사정만을 의미하며 당사자의 주관적인 의혹만으로는 기피 사유에 해당하지 않는다. 청구인이 제청법원이고 피청구인이 없는 위헌법률심판에서는 기피가 허용될 수 없다.

헌법재판소는 불기소처분 취소 헌법소원과 관련하여 검사 출신 재판관에 대한 기피 신청,9) 신청인이 이전에 제기한 헌법소원 사건을 기각한 재판관에 대한 기피 신청,10) 재판에 대한 헌법소원심판을 청구하여 그 결정이 있고 나서 다시 같은 사안을 기초로 하여 입법부작위 위헌확인심판 청구(본안사건)를 하면서 앞의 사건에 관여한 재판관에 대한 기피 신청11)을 모두 기각하면서 이러한 사유는 심판의 공정을 기대하기 어려운 사유라고 보기 어렵다고 하였다.

재판관에 대한 기피는 그 이유를 명시하여 신청하여야 하고 기피하는 이유와 소명방법은 신청한 날부터 3일 안에 서면으로 제출하여야 한다(헌법재판소법 제24조 제6항, 민사소송법 제44조 제2항). 만일 당사자가 변론기일에 출석하여 본안에 관한 진술을 하면 신청권을 상실한다(헌법재판소법 제24조 제3항 단서). 당사자는 같은 사건에 관해서 2명 이상의 재판관을 기피할 수 없다(헌법재판소법 제24조 제4항). 그 밖의 절차는 전술한 제척 신청과 같다.

(4) 회피

회피는 재판관이 스스로 전술한 제척이나 기피의 사유가 있다고 인정하여 특정 사건의 직무집행을 피하는 제도를 말한다(헌법재판소법 제24조 제5항). 이때는 별도의 심판을 필요로 하지 않으나 재판장의 허가를 받아야 한다. 그런데 재판관 7명 이상 출석이 있어야 사건을 심리할 수 있으므로, 제척과 마찬가지로 한 사건에서 3명 이상의 재판관이 회피하면 문제가 생길 수 있다. 따라서 제척사유가 있는 때를 제외하고는 재판부를 구성할 수 없으면 회피는 허용되지 않는다고 볼 것이다.

---

9) 헌재 2001. 8. 23. 2001헌사309.
10) 헌재 2001. 8. 30. 2001헌사287.
11) 헌재 1994. 2. 24. 94헌사10, 판례집 6 – 1, 194.

주심재판관이 제척·기피되거나 회피하면 실무상으로는 사건을 재배당한다. 회피신청서는 별도로 '재배당신청부'에 철하여 보존하고, 사건기록에는 신청서의 사본을 철한다. 재판장인 재판관이 회피할 때에 관해서는 규정이 없어 그 절차·방식을 어떻게 할 것인지가 문제 될 수 있다.

(5) 감정인, 헌법재판소 사무관 등, 헌법연구관에 대한 준용 여부

헌법재판 감정인에게는 민사소송법의 기피제도가 준용된다(헌법재판소법 제40조, 민사소송법 제336조, 제337조). 헌법재판소 사무처 직원 중 서기로 지명된 사무관 등 독자적으로 재판에 관하여 직무집행을 하는 헌법재판소 공무원에게도 제척·기피·회피 제도가 준용되는지 문제 된다. 재판관의 제척·기피·회피에 관한 규정인 헌법재판소법 제24조가 제척·기피·회피 제도를 규정하면서 제6항에서 준용되는 민사소송법 조항을 별도로 특정한다. 여기서 법관에 대한 제척·기피·회피제도를 법원사무관 등에게 준용하도록 하는 민사소송법 제50조는 준용대상에서 제외된다. 따라서 헌법재판소 사무관 등에는 제척·기피·회피제도는 준용되지 않는다고 생각한다.[12] 그러나 헌법재판소는 지정재판부 사건에서 헌법재판소법 제40조 제1항에 따라서 민사소송법 제50조가 준용됨을 이유로 헌법재판소 사무관 등도 기피 신청 대상이 된다고 보았다.[13] 헌법연구관은 헌법재판소장의 명을 받아 사건의 심리와 심판에 관한 조사·연구에 종사하는 보조기구에 불과하고, 독자적으로 심판사건을 처리하는 지위에 있지 않다. 따라서 헌법연구관도 재판관에 대한 제척·기피·회피제도가 준용되지 않는다고 생각한다.[14]

---

12) 같은 견해: 김하열, 『헌법소송법(제3판)』, 박영사, 2018, 111쪽; 한수웅/정태호/김하열/정문식(김하열 집필), 『주석 헌법재판소법』, 헌법재판소 헌법재판연구원, 2015, 316쪽; 허 영, 『헌법소송법론(제13판)』, 박영사, 2018, 133쪽.

13) 헌재 2003. 12. 2. 2003헌사536. 이를 따르는 견해로는 정종섭, 『헌법소송법(제8판)』, 박영사, 2014, 196~197쪽. 그리고 서기는 재판의 부수사무를 처리하는 단독제 기관으로서 재판관이라도 대행할 수 없는 고유 권한을 행사하므로 헌법재판소법이 재판관의 제척·기피·회피를 규율하면서 서기의 제척·기피·회피 문제까지 완결적으로 포함하여서 규율하였다고 볼 명백한 사정이 없는 한 민사소송법 제40조에 따라서 민사소송법 관련 규율을 헌법재판소법의 서기에게 준용할 수 없다고 해석하는 것은 타당한지 의문이라는 견해로는 한수웅/정태호/김하열/정문식(정태호 집필), 『주석 헌법재판소법』, 헌법재판소 헌법재판연구원, 2015, 209쪽.

14) 같은 견해: 김하열, 『헌법소송법(제3판)』, 박영사, 2018, 111~112쪽; 한수웅/정태호/김하열/정문식(김하열 집필), 『주석 헌법재판소법』, 헌법재판소 헌법재판연구원, 2015, 316쪽.

Ⅳ. 헌법소송의 당사자

1. 헌법재판과 당사자의 지위

당사자에는 청구인과 피청구인이 있다. 청구인은 자기 이름으로 심판을 청구하는 사람이고, 피청구인은 그 상대방인 당사자이다. 당사자는 개별 심판절차에 따라 다르다.

(1) 위헌법률심판

① 제청법원

위헌법률심판에서 제청법원은 제청서 제출로 위헌법률심판을 개시하게 하지만, 적극적으로 심판절차에 참여하는 것도 아니고, 당사자의 권리·의무를 제청법원에 그대로 적용하기도 어려우므로, 제청법원은 당사자가 아니라는 견해가 있다.[15] 헌법재판소법은 당사자라는 표현(제24조, 제25조 제1항, 제30조 제2항)과 구별하여 제청법원이라는 표현을 쓰고, 나아가 제청법원은 심판절차에서 자기 이익을 옹호하는 데 필요한 각종 소송법적 권리를 주장할 수 있는 주체라고 볼 수 없으므로 제청법원은 당사자가 아니라는 견해도 있다.[16] 그리고 법원에 당사자의 지위를 인정하는 것은 분쟁 주체가 아니라 독립적으로 분쟁을 심판하는 법원의 지위와 조화되기 어렵다는 견해도 있다.[17] 또한, 위헌법률심판 '청구'가 아니라 '제청'이라고 하고, 법원은 위헌법률심판제청서를 제출하고 나서는 별도로 헌법재판소 심판절차에 참여하

---

15) 신 평, 『헌법재판법(전면개정판)』, 법문사, 2011, 121쪽; 정연주, 『헌법소송론』, 법영사, 2015, 58~59쪽; 정종섭, 『헌법소송법(제8판)』, 박영사, 2014, 154쪽; 한수웅/정태호/김하열/정문식(정태호 집필), 『주석 헌법재판소법』, 헌법재판소 헌법재판연구원, 2015, 228쪽; 허 영, 『헌법소송론론(제13판)』, 박영사, 2018, 134쪽; BVerfGE 2, 213 (217); 3, 225 (228 f.); Christian Pestalozza, Verfassungsprozeßrecht, 3. Aufl., München 1991, S. 45; Klaus Vogel, Rechtskraft und Gesetzeskraft der Entscheidungen des Bundesverfassungsgerichts, in: Christian Starck (Hrsg.), Bundesverfassungs-gericht und Grundgesetz: Festgabe aus Anlaß des 25jährigen Bestehens des Bundesverfassungs-gerichts, Bd. I, Verfassungsgerichtsbarkeit, Tübingen 1976, S. 618. 제청법원은 기판력이 아니라 내부절차적 기속력에 따라서 헌법재판소 재판에 구속된다는 견해도 있다(Klaus Vogel, Rechtskraft und Gesetzeskraft der Entscheidungen des Bundesverfassungsgerichts, in: Christian Starck (Hrsg.), Bundesverfassungsgericht und Grundgesetz: Festgabe aus Anlaß des 25jährigen Bestehens des Bundesverfassungsgerichts, Bd. I, Verfassungsgerichtsbarkeit, Tübingen 1976, S. 618.). 그러나 이 견해는 헌법재판소와 일반 법원의 관계를 심급구조로 보는 것으로 양 기관이 서로 독립적인 기관이라는 점에서 타당하지 않다(같은 견해: 남복현, 「헌법재판소 결정의 확정력」, 『한양법학』 제3집, 한양법학회, 1992, 228쪽).

16) 최희수, 「법률의 위헌결정의 효력에 관한 연구 – 소송법적 효력을 중심으로 –」, 고려대학교 법학박사학위논문, 2001, 32쪽; 같은 사람, 「규범통제결정의 기판력」, 『헌법논총』 제14집, 헌법재판소, 2003, 565~566쪽; 같은 사람, 『헌법소송법 요론(개정판)』, 대명출판사, 2015, 19쪽.

17) 김하열, 『헌법소송법(제3판)』, 박영사, 2018, 113쪽.

지 않으므로 제청법원은 당사자로 보기 어렵다는 견해도 있다.[18] 그러나 이 견해들은 제청법원은 그 기능에 비추어, 해당 사건 당사자의 주장에 동조하여서 제청한 때는 물론 독자적인 판단에 따라 제청한 때도 다른 헌법재판의 청구인과 비슷한 역할을 수행하고, 규범통제 결정의 실효성 확보가 필요하므로 기판력의 적용대상이 된다고 한다. 이에 반해서 제청법원도 위헌법률심판의 당사자로서 기판력에 구속된다는 견해가 있다.[19] 이 견해는 헌법재판소에 대한 제청법원의 위헌제청은 위헌법률심판 개시를 구하는 심판 청구의 성격이 있으므로, 일반 소송절차와는 달리 객관적 법질서 보호가 목적인 위헌법률심판절차에서는 당사자의 개념을 위헌법률심판절차 개시를 '요구'한다는 의미에서 심판 청구를 할 수 있는 지위에 있는 사람으로 해석할 수 있다고 한다.

제청법원은 해당 사건 당사자의 제청 신청에 구속되지 않고 자신의 독자적 판단에 따라서 위헌법률심판을 제청할 수 있고, 헌법재판소 심판 대상은 제청법원의 제청서를 통해서 확정되며, 제청법원은 위헌법률심판을 통해서 자신이 적용하여야 할 법률을 확정함으로써 자기 재판에 대한 신뢰를 확보할 수 있으므로, 제청법원은 이러한 위헌제청에 독자적 이익이 있다고 보아야 한다. 그리고 헌법재판소법은 위헌법률심판이 다른 절차와 구별되면 별도 규정을 두지만(제26조 제1항, 제27조 제2항, 제30조 제2항), 당사자를 종국결정의 기재사항으로 규정하면서 위헌법률심판에 관한 별도 규정을 두지 않는다(제36조 제2항). 또한, 헌법재판소법이 '청구인' 대신에 '제청법원'이라는 용어를 사용하지만(헌법재판소법 제43조 제1호), 제청법원을 청구인과 달리 취급하는 규정은 찾을 수 없다. 오히려 제청법원을 청구인으로 보는 규정을 찾을 수 있다(헌법재판소법 제71조 제2항 후문). 그 밖에 규범통제절차에 속하는 위헌소원심판이나 법률에 대한 헌법소원심판에서는 당사자를 인정하여 당사자의 권리와 지위에 관한 규정(헌법재판소법 제24조, 제25조 제1항, 제30조, 제31조)을 적용하면서 위헌법률심판만 다르게 보아 이러한 규정 적용을 배제하여야 할 이유는 없다고

---

18) 성낙인/이효원/권건보/정 철/박진우/허진성, 『헌법소송론』, 법문사, 2012, 89쪽.

19) 김지형, 「헌법재판결정의 기판력」, 『헌법논총』 제3집, 헌법재판소, 1992, 288~289쪽; 전정환, 「헌법재판소 결정의 효력에 관한 일반적 고찰」, 문광삼/남복현/전정환, 『헌법재판소결정의 효력에 관한 연구』(헌법재판연구 제7권), 헌법재판소, 1996, 42~43쪽; 같은 사람, 「헌법재판소 결정의 확정력에 관한 고찰」, 『아태공법연구』 제8집, 아세아태평양공법학회, 2000, 223~224쪽. 같은 견해: 남복현, 「헌법재판소 결정의 확정력」, 『한양법학』 제3집, 한양법학회, 1992, 228쪽; 이성환, 「헌법재판소 결정의 효력에 관한 연구」, 서울대학교 법학박사학위논문, 1993, 74~75쪽; 황우여, 「위헌결정의 효력」, 『헌법재판의 이론과 실제』(금랑 김철수교수 화갑기념), 박영사, 1993, 307쪽. 한병채, 『헌법재판론』, 고시계, 1994, 196쪽도 같은 견해로 보인다.

생각한다. 게다가 참가는 당사자를 전제로 하므로 당사자를 부정하면 이해관계인이 가지는 권리의 근거를 찾기 어렵다. 따라서 제청법원을 위헌법률심판의 당사자로 보아야 할 것이다.[20]

② 상대방 당사자

위헌법률심판에서 심판 대상은 문제가 된 법률의 위헌 여부인데, 이와 관련하여 대립적인 분쟁이 없으므로 상대방 당사자는 없다. 특히 법률은 국회의원이나 정부의 법률안 제출, 국회의 법률안에 대한 심의 · 의결, 대통령이나 국회의장의 공포라는 일련의 절차를 거쳐 확정 · 시행되므로 피청구인을 특정하기도 곤란하다.[21] 이러한 점은 헌법재판소법이 청구서의 송달과 관련하여 위헌법률심판에만 별도로 규정하는 점(제27조 제2항)에서도 확인된다.

③ 해당 사건의 당사자

위헌법률심판절차에서 해당 사건의 당사자는 해당 법원을 통하지 않고 직접 위헌법률심판절차 개시를 청구할 권한이 없으므로 위헌법률심판의 당사자가 아니다.[22] 따라서 헌법재판소법은 해당 사건의 당사자가 당사자라면 불필요한 해당 사

---

20) 헌법재판소는 "제청법원은 적어도 이 사건 제청당사자로서 위 심판의 기판력을 받을 것은 물론 더 나아가 살필 때 헌법 제107조 제1항의 규정상 제청법원이 본안재판을 함에 있어서 헌법재판소의 심판에 의거하게 되어 있는 이상 위 헌법규정에 의하여서도 직접 제청법원은 이에 의하여 재판하지 않으면 안될 구속을 받는다."라고 하였다(헌재 1990. 6. 25. 90헌가11, 판례집 2, 165, 171).

21) 성낙인/이효원/권건보/정 철/박진우/허진성, 『헌법소송론』, 법문사, 2012, 89~90쪽; 최희수, 『헌법 소송법 요론(개정판)』, 대명출판사, 2015, 19쪽; 한수웅/정태호/김하열/정문식(정태호 집필), 『주석 헌법재판소법』, 헌법재판소 헌법재판연구원, 2015, 229쪽; 허 영, 『헌법소송법론(제13판)』, 박영사, 2018, 134~135쪽.

22) 김지형, 「헌법재판결정의 기판력」, 『헌법논총』 제3집, 헌법재판소, 1992, 290쪽; 김하열, 『헌법소 송법(제3판)』, 박영사, 2018, 114쪽; 남복현, 「법률의 위헌결정의 효력에 관한 연구」, 한양대학교 법학박사학위논문, 1994, 61쪽; 성낙인/이효원/권건보/정 철/박진우/허진성, 『헌법소송론』, 법문사, 2012, 89쪽; 신 평, 『헌법재판법(전면개정판)』, 법문사, 2011, 121쪽; 이성환, 「헌법재판소 결정의 효력에 관한 연구」, 서울대학교 법학박사학위논문, 1993, 73, 75쪽; 전정환, 「헌법재판소 결정의 효력에 관한 일반적 고찰」, 문광삼/남복현/전정환, 『헌법재판소결정의 효력에 관한 연구』(헌법재판연구 제7권), 헌법재판소, 1996, 43쪽; 같은 사람, 「헌법재판소 결정의 확정력에 관한 고찰」, 『아태공법연구』 제8집, 아세아태평양공법학회, 2000, 224쪽; 정연주, 『헌법소송론』, 법영사, 2015, 59쪽; 정종섭, 『헌법소송법(제8판)』, 박영사, 2014, 154쪽; 최희수, 「법률의 위헌결정의 효력에 관한 연구 - 소송법적 효력을 중심으로 -」, 고려대학교 법학박사학위논문, 2001, 32쪽; 같은 사람, 『헌법소 송법 요론(개정판)』, 대명출판사, 2015, 19쪽; 한수웅/정태호/김하열/정문식(정태호 집필), 『주석 헌 법재판소법』, 헌법재판소 헌법재판연구원, 2015, 229쪽; 허 영, 『헌법소송법론(제13판)』, 박영사, 2018, 134쪽; BVerfGE 2, 213 (217); 3, 45 (49); 20, 350 (351); 31, 87 (92); 42, 90 (91); 78, 320 (328); Christian Pestalozza, Verfassungsprozeßrecht, 3. Aufl., München 1991, S. 45; Klaus Vogel, Rechtskraft und Gesetzeskraft der Entscheidungen des Bundesverfassungsgerichts, in: Christian Starck (Hrsg.), Bundesverfassungsgericht und Grundgesetz: Festgabe aus Anlaß des 25jährigen Bestehens des Bundesverfassungsgerichts, Bd. I, Verfassungsgerichtsbarkeit, Tübingen 1976, S. 618.

건의 당사자에게 제청서 등본을 송달하도록 하는 규정(제27조 제1항)과 법률의 위헌
여부에 관한 의견을 제출할 권리를 인정하는 규정(제44조)을 특별히 둔다. 제청법원
이 제3자의 소송담당으로서 위헌법률심판절차에서 직무당사자가 됨으로써 해당 사
건의 당사자에게 헌법재판소 결정의 기판력이 미친다는 견해가 있다.[23] 그러나 이
견해는 해당 사건의 당사자를 권리이익의 귀속주체와 결부시킴으로써 객관적 질서
보호라는 위헌법률심판제도의 본질을 너무 도외시하였고, 위헌제청 신청은 법원의
제청을 강제하는 효과가 없으므로 제청법원은 신청인의 위헌제청 신청에 구속받지
않는다는 것을 간과하였다.[24] 특히 위헌법률심판 제청은 해당 사건의 당사자에게
불리할 수도 있다. 따라서 이 견해는 타당하지 않다고 생각한다. 해당 사건의 당사
자가 의견서를 제출할 권한(헌법재판소법 제44조)을 위헌법률심판절차에 참가할 권한
으로 보려는 견해도 있다.[25] 이 견해를 따르면 해당 사건의 당사자는 위헌법률심판
에 참가할 권한이 있는 사람으로서 헌법재판소 통지에 따라서 참가한 때이든, 마음
대로 참가한 때이든 모두 기판력 적용을 받는다고 한다. 의견서 제출을 참가로 볼
수는 있으나, 해당 사건의 당사자는 당사자적격이 없고 판결의 효력을 받는 사람도
아니므로 이러한 참가는 '보조참가'에 불과하다. 따라서 이러한 참가 때문에 해당
사건의 당사자에게 기판력이 미칠 수는 없다.

(2) 헌법소원심판

위헌소원심판에서는 헌법소원심판청구인이 당사자가 되지만, 문제가 된 법률의
위헌 여부를 둘러싸고 대립적인 분쟁이 있는 것이 아니므로 상대방 당사자는 없다.
법령에 대한 헌법소원심판절차에서도 문제가 된 법령의 위헌 여부를 둘러싸고 주장
이 맞서는 당사자 사이의 헌법분쟁이 없으므로 헌법소원심판청구인만 당사자에 속
하고 입법기관이 헌법소원심판청구인의 상대방 당사자가 되는 것은 아니다.[26] 법령

---

23) 이성환, 「헌법재판소 결정의 효력에 관한 연구」, 서울대학교 법학박사학위논문, 1993, 77쪽. 한병
　　채, 『헌법재판론』, 고시계, 1994, 196~197쪽도 비슷한 견해로 보인다.
24) 전정환, 「헌법재판소 결정의 효력에 관한 일반적 고찰」, 문광삼/남복현/전정환, 『헌법재판소결정의
　　효력에 관한 연구』(헌법재판연구 제7권), 헌법재판소, 1996, 44쪽; 같은 사람, 「헌법재판소 결정의
　　확정력에 관한 고찰」, 『아태공법연구』 제8집, 아세아태평양공법학회, 2000, 225쪽.
25) 전정환, 「헌법재판소 결정의 효력에 관한 일반적 고찰」, 문광삼/남복현/전정환, 『헌법재판소결정의
　　효력에 관한 연구』(헌법재판연구 제7권), 헌법재판소, 1996, 43~44쪽; 같은 사람, 「헌법재판소 결정
　　의 확정력에 관한 고찰」, 『아태공법연구』 제8집, 아세아태평양공법학회, 2000, 225쪽. 비슷한 견해:
　　Klaus Vogel, Rechtskraft und Gesetzeskraft der Entscheidungen des Bundesverfassungsgerichts, in:
　　Christian Starck (Hrsg.), Bundesverfassungsgericht und Grundgesetz: Festgabe aus Anlaß des
　　25jährigen Bestehens des Bundesverfassungsgerichts, Bd. I, Verfassungsgerichtsbarkeit, Tübingen
　　1976, S. 618.

에 대한 헌법소원심판 이외의 헌법소원심판은 헌법재판소법이 대립적 구조의 심판절차를 예정한다. 즉 헌법재판소법은 침해된 기본권과 침해의 원인이 된 공권력의 행사나 불행사를 결정주문에서 특정하도록 하고(제75조 제2항), 각하와 심판회부 결정 통지(제73조 제1항)와 공권력 불행사에 대한 인용결정에 따른 새로운 처분의무(제75조 제4항)에서 '피청구인'의 존재를 전제하며, 청구서 송달(제27조 제1항)과 답변서 제출(제29조)에서 청구인에 대립하는 피청구인의 절차와 관련된 행위를 상정한다. 헌법소원심판에 행정소송법 준용을 규정한 것도 이러한 대립적 구조를 고려한 것으로 보인다(헌법재판소법 제40조 제1항 후문). 따라서 이러한 헌법소원심판절차에서 헌법소원심판청구인과 공권력의 행사나 불행사의 주체인 피청구인의 대립적 당사자가 있다.[27]

(3) 탄핵심판, 정당해산심판 그리고 권한쟁의심판

탄핵심판절차, 정당해산심판절차 그리고 권한쟁의심판절차는 모두 대립적인 구조의 심판절차에 해당한다. 탄핵심판절차에서는 탄핵소추대상자가 피청구인임에는 의문이 없다(헌법재판소법 제48조). 탄핵심판에서는 국회법제사법위원회 위원장이 소추위원이 되는데(헌법재판소법 제49조 제1항), 이로 말미암아 국회가 아닌 소추위원이 청구인인지가 문제 된다. 소추위원인 국회법제사법위원장이 청구인이라는 견해도 있다.[28] 그러나 국회는 합의제 기관이고, 소추위원은 이러한 국회를 대표하는 사람에 불과하다. 따라서 소추위원이 아닌 국회를 탄핵심판의 청구인으로 보아야 할 것이다.[29] 정당해산심판절차에서는 정부와 피청구인정당(헌법재판소법 제55조), 권한쟁의

---

26) 법령에 대한 헌법소원에서는 청구서에 피청구인을 기재하지 않는다('헌법재판소 심판 규칙' 제68조 제1항 제2호). 실무상으로는 법령을 대상으로 하는 헌법소원심판에서 위헌법률심판과 마찬가지로 청구의 상대방이 되는 당사자를 상정하지 않고 절차를 진행하지만, 그 밖의 공권력 행사나 불행사를 다투는 헌법소원심판에서는 피청구인의 존재를 상정하고서 절차를 진행한다(『헌법재판실무제요(제2개정판)』, 헌법재판소, 2015, 30쪽).

27) 헌법재판소는 헌법소원심판절차에서 피청구인의 기재 흠결이나 적정 여부는 적법요건이 아니라고 한다. 그리고 헌법재판소는 청구인의 심판청구서에 기재된 피청구인이나 청구취지에 구애됨이 없이 청구인의 주장요지를 종합적으로 판단하고 청구인이 주장하는 침해된 기본권과 침해 원인이 되는 공권력을 직권으로 조사하여 피청구인을 확정하여 판단하여야 한다고 한다(헌재 1993. 5. 13. 91헌마190, 판례집 5-1, 312, 320; 헌재 2001. 7. 19. 2000헌마546, 판례집 13-2, 103, 106-107). 그러나 이러한 헌법소원심판절차에서는 청구인이 주장하는 침해된 권리와 침해 원인이 되는 공권력의 행사나 불행사를 중심으로 심판하므로 실무적 필요에 따라 피청구인을 확정하여 표시하기도 하나 원칙적으로 피청구인이 없다고 보아야 한다는 견해도 있다(한병채, 『헌법재판론』, 고시계, 1994, 191, 195, 198~199쪽).

28) 신 평, 『헌법재판법(전면개정판)』, 법문사, 2011, 122쪽.

29) 같은 견해: 김하열, 『헌법소송법(제3판)』, 박영사, 2018, 114~115, 715쪽; 최희수, 『헌법소송법 요론(개정판)』, 대명출판사, 2015, 20쪽; 한수웅/정태호/김하열/정문식(김하열 집필), 『주석 헌법재판

심판에서는 국가기관과 지방자치단체 중 청구기관과 피청구기관(헌법재판소법 제61
조, 제62조)이 각각 심판절차의 당사자가 된다.[30]

2. 당사자의 권리

헌법재판의 당사자는 심판절차에 참여할 권리가 있다. 헌법재판소가 관장하는
심판 중 위헌법률심판과 헌법소원심판은 원칙적으로 서면심리 방식에 의하되, 다만
필요하다고 인정하면 변론을 열어 당사자, 이해관계인, 그 밖의 참고인의 진술을
들을 수 있다(헌법재판소법 제30조 제2항). 그러므로 이러한 심판절차에서 당사자 등
은 변론을 열었을 때 진술할 지위가 있다. 한편, 탄핵심판, 정당해산심판과 권한쟁
의심판은 당사자 구두변론에 의한 심리구조로 되어 있다(헌법재판소법 제30조 제1항).
이때 당사자는 대립적인 변론의 주체로서 절차에 참여한다. 당사자는 심판절차에서
자기 이익을 옹호하는 데 필요한 소송법적 권리, 예를 들어 청구서나 답변서를 제
출하고 심판결정 송달을 받을 권리, 기일 소환(출석요구)을 받을 권리, 기일 지정의
신청권, 제척·기피신청권, 변론권, 질문권 등이 있다(헌법재판소법 제24조, 제27조, 제
28조, 제29조, 제30조, 제36조 제4항 참조). 그리고 증거조사를 신청할 수 있다(헌법재판
소법 제31조 제1항). 또한, 당사자는 심판 내용에 관해서, 예를 들어 청구서나 답변서
의 내용을 주장·정리하고 보완하며 추가로 자기 의견을 제출하는 것 등 자기주장
을 뒷받침할 재판의 실체적 사항에 관해서 자료를 제출하고 의견을 진술할 권리,
심판 청구의 취하·포기 등 심판 청구 자체를 마음대로 처분할 권리(청구인)와 그
밖에 심판의 변론에 참여하고 그에 따른 증거조사에 직접 참여할 권리가 있다(헌법
재판소법 제26조, 제28조, 제31조 제1항 제32조 참조).

3. 피청구인 기재

헌법소송을 제기하는 사람(청구인)이 심판을 청구하면서 청구인의 기본권 침해
나 그 밖의 헌법질서 위배에 관여하였다고 생각되는 사람(피청구인)을 명시적으로

소법』, 헌법재판소 헌법재판연구원, 2015, 672쪽; 한수웅/정태호/김하열/정문식(정태호 집필), 『주석
헌법재판소법』, 헌법재판소 헌법재판연구원, 2015, 229쪽. 헌법재판소는 대통령 탄핵 사건에서 결정
문의 청구인란에 '국회'라고 쓰고 나서, '소추위원 국회 법제사법위원회 위원장'이라고 표시하였다
(헌재 2004. 5. 14. 2004헌나1, 판례집 16-1, 609, 620; 헌재 2017. 3. 10. 2016헌나1, 판례집 29-1,
1, 8).
30) 김지형, 「헌법재판결정의 기판력」, 『헌법논총』 제3집, 헌법재판소, 1992, 294쪽; 이성환, 「헌법재판
소 결정의 효력에 관한 연구」, 서울대학교 법학박사학위논문, 1993, 82~83쪽; 한병채, 『헌법재판론』,
고시계, 1994, 202~211쪽 참조.

기재하지 아니하거나 잘못 기재하면 그 심판 청구가 부적법한지가 문제 된다. 이 문제는 관련 법규정, 해당 소송의 성격·소송유형·심판 대상·소송절차구조 등에 달렸다고 할 것이고, 부수적으로 해당 기본권 침해나 그 밖의 헌법질서 위배에 관여한 행위주체의 외부적·객관적 명확성의 정도도 고려되어야 할 것이다.

위헌법률심판과 관련하여 헌법재판소법 제43조는 위헌여부심판 제청서 기재사항으로, "① 제청법원의 표시, ② 사건 및 당사자의 표시, ③ 위헌이라고 해석되는 법률 또는 법률의 조항, ④ 위헌이라고 해석되는 이유, ⑤ 그 밖에 필요한 사항"을 규정하고, 제44조에서 위헌여부심판의 전제가 된 해당 사건의 당사자와 법무부 장관은 법률의 위헌 여부에 대한 의견서를 제출할 수 있다고 규정되었을 뿐이고, 그 외 피청구인에 대한 별다른 규정을 두지 않는다. 그동안 헌법재판소 실무례도 위헌법률심판에서 피청구인이 문제가 된 일은 없었고, 그 결정서에도 제청법원·제청신청인·해당 사건을 기재하였을 뿐이고, 별도로 피청구인을 상정하여 기재한 적은 없었다. 이것은 법률이 국회의원 일정수 이상이나 정부의 제안, 국회의 법률안에 대한 심의·의결, 대통령이나 국회의장의 공포 등 일련의 절차를 거쳐 확정·시행되므로, 피청구인을 특정하는 것이 곤란하고, 심판 대상이 특정 법률 자체의 위헌 여부이며, 위헌법률심판에 관한 법의 관련 규정을 살펴보아도 반드시 대립적인 소송절차구조를 상정하였다고 보기 어려운 점을 염두에 둔 것으로 판단된다. 따라서 위헌법률심판 청구에서는 피청구인 기재가 요구되지 않는다.

탄핵심판, 정당해산심판, 권한쟁의심판에서는 피청구인(피청구기관)이 있으므로 피청구인 기재가 필요하다.

헌법소원심판에서는 피청구인 기재를 엄격히 요구하지 않은 것이 종전 실무였다. 즉 헌법재판소는 헌법소원심판절차에서 피청구인 기재 흠결이나 적정 여부는 적법요건이 아니라고 하고, 심판청구서에 기재된 피청구인이나 청구취지에 구애됨이 없이 청구인의 주장요지를 종합적으로 판단하여야 하며 청구인이 주장하는 침해된 기본권과 침해 원인이 되는 공권력을 직권으로 조사하여 피청구인과 심판 대상을 확정하여 판단하여야 한다고 하였다.[31] 그러나 '헌법재판소 심판 규칙'은 법령에 대한 헌법소원을 제외하고는 피청구인 기재를 반드시 요구하고(제68조 제1항 제2호), 그 기재가 누락되거나 명확하지 아니한데도 보정명령에 불응하면 심판 청구를 각하할 수 있도록 한다(제70조).

---

31) 헌재 1993. 5. 13. 91헌마190, 판례집 5−1, 312, 320; 헌재 2001. 7. 19. 2000헌마546, 판례집 13−2, 103, 106−107.

위헌소원심판에서는 헌법재판소법에서 그 심판절차와 관련하여 위헌법률심판 규정을 준용하고(제71조 제2항, 제74조 제2항, 제75조 제6항 내지 제8항), 헌법재판소도 실무상 위헌법률심판 법리를 원용하여 결정하므로, 피청구인 기재에 관해서는 위헌법률심판과 같다.

4. 당사자 변경 허용 여부

헌법소원심판절차에서 임의적 당사자 변경을 인정할 것인지가 문제 된다. 이 점에 관해서는 헌법재판소법에 명문 규정이 없으므로 준용규정인 헌법재판소법 제40조에 따라서 행정소송법과 민사소송법의 규정을 준용하여 판단할 수밖에 없다. 민사소송법 제260조는 피고 경정을, 제68조는 필요적 공동소송인 추가만을 인정하고, 행정소송법 제14조도 피고 경정만을 허용하고 임의적 당사자 변경을 허용하는 규정을 두지 않으므로 원칙적으로 임의적 당사자 변경은 허용되지 않는다. 그리고 당사자 변경을 자유로이 허용한다면 심판절차 진행에 혼란을 초래하고 상대방의 방어권 행사에도 지장을 줄 우려가 있으므로 당사자의 동일성을 해치는 임의적 당사자 변경(특히 청구인 변경)은 헌법소원심판에서 원칙적으로 허용되지 않는다.[32)]

그러나 청구인이 피청구인을 잘못 지정한 것이 분명하면 당사자 신청에 따라 결정으로 피청구인 경정을 허가할 수 있다. 민사소송법과 행정소송법에서 피고 경정을 허용하기 때문이다.[33)] 피청구인 경정이 허가되면 종전 피청구인에 대한 청구는 취하된 것으로 본다(헌법재판소법 제40조, 민사소송법 제260조, 제261조, 행정소송법 제14조). 나아가 헌법재판소는 피청구인 경정 절차를 거치지 않고 직권으로 피청구인을 변경할 수 있다. 헌법재판의 객관적 기능과 직권주의적 성격을 고려한 것이다.[34)] 당사자 표시가 잘못 기재되면 당사자의 동일성을 해하지 않는 범위에서 이것을 바로 잡는 당사자 표시 정정은 헌법재판에서도 허용된다.[35)]

---

32) 헌재 1998. 11. 26. 94헌마207, 판례집 10−2, 716, 724−725; 헌재 2003. 12. 18. 2001헌마163, 판례집 15−2하, 562, 568. 피청구인의 추가적 변경도 원칙적으로 허용되지 않는다(헌재 1999. 4. 27. 99헌마178; 헌재 2003. 12. 18. 2001헌마163, 판례집 15−2하, 562, 568).

33) 헌재 2005. 12. 22. 2004헌라3, 판례집 17−2, 650, 654(피청구인 정부를 정부 및 국회로 경정); 헌재 2007. 7. 26. 2005헌라8, 판례집 19−2, 26(피청구인 정부를 대통령으로 경정).

34) 헌재 1999. 11. 25. 98헌마456, 판례집 11−2, 634(피청구인 건설교통부 장관을 한국토지공사로 직권변경); 헌재 2001. 7. 19. 2000헌마546, 판례집 13−2, 103(피청구인 경찰청장을 영등포경찰서장으로 직권변경).

35) 헌재 1994. 6. 30. 93헌마7, 판례집 6−1, 688, 689−690.

5. 이해관계인과 참가인

헌법재판은 공동체의 기본질서에 관한 개방적이고 추상적인 헌법규범을 해석하는 것이므로 당사자 이외에도 여러 관계자 참여를 통해서 다양한 헌법적 논거가 개진되는 것이 바람직하다. 이와 관련하여 헌법재판소법 제30조 제2항은, 위헌법률심판과 헌법소원심판에서 "재판부는 필요하다고 인정하는 때에는 변론을 열어 당사자·이해관계인 그 밖의 참고인의 진술을 들을 수 있다."라고 하여 '이해관계인'과 '참고인'을 규정한다. 한편, 위헌법률심판에서는 '당해 소송사건의 당사자 및 법무부 장관'이(헌법재판소법 제44조), 헌법소원에서는 '이해관계가 있는 국가기관 또는 공공단체와 법무부 장관'이 의견서를 제출할 수 있다고 규정한다(헌법재판소법 제74조 제1항). '헌법재판소 심판 규칙'은 이러한 법의 취지를 살려 모든 심판절차에서 이해관계인이 참여할 길을 열어둔다. 헌법재판소 심판에 이해관계가 있는 국가기관이나 공공단체와 법무부 장관은 헌법재판소에 의견서를 제출할 수 있음을 통지할 수 있다('헌법재판소 심판 규칙' 제10조 제1항과 제2항). 헌법재판소는 그러한 때에 해당 심판의 제청서나 청구서의 등본을 송달한다('헌법재판소 심판 규칙' 제10조 제3항). 그러므로 헌법재판소법상 이해관계인이나 참고인은 의견진술권이 없지만, 오로지 헌법재판소의 허용 여부에 따라서만 일부 심판절차에서 의견진술을 할 수 있다.

헌법재판절차에서 이해관계인은 자기 이름으로 결정을 구하거나 재판을 청구하는 것이 아니므로 진정한 의미의 당사자라고는 할 수 없다. 그러나 이해관계인은 재판에 참가하는 절차에서는 의견서를 제출하고, 변론에 참여하는 것 등 당사자에 갈음하는 지위가 있으므로 종된 당사자라고 볼 수 있다. 특히 위헌법률심판, 위헌소원심판, 헌법소원심판 중 법령에 의한 직접적인 기본권 침해를 다투는 헌법소원심판과 같이 피청구인을 상정하기 어려운 심판절차에서는 해당 법령 시행의 주무관청이 이해관계인으로서 당사자에 준하여 실질적으로 심리에 관여하게 하는 것이 실무이다.

헌법재판소 심판절차에 관해서 헌법재판소법에 특별한 규정이 있는 때를 제외하고는 민사소송에 관한 법령이 준용되므로 이해관계인은 보조참가 등 소송참가를 할 수 있다.36) 따라서 참가인은 청구 변경, 청구 취하와 같이 심판 대상37)을 처분·변

---

36) 헌법재판소법 제40조 전문, 민사소송법 제66조, 제76조; 헌재 2000. 12. 14. 2000헌마308, 판례집 12-2, 417, 432-434; 헌재 2003. 9. 25. 2001헌마143등, 판례집 15-2상, 319 참조.
37) 헌법재판에서는 대립하는 당사자가 없는 때(예를 들어 위헌법률심판)가 있으므로, 청구인과 피청

경하는 행위나 피참가인의 행위와 어긋나는 행위를 제외하고는, 재판에 관해서 공격·방어·이의 등 모든 소송행위를 할 수 있다. 그리고 행정소송법 제16조(제3자의 소송참가) 제1항은 "법원은 소송의 결과에 따라 권리 또는 이익의 침해를 받을 제3자가 있는 때에는 당사자 또는 제3자의 신청 또는 직권에 의하여 결정으로써 그 제3자를 소송에 참가시킬 수 있다."라고 규정하고, 제17조(행정청의 소송참가) 제1항은 "법원은 다른 행정청을 소송에 참가시킬 필요가 있다고 인정할 때에는 당사자 또는 당해 행정청의 신청 또는 직권에 의하여 결정으로써 그 행정청을 소송에 참가시킬 수 있다."라고 규정하므로, 행정소송법이 먼저 준용되는 권한쟁의심판과 헌법소원심판(헌법재판소법 제40조 후문)에서는 제3자나 피청구인이 아닌 다른 행정청의 소송참가도 가능하다. 다만, 행정소송법 제16조는 소송 결과에 따라 권리 또는 이익의 침해를 받을 제3자가 관련 행정소송에 참가하는 것인데, 법령에 따라서 헌법상 보장된 기본권이 침해되었음을 이유로 헌법소원심판이 청구되면 기존 청구인과 법적 지위를 같이 하는 제3자의 입장에서는 헌법소원이 인용되면 기본권의 구제를 받고, 설령 헌법소원이 각하·기각되더라도 그로 말미암아 권리 또는 이익의 침해를 받는 것은 아니라고 할 것이므로 계속 중인 헌법소원심판에 청구인과 법적 지위를 같이 하는 제3자가 자기 이익을 옹호하려고 관여하면 행정소송법은 준용될 여지가 없고 민사소송법에 따라 소송참가를 할 수 있다.[38] 그리고 소송 계속 중에 권리·의무의 전부나 일부를 승계한 제3자가 독립당사자참가 신청 규정에 따라 소송에 참가하는 승계참가(민사소송법 제81조)도 가능하다.[39] 소송참가가 있으면 기록 표지에 이것을 표시하고, 같은 참가서면을 당사자 쌍방에게 송달한다(민사소송법 제72조 제2항).

그리고 법령에 대한 헌법소원심판에서 그 목적이 청구인과 제3자에게 합일적으로 확정되어야 하면 제3자는 공동청구인으로 심판에 참가할 수 있다(헌법재판소법 제40조 제1항, 민사소송법 제83조 제1항). 다만, 공동심판참가인은 별도로 헌법소원을

구인의 대립을 전제로 하는 소송물(Streitgegenstnad)이라는 용어는 적절하지 않다. 따라서 소송물 대신에 심판 대상(Verfahrensgegenstand)이라는 용어를 사용하고자 한다(Steffen Detterbeck, Streitgegenstand und Entscheidungswirkungen im öffentlichen Recht, Tübingen 1995, S. 305 참조). 헌법재판소도 결정문에서 '심판대상'(이나 '심판의 대상')이라는 용어를 일반적으로 사용한다. 다만, 소수의견에서 '소송물'이라는 용어도 보인다(헌재 1991. 6. 3. 90헌마56, 판례집 3, 289, 307 재판관 한병채의 반대의견; 헌재 2001. 6. 28. 2000헌바48, 공보 58, 658, 661 재판관 김영일, 재판관 김경일, 재판관 송인준의 각하의견). 그러나 심판 대상과 소송물 사이에 개념적 차이는 없다(같은 견해: 김지형, 「헌법재판 결정의 기판력」, 『헌법논총』 제3집, 헌법재판소, 1992, 270쪽 주 30; 최희수, 「법률의 위헌결정의 효력에 관한 연구 – 소송법적 효력을 중심으로 –」, 고려대학교 법학박사학위논문, 2001, 11쪽).

38) 헌재 2008. 2. 28. 2005헌마872등, 판례집 20-1상, 279, 289-290.

39) 헌재 2003. 4. 24. 2001헌마386, 판례집 15-1, 443.

제기하는 대신에 계속 중인 심판에 참가하는 것이므로 그 참가 신청은 청구기간 안에 이루어져야 하고,[40] 피참가인인 당사자와 마찬가지로 공동참가인도 당사자적격을 구비하여야 한다.[41] 그러나 요건에 흠이 있는 공동심판참가 신청이 있더라도 보조참가 신청요건을 갖추었다면 이것을 보조참가 신청으로 취급하는 것이 국민의 기본권 보호를 목적으로 하는 헌법소원제도 취지에도 부합한다.[42] 따라서 이러한 때에 심판 결과에 이해관계가 있으면 보조참가신청인으로 본다.

Ⅴ. 대표자·대리인

1. 정부가 당사자일 때

각종 심판절차에서 정부가 당사자(참가인을 포함)이면 법무부 장관이 이를 대표한다(헌법재판소법 제25조 제1항). 여기서 대표한다는 것은 법무부 장관이 정부 이름으로 소송행위를 하고 그 효과는 정부에 귀속됨을 뜻한다. 정부는 정당해산심판(헌법재판소법 제55조)과 권한쟁의심판(헌법재판소법 제62조)에서 당사자가 될 수 있다.

2. 국가기관이나 지방자치단체가 당사자일 때

각종 심판절차에서 당사자인 국가기관이나 지방자치단체는 변호사나 변호사 자격이 있는 소속 직원을 대리인으로 선임하여 심판을 수행하게 할 수 있다(헌법재판소법 제25조 제2항). 여기서 심판 수행은 심판 청구도 포함한다.[43] 따라서 국가기관이나 지방자치단체는 스스로 또는 변호사를 대리인으로 선임하여 소송을 수행할 수 있다. 실무상으로는 일반적으로 이해관계인인 국가기관이나 지방자치단체가 변론에 참여할 때도 변호사나 변호사의 자격이 있는 소속 직원을 대리인으로 선임한다.

3. 사인이 당사자일 때

(1) 변호사강제주의

각종 심판절차에서 당사자인 사인(私人)은 변호사를 대리인으로 선임하지 아니하면 심판 청구를 하거나 심판 수행을 하지 못한다. 다만, 그가 변호사 자격이 있으

---

40) 헌재 1993. 9. 27. 89헌마248, 판례집 5-2, 284, 295-296; 헌재 2009. 4. 30. 2007헌마106, 공보 151, 966, 972.
41) 헌재 1991. 9. 16. 89헌마163, 판례집 3, 505, 512.
42) 헌재 2008. 2. 28. 2005헌마872, 판례집 20-1상, 279, 291 등.
43) 김하열, 『헌법소송법(제3판)』, 박영사, 2018, 129쪽.

면 그러하지 아니하다(헌법재판소법 제25조 제3항). 이것을 '변호사강제주의'라고 한다. 이것은 사인이 당사자가 되는 헌법소원심판청구인에게 적용된다. 헌법재판소는 헌법소원심판뿐 아니라 탄핵심판에도 변호사강제주의가 적용된다고 한다.[44] 그러나 탄핵심판이나 정당해산심판의 피청구인은 사인의 지위가 아니라 공적 지위에서 심판절차의 당사자가 되는 것이므로 변호사강제주의가 적용되지 않는다고 보아야 할 것이다.[45] 변호사강제주의는 법절차 부지로 말미암아 권리구제를 받지 못하는 것을 방지하려는 것이다. 변호사 자격이 없는 사인인 청구인이 한 헌법소원심판 청구나 주장은 변호사인 대리인이 추인한 때에 한하여 적법한 헌법소원심판 청구와 심판 수행으로 효력이 있고 헌법소원 심판 대상이 된다.[46] 그러므로 변호사인 대리인이 제출한 심판청구서에 청구인이 한 심판 청구와 주장을 묵시적으로라도 추인한다고 볼 내용이 없다면, 대리인이 심판청구서에 기재되지 아니한 청구인의 그전 심판 청구 내용과 대리인의 심판 청구 이후에 청구인이 제출한 추가된 별개의 심판 청구와 주장은 해당 사건의 심판 대상이 되지 않는다.[47]

헌법재판소법 제25조 제3항 취지는 헌법소원심판청구인의 헌법재판청구권을 제한하려는 것에 그 목적이 있는 것이 아니다. 따라서 변호사인 대리인의 헌법소원심판 청구가 있었다면 그 이후 심리과정에서 대리인이 사임하고 다른 대리인을 선임하지 않았더라도 청구인이 그 후 자기에게 유리한 진술을 할 기회를 스스로 포기한

---

44) 헌재 1990. 9. 3. 89헌마120, 판례집 2, 288, 296.

45) 같은 견해: 김하열, 『헌법소송법(제3판)』, 박영사, 2018, 131, 748쪽; 전광석, 『한국헌법론(제13판)』, 집현재, 2018, 801쪽; 한수웅/정태호/김하열/정문식(김하열 집필), 『주석 헌법재판소법』, 헌법재판소 헌법재판연구원, 2015, 673쪽. 정당은 일반적으로 공법인이나 국가기관이 아닌 사인으로 분류되므로 헌법재판소법 제25조 제3항에 따라 정당해산심판절차에서 전개되는 정당의 소송행위에도 변호사강제주의가 적용된다고 할 수밖에 없고, 탄핵심판절차에서 피청구인은 국회의 탄핵소추 의결로 직무가 정지된 상태이므로(헌법 제65조 제3항), 청구인인 국회와 피청구인이 국가기관 대 국가기관으로 대립·항쟁한다고 관념하는 것은 무리이고, 오히려 탄핵사유가 되는 위법행위를 하였다는 혐의를 받는 사인이 탄핵사유가 실제로 있으면 문제가 되는 고위공무원이나 국가기관의 지위를 계속 보유할 자격이 있는지가 본질적 쟁점이며 탄핵심판절차에 형사소송에 관한 법령을 우선적으로 준용한다는 (헌법재판소법 제40조) 사정도 입법자가 이 절차를 국가기관 대 개인의 대심으로 전제함으로 보여 주므로 탄핵심판절차에도 변호사강제주의가 적용된다는 견해로는 한수웅/정태호/김하열/정문식(정태호 집필), 『주석 헌법재판소법』, 헌법재판소 헌법재판연구원, 2015, 321~323, 786쪽. 탄핵심판에도 변호사강제주의가 적용된다는 견해로는 홍성방, 『헌법소송법』, 박영사, 2015, 59~60쪽. 그리고 탄핵심판뿐 아니라 위헌정당해산심판에도 변호사강제주의가 적용된다는 견해로는 성낙인/이효원/권건보/정 철/박진우/허진성, 『헌법소송론』, 법문사, 2012, 93쪽; 정종섭, 『헌법소송법(제8판)』, 박영사, 2014, 131쪽.

46) 헌재 1992. 6. 26. 89헌마132, 판례집 4, 387, 398.

47) 헌재 1995. 2. 23. 94헌마105, 판례집 7-1, 282, 286; 헌재 2010. 10. 28. 2009헌마438, 공보 169, 1956, 1958..

것에 불과할 뿐이고, 헌법소원심판 청구를 비롯하여 기왕의 대리인 소송행위가 무효로 되는 것은 아니다.[48] 그리고 대리인 변호사가 적법하게 심판청구서를 제출하였고, 추가 제출한 청구이유서에서 사건의 핵심적인 쟁점사항에 관해서 상세히 주장하였으며, 피청구인 답변요지도 청구기각 의견 외에 별다른 주장이 없어 청구인의 주장과 소명 그 자체에 부족함이 없다면, 피청구인의 답변서 제출 전에 청구인의 대리인이 사임하더라도 구태여 다시 보정명령을 발해서 새로운 대리인을 선임하게 하고 그 대리인이 심판을 수행하게 할 필요는 없다.[49]

다만, 이러한 판단은 대리인의 소송 수행이 충분히 이루어진 이후에나 가능하고, 청구인의 헌법소원심판 청구서가 제출되고 나서 선임된 대리인이 청구인의 헌법소원심판 청구에 관해서 추인하는 내용의 서면이나 새로운 심판청구서 등 심판 청구에 관한 아무런 서면을 제출하지 않고 대리인 지위를 사임하여 헌법재판소가 대리인 선임과 그 대리인 명의로 된 헌법소원심판 청구서 제출을 명하는 보정명령을 발하였는데도 보정기간 안에 보정하지 아니하였다면 그 심판 청구는 부적법하다.[50]

헌법재판소 실무는, 대리인 선임 없이 심판을 청구하면 지정재판부의 사전심사 단계에서 상당한 기간(7일 내지 10일)을 정하여 대리인을 선임하도록 보정명령을 발한다.

청구인이 변호사를 대리인으로 선임하지 아니한 채 심판 청구를 하였고, 스스로 변호사 자격이 있다고 볼만한 자료도 없으며, 헌법재판소에서 변호사를 대리인으로 선임하라는 보정명령을 받고도 보정기간 안에 보정하지 아니하면 심판 청구를 각하한다.[51]

(2) 변호사강제주의의 합헌성

헌법재판소는 변호사강제주의는 재판업무에 분업화 원리 도입이라는 긍정적 측면 외에도, 재판을 통한 기본권의 실질적 보장, 사법의 원활한 운영과 헌법재판의 질적 개선, 재판심리 부담 경감과 효율화, 사법운영 민주화 등 공공복리에 크게 이바지하고, 그 이익은 변호사선임 비용 지출을 하지 않는 이익보다는 크다고 할 것이며, 더욱이 무자력자에 대한 국선대리인제도라는 대상조치가 별도로 마련된 이상 헌법에 위배된다고 할 수 없다고 하였다.[52] 이에 관해서는 변호사강제주의의

---

48) 헌재 1992. 4. 14. 91헌마156, 판례집 4, 216, 219.
49) 헌재 1996. 10. 4. 95헌마70, 판례집 8－2, 363, 366－367.
50) 헌재 2004. 9. 23. 2003헌마16; 헌재 2004. 11. 25. 2003헌마788.
51) 헌재 1995. 2. 23. 94헌마105, 판례집 7－1, 282.
52) 헌재 1990. 9. 3. 89헌마120, 판례집 2, 288, 293－296. 헌재 1996. 10. 4. 95헌마70, 판례집 8－2,

정당성을 강조하는 그러한 이유가 왜 하필 헌법소송에서만 강조되어야 하는지에 관한 합리적인 설명이 없고, 더욱이 국선대리인제도는 헌법소원심판에 관해서만 규정되었으므로, 헌법재판소의 판시내용은 견강부회적인 논증이라고 비판하는 견해가 있다.[53]

(3) 국선대리인제도

① 의의와 신청절차

헌법재판소법 제70조에서는 국선대리인제도를 두어 헌법소원심판 청구에서 변호사를 대리인으로 선임할 자력이 없으면 당사자 신청에 따라 국고에서 보수를 지급하는 국선대리인을 선정해 주도록 한다. 따라서 국선대리인 선임을 원하는 사람은 헌법소원사유를 명시한 국선대리인 선임신청서를 제출하여야 한다. 이때 변호사를 대리인으로 선임할 자력이 없음을 소명하는 자료를 첨부하여야 한다('헌법재판소 국선대리인의 선임 및 보수에 관한 규칙' 제4조). (ⅰ) 월평균수입이 230만원 미만인 자, (ⅱ) 국민기초생활보장법에 의한 수급자, (ⅲ) '국가유공자 등 예우 및 지원에 관한 법률'에 의한 국가유공자와 그 유족 또는 가족, (ⅳ) 위 경우에는 해당하지 아니하나, 청구인이 시각·청각·언어·정신 등 신체적·정신적 장애가 있는지나 청구인이나 그 가족의 경제능력 등 제반사정에 비추어 보아 변호사를 대리인으로 선임하는 것을 기대하기 어려운 때에 변호사를 선임할 자력이 없는 자로서 헌법재판소에 국선대리인을 선임하여 줄 것을 신청할 수 있다(헌법재판소법 제70조 제1항, '헌법재판소 국선대리인의 선임 및 보수에 관한 규칙' 제4조 제1항). 이러한 기준을 충족하지 않아도 국민의 헌법소원심판을 받을 권리를 실질적으로 보장하기 위해서 헌법재판소가 공익상 필요하다고 인정하면 국선대리인을 선임할 수 있다(헌법재판소법 제70조 제2항). 그러나 그 심판 청구가 명백히 부적법하거나 이유 없는 때 또는 권리의 남용이라고 인정되면 국선대리인을 선정하지 아니할 수 있다(헌법재판소법 제70조 제3항 단서).

② 국선대리인예정자명부

헌법재판소는 매년 연말까지 다음 연도의 국선대리인으로 예정한 변호사를 일괄 등재한 국선대리인예정자명부를 작성하는데, 명부에 등재할 변호사는 대한변호사협회 추천을 받거나 사무처장이 추천하는 변호사 중에서 사명감과 전문성을 고려하여

363, 366; 헌재 2001. 9. 27. 2001헌마152, 판례집 13－2, 447, 452－453; 헌재 2004. 4. 29. 2003헌마 783, 판례집 16－1, 596, 598－599도 동지.

53) 정연주, 『헌법소송론』, 법영사, 2015, 67쪽; 허　영, 『헌법소송법론(제13판)』, 박영사, 2018, 137~ 138쪽.

헌법재판소장이 정한다('헌법재판소 국선대리인의 선임 및 보수에 관한 내규' 제2조). 2006
년도부터는 지방에 거주하는 헌법소원심판청구인 편의와 실질적인 법률조력을 위해
서 지방변호사회 소속 변호사를 국선대리인예정자명부에 포함하여 운영한다.

③ 국선대리인 선정

국선대리인은 대한민국에 사무소를 둔 변호사 중에서 이를 선정하는데('헌법재판
소 국선대리인의 선임 및 보수에 관한 규칙' 제2조), 국선대리인 선정은 국선대리인예정
자명부에 등록된 변호사 중에서 차례로 균등하게 함을 원칙으로 하되, 다만 청구인
거주지 등을 고려하여 명부 외의 변호사를 국선대리인으로 선정할 수 있다('헌법재
판소 국선대리인의 선임 및 보수에 관한 규칙' 제3조 제1항). 국선대리인은 청구인마다 1
명을 선정하는 것이 원칙이다. 다만, 사건의 특수성에 비추어 필요하다고 인정하면
1명의 청구인에게 수인의 국선대리인을 선정할 수 있다('헌법재판소 국선대리인의 선
임 및 보수에 관한 규칙' 제3조 제1항). 청구인은 수인 사이에 이해가 상반되지 아니하
면 그 수인의 청구인을 위해서 같은 국선대리인을 선정할 수 있다('헌법재판소 국선
대리인의 선임 및 보수에 관한 규칙' 제3조 제2항).

사무관 등은 국선대리인 선정결정이 있으면 '국선대리인선정 및 보수지급상황
부'에 이를 기재하고, 종전 국선대리인 선정결정을 취소하고 다른 국선대리인을 선
정하면 같은 상황부의 대리인명을 정정하고 비고란에 그 사유를 기재한다('헌법재판
소 국선대리인의 선임 및 보수에 관한 규칙' 제3조 제2항, 제3항). 국선대리인 선임요청에
대한 결정을 하면 결정서 정본을 신청인에게 바로 송달하여야 한다. 국선대리인을
선정하는 결정을 하면 국선대리인에게도 결정서 정본을 송달하여야 한다('헌법재판
소 심판 규칙' 제51조 제2항).

④ 국선대리인의 심판청구서 제출

헌법재판소법 제70조 제5항에서 "제3항의 규정에 의하여 선정된 국선대리인은
선정된 날부터 60일 이내에 제71조에 규정된 사항을 기재한 심판청구서를 헌법재
판소에 제출하여야 한다."라고 규정하여, 국선대리인이 심판청구서를 늦게 제출함
으로써 헌법재판소가 심리를 신속하게 진행하는 것에 지장을 가져오는 것을 막는다.

⑤ 선정 취소와 재선정

(ⅰ) 필수적 취소사유

헌법재판소는 ⓐ 청구인에게 변호사가 선임된 때, ⓑ 국선대리인이 변호사법에
규정된 자격을 상실한 때, ⓒ 헌법재판소가 제7조의 규정에 따라 국선대리인의 사
임을 허가한 때는 국선대리인 선정을 취소하여야 한다('헌법재판소 국선대리인의 선임

및 보수에 관한 규칙' 제6조 제1항).

(ⅱ) 임의적 취소사유

헌법재판소는 국선대리인이 그 직무를 성실히 수행하지 아니하거나 그 밖의 상당한 이유가 있으면 선정을 취소할 수 있다('헌법재판소 국선대리인의 선임 및 보수에 관한 규칙' 제6조 제2항). 청구인이 국선대리인의 무성의를 지적하면서 국선대리인 선정을 취소하고 새로운 국선대리인을 선정해 달라고 요청한 사건에서 헌법재판소는 "국선대리인이 제출한 헌법소원심판청구서에 기재된 청구는 모두 청구인에게 불리한 것으로 보이지 아니하며, 국선대리인 선임 전후에 제출된 청구인의 다른 내용의 청구 및 주장들은 대부분이 이미 당재판소에 판단된 청구인 제소의 헌법소원심판청구들과 중복된 내용이거나 헌법소원청구기간이 오래전에 도래된 것들이므로, 국선대리인이 이들을 새로운 추가 심판 대상으로 청구하거나 추인하지 아니하였다 하여 그 직무를 성실히 수행하지 아니하였다고는 보여지지 아니하고 따라서 국선대리인 선정을 취소하고 새로운 국선대리인을 선정할 만한 사유가 있었다고는 볼 수 없다."라고 하였다.[54] 그리고 청구인이 국선대리인이 자신이 원하는 주장을 하지 않았다는 이유로 국선대리인 개임을 신청한 사건에서 "청구인이 이 사건 법률조항의 위헌사유로 주장한 사유는 청구인의 독단적인 견해라고 할 것이어서 청구인의 국선대리인이 이를 추인하거나 주장하지 않았다고 하여 국선대리인을 개임할 필요가 생겼다고 볼 수 없다."라고 하였다.[55]

(ⅲ) 재선정과 통지

헌법재판소가 '헌법재판소 국선대리인의 선임 및 보수에 관한 규칙' 제6항 제1호 이외의 사유로 국선대리인 선정을 취소하면 곧바로 다른 국선대리인을 선정하여야 한다('헌법재판소 국선대리인의 선임 및 보수에 관한 규칙' 제6조 제3항). 이때 실무상 통상 하나의 결정에서 취소와 재선정을 하고, 같은 결정문은 종전 국선대리인 선정 결정문과 송달보고서에 이어 가철한다. 그리고 별도의 사건번호가 부여되지 않고, 종전 신청사건번호를 그대로 사용한다. 국선대리인 선정을 취소하거나 개임하면 곧바로 그 뜻을 해당 국선대리인과 청구인에게 서면으로 통지하여야 한다('헌법재판소 국선대리인의 선임 및 보수에 관한 규칙' 제6조 제4항).

⑥ 국선대리인에 대한 보수 지급

국선대리인으로 선정된 변호사에게는 본안사건 종료 후에 매년 예산 범위 안에

---

54) 헌재 1995. 2. 23. 94헌마105, 판례집 7-1, 282, 286.
55) 헌재 2009. 12. 29. 2008헌바64, 공보 159, 74, 76.

서 심판에 관한 서류 제출, 변론기일이나 증거조사기일에 대한 참석 등의 사항을 참작하여 보수가 지급된다('헌법재판소 국선대리인의 선임 및 보수에 관한 규칙' 제9조). 국선대리인이 심판청구인을 면담하거나 변론, 증거조사나 검증을 위해서 출석하였다면 매회 재판관회의에서 정한 일정액을 지급한다. 다만, 면담에 대한 보수지급은 1회에 한하되 국선대리인으로 선정된 사람은 청구인을 면담한 것으로 본다. 재판장은 국선대리인이 심판청구서, 증거자료, 준비서면, 그 밖의 심판에 관한 서류를 제출하였다면 이러한 출석을 한 것으로 보아 보수를 지급할 수 있다. 재판장은 사건 난이, 국선대리인이 수행한 직무 내용, 청구인 수, 기록 등사나 청구인 면담 등에 지출한 비용 또는 그 밖의 사항을 참작하여 재판관회의에서 정한 일정액 단위로 증액할 수 있다.

Ⅵ. 심판 청구

1. 심판 청구 방식

소극성은 사법작용의 본질이다. 그래서 사법작용은 재판을 구하는 당사자 신청이 있어야 비로소 발동한다(신청주의). 사법기관이 직권으로 사법작용을 발할 수는 없다. 헌법재판에도 신청주의가 적용된다. 헌법재판소에 대한 심판 청구는 심판사항별로 정하여진 청구서를 헌법재판소에 제출함으로써 한다. 헌법재판소에 청구서를 제출하는 사람은 9통의 심판용 부본을 함께 제출하여야 하고, 송달하여야 하는 심판서류를 제출할 때는 송달에 필요한 수만큼 부본을 따로 제출하여야 한다('헌법재판소 심판 규칙' 제9조, 제23조). 다만, 위헌법률심판에서는 법원의 제청서, 탄핵심판서는 국회 소추의결서 정본으로 이를 갈음한다(헌법재판소법 제26조 제1항). 청구서에는 필요한 증거서류나 참고자료를 첨부할 수 있다(헌법재판소법 제26조 제2항).

청구 이유는 청구의 본질적 부분이다. 이유 설시는 청구취지 당부에 대한 어느 정도의 합리적 판단할 수 있을 정도로 실체적인 내용이 있어야 한다. 따라서 청구 이유에서 사실관계를 파악할 수 있어야 한다. 만일 이것이 불가능하다면 보정명령(헌법재판소법 제28조 제1항)을 통해서 청구인이 이를 보완하도록 하여야 한다.

주위적 청구가 받아들여지지 않을 때를 대비하여 예비적인 청구를 제기하는 것도 이것을 금하는 특별한 규정이 없는 한 가능하다. 이러한 청구는 심판청구기간 안에 이루어져야 하고, 그에 대해서 같은 심판절차 안에서 심판할 수 있어야 하며, 그로 말미암아 제3자적 권리가 주위적 청구와 다른 영향을 받지 말아야 한다. 만일 보조청구에 대한 심판이 그 내용상 독자적인 절차에서 내려야 하면 이것을 독자적인 청구로 보아 때에 따라서는 심판절차를 분리하여야 할 것이다.

헌법재판소법 제40조 제1항에 따라 민사소송법 제259조가 준용되므로 중복청구는 금지된다.[56] 그리고 하나의 헌법소원으로 헌법재판소법 제68조 제1항에 따른 청구와 헌법재판소법 제68조 제2항에 따른 청구를 함께 병합하여 제기할 수 있다.[57]

심판 청구는 "심판청구는 청구서를 헌법재판소에 제출함으로써 한다."라는 헌법재판소법 제26조에 비추어 보면 심판청구서가 헌법재판소에 현실로 도달한 때에 있게 된다(도달주의).[58]

청구서는 전자문서(컴퓨터 등 정보처리능력을 갖춘 장치를 통해서 전자적인 형태로 작성되어 송수신되거나 저장된 정보)화하고 이것을 정보통신망을 이용하여 헌법재판소에서 지정·운영하는 전자정보처리조직(심판절차에 필요한 전자문서를 작성·제출·송달하는 데 필요한 정보처리능력을 갖춘 전자적 장치)을 통해서 제출할 수 있다(헌법재판소법 제76조 제1항). 전자문서로 제출된 청구서는 서면으로 제출된 청구서와 같은 효력이 있다(헌법재판소법 제76조 제2항). 전자문서로 제출된 청구서가 접수되면 당사자나 관

56) 헌재 2007. 6. 28. 2004헌마643, 판례집 19-1, 843, 849: "헌법재판소법 제40조 제1항에 의하면 민사소송법이 헌법소원심판에 준용되는 것이므로 중복제소를 금지하고 있는 민사소송법 제259조가 헌법소원심판에도 준용된다고 할 것이고(헌재 1990. 9. 3. 89헌가120등, 판례집 2, 288, 293; 헌재 1994. 4. 28. 89헌마221 판례집 6-1 239, 257-258 참조), 따라서 이미 우리 재판소에 헌법소원심판이 계속중인 사건에 대하여는 당사자는 다시 동일한 헌법소원심판을 청구할 수 없다고 해석하여야 한다(헌재 2001. 5. 15. 2001헌마298 결정; 헌재 2003. 9. 23. 2003헌마584 결정; 헌재 2006. 3. 7. 2006헌마213 결정)."

57) 헌재 2010. 3. 25. 2007헌마933, 판례집 22-1상, 496, 502-503: "① 헌법재판소법 제68조 제1항에 의한 헌법소원과 헌법재판소법 제68조 제2항에 의한 헌법소원은 비록 그 요건과 대상은 다르다고 하더라도 헌법재판소라는 동일한 기관에서 재판을 받고, 개인에 의한 심판청구라는 헌법소원의 측면에서는 그 성질이 동일한 점, ② 헌법재판소 판례 중에는 헌법재판소법 제68조 제2항의 헌법소원 절차에서 청구변경의 방법으로 예비적 청구를 헌법재판소법 제68조 제2항에 의한 청구에서 위 법 제68조 제1항에 의한 청구로 변경하는 것을 허용한 예(헌재 2007. 10. 25. 2005헌바68, 공보 133, 1088, 1090), 법원에 위헌법률심판제청신청을 한 적이 없는 청구인의 헌법소원심판청구를 헌법재판소법 제68조 제1항에 의한 헌법소원심판청구로 본 예(헌재 2007. 11. 29. 2005헌바12, 공보 134, 1289, 1307), 헌법재판소법 제68조 제1항에 의한 헌법소원심판청구와 위 법 제68조 제2항에 의한 헌법소원심판청구를 병합하여 심판한 예{헌재 2003. 10. 30. 2001헌마700, 2003헌바11(병합), 판례집 15-2하, 137}가 있는 점, ③ 헌법재판소가 헌법재판소 사건의 접수에 관한 규칙에 의하여 헌법재판소법 제68조 제1항의 헌법소원사건의 사건부호를 '헌마'로, 헌법재판소법 제68조 제2항의 헌법소원사건의 사건부호를 '헌바'로 달리 부여하고 있지만 이는 편의적인 것에 불과한 점, ④ 만약 이를 허용하지 않을 경우 당사자는 관련청구소송을 하나는 헌법재판소법 제68조 제1항에 의한 헌법소원으로, 다른 하나는 헌법재판소법 제68조 제2항에 의한 헌법소원으로 제기하여야 하는데 이는 소송경제에 반하는 점 등을 살펴볼 때, 하나의 헌법소원으로 헌법재판소법 제68조 제1항에 의한 청구와 헌법재판소법 제68조 제2항에 의한 청구를 함께 병합하여 제기함이 가능하다고 할 것이다."

58) 헌재 1990. 5. 21. 90헌마78, 판례집 2, 129, 130.

계인에게 전자적 방식으로 그 접수사실을 알려야 한다(헌법재판소법 제76조 제4항).

2. 접수와 배당

(1) 접수

청구서가 제출되면 헌법재판소는 이것을 사건으로 접수하여야 한다('헌법재판소 사건의 접수에 관한 규칙' 제4조 제1항). 접수공무원은 당사자가 제출하는 사건에 대해서 정당한 이유 없이 그 접수를 거부할 수 없다. 다만, 접수된 사건서류의 흠결을 보완하도록 필요한 안내를 할 수 있다('헌법재판소 사건의 접수에 관한 규칙' 제5조 제1항). 접수공무원은 사건을 접수할 때 사건서류의 형식적 요건만을 심사하고, 그 실질적 내용을 심사할 수 없다('헌법재판소 사건의 접수에 관한 규칙' 제5조 제2항). 전자정보처리조직을 이용하여 제출된 전자문서는 전자정보처리조직에 전자적으로 기록된 때에 접수된 것으로 본다(헌법재판소법 제76조 제3항). 심판서류를 접수한 공무원은 심판서류를 제출한 사람이 요청하면 바로 접수증을 교부하여야 하고, 제출된 심판서류 흠결을 보완하도록 필요한 보정을 권고할 수 있다('헌법재판소 심판 규칙' 제5조 제1항).

접수된 사건을 특정하고 이것을 간략히 호칭하기 위하여 사건을 접수하면 사건마다 사건번호와 사건명을 부여한다('헌법재판소 사건의 접수에 관한 규칙' 제7조 제1항). 사건번호는 연도구분·사건부호 및 진행번호로 구성한다('헌법재판소 사건의 접수에 관한 규칙' 제8조 제1항). 연도구분은 사건이 접수된 해 서기연수의 아라비아숫자로 표시한다('헌법재판소 사건의 접수에 관한 규칙' 제8조 제2항). 위헌법률심판사건은 헌가, 탄핵심판사건은 헌나, 정당해산심판사건은 헌다, 권한쟁의심판사건은 헌라, 제1종 헌법소원심판사건(헌법재판소법 제68조 제1항에 따른 헌법소원심판사건)은 헌마, 제2종 헌법소원심판사건(헌법재판소법 제68조 제2항에 따른 헌법소원심판사건)은 헌바, 각종 신청사건은 헌사, 각종 특별사건은 헌아가 사건부호이다('헌법재판소 사건의 접수에 관한 규칙' 제8조 제3항). 진행번호는 그 연도 중에 사건을 접수한 순서에 따라 일련번호로 표시한다('헌법재판소 사건의 접수에 관한 규칙' 제8조 제4항).

(2) 배당

사건이 접수되면 사건을 담당할 재판관을 정하려고 사건배당절차를 진행한다. '헌법재판소 사건의 배당에 관한 규칙'을 따르면 사건 배당은 원칙적으로 전자배당시스템에 따른 무작위 전자추첨 방법으로 한다. 다만, 헌법재판소장이 사안의 중대성·난이도 등을 고려하여 주요사건으로 분류한 사건은 따로 배당 대상이 된다. 국선대리인 선임 신청 등 본안사건에 부수된 신청사건은 그 본안사건이 배당된 재판관에게 배당한다.

3. 심판 청구 효과

(1) 심판 청구는 헌법재판소가 사건을 심리하고 심판할 권한을 근거 지운다. 심판 청구를 통해서 법적으로 보면 사건이 헌법재판소에 계속된다. 이 사건 계속 효과는 송달과는 무관하게 발생한다.

(2) 그에 따라 같은 심판 대상에 관한 후소는 부적법하게 된다(중복제소 금지: 헌법재판소법 제40조, 민사소송법 제259조). 그러나 당사자와 심판 대상인 법률조항이 같더라도 심판유형이 다르면 중복제소에 해당하지 않는다.[59]

(3) 청구 변경(청구 기초가 되는 사실관계 변경, 소송법상 청구 교체, 새로운 피청구인 지정)은 헌법재판소가 동의할 때 그리고 대심적 절차에서는 상대방이 동의할 때만 가능하다.

(4) 청구인은 심판 청구를 통해서 심판 대상을 특정한다.

(5) 심판 청구는 헌법재판소에 결정으로 응답할 법적 의무를 지운다.

(6) 물론 청구가 심판 대상을 특정하는 효과로 말미암아 헌법재판소가 권리보호 실효성을 확보하려고 청구를 해석하는 것을 막지 않는다. 그리고 심판 청구의 절차규제적 효과는 민사소송보다 크지 않다. 헌법재판소는 심판 청구보다 넓게 심판할 수도 있다(예를 들어 헌법재판소법 제45조 단서, 제75조 제6항).

4. 심판 청구 취하

(1) 의의

청구 취하는 청구인이 헌법재판소에 대해서 한 심판 청구의 전부나 일부를 철회하는 의사표시를 말한다. 그러나 사적 자치와 그 소송법적 표현인 처분권주의에 충실한 민사소송법의 소 취하 제도를 헌법재판에 그대로 적용할 수는 없다. 게다가 헌법재판의 각 심판절차는 그 기능과 절차원리가 달라서 청구 취하 허용 여부와 요건, 절차, 효과는 각 심판절차 특성에 맞게 개별적으로 판단하여야 한다. 헌법재판소법은 청구 취하에 관해서 아무런 규정을 두지 않는다. 하지만 헌법재판소법 제40조에 따라 민사소송법의 소 취하 관련 규정들이 원칙적으로 헌법재판에도 준용된다.

---

59) 헌재 1994. 4. 28. 89헌마221, 판례집 6-1, 239, 256-257.

(2) 취하의 방식과 시기

청구 취하는 서면으로 하여야 한다. 다만, 변론이나 변론준비기일에서는 말로
할 수 있다(헌법재판소법 제40조, 민사소송법 제266조 제3항). 청구 취하는 헌법재판소
종국결정이 있을 때까지, 즉 결정 선고 전까지 할 수 있다(헌법재판소법 제40조, 민사
소송법 제266조 제1항). 청구 취하는 전부나 일부에 대해서 할 수 있다(헌법재판소법
제40조, 민사소송법 제266조 제1항). 청구서는 피청구인에게 송달한 뒤에는 청구취하
서도 피청구인에게 송달하여야 한다(헌법재판소법 제40조, 민사소송법 제266조 제4항).

(3) 취하 철회나 취소

청구 취하는 단독적 소송행위이므로 사기, 강박, 착오를 이유로 청구 취하 철회
나 취소를 주장할 수 없다.[60] 청구 취하의 의사표시가 타인의 강요나 폭행 등 범죄
행위에 따라 이루어지면 민사소송법 제451조 제1항 제5호의 사유를 유추하여 무효
나 취소를 주장할 수 있다.[61]

(4) 청구 취하 가능성

① 위헌법률심판

구체적 규범통제절차인 위헌법률심판절차의 본질과 성질에 비추어 제청 사유가
소멸되어 위헌 여부 판단 필요성이 객관적으로 소멸하면 그 사정을 잘 아는 위헌제
청한 법원이 제청결정을 취소하여 위헌제청을 철회할 수 있다(예를 들어 해당 소송당
사자의 소 취하 등으로 말미암아 해당 소송이 종료된 때). 위헌법률심판에서는 피청구인
이 없어서 피청구인 동의 필요성은 문제가 되지 않는다.

법원이 제청을 철회하면 헌법재판소는 별다른 절차 없이 위헌법률심판절차가
종료된 것으로 처리한다. 철회 사유가 있는데도 법원이 제청을 철회하지 않으면 헌
법재판소는 재판의 전제성 소멸을 이유로 그 위헌제청을 각하한다.[62] 다만, 예외적

---

60) 대법원 1997. 6. 27. 선고 97다6124 판결(공1997하, 2339); 대법원 2004. 7. 9. 2003다46758 판결(공
   2004하, 1325) 참조.
   헌재 2005. 2. 15. 2004헌마911, 공보 103, 544, 545: "헌법소원심판청구의 취하는 청구인이 제기한
   심판청구를 철회하여 심판절차의 계속을 소멸시키는 청구인의 우리 재판소에 대한 소송행위이고 소
   송행위는 일반 사법상의 행위와는 달리 내심의 의사보다 그 표시를 기준으로 하여 그 효력 유무를
   판정할 수밖에 없는 것인바, 청구인의 주장대로 청구인이 피청구인의 기망에 의하여 이 사건 헌법
   소원심판청구를 취하하였다고 가정하더라도 이를 무효라고 할 수도 없고, 청구인이 이를 임의로 취
   소할 수도 없다 할 것이므로(대법원 1983. 4. 12. 선고 80다3251 판결; 1997. 6. 27. 선고 97다6124
   판결; 1997. 10. 24. 선고 95다11740 판결 등 참조), 청구인의 위 주장은 받아들일 수 없다."
61) 대법원 1985. 9. 24. 선고 82다카312 판결(집33-3, 38; 공1985, 1408) 참조.
62) 헌재 1989. 4. 17. 88헌가4, 판례집 1, 27; 헌재 2000. 8. 31. 97헌가12, 판례집 12-2, 167.
   대법원 '위헌법률심판제청사건의 처리에 관한 예규' 제7조 제4항 "위헌제청결정을 한 후 헌법재

으로 해당 법률의 위헌 여부에 대한 헌법적 해명 필요성이 있으면 헌법재판소는 심리를 진행하여 본안 판단을 할 수 있다.

② 헌법소원심판

주관소송적 성격이 강한 헌법소원심판에서는 원칙적으로 심판 청구를 자유롭게 청구를 취하할 수 있다.63) 헌법재판소법 제68조 제2항에 따른 헌법소원심판도 개인의 권리구제를 위한 것이므로 청구인이 심판 청구를 자유롭게 취하할 수 있다. 심판 청구 취하는 피청구인이 취하에 동의하였거나 동의 간주가 되면 유효하고 이로 말미암아 심판절차는 종료된다(헌법재판소법 제40조, 민사소송법 제266조 제2항과 제6항). 헌법소원심판에서 유효하게 청구 취하하면 헌법재판소는 심판절차종료선언을 한다.

③ 탄핵심판

헌법재판소법 제40조 제1항에 따라서 탄핵심판절차에는 형사소송에 관한 법령(형사소송법 제255조)이 준용되므로, 탄핵심판에서도 헌법재판소가 종국결정을 내릴 때까지 청구를 취하할 수 있다. 그런데 탄핵소추를 종료시킬 권한은 국회에 있다. 따라서 소추위원은 심판 청구를 취하할 재량권이 없다. 따라서 탄핵소추의결기관이 독임제관청이 아닌 합의제관청인 만큼 국회 의결을 거쳐야 한다. 피청구인도 탄핵심판 유지에 중대한 이해관계가 있으므로 형사소송법 제255조가 아닌 민사소송법 제266조 제2항을 준용하여 탄핵심판 청구 취하는 피청구인 동의를 받아야만 효력이 있다.

④ 정당해산심판

정부가 심판 청구를 할 것인지에 관해서 정치적 재량이 있는 한, 심판 청구 이후 상황 변화 등을 이유로 청구를 취하할 수 있다. 청구 취하에는 심판 청구를 할 때와 마찬가지로 국무회의 심의를 거쳐야 한다. 그리고 청구 취하에는 피청구인의 이해관계가 중대하게 걸려 있으므로 민사소송법을 준용하여 피청구인 동의가 필요하다(헌법재판소법 제40조, 민사소송법 제266조 제2항).

⑤ 권한쟁의심판

권한쟁의심판은 대심적 구조를 갖춘 소송으로서 당사자처분권주의가 적용되어

소가 당해 법률을 위헌이라고 결정하거나 그 법률이 폐지되거나 당사자의 소송종료를 초래하는 행위(소·항소·상고 등의 취하, 화해, 청구포기·인낙 등) 등의 사유로 위헌제청의 사유가 소멸한 경우에는 위헌제청결정을 취소하고 그 취소결정정본을 헌법재판소에 송부함으로써 위헌여부심판제청을 철회한다."

63) 헌재 1995. 12. 14. 95헌마221등, 판례집 7 – 2, 697, 747: "······ 헌법재판소법이나 행정소송법에 헌법소원심판청구의 취하와 이에 대한 피청구인의 동의나 그 효력에 관하여 특별한 규정이 없으므로, 소의 취하에 관한 민사소송법 제239조는 이 사건과 같이 검사가 한 불기소처분의 취소를 구하는 헌법소원심판절차에 준용된다고 보아야 한다."

청구 취하 가능성이 부인되지 않는다.[64] 피청구인이 동의하면 청구 취하는 유효하고 이로 말미암아 심판절차는 종료된다(헌법재판소법 제40조, 민사소송법 제266조 제2항과 제6항).

(5) 청구 취하 효과

청구를 취하하면 소송 계속은 소급적으로 소멸하고(헌법재판소법 제40조, 민사소송법 제267조 제1항), 심판은 종료된다. 따라서 청구인은 원칙적으로 다시 같은 심판청구를 할 수 있다. 그러나 헌법재판에서는 각종 심판절차의 특성상 같은 심판을 청구할 수 없는 때가 있다. 그리고 헌법재판의 각종 심판절차에서는 헌법재판이 갖는 성질과 해당 심판절차의 기능과 성질에 비추어 청구 취하가 허용되지 않거나 심판 청구 취하가 허용되더라도 그 효과가 제한되어 예외적으로 소송이 종료되지 않고 심판 이익이 있는 때가 있다. 헌법재판이 일반적인 중요성이 있고, 그래서 구두변론을 거쳤으며, 그러한 중요성이 종국결정 시점에도 그대로 유지된다면 헌법재판의 객관적 기능을 고려하여 민사소송법을 준용하지 않고 종국결정을 하여야 한다는 견해가 있다.[65]

Ⅶ. 심판절차 경과

심판절차 진행에는 소송절차 진행과 그 정리에 관한 주도권을 헌법재판소가 쥐는 직권진행주의가 적용된다. 송달, 소환, 기일 지정, 증거조사 명령이 당사자 신청이 없어도 헌법재판소 직권으로 이루어진다. 그리고 직권진행주의의 다른 측면인 소송지휘권[66] 역시 헌법재판소에 있다. 다만, 헌법재판소법 제35조는 심판정 질서 유지와 변론 지휘 그리고 평의 정리를 재판장의 권한사항으로 명시한다. 때에 따라

---

64) 헌재 2001. 5. 8. 2000헌라1, 판례집 13-1, 1218, 1225: "비록 권한쟁의심판이 개인의 주관적 권리 구제를 목적으로 삼는 것이 아니라 헌법적 가치질서를 보호하는 객관적 기능을 수행하는 것이고, 특히 국회의원의 법률안에 대한 심의·표결권의 침해 여부가 다투어진 이 사건 권한쟁의심판의 경우에는 국회의원의 객관적 권한을 보호함으로써 헌법적 가치질서를 수호·유지하기 위한 쟁송으로서 공익적 성격이 강하다고는 할 것이다. 그렇지만 법률안에 대한 심의·표결권 자체의 행사 여부가 국회의원 스스로의 판단에 맡겨져 있는 사항일 뿐만 아니라, 그러한 심의·표결권이 침해당한 경우에 권한쟁의심판을 청구할 것인지 여부 또한 국회의원의 판단에 맡겨져 있어서 심판청구의 자유가 인정되고 있는 만큼, 위에서 본 권한쟁의심판의 공익적 성격만을 이유로 이미 제기한 심판청구를 스스로의 의사에 기하여 자유롭게 철회할 수 있는 심판청구의 취하를 배제하는 것은 타당하지 않다."
65) 전광석, 『한국헌법론(제13판)』, 집현재, 2018, 804~805쪽.
66) 소송절차를 원활·신속하게 진행하고 심리를 옹글게(완벽하게) 하여 분쟁을 신속·적정하게 해결하기 위해서 인정된 소송의 주재권능.

서는 지정재판부나 그 재판장 또는 수명재판관이 소송지휘권을 행사할 수도 있다.

1. 송달과 심판절차 진행

헌법재판소가 청구서를 접수하면 곧바로 그 등본을 (직권으로) 피청구기관이나 피청구인에게 송달하여야 한다(헌법재판소법 제27조 제1항). 위헌법률심판 제청이 있으면 법무부 장관과 해당 소송사건의 당사자에게 그 제청서 등본을 송달한다(헌법재판소법 제27조 제2항). 이것은 헌법재판소법 제68조 제2항에 따른 헌법소원심판에도 준용한다(헌법재판소법 제74조 제2항). 탄핵심판에서는 국회의 소추의결서 정본이 청구서에 갈음하고(헌법재판소법 제26조 제1항 단서), 탄핵심판 청구는 소추위원이 탄핵소추의결서 정본을 제출하면 이루어지며(헌법재판소법 제49조 제2항), 국회의장이 탄핵소추의결서 정본을 법제사법위원장인 소추위원에게, 그 등본을 헌법재판소·피소추자와 그 소속기관의 장에게 송달한다(국회법 제134조 제1항). 따라서 헌법재판소가 탄핵심판 피청구인에게 따로 소추의결서 등본을 송달할 필요는 없다. 이때 헌법재판소는 피청구기관이나 피청구인이 그 의견을 진술할 기간을 정할 수 있다(이 기간은 법정기간이 아닌 법관이 설정하는 기간으로 신청에 따라 연장할 수 있다). 이와 구분하여야 할 것이 당사자나 이에 준하는 지위가 없는 사람에 대한 의견진술 기회 부여(예를 들어 헌법재판소법 제44조, 제74조)이다. 이들에게도 법률상 심판청구서가 송달되지만, 헌법재판소가 곧바로 송달하여야 할 의무를 지는 것은 아니다(예를 들어 헌법재판소법 제27조 제2항에는 제1항과는 달리 '지체 없이'라는 말이 없다). 송달은 당사자와 그 밖의 소송관계인에게 소송상 서류(소장 결정문 등)의 내용을 알 기회를 주려고 법정 방식에 따라 하는 통지행위이고, 재판권의 한 가지 작용이다. 이로써 관계인의 절차적 권리가 실효적으로 보장될 기초가 마련된다. 송달절차에 관해서 자세한 것은 결국 민사소송법상 송달에 관한 규정(제161조 이하)을 준용하여야 할 것이다.

헌법재판소는 당사자나 관계인에게 전자정보처리조직과 그와 연계된 정보통신망을 이용하여 청구서를 송달할 수 있다. 다만, 당사자나 이해관계인이 동의하지 아니하면 그러하지 아니하다(헌법재판소법 제78조 제1항). 전자정보처리조직을 이용한 서류 송달은 서면으로 한 것과 같은 효력이 있다(헌법재판소법 제78조 제3항).

2. 심판 청구 보정

(1) 청구서 심사

사건이 주심 재판관에게 배당되면 주심재판관은 청구서가 적법한지를 심사한다.

청구서를 심사한 결과 청구서가 부적법하기는 하지만 보정할 수 있다고 인정하면 재판장에게 보정할 것을 요청하고, 보정할 수 없으면 부적법각하 의견을 제출한다. 헌법재판소는 헌법소원심판 청구서의 필수 기재사항이 누락되거나 명확하지 아니 하면 적당한 기간을 정하여 이것을 보정하도록 명할 수 있고, 이 보정기간까지 보 정하지 아니하면 심판 청구를 각하할 수 있다('헌법재판소 심판 규칙' 제70조). 청구서 의 필수적 기재사항은 통상 적법요건의 중요한 부분과 관련됨을 고려한 것이다.

(2) 심사 대상

청구서의 필수적 기재사항이 제대로 되어 있는지와 대리인이 선임되어 있는지 와 같은 형식적 사항에 관한 것이다. 청구 당부는 심사 대상이 아니다.

(3) 보정 요구

재판장은 심판 청구가 부적법하나 보정할 수 있다고 인정하면 상당한 기간을 정하여 보정을 요구하여야 한다(헌법재판소법 제28조 제1항). 이러한 보정명령제도는 헌법소원에서 지정재판부가 심판 청구 적법 여부를 사전심사할 때도 준용된다(헌법 재판소법 제72조 제5항). 보정기간은 불변기간이 아니다. 재판장의 보정 요구에는 시 간적인 제한이 없다. 변론이 개시된 뒤에도 보정을 요구할 수 있다. 청구인이 재판 장의 보정 요구에 응하여 보정서면을 제출하면 곧바로 그 보정서면 등본을 피청구 기관이나 피청구인에게 송달하여야 한다(헌법재판소법 제28조 제2항).

(4) 보정 효과

재판장의 보정 요구에 따른 보정이 있으면 처음부터 적법한 심판 청구가 있는 것으로 본다(헌법재판소법 제28조 제3항). 심판 청구 보정에서 보정기간은 헌법재판소 법 제38조의 규정에 따른 심판기간에 산입하지 아니한다(헌법재판소법 제28조 제4항). 지정재판부 재판장의 보정 요구에 따른 보정도 마찬가지이다.

(5) 보정 불응 효과

보정에 불응하면 심판 청구가 부적법함을 이유로 심판 청구에 대한 각하결정을 한다.[67]

3. 답변서 제출

청구서나 보정서면을 송달받은 피청구인은 헌법재판소에 답변서를 제출할 수 있고, 답변서에는 심판 청구의 취지와 이유에 대응하는 답변을 기재하여야 한다(헌

---

67) 헌재 1994. 4. 28. 92헌바16, 판례집 6-1, 342, 345-346.

법재판소법 제29조).

4. 심판절차의 병합과 분리

심판절차의 병합과 분리는 일반적으로 소송경제 관념에 들어맞는다. 즉 심리, 증거조사, 결정을 하나의 심판절차에서 공동으로 하는 것이 의미 있느냐에 따라서 이것을 할 것인지를 결정하게 된다. 물론 그로 말미암아 각 절차의 적법요건이 무시되는 일이 있어서는 아니 된다. 그리고 당사자 지위가 무시되어서도 아니 된다. 동종 절차 사이의 병합은 물론 이종 절차 사이의 병합도 가능하다. 병합되었던 여러 절차 중에 먼저 재판이 성숙한 것부터 심판하는 것도 물론 가능하다.

Ⅷ. 심판 대상 확정

헌법재판소의 심판절차는 다른 소송절차에서와 마찬가지로 심판유형별로 정해진 청구서를 제출하는 것으로 개시된다. 따라서 청구서를 제출할 때는 헌법재판소에 누가, 무엇에 대해, 어떤 심판을 구하는지를 분명히 기재하여야 하고, 이로써 1차적으로 심판 대상이 특정된다. 이는 주관적 권리구제를 우선적인 목적으로 하는 모든 사법작용에 일반적으로 적용되는 신청주의 요청이다.

그러나 헌법재판은 단순히 제청신청인이나 청구인의 권리구제에만 목적이 있는 것이 아니라, 헌법질서 수호와 헌법문제 해명이라는 성격도 아울러 있다. 그리고 법적 명확성과 통일성 확보, 소송경제의 관점에서 신청주의를 그대로 관철할 수는 없다. 따라서 헌법재판소는 헌법재판의 이러한 특수성을 반영하여 직권으로 심판 대상을 제한하거나 확장하며, 필요하면 이것을 변경하기도 한다.

1. 원칙

(1) 위헌법률심판과 위헌소원심판

헌법재판소는 원칙적으로 제청법원이 위헌제청한 법률이나 법률조항만을 심판 대상으로 삼을 수 있다. 헌법재판에서 심판 대상은 헌법재판소 결정의 효력이 미치는 범위를 정하는 표준이 된다는 점에서 매우 중요한 실체적 의미가 있다. 그러므로 제청법원은 해당 소송에서 재판의 전제가 되는 법률조항이 명백히 분할될 수 있으면 가능한 한 세분하여 적용 대상이 되는 부분을 좁혀 위헌법률심판 제청을 하여야 하고, 헌법재판소 심판범위는 일반 법원이 위헌심판을 제청한 범위에 한정하는 것이 원칙이다. 이것은 법률의 위헌심사를 제청하는 기관과 심판하는 기관을 별개로 하는 구체적 규범통제제도의 기본적 구조에서 필연적으로 따르는 결론이고, 사법작용에 일반적으로 적용되는 신청주의에 담긴 권력분립원리 표현이라고 할 수 있다. 이것은 헌법재판소법 제68조 제2항의 헌법소원에서도 마찬가지이다.

(2) 헌법소원심판

헌법재판소법 제68조 제1항에 따른 헌법소원심판에서 심판 대상은 원칙적으로 청구인의 청구취지에 따라 정하여진다. 그러나 헌법재판소가 직권으로 심판 대상을 변경하여 확정할 수 있다. 즉 헌법재판소법 제68조 제1항에 따른 헌법소원심판이 청구되면, 헌법재판소는 심판청구서에 기재된 청구취지에 구애됨이 없이 청구인의 주장요지를 종합적으로 판단하여 심판 대상을 확정하여야 한다.[68]

2. 심판 대상 제한

(1) 일반례

실무상 제청법원이나 헌법소원심판청구인은 심판 대상을 적절하게 제한하지 않고 해당 법률조항 전부나 심지어 법률 전부에 대해서 위헌법률심판 제청이나 헌법소원심판 청구를 하는 사례가 많다. 이때 헌법재판소가 재판의 전제성이 없는 부분을 처리하는 실무는 결정이유 중에서 심판 대상을 제한하고 그 제한된 대상에 대해서만 주문에서 판단하는 것이 일반적이다.[69]

(2) 형벌규정

형벌규정은 구성요건을 규정한 부분과 형벌을 규정한 부분으로 이루어진다. 그러므로 제청대상과 심판 대상을 해당 부분에 한정하여야 할 것이다. 다만, 구성요건 부분이 위헌으로 선언되면 형벌 부분은 독자적인 존재의의를 상실하므로 그 부분까지 위헌선언을 하는 것은 별개 문제이다.[70] 이러한 점에 관해서 헌법재판소 실

---

68) 헌재 1993. 5. 13. 91헌마190, 판례집 5-1, 312, 320; 헌재 1998. 10. 15. 98헌마168, 판례집 10-2, 586, 589; 헌재 2003. 5. 15. 2002헌마90, 판례집 15-1, 581, 591 등.

69) 헌재 1997. 3. 27. 96헌바86, 판례집 9-1, 325, 328; 헌재 1997. 4. 24. 95헌바48, 판례집 9-1, 435, 438; 헌재 1997. 4. 24. 96헌가3등, 판례집 9-1, 416, 423; 헌재 1998. 9. 30. 98헌가7등, 판례집 10-2, 484, 492; 헌재 2000. 6. 29. 99헌가16, 판례집 12-1, 767, 771; 헌재 2001. 3. 21. 99헌마150, 판례집 13-1, 737, 741; 헌재 2001. 3. 21. 2000헌바25, 판례집 13-1, 652, 655; 헌재 2004. 11. 25. 2002헌바85, 판례집 16-2하, 345, 437; 헌재 2006. 5. 25. 2005헌가17, 판례집 18-1상, 1, 10; 헌재 2007. 5. 31. 2005헌마1139, 판례집 19-1, 711, 717 참조.

70) 구성요건만 심판 대상으로 삼은 예로는 헌재 1992. 6. 25. 90헌바26, 판례집 4, 362, 365; 헌재 1996. 10. 4. 93헌가13, 판례집 8-2, 212, 215.

무는 법원의 위헌법률심판 제청이나 당사자가 헌법소원심판 청구를 하면서 심판 대상으로 삼은 조문으로 심판 대상을 한정하는 것이 원칙이고, 특별한 때에 심판 대상을 제한하거나 확장하기도 한다.

3. 심판 대상 확장

헌법재판의 실무상 심판 대상 법률조항을 나누기 어렵거나 관련 조항과 맺는 관계에서 심판 대상을 확장함이 더 목적에 맞는 때가 있다. 따라서 법적 명확성, 법적 안정성, 법의 통일성, 소송경제 등의 관점에서 불가피하게 심판 대상을 법원이 제청한 법률이나 법률조항에만 국한하지 아니하고 다른 법률이나 법률조항에까지 확장하여야 할 필요가 있을 때가 있다.

(1) 동일 심사척도가 적용되는 때

제청법원이 단일 조문 전체를 위헌제청하고 그 조문 전체에 같은 심사척도가 적용되면 그 조문 전체에 대해서 심판 대상을 확장할 수 있다. 헌법재판소는 이와 관련하여 법률조항 중 해당 사건의 재판에서 적용되지 않는 내용이 들어 있는 때도 "제청법원이 단일 조문 전체를 위헌제청하고 그 조문 전체가 같은 심사척도가 적용될 위헌심사대상인 경우 그 조문 전체가 심판대상이 된다고 할 것이며", 관세법 제182조 제2항(…… 그 '예비를 한 자'와 '미수범'은 ……)과 같이 "병렬적으로 적용대상이 규정되어 있는 경우라도 그 내용이 서로 밀접한 관련이 있어 같은 심사척도가 적용될 위헌심사대상인 경우 그 내용을 분리하여 따로 판단하는 것이 적절하지 아니하다."라고 판시한 바 있다.[71]

(2) 체계적으로 밀접불가분한 때

헌법재판소는 재판의 전제성이 있는 부분과 체계적으로 밀접한 관련이 있는 부분에 대해서도 심판 대상을 확장한다.[72]

(3) 심판 대상 조항 적용의 전제가 되는 때

헌법재판소는 심판 대상이 된 법률조항을 적용하기 위해서 전제가 되는 규정에

---

71) 헌재 1996. 11. 28. 96헌가13, 판례집 8−2, 507, 516. 동지: 헌재 2001. 1. 18. 99헌바112, 판례집 13−1, 85, 90; 헌재 2003. 6. 26. 2001헌가17, 판례집 15−1, 602, 618; 헌재 2004. 10. 28. 2002헌마 328, 공보 98, 1187, 1188−1189. 확장을 부정한 예로는 헌재 2002. 11. 28. 2002헌가5, 판례집 14−2, 600, 603.

72) 헌재 1994. 4. 28. 92헌가3, 판례집 6−1, 203, 213; 헌재 2001. 1. 18. 2000헌바29, 판례집 13−1, 111, 114; 헌재 2001. 11. 29. 99헌마494, 판례집 13−2, 714, 720; 헌재 2005. 2. 3. 2001헌가9등, 판례집 17−2, 1, 12; 헌재 2007. 5. 31. 2005헌바47, 판례집 19−1, 568, 575.

대해서도 심판 대상으로 확장한다.73)

(4) 개정법률 등 유사법률조항에 대한 확장 문제

위헌제청은 개정 전 법률조항에 대해서 이루어졌지만, 개정법률이나 다른 유사 법률에 제청 신청된 법률과 마찬가지의 위헌성이 있으면 이에 대해서 심판 대상을 확장할 수 있는지가 문제 될 수 있다. 헌법재판소가 이에 대해서 부정적인 견해를 취하였다.74) 심지어 헌법재판소는 당사자가 개정법률에 대해서 청구취지 확장 청구를 하여도 받아들이지 않았다.75) 그러나 최근에 헌법재판소는 개정법률에 대해서도 직권으로 심판 대상을 확장한다.76) 법원이 위헌제청한 법률조항을 심판 대상으로 삼아 심판하는 과정에서 위헌제청된 법률조항과 같은 내용의 법률조항을 담은 법률 개정이 이루어지면 헌법재판소는 헌법질서의 수호·유지와 소송경제적인 측면에서 이 개정조항을 심판 대상에 포함시키는 것이 바람직하다는 견해가 있다.77) 개정된 법률조항이 해당 사건과 밀접한 관련이 있으면 심판 대상에 포함시킬 수 있지만, 그렇지 않으면 사법의 소극성에 비추어 심판 대상으로 포함시킬 수 없다고 생각한다.

4. 심판 대상 변경

헌법재판소는 당사자가 청구취지 등에서 위헌 확인을 구하는 대상 법률조항에 대해서, 심판 청구 이유, 법원에서 진행된 위헌여부심판제청신청사건 경과, 해당 사건 재판과 맺는 관련성 정도, 이해관계기관 의견 등 여러 가지 사정을 종합하여, 직권으로 청구인이 구한 그 심판 대상을 변경하여 확정하는 때가 있다.78) 헌법재판소는 묵시적으로나마 청구인의 위헌제청 신청이 있었고 그에 대한 법원의 기각결정이 있었다고 보아 법원이 기각결정을 한 바 없는 법률조항도 심판 대상에 포함시켜 함께 판단한 적이 있다.79)

---

73) 헌재 1994. 6. 30. 93헌가15등, 판례집 6-1, 576, 584; 헌재 1999. 3. 25. 98헌가11등, 판례집 11-1, 158, 167; 헌재 2007. 3. 29. 2005헌마985등, 판례집 19-1, 287, 293-294.

74) 헌재 2000. 6. 29. 99헌가9, 판례집 12-1, 753, 758.

75) 헌재 2002. 10. 31. 99헌바76등, 판례집 14-2, 410, 420.

76) 헌재 2008. 7. 31. 2004헌마1010등, 판례집 20-2상, 236, 241; 헌재 2010. 7. 29. 2008헌가28, 판례집 22-2상, 74, 79.

77) 허 영, 『헌법소송법론(제13판)』, 박영사, 2018, 232~233쪽.

78) 헌재 1998. 3. 26. 93헌바12, 판례집 10-1, 226, 233; 헌재 1999. 7. 22. 97헌바55, 판례집 11-2, 149, 164; 헌재 1999. 9. 16. 92헌바9, 판례집 11-2, 262, 264; 헌재 1999. 10. 21. 97헌바26, 판례집 11-2, 383, 395; 헌재 2000. 8. 31. 98헌바27등, 판례집 12-2, 190, 194; 헌재 2003. 5. 15. 2002헌마90, 판례집 15-1, 581, 591; 헌재 2007. 5. 31. 2005헌마172, 공보 128, 636, 638.

79) 헌재 2001. 1. 18. 2000헌바29, 판례집 13-1, 111, 114: "… 청구인은 앞에서 본 바와 같이 선일자 수표의 경우 그 지급제시기간을 수표에 기재된 발행일자가 아닌 실제발행일로부터 기산하여야 한다

5. 부수적 위헌선언

심판 대상 확장과는 별개로 부수적 위헌선언을 하기도 한다. 헌법재판 대상이 된 법률조항 중 일정한 법률조항이 위헌으로 선언되면, 같은 법률의 나머지 법률조항들은 그대로 유지되는 것이 원칙이다. 그러나 합헌으로 남는 어떤 법률조항이 위헌으로 선언되는 법률조항과 밀접한 관계가 있어서 그 조항만으로는 법적으로 독립한 의미가 없으면 예외적으로 그 법률조항에 대해서 위헌선언을 할 수 있다.[80]

IX. 심리

1. 심리원칙: 구두변론과 서면심리

탄핵심판·정당해산심판·권한쟁의심판은 구두변론에 의한다. 그리고 위헌법률심판과 헌법소원심판은 서면심리에 의하되 재판부가 필요하다고 인정하면 변론을 열 수 있다(헌법재판소법 제30조). 구두변론주의나 구술주의를 따르면 구두진술에서 받는 선명한 인상과 즉각적인 반문을 통해서 진상 파악·모순 발견이 쉽고, 여기에 증거조사를 집중시켜 신속·적정하게 재판할 수 있다. 그리고 당사자와 이해관계인 등은 변론 진행상황을 쉽게 알 수 있다. 헌법재판소에 청구되는 사건 대부분을 차지하는 위헌법률심판과 헌법소원심판에서는 구두변론 필요성이 있는 사건도 없지는 않다. 그러나 모든 사건을 구두변론을 거치도록 한다면 재판부 업무가 가중되는 불편함이 있다. 그러므로 현행법은 서면심리를 원칙으로 하고 전문지식이 있는 참고인 진술을 청취하기 위한 때 등 필요하면 구두변론을 열 수 있는 것으로 규정한다. 필요적 변론사건(탄핵심판, 정당해산심판, 권한쟁의심판)에서도 청구가 부적법하고 그 흠결을 보정할 수 없음이 명백하면 변론을 실시할 실익이 없다. 이때 실무적으

는 주장을 하면서 위헌제청신청 및 이 사건 심판청구에 이른 것인데, 수표법 제29조 제1항은 국내 수표의 지급제시기간은 10일간이라는 것으로, 이것만으로는 청구인이 다투는 선일자수표의 기산일에 관한 아무런 규율이 되지 않을 뿐 아니라, 여기에 반드시 기산일에 관한 규정인 같은 조 제4항을 보태어 보아야만 비로소 의미를 갖게 된다. 즉 수표법 제29조 제4항은 같은 조 제1항을 보충하는 규정으로서 이 두 규정은 이 사건에서 서로 필연적 연관관계에 있다고 할 것이므로, 비록 묵시적으로나마 선일자수표의 기산일에 관한 법률조항인 같은 조 제4항에 대하여도 위헌제청신청이 있었고, 그에 대한 법원의 기각결정도 있었다고 못 볼 바 아니므로 이를 심판대상에 포함시켜 함께 판단하기로 한다."

80) 헌재 1989. 11. 20. 89헌가102, 판례집 1, 329, 342; 헌재 1991. 11. 25. 91헌가6, 판례집 3, 569, 581; 헌재 1996. 12. 26. 94헌바1, 판례집 8-2, 808, 829; 헌재 2001. 7. 19. 2000헌마91등, 판례집 13-2, 77, 100; 헌재 2002. 8. 29. 2001헌바82, 판례집 14-2, 170, 183.

로는 헌법재판소법 제40조에 따라 민사소송법 제219조를 준용하여 변론 없이 청구를 각하한다.[81]

2. 직권심리주의

헌법재판소는 청구인의 심판청구서에 기재된 피청구인이나 청구취지에 구애됨이 없이 청구인의 주장요지를 종합적으로 직권 조사하여 판단하여야 한다. 청구인이 주장하는 침해된 기본권과 침해 원인이 된 공권력을 직권으로 조사하여 피청구인과 심판 대상을 확정하여야 한다(헌법재판소법 제45조 단서, 제75조 제6항).

3. 의견서 제출

헌법재판소법은 위헌법률심판과 헌법소원심판의 절차에서 의견서제출제도를 규정한다. 위헌법률심판사건과 위헌소원심판사건이 재판부에 심판회부되면 해당 소송사건의 당사자와 법무부 장관은 헌법재판소에 법률의 위헌 여부에 관한 의견서를 제출할 수 있다(헌법재판소법 제44조, 제74조 제2항). 그리고 헌법소원심판에 이해관계가 있는 국가기관이나 공공단체와 법무부 장관은 헌법재판소에 그 심판에 관한 의견서를 제출할 수 있다(헌법재판소법 제74조 제1항). 실무상으로는 이해관계기관에도 위헌법률심판제청서 등본, 심판회부통지서 등을 송부함과 동시에 의견서 제출 기회를 부여한다. '헌법재판소 심판 규칙'은 모든 심판절차로 이것을 확대하여 이해관계인에게 의견서 제출 기회를 부여한다. 여기서 어느 기관이 이해관계기관에 해당하는지는 구체적 사건에 따라 개별적으로 판단하여야 할 것이다. 그러나 일반적으로는 법령에 대한 위헌여부심판사건에서는 해당 법령 시행의 주무관청과 해당 법령이 처분의 전제가 되면 처분청의 감독관청도 이해관계인으로 본다. 그리고 공권력 행사 주체의 최상급 관청도 이해관계인으로 보아 의견서 제출 기회를 부여한다. 한편, 국가인권위원회법을 따르면, 국가인권위원회는 인권의 보호와 향상에 중대한 영향을 미치는 재판이 계속 중일 때 법원이나 헌법재판소의 요청이 있거나 필요하다고 인정하면 법원의 담당재판부나 헌법재판소에 법률상 사항에 관해서 의견을 제출할 수 있고(국가인권위원회법 제28조 제1항), 국가인권위원회법 제4장(인권침해의 조사와 구제)의 규정에 따라서 국가인권위원회가 조사나 처리한 내용에 관해서 재판이 계속 중일 때, 국가인권위원회는 법원이나 헌법재판소의 요청이 있거나 필요하다고

---

81) 헌재 2009. 9. 24. 2008헌라5, 공보 156, 1654; 헌재 2009. 11. 26. 2008헌라3, 판례집 21-2하, 468.

인정하면 법원의 담당재판부이나 헌법재판소에 사실상 및 법률상 사항에 관하여 의
견을 제출할 수 있다(국가인권위원회법 제28조 제2항).

4. 직권이나 당사자 신청에 따른 증거조사

(1) 직권탐지주의

헌법소원심판을 포함한 헌법재판은 헌법을 보호하고 국민의 기본권을 보장하는
역할을 한다. 그런데 일반적인 법원의 민·형사재판과는 달리 헌법규범 해석과 이
로 말미암은 객관적인 헌법질서 보장을 위한 기능이 헌법재판에서는 중요한 의미가
있다. 특히 헌법재판은 일반 법원에서 이루어지는 재판과는 달리 헌법재판기관, 즉
헌법재판소의 직권에 따른 심리가 요구되는 정도가 크고 바람직한 때가 더 잦다고
할 것이다. 그러므로 당사자의 변론이나 주장은 헌법재판소의 직권탐지를 촉구하고
보완하는 것에 그치고, 당사자가 주장하지 않은 사실도 수집하여 재판 기초로 삼아
야 할 때가 잦다.

직권탐지주의가 원칙적으로 적용되어 당사자의 사실주장에 헌법재판소가 구속
받지 않더라도 당사자가 재판자료의 수집과 조사에 아무런 영향력이 없는 것은 아
니다. 다른 한편, 직권탐지주의가 적용되어도 당사자가 지는 소송법상 주장의무나
협조의무가 없어지는 것도 아니다. 이 의무를 이행하지 않으면 그 심판 청구가 부
적법하게 될 수 있다. 그러므로 당사자는 헌법재판소를 신뢰하여 사실관계 해명을
위한 활동에 소홀히 하면 낭패를 볼 수 있다.

(2) 증명책임

직권탐지주의가 지배하면 패소를 면하기 위해서 증거를 대야 할 책임을 의미하
는 주관적 증명책임(증거제출책임 － 변론주의의 산물)은 적용되지 아니한다. 그러나
직권탐지주의가 적용되어도 요증사실이 명확하지 않은 때가 있고, 그에 따라 그 위
험부담을 누가 질 것인지의 문제, 즉 객관적 증명책임 문제가 제기된다. 자신에게
인정된 권리영역을 제약에서 방어하는 것이냐, 아니면 그러한 권리영역 밖으로 나
와 있느냐에 따라 증명책임이 분배된다. 그에 따라 기본권 문제에서 기본권주체는
자신의 기본권 보호영역에 대한 국가의 제약이 있는지에 관하여 객관적 증명책임을
지지만, 기본권 제약의 전제조건 존부에 대한 증명책임은 국가가 진다. (국민의 권리
에서 국적은 중요한 의미가 있다. 국적 존부가 명확하지 않으면 원칙적으로 국가에 객관적
증명책임이 있다.) '의심스러우면 자유의 이익으로'라는 원칙은 부적합하다. 법률은
종종 기본권주체의 정당한 권리영역을 획정하는 기능이 있는데, 이때 누구의 자유

이익인지 확정할 수 없기 때문이다. 그리고 청구인에게 증명책임을 부과하는 것도
부당하다. 위헌법률심판에서 이것은 무의미하고, 헌법소원심판에서 이것은 청구인
을 일방적으로 불리한 위치에 몰아넣으며, 자유보장원칙에 위배되기 때문이다. 헌
법재판에서 실제로 증명책임을 적용하는 예는 거의 없다. 오히려 심사강도 조절이
전면에 등장한다. 한국에서는 제한 정도와 제한된 권리의 의미와 비중에 따라 심사
강도를 조절한다.

(3) 증거조사절차와 증거 평가

직권이나 당사자 신청에 따른 결정으로 증거를 조사한다. 즉 재판부는 사건 심
리를 위해서 필요하다고 인정하면 직권이나 당사자 신청에 따라서 ① 당사자 본인
이나 증인을 심문하는 일, ② 당사자나 관계인이 소지하는 문서·장부·물건이나
그 밖의 증거자료 제출을 요구하고 이를 영치하는 일, ③ 특별한 학식과 경험이 있
는 사람에게 감정을 명하는 일, ④ 필요한 물건·사람·장소나 그 밖의 사물의 성상
이나 상황을 검증하는 일과 같은 증거조사를 할 수 있다(헌법재판소법 제31조 제1항).
증거조사는 원칙적으로 재판부가 직접 한다(직접주의). 다만, 재판장은 필요하다고
인정하면 재판관 중 1명을 지정하여 이러한 증거조사를 하게 할 수 있는데(헌법재판
소법 제31조 제2항), 이처럼 지정된 재판관을 법원의 수명법관(민사소송법 제129조 제1
항)과 같이 실무상 수명재판관이라고 부른다. 헌법재판소법 제31조는 지정재판부
심리에 준용되므로(법 제72조 제5항) 지정재판부에서도 이러한 증거조사를 할 수 있
고 지정재판부 재판장은 수명재판관을 지정하여 증거조사를 하게 할 수 있다. 증거
의 증명력, 즉 증거가치 평가에 관해서는 자유심증주의가 적용된다.

5. 사실 조회와 자료 제출 요구

재판부는 결정으로 다른 국가기관이나 공공단체의 기관에 대해서 심판에 필요
한 사실을 조회하거나, 기록 송부나 자료 제출을 요구할 수 있다. 다만, 재판·소추
또는 범죄수사가 진행 중인 사건의 기록에 대해서는 송부를 요구할 수 없다(헌법재
판소법 제32조). 자료 제출 요구 등을 받은 국가기관이나 공공단체의 기관은 즉시
이것을 제출·송부하여야 한다.

6. 심판 장소

심판 변론과 종국결정 선고는 심판정에서 한다. 다만, 헌법재판소장이 필요하다
고 인정하면 심판정 외의 장소에서 이것을 할 수 있다(헌법재판소법 제33조). 지정재

판부 결정이나 신청사건 결정은 심판정에서 선고하는 방법에 의하지 아니하고 결정문(정본)을 송달하여 고지한다.

헌법재판소 심판정에는 대심판정과 소심판정이 있다. 대심판정은 전원재판부 변론, 종국결정 선고 등에 사용하고, 소심판정은 수명재판관의 준비절차, 증거조사(헌법재판소법 제31조 제2항)나 지정재판부의 증거조사(헌법재판소법 제72조 제5항) 등에 사용된다.

7. 심판 공개

심판 변론과 결정 선고는 공개한다. 다만, 국가의 안전보장·안녕질서나 선량한 풍속을 해할 염려가 있으면 결정으로 변론을 공개하지 아니할 수 있다. 서면심리와 평의는 공개하지 아니한다(헌법재판소법 제34조, 법원조직법 제57조 제1항 단서).

8. 심판 지휘와 법정경찰권

재판장은 심판정의 질서와 변론 지휘 및 평의 정리를 담당한다(헌법재판소법 제35조 제1항). 법정 질서유지는 재판장이 한다. 재판장은 법정의 존엄과 질서를 해할 우려가 있는 사람의 입정 금지나 퇴정을 명하거나 그 밖에 법정 질서유지에 필요한 명령을 발할 수 있다(헌법재판소법 제35조 제2항, 법원조직법 제58조). 누구든지 법정 안에서는 재판장 허가 없이 녹화·촬영·중계방송 등의 행위를 하지 못한다(헌법재판소법 제35조 제2항, 법원조직법 제59조, '헌법재판소 심판 규칙' 제19조). 재판장은 법정에서 질서유지를 위해서 필요하다고 인정하면 개정 전후를 불문하고 관할 경찰서장에게 국가경찰공무원 파견을 요구할 수 있다. 이러한 요구에 따라 파견된 국가경찰공무원은 법정 내외의 질서유지에 관해서 재판장 지휘를 받는다(헌법재판소법 제35조 제2항, 법원조직법 제60조). 헌법재판소는 직권으로 법정 내외에서 입정 금지나 퇴정을 명하거나 그 밖에 법정 질서유지에 필요한 명령이나 녹화 등의 금지에 위배하는 행위를 하거나 폭언·소란 등의 행위로 법원 심리를 방해하거나 재판의 위신을 현저하게 훼손한 사람에 대해서 결정으로 20일 이내의 감치나 100만원 이하의 과태료에 처하거나 이것을 병과할 수 있다(헌법재판소법 제35조 제2항, 법원조직법 제61조 제1항).

9. 심판정의 언어

심판정에서는 우리말을 사용한다. 심판관계인이 우리말을 하지 못하거나 듣거나 말하는 데 장애가 있으면 통역인이 통역하게 하거나 그 밖에 의사소통을 도울

방법을 사용하여야 한다(헌법재판소법 제35조 제2항, 법원조직법 제62조, '헌법재판소 심
판 규칙' 제18조).

X. 평의

1. 평의 절차

실무상 사건을 평의에 회부하고자 하는 주심재판관은 관련 사건에 관한 평의요
청서를 작성하여 각 재판관에게 배포한다. 배포는 평의 전에 상당한 기간을 두고 이
루어진다. 재판장은 재판관들과 협의하여 평의일정을 확정하고 나서 평의일자와 평
의안건 목록을 각 재판관에게 통지한다. 평의에서는 먼저 주심재판관이 사건에 관한
검토내용을 요약하여 발표하고 평의를 진행하고 나서, 최종적으로 표결하는 '평결'을
하게 된다. 평결에서는 먼저 주심재판관이 의견을 내고, 그다음은 후임 재판관부터
차례대로 의견을 내고 나서 재판장이 마지막으로 의견을 내는 것이 관례이다.

2. 평결방식

보통 재판 평의에서 그 평결방식에는 쟁점별 평결방식과 주문별 평결방식이 있
다. 쟁점별 평결방식은 적법요건이나 본안에 해당하는 문제를 개개 쟁점별로 각각
표결하여 결론을 도출하는 방식을 말한다. 주문별 평결방식은 적법요건이나 본안에
해당하는 문제를 개개 쟁점별로 표결하지 않고 결론에 초점을 맞추어 전체적으로
표결하여 주문을 결정하는 방식을 말한다. 헌법재판소 실무례는 기본적으로 주문별
평결방식에 입각하고, 적법요건과 본안을 분리하여 평결하지 않고 전체적으로 평결
하여 결론을 도출하는 방식을 취한다. 평결방식과 관련하여 헌법재판소 결정에서
명시적으로 그에 관하여 언급한 예가 있다. 즉 구 국세기본법 제42조 제1항 단서에
대한 헌법소원사건에서 위헌의견을 낸 5명의 재판관은, "헌법소원의 적법성의 유무
에 관한 재판은 재판관 과반수의 찬성으로 족한 것이므로 이 사건에 있어서 재판관
5명이 재판의 전제성을 인정하였다면 이 사건 헌법소원은 일응 적법하다고 할 것
이고, 이 사건 헌법소원이 적법한 이상 재판의 전제성을 부인하는 재판관 4명도 본
안결정에 참여하는 것이 마땅하며 만일 본안에 대해 다수와 견해를 같이하는 때에
그 참여는 큰 의미를 갖는 것"[82]이라고 하였고, 이에 대해서 각하의견을 낸 4명의

---

82) 헌재 1994. 6. 30. 92헌바23, 판례집 6-1, 592, 612.

재판관은 "5인의 위헌의견은 헌법재판의 합의방법에 관하여 쟁점별 합의를 하여야 한다는 이론을 펴고 있으나 헌법재판소는 발족 이래 오늘에 이르기까지 예외 없이 주문합의제를 취해 왔으므로 유독 이 사건에서 주문합의제를 쟁점별 합의제로 변경하여야 한다는 이유를 이해할 수 없고, 새삼 판례를 변경하여야 할 다른 사정이 생겼다고 판단되지 아니한다."[83]라고 하면서 본안 판단에 참여하지 않았다.

3. 평의 평결대상과 평결순서에 관한 이론

헌법소송의 평결대상과 평결순서는 논리적인 관점, 소송법적 및 실체법적인 관점을 기초로 정한다. 기본적으로 소송요건에 관련한 문제를 본안에 관련한 문제보다 먼저 심리하고 결정한다. 따라서 헌법소송에 관련한 적법요건에 관한 문제를 먼저 표결하여 결정하고, 그다음에 본안에 관련한 문제를 별도로 표결하여 결정한다.

(1) 적법요건에 관한 평결

헌법소원심판 청구에서 적법요건에 해당하는 청구기간, 기본권 침해, 보충성원칙, 권리보호이익 등에 관해서 전체적으로 평결하여야 할 것인지 또는 개별적으로 평결하여야 할 것인지가 문제 된다. 예를 들어 헌법소원심판 청구에 관한 적법요건 충족 여부를 판단한 결과 각 3명씩의 재판관은 청구기간 도과, 보충성원칙 결여, 청구인의 자기관련성 부존재라는 의견을 각각 낸다. 이때 주문별 평결방식에 따라 표결한다면 재판관 9명 모두 같은 청구가 부적법하다는 결론이 도출된다. 그러나 독일식 쟁점별 평결방식에 따라서 적법요건을 개별적으로 평결하면, 3명의 재판관이 제시한 부적법의견인 청구기간 도과, 보충성원칙 결여, 청구인의 자기관련성 부존재는 어느 것도 절대다수(5명)를 차지하지 못한다. 각각의 부적법의견이 소수에 불과하여 다수가 부정하므로 헌법소원심판 청구가 적법하다는 결론이 최종적으로 도출된다. 그러나 한국식 쟁점별 평결이나 주문별 평결에 따르면 청구는 부적법하게 된다.

(2) 본안문제에 관한 평결과 그 순서

심판사건의 적법요건에 관한 평결에서 그 적법성이 인정되고 나서는 본안문제에 관한 평결에서 개별적 평결사항을 쟁점별 평결방식에 따라서 평결하는 것이 타당하다. 본안 판단에서는 아래와 같이 평결사항을 순서대로 평결한다.

---

83) 헌재 1994. 6. 30. 92헌바23, 판례집 6-1, 592, 617-618.

① 심판 대상이 단수나 복수인 때

특정 법률의 여러 법조문이 심판 대상이 되면 개별 법조문이 각각 헌법 규정에 어긋나는지를 별도로 평결한다. 단 하나의 법률조문이 판단대상이 되는 때도 관련되는 모든 헌법 규정과 합치하는지를 평결한다.

② 심사기준이 단수나 복수인 때

지금까지 헌법재판소 결정례는 적용될 헌법 규정이 경합하면 아무런 구분 없이 모든 헌법 규정을 판단하고 평결하는 것이 대부분이었다. 그러나 헌법 규정이 일반이나 특별의 경합관계에 있으면 헌법의 특별규정(예: 헌법 제15조에 따른 직업선택의 자유나 헌법 제21조에 따른 언론의 자유)부터 먼저 평결하여야 한다. 이러한 특별 헌법 규정 침해를 재판관 다수가 부정하는 때만, 별도로 헌법 일반규정(예: 헌법 제10조에 따른 행복추구권)을 평결하는 것이 타당하다. 헌법 규정이 서로 간에 동등한 관계에 있으면 각 규정을 별도로 판단하되, 이미 한 헌법 규정에 대한 위반이 확인되면 다른 헌법 규정 침해 여부에 대한 평결은 불필요할 수도 있다. 그러나 헌법소원심판 청구가 기각되면 관련된 헌법 규정 모두가 침해되지 않았다는 이유를 판시하여야 하므로 관련된 모든 헌법 규정에 대한 평결이 필수적이다.

③ 개별 헌법 규정 안

하나의 헌법 규정이 침해되었는지에 관한 판단에서도 제기되는 수 개의 쟁점(이유)에 관해서 각각 의견 불일치가 있으면 개별 쟁점(이유)마다 별도로 표결한다. 예를 들어 헌재 1996. 2. 16. 96헌가2등(5·18민주화운동등에관한특별법 제2조 위헌제청 등) 사건에서 개별 쟁점에 대하여 별도로 평결한 것을 참고할 수가 있다.

4. 여러 의견이 대립하는 때의 주문결정

(1) 주문 선택

평의 결과 관여 재판관의 의견이 위헌, 헌법불합치, 한정위헌(한정합헌), 합헌 등으로 갈려 한 의견만으로는 의결정족수를 충족시킬 수 없으면 주문을 어떻게 결정할 것인지가 문제 된다. 그런데 이러한 때의 해결방법에 관해서 헌법재판소법은 직접적으로는 아무런 규정을 두지 않는다. 다만, 헌법재판소법 제40조 제1항에 따라 법원조직법 제66조 소정의 '합의에 관한 규정'을 준용할 수 있다.

법원조직법 제66조 제2항을 따르면 '수액'이나 '형량'에 관하여 3설 이상이 나누어지고, 어느 견해도 그 자체로서는 과반수에 이르지 못하면 신청인(민사에서는 원고, 형사에서는 검사)에게 가장 유리한 견해를 가진 수에 차례로, 그다음으로 유리한 견해를 가진 수를 더하여 과반수에 이르게 된 때의 견해를 그 합의체 견해로 하도록 한다. 이를 따르면 예를 들어 평의 결과 관여 재판관 의견이 위헌 2명, 헌법불합치 2명, 한정합헌 2명, 합헌 3명으로 나누어지면, 청구인 등에게 가장 유리한 견해인 위헌의 견해를 가진 수(2명)에 차례로 유리한 견해의 수(헌법불합치 2명, 한정합헌 2명)을 더하여 '6명'에 이르게 된 때의 견해인 '한정합헌' 견해에 따라 주문이 결정된다.

헌법재판소는 관여 재판관의 평의 결과가 단순합헌의견 3명, 한정합헌의견 5명, 전부위헌의견 1명의 비율로 나타난 위헌법률심판사건에서, "한정합헌의견(5)은 질적인 일부위헌의견이기 때문에 전부위헌의견(1)도 일부위헌의견의 범위 내에서는 한정합헌의 의견과 견해를 같이한 것이라 할 것이므로 이를 합산하면 법 제23조 제2항 제1호 소정의 위헌결정 정족수에 도달하였다고 할 것이며, 그것이 주문의 의견이 되는 것"이라고 하여 한정합헌으로 결정하였고,84) 단순위헌의견 5명, 헌법불합치의견 2명, 합헌의견 2명이면, "단순위헌의견(5)이 다수의견이기는 하나 법 제23조 제2항 제1호에 규정된 '법률의 위헌결정'을 함에 필요한 심판정족수에 이르지 못하였으므로 헌법불합치의 결정을 선고하기로" 한다고 하였으며,85) 단순위헌의견 1명, 일부위헌의견 1명, 적용 중지 헌법불합치의견 2명, 계속 적용 헌법불합치의견 5명일 때 계속 적용 헌법불합치결정을 선고하였고,86) 한정위헌의견 5명, 헌법불합치의견 1명, 합헌의견 3명일 때 한정위헌결정을 선고하였으며,87) 전부 헌법불합치의견 5명, '일부 단순위헌, 일부 헌법불합치'의견 1명, 합헌의견 3명일 때 전부 헌법불합치결정을 선고하였다.88) 권한쟁의심판사건에서 각하의견·기각의견·인용의견이 각 재판관 3명씩으로 나뉘면, 인용의견이 권한쟁의심판의 인용결정정족수에 이르지 못하여 기각주문을 낸 사례가 있다.89) 한편, 각하의견과 본안 인용의견(이나 법령의 위헌성을 인정하는 의견)으로 나뉜 결과 기각(이나 합헌) 주문을 낸 사례들도 있다. 즉 인용의견이 5명이고 각하의견이 4명이면 기각주문을 내었고,90) 각하의견

---

84) 헌재 1992. 2. 25. 89헌가104, 판례집 4, 64, 99.

85) 헌재 1997. 7. 16. 95헌가6등, 판례집 9－2, 1, 21. 단순위헌의견 5명, 헌법불합치의견 2명, 합헌의견 2명일 때 재판관 1명이 적용중지 의견을 내었으나 헌법재판소는 계속 적용 헌법불합치결정을 내린 적이 있다(헌재 2009. 9. 24. 2008헌가25, 판례집 21－2상, 427).

86) 헌재 2007. 5. 31. 2005헌마1139, 판례집 19－1, 711.

87) 헌재 2002. 8. 29. 2000헌가5등, 판례집 14－2, 106.

88) 헌재 2007. 3. 29. 2005헌바33, 판례집 19－1, 211; 헌재 2009. 7. 30. 2008헌가1등, 판례집 21－2상, 18.

89) 헌재 1997. 7. 16. 96헌라2, 판례집 9－2, 154, 175; 각하의견 2명, 기각의견 4명, 인용의견 3명으로 나뉘어서 기각주문을 낸 예로는 헌재 2000. 2. 24. 99헌라1, 판례집 12－1, 115.

90) 헌재 2000. 2. 24. 97헌마13등, 판례집 12－1, 252; 헌재 1994. 6. 30. 92헌바23, 판례집 6－1, 592;

4명, 위헌의견 1명, 헌법불합치의견 4명이면 합헌주문을 내었다.[91]

(2) 결정문 기재순서

주문에 관해서 여러 의견이 있으면 결정문 기재순서는 헌법재판소의 법정의견 (주문을 이끌어낸 의견)을 먼저 쓰는 것이 원칙이다. 예를 들어 평의 결과 전부위헌의 견 1명, 한정위헌의견 5명, 단순합헌의견 3명인 위헌법률심판사건에서는 법정의견 인 한정합헌의견, 전부위헌의견, 단순합헌의견 순으로 기재하였고,[92] 평의 결과 합 헌의견 4명, 한정위헌의견 5명인 위헌법률심판사건에서는 법정의견인 합헌의견, 한 정위헌의견 순으로 기재하였으며,[93] 각하의견이 2명, 기각의견이 4명, 인용의견이 3명인 권한쟁의심판사건에서는 법정의견인 기각의견을 먼저 기재하고, 이어서 인용 의견과 각하의견의 순서로 기재하였다.[94] 그러나 단순위헌의견이 5명, 헌법불합치 의견이 2명, 합헌의견이 2명인 위헌법률심판사건에서는 단순위헌의견, 헌법불합치 의견을 차례로 소개하여 법정의견인 헌법불합치 주문을 이끌어내고 나서, 반대의견 인 합헌의견을 기재하였다.[95]

5. 평의 비공개

평의는 공개하지 않는다(헌법재판소법 제34조 제1항). 재판관들이 외부 영향을 받 지 않고 독립하여 재판할 수 있도록 보장하기 위한 최소한의 장치이다. 이때 헌법 재판소 재판관들의 평의를 공개하지 않는다는 의미는 평의 경과뿐 아니라 재판관 개개인의 개별적 의견 및 그 의견의 수 등을 공개하지 않는다는 뜻이다.[96]

6. 결정문 작성

특정사안에 관해서 평결이 이루어지면 그 결과에 따라 주심재판관이 다수의견을

헌재 2003. 4. 24. 99헌바110등, 판례집 15−1, 371. 이때 각하결정을 내려야 한다는 주장도 있다(남 복현, 「2008년 헌법판례의 회고와 분석」, 『공법논총』 제5호, 호남공법학회, 2009, 59~60쪽 주 42). 이 견해는 재판관 5명이 청구인용 의견을 제시하더라도 나머지 재판관 4명이 어떠한 의견을 취하는 지에 따라 달라진다고 한다. 나머지 재판관 4명이 청구기각을 주장하면 청구기각이 법정의견이고, 청구각하를 주장하면 청구각하결정을 내려야 한다고 한다. 재판관들이 개별적으로도 의견으로 제시 하지 아니한 것이 법정의견이 될 수는 없기 때문이라고 한다. 만약 나머지 재판관 중 3명이 청구각 하를, 1명이 청구기각을 주장하면 청구기각이 법정의견이 되어야 한다고 한다.

91) 헌재 2003. 4. 24. 99헌바110, 판례집 15−1, 371.
92) 헌재 1992. 2. 25. 89헌가104, 판례집 4, 64, 99−103.
93) 헌재 1996. 2. 16. 96헌가2등, 판례집 8−1, 51, 87, 94.
94) 헌재 2000. 2. 24. 99헌라1, 판례집 12−1, 115.
95) 헌재 1997. 7. 16. 95헌가6등, 판례집 9−2, 1, 9, 20−21.
96) 헌재 2004. 5. 14. 2004헌나1, 판례집 16−1, 609, 659.

기초로 결정문 초안을 작성하는 것이 통례이다. 주심재판관이 소수의견을 내면 다수
의견의 재판관 중에서 결정문 초안 작성자가 지정된다. 그리고 어떤 재판관이 결정
주문이나 결정이유에 관해서 다수의견과 다른 소수의견을 제출하고자 하면 이것을
재판부에 알리고, 이때 다수의견의 결정문 초안은 결정 선고 이전에 충분한 시간적
여유를 두고 소수의견 작성자에게 제공된다. 결정문 초안이 재판부에 제출되면 그에
관한 검토과정을 거쳐서 최종적인 결정문 원안이 확정된다. 재판에 관여한 재판관이
자기 의견을 변경하고자 하면 결정 선고 이전까지 재평의를 요청할 수 있다.

XI. 가처분

1. 의의

　가처분은 본안결정의 실효성을 확보하려고 잠정적으로 임시 지위를 정하는 것
을 주된 내용으로 하는 가구제제도이다. 이것은 본안결정 이전에 회복하기 어려운
손해가 발생하여서 본안결정이 내려지더라도 실효성이 없게 되는 사태를 방지하는
데 그 취지가 있다. 본안결정이 있기까지 상당한 기간이 소요되는 헌법재판에서는
그 동안 상황 변화로 말미암아 승소하더라도 소기 목적을 달성할 수 없게 될 우려
가 있다. 본안결정이 있기 전에 사실관계가 완결되어 더는 돌이킬 수 없는 단계에
이르면 심판 청구 당사자에게나 헌법질서에 회복하기 어려운 손해를 일으킬 수 있
다. 따라서 본안결정이 있기까지 잠정적으로 임시 법적 관계를 정하는 가처분절차
가 필요하다.[97] 그리고 가처분제도는 긴급한 상황에 헌법질서에 응급조치를 취하는
역할을 하고, 본안심판까지 정치적 충돌을 방지하거나 완화할 완충지대를 제공하는
기능도 있다.

2. 헌법재판소법상 가처분규정

(1) 명시적 가처분규정

① 정당해산심판 청구를 받으면 직권이나 청구인의 신청에 따라서 피청구인(정

---

97) 헌재 2014. 2. 27. 2014헌마7, 판례집 26－1상, 310, 318: "헌법재판은 사안의 성질에 따라서 종국결
　　정에 이르기까지 상당한 시간이 필요한 경우가 많으므로, 잠정적인 권리보호수단을 두지 않는다면
　　종국결정이 선고되더라도 그 실효성을 기대할 수 없게 되어 심판청구 당사자나 헌법질서에 회복하
　　기 어려운 불이익을 야기할 수 있다. 이러한 상황은 결국 헌법의 규범력을 약화시켜 헌정질서에 위
　　해를 초래하게 하므로, 그러한 위험성을 사전에 예방하기 위하여 잠정적인 긴급조치로서 가처분의
　　필요성이 인정된다."

당)의 활동을 종국결정을 선고할 때까지 정지하는 결정(헌법재판소법 제57조)

②　권한쟁의심판 청구를 받으면 직권이나 청구인의 신청에 따라서 심판 대상인 피청구기관 처분의 효력을 종국결정을 선고할 때까지 정지하는 결정(헌법재판소법 제65조)[98]

(2) (절차정지)가처분의 성질이 있는 규정

③　법원 제청에 따른 위헌법률심판에서 헌법재판소의 위헌여부결정이 있을 때까지 제청법원의 해당 소송사건 재판 정지(헌법재판소법 제42조)

④　탄핵심판에서 탄핵소추의결을 받은 사람에 대한 헌법재판소 심판이 있을 때까지의 권한 행사 정지(헌법재판소법 제50조)와 형사재판 정지(헌법재판소법 제51조)

3. 명문의 가처분규정이 없는 심판절차에서 가처분 허용 여부

(1) 학설

① 부정설

가처분과 같은 법적 제도는 궁극적으로 헌법과 법률에 근거하여 창설되어야 한다는 전제 아래, 가처분에서는 대립당사자 구조와 변론권 보장이 중요한데, 헌법소원심판사건에서는 대립당사자 구조와 구두변론원칙이 반드시 지켜지지는 않으므로 민사소송법의 가처분규정이 준용될 수 없고, 위헌법률심판과 헌법소원심판에서도

---

98) 헌재 1999. 3. 25. 98헌사98, 판례집 11-1, 264, 269-271: "헌법재판소가 권한쟁의심판의 청구를 받은 때에는 직권 또는 청구인의 신청에 의하여 종국결정의 선고시까지 심판대상이 된 피 청구기관의 처분의 효력을 정지하는 결정을 할 수 있고(헌법재판소법 제65조) 이 가처분결정을 함에 있어서는 행정소송법과 민사소송법 소정의 가처분에 관계되는 규정이 준용되므로(같은법 제40조), 권한쟁의심판에서의 가처분결정은 피청구기관의 처분 등이나 그 집행 또는 절차의 속행으로 인하여 생길 회복하기 어려운 손해를 예방할 필요가 있거나 기타 공공복리상의 중대한 사유가 있어야 하고 그 처분의 효력을 정지시켜야 할 긴급한 필요가 있는 경우 등이 그 요건이 된다(행정소송법 제23조 제2항·제3항, 민사소송법 제714조 참조). 그러나 권한쟁의심판은 심판정에서 구두 변론기일에 당사자·이해관계인 기타 참고인의 진술을 듣고 증거조사를 하여 사실적인 측면과 헌법 또는 법률적인 견해에 대한 변론을 하게 된다(헌법재판소법 제30조·제31조). 재판부는 쟁점을 판단하는데 필요한 사실확정을 한 다음 이를 바탕으로 피청구인의 처분 또는 부작위가 헌법 또는 법률에 의하여 부여받은 청구인의 권한을 침해하였거나 침해할 현저한 위험이 있는지 여부, 즉 청구인과 피청구인 상호간의 권한의 존부 또는 범위에 대한 평의를 거쳐 종국결정에 이르게 되고 이러한 과정을 밟는데는 상당한 시일을 요한다. 이와 같은 이유 때문에 헌법재판소가 직권 또는 청구인의 신청에 따라 심판대상이 된 피청구기관의 처분의 효력을 정지하는 가처분신청은 본안사건이 부적법하거나 이유없음이 명백하지 않는한, 가처분을 인용한 뒤 종국결정에서 청구가 기각되었을 때 발생하게 될 불이익과 가처분을 기각한 뒤 청구가 인용되었을 때 발생하게 될 불이익에 대한 비교형량을 하는 것이 가장 중요한 요건이 될 수 밖에 없고 이 비교형량의 결과 후자의 불이익이 전자의 불이익보다 큰 때에 한하여 가처분결정을 허용할 수 있는 것이다."

민사소송법상 가처분을 할 수 있다면 가처분 이의와 취소를 성질상 반드시 허용하는데 피청구인이 없는 헌법재판소의 가처분에서는 피청구인이 없어서 이의와 취소가 허용되지 않는 가처분이라면 이것은 민사소송법을 준용하는 것이 아닌 초법규적 가처분이 될 것이며, 독일과 달리 외부기관인 헌법재판소가 재판 정지를 명하는 것은 사법권 침해일 뿐 아니라 재판절차를 불안정하게 하고 혼란에 빠뜨리게 될 거라면서 가처분 허용을 반대하는 견해가 있다.[99]

② 긍정설

위헌임이 명백하거나 위헌 가능성이 높은 법률에 대해서 본안결정 전에 가처분으로 미리 그 효력을 정지시킬 필요성을 인정할 수 있는 것처럼, 정당해산심판이나 권한쟁의심판 외에 헌법소원심판 등에서도 가처분 필요성은 얼마든지 인정할 수 있고, 달리 헌법소원심판 등에서 가처분을 금지할 정당한 이유를 찾을 수 없어서 다른 심판절차에서도 가처분이 허용되고, 헌법재판소법 제40조에 따라서 민사집행법상 가처분규정(제300조 이하)이나 행정소송법상 집행정지 규정(제23조) 등은 그 성질에 어긋나지 않는 한 헌법소송에서 모든 가처분에 준용된다는 견해가 있다.[100] 위헌법률심판, 헌법소원심판, 탄핵심판에서 가처분에 대한 명시적인 규정이 없는 것은 절차규정 흠결로 보아 헌법재판소의 헌법재판절차를 창설할 힘에 따라 가처분을 선고할 수 있다는 견해도 있다.[101] 그리고 다른 심판절차에 가처분을 명시하지 않는 것은 법의 흠결이라고 할 수 있지만, 헌법재판소 관련 규정을 예시적으로 이해하면 가처분을 널리 허용할 수 있다는 견해가 있다.[102] 또한, 법률이 규정한 사유 이외에도 가처분 요건을 충족하면 가처분을 할 수 있다는 견해도 있다.[103] 그 밖에 법치국가원리를 따르면 헌법재판소가 나머지 절차에서도 자신의 본안재판 실효성을 확보하기 위하여 필요하면 가처분을 통해서 본안재판이 내려질 때까지 심판 대상이 돌이킬 수 없는 완성된 사실로 굳어지는 것을 방지할 것을 요구한다고 해석하

---

99) 강현중, 「헌법소원심판에 가처분이 허용되는가」, 『법률신문』 제2965호, 2001. 3. 26., 14쪽.

100) 김학성, 『헌법학원론(전정2판)』, 피앤씨미디어, 2018, 1143쪽; 김현철, 『판례 헌법소송법(제4판)』, 전남대학교출판부, 2016, 103쪽; 양 건, 『헌법강의(제7판)』, 법문사, 2018, 1396쪽; 이준일, 『헌법학 강의(제6판)』, 홍문사, 2015, 1015쪽; 최희수, 『헌법소송법 요론(개정판)』, 대명출판사, 2015, 36쪽; 홍성방, 『헌법소송법』, 박영사, 2015, 81쪽.

101) 정종섭, 『헌법소송법(제8판)』, 박영사, 2014, 212~213쪽; 같은 사람, 『헌법학원론(제12판)』, 박영사, 2018, 1517쪽.

102) 성낙인, 『헌법학(제18판)』, 법문사, 2018, 768쪽; 성낙인/이효원/권건보/정 철/박진우/허진성, 『헌법소송론』, 법문사, 2012, 136쪽.

103) 신 평, 『헌법재판법(전면개정판)』, 법문사, 2011, 315쪽.

여야 하고, 일부 심판절차에만 가처분 가능성이 명시된 것은 헌법재판에 관한 경험이 거의 없는 상황에서 입법작업을 하던 입법자의 실수라고 이해하는 것이 옳다는 견해도 있다.[104]

(2) 판례

헌법재판소는 헌법재판소법은 정당해산심판과 권한쟁의심판에 관해서만 가처분에 관한 규정을 두지만(제57조, 제65조), 헌법재판소법 제68조 제1항에 따른 헌법소원심판절차에서도 가처분 필요성은 있을 수 있고, 달리 가처분을 허용하지 아니할 상당한 이유를 찾아볼 수 없으므로 헌법소원심판청구사건에서도 가처분은 허용된다고 한다.[105] 그러나 헌법재판소는 헌법재판소법 제68조 제2항에 따른 헌법소원심판에서는 "이유가 없으므로 기각한다."라고 하여 견해가 불명확하다.[106]

(3) 검토

헌법재판소법에는 가처분을 금지하는 규정이 없고, 개별적인 가처분규정은 해당 심판절차에 맞는 구체적 가처분을 명시한 것으로 볼 수 있다. 그래서 명문의 가처분 규정이 없더라도 가처분권한은 모든 재판에 있는 것이고, 헌법재판 실효성을 확보하기 위해서 가처분 결정이 허용되어야 한다. 그러므로 헌법재판소법 제40조에 따라서 행정소송법 제23조(집행정지)와 민사집행법 제300조 이하의 가처분규정을 준용하여 위헌법률심판, 헌법소원심판, 탄핵심판에서 가처분을 할 수 있다. 다만, 입법부작위에 대한 헌법소원심판에서는 성질상 가처분이 허용되지 않는다. 검사의 불기소처분에 대한 헌법소원심판도 본래 헌법소원심판 기능에 들어맞지 않을 뿐 아니라 기소명령이나 불기소처분의 효력정지를 내용으로 하는 가처분을 허용하는 것은 제도 모순만 가중시키므로 가처분이 적합하지 않다. 법률에 대한 헌법소원심판에서는 법률 자체의 효력을 정지시키는 것을 넘어 잠정적으로 그 공백상태를 메우는 임시규율을 형성할 수 있다. 그러나 이것은 위헌결정의 실효성을 확보하려는 것이 아니라 위헌결정에 부수되는 것이라서 가처분이 아니다.

---

104) 한수웅/정태호/김하열/정문식(정태호 집필), 『주석 헌법재판소법』, 헌법재판소 헌법재판연구원, 2015, 243~244쪽.

105) 헌재 2000. 12. 8. 2000헌사471, 판례집 12-2, 381, 384-385; 헌재 2006. 2. 23. 2005헌사754, 판례집 18-1상, 339.

106) 헌재 1993. 12. 20. 93헌사81, 판례집 5-2, 561, 563; 헌재 1997. 12. 16. 97헌사189; 헌재 1997. 12. 23. 97헌사200.

4. 가처분 신청

(1) 직권이나 당사자 신청

이미 계속 중이거나 앞으로 계속될 본안소송의 청구인적격이 있는 사람은 가처분 신청을 할 수 있다. 헌법재판소는 본안절차가 헌법재판소에 계속 중이면 직권으로도 가처분을 명할 수 있다(헌법재판소법 제57조, 제65조, 제40조, 행정소송법 제23조 제2항).

(2) 신청방식과 신청기간

가처분 신청과 가처분 신청 취하는 서면으로 하여야 하고, 다만 가처분 신청 취하는 변론기일이나 심문기일에서 말로 할 수 있다('헌법재판소 심판 규칙' 제50조 제1항). 가처분신청서에는 신청의 취지와 이유를 기재하여야 하고, 주장을 소명하기 위한 증거나 자료를 첨부하여야 한다('헌법재판소 심판 규칙' 제50조 제2항). 가처분 신청이 있으면 신청서 등본을 피신청인에게 바로 송달하여야 한다. 다만, 본안사건이 헌법소원심판사건으로서 그 심판 청구가 명백히 부적법하거나 권리 남용이라고 인정되면 송달하지 아니할 수 있다('헌법재판소 심판 규칙' 제50조 제3항).

가처분 신청에 특별한 기간 제한은 없고 본안심판 청구가 허용되는 기간 안이거나 본안심판 청구가 계속 중인 이상 신청할 수 있다. 본안심판이 종결되었거나 본안심판절차가 충분하게 진행되어 본안결정을 내릴 수 있는 정도에 이른 시점에서 가처분 신청은 할 수 없다. 변호사강제주의(헌법재판소법 제25조 제3항)가 가처분절차에도 적용된다. 일사부재리원칙(헌법재판소법 제39조)이 적용되므로 가처분 신청이 각하되거나 기각되고 나서 아무런 사정변경이 없는데도 같은 사유로 가처분 신청을 하는 것은 허용되지 않는다.

(3) 가처분신청사건의 접수와 송달

가처분이 신청되면 별건의 가처분신청사건으로 접수하여(사건부호 '헌사') 특별사건부(가처분신청사건부)에 등재한다. 가처분신청사건 기록은 본안사건이 먼저 접수되면 본안사건의 주심재판관에게 신속히 배당하여 본안소송사건 기록에 첨철한다. 가처분 신청이 있으면 신청서 등본을 피신청인에게 바로 송달하여야 한다('헌법재판소 심판 규칙' 제50조 제3항).

5. 가처분의 적법요건

(1) 당사자

당사자능력이 있어야 함은 물론 본안은 헌법재판의 당사자적격이 있는 사람만이 당사자가 될 수 있다. 다만, 국무총리서리 임명행위의 효력정지 및 직무집행정지 가처분사건에서 보듯이 본안의 피청구인(대통령)과 가처분의 피신청인(자연인 김종필)이 같지 아니할 수도 있다.107) 여기의 신청권자에는 본안재판의 소송참가인은 포함되지만, 심판절차에서 의견진술권만 있는 이해관계인은 포함되지 아니한다. 가처분은 헌법재판소가 직권으로도 할 수 있다.

(2) 본안심판과 맺는 관계

먼저 가처분을 하기 위해서는 본안사건이 헌법재판소 관할에 속하여야 한다. 그리고 가처분은 본안심판이 헌법재판소에 계속 중일 때 신청할 수 있음이 원칙이다. 하지만 본안심판이 계속되기 전이라도108) 신청할 수 있다. 만일 본안심판 계속 중에만 가처분을 신청할 수 있다고 한다면 가처분제도의 실효성을 감소시킬 우려가 있기 때문이다. 본안재판의 심판 대상 범위를 초과하여 가처분을 신청하는 것은 허용되지 않는다. 본안심판이 되고 나서도 제기된 가처분 신청은 부적법하다. 그리고 본안심판절차가 충분하게 진행되어 본안결정을 내릴 정도에 이른 시점의 가처분 신청은 본안심판 결정과 함께 기각될 것이다.109)

(3) 본안심판이 명백히 부적법하지 않을 것

본안심판이 명백히 부적법하면 본안사건에 부수된 절차인 가처분은 적법요건을 갖출 수 없다. 그러나 가처분의 적법요건을 판단하려고 본안사건이 적법요건을 갖추었는지를 완벽하게 심사하여 판단하여야 하는 것은 아니다. 본안심판이 명백히 부적하지 않다는 것은 가처분의 적법요건이 아니라 가처분의 사유(실체적 요건)을 갖추지 못한 것이다.110) 그러나 헌법재판소는 본안심판의 명백한 부적법성이나 이유 없음을 가처분의 적법요건 흠결요소로 본다.111)

---

107) 헌재 1998. 7. 14. 98헌사31, 공보 29, 595.
108) 이때 본안심판 청구기간이 지나지 않아야 한다.
109) 김현철, 『판례 헌법소송법(제4판)』, 전남대학교출판부, 2016, 105~106쪽.
110) 김하열, 『헌법소송법(제3판)』, 박영사, 2018, 172쪽.
111) 헌재 2006. 2. 23. 2005헌사754, 판례집 18-1상, 339, 345: "헌법소원심판에서 가처분결정은 다투어지는 '공권력 행사 또는 불행사의 현상을 그대로 유지시킴으로 인하여 생길 회복하기 어려운 손해를 예방할 필요가 있어야 하고 그 효력을 정지시켜야 할 긴급한 필요가 있어야 한다는 것 등이 그 요건이 된다 할 것이므로, 본안심판이 부적법하거나 이유없음이 명백하지 않는 한, 위와 같은 가

(4) 권리보호이익

본안결정이 적시에 선고될 수 있으면 권리보호이익이 인정되지 않는다(이는 가처분의 실체적 요건 중 하나인 긴급성이 결여된 때라고 볼 수도 있다). 그리고 본안심판사건이 법적으로 아직 성숙하지 아니하였거나 다른 방법으로 가처분의 신청목적을 달성할 수 있는 때도 마찬가지로 권리보호이익이 없다. 권리보호이익이 없더라도 사정변경이 있으면 권리보호이익이 다시 생길 수 있음은 물론이다.

6. 가처분의 실체적 요건

(1) 본안심판의 승소 가능성

본안심판의 승소 가능성은 원칙적으로 고려 대상이 되지 않는다. 본안심판이 쉽게 해결되기 어려운 헌법적 문제를 내포하는 때가 잦기 때문이다. 그러나 본안심판이 명백히 부적법하거나 명백히 이유가 없으면 가처분을 명할 수 없다.[112]

(2) 가처분 사유

① 중대한 불이익 방지

여기서 중대한 불이익은 침해행위가 위헌으로 판명될 때 발생하게 될 회복하기 어려운 현저한 손해나 회복 가능하지만 중대한 손해를 포함한다. 매우 급한 위험을 막기 위한 사유(민사집행법 제300조 제2항 단서)는 회복하기 어려운 현저한 손해의 한 내용으로 볼 수 있다.

② 긴급성

가처분 신청은 본안심판결정이 중대한 손실을 방지하기에 적절한 시간 안에 내려질 것을 기대할 수 없는 때만 인용될 수 있다. 다시 말한다면 가처분으로 규율하고자 하는 현상이 이미 발생하였거나 시간상으로 매우 근접하여야 한다. 피청구인 등이 손해 유발 행위를 자발적으로 중지하면 긴급성이 인정되지 않는다.[113]

③ 헌법재판소 결정례

헌법재판소는 권한쟁의심판의 가처분 요건으로서, "피청구기관의 처분 등이나 그 집행 또는 절차의 속행으로 인하여 생길 회복하기 어려운 손해를 예방할 필요가 있거나 기타 공공복리상의 중대한 사유가 있어야 하고 그 처분의 효력을 정지시켜

처분의 요건을 갖춘 것으로 인정되고, ……"

112) 헌재 1999. 3. 25. 98헌사98, 판례집 11−1, 264; 헌재 2000. 12. 8. 2000헌사471, 판례집 12−2, 381.
113) 김하열, 『헌법소송법(제3판)』, 박영사, 2018, 176쪽.

야 할 긴급한 필요가 있는 경우"라고 판시하였다.[114] 그리고 헌법소원심판의 가처분 요건으로, "헌법소원심판에서 다투어지는 '공권력의 행사 또는 불행사'의 현상을 그대로 유지시킴으로 인하여 생길 회복하기 어려운 손해를 예방할 필요가 있어야 하고 그 효력을 정지시켜야 할 긴급한 필요가 있어야 한다."라고 판시하였다.[115]

(3) 가처분의 필요성: 이익형량

가처분 결정을 위해서는 가처분 결정을 인용하고 나서 본안심판이 기각되면 발생하게 될 불이익과 가처분 신청을 기각하고 나서 본안심판이 인용되면 발생하게 될 불이익을 형량하여 그 불이익이 적은 쪽을 선택하여야 한다. 가처분 결정은 어디까지나 잠정적이고 예외적인 조치이므로 이익형량에서 가처분사유를 엄격하고 제한적으로 해석·적용하여야 할 것이다. 특히 법규범의 효력을 정지하거나 헌법재판소가 통치기능 영역으로 개입하게 되면 가처분 결정은 더욱더 신중하여야 할 것이다. 그리고 이익형량을 할 때 단지 청구인의 이해관계만이 아니라 문제가 될 모든 이해관계를 고려하여야 한다.

7. 가처분심판 절차

(1) 구두변론 여부

가처분 결정은 구두변론 없이도 할 수 있다. 탄핵심판, 정당해산심판과 권한쟁의심판은 구두변론에 의하도록 규정하는 헌법재판소법 제30조 제1항은 가처분의 신속성, 잠정성 등에 비추어 가처분절차에는 적용되지 않는다. 특별히 긴급을 요하면 당사자나 그 밖의 이해관계인에게 의견진술 기회도 주지 아니하고 바로 결정하여도 무방하다. 헌법재판소는 국무총리서리 임명행위의 효력정지 및 직무집행정지 가처분신청 사건[116]과 감사원장서리 임명행위의 효력정지 및 직무집행정지 가처분신청 사건[117]에서 변론절차를 연 바가 있고, 공원구역의 진입도로에 대한 지정인가처분의 효력정지 가처분신청 사건[118]에서는 준비절차를 실시하였다.

(2) 증거조사와 자료 제출 요구

재판부는 가처분심판 심리를 위해서 필요하다고 인정하면 직권이나 당사자의 신청에 의하여 증거조사를 할 수 있다(헌법재판소법 제31조 제1항). 그리고 재판부는

---

114) 헌재 1999. 3. 25. 98헌사98, 판례집 11-1, 264, 270.
115) 헌재 2000. 12. 8. 2000헌사471, 판례집 12-2, 381, 385.
116) 헌재 1998. 7. 14. 98헌사31, 공보 29, 595.
117) 헌재 1998. 7. 14. 98헌사43.
118) 헌재 1999. 3. 25. 98헌사98, 판례집 11-1, 264.

결정으로 다른 국가기관이나 공공단체의 기관에 대해서 심판에 필요한 사실을 조회하거나 기록 송부나 자료 제출을 요구할 수도 있다(헌법재판소법 제32조).

(3) 심판정족수

가처분 신청에 대해서도 재판관 7명 이상 출석으로 사건을 심리하고, 종국심리에 관여한 재판관 과반수 찬성으로 결정을 한다(헌법재판소법 제23조 제1항, 제2항). 헌법소원심판사건에서 지정재판부가 가처분 결정을 할 수 있는지가 문제 된다. 지정재판부는 헌법소원심판사건에서 재판관 3명의 일치된 의견으로 각하결정만을 할 수 있을 뿐이므로(헌법재판소법 제72조 제3항), 가처분기각결정이나 인용결정은 할 수 없다고 볼 수도 있다(다만, 민사소송상 실무는 보전처분에는 실체적 확정력이 없으므로 각하와 기각을 엄격히 구별하지 아니하고 가처분 신청을 각하하는 대신에 기각하는 예가 대부분이다). 그러나 지정재판부가 가처분 신청을 이유 없다고 기각한 사례가 있다.[119] 가처분 결정만을 위해서 전원재판부를 여는 것은 적절하지 않으므로, 현재 재판을 담당하는 지정재판부도 가처분 결정을 할 수 있다고 보아야 할 것이다.

8. 가처분 결정

(1) 가처분 결정 내용

헌법재판소는 가처분 신청 목적을 달성하는 데 필요한 처분을 할 수 있다(헌법재판소법 제40조, 민사집행법 제305조). 현재 법적 상태를 규율하는 가처분뿐 아니라 새로운 법적 상태를 형성하는 가처분도 허용된다. 사안에 따라 구체적인 내용이 달라지겠지만, 적극행위 가처분과 소극행위 가처분으로 나누어 볼 수 있다. 적극행위 가처분으로는 임시 지위 설정(민사집행법 제300조 제2항)을 들 수 있고, 소극행위 가처분으로는 효력 정지나 행위 금지 가처분, 방해 금지 가처분, 절차 정지 가처분 등을 들 수 있다. 헌법재판소는 청구인의 신청목적에는 구속되지만, 청구인의 신청취지에는 구속되지 않는다(민사집행법 제305조 참조). 가처분은 본안사건 재판까지의 잠정적인 규율이므로 가처분 결정은 본안사건 종국결정 선고 시까지만 효력이 있다. 본안사건 종국결정이 내려지면 가처분 결정은 당연히 실효한다.

(2) 가처분 결정 형식

가처분 신청이 부적법하면 각하결정을 내린다. 가처분 신청이 적법하고 이유가 있으면 인용결정을 하고, 부적법하거나 이유가 없으면 기각결정을 한다(민사집행법

---

119) 헌재 1997. 12. 16. 97헌사189; 헌재 1997. 12. 23. 97헌사200.

제301조, 제281조 참조). 가처분 결정에도 이유를 기재하여야 한다(헌법재판소법 제36조 제2항 제4호). 기각결정에서는 "신청인들의 신청은 이유 없으므로 주문과 같이 결정한다."라는 형태로 간략하게 이유를 기재하는 것이 통상 실무이다. 가처분의 본질은 본안재판 때까지 현상을 유지하거나 잠정적으로 임시의 지위를 정하는 데 있으므로 가처분 결정에는 원칙적으로 "종국결정 선고 때까지"라는 문구가 들어가야 할 것이다. 이러한 때 본안재판에 대한 결정이 있으면 가처분 결정은 당연히 실효된다.

(3) 가처분 결정 효력

① 확정력

반복적인 가처분 신청을 막기 위해서 가처분 결정에 확정력을 인정하는 것이 타당하다.

② 형성력

가처분 결정이 선고되면 피청구인의 별도 행위 없이 본안결정이 있을 때까지 가처분 결정의 내용대로 법률관계를 형성하는 효력이 있다.

③ 기속력

가처분 결정은 해당 사건에 관해서 당사자인 피청구인을 기속한다. 따라서 피청구인은 같은 내용의 새로운 처분을 할 수 없다. 그리고 가처분은 모든 국가기관을 기속하며 주문에 달리 정함이 없는 한 본안사건에 대한 결정이 있을 때까지 기속력이 있다.

9. 가처분 결정 이후 절차

가처분 신청에 대한 결정을 하면 결정서 정본을 신청인에게 바로 송달하여야 하고, 가처분 신청에 대해서 답변서를 제출한 피신청인, 의견서를 제출한 이해관계 기관이 있으면 이들에게도 결정서 정본을 송달하여야 한다('헌법재판소 심판 규칙' 제51조 제1항). 가처분 인용결정이나 기각결정에 대해서 민사집행법상 이의신청이 준용될 것인지에 관해서는 다툼이 있을 수 있다. 가처분 인용결정 후 본안사건 결정 전에 가처분사유가 소멸하였다고 인정되면 민사집행법 제301조, 제288조 제1항(이른바 사정변경에 의한 보전처분취소), 제307조(특별사정에 의한 가처분취소), 행정소송법 제24조 제1항을 유추적용하여 직권이나 당사자의 신청에 따라서 가처분을 취소할 수 있다. 가처분 결정에는 "종국결정의 선고 때까지"라는 문구가 들어 있지 아니하면 본안을 기각할 때 가처분 결정도 직권으로 취소하여야 할 것이다.

XII. 종국결정

1. 종국결정의 의의

헌법재판소 종국결정은 청구인의 심판 청구에 따라서 계속된 심판사건을 옹글게(완벽하게) 끝맺는 헌법재판소 판단을 말한다. 헌법재판소 재판부는 심리를 마치면 종국결정을 한다(헌법재판소법 제36조 제1항). 종국결정을 내릴 때는 ① 사건번호와 사건명, ② 당사자와 심판수행자 또는 대리인의 표시, ③ 주문, ④ 이유, ⑤ 결정일자를 기재한 결정서를 작성하고 심판에 관여한 재판관 전원이 이것에 서명·날인하여야 한다(헌법재판소법 제36조 제2항). 종국결정이 선고되면 서기는 바로 결정서 정본을 작성하여 이것을 당사자에게 보내야 한다(헌법재판소법 제36조 제4항). 법률의 위헌결정, 탄핵심판에 관한 결정, 정당해산심판에 관한 결정, 권한쟁의심판에 관한 본안결정, 헌법소원의 인용결정, 기타 헌법재판소가 필요하다고 인정한 결정은 관보에, 그 밖의 종국결정은 헌법재판소의 인터넷 홈페이지에 각 게재함으로써 공시한다(헌법재판소법 제36조 제5항, '헌법재판소 심판 규칙' 제49조의2 제1항). 관보에 게재함으로써 공시하는 종국결정은 헌법재판소의 인터넷 홈페이지에도 게재한다('헌법재판소 심판 규칙' 제49조의2 제2항).

2. 헌법재판소 종국결정의 법적 성격

헌법재판소 종국결정이 법원의 재판에 개념적으로 들어맞는지 그리고 헌법재판소 종국결정이 법원의 재판이라면, 구체적으로 어떤 유형에 해당하는지가 문제 된다.

(1) 재판인 헌법재판소 종국결정

헌법재판소 종국결정의 주체는 헌법재판소, 즉 합의체인 헌법재판소의 재판부이다. 헌법재판소는 특별한 '법원'이므로, 헌법재판소가 재판기관, 즉 소송법적 의미에서 말하는 법원이라는 것은 부정할 수 없다. 그리고 헌법재판소 종국결정은 헌법재판소가 청구인의 청구를 바탕으로 확정한 심판 대상에 관하여 구체적 사실 확인과 그에 관한 헌법해석을 통해서 내리는 판단이다. 헌법재판소 종국결정은, 특히 규범통제절차에서 법규범을 사실관계에 적용하는 것이 아니다. 헌법재판소는 구체적 사건이 아니라 법규범에 관해서 결정하고, 사안이 아니라 법규범인 헌법을 근거로 하위법규범을 심사한다. 하지만 구체적 사실이 아니라 법규범이 소전제라는 특수성을 제외하면, 사법적 3단논법에 따라 법규범인 헌법을 대전제로 하고 하위법규범을 소전제로 하여 논리적 조작을 통해서 추리하고 판단하여 결론에 도달한다는 점에서는 일반 사법재판과 다르지 않다. 게다가 상위법규범을 기준으로 한 하위법규범 판단도 포섭이고, 법규범을 법규범의 빈자리를 메우는 사실관계로 이해할 수 있다. 또한, 헌법재판소 종국결정은 헌법재판소 제36조 제2항이 정한 형식에 따라 작성한 결정서를 통해서 선고되어 표시된다. 그 밖에 헌법재판소 종국결정에 따라 확정력(헌법재판소법 제39조, 제40조 제1항 전문), 기속력(헌법재판소법 제47조 제1항, 제67조 제1항, 제75조 제1항, 제6항), 법률요건적 효력(혹은 형성력이나 법률적 효력)(헌법재판소법 제47조 제2항, 제59조, 제66조 제2항, 제75조 제3항, 제5항과 제6항), 선례적 구속력(헌법재판소법 제23조 제2항 단서 제2호)과 같은 법적 효력이 발생한다. 결론적으로 헌법재판소 종국결정은 재판의 개념요소를 모두 충족하므로 '재판'에 해당한다. 즉 헌법재판소 종국결정은 법규범이나 정치적 결정이 아니고 (사법)재판이다.

(2) 종국판결인 헌법재판소 결정

① 헌법재판소 종국결정은 헌법재판소 재판관이 아니라 헌법재판소, 즉 재판부가 내린다.

② 탄핵심판·정당해산심판과 권한쟁의심판은 구두변론에 의한다(헌법재판소법 제30조 제1항). 하지만 위헌법률심판과 헌법소원심판은 서면심리에 의한다. 다만, 재판부가 필요하다고 인정하면 변론을 열 수 있다(헌법재판소법 제31조 제2항).

③ 결정서에는 심판에 관여한 재판관 전원이 서명·날인하여야 한다(헌법재판소법 제2항). 그리고 결정서에는 이유를 기재하여야 한다(헌법재판소법 제36조 제2항 제4호).

④ 결정서를 작성하고 이에 따라 선고한다(헌법재판소법 제36조 제2항). 결정을 선고할 때는 재판장이 결정서 원본에 따라 주문을 읽고 이유 요지를 설명하되, 필요하면 다른 재판관이 이유 요지를 설명하게 할 수 있다. 다만, 법정의견과 다른 의견이 제출되면 재판장은 선고할 때 이것을 공개하고 그 의견을 제출한 재판관이 이유 요지를 설명하게 할 수 있다('헌법재판소 심판 규칙' 제48조). 종국결정이 선고되면 서기는 바로 결정서 정본을 당사자에게 송달하여야 한다(헌법재판소법 제36조 제4항). 법률의 위헌결정, 탄핵심판에 관한 결정, 정당해산심판에 관한 결정, 권한쟁의심판에 관한 본안결정, 헌법소원의 인용결정, 기타 헌법재판소가 필요하다고 인정한 결정은 관보에 게재하여 공시한다. 그 밖의 종국결정은 헌법재판소의 인터넷 홈페이지에 각 게재함으로써 공시한다(헌법재판소법 제36조 제5항, '헌법재판소 심판 규칙' 제49조의2 제1항). 관보에 게재함으로써 공시하는 종국결정은 헌법재판소의 인터넷 홈페이지에도 게재한다('헌법재판소 심판 규칙' 제49조의2 제2항). 헌법재판소 종국결정은

일반적 구속력이 있으므로 관보나 헌법재판소의 인터넷 홈페이지에 공시하여 일반 국민에게 헌법재판소 종국결정을 알리는 것이다. 따라서 이것은 공시 효과만 있을 뿐이고 헌법재판소 종국결정의 효력이 생기는 것과는 아무런 관계가 없다. 헌법재판소 종국결정은 헌법재판소법 제40조 제1항 전문에 따라 민사소송법 제205조가 준용되어 헌법재판소가 종국결정을 선고할 때부터 효력이 생긴다.

⑤ 헌법재판소 종국결정에 대한 불복방법은 헌법과 헌법재판소법 어디에서도 찾을 수 없다. 따라서 헌법소송은 헌법재판소 종국결정으로 완결되어 확정된다고 보아야 한다. 즉 헌법소송은 단심으로 끝난다. 이러한 점에서 헌법재판소에 최종적인 헌법해석권이 귀속된다.

⑥ 헌법재판소 종국결정은 심판 청구의 적법성이나 심판 청구 자체를 대상으로 한다.

⑦ 헌법재판소가 종국결정을 선고하면 종국결정은 확정되어 효력이 생긴다. 이때 헌법재판소 종국결정에도 불가변력이 귀속된다. 따라서 헌법재판소는 종국결정을 선고하면 자기 결정에 구속되어 같은 심판에서 자신이 내린 결정을 더는 바꾸거나 취소할 수 없다.

이러한 점을 종합하면 헌법재판소 종국결정은 재판의 주체와 성립절차 등의 형식적 측면에서 '판결'에 해당한다. 다만, 위헌법률심판이나 헌법소원심판에서 구두변론이 아니라 서면심리에 의하므로, 통상 판결과 다른 모습을 띤다. 그러나 상고법원은 상고장·상고이유서·답변서, 그 밖의 소송기록에 따라서 변론 없이 판결할 수 있고, 소송관계를 분명하게 하는 데 필요하면 특정한 사항에 관해서 변론을 열어 참고인 진술을 들을 수 있다는 점(민사소송법 제430조, 형사소송법 제390조, 행정소송법 제8조 제2항, 가사소송법 제12조, 군사법원법 제450조 제2항)에서 대법원도 서면심리를 원칙으로 한다. 헌법소송은 단심이므로, 헌법재판소를 상고법원으로 볼 수도 있다. 특히 대법원이 사실심이 아니고 법률심인 것처럼 헌법재판소가 헌법심이라는 점에서 헌법재판소를 상고법원으로 보아도 별 무리는 없다고 생각한다. 따라서 위헌법률심판이나 헌법소원심판에서 구두변론에 의하지 않는다는 점이 헌법재판소 종국결정이 판결이라는 것에 아무런 영향을 끼치지 못한다.

판결은 중간판결과 종국판결로 구별된다. 중간판결은 종국판결을 하기 전에 소송의 진행 중 당사자 사이에 쟁점이 된 사항에 관해서 미리 정리하고 판단하여 종국판결을 쉽게 하고 이것을 준비하는 판결이다. 종국판결은 소·상소에 따라서 계속된 사건 전부나 일부를 그 심급에서 완결하는 판결을 말한다(민사소송법 제198조).

그 심급에서 소송절차를 완결하는 이상 소송상 이유에 따른 판결(소송판결)이건 실체상 이유에 따른 판결(본안판결)이건 묻지 않는다. 헌법재판소 종국결정은 청구에 따라서 계속된 심판을 옹글게(완벽하게) 끝맺으므로, 판결 중에서도 '종국판결'에 해당한다.

3. 헌법재판소 '결정'이라는 용어의 부적절성

법률이 헌법에 위반되는지를 심사하는 1948년 헌법의 헌법위원회제도를 구체화하는 헌법위원회법(제정 1950. 2. 21. 법률 제100호)과 법원의 제청에 의한 법률의 위헌 여부, 탄핵 그리고 정당의 해산에 관한 사항을 심판하는 1972년 헌법의 헌법위원회제도를 구체화하는 헌법위원회법(제정 1973. 2. 16. 법률 제2530호)에서는 '결정'이라는 용어가 사용되었다. 그리고 1948년 헌법 제81조 제2항(헌법위원회에 제청하여 그 '결정'에 의하여 재판), 1962년 헌법 제62조 제3항과 제4항(탄핵'결정'), 1972년 헌법 제7조 제3항(정당은 헌법위원회의 '결정'에 의하여 해산), 제99조 제3항과 제4항(탄핵'결정'), 제105조 제1항(헌법위원회에 제청하여 그 '결정'에 의하여 재판), 제111조 제1항(법률의 위헌'결정', 탄핵의 '결정' 또는 정당해산의 '결정') 그리고 1980년 헌법 제7조 제4항(정당은 헌법위원회의 '결정'에 의하여 해산), 제101조 제3항과 제4항(탄핵'결정'), 제108조 제1항(헌법위원회에 제청하여 그 '결정'에 의하여 재판), 제114조 제1항(법률의 위헌'결정', 탄핵의 '결정' 또는 정당해산의 '결정')에서도 헌법재판과 관련하여 '결정'이라는 용어가 발견된다. 그러나 법률의 위헌 여부 심사, 헌법에 관한 최종적 해석, 국가기관 간의 권한쟁의, 정당의 해산, 탄핵재판, 대통령, 대법원장과 대법관의 선거에 관한 소송을 담당하는 1960년 헌법의 헌법재판소제도를 구체화하는 헌법재판소법 (1961. 4. 17. 법률 601호)에서는 '판결'이라는 용어가 사용되었다. 그리고 탄핵심판을 담당하는 탄핵재판소를 규율하는 1948년 헌법 제47조 제3항과 제4항(탄핵'판결')과 1960년 헌법 제47조(탄핵'판결'), 제83조의4 제5항(위헌'판결', 탄핵'판결')에서는 '판결'이라는 용어를 사용하였다. 또한, 대법원이 헌법재판을 담당하던 1962년 헌법 제7조 제3항(정당은 대법원의 '판결'에 의하여 해산)과 제103조도 '판결'이라는 용어를 사용하였다. 그 밖에 1962년 헌법의 탄핵심판위원회제도를 구체화하는 탄핵심판법(제정 1964. 12. 31. 법률 1683호)에서는 '재판'이라는 용어를 사용하였다. 결국, 역대 한국 헌법에서 헌법재판을 규율하는 헌법과 법률은 (탄핵심판위원회를 제외하고) '재판소'에 '판결'을 그리고 '위원회'에 '결정'을 각각 짝을 지어 사용하였다. 이것은 '재판소'와 '법원'의 개념이 같다는 점에 비추어 '재판소'는 법원성을 긍정하는 의미로 사용하고, '위원회'는 법원이 아닌 정치기관으로 이해한 결과로 보인다.

  그러나 이러한 사용례와 달리 현행 헌법과 헌법재판소법은 헌법재판기관을 헌법'재판소'로 칭하면서도, 헌법 제113조 제1항(법률의 위헌'결정', 탄핵의 '결정', 정당해산의 '결정' 또는 헌법소원에 관한 인용'결정')과 헌법재판소법은 헌법재판소 판단에 대해서 '결정'이라는 용어를 사용한다. 이에 따라 헌법재판소는 각종 심판절차에서 오직 '결정' 형식으로 심판한다. 현행 헌법과 헌법재판소법의 이러한 용어 사용례는 조문을 비교하여 판단하면, 현행 헌법 제113조가 1980년 헌법 제114조 제1항을 답습하고, 현행 헌법재판소법이 헌법위원회법을 바탕으로 제정된 것에서 기인하는 것으로 보인다. 즉 1980년 헌법과 헌법위원회법을 수정하는 형식으로 현행 헌법과 헌법재판소법을 만들면서 헌법재판기관의 법적 성격이 달라진 점을 충분히 고려하여 용어를 제대로 바로잡지 못한 결과로 보인다. 물론 이러한 용어 사용이 헌법'재판소'라는 용어가 사용되어도 헌법재판소를 법원이 아닌 정치기관으로 이해하거나 헌법재판을 제4의 국가작용으로 보려는 의사의 결과물이라는 주장이 제기될 수도 있다. 그러나 이것은 헌법재판이 사법작용이고 헌법재판소가 법원이라는 점에서, 특히 헌법재판을 제4의 국가작용으로 보거나 헌법재판소를 순수한 사법기관으로 보지 않는 견해도 최소한 헌법재판의 부분적인 사법작용성이나 헌법재판소의 법원형식성을 부정하는 것은 아니라는 점에서 받아들이기 어렵다. 이러한 견해는 헌법재판소가 법원이 아니면 무엇인지에 관해서 명쾌한 답을 하지 못한다는 점과 헌법재판소를 법원으로 보는 견해도 헌법재판소의 정치성을 부정하는 것은 아니라는 점에서도 수긍하기 어렵다. 이러한 용어 사용에 관해서 상위재판인 '판결' 대신에 하위재판인 '결정'이라는 용어를 사용하여 헌법재판소를 대법원보다 많이 낮춰 보려는 의사가 표현된 것이라는 의심도 할 수 있다. 하지만 헌법재판소와 대법원의 관계는 상하관계가 아니고, 현행법 아래에서도 헌법재판소와 대법원은 동등한 지위에 있다는 점에서 설령 이러한 의심이 사실이라고 하여도 그러한 의사는 관철될 수 없다.

  헌법재판소 종국결정은 위에서 살펴본 것처럼 결정이 아니라 '판결'이다. 따라서 헌법재판소가 내리는 '결정'은 일반 법원에서 내리는 여러 재판형식 중 하나인 '결정'과 같은 것으로 볼 수는 없다. 그래서 헌법재판소 종국결정의 본질에 맞게 '결정'이라는 용어를 '판결'이라는 용어로 바꾸는 법률 개정이 요구된다. 그러나 이러한 개정이 쉬운 일이 아니고 설사 개정된다고 하여도 적지 않은 시일이 필요하다. 따라서 그러한 개정이 실현될 때까지는 헌법과 헌법재판소법에서 사용되는 '결정'이라는 용어를 재판의 한 종류인 결정이 아니라 헌법재판소의 판단을 지칭하는 특별한 용어로 이해할 수밖에 없을 것이다. 즉 헌법재판소라는 특별한 법원이 내리는 판결의 특수성을 강조하는 용어로 이해하는 것 외에는 적절한 해석을 찾기 어렵다.

4. 심판기간

헌법재판소법 제38조는 "헌법재판소는 심판사건을 접수한 날부터 180일 이내에 종국결정의 선고를 하여야 한다. 다만, 재판관의 궐위로 7명의 출석이 불가능한 경우에는 그 궐위된 기간은 심판기간에 이를 산입하지 아니한다."라고 규정한다. 접수한 날은 청구서 등이 현실적으로 헌법재판소에 도달한 날이다. 궐위가 아니라 재판관 사고로 7명 출석이 불가능하면 그 기간은 심판기간에 산입하지 않는다. 재판장 보정명령이 있으면 그 보정기간은 이러한 심판기간에 산입되지 아니한다(헌법재판소법 제28조 제4항, 제72조 제5항). 그런데 헌법재판소법 제38조 심판기간 규정의 법적 성격에 관해서는, ① 심판사건의 난이성·다양성·비정형성·복잡성 등을 고려하면 많은 사건을 일률적으로 이러한 심판기간 안에 처리한다는 것은 사실상 곤란하고, ② 이 규정이 강행규정이라면 위반할 때 결정의 효력이나 제재 등에 관한 별도 규정이 있어야 하는데 그에 관한 규정이 없으며, ③ 종국판결 선고기간을 규정한 민사소송법 제199조에 대해서도 이것을 훈시규정으로 보는 점 등을 이유로, 실무상 이것을 훈시규정으로 취급한다.[120] 다만, 헌법재판소가 180일이 지나도록 종국결정 선고를 하지 않으면 그 이유를 명확하게 밝혀야 한다. 이러한 점에서 헌법재판소법 제38조가 전혀 법적 의미가 없는 것은 아니다.

5. 결정정족수

(1) 종다수결원칙

재판부는 종국심리에 관여한 재판관 과반수 찬성으로 사건에 관한 결정을 한다(헌법재판소법 제23조 제2항 본문).

---

120) 헌재 2009. 7. 30. 2007헌마732, 판례집 21-2상, 335, 340: "우리나라의 실정법상 법원 등 재판기관의 소송행위에 관한 기간, 즉 직무기간은 그 경과에 따른 특별한 법률효과를 부여하는 규정이 없는한 훈시적 의의를 가질 뿐이라고 이해하는 것이 통설적 견해로서, 심판대상조항에 관하여도 심판사건의 다양성, 비정형성, 복잡성 및 난이성 등을 고려할 때 모든 사건을 일률적으로 180일 이내에 심판한다는 것은 무리이고 심판기간을 경과한 심판의 효력이나 심판기간 경과에 대한 제재 등과 같이 그 심판기간을 관철시키기 위한 특별규정이 없다는 점에서 심판대상조항이 훈시규정임을 전제로 한 소송실무가 정착되어 있다."

(2) 절대다수결사항

법률의 위헌결정, 탄핵의 결정, 정당해산의 결정이나 헌법소원에 관한 인용결정을 하는 때나 종전에 헌법재판소가 판시한 헌법이나 법률의 해석적용에 관한 의견을 변경하는 때는 재판관 6명 이상 찬성이 있어야 한다(헌법 제113조 제1항, 헌법재판소법 제23조 2항 단서).

(3) 전원일치의결사항

헌법소원심판사건에 대한 지정재판부에 의한 사전심사에서 지정재판부는 전원의견으로 각하결정을 하지 아니하면 결정으로 헌법소원을 재판부 심판에 회부하여야 한다. 헌법소원심판 청구 후 30일이 경과할 때까지 각하결정이 없으면 심판에 회부하는 결정이 있는 것으로 본다(헌법재판소법 제72조 제4항).

6. 재판관의 의견표시(헌법재판소법 제36조 제3항)

심판에 관여한 재판관은 결정서에 의견을 표시하여야 한다(헌법재판소법 제3항). 따라서 소수의견을 피력한 재판관도 그 의견을 표시할 의무를 진다. 그래서 그 결정서의 주문과 이유에 관해서 다수의견과 다른 의견이 있는 재판관은 결정이유서에 그 반대 또는 보충의견을 표시할 수 있다. 개정 전의 헌법재판소법 제36조 제3항은 "법률의 위헌심판, 권한쟁의심판 및 헌법소원심판에 관여한 재판관은 결정서에 의견을 표시하여야 한다."라고 규정하였고, 이에 따라 대통령 탄핵 사건[121]에서 재판관들의 개별적 의견과 그 의견의 수를 결정문에 표시할 수 없게 되자, 2005. 7. 29. 현재와 같은 내용으로 개정되었다.

7. 종국결정 선고

헌법재판소법은 선고하여야 하는 종국결정의 종류나 범위에 관하여 아무런 규정을 두지 않는다. 헌법재판소 실무는 전원재판부 심판사건의 종국결정에 한해서 선고를 한다. 종국결정 선고는 심판정에서 하고, 다만 헌법재판소장이 필요하다고 인정하면 심판정 외의 장소에서 선고할 수 있다(헌법재판소법 제34조 제1항). 선고는 재판장이 재판부와 협의를 거쳐 지정하는('헌법재판소 심판 규칙' 제20조 제1항) 선고기일에 이루어진다. 선고기일은 기일통지서나 출석요구서를 송달하여 통지한다(헌법재판소 심판 규칙 제21조 제1항). 종국결정 선고는 재판장이 결정서 원본에 따라 주

---

121) 헌재 2004. 5. 14. 2004헌나1, 판례집 16-1, 609.

문을 읽고 이유 요지를 설명하는 방식으로 하는데, 필요하면 다른 재판관이 이유 요지를 설명하게 할 수 있다('헌법재판소 심판 규칙' 제48조 본문). 다만, 법정의견과 다른 의견이 제출되면 재판장은 선고할 때 이것을 공개하고 그 의견을 제출한 재판관이 이유 요지를 설명하게 할 수 있다('헌법재판소 심판 규칙' 제48조 단서).

8. 결정서 송달

종국결정이 선고되면 서기는 즉시 결정서 정본을 작성하여 이것을 당사자에게 송달하여야 한다(헌법재판소법 제36조 제4항). 종국결정이 법률의 제정이나 개정과 관련이 있으면, 그 결정서 등본을 국회와 이해관계가 있는 국가기관에 송부하여야 한다('헌법재판소 심판 규칙' 제49조). 실무상으로는 법무부장관 등 이해관계인에게도 결정서 등본을 송달한다.

9. 공시

종국결정은 헌법재판소규칙으로 정하는 바에 따라 관보에 게재하거나 그 밖의 방법으로 공시한다(헌법재판소법 제36조 제5항). 중요한 결정은 관보와 헌법재판소 인터넷 홈페이지에 모두 게재함으로써, 그 밖의 종국결정은 헌법재판소의 인터넷 홈페이지에만 게재함으로써 공시한다. 여기서 중요한 종국결정은 ① 법률의 위헌결정, ② 탄핵심판에 관한 결정, ③ 정당해산심판에 관한 결정, ④ 권한쟁의심판에 관한 본안결정, ⑤ 헌법소원의 인용결정, ⑥ 기타 헌법재판소가 필요하다고 인정한 결정이다('헌법재판소 심판 규칙' 제49조의2).

10. 일사부재리

헌법재판소는 이미 심판을 거친 같은 사건에 관해서는 다시 심판할 수 없다(헌법재판소 결정의 기판력, 헌법재판소법 제39조). 여기서 '이미 심판을 거친 사건'은 재판부가 심리를 마치고 종국결정을 내린 사건을 뜻한다.

XⅢ. 심판비용

1. 국가부담원칙

헌법재판소 심판비용은 국가부담으로 한다(헌법재판소법 제37조 제1항 본문). 따라서 청구서나 준비서면 등에 인지를 첨부하지 않는다. 헌법재판소는 증인·감정인·

통역인·번역인 등에게 여비 등을 지급할 수 있다('헌법재판소 증인 등 비용지급에 관한 규칙', '헌법재판소 참고인 비용지급에 관한 규칙' 참조).

2. 당사자의 비용부담과 공탁금

헌법재판소 심판비용은 국가부담으로 한다. 다만, 헌법재판소는 당사자 신청에 의한 증거조사 비용에 관해서는 헌법재판소규칙이 정하는 바에 따라 그 신청인에게 부담시킬 수 있다(헌법재판소법 제37조 제1항). 그리고 헌법재판소는 헌법소원심판청구인에 대해서 헌법재판소규칙으로 정하는 공탁금 납부를 명할 수 있다(헌법재판소법 제37조 제2항). 헌법재판소는 ① 헌법소원심판 청구를 각하할 때, ② 헌법소원심판 청구를 기각하는 때에 그 심판 청구가 권리 남용이라고 인정되면 헌법재판소규칙이 정하는 바에 따라 공탁금 전부나 일부의 국고귀속을 명할 수 있다(헌법재판소법 제37조 제3항). 헌법소원심판 청구는 국민 개개인 누구나 할 수 있으므로 남소가 이루어질 수 있다. 이러한 남소를 방지하려고 공탁금제도를 헌법소원심판에 한하여 채택하였다.

XIV. 준용규정(헌법재판소법 제40조)

헌법재판소 심판절차에 관해서는 헌법재판소법에 특별한 규정이 있는 때를 제외하고는 헌법재판의 성질에 어긋나지 아니하는 한도 안에서 민사소송에 관한 법령의 규정을 준용한다. 이때 탄핵심판에는 형사소송에 관한 법령을, 권한쟁의심판과 헌법소원심판에는 행정소송법을 준용한다. 이때 형사소송에 관한 법령이나 행정소송법이 민사소송에 관한 법령과 저촉되면 민사소송에 관한 법령은 준용되지 아니한다(헌법재판소법 제40조). 즉 이때 민사소송법보다 형사소송에 관한 법령이나 행정소송법이 우선하여 준용된다. 이러한 준용은 헌법재판도 사법절차에 따라 진행되도록 한 것이다. 이것은 헌법재판의 성격이 사법작용이라는 점에서 비롯한다. 이러한 준용은 헌법재판절차의 '고유성'을 반영하여야 하고, 맹목적으로 다른 소송법을 적용하여서는 안 된다. 따라서 이때의 준용은 다른 소송법의 단순한 준용하는 것에 그치는 것이 아니라 헌법재판절차의 '고유성'에 맞게 수정하여 준용하는 것도 포함된다. 그러나 준용은 준용하는 법과 준용되는 법 사이에 비슷한 점이 있다는 것을 전제한다. 따라서 헌법소송법 문제와 다른 소송법이 규율하는 문제 사이에 비슷한 점이 없으면 준용할 수 없다. 이러한 때는 준용규용이 있어도 헌법재판소가 헌법소송에 관한 많은 규율을 창조적으로 메워 나갈 수밖에 없다.

XV. 재심

1. 재심 허용 여부

헌법재판소법은 헌법재판소 결정에 대한 재심 허용 여부에 관하여 별도의 명문 규정을 두지 않는다. 그러므로 헌법재판소 결정에 대해서 재심을 허용할 수 있는지에 관하여 논의가 있다. 헌법재판소는 재심 허용 가능성에 관해서 처음에는 재심불허원칙을 분명하게 밝혔다.[122] 그 후 재심의 허용 여부와 정도는 심판절차 종류에 따라 개별적으로 판단할 수밖에 없다는 견해로 후퇴하였다.[123] 헌법재판은 객관소송으로서 당사자의 권리구제는 물론 객관적 질서 보호도 그 기능으로 한다. 따라서 헌법재판은 일반 사법재판과는 다른 특성이 있고, 특히 헌법재판소 결정에는 그 의미와 효력에 비추어 법적 안정성이 강하게 요구된다. 이러한 점 때문에 헌법재판소법 제40조가 심판절차와 관련하여 헌법재판소법에 특별한 규정이 없으면 민사소송이나 형사소송 또는 행정소송에 관한 법령을 준용하도록 하여도 일반 소송법의 재심제도를 헌법재판소 결정에 그대로 적용하기는 어렵다. 즉 헌법재판소법 제40조 준용은 획일적인 준용이 아니라 헌법재판의 특성에 맞추어 수정된 준용이다. 따라서 재심 허용을 원칙적으로 부정하면서 심판절차 종류에 따라 개별적으로 판단하여 예외적으로 허용하는 헌법재판소 견해가 타당하다고 생각한다.[124] 즉 헌법재판은

---

122) 헌재 1994. 12. 29. 92헌아1, 판례집 6-2, 538, 541; 헌재 1994. 12. 29. 92헌아2, 판례집 6-2, 543, 547 참조.

123) 헌재 1995. 1. 20. 93헌아1, 판례집 7-1, 113, 119-120; 헌재 2016. 5. 26. 2015헌아20, 판례집 28-1하, 163, 166.

124) 같은 견해: 이성환, 「헌법재판소 결정의 효력에 관한 연구」, 서울대학교 법학박사학위논문, 1993, 61~62쪽; 전정환, 「헌법재판소 결정의 효력에 관한 일반적 고찰」, 문광삼/남복현/전정환, 『헌법재판소결정의 효력에 관한 연구』(헌법재판연구 제7권), 헌법재판소, 1996, 27쪽; 같은 사람, 「헌법재판소 결정의 확정력에 관한 고찰」, 『아태공법연구』 제8집, 아세아태평양공법학회, 2000, 210~211쪽; 정종섭, 『헌법소송법(제8판)』, 박영사, 2014, 193쪽; 최희수, 「법률의 위헌결정의 효력에 관한 연구 ─ 소송법적 효력을 중심으로 ─」, 고려대학교 법학박사학위논문, 2001, 48~49쪽. 준용되는 각종 소송법규는 헌법재판에서 소송절차 진행이라는 측면에서 일반적으로 법원의 재판절차에서와 마찬가지로 공통적으로 적용할 수 있는 협의의 절차적인 규정에 한정된다고 해석하는 견해가 있다(김지형, 「헌법재판결정의 기판력」, 『헌법논총』 제3집, 헌법재판소, 1992, 262~263쪽). 그러나 헌법재판소법 제40조에서 이러한 한정을 찾을 수 없고, 헌법재판도 사법판결의 하나이며, 소송절차 진행이라는 측면에서만 헌법재판소법의 빈틈이 있는 것이 아니므로, 준용 필요성을 소송절차 진행이라는 측면에 국한할 수는 없을 것이다. 그리고 이러한 포괄적 준용을 통해서 헌법재판소가 심판절차를 임의로 형성하는 것을 통제할 가능성이 열린다. 따라서 이러한 견해는 타당하지 않다고 생각한다.

그 심판의 종류에 따라 그 절차의 내용과 효과가 한결같지 아니하므로 재심의 허용 여부나 허용 정도 등은 심판절차의 종류에 따라서 개별적으로 판단할 수밖에 없다.

2. 규범통제

규범통제결정, 즉 위헌법률심판과 헌법재판소법 제68조 제2항에 따른 헌법소원심판 그리고 헌법재판소법 제68조 제1항에 따른 법령소원심판에서 내린 결정은 해당 결정의 특수한 효력 때문에 재심이 허용되지 않는다.[125]

헌법재판소는 "만약 법 제68조 제2항에 의한 헌법소원사건에서 선고된 헌법재판소의 결정에 대하여 재심에 의한 불복방법이 허용된다면, 종전에 헌법재판소의 위헌결정으로 효력이 상실된 법률 또는 법률조항이 재심절차에 의하여 그 결정이 취소되고 새로이 합헌결정이 선고되어 그 효력이 되살아날 수 있다거나 종래의 합헌결정이 후일 재심절차에 의하여 취소되고 새로이 위헌결정이 선고될 수 있는바, 이러한 결과는 문제가 된 법률 또는 법률조항과 관련되는 모든 국민의 법률관계에 이루 말할 수 없는 커다란 혼란을 가져오거나 그 법적 생활에 대한 불안을 가져오게 할 수도 있다. 결국, 위헌법률심판을 구하는 헌법소원에 대한 헌법재판소의 결정에 대하여는 재심을 허용하지 아니함으로써 얻을 수 있는 법적 안정성의 이익이 재심을 허용함으로써 얻을 수 있는 구체적 타당성의 이익보다 훨씬 높을 것으로 쉽사리 예상할 수 있고, 따라서 헌법재판소의 이러한 결정에는 재심에 의한 불복방법이 그 성질상 허용될 수 없다고 보는 것이 상당하다."라고 하였다.[126] 이러한 논리는 헌법재판소법 제68조 제1항에 따른 법령소원에서도 같다.[127] 헌법재판소는 위헌법률심판제청 신청인은 위헌법률심판사건의 당사자라고 할 수 없으므로 위헌법률심판사건에서 한 재판에 대해서 재심을 청구할 수 있는 지위나 적격이 없다고 한다.[128]

3. 헌법재판소법 제68조 제1항에 따른 헌법소원심판

법령소원을 제외한 헌법재판소법 제68조 제1항에 따른 헌법소원심판에서는 주

---

125) 김하열, 『헌법소송법(제3판)』, 박영사, 2018, 251~252쪽; 김현철, 『판례 헌법소송법(제4판)』, 전남 대학교출판부, 2016, 141~142쪽.

126) 헌재 1992. 6. 26. 90헌아1, 판례집 4, 378, 384-385. 동조하는 판례로는 헌재 1992. 12. 8. 92헌아 3, 판례집 4, 845, 849; 헌재 2004. 11. 23. 2004헌아47.

127) 헌재 2002. 9. 19. 2002헌아5; 헌재 2004. 11. 23. 2004헌아47; 헌재 2016. 5. 26. 2015헌아20, 판례 집 28-1하, 163, 166.

128) 헌재 2004. 9. 23. 2003헌아61, 판례집 16-2상, 615, 617.

관소송적 성격이 강하여 권리구제 측면을 중시하여야 하므로 민사소송법의 재심규
정을 준용하여 재심이 허용될 수 있다.129) 헌법재판소는 헌법재판소법 제68조 제1
항에 따른 헌법소원 중 행정작용에 속하는 공권력 작용을 대상으로 하는 심판절차
에서는, 그 결정의 효력이 원칙적으로 소송당사자 사이에서만 미치므로 재심을 허
용함이 상당하다고 한다.130) 그런데 헌법소원심판절차에서는 변론주의가 적용되지
않아서 직권으로 청구인이 주장하는 청구 이유 이외의 헌법소원 적법요건과 기본권
침해 여부에 관련되는 이유를 판단하는 점과 헌법재판이 헌법해석을 주된 임무로
하는 특성, 행정작용에 속하는 공권력작용을 대상으로 하는 권리구제형 헌법소원심
판절차에서는 사전구제절차를 모두 거친 뒤에야 비로소 적법하게 헌법소원심판을
청구할 수 있다는 사정 등을 고려하면, 이러한 헌법소원심판절차에서 선고된 헌법
재판소 결정에 대해서는 민사소송법 제422조 제1항 제9호(현행 민사소송법 제451조)
소정의 판단 유탈은 재심사유가 되지 아니한다고 판시하였다.131) 그러나 그 후 헌
법재판소는 판례를 변경하여 '판단 유탈'도 재심사유로 인정하였다.132) 즉 ① 권리
구제형 헌법소원 절차에서 직권주의가 적용되어도 당사자가 주장한 사항을 판단하
지 않아도 된다는 것은 아닐 뿐 아니라 당사자 주장에 대한 판단 유탈은 원천적으
로 방지되는 것도 아니므로, 직권주의가 헌법소원절차에서 '판단 유탈'을 재심사유
에서 배제할 만한 합당한 이유가 되지 못하고, ② 민사소송법 제422조(현행 민사소
송법 제451조) 제1항 제9호 소정의 '판단 유탈' 재심사유는 모든 판단 유탈을 그 사
유로 하지 아니하고 판결에 영향을 미칠 중요한 사항에 대한 판단 유탈만을 그 사
유로 하며, ③ 헌법재판소법 제71조 제1항 제4호에서 헌법재판소법 제68조 제1항
에 따른 헌법소원의 심판청구서에 반드시 청구 이유를 기재하도록 한 취지는 청구
인의 청구 이유에 관하여 유탈함이 없이 판단하라고 요구함에 있고, ④ 공권력 작
용을 대상으로 하는 권리구제형 헌법소원에서는 법령에 대한 헌법소원과는 달리 사
실 판단이나 그에 대한 법령 적용을 바탕으로 하여 헌법해석을 하게 되는 것이며,
사전구제절차를 거쳐도 헌법재판 때의 판단 유탈을 예방할 수 있는 것도 아니므로,

---

129) 김하열, 『헌법소송법(제3판)』, 박영사, 2018, 252쪽; 김현철, 『판례 헌법소송법(제4판)』, 전남대학교
    출판부, 2016, 143쪽.
130) 헌재 1995. 1. 20. 93헌아1, 판례집 7-1, 113, 120; 헌재 2016. 5. 26. 2015헌아20, 판례집 28-1하,
    163, 166.
131) 헌재 1995. 1. 20. 93헌아1, 판례집 7-1, 113, 121-122; 헌재 1998. 3. 26. 98헌아2, 판례집 10-1,
    320, 324-325.
132) 헌재 2001. 9. 27. 2001헌아3, 판례집 13-2, 457, 460.

헌법해석을 주된 임무로 하는 헌법재판의 특성이나 사전구제절차를 거친 뒤에야 비로소 헌법소원을 제기할 수 있다는 사정도 '판단 유탈'을 재심사유에서 배제할 합당한 이유가 되지 못하는 점을 고려하면, 공권력 작용에 대한 권리구제형 헌법소원절차에서 '헌법재판소의 결정에 영향을 미칠 중대한 사항에 관하여 판단을 유탈할 때'를 재심사유로 허용하는 것이 헌법재판의 성질에 반한다고 볼 수 없다고 하였다.

4. 탄핵심판

탄핵심판에서 내려진 파면결정 효력은 피소추자에게만 미치므로 절차상 중대한 흠이 있으면 재심이 허용될 수 있다. 하지만 대통령 파면결정은 헌법적 의미의 중대성, 재심절차로 말미암은 정치적·사회적 파장 등을 고려하면 허용할 수 없을 것이다.[133]

5. 정당해산심판

정당해산심판 결정에 대한 재심은 민사소송에 관한 법령을 준용하되 헌법재판 성질에 어긋나지 않는 한도에서 허용된다(헌법재판소법 제40조).[134] 헌법재판소도 정당해산심판에서 재심을 허용한다.[135]

6. 권한쟁의심판

권한쟁의심판은 당사자 사이의 공법상 권한분쟁을 해결하는 절차이므로 원칙적으로 재심이 허용될 수 있다. 법률 내용을 다투는 권한쟁의심판처럼 심판유형에 따라서는 재심이 허용되지 않을 수도 있다.[136]

---

133) 김하열, 『헌법소송법(제3판)』, 박영사, 2018, 252쪽.
134) 김하열, 『헌법소송법(제3판)』, 박영사, 2018, 252쪽; 김현철, 『판례 헌법소송법(제4판)』, 전남대학교 출판부, 2016, 147쪽.
135) 헌재 2016. 5. 26. 2015헌아20, 판례집 28−1하, 163, 166−167: "정당해산심판은 일반적 기속력과 대세적·법규적 효력을 가지는 법령에 대한 헌법재판소의 결정과 달리 원칙적으로 해당 정당에게만 그 효력이 미친다. 또 정당해산결정은 해당 정당의 해산에 그치지 않고 대체정당이나 유사정당의 설립까지 금지하는 효력을 가지므로, 오류가 드러난 결정을 바로잡지 못한다면 현 시점의 민주주의가 훼손되는 것에 그치지 않고 장래 세대의 정치적 의사결정에까지 부당한 제약을 초래할 수 있다. 따라서 정당해산심판절차에서는 재심을 허용하지 아니함으로써 얻을 수 있는 법적 안정성의 이익보다 재심을 허용함으로써 얻을 수 있는 구체적 타당성의 이익이 더 크므로 재심을 허용하여야 한다."
136) 김하열, 『헌법소송법(제3판)』, 박영사, 2018, 252~253쪽.

7. 재심사유

헌법재판소는 재판부 구성의 위법,[137] 판단 유탈,[138] 판단 유탈에 준하는 때[139] 등을 재심사유로 인정한다.

8. 재심 청구와 심판절차

재심은 원래 재판을 받은 당사자가 청구할 수 있다. 따라서 종국결정의 당사자가 아닌 제3자는 재심을 청구할 수 없다.[140] 당사자가 결정이 확정되고 나서 재심의 사유를 안 날부터 30일 이내에 재심을 청구하여야 하고, 결정이 확정되고 나서 5년이 지나면 재심을 청구하지 못한다(헌법재판소법 제40조 제1항, 민사소송법 제456

---

137) 헌재 1995. 1. 20. 93헌아1, 판례집 7–1, 113, 121: "헌법재판소법 제68조 제1항에 의한 헌법소원 중 행정작용에 속하는 공권력 작용을 대상으로 하는 권리구제형 헌법소원절차에 있어서는, 사안의 성질상 헌법재판소의 결정에 대한 재심은 재판부의 구성이 위법한 경우 등 절차상 중대하고도 명백한 위법이 있어서 재심을 허용하지 아니하면 현저히 정의에 반하는 경우에 한하여 제한적으로 허용될 수 있을 뿐이라고 해석함이 상당할 것이다."

138) 헌재 2001. 9. 27. 2001헌아3, 판례집 13–2, 457, 460.

139) 헌재 2003. 9. 25. 2002헌아42: "앞서 인정한 사실에 의하면, 이 사건 재심대상사건에서 청구인은 위 불기소처분에 대하여 검찰청법에 따라 항고 및 재항고를 경료함으로써 적법하게 사전구제절차를 거쳐 그 취소를 구하는 헌법소원 심판청구를 제기하였다고 할 것인바, 잘못 기재된 사실조회 회보에 기하여 청구인의 위 심판청구를 적법한 사전구제절차를 경유하지 아니하여 부적법하다는 이유로 각하한 이 사건 재심대상결정은 적법하게 제기된 위 심판청구의 본안에 들어가 판단을 하였어야 했음에도 불구하고 이를 판단하지 아니하였으므로 헌법재판소법 제40조 제1항에 의하여 준용되는 민사소송법 제451조 제1항 제9호의 '판결에 영향을 미칠 중요한 사항에 관하여 판단을 누락한 때'에 준하는 재심사유가 있다고 볼 것이다(대법원 2001. 8. 20.자 2001준재다442 결정; 2002. 9. 30.자 2002재다555 결정; 2002. 11. 11.자 2002재다753 결정 참조)."
　　헌재 2007. 10. 4. 2006헌아53, 판례집 19–2, 432, 434: "청구인은 위 재항고기각결정을 수령한 후 2006. 9. 14. 헌법재판소에 국선대리인 선임신청을 하였고 2006. 10. 25. 위 선임신청 기각결정의 통지를 받았으므로 헌법재판소법 제70조 제4항에 의하여 헌법소원심판의 청구기간을 산정함에 있어서 2006. 9. 14.부터 2006. 10. 25.까지의 기간은 산입되지 아니한다. 결국 청구인은 재항고기각결정을 송달받은 뒤 27일(2006. 8. 23.부터 2006. 9. 13.까지 22일 및 2006. 10. 26.부터 2006. 10. 30.까지 5일)째 되는 날에 이 사건 헌법소원을 제기한 셈이 된다. 따라서 청구인은 재심대상사건의 헌법소원 청구기간을 준수하였고, 재심대상결정은 청구기간을 잘못 계산하였다. 따라서 재심대상사건에는 헌법재판소법 제40조 제1항에 의하여 준용되는 민사소송법 제451조 제1항 제9호의 '판결에 영향을 미칠 중요한 사항에 관하여 판단을 누락한 때'에 준하는 재심사유가 있다고 할 것이므로(헌재 2001. 9. 27. 2001헌아3), 재심대상결정을 취소한다."

140) 헌재 2004. 9. 23. 2003헌아61, 판례집 16–2상, 615, 617: "위헌법률심판의 제청은 법원이 헌법재판소에 대하여 하는 것이기 때문에 당해사건에서 법원으로 하여금 위헌법률심판을 제청하도록 신청을 한 사람 자신은 위헌법률심판사건의 당사자라고 할 수 없다. 원래 재심은 재판을 받은 당사자에게 이를 인정하는 특별한 불복절차이므로 청구인처럼 위헌법률심판이라는 재판의 당사자가 아닌 사람은 그 재판에 대하여 재심을 청구할 수 있는 지위 내지 적격을 갖지 못한다."

조).141) 재심청구서에는 '재심청구인 및 대리인의 표시', '재심할 결정의 표시와 그 결정에 대해서 재심을 청구하는 취지', '재심의 이유'를 기재하여야 하고, 재심 대상이 되는 결정 사본을 붙여야 한다('헌법재판소 심판 규칙' 제53조). 재심의 심판절차에는 그 성질에 어긋나지 아니하는 범위 안에서 재심 전 심판절차에 관한 규정을 준용한다('헌법재판소 심판 규칙' 제52조).

제 2 절 헌법재판소 결정의 유형과 효력

Ⅰ. 헌법재판소 결정의 의의와 종류

1. 헌법재판소 결정의 의의

헌법재판소 결정은 헌법소송절차에 따라서 심리·평의하고 나서 헌법재판소가 최종적으로 확정하여 선고하는 종국판결이다.

2. 헌법재판소 결정서의 구성

종국결정을 할 때는 ① 사건번호와 사건명, ② 당사자와 심판수행자나 대리인의 표시, ③ 주문, ④ 이유, ⑤ 결정일자를 기재한 결정서를 작성하고 심판에 관여한 재판관 전원이 이것에 서명·날인하여야 한다(헌법재판소법 제36조 제2항). 이유는 사건 개요와 심판 대상, 청구인들의 주장과 이해관계기관의 의견, 적법요건에 대한 판단, 본안에 대한 판단, 결론, 소수의견(별도·별개의견, 보충의견, 반대의견)으로 구성된다.

3. 헌법재판소 결정의 종류

헌법재판소 종국결정에는 일반 사법재판과 마찬가지로 크게 각하결정과 인용결정 그리고 기각결정의 세 가지로 나눌 수 있다. 각하결정은 청구가 적법하지 않을 때 내리는 결정으로 절차결정이다. 그에 반해서 인용결정과 기각결정은 적법한 심판 청구가 이유 있는지에 따라 내려지는 것으로, 인용결정은 심판 청구가 이유 있을 때 그리고 기각결정은 심판 청구가 이유 없을 때 각각 내려지는 본안결정이다. 본안결정의 구체적인 형태는 심판절차에 따라 다양하게 나타난다.

---

141) 헌재 2012. 4. 24. 2010헌아208, 공보 187, 847, 848.

(1) 위헌법률심판

제청기각결정인 단순합헌결정과 제청인용결정인 단순위헌결정과 변형결정(한정합헌결정, 한정위헌결정, 헌법불합치결정)(헌법재판소법 제45조)이 있다.

(2) 위헌소원심판

청구기각결정인 단순합헌결정과 청구인용결정인 단순위헌결정과 변형결정(한정합헌결정, 한정위헌결정, 헌법불합치결정)(헌법재판소법 제75조 제6항, 제45조)이 있다.

(3) 헌법소원심판

청구기각결정과 공권력의 행사 취소주문(때에 따라 부수적 위헌결정 포함)이나 공권력의 불행사 위헌확인주문(때에 따라 부수적 위헌결정 포함)을 포함한 청구인용결정이 있다. 헌법소원심판에서 인용결정은 심판 대상이 법령일 때와 그 밖의 공권력일 때에 다르게 나타난다. 법령에 대한 헌법소원심판이면 위헌법률심판과 마찬가지로 단순위헌결정과 변형결정(한정합헌결정, 한정위헌결정, 헌법불합치결정)으로 나타나고, 그 밖의 공권력에 대한 헌법소원심판이면 공권력 행사 취소 결정, 공권력 행사 위헌 확인 결정 그리고 공권력 불행사 위헌 확인 결정으로 나타난다. 법령에 대한 헌법소원심판일 때 기각결정은 단순합헌결정으로 나타난다. 그 밖에 청구인이 사망하고 소송 수계가 허용되지 않을 때[142]와 심판 청구가 취하되었을 때[143] 내리는 심판절차종료선언이라는 특별한 종국결정유형이 있다.

(4) 탄핵심판

탄핵심판 청구가 이유 없거나[144] 피청구인이 결정 선고 전에 해당 공직에서 파면되면(헌법재판소법 제53조 제2항) 내리는 청구기각결정과 심판 청구가 이유 있을 때 피청구인을 해당 공직에서 파면한다는 주문을 포함한 탄핵결정[145](헌법재판소법 제53조 제1항)이 있다.

(5) 정당해산심판

정당해산심판에서 심판 청구가 이유 있으면 헌법재판소는 피청구정당의 해산을 명하는 정당해산결정을 선고한다(헌법재판소법 제59조).[146] 정당해산심판 청구가 이유 없으면 헌법재판소는 기각결정을 한다.

---

142) 헌재 1992. 11. 12. 90헌마33, 판례집 4, 782, 783; 헌재 1994. 12. 29. 90헌바13, 판례집 6-2, 351, 352; 헌재 1999. 11. 25. 99헌마431.
143) 헌재 1995. 12. 15. 95헌마221등, 판례집 7-2, 697, 702.
144) 헌재 2004. 5. 14. 2004헌나1, 판례집 16-1, 609, 620.
145) 헌재 2017. 3. 10. 2016헌나1, 판례집 29-1, 1.
146) 헌재 2014. 12. 19. 2013헌다1, 판례집 26-2하, 1.

(6) 권한쟁의심판

권한쟁의심판에서 헌법재판소는 권한의 존재 여부나 범위를 확인하는 결정을 내린다(헌법재판소법 제66조 제1항). 그리고 권한 침해 원인이 된 피청구인의 처분을 취소하거나 그 무효를 확인하는 결정을 내릴 수 있다(헌법재판소법 제66조 제2항). 일정한 권한사항의 소재가 청구인이나 피청구인 중 누구에게 귀속하는지를 다투는 것이 아니라 피청구인의 권한 행사가 헌법이나 법률에 위반되어 청구인의 권한을 침해되었는지가 문제 되면, 헌법재판소는 권한 존재를 확인하는 것 이외에 피청구인의 행위로 말미암아 청구인의 권한이 침해되었는지도 확인한다. 이때 청구인의 권한 침해가 인정되지 않아서 심판 청구가 이유 없는 것으로 판명되면, 헌법재판소는 기각결정을 내린다.[147) 그 밖에 심판 청구가 취하되면 헌법재판소는 심판절차종료선언을 한다.[148)

4. 헌법재판의 소수의견제도

(1) 의의

소수의견이란 재판의 결론, 즉 헌법재판소의 결정이나 그 이유에 관해서 견해를 달리하는 재판관이 결정서에 표시하는 재판관 개인의 의견을 말한다. 이는 법률상 용어가 아닌 강학상 용어이다. 헌법재판소법은 제36조 제3항에서 심판에 관여한 재판관의 의견표시제도를 둘 뿐이다.

(2) 법적 근거와 연혁

① 법적 근거

헌법재판의 소수의견제도는 헌법재판소법 제34조 제1항이 명시한 평의의 비밀 준수의무에 대한 예외로서 "심판에 관여한 재판관은 결정서에 의견을 표시하여야 한다."라고 규정하는 헌법재판소법 제36조 제3항에 그 제도적 근거를 둔다.[149) 그러나 현재 헌법재판소규칙에는 소수의견의 표시방법이나 제출절차에 관한 아무런 규정이 없으므로, 이 문제는 관행에 의존하여 해결된다.

② 연혁

최고법원 재판에서 소수의견제도는 영미법계 국가에서 발원하여 대륙법계 국가

---

147) 헌재 1998. 8. 27. 96헌라1, 판례집 10−2, 364; 헌재 2000. 2. 24. 99헌라1, 판례집 12−1, 115.
148) 헌재 2001. 6. 28. 2000헌라1, 판례집 13−1, 1218.
149) 이것은 "법률의 위헌심판, 권한쟁의심판, 헌법소원심판에 관여한 재판관은 결정서에 의견을 표시하여야 한다."라고 규정하였던 구 규정을 개정한 것이다.

로 확산하였다. 한국 헌법재판에서 재판관의 개별의견을 표시하는 제도는 1950년 헌법위원회법이 제정될 때부터 채택되었다. 이때는 개별의견을 표시하는 것은 임의성을 띠었다. 1961년 헌법재판소법과 1973년 헌법위원회법은 개별의견 표시를 필수적인 것으로 정하였다. 이 당시 의견표시는 위헌여부심판에 한정하였다. 이러한 헌법위원회법 규정은 1982년 개정과 1987년 개정에서도 그대로 유지되다가, 1988년 헌법재판소법 제정과 더불어 현행과 같은 형태로 규정되었다.

(3) 종류와 표시방법

① 종류

(ⅰ) 반대의견: 헌법재판소의 법정의견, 즉 주문에 대한 반대.

(ⅱ) 보충의견: 재판 결론에는 동의하나 그 이유를 보충하는 때.

(ⅲ) 별도의견: 재판 결론에는 동의하나 그 이유를 달리하는 때.

그러나 소수의견의 이러한 다양한 기능이 늘 분명히 구분될 수 있는 것은 아니다.

② 표시방법

헌법재판소법 제36조 제3항의 법문상 소수의견은 결정서에 표시되어야 한다. 따라서 소수의견은 다수의견과 함께 하나의 결정문을 이룬다. 소수의견을 낸 재판관도 다수의견을 낸 재판관들과 함께 그 결정문 끝에 서명·날인하여야 한다(헌법재판소법 제36조 제2항 참조). 다만, 그것이 헌법재판소의 공식의견, 즉 재판 결론이 되는 것이 아님은 물론이다. 긴급을 요하는 사건에서 재판이 소수의견 제출 전에 먼저 선고되거나 송달될 수 있는지가 문제 된다. 이에 관한 명문 규정이 없으므로 전적으로 헌법재판소법 제36조 제3항 해석에 따른다고 할 것이다. 법문은 '결정서'에 소수의견을 표시하라고 요구하므로 원칙적으로 소수의견 제출 전에 먼저 송달될 수는 없다. 다만, 재판 결론 및 결정요지와 함께 소수의견 존재와 그 요지를 법정에서 발표하고 나서 송달 전에 결정문을 보충할 수는 있다.

(4) 소수의견제의 본질과 기능

① 본질

소수의견제는 헌법 문제와 관련하여 있을 수밖에 없는 헌법해석 방법과 그 결론의 다원성에 관한 표현이다. 헌법해석에서는 재판관의 선이해가, 특히 정치적인 견지에서 나타나는 선이해가 특별한 의미가 있기 때문이다.

② 기능

(ⅰ) 헌법과 헌법재판의 본질에 필연적으로 수반하는 헌법해석의 다양한 방법과 성향에서 비롯하는 다양한 헌법해석 결과를 국민에게 알리는 기능을 수행한다.

(ⅱ) 판례가 장차 바뀔 수도 있다는 것을 알려주는 기능을 한다.

(ⅲ) 다수의견이 더 훌륭한 논거에 따른다는 것을 명확히 밝혀줄 수도 있다.

(ⅳ) 소수의견 허용은 다수의견을 더 분명히 표현하게 할 수 있게 함으로써 헌법재판소 논증이 종종 외교적 타협의 성격과 같은 형태를 취하는 것을 방지할 수 있다.

③ 소수의견제도에 대한 비판

소수의견제도가 내적으로는 평의 분위기 악화, 재판관의 과시욕이나 명예욕으로 말미암은 소수의견 남발, 평의에서 충돌을 회피하기 위한 원치 않는 타협적 형식의 재판 초래 등 헌법재판소와 재판의 권위를 약하게 할 우려가 있다거나 정치적으로 불안한 국가에서는 재판관의 독립성을 약화할 수도 있다는 비판이 있다. 그러나 독일과 미국에서 이제까지 그다지 심각한 현상은 나타나지 않았다.

④ 소수의견을 내는 계기와 의도

(ⅰ) 소수의견은 일면 윤리적 이유(예를 들어 간통죄사건이나 동성동본금혼사건, 호주제사건에서)나 근본적인 학문적－해석론적 이유(예를 들어 신행정수도건설에관한특별법)로 재판을 지지하는 데 참여할 수 없어서 이것을 알리고 싶은 반대자가 재판관으로서 인격을 지키는 수단이 될 수 있다(이것은 극한인 때만 필요할 것이지만 실제로 발생할 수도 있다). 그러한 소수의견은 다수의견의 품격, 대담성이나 위험성을 뚜렷하게 드러낼 수 있다.

(ⅱ) 소수의견은 헌법재판소 판례를 장차 다른 방향으로 움직이고 공중이 이러한 가능성에 (그리고 이제까지의 판례에 나타난 내적인 모순과 그 판례와 단절하는 것에도) 주목하게 하려는 의도가 있을 수 있다(이것이 소수의견의 본래 의미).

(5) 소수의견을 표시할 수 있는 심판절차

개정 전 헌법재판소법 제36조 제3항은 법률의 위헌심판, 권한쟁의심판, 헌법소원심판에서 관여 재판관이 결정서에 의견을 표시하여야 한다고 하여 탄핵심판과 정당해산심판의 절차에서 과연 소수의견을 표시할 수 있었는지에 관하여 견해가 대립하였다. 그러나 법개정으로 모든 심판절차에서 소수의견을 달 수 있게 되었다.

(6) 소수의견 표시는 의무인가?

① 소수의견 표시는 권리사항

헌법재판소법 제34조 제3항은 "… 재판관은 결정서에 의견을 표시하여야 한다."라고 하여 심판절차에 관여한 재판관이 평의과정에서 진술한 자신의 소수의견을 결정문에 표시하여야 할 의무가 있는 것처럼 규정한다. 그러나 소수의견 표시는 권리이지 의무는 아니라고 보는 것이 합의체 본질에 들어맞는다. 재판관이 자신의 소수의견을 공개적으로 표시하기 원하면 재판장이나 법정의견에 가담한 재판관들이 이것을 거부할 수 없다는 취지로 그 규정을 새겨야 할 것이다. 평의과정에서 일단 이견을 표출한 재판관이 공식결정문에 자기 의견을 첨부하도록 하지 않는다면, 해당 재판관은 자기 견해를 바꾼 것으로 간주하고 국외자도 그가 평의과정에서 이견을 제시하였는지를 알 수 없게 될 것이다. 그러므로 헌법재판소법 제34조 제3항은 "… 재판관은 결정서에 의견을 표시할 수 있다."로 개정하는 것이 타당하다고 생각한다.

② 소수의견 표시 없는 평의의 다수결 공개 가능성

재판관이 소수의견을 공개하지는 않지만, 평의에서 이루어진 표결의 다수관계를 공개하기를 원할 수도 있다. 이때 누가 표결결과를 공개할 것인지에 관한 결정권이 있는지에 관해서 현재 아무런 규정도 없다. 명문 규정이 없는 이상 관련 재판관의 다수결로 정할 수밖에 없을 것이다.

③ 소수의견 표시 없는 소수의견 제시한 재판관 명단의 공개 가능성

소수의견에 가담한 재판관 명단은 평의 비밀에 해당하므로 해당 재판관의 동의가 있을 때만 공개할 수 있다.

(7) 소수의견의 규범력?

어떤 식으로든 (예를 들어 판례 변경의 전제요건으로 특별한 사정이 없는 한 새로운 견해가 먼저 소수의견으로 표출되었을 것을 요구하는 방식으로) 소수의견에 '규범력'을 부여하는 것은 근거도 없고 판례의 유연성 견지에서도 바람직하지 않다. 소수의견에 규범력을 인정하면 소수의견을 낼 것인지에 관한 재판관의 자유를 빼앗게 될 것이다. 그렇게 되면 소수의견을 내는 재판관은 앞날의 재판과 관련하여 마치 하나의 재고 정책을 취할 수밖에 없게 될 것이다.

Ⅱ. 구체적 규범통제(특히 위헌법률심판과 위헌소원심판)에서 헌법재판소 결정

1. 정형결정

정형결정150)은 심판 대상인 법률이나 법률조항의 위헌 여부를 단순하게 확인하

---

150) 변형결정에 대응하는 용어이다(김양균, 「헌법재판의 입법통제와 변형결정」, 『공법연구』 제25집 제1호, 한국공법학회, 1997, 216쪽).

는 헌법재판소 결정이다. 정형결정은 실정법이 예정한 헌법재판소 결정으로서 "…
은 헌법에 위반되지 아니한다."라는 주문으로 표현되는 단순합헌결정과 "…은 헌법
에 위반된다."라는 주문으로 표현되는 단순위헌결정이 있다. 과거 헌법재판소는 합
헌결정 중에서 종국심리에 관여한 재판관 중 위헌의견인 재판관의 수가 반수를 넘
지만, 위헌결정 정족수인 6명에 미달하면 합헌결정이라도 주문에서 "…은 헌법에
위반된다고 선언할 수 없다."라고 표시한 것이 있었다.[151] 이러한 결정을 위헌불선
언결정이라고 한다. 그러나 헌법재판소는 헌재 1996. 2. 16. 96헌가2 결정부터 이
러한 결정유형을 포기하고 단순위헌결정을 내린다.

(1) 단순합헌결정

단순합헌결정은 선고 시점에 해당 사건과 관련하여 심판 대상인 법률이나 법률
조항을 심사한 범위 안에서 위헌성을 확인하지 못하였을 때 헌법재판소가 내리는
종국결정이다. 단순합헌결정은 해당 사건과 관련하여 심판 대상인 법률이나 법률조
항의 위헌 의심만을 제거할 뿐이고, 심판 대상인 법률이나 법률조항에 아무것도 추
가하지 않는다. 따라서 헌법재판소가 심판 대상인 법률이나 법률조항에 대해서 단
순합헌결정을 내려도 심판 대상인 법률이나 법률조항의 위헌 의심이 모두 제거되어
절대적 합헌성이 확인되는 것은 아니다. 즉 단순합헌결정은 선고 시점에 구체적 사
건과 관련하여 심사범위 안에서 (상대적) 합헌성을 확인하는 '잠정'결정에 불과하다.
헌법재판은 객관소송이라서 헌법재판소는 심판 대상인 법률이나 법률조항의 모든
위헌성을 심사할 수 있다. 그러나 헌법재판소는 모든 위헌성을 심사할 의무는 없
고, 사실적 측면에서 모든 위헌성을 심사할 수도 없다. 다만, 헌법재판에는 신청주
의가 적용된다. 즉 심판 청구가 있을 때만 해당 사건이 헌법재판소에 계속되고, 심
판 대상이 특정된다. 물론 심판 청구가 심판 대상을 특정하는 효과가 헌법재판소가
권리 보호 실효성을 확보하려고 당사자의 청구를 해석하는 것을 막지 않는다. 그리
고 심판 청구는 헌법재판소에 결정으로 응답할 법적 의무를 지운다. 따라서 헌법재
판소는 당사자가 주장하는 법률이나 법률조항의 위헌성은 모두 심사하여야 한다.
이러한 점에서 단순합헌결정은 당사자가 청구한 해당 사건을 종국적으로 해결하는
것에 그치고, 심판 대상인 법률이나 법률조항과 관련된 모든 사건을 종국적으로 해
결하지는 않는다. 단순합헌결정은 법규범이 아니라 사법판결일 뿐이기 때문이다.
그래서 합헌으로 결정된 심판 대상에 대한 헌법재판소의 새로운 위헌심사는 헌법재

---

151) 예를 들어 헌재 1989. 12. 22. 88헌가13, 판례집 1, 357.

판소 결정의 효력에 어긋나지 않는 한 배제되지 않는다.

(2) 단순위헌결정

단순위헌결정은 선고 시점에 해당 사건과 관련하여 심판 대상인 법률이나 법률조항을 심사하여 위헌성을 확인하였을 때 헌법재판소가 내리는 종국결정이다. 단순위헌결정은 심판 대상인 법률이나 법률조항의 위헌성을 확인하는 '확정'결정이다. 헌법재판소는 선존하는 법률이나 법률조항의 위헌성을 확인하는 것에 그치고 위헌성을 창조하지 않는다. 따라서 헌법재판소는 합헌인 법률이나 법률조항에 대해서 단순위헌결정을 내릴 수 없다. 헌법재판소가 단순위헌결정을 내리면 심판 대상인 법률이나 법률조항의 위헌성은 종국적으로 확정되고, 그에 따라 해당 법률이나 법률조항은 원칙적으로 선고 시점부터 그 효력을 상실한다. 다만, 형벌에 관한 법률이나 법률조항은 소급하여 그 효력을 상실한다(헌법재판소법 제47조 제2항과 제3항, 제75조 제6항). (재심이 허용되어서 단순위헌결정이 취소되는 때를 제외하면) 단순위헌결정을 통해서 위헌으로 결정된 법률이나 법률조항의 위헌성은 다시 심사될 수 없다. 즉 단순위헌결정이 위헌성을 확인한 법률이나 법률조항은 더는 합헌성을 회복할 수 없다.

헌법재판소의 단순위헌결정은 원칙적으로 심판 대상인 법률이나 법률조항에 대해서 내려진다. 그래서 단순위헌결정의 범위와 심판 대상의 범위는 일치하는 것이 원칙이다. 그러나 위헌결정의 범위와 심판 대상의 범위가 달라지는 때가 있다. 즉 예외적으로 위헌으로 선언된 법률조항을 넘어서 다른 법률조항이나 법률 전체를 위헌으로 선언하여야 할 때도 있다. 합헌으로 남아 있는 나머지 법률조항만으로는 법적으로 독립된 의미가 없는 때, 위헌인 법률조항이 나머지 법률조항과 극히 밀접한 관계가 있어서 전체적·종합적으로 양자가 분리될 수 없는 일체를 형성하는 때 그리고 위헌인 법률조항을 위헌선언하게 되면 전체 규정의 의미와 정당성이 사라지는 때가 이에 해당한다. 일정한 법률조항이 제도의 핵심적 구성부분이어서 그에 대해서 위헌선언하면 제도 전체의 내적인 평형을 무너뜨리는 결과를 가져와 입법자의 의도가 왜곡된다면 위헌인 법률조항 이외의 나머지 부분도 함께 위헌선언하는 것이 마땅하기 때문이다.[152] 그래서 법률조항의 단순위헌결정으로 말미암아 해당 법률 전부를 시행할 수 없다고 인정되면 그 전부에 대해서 단순위헌결정을 내릴 수 있고 (헌법재판소법 제45조 단서, 제75조 제6항: 법률전부위헌결정)[153], 심판 대상과 기능적 측

---

152) 헌재 1996. 12. 26. 94헌바1, 판례집 8−2, 808, 829−830; 헌재 1999. 9. 16. 99헌가1, 판례집 11−1, 245, 259−260; 헌재 2002. 8. 29. 2001헌바82, 판례집 14−2, 170, 183.
153) 예를 들어 헌재 1994. 4. 29. 94헌바37등, 판례집 11−1, 289, 347−348; 헌재 1996. 1. 25. 95헌가5,

면에서 불가분의 특별한 관계가 있는 법률조항에 대해서 위헌결정을 내릴 수도 있다(부수적 위헌결정).[154]

그리고 법률조항 하나의 또는 여러 법률조항의 위헌성이 언제나 법률 전체를 위헌으로 이끌지 않듯이 법률조항 일부의 위헌성이 늘 법률조항 전체를 위헌으로 만들지 않는다. 즉 단순위헌결정은 법률 전체나 법률조항에 미칠 수 있는 것처럼 법률조항 일부에 미칠 수도 있다. 따라서 심판 대상인 법률조항 일부에 대해서만 위헌결정을 내릴 수도 있다(양적 일부위헌결정).[155] 이러한 양적 일부위헌결정은 규범문구 축소를 뜻한다. 양적 일부위헌결정은 독립된 법조문, 조문 일부인 항, 항의 일부인 문장이나 문장 일부를 지칭하는 형태로 이루어진다. 양적 일부위헌결정은 헌법재판소가 법률이나 법률조항의 선존하는 위헌성을 확인하는 권한만 있다는 점에서 비롯하는 당연한 결과이다.

2. 변형결정

(1) 의의

헌법재판소법 제45조와 제75조 제6항을 따르면, 헌법재판소는 심판 대상인 법률이나 법률조항의 위헌 여부만을 결정한다. 이것을 문구대로 엄격하게 해석하면, 헌법재판소는 단순합헌결정과 단순위헌결정만 내릴 수 있는 것으로 볼 수 있다. 그러나 헌법재판소법 제45조 단서에서 "법률 조항의 위헌결정으로 인하여 해당 법률 전부를 시행할 수 없다고 인정할 때에는 그 전부에 대하여 위헌결정을 할 수 있다."라고 규정하는 취지를 따르면 헌법재판소법 제45조의 뜻은 헌법재판소는 법원이 '제청한' 법률이나 법률조항에 대한 위헌 여부만을 원칙적으로 결정할 수 있

판례집 8-1, 1, 22. 헌법불합치결정도 마찬가지이다(헌재 1994. 7. 29. 92헌바49등, 판례집 6-2, 64, 117-118).

154) 예를 들어 헌재 1989. 11. 20. 89헌가102, 판례집 1, 329, 342; 헌재 1991. 11. 25. 91헌가6, 판례집 3, 569, 581; 헌재 1996. 12. 26. 94헌바1, 판례집 8-2, 808, 829-830; 헌재 1999. 9. 16. 99헌가1, 판례집 11-1, 245, 259-261; 헌재 2001. 7. 19. 2000헌마91등, 판례집 13-2, 77, 100-101; 헌재 2002. 8. 29. 2001헌바82, 판례집 14-2, 170, 183; 헌재 2003. 9. 25. 2001헌가22, 판례집 15-2상, 231, 250. 헌법재판소는 이러한 것을 부수적 위헌결정(헌재 2003. 9. 25. 2001헌가22, 판례집 15-2상, 231, 250)이라고 하지만, 헌법소원심판에서는 부수적 위헌선언(헌재 2001. 7. 19. 2000헌마91등, 판례집 13-2, 77, 100; 헌재 2002. 8. 29. 2001헌바82, 판례집 14-2, 170, 183)이라고 한다. 헌법재판소법 제45조 단서를 유추적용하여 부수적 위헌결정을 할 수 있다고 한 헌법재판소 결정도 있다(헌재 1994. 6. 30. 92헌바23, 판례집 6-1, 592, 611).

155) 예를 들어 헌재 1989. 1. 25, 88헌가7, 판례집 1, 1, 1-2; 헌재 1990. 9. 3, 89헌가95, 판례집 2, 245, 246; 헌재 1991. 11. 25. 91헌가6, 판례집 3, 569, 572; 헌재 1992. 7. 23. 90헌바2등, 판례집 4, 493, 495; 헌재 1993. 12. 23, 93헌가2, 판례집 5-2, 578.

고, 법원이 제청하지 않은 법률이나 법률조항의 위헌 여부와 제청된 사건의 법적
또는 사실적 결정이 옳은지는 결정할 수 없지만, 심판 대상인 법률조항의 위헌결
정으로 말미암아 해당 법률 전부를 시행할 수 없다면 예외적으로 헌법재판소는
'제청된' 법률조항의 범위를 넘어 법률 전부에 대해서 위헌결정을 할 수 있다는 것
이다. 이러한 점을 고려하면, 헌법재판소법 제45조는 헌법재판소의 심판 대상 범
위를 규율하는 것이지, 결정형식을 규율하는 것이 아니다.[156] 이러한 해석을 바탕
으로 헌법재판소는 단순히 심판 대상인 법률이나 법률조항의 위헌 여부만을 확인
하는 단순합헌결정과 단순위헌결정만을 내리는 것이 아니라 단순합헌결정과 단순
위헌결정이 아닌 결정도 내린다. 즉 헌법재판소는 규범통제절차에서 법률이나 법
률조항의 위헌성이나 합헌성을 단순히 확인하는 것에 그치지 않는 제3의 결정인
변형결정도 내린다. 변형결정은 단순합헌결정이나 단순위헌결정의 법적 효과를 주
관적·객관적 또는 시간적 범위에서 바꾸는 결정유형으로 정의된다. 변형결정의 본
질은 일반적으로 위헌결정이지만, 변형결정은 위헌결정에 국한되지 않는다. 즉 독
일 연방헌법재판소의 촉구재판(Appellentscheidung)처럼 본질이 합헌결정인 변형결
정도 있을 수 있다.

　변형결정을 요건과 효과가 아니라 결정주문 형식을 기준으로 판단하는 견해[157]
가 있다. 그러나 결정주문은 헌법재판소 권한 행사의 결과로서 헌법과 헌법재판소
법이 요구하는 요건을 충족할 때 따르는 효과의 근거이다. 따라서 결정주문은 요건
및 효과와 밀접한 관련이 있고, 특히 효과가 따르지 않는 결정주문은 그 의미를 상
실할 수밖에 없다. 그래서 결정주문 형식은 그 요건과 효과에 따라서 결정되어야
한다. 이러한 점에 비추어 요건 및 효과와 관계없이 결정주문만을 기준으로 변형결
정 여부를 결정하는 것은 그 구별의 실익을 찾기 어렵다. 그러므로 결정주문 형식

---

156) 허완중, 「헌법재판소의 헌법불합치결정을 정당화하는 사유」, 『안암법학』 제31호, 안암법학회,
　　 2010, 43쪽. 같은 견해: 헌재 1989. 9. 8, 88헌가6, 판례집 1, 199, 259; 박경철, 「대법원 2001. 4. 27.
　　 선고 95재다14판결의 문제점 ― 한정위헌결정의 당위성과 기속력을 중심으로 ―」, 『헌법학연구』 제
　　 8권 제2호, 한국헌법학회, 2002, 407~408쪽; 양　건/김문현/남복현, 『헌법재판소법의 개정방향에 관
　　 한 연구용역보고서』(헌법재판연구 제10권), 헌법재판소, 1999, 91쪽; 이성환, 「한정위헌결정의 기속
　　 력」, 『세계헌법연구』 제2호, 국제헌법학회 한국학회, 1997, 547~548쪽; 전광석, 「헌법재판에 있어서
　　 의 결정주문의 유형과 효력」, 『헌법재판연구』 제2권, 헌법재판소, 1991, 180쪽; 황도수, 「헌법재판소
　　 의 위헌법률심판권과 법원의 법률해석권」, 『저스티스』 제99호, 한국법학원, 2007. 8., 228쪽.
157) 허　영, 『한국헌법론(전정14판)』, 박영사, 2018, 911~912쪽; 홍성방, 『헌법학(하)(제3판)』, 박영사,
　　 2014, 343쪽; 같은 사람, 『헌법소송법』, 박영사, 2015, 125쪽. 이 견해를 따르면 위헌불선언결정, 한
　　 정합헌결정, 한정위헌결정, 일부위헌결정, 조건부위헌결정, 헌법불합치결정, 부분위헌결정이 변형결
　　 정에 속한다.

은 변형결정의 판단기준으로 적합하지 않다. 특히 단순위헌결정과 위헌범위만 다를
뿐이고 다른 점에서는 차이점을 찾을 수 없는 양적 일부위헌결정을 변형결정으로
분류하는 것은 이해하기 어렵다. 이러한 점에서 종국심리에 관여한 재판관 중 위헌
의견인 재판관의 수가 과반수를 차지하지만, 위헌결정의 정족수인 6명에 미달할 때
헌법재판소가 내렸던 위헌불선언결정[158]은 헌법재판소가 단순합헌결정을 달리 표
현한 것에 불과하다면[159] 변형결정으로 볼 수 없다. 그러나 해당 법률이나 법률조
항의 합헌성이 매우 강하게 의심된다는 것을 지적하여 입법자의 법률관찰의무[160]를
확인한 것이라면 변형결정으로 볼 수 있다.

(2) 허용성

① 실정법적 근거 없는 변형결정

변형결정은 규범통제절차에서 헌법재판소가 내리는 단순합헌결정과 단순위헌결
정이 아닌 결정, 즉 헌법재판소가 규범통제절차에서 법률이나 법률조항의 합헌성이
나 위헌성을 단순히 확인하는 것에 그치지 않는 결정을 말한다. 헌법 제107조 제1
항과 제111조 제1항 그리고 헌법재판소법 제45조와 제75조 제5항 및 제6항을 따르
면 헌법재판소는 법률이나 법률조항의 위헌 여부만을 결정할 수 있다. 따라서 헌법
재판소는 법률이나 법률조항의 위헌성을 확인하였을 때 단순위헌결정을 내리는 것
이 원칙이다. 그러나 헌법재판소는 독일 연방헌법재판소가 발명한 변형결정을 받아
들여 단순합헌결정과 단순위헌결정 이외에 한정합헌결정과 한정위헌결정 그리고
헌법불합치결정을 내린다. 그러나 헌법과 헌법재판소법 어디에도 이러한 변형결정
의 직접적 근거를 찾을 수 없다. 따라서 법적 근거 없이 헌법재판소가 변형결정을
내릴 수 있는지가 다투어진다.

② 판례

헌법재판소는 다양한 근거를 제시하면서 결정유형을 다양화할 수 있다고 한다:
(ⅰ) 헌법재판소의 법률에 대한 위헌결정에는 단순위헌결정은 물론, 한정합헌결
정, 한정위헌결정과 헌법불합치결정도 포함된다.[161]

---

158) 예를 들어 헌재 1989. 12. 22. 88헌가13, 판례집 1, 357, 363; 헌재 1993. 5. 13. 90헌바22등, 판례집
   5-1, 253, 257; 헌재 1994. 6. 30. 92헌바23, 판례집 6-1, 592, 598.
159) 헌법재판소가 위헌불선언결정을 더는 내리지 않고, "……은 헌법에 위반되지 아니한다."라고 주문
   을 표시하여 단순위헌결정을 내린다는 점을 고려하면 이렇게 해석할 수도 있다.
160) 이에 관해서 자세한 검토는 허완중, 「입법자의 법률관찰의무」, 『공법연구』 제39집 제4호, 한국공법
   학회, 2011, 239~261쪽 참조.
161) 헌재 1997. 12. 24. 96헌마172, 판례집 9-2, 842, 860.

(ⅱ) 전제사건에 관한 재판은 법원의 고유권한에 속하므로, 헌법재판소법 제45
조 본문의 "헌법재판소는 제청된 법률 또는 법률조항의 위헌여부만을 결정한다."라
는 뜻은 헌법재판소는 법률의 위헌 여부만을 심사하는 것이지 결코 위헌제청된 전
제사건에 관해서 사실적·법률적 판단을 내려 그 당부를 심판하는 것은 아니라는
것으로 해석하여야 한다.[162]

(ⅲ) 현대의 복잡 다양한 사회현상과 헌법상황에 비추어 보면 헌법재판은 심사
대상 법률의 위헌이나 합헌이라는 양자택일 판단만을 능사로 할 수 없다. 양자택일
판단만이 가능하다고 본다면 다양한 정치·경제·사회현상을 규율하는 법률에 대한
합헌성을 확보하기 위한 헌법재판소의 유연하고 신축성 있는 적절한 판단을 가로막
아 오히려 법적 공백과 법적 혼란 등 법적 안정성을 해치고, 입법자의 건전한 입법
형성권을 제약할 뿐 아니라, 나아가 국가사회의 질서와 국민의 기본권마저 침해할
사태를 가져올 수도 있다. 따라서 헌법재판소가 하는 위헌 여부 판단이란 위헌 아
니면 합헌이라는 양자택일에만 그치는 것이 아니라 그 성질상 사안에 따라 위 양자
의 사이에 낀 중간영역인 여러 가지 변형결정이 필수적으로 요청된다.[163]

(ⅳ) 헌법재판소법 제45조의 취지에 따라 구 헌법재판소법 제47조 제2항 본문
"위헌으로 결정된 법률 또는 법률의 조항은 그 결정이 있는 날부터 효력을 상실한
다."의 규정 취지도 헌법재판소법 제45조 취지에 상응하여 변형해석하여야 한다.
즉 제45조에 근거한 변형결정에 대응하여 위헌법률의 실효 여부나 그 시기도 헌법
재판소가 재량으로 정할 수 있는 것으로 보아야 하고, 이렇게 함으로써 비로소 헌
법재판의 본질에 적합한 통일적·조화적 해석을 할 수 있다.[164]

(ⅴ) 재판 주문을 어떻게 내느냐의 주문방식 문제는 민사소송에서 그러하듯 헌
법재판에 대해서도 아무런 명문 규정이 없으므로, 재판의 본질에 비추어 주문을 어
떻게 표시할 것인지는 재판관의 재량에 일임된 사항이라고 할 것이다.[165]

(ⅵ) 전부부정(위헌)결정권은 일부부정(헌법불합치)결정권을 포함한다.[166]

(ⅶ) 위헌이냐 합헌이냐의 결정 외에 한정합헌이나 헌법불합치 등 중간영역의
주문형식은 헌법을 최고법규로 하는 통일적인 법질서 형성을 위해서 필요할 뿐 아
니라 입법부가 제정한 법률을 위헌이라고 하여 전면 폐기하기보다는 그 효력을 될

---

162) 헌재 1989. 9. 8. 88헌가6, 판례집 1, 199, 259.
163) 헌재 1989. 9. 8. 88헌가6, 판례집 1, 199, 259-260.
164) 헌재 1989. 9. 8. 88헌가6, 판례집 1, 199, 260.
165) 헌재 1989. 9. 8. 88헌가6, 판례집 1, 199, 260.
166) 헌재 1991. 3. 11. 91헌마21, 판례집 3, 91, 115.

수 있으면 유지하는 것이 권력분립 정신에 합치하고 민주주의적 입법기능을 최대한 존중하는 것이며,[167] 그것은 국민의 대표기관으로서 입법형성권이 있는 국회의 정직성·성실성·전문성에 대한 예우이고 배려라고 할 것이다.[168]

(ⅷ) 합헌해석은 헌법을 최고법규로 하는 통일적인 법질서 형성을 위해서 필요할 뿐 아니라, 입법부가 제정한 법률을 위헌이라고 하여 전면 폐기하기보다는 그 효력을 되도록 유지하는 것이 권력분립 정신에 합치하고 민주주의적 입법기능을 최대한 존중하는 것이어서 헌법재판의 당연한 요청이기도 하다.[169]

이에 대해서 소수의견을 따르면 변형결정은 실정법적 근거가 없어 허용될 수 없고, 설사 허용되더라도 매우 제한적으로 이용하여야 한다고 한다. 소수의견의 구체적 논거는 다음과 같다:

(ⅰ) "법률이 헌법에 위반되는 여부가 재판의 전제가 된 경우에는 법원은 헌법재판소에 제청하여 그 심판에 의하여 재판한다."라는 헌법 제107조 제1항의 규정과 "헌법재판소는 제청된 법률 또는 법률조항의 위헌여부만을 결정한다."라는 헌법재판소법 제45조 제1항 본문에 비추어 보면 헌법재판소는 제청된 법률이 위헌인지, 합헌인지를 분명히 결정할 의무가 있고, 위헌이라고 결정하면 그에 대한 효력은 "위헌으로 결정된 법률 또는 법률의 조항은 그 결정이 있는 날부터 효력을 상실한다. 다만, 형벌에 관한 법률 또는 법률의 조항은 소급하여 그 효력을 상실한다."라는 구 헌법재판소법 제47조 제2항에 정해진 대로 발생하는 것이지 헌법재판소가 그 효력을 변경하거나 그 효력 발생을 유보할 수 없다.[170]

(ⅱ) 위헌결정 표현방법에는 법률에 정해진 형식이 따로 없으므로 반드시 "위헌이다"나 "헌법에 위반된다"라는 표현이 아니더라도 결정 문언 내용이 위헌이라는 취지로 해석될 수 있으면 되고 표현방법이 어떠하든 간에 위헌결정이라는 취지로 해석되면 그 효력은 헌법재판소법 제47조에 따라서 발생한다. 그러므로 헌법재판소법 제47조 제2항에 따라서 법률은 위헌결정을 한 날에 효력을 상실하고 헌법재판소는 언제 법률이 효력을 상실하는지를 결정할 수는 없다.[171]

(ⅲ) 헌법재판소법 제47조 제1항은 오로지 위헌결정에 기속력을 부여하므로,

---

167) 헌재 1990. 6. 25. 90헌가11, 165, 170－171 참조.
168) 헌재 1991. 3. 11. 91헌마21, 판례집 3, 91, 115.
169) 헌재 1990. 6. 25. 90헌가11, 판례집 2, 165, 170－171.
170) 헌재 1989. 9. 8. 88헌가6, 판례집 1, 199, 265－266 재판관 변정수의 보충의견 및 반대의견.
171) 헌재 1989. 9. 8. 88헌가6, 판례집 1, 199, 265－266 재판관 변정수의 보충의견 및 반대의견.

변형결정은 실질적으로 의미가 없다.172)

(ⅳ) 헌법불합치결정은 헌법 제111조 제1항 제1호 및 제5호, 헌법재판소법 제45조, 제47조 제2항의 각 명문 규정에 반한다.173)

(ⅴ) 독일 연방헌법재판소 판례를 수용하여 헌법불합치결정의 판례를 정립하려고 하지만, 독일과 한국 법제는 서로 다르므로 이것을 그대로 수용할 수는 없다. 먼저 독일 연방헌법재판소법은 헌법불합치결정을 판례로 확립하고 나서 1970년 제4차 개정 때 간접적이지만 그 결정 근거를 마련하였다. 그리고 개정 전 독일 연방헌법재판소법은 헌법재판소 결정의 효력에 관한 제79조에서 헌법재판소 결정에 따른 법률이나 법률조항의 실효에 대해서 원칙적으로 소급효를 인정하고 특정한 때만 그 예외를 인정하지만, 한국 헌법재판소법은 형벌에 관한 법률이나 법률조항을 제외한 모든 법률이나 법률조항의 실효에 대한 즉시효(장래효)만을 규정한다. 따라서 독일은 법률의 무효선언(Nichtigerklärung)으로 말미암아서 법률이 실효될 때 올 수 있는 법규범의 공백상태가 한국보다 훨씬 심각하고 그런 때가 훨씬 더 많이 발생할 수 있으므로 헌법불합치결정의 판례가 정립될 수밖에 없다.174)

(ⅵ) 독일의 판례확립과정과 입법과정을 보면 판례 확립이, 헌법이나 헌법재판소법 명문 규정에 어긋남이 없고 오히려 해석상으로 그 근거 규정(제4차 개정 이전의 연방헌법재판소법 제78조와 제79조)이 있으며, 연방헌법재판소 재판은 원칙적으로 소급효가 있어서 발생하는 심각한 법규범의 공백상태를 없애려는 방편으로 이러한 판례가 확립되고 그 후에 입법적으로 해결하였음을 알 수 있다. 헌법이나 헌법재판소법, 그 밖의 법률적 근거를 찾을 수 없고 이러한 과정을 거친 사정이 없는 한국은 독일과는 판이하다. 이런데도 헌법재판소가 헌법불합치결정을 단행함은 진지한 연구와 분석 검토를 거치지 아니하고 무책임하게 독일 판례를 수용하였다는 비난을 받을 수밖에 없다.175)

(ⅶ) 헌법재판소법 제45조와 제47조의 입법취지는 독일 민주주의 발전과는 비

---

172) 헌재 1989. 9. 8. 88헌가6, 판례집 1, 199, 267 재판관 변정수의 보충의견 및 반대의견; 헌재 1993. 3. 11. 88헌마5, 판례집 5－1, 59, 90 재판관 변정수의 반대의견.
173) 헌재 1999. 5. 27. 98헌바70, 판례집 11－1, 633, 649 재판관 조승형의 반대의견; 헌재 1997. 3. 27. 95헌가14등, 판례집 9－1, 193, 213 재판관 조승형의 반대의견.
174) 헌재 1999. 5. 27. 98헌바70, 판례집 11－1, 633, 649－651 재판관 조승형의 반대의견; 헌재 1997. 3. 27. 95헌가14등, 판례집 9－1, 193, 213－215 재판관 조승형의 반대의견.
175) 헌재 1999. 5. 27. 98헌바70, 판례집 11－1, 633, 651 재판관 조승형의 반대의견; 헌재 1995. 9. 28. 92헌가11등, 판례집 7－2, 264, 291－292 재판관 조승형의 반대의견; 헌재 1997. 3. 27. 95헌가14등, 판례집 9－1, 193, 215 재판관 조승형의 반대의견.

교도 할 수 없을 만큼 1961년부터 1988년까지 무려 27년간의 권위주의시대를 겪으면서 그만큼 민주주의가 후퇴한 헌정사를 경험하였으므로, 과거 권위주의시대의 위헌법률이나 법률조항의 잠정적 적용 탓에 권위주의를 정당화하는 어떠한 결정도 배제하고자 하는 뜻에서 헌법재판소가 '위헌'이면 위헌, '합헌'이면 합헌의 심판만을 할 수 있고 그 이외의 여하한 결정도 할 수 없게 하는 데 있다. 이러한 때에 혹시라도 그 취지에 어긋나는 법규범의 공백상태 탓에 오히려 헌법의 각 원칙과 원리에 어긋나는 결과를 가져오는 것 등의 충격을 완화하려고 독일과는 반대로 실효된 법률이나 법률조항의 즉시효(장래효)만을 규정하였으므로, 이러한 입법취지에 비추어 보면 헌법불합치라는 변형결정은 결코 허용될 수 없다.176)

대법원은 헌법불합치결정을 위헌결정으로 말미암은 법률조항의 효력 상실 시기만을 일정 기간 뒤로 미루는 위헌결정의 일종으로 본다.177) 그러나 대법원은 한정위헌결정은 법률이나 법률조항의 의미, 내용과 그 적용범위를 정하는 법률해석이고, 구체적 사건에서 해당 법률이나 법률조항의 의미·내용과 적용범위가 어떠한 것인지를 정하는 권한, 곧 법령의 해석·적용 권한은 바로 사법권의 본질적 내용을 이루는 것으로서, 전적으로 대법원을 최고법원으로 하는 법원에 전속한다고 하여 한정위헌결정의 기속력을 부정하였다.178)

③ 학설

한국에서 변형결정을 부정하는 견해는 찾기 어렵다. 변형결정을 긍정하는 견해는 다음과 같은 근거를 제시한다:

(i) 헌법재판은 헌법 규정의 형식적 해석을 통해서 단순한 사법판단을 내리는 것이 아니라 헌법의 기본원리에 따라서 헌법적 가치질서를 수호한다. 따라서 헌법재판은 일반 사법재판과 같을 수 없으므로, 헌법재판소법의 엄격한 해석에 구속되지 않는다. 그래서 헌법재판소법은 헌법재판의 성격에 따라서 유연하게 해석되어야 한다. 이러한 맥락에서 헌법재판소법 제45조의 '위헌 여부'라는 문언에는 '단순합헌결정'이나 '단순위헌결정' 이외에 '한정위헌결정', '헌법불합치결정' 등 변형결정이 포함되어 있다고 넓게 해석할 수 있다.179)

---

176) 헌재 1999. 5. 27. 98헌바70, 판례집 11－1, 633, 651－652 재판관 조승형의 반대의견; 헌재 1995. 9. 28. 92헌가11등, 판례집 7－2, 264, 293 재판관 조승형의 반대의견.
177) 대법원 1991. 6. 11. 선고 90다5450 판결(집39－3, 1; 공1991, 1895).
178) 대법원 1996. 4. 9. 선고 95누11405 판결(집44－1, 762; 공1996상, 1442).
179) 김문현, 「위헌법률심판에 있어서의 변형결정」, 『고시연구』 제24권 제8호, 고시연구사, 1997. 8., 77

(ⅱ) 현대의 다양한 사회적·헌법적 상황 때문에 헌법재판소가 단순위헌결정이나 단순합헌결정 중 하나를 선택하는 것이 곤란한 때가 잦다.[180]

(ⅲ) 단순위헌결정은 때에 따라 법적 안정성 침해, 법적 공백이나 법적 혼란을 일으킬 수 있고, 입법자의 입법형성권을 존중하지 않으며, 심지어 국민의 기본권을 침해할 수도 있다. 이러한 결과를 피하려면 변형결정이 필요하다.[181]

(ⅳ) 한정합헌결정과 한정위헌결정은 합헌적 법률해석의 결과이고, 헌법불합치결정은 사법 자제의 표현이다.[182]

(ⅴ) 주문 표시를 어떻게 할 것인지는 헌법재판소 재량에 속한다.[183]

(ⅵ) 헌법재판소법 제45조는 헌법심판 범위를 한정한다. 이러한 이해를 바탕으로 헌법재판소법 제47조 제1항은 결정의 종류로서 위헌결정에만 국가기관에 대한 기속력을 부여한 것이 아니라 어떠한 종류의 결정이든 그 결정에 포함된 위헌성을

쪽; 남복현, 「법률에 관한 변형결정의 유형과 효력」, 『헌법논총』 제9집, 헌법재판소, 1998, 869~870쪽; 문광삼, 「헌법재판소 변형결정의 유형과 그 문제점」, 문광삼/남복현/전정환, 『헌법재판소결정의 효력에 관한 연구』(헌법재판연구 제7권), 헌법재판소, 1996, 105~106쪽; 이명웅, 「헌법불합치결정의 사유 및 효력」, 『헌법논총』 제20집, 헌법재판소, 2009, 373~375쪽; 이헌환, 「위헌결정의 방식에 관한 연구」, 『헌법재판의 이론과 실제』(금랑 김철수교수 화갑기념 논문집), 박영사, 1993, 290쪽; 정재황, 『헌법재판개론(제2판)』, 박영사, 2003, 251쪽; 정종섭, 『헌법소송법(제8판)』, 박영사, 2014, 372쪽; 같은 사람, 『헌법학원론(제12판)』, 박영사, 2018, 1544쪽; 한병채, 『헌법재판론』, 고시계, 1994, 554~555쪽.

180) 남복현, 「법률에 관한 변형결정의 유형과 효력」, 『헌법논총』 제9집, 헌법재판소, 1998, 859~860쪽; 홍성방, 『헌법소송법』, 박영사, 2015, 124쪽; 황우여, 「위헌결정의 형식 ― 변형결정 ―」, 『헌법재판연구』 제1권, 헌법재판소, 1990, 122~123쪽.

181) 김문현, 「위헌법률심판에 있어서의 변형결정」, 『고시연구』 제24권 제8호, 고시연구사, 1997. 8., 77쪽; 김주환, 「헌법불합치결정의 적용영역과 그 효과」, 『헌법학연구』 제11권 제2호, 한국헌법학회, 2005, 506쪽; 김하열, 『헌법소송법(제3판)』, 박영사, 2018, 356쪽; 남복현, 「법률의 위헌결정의 효력에 관한 연구」, 한양대학교 법학박사학위논문, 1994, 55쪽; 같은 사람, 「법률에 관한 변형결정의 유형과 효력」, 『헌법논총』 제9집, 헌법재판소, 1998, 856~858쪽; 문광삼, 「헌법재판소 변형결정의 유형과 그 문제점」, 문광삼/남복현/전정환, 『헌법재판소결정의 효력에 관한 연구』(헌법재판연구 제7권), 헌법재판소, 1996, 104쪽; 이기철, 「헌법재판소결정은 주된 이유에도 기속력이 미치는가?」, 『한양법학』 제13집, 한양법학회, 2002, 115~116쪽; 이준일, 『헌법학강의(제6판)』, 홍문사, 2015, 1035쪽; 장영수, 「헌법재판소 변형결정의 구속력」, 『판례연구』 제9집, 고려대학교 법학연구소, 1998, 62~63쪽; 같은 사람, 『헌법학(제10판)』, 홍문사, 2017, 1272~1274쪽; 전광석, 『한국헌법론(제13판)』, 집현재, 2018, 820쪽; 홍성방, 『헌법소송법』, 박영사, 2015, 124쪽.

182) 장영수, 「헌법재판소 변형결정의 구속력」, 『판례연구』 제9집, 고려대학교 법학연구소, 1998, 62쪽; 허 영, 「헌법재판제도의 바람직한 개선방향」, 『재판의 한 길』(김용준 헌법재판소장 화갑기념논문집), 박영사, 1998, 32~36쪽; 같은 사람, 『헌법소송법론(제13판)』, 박영사, 2018, 249~250쪽; 홍성방, 『헌법학(하)(제3판)』, 박영사, 2014, 342쪽.

183) 김하열, 『헌법소송법(제3판)』, 박영사, 2018, 356~357쪽; 김학성, 『헌법학원론(전정2판)』, 피앤씨미디어, 2018, 1176쪽; 정종섭, 『헌법소송법(제8판)』, 박영사, 2014, 372쪽; 같은 사람, 『헌법학원론(제12판)』, 박영사, 2018, 1544쪽.

확인한 내용은 기속력이 있다는 목적론적 해석이 가능하다.[184]

(vii) 헌법불합치결정에 대한 법적 근거가 불충분하더라도 헌법 특성에 비추어 그 허용 여부는 헌법재판소의 법형성기능에 맡겨야 한다.[185]

(viii) 전부 부정을 할 수 있는 권한 속에는 일부 부정을 할 수 있는 권한도 당연히 포함된다. 법률이나 법률조항에 대해서 완전위헌을 결정할 권한 속에는 헌법불합치, 조건부위헌이나 조건부 합헌의 결정을 할 권한도 당연히 내포된다는 뜻이다.[186]

(ix) 헌법재판소법 제45조 단서는 위헌결정 확대를 규정한다. 이처럼 위헌결정 확대가 가능하다는 것은 그 반대해석으로 위헌결정 축소도 가능하다는 것을 의미한다.[187]

(x) 헌법소원심판에는 행정소송법을 준용하므로(헌법재판소법 제41조 제1항), 행정소송법 제28조 제1항 사정판결 취지를 원용할 수 있다.[188]

이러한 논거를 들어 학설은 변형결정을 긍정하지만, 동시에 변형결정의 남용도 경고한다.[189] 즉 헌법재판소의 결정유형은 원칙적으로 단순합헌결정과 단순위헌결정이고 변형결정은 필요성이 충분히 인정될 때만 예외적으로 허용되어야 한다고 한다. 따라서 형식적 논리와 기교에 따라 변형결정을 내림으로써 규범 명확성을 훼손

---

184) 김양균, 「헌법재판의 입법통제와 변형결정」, 『공법연구』 제25집 제1호, 한국공법학회, 1997, 220쪽; 전광석, 「헌법재판에 있어서의 결정주문의 유형과 효력」, 『헌법재판 및 제도의 활성화에 관한 연구』 (헌법재판연구 제2권), 헌법재판소, 1991, 179~180쪽; 같은 사람, 「불합치결정에 관한 헌법재판소 결정분석」, 『행정판례연구』 제2집, 서울대학교출판부, 1996, 354쪽; 같은 사람, 『한국헌법론(제13판)』, 집현재, 2018, 819쪽.

185) 전광석, 「불합치결정에 관한 헌법재판소 결정분석」, 『행정판례연구』 제2집, 서울대학교출판부, 1996, 354~355쪽.

186) 김양균, 「헌법재판의 입법통제와 변형결정」, 『공법연구』 제25집 제1호, 한국공법학회, 1997, 219쪽; 김하열, 『헌법소송법(제3판)』, 박영사, 2018, 357쪽.

187) 김양균, 「헌법재판의 입법통제와 변형결정」, 『공법연구』 제25집 제1호, 한국공법학회, 1997, 219쪽.

188) 김양균, 「헌법재판의 입법통제와 변형결정」, 『공법연구』 제25집 제1호, 한국공법학회, 1997, 220쪽.

189) 김문현, 「위헌법률심판에 있어서의 변형결정」, 『고시연구』 제24권 제8호, 고시연구사, 1997. 8., 78쪽; 남복현, 「법률의 위헌결정의 효력에 관한 연구」, 한양대학교 법학박사학위논문, 1994, 55~56쪽; 성낙인/이효원/권건보/정 철/박진우/허진성, 『헌법소송론』, 법문사, 2012, 220쪽; 이기철, 「헌법재판소결정은 주된 이유에도 기속력이 미치는가?」, 『한양법학』 제13집, 한양법학회, 2002, 116쪽; 이헌환, 「위헌결정의 방식에 관한 연구」, 『헌법재판의 이론과 실제』(금랑 김철수교수 화갑기념 논문집), 박영사, 1993, 291쪽; 장영수, 「헌법재판소 변형결정의 구속력」, 『판례연구』 제9집, 고려대학교 법학연구소, 1998, 63~65쪽; 같은 사람, 『헌법학(제10판)』, 홍문사, 2017, 1274쪽; 전광석, 「불합치결정에 관한 헌법재판소 결정분석」, 『행정판례연구』 제2집, 서울대학교출판부, 1996, 354~355쪽; 정종섭, 『헌법소송법(제8판)』, 박영사, 2014, 373쪽; 한병채, 『헌법재판론』, 고시계, 1994, 555쪽; 허 영, 「헌법재판제도의 바람직한 개선방향」, 『재판의 한 길』(김용준 헌법재판소장 화갑기념논문집), 박영사, 1998, 32~36쪽; 같은 사람, 『헌법소송법론(제13판)』, 박영사, 2018, 249~250쪽; 황우여, 「위헌결정의 형식 ― 변형결정 ―」, 『헌법재판연구』 제1권, 헌법재판소, 1990, 123~124쪽.

하거나 헌법규범 통일성을 무너뜨리는 것은 금지된다고 한다. 그리고 변형결정은
타협 수단이 될 수 없고, 입법자의 입법형성권을 침해할 수도 없다고 한다.

④ 사견

(i) 법률에 변형결정 근거가 없는 것의 의미

헌법재판소의 변형결정에 관한, 명확하고 직접적인 법률적 근거는 한국은 물론
독일도 없다. 그리고 변형결정을 명시적으로 부정하는 실정법적 규정도 찾을 수 없
다. 그것은 헌법재판소에 결정유형에 대한 자유를 부여하지 않지만, 변형결정 금지
를 뜻하지도 않는다. 따라서 헌법재판소 결정 주문이 헌법이 규율한 형태에 한정되
는지 혹은 더 많은 형태가 개발될 수 있는지는 다른 모든 헌법적 상황, 예를 들어
법감정, 법체계에 도입된 헌법재판의 발생사와 이념, 헌법재판소의 권한, 기능 조정
그리고 헌법재판소와 입법부 사이의 견제와 균형 등을 체계적으로 함께 고려하여
결정하여야 한다. 즉 변형결정 허용 여부는 전체 헌법체계 속에서 헌법현실을 고려
하여 판단할 수밖에 없다.

법률에 변형결정에 대한 근거가 없다는 이유로 변형결정을 부정하는 견해는 결
정유형이 형식적 법해석논리에 고착됨으로써 단순위헌결정이 다양한 헌법현실과
결합하여 일으킬 수 있는, 법적 공백, 법적 혼란, 국가적 불안정, 더욱 위헌적인 상
황 발생 그리고 기본권 침해 가능성과 같은 다양한 부정적 결과를 무시한다. 따라
서 이 견해는 이러한 문제에 대한 더 좋은 해결 가능성이나 변형결정 부정을 정당
화하는 다른 근거를 제시하지 못하는 한 정당성을 인정받기 어렵다.

(ii) 헌법재판소법 규정 해석

"헌법재판소는 제청된 법률 또는 법률조항의 위헌여부만을 결정한다."라는 헌법
재판소법 제45조 본문은 두 가지 뜻으로 새길 수 있다. 먼저 법률의 위헌성을 결정
하는 권한은 헌법재판소에 부여된다는 것이다. 다음 헌법재판소는 원칙적으로 제청
되지 않은 규정이나 제청된 사건의 법적 또는 사실적 결정이 옳은지가 아니라 단지
'제청된 법률이나 법률조항'에 대해서만 결정할 수 있다는 것이다. 두 번째 의미는
예외적으로 위헌결정 대상을 확장할 수 있다고 규정하는 헌법재판소법 제45조 단
서와 맺는 관계 속에서 더 명확해진다. 그러나 헌법재판소법 제45조 본문을 헌법재
판소가 단순합헌결정이나 단순위헌결정이라는 결정유형만을 선택할 수 있다는 뜻
으로 새기기는 어렵다. 법률이나 법률조항의 위헌 여부를 결정하는 것이 오로지 단
순합헌결정이나 단순위헌결정으로만 표현된다고 볼 수 없고, 헌법재판소법 제45조
본문을 그 단서와 관련하여 이해하면 이 조항은 헌법재판소 결정유형이 아니라 헌

법재판소가 결정할 수 있는 범위와 관련된 것으로 볼 수 있기 때문이다. 따라서 헌법재판소법 제45조는 위헌결정이 오로지 위헌부분에 한정됨으로써 그 밖의 합헌부분은 최대한 유지되어야 한다는 의미로 해석할 수 있다.[190]

헌법재판소법 제47조 제1항에서 위헌결정은 법률의 위헌성을 확인하는 모든 헌법재판소 결정으로 볼 수 있다. 결정유형을 한정하는 것으로 볼 수 없는 제47조 제1항의 위헌결정을 결정유형의 하나인 단순위헌결정에 국한할 이유가 없기 때문이다. 이러한 위헌결정은 법률의 위헌성을 확인하는 모든 변형결정을 포함한다.

헌법재판소법 제47조 제2항과 제3항은 오로지 위헌결정의 효력에 대한 원칙만을 규정한다. 따라서 이 규정이 절대적으로 관철되어야 하는 것은 아니다. 한국의 판례와 학설이 위헌결정의 소급효 범위를 확대하려고 시도할 수 있는 것은 이러한 이유 때문이다. 따라서 때에 따라 헌법적으로 그 필요성이 충분히 논증된다면 헌법재판소는 위헌법률이 효력을 상실하는지를 헌법재판소법 제47조 제2항 및 제3항과 달리 결정할 수도 있다. 그리고 위헌법률이 처음부터 별도의 형성행위 없이 효력이 없다는 것은 법논리적으로 강제되지 않는다.[191] 특히 한국에서 이른바 당연무효설은 헌법재판소법 제47조 제2항 및 제3항과 다른 내용이 헌법에서 도출되지 않는다면 실정법적으로 배제된다고 보아야 할 것이다.

(ⅲ) 보충적 법형성

헌법과 법률은 모든 국가기관을 구속한다. 따라서 국가기관인 헌법재판소도 헌법과 법률에 구속된다. 그래서 헌법재판소의 구성원인 헌법재판소 재판관은 헌법과 법률에 구속된다(헌법 제103조, 헌법재판소법 제4조). 기본(적 인)권은 헌법의 핵심이므로, 국가에 기본적 인권을 확인하고 보장할 의무를 부여하는 헌법 제10조 제2문은 이것을 간접적으로 확인한다. 그러나 이것이 헌법재판소가 오로지 헌법과 법률 문언의 의미만 확인하고 선언할 수 있다는 것을 뜻하지 않는다. 입법자는 헌법과 법률을 통해서 모든 법적 사항이나 법적 상황을 규율하는 것을 의도하지도 않았고, 규율할 수도 없다. 그러나 다른 법원처럼 헌법재판소는 재판을 거부할 수 없고, 재판할 의무를 진다. 따라서 헌법재판소는 일반 법원이 법관법을 형성하여 재판하는 것처럼 때에 따라 재판을 하기 위해서 보충적 법형성을 할 수 있고, 보충적 법형성

---

190) 같은 견해: 김운용, 『위헌심사론』, 삼지원, 1998, 596~597쪽; 남복현, 「법률에 관한 변형결정의 유형과 효력」, 『헌법논총』 제9집, 헌법재판소, 1998, 870쪽; 방승주, 「헌법재판소의 헌법합치적 해석의 효력」, 『법학논집』 특별호, 고려대학교 법학연구소, 1997, 439쪽.

191) Klaus Schlaich, Das Bundesverfassungsgericht – Stellung, Verfahren, Entscheidung, in: JuS 1982, S. 438 참조.

을 하여야만 한다. 헌법재판소의 변형결정은 이러한 보충적 법형성의 한 예로 볼 수 있다.[192] 헌법과 헌법재판소법은 헌법재판소의 결정유형에 관해서 구체적으로 규율하지 않기 때문이다.

(ⅳ) 임시적 입법개입

변형결정에 따라서 법률 내용은 입법자 의사에 어긋나게 왜곡될 수도 있고, 헌법재판소는 입법자의 입법형성권에 개입할 수도 있으며, 심지어 헌법재판소는 예외적으로 입법권을 스스로 행사할 수도 있다. 그러나 헌법재판소의 법률 왜곡, 입법형성권에 대한 개입과 입법권 행사는 언제나 단지 임시적이다. 입법자는 늘 자기 입법권을 행사하여 법률의 위헌성을 제거함으로써 문제를 해결할 수 있다. 즉 입법자는 법률을 개정하거나 새로운 법률을 제정하여 헌법재판소가 변형결정을 통해서 입법에 개입하는 상태를 언제라도 제거할 수 있다. 그리고 변형결정은 입법자의 잘못된 입법권 행사나 입법부작위에서 비롯한다. 헌법재판소는 이러한 잘못과 입법자의 의무만을 지적하고, 입법자 스스로 이러한 문제를 해결할 때까지 헌법 수호자로서 이러한 헌법문제를 단지 잠정적으로만 해결할 뿐이다. 예외적으로 입법자가 스스로 주어진 기한 안에 최종적인 규율을 제대로 제정하지 않거나 제정하지 못할 때, 헌법재판소는 단지 긴급입법자로서 임시규율을 제정할 수 있을 뿐이다.[193] 따라서 변형결정이 입법자의 입법권을 침해한다고 보기 어렵다.

(ⅴ) 기본권을 보장하는 수단

헌법재판소는 변형결정을 통해서 기본권을 충실하게 보장할 수 있고, 가능한 범위 안에서 기본권 보장을 최대화할 수 있다. 사회권이나 청구권, 참정권 등은 그에 대한 입법적 구체화나 형성이 있을 때 비로소 권리자가 자기 권리를 제대로 행사할 수 있다. 그러나 단순위헌결정은 기존 법률적 근거 자체를 제거하므로, 권리자에게 이롭지 않을 수 있고, 심지어 해로울 수도 있다. 평등권도 때에 따라 국가가 적극적으로 차별을 제거하여야 비로소 실질적으로 보장될 수 있다. 특히 평등권 위반을 다투는 사람은 대부분 다른 사람에게 주어지는 혜택을 배제하는 것이 목적이 아니라 자신도 그 혜택을 받으려고 심판을 청구한다. 그리고 헌법재판소는 법원이라는 지위 때문에 기본권 보장의 최소한만을 확인할 수 있을 뿐이다. 그러나 입법자는

---

192) 같은 견해: 남복현, 「법률에 관한 변형결정의 유형과 효력」, 『헌법논총』 제9집, 헌법재판소, 1998, 880~881쪽.

193) Otto Bachof, Der Richter als Gesetzgeber?, in: Joachim Gernhuber (Hrsg.), Tradition und Fortschritt im Recht: Festschrift des Tübinger Juristenfakültät zu ihrem 500－jährigen Bestehen 1977 von ihren gegenwärtigen Mitgliedern und in deren Auftreten, Tübingen 1977, S. 189.

기본권을 최대한으로 보장할 권한과 의무가 있다. 개선되거나 새롭게 제정된 법률을 소급하여 적용하면, 기본권은 종종 더 잘 보장될 수 있고 당사자의 청구목적에도 들어맞을 수 있다. 그리고 상황에 따라 단순위헌결정이 조건을 바꾸거나 한계를 제거하여 권리자의 범위를 확대하면 국가에 감당하기 어려운 재정부담을 지울 수도 있다. 변형결정은 이러한 문제를 해결하는 적절한 수단이 될 수 있다.

(ⅵ) 통일적 법질서의 신속한 형성

변형결정은 통일적 법질서를 신속하게 형성하는 데 이바지할 수 있다. 입법자는 큰 정치적 부담이나 보수성 때문에 법률의 제·개정이나 폐지를 주저하거나 회피할 수 있다. 그러한 상황 때문에 국가 안에서 다양한 갈등이 발생하거나 새로운 법질서 형성이 방해되거나 지연될 수 있다. 헌법재판소는 변형결정을 통해서 헌법의 범위 안에서 입법의 방향을 제시하거나 입법 기한을 설정하거나 입법자의 의무를 확인함으로써 이러한 문제를 종종 빠르게 해결할 수 있다.

(ⅶ) 법적 공백 예방

헌법재판소가 법률의 위헌성을 확인하면, 헌법재판소는 원칙적으로 법률을 위헌으로 결정한다. 단순위헌결정은 법률의 빈틈이나 규율 없는 상태를 일으키지 않고 합헌상태를 회복시키는 것이 보통이다. 그러나 드물지 않게 법률을 폐기하면 수인할 수 없는 법적 공백이 나타날 수 있다. 그리고 기존 법률을 보충하는 것만으로도 합헌상태가 충분히 회복될 때도 있다. 이러한 때에 헌법재판소가 단순위헌결정을 내리면 합헌상태가 회복되지 않고 오히려 법적 혼란을 일으킬 수도 있다. 또한, 단순위헌결정은 때때로 위헌상태를 심화하는 결과를 발생시킬 수도 있다. 때에 따라 국가기관은 법적 공백 때문에 권한을 행사하는 데 커다란 어려움을 겪을 수도 있다. 변형결정은 이러한 법적 공백을 예방할 수 있는 효과적인 수단이 될 수 있다.

(ⅷ) 소결: 충분한 논증을 전제로 예외적으로만 허용되는 변형결정

위에서 언급한 근거 때문에 변형결정은 헌법재판소의 결정유형으로 인정될 수 있다. 그러나 그것이 헌법재판소에 결정유형에 관한 제한 없는 선택권을 부여하는 것은 아니다. 변형결정은 헌법적으로 그 필요성이 충분히 인정되는 범위 안에서 단지 예외적으로만 인정되는 특별한 헌법재판소 결정일 뿐이다. 즉 변형결정은 단순합헌결정이나 단순위헌결정과 선택이나 대체 관계에 있는 것이 아니라 이 결정들을 선택할 수 없을 때 비로소 선고할 수 있는 결정유형이다. 그래서 변형결정은 헌법재판소가 단순합헌결정이나 단순위헌결정을 통해서 자기 과제를 충분히 또는 옹글게(완벽하게) 이행할 수 없을 때 비로소 헌법적으로 정당성을 인정받을 수 있다. 따

라서 헌법재판소는 단순합헌결정이나 단순위헌결정을 선고할 수 있는지를 먼저 검토하여야 하고, 정치적 압력을 회피하거나 정치적 타협을 받아들이기 위해서 변형결정을 선고하여서는 아니 되고, 선고할 수도 없다. 그리고 변형결정은 법률적 근거가 없으므로, 헌법재판소는 변형결정의 허용성에 관한 엄격한 논증책임을 부담하여야 한다. 그래서 헌법재판소는 변형결정의 필요성과 결정유형의 선택을 엄격하고 충분하게 논증하고 나서야 비로소 변형결정을 내릴 수 있다. 헌법재판소는 위헌 여부만을 결정할 수 있으므로(헌법 제107조 제1항, 제111조 제1항 제1호, 헌법재판소법 제45조, 제75조 제5항과 제6항), 변형결정은 단순합헌결정이나 단순위헌결정의 변형물[194]에 불과하다. 변형결정의 본질이 합헌결정이나 위헌결정이 아니라면 변형결정은 그 법적 근거를 찾을 수 없을 것이기 때문이다. 따라서 헌법재판소는 법률이나 법률조항의 합헌성이나 위헌성 확인과 그에 따른 법적 효과를 규율하기 위해서만 변형결정을 내릴 수 있다. 변형결정의 실정법적 근거를 마련하는 것은 변형결정 허용 문제를 명확하게 해결할 수 있다. 그러나 결정주문의 종류를 실정법적으로 한정 짓는 것은 헌법재판소가 변형결정을 통해서 다양한 헌법상황에 대처할 힘을 소멸시킬 수 있다. 따라서 변형결정의 실정법적 근거를 마련할 때는 그때까지 발견된 변형결정을 정리하면서 새로운 변형결정을 추가할 가능성을 열어두는 형태로 실정화하는 것이 바람직하다. 즉 변형결정의 실정법적 근거가 변형결정을 일정한 유형으로 한정 짓는 형태로 마련되는 것은 바람직하지 않다.

(3) 한정합헌결정

① 한정합헌결정의 개념

한정합헌결정은 심판 대상이 된 법률이나 법률조항의 다양한 해석 가능성 중 일부의 합헌성을 확인하는 헌법재판소의 종국결정이다. 한정합헌결정은 심판 대상이 된 법률이나 법률조항의 다양한 해석 가능성 중에서 위헌인 해석 가능성을 배제하고 헌법과 조화를 이룰 수 있는 방향으로 축소·제한 해석하여 그 법률이나 법률조항의 효력을 유지하는 결정유형이다. 즉 한정합헌결정은 법률이나 법률조항의,

---

194) 아직 한국 헌법재판에는 수용되지 않았지만, 촉구결정은 본질이 위헌결정이 아니라 합헌결정이다. 이러한 점에서 변형결정은 단순위헌결정만의 변형물이라고 볼 수 없고, 단순합헌결정의 변형물일 수도 있다. 그리고 '위헌 여부'에서 '위헌'은 헌법과 합치되지 않는다는 뜻이므로 단순위헌결정만을 예정한다고 볼 수 없다. 그러나 변형결정이 단순합헌결정과 단순위헌결정을 기본형으로 전제하는 개념이라는 점에서 기본형을 수정한다는 의미에서 변형물이라는 표현이 가능할 것이다. 하지만 현재 한국 헌법재판에 수용된 한정합헌결정과 한정위헌결정 그리고 헌법불합치결정은 단순위헌결정과 대등한 위헌결정의 한 유형이라는 점은 잊지 말아야 한다.

양적으로 분리할 수 없으나 질적으로는 분리할 수 있는 일부는 합헌이고 다른 일부
는 위헌임을 확인할 수 있을 때 헌법재판소가 내릴 수 있다. 헌법재판소는 권력분
립원리 때문에 국회의 입법권을 침해하지 않는 범위 안에서, 즉 법률의 문언과 입
법목적에서 벗어나지 않는 해석 가능성을 채택하여 실질적 측면에서 입법에 이르지
않는 범위에서 한정합헌결정을 내릴 수 있다. 한정합헌결정은 법률의 축소해석으로
서 "……로 해석하는 한/…… 해석 하에서/…… (제외되는) 부분은/…… 부분 이외
에는, 헌법에 위반되지 아니한다."라는 주문으로 선고된다. 결정주문에서 단순합헌
결정을 하면서 이유에서 한정적 또는 조건적 합헌해석을 한 때도 한정합헌결정으로
보려는 견해가 있다.[195] 그러나 단순합헌결정과 한정합헌결정이 명확하게 구별되는
결정유형이고, 확정력과 마찬가지로 기판력이나 확정력의 주관적 확장인 기속력도
결정주문에 부여되는 것이라는 점에서 한정합헌결정은 반드시 결정주문에 표현되
어야 한다. 그리고 결정주문에 한정합헌결정이라는 것이 표현되지 않으면, 법적 불
명확성 문제가 발생한다. 따라서 헌법에 합치되는 해석 가능성이 결정주문에 짧고
명확하게 지적되어야 한다.[196]

　　한정합헌결정은 합헌적 법률해석(헌법합치적 법률해석)의 결과물이다. 합헌적 법
률해석이란 법률 문언이 다의적이어서 위헌적으로도 합헌적으로도 해석될 가능성
이 있으면, 합헌적으로 해석될 여지가 있는 한, 이것을 쉽게 위헌이라고 판단하여
서는 아니 되고 헌법에 합치되는 쪽으로 해석하여야 한다는 '법률'의 해석원칙이다.
합헌적 법률해석은 헌법재판소 재판관이나 헌법재판소의 의무만은 아니다. 합헌적
법률해석은 모든 법관과 법원은 물론 모든 공무원과 국가기관의 의무이다. 특히 합
헌적 법률해석은 법률의 공식적인 효력 상실을 회피하므로, 법원은 재판의 기초가
되는 법률을 헌법재판소에 위헌여부심판을 제청할 필요 없이 합헌적 법률해석을 따
라 해당 사건에 관해서 재판할 수 있다. 따라서 법원은 헌법재판소 결정을 통해서
자신이 가능하고 옳다고 생각하는 합헌적 법률해석에 일반적 구속력을 부여하려고
위헌여부심판을 제청할 수 없다.[197] 오히려 법원은 위헌여부심판 제청 신청을 기각

---

195) 정재황, 「헌법재판소의 한정합헌결정」, 『법과 사회』 제3호, 법과사회이론학회, 1990, 44~45쪽.
196) Ernst Benda/Eckart Klein/Oliver Klein, Verfassungsprozessrecht, 3. Aufl., Heidelberg/München/
　　 Landsberg/Frechen/Hamburg 2012, § 39 Rdnr. 1414; Klaus Schlaich/Stefan Korioth, Das Bundes-
　　 verfassungsgericht — Stellung, Verfahren, Entscheidungen, 11. Aufl., München 2018, Rdnr. 445 참조.
197) 법원이 한정합헌 취지로 법률의 위헌여부심판을 제청한다면, 원칙적으로 헌법재판소는 위헌 주장
　　 이 없다는 이유로 그 제청을 각하하여야 하지만, 객관소송인 헌법재판의 성격으로 말미암아 헌법재
　　 판소가 심판 필요성을 인정한다면(예를 들어 법원의 합헌적 법률해석에 동의하지 않으면) 그 법률
　　 의 위헌 여부를 심사할 수도 있을 것이다. 그리고 법원이 법률이 한정합헌이라고 생각하면서도 단

하면서 또는 판결을 내리면서 합헌적 법률해석을 통해서 헌법 위반을 피할 수 있다
는 것을 적극적으로 논증하여야 한다. 일단 입법자가 (합헌적 절차를 통해서) 제정하
여 효력이 발생한 법률은 헌법재판소의 위헌결정을 받기 전에는 합헌적인 법률로
추정을 받고 그 효력이 유지되기 때문이다. 이러한 합헌성 추정은 문제가 된 법률
이 어떤 해석을 따르더라도 헌법에 합치하지 않는 때만 깨진다.[198]

　　그러나 헌법재판소의 합헌적 법률해석과 법원의 합헌적 법률해석은 헌법재판과
일반 재판의 다른 기능과 헌법재판소와 일반 법원의 지위와 권한 차이 때문에 다른
결과를 낳는다. 즉 헌법재판소의 합헌적 법률해석은 해당 법률의 해석 가능성 중에
서 헌법재판소가 위헌성을 확인한 해석 가능성을 해당 법률에서 종국적으로 배제한
다.[199] 한정합헌결정은 주문에서 심판 대상인 법률이나 법률조항의 합헌적 해석 가
능성을 확인하는 데 그치지만, 결정이유에서 다른 해석 가능성의 위헌성을 확인하
여 이러한 해석 가능성을 종국적으로 제거하여 결정 선고 이후에 어떤 국가기관도
그러한 해석을 하지 못하도록 한다. 하지만 법원의 합헌적 법률해석은 해당 법률의
해석 가능성 중에서 합헌적인 해석 가능성을 선택하여 해당 사건을 해결하는 데 그
친다. 따라서 다른 국가기관은 (물론 법원의 재판을 통해서 통제받을 수 있지만) 법원과
다른 해석을 할 수 있다. 한정합헌결정은 심판 대상인 법률이나 법률조항의 모든
해석 가능성에 대해서 위헌심사를 한 결과는 아니다. 그리고 헌법재판소가 한정합
헌결정을 내릴 때 심판 대상인 법률이나 법률조항에서 위헌 여부가 문제 되는 해석
가능성을 모두 심사하여야 하는 것도 아니고, 사실적 측면에서 헌법재판소는 모든
해석 가능성을 심사할 수도 없다. 헌법재판소는 한정합헌결정을 통해서 해당 사건
에서 심판 대상인 법률이나 법률조항의 적용과 관련된 범위 안에서 또는 헌법재판
소가 심사한 범위 안에서 배제되어야 할 해석 가능성을 밝히고 특정 해석 가능성의
위헌 의심을 제거하는 것에 그칠 뿐이다.

　　헌법재판소가 한정합헌결정을 내리려면 먼저 (ⅰ) 법률조항을 제한하여 해석하
지 않으면 합헌적으로 해석할 가능성이 없어야 한다. 제한하여 해석하지 않아도 합
헌적으로 해석할 수 있다면, 한정합헌결정을 내릴 근거가 사라지기 때문이다. 그리

　　순위헌 취지로 법률의 위헌여부심판을 제청한다면, 헌법재판소는 그 법률의 위헌 여부를 심사할 수
　　밖에 없을 것이다.
198) Klaus Schlaich/Stefan Korioth, Das Bundesverfassungsgericht – Stellung, Verfahren, Entscheidungen,
　　11. Aufl., München 2018, Rdnr. 443 참조.
199) Ernst Benda/Eckart Klein/Oliver Klein, Verfassungsprozessrecht, 3. Aufl., Heidelberg/München/
　　Landsberg/Frechen/Hamburg 2012, § 39 Rdnr. 1415 참조.

고 (ⅱ) 법률조항에 대한 다양한 해석 가능성이 있어야 하고, 그 해석 가능성 중 일부는 위헌이고, 다른 일부는 합헌이어야 한다. 다양한 해석 가능성이 있어도 전부 위헌이거나 합헌이면 굳이 한정합헌결정을 내릴 이유가 없기 때문이다. 이때 모든 해석 가능성이 확인되어야 하는 것은 아니다. 즉 헌법재판소가 확인할 수 있거나 문제가 되는 해석 가능성이 다양하다는 것으로 충분하다. 이러한 요건은 한정합헌결정이 합헌적 법률해석 결과라는 점에서 비롯한다. 또한, (ⅲ) 해당 법률이나 법률조항이 헌법 또는 다른 법률이나 법률조항과 맺는 관계 등을 고려한 전체 법체계 안에서 가능한 해석 가능성 중에 합헌인 것이 있어야 한다. 즉 단순히 위헌인 해석 결과를 회피하기 위해서 헌법재판소가 법률조항을 마음대로 해석하는 것이 아니라 헌법적 정당성이 있는 해석을 찾을 수 있어야 한다. 그렇지 않다면, 헌법재판소는 사법권이 아니라 입법권을 행사하는 것이 되기 때문이다. 그 밖에 (ⅳ) 위헌성이 확인된 법률조항을 부분적으로라도 존속시킬 헌법적 필요성이 충분히 논증 되어야 한다. 법률조항에 대해서 단순위헌결정을 내려 효력을 상실시켜도 헌법적으로 아무런 문제가 발생하지 않으면 한정합헌결정은 그 정당성을 상실하기 때문이다. 끝으로 (ⅴ) 일부 해석 가능성의 위헌성을 직접 확인하는 것으로 해당 사건을 해결할 수 없어야 한다. 즉 일부 해석 가능성의 위헌성을 직접 확인하기 어렵거나 문제가 되는 일부 해석 가능성의 위헌 의심을 직접 제거하여야 해당 사건을 해결할 수 있어야 한다. 위헌인 일부 해석 가능성을 직접 확인하는 것으로 해당 사건을 해결할 수 있다면, 헌법재판소는 한정합헌결정이 아니라 한정위헌결정을 내려야 하기 때문이다.

② 한정합헌결정의 본질

(ⅰ) 위헌결정의 하나인 한정합헌결정

한정합헌결정은 법률조항을 한정하지 않고 해석하면 헌법에 어긋나는 결과가 도출된다는 것을 전제한다. 즉 해당 법률조항에 위헌인 해석 가능성이 있어야 비로소 헌법재판소는 한정합헌결정을 내릴 수 있다. 물론 해당 법률조항의 해석 가능성에는 위헌인 것만 있어서는 아니 되고 반드시 헌법적으로 허용되는, 즉 합헌인 해석 가능성이 있어야 한다. 이때 합헌인 해석 가능성과 위헌인 해석 가능성은 양적으로 분리될 수 없고 오로지 질적으로만 분리될 수 있어야 한다. 양적으로 분리될 수 있다면 헌법재판소는 질적 일부위헌결정을 포함한 한정합헌결정이 아니라 양적 일부위헌결정을 내려야 하기 때문이다. 한정합헌결정은 위헌인 해석 가능성을 제거하려고 합헌인 해석 가능성을 확인하는 것이다. 따라서 한정합헌결정 주문이 "헌법에 위반되지 아니한다."라는 합헌을 뜻하는 문장으로 끝나지만, 단순히 특정 해석 가능성의 합헌성을 확인하는 것에 그치는 것이 아니다. 즉 한정합헌결정은 특정 해석 가능성이 합헌이라는 것을 확인할 뿐 아니라 특정 해석 가능성이 위헌이라는 것도 함께 확인한다. 그렇지 않다면 한정합헌결정은 단순위헌결정과 합헌성을 확인하는 범위 이외에 차이점을 찾을 수 없다. 따라서 한정합헌결정이 위헌인 해석 가능성을 확인하지 않는다면, 헌법재판소가 굳이 단순합헌결정이 아닌 한정합헌결정을 내릴 이유는 없다. 법률조항 자체에 대해서 단순합헌결정을 내리나 법률조항의 특정 해석 가능성에 대해서 한정합헌결정을 내리나 그 법적 효과에는 다른 점이 없기 때문이다. 헌법재판소가 법률조항에 대해서 단순합헌결정을 내려도 해당 사건과 관련하여 선고 시점을 기준으로 위헌성을 찾을 수 없음을 확인하는 것에 불과하다. 그리고 헌법재판소가 법률조항의 특정 해석 가능성에 대해서 한정합헌결정을 내릴 때도 해당 사건과 관련된 위헌 의심을 심사한 결과, 그러한 범위 안에서 위헌성이 발견되지 않았다는 것을 뜻한다. 따라서 한정합헌결정이 단순합헌결정과 구별되는 별도의 결정유형이라면, 한정합헌결정은 법률조항의 특정 해석 가능성이 합헌이라는 것을 확인하는데 그쳐서는 아니 된다. 이러한 결론은 한정합헌결정이 합헌적 법률해석의 결과라는 점에서도 확인된다. 헌법재판소가 합헌인 해석 가능성을 선택하는 것은 위헌인 해석 가능성을 제거할 수 있을 때 합헌적 법률해석을 통해서 정당성을 인정받을 수 있다. 요컨대 한정합헌결정은 위헌결정의 하나이다. 그래서 헌법재판소가 한정합헌결정을 내리려면 재판관 6명 이상 찬성이 있어야 한다(헌법 제113조 제1항, 헌법재판소법 제23조 제2항 단서 제1호). 한정합헌결정은 일부 해석 가능성에 대해서는 합헌결정을, 다른 해석 가능성에 대해서는 위헌결정을 내리는, 즉 합헌결정과 위헌결정을 모두 포함한다는 점에서 변형결정으로 볼 수 있다. 그러나 한정합헌결정의 일부인 위헌결정이 질적 일부위헌결정이라는 점에서 한정합헌결정을 단순히 질적 일부위헌결정이라고 부르는 것은 적절하지 않다고 생각한다.

(ⅱ) 한정합헌결정에서 위헌부분의 범위

한정합헌결정에서 합헌으로 선언된 해석 가능성 이외의 다른 해석 가능성은 위헌이라는 것을 확인한다는 견해가 있다.[200] 한정합헌결정과 한정위헌결정이 서로 표리관계에 있다고 보는 헌법재판소[201]도 같은 견해이다. 그러나 한정합헌결정은

---

200) 이준일, 『헌법학강의(제6판)』, 홍문사, 2015, 1035쪽; 황치연, 「대법원 1996. 4. 9. 선고 95누11405 판결과 관련된 쟁점들에 대한 비판적 고찰」, 『인권과 정의』 제240호, 대한변호사협회, 1996. 8., 155 쪽. 정종섭, 『헌법소송법(제8판)』, 박영사, 2014, 374~375쪽도 같은 견해로 보인다.
201) 헌재 1994. 4. 28. 92헌가3, 판례집 6-1, 203, 221-222; 헌재 1997. 12. 24, 96헌마172등, 판례집 9-2, 842, 860-861.

위헌결정의 한 유형이지만, 심판 대상인 법률이나 법률조항에 대해서 헌법재판소가 합헌이라고 확인한 해석 가능성 이외의 다른 해석 가능성이 모두 헌법에 위반된다는 것을 선언하는 것은 아니다. 물론 때에 따라서는 헌법재판소가 합헌이라고 선언한 해석 가능성 이외에 합헌인 다른 해석 가능성이 있지 않을 수도 있다. 그러나 이러한 때에 당사자는 해당 법률조항이 위헌이라고 주장하는 것이고, 위헌인 해석 가능성을 지적하는 것이 결정을 더 명확하게 하므로, 헌법재판소는 한정위헌결정을 내려야 한다. 즉 한정합헌결정과 한정위헌결정이 모두 가능하면 한정위헌결정이 우선한다. 그리고 헌법재판소는 해당 사건과 관련하여 심판 대상인 법률이나 법률조항의 모든 위헌성을 심사하는 것이고, 객관소송인 헌법재판의 성격 때문에 심판 대상인 법률이나 법률조항의 모든 위헌성을 심사할 수도 있지만, 그것은 사실적 측면에서 보통 불가능하므로, 한정합헌결정이 합헌성을 확인한 해석 가능성이 아닌 다른 해석 가능성이 당연히 모두 위헌이라고 볼 수는 없다.[202] 그러나 적어도 심판 대상인 법률이나 법률조항의 의미가 축소되거나 제한되지 않으면 위헌이라는 것을 한정합헌결정이 확인한다. 즉 한정합헌결정은 최소한 법률조항을 문리대로 해석하면 위헌이라는 것을 포함한다. 만약 축소되거나 제한되지 않은 상태로 심판 대상인 법률이나 법률조항이 합헌성을 유지할 수 있다면, 헌법재판소는 한정합헌결정을 내릴 근거를 상실하기 때문이다. 결론적으로 한정합헌결정에는 최소한 한정되지 않은 법률조항의 해석이 위헌이라는 위헌결정[203]과 한정된 법률조항의 해석은 합헌이라는 합헌결정 두 가지가 공존한다. 한정합헌결정 주문에서는 특정 해석 가능성이 합헌이라는 것만 나타나므로, 결국 한정합헌결정이 확인하는 위헌인 해석 가능성은 결정이유에서 찾을 수밖에 없다. 위헌인 해석 가능성 존재는 한정합헌결정을 내릴 수 있는 전제이므로, 한정합헌결정 주문을 직접 근거 지운다. 따라서 한정합헌결정 이유에서 해당 법률조항의 위헌성을 확인하는 부분은 중요이유에 해당한다.[204] 요컨대 한정합헌결정에서 위헌인 해석 가능성은 먼저 중요이유를 통해서 확정될 수 있고, 이러한 확정이 가능하지 않다면 법률조항을 문리대로 해석하는 것이 위헌이라고 보아야 한다. 이러한 확정이 언제나 명확한 것이 아니라는 점에서 한정합헌결

---

202) 비슷한 견해: 허   영, 『헌법소송법론(제13판)』, 박영사, 2018, 251쪽.
203) 합헌성이 확인된 해석 가능성 이외의 해석 가능성이 모두 위헌이라는 뜻은 아니다. 합헌성이 확인된 해석 가능성 이외의 한정된 해석 가능성에서도 합헌인 것이 있을 수 있다.
204) 중요이유에도 기속력을 인정하는 견해는 중요이유에서 위헌인 해석 가능성을 직접 확인하지만, 중요이유의 기속력을 부정하는 견해는 중요이유를 고려하여 결정주문을 해석함으로써 중요이유에서 간접적으로 위헌인 해석 가능성을 확인한다.

정 주문에서 위헌인 해석 가능성을 명확하게 지적하는 것이 바람직하다.[205]

③ 한정합헌으로 결정된 법률조항에 대해서 다시 위헌 여부를 문의한 때의 처리

한정합헌으로 결정된 법률조항에 대해서 다시 위헌 여부를 문의하였을 때, 헌법재판소는 한정합헌결정을 하고 나서 그 결정의 논리적 또는 현실적 근거가 된 사실에 근본적인 변화가 있었다고 할 수 없고, 지금에 이르러 달리 판단하여야 할 다른 사정변경이 있다고 인정되지 않으므로, 전에 한정합헌으로 결정하였던 법률조항을 다시 한정합헌으로 다시 결정하였다.[206] 이러한 헌법재판소 태도는 합헌결정에 대해서는 명문상 기속력을 인정하는 규정이 없고, 한정합헌으로 판단한 부분은 합헌 영역이기 때문이라는 해석이 있다.[207] 즉 합헌으로 선언된 법률은 사정변경이 없는 한 앞날에도 그 합헌 여부에 관한 다툼 없이 유효한 것으로 인정되어 적용된다고 한다. 따라서 헌법재판소에서 합헌으로 선언한 법률조항에 대해서는 일반적으로, 한정합헌으로 선언한 법률에 대해서는 헌법재판소가 합헌판단을 한 영역에 한하여, 다시 헌법재판소에 위헌 여부를 다투는 위헌제청이나 헌법소원을 제기할 수 있다고 한다.

한정합헌으로 결정된 법률조항에 대한 위헌법률심판과 위헌소원심판에서 헌법재판소가 다시 한정합헌결정을 반복하는 것은 기판력의 본질에 관한 구설(舊說)이라고 볼 수 있는 모순금지설의 영향을 받은 것으로 보면서 비판하는 견해가 있다.[208] 이 견해는 이러한 때에 민사소송법의 통설이라고 볼 수 있는 반복금지의 일사부재리설을 따른다면 한정합헌으로 선언된 법률조항에 대해서 다른 법원의 위헌제청이나 다른 청구인의 위헌소원심판 청구는 가능하지만, 헌법재판소로서는 반복금지의 기판력 요청 때문에 본안 판단을 할 필요 없이 각하하는 것이 원칙이라고 한다. 그리고 헌법재판소가 한정합헌결정이 위헌결정의 실질을 지닌다고 하면서 이

---

205) 헌재 1992. 2. 25. 89헌가104, 판례집 4, 64, 113 재판관 조규광의 보충의견 참조: "헌법재판소가 한정축소적 합헌해석방법을 취한 경우에 이 부분적 위헌선언이 법률해석의 지침을 제시하는데 그치지 아니하고 나아가 한정적 위헌선언을 한 경우와 마찬가지로 본질적으로 부분적 위헌선언의 효과를 부여하여 국가기관에 대한 기속력까지를 가질 수 있게 하기 위하여는 이러한 내용은 결정의 이유에 표시되는 것만으로서는 부족하고 결정의 주문에까지 등장시켜야 한다. 왜냐하면 헌법재판소법 제47조 제1항에 의하면 법률의 "위헌"결정만이 법원 기타 국가기관 및 지방자치단체를 기속한다고 규정하고 있고 어떠한 결정이 위헌인지의 여부는 그 결정의 주문에 포함되어야 하기 때문이다."
206) 헌재 1992. 1. 28. 89헌가8, 판례집 4, 4, 14－15; 헌재 1997. 1. 16. 92헌바6등, 판례집 9－1, 1, 24－26; 헌재 1998. 8. 27. 97헌바85, 판례집 10－2, 407, 413－415.
207) 김현철, 「한정위헌결정과 한정합헌·헌법불합치결정과의 관계」, 『법학논총』 제29집 제2호, 전남대학교 법학연구소, 2009, 301쪽.
208) 허 영, 『헌법소송법론(제13판)』, 박영사, 2018, 173~174쪽.

러한 때에 각하결정을 하지 않는 것에 의문을 제기하는 견해도 있다.[209] 이 견해는
위헌으로 선언된 법률에 대해서 다시 위헌 여부를 문의하면 각하결정을 하여야 하
는데, 실질적 위헌결정의 성격이 있는 한정합헌결정이 내려진 법률에 대해서 뒤에
이루어진 위헌 여부 판단에서는 이미 위헌결정을 내린 법률에 대한 위헌 여부 문의
에 해당하므로 각하결정을 하는 것이 타당하다고 한다.

　한정합헌결정은 헌법재판소 결정의 하나로서 그 본질이 판결이다. 따라서 판결
에 귀속되는 기판력이 한정합헌결정에도 귀속된다. 그리고 헌법재판소 결정 중에서
위헌결정만 기속력이 있으므로, 한정합헌결정에서 단지 위헌으로 확인된 해석 가능
성만 기속력이 있다. 기판력이나 기판력 혹은 확정력의 주관적 확장인 기속력은 사
법판결의 효력이므로, 같은 당사자와 관련된 같은 구체적 심판 대상에만 미친다.
따라서 당사자나 심판 대상이 달라지면 헌법재판소 결정의 기판력이나 기속력은 법
원을 비롯한 모든 국가기관을 더는 구속하지 않는다. 그래서 같은 당사자가 같은
심판 대상에 대해서 헌법재판소에 다시 위헌 여부를 문의하면 기판력 때문에 헌법
재판소는 해당 사건에 한하여 각하결정을 내려야 한다. 그리고 기속력이 미치는 법
원이 같은 당사자와 관련된 같은 구체적 심판 대상에 대해서 위헌법률심판을 제청
하면, 헌법재판소는 기속력 때문에 해당 위헌법률심판 제청에 대해서 각하결정을
내려야 한다. 그러나 같은 당사자가 다른 심판 대상에 대해서 또는 다른 당사자가
같거나 다른 심판 대상에 대해서 헌법재판소에 위헌 여부를 문의하거나 법원이 같
은 당사자와 관련된 다른 구체적 심판 대상에 대해서 또는 다른 당사자와 관련된
같거나 다른 구체적 심판 대상에 대해서 위헌법률심판을 제청한다면, 기판력이나
기속력이 문제 되지 않으므로 헌법재판소는 본안 판단에 들어가야 한다. 본안 판단
에서 헌법재판소법 제23조 제2항 단서 제2호(선례적 구속력) 때문에 헌법재판소는
재판관 6명 이상 찬성이 없다면, 이전 한정합헌결정과 다른 헌법이나 법률의 해석
적용을 할 수 없다. 특히 재판관 6명 이상이 이전 한정합헌결정과 다른 의견에 찬
성하지 않는다면, 헌법재판소는 (위헌결정의 하나이어서 재판관 6명 이상 찬성이 필요한
한정합헌결정에 찬성하는 재판관이 6명 미만이더라도) 이전 한정합헌결정과 같은 내용의
한정합헌결정을 내려야 한다. 그러나 한정합헌결정에서 위헌결정의 실질이 있는,
위헌성을 확인한 해석 가능성은 종국적으로 효력을 상실하므로[헌법재판소법 제47조
제2항과 제75조 제6항: 법률요건적 효력(이나 형성력 혹은 법률적 효력)], 헌법재판소가

---

209) 김학성, 「한정합헌결정 및 한정위헌결정의 주문유형에 대한 비판적 연구」, 『헌법학연구』 제17권
　　 제4호, 한국헌법학회, 2011, 320~321쪽.

바꿀 수 있는 것은 합헌성을 확인하는 부분에 그친다. 따라서 본안 판단에서 재판관 6명 이상 찬성이 없으면, 헌법재판소는 이전 한정합헌결정을 확인하는 결정을 내려야 하고, 재판관 6명 이상 찬성이 있으면, 헌법재판소는 이전 한정합헌결정에서 확인한 합헌부분이나 합헌이나 위헌을 확인하지 않은 부분(전부 또는 일부)에 대해서 (결론적으로 이전 한정합헌결정의 위헌부분을 확장하는) 위헌결정을 내릴 수 있다. 그리고 한정합헌결정이 위헌성을 확인하여 종국적으로 효력을 상실시킨 해석 가능성의 위헌성을 다투는 위헌법률심판이나 헌법소원심판은 다툴 대상이 (이미 효력을 상실하여) 없으므로 같은 당사자와 관련된 같은 심판 대상이 아니더라도 헌법재판소는 각하결정을 내려야 한다.

(4) 한정위헌결정

① 한정위헌결정의 개념

한정위헌결정은 규범통제 심판 대상이 된 법률이나 법률조항의 일부 해석 가능성이나 적용 가능성의 위헌성을 확인하는 헌법재판소의 종국결정이다. 한정위헌결정은 헌법재판소는 이미 있는 법률이나 법률조항의 위헌성을 확인하는 권한만 있을 뿐이고 법률이나 법률조항의 위헌성을 창조하는 것이 아니라는 점에서 비롯하는 필연적 결과이다. 즉 헌법재판소는 법률이나 법률조항 자체나 그 일부의 위헌성을 확인할 수 있을 뿐이어서 합헌인 법률이나 법률조항 자체나 그 일부를 위헌이라고 선언할 수 없다. 따라서 위헌인 부분을 분리할 수 있다면 헌법재판소는 반드시 그 부분에 대해서만 위헌결정을 하여야 한다. 이때 그 부분은 양적으로 분리될 수 있든 질적으로 분리될 수 있든 상관이 없는데, 그 부분이 질적으로 분리될 수 있을 때 헌법재판소가 내리는 결정이 한정위헌결정이다.

한정위헌결정은 해석위헌결정과 적용위헌결정으로 나눌 수 있다.[210] 해석위헌결정은 법률이나 법률조항의 일부 해석 가능성의 위헌성을 확인하는 한정위헌결정이고, 적용위헌결정은 법률이나 법률조항의 일부 적용 가능성의 위헌성을 확인하는 한정위헌결정이다. 해석위헌결정은 "…… 해석하는 한/…… 해석하는 한도 내에서/…… 범위 내에서/…… 포함되는 것으로 해석하는 한 헌법에 위반된다." 등의 형식으로, 적용위헌결정은 "…… 적용하는 한/ …… 적용하는 것은 헌법에 위반된다." 등의 형식으로 나타난다.

헌법재판소 결정은 최종적 헌법해석에 대한 헌법재판소의 과제와 권한에 근거

---

210) 이를 따르는 견해로는 손인혁, 「한정위헌청구의 허용 여부를 둘러싼 법률해석권한의 배분」, 『연세법학』 제21호, 연세법학회, 2013, 2~3쪽.

한다. 따라서 헌법재판소 결정 중에서 원칙적으로 사법적(司法的) 헌법해석만 효력
을 가질 수 있다. 개별 하위법규범의 구속적 해석과 적용은 헌법적 권한분배를 따
라 일반 법원의 몫이기 때문이다(헌법 제101조 제1항, 제107조 제2항). 그러나 헌법에
서 개별 하위법규범 해석이 도출된다면(헌법이 개별 하위법규범의 일정한 해석을 강제
하거나 배제한다면), 헌법재판소는 개별 하위법규범을 헌법합치적으로 해석하거나 개
별 하위법규범의 특정한 의미내용을 위헌으로 선언할 수 있다. 이것은 단순한 법률
해석이 아니라 헌법해석의 결과물이기 때문이다. 따라서 한정위헌결정은 비록 법률
해석이지만, 헌법에서 도출되는 해석이므로 헌법이 그것에 정당성을 부여한다.

　　한정위헌결정은 합헌적 법률해석(헌법합치적 법률해석)의 결과물인 것이 일반적
이다.211) 즉 한정위헌결정은 규범통제 심판 대상이 된 법률이나 법률조항에 여러
가지 해석 가능성이 있고, 그 중 일부는 합헌으로 해석되고 다른 일부는 위헌으로
해석될 수 있다는 것이 확인되면, 헌법재판소가 그 법률이나 법률조항의 해석·적
용에서 위헌으로 해석되는 의미부분을 확인하여 그 부분만을 해당 법률이나 법률조
항의 의미에서 제거하려고 내리는 것이 보통이다(해석위헌결정). 한정위헌결정은 심
판 대상인 법률이나 법률조항의 위헌적 해석 가능성을 직접 확인하여 그것을 종국
적으로 제거하여 결정 선고 이후에 어떤 국가기관도 그러한 해석을 하지 못하도록
한다. 한정위헌결정은 심판 대상인 법률이나 법률조항의 모든 해석 가능성에 대해
서 위헌심사를 한 결과는 아니다. 그리고 헌법재판소가 한정위헌결정을 내릴 때 심
판 대상인 법률이나 법률조항에서 위헌 여부가 문제 되는 해석 가능성을 모두 심사
하여야 하는 것도 아니고, 사실적 측면에서 헌법재판소는 모든 해석 가능성을 심사
할 수도 없다. 헌법재판소는 한정위헌결정을 통해서 해당 사건에서 심판 대상인 법
률이나 법률조항의 적용과 관련된 범위에서 또는 헌법재판소가 심사한 범위에서 배
제되어야 할 해석 가능성을 명확하게 밝히는 것에 그칠 뿐이다. 따라서 심판 대상

---

211) 합헌적 법률해석은 법률을 합헌적으로 유지한다는 결론을 도출하는 이론이므로 논리적으로 결정주
　　문에서 '합헌'형식을 취할 수밖에 없고, 그 외관의 이면에서 심판 대상이 된 법률조항이 위헌으로 인
　　정되는 범위 안에서 법률로서 효력을 상실한다.'라는 실질적 내용이 있다는 점에서 위헌결정과 같은
　　효과가 있을 뿐이라고 하면서 합헌적 법률해석으로는 한정위헌결정을 선고할 수 없다는 견해가 있
　　다(황도수, 「한정위헌결정과 한정합헌결정에 관한 연구」, 『헌법논총』 제10집, 헌법재판소, 1999, 217
　　쪽). 그러나 합헌적 법률해석이 합헌인 해석 가능성을 확인하는 모습으로 나타날 수 있지만, 위헌인
　　해석 가능성을 제거하여 나머지 부분을 존속시키는 모습으로 나타날 수도 있다는 점에서 이 견해는
　　타당하다고 보기 어렵다. 즉 합헌적 법률해석은 합헌인 해석 가능성과 위헌인 해석 가능성의 공존
　　을 전제하고 이중 합헌인 해석 가능성을 선택하여야 한다는 것인데, 이것은 반대로 위헌인 해석 가
　　능성을 버려야 한다는 것을 말하므로 한정위헌결정도 합헌적 법률해석의 결과물로 볼 수 있다.

인 법률이나 법률조항에서 헌법재판소가 한정위헌결정을 통해서 위헌성을 확인하지 않은 나머지 해석 가능성의 위헌성에 대한 의심은 모두 제거되지 않는다.212)

그러나 한정위헌결정은 오로지 합헌적 법률해석의 결과물인 것은 아니다. 즉 법률 문언이 다의적이 아니라 일의적이지만, 그 의미내용 일부가 위헌일 때도 헌법재판소는 한정위헌결정(적용위헌결정)을 내릴 수 있다.213) 헌법재판소는 이러한 결정을 과거에 일부위헌결정이라고 하여 한정위헌결정과 구별하였다.214) 합헌적 법률해석

---

212) 비슷한 견해: 김학성, 「한정합헌결정 및 한정위헌결정의 주문유형에 대한 비판적 연구」, 『헌법학연구』 제17권 제4호, 한국헌법학회, 2011, 326~327쪽; 정종섭, 『헌법소송법(제8판)』, 박영사, 2014, 378쪽; 허 영, 『헌법소송법론(제13판)』, 박영사, 2018, 253~254쪽.

213) 한정위헌결정을 합헌적 법률해석의 결과라고 하면서 이른바 일부위헌결정을 한정위헌결정에 포함하는 것은 논리적 또는 개념적 측면에서 문제가 있다고 생각한다.

214) 예를 들어 헌재 1991. 4. 1. 89헌마160, 판례집 3, 149, 150("민법 제764조(1958.2.22. 법률 제471호)의 "명예회복에 적당한 처분"에 사죄광고를 포함시키는 것은 헌법에 위반된다."); 헌재 1991. 5. 13. 89헌가97, 판례집 3, 202, 203("국유재산법(1976.12.31. 법률 제2950호) 제5조 제2항을 동법의 국유재산 중 잡종재산에 대하여 적용하는 것은 헌법에 위반된다."); 헌재 1991. 6. 3. 89헌마204, 판례집 3, 268, 272("화재로인한재해보상과보험가입에관한법률(1973.2.6.법률 제2482호) 제5조의 "특수건물" 부분에 동법 제2조 제3호 가목 소정의 "4층 이상의 건물"을 포함시키는 것은 헌법에 위반된다."); 헌재 1992. 3. 13. 92헌마37등, 판례집 4, 137, 140("국회의원선거법(1988.3.17. 법률 제4003호, 개정 1991.12.31. 법률 제4462호) 제55조의3(정당연설회)의 규정 중 "정당연설회에 당해 지역구후보자를 연설원으로 포함시킨 부분"과 같은 법 제56조(소형인쇄물의 배부 등)의 규정 중 "정당이 후보자를 추천한 지역구마다 2종의 소형인쇄물을 따로 더 배부할 수 있도록 한 부분"은, 당해 지역구에서 정당이 그와 같은 정당연설회를 개최하거나 소형인쇄물을 제작 배부하는 경우에는, 무소속후보자에게도 각 그에 준하는 선거운동의 기회를 균등하게 허용하지 아니하는 한 헌법에 위반된다."); 헌재 1992. 10. 1. 92헌가6등, 판례집 4, 585, 589("지방재정법(전면개정 1988.4.6. 법률 제4006호) 제74조 제2항은 같은 법 제72조 제2항에 정한 "잡종재산"에 대하여도 이를 적용하는 것이 헌법에 위반된다."); 헌재 1992. 11. 12. 91헌가2, 판례집 4, 713, 715("1980년해직공무원의보상등에관한특별조치법(1989.3.29. 법률 제4101호) 제2조 제2항 제1호의 "차관급 상당 이상의 보수를 받은 자"에 법관을 포함시키는 것은 헌법에 위반된다.").
적용위헌결정을 법률의 문언 자체는 그대로 둔 채 법률을 특정한 사안이나 사례에 적용하는 것이 위헌이라는 취지의 결정형식이라고 개념 정의하면서, 적용위헌결정은 법률의 다의적 개념을 전제하지 않아 헌법합치적 법률해석을 전제하지 않으므로, 한정합헌결정이나 한정위헌결정과 구별된다는 견해가 있다(김학성, 「한정합헌결정 및 한정위헌결정의 주문유형에 대한 비판적 연구」, 『헌법학연구』 제17권 제4호, 한국헌법학회, 2011, 333쪽). 한정위헌결정과 구별하여 일부위헌결정을 변형결정의 유형에 포함하면서 그 적용영역을 법문 일부분이 위헌인 때와 법조문의 일정한 적용례 혹은 특정한 사항을 법률조항이 예정하는 요건에 포함하는 것이 위헌인 때를 드는 견해도 있다(문광삼, 「헌법재판소 변형결정의 유형과 그 문제점」, 문광삼/남복현/전정환, 『헌법재판소결정의 효력에 관한 연구』(헌법재판연구 제7권), 헌법재판소, 1996, 119~124쪽). 독일에서는 일부위헌결정과 비슷한 규범조문 삭제 없는 무효선언(Nichtigerklärung ohne Normtextreduzierung)은 실질적으로 보면 헌법합치적 해석과 같지만, [헌법합치적 해석에서는 특정 해석 가능성이 위헌으로 선언되지만, 규범조문 삭제 없는 무효선언에서는 (헌법합치적 해석 방식으로 규범의 적용영역에서 제외될 수 없는) 특정 적용사례가 위헌으로 선언되므로] 이론적으로는 헌법합치적 해석과 다르다고 하면서, 규범조문 삭제 없는 무효선언을 헌법합치적 해석의 아류나 특수사례로 보는 견해(Klaus Schlaich/Stefan Korioth, Das Bundesverfassungsgericht − Stellung, Verfahren, Entscheidungen, 11. Aufl., München 2018, Rdnrn.

의 결과물인 한정위헌결정(해석위헌결정)은 다양한 해석 가능성 중 일부의 위헌성을 확인하고, 일부위헌결정은 해석에서 도출된 의미내용 일부의 위헌성을 확인한다는 점에서 구별된다. 그러나 양자는 심판 대상인 법률이나 법률조항을 해석한 결과 일부의 위헌성을 확인한다는 점과 위헌 부분을 배제하는 법적 효과의 측면에서는 같다. 따라서 양자를 구별할 실익을 찾기 어렵고, 양자는 구체적인 경우에 명확하게 구별하기도 쉽지 않으므로, 양자를 한정위헌결정으로 통일하는 것이 타당하다고 생각한다.215) 헌법재판소도 일부위헌결정을 한정위헌결정과 구별하던 태도에서 벗어나 한정위헌의 주문으로 일원화하여 선고한다. 그런데 최근 헌법재판소는 다시 일부위헌결정을 내렸다.216) 그동안 대법원이 한정위헌결정의 기속력을 부정하였지만, 그것은 해석위헌결정에 국한되었고, 일부위헌결정에 해당하는 적용위헌결정의 기속력을 부정한 적은 없다. 이러한 점에 비추어 대법원을 의식한 헌법재판소가 한정위헌결정의 기속력 인정 여부에 관한 논란을 피하고자 일부위헌결정을 다시 내린 것으로 보인다.

② 한정위헌결정과 한정합헌결정의 구별

헌법재판소는 법률의 위헌 여부가 심판 대상이 되었을 때, 재판의 전제가 된 사건과 맺는 관계에서 법률의 문언, 의미, 목적 등을 살펴 한편으로 보면 합헌으로, 다른 한편으로 보면 위헌으로 판단될 수 있는 것 등 다의적인 해석 가능성이 있으면 일반적인 해석작용이 용인되는 범위 안에서 종국적으로 어느 쪽이 가장 헌법에 합치되는지를 가려, 한정축소 해석을 통해서 합헌적인 일정한 범위 안의 의미내용을 확정하여 이것이 그 법률의 본래 의미이며 그 의미 범위 안에서는 합헌이라고 결정할 수도 있고, 또 하나의 방법으로는 위와 같은 합헌적인 한정축소 해석이 타당한 영역 밖에까지 법률의 적용범위를 넓히는 것은 위헌이라는 취지로 법률의 문언 자체는 그대로 둔 채 위헌의 범위를 정하여 한정위헌결정을 선고할 수도 있다고 하면서, 이 두 가지 방법은 서로 표리관계에 있어서 실제적으로는 차이가 있는 것이 아니라고 한다. 합헌적인 한정축소해석은 위헌적인 해석 가능성과 그에 따른 법

387, 389)가 있다.

215) 비슷한 견해: 박일환, 「한정합헌결정에 따른 제문제」, 『사법논집』 제27집, 법원도서관, 1996, 502~503쪽; 성낙인, 『헌법학(제18판)』, 법문사, 2018, 820쪽; 정종섭, 『헌법소송법(제8판)』, 박영사, 2014, 378쪽. 합헌적 법률해석에 관한 설명이 일부위헌결정에도 타당하다는 견해도 있다(장영철, 「독일의 규범통제결정형식으로서 한정위헌결정」, 『사회과학논문집』 제18권 제1호, 대전대학교 사회과학연구소, 1999, 396쪽).

216) 헌재 2018. 8. 30. 2014헌바148등, 공보 263, 1394; 헌재 2018. 8. 30. 2014헌바180등, 공보 263, 1405.

적용을 소극적으로 배제한 것이고, 적용범위 축소에 따른 한정적 위헌선언은 위헌적인 법적용 영역과 그에 상응하는 해석 가능성을 적극적으로 배제한다는 뜻에서 차이가 있을 뿐이고, 본질적으로는 다 같은 부분위헌결정이라고 한다.217) 이에 대해서 한정합헌결정과 한정위헌결정은 구조적으로 달라서 서로 바꿀 수 있는 내용의 결정유형이 아니라는 비판이 있다.218) 이 견해는 한정합헌결정과 한정위헌결정이 서로 표리관계에 있다고 보려면 합헌인 해석 가능성과 위헌인 해석 가능성 두 가지만 있어야 하지만, 셋 이상의 해석 가능성이 있을 수 있다는 점을 근거로 한다. 한정합헌결정에서는 합헌으로 해석되는 부분의 나머지 부분이 위헌으로 해석되는 부분이지만, 한정위헌결정에서는 위헌으로 해석되는 부분의 나머지 부분은 위헌이 아니라는 것일 뿐이고, 합헌으로 해석된다고 확정되지 않으므로 한정합헌결정과 한정위헌결정은 실질적으로 같지 않다는 견해도 있다.219) 한정합헌결정 중 위헌 한정합헌결정은 합헌판단 이외 부분은 위헌으로 보나, 합헌 한정합헌결정은 합헌판단 이외 부분은 판단이 유보된 것으로 보지만, 한정위헌결정은 위헌판단부분 이외의 부분에 대하여는 판단이 유보된 것으로 보아야 한다면서 양자를 구별하는 견해220)는 이러한 견해와 부분적으로 비슷하다. 그 밖에 한정합헌결정과 한정위헌결정은 모두 합헌적 법률해석에 근거하는 것으로 본질적인 차이점은 없으나, 절차법적 차이점은 법률의 위헌성 심사가 어느 부분에 대해서 청구되었는지에 따라 결정되어야 한다는 견해도 있다.221) 이 견해는 헌법재판소는 위헌심사대상이 된 법률의 모든 경우를 전부 다 검토하여 그 합헌이나 위헌 여부를 따질 수 없고 원칙적으로 심판청구인이 질의한 경우에 대해서만 대답하면 되며, 이렇게 해석하는 것이 헌법재판소 부담을 경감시킨다는 것을 근거로 한다.

한정합헌결정이나 한정위헌결정을 내릴 때 헌법재판소는 해당 사건과 관련하여 심판 대상인 법률이나 법률조항의 위헌성을 확인하고 축소·제한 해석을 하는 것이

---

217) 헌재 1994. 4. 28. 92헌가3, 판례집 6−1, 203, 221−222; 헌재 1997. 12. 24. 96헌마172등, 판례집 9−2, 842, 860−861. 이를 따르는 견해로는 김춘환/송영훈, 「현행 헌법재판소법상 변형결정에 관한 연구」, 『법학논총』 제2집, 조선대학교 법학연구소, 1996, 53쪽; 송영훈, 「위헌법률심판과 결정형식에 관한 연구」, 조선대학교 법학박사학위논문, 1995, 240쪽.

218) 허 영, 『헌법소송법론(제13판)』, 박영사, 2018, 253쪽.

219) 정종섭, 『헌법소송법(제8판)』, 박영사, 2014, 378~380쪽. 이에 동조하는 견해로는 신 평, 「헌법재판소의 한정합헌결정과 한정위헌결정 형식에 대한 비판적 검토」, 『법학논고』 제27집, 경북대학교 법학연구소, 2007, 354~355쪽.

220) 김학성, 「한정합헌결정 및 한정위헌결정의 주문유형에 대한 비판적 연구」, 『헌법학연구』 제17권 제4호, 한국헌법학회, 2011, 330쪽.

221) 이성환, 「한정위헌결정의 기속력」, 『세계헌법연구』 제2호, 국제헌법학회 한국학회, 1997, 549~550쪽.

다. 즉 헌법재판소는 심판 대상인 법률이나 법률조항의 모든 해석 가능성을 확인하여 판단하지 않고, 그것은 일반적으로 가능하지도 않다. 따라서 심사한 범위 안에서 법률이나 법률조항의 해석 가능성이나 적용 가능성 중 일부의 위헌성을 확인하면 한정위헌결정을 내리고, 법률이나 법률조항 자체는 합헌으로 해석할 수 없으나 조건이나 제한을 달아 축소해석하면 합헌으로 해석할 수 있을 때 한정합헌결정을 내리는 것이다. 그리고 한정합헌결정과 한정위헌결정이 표리관계에 있다면, 두 결정을 별개의 결정유형으로 나눌 필요가 없다. 그러므로 한정합헌결정과 한정위헌결정이 (모든 해석 가능성을 확인할 수 있고, 그것을 합헌인 것과 위헌인 것으로 명확하게 구별할 수 있는 예외를 제외하고는) 서로 표리관계에 있다고 볼 수 없다. 즉 양자는 요건과 효과가 구별되는 독자적 결정유형으로서 서로 대체관계에 있지 않다. 이러한 점에서 한정합헌결정과 한정위헌결정은 병존할 수도 있다. 즉 헌법재판소는 한 결정주문에서 일부 해석 가능성에 대해서는 위헌이라고 선언하고, 다른 일부 해석 가능성에 대해서는 합헌이라고 선언할 수도 있다.[222]

③ 한정위헌결정은 변형결정에 포함되는가?

(ⅰ) 위헌성을 확인하는 단순위헌결정 그리고 한정위헌결정

심판 대상인 법률이나 법률조항의 위헌성은 그것이 헌법과 충돌하는 시점에 발생한다. 헌법재판소는 규범통제절차에서 심판 대상인 법률이나 법률조항의 선존하는 위헌성을 확인할 수 있을 뿐이다. 따라서 헌법재판소가 심판 대상인 법률이나 법률조항의 위헌성을 창조하는 것이 아니다. 이러한 위헌성 확인은 헌법재판소의 위헌결정을 통해서 이루어진다. 단순위헌결정과 한정위헌결정은 이러한 위헌결정에 속한다. 다만, 단순위헌결정은 법률이나 법률조항 자체나 그 일부의 위헌성을 확인하고, 한정위헌결정은 법률이나 법률조항의 일부 해석 가능성이나 적용 가능성이 위헌임을 확인한다는 점에서 차이가 있다. 즉 단순위헌결정은 법률이나 법률조항에서 합헌인 해석 가능성을 찾을 수 없을 때 헌법재판소가 내리는 결정이지만, 한정위헌결정은 법률이나 법률조항의 다양한 해석 가능성 중 일부나 그 의미내용 중 일부의 위헌성을 확인하는 헌법재판소 결정이다. 단순합헌결정과 마찬가지로 한정위헌결정이 내려지면 즉시 위헌상태는 제거되고 합헌상태로 회복된다. 따라서 단순위헌결정이 입법자에게 입법의무를 부과하지 않는 것처럼 한정위헌결정이 내려져도

---

222) 예를 들어 헌재 1989. 9. 30. 98헌가7등, 판례집 10-2, 484: "금융기관의연체대출금에관한특별조치법 제3조 전단 중, 강제경매에 관한 부분은 헌법에 위반되고, 담보권실행을 위한 경매에 관한 부분은 헌법에 위반되지 아니한다."

입법자는 어떠한 입법의무도 부담하지 않는다. 한정위헌결정도 위헌결정이므로 헌법재판소 재판관 6명 이상 찬성이 필요하다(헌법 제113조 제1항, 헌법재판소법 제23조 제2항 단서 제1호).

(ⅱ) 단순위헌결정에 포함될 수 있는 한정위헌결정

법률의 외형적 일부, 즉 법률의 일부 조항, 조문의 항, 본문이나 단서, 문구의 일부 등을 위헌으로 선언하여 효력을 상실시키는 것을 양적 일부위헌결정이라고 한다. 이러한 양적 일부위헌결정은 단순위헌결정과 위헌 확인 범위에서만 차이가 나므로, 일반적으로 단순위헌결정의 하나로 본다. 한정위헌결정은 법문 외형을 그대로 둔 채 그 전체의 의미내용 가운데 일부를 위헌이라고 선언하여 해당 의미내용의 효력을 상실시켜 의미상으로 제거하므로 질적 일부위헌결정이라고 한다. 즉 한정위헌결정은 법문 외형에 아무런 손을 대지 않는 위헌결정이라고 한다. 그래서 양적 일부위헌결정과 한정위헌결정을 포함한 질적 일부위헌결정은 법문 외형을 바꾸는 지에 따라 구별된다고 한다.[223] 이것을 근거로 한정위헌결정은 변형결정의 하나로 거론된다. 헌법재판소법 제47조 제2항의 해석과 관련하여 독일과 오스트리아의 학설과 판례에 근거한 당연무효설(무효설: Nichtigkeitslehre)과 폐지설(폐지무효설, 취소설: Vernichtbarkeitslehre)이 주장된다. 법문 외형 변화에 따른 양적 일부위헌결정과 질적 일부위헌결정의 구별은 이 두 학설에 바탕을 둔다.

그러나 단순위헌결정의 효력을 무효 확인이나 폐지로 보지 않고 헌법재판소법 제47조 제2항과 제3항의 문언대로 효력 상실로 본다면, 단순위헌결정과 한정위헌결정 사이에 형식적 외관 차이는 없다. 단순위헌결정과 한정위헌결정은 오로지 효력이 상실되는 범위만 다를 뿐이다. 즉 단순위헌결정과 한정위헌결정은 법률이나 법률조항에서 위헌성을 확인하고, 위헌으로 확인된 부분의 효력을 상실시킨다는 점에서는 같다. 다만, 단순위헌결정은 법률이나 법률조항 자체 혹은 그 양적 일부의 효력을 상실시키지만, 한정위헌결정은 법률이나 법률조항의 질적 일부, 즉 해석 가능성이나 적용 가능성 일부의 효력을 상실시킨다는 점에서만 구별된다. 이러한 점에서 양적 일부위헌결정을 단순위헌결정에 포함하는 것처럼 질적 일부위헌결정인 한정위헌결정을 단순위헌결정에 속하는 것으로 볼 수 있다.

참고로 독일 연방헌법재판소 재판 중에서 '법률의 합헌적(헌법합치적) 법률해석(Die verfassungskonforme Auslegung von Gesetzen)'은 변형결정의 하나로 분류된다.

---

223) 예를 들어 이성환, 「한정위헌결정의 기속력」, 『세계헌법연구』 제2호, 국제헌법학회 한국학회, 1997, 551~552쪽.

독일 연방헌법재판소의 '합헌적 법률해석'은 한국 헌법재판소의 한정위헌결정과 한
정합헌결정을 포괄하는 것으로 볼 수 있다. 그러나 단순합헌결정과 단순위헌결정을
기본 결정유형으로 삼는 한국 헌법재판소와 달리 독일 연방헌법재판소의 기본 결정
유형은 합치선언과 무효선언이다. 그리고 무효선언은 당연무효설을 바탕으로 그 효
력이 설명된다. 즉 독일 연방헌법재판소는 무효선언을 통해서 심판 대상인 법률이
나 법률조항의 무효를 확인하여 그것을 법전에서 제거한다. 따라서 심판 대상인 법
률이나 법률조항을 법전에서 제거하지 않는 '합헌적 법률해석'은 무효선언과 법적
효과가 달라서 변형결정으로 볼 수밖에 없다. 이러한 점에서 독일 연방헌법재판소
의 '헌법합치적 법률해석'이 변형결정이라는 것은 한국 헌법재판소의 한정위헌결정
을 변형결정으로 보아야 할 비교법적 근거가 될 수 없다.

④ 한정위헌청구의 허용성

한정위헌청구는 법률이나 법률조항 자체의 위헌판단을 구하는 것이 아니라 법
률이나 법률조항의 특정 해석 가능성이나 적용 가능성을 채택하거나 채택하지 아니
하는 한 위헌이라는 취지의 청구를 말한다.[224] 문제가 되는 법률이나 법률조항 자
체를 위헌이라고 주장하지 않고, 문제가 되는 법률이나 법률조항의 질적 일부가 위
헌이라고 주장하는 점에 특색이 있다.

종래 헌법재판소 판례[225]는 헌법재판소법 제41조 제1항의 위헌법률심판 제청
신청과 제68조 제2항에 따른 헌법소원심판 대상은 '법률'이지 '법률의 해석'이 아니

---

224) 이러한 개념 정의에 관하여 심판 대상과 심판 범위를 구별하는 관점을 바탕으로 심판 청구 대상
    인 '법률조항'과 '법률조항의 해석'을 엄격히 구분하는 전제에서 출발한다고 하면서, 심판 청구 대
    상이 '법률조항의 해석'이면 부적법한 것이 원칙이라는 인상을 암묵적으로 준다는 비판이 있다(정
    광현, 「한정위헌청구 형식의 헌법소원에 있어서 심판의 범위」, 『헌법실무연구』 제14권, 박영사,
    2013, 40쪽). 그러나 헌법재판소 결정은 심판 청구에 대한 대답이고 헌법재판은 객관소송이라는 점
    에서 심판 대상과 심판 범위를 구분할 수 있는지 의심스럽고, 이론적으로는 법률과 법률해석이 구
    별할 수 있다는 것에 이론이 없으며, 오히려 이러한 견해가 옹호하는 이해방식은 특정결론에 기반
    을 둔다는 점에서 중립적이지 않으므로 이러한 비판은 타당하다고 보기 어렵다. 특히 한정위헌청
    구의 적법 여부는 한정위헌청구가 부적법하다는 쪽의 문제 제기로 한정위헌청구가 적법하다는 쪽
    에서는 전부위헌청구와 한정위헌청구의 구별 자체를 부정하거나 그 실익을 인정하지 않는다는 점
    을 고려하면, 이러한 비판 자체를 잘못된 문제 인식으로 볼 여지도 있다.
225) 헌재 1995. 7. 21. 92헌바40, 판례집 7-2, 34, 37; 헌재 1997. 2. 20. 95헌바27, 판례집 9-1, 156,
    161-162; 헌재 1998. 9. 30. 98헌바3; 헌재 1999. 3. 25. 98헌바2, 판례집 11-1, 201, 209; 헌재 1999.
    7. 22. 97헌바9, 판례집 11-2, 112, 121-122; 헌재 1999. 11. 25, 98헌바36, 판례집 11-2, 529, 536;
    헌재 2000. 2. 24, 98헌바73, 공보 43, 247, 250; 헌재 2000. 6. 1. 97헌바74, 공보 46, 448, 449; 헌재
    2000. 6. 29. 99헌바66등, 판례집 12-1, 848, 864-865; 헌재 2001. 12. 20, 2001헌바7등, 판례집
    13-2, 854, 858-859; 헌재 2002. 3. 28, 2001헌바72, 판례집 14-1, 205, 209; 헌재 2006. 2. 23.
    2004헌바79, 공보 113, 341, 344-345; 헌재 2007. 4. 26. 2004헌바60, 판례집 19-1, 427, 435.

므로, 법률조항 자체의 위헌판단을 구하는 것이 아니라 '법률조항을 …으로(이라고) 해석하는 한 위헌'이라고 청구하는 이른바 한정위헌청구는 원칙적으로 부적법하다고 하였다. 다만, 한정위헌청구의 취지를 법률조항 자체의 위헌성을 다투는 것으로 이해하면 헌법재판소법 제68조 제2항의 적법한 청구로 받아들여진다고 하였다.[226] 이러한 취지에서 헌법재판소가 한정위헌청구를 심판대상으로 삼아 적극 판단한 사례들은 ① 법규정 자체의 불명확성을 다투는 것으로 보는 경우로서, 헌법상 명확성원칙을 다투는 경우 혹은 조세법률주의(과세요건 명확주의) 위반을 다투는 경우,[227] ② 이른바 "법원의 해석에 의하여 구체화된 심판대상규정의 위헌성" 문제가 있는 것으로 볼만큼 일정한 사례군이 상당기간에 걸쳐 형성·집적된 경우,[228] ③ 위 두 가지 경우에 해당하지 않지만 한정위헌 판단을 구하는 청구가 법률조항 자체에 대한 다툼으로 볼 수 있는 경우[229]이다.

대법원도 헌법 제107조 제1항과 헌법재판소법 제41조 제1항은 법률이 헌법에 위반되는지가 재판의 전제가 되면 법원이 결정으로 헌법재판소에 위헌여부심판을 제청한다고 규정하고, 한편 구체적 분쟁사건의 재판에서 합헌적 법률해석을 포함하는 법령의 해석·적용 권한이 대법원을 최고법원으로 하는 법원에 전속되는 점에 비추어 보면, 헌법재판소법 제41조 제1항이 정한 법원의 위헌제청 대상은 오로지 법률조항 자체의 위헌 여부일 뿐이고 법률 조항에 대한 해석의 위헌 여부는 그 대상이 될 수 없어서, 법률조항을 "…라는 뜻으로 해석·적용하는 한 위헌"이라는 취지의 위헌제청 신청은 그 법률조항에 대한 법원의 해석을 다투는 것에 불과하여 적법하지 않다고 하면서, 한정위헌결정을 구하는 취지의 위헌법률심판 제청 신청에 대해서 계속 부적법하다고 판단하였다.[230]

---

226) 이러한 판례를 한정위헌결정을 선고하는 것과 법원재판에 대하여 심판하는 것은 그 본질이 다른 문제로서 법원재판에 대해서는 심판하지 않겠다는 헌법재판소의 기본입장을 밝힌 것으로 평가하는 견해가 있다[이인호, 「헌법재판의 본질에 비추어 본 한정위헌결정의 타당근거」, 『현대공법학의 과제』 (청담최송화교수 화갑기념논문집), 박영사, 2002, 344쪽].

227) 헌재 1995. 7. 21. 92헌바40, 판례집 7-2, 34, 36-37; 헌재 1997. 2. 20. 95헌바27, 판례집 9-1, 156, 161-162; 헌재 1999. 3. 25. 98헌바2, 판례집 11-1, 200, 208-209; 헌재 1999. 7. 22. 97헌바9, 판례집 11-2, 112, 121; 헌재 1999. 11. 25. 98헌바36, 판례집 11-2, 529, 536; 헌재 2000. 6. 1. 97헌바74, 공보 46, 448, 449 등.

228) 헌재 1995. 5. 25. 91헌바20, 판례집 7-1, 615, 626; 헌재 1998. 7. 16. 97헌바23, 판례집 10-2, 243, 251-252; 헌재 2001. 8. 30. 2000헌바36, 판례집 13-2, 229, 231-232 등.

229) 헌재 2000. 6. 29. 99헌바66등, 판례집 12-1, 848, 865; 헌재 2000. 6. 1. 97헌바74, 공보 46, 448, 449; 헌재 2000. 6. 29. 99헌바66등, 판례집 12-1, 848, 865 등.

230) 대법원 2005. 5. 27.자 2005카기74 결정; 대법원 2009. 2. 16.자 2009아13 결정; 대법원 2009. 2. 18.자 2009아14, 2008두23061 결정 등.

그런데 헌법재판소는 기존 판례를 변경하였다. 즉 ① 규범통제절차에서 한정위헌결정은 법리상 당연하면서 불가피하므로, 제청법원이나 헌법소원심판청구인이 한정위헌청구를 하는 것은 사리상 합당하고, ② 제청법원이나 헌법소원심판청구인이 한정위헌청구를 하면, 헌법재판소는 제청법원 등이 주장하는 범위 안에서 위헌 여부를 심판하는 것이 원칙이라서, 그 밖의 부분까지 위헌 여부를 심판하면, 직권주의를 고려하더라도 헌법재판소법상 신청주의나 적법요건인 재판의 전제성에 어긋나므로 한정위헌청구는 위헌의 범위와 그에 따른 기속력 범위를 제한적으로 정확하게 한정할 수 있게 하며, 이로 말미암아 한정위헌청구는 규범통제절차에서 위헌여부심판권의 심사 지평을 넓히게 하므로, 금지되어서는 아니 될 뿐 아니라 오히려 장려되어야 할 것이며, ③ 한정위헌청구는 입법권에 대한 자제와 존중의 표현이라고 하면서 한정위헌청구 역시 원칙적으로 적법하다고 하여 헌법재판소의 새로운 법정의견은 한정위헌청구도 원칙적으로 적법하다고 하였다. 다만, 구체적 규범통제절차에서 법률조항에 대한 특정적 해석이나 적용부분의 위헌성을 다투는 한정위헌청구가 원칙적으로 적법하더라도, 재판소원을 금지하는 헌법재판소법 제68조 제1항의 취지에 비추어 한정위헌청구 형식을 취하면서도 실제로는 해당 사건 재판의 기초가 되는 사실관계의 인정이나 평가 또는 개별적·구체적 사건에서 법률조항의 단순한 포섭·적용에 관한 문제를 다투거나 의미 있는 헌법문제를 주장하지 않으면서 법원의 법률해석이나 재판결과를 다투는 경우 등은 모두 현행 규범통제제도에 어긋나는 것으로서 허용될 수 없다고 한다.[231]

헌법재판소법 제68조 제2항에 따른 심판 청구이든 같은 조 제1항에 따른 법률에 대한 헌법소원심판 청구이든 어느 때나 청구인이 한정위헌결정을 구하는 청구는 법률조항 해석을 다루므로 허용되지 않는다고 하면서 헌법재판소의 기존 판례에 동조하는 견해가 있다.[232] 이 견해는 청구인은 위헌 여부에 대한 판단을 구하는 것으로 충분하고, 한정위헌결정을 할 것인지는 헌법재판소가 주문표시에서 선택하는 것이라고 한다. 한정위헌청구는 법률 해석을 다투어 재판소원일 가능성이 크므로 원칙적으로 부적절하고 헌법재판소법 제68조 제2항에 따른 헌법소원심판 대상으로서 법률 해석을 제외한다는 표현은 삼가되 유형적·추상적 영역과 같은 개념으로 허용 범위를 확대하지만, 그 해석상 명확성을 다투는 것이거나 법원의 해석에 따라 구체화한 심판 대상 규정, 그 밖의 조항 자체를 다투는 것으로 볼 수 있을 때 등이 그

---

231) 헌재 2012. 12. 27. 2011헌바117, 판례집 24-2하, 387, 398-399.
232) 정종섭, 『헌법소송법(제8판)』, 박영사, 2014, 384쪽.

예외가 된다는 점을 밝히는 것으로 충분하다는 견해도 있다.[233] 그리고 헌법재판소법 제68조 제2항에 따른 헌법소원에서 심판청구인은 한정위헌청구를 통해서 '금지된 재판소원'을 '허용되는 법률소원'으로 포장할 수 있고, 이로써 법원 법률해석의 위헌성을 다툴 수 있어서 법원의 법률해석을 다투는 심판 청구와 마찬가지로 원칙적으로 재판에 대한 심판 청구로서 적법하지 않은 것으로 각하하여야 한다는 견해도 있다.[234] 이 견해는 청구인의 심판 청구가 한정위헌을 구하는 것이 아니라 법률조항의 일반적인 불명확성을 다투면 법률의 위헌성을 전반적으로 심사하여 합헌·위헌결정이나 헌법불합치결정을 내려야 한다고 한다. 이에 대해서 규범과 규범해석의 관계, 헌법재판소와 법원의 법률해석권, 헌법재판소의 규범통제 본질, 합헌적 법률해석의 의미와 기능에 비추어 보면, 법률해석에 대한 통제를 구하는, 즉 법률의 일정한 해석 가능성이나 법률에 내포된 일정한 규범영역의 위헌성을 주장하는 한정위헌청구는 규범통제 청구로서 당연히 허용된다는 견해가 있다.[235] 이 견해는 한정합헌결정·한정위헌결정은 헌법재판소의 합헌적 법률해석의 결과로 나타나는 주문 형태로서 법률에 대한 질적 일부위헌결정이고, 헌법재판의 핵심인 규범통제의 본질적인 한 유형이고, 법원도 법률에 대한 질적 규범통제 판단을 할 수 있지만, 그것은 잠정적이고 최종적·유권적인 결정권한은 헌법재판소에 유보되며, 한정위헌청구는 이러한 한정위헌결정에 대응하는 것이므로 원칙적으로 금지될 이유가 없다고 한다. 그리고 규범과 규범해석의 관계, 규범통제 본질, 헌법재판소와 법원의 법률해석권 관계, 합헌적 법률해석의 의미와 기능에 비추어 보면, '법률 자체'와 '법률 해석' 구분론은 한정위헌청구 허부 기준으로는 폐기되어야 하고, 한정위헌청구는 법률의 일정한 해석 가능성이나 법률에 내포된 일정한 규범영역의 위헌성을 주장하는 규범통제로서 허용되어야 하고, 다만 한정위헌청구는 규범통제 청구의 한계 안에 있어야 하고 재판소원 금지에 저촉되어서는 아니 된다는 견해도 있다.[236]

먼저 법률이나 법률조항은 해석을 통해서 적용되므로, 즉 법학에서 실질적으로

233) 이준상, 「한정위헌청구의 허부 및 허용범위에 관하여」, 『헌법논총』 제18집, 헌법재판소, 2007, 309~312쪽.
234) 김문현/정재황/한수웅/음선필, 『현행 헌법상 헌법재판제도의 문제점과 개선방안』(헌법재판연구 제16권), 헌법재판소, 2005, 290~291쪽; 한수웅, 「헌법재판소법 제68조 제2항에 의한 헌법소원심판에서 한정위헌결정의 문제점」, 『홍익법학』 제8권 제2호, 홍익대학교 법학연구소, 2007, 167~168쪽.
235) 김하열, 「법률해석과 헌법재판: 법원의 규범통제와 헌법재판소의 법률해석」, 『저스티스』 제108호, 한국법학원, 2008. 12., 47쪽.
236) 한수웅/정태호/김하열/정문식(김하열 집필), 『주석 헌법재판소법』, 헌법재판소 헌법재판연구원, 2015, 1142~1143쪽.

의미 있는 것은 법조문이 아니라 해석 결과로 확정된 의미내용이므로, 법률과 법률 해석을 구별하는 것은 이론적으로는 몰라도 적어도 법실무에는 들어맞지 않는다. 그리고 구체적 규범통제의 기본목적은 해당 사건에서 상위법규범에 위반되는 하위 법규범 적용을 배제하는 것이다. 따라서 당사자의 청구도 그 목적을 충분히 달성할 수 있는 것이면 된다. 또한, 구체적 규범통제는 법규범에 이미 존재하는 위헌성을 확인하는 것에 그치며, 법규범에 있는 모든 위헌성을 심사하지도 않는다. 따라서 청구인은 해당 사건과 관련하여 인식할 수 있는 위헌성을 주장하는 것으로 충분하다. 그 밖에 심판 대상은 원칙적으로 청구인의 청구취지(와 청구원인)에 따라 확정되지만, 헌법재판이 주관적 권리 보호 이외에 객관적 질서 보호를 기능으로 하고 불필요한 후속심판을 피하여야 하므로, 헌법재판소는 청구인의 청구취지(와 청구원인)에 어긋나지 않는 범위 안에서 직권으로 심판 대상을 확정할 수 있다(직권주의).237) 즉 헌법재판소는 당사자의 청구에 엄격하게 구속되는 것이 아니라 청구를 해석할 수 있다. 따라서 청구인의 청구가 반드시 완벽할 필요는 없고 헌법재판소가 심판 대상을 확정할 수 있을 정도면 충분하다. 끝으로 한정위헌청구가 재판소원을 금지하는 헌법재판소법 제68조 제1항이 금지하는 재판소원을 우회적으로 허용하는 결과를 가져올 수 있다는 주장은 재판소원 금지가 헌법에 합치하지 않는다고 볼 수 없을지라도 최소한 헌법적으로 바람직하지 않다는 점에서 한정위헌청구를 금지하는 근거로 삼기는 어렵다. 이러한 점에 비추어 청구인의 한정위헌청구도 허용되어야 한다고 생각한다. 한정위헌결정을 단순위헌결정에 포함한다면, 한정위헌청구의 허용 문제도 쉽게 해결된다. 한정위헌결정이 단순위헌결정의 하나라면, 한정위헌청구도 단순위헌청구와 다르지 않으므로 당연히 허용될 수밖에 없기 때문이다.238)

(5) 헌법불합치결정

① 헌법불합치결정의 법적 성격과 특별한 정당화 요구

헌법불합치결정은 심판 대상이 된 법률이나 법률 조항의 위헌성을 확인하지만, 입법자의 입법형성권을 존중하거나 법의 공백과 혼란을 방지하려고 그 법률에 대해서 단순위헌결정을 선고하지 아니하고 헌법에 합치하지 아니하다고 선언하여 헌법재판소법 제47조 제2항과 제3항(그리고 제75조 제5항과 제6항) 적용을 배제하는

---

237) 허완중, 「헌법재판소결정의 확정력」, 『헌법학연구』 제14권 제4호, 한국헌법학회, 2008, 436쪽.
238) 이에 관해서 자세한 검토는 허완중, 「한정위헌청구의 허용 여부」, 『법조』 제62권 제1호(통권 제676호), 법조협회, 2013. 1., 214~254쪽; 같은 사람, 「한정위헌청구를 허용하는 헌재 2012. 12. 27. 2011헌바117 결정에 대한 분석적 검토」, 『인권과 정의』 제436호, 대한변호사협회, 2013. 9., 126~147쪽 참조.

결정유형이다. 그러나 헌법불합치결정은 헌법재판소법 제47조 제2항과 제3항 적용을 옹글게(완벽하게) 배제하지 않는다. 즉 헌법불합치결정은 위헌으로 결정된 법률의 효력 상실 시점에 관해서만 헌법재판소법 제47조 제2항과 제3항 적용을 배제한다. 그래서 입법자가 기한 안에 법률개선의무를 이행하지 않으면, 헌법재판소법 제47조 제2항과 제3항을 따라서 해당 법률은 효력을 상실한다. 결국, 헌법불합치결정은 헌법재판소법 제47조 제2항과 제3항의 규율에서 부분적으로 벗어나는 것을 목적으로 하는 변형결정이다. 이러한 헌법불합치결정 자체의 본질적 특성 때문에 헌법재판소법 제47조 제2항과 제3항의 '위헌결정'에서 부분적으로 배제된다고 보아야 할 것이다.

헌법불합치결정은 원칙적으로 법률의 위헌성을 확인하되 그 형식적 존속을 유지하면서(효력 상실을 유보하면서), 입법자에게 법률의 위헌성을 제거할 의무를 부과하고 입법자가 법률을 개선할 때까지 국가기관이 위헌법률 적용을 중지하도록 함으로써 개선된 신법 적용을 명령하는 효력이 있다. 위헌성이 확인된 법률의 효력을 상실시킴으로써 합헌적 질서가 즉시 회복된다면 헌법재판소는 단순위헌결정을 내려야 한다. 그러나 위헌법률의 효력 상실로 합헌질서가 즉시 회복되지 않을 때가 있고, 헌법재판소는 헌법질서의 형성과 유지를 보장하면서 권력분립원리에 따라서 입법자의 입법형성권을 침해하여서는 아니 된다. 이때 한계를 설정하는 것이 헌법불합치결정의 사법적 창조이다. 단순위헌결정에서 헌법재판소는 법률의 위헌성을 확인하고 이것을 스스로 제거하지만, 헌법불합치결정에서 헌법재판소는 법률의 위헌성을 확인하는 것에 그치고 그 제거는 입법자에게 의무를 지워 맡긴다. 그러나 헌법불합치결정도 법률의 위헌성을 확인하므로, 단순위헌결정과 마찬가지로 본질은 위헌결정이다.[239] 헌법불합치결정에 대한 명시적 근거 규정은 찾을 수 없고, 헌법 제107조 제1항과 제111조 제1항 제1호 그리고 헌법재판소법 제41조와 제45조가 '법률의 위헌 여부'에 관해서 규정할 뿐이다. 헌법불합치결정에 대한 별도의 근거조항이 없는 현행법 아래에서는 헌법불합치결정은 법률의 합헌결정이나 위헌결정이 아닌 제3의 결정이 될 수 없다. 만약 헌법불합치결정이 제3의 결정이라면 헌법적 근거를 상실할 것이기 때문이다.[240] 결국, 헌법불합치결정도 여전히 법률의 위헌성

239) 헌재 1989. 9. 8. 88헌가6, 판례집 1, 199, 261; 헌재 1994. 7. 29. 92헌바49등, 판례집 6-2, 64, 118; 헌재 2002. 5. 30. 2000헌마81, 판례집 14-1, 528, 546; 헌재 2004. 5. 27. 2003헌가1등, 판례집 16-1, 670, 696-697; 헌재 2006. 6. 29. 2005헌마44, 판례집 18-1하, 319, 328 참조.
240) 같은 견해: 공진성, 「헌법불합치결정시 합의방식의 개선방안」, 『헌법학연구』 제15권 제3호, 한국헌법학회, 2009, 117쪽.

을 확인하는 것에 기초하여야 한다. 헌법불합치결정은 위헌법률(정확하게는 헌법재판소가 위헌성을 확인한 법률)이 효력을 상실한다는 것도 부정하지 않는다. 다만, 위헌법률이 효력을 상실하는 시기를 미룰 뿐이다.

헌법재판소법 제45조 본문, 제47조 제2항, 제75조 제5항과 제6항을 따르면, 심판 대상인 법률이 헌법에 위반되면 헌법재판소가 단순위헌결정을 선고하여 그 효력을 상실시키는 것이 원칙이다. 헌법불합치결정은 헌법재판소법 제47조 제2항 및 제3항과 제75조 제5항 및 제6항의 적용을 (부분적으로) 배제하므로, 헌법재판소가 헌법불합치결정을 내리려면 반드시 헌법적 정당화가 있어야 한다. 이러한 정당화 책임은 헌법재판소법 제47조 제2항과 제3항에 원칙적으로 구속되는(헌법 제103조, 헌법재판소법 제4조) 헌법재판소 자신에 있다. 이러한 점에서 단순위헌결정과 헌법불합치결정 사이의 선택은 헌법재판소에 귀속되지 않고 헌법체계 속에서 헌법현실을 바탕으로 헌법을 해석한 결과일 뿐이다. 먼저 (ⅰ) 단순위헌결정을 통한 위헌법률의 효력 상실을 통해서 합헌상태가 바로 회복되지 못하면 헌법불합치결정이 선고될 수 있다. 헌법불합치결정의 목적은 단순위헌결정에 따르는 (즉각적인) 위헌법률의 효력 상실이라는 법적 효과가 바람직하지 않을 때 이것을 방지하기 위한 것이기 때문이다. 그리고 (ⅱ) 단순위헌결정에 따라 입법자가 소급하여 자기 의사에 맞출 수 없는, 돌이킬 수 없는 법적 상황이 있어야 한다.[241] 입법자가 소급하여 자기 의사를 관철할 수 있으면 단순위헌결정을 내려도 문제 되지 않기 때문이다. 그러나 헌법불합치결정을 정당화하는 그 밖의 개별적 근거는 구체적인 검토가 필요하다.

② 헌법재판소가 제시하는 헌법불합치결정의 정당화 사유 검토

(ⅰ) 헌법재판소가 언급하는 헌법불합치결정을 정당화하는 사유

헌법재판소는 헌법불합치결정을 실질적으로 위헌결정이지만, 단순위헌결정을 선고하지 않고 "헌법에 합치하지 아니한다."라는 선언에 그침으로써 헌법재판소법 제47조 제2항의 효력상실 원칙을 제한적으로 적용하는 예외적인 결정형식으로 이해한다.[242] 헌법재판소가 제시하는 헌법불합치결정을 요구하는 특별한 헌법적 사유는 세 가지로 정리할 수 있다.

먼저 ⓐ 수혜적 법률이 평등원칙에 위반될 때가 헌법재판소가 헌법불합치결정

241) Malte Graßhof, Entscheidung, in: Christian Burkiczak/Franz−Wilhelm Dollinger/Frank Schorkopf (Hrsg.), Bundesverfassungsgerichtsgesetz − Heidekberger Kommentar, Heidelberg 2015, § 78 Rdnr. 79.

242) 헌재 1994. 7. 29. 92헌바49등, 판례집 6−2, 64, 118: "성질상 위헌결정의 일종으로서 대상 법률 또는 법률조항의 효력상실만을 잠정적으로 유보하는 변형결정".

을 내리는 대표적인 사유이다.243) 평등원칙을 위반하는 수혜적 법률이 위헌상태를 제거하여 평등원칙에 합치하는 상태를 실현할 여러 가지 가능성 중에서 무엇을 선택하는지는 입법자에게 맡긴 과제라고 한다. 따라서 헌법재판소가 이러한 때에 평등원칙 위반을 이유로 단순위헌결정을 한다면, 결국 입법자의 입법형성권을 침해하게 된다고 한다.

다음 ⓑ 위헌결정을 통해서 법률조항을 제거하는 것이 법적 공백이나 혼란을 일으킬 우려가 있으면 예외적으로 위헌조항의 잠정 적용을 명령하고자 단순위헌결정이 아닌 헌법불합치결정을 내릴 수 있다고 한다. 다시 말하면, 위헌인 법률조항을 잠정 적용하는 위헌상태가, 위헌결정으로 말미암아 발생하는 법적 공백의 합헌상태보다 오히려 헌법적으로 더욱 바람직하다고 판단되면 법적 안정성 관점에서 법치국가적으로 용인하기 어려운 법적 공백과 그로 말미암은 혼란을 방지하기 위해서 입법자가 합헌적인 방향으로 법률을 개선할 때까지 일정 기간 위헌인 법률 규정을 존속하게 하고 잠정 적용할 필요가 있다고 한다.244)

끝으로 ⓒ 자유권을 침해하는 위헌법률에 대해서는 위헌결정을 하는 것이 원칙이다. 그러나 심판 대상인 법률조항의 합헌부분과 위헌부분의 경계가 불분명하여 헌법재판소가 단순위헌결정으로 이에 적절하게 구분하여 대처하기 어렵고, 다른 한편으로는 권력분립원리와 민주주의원리의 관점에서 입법자에게 위헌적인 상태를 제거할 여러 가지 가능성을 인정할 수 있다고 판단하면, 헌법재판소는 자유권이 침해되었는데도 예외적으로 입법자의 형성권을 존중하여 헌법불합치결정을 한다.245)

243) 예를 들어 헌재 2002. 5. 30. 2000헌마81, 판례집 14-1, 528, 546; 헌재 2004. 1. 29. 2002헌가22, 판례집 16-1, 29, 56-58; 헌재 2004. 5. 27. 2003헌가1, 판례집 16-1, 670, 696-697 참조.

244) 예를 들어 헌재 1995. 9. 28. 92헌가11등, 판례집 7-2, 264, 283-285; 헌재 1997. 3. 27. 95헌가14 등, 판례집 9-1, 193, 205-207; 헌재 1998. 8. 27. 96헌가22등, 판례집 10-2, 339, 359-360; 헌재 1999. 10. 21. 97헌바26, 판례집 11-2, 383, 417-419; 헌재 1999. 5. 27. 98헌바70, 판례집 11-1, 633, 647-648; 헌재 1999. 12. 23. 99헌가2, 판례집 11-2, 686, 701-702; 헌재 2000. 8. 31. 97헌가 12, 판례집 12-2, 167, 184-187; 헌재 2001. 5. 31. 99헌가18, 판례집 13-1, 1017, 1119-1200; 헌재 2001. 6. 28. 99헌마516, 판례집 13-1, 1393, 1411-1412; 헌재 2001. 11. 29. 99헌마494, 판례집 13-2, 714, 730-732; 헌재 2004. 3. 25. 2002헌바104, 판례집 16-1, 386, 402; 헌재 2006. 5. 25. 2005헌가17등, 판례집 18-1하, 1, 21; 헌재 2007. 6. 28. 2004헌마643, 판례집 19-1, 843, 856-857; 헌재 2007. 6. 28. 2004헌마644등, 판례집 19-1, 859, 885-886 참조.

245) 예를 들어 헌재 1991. 3. 11. 91헌마21, 판례집 3, 91, 114-116; 헌재 1993. 3. 11. 88헌마5, 판례집 5-1, 59, 69-72; 헌재 2002. 5. 30. 2000헌마81, 판례집 14-1, 528, 546-547; 헌재 2004. 5. 27. 2003헌가1, 판례집 16-1, 670, 697-698; 헌재 2009. 4. 30. 2007헌가8, 공보 151, 816, 822; 헌재 2009. 9. 24. 2008헌가25 참조. 단순히 입법형성권만 근거로 제시하는 판례도 있다(예를 들어 헌재 1997. 7. 16. 95헌가6등, 판례집 9-2, 1, 20-21; 헌재 1997. 8. 21. 94헌바19, 판례집 9-2, 243, 263; 헌재 2002. 5. 30. 2000헌마81, 판례집 14-1, 528, 546-547; 헌재 2004. 5. 27. 2003헌가1, 판례집

(ⅱ) 수혜적 법률이 평등원칙에 위반될 때

수혜적 법률이 평등원칙에 위반되면, 위헌적인 차별은 다양한 방식으로 제거될 수 있다. 즉 혜택 자체를 폐지하거나 혜택을 받지 못하던 집단에도 혜택을 부여하거나 혜택을 부여하는 방식을 새롭게 만들어 위헌적인 차별을 제거할 수 있다. 입법자가 입법형성권의 범위 안에서 이 방식 중의 하나를 선택할 수 있다. 이것이 입법자의 입법형성권이 헌법불합치결정의 정당화 사유로 강조되는 이유이다. 이때 헌법재판소가 해당 법률에 대해서 단순위헌결정을 선고한다면, 입법자의 의사와 상관없이 잠정적으로 (혜택을 배제하는 규정이 위헌이면) 모든 사람에게 혜택이 부여되거나 (혜택을 부여하는 규정이 위헌이면) 모든 사람에게 혜택이 배제되는 결과가 발생할 수 있다. 그에 따라 입법자는 선택 가능성을 제한받을 수도 있다. 따라서 이러한 때는 헌법재판소가 단순위헌결정을 회피하여 헌법불합치결정을 내릴 수 있다. 다만, 입법 내용을 일정한 방향으로 강제하는 헌법위임이 있거나 입법체계가 통일성 관점에서 일정한 입법 내용을 요구하여 다른 선택 가능성이 없을 정도로 입법자의 입법형성권이 제한되면 헌법재판소는 헌법불합치결정을 내릴 수 없고, 단순위헌결정을 내려야 한다. 즉 입법자에게 합헌상태를 회복하기 위한 다양한 선택가능성이 있어야 헌법불합치결정을 내릴 수 있고, 둘 이상의 규율 가능성이 없다면, 즉 하나의 규율 가능성만 있다면 헌법재판소는 단순위헌결정을 내려야 한다.

평등원칙은 자유권규범과 달리 보호할 특정한 생활영역, 즉 보호영역이 없다. 따라서 평등원칙은 특정한 보호영역을 보호하는 것이 아니라 '상대적' 혹은 '관계적' 지위를 보호할 뿐이다. 그러므로 평등원칙에 위반된다는 것은 해당 법률 자체가 위헌이 아니라 규율관계가 위헌이라는 것을 뜻한다. 이러한 상대성 때문에 평등원칙에 위반될 때 위헌으로 선언하고 효력이 상실될 법률이 없어서 원칙적으로 단순위헌결정을 내릴 수 없다. 헌법불합치결정은 이러한 문제를 해결하기 위해서 법률의 효력 유지 문제와 그 적용 가능성 문제를 분리한다. 따라서 심판 대상인 법률에 대해서 헌법불합치결정을 내려도 그 법률은 바로 효력을 상실하지 않는다. 그래서 헌법불합치결정 자체가 법률의 효력을 상실시키고 합헌상태를 회복하지 않는다. 합헌상태를 회복하는 것은 입법자의 몫이다. 헌법불합치결정도 해당 법률의 위헌성을 확인하므로, 헌법재판소가 명시적으로 잠정 적용을 명령하지 않는다면 입법자가 개선할 때까지 적용되지 않는다. 이러한 점에서 헌법불합치결정은 헌법재판소의 재량

16-1, 670, 696-698; 헌재 2006. 2. 23. 2004헌마675, 판례집 18-1상, 269, 288).

행사나 사법 자제의 결과가 아니라 헌법이 헌법재판소의 권한을 제한한 결과이다.

(ⅲ) 단순위헌결정이 법적 공백이나 혼란을 일으킬 우려

헌법재판소가 위헌법률에 대해서 단순위헌결정을 내리는 목적은 합헌상태를 회복하거나 최소한 기존 상태보다 더 합헌적인 상태를 창출하기 위한 것이다. 그러나 위헌법률을 잠정 적용하는 상태가 단순위헌결정을 통해서 위헌법률이 제거된 규율 없는 상태보다 합헌질서에 더 들어맞을 때가 있다. 즉 단순위헌결정을 통해서 심판 대상인 법률이 효력을 상실함으로써 법적 공백이나 혼란이 일어날 우려가 있어 현재 상태보다 합헌질서에서 더 멀어질 수 있다. 이때 헌법재판소는 해당 법률의 위헌성을 확인하면서 법률이 개선될 때까지 해당 법률을 계속 적용하도록 하는 헌법불합치결정을 할 수 있다. 이러한 헌법불합치결정에는 평등원칙 위반이라는 구조적 특성이 없다. 이때 헌법재판소가 헌법불합치결정을 내리는 것은 그 법적 효과 때문이다. 즉 헌법재판소는 해당 법률의 계속적용을 명령하려고 헌법불합치결정이라는 결정유형을 선택한다. 그래서 이때는 입법자의 입법형성권이 강조되지 않는다. 이러한 헌법불합치결정은 해당 법률이 위헌이라는 것을 확인하므로, 해당 법률의 위헌성을 확인하지 않는 촉구결정과는 구별된다. 그러나 법적 공백이나 혼란을 일으킬 우려가 있다고 해서 언제나 헌법불합치결정이 가능한 것은 아니다. ⓐ 위헌인 법률의 효력을 상실시키는 것이 그것을 존속시키는 것보다 더 위헌적인 상태를 일으키고, ⓑ 그러한 상태를 잠정적으로라도 헌법적으로 수인하기 어려우며, ⓒ 위헌인 법률을 잠정 적용하는 것이 단순위헌결정으로 말미암은 법적 공백과 혼란을 방지하기 위한 적절한 수단임이 헌법적으로 충분히 논증되었을 때만 헌법재판소는 헌법불합치결정을 내릴 수 있다.[246]

(ⅳ) 합헌부분과 위헌부분의 경계 불분명?

단지 규범의 합헌부분과 위헌부분의 경계가 불분명하여 헌법재판소가 (일부)위헌결정으로 적절하게 구분하여 대처할 수 없고, 다른 한편으로는 권력분립원리와 민주국가원리의 관점에서 입법자에게 위헌상태를 제거하는 여러 가지 가능성을 인정할 수 있을 때, 자유권 침해가 헌법에 합치하지 않는다는 헌법재판소 결정도 형성의 자유가 예외적으로 정당화할 수 있다는 견해가 있다.[247] 헌법재판소는 이러한

---

246) 같은 견해: 김주환, 「헌법불합치결정의 적용영역과 그 효과」, 『헌법학연구』 제11권 제2호, 한국헌법학회, 2005, 515쪽.
247) 한수웅, 「헌법불합치결정의 헌법적 근거와 효력」, 『헌법논총』 제6집, 헌법재판소, 1995, 502~506쪽; 같은 사람, 「헌법불합치결정의 소급효력」, 『판례월보』 제325호, 판례월보사, 1997. 10., 10쪽.

견해를 받아들여 법률의 합헌부분과 위헌부분의 경계가 불분명할 때를 헌법불합치
결정을 정당화하는 제3의 사유로 제시한다. 그리고 단순위헌결정은 사안에 맞게 구
별하여 처리할 수 없지만, 실무는 적절한 구별을 할 수 있고, 남아 있는 법률의 합
헌부분 유지가 관계자 이익을 위해서 필요하고 가치가 있으면, 불합치선언[248]이 어
쨌든 해결책을 제시한다는 독일 견해도 있다.[249] 이 견해는 자유를 제한하는 법률
에서 헌법 위반이 명확하게 포착될 수 없고 무효선언이 헌법위반 부분을 넘어 효력
이 미칠 때 불합치선언은 오로지 예외적으로만 정당성이 인정될 수 있다고 한다.

먼저 헌법불합치결정도 위헌결정의 하나이므로, 법률의 위헌성을 확인할 수 있
을 때만 헌법재판소가 헌법불합치결정을 내릴 수 있다. 따라서 합헌부분과 위헌부
분의 경계가 불분명하여 위헌부분을 구분해 낼 수 없으면 위헌부분이 법률 전체를
위헌으로 만들 정도이면 단순위헌결정을 내려야 하고,[250] 위헌부분이 미미해서 법
률 전체를 위헌으로 만들 정도가 아니라면 단순합헌결정을 내려야 한다. 단순히 위
헌부분을 확인할 수 없으면 위헌 여부를 확인할 수 없는 때이므로 헌법재판소는 헌
법불합치결정을 내릴 수 없다. 특히 이러한 사유로 헌법불합치결정을 내리면 그 안
에는 위헌결정은 물론 합헌결정도 포함되므로 위헌결정이라는 헌법불합치결정의
본질에 어긋나게 된다.[251] 그리고 입법자의 입법형성권을 원용하여 헌법불합치결정
으로 도피하는 것은 허용되지 않는다. 헌법불합치결정은 특수한 상황에서 입법자의
입법형성권을 존중하는 결정유형이기 때문이다. 특히 자유권에서는 그것을 침해하
는 특정 행위 자체가 금지된다. 그래서 자유권에서는 평등권과 달리 상대적 헌법

---

248) 독일어 Unvereinbarerklärung의 직역이다. 여기서는 한국 헌법재판소의 헌법불합치결정과 구별하
기 위해서 독일 연방헌법재판소의 Unvereinbarerklärung에 대해서 이 용어를 사용한다.

249) Hartmut Maurer, Zur Verfassungswidrigerklärung von Gesetzen, in: Hans Schneider/Götz Volkmar
(Hrsg.), Im Dienst an Recht und Staat: Festschrift für Werner Weber zum 70. Geburtstag, Berlin
1974, S. 359 f.

250) 이때 단순위헌결정이 법적 공백이나 혼란을 일으키면 헌법재판소가 헌법불합치결정을 내릴 수 있
는지를 검토하여야 한다. 이러한 점에서 헌법재판소가 합헌부분과 위헌부분의 경계 불분명을 이유
로 내린 헌법불합치결정들은 법적 공백이나 혼란을 일으킬 때라는 관점에서 정당성을 인정받을 수
있는지를 검토할 필요가 있다. 만약 이러한 관점에서 정당성을 인정받지 못한다면, 헌법재판소는 이
러한 때에 헌법불합치결정을 내릴 수 없다. 참고로 합헌과 위헌의 경계가 불분명해서라기보다는 단
순위헌을 선고하였을 때 법적 혼란과 법적 공백을 가져올 수 있으므로 헌법불합치결정을 한다고 하
는 것이 바람직하다는 견해(이명웅, 「헌법불합치결정의 사유 및 효력」, 『헌법논총』 제20집, 헌법재
판소, 2009, 384쪽)가 있다. 이 견해는 만일 상당한 법적 혼란과 법적 공백이 없다면 단순히 합헌/위
헌의 경계가 불분명하다는 이유만으로 또는 입법자의 형성을 보호한다는 이유만으로 헌법불합치를
하는 것은 원칙적으로 부적절하다고 한다.

251) 같은 견해: 공진성, 「헌법불합치결정시 합의방식의 개선방안」, 『헌법학연구』 제15권 제3호, 한국헌
법학회, 2009, 121~122쪽.

위반이 아닌 절대적 헌법 위반이 문제 된다. 따라서 헌법재판소는 단순위헌결정을 통해서 위헌법률을 폐기하여 자유권 침해를 제거하여야 한다.[252] 특히 법률의 위헌 근거는 비례성원칙 위반이 대부분이라는 점에서 제한 자체가 허용되지 않을 때보다 제한 정도가 문제인 때가 일반적이고, 입법자가 법률의 위헌성을 제거하는 방법이 단 한 가지인 때가 오히려 드물다. 그러므로 입법자의 입법형성권과 더불어 합헌부분과 위헌부분의 경계 불분명을 헌법불합치결정의 정당화 사유로 인정하면 헌법재판소가 거의 모든 경우에 헌법불합치결정을 내릴 수 있다는 결론이 도출될 수 있다.[253] 이것은 헌법불합치결정이 예외적인 결정유형이라는 점에 어긋나고, 헌법재판소 자신이 원할 때 언제나 헌법불합치결정을 내릴 수 있는 길을 열어주게 된다. 또한, 입법자의 입법형성권은 언제나 단순위헌결정에서 헌법불합치결정보다 더 강하게 제한되는 것도 아니다.[254] 자유권을 침해하는 법률을 제거하면 합헌상태는 회복되므로 존중할 입법자의 입법형성권은 없고, 입법자는 합헌결정 이후에 동일규범 반복제정금지를 위반하지 않는 범위 안에서 언제나 앞날의 상황을 자기 의사에 맞추어 적절하게 형성할 수 있기 때문이다. 오히려 헌법불합치결정이 입법자에게 법률개선의무를 부과한다는 점에서 입법자의 입법형성권을 더 많이 제한할 수도 있다. 따라서 헌법불합치결정을 통해서 보호되는 입법자의 입법형성권 범위는 그리 넓지 않다. 헌법불합치결정은 헌법불합치결정의 선고 시점부터 새로운 입법형성 시점까지 입법자의 입법형성권을 보호할 뿐이다.[255] 결론적으로 합헌부분과 위헌부분의 경계 불분명은 입법자의 입법형성권을 함께 제시하여도 헌법불합치결정을 정당화하는 사유가 될 수 없다고 생각한다.

---

252) 같은 견해: 김주환, 「헌법불합치결정의 적용영역과 그 효과」, 『헌법학연구』 제11권 제2호, 한국헌법학회, 2005, 515쪽.

253) 같은 견해: 김주환, 「헌법불합치결정의 적용영역과 그 효과」, 『헌법학연구』 제11권 제2호, 한국헌법학회, 2005, 511쪽; 박진우, 「헌법불합치결정에 대한 비판적 검토」, 『법학연구』 제35집, 한국법학회, 2009, 11쪽; 방승주, 「헌법불합치결정의 문제점과 그 개선방안」, 『헌법학연구』 제13권 제3호, 한국헌법학회, 2007, 88~89쪽; 윤진수, 「상속의 단순승인 의제규정에 대한 헌법불합치결정의 문제점」, 『헌법논총』 제11집, 헌법재판소, 2000, 208쪽.

254) Ernst Benda/Eckart Klein/Oliver Klein, Verfassungsprozessrecht, 3. Aufl., Heidelberg/München/Landsberg/Frechen/Hamburg 2012, § 39 Rdnr. 1394; Hartmut Maurer, Zur Verfassungswidrigerklärung von Gesetzen, in: Hans Schneider/Götz Volkmar (Hrsg.), Im Dienst an Recht und Staat: Festschrift für Werner Weber zum 70. Geburtstag, Berlin 1974, S. 353; Roman Seer, Die Unvereinbarkeitserklärung des BVerfG am Beispiel seiner Rechtssprechung zum Abgabenrecht, in: NJW 1996, S. 286 참조.

255) Malte Graßhof, Entscheidung, in: Christian Burkiczak/Franz－Wilhelm Dollinger/Frank Schorkopf (Hrsg.), Bundesverfassungsgerichtsgesetz － Heidekberger Kommentar, Heidelberg 2015, § 78 Rdnr. 76.

(ⅴ) 소결

결국, 헌법재판소의 헌법불합치결정을 정당화하는 사유는 수혜적 법률이 평등원칙에 위반될 때와 단순위헌결정이 법적 공백이나 혼란을 일으킬 우려가 있을 때뿐이다. 수혜적 법률이 평등원칙에 위반된다는 이유로 헌법불합치결정을 내리려면 헌법재판소는 먼저 ⓐ 해당 법률의 주된 위헌 원인이 평등원칙 위반이라는 것을 밝히고, ⓑ 이때 위헌인 차별을 개선할 다양한 선택 가능성이 헌법적으로 인정된다는 것을 명확하게 확인하고 나서, ⓒ 결정을 선고할 때부터 입법자가 법률을 개선할 때까지 단순위헌결정이 수인하기 어려운 법상태를 일으킨다는 점을 헌법적으로 충분히 논증하여야 한다. 다음으로, 법적 공백이나 혼란을 일으킬 우려를 이유로 헌법불합치결정을 내리가 위해서 헌법재판소는 ⓐ 법적 공백이나 혼란 때문에 위헌인 법률의 효력을 상실시키는 것이 그것을 존속시키는 것보다 더 위헌적인 상태를 일으킨다는 것을 먼저 명확하게 밝히고, ⓑ 이러한 상황을 법률이 개선될 때까지 헌법적으로 잠정적이라도 수인하기 어렵다는 것을 확인하고 나서, ⓒ 위헌인 법률을 잠정 적용하는 것이 단순위헌결정으로 말미암은 법적 공백과 혼란을 방지하기 위한 적절한 수단임을 헌법적으로 충분히 논증하여야 한다.

③ 형벌에 관한 법률에 대한 헌법재판소의 헌법불합치결정

(ⅰ) 형벌에 관한 법률의 범위와 그에 대한 헌법불합치결정의 필요성

ⓐ 형벌에 관한 법률의 범위

헌법재판소법 제47조 제3항은 위헌으로 결정된 형벌에 관한 법률은 소급하여 그 효력을 상실한다고 규정한다. 죄형법정원칙 중 소급효금지원칙 때문에 위헌으로 결정된 형벌에 관한 법률은 해당 법률 적용을 받는 사람에게 유리한 때만 소급하고, 형사상 불이익한 결과를 가져오면 소급하지 않는다. 소급하여 효력이 상실되는 것은 문언 표현에 비추어 형사실체법에 국한되고 형사절차법은 포함되지 않는다. 보안처분에 관한 법률도 이러한 형사실체법에 속한다. 그래서 형사절차법은 헌법재판소법 제47조 제3항을 따라 예외적으로 소급하여 적용되지 않는다. 결국, 헌법재판소법 제47조 제3항이 적용되는 것은 당사자에게 형사상 불이익한 결과를 가져오는 형사실체법에 국한된다. 형벌에 관한 법률에 대한 헌법재판소의 헌법불합치결정은 헌법재판소법 제47조 제3항 적용을 일부 배제하여 결정이 있는 날부터 해당 법률이 소급하여 효력을 상실하지 않도록 하기 위한 것이다. 따라서 형벌에 관한 법률에 대한 헌법재판소의 헌법불합치결정에서는 헌법재판소법 제47조 제3항이 적용되는 법률이 문제 된다. 즉 형벌에 관한 법률에 대한 헌법재판소의 헌법불합치결정

에서는 당사자에게 형사상 불이익한 결과를 가져오는 형사실체법만이 문제 된다. 당사자에게 형사상 이익을 가져오는 형사실체법과 형사절차법은 일반 법률과 똑같이 취급되어 헌법재판소법 제47조 제2항이 적용된다. 따라서 이러한 법률에 대한 헌법불합치결정 허용 여부는 특별히 문제가 되지 않는다.

ⓑ 형벌에 관한 법률에 대한 헌법불합치결정이 필요한 영역

형벌에 관한 법률이 헌법에 어긋나면 헌법재판소는 이에 대해서 다른 법률처럼 단순위헌결정을 내리는 것이 원칙이다. 그러나 헌법재판소가 형벌에 관한 법률에 대해서 단순위헌결정을 내리면, 다른 법률과는 달리 위헌으로 결정된 형벌에 관한 법률은 소급하여 효력을 상실한다(헌법재판소법 제47조 제3항). 형벌에 관한 법률이 소급하여 효력을 상실하는 시점은 그 법률과 헌법이 충돌한 때이다. 따라서 위헌으로 결정된 법률은 원시적 위헌이면 법률이 제정되거나 개정된 시점까지, 후발적 위헌이면 사정변경이 발생한 시점까지 소급하여 효력을 상실한다.

그러나 ㈎ 형사처벌 필요성이 헌법에서 명확하게 인정되지만, 범죄구성요건이 넓어서 형벌에 관한 법률이 헌법에 어긋날 때가 있을 수 있다. 구성요건이 넓을 때 헌법재판소는 구성요건의 적정한 범위를 확정할 수 있으면, 법률 일부에 대하여 단순위헌결정이나 한정위헌결정을 내려서 합헌상태를 회복할 수 있다. 합헌인 구성요건 범위를 정확하게 확정할 수 없다면 구성요건 부분 전체가 위헌이 되므로 헌법재판소는 법률에 대해서 단순위헌결정을 내릴 수밖에 없다. 그러나 이것은 형사처벌이 필요한 행위를 형사처벌할 수 없는 법적 공백상태를 일으키므로, 헌법재판소는 그 법률의 위헌성만을 확인하고 입법자가 위헌으로 확인된 법률을 개선하여 합헌상태를 회복하도록 할 필요성이 있다. 단순위헌결정은 입법자에게 어떠한 입법의무도 부과하지 않으므로, 헌법재판소는 이러한 때에 헌법불합치결정을 선고하여 입법자에게 법률개선의무를 부과하는 것을 진지하게 고민할 수밖에 없다.

그리고 ㈏ 형사처벌 필요성이 인정되고 범죄구성요건도 명확하고 적정하게 규정되었지만, 법정형이 너무 높아서 헌법에 합치하지 않을 때도 있을 수 있다. 이때 선택형이나 부가형을 제거하여 합헌상태를 회복할 수 있다면, 헌법재판소는 단순위헌결정을 내릴 수 있다. 그렇지 않다면 헌법재판소는 법정형 일부에 대해서 한정위헌결정을 내릴 수 있는지를 고민할 수 있다. 그러나 법정형이 위헌임을 확인할 수 있어도 어디까지 합헌인지를 확인하기가 쉽지 않은 것이 보통이다. 따라서 이때 헌법재판소는 입법자에게 위헌이 확인된 법률을 개선하도록 하는 헌법불합치결정을 내릴 수 있는지를 생각할 수밖에 없다.

㈐ 형사처벌 필요성이 인정되지만, 법률유보원칙에 위반하여 법률 자체가 아니라 하위법규범과 더불어 또는 하위법규범을 통해서 비로소 범죄구성요건과 법정형이 명확하고 적정하게 확정될 수 있을 때도 있을 것이다. 형벌에 관한 사항은 국민의 기본권을 직접 제약하므로 법률로써 규율하여야 한다(헌법 제37조 제2항). 그러나 특히 긴급한 필요가 있거나 미리 법률로써 자세히 정할 수 없는 부득이한 사정이 있으면 형법에 관한 사항도 위임할 수 있다. 이때도 법률에서 범죄의 구성요건은 처벌대상인 행위가 어떠한 것일지를 예측할 수 있을 정도로 구체적으로 정하고 형벌의 종류 및 그 상한과 폭을 명확하게 규정하여야 한다.[256] 따라서 이러한 한계를 벗어나 위임하면 헌법에 어긋나게 된다. 법률유보원칙 위반을 근거로 단순위헌결정을 하면, 입법자가 하위법규범의 내용을 법률에 다시 규정하여 법률을 개선할 때까지 형사처벌 공백이 발생한다. 이러한 공백이 헌법질서의 형성과 유지에 중대한 위험을 일으킬 수도 있다. 이때 헌법재판소는 헌법불합치결정을 내릴 필요성을 꼼꼼히 검토하여야 할 것이다.

또한, ㈑ 심판 대상인 형벌에 관한 법률 중 법정형에 관한 부분이 다른 범죄에 대한 법정형과 비교하여 과중하면 형벌의 체계적 균형을 상실하여 위헌일 때도 있을 수 있다. 심판 대상 범죄의 법정형을 관련 있는 다른 범죄의 법정형과 비교할 때 심판 대상 범죄의 법정형이 지나치게 과중하여 형벌의 체계적 균형이 무너졌으면 심판 대상 범죄나 비교 대상 범죄의 법정형을 조정하여 형벌의 체계적 균형을 회복하여야 비로소 합헌상태가 회복될 수 있다. 이때 합헌상태는 심판 대상 범죄의 법정형을 바꾸거나 비교 대상 범죄의 법정형을 바꾸거나 심판 대상 범죄와 비교 대상 범죄의 법정형을 함께 적절하게 바꿈으로써 회복될 수 있다. 그중 어느 방법을 선택할 것인지는 입법자의 재량사항이다. 따라서 이러한 때는 단순위헌결정이 아닌 헌법불합치결정이 헌법재판소가 선택할 수 있는 적합한 결정유형이 될 것이다.

그 밖에 ㈒ 형벌에 관한 법률이 규정한 형벌 자체가 헌법적으로 허용되지 않을 때도 있을 수 있다. 선택된 형벌의 종류 자체가 헌법적으로 허용되지 않아 헌법에 어긋나면 그 형벌 종류만 제거하여 나머지 형벌 종류만으로도 적절하게 형벌을 부과할 수 있다면, 헌법재판소는 단순위헌결정을 내리면 될 것이다. 그러나 법정형으로 정한 형벌이 헌법이 허용하지 않는 형벌뿐이어서 형벌을 부과할 수 없을 때도 있을 수 있다. 그리고 헌법적으로 허용되지 않는 형벌 이외의 나머지 형벌만으로는

---

256) 헌재 1991. 7. 8. 91헌가4등, 판례집 3, 336, 341.

적정한 형벌을 부과할 수 없거나 관련되는 다른 범죄의 법정형과 비교하여 형벌의 체계적 균형이 상실될 때도 있을 수 있다. 이러한 문제는 입법자가 형벌에 관한 법률을 개선하여야만 해결될 수 있다. 따라서 이때도 헌법재판소는 헌법불합치결정 선고 가능성을 살펴보아야 할 것이다.

때에 따라서 (ㅂ) 소급 시점을 제한할 필요가 있을 때도 있을 수 있다. 위헌으로 결정된 형벌에 관한 법률이 소급하는 시점은 헌법과 법률이 충돌한 때라서 형벌에 관한 법률에 대해서 단순위헌결정이 내려졌다고 하여도 언제나 법률이 제정되거나 개정된 때부터 당연히 효력을 상실하는 것이 아니다. 법률이 제정되거나 개정된 때는 정확하게 확정할 수 있지만, 사정변경으로 말미암아 합헌이었던 형벌에 관한 법률이 위헌이 되었다면 해당 법률이 언제부터 위헌이 되었는지를 확정하기는 쉽지 않다. 특히 이전에 합헌결정을 내렸던 형벌에 관한 법률에 대해서 헌법재판소가 견해를 바꾸어 위헌결정을 내리면[257] 소급하는 시점을 명확하게 확정하기 어렵다. 따라서 이러한 때는 헌법재판소가 사정변경 시점을 명확하게 밝힐 수 있는 예외적인 때를 제외하고는 입법자에게 헌법적 고려를 통해서 적정한 소급 시점을 확정하게 할 수밖에 없다. 이때 헌법재판소는 형벌에 관한 법률에 대해서 단순위헌결정이 아닌 헌법불합치결정을 내려 이러한 의무를 부과하는 것 이외에 다른 방법을 찾을 수 없는 것으로 보인다.

(ⅱ) 형벌에 관한 법률에 대한 헌법불합치결정의 현실적 필요성

한국은 헌법을 제정하고 나서 오랜 기간을 독재의 그늘 아래에 있었다. 독재 시절에는 헌법이 법으로 제대로 기능하지 못하고 단지 종잇조각에 불과하였다. 따라서 헌법을 기준으로 형벌에 관한 법률을 제·개정하기보다는 정권의 입맛에 맞는 형벌에 관한 법률이 수없이 양산되었다. 심지어 입법기관이 아닌 초헌법적 기관이 많은 법률을 제정하기까지 하였다.[258] 1987년까지 법률의 위헌성을 심사하는 국가기관이 유명무실하였을 뿐 아니라 일반 법원도 국민의 자유와 권리를 보장하기 위

---

257) 예를 들어 헌법재판소는 형법 제304조(1953. 9. 18. 법률 제293호로 제정되고, 1995. 12. 29. 법률 제5057호로 개정된 것) 중 "혼인을 빙자하여 음행의 상습없는 부녀를 기망하여 간음한 자"부분에 대해서 합헌결정을 내렸던 판례(헌재 2002. 10. 31. 99헌바40등, 판례집 14－2, 390)를 뒤집어 단순 위헌결정(헌재 2009. 11. 26. 2008헌바58등, 공보 158, 2157)을 내렸다.

258) 국가재건최고회의(1961년 5월 16일부터 1963년 12월 16일까지)는 1162건의 법률안을 접수하여 1015건을 가결하였고, 비상국무회의(1972년 10월 23일부터 1973년 3월 11일까지)는 280건의 법률안을 제출받아서 270건의 법률안을 통과시켰으며, 국가보위입법회의(1980년 10월 29일부터 1981년 3월 31일까지)는 제출된 189건의 법률안을 모두 가결하였다(이철호, 「한국헌정사에서 위헌적 입법기구가 헌법학에 미친 영향」, 『아·태공법연구』 제10집, 아세아태평양공법학회, 2002, 59~84쪽 참조).

해서 제대로 노력하지 않았고, 법률을 기계적으로 적용하는 모습을 자주 보였다. 심지어 일반 법원은 형벌에 관한 법률의 위헌성을 외면하고 적극적으로 그에 따라 판결을 내림으로써 독재체제를 공고히 하는 데 크게 이바지하기까지 하였다. 그래서 위헌성이 있는 형벌에 관한 법률은 아무런 (실질적) 통제 없이 오랜 기간 존속하면서 적용되었다. 1988년 헌법재판소가 설치되고 나서도 헌법재판소는 주로 형벌과 관련 없는 법률 통제에 주력하면서 곳곳에 산재한 위헌성이 의심되는 형벌에 관한 법률 제거에 적극적이지 않았다.259) 독재가 종식되고 나서 등장한 입법부와 집행부도 위헌성이 의심되는 형벌에 관한 법률을 정비하는 데 적극적인 노력을 기울이지 않았다. 게다가 현행 입법과정을 보면 입법절차가 충실하게 지켜지지 않는 때가 적지 않고 입법절차가 지켜져도 형식적으로 진행되는 때가 드물지 않다. 그리고 헌법에 맞게 법률을 제·개정하려고 하기보다는 신속과 효율을 중요한 기준으로 삼아 편의적으로 법률을 제·개정하는 때도 심심치 않게 볼 수 있다. 또한, 오랜 기간 숙고를 거쳐 법률을 제·개정하는 것이 아니라 드러난 문제를 그때그때 땜질식으로 긴급하게 해결하거나 여론을 맹목적으로 따르면서 졸속입법이나 여론입법에 이르는 예가 드물지 않게 나타난다. 그에 따라 특별형법이 오·남용되어 형법전보다 특별형법을 근거로 형벌을 부과하는 판결이 더 많은 것이 사법 현실이다. 그래서 형법전이 사실적 측면에서 형해화하여 형사처벌 근거를 찾기가 쉽지 않은 상황에까지 이르렀다. 게다가 입법과정을 통제할 수 있는 유효한 수단이 충분히 마련되지 않았고 그나마 있는 통제수단도 제대로 활용되지 않으면서 헌법재판소가 사실상 유일한 입법통제기관으로 남았다. 따라서 오랜 기간 계속 적용된 형벌에 관한 법률의 위헌성이 의심되는 때가 잦고, 현재도 그 위헌성이 제대로 심사되지 않으며, 위헌성이 의심되는 법률이 지금도 계속 양산될 위험이 도사린다. 이러한 상황에서 헌법재판소가 형벌에 관한 법률의 위헌성에 관한 문제를 단순위헌결정만으로 해결하는 것은 한계에 부딪힐 수밖에 없다. 따라서 한국의 헌법상황에서는 형벌에 관한 법률에 대한 헌법재판소의 헌법불합치결정이 현실적으로 절실히 요청될 수 있다. 즉 헌법불합치결정은 오랜 기간 적용된 형벌에 관한 위헌적 법률을 단순위헌결정을 통해서 소급하여 효력을 상실시킬 때 발생할 수 있는 법적 안정성의 일방적 붕괴에서 벗어나 법적 안정성과 실질적 정의 사이의 적절한 타협을 통하여 합리적인 해결을 모색할 길을 열어준다. 그리고 헌법불합치결정은 단순위헌결정을 통해서 제약될 수 있

---

259) 헌법재판소가 활동을 시작하고 나서 지금까지 변함없이 계속되는 국가보안법에 대한 소극적 태도가 대표적이다.

는 형벌에 관한 법률에 대한 입법자의 형성권을 존중하면서 단순위헌결정이 발생시킬 문제점을 합리적으로 해결할 가능성을 남겨둔다.

(ⅲ) 형벌에 관한 법률에 대한 헌법불합치결정 허용 가능성

형벌에 관한 법률에 대한 헌법불합치결정이 허용되는지는 그동안 헌법학계에서 단편적으로 논의되었을 뿐이다. 그러나 그러한 헌법불합치결정을 헌법재판소가 내리고 대법원이 이것을 따르지 않으면서 비로소 중요한 문제로 등장하였다. 하지만 아직 논의가 충분히 이루어졌다고 보기는 어렵다.

ⓐ 학설

㉮ 긍정설   형벌에 관한 법률을 단순히 위헌으로 결정할 때 중대한 법적 혼란이 발생한다면 헌법불합치결정이 선고될 수 있다는 견해가 있다.[260] 이 견해는 위헌으로 결정된 형벌에 관한 법률의 효력을 형벌에 관한 법률과 헌법이 충돌하는 시점까지 소급하여 상실시키고 재심청구를 폭넓게 허용하여 정의는 철저하게 확보할 수 있지만, 이때 법적 안정성 파괴는 상상을 불허하므로, 이론과 현실의 절충이나 타협을 모색하여야 한다고 한다. 그리고 개선입법에서는 헌법불합치로 결정된 법률보다 범죄의 구성요건을 엄격하게 규정하거나 형량을 완화하여 규정할 것이므로, 형벌불소급원칙에 어긋나지 않는다고 한다. 위헌성이 제거된, 따라서 처벌의 구성요건이나 효과 측면에서 행위자에게 유리한 형벌규정의 소급 적용은 형벌불소급원칙에 어긋나지 않고, 형벌규정이 위헌으로 선언되면 재심 청구를 가능하게 하는 헌법재판소법 제47조 제3항과 제4항 형벌규정의 위헌성을 확인하는 헌법불합치결정에 준용할 수 있으므로 형벌규정에 대한 헌법불합치결정은 가부 문제가 아니라 헌법불합치결정을 정당화할 만한 특별한 사정이 있는지에 관한 문제라는 견해도 있다.[261]

그리고 형벌에 관한 법률은 위헌으로 결정되어야 하는데, 이때의 위헌결정에는 법률 전부나 일부의 단순위헌결정은 물론 헌법재판소법 제47조 제1항이 정한 위헌결정의 일종인 헌법불합치결정도 포함된다는 견해도 있다.[262]

또한, 구 헌법재판소법 제47조 제2항을 제한적으로 변형해석을 하여 원칙적인

---

[260] 남복현, 「헌법재판소 결정의 효력에 관한 쟁점 및 해결방안」, 문광삼/남복현/전정환, 『헌법재판소 결정의 효력에 관한 연구』(헌법재판연구 제7권), 헌법재판소, 1996, 379~381쪽; 같은 사람, 「헌법불합치결정을 둘러싼 법적 쟁점의 검토 – 실체적 형법법규를 중심으로 –」, 『헌법실무연구』 제10권, 박영사, 2009, 487~488쪽.

[261] 한수웅/정태호/김하열/정문식(정태호 집필), 『주석 헌법재판소법』, 헌법재판소 헌법재판연구원, 2015, 541쪽.

[262] 황우여, 「위헌결정의 효력」, 『헌법재판의 이론과 실제』(금랑 김철수교수 화갑기념 논문집), 박영사, 1993, 329쪽.

즉시효(장래효)와 예외적인 소급효를 그대로 인정하고, 다만 형벌과 관련 없는 법률의 미래무효와 형벌에 관한 법률의 즉시효(장래효)(미래무효를 포함)를 헌법재판소가 정할 수 있는 것으로 해석하는 것이 타당하다는 견해도 있다.[263)

그 밖에 형벌에 관한 법률이 위헌결정을 받으면 소급하여 효력을 상실하는데(헌법재판소법 제47조 제3항 본문), 형벌조항에 대해서 헌법불합치결정을 선고하고 나서 계속 적용하게 허용하는 것은 위헌법률에 따른 형사처벌을 허용하는 것이므로 법치국가적으로 문제 있다고 하면서, 형사법규에 대해서 적용 중지 헌법불합치결정은 허용되나, 계속 적용 헌법불합치결정은 허용되지 않는다는 견해도 있다.[264)

(나) **부정설**   어떠한 법률조항이 형사처벌 근거조항이 되거나 형사처벌조항일 때, 그 규정이 위헌이면 바로 위헌선언을 해야지 헌법불합치결정은 적합하지 않다는 견해가 있다.[265) 형벌에 관한 법률에 대해서 위헌결정을 하면 그 조항은 법률 제정 당시부터 소급하여 효력을 상실하는데, 헌법불합치결정은 법률의 효력 상실을 일정 기간 유예하는 데 본질적 의의가 있어서, 위헌인 형벌에 관한 법률을 소급하여 효력을 상실시키는 것이 실질적 정의에 합치되고, 이때는 법적 안정성이라는 법 이념이 후퇴할 수밖에 없기 때문이라고 한다.

그리고 ㉠ 헌법재판소법 제47조 제3항과 제75조는 형벌에 관한 법률에 대한 위헌결정의 전면적 소급효를 명시적으로 규정하고, 해당 법률을 처벌근거법률로 적용하여 이미 확정된 유죄판결에 대해서까지도 일반적으로 재심을 청구할 수 있으므로(헌법재판소법 제47조 제4항과 제75조), 위헌결정의 전면적인 소급효가 미치는 형사사건에서 법원은 이미 헌법불합치결정을 받은 법률 규정을 더는 피고인에 대한 형벌조항으로 적용할 수 없고, ㉡ 헌법불합치결정으로 말미암아 사후적으로 개정된 개선입법을 그 시행 이전에 종료한 행위에 대한 처벌근거법률로 소급 적용하는 것은 헌법 제12조 제1항, 제13조 제1항에 규정된 형벌불소급원칙에 어긋난다고 하면서 형벌에 관한 법률에 대한 헌법불합치결정을 부정하는 견해도 있다.[266)

---

263) 이헌환, 「위헌결정의 방식에 관한 연구」, 『헌법재판의 이론과 실제』(금랑 김철수교수 화갑기념 논문집), 박영사, 1993, 290~291쪽.
264) 김하열, 『헌법소송법(제3판)』, 박영사, 2018, 388쪽; 김학성, 『헌법학원론(전정2판)』, 피앤씨미디어, 2018, 1178~1179쪽; 김현철, 「한정위헌결정과 한정합헌·헌법불합치결정과의 관계」, 『법학논총』 제29집 제2호, 전남대학교 법학연구소, 2009, 305쪽; 같은 사람, 『판례 헌법소송법(제4판)』, 전남대학교출판부, 2016, 201쪽; 홍성방, 『헌법소송법』, 박영사, 2015, 134~135쪽.
265) 방승주, 「헌법불합치결정의 문제점과 그 개선방안」, 『헌법학연구』 제13권 제3호, 한국헌법학회, 2007, 71쪽.
266) 김시철, 「형벌조항에 대한 헌법불합치결정」, 『사법』 제8호, 사법발전재단, 2009, 189~210쪽.

또한, 국가가 형벌권을 발동할 수 있게 하고 국민의 형사처벌과 관련이 있는 법률조항이 위헌이면 헌법불합치결정을 자제하고 원칙적으로 단순위헌결정을 선고하여야 한다는 견해도 있다.267) 이 견해는 법적 안정성이 헌법불합치결정을 하는 주된 이유 가운데 하나이나, 국가 형벌권 발동과 관련되면 법적 안정성보다는 실체적 진실 발견과 구체적 정의 실현이 더 우선되어야 하는데, 헌법재판소법 제47조 제3항에서 위헌으로 결정된 형벌에 관한 법률의 직접 소급효를 인정하는 것은 법적 안정성 요청보다 구체적 정의 실현 요청을 우선하는 것으로 파악할 수 있으므로, 국가의 형벌권 발동이나 국민의 형사처벌과 관련되는 법률이 위헌적 요소를 내포하면 헌법재판소는 구체적 정의의 요청 때문에 단순위헌결정을 선고하여야 하고, 입법적 고려 등이 요청되어 단순위헌결정이 곤란하다면 헌법불합치결정보다는 한정위헌결정을 하는 것이 타당하다고 한다.

ⓑ 판례

㈎ 헌법재판소   헌법재판소는 형벌에 관한 법률조항에 대하여 헌법불합치결정을 내리면서268) 새로운 근거를 제시하거나 특별한 설명을 하지는 않았다.

㈏ 법원   대법원은 적용 중지 헌법불합치결정이 내려진 법률조항269)뿐 아니

---

267) 박진우, 「헌법불합치결정에 대한 비판적 검토」, 『법학연구』 제35집, 한국법학회, 2009, 10~11쪽.
268) ① 학교보건법 제6조 제1항 제2호 등 위헌제청사건에서 학교보건법 제6조와 제1항 본문 제2호는 같은 법 제19조와 결합하여 형벌에 관한 법률조항을 이루는데, 헌법재판소는 이 조항에 대해서 헌법불합치결정을 내리고 법원 기타 국가기관 및 지방자치단체는 입법자가 개정할 때까지 이 조항 적용을 중지하도록 하였다(헌재 2004. 5. 27. 2003헌가1등, 판례집 16-1, 670). ② 영화진흥법 제21조 제3항 제5호 등 위헌제청사건에서 영화 및 비디오물 진흥에 관한 법률 제94조의 구성요건으로 작용하는 같은 법 제29조 제2항 제5호에 대해서 헌법재판소는 헌법불합치결정을 내리면서 2009년 12월 31일을 시한으로 입법자가 개정할 때까지 계속 적용하도록 하였다(헌재 2008. 7. 31. 2007헌가4, 판례집 20-2상, 20). ③ 의료법 제19조의2 제2항 위헌 확인 등 사건에서 의료법 제88조와 결합하여 형벌에 관한 법률조항으로 기능하는 같은 법 제20조 제2항에 대해서 헌법재판소는 헌법에 합치하지 않는다고 하면서 2009년 12월 31일을 시한으로 입법자가 개선할 때까지 계속 적용되도록 하였다(헌재 2008. 7. 31. 2004헌마1010등, 판례집 20-2상, 236). ④ 집회 및 시위에 관한 법률 제10조 등 위헌제청사건에서 집회 및 시위에 관한 법률 제23조 제1호의 구성요건인 같은 법 제10조 중 "옥외집회" 부분에 대해서 헌법재판소는 헌법에 합치하지 아니한다고 하면서 2010년 6월 30일을 시한으로 입법자가 개정할 때까지 계속 적용된다고 하였다(헌재 2009. 9. 24. 2008헌가25, 판례집 21-2상, 427).
269) 대법원 2009. 1. 15. 선고 2004도7111 판결(공2009상, 174): "법원이 헌법 제107조 제1항 등에 근거하여 법률의 위헌 여부의 심판제청을 하는 것은 그 전제가 된 당해 사건에서 위헌으로 결정된 법률조항을 적용하지 않으려는 데에 그 목적이 있다는 점과 헌법재판소법 제45조, 제47조의 규정 취지에 비추어 볼 때, 위와 같은 헌법재판소의 헌법불합치결정은 당해 사건인 이 사건에 적용되는 법률조항에 대한 위헌결정에 해당하는 것이다. 한편, 구법 제19조는 당사자의 행위가 구법 제6조 제1항의 규정에 위반한 것을 구성요건으로 삼고 있으므로 구법 제6조 제1항 본문 제2호는 구법 제19조와 결합하여 형벌에 관한 법률조항을 이루는 것이라고 볼 수 있는바, 형벌에 관한 법률조항에 대하여 위헌결정이 선고되는 경우 그 법률조항의 효력이 소급하여 상실되고, 당해 사건뿐만 아니라 위헌으

라 계속 적용 헌법불합치결정270)이 내려진 법률조항에서도 형벌조항에 대한 헌법불합치결정을 단순위헌결정으로 보고 해당 재판에서 해당 법률조항을 적용하지 않고 무죄판결을 내렸다.

ⓒ 사견

㈎ 헌법불합치결정은 법률의 위헌성을 확인하는 헌법재판소 결정이라는 점에서 위헌결정이라는 점을 부정할 수 없다. 하지만 위헌결정에 속하는 헌법재판소 결정은 헌법재판소가 실제 내리는 것만도 단순위헌결정, 헌법불합치결정, 한정위헌결정과 한정합헌결정이 있다. 여기서 단순위헌결정, 헌법불합치결정, 한정위헌결정과 한정합헌결정은 선고요건과 법적 효과가 서로 명확하게 구별되는 별개의 결정유형이

로 선언된 형벌조항에 근거한 기존의 모든 유죄확정판결에 대해서까지 전면적으로 재심이 허용된다는 헌법재판소법 제47조 제2항 단서, 제3항의 규정에 비추어 볼 때, 위와 같이 헌법불합치결정의 전면적인 소급효가 미치는 형사사건에서 법원은 헌법에 합치되지 않는다고 선언된 구법 제6조 제1항 본문 제2호를 더 이상 피고인에 대한 처벌법규로 적용할 수 없다. 또한, 구법 제6조 제1항 본문 제2호에 대하여 헌법불합치결정이 선고된 이후에 2005. 3. 24. 법률 제7396호로 개정된 학교보건법 제6조 제1항 본문 제2호의2 등은 피고인이 공소사실 기재와 같은 행위를 한 다음에 입법화된 것임이 분명하므로, 이미 헌법에 합치되지 않는다고 선언된 구법을 토대로 하여 개정된 법률조항을 소급적용하여 피고인을 처벌하는 것은 헌법 제12조 제1항 및 제13조 제1항의 명문규정에 위배되어 허용될 수 없는 것이다(헌법재판소 1989. 7. 14. 선고 89헌가5 등 결정, 헌법재판소 1996. 2. 16. 선고 96헌가2 등 결정 참조)."

270) 대법원 2011. 6. 23. 선고 2008도7562 전원합의체 판결(공2011하, 1487): "헌법재판소의 헌법불합치결정은 헌법과 헌법재판소법이 규정하고 있지 않은 변형된 형태이지만 법률조항에 대한 위헌결정에 해당하고[대법원 2009. 1. 15. 선고 2004도7111 판결, 헌법재판소 2004. 5. 27. 선고 2003헌가1, 2004헌가4(병합) 전원재판부 결정 등 참조], 집시법 제23조 제1호는 집회 주최자가 집시법 제10조 본문을 위반할 것을 구성요건으로 삼고 있어 집시법 제10조 본문은 집시법 제23조 제1호와 결합하여 형벌에 관한 법률조항을 이루게 되므로, 집시법의 위 조항들(이하 '이 사건 법률조항'이라 한다)에 대하여 선고된 이 사건 헌법불합치결정은 형벌에 관한 법률조항에 대한 위헌결정이라 할 것이다. 그리고 헌법재판소법 제47조 제2항 단서는 형벌에 관한 법률조항에 대하여 위헌결정이 선고된 경우 그 조항이 소급하여 효력을 상실한다고 규정하고 있으므로, 형벌에 관한 법률조항이 소급하여 효력을 상실한 경우에 당해 조항을 적용하여 공소가 제기된 피고사건은 범죄로 되지 아니한 때에 해당한다 할 것이고, 법원은 그 피고사건에 대하여 형사소송법 제325조 전단에 따라 무죄를 선고하여야 한다(대법원 1992. 5. 8. 선고 91도2825 판결, 대법원 2010. 12. 16. 선고 2010도5986 전원합의체 판결 등 참조). 또한 헌법 제111조 제1항과 헌법재판소법 제45조 본문에 의하면 헌법재판소는 법률 또는 법률조항의 위헌 여부만을 심판·결정할 수 있으므로, 형벌에 관한 법률조항이 위헌으로 결정된 이상 그 조항은 헌법재판소법 제47조 제2항 단서에 정해진 대로 효력이 상실된다 할 것이다. 그러므로 헌법재판소가 이 사건 헌법불합치결정의 주문에서 이 사건 법률조항이 개정될 때까지 계속 적용되고, 이유 중 결론에서 개정시한까지 개선입법이 이루어지지 않는 경우 그 다음날부터 이 사건 법률조항이 효력을 상실하도록 하였더라도, 이 사건 헌법불합치결정을 위헌결정으로 보는 이상 이와 달리 해석할 여지가 없다. 따라서 이 사건 헌법불합치결정에 의하여 헌법에 합치되지 아니한다고 선언되고 그 결정에서 정한 개정시한까지 법률 개정이 이루어지지 않은 이 사건 법률조항은 소급하여 그 효력을 상실한다 할 것이므로 이 사건 법률조항을 적용하여 공소가 제기된 야간옥외집회 주최의 피고사건에 대하여 형사소송법 제325조 전단에 따라 무죄가 선고되어야 할 것이다."

고, 서로 대체할 수도 없다. 헌법재판소가 분명하게 구별하여 여러 결정유형 중 하나를 선택하는 것은 엄격한 헌법적 정당화에 바탕을 둔 것이므로 서로 철저하게 구별되어야 한다. 특히 헌법재판소가 내린 모든 법률의 위헌결정은 법원, 그 밖의 국가기관과 지방자치단체를 기속한다(기속력: 헌법재판소법 제47조 제1항, 제75조 제6항). 따라서 법원이 변형결정(헌법불합치결정, 한정위헌결정과 한정합헌결정)을 마음대로 단순위헌결정으로 취급할 수 없다.

(나) 헌법불합치결정은 헌법재판소법 제47조 제2항과 제3항에 따른, 위헌으로 결정된 법률의 효력을 제약하려는 것이다. 이러한 헌법불합치결정은 헌법재판소법 제47조 제2항과 제3항에 명백히 어긋나는 헌법재판소 결정이다. 하지만 헌법불합치결정은 헌법적 정당화를 통해서 허용된다. 즉 헌법불합치결정은 헌법을 해석하여 법률조항의 예외를 인정한 예이다. 따라서 형벌에 관한 법률에 대한 헌법재판소의 헌법불합치결정이 허용되는지는 헌법재판소법 해석이 아니라 헌법 해석에 따라 결정하여야 한다.

(다) 지금까지 내려졌던 헌법불합치결정 대부분은 헌법재판소법 제47조 제2항에 따라 위헌으로 결정된 법률이 결정이 있는 날부터 효력을 상실하는 것(즉시효)을 피하기 위한 것이다. 그러나 위헌으로 결정된 형벌에 관한 법률은 헌법재판소법 제47조 제3항에 따라 소급하여 효력을 상실한다. 위헌으로 확인된 형벌과 관련 없는 법률의 즉시효가 제약될 필요성이 있는 것처럼 위헌으로 확인된 형벌에 관한 법률의 소급효도 제약될 필요성이 있을 수 있다. 즉 헌법재판소법 제47조 제2항이 원칙인 것처럼 같은 조 제3항도 원칙이므로, 본문처럼 단서에도 예외가 인정될 수 있다. 헌법불합치결정이 단순위헌결정이 일으키는 문제점을 해결하기 위한 것이라는 점에 비추어 보면, 즉시효인지 소급효인지가 문제가 되는 것이 아니라 단순위헌결정이 문제를 일으키는지와 그 문제를 헌법불합치결정이 해결할 수 있는지가 중요하다. 특히 불합치선언이라는 결정유형을 처음 창조한 독일 연방헌법재판소는 무효선언에 따른 위헌법률의 원시적 당연무효가 일으키는 문제점을 해결하고자 불합치선언을 도입하였다는 점을 잊지 말아야 한다.

(라) 법치국가원리의 양대 이념은 법적 안정성과 실질적 정의이다. 따라서 법치국가는 법적 안정성과 실질적 정의의 조화를 생명으로 한다. 그래서 국가는 서로 대립하는 법적 안정성과 실질적 정의를 조화시키기 위해서 진지한 노력을 하여야 하는 때가 잦다. 그러나 헌법은 법적 안정성과 실질적 정의를 어떻게 조화시킬 것인지에 관해서 결정하지 않았다. 따라서 먼저 입법자가 구체적 상황에 맞추어 법적

안정성과 실질적 정의를 조화시키는 법률을 제정하여야 한다. 입법자는 위헌성이 확인된 법률의 효력 문제와 관련하여 헌법재판소법 제47조 제2항은 법적 안정성을 중시하는 해결방법을, 같은 조 제3항은 실질적 정의를 중시하는 해결방법을 각각 선택하였다. 헌법 안에서 법적 안정성과 실질적 정의는 서로에게 절대적 우위가 있지 아니하고, 개별 상황에 따라 상대적 우위를 획득하는 것에 그친다. 이러한 상대적 우위는 구체적 상황에 따라 수시로 바뀔 수 있다. 따라서 법적 안정성에 상대적 우위를 부여하는 헌법재판소법 제47조 제2항이 때에 따라 배제될 수 있는 것처럼 실질적 정의에 상대적 우위를 부여하는 헌법재판소법 제47조 제3항도 제한될 수 있다고 보아야 할 것이다.

㈐ 헌법재판소법 제47조 제3항의 실질적 정의 중시는 헌법적 결단이 아니라 법률적 결단일 뿐이다. 즉 위헌으로 결정된 형벌에 관한 법률의 효력이 상실되는 시점을 어떻게 정할 것인지는 헌법적합성 문제가 아니라 입법정책 문제에 불과하다. 그러나 헌법은 법률보다 우위에 있다(헌법 우위). 따라서 헌법재판소법 제47조 제3항의 실질적 정의 중시를 배척할 만한 헌법적 근거를 제시할 수 있다면, 헌법재판소법 제47조 제3항은 적용되지 않을 수 있다. 헌법재판소법 제47조 제3항은 법률로서 헌법에 합치하는 범위 안에서만 효력이 있기 때문이다.

㈑ 헌법 제12조 제1항 제2문 후단과 제13조 제1항 전단에서 규정한 죄형법정원칙과 형벌불소급원칙의 근본 뜻은 형벌에 관한 법률은 허용된 행위와 금지된 행위의 경계를 명확히 설정하여 어떠한 행위가 금지되고, 그에 위반하면 어떠한 형벌이 정해져 있는지를 미리 개인에게 알려 자기 행위를 그에 맞출 수 있도록 하자는데 있다.[271] 이것은 소급적인 범죄구성요건 제정과 소급적인 형벌 가중을 엄격히 금지하는 취지이지 범죄구성요건이 소급하여 축소되거나 형벌을 소급하여 완화하는 것까지 금지하는 취지는 아니다. 따라서 개선된 법률이 위헌으로 확인된 종래 법률보다 구성요건을 축소하거나 형벌을 완화하면 죄형법정원칙이나 형벌불소급원칙에 위반되지 않는다. 특히 소급하여 구성요건을 축소하거나[272] 형벌을 완화하더라도 헌법불합치로 결정된 법률이 그러한 내용, 즉 그러한 행위가 형사처벌을 통해서 금지된다는 것을 그 행위 이전에 이미 알렸으므로, 당사자의 예측 가능성이 보

---

271) 헌재 1996. 2. 16. 96헌가2, 판례집 8-1, 51, 82-83.
272) 개선된 법률이 구성요건을 축소하여도 당사자의 행위가 그 구성요건에 여전히 포섭된다면 당사자에게 유리하지 않은 소급입법이라는 비판이 있을 수 있다. 그러나 이때 개선된 법률은 당사자에게 불리하지도 않으므로 소급효금지원칙에 저촉되지 않는다.

장된다는 점에 주목하여야 한다. 만약 개선된 법률이 종래 법률에 비해서 구성요건을 확대하거나 형벌을 강화하여 그 효력이 발생할 때 이전 행위에 대한 소급 적용이 문제 되면, 이것은 개선된 해당 법률의 위헌성 문제일 뿐이고, 종래 형벌에 관한 법률에 대한 헌법불합치결정의 허용성 문제는 아니다.

(사) 형벌에 관한 법률의 위헌성이 확인되고 나서도 이것을 적용하면 실질적 정의에 어긋난다는 점은 부정할 수 없지만, 어떠한 행위에 대한 처벌 필요성이 절실히 요구되는데도 입법자가 처벌 근거가 되는 법률을 잘못 만들어서 그 행위를 한 사람을 처벌하지 못하는 것도 실질적 정의에 어긋날 수 있다. 즉 형벌에 관한 법률의 효력을 상실시켜서 처벌이 필요한 행위를 한 사람을 처벌하지 못하도록 하는 것이 언제나 실질적 정의에 들어맞는다고 볼 수는 없다. 형벌에 관한 법률의 효력을 즉시 상실시키는 것이 오히려 실질적 정의에 어긋나면 단순위헌결정을 내리기 곤란하다.

결론적으로 형벌에 관한 법률에 대한 헌법재판소의 헌법불합치결정을 부정할 만한 의미 있는 근거를 찾기 어렵다. 그리고 헌법재판소가 헌법불합치결정을 내릴 때 형벌에 관한 법률을 다른 법률과 차별할 합리적 근거도 없는 것으로 보인다. 따라서 위헌성이 확인된 대상이 형벌에 관한 법률인 점은 헌법재판소의 헌법불합치결정을 부정할 이유가 되지 못한다. 결국, 다른 법률에 대한 헌법불합치결정처럼 형벌에 관한 법률에 대한 헌법불합치결정을 헌법적으로 정당화할 수 있는지가 문제된다. 즉 헌법적 정당화가 가능하다면 헌법재판소는 형벌에 관한 법률에 대해서도 헌법불합치결정을 내릴 수 있다. 따라서 헌법을 바탕으로 형벌에 관한 법률에 대한 헌법불합치결정을 허용하는 구체적인 요건을 찾아보아야 한다.

(ⅳ) 형벌에 관한 법률에 대한 헌법불합치결정의 허용요건

ⓐ 형벌에 관한 법률에 대한 헌법불합치결정을 정당화하는 구체적 요건

형벌은 공동생활의 질서유지를 위해서 불가피할 때만 필요성이 인정된다. 즉 국가공동체의 중대한 기본가치를 침해하는 일정한 행위를 민법의 손해배상이나 행정법의 행정벌로 통제할 수 없을 때 비로소 형벌로 그 행위를 금지하여 통제할 수 있다. 따라서 처벌 필요성이 있는 행위를 형벌로 처벌하는 법률에 대해서 헌법재판소가 단순위헌결정을 내리면 그 행위를 형벌로 통제할 수 없는 법적 공백상태가 발생할 수 있다. 이러한 점에서 단순위헌결정이 법적 공백이나 혼란을 일으킬 우려가 있을 때를 형벌에 관한 법률에 대한 헌법불합치결정을 정당화하는 사유로 볼 수 있다. 그러나 기본권을 직접 중대하게 침해하는 형벌에 관한 법률의 위헌성이 확인되

어도 이것을 계속 적용하는 것은 죄형법정원칙 중 적정성원칙에 어긋나므로 헌법적
으로 수인하기 어렵다. 수혜적 법률이 평등원칙에 위반되면 해당 법률 적용이 배제
된다. 그렇지만 형벌에 관한 법률이 수혜적 법률이 아님은 의문이 없으므로, 수혜
적 법률이 평등원칙에 위반되는 때는 형벌에 관한 법률에 대한 헌법불합치결정을
정당화하는 사유가 될 수는 없다. 그러나 형벌에 관한 법률의 효력 상실이 언제부
터 발생하는지에 따라 형사처벌을 받지 않는 사람의 범위가 결정되어 사람들 사이
의 차별을 일으킨다는 점에서는 형벌에 관한 법률이 수혜적 법률과 비슷한 모습을
띠기도 한다. 이러한 점에서 형벌에 관한 법률에 대해서 헌법불합치결정을 내릴 수
있을 때는 법적 공백이나 혼란을 일으킬 우려가 있을 때이지만, 수혜적 법률과 비
슷한 모습을 띠고 해당 법률 적용을 배제하여야 하므로, 정당화요건을 수정하여 구
체화할 필요가 있다.

헌법재판소가 형벌에 관한 법률에 대해서 헌법불합치결정을 내리려면 먼저 ㉮
해당 법률이 형벌에 관한 것임을 밝혀야 한다. 해당 법률이 형벌에 관한 것일 때만
헌법재판소법 제47조 제3항이 적용되기 때문이다. 형벌에 관한 것은 형벌에 국한하
는 것이 아니라 구성요건에 관한 것도 당연히 포함한다. 그리고 ㉯ 해당 법률의 위
헌성이 명확하게 확인되어야 한다. 헌법불합치결정도 위헌결정의 일종이기 때문이
다. ㉰ 해당 법률이 일으킨 위헌상태를 합헌상태로 회복시킬 다양한 적극적 수단이
헌법적으로 인정되어야 한다. 그렇지 않다면 헌법재판소는 단순위헌결정이나 한정
위헌결정에 따른 위헌법률의 효력 상실을 통해서 합헌상태를 바로 회복할 수 있기
때문이다. 이때 다양한 수단 중에서 무엇을 선택할 것인지는 헌법재판소가 아닌 입
법자의 몫이므로 헌법불합치결정이 필요하다. 또한, ㉱ 공동생활의 질서를 유지하
기 위해서 문제가 된 행위를 형벌로 통제할 절실한 필요성이 헌법적으로 인정되어
야 한다. 기존의 다른 형벌, 민법의 손해배상이나 행정법의 행정벌 등을 통해서 공
동생활의 질서를 유지하는 데 큰 문제가 없다면 굳이 헌법불합치결정을 할 이유가
없기 때문이다. 특히 특별형법에 대해서 단순위헌결정을 내려도 일반형법이나 다른
특별형법에 따라 문제 되는 행위가 형벌로 무리 없이 통제되는 때가 아니어야 한
다. ㉲ 단순위헌결정을 통해서 위헌성이 확인된 형벌에 관한 법률을 소급하여 효력
을 상실시키는 것은 해당 법률이 형사처벌하는 행위를 하는 사람을 실질적 정의에
어긋나게 우대하여 수인하기 어려운 법상태를 일으킨다는 점도 헌법적으로 충분히
논증되어야 한다. 이러한 법상태가 발생하지 않는다면, 입법자의 선택에 따라 해당
법률이 효력 상실로 바뀐 법적 상태를 계속 유지하거나 새롭게 형성할 수 있기 때

문이다. ㈐ 형벌에 관한 법률에 대한 단순위헌결정에 따라 입법자가 소급하여 자기 의사에 맞출 수 없는, 돌이킬 수 없는 법적 상황이 발생하는지는 별도로 검토할 필 요는 없다. 헌법재판소가 형벌에 관한 법률에 대해서 단순위헌결정을 내리면, 해당 법률은 소급하여 효력을 상실하게 되는데(헌법재판소법 제47조 제3항), 해당 사건을 비롯한 이미 완성된 행위에 대한 처벌근거를 마련하는 새로운 법률이 죄형법정원칙 중 소급효금지원칙에 따라 허용되지 않기 때문이다.

ⓑ 형벌에 관한 법률에 대한 적용 중지 헌법불합치결정의 예외적 허용 가능성

헌법은 제12조 제1항 후단과 제13조 제1항 전단은 죄형법정원칙을 천명하였다. 형법 제1조 제1항은 죄형법정원칙을 구체화한다. 현대적 의미의 죄형법정원칙은 법 치국가원리에 근거를 둔다. 즉 죄형법정원칙은 국가의 자의적인 형벌권 행사에서 국민의 기본권을 보장하고, 형법에 따른 개인의 기본권에 대한 국가 개입은 그 구 성요건의 범위와 법적 효과를 행위 이전의 법률에 규정하여 법적 안정성을 담보함 으로써 이에 대한 국민의 신뢰를 보호하는 것에 그 의의가 있다. 따라서 죄형법정 원칙은 국가의 자의에서 국민의 기본권을 보장할 뿐 아니라 어떠한 행위가 처벌되 는지에 관한 예측 가능성을 담보하여 국민의 기본권을 보장하는 기능도 있다.

죄형법정원칙을 법치국가원리의 파생원리로 이해하면 죄형법정원칙은 새로운 내용을 담는다. 법치국가원리는 법적 안정성을 요구하는 형식적 법치국가원리에 머무는 것이 아니라 실질적 법치국가원리에 따라 그 내용이 실질적 정의에 합치되 라고 요구하기 때문이다. '법률 없으면 범죄 없고 형벌 없다.'로 표현되는 죄형법정 원칙은 실질적 법치국가원리 때문에 '법률만 있으면 범죄 있고 형벌 있다.'라는 뜻 으로 이해될 수 없다. 즉 현대적 의미의 죄형법정원칙은 '적정한 법률 없으면 범죄 없고 형벌 없다.'를 의미한다. 따라서 죄형법정원칙은 ㈎ 관습형법금지원칙, ㈏ 소 급효금지원칙, ㈐ 명확성원칙, ㈑ 유추해석금지원칙뿐 아니라 ㈒ 적정성원칙도 내 용으로 한다. 이러한 점에서 현대적 의미의 죄형법정원칙은 법관의 자의에서 국민 의 기본권을 보호할 뿐 아니라 입법자의 자의에서도 국민의 자유를 보호하는 기능 도 있다. 헌법재판소도 "법률이 없으면 범죄도 없고 형벌도 없다."라는 말로 표현 되는 죄형법정원칙은 오로지 행위 이전에 제정된 '정의로운' 법률에 따라서만 그 행위가 범죄로 평가되어 처벌될 수 있다는 원칙이라고 하면서, 이것은 무엇이 처 벌되는 행위인지를 국민이 예측할 수 있는 형식으로 정하도록 하여 개인의 법적 안정성을 보호하고 성문의 형벌법규에 따른 실정법질서를 확립하여 국가형벌권의 자의적 행사에서 개인의 자유와 권리를 보장하려는 법치국가 형법의 기본원칙이라

고 한다.273)

헌법 우위 측면에서 적정한 법률은 헌법에 합치하는 법률을 뜻한다. 따라서 국
가 형벌권의 근거가 되는 법률은 죄형법정원칙에 따라 언제나 합헌인 법률이어야
한다. 그래서 위헌인 법률은 형벌의 근거가 될 수 없다. 오로지 헌법재판소만 법률
의 위헌성을 확인할 수 있다. 따라서 헌법재판소가 위헌인 형벌에 관한 법률의 위
헌성을 확인할 때 비로소 그 법률은 효력을 상실하여 형벌 근거가 될 수 없다. 이
때 헌법재판소는 위헌성이 확인된 형벌에 관한 법률의 효력이 즉시 상실되는 것을
피하고자 헌법불합치결정을 내릴 수 있다. 헌법재판소가 헌법불합치결정을 내리면
헌법불합치로 결정된 법률은 적용이 배제되는 것이 원칙이다. 그런데 헌법재판소
는 위헌성이 확인된 법률을 헌법불합치로 결정하면서 계속 적용을 명하는 때가 있
다.274) 그러나 형벌에 관한 법률이 위헌이라는 것은 적정한 법률이 없다는 것을 뜻
한다. 따라서 위헌인 형벌에 관한 법률을 계속 적용하는 것은 죄형법정원칙 중 적
정성원칙 위반으로 허용되지 않는다. 그리고 형벌에 관한 법률이 위헌인 것은 입법
자가 법률을 잘못 제·개정한 것인데, 이러한 법률을 계속 적용하는 것은 입법자의
잘못을 국민에게 전가하는 것에 불과하다. 그러나 이러한 책임 전가는 국가의 기본
권보장의무(헌법 제10조 제2문)275)에 어긋나서 허용되지 않는다. 또한, 헌법재판소의
헌법불합치결정에 따라 개선된 법률이 소급 적용되는 범위는 위헌결정에서 소급효
가 인정되는 범위와 같다.276) 따라서 형벌에 관한 법률에 대한 헌법불합치결정이
내려지고 나서 입법자가 개선한 법률은 헌법재판소법 제47조 제3항에 따라 헌법불
합치로 결정된 법률과 헌법이 충돌한 시점까지 소급한다. 그리고 이때 헌법재판소
가 헌법불합치로 결정한 형벌에 관한 법률에 근거한 유죄의 확정판결에 대해서 재
심을 청구할 수 있다(헌법재판소법 제47조 제3항). 그래서 헌법재판소가 위헌인 형벌
에 관한 법률에 대해서 계속 적용을 명하더라도 그 법률이 개선되었을 때 판결이
확정되지 않았다면 그때까지의 절차는 의미가 없게 되고, 판결이 확정되었다면 재
심을 통해서 그 판결은 뒤집힐 수 있다. 특히 구법을 적용하여 제1심 판결이 나오

---

273) 헌재 1991. 7. 8. 91헌가4, 판례집 3, 336, 340.
274) 헌재 2008. 7. 31. 2007헌가4, 판례집 20－2상, 20; 헌재 2008. 7. 31. 2004헌마1010등, 판례집 20－2
  상, 236; 헌재 2009. 9. 24. 2008헌가25, 공보 156, 1633.
275) 이에 관해서 자세한 검토는 허완중, 「기본적 인권을 확인하고 보장할 국가의 의무」, 『저스티스』제
  115호, 한국법학원, 2010. 2., 68~105쪽 참조.
276) 한수웅, 「헌법불합치결정의 소급효력」, 『판례월보』 제325호, 판례월보사, 1997. 10., 11~12쪽;
  BVerfGE 37, 217 (262) 참조.

고 나서 항소나 상고하여 아직 판결이 확정되지 않았다면 심급에 따라 적용 법률이 달라지는 문제가 발생한다. 그에 따라 심급제에 따른 당사자의 이익을 해칠 수 있고, 때에 따라서는 불필요한 형벌이 집행될 수도 있으며 형사보상청구권(헌법 제28조)이 문제 될 수도 있다. 그리고 과도기에 구법을 적용받는 사람과 개선된 신법의 적용을 받는 사람 사이의 차별 문제가 발생할 수 있다. 따라서 헌법재판소의 계속 적용 명령은 헌법불합치결정 선고 시점부터 법률이 개선될 때까지 위헌인 법률을 잠정 적용하여 기존 질서를 유지하는 것 이외에는 아무런 의미가 없다. 그러나 그것은 국가의 기본권보장의무와 형벌의 중대한 기본권 제약성에 비추어 보면, 특히 예외 없이 적용되는 죄형법정원칙의 특성을 고려하면 헌법적으로 정당화하기 어렵다. 결국, 헌법재판소가 형벌에 관한 법률에 대해서 헌법불합치결정을 내리면 해당 법률은 적용이 중지되어야 하고, 헌법재판소는 계속 적용 명령을 내릴 수 없다고 보아야 할 것이다.277) 즉 형벌에 관한 법률에 대해서 헌법불합치결정이 내려지면, 그때부터 입법자가 개선할 때까지 그 법률 적용은 배제되고, 입법자에게 헌법불합치로 결정된 법률을 개선할 의무가 부과된다. 해당 사건을 비롯하여 해당 법률이 적용되는 모든 사건은 절차가 중지되고, 해당 법률이 개선되고 나서 개선된 법률에 따라 절차가 재개되어야 한다. 이때 헌법불합치로 결정된 형벌에 관한 법률 적용이 배제됨에 따라 절차가 중단된다는 점에서 헌법재판소가 개정시한을 가능한 한 짧게 명시하는 것이 필요하고, 입법자는 되도록 신속하게 법률을 개선하여야 한다. 헌법불합치로 결정된 법률을 근거로 확정된 유죄판결에 대한 재심도 개선된 법률에 따라 결정되어야 한다. 즉 개선된 법률에 따라서도 여전히 같은 재판결과가 도출되면 재심이 허용되지 않는다.

　입법자는 법률을 개선할 때 죄형법정원칙 중 소급효금지원칙 때문에 범죄구성요건의 확대와 추가는 물론 형벌의 가중이나 추가도 금지된다. 물론 개선된 법률은 소급하여 적용되지 않는 범위 안에서는 범죄구성요건의 확대와 추가뿐 아니라 형벌의 가중이나 추가도 규정할 수 있다. 개선된 법률이 범죄구성요건을 축소하여 형사처벌 범위에서 제외된 행위에 대해서 법원은 절차를 재개하여 무죄판결을 내려야 하고, 이미 확정된 사건에 대해서는 재심을 허용하여야 한다. 개선된 법률이 범죄구성요건을 축소하여도 여전히 형사처벌 범위 안에 있는 행위에 대해서 법원은 당연히 절차를 재개하여 유죄판결을 내려야 하고, 이미 확정된 사건에 대해서는 재심

---

277) 같은 견해: 김현철, 「한정위헌결정과 한정합헌·헌법불합치결정과의 관계」, 『법학논총』 제29집 제2호, 전남대학교 법학연구소, 2009, 305쪽; 이준일, 『헌법학강의(제6판)』, 홍문사, 2015, 1064~1065쪽.

이 허용되지 않는다. 개선된 법률에 대해서 법정형이 조정되면 법원이 절차를 재개하여 개선된 법률에 따라 유죄판결을 내려야 하고, 조정된 법정형보다 더 높은 형벌이 확정된 판결에 대해서는 재심을 허용하여야 한다.

④ 명령·규칙에 대한 헌법불합치결정

(ⅰ) 명령·규칙에 대해서도 헌법불합치결정을 내리는 헌법재판소

규범통제 대상이 되는 헌법하위법규범은 법률에 국한되지 않고 규범적 효력이 헌법보다 하위에 있는 모든 법규범이다. 따라서 법률보다 규범적 효력이 하위인 명령·규칙도 당연히 헌법재판소 규범통제 대상이 될 수 있다. 그래서 헌법재판소는 명령·규칙에 대해서도 위헌결정을 내릴 수 있다. 그런데 헌법재판소는 위헌결정으로서 단순위헌결정 이외에 한정합헌결정과 한정위헌결정 그리고 헌법불합치결정도 내린다. 지금까지 헌법재판소는 법률이나 법률조항에 대해서만 헌법불합치결정을 선고하였다. 물론 헌법재판소는 법률조항에 대해서 헌법불합치결정을 선고하면서 이와 관련된 시행령 조항에 대해서도 헌법불합치결정을 선고한 적이 있었다.278) 그러나 헌법재판소는 두 사건에서 법률조항과 관계없이 오로지 명령에 대해서만 헌법불합치결정을 내렸다.279) 이와 관련하여 법률보다 하위법규범인 명령·규칙은 법률

---

278) 헌재 2001. 11. 29. 99헌마494, 판례집 13-2, 714, 730-732(재외동포법의 수혜대상에서 일정 범위의 사람들을 제외하는 재외동포법 제2조 제2호에 대하여 헌법불합치결정을 선고하면서, 위헌적인 내용을 직접 규정하는 재외동포법시행령 제3조 제2호에 대해서까지 헌법불합치결정을 선고한 사례); 헌재 2008. 11. 27. 2006헌마352, 판례집 20-2하, 367, 387(한국방송광고공사와 이로부터 출자를 받은 회사가 아니면, 지상파방송사업자에 대해서 방송광고 판매대행을 할 수 없도록 규정하는 구 방송법 제73조 제5항과 구 방송법시행령 제59조 제3항에 대하여 헌법불합치결정을 선고한 사례).

279) 헌재 2008. 5. 29. 2007헌마1105, 판례집 20-1하, 329; 헌재 2012. 5. 31. 2010헌마278, 판례집 24-1하, 626.
헌재 2008. 5. 29. 2007헌마1105, 판례집 20-1하, 329, 336 재판관 이강국, 재판관 김희옥, 재판관 민형기, 재판관 이동흡, 재판관 송두환의 헌법불합치 의견: "5급 공무원의 공채시험에서 응시연령의 상한을 제한하는 것이 전면적으로 허용되지 않는다고 보기는 어렵고, 정년제도의 틀 안에서 공무원 채용 및 공무수행의 효율성을 도모하는 데 필요한 최소한도의 제한은 허용된다고 할 것인바, 그 한계는 공무원정년제도와 인사정책 및 인력수급의 조절 등 여러 가지 입법정책을 고려하여 입법기관이 결정할 사항이라고 할 것이다. 따라서 이 사건 시행령조항에 대하여 헌법불합치결정을 선언하고, 그 위헌성을 제거하도록 촉구하여야 한다."
헌재 2012. 5. 31. 2010헌마278, 판례집 24-1하, 626, 642 재판관 이강국, 재판관 민형기, 재판관 목영준, 재판관 송두환, 재판관 이정미의 의견: "순경 공채시험, 소방사 등 채용시험, 소방간부 선발시험에서 응시연령의 상한을 제한하는 것이 전면적으로 허용되지 않는다고 단정하기 어렵고, 경찰 또는 소방공무원의 채용 및 공무수행의 효율성을 도모하여 국민의 생명과 재산을 보호하는 데 필요한 최소한도의 제한은 허용되어야 할 것인바, 그 한계는 경찰 및 소방업무의 특성 및 인사제도 그리고 인력수급 등의 상황을 고려하여 입법기관이 결정할 사항이라 할 것이다. 따라서 이 사건 심판대상 조항들에 대하여 헌법에 합치되지 아니한다는 결정을 선언하고, 그 위헌성을 제거하도록 촉구하여야 한다."

과 다른 법규범이어서 이에 대하여 헌법불합치결정을 내릴 수 없다는 비판이 제기될 수 있다. 특히 명령·규칙에 대한 헌법불합치결정은 본래 법률을 대상으로 고안된 헌법불합치결정의 본질 자체에 들어맞는 것인지에 관한 의문을 불러일으킨다.

(ⅱ) 명령·규칙과 법률의 비교

명령·규칙과 법률은 모두 헌법에 규정된 법규범이다. 명령·규칙과 법률은 먼저 그 제정근거와 제정권자가 헌법에 규정되어야 하고, 특정한 입법절차를 거쳐서 제정된다는 점에서는 같다. 그러나 명령·규칙은 법률보다 하위의 규범적 효력이 있다. 따라서 법률은 명령·규칙보다 먼저 해당 사항을 규율하고 심지어 명령·규칙이 이미 규율하는 사항도 규율할 수 있다. 하지만 명령·규칙은 법률이 위임한 사항이나 법률이 규율하지 않는 사항을 규율하거나 법률이 규율하는 사항을 더 자세하고 명확하게 규율한다. 따라서 명령·규칙의 규율내용은 법률의 규율내용보다 더 구체적이다. 이로 말미암아 법률은 명령·규칙이 규율하지 않거나 명령·규칙이 법률에 어긋나는지가 문제 될 때만 적용된다. 즉 명령·규칙은 법률보다 적용 우위는 있지만, 효력 우위는 없다. 그리고 법률은 국회가 독점적으로 제정하지만, 명령·규칙은 국회 자신은 물론 집행부와 사법부도 제정할 수 있다는 점에서 다르다. 또한, 법률은 국회와 정부의 협동작업을 통해서 제·개정되지만, 명령·규칙은 해당 국가기관 단독으로 제·개정할 수 있다는 점에서 차이가 있다. 그 밖에 법률은 헌법이 어긋나지 않는 범위에서 국회가 자유롭게 규율사항을 선택할 수 있어서 규율사항 제한이 없다. 하지만 명령·규칙의 규율사항은 제정권자의 권한 범위를 넘을 수 없다.

(ⅲ) 입법형성권과 명령·규칙에 대한 헌법불합치결정

헌법불합치결정의 원형인 적용 중지 헌법불합치결정은 법률의 입법자인 국회를 존중하기 위한 것이 아니라 국회의 '입법형성권'을 존중하기 위한 것이다. 즉 다양한 위헌성 제거 가능성이 있을 때 국회의 '선택 가능성'을 보장하려고 헌법재판소는 적용 중지 헌법불합치결정을 내린다. 따라서 입법형성권 주체가 반드시 국회일 필요는 없다고 볼 수 있다. 즉 입법형성권이 있다면 그 주체가 누구인지와 상관없이 적용 중지 헌법불합치결정을 내릴 수 있다고 볼 수도 있다. 그러나 국회가 아닌 국가기관이 입법권을 행사할 때 일정한 범위의 입법재량이 있다고 하더라도 헌법의 제1차적 해석자인 국회의 입법형성권과는 질적으로 다를 수밖에 없다. 국회는 헌법에 어긋나지 않는 한 어떠한 내용의 법률이라도 제정할 수 있다. 이러한 점에서 국회의 입법권은 창조적 성격이 있다. 그러나 다른 국가기관은 헌법과 법률이 위임하는 범위에서 자기 권한 안에서만 명령·규칙을 제정할 수 있다. 헌법과 법률의 내용을 구체화하거나 위임하는 내용에 관해서만 명령·규칙을 제정할 수 있어서 다른 국가기관의 입법권은 구속적이다. 따라서 명령·규칙에 관한 입법재량을 존중할 필요성도 그리 크지 않다. 그래서 명령·규칙에 대한 적용 중지 헌법불합치결정을 내릴 가능성도 희박할 수밖에 없다. 그에 비해서 계속 적용 헌법불합치결정은 입법형성권을 존중하기 위해서 내리는 것이 아니므로 입법형성권과 직접 관련성이 없다. 결론적으로 헌법불합치결정을 법률의 입법자인 '국회'의 입법형성권을 존중하기 위한 것이라고 단정하기는 어렵지만, 국회의 입법형성권과 다른 국가기관의 입법재량 사이의 질적 차이 때문에 헌법재판소가 명령·규칙에 대해서 적용 중지 헌법불합치결정을 내리기는 어렵다.

(iv) 위임명령 및 집행명령과 헌법불합치결정

명령·규칙과 관련하여 일반적으로 법규명령과 행정규칙이 구별된다. 법규명령은 행정기관이 헌법에 근거하여 국민의 권리·의무에 관한 사항을 규정하는 명령을 말한다. 여기서 법규는 그 내용이 일반적·추상적이어서 일반적 구속력이 있다는 뜻이다. 법규명령은 그 내용을 기준으로 위임명령과 집행명령으로 나뉜다. 위임명령은 헌법에 근거하고 법률 위임에 따라 발하는 명령을 말하고, 집행명령은 헌법에 근거하여 법률을 집행하는 데 필요한 세칙을 정하는 명령을 말한다. 강학상 분류를 따르면 명령과 규칙에 해당하는 법규범은 모두 법규명령에 속한다. 따라서 이러한 구별은 명령뿐 아니라 규칙에도 적용될 수 있다. 이때 법률뿐 아니라 대통령령도 위임근거가 될 수 있다는 점(헌법 제95조)을 주의하여야 한다.

위임명령에서는 특정 내용을 규정하도록 위임되는 것이 일반적이다. 물론 위임명령으로 직접 특정 내용을 규정하도록 하지 않는 때도 해석상 특정 내용을 위임명령으로 규정하여야 할 의무가 도출될 수도 있다. 집행명령과 관련하여서도 집행을 위해서 특정 내용을 집행명령으로 규정하여야 할 때가 있을 수 있다. 명령·규칙에서 법률이나 대통령령이 직접 특정 내용을 위임명령으로 규정하도록 하거나 이론의 여지 없는, 법률이나 대통령령의 해석을 따라서 특정 내용을 위임명령이나 집행명령으로 규정하여야 할 의무가 도출되면 굳이 명령·규칙에 대해서 헌법불합치결정을 하지 않더라도 단순위헌결정만으로도 당연히 입법자에게는 명령·규칙을 개선할 의무가 부과된다. 그리고 이러한 명령·규칙을 제정하지 않고서는 행정기관이 집행할 수 없게 되므로 명령·규칙의 입법자는 명령·규칙을 개선할 수밖에 없다. 이러한 점에서 명령·규칙의 입법자에게 명령·규칙을 개선할 의무를 부과하기 위해서 헌법불합치결정을 내릴 필요성은 없다고 생각한다. 이것은 명령·규칙의 입법자가 동시에 명령·규칙의 집행자라는 점에서 비롯한다.

(ⅴ) 위헌심사권의 2원화와 헌법불합치결정

헌법 제107조는 법률이 헌법에 위반되는지가 재판의 전제가 되면 헌법재판소가 (제1항), 명령·규칙 또는 처분이 재판의 전제가 되면 대법원이(제2항) 그 위헌성을 심사할 권한이 있다고 명시한다. 이로 말미암아 구체적인 사건이 매개되면 법률에 대한 위헌심사권은 헌법재판소에, 명령·규칙에 대한 위헌심사권은 대법원에 각각 부여된다. 이처럼 위헌심사 대상이 법률인지 혹은 명령·규칙인지에 따라 위헌심사 기관을 나누어 규정한 헌법에 비추어 보면, 국회 입법권을 존중해 줄 필요에 따라 생겨난 헌법불합치결정 대상을 법률이 아닌 명령·규칙에 대해서까지 확대할 수는 없다는 주장이 제기될 수 있다. 즉 명령·규칙은 그 제정주체가 집행부로, 입법작용의 성격과 함께 집행작용의 성격이 아울러 있다. 그러므로 헌법재판소로서는 명령·규칙에 위헌성이 있다면, 집행부의 일반적인 집행작용과 마찬가지로 단순위헌결정을 선고하여 명령·규칙의 효력을 상실하게 하면 충분한 것이지, 이에 대해서까지 헌법불합치결정을 선고할 필요는 없다는 비판이 제기될 수 있다. 이러한 비판은 명령·규칙의 제정주체가 집행부에 국한되지 않고, 입법부와 사법부도 제정할 수 있다는 점을 간과한 문제점이 있다. 즉 이러한 주장은 오직 명령·규칙의 제정주체를 집행부로 국한할 때만 성립할 수 있다. 그리고 헌법 제107조 제2항이 명령·규칙이 헌법이나 법률에 위반되는지가 재판의 전제가 되면 대법원이 최종적으로 심사할 권한이 있다고만 규정하지, 명령·규칙에 대한 위헌심사권을 법원에 독점시키지 않는다. 따라서 헌법 제107조 제1항과 제2항을 근거로 법률과 명령·규칙에 대한 위헌심사권이 2원적으로 '엄격하게' 분배되었다고 보기는 어렵다. 그리고 행정입법은 행정처분과는 구별되는 국가작용이고, 설사 행정작용의 성격이 있더라도 그 본질은 입법작용이다. 행정입법의 행정작용적 성격이 행정입법의 입법작용적 성격(특히 입법형성권)을 배제하거나 입법작용의 문제점을 해결하는 것이 아니다. 이러한 점에 비추어 이러한 주장은 타당성을 인정받기 어렵다. 그러나 그렇다고 해서 당연히 명령·규칙에 대한 헌법불합치결정이 허용된다고 볼 수 있는 것은 물론 아니다. 즉 위헌심사권의 2원화는 명령·규칙에 대한 헌법불합치결정의 허가 여부와 관련이 없다.

(ⅵ) 명령·규칙에 대한 헌법불합치결정이 선고요건을 충족할 가능성

ⓐ 수혜적 법률이 평등원칙에 위반된 때

헌법을 제외하고는 어떠한 상위법규범도 없는 법률과 달리, 명령·규칙은 헌법은 물론 법률, 때때로 다른 명령·규칙(예를 들어 대통령과 총리령이나 부령의 관계)에

대해서 효력상 열위에 있다. 그리고 이미 헌법과 법률이 핵심적인 내용을 규정하므로 명령·규칙은 그러한 내용을 구체화하는 데 그치거나 위임된 범위나 자기 권한 안에서 새로운 규율을 만드는 것에 불과하다. 따라서 그 내용이 법률보다 더 구체적일 수밖에 없다. 따라서 명령·규칙에 관한 입법재량은 국회의 입법형성권과 질적으로 다를 수밖에 없고, 국회의 입법형성권보다 매우 좁을 수밖에 없다. 그래서 명령·규칙과 관련하여 아무리 좁은 범위에서라도 입법재량이 인정된다는 것을 부정할 수 없고, 이를 헌법재판소를 포함한 모든 국가기관이 존중하여야 하더라도, 이것을 국회의 입법형성권과 똑같이 취급하기는 곤란하다. 그리고 명령·규칙에서는 입법자와 집행자가 같고, 명령·규칙의 제·개정절차는 법률의 제·개정절차보다 단순하며, 명령·규칙을 제·개정하는 데 걸리는 시간은 여·야 합의가 필요하고 복잡한 절차를 거쳐야 하는 법률보다 훨씬 짧고, 급할 때는 명령·규칙의 제·개정절차가 매우 신속하게 진행될 수도 있다. 따라서 명령·규칙의 입법자가 자신의 의사에 어긋나는 명령·규칙의 집행을 막지 못하는 때를 찾기 어렵다. 이러한 점에 비추어 명령·규칙의 입법자는 단순위헌결정이 일으키는 수인하기 어려운 법상태를 적절한 시간 안에 제거할 수 있다. 요컨대 명령·규칙과 관련하여 단순위헌결정을 선고한 때부터 명령·규칙을 개선할 때까지 단순위헌결정이 수인하기 어려운 법상태를 일으킬 가능성은 희박하다. 따라서 명령·규칙에 대해서 (적용 중지) 헌법불합치결정을 내릴 가능성을 인정하기 어렵다.

ⓑ 단순위헌결정이 법적 공백이나 혼란을 일으킬 우려가 있을 때

먼저 명령·규칙의 효력이 미치는 범위와 영역은 법률의 효력이 미치는 범위와 영역보다 좁을 수밖에 없다. 따라서 명령·규칙 공백으로 말미암아 일어나는 문제점은 법률 공백으로 말미암아 일어나는 문제점보다 클 수 없다. 그래도 위헌인 명령·규칙의 효력을 상실시키는 것이 그것을 적용하는 것보다 더 위헌인 상태가 있을 가능성을 옹글게(완벽하게) 부정할 수 없다. 그러나 그러한 상태를 잠정적으로라도 헌법적으로 수인하기 어려운 상태로 상정하기는 쉽지 않다. 명령·규칙에서 입법자와 집행자가 일치하고, 명령·규칙의 제·개정절차는 법률의 제·개정절차보다 단순하며, 명령·규칙을 제·개정하는 데 걸리는 시간은 여·야 합의가 필요 없어 법률보다 매우 짧고, 비상시에는 명령·규칙의 제·개정절차가 매우 신속하게 진행될 수도 있기 때문이다. 따라서 위헌상태를 벗어나고자 하면 명령·규칙의 입법자는 신속하게 위헌상태에서 벗어날 수 있다. 그리고 행정기관에서는 권한대행규정을 통해서 단절 없는 업무수행이 보장되므로, 명령·규칙의 입법자 공백사태가 발생할 때를 상상할

수 없다. 또한, 명령·규칙의 입법자가 제때 명령·규칙을 제정하거나 개정하지 않아
서 필요한 행정처분을 내리지 못하면, 이러한 행정입법부작위로 말미암은 행정처분
에 대한 행정소송을 통해서 다툴 수도 있다. 다만, 아주 짧은 법적 공백이나 혼란도
수인하기 어려운 때가 있을 수 있는지가 문제 될 수 있다. 핵심사항에 해당하는 내
용은 법률이나 위임하는 명령·규칙을 통해서 이미 규정되고, 구체적인 절차나 내용
이 명확하지 않으면 다른 규정을 준용하거나 유추하여 적용할 수 있으며, 심지어 긴
박한 때는 행정처분을 내리면서 그에 대한 근거를 마련하는 명령·규칙을 제정하는
것도 배제할 수 없으므로 아주 짧은 법적 공백이나 혼란도 수인하기 어려운 때는
상정하기 어렵다. 따라서 명령·규칙에 대해서 (계속 적용) 헌법불합치결정을 내릴
가능성도 인정하기 쉽지 않다. 헌법재판소의 소수의견은 행정입법의 신속성과 탄력
성 때문에 위헌결정의 취지에 맞는 내용의 대통령령을 즉시 마련할 수 있고, 행정입
법이 '직접' 국민의 권리의무를 구속한다면 '처분성'이 인정되어 행정소송을 통해서
도 간단히 제거될 수 있는 집행행위라고 하면서 '대통령령' 같은 행정입법에 대해서
위헌선언을 할 때는 헌법불합치결정의 정당화 사유인 '법적 공백'에 해당하지 않는
다고 한다.[280] 행정입법의 신속성과 탄력성과 관련한 소수의견의 논거는 타당하다고
생각한다. 하지만 행정기관의 행정입법이 '직접' 국민의 권리의무를 구속한다면, 행
정입법의 '처분성'이 인정되어 행정소송을 통해서도 간단히 제거할 수 있다고 한 부
분은, 헌법 제107조 제2항으로 말미암아 '직접' 국민의 권리의무를 구속하는 명령·
규칙이라고 하더라도 재판의 전제가 되지 않는다면 행정소송이 아니라 헌법소원의
대상이라서, 이러한 명령·규칙은 행정소송을 통해서 제거될 수 없다는 점에서 수긍
하기 어렵다.

⑤ 법률개선의무 위반 효과

(ⅰ) 헌법불합치로 결정된 법률의 운명

ⓐ 효력 상실

헌법불합치결정은 심판 대상이 된 법률의 위헌성을 확인한다. 위헌성이 확인된
법률은 효력을 상실하는 것이 원칙이다(헌법재판소법 제47조 제2항과 제75조 제5항 및
제6항). 그러나 헌법불합치결정은 법률이 즉시 효력을 상실함으로써 발생하는 입법
자의 입법형성권 침해나 법적 공백과 혼란을 방지하기 위해서 법률의 효력 상실을
일정 기간 유보하면서 입법자에게 법률개선의무를 부여한다. 헌법불합치결정의 목

---

280) 헌재 2012. 5. 31. 2010헌마278, 판례집 24－1하, 626, 642－644 재판관 김종대의 단순위헌의견.

적은 위헌법률의 단순한 존속이 아니라 개선을 위한 위헌법률 효력의 '임시'존속이다. 즉 위헌법률의 효력 존속이라는 위헌상태는 입법자가 법률을 개선할 때까지 오로지 '잠정적으로'만 감내할 수 있고, 감내하는 것이 허용된다.[281] 따라서 입법자가 법률을 개선하기에 충분한 시간이 지나면 입법자는 위헌상태를 제거하고 합헌상태를 회복하여야 한다. 입법자가 이러한 시간이 지나고 나서도 이러한 의무를 이행하지 않으면, 입법자의 입법형성권을 존중할 헌법적 근거가 사라지거나 입법자가 법적 공백과 혼란을 제거할 의사나 능력이 (적어도 일시적으로) 없는 것으로 볼 수밖에 없다. 따라서 헌법불합치결정은 존속될 정당성을 상실하고 결국 헌법불합치결정에서 법률의 위헌성을 확인하는 내용만 남아서 법률의 효력 상실이라는 결과를 부른다. 그래서 헌법불합치로 결정된 법률이 입법자가 법률을 개선하기에 충분한 시간이 지나고 나서도 개선되지 않는다면, 그 효력을 상실하고, 그것은 더는 행정처분이나 재판의 근거가 되지 못한다. 이러한 측면에서 헌법불합치결정에 따른 법률개선의무를 입법자가 법률을 개선하기에 충분한 시간이 지나도록 이행하지 않으면 헌법불합치결정은 단순위헌결정과 같은 효력이 있다. 이것은 헌법불합치결정이 위헌성이 확인된 법률의 효력 상실 시기를 일정 기간 뒤로 미루는 것이라는 점[282]에서 당연한 결과라고 볼 수 있다.

개선 시한이 명시되면 그 시한이 지나거나 명시되지 아니하면 상당한 시일이 지나고 나서 헌법불합치로 결정된 법률은 당연히 효력이 상실된다는 견해는 헌법불합치결정을 선고한 취지에 들어맞지 않는다는 반론이 있다.[283] 특히 계속 적용 헌법불합치결정은 헌법불합치결정 시점부터 법률개선 시점까지의 법적 공백상태 발생 방지를 의도한 것인데 개선 시한까지 입법되지 않았음을 이유로 효력을 상실시킴은 결정 의도에 어긋난다고 한다. 그리고 적용 중지 헌법불합치결정은 개선된 법률에 따라서 처리할 목적으로 헌법불합치로 결정된 법률 적용을 중지한 상태인데, 이때는 입법자의 법률개선의무를 사실적 측면에서 억압하는 것이 필요하지, 법적용

---

281) Albrecht Peter Pohle, Die Verfassungswidrigerklärung von Gesetzen, Frankfurt am Main/Bern/ Cirencester 1979, S. 163 참조.

282) 헌재 1989. 9. 8. 88헌가6, 판례집 1, 199, 260; 대법원 1991. 6. 11. 선고 90다5450 판결(집39-3, 1; 공1991, 1895).

283) 남복현,「법률의 위헌결정의 효력에 관한 연구」, 한양대학교 법학박사학위논문, 1994, 305쪽; 같은 사람,「헌법재판소 결정의 효력에 관한 쟁점 및 해결방안」, 문광삼/남복현/전정환,『헌법재판소결정의 효력에 관한 연구』(헌법재판연구 제7권), 헌법재판소, 1996, 360쪽; 같은 사람,「헌법불합치결정을 둘러싼 법적 쟁점의 검토 – 실체적 형법법규를 중심으로 –」,『헌법실무연구』제10권, 박영사, 2009, 474~475쪽.

자가 나서서 대안을 모색하는 것은 적절하지 않다고 한다. 그러나 ㈎ 헌법재판소는 입법자가 위헌상태를 제거하고 합헌상태를 제거할 의사와 능력이 있다는 신뢰를 바탕으로 헌법불합치결정을 내리는 것이고, ㈏ 헌법불합치결정은 일정 기간 안에 입법자가 위헌상태를 제거하리라는 것을 전제로 위헌성이 확인된 법률의 효력 상실을 잠정적으로만 유보하며, ㈐ 헌법불합치로 결정된 법률 개선은 입법자의 '재량'이 아니라 '의무'이므로 그 불이행에 대한 제재가 필요하고, ㈑ 입법자의 법률개선의무 이행은 위헌상태를 제거하고 합헌상태를 회복할 제일 나은 방법이지, 유일한 방법은 아니라는 점에서 이 견해는 타당성을 인정받기 어렵다.

ⓑ **효력 상실이 확정되는 시점**

입법자가 상당한 기간 안에 또는 기한이 설정되면 그 기한 안에 헌법불합치로 결정된 법률을 개선하지 않으면, 그 효력 상실은 확정된다.[284] 헌법재판소는 기한 설정 없이 입법자가 개정할 때까지 계속 적용된다는 결정을 내리는 때[285]가 있다. 이러한 때도 입법자에게 법률 개선에 관한 제한 없는 입법형성권이 부여된다면, 위헌상태의 잠정적 수인이라는 헌법불합치결정의 내용 및 헌법불합치결정에 따른 법률개선의무의 의무적 성격과 들어맞지 않고, 헌법불합치결정의 본질은 위헌결정이며, 헌법불합치결정의 실효성을 확보하기 위해서는 입법자의 법률개선의무 불이행을 내버려둘 수 없다는 점에서 기한 설정 없는 때와 마찬가지로 다루는 것이 옳다고 본다.

위헌상태의 상당한 기간은 입법자가 헌법불합치로 결정된 법률을 개선하는 데 필요한 충분한 시간을 말한다. 상당한 기간은 통상 법률을 제·개정할 때 걸리는 시간을 기준으로 해당 법률의 성격(특히 형벌에 관한 법률은 신속한 개선 요구), 입법논의 성숙도, 관련 법익의 규범서열과 종류, 그 법익에 대한 침해나 침해위험의 종류, 근접도, 크기 등을 고려하여 구체적으로 확정하여야 한다. 그리고 회기계속원칙은 국회를 매회기마다 독립한 별개의 국회가 아니라 입법기 중에는 일체성과 동일성이 있는 국회로 보는 것이어서 국회의원 임기가 만료된 때, 즉 해당 입법기가 종료한 때는 적용되지 않는다. 그러므로 국회의원 임기가 만료되면 해당 법률안이 폐기된다

---

284) 같은 견해: 이인호/오수정, 「헌법불합치결정에 따른 입법개선의무의 이행현황 분석과 비판」, 『중앙법학』 제12집 제1호, 중앙법학회, 2010, 46쪽; BVerfGE 101, 158 (238); Marius Raabe, Grundrechte und Erkenntnis, Baden-Baden 1998, S. 452; Michael Sachs, Bloße Unvereinbarerklärung bei Gleichheitsverstößen?, in: NVwZ 1982, S. 659 f. 참조.

285) 예를 들어 헌재 2002. 9. 19. 2000헌바84, 판례집 14-2, 268, 273; 헌재 2007. 6. 28. 2005헌마772, 판례집 19-1, 899, 903; 헌재 2009. 12. 29. 2008헌가13등, 판례집 21-2하, 710, 714.

(헌법 제51조). 따라서 국회의원 임기도 상당한 기간을 산정할 때 고려하여야 한다.

상당한 기간은 입법형성권이 있는 입법자 스스로 확정할 문제이지만, 입법통제 관점에서 보면 헌법재판소가 최종적으로 확정하게 될 것이다. 상당한 기간을 확정하기가 쉽지 않아서 언제 헌법불합치로 결정된 법률의 효력 상실이 확정되는지가 다투어질 수도 있다. 헌법재판소는 이러한 불명확성을 제거하려고 입법자가 법률을 개선하여야 할 기한을 설정하기도 한다.286) 헌법불합치결정에 따른 법적 관계에 관해서 아직도 다툼이 있다는 점을 고려하면, 헌법불합치결정과 관련한 법적 관계를 명확하게 하여 불필요한 논란을 제거하기 위해서 법률개선시한을 설정하는 것은 바람직하다고 생각한다. 헌법재판소가 법률개선시한을 설정하는 권한은 헌법재판소가 상당한 기간을 최종적으로 확정한다는 입법통제적 관점에서 비롯한다.

헌법재판소가 법률개선시한을 정하였을 때, 헌법불합치로 결정된 법률은 헌법재판소가 설정한 기한이 지날 때까지 입법자가 법률개선의무를 이행하지 않으면 기한의 다음 날부터 효력을 상실한다.287) 헌법재판소는 헌법불합치로 결정된 법률 적용을 중지할 때는 결정주문에288), 그 법률을 계속 적용할 때에는 결정이유에289) 이

---

286) 효력이 상실되는 시기를 정하지 아니한 헌법불합치결정은 지양하는 것이 타당하다는 견해가 있다 (정종섭,『헌법소송법(제8판)』, 박영사, 2014, 392쪽). 이 견해를 따르면 효력 상실 시기가 없는 헌법 불합치결정은 결국 '합리적인 시점 이내에' 새로운 입법을 할 것을 명하는 것이라고 할 것인데, 이때 '합리적인 시점'이 언제까지인지가 불분명하므로, 위헌인 법률의 효력이 유지되는 시한을 정하여 그 시한이 지나면 효력이 상실되는 것을 선고하지 않고 단순히 헌법에 합치하지 않는다는 것만 선언하는 것은 헌법재판의 기능과 실효성을 불확실하게 한다고 한다. 그리고 이러한 헌법불합치결정은 단순위헌으로 선고하여야 할 사안에서도 헌법불합치결정으로 도피할 출구를 열어놓은 것이 되어 헌법 재판의 기능과 권위를 훼손할 우려가 있다고 한다. 헌법에 위반되는 법률 혹은 법률조항의 효력을 부정기간 내버려두는 결과가 되므로, 기본적으로 위헌결정인 헌법불합치결정을 선고하면서 위헌인 법률이나 법률조항의 효력 상실 시기를 명시하지 않는 헌법재판소 태도는 정당하다고 보기 어렵다는 견해도 있다(신 평,『헌법재판법(전면개정판)』, 법문사, 2011, 474쪽). 이에 대해서 명시적으로 기한을 설정하면 법적용자에게는 법적 명확성을 부여하고, 입법자에게는 입법개선 촉구라는 장점이 있지만, 입법 시한을 지나는 때가 상당수인 것을 고려하면 명시적인 입법 시한 설정에 대해서 다시 고려하여야 한다는 견해도 있다(이인호/오수정,「헌법불합치결정에 따른 입법개선의무의 이행현황 분석과 비판」,『중앙법학』제12집 제1호, 중앙법학회, 2010, 63~64쪽). 이 견해는 고정된 시한을 제시하기보다는 개선입법이 이루어지는 시점까지라고 함으로써 입법자에게 개선의무 이행을 환기하는 방법을 고려해 볼 수 있다고 한다.

287) 같은 견해: 이명웅,「헌법불합치결정의 사유 및 효력」,『헌법논총』제20집, 헌법재판소, 2009, 393~394쪽; 이상훈,「위헌결정과 헌법불합치결정의 효력 및 그 재판실무상 적용」,『사법논집』제38집, 법원도서관, 2004, 87~88쪽; 이준일,『헌법학강의(제6판)』, 홍문사, 2015, 1064쪽; 정종섭,『헌법소송법(제8판)』, 박영사, 2014, 396~397, 406~407쪽; 최완주,「헌법불합치결정」,『헌법재판제도의 이해』(재판자료 제92집), 법원도서관, 2001, 402~403쪽.

288) 헌재 1997. 7. 16. 95헌가6, 판례집 9-2, 1, 6; 헌재 1997. 8. 21. 94헌바19, 판례집 9-2, 243, 246-247; 헌재 1998. 8. 27. 96헌가22, 판례집 10-2, 339, 342; 헌재 1999. 12. 23. 99헌가2, 판례집 11-2, 686, 690.

러한 내용을 적시한다. 헌법재판소가 이러한 내용을 적시하지 않더라도 헌법재판소
가 기한을 정하는 취지에 비추어 기한이 지나면 헌법불합치로 결정된 법률은 효력
을 상실한다. 따라서 이러한 내용을 반드시 결정주문이나 결정이유에 적시할 필요
는 없지만, 논란의 불씨를 제거한다는 측면에서 굳이 그것을 적시하려 한다면 명확
성을 담보하기 위해서 적용중지인지 계속적용인지와 상관없이 결정주문에 적시하
는 것이 바람직하다.

헌법불합치로 결정된 법률의 효력 상실이 확정되는 시점과 그 법률이 효력을
상실하는 시점은 언제나 같은 것은 아니다. 헌법불합치로 결정된 법률이 효력을 상
실하는 시점은 적용 중지 헌법불합치결정에서는 헌법불합치결정이 선고되는 시점
이고, 계속 적용 헌법불합치결정에서는 입법자의 법률개선의무 위반이 확정되는 시
점이다. 그리고 (형벌에 관한 헌법불합치결정이 허용된다면) 형벌에 관한 헌법불합치결
정에서는 헌법불합치로 결정된 법률은 소급하여 효력을 상실한다. 소급하는 시점은
해당 법률과 헌법이 충돌하는 때이다.

기한 설정에 특별한 법적 효과가 있다는 견해가 있다.[290] 이 견해를 따르면 기
한을 정한 헌법불합치결정에서는 특정 기한을 넘겨 입법자가 법률을 개선하지 않으
면 해당 규정의 위헌성이 확정된다고 한다. 그러나 기한을 정하지 아니한 헌법불합
치결정은 입법자에게 신속히 법률을 개선할 의무를 지우지만 '일정한 기한'이 지났
는데도 그 의무를 이행하지 아니하면 개선입법부작위에 대한 헌법소원을 제기하거
나 해당 규정이 위헌임을 다투는 위헌법률심판이나 위헌소원심판을 청구할 수 있을
뿐이라고 한다. 그리고 입법자가 법률개선의무를 이행하지 않으면 원칙적으로 결정
주문에 따라서 헌법과 합치되지 않는 것으로 결정된 법률이 효력을 상실하는지가
결정된다는 견해도 있다.[291] 이 견해는 결정주문이 법률개선의무 위반 효과를 규정
하였다면, 그에 따라서 법률의 효력이 결정된다고 한다. 그렇지 않다면 특별한 상
황이 없는 한 법률이 기한을 지나고 나서 당연히 효력을 상실한다는 결론을 도출하
기 어렵다고 한다. 그러나 ㈎ 헌법불합치결정은 선고 시점에 이미 해당 법률의 위

---

289) 헌재 1993. 3. 11. 88헌마5, 판례집 5−1, 59, 78; 헌재 2007. 5. 31. 2005헌마1139, 판례집 19−1,
   711, 728; 헌재 2007. 12. 27. 2004헌마1021, 판례집 19−2, 795, 809; 헌재 2009. 9. 24. 2008헌가25,
   판례집 21−2상, 427.
290) 신봉기, 「헌법불합치결정의 이유에 기초한 개선입법의무」, 『헌법논총』 제7집, 헌법재판소, 1996,
   355~356쪽.
291) 황도수, 「헌법불합치결정에 관한 새로운 체계의 시도」, 『헌법실무연구』 제4권, 박영사, 2003, 264~
   265쪽.

헌성을 확인하지만, 그 법률의 효력을 입법자가 개선할 때까지만 잠정적으로 존속시킨다는 점, (나) 기한 설정은 입법자의 법률개선의무 위반 시점을 명확하게 밝히는 것에 그친다는 점, (다) 헌법재판소가 헌법불합치결정 주문에서 법률개선의무 위반의 법적 효과를 달리 정한다면 이것은 헌법불합치결정의 목적에 어긋나서 헌법적 정당성을 상실한다는 점에 비추어 이러한 견해들은 정당성을 인정받기 어렵다.

(ⅱ) 법률개선의무 존속

입법자가 상당한 기간 안에 또는 기한이 설정되면 그 기한 안에 법률을 개선하지 않아서 법률이 효력을 상실하여도 입법자의 법률개선의무는 여전히 존속한다.[292] 따라서 입법자는 헌법불합치로 결정된 법률을 개선할 의무를 계속 진다. 법률개선 시한이 지나가도 법률개선의 헌법적 필요성이 사라지는 것이 아니라 헌법불합치결정에 따른 법률개선의무를 지는 입법자가 그 의무를 (적어도 일시적으로) 이행할 의사가 없거나 이행할 수 없다는 것이 확인된 것에 불과하고, 입법자의 법률개선의무는 헌법재판소의 헌법불합치결정에서 비로소 도출되는 것이 아니라 헌법이 입법자에게 부과하는 것이기 때문이다. 헌법재판소가 법률 전체에 대해서 헌법불합치결정을 내렸다면,[293] 법률 전체가 효력을 상실하여 법률 자체가 적용될 수 없게 된다. 따라서 이러한 때에 규율의 헌법적 필요성이 인정된다면 입법자의 법률개선의무는 법률제정의무로 바뀌게 된다. 헌법불합치로 결정된 법률이 효력을 상실하지만, 입법자의 법률개선의무가 여전히 남는다는 점에서 헌법재판소의 헌법불합치결정은 입법자의 법률개선의무 위반이 확정되는 시점에도 단순위헌결정으로 성질이 바뀐다고 볼 수는 없다. 오랜 시일이 지나면서 사정변경이 발생하여 법률개선의 헌법적 필요성이 더는 없다면, 입법자의 법률개선의무가 소멸할 수도 있다.

입법자가 상당한 기간이 지나서 또는 기한이 설정되면 그 기한을 지나서 법률을 개선하여도 그 법률은 헌법불합치결정이 선고된 시점까지 소급하여 적용되는 것이 원칙이다. 다만, 계속 적용 명령이 있었다면 입법자의 법률개선의무 위반이 확정된 시점까지만 소급하여 적용된다. 그러나 입법자의 법률개선의무 위반이 확정되고 나서 행정행위의 존속력이나 판결의 기판력이 발생하였다면, 개선된 법률은 소급하여 행정행위의 존속력이나 판결의 기판력을 깨뜨리지 못한다. 따라서 법원은

---

292) 같은 견해: Christian Mayer, Die Nachbesserungspflicht des Gesetzgebers, Baden – Baden 1996, S. 185.

293) 예를 들어 헌재 1994. 7. 29. 92헌바49, 판례집 6 – 2, 64, 86: "토지초과이득세법(제정 1989.12.30. 법률 제4177호, 개정 1993.6.11. 법률 제4561호, 1993.6.11. 법률 제4563호)은 헌법에 합치되지 아니한다."

이러한 때에 일부판결의 가능성이나 일부판결로 볼 가능성을 면밀하게 검토할 필요가 있다.

(ⅲ) 법률개선의무를 불완전하게 이행하였을 때

입법자가 헌법불합치로 결정된 법률을 개선하기는 하였으나 법률개선의무가 불완전하게 이행되어 위헌상태를 완전하게 제거하지 못하였다면, 헌법불합치로 결정된 법률을 개선할 입법자의 의무는 개선된 법률을 개선할 의무로 바뀌어 존재한다. 그러나 아직 이러한 의무를 헌법재판소가 확인하지 않았으므로 개선된 법률은 효력을 발생한다. 따라서 이러한 법률에 대해서 위헌법률심판이나 위헌소원심판이 청구될 수 있고, 불완전하게 개선된 법률로 말미암아 헌법이 보장한 자기 기본권을 침해받은 사람은 이 법률에 대한 헌법소원심판을 청구할 수 있다. 새로운 심판절차에서 헌법재판소는 먼저 ⓐ 헌법불합치결정에 따른 입법자의 법률개선의무의 구체적 내용이 무엇인지, ⓑ 개선된 법률이 적용되는 모든 영역에서 입법자가 헌법불합치결정에 따른 법률개선의무를 제대로 이행하였는지 그리고 ⓒ 개선된 법률로 말미암아 새로운 기본권 침해가 발생하였는지를 검토하여야 한다.[294]

⑥ 입법부작위 통제 가능성

(ⅰ) 학설

기한이 지남으로써 법률이 당연히 효력을 상실한다는 견해와 거듭 위헌법률심판 대상으로 삼아서 후소에서 단순위헌결정을 선고하여야 한다는 견해는 헌법불합치결정을 선고한 취지에 들어맞지 않는다는 견해가 있다.[295] 이 견해는 특히 계속적용 헌법불합치결정은 헌법불합치결정 선고 시점부터 법률개선 시점까지의 법적 공백상태 발생 방지를 의도한 것인데, 개선 시한까지 입법되지 않았음을 이유로 효력을 상실시킴은 결정 의도에 어긋난다고 한다. 그리고 적용 중지 헌법불합치결정은 개선입법에 따라서 처리할 목적으로 헌법불합치로 결정된 법률 적용이 중지된 상태이므로, 입법자의 법률개선의무를 사실적 측면에서 억압하는 것이 필요하지, 법적용자가 나서서 대안을 모색하는 것은 적절하지 않다고 한다. 또한, 거듭 위헌

---

294) 헌재 2003. 12. 18. 2002헌바91등, 판례집 15 - 2하, 530, 536 - 537; 헌재 2008. 10. 30. 2005헌마723, 판례집 20 - 2상, 941, 964 참조.

295) 남복현, 「법률의 위헌결정의 효력에 관한 연구」, 한양대학교 법학박사학위논문, 1994, 305쪽; 같은 사람, 「헌법재판소 결정의 효력에 관한 쟁점 및 해결방안」, 문광삼/남복현/전정환, 『헌법재판소결정의 효력에 관한 연구』(헌법재판연구 제7권), 헌법재판소, 1996, 360~361쪽; 같은 사람, 「헌법불합치결정을 둘러싼 법적 쟁점의 검토 - 실체적 형법법규를 중심으로 -」, 『헌법실무연구』 제10권, 박영사, 2009, 474~475쪽.

법률심판 대상으로 삼아 전소에서 헌법불합치로 결정되었던 법률에 대해서 후소에서 위헌결정을 하여야 한다는 견해는 헌법불합치결정이 심판 대상인 법률에 위헌성이 내포됨을 전제로 하는 관념이라는 점에 비추어 보면, 후소에서 해당 법률에 대해서 새로이 위헌결정을 선고하는 것은 헌법불합치결정의 선고 취지에 들어맞지 않는다고 한다. 이 견해를 따르면 민주적 정당성, 입법권자의 입법형성권, 권력분립원리 등 때문에 누구도 입법자에게 법률개선의무를 강제할 수 없고 집행력확보수단으로서 입법대집행도 허용되어서는 안 된다고 한다. 단지 국가기관의 불법행위에 대한 손해배상 청구를 고려하여야 한다고 한다.

그리고 헌법재판소가 정한 기한이 지나도록 입법자가 법률개선의무를 이행하지 않으면, 기한 다음 날부터 대상법률은 효력을 상실한다고 하면서, 대상법률이 권리침해적이거나 부담을 부과하는 근거가 되는 법률이면 법원이 그 효력이 없는 것을 전제로 사건을 처리하는 데 별문제가 없을 것이라는 견해가 있다.[296] 다만, 이 견해는 대상법률이 무효인 것을 전제로 사건을 처리하는 것이 곤란하거나 부적절한 때가 있을 수 있는데, 이때는 법원이 법보충권을 행사하여 사안에 가장 적절한 결론을 내리는 방법을 고려해 볼 수 있다고 한다.

또한, 효력유지기간이 지나도 법률 개선이 없거나 효력유지기간이 없더라도 상당한 기간이 지나도 법률 개선이 없으면, 헌법불합치로 개선된 구법을 해당 사건에 적용하여 재판할 수 없어 국회에서 무한정 법률 개선을 하지 않으면 법원의 재판이 진행되지 못하는 사태가 발생하는데, 이때 국회의 법률개선의무가 헌법에 근거한 것이면 입법부작위에 대한 헌법소원심판을 청구할 수 있다는 견해가 있다.[297] 이 견해는 이때 법원은 가능한 한 당사자의 입법부작위에 대한 헌법소원심판을 기다려 재판하는 것이 바람직하다고 한다. 국회가 헌법불합치결정이 있었는데도 그 결정 취지에 따른 법률 개선을 무작정 하지 않으면, 법률개선의무 불이행으로 말미암아 피해를 본 국민은 헌법재판소에 입법부작위에 대한 위헌 확인을 구하는 헌법소원심판을 청구하여 법률 개선을 재차 강제하거나 국가배상을 청구하는 방법으로 구제를 받을 수 있다는 견해도 있다.[298] 그리고 헌법재판소가 헌법불합치로 결정한 법률의 효력 시한을 정해주면 그 효력 시한이 지나면 그 법률이 효력을 상실하여 법원이나

296) 최완주, 「헌법불합치결정」, 『헌법재판제도의 이해』(재판자료 제92집), 법원도서관, 2001, 402~403쪽.
297) 정종섭, 『헌법소송법(제8판)』, 박영사, 2014, 397쪽.
298) 신 평, 『헌법재판법(전면개정판)』, 법문사, 2011, 466쪽; 이상훈, 「위헌결정과 헌법불합치결정의 효력 및 그 재판실무상 적용」, 『사법논집』 제38집, 법원도서관, 2004, 87~88쪽; 황도수, 「헌법불합치결정에 관한 새로운 체계의 시도」, 『헌법실무연구』 제4권, 박영사, 2003, 264~265, 272~273쪽.

행정기관은 더는 그 법률을 적용할 수 없고, 입법자가 법률개선 시한을 존중하지 않아 입법부작위에 따른 기본권 침해가 발생하면 헌법소원심판 대상이 된다는 견해도 있다.[299) 그 밖에 입법 시한을 정하지 않으면 입법자가 상당한 기간 안에 입법하지 않았더라도 헌법재판소가 시한을 정하지 않은 한 그 효력을 상실한다고 보기는 어렵지만, 법률 개선 지연으로 말미암아 적용 중지 헌법불합치결정에서 재판의 장기화가 문제 될 수 있는데, 이때 국가배상소송이나 입법부작위 위헌소송이 가능할 것이라는 견해도 있다.[300)

(ⅱ) 판례

헌법재판소는 1998년 8월 27일에 상속인이 귀책사유 없이 상속채무가 적극재산을 초과하는 사실을 알지 못하여 상속개시 있음을 안 날부터 3월 안에 한정승인이나 포기를 하지 못한 때도 단순승인을 한 것으로 보는 민법 제1026조 제2호가 재산권을 보장한 헌법 제23조 제1항, 사적자치권을 보장한 헌법 제10조에 위반된다는 이유로 헌법불합치결정을 내리면서, 입법자가 1999년 12월 31일까지 개정하지 아니하면 2000년 1월 1일부터 그 효력을 상실한다고 결정하였다.[301) 입법자가 법률개선시한까지 해당 법률을 개정하지 않아 해당 법률이 효력을 상실하자, 서울지방법원은 해당 법률관계를 규율하는 규정이 현재로서는 없다고 하면서, 헌법재판소의 헌법불합치결정 취지에 따라 상속인이 상속받을 재산보다 채무가 많으면 상속재산을 초과하는 채무는 상속하지 않겠다는 한정승인의 의사표시를 하지 않았어도 채무까지 상속한 것으로 볼 수 없다고 판결하였다.[302)

그리고 헌법재판소는 2007년 3월 29일 공무원의 신분이나 직무상 의무와 관련 없는 범죄에도 일률적·필수적으로 퇴직급여 등을 제한하는 것은 공무원범죄를 예방하고자 하는 입법목적에 적합한 수단이라고 볼 수 없고 법익의 최소침해성과 법익균형성도 충족하지 못하여 재산권을 침해하며, 공무원을 국민연금법상 사업장가입자 및 근로기준법상 근로자와 비교하면 마음대로 차별대우하여 평등원칙에 어긋난다는 이유로 '재직 중의 사유로 금고 이상의 형을 받은 때'에 급여를 제한할 수 있도록 한 공무원연금법 제64조 제1항 제1호에 대해서 2008년 12월 31일을 법률개선시한으로 잠정적용을 하도록 하는 헌법불합치결정을 내렸다.[303) 국회가 법률개선시한까지 해당 법률을 개정하지 않자, 서울행정법원은 국회가 법률개선시한까지 법률을 개선하지 않으면, 헌법불합치결정에 따른 법적 상태는 헌법불합치결정의 효력과 그 결정 취지를 바탕으로 판단할 수밖에 없다고 하면서, 이 사건 법률조항은 2009년 1월 1일 자로 효력을 상실하였고, 이러한 법적 상태는 2009년 1월 1일 자로 이 사건 법률조항에 대해서 헌법재판소의 단순위헌결정이 있었던 것에 버금가는 것으로 볼 수 있다고 하였다. 그리고 ⓐ 원고는 공무원으로서 직무상 의무나 신분과 관련이 없는 범죄로 말미암아 금고 이상의 형을 선고받았는데, 이때도 퇴직급여 등을 제한하는 것은 위헌이라는 것이 이 사건 헌법불합치결정의 취지로 보이는 점, ⓑ 원고에 대한 형의 선고 및 확정은 헌법불합치결정이 선고되고 나서 발생한 것으로, 이처럼 처분 기초가 되는 사실관계 자체가 헌법불합치결정 이후에 발생한 때에 대해서 행정청이 해당 법률조항의 효력이 존속한다는 이유만으로 헌법불합치결정 취지에 어긋나는 내용의 처분을 할 수 있다고 보는 것은, 행정작용이 합헌적 법률에 따라서 이루어져야 한다는 원칙에 비추어 허용되지 않는다고 보아야 할 것인 점, ⓒ 비록 헌법재판소가 이 사건 헌법불합치결정을 하면서 일정한 시한까지 이 사건 법률조항의 효력을 유지하게 하고 잠정적으로 적용하도록 결정하였더라도 이 사건처럼 헌법불합치로 선언된 법률조항 중 합헌인 부분과 위헌인 부분이 적용영역에서 어느 정도 구분될 수 있으면, 합헌인 부분에 한정하여 잠정적용을 하도록 하는 것이 바람직하다고 할 것인 점 등을 종합해 보면, 원고에게 이 사건 법률조항을 적용하여 퇴직급여 등을 제한한 이 사건 처분은 위법하다고 판결하였다.304) 또한, 퇴직 후 재직 중의 사유와 관련된 죄로 금고 이상의 형이 확정되었음을 이유로 공무원연금법 관련 조항에 따라 이미 지급한 퇴직연금 일시금 및 퇴직수당의 2분의 1에 대해서 환수처분 후 그에 따른 분할납부금을 내지 않음에 따라 부동산을 압류처분한 사안에서, 행정법원은 제64조 제1항 제1호가 헌법불합치결정에서 정한 법률개선시한인 2008년 12월 31일까지 법률이 개선되지 않아 2009년 1월 1일부터 효력을 상실하고 나서 압류처분이 있었더라도 이 조항의 효력이 지속하던 2008년 9월 12일에 환수처분이 적법하게 이루어졌고, 압류처분은 이 조항이 효력을 상실하고 나서인 2009년 3월 23일에 이루어졌으나, 압류처분은 환수처분의 후속조치로서 이루어진 징수처분에 불과하고 이 환수처분을 받은 자는 원칙적으로 반납고지서를 받은 날부터 30일 이내에 이를 내야 하는 한, 원고는 피고의 승인에 따라 분할납부

---

304) 서울행법 2009. 8. 20. 선고 2008구합9379 판결(각공2009하, 1653).

가 허용되어 일부 환수금의 납부기한이 해당 조항의 효력상실일 이후로 유예된 것
이므로 해당 조항의 효력 상실 전에 해당 조항에 근거한 환수처분을 받고 그 납부
를 마친 때와 형평성을 고려하여야 하며, 더구나 해당 헌법불합치결정에서는 "공무
원의 직무상 의무나 공무원 신분과 관련된 범죄로 인하여 금고 이상의 형을 선고받
은 자에 대하여 퇴직급여 등을 감액하는 것은 위 입법목적의 달성에 상당한 수단"
이라고 판시하였으므로, 직무상 의무나 신분과 관련된 죄로 금고 이상의 형이 확정
된 원고는 해당 조항 개정으로 퇴직급여 등의 감액대상에서 배제될 가능성이 거의
없어서 이 사건 압류처분은 적법하다고 하였다.[305]

요컨대 지방법원과 행정법원은 입법자의 법률개선의무 위반이 확정되면 헌법불
합치로 결정된 법률의 효력이 상실된다는 것을 전제로 헌법불합치결정 취지에 맞게
사건을 해결하는 방향으로 판결을 내리는 것으로 보인다.

(ⅲ) 사견

헌법불합치결정에 따라서 입법자는 법적 상태를 즉시 헌법과 합치시킬 의무를
지고, 법원은 계류 중인 절차를 입법자가 법률을 개선할 때까지 중단시켜야 한다.
그러나 이러한 유동상태를 너무 오랫동안 지속한다면 위헌상태를 내버려두고 당사
자의 권리구제를 외면하는 것과 다름없어서 위헌상태를 제거하여 합헌상태를 유지
하여야 한다는 법치국가원리에 어긋나게 된다. 신속한 합헌상태 회복을 요구하는
법치국가원리에 비추어 위헌적인 법적 상태에서 비롯하는 사법절차 중단은 오로지
제한된 기간 안에서만 받아들여질 수 있을 뿐이다.[306] 따라서 헌법재판소가 법률에
대해서 헌법불합치결정을 내렸을 때 입법자가 상당한 기간 안에 또는 기한이 설정
되면 그 기한 안에 그 법률을 개선하지 않는다면, 그 법률은 위헌이어서 효력을 상
실한다. 법원은 효력이 상실된 법률을 적용할 수 없으므로 법적 공백이 발생한다.
이것은 헌법불합치결정이 단순위헌결정과 달리 해당 법률의 효력 상실만으로 합헌
상태가 회복되지 않기 때문이다. 이때 법률에 빈틈이 있을 때의 일반원칙에 따라서
법원이 계류 중인 사건에서 법관의 법형성을 통해서 합당한 결론을 이끌어내는 것
이외에는 다른 방법이 없다.[307] 다만, 법관의 법형성을 통해서 기본권을 직접 제한
하는 것은 헌법 제37조 제2항 때문에 허용되지 않는다. 특히 형벌에 관한 법률에

---

305) 서울행법 2009. 10. 22. 선고 2009구합28902 판결.
306) BVerfGE 82, 126 (155) 참조.
307) Michael Sachs, Bloße Unvereinbarerklärung bei Gleichheitsverstößen?, in: NVwZ 1982, S. 659 f.
　　　참조.

대해서 헌법불합치결정을 내려 입법자에게 법률개선명령을 하였는데도 입법자가 해당 법률을 개선하지 않았다면, 죄형법정원칙(헌법 제12조 제1항 제2문 후단, 제13조 제1항 전단) 때문에 법관은 법형성을 통해서 형벌을 부과할 수는 없다. 즉 헌법불합치로 결정된 형벌에 관한 법률은 입법자의 법률개선의무 위반이 확정되었을 때 소급하여 그 효력을 상실하고 해당 행위는 더는 형벌로 통제될 수 없다. 다만, 이때 재심 허용 가능성은 헌법불합치결정 취지에 따라 결정하여야 할 것이다.

입법자가 헌법불합치결정에 따른 법률개선의무를 이행하지 아니하여 법관이 법형성을 할 때 헌법불합치결정(대부분 중요이유)은 가장 중요한 판단기준이 된다. 입법자가 헌법불합치결정 취지에 따라서 법률을 개선하여야 하므로, 입법자의 법률개선의무 위반에 따른 법적 공백을 메우는 법관의 법형성도 당연히 헌법불합치결정 취지에 따라야 하기 때문이다. 이러한 법관의 법형성은 ⓐ 입법자의 법률개선의무 위반이 일으킨 법적 공백을 단지 잠정적으로만 메우는 것이고, ⓑ 입법자는 언제나 자신의 법률개선의무를 이행하여 자기 결정이 앞날을 향해서 사법재판에 우선하게 할 수 있으므로, 이때 입법자의 입법형성권은 침해된다고 보기 어렵다.

그러나 일반 사법재판은 일반적 구속력이 없고 단지 개별적 효력만 있으므로 일반 사법재판은 임시규율로서 기능하지 못하고 해당 사건을 해결하는 것에 그친다. 물론 일반 사법재판(특히 대법원 판결)도 선례적 구속력을 통해서 해당 사건을 넘어 영향력을 미칠 수도 있지만, 선례적 구속력은 추정적 구속력에 그친다. 이러한 점에서 기속력과 법률요건적 효력(이나 형성력 혹은 법률적 효력)이 있는 헌법재판소 결정은 중요한 의미가 있다. 그리고 입법자의 법률개선의무와 관련하여 헌법재판소의 통제가 허용되지 않는다면, 법률개선의무 이행은 사실적 측면에서 입법자의 재량에 속하게 될 것이다. 따라서 입법자의 법률개선의무 불이행 때문에 헌법이 보장한 자기 기본권을 침해받은 자는 이러한 입법부작위에 대한 헌법소원심판을 청구할 수 있다.[308] 이러한 헌법소원심판은 입법부작위가 계속되는 한 기간 제약 없이 허용된다. 헌법재판소는 이러한 입법부작위를 위헌으로 결정할 수 있고, 입법자가 법률을 개선할 수 없거나 개선하려고 하지 않는다는 것을 근거로 필요한 때에 한하여 긴급입법자로서 입법자가 법률을 개선할 때까지 잠정적으로만 적용되는 임시규율을 제정할 수 있다. 이러한 임시규율은 입법자의 입법형성권을 침해하지 않기 위해서 법률이 반드시 포함하여야 할 최소한에 국한된다. 그 밖에 입법자의 법률개선

---

308) Yooncheol Choi, Die Pflicht des Gesetzgebers zur Beseitigung von Gesetzesmängeln, Diss. jur. Hamburg, 2002, S. 166 f. 참조.

의무 불이행이 일으킨 손해가 있다면, 피해자는 국가배상청구의 소를 제기할 수 있다. 그러나 이 소송에서 입법자의 법률개선의무 불이행과 피해자의 손해 사이에 인과관계가 있음을 입증하기는 쉽지 않아서 실제로 피해자가 배상을 받는 때는 매우 드물 수밖에 없다.

⑦ 개선된 법률의 소급효

(ⅰ) 개정법률의 소급적용을 전제하는 헌법불합치결정

헌법불합치결정의 특징은 구체적 사건에 관한 법원의 판단을 입법자가 새로운 판단을 내릴 때까지 미결상태로 보류하는 것이다. 따라서 법원은 법률이 개정되기를 기다려 개정법률에 따라 판단함으로써 당사자가 개정법률의 결과에 따른 혜택을 받을 기회를 열어놓아야 한다.309) 헌법불합치결정은 이처럼 개정법률의 소급적용을 전제하므로, 입법자는 소급효 있는 개정법률을 제정할 의무가 있다.310) 그러나 입법자가 이러한 의무를 게을리하여 개정법률에 명시적인 소급적용규정을 두지 않으면 개정법률이 소급적용될 수 있는지가 문제 된다.

(ⅱ) 학설

소급적용규정 유무에 관계없이 개정법률이 소급적용될 수 있다는 견해가 있다.311) 이 견해는 단순위헌결정이 법원에 최종적이고 확정적인 판단근거를 제공하지만, 헌법불합치결정에서는 그 자체가 완결된 최종판단이 아니고 그 위헌상태 제거에 대한 최종결정을 입법자에게 미루는 것이라고 한다. 따라서 개정법률의 소급적용은 헌법불합치결정에 내재하는 본질적 요소라고 한다. 입법자가 헌법불합치결정에 따라서 위헌적 상태를 제거하는 법률을 제정하면 그것은 헌법재판소를 대신하여 합헌상태를 소급하여 회복하는 것이고, 법원이 이러한 합헌법률을 적용하여야 하는 것은 당연하다고 한다. 이렇게 보면 입법자가 개정법률 시행 시점을 별도로 규율하는 것은

---

309) 한수웅, 「헌법불합치결정의 소급효력」, 『판례월보』 제325호, 판례월보사, 1997. 10., 11~12쪽; Hartmut Maurer, Zur Verfassungswidrigerklärung von Gesetzen, in: Hans Schneider/Götz Volkmar (Hrsg.), Im Dienst an Recht und Staat: Festschrift für Werner Weber zum 70. Geburtstag, Berlin 1974, S. 361.

310) 윤진수, 「헌법재판소 위헌결정의 소급효」, 『헌법문제와 재판(상)』(재판자료 제75집), 법원도서관, 1997, 677~678쪽; 한수웅, 「헌법불합치결정의 헌법적 근거와 효력 – 독일에서의 판례와 이론을 중심으로 –」, 『헌법논총』 제6집, 헌법재판소, 1995, 526쪽; 황도수, 「헌법불합치결정에 관한 새로운 체계의 시도」, 『헌법실무연구』 제4권, 박영사, 2003, 262쪽.

311) 남복현, 「헌법불합치결정을 둘러싼 법적 쟁점의 검토 – 실체적 형법법규를 중심으로 –」, 『헌법실무연구』 제10권, 박영사, 2009, 479~480쪽; 성낙인/이효원/권건보/정 철/박진우/허진성, 『헌법소송론』, 법문사, 2012, 209쪽; 한수웅, 「헌법불합치결정의 헌법적 근거와 효력 – 독일에서의 판례와 이론을 중심으로 –」, 『헌법논총』 제6집, 헌법재판소, 1995, 525~527쪽; 같은 사람, 「헌법불합치결정의 소급효력」, 『판례월보』 제325호, 판례월보사, 1997. 10., 12~13쪽.

큰 의미가 없다고 한다.

이에 대해서 개선입법에서 소급효를 인정하는 규정이 없으면 신법이 당연히 소급하여 적용되는 것은 아니라는 견해가 있다.[312] 법률의 소급적용은 법률로써 결정하여야 할 사항으로 입법권에 속하는 것이기 때문이라고 한다. 이 견해는 신법이 이러한 소급효를 인정하지 않으면 여전히 위헌인 것으로 되어 신법은 다시 위헌여부심판 대상이 될 수 있다고 한다.

그 밖에 개정법률을 해석하여 동 법률의 소급 여부를 결정하여야 한다는 견해도 있다.[313] 즉 개정법률을 해석한 결과 개정법률에서 비록 경과규정을 두지 않았지만, 개정법률을 소급적용하여야 할 것으로 해석되면 개정법률을 소급적용할 수 있다고 한다. 그러나 해석 결과 개정법률을 소급적용하는 것으로 해석되기 어려우면 입법자가 입법개선의무를 일부 게을리하는 것으로 보아야 한다고 한다.

(ⅲ) 판례

헌법재판소는 "당재판소가 위 사건의 주문으로서 그 각 개별 조항에 대한 결정이유에서 밝힌 바대로 단순위헌선언 또는 개정입법촉구 등을 선고하지 아니하고, 굳이 헌법불합치라는 변형결정주문을 선택하여 위헌적 요소가 있는 조항들을 합헌적으로 개정 혹은 폐지하는 임무를 입법자의 형성재량에 맡긴 이상 그 당연한 논리적 결과로, 위 결정의 효력이 소급하여 미치는 소위 "당해 사건" 또는 "병행 사건"에 관하여는 위 결정 이후 입법자에 의하여 개정된 법률조항이 적용되어야 할 것인바, 이는 헌법불합치결정이 의도하는 효력의 본질적인 부분의 하나이기도 하다."라고 하여 신법에서 명시적으로 소급효를 정하지 아니한 때도 당연히 신법이 소급 적용된다고 판시한 바 있다.[314]

대법원은 "어떠한 법률조항에 대하여 헌법재판소가 헌법불합치결정을 하여 입법자에게 그 법률조항을 합헌적으로 개정 또는 폐지하는 임무를 입법자의 형성재량

---

312) 김시철, 「형벌조항에 대한 헌법불합치결정」, 『사법』 제8호, 사법발전재단, 2009, 204~205쪽; 윤진수, 「헌법재판소 위헌결정의 소급효」, 『헌법문제와 재판(상)』(재판자료 제75집), 법원도서관, 1997, 677쪽; 같은 사람, 「상속의 단순승인 의제규정에 대한 헌법불합치결정의 문제점」, 『헌법논총』 제11집, 2000, 218~225쪽; 이준일, 『헌법학강의(제6판)』, 홍문사, 2015, 1065쪽; 정종섭, 『헌법소송법(제8판)』, 박영사, 2014, 409쪽; 최완주, 「헌법불합치결정」, 『헌법재판제도의 이해』(재판자료 제92집), 법원도서관, 2001, 397~398쪽.
313) 황도수, 「헌법불합치결정에 관한 새로운 체계의 시도」, 『헌법실무연구』 제4권, 박영사, 2003, 263쪽.
314) 헌재 1995. 7. 27. 93헌바1, 판례집 7-2, 221, 246-247. 같은 취지: 헌재 2000. 1. 27. 96헌바95, 판례집 12-1, 16, 39; 헌재 2006. 6. 29. 2004헌가3, 공보 117, 872, 875; 헌재 2007. 1. 17. 2005헌바41, 판례집 19-1, 14, 19.

에 맡긴 이상 그 개선입법의 소급적용 여부와 소급적용의 범위는 원칙적으로 입법자의 재량에 달린 것이기는 하지만, 개정 전 민법 제1026조 제2호에 대한 위 헌법불합치결정의 취지나 위헌심판에서의 구체적 규범통제의 실효성 보장이라는 측면을 고려할 때 적어도 위 헌법불합치결정을 하게 된 당해사건 및 위 헌법불합치결정 당시에 개정 전 민법 제1026조 제2호의 위헌 여부가 쟁점이 되어 법원에 계속 중인 사건에 대하여는 위 헌법불합치결정의 소급효가 미친다고 하여야 할 것이므로 비록 개정 민법 부칙 제3항의 경과조치의 적용 범위에 이들 사건이 포함되어 있지 않더라도 이들 사건에 관하여는 종전의 법률조항을 그대로 적용할 수는 없고, 위헌성이 제거된 개정 민법의 규정이 적용되는 것으로 보아야 할 것이다."라고 하여 개선입법을 소급 적용하여야 한다고 본다.[315]

다만, 대법원 판례 중에는 "결정(헌재 1995. 11. 30. 95헌바12등) 이유 전단에서는 종래의 법령의 계속 적용이 가능하다고 하면서도 후단에서는 개정법률이 위헌성이 제거되었다는 이유로 이를 당해 사건 등에 소급하여 적용할 것을 설시하고 있으나, 이를 소급적용할 법리상 근거도 없을 뿐만 아니라 개별공시지가 시행 이전에 이미 양도가 이루어진 사건에 있어서는 위 개정법률은 양도 당시의 과세시가표준액 등에 의한 기준시가를 위 개정법률이 정하고 있는 개별공시지가로 환산하는 규정을 결하고 있으므로, 위와 같은 사례에 있어서는 그 처분이 전부 취소될 수밖에 없어 위 결정 이유 전단에서 헌법불합치결정을 채택하는 근거로 내세운 법적 공백의 회피, 국가의 재정차질 방지 및 납세자 사이의 형평 유지에 정면으로 모순되는 결과가 발생하게 된다. 그렇다면 결국 이 사건 헌법불합치결정은 당해 조항의 위헌성이 제거된 개정법률이 시행되기 이전까지는 종전 구 소득세법 제60조를 그대로 잠정 적용하는 것을 허용하는 취지의 결정이라고 이해할 수밖에 없고, 그것이 당해 사건이라고 하여 달리 취급하여야 할 이유가 없다."라고 하여 개정된 신법이 당연히 소급 적용되는 것은 아니라고 판단한 것도 있다.[316] 하지만, 이 판결은 개정법률을 소급 적용할 때 헌법불합치결정의 취지와 모순되는 사례 자체의 문제점 때문에 예외적으로 개정법률의 소급적용을 부정한 것에 지나지 않는 것으로 보는 것이 옳을 것이다.

(iv) 사견

헌법불합치결정은 본질에 비추어 위헌결정이므로, 헌법불합치결정을 받은 법률

---

315) 대법원 2002. 4. 2. 선고 99다3358 판결(집50－1, 343; 공2002상, 1059). 같은 취지: 대법원 2006. 3. 9. 선고 2003다52647 판결(공2006상, 569).
316) 대법원 1997. 3. 28. 선고 96누15602 판결(집45－2, 451; 공1997상, 1282).

은 (결정주문에서 예외적으로 잠정 적용을 명하지 않는 한) 가능하면 적용되지 아니하도록 할 필요가 있다. 그래서 입법자가 '마음대로' 개선법률의 소급범위를 정하는 것은 헌법불합치결정 취지에 어긋난다. 즉 헌법재판소는 대상법률을 위헌이라고 판단하여 그 적용을 배제하면서 오로지 합헌상태 회복만을 입법자의 재량에 맡긴 것이다. 따라서 입법자에게는 위헌인 법률을 계속 적용하게 할 권한이 없으므로, 헌법불합치결정의 소급효가 미치는 범위에서는 개선된 법률에 소급 적용에 관한 경과규정이 명시되어 있는지와 상관없이 개선된 법률이 적용되어야 한다. 그리고 입법자가 법률을 개선할 때까지 재판절차가 중단되므로, 법적 안정성을 고려할 필요가 없다. 또한, 위헌법률을 적용하는 것은 위헌이므로,[317] 개선된 법률을 소급 적용하지 않으면 법적 공백이 발생한다. 소급 적용을 규정하지 않는다는 이유로 개정법률을 다시 헌법재판소 심판 대상으로 삼아 위헌결정을 받아내라고 하는 요구는 당사자 구제를 늦추는 의미밖에는 없다. 새로운 위헌법률심판과 그에 따른 새로운 법률을 통해서 단지 개정법률의 소급효만이 확인될 수 있기 때문이다. 그리고 헌법재판소의 헌법불합치결정을 통해서 이미 개정법률의 소급효는 확정되었고 개정법률의 다른 내용은 바뀌거나 폐지되지 않으므로, 법원이 소급규정 없는 개정법률을 소급 적용할지라도 입법자의 권한은 침해되지 않는다. 개정법률이 소급 적용되는 범위는 위헌결정에서 소급효가 인정되는 범위와 같다.[318] 따라서 법률개선 계기를 부여한 헌법재판소 결정이 선고된 시점을 넘어서 소급효는 미칠 수 있다. 다만, 예외적으로 입법자가 법률을 개선할 때까지 헌법재판소가 위헌법률의 계속 적용을 명하면 개정법률이 소급 적용되지 않는다.[319]

⑧ 소급 적용 헌법불합치결정

(ⅰ) 소급 적용 헌법불합치결정의 허용성

ⓐ 헌법재판소 판례

헌법재판소는 선고 당시에 이미 개선된 법률을 아직 확정되지 않은 모든 사건과 앞으로 일어날 사건 모두에 적용할 것을 내용으로 하는 헌법불합치결정을 내린 적

---

317) Hartmut Maurer, Zur Verfassungswidrigerklärung von Gesetzen, in: Hans Schneider/Götz Volkmar (Hrsg.), Im Dienst an Recht und Staat: Festschrift für Werner Weber zum 70. Geburtstag, Berlin 1974, S. 362 참조.

318) 정종섭, 『헌법소송법(제8판)』, 박영사, 2014, 411쪽; 한수웅, 「헌법불합치결정의 소급효력」, 『판례월보』 제325호, 판례월보사, 1997. 10., 12쪽; BVerfGE 37, 217 (262) 참조.

319) 같은 견해: 김선택, 「대학교원의 신분보장 – 교수임용방식 개선방향과 해직교수 구제방안」, 『공법연구』 제32집 제1호, 한국공법학회, 2003, 244쪽.

이 있다.320) 이것은 입법자에게 법률개선의무를 부과하는 대신에 결정선고일(1995년 11월 30일)부터 개선된 법률 시행일(1996년 1월 1일)까지의 기간에 개선된 법률을 적용할 것을 명령한 것이다.

그러나 이러한 헌법불합치결정 이후에 헌법재판소는 헌법불합치결정 선고 시점에 개선된 법률이 있었으나, 개선된 법률을 시행 이전 사건에 적용할 근거가 없다고 하면서 기존 법률의 계속 적용을 명령하였다.321) 그리고 헌법재판소는 이미 개선된 법률을 소급 적용하려면 경과규정을 신설하여야 한다고 하였다.322)

ⓑ 대법원 판례

대법원은 선고 당시에 이미 개선된 법률을 아직 확정되지 않은 모든 사건과 앞으로 일어날 사건 모두에 적용할 것을 내용으로 하는 헌법불합치결정 취지를, 단순위헌결정을 내리면 그 결정의 효력이 해당 사건 등에 광범위하게 미쳐서 구 법령에 근거한 양도소득세 부과처분이 모두 취소되어 법적 공백 발생, 조세수입 감소로 말미암은 국가재정 차질, 기납세자와 형평 위배 등의 불합리한 결과가 발생하므로 이러한 부작용을 피하고자 개정법령 시행일 전에 종전 법령을 적용하여서 한 부과처분은 그대로 유지하고, 그 시행일 전에 과세할 소득세에 관해서도 종전 법령을 적용함이 옳다는 판단에서 나온 것이라고 하면서, 결국 이러한 헌법불합치결정은 그 위헌성이 제거된 개선된 법률이 시행되기 전까지는 구 소득세법 제60조를 그대로 잠정 적용하는 것을 허용하는 취지의 결정으로 보아야 한다고 하였다.323)

대법원이 이렇게 보는 것은 헌법재판소가 결정이유 전단에서는 종래 법령의 계속 적용이 가능하다고 하면서 후단에서는 개선된 법률이 위헌성이 제거되었다는 이유로 이를 해당 사건 등에 소급하여 적용할 것을 설시하나, 이를 소급 적용할 근거가 없을 뿐 아니라 개별공시지가 시행 이전에 이미 양도가 이루어진 사건에서는 개선된 법률은 양도 당시의 과세시가표준액 등에 따른 기준시가를 개선된 법률이 정하는 개별공시지가로 환산하는 규정이 없어서, 이러한 사례에서는 그 처분이 전부 취소될 수밖에 없어 결정이유 전단에서 헌법불합치결정을 채택하는 근거로 내세운

---

320) 헌재 1995. 11. 30. 91헌바1등, 판례집 7-2, 562, 594-595.
321) 헌재 2001. 6. 28. 99헌바54, 판례집 13-1, 1271, 1300-1302.
322) 헌재 2003. 1. 30. 2001헌바64, 판례집 15-1, 48, 63-64.
323) 대법원 1997. 3. 28. 선고 96누15602 판결(집45-2, 451; 공1997상, 1282); 대법원 1997. 3. 28. 선고 95누17960 판결(집45-2, 451; 공1997상, 1274); 대법원 1997. 5. 7. 선고 96누16704 판결(공1997상, 1777); 대법원 1997. 10. 24. 선고 96누9973 판결(공1997하, 3679); 대법원 1998. 2. 10. 선고 97누2771 판결(공1998상, 792); 대법원 1998. 3. 13. 선고 96누6059 판결(공1998, 1084).

법적 공백 회피, 국가재정 차질과 납세자 사이의 형평 유지에 정면으로 모순되는
결과가 발생하기 때문이라고 한다.324)

ⓒ 대법원 판례를 옹호하는 견해

선고 당시에 이미 개선된 법률을 아직 확정되지 않은 모든 사건과 앞으로 일어
날 사건 모두에 적용할 것을 내용으로 하는 헌법불합치결정에서 소급 적용을 요구
한 소득세법 개정조항은 개선된 법률이라고 볼 수 없다는 주장도 있다.325) 이 견해
는 입법자가 헌법재판소의 헌법불합치결정에 따라서 부과된 법률개선의무를 이행
하려고 법률을 개선하는 것이므로 헌법불합치결정 이후에 법률이 개선되어야 하는
데, 소득세법 개정조항은 대상법률에 대한 헌법불합치결정이 있기 전에 입법자가
자발적으로 대상법률의 위헌성을 인식하고 이를 바로잡은 것이지326) 헌법불합치결
정에 따른 법률개선의무를 이행한 것이라고 볼 수는 없어서 소급적용규정을 둘 헌
법상 의무가 없으므로 소급적용규정을 두지 않은 것을 입법상 흠결이라고 볼 수 없
어서 소득세법 개정조항의 소급 적용 여부는 일반원칙에 따라 오로지 그 부칙의 효
력규정에 따라야 하는데, 소급 적용에 관한 규정이 없어서 소급 적용할 수 없다고
한다. 설령 소득세법 개정조항을 개선된 법률이라고 보더라도 헌법재판소가 계속
적용하여야 할 사안이라고 하면서 개선된 법률의 소급 적용을 요구하는 것은 모순
이라고 한다. 다만, 헌법불합치결정이 내려지고 나서는 기존 개정법률을 개선된 법
률로 볼 수 있다고 한다.

ⓓ 대법원 판례를 비판하는 견해

대법원 판결에 대해서는 ㈎ 헌법불합치로 선언된 법률을 입법자가 이미 개선하
면, 법률 개선을 구태여 추가로 명령할 필요가 없고, ㈏ 이미 헌법불합치로 선언된
법률이 개선되면, 법적용자에게 개선된 법률을 소급 적용하도록 명령할 수 있는데,
이것은 법관에게 헌법과 법률에 합치되는 법률에 따라서 재판하도록 한 헌법 취지
에 들어맞으며, ㈐ 구체적인 사건을 해결할 때 어려움이 있다고 해서 다른 국가기
관의 유권적인 결정을 전혀 다른 의미로 왜곡하거나 무시하는 태도는 결코 바람직

324) 대법원 1997. 3. 28. 선고 96누15602 판결(집45－2, 451; 공1997상, 1282).

325) 이광열, 「헌법불합치결정의 기속력」, 『재판과 판례』 제6집, 대구판례연구회, 1997, 13쪽; 최완주,
「헌법불합치결정」, 『헌법재판제도의 이해』(재판자료 제92집), 법원도서관, 2001, 401~402쪽.

326) 헌법불합치결정에 따라 법률개선의무를 이행한 결과가 아니라 헌법불합치결정과는 무관하게 개정
한 법률을 헌법재판소가 소급 적용하도록 결정하는 것은 결국 적극적 입법 기능을 행사한 것으로
서 입법부의 고유권한을 침해한 것인지 의문이라는 주장도 있다[소순무, 「구소득세법 제60조에 대
한 헌법불합치결정과 당해사건의 처리」, 법조 제46권 제1호(통권 제493호), 법조협회, 1997. 10.,
140쪽].

하지 못하다는 비판이 있다.327) 그리고 헌법재판소는 아직 확정되지 아니한 양도소득세 부과처분사건들에 관해서 개선된 법률을 적용하면 입법형식상 위헌성이 제거될 수 있을 뿐 아니라 법률을 단순히 위헌으로 선언하면 발생할 수 있는 법적 공백상태 문제를 동시에 해결할 수 있다고 본 것이어서 이러한 헌법불합치결정은 헌법적으로 정당화할 수 있는 독자적 경과규정이라는 견해도 있다.328)

ⓔ 사견

먼저 헌법불합치결정의 기본취지는 입법자의 입법형성권 존중이다. 따라서 입법자가 내린 결정을 따른다면 그러한 결정이 헌법불합치결정 선고 시점 이전에 있든 이후에 있든 상관없이 헌법불합치결정 취지에 들어맞는다. 헌법불합치결정에서는 헌법재판소가 아니라 입법자 스스로 결정한다는 것이 중요하기 때문이다. 따라서 (시점에 따라 달리 규율하여야 할 합리적인 사유가 없는 한) 헌법불합치결정 선고 시점 이전이든 이후이든 입법자가 법률을 개선한다면 달리 취급할 수 없다. 그리고 개선될 법률을 적용하도록 하는 것보다 개선된 법률을 적용하는 것이 입법자의 입법형성권을 더 존중하는 것으로 볼 수 있다. 입법자의 입법형성권에는 법률의 내용뿐 아니라 법률의 제·개정 여부와 시기도 포함된다. 따라서 법률의 제·개정 여부와 시기가 강제되는 개선될 법률 적용보다 그러한 결정을 이미 한 개선된 법률 적용이 입법자의 입법형성권을 덜 제한한다.

다음 위헌성이 확인되어 효력을 상실할 법률을 계속 적용하게 할 수 있는 헌법재판소는 합헌적으로 개선된 법률을 소급 적용하게 할 수 있다고 보아야 할 것이다. 위헌법률을 계속 적용하는 것은 위헌상태를 일정 기간 연장시키는 것이지만, 합헌적으로 개선된 법률을 소급 적용하는 것은 합헌상태를 확대하는 것이기 때문이다. 그리고 개선된 법률을 헌법재판소가 소급 적용하도록 할 수 없다면 헌법재판소는 입법자에게 개선된 법률에 소급적용규정을 추가하도록 법률개선의무를 부과하여야 하는데, 이것은 당사자 구제를 지연시키는 것에 불과하다. 또한, 헌법불합치결정을 통해서 입법자에게 법률개선의무를 부과하는 것이 허용된다면, 법률개선의무를 선이행한 것으로 볼 수 있는 이미 개선된 법률의 소급 적용을 입법자의 입법형성권 침해로 보기 어렵다. 더하여 입법자가 법률을 개정하면서 소급규정을 두지 않은 것은 위헌상태를 내버려 둔 것으로 그 자체로 위헌행위로 볼 수 있다. 그 밖에

---

327) 남복현, 「법률에 관한 변형결정의 유형과 효력」, 『헌법논총』 제9집, 헌법재판소, 1998, 1016쪽.
328) 방승주, 「구 소득세법 제60조에 대한 헌법불합치결정의 법적 성격과 그 효력」, 『헌법실무연구』 제1권, 박영사, 2000, 279쪽.

입법자는 (소급입법금지 위반에 해당하지 않는 한) 언제든지 개선된 법률을 개정하여 소급규정을 둘 수 있다.

끝으로 평등은 하향적 평등이 아니라 상향적 평등을 뜻하므로329) 다른 사람의 불이익 제거가 이루어지지 않는 것은 당사자의 불이익을 제거하지 않는 근거가 되지 않는다. 그리고 위헌법률로 말미암은 행정 공백은 국가 스스로 책임을 져야 하지 국민에게 그 책임을 넘길 수 없다. 또한, 개선된 법률을 소급 적용하여도 발생하는 법적 공백은 법원이 법관법 형성을 통해서 메울 수 있다. 물론 이때 법원은 위헌법률을 적용하는 방식으로 법관법 형성을 할 수는 없다. 법원은 합헌적인 법관법만을 형성할 수 있기 때문이다. 이러한 점에서 법원이 위헌성이 확인된 법률을 계속 적용하게 할 권한은 없다고 보아야 할 것이다.

이러한 점에 비추어 대법원 다수의견은 타당하지 않고, 헌법재판소는 이미 개선된 법률을 소급 적용하도록 하는 헌법불합치결정을 내릴 수 있다고 생각한다.

(ii) 소급 적용 헌법불합치결정의 입법형성권 침해 여부

헌법재판소가 소급 적용 헌법불합치결정을 내리면 개선된 법률은 입법자의 의사와 상관없이 소급 적용된다. 입법자의 입법형성권에는 법률의 내용을 결정할 권한은 물론 법률이 적용될 시점을 결정할 권한도 포함된다. 입법자가 법률에 소급규정을 두지 않은 것은 법률의 효력 발생 시점 이전에는 개선된 법률을 적용하지 않고 구법을 그대로 적용할 것으로 정한 것이다. 따라서 이러한 입법자의 의사에 어긋나게 개선된 법률을 소급 적용하는 것은 입법자의 입법형성권을 침해하는 것으로 볼 여지가 있다. 그러나 이것은 구법과 개선된 법률 모두가 합헌일 때만 그렇다. 구법이나 개선된 법률이 위헌이고 이것을 헌법재판소가 확인하면 해당 법률은 효력을 상실하여 더는 적용될 수 없다. 입법자는 위헌법률을 제정할 권한이 없기 때문이다. 그리고 구법이 위헌일 때 구법이 적용되던 시점에 개선된 법률을 적용하지 않은 것이 평등원칙에 어긋나지 않은 때만 입법자의 입법형성권이 침해될 수 있다. 입법자가 시점에 따라 다른 규율을 하는 것이 평등원칙에 어긋난다면 입법자는 개선된 법률을 소급 적용하는 것 이외에 다른 선택을 할 수 없기 때문이다. 이러한 점에 비추어 소급 적용 헌법불합치결정이 입법자의 입법형성권을 침해하는 때는 구법이 위헌일 때 그에 따른 법률 공백을 개선된 법률과 다르게 규율할 가능성이 있을 때이다. 이러한 때는 특별한 사정변경으로 말미암아 구법이 적용되던 시점과 개

---

329) 헌재 1990. 6. 25. 89헌마107, 판례집 2, 178, 196-197.

선된 법률이 적용되는 시점을 똑같이 규율하는 것이 불합리한 때뿐이다. 이러한 예
외적인 때가 아니라면 구법이 적용되던 시점과 개선된 법률이 적용되는 시점을 달
리 규율하는 것은 평등원칙에 어긋나서 허용되지 않는다. 결국, 소급 적용 헌법불
합치결정은 원칙적으로 입법자의 입법형성권을 침해하지 않지만, 예외적으로 구법
이 적용되던 시점과 개선된 법률이 적용되는 시점을 달리 규율할 특별한 사정이 있
으면 소급 적용 헌법불합치결정은 입법자의 입법형성권을 침해할 수 있다. 이러한
예외적인 때에 헌법재판소는 소급 적용 헌법불합치결정을 내릴 수 없다.

(ⅲ) 소급 적용 헌법불합치결정의 선고요건

소급 적용 헌법불합치결정도 헌법불합치결정인 이상 헌법불합치결정에 요구되
는 정당화가 필요하다. 즉 먼저 ⓐ 단순위헌결정을 통한 위헌법률의 효력 상실을
통해서 합헌상태가 바로 회복되지 못하여야 한다. 그래서 합헌상태 회복을 위해서
개선된, 즉 해당 법률의 위헌성을 제거한 법률의 적용이 요구되어야 한다. 구체적
으로 소급 적용 헌법불합치결정에서는 이미 시행 중이거나 시행할 예정인 개정법률
이 적용될 때 합헌상태가 회복될 수 있어야 한다. 다음 ⓑ 단순위헌결정에 따라 입
법자가 소급하여 자기 의사에 맞출 수 없는, 돌이킬 수 없는 법적 상황이 있어야
한다. 이때 단순위헌결정에 따라 입법자가 소급하여 자기 의사에 맞출 수 없는, 돌
이킬 수 없는 법적 상황이 있을 때란 소급 적용 헌법불합치결정과 관련하여서 입법
자가 소급규정을 두는 법률 개정을 할 때까지 기다릴 여유가 없거나 최소한 그러한
법률 개정이 당사자의 권리구제를 늦추는 의미밖에 없을 때를 가리킨다.

소급 적용 헌법불합치결정은 적용 중지 헌법불합치결정이나 계속 적용 헌법불
합치결정의 선고요건을 모두 갖추었으나, 개선된 법률, 즉 해당 법률의 위헌성을
제거한 개정법률이 있을 때 선고될 수 있다. 이때 개선된 법률은 원칙적으로 해당
법률의 위헌성을 전부 제거한 개정법률만을 가리킨다. 위헌성이 일부만 제거된 법
률이 있다면, 해당 법률의 남은 위헌성을 제거하기 위해서 헌법재판소는 입법자에
게 법률개선의무를 부여할 수 있기 때문이다. 다만, 계속 적용 헌법불합치결정의
요건을 갖추었을 때는 위헌성이 확인된 법률을 계속 적용하는 것보다 일부라도 위
헌성이 제거된 개정법률을 적용하는 것이 더 합헌상태에 가깝다면 예외적으로 소급
적용 헌법불합치결정을 내릴 수 있다. 이때 헌법재판소는 단순히 소급 적용 헌법불
합치결정을 내리는 것이 아니라 입법자에게 해당 법률의 위헌성을 모두 제거하도록
하는 법률개선의무를 부과하면서 이렇게 법률이 개선될 때까지만 일부라도 위헌성
이 제거된 개정법률을 적용하도록 하여야 할 것이다. 헌법재판소 심판 대상이 아닌

사항과 관련하여 개정법률의 위헌 여부가 문제 될 수 있다. 즉 심판 대상인 법률의 위헌성을 제거한 법률에 개선 과정에서 새로운 위헌성 문제가 추가될 수 있다. 하지만 이러한 개정법률의 위헌성은 개정법률이 심판 대상에 포함되지 않는 한 헌법재판소는 심사할 수 없다. 만약 이러한 범위까지 헌법재판소가 심사할 수 있다면 그것은 헌법재판의 소극성에 어긋난다. 그리고 해당 법률을 개정한 법률이 있더라도 위헌성이 그대로 유지되거나 심지어 그 위헌성을 더 강화하면, 이러한 법률은 개선된 법률로 볼 수 없어서 헌법재판소는 소급 적용 헌법불합치결정을 내릴 수 없다. 소급 적용 헌법불합치결정에 따라서 소급 적용되는 법률은 선고 시점에 바로 적용될 수 있어야 한다. 즉 해당 법률을 시행할 기관을 새롭게 만들어야 하거나 해당 법률을 시행하는 데 기존 조직을 개편하거나 인력을 충원하거나 예산상 문제를 해결하여야 하는 것과 같이 해당 법률을 바로 시행하는 데 장애사유가 있다면 헌법재판소는 소급 적용 헌법불합치결정을 내릴 수 없다.

수혜적 법률이 평등원칙에 어긋난다는 이유로 소급 적용 헌법불합치결정을 내리려면 헌법재판소는 먼저 ⓐ 해당 법률의 주된 위헌 원인이 평등원칙 위반이라는 것을 밝히고, ⓑ 이때 위헌인 차별을 개선할 수 있는 다양한 선택 가능성이 헌법적으로 인정된다는 것을 명확하게 확인하고 나서, ⓒ 입법자가 그러한 가능성 중 하나를 선택하여 구체화한 개선된 법률이 이미 있음을 지적하고, ⓓ 이러한 위헌성이 확인된 법률의 효력을 헌법재판소법 제47조 제2항과 제3항에 따라 상실시키면 개선된 법률의 적용범위와 관련하여 수인하기 어려운 법적 공백이 발생하여 개선된 법률의 소급 적용을 통해서 그 공백을 메울 필요가 있음을 헌법적으로 충분히 논증하여야 한다.

법적 공백이나 혼란이 생길 우려가 있다는 이유로 소급 적용 헌법불합치결정을 내리려면 헌법재판소는 먼저 ⓐ 위헌인 법률의 효력을 상실시키는 것이 그것을 존속시키는 것보다 더 위헌적인 상태가 생기게 하고, ⓑ 그러한 상태를 잠정적으로라도 헌법적으로 수인하기 어려우며, ⓒ 이미 있는 개선된 법률을 소급 적용하는 것이 단순위헌결정으로 말미암은 법적 공백과 혼란을 방지하기 위한 적절한 수단임을 헌법적으로 충분히 논증하여야 한다.

3. 임시규율

(1) 임시규율의 의의

임시규율은 헌법재판소가 심사한 법률의 위헌성을 확인하면서 만든 잠정적인 규율을 말한다. 임시규율은 법률을 일정 기간 대체하는 법률적 규율이다. 임시규율은 잠정적인 조치에 불과한 것으로서 입법자 스스로 새로운 법률 규정으로 대체할 때까지만 효력이 있다. 임시규율을 형성할 때 헌법재판소는 입법자의 역할을 한시적으로 대신하는 것으로 보충적 입법자나 긴급입법자로 볼 수 있다. 이러한 점에서 헌법재판소가 임시규율을 형성하는 것은 오로지 보충적으로 그리고 예외적으로만 하여야 한다. 이를 넘어서면 헌법재판소가 입법자의 입법형성권을 침해할 뿐 아니라 입법자가 책임을 지지 않기 위해서 입법 자체를 소홀히 할 위험성을 배제하기 어렵다.330)

(2) 임시규율 형성의 헌법적 필요성

헌법재판소가 단순위헌결정을 내리면 위헌으로 결정된 (형벌에 관한 법률을 제외한) 법률은 그 결정이 있는 날부터 효력을 상실한다(헌법재판소법 제47조 제2항과 제3항). 이에 따라 법적 공백이 발생하면, 적용 중지 헌법불합치결정은 입법자가 개선한 법률을 소급 적용함으로써 그리고 계속 적용 헌법불합치결정은 위헌(으로 확인된)법률을 계속 적용함으로써 그 공백을 메운다. 그런데 입법자의 법률 개선을 기다리지 못하거나 개선된 법률의 소급 적용으로 해결할 수 없는 문제가 발생하면 적용 중지 헌법불합치결정을 내릴 수 없다. 그리고 위헌(으로 결정된)법률을 계속 적용하는 것이 헌법적으로 허용될 수 없다면 계속 적용 헌법불합치결정을 내릴 수도 없다. 이때 단순위헌결정에 따른 법적 공백을 메우기 위해서 헌법재판소가 임시규율을 형성할 수 있는지가 문제 된다.

먼저 ① 입법자가 (적어도 일시적으로나마) 메울 수 없거나 메우려 하지 않는 법적 공백을 메울 수 있는 기관, 구체적으로 입법자가 법률을 제·개정하여 법적 공백을 메우기 전에 이에 대처할 수 있는 기관은 헌법재판소뿐이다. 특히 이러한 법적 공백 발생을 누구보다 먼저 (명확하게) 인식하는 것도 헌법재판소이다. 이러한 점에서 헌법재판소가 임시규율로 법적 공백을 메우지 않으면 입법자 스스로 메우기 전에는 이러한 공백은 방치될 수밖에 없다. 이것을 알면서도 아무런 조치를 취하지 않는 것은 헌법수호자라는 헌법재판소의 지위에 어긋난다. 여기서 확인된 법적 공백을 메우는 임시규율을 헌법재판소가 형성할 필요성이 대두한다.

다음 ② 모든 헌법기관은 서로 존중하고 배려하고 협조하는 방식으로 행위를 하여야 한다(헌법기관충실원칙). 헌법기관 서로 간의 존중과 배려 그리고 협조는 헌

---

330) Klaus Schlaich/Stefan Korioth, Das Bundesverfassungsgericht — Stellung, Verfahren, Entscheidungen, 11. Aufl., München 2018, Rdnr. 545 참조.

법기관의 독립성에 대한 상관개념으로서, 헌법기관들이 헌법합치적으로 행위를 할 때 조화적으로 함께 작용하고, 서로 다른 헌법기관의 명성을 훼손하면서 위태롭게 할 모든 것을 하지 말아야 한다는 것을 요구한다. 그래서 각 기관은 다른 기관이 자기 과제를 옹글게(완벽하게) 수행할 준비가 되지 않았거나 수행할 수 없거나 수행할 의사가 없으면 보충적인 혹은 지원하는 활동을 하여야 한다. 따라서 입법자가 입법적 해결책을 마련할 때까지 일정 기간이 필요하거나 유권자가 원하지 않는 법률이라서 제정하기를 꺼리는 때 등의 이유로 법적 공백이 발생하면 이러한 공백을 인식한 헌법재판소가 (입법자 스스로 입법적 해결책을 마련할 때까지 잠정적으로) 개입하여야 한다. 여기서 (특별한) 법원이라는 헌법재판소의 기능적 한계가 다른 기관의 과제와 권한을 존중하고 다른 기관과 조화를 이루어야 한다는 요청에 있는 것이지, 이러한 한계가 책임과 관련하여 불변이며 고정적일 수 없다는 것이 밝혀진다.331) 이러한 헌법기관충실원칙과 헌법재판소의 기능적 한계를 고려하여도 헌법재판소의 임시규율 형성은 금지되지 않고 오히려 요구된다.

끝으로 ③ 권력분립원리는 국가권력을 그 성질에 따라 둘 이상으로 나누고 이들을 해당 기능에 맞게 구성된 다른 기관에 배정하여 이들 서로 간에 견제와 균형을 이룰 수 있도록 하는 '기능의 분리와 기능 사이 상호통제의 체계'이다. 여기서 국가권력 분리와 국가권력 서로 간의 견제 및 균형은 국민의 자유와 권리를 보호하기 위한 수단에 불과하다. 헌법재판소가 예외적인 때에 입법자 대신 임시규율이라는 법률 대용물을 마련하는 것이 형식적으로는 권력분립원리에 어긋나는 것처럼 보일 수 있다. 그러나 이것이 국민의 자유와 권리를 보호하기 위한 불가피한 조치라면 실질적으로는 권력분립원리에 들어맞는 것으로서 오히려 요구된다.332)

(3) 임시규율 형성의 근거

임시규율 형성과 관련하여 명시적인 실정법적 근거는 찾을 수 없다. 임시규율은 법률 공백을 메우기 위한 것이라서, 즉 법률을 대체하는 것이라서 법률의 효력이 있다고 볼 수밖에 없다.333) 그런데 입법권은 국회에 속한다(헌법 제40조). 물론 이것

---

331) 이상 방승주, 「독일연방헌법재판소에 의한 경과규정의 허용성」, 『안암법학』 제4호, 안암법학회, 1996, 189쪽; Konrad Hesse, Funktionelle Grenzen der Verfassungsgerichtsbarkeit, in: Recht als Prozess und Gefüge: Festschrift für Hans Huber zum 80. Geburtstag, Bern 1981, S. 265 f. (콘라드 헷세, 계희열 옮김, 「헌법재판의 기능적 한계」, 『헌법의 기초이론』, 박영사, 2001, 223~224쪽).

332) 같은 견해: 정연주, 「비상입법자로서의 헌법재판소」, 『헌법학연구』 제13권 제3호, 한국헌법학회, 2007, 25~26쪽.

333) 같은 견해: 정연주, 「비상입법자로서의 헌법재판소」, 『헌법학연구』 제13권 제3호, 한국헌법학회, 2007, 21~22쪽.

이 입법권이 국회에 전속한다는 뜻은 아니다. 하지만 입법권의 핵심영역은 반드시 국회가 행사하여야 한다. 법률제정권은 입법권의 핵심영역이다. 따라서 국회가 아닌 다른 국가기관은 헌법이 달리 규정하지 않는 한 법률(형식적 법률)이나 그와 유사한 법규범(즉 법률의 효력이 있는 법규범: 실질적 법률[334])을 제정할 수 없다. 즉 국회가 아닌 다른 국가기관이 법률제정권이나 법률의 효력이 있는 법규범제정권을 행사하려면 반드시 헌법에 근거가 있어야 한다. 한국 헌법은 (형식적) 법률과 같은 효력이 있는 법규범에 관해서 명시적 규정을 둔다. 법률대위명령(긴급재정경제명령과 긴급명령: 헌법 제76조) 국회 동의가 필요한 조약(헌법 제6조 제1항과 제60조 제1항), 법률의 효력이 있는 일반적으로 승인된 국제법규(헌법 제6조 제1항)가 그것이다. 법률로써 다른 국가기관에 법률제정권이나 법률의 효력이 있는 법규범제정권을 부여하는 것은 헌법의 권한질서를 바꾸는 것이라서 헌법에 어긋나 허용되지 않는다. 이러한 점에서 헌법재판소가 법률의 효력이 있는 임시규율을 형성할 수 있다면 이러한 권한은 헌법상 직접 도출되는 불문의 비상권한에 근거한다는 것 이외에는 정당화할 길이 없다.[335]

입법자가 (일시적이라도) 법률을 제정할 수 없거나 법률을 제정할 의사가 없을 때만 헌법재판소는 예외적으로 임시규율을 형성할 수 있다. 구체적으로 헌법재판소가 심사한 법률이 위헌이라고 선언할 수밖에 없지만, 단순히 위헌성을 확인하여 해당 법률의 효력을 상실시키면 특별한 상황 때문에 입법자가 새로운 법률적 규율을 제정할 때까지 수인하기 어려운 위헌상태가 발생하는데도 입법자가 대내·외적 원인 때문에 오랫동안 입법할 수 없거나 입법하려고 하지 않을 때가 있다. 이때 헌법재판소는 긴급입법자로서 입법자가 새로운 법률적 규율을 마련할 때까지만 잠정적으로 적용되는 임시규율을 형성할 수 있다. 이러한 임시규율 형성은 법관법 형성의 하나로서 사법적 긴급권의 확장이다.[336] 다만, 헌법재판소에 이러한 권한이 우선적이고 계속 부여된다면 이러한 권한과 헌법재판소의 본질에 어긋난다.[337] 그러므로

---

334) 형식적 법률 이외에 법률의 효력이 있는 법규범을 통틀어 실질적 법률이라고 한다. 이에 관해서는 허완중, 「법률과 법률의 효력」, 『공법학연구』 제11권 제1호, 한국비교공법학회, 2010, 190~194쪽 참조.

335) Peter Lerche, Das Bundesverfassungsgericht als Notgesetzgeber, insbesondere im Blick auf das Recht des Schwangerschaftsabbruchs, in: Meinhard Heinze (Hrsg.), Festschrift für Wolfgang Gitter: zum 65. Geburtstag am 30. Mai 1995, Wiesbaden 1995, S. 511.

336) Peter Lerche, Das Bundesverfassungsgericht als Notgesetzgeber, insbesondere im Blick auf das Recht des Schwangerschaftsabbruchs, in: Meinhard Heinze (Hrsg.), Festschrift für Wolfgang Gitter: zum 65. Geburtstag am 30. Mai 1995, Wiesbaden 1995, S. 514.

337) Klaus Schlaich/Stefan Korioth, Das Bundesverfassungsgericht – Stellung, Verfahren, Entscheidungen,

이러한 권한은 진정한 의미의 권한이라고 보기는 어렵다.

헌법이 헌법재판소의 임시규율 형성을 명시적으로 규정하지 않은 것은 그러한 상황을 헌법제정자나 헌법개정자가 예측할 수 없었기 때문이다. 이러한 점에서 임시규율 형성은 헌법이 예정한 헌법재판소 권한으로 볼 수는 없지만, 그렇다고 헌법재판소 권한이 아니라고 단정할 수도 없다. 헌법이 예정하지 못한 상황을 헌법이 예정한 방법을 해결할 수 있으면 아무런 문제가 없다. 그러나 이러한 상황을 헌법이 예정한 방법으로 해결할 수 없다면 헌법제정자나 헌법개정자가 이러한 상황을 알았을 때 어떻게 해결할 것인지를 예측하여 대처할 수밖에 없다. 따라서 불문의 권한을 인정하는 것이 헌법상 불가능하고 배척되어야 하는 것은 아니다. 헌법재판소가 변형결정을 내릴 수 있는 권한도 불문의 비상권한이다. 더 큰 위헌상태를 발생시키거나 헌법상 수인할 수 없는 심각한 기본권 침해를 수반하는 법적 공백이 예상되는데도 명문 근거가 없다는 이유로 아무런 조치 없이 내버려 두는 것은 헌법 위반이며 최후의 헌법수호자인 헌법재판소의 직무유기와 다름없다.[338]

① (특별한) 법원이라는 헌법재판소의 지위는 보충적 입법자나 긴급입법자라는 역할과 (형식적으로) 충돌한다.[339] 법원은 입법자가 만든 법규범을 해석하여 적용하는 기관이지 법규범을 만드는 기관이 아니기 때문이다. 그러나 관련된 기본권적 지위 때문에 혹은 법치국가적 근거에 따라 법률의 보충이나 수정이 필요할 때 입법자가 언제나 그리고 독점적으로 확인된 법적 공백을 메워야 하는 것은 아니다. 입법자는 우선하여 그러한 의무를 질 뿐이다. 필요한 규율을 찾을 수 없으면 법관도 인지된 법률 흠결을 유효한 법에 가능한 한 밀접하게 의존하여 합헌적 방식으로 메울 임무가 있다.[340] 이것은 법관이 재판을 거부할 수 없다는 점에서 비롯한 것으로 이것을 법관법 형성이라고 한다. 헌법재판소가 형성하는 임시규율도 법관법의 하나로 볼 수 있다. 다만, 일반적인 법관법은 해당 사건에 국한하여 적용되지만, 헌법재판소의 임시규율은 기속력이라는 헌법재판소 결정의 고유한 효력 때문에 모든 국가기관을 구속하여 해당 사건을 넘어 일반적으로 적용되는 결과를 낳는다.

---

11. Aufl., München 2018, Rdnr. 544: "우선적이고 지속적인 의무가 그 자체를 무의미하게 만드는 것".

338) 이상 정연주, 「비상입법자로서의 헌법재판소」, 『헌법학연구』 제13권 제3호, 한국헌법학회, 2007, 41쪽.

339) Andreas Voßkuhle, Die verfassungsgerichtliche Kontrolle von Gesetzen durch das Bundesverfassungsgericht, in: Thomas Würtenberger (Hrsg.), Rechtsreform in Deutschland und Korea im Vergleich, Berlin 2006, S. 222 f.

340) Christian Hillgruber, Richterliche Rechtsfortbildung als Verfassungsproblem, in: JZ 1996, 121.

② 헌법국가에서 사법권의 기능은 헌법에서 직접적으로나 간접적으로 도출되어
야 한다. 한국 헌법은 제101조 제1항에서 사법권은 법관으로 구성된 법원에 속한다
고 하고, 제111조 제1항에서 헌법재판소는 법원의 제청에 의한 법률의 위헌여부 심
판, 탄핵의 심판, 정당의 해산 심판, 국가기관 상호간, 국가기관과 지방자치단체간
및 지방자치단체 상호간의 권한쟁의에 관한 심판, 법률이 정하는 헌법소원에 관한
심판을 관장한다고 하여 사법기관의 권한과 기능을 직접 규정한다. 따라서 법원과
헌법재판소는 원칙적으로 헌법이 부여한 임무만 수행할 수 있다. 민주주의원리와
법치국가원리라는 두 가지 헌법기본원리의 직접적 효과인 헌법 제103조에 따른 법
관의 법률 구속은 법관법 형성으로 나타나는 법관의 법계속형성과 충돌하는 것처럼
보인다.

법률 구속은 먼저 법률 우위와 법률유보를 보장하고 법률수범자를 자의적인 재
판에서 보호한다. 법률 구속은 오로지 법(적용)평등과 법적 안정성만을 보장하면서
법치국가원리를 실현한다. 그리고 법률 구속을 통해서 법관과 그가 하는 재판은
(실질적－내용적) 민주적 정당성을 부여받는다.341) 그러나 법관의 헌법 구속으로 말
미암아 전통적인 법관의 법률 구속은 흔들린다. 즉 헌법 아래에서 사법의 임무는
단순한 법률 적용에 그치는 것이 아니라 때에 따라서는 법형성이다.342) 법관은 법률
을 적용하는 것에 그치는 것이 아니라 헌법에 어긋나는 법률 적용을 거부하여야 하
고 헌법에 비추어 법률의 빈틈을 메워야 하기 때문이다. 임시규율이 헌법과 법률에
어긋나지 않고, 입법자의 추정적 의사에 들어맞는다면 헌법과 법률의 우위와 충돌하
지 않는다. 그리고 입법자가 입법할 수 없거나 입법할 의사가 없는 동안에만 국민의
자유와 권리를 보호하기 위해서 보충적으로 임시규율을 형성한다면 법률유보에도
어긋나지 않는다. 또한, 계속 적용 헌법불합치결정에서 위헌인 법률을 계속 적용하
게 하는 것도 법적 공백을 메울 법률을 헌법재판소가 정한다는 점에서 임시규율로
볼 여지가 있다. 위헌성이 확인되어 효력이 상실되어야 할 법률을 계속 적용하면 위
헌상태를 일정 기간 수인하는 것이라는 점과 비교하면 입법자의 의사에 어긋나지
않는 임시규율을 형성하여 합헌상태를 회복하는 것이 더 합헌적이라고 볼 수 있다.
더하여 헌법재판소는 "국회의원선거법(1988.3.17. 법률 제4003호, 개정 1991.12.31. 법률
제4462호) 제55조의3(정당연설회)의 규정 중 "정당연설회에 당해 지역구후보자를 연
설원으로 포함시킨 부분"과 같은 법 제56조(소형인쇄물의 배부 등)의 규정 중 "정당이

---

341) 이상 Christian Hillgruber, Richterliche Rechtsfortbildung als Verfassungsproblem, in: JZ 1996, 118.
342) Christian Hillgruber, Richterliche Rechtsfortbildung als Verfassungsproblem, in: JZ 1996, 119.

후보자를 추천한 지역구마다 2종의 소형인쇄물을 따로 더 배부할 수 있도록 한 부
분"은, 당해 지역구에서 정당이 그와 같은 정당연설회를 개최하거나 소형인쇄물을
제작 배부하는 경우에는, 무소속후보자에게도 각 그에 준하는 선거운동의 기회를 균
등하게 허용하지 아니하는 한 헌법에 위반된다."343)라는 (헌법재판소 자신은 한정위헌
결정으로 분류하지만) 이른바 조건부위헌결정을 내린 적이다. 이것은 헌법재판소가 새
로운 규율내용을 만든 것이라는 점에서 임시규율 형성으로 볼 수 있다.

③ 헌법재판소가 임시규율을 제정하여도 입법자의 권한은 침해되지 않는다. 입
법자가 법률을 제정할 수 없거나 제정하지 않으려고 할 때만 헌법재판소는 임시규
율을 형성할 수 있기 때문이다. 헌법재판소는 행사할 수 없거나 행사하려고 하지
않는 입법권을 오로지 잠정적으로만 대신 행사할 뿐이다. 입법자는 언제든지 스스
로 법률을 제·개정하여 헌법재판소가 만든 임시규율을 대체할 수 있다. 즉 헌법재
판소가 임시규율을 형성하는 것은 입법자의 상태나 의사에서 비롯한 것이고, 그러
한 비정상적인 상태는 입법자 스스로 언제든지 정상적인 상태로 바꿀 수 있다.

(4) 임시규율의 선고요건

임시규율 형성에 관한 실정법적 근거가 없다는 것은 임시규율 형성에 관해서
매우 좁은 형성재량이 헌법재판소에 있다는 것을 뜻한다. 즉 헌법재판소는 매우 엄
격한 한계 안에서만 임시규율을 형성할 수 있음을 의미한다.344) 따라서 임시규율
형성은 오로지 매우 드문 예외적인 사례에서만 허용될 수 있고, 헌법재판소가 입법
자 대신 긴급입법자로서 한시적으로 행동하는 것에 국한한다는 전제 아래에서만 헌
법재판소는 임시규율을 형성할 수 있다.345)

먼저 ① 헌법재판소는 심사한 법률의 위헌성을 확인하여 해당 법률이 효력을
상실하면 수인할 수 없는 법적 공백이나 법적 혼란이 발생하여야 한다.346) 이러한
법적 공백이나 법적 혼란은 입법자가 소급효 있는 법률을 제정하여 메울 수 없어야

---

343) 헌재 1992. 3. 13. 92헌마37등, 판례집 4, 137.

344) Peter Lerche, Das Bundesverfassungsgericht als Notgesetzgeber, insbesondere im Blick auf das
   Recht des Schwangerschaftsabbruchs, in: Meinhard Heinze (Hrsg.), Festschrift für Wolfgang Gitter:
   zum 65. Geburtstag am 30. Mai 1995, Wiesbaden 1995, S. 511.

345) Andreas Voßkuhle, Die verfassungsgerichtliche Kontrolle von Gesetzen durch das Bundesverfassungsgericht,
   in: Thomas Würtenberger (Hrsg.), Rechtsreform in Deutschland und Korea im Vergleich, Berlin
   2006, S. 223.

346) Otto Bachof, Der Richter als Gesetzgeber?, in: Joachim Gernhuber (Hrsg.), Tradition und
   Fortschritt im Recht: Festschrift des Tübinger Juristenfakültät zu ihrem 500−jährigen Bestehen
   1977 von ihren gegenwärtigen Mitgliedern und in deren Auftreten, Tübingen 1977, S. 188 참조.

한다. 즉 위헌으로 확인된 법률은 헌법적으로 수인할 수 없는 심각한 위헌상태를 만들어서 기존 법적 상태를 지속시킬 수 없는데, 해당 법률이 효력을 상실함으로써 발생하는 법적 상태도 잠시라도 수인할 수 없는 법적 공백이나 법적 혼란의 상태이어야 한다. 임시규율 형성은 이러한 법적 공백이나 법적 혼란을 예방하는 효과적인 수단이고, 헌법재판소가 임시규율을 형성하는 목적도 이러한 법적 공백이나 법적 혼란을 예방하려는 것이다.

다음 ② 입법자는 대내·외적 원인 때문에 필요한 법률을 적절한 시간 안에 제·개정할 수 없거나 제·개정하려고 하지 않아야 한다.[347] 이러한 때만 헌법재판소는 잠정적으로나마 입법자의 입법권을 대신 행사할 수 있기 때문이다.[348] 입법자가 법률을 제·개정할 의사가 있을 뿐 아니라 적절한 시간 안에 법률을 제·개정할 수 있다면 헌법재판소는 헌법불합치결정을 선고하여 문제를 해결할 수 있다. 이때 한 순간도 기다릴 수 없는 때라면 입법자가 법률을 제·개정하려면 일정한 시간이 필요하므로 바로 입법자가 적절한 시간 안에 제·개정할 수 없음이 인정된다.

그리고 ③ 임시규율은 헌법과 법률에 어긋날 수 없고, 입법자의 의사에 들어맞아야 한다. 임시규율을 만들 때도 헌법재판소는 헌법과 법률의 구속에서 벗어날 수 없다. 입법자는 헌법과 법률에 비추어 법률의 빈틈을 메울 수 있을 뿐이다. 따라서 법률이 지켜야 할 법치국가적 한계를 지켜야 한다. 그리고 임시규율을 만들 때 헌법재판소는 자기 권한을 행사하는 것이 아니라 입법자의 권한을 대신 행사한다. 따라서 입법자의 의사를 최대한 존중하고 추측하여 임시규율을 만들어야 한다.[349]

끝으로 ④ 헌법재판소는 수인할 수 없는 법적 공백이나 법적 혼란을 일으키지 않으려고 입법자의 권한을 일시적으로 대신 행사하는 것이므로, 필요한 최소한의 내용을 담은 임시규율만을 형성할 수 있다.[350] 특히 임시규율을 너무 자세하고 구체적으로 형성하여 나중에 입법자가 법률을 제정할 때 구속을 당하여서는 아니 된다. 즉 입법자의 입법재량을 건드리는 임시규율을 형성하여서는 아니 된다.[351] 권

---

[347] 정연주, 「비상입법자로서의 헌법재판소」, 『헌법학연구』 제13권 제3호, 한국헌법학회, 2007, 35쪽 참조.

[348] 정연주, 「비상입법자로서의 헌법재판소」, 『헌법학연구』 제13권 제3호, 한국헌법학회, 2007, 22쪽 참조.

[349] 정연주, 「비상입법자로서의 헌법재판소」, 『헌법학연구』 제13권 제3호, 한국헌법학회, 2007, 35쪽 참조.

[350] 정연주, 「비상입법자로서의 헌법재판소」, 『헌법학연구』 제13권 제3호, 한국헌법학회, 2007, 35쪽 참조.

[351] BVerfGE 84, 9 (23) 참조.

력분립원리는 입법자에게 다양한 합헌적 규율 중 하나를 선택할 형성재량을 보장하기 때문이다. 임시규율이 한시적 규율에 불과하고 언제든지 입법자가 본래 자신의 형성재량에 따라 선택한 합헌적 규율로 대체할 수 있어야 입법자의 형성재량은 침해되지 않는다. 물론 헌법재판소가 심사한 법률을 위헌으로 선언한 중요이유는 입법자의 형성재량을 제한한다.

헌법재판소는 단순위헌결정이나 한정위헌결정을 내리면서 임시규율을 덧붙일 수 있다. 다만, 임시규율 형성으로 말미암아 입법자가 간접적으로 법률 개선을 강제 받기는 하지만, 단순위헌결정이나 한정위헌결정은 입법자에게 법률개선의무를 부과하지 않는다. 즉 이론적으로는 입법자가 임시규율을 수용하고 이를 법률적 규율로 대체하지 않아도 큰 문제가 발생하지 않을 수 있다. 따라서 법률 개선을 강제할 필요가 있다는 점에서 헌법재판소가 위헌이 확인된 법률을 헌법불합치로 선언하여 그 적용을 중지하고 임시규율을 덧붙이는 것이 더 바람직하다고 생각한다. 헌법불합치결정을 통해서 입법자에게 법률개선의무를 부과할 수 있기 때문이다. 이러한 헌법불합치결정은 기존 유형과는 다른 것으로 새로운 헌법불합치결정 유형[임시규율 딸린(부가) 헌법불합치결정]에 해당한다.

Ⅲ. 헌법재판소 결정의 효력

1. 위헌결정의 범위(심판 대상 범위)와 결정주문의 효력이 미치는 범위

결정주문의 효력은 심판 대상이 된 부분에 한하여 발생한다. 헌법재판소법 제45조 단서를 해석하면, 헌법재판소는 제청법원 제청취지에 어긋나지 않는 범위 안에서 직권으로 심판 대상을 확정(확장이나 축소)할 수 있다. 즉 헌법재판소는 청구물 이외에도 청구물과 밀접불가분의 관계가 있는 조항에 대해서 직권으로 심판 대상 범위를 확장하거나 청구물 중에서 심판 필요성이 없는 부분을 배제하여 위헌결정을 할 수 있다.

2. 확정력

헌법재판소 결정은 헌법분쟁을 최종적으로 해결하는 사법작용의 결과이다. 이러한 헌법재판소 결정을 마음대로 바꾸거나 취소할 수 있다면 재판의 신뢰를 확보할 수 없어서 헌법분쟁은 종국적으로 해결될 수 없고, 헌법재판을 통한 헌법질서의 형성과 유지도 불가능하며, 국민생활과 국가는 매우 불안정한 상태에 놓이게 될 것이다. 이때 헌법재판은 자기 기능을 제대로 수행할 수 없고, 법치국가원리의 구성

요소인 법적 안정성과 법적 평화는 보장될 수 없다. 따라서 헌법재판소 결정이 선
고되면 결정 내용을 확정시키고, 그에 따라서 향후 당사자와 법원에 대한 행위기준
을 제시하며, 이에 바탕을 둔 헌법질서가 구축되게 할 필요성이 있다. 이러한 필요
성을 충족시키기 위해서 헌법재판소 결정에는 확정력(Rechtskraft, res iudicata)이 인
정된다. 즉 확정력은 수범자 사이의 법적 평화를 회복하고 유지함으로써 법적 안정
성을 확립하고 법원이 분쟁을 해결하기 위한 전제이다. 이러한 점에서 확정력은 명
문 규정은 없지만, 법치국가원리를 기본원리로 수용하고 헌법재판제도를 도입한 헌
법 자체에서 도출되는 헌법적 효력이다.352) 헌법재판소법은 확정력을 명시적으로
규율하지 않지만, 기판력의 본질적 작용인 일사부재리353)를 규정하고(제39조), 일반
적으로 헌법재판소의 심판절차에 민사소송법령을 준용하도록 하므로(제40조 제1항
전문), 헌법재판소 결정에는 다른 사법판결처럼 확정력이 인정된다고 보아야 한다.
따라서 헌법재판소 결정에 일반 소송법 원칙에 따른 확정력과 다른 효력을 인정하
려면 특별법인 헌법재판소법이나 그 밖의 다른 법률이 명시적으로 그러한 내용을
규정하여야 한다.354) 확정력은 불가변력, 불가쟁력과 기판력으로 구성된다. 불가변

---

352) 헌법재판소는 자기기속력 때문에 헌법재판소 결정을 취소·변경할 수 없다고 하면서, 이것은 법적
    안정성을 위해서 불가피하다고 한다(헌재 1989. 7. 24. 89헌마141, 판례집 1, 155, 156; 헌재 1993.
    2. 23. 93헌마32, 판례집 5-1, 15, 16).
353) 기판력과 일사부재리효력의 관계를 어떻게 이해할 것인지와 관련하여 형사소송법에서 기판력과 일
    사부재리효력이 같다는 일치설(실체적 확정력설), 기판력과 일사부재리효력이 별개의 개념이라는
    구별설(이중위험금지설) 그리고 기판력이 일사부재리를 포함한다는 포함설이 대립한다. 영미법의
    이중위험금지원칙도 재판의 최종성을 전제로 피고인을 보호하려는 것이므로 기판력과 일사부재리
    효력을 개념적으로 분리할 수 없고, 피고인의 법적 안정성을 보호하기 위해서는 내용적 구속력이
    필요하므로 포함설이 타당하다고 생각한다(배종대/이상돈/정승환/이주원, 『형사소송법(제2판)』, 홍
    문사, 2016, 766~767쪽; 손동권/신이철, 『새로운 형사소송법』, 세창출판사, 2016, 711쪽; 이재상/조
    균석, 『형사소송법(제11판)』, 박영사, 2017, 723~725쪽; 정승환, 『형사소송법』, 박영사, 2018, 706~
    707쪽). 헌법재판소 소수의견에는 헌법재판소법 제39조가 기판력 인정을 명문화한 것으로 보는 것
    (헌재 2001. 6. 28. 2000헌바48, 공보 58, 658, 661 재판관 김영일, 김경일, 송인준의 각하의견)과 규
    범통제를 목적으로 하는 헌법재판과 일반의 소송은 성질이 다르므로 기판력이론이 원용될 수 없고
    헌법재판소법 제39조를 독자적으로 해석하여야 한다는 것(헌재 2001. 6. 28. 2000헌바48, 공보 58,
    658, 662-664 재판관 권성의 각하의견)이 있다. 그리고 불가변력과 불가쟁력은 헌법재판에서 한 번
    다투어진 사건은 다시 다툴 수 없다는 것을 헌법재판소(불가변력)와 당사자(불가쟁력)라는 각기 다
    른 측면에서 파악한 것일 뿐이고 결과에서 차이를 발생시키지 않다고 하면서, 민사판결과 달리 선
    고 즉시 확정되고 단심제를 취하는 헌법재판체계에 비추어 불가변력과 불가쟁력이 헌법재판소법이
    정한 일사부재리원칙으로 통합될 수 있다는 견해도 있다(신 평, 『헌법재판법(전면개정판)』, 법문사,
    2011, 282쪽). 이 견해는 만약 일사부재리원칙에 실체적인 요소를 포함하여서, 한 번 심판한 사항은
    내용 측면에서 확정되어 헌법재판소가 다시 다른 심판을 할 수 없다는 식으로 심판 대상 해석에서
    조금 그 외연을 확장할 수 있다면, 기판력까지 일사부재리원칙에 포함할 수 있다고 한다.
354) Michael Sachs, Die Bindung des Bundesverfassungsgerichts an seine Entscheidung, München
    1977, S. 22 참조.

력과 불가쟁력은 헌법재판소 결정의 최종성과 관련이 있고, 기판력은 당사자와 헌
법재판소에 대한 헌법재판소 결정의 구속성과 규준성을 발생시킨다. 그러나 다른
사법재판과 구별되는 헌법재판의 특성은 일반 사법판결의 확정력을 헌법재판에 그
대로 전용하는 것을 허용하지 않는다. 따라서 헌법재판의 특성에 맞게 헌법재판소
결정에 따르는 확정력의 내용과 범위 그리고 한계를 구체화하여야 한다.

(1) 불가변력

불가변력(Unwiderruflichkeit, 자기기속력 혹은 자박력)은 같은 절차 안에서 자기 결
정에 대한 헌법재판소의 구속, 즉 철회 불가능성을 뜻한다. 헌법재판소 결정도 사
법판결이므로 선고할 때부터 효력이 생긴다(헌법재판소법 제40조 제1항 전문, 민사소송
법 제205조). 따라서 헌법재판소가 결정을 선고하면 자기 결정에 구속되어 같은 심
판에서 자신이 내린 결정을 더는 바꾸거나 취소할 수 없다.[355] 즉 헌법재판소 결정
이 선고되고 나서 헌법재판소는 결정주문에서 선고된 법적 효과를 더는 좌지우지할
수 없다.

다만, 결정에 잘못된 계산이나 기재, 그 밖에 이와 비슷한 잘못이 있음이 분명
하면 헌법재판소는 직권으로[356] 또는 당사자의 신청에 따라[357] 경정결정을 할 수
있다(헌법재판소법 제40조 제1항 전문, 민사소송법 제211조 제1항). 경정결정은 명백한
형식적 오류를 바로잡는 것에 불과하므로 헌법재판소 결정의 실질적 내용에 영향을
미치지 않는다. 이러한 헌법재판소 결정의 오류는 그 오류가 분명할 때만 인정된
다. 판단오류나 판단유탈은 경정사유가 되지 못한다. 결정 누락이 있으면 추가결정
을 하여야 한다(헌법재판소법 제40조 제1항 전문, 민사소송법 제212조).[358] 헌법재판소
경정결정에 대해서는 다툴 수 없다. 경정결정은 원래의 결정과 일체를 이루므로 결
정을 선고 시점으로 소급하여 효력이 생긴다. 경정결정은 결정서의 원본과 정본에
덧붙여 적어야 하고, 정본 송달로 정본에 덧붙여 적을 수 없으면 따로 경정결정 정
본을 작성하여 당사자에게 송달하여야 한다(헌법재판소법 제40조 제1항 전문, 민사소송
법 제211조 제2항).

불가변력은 실체결정은 물론 절차결정에도 인정된다. 불가변력은 같은 절차 안
에서만 미치므로 다른 절차에서 헌법재판소는 이전결정과 다른 결정을 할 수 있다

---

355) 헌재 1989. 7. 24. 89헌마141, 판례집 1, 155, 156; 헌재 1993. 2. 19. 93헌마32, 판례집 5－1, 15, 16.
356) 헌재 2007. 7. 26. 2005헌사717.
357) 헌재 2000. 11. 23. 2000헌사464.
358) 헌재 1991. 1. 8. 90헌마230, 판례집 3, 195.

(헌법재판소법 제23조 제2항 제2호). 재심은 같은 절차가 아니므로 재심을 인정하는 것이 불가변력을 해치지 않는다. 불가변력은 헌법재판소 자신에 대해서 작용하는 효력으로서 헌법재판소가 자신이 내린 결정에 같은 절차 안에서 직접 구속된다는 점에서, 당사자에 대한 관계에서 작용하는 불가쟁력과 후행 심판과 관련하여 헌법재판소 자신과 당사자에 대해서 작용하는 기판력과 구별된다.

헌법재판소가 자기 종국결정에 구속되는 것은 물론이나, 중간결정에 대해서 구속되는지는 다툼이 있다. 민사소송법 이론을 따르면 실체관계에 관한 중간판결이 인정되고, 헌법소송에서 이것을 배제할 이유가 없으므로 중간결정에 대해서도 구속된다는 견해가 있다.[359] 이에 대해서 중간결정은 절차적인 사항에 관계되므로 불가변력이 생기지 않는다는 반론이 있다.[360] 불가변력은 불가쟁력 존재를 전제하지 않고, 판결 존재와 함께 이미 생긴다. 따라서 중간결정이 내려지면, 그것이 어떤 대상에 대한 것인지와 상관없이 헌법재판소 자신도 이에 구속되어 스스로 취소하거나 변경할 수 없고, 중간결정을 전제로 종국결정을 하여야 한다. 결국, 중간결정에도 불가변력을 인정하여야 할 것이다.[361]

(2) 불가쟁력

헌법재판은 단심이라서 헌법재판소에 대한 상급심이 없으므로 헌법재판소의 각종 심판은 최종적이다. 따라서 헌법재판소 결정이 선고되면 이 결정에 대해서 더는 누구도 통상의 소송절차를 통해서 불복하여 다툴 수 없다.[362] 이러한 효력을 불가

---

359) 남복현, 「헌법재판소 결정의 확정력」, 『한양법학』 제3집, 한양법학회, 1992, 216쪽; 전정환, 「헌법재판소 결정의 효력에 관한 일반적 고찰」, 문광삼/남복현/전정환, 『헌법재판소결정의 효력에 관한 연구』(헌법재판연구 제7권), 헌법재판소, 1996, 24쪽; 같은 사람, 「헌법재판소 결정의 확정력에 관한 고찰」, 『아태공법연구』 제8집, 아세아태평양공법학회, 2000, 209쪽; Ernst Benda/Eckart Klein/Oliver Klein, Verfassungsprozessrecht, 3. Aufl., Heidelberg/München/Landsberg/Frechen/Hamburg 2012, § 40 Rdnr. 1418; Herbert Bethge, Die Rechtskraft im Verfassungsprozessrecht, in: Christian Heinrich (Hrsg.), Festschrift für Hans-Joachim Musielak zum 70. Geburtstag, München 2004, S. 81; Christoph Gusy, Parlamentarischer Gesetzgeber und Bundesverfassungsgericht, Berlin 1985, S. 224 f.; Klaus Vogel, Rechtskraft und Gesetzeskraft der Entscheidungen des Bundesverfassungsgerichts, in: Christian Starck (Hrsg.), Bundesverfassungsgericht und Grundgesetz: Festgabe aus Anlaß des 25jährigen Bestehens des Bundesverfassungsgerichts, Bd. I, Verfassungsgerichtsbarkeit, Tübingen 1976, S. 583.

360) 이성환, 「헌법재판소 결정의 효력에 관한 연구」, 서울대학교 법학박사학위논문, 1993, 58쪽; Christian Pestalozza, Verfassungsprozeßrecht, 3. Aufl., München 1991, S. 297.

361) 강현중, 『민사소송법(제7판)』, 박영사, 2018, 644쪽; 김홍엽, 『민사소송법(제7판)』, 박영사, 2018, 779~780쪽; 이시윤, 『신민사소송법(제12판)』, 박영사, 2018, 610쪽; 정동윤/유병현/김경욱, 『민사소송법(제6판)』, 법문사, 2017, 739쪽; 호문혁, 『민사소송법(제13판)』, 법문사, 2016, 591, 601쪽; 홍기문, 『민사소송법(제7판)』, 대명출판사, 2016, 540쪽 참조.

362) 헌재 1989. 7. 24. 89헌마141, 판례집 1, 155, 156; 헌재 1990. 5. 21. 90헌마78, 판례집 2, 129, 130;

쟁력[Unanfechtbarkeit, 형식적 확정력(formele Rechtskraft)]이라고 한다. 불가쟁력 때문에 헌법재판소 결정은 최종적 구속력이 있는 분쟁의 사법적 해결로서 존속력이 있다. 즉 헌법재판소 결정은 그 폐지나 변경에서 보호됨으로써 헌법재판소 결정 존재가 보장됨은 물론 법질서가 요구하는 법적 효과를 발휘할 가능성이 생긴다. 이러한 점에서 불가쟁력은 기판력을 비롯한 헌법재판소 결정 효력(불가변력은 제외)의 전제가 된다.

전원재판부 결정이든 지정재판부 결정이든 모두 불가쟁력이 있다. 전원재판부가 지정재판부의 상급심에 해당하지 않고, 지정재판부 결정도 전원재판부 결정과 같은 효력이 있으므로, 지정재판부의 전원재판부에 대한 회부결정은 물론 전원합의에 따른 회부각하결정363)에도 불가쟁력이 생긴다. 불가쟁력은 실체결정은 물론 절차결정에도 인정된다.

불가쟁력은 재심을 통해서 배제될 수 있다. 헌법재판소법에는 명문 규정이 없지만, 개별 사건에서 예외적으로 재심이 허용되는 범위 안에서 재심이 청구되면 일단 생긴 불가쟁력은 배제된다. 예외적으로 재심이 허용되면 민사소송법 제456조를 준용하여 결정이 확정되고 나서 재심 사유를 안 날부터 30일(불변기간) 이내에 재심을 청구하여야 한다. 그리고 결정이 확정되고 나서 5년이 지나면 재심을 청구하지 못한다. 상급심이 없으므로 헌법재판소 결정에 대해서는 불복신청을 할 수 없다. 따라서 상소 추후보완은 헌법재판에 준용될 수 없다.364)

(3) 기판력

① 의의

불가쟁력만으로는 선행 심판절차에서 판단된 대상이 후행 심판절차에서 다시 다투어지는 것을 배제하지 못한다. 그러나 이로 말미암아 법적 불안정성은 제거될 수 없고, 법적 평화는 계속 위협받을 것이다. 이러한 문제를 해결하기 위해서 기판

헌재 1990. 10. 12. 90헌마170, 판례집 2, 363, 364; 헌재 1994. 12. 29. 92헌아1, 판례집 6-2, 538, 541; 헌재 1994. 12. 29. 92헌아2, 판례집 6-2, 543, 547.

363) 헌재 1990. 10. 12. 90헌마170, 판례집 2, 363, 364.

364) 같은 견해: 김지형, 「헌법재판결정의 기판력」, 『헌법논총』 제3집, 헌법재판소, 1992, 261쪽; 이성환, 「헌법재판소 결정의 효력에 관한 연구」, 서울대학교 법학박사학위논문, 1993, 61쪽; 전정환, 「헌법재판소 결정의 효력에 관한 일반적 고찰」, 문광삼/남복현/전정환, 『헌법재판소결정의 효력에 관한 연구』(헌법재판연구 제7권), 헌법재판소, 1996, 26쪽; 같은 사람, 「헌법재판소 결정의 확정력에 관한 고찰」, 『아태공법연구』 제8집, 아세아태평양공법학회, 2000, 210쪽; 최희수, 「법률의 위헌결정의 효력에 관한 연구 - 소송법적 효력을 중심으로 -」, 고려대학교 법학박사학위논문, 2001, 48쪽; 황우여, 「위헌결정의 효력」, 『헌법재판의 이론과 실제』(금랑 김철수교수 화갑기념), 박영사, 1993, 303쪽.

력이 필요하다. 기판력[실질적 확정력(materielle Rechtskraft)]은 헌법재판소 결정에 불가쟁력이 생기면 당사자는 후행 심판절차에서 확정된 헌법재판소 결정과 어긋나는 주장을 하지 못하고, 헌법재판소도 확정된 헌법재판소 결정에 어긋나는 판단을 할 수 없다는 구속력을 뜻한다.365) 따라서 같은 심판 대상에 대한 새로운 심판 청구는 허용되지 않고, 다른 심판 대상에 대한 새로운 심판절차에서도 헌법재판소는 기존 심판절차의 확정된 결과에 기속된다. 기판력을 통해서 헌법재판소 결정은 헌법분쟁의 최종적 사법판단으로서 기능할 수 있다. 기판력은 불가쟁력의 결과로서 보장되는 것이므로, 불가쟁력은 기판력의 전제이다. 따라서 불가쟁력이 생김과 동시에 기판력도 생긴다. 기판력은 헌법재판소 결정의 내용적 존속을 보장한다. 기판력은 확정된 결정내용이 해당 심판절차보다는 후행 심판절차에서 당사자와 헌법재판소를 구속한다는 측면에서, 결정을 선고한 헌법재판소 자신과 맺는 관계에서 논의되는 불가변력이나 해당 심판절차에서 당사자와 맺는 관계에서 논의되는 불가쟁력과 구별된다.

② 헌법재판소 결정의 기판력 인정 여부

헌법재판소법에는 기판력을 규율하는 직접적인 규정은 없지만, 일사부재리(헌법재판소법 제39조)와 민사소송에 관한 법령의 규정 준용(헌법재판소법 제40조 제1항 전문)에 관한 규정을 근거로 헌법재판소 결정의 기판력을 인정하는 것이 통설이며 타당한 견해라고 생각한다. 헌법재판소366)와 대법원367)도 헌법재판소 결정의 기판력을 인정한다.

③ 기판력이 생기는 헌법재판소 결정 유형

헌법재판소법 제39조와 제40조를 따라서 그 심판사건의 종류가 무엇인지, 그 결정주문 내용이 무엇인지를 불문하고 헌법재판소의 모든 종국결정에 기판력이 귀속된다. 실체결정은 물론 절차결정에도 기판력이 생긴다. 기판력은 실체결정에만 귀속되고, 순수한 절차결정에는 귀속되지 않는다는 견해가 있다.368) 하지만 실체결

---

365) 대법원 1987. 6. 9. 선고 86다카2756 판결(공1987, 1141) 참조.
366) 헌재 1990. 6. 25. 90헌가11, 판례집 2, 165, 171.
367) 대법원 1991. 6. 28. 선고 90누9346 판결(집39-3, 특479; 공1991, 2056).
368) Herbert Bethge, Verbindlichkeit der Entscheidung, in: Theodor Maunz/Bruno Schmit-Bleibtreu/ Franz Klein/Gerhard Ulsamer/Herbert Bethge/Karin Grasshof/Rudolf Mellinghoff/Jochen Rozek, Bundesverfassungsgerichtsgesetz - Kommentar, Bd. 1, München 2017 (Stand: Januar 2017), § 31 Rdnr. 48; Andreas Heusch, Bindungswirkung und Gesetzeskraft der Entscheidungen, in: Christian Burkiczak/Franz-Wilhelm Dollinger/Frank Schorkopf (Hrsg.), Bundesverfassungsgerichtsgesetz - Heidelberger Kommentar, Heidelberg 2015, § 31 Rdnr. 39.

정뿐 아니라 절차결정도 반복청구 가능성이 있으므로 이러한 견해는 타당하지 않다. 따라서 헌법소원심판 청구가 부적법하여 각하결정을 받고 나서 각하결정에서 판시한 요건의 흠을 보완하지 않고 다시 청구하는 것은 기판력에 어긋난다. 이때 헌법재판소는 기판력에 어긋난다는 이유로 각하결정을 하여야 한다.369) 실체결정 중 일부결정에는 기판력이 미치지만, 중간결정은 아직 확정되지 않아서 기판력이 생기지 않는다. 지정재판부가 일치된 의견으로 헌법소원을 각하한 결정은 형식적 요건만 심사하므로 기판력이 없다는 견해가 있다.370) 그러나 지정재판부 결정도 종국결정이고 전원재판부 결정과 같은 효력이 있으며 기판력은 본안 판단에 국한하지 않으므로, 지정재판부 전원합의에 따른 각하결정에도 기판력이 인정된다고 보아야 한다. 즉 전원재판부 결정이든 지정재판부 결정이든 모두 기판력이 있다.

위헌법률심판의 합헌결정과 법률에 대한 헌법소원심판에서 해당 법률이 합헌이라는 이유로 기각한 결정에 대해서 기판력을 인정하지 않으면 당사자와 그 소송승계인이 반복해서 이러한 법률의 위헌성을 다투는 것을 막지 못한다. 따라서 이러한 헌법재판소 결정에도 기판력은 인정되어야 한다.371) 당사자와 그 소송승계인 이외의 제3자는 원칙적으로 기판력에 기속되지 않으므로 [기속력과 법률요건적 효력(이나 형성력 혹은 법률적 효력)이 제한하지 않는 범위 안에서] 언제든지 해당 법률에 대해서 위헌이라고 주장하며 다툴 수 있다. 그리고 당사자와 그 소송승계인도 다른 사건과

---

369) 헌재 1992. 9. 3. 92헌마197, 판례집 4, 576, 577; 헌재 1993. 6. 29. 93헌마123, 판례집 5─1, 441, 443; 헌재 1993. 9. 15. 93헌마209, 판례집 5─2, 249, 251; 헌재 2001. 6. 28. 98헌마485, 판례집 13─1, 1379, 1388─1389; 헌재 2002. 12. 18. 2002헌마279, 공보 76, 94, 99 등.

370) 김학성, 「헌법소원에 관한 연구」, 서울대학교 법학박사학위논문, 1990, 279쪽; Herbert Bethge, Verbindlichkeit der Entscheidung, in: Theodor Maunz/Bruno Schmit─Bleibtreu/Franz Klein/Gerhard Ulsamer/Herbert Bethge/Karin Grasshof/Rudolf Mellinghoff/Jochen Rozek, Bundesverfassungsgerichts gesetz ─ Kommentar, Bd. 1, München 2017 (Stand: Januar 2017), § 31 Rdnr. 49; Andreas Heusch, Bindungswirkung und Gesetzeskraft der Entscheidungen, in: Christian Burkiczak/Franz─Wilhelm Dollinger/Frank Schorkopf (Hrsg.), Bundesverfassungsgerichtsgesetz ─ Heidelberger Kommentar, Heidelberg 2015, § 31 Rdnr. 39; Norbert Wischermann, Rechtskraft und Bindungswirkung verfas─ sungsgerichtlicher Entscheidungen ─ Zu den funktionsrechtlichen Auswirkungen der extensiven Auslegung des § 31 Abs. 1 BVerfGG ─, Diss. jur. Berlin 1979, S. 35.

371) 같은 견해: 김학성, 『헌법학원론(전정2판)』, 피앤씨미디어, 2018, 1148쪽; 남복현, 「헌법재판소 결정의 확정력」, 『한양법학』 제3집, 한양법학회, 1992, 224쪽; 전정환, 「헌법재판소 결정의 효력에 관한 일반적 고찰」, 문광삼/남복현/전정환, 『헌법재판소결정의 효력에 관한 연구』(헌법재판연구 제7권), 헌법재판소, 1996, 36~37쪽; 같은 사람, 「헌법재판소 결정의 확정력에 관한 고찰」, 『아태공법연구』 제8집, 아세아태평양공법학회, 2000, 219쪽; 최희수, 「법률의 위헌결정의 효력에 관한 연구 ─ 소송법적 효력을 중심으로 ─」, 고려대학교 법학박사학위논문, 2001, 68쪽; 같은 사람, 「규범통제결정의 기판력」, 『헌법논총』 제14집, 헌법재판소, 2003, 549쪽; 황우여, 「위헌결정의 효력」, 『헌법재판의 이론과 실제』(금랑 김철수교수 화갑기념), 박영사, 1993, 305~306쪽.

관련하여 해당 법률의 위헌성을 다툴 수 있다.372)

헌법재판소가 법규범에 대해서 위헌결정을 내리면 법규범은 종국적으로 효력이 상실된다(헌법재판소법 제47조 제2항, 제75조 제6항). 따라서 헌법재판소는 위헌으로 결정된 법규범을 다시 심판 대상으로 삼을 수 없다. 게다가 규범통제 결정에는 재심 가능성도 없다. 이와 관련하여 위헌결정에 기판력을 인정할 필요가 있는지 문제된다. 기속력이나 법률적 효력은 위헌결정의 기판력을 전제로 하여 그 주관적 범위와 객관적 범위를 확대하는 것으로 이해하는데 위헌결정의 기판력을 부정하는 것은 기속력과 법률적 효력의 기초박탈이라는 논리적 결과를 일으키므로 위헌결정에도 기판력을 인정하여야 한다는 견해가 있다.373) 위헌결정이나 위헌으로 결정된 법률을 선결관계나 전제로 하는 위헌법률심판이나 헌법소원심판이 있을 수 있고, 법률이 효력을 상실하는 전제인 위헌결정에 어긋나는 합헌결정이 나오면 법적 혼란을 피할 수 없으므로, 위헌결정에도 기판력은 인정되어야 할 것이다. 변형결정(한정위헌결정, 한정합헌결정, 헌법불합치결정)도 본질은 위헌결정이고, 이에 대해서 다시 다툴 가능성이 있으므로 기판력은 이러한 결정에도 귀속되어야 한다.374)

형성력은 기판력과 구별되는 효력이다. 그리고 형성력도 형성판결의 존재를 전제한다. 따라서 형성판결 자체가 다투어지면 형성력도 위협받는다. 그러나 형성력은 실체법적 효력이라서 반복적으로 다투는 소송행위를 막을 수 없다. 이러한 소송행위를 막는 것은 소송법적 효력인 기판력이다. 따라서 형성력이 인정되는 형성판결에도 기판력은 인정되어야 한다.375)

---

372) 헌재 2006. 5. 25. 2003헌바115, 판례집 18−1하, 39, 47−48 참조.
373) 최희수, 「법률의 위헌결정의 효력에 관한 연구 − 소송법적 효력을 중심으로 −」, 고려대학교 법학박사학위논문, 2001, 69쪽; 같은 사람, 「규범통제결정의 기판력」, 『헌법논총』 제14집, 헌법재판소, 2003, 550쪽. 같은 견해: 남복현, 「헌법재판소 결정의 확정력」, 『한양법학』 제3집, 한양법학회, 1992, 223쪽; 전정환, 「헌법재판소 결정의 효력에 관한 일반적 고찰」, 문광삼/남복현/전정환, 『헌법재판소 결정의 효력에 관한 연구』(헌법재판연구 제7권), 헌법재판소, 1996, 37쪽; 같은 사람, 「헌법재판소 결정의 확정력에 관한 고찰」, 『아태공법연구』 제8집, 아세아태평양공법학회, 2000, 219쪽.
374) 같은 견해: 남복현, 「헌법재판소 결정의 확정력」, 『한양법학』 제3집, 한양법학회, 1992, 223쪽; 전정환, 「헌법재판소 결정의 효력에 관한 일반적 고찰」, 문광삼/남복현/전정환, 『헌법재판소결정의 효력에 관한 연구』(헌법재판연구 제7권), 헌법재판소, 1996, 37쪽; 같은 사람, 「헌법재판소 결정의 확정력에 관한 고찰」, 『아태공법연구』 제8집, 아세아태평양공법학회, 2000, 220쪽; 최희수, 「법률의 위헌결정의 효력에 관한 연구 − 소송법적 효력을 중심으로 −」, 고려대학교 법학박사학위논문, 2001, 69~70쪽; 같은 사람, 「규범통제결정의 기판력」, 『헌법논총』 제14집, 헌법재판소, 2003, 551쪽; 황우여, 「위헌결정의 효력」, 『헌법재판의 이론과 실제』(금랑 김철수교수 화갑기념), 박영사, 1993, 306쪽.
375) 대법원 1966. 12. 19.자 66마516 결정(집14−3, 민314); 대법원 1980. 7. 22. 선고 80다839 판결(공1980, 13036); 대법원 1981. 3. 24. 선고 80다1888, 1889 판결(집29−1, 민121; 공1981, 13840); 강현중, 『민사소송법(제7판)』, 박영사, 2018, 336쪽; 김홍엽, 『민사소송법(제7판)』, 박영사, 2018, 204~

④ 구체적 심판 대상

기판력의 본질과 관련하여 실체법설과 소송법설이 다투어진다.376) 그러나 법관
의 임무는 실체법 내용을 인식하고 이것을 바탕으로 주어진 사건에 구체화한 객관
적 법을 적용하는 방식으로 법적 효과를 선언하는 것이다. 물론 이 과정에서 법관
이 법창조적 활동을 하기는 하지만, 이것은 실체법의 문언과 체계가 허용하는 범위
에서만 가능하다. 게다가 이러한 법창조는 원칙적으로 해당 사건에서만 유효하다.
따라서 실체법을 창조하거나 폐지하는 것과 같은 법창조활동은 원칙적으로 법관이
아니라 입법자의 과제이다. 그리고 실체법설은 기판력이 원칙적으로 당사자에게만
미치는 것과 절차판결에 기판력이 부여되는 것을 설명하지 못한다. 따라서 소송법
설이 타당하다고 생각한다. 소송법설에는 모순금지설과 반복금지설이 대립한다. 모
순금지설은 전소판결 승패에 따라 후소법원의 처리방법이 달라진다는 점에서 이론
의 일관성이 없고, 모순금지는 반복금지의 결과이며, 헌법재판소법 제39조가 일사
부재리를 규정한다는 점에서 반복금지설을 따른다.

기판력은 당사자에 대한 관계에서는 기판력 있는 결정내용을 뒷날 같은 사건에
서 반복하여 다투는 것을 금지한다. 그리고 헌법재판소는 기판력 있는 결정내용에
기속되어 같은 사건을 다시 판단할 수 없고, 뒷날 이것을 선결문제로 하는 사건에
서 그에 모순되거나 어긋나는 새로운 판단을 하지 못한다. 이러한 기판력은 같은
당사자와 관련된377) 같은 구체적 심판 대상에 국한한다.378) 헌법재판소법 제39조에

241쪽; 민일영, 「제216조[기판력의 객관적 범위]」, 『주석 신민사소송법(Ⅲ)』, 한국사법행정학회,
2004, 331쪽; 백춘기, 「판결의 효력」, 『사법논집』 제36집, 법원도서관, 2003, 526~527쪽; 이시윤, 『신
민사소송법(제12판)』, 박영사, 2018, 210, 634쪽; 정동윤/유병현/김경욱, 『민사소송법(제6판)』, 법문
사, 2017, 75, 770쪽; 조상혁, 「형성판결의 효력 서설」, 『재산법연구』 제21권 제2호, 한국재산법학회,
2005, 408~430쪽; 호문혁, 『민사소송법(제13판)』, 법문사, 2016, 82, 689쪽; 홍기문, 『민사소송법(제7
판)』, 대명출판사, 2016, 548쪽 참조. 가사소송법 제21조는 가사소송에서 형성판결의 기판력을 인정
한다.
376) 강현중, 『민사소송법(제7판)』, 박영사, 2018, 667~669쪽; 김홍엽, 『민사소송법(제7판)』, 박영사,
2018, 803~805쪽; 민일영, 「제216조[기판력의 객관적 범위]」, 『주석 신민사소송법(Ⅲ)』, 한국사법행
정학회, 2004, 308~310쪽; 백춘기, 「판결의 효력」, 『사법논집』 제36집, 법원도서관, 2003, 477~493
쪽; 이시윤, 『신민사소송법(제12판)』, 박영사, 2018, 628~629쪽; 정동윤/유병현/김경욱, 『민사소송법
(제6판)』, 법문사, 2017, 760~764쪽; 최희수, 「법률의 위헌결정의 효력에 관한 연구 ― 소송법적 효
력을 중심으로 ―」, 고려대학교 법학박사학위논문, 2001, 52~58쪽; 호문혁, 『민사소송법(제13판)』,
법문사, 2016, 698~700쪽; 홍기문, 『민사소송법(제7판)』, 대명출판사, 2016, 546~547쪽 참조.
377) 규범통제절차에서는 상대방 당사자가 없으므로 헌법재판에서 '같은 당사자 간'이라는 표현을 일반
적으로 사용할 수 없다.
378) 헌재 1997. 8. 21. 96헌마48, 판례집 9-2, 295, 303; BVerfGE 4, 31 (39); 78, 320 (328); 104, 151
(196); Ernst Benda/Eckart Klein/Oliver Klein, Verfassungsprozessrecht, 3. Aufl., Heidelberg/München/
Landsberg/Frechen/Hamburg 2012, § 40 Rdnr. 1426; Herbert Bethge, Die Rechtskraft im

서 '동일한 사건'은 심판사건의 당사자와 심판 대상이 같다는 것을 뜻한다. 소송법
설을 따르면 심판 대상은 청구인의 실체법적 청구가 아니라 그와 분리된 소송과 관
련된 청구가 결정한다. 헌법은 그 적용대상과 관련하여 해석되어야 하므로 심판 대
상을 결정할 때 사실관계도 고려하여야 한다.379) 따라서 본질에서 절차를 이끄는
청구와 그것이 근거하는 사실관계가 심판 대상을 확정한다. 결국, 헌법재판소법 제
39조에서 심판 대상은 구체적일 것이 요구되고, 그것은 심판 계기가 된 해당 사건
도 같아야 한다는 것을 뜻한다.

⑤ 기판력의 범위

(ⅰ) 주관적 범위

기판력은 헌법소송절차에 참여한 사람으로서 공격·방어의 기회를 얻은 사람에
한하여 미치는 것이 원칙이다. 스스로 권리 주장이나 방어 기회를 얻지 못한 제3자
에게까지 소송결과를 강요하는 것은 제3자의 절차보장 관점에서 부당하기 때문이
다. 따라서 기판력은 소송사건의 당사자[청구인, 피청구인, 참가인(보조참가인 제외)]와
그 소송승계인 그리고 헌법재판소 자신에게만 미친다(헌법재판소법 제40조 제1항 전
문, 민사소송법 제218조 제1항).380) 청구인이나 피청구인이 다르면 기판력이 미치지
않는다.381) 소송 외의 제3자는 물론 이해관계인, 참고인, 소송에 관여하는 대리인이
나 공동소송인에게도 기판력이 미치지 않는다. 또한, 단체가 당사자로서 받은 헌법
재판소 결정의 기판력은 그 대표자나 구성원에게 미치지 않고382), 그 반대도 마찬

Verfassungsprozessrecht, in: Christian Heinrich (Hrsg.), Festschrift für Hans—Joachim Musielak
zum 70. Geburtstag, München 2004, S. 84 f.; ders., Verbindlichkeit der Entscheidung, in: Theodor
Maunz/Bruno Schmit—Bleibtreu/Franz Klein/Gerhard Ulsamer/Herbert Bethge/Karin Grasshof/Rudolf
Mellinghoff/Jochen Rozek, Bundesverfassungsgerichtsgesetz — Kommentar, Bd. 1, München 2017
(Stand: Januar 2017), § 31 Rdnr. 42; Brun—Otto Bryde, Verfassungsentwicklung, Baden—Baden
1982, S. 402; Hans—Joachim Cremer, Die Wirkungen verfassungsgerichtlicher Entscheidungen, in:
Jochen Abr. Frowein/Thilo Marauhn (Hrsg.), Grundfragen der Verfassungsgerichtsbarkeit in
Mittel— und Osteuropa, Berlin/Heidelberg 1998, S. 251; Christoph Gusy, Parlamentarischer
Gesetzgeber und Bundesverfassungsgericht, Berlin 1985, S. 230; Andreas Heusch, Bindungswirkung
und Gesetzeskraft der Entscheidungen, in: Christian Burkiczak/Franz—Wilhelm Dollinger/Frank
Schorkopf (Hrsg.), Bundesverfassungsgerichtsgesetz — Heidelberger Kommentar, Heidelberg 2015, §
31 Rdnr. 40; Klaus Lange, Rechtskraft, Bindungswirkung und Gesetzeskraft der Entscheidungen des
Bundesverfassungsgerichts, in: JuS 1978, S. 3 참조.
379) 허완중, 「헌법 제29조 제2항 법률이 정하는 보상의 적극적 해석」, 『고려법학』 제51호, 고려대학교
법학연구원, 2008, 200~202쪽 참조.
380) 제3자 소송담당의 권리귀속주체((헌법재판소법 제40조 제1항 전문, 민사소송법 제218조 제3항)와
소송탈퇴자((헌법재판소법 제40조 제1항 전문, 민사소송법 제80조, 제82조)에게도 기판력이 미친다.
381) 헌재 1997. 8. 21. 96헌마48, 판례집 9-2, 295, 303 참조.
382) 대법원 1978. 11. 1. 선고 78다1206 판결(집26-3, 민182; 공1979, 11527) 참조.

가지이다. 절차에 참여할 수 있었던 사람이나 국가기관에 기판력을 확장하려는 견해가 있다.[383] 그러나 기속력과 법률요건적 효력(이나 형성력 혹은 법률적 효력)에 따라서 기판력의 주관적 범위가 확장되고, 헌법과 헌법재판소법에서 일반 소송법의 원칙에서 벗어날 근거를 찾을 수 없으므로, 절차에 참여할 수 있었던 사람이나 기관에 대한 기판력 확장은 필요하지 않다.[384] 규범통제 결정에서 일반적 구속성 인정[385]도 기속력과 법률요건적 효력(이나 형성력 혹은 법률적 효력) 때문에 역시 필요하지 않다.[386]

---

383) 남복현, 「헌법재판소 결정의 확정력」, 『한양법학』 제3집, 한양법학회, 1992, 229쪽; 같은 사람, 「법률의 위헌결정의 효력에 관한 연구」, 한양대학교 법학박사학위논문, 1994, 62쪽; 전정환, 「헌법재판소 결정의 효력에 관한 일반적 고찰」, 문광삼/남복현/전정환, 『헌법재판소결정의 효력에 관한 연구』(헌법재판연구 제7권), 헌법재판소, 1996, 41쪽; 같은 사람, 「헌법재판소 결정의 확정력에 관한 고찰」, 『아태공법연구』 제8집, 아세아태평양공법학회, 2000, 223쪽; Klaus Rennert, Verbindlichkeit der Entscheidungen, in: Dieter C. Umbach/Thomas Clemens (Hrsg.), Bundesverfassungsgerichtsgesetz − Mitarbeiterkommentar und Handbuch, 1. Aufl., Heidelberg 1992, § 31 Rdnr. 42; Klaus Vogel, Rechtskraft und Gesetzeskraft der Entscheidungen des Bundesverfassungsgerichts, in: Christian Starck (Hrsg.), Bundesverfassungsgericht und Grundgesetz: Festgabe aus Anlaß des 25jährigen Bestehens des Bundesverfassungsgerichts, Bd. I, Verfassungsgerichtsbarkeit, Tübingen 1976, S. 593, 598; Andreas Voßkuhle, in: Hermann von Mangoldt/Friedrich Klein/Christian Starck (Hrsg.), Kommentar zum Grundgesetz, Bd. 3, 7. Aufl., München 2018, Art. 94 Rdnr. 30.

384) 같은 견해: 정종섭, 『헌법소송법(제8판)』, 박영사, 2014, 179쪽; 황우여, 「위헌결정의 효력」, 『헌법재판의 이론과 실제』(금랑 김철수교수 화갑기념), 박영사, 1993, 307쪽; Herbert Bethge, Verbindlichkeit der Entscheidung, in: Theodor Maunz/Bruno Schmit−Bleibtreu/Franz Klein/Gerhard Ulsamer/Herbert Bethge/Karin Grasshof/Rudolf Mellinghoff/Jochen Rozek, Bundesverfassungsgerichtsgesetz − Kommentar, Bd. 1, München 2017 (Stand: Januar 2017), § 31 Rdnr. 56; Brun−Otto Bryde, Verfassungsentwicklung, Baden−Baden 1982, S. 403; Christoph Gusy, Parlamentarischer Gesetzgeber und Bundesverfassungsgericht, Berlin 1985, S. 231 f.; Andreas Heusch, Bindungswirkung und Gesetzeskraft der Entscheidungen, in: Christian Burkiczak/Franz−Wilhelm Dollinger/Frank Schorkopf (Hrsg.), Bundesverfassungsgerichtsgesetz − Heidelberger Kommentar, Heidelberg 2015, § 31 Rdnr. 44; Klaus Lange, Rechtskraft, Bindungswirkung und Gesetzeskraft der Entscheidungen des Bundesverfassungsgerichts, in: JuS 1978, S. 2 f.; Christian Pestalozza, Verfassungsprozeßrecht, 3. Aufl., München 1991, S. 305; Klaus Schlaich/Stefan Korioth, Das Bundesverfassungsgericht − Stellung, Verfahren, Entscheidungen, 11. Aufl., München 2018, Rdnr. 479.

385) Christoph Gusy, Parlamentarischer Gesetzgeber und Bundesverfassungsgericht, Berlin 1985, S. 231.

386) 같은 견해: 김지형, 「헌법재판결정의 기판력」, 『헌법논총』 제3집, 헌법재판소, 1992, 284~286쪽; 남복현, 「헌법재판소 결정의 확정력」, 『한양법학』 제3집, 한양법학회, 1992, 229~230쪽; 전정환, 「헌법재판소 결정의 효력에 관한 일반적 고찰」, 문광삼/남복현/전정환, 『헌법재판소결정의 효력에 관한 연구』(헌법재판연구 제7권), 헌법재판소, 1996, 40~41쪽; 같은 사람, 「헌법재판소 결정의 확정력에 관한 고찰」, 『아태공법연구』 제8집, 아세아태평양공법학회, 2000, 222쪽; 황우여, 「위헌결정의 효력」, 『헌법재판의 이론과 실제』(금랑 김철수교수 화갑기념), 박영사, 1993, 307쪽; Christian Pestalozza, Verfassungsprozeßrecht, 3. Aufl., München 1991, S. 305; Klaus Schlaich/Stefan Korioth, Das Bundesverfassungsgericht − Stellung, Verfahren, Entscheidungen, 11. Aufl., München 2018, Rdnr. 479 참조.

（ⅱ）객관적 범위

기판력은 결정주문에만 인정된다(헌법재판소법 제40조 제1항 전문, 민사소송법 제216
조 제1항). 심판 대상에 대한 판단에 관해서만 기판력이 인정되므로,[387] 심판 대상이
아닌 사항에 관한 판단에는 결정주문에 포함되었더라도 기판력이 귀속되지 않는다.
결정주문 단독으로 기판력의 범위를 확정할 수 없으면 결정이유가 주문해석에 고려
된다. 즉 결정이유는 결정주문의 해석도우미로서 기능한다. 그러나 기판력의 범위
를 명확하게 하는 결정이유 그 자체에는 기판력이 인정되지 않는다. 예외적으로 결
정주문만으로는 심판 대상이 무엇인지를 알 수 없고 이유 설명을 통해서 비로소 알
수 있으면 결정이유가 결정주문과 일체불가분의 관계에 있는 한 결정이유도 기판력
이 있다는 견해가 있다.[388] 그리고 헌법분쟁을 종국적으로 종결시킴으로써 그러한
분쟁 반복을 막으려면 기판력을 결정주문뿐 아니라 그 이유에 포함된 '구체적 결정
규범' 확인에까지 확장시켜야 한다는 견해도 있다.[389] 여기서 구체적 결정규범이란
일반적으로 표현되어서 구체적으로 내려진 재판을 넘어 같은 종류 사건에서 같은
결정을 도출할 수 있는, 결정주문 진술을 근거 지우는 법적 전제라고 한다. 그러나
이때 결정이유는 결정주문 해석에 이바지할 뿐이지 결정이유가 결정주문를 보충하
거나 대체하는 것이 아니다. 그리고 헌법재판소법 제23조 제2항 단서 제2호 때문에
헌법재판소는 자신의 이전결정과 다른 결정을 내리기가 쉽지 않아서 의미 없는 분
쟁 반복은 대부분 제거될 수 있다. 게다가 결정이유에까지 기판력을 확장하는 것은
기판력의 객관적 범위를 확대할 뿐 아니라 결정주문 내용을 한정하면 반대로 기판
력의 객관적 범위를 축소할 수도 있으므로 분쟁 반복을 조장할 수도 있다. 따라서
이러한 때도 결정이유에는 기판력이 생기지 않는다고 보아야 한다. 그러나 기판력
이 생기는 결정주문을 결정이유의 도움을 받아 해석하는 것과 그 범위에서 결정이
유에 기판력을 확장하는 것은 결과적으로 차이가 없다.[390] 양자의 유일한 차이는

387) 대법원 1970. 9. 29. 선고 70다1759 판결(집18-3, 민164); 대법원 1980. 5. 1. 선고 80다473 판결
    (공1980, 12853); 대법원 1987. 6. 9. 선고 86다카2756 판결(공1987, 1141); 대법원 2006. 7. 13. 선고
    2004다36130 판결 참조.
388) 허 영, 『헌법소송법론(제13판)』, 박영사, 2018, 174쪽.
389) Klaus Vogel, Rechtskraft und Gesetzeskraft der Entscheidungen des Bundesverfassungsgerichts, in:
    Christian Starck (Hrsg.), Bundesverfassungsgericht und Grundgesetz: Festgabe aus Anlaß des
    25jährigen Bestehens des Bundesverfassungsgerichts, Bd. I, Verfassungsgerichtsbarkeit, Tübingen
    1976, S. 587 ff., 605 ff.
390) Andreas Heusch, Bindungswirkung und Gesetzeskraft der Entscheidungen, in: Christian
    Burkiczak/Franz-Wilhelm Dollinger/Frank Schorkopf (Hrsg.), Bundesverfassungsgerichtsgesetz -
    Heidelberger Kommentar, Heidelberg 2015, § 31 Rdnr. 41.

결정이유에 기판력이 직접적으로 또는 간접적으로 귀속되는지에만 있다.

헌법재판소 결정의 기판력은 같은 심판 대상에만 미친다. 그러나 이후에 청구된 심판이 기판력 있는 헌법재판소 결정의 심판 대상과 같지 아니하여도 선행 심판의 기판력 있는 재판내용이 선결문제가 되면 그와 모순되거나 어긋나는 새로운 판단을 하는 것은 금지된다. 그러나 선행 심판에서 결정을 내리기 위한 선결문제였던 사항은 그것이 후행 심판에서 직접 심판 대상이 되었더라도 후행 심판에서 기판력이 미치는 범위에서 제외되므로, 여기서 말하는 선결관계에 해당하지 않는다.

헌법재판의 기능에는 주관적 권리 보호뿐 아니라 객관적 질서 보호도 있다. 따라서 헌법재판은 객관소송이다. 객관소송인 헌법재판에는 자기책임원칙이 적용되기 어렵다. 이러한 점에서 헌법재판소 결정의 기판력은 헌법재판소가 실제로 심사한 범위에 한하여 미친다. 즉 헌법재판소 결정에서 기판력의 객관적 범위는 헌법재판소의 실질적 심사범위와 일치한다.[391) 헌법재판소 결정은 구체적 사건과 관련된 판단에 불과하고, 헌법재판소가 모든 헌법적 쟁점을 검토하여 판단할 수는 있으나, 그러한 의무를 지는 것은 아니고 대부분 그것이 사실적 측면에서 불가능하기 때문이다. 그리고 헌법재판소 결정의 기판력이 심사할 수 있는 모든 범위까지 확대되면, 그 범위를 확정하기 어려워 기판력의 객관적 범위 자체를 불분명하게 할 수 있는데, 이것은 주관적 권리 보호 이외에 객관적 질서 보호까지 기능으로 하는 헌법재판의 성격과 맞지 않는다.

기판력은 심판유형이 같은 때만 미친다. 따라서 심판유형이 서로 다르면 기판력이 미치지 않는다.[392) 즉 개별 심판절차 서로 간에는 판단의 선후문제가 생기면 후행 판단이 선행 판단에 구속되지 않는다. 헌법재판소법 제68조 제2항의 헌법소원심판은 위헌법률심판의 구제수단으로서 그 본질이 위헌법률심판이므로[393) 헌법재판소법 제68조 제1항의 헌법소원심판과 같은 심판이 아니다. 따라서 헌법재판소법 제

391) 같은 견해: 이성환, 「헌법재판소 결정의 효력에 관한 연구」, 서울대학교 법학박사학위논문, 1993, 71~72쪽; 전정환, 「헌법재판소 결정의 효력에 관한 일반적 고찰」, 문광삼/남복현/전정환, 『헌법재판소결정의 효력에 관한 연구』(헌법재판연구 제7권), 헌법재판소, 1996, 38~39쪽; 같은 사람, 「헌법재판소 결정의 확정력에 관한 고찰」, 『아태공법연구』 제8집, 아세아태평양공법학회, 2000, 220~221쪽; 최희수, 「법률의 위헌결정의 효력에 관한 연구 – 소송법적 효력을 중심으로 –」, 고려대학교 법학박사학위논문, 2001, 75~76쪽; 같은 사람, 「규범통제결정의 기판력」, 『헌법논총』 제14집, 헌법재판소, 2003, 553~554쪽; Steffen Detterbeck, Streitgegenstand und Entscheidungswirkungen im öffen-tlichen Recht, Tübingen 1995, S. 333 ff.
392) 헌재 1997. 6. 26. 96헌가8, 판례집 9–1, 578, 589.
393) 헌재 1997. 11. 27. 96헌바60, 판례집 9–2, 629, 641.

68조 제1항의 헌법소원심판과 헌법재판소법 제68조 제2항의 헌법소원심판은 서로 기판력이 미치지 않는다.394) 위헌법률심판을 제청하거나 위헌소원심판을 청구하여 합헌결정을 받으면 기판력 때문에 해당 심급은 물론 다른 심급에서도 다시 위헌법률심판 제청이나 헌법재판소법 제68조 제2항에 따른 헌법소원심판 청구를 하지 못한다. 그러나 법률에 대한 헌법소원심판은 위헌법률심판이나 위헌소원심판과 심판유형이 다르므로 헌법재판소는 다시 심판하여야 한다.

　합헌이나 한정합헌으로 선언된 법률조항에 대한 위헌법률심판과 위헌소원심판에서 헌법재판소가 다시 합헌결정395)이나 한정합헌결정396)을 반복하는 것을 비판하면서 이러한 때는 반복금지에 대한 기판력의 요청 때문에 본안판단을 할 필요 없이 각하하는 것이 원칙이라는 견해가 있다.397) 그러나 위헌법률심판이나 위헌소원심판에서 헌법재판소 심판 대상은 구체적 사건과 관련된 법률의 위헌성이다. 따라서 다른 사건에서 다시 합헌이나 한정합헌으로 선언된 법률이 문제 되면 심판 대상이 달라서 기판력이 미치지 않는다. 특히 헌법재판소는 구체적 사건과 관련하여 법률의 위헌성을 판단하므로 법률의 모든 위헌 가능성을 판단하지 않는다. 그리고 개인의 헌법재판청구권은 존중되어야 한다. 따라서 다른 사람이 먼저 헌법재판을 청구하였다는 우연한 사정 때문에 헌법재판청구권이 제약될 수 없고, 각 개인과 관련된 구체적 사건의 특성은 헌법재판소가 개별적으로 판단하여야 한다. 따라서 헌법재판소 판례처럼 헌법재판소는 다시 합헌결정이나 한정합헌결정을 하는 것이 타당하다고 생각한다. 법률에 대한 합헌결정에 기속력과 법률적 효력이 인정된다는 견해를 바탕으로 달리 판단하여야 할 사정변경이 없는 한 위헌으로 결정된 법률에 대한 규범통제절차에서는 각하결정을 하여야 한다는 견해도 있다.398) 그러나 합헌결정은 선고시점에 구체적 사건과 관련하여 법률의 합헌성을 최종적으로 확인할 뿐이고, 법률에 어떠한 것도 추가하지 않는다는 점에서 이러한 견해를 따르기는 어렵다. 위헌으로 결정된 법률과 같거나 본질에서 비슷한 법률을 입법자가 제정하는 것은 기판력에

---

394) 헌재 1994. 4. 28. 89헌마221, 판례집 6－1, 239, 257－258.

395) 이때 헌법재판소는 전과 달리 판단하여야 할 사정이 있다고 인정되지 않으면 다시 합헌결정을 한다. 예를 들어 헌재 1989. 9. 29. 89헌가86, 판례집 1, 284, 288; 헌재 2001. 6. 28. 2000헌바48, 공보 58, 658, 661; 헌재 2001. 7. 19. 2001헌바6, 판례집 13－2, 60. 65 참조.

396) 예를 들어 헌재 1997. 1. 16. 89헌마240, 판례집 9－1, 45; 헌재 1998. 8. 27. 97헌바85, 판례집 10－2, 407, 413－415 참조.

397) 허 영, 『헌법소송법론(제13판)』, 박영사, 2018, 173~174쪽.

398) 남복현, 「동일한 사건의 인정범위와 헌재결정의 기판력」, 『강의중 교수 정년기념논문집』, 교학사, 2002, 108~112쪽.

어긋나지 않는다. 위헌으로 결정된 법률과 새로 제정된 법률은 형식적으로 다른 법률이어서 심판 대상이 같지 않고 입법자는 규범통제절차의 당사자도 아니기 때문이다.399) 따라서 이러한 법률에 관해서는 헌법재판소가 아직 판단하지 않았으므로 새로 제정된 법률에 대한 위헌법률심판 청구나 헌법소원심판 청구는 적법하다.400)

(ⅲ) 시간적 범위

헌법재판소의 모든 결정은 선고 당시에 있거나 예측할 수 있는 사실관계와 법적 상황를 근거로 이루어진다. 그리고 당사자가 주장하지 않은 것에 관해서도 헌법재판소는 판단할 수 있다는 점에서 구두변론 여부와 관계없이 선고 시점에 기판력이 생긴다고 보아야 한다.401) 관보나 헌법재판소의 인터넷 홈페이지에 헌법재판소 결정을 게재하는 것(헌법재판소법 제36조 제5항, '헌법재판소 심판 규칙' 제49조의2 제1항과 제2항)은 일반 국민에게 헌법재판소 결정을 알리는 공시 효과만 있을 뿐이고 헌법재판소 결정의 효력이 생기는 것과는 아무런 관계가 없다. 헌법재판소 결정의 기판력은 원칙적으로 헌법재판소가 고려한 사실관계와 법적 상황에만 미친다. 따라서 이러한 사정 변화는 원칙적으로 심판 대상 변화를 가져오는 본질적 변화는 물론 심판 대상 변화에 이르지 않은 때도 기판력 존속에 영향을 미칠 수 있다. 먼저 심판 대상 동일성이 유지되는 범위 안에서 헌법재판소 결정에 기판력이 발생하는 시점에 이미 있었고 헌법재판소가 고려하였던 사실관계와 법적 상황에는 원칙적으로 기판력이 미친다. 그러나 기판력이 생기는 시점에 있는 사정이라고 할지라도 그것을 고려하면 다른 사실관계를 의미하게 되어 새로운 심판 대상을 규정한다면 이러한 사정을 고려한 새로운 심판 대상에 대한 심판 청구는 기판력에 어긋나지 않는다. 또

---

399) 그러나 입법자는 헌법재판소 결정의 기속력에 따라서 동일규범반복제정금지의무를 지므로, 새로 제정한 법률이 헌법재판소 결정의 선고 시점까지 소급하면 헌법재판소 결정의 기속력에 저촉된다. 이에 관해서 자세한 검토는 허완중, 『헌법재판소 결정이 입법자를 구속하는 범위와 한계』, 전남대학교출판문화원, 2017, 192~214쪽 참조.

400) 같은 견해: 김지형, 「헌법재판결정의 기판력」, 『헌법논총』 제3집, 헌법재판소, 1992, 279~280쪽; Christoph Gusy, Parlamentarischer Gesetzgeber und Bundesverfassungsgericht, Berlin 1985, S. 227 f., 232.

401) 같은 견해: 김지형, 「헌법재판결정의 기판력」, 『헌법논총』 제3집, 헌법재판소, 1992, 300쪽; 남복현, 「헌법재판소 결정의 확정력」, 『한양법학』 제3집, 한양법학회, 1992, 230쪽; 이성환, 「헌법재판소 결정의 효력에 관한 연구」, 서울대학교 법학박사학위논문, 1993, 56, 83~84쪽; 전정환, 「헌법재판소 결정의 효력에 관한 일반적 고찰」, 문광삼/남복현/전정환, 『헌법재판소결정의 효력에 관한 연구』(헌법재판연구 제7권), 헌법재판소, 1996, 45쪽; 같은 사람, 「헌법재판소 결정의 확정력에 관한 고찰」, 『아태공법연구』 제8집, 아세아태평양공법학회, 2000, 226쪽; Ernst Benda/Eckart Klein/Oliver Klein, Verfassungsprozessrecht, 3. Aufl., Heidelberg/München/Landsberg/Frechen/Hamburg 2012, § 40 Rdnr. 1430.

한, 일반 사법판결과는 달리 객관적으로 있었으나 헌법재판소가 판단하지 않은 사정의 주장은 배제되지 않는다.[402] 결정 선고 이후에 바뀐 사실관계와 법적 상황에 관해서는 기판력이 미치지 못한다. 헌법재판소는 결정 선고 시점의 사실관계와 법적 상황에 근거하여 결정을 내리므로, 이러한 사실관계나 법적 상황에 관해서는 판단하지 않았기 때문이다. 이러한 변화가 있으면 기판력은 결정 선고 이후에 비로소 생긴 새로운 사정의 원용을 막지 못한다. 사실관계 변화에서 사실관계는 헌법재판소 결정이 근거하는 사실관계를 말하고, 변화는 헌법재판소 결정의 내용에 영향을 미칠 정도로 의미 있는 것이어야 한다.[403] 그러나 이러한 변화가 심판 대상을 본질에서 바꿀 정도는 아니어야 한다. 심판 대상이 바뀌면 이것은 시간적 범위가 아니라 객관적 범위가 문제 되기 때문이다. 법적 상황 변화는 규범적 판단기준인 헌법의 변화와 규범의 해석에 영향을 주는 관련 규범의 변화를 말한다. 헌법개정, 헌법에 대한 일반적 해석의 변화, 헌법변천, 관련규범 개정[404]이나 그에 관한 해석 변화[405] 그리고 일반적인 법적 견해 변화[406]가 법적 상황 변화에 해당한다. 해당 규범 개정은 이러한 변화에 속하지 않는다. 해당 규범이 개정되면 심판 대상 동일성이 깨져서 다른 심판 대상이 되기 때문이다. 이러한 변화에 관한 판단은 헌법재판소 결정의 화석화를 방지하기 위해서 관대하여야 한다.[407] 새로운 절차에서도 헌법재판소는 이전 결정에 구속되므로 헌법재판소가 이전 결정과 다른 결정을 하려면 기판력이 차단하지 못하는 사실에 근거하여야 한다.

3. 기속력

(1) 기속력의 의의

헌법재판소는 (특별한) 법원이므로, 헌법재판소 결정은 '사법판결'이다. 당사자 [청구인, 피청구인, 참가인(보조참가인 제외)]만 절차의 진행과 종결에 영향을 미칠 수

---

402) 같은 견해: 최희수, 「법률의 위헌결정의 효력에 관한 연구 – 소송법적 효력을 중심으로 –」, 고려대학교 법학박사학위논문, 2001, 79쪽; 같은 사람, 「규범통제결정의 기판력」, 『헌법논총』 제14집, 헌법재판소, 2003, 555쪽; Steffen Detterbeck, Streitgegenstand und Entscheidungswirkungen im öffentlichen Recht, Tübingen 1995, S. 339.

403) BVerfGE 20, 56 (87) 참조.

404) BVerfGE 33, 199 (204).

405) BVerfGE 39, 169 (181 f.).

406) BVerfGE 20, 56 (87); 33, 199 (204); 65, 179 (182).

407) Klaus Schlaich/Stefan Korioth, Das Bundesverfassungsgericht – Stellung, Verfahren, Entscheidungen, 11. Aufl., München 2018, Rdnr. 481 참조.

있다. 그러므로 사법판결의 효력은 법치국가원리를 따라 원칙적으로 당사자에게만 미친다. 국가기관은 일반적으로 규범통제절차에서 당사자가 아니다. 따라서 국가기관은 원칙적으로 헌법재판소의 규범통제 결정에 구속되지 않는 것처럼 보인다. 다른 개별 심판절차에서도 절차에 참여하지 않은 국가기관은 헌법재판소 결정에 구속되지 않는 것 같다. 그러나 일반 사법판결과 달리 헌법재판소 결정은 사법판결의 일반적인 효력을 넘어서 모든 국가기관을 기속한다(헌법재판소법 제47조 제1항, 제67조 제1항, 제75조 제1항과 제6항).[408] 이러한 효력을 기속력(Bindungswirkung)이라고 한다.

(2) 기속력의 본질

① 기판력과 구별되는 기속력

기판력은 일반적으로 당사자 및 법원과 관련된다. 그에 반해서 기속력은 모든 국가기관에 의무를 부과한다. 이러한 점에서 기속력은 일반 사법판결에서 일반적으로 발견할 수 없는, 헌법재판소 결정에만 귀속되는 특별한 효력이다. 그래서 기속력과 기판력의 차이가 단지 양적인 확장에 그치는지 아니면 이러한 확장이 기판력을 질적으로 바꾸는 것인지가 문제 된다. 이러한 문제는 특히 기속력의 객관적 범위와 깊은 관련이 있다.

② 학설과 판례

기속력의 한계에 관한 논의를 통해서 기속력의 본질은 간접적으로 자주 논의된다. 그러나 이 문제를 직접 다루는 논의는 많지 않다. 이에 관해서는 4가지 견해가 있다.

먼저 기속력과 기판력은 같은 것이 아니고, 기속력은 주관적 범위와 객관적 범위에서 기판력이 드러내는 결함을 보완하는 주관적 및 객관적 범위의 확장된 효력이라고 보는 견해가 있다.[409] 이 견해는 기속력을 기판력과 별도로 규정하는 것은 각각의 효력이 같지 않다는 것을 입증한다고 한다. 그리고 헌법재판소 결정의 준수효과를 확보하기 위해서 기판력을 주관적 측면뿐 아니라 객관적 측면에서도 보완하

---

408) 헌법재판소 결정 중 법률의 위헌결정(제47조 제1항, 제75조 제6항), 권한쟁의심판의 결정(제67조 제1항) 그리고 헌법소원의 인용결정(제75조 제1항)에서만 기속력이 발생하지만, 독일 연방헌법재판소법 제31조 제1항["연방헌법재판소 재판은 연방과 주의 헌법기관 및 모든 법원과 행정청(Behörden)을 기속한다."]에 따른 기속력은 원칙적으로 모든 연방헌법재판소 재판에 귀속된다. 그러나 양자는 거의 차이가 없다. 다른 심판절차(탄핵심판과 정당해산심판)의 헌법재판소 결정은 심판절차의 성질에 비추어 기속력이 있을 수 없고, 연방헌법재판소 재판은 심판절차의 성질에 따라서(예를 들어 선거소송) 기속력이 없을 수도 있기 때문이다.

409) 전정환, 「헌법재판소 결정의 효력에 관한 일반적 고찰」, 문광삼/남복현/전정환, 『헌법재판소결정의 효력에 관한 연구』(헌법재판연구 제7권), 헌법재판소, 1996, 50~51쪽.

여야 한다고 한다.

다음 기속력을 헌법재판소 결정의 실효성을 보장하고 당사자의 권리구제를 빈틈없이 하려고 법률이 특별히 인정한 특수한 효력으로 보는 견해가 있다.[410] 이 견해를 따르면 기속력과 기판력은 주관적 효력범위뿐 아니라 객관적 효력범위에서도 다르다고 한다. 이 견해는 기속력과 기판력이 일반 소송법이론상 다른 의미로 사용되고 주관적 효력 범위뿐 아니라 객관적 효력 범위도 같지 않다는 것을 근거로 한다. 그리고 이 견해는 기판력과 달리 기속력이 소극적 의무뿐 아니라 적극적 의무도 부과한다고 한다.

그리고 기속력은 확정력을 확장 · 보충하는 기능이 있는 절차법적 효력이라는 견해도 있다.[411] 이 견해는 헌법재판은 헌법 관련 분쟁을 최종적으로 종결하는 최고의 국가작용이라서 그 결정과 판단에 법적 안정성을 특별히 확보할 필요성이 있는데, 종전 불가변력, 불가쟁력, 기판력이 이러한 필요성을 충족하는 데 충분하지 못하므로 기속력이 인정된다고 한다.

끝으로 기속력을 기판력에 추가로 부가된 효력으로 보는 견해가 있다.[412] 즉 기판력은 종류와 관계없이 모든 종국결정에 발생하지만, 기속력은 법률에 대한 위헌결정, 권한쟁의심판의 결정, 헌법소원의 인용결정에 한정하여 인정된다고 한다. 이 견해는 행정소송(취소소송)과 같은 객관소송에서 기속력과 기판력을 통일적으로 그리고 소송물의 개념을 통해서 양자를 같은 범위에서 같게 이해하여야 한다는 것에 근거한다.[413] 이 견해는 기속력을 기판력의 주관적 범위가 확장된 것으로 보고, 객관소송에서 기속력과 기판력의 구별이 필요 없다는 것을 강조하므로, 이 견해와 기속력을 기판력의 주관적 확장으로 보는 견해는 기본적으로 같은 것으로 볼 수 있다고 한다.[414]

③ 사견

(i) 보완이 필요한 기판력

불가쟁력과 기판력 때문에 당사자와 그의 법적 승계인은 형식적으로 확정된 헌

---

410) 이성환, 「헌법재판소 결정의 효력에 관한 연구」, 서울대학교 법학박사학위논문, 1994, 89~90쪽.

411) 황도수, 「헌법재판소 결정의 기속력」, 『헌법의 규범력과 법질서』(연천 허영 박사 정년기념논문집), 박영사, 2002, 771쪽.

412) 정종섭, 『헌법소송법(제8판)』, 박영사, 2014, 185~186쪽.

413) 박정훈, 「취소소송의 소송물에 관한 연구: 취소소송의 관통개념으로서 소송물 개념의 모색」, 『법조』 제49권 제7호(통권 제526호), 법조협회, 2000. 7., 113~116쪽.

414) 박진완, 「헌법재판소와 국회와의 관계: 규범반복금지」, 『헌법학연구』 제11권 제2호, 한국헌법학회, 2005, 91쪽.

법재판소 결정에 구속되고, 헌법재판소는 같은 심판 대상과 관련된 당사자의 후행
절차에서 더는 재판하지 못하거나 최소한 이전 결정과 다르게 결정할 수 없다. 그
러나 국가기관은 일반적으로 규범통제절차에서 당사자도 법적 승계인도 아니다. 다
른 심판절차에서도 모든 국가기관이 당사자가 되는 것도 아니다. 그래서 국가기관
은 (심판절차에 참가하지 않는 한) 불가쟁력과 기판력에 따라서 헌법재판소 결정에 구
속되지 않는다. 그에 따라 헌법재판소 결정은 옹글게(완벽하게) 실현될 수 없다. 법
규범은 일반적 구속성이 있고 일반적인 국가행위도 일반적으로 관철될 필요성이 있
으나, 헌법재판소 스스로 자기 결정을 집행할 수 없어서 다른 국가기관이 헌법재판
소 결정을 집행하여야 하기 때문이다. 따라서 다른 국가기관과 맺는 관계에서 법적
안정성과 법적 평화를 보장하고 헌법재판소 결정을 옹글게(완벽하게) 집행하려면 기
판력의 보완이 필요하다. 헌법재판소법 제47조 제1항, 제67조 제1항, 제75조 제1항
과 제6항은 이러한 보완을 한다.

(ⅱ) 기판력의 주관적 확장인 기속력

헌법재판소법 제47조 제1항, 제67조 제1항, 제75조 제1항과 제6항은 단지 헌법
재판소 결정이 모든 국가기관을 구속한다는 것만을 규정한다. 즉 이 조항들은 헌법
재판소 결정의 효력을 오로지 주관적 측면에서만 확장한다. 사법판결의 효력은 민
사소송뿐 아니라 본질에서 다른 모든 개별 소송에서도 같다. 특히 헌법소송에서 이
러한 일반성에서 벗어나야 할 이유나 근거를 찾을 수 없다. 따라서 입법자가 헌법
소송을 이러한 보편타당성에서 벗어나게 하는 규율을 정립하고자 한다면, 입법자는
헌법재판소법(이나 다른 헌법재판 관련 개별법)의 개별 조항에서 명확하게 표현하여야
한다. 그러나 헌법재판소 결정의 효력을 주관적으로 확장하는 헌법재판소법 제47조
제1항, 제67조 제1항, 제75조 제1항과 제6항 이외에 다른 조항을 찾을 수 없다. 이
러한 주관적 확장은 형성력이나 법률요건적 효력에서 볼 수 있는 것처럼 일반 소송
법에서 낯선 것도 아니다. 따라서 기속력은 기판력을 단지 주관적 측면에서 확장하
는 것일 뿐이고, 객관적 측면에서는 확장하지 않는다고 보아야 한다.[415] 그래서 기
속력 관련 조항은 기판력을 질적으로 변경시키지 않는다.

(3) 기속력의 근거

① 법률에 근거한 기속력

헌법은 국가법질서에서 최상위의 법규범이다. 헌법 우위[416]는 헌법국가의 특징

---

415) 같은 견해: 한수웅, 『헌법학(제8판)』, 법문사, 2018, 1402쪽.
416) 이에 관한 헌법적 근거에 관해서는 김선택, 「국가기능체계에 있어서 헌법재판소의 역할과 한계 ―

으로 이해된다. 그러나 헌법이 분쟁사건에서 관철될 수 있는 제도가 마련되어야 비로소 헌법 우위는 효과적으로 보장될 수 있다. 이러한 헌법 우위 보장과 그 효율화는 헌법이 직접 헌법재판소에 맡긴다. 자기 결정에 충분한 구속성이 있을 때만 헌법재판소는 이러한 과제를 제대로 이행할 수 있다.[417] 이러한 점 때문에 헌법재판소 결정의 기속력은 실정법적으로 보장된다(헌법재판소법 제47조 제1항, 제67조 제1항, 제75조 제1항과 제6항).

② 기속력의 필요성

법률조항을 제외하고 다음과 같은 근거에서 헌법재판소 결정의 기속력은 필요하다.

(i) 헌법재판소 결정을 심사하게 할 구제수단이 없어서 헌법재판소는 최종결정권이 있다. 그래서 다른 국가기관은 헌법재판소가 이미 심사한 헌법분쟁을 다시 심사할 수 없다. 그러므로 다른 국가기관은 헌법재판소 결정을 받아들여야 한다. 이러할 때만 헌법재판소 결정은 국가기관 사이에 있는 모순을 제거함으로써, 국가질서 통일을 실현할 수 있다.[418] 그리고 헌법재판소 결정이 헌법분쟁을 확정적으로 종결하고 반복 가능성을 제거함으로써, 법적 안정성과 법적 평화는 국가생활의 전체 영역에서 보장될 수 있다.[419] 국가질서 통일, 법적 안정성 그리고 법적 평화는 헌법의 지도이념에 속하는 법치국가원리의 본질적 요소이다. 헌법재판소 결정의 이러한 최종성은 다른 모든 국가기관이 헌법재판소 결정에 구속되어야 효과적으로 보장될 수 있다.[420]

(ii) 헌법재판소는 헌법 수호자이므로, 헌법재판소는 개별적 권리 보호 과제 이외에 객관적 헌법 보호 과제도 있다. 따라서 헌법재판의 기능은 개별적 기본권 보호에 그치지 않고, 헌법재판은 객관적 헌법을 보장하고 헌법의 해석과 계속형성에 이바지하는 기능도 있다(2중 기능). 따라서 헌법재판소 결정은 당사자를 넘어 효력

국가조직관련 헌법재판소판례의 분석과 평가 -」, 『공법연구』 제33집 제4호, 한국공법학회, 2005, 181쪽 참조.

417) Andreas Heusch, Bindungswirkung und Gesetzeskraft der Entscheidungen, in: Christian Burkiczak/ Franz-Wilhelm Dollinger/Frank Schorkopf (Hrsg.), Bundesverfassungsgerichtsgesetz - Heidelberger Kommentar, Heidelberg 2015, § 31 Rdnr. 13.

418) Willi Geiger, Die Grenzen der Bindung verfassungsgerichtlicher Entscheidungen (§ 31 Abs. 1 BVerfGG), in: NJW 1954, S. 1058.

419) Hermann Maassen, Problem der Selbstbindung des Bundesverfassungsgerichts, in: NJW 1975, S. 1345; Hans G. Rupp, Zur Bindungswirkung der Entscheidungen des Bundesverfassungsgerichts, in: die Rechtswissenschaftliche Abteilung der Rechts- und Wirtschaftswissenschaftlichen Fakultät der Universität Tübingen (Hrsg.), Tübinger Festschrift für Eduard Kern, Tübingen 1968, S. 405.

420) Uwe Kischel, Darf der Gesetzgeber das Bundesverfassungsgericht ignorieren? - Zum erneuten Erlaß für nichtig erklärter Gesetze, in: AöR 131 (2006), S. 232 참조.

을 미칠 수밖에 없다.[421]

(iii) 일반적 문제는 일반구속적으로 결정할 필요가 있다.[422] 헌법재판소 통제대
상은 규범통제에서는 법규범이고 헌법소원심판과 권한쟁의심판에서는 국가기관의
행위이다. 따라서 헌법재판소는 법규범과 국가기관 행위의 효력에 관해서 심사한
다. 국가기관의 행위는 보통 일반적으로 관철되어야 한다. 특히 법규범은 그 일반
구속성 때문에 당사자뿐 아니라 특정되지 않은 많은 사람(불특정 다수인) 및 다른
국가기관과도 관련을 맺는다. 그래서 규범통제심판과 헌법소원심판 그리고 권한쟁
의심판은 헌법재판소 결정이 모든 국가기관을 구속하지 못한다면 그 심판 목적을
충분히 달성하기 어렵다.

(iv) 헌법재판소는 스스로 처분을 할 수 없다. 헌법재판소는 법규범의 위헌성을
확인하거나 다른 국가기관의 행위를 취소하거나 그 무효를 확인할 수 있을 뿐이다
(헌법재판소법 제45조, 제66조, 제75조). 그래서 헌법재판소 결정은 드물지 않게 다른
국가기관의 행위를 통해서 비로소 실현될 수 있다. 즉 헌법재판소 스스로 자기 결
정을 집행할 수 없어서, 다른 국가기관이 헌법재판소 결정을 존중하고 수용하여야
비로소 헌법재판소 결정은 생명력을 가질 수 있다. 이러한 점에서 헌법재판소 결정
은 다른 국가기관을 구속할 때만 의미가 있을 수 있다.

③ 헌법의 규범서열이 있는 기속력?

(i) 헌법전에 언급되지 않은 기속력

헌법재판소 결정의 기속력은 헌법전에서 한 번도 언급되지 않았다.[423] 그와 관
련하여 두 가지 상반되는 이유가 제시될 수 있다. 하나는 기속력은 헌법적으로 보

---

421) Willi Geiger, Die Grenzen der Bindung verfassungsgerichtlicher Entscheidungen (§ 31 Abs. 1
BVerfGG), in: NJW 1954, S. 1058; Friedrich E. Schnapp/Sandra Henkenötter, Zur Bindungswirkung
der Entscheidungen des BVerfG, in: JuS 1994, S. 123; Rüdiger Zuck, Die Selbstbindung des
Bundesverfassungsgerichts, in: NJW 1975, S. 910.

422) Christian-Friedrich Menger, Anmerkung zu zwei Beschlüssen des OVG Lüneberg und des
Bundesverfassungsgerichts, in: AöR 80 (1955/1956), S. 226.

423) 헌재 1997. 12. 24. 96헌마172등, 판례집 9-2, 842, 859-860: "모든 국가기관은 헌법의 구속을 받
고 헌법에의 기속은 헌법재판을 통하여 사법절차적으로 관철되므로, 헌법재판소가 헌법에서 부여받
은 위헌심사권을 행사한 결과인 법률에 대한 위헌결정은 법원을 포함한 모든 국가기관과 지방자치
단체를 기속한다. 따라서 헌법재판소가 위헌으로 결정하여 그 효력을 상실한 법률을 적용하여 한
법원의 재판은 헌법재판소 결정의 기속력에 반하는 것일 뿐 아니라, 법률에 대한 위헌심사권을 헌
법재판소에 부여한 헌법의 결단(헌법 제107조 및 제111조)에 정면으로 위배된다. 결국, 그러한 판결
은 헌법의 최고규범성을 수호하기 위하여 설립된 헌법재판소의 존재의의, 헌법재판제도의 본질과
기능, 헌법의 가치를 구현함을 목적으로 하는 법치주의의 원리와 권력분립의 원칙 등을 송두리째
부인하는 것이라 하지 않을 수 없는 것이다."

장되지 않는다는 것이고, 다른 하나는 기속력은 헌법적으로 자명하여서 명시적 언급이 불필요하다는 것이다.[424]

(ⅱ) 학설

한국에서 기속력에 헌법의 규범서열이 있는지는 거의 논의되지 않는다. 기속력에 헌법의 규범서열을 부여하려는 몇몇 견해가 있을 뿐이다.

한 견해는 헌법 제10조 제2문에 따라 모든 국가기관은 국민의 기본권을 최대한 보장할 의무가 있고, 헌법재판소는 헌법의 의미내용과 기본권을 최종적으로 그리고 유권적으로 해석하는 국가기관이라고 한다.[425] 따라서 헌법 제107조 제1항과 제111조 제1항 제1호 및 제5호의 의미는 헌법재판소에 법률에 대한 규범통제와 법률에 대한 헌법소원심판의 권한을 부여하여 모든 국가기관이 헌법재판소 결정에 구속되게 하는 것이라고 한다. 오로지 이것을 통해서만 법치국가원리가 요구하는 법질서의 통일성은 보호될 수 있다고 한다.

다른 견해는 기속력이 기판력과 마찬가지로 헌법적 근거에 따른 효력의 지위가 있다고 한다.[426] 이 견해는 헌법재판소 결정의 기속력은 국가기관이나 지방자치단체가 국가권력의 한 부분질서로서 그 뿌리가 같아서 다른 국가기관의 유효한 결정을 서로 존중하여야 한다는 헌법적 의무의 구체화이며, 헌법적 사법기관인 헌법재판소가 이미 판정한 사안에 관해서 그 결정의 실효성을 보장하기 위해서 인정된 효력이라고 한다.

(ⅲ) 사견

기속력은 헌법전에 명확하고 직접적인 근거가 없으므로, 기속력에 헌법의 규범서열이 있다면 다른 헌법 규정에서 그에 관한 구체적 내용이 도출되어야 한다. 먼저 기속력의 필요성을 헌법적으로 확인하는 것은 어렵지 않다. 그러나 제도의 필요성이 그 존재를 뜻하지는 않는다. 필요성은 제도가 도입되었을 때 제도를 정당화할 뿐이다. 즉 필요성은 간접적 근거에 불과하다. 법치국가원리를 따라 원칙적으로 사법판결은 단지 당사자만 구속하므로, 기속력은 법치국가적으로 주어지지 않

---

424) Jan Ziekow, Die Bindungswirkung der Entscheidungen des Bundesverfassungsgerichts, in: Jura 1995, S. 524.

425) 방승주, 「헌법재판소의 헌법합치적 해석의 효력」, 『법학논집』 특별호, 고려대학교 법학연구소, 1997, 440쪽; 같은 사람, 「국가배상법 제2조 제1항 단서에 대한 한정위헌결정의 기속력」, 『인권과 정의』 제304호, 한국변호사협회, 2001. 12., 106쪽.

426) 이성환, 「헌법재판소 결정의 효력에 관한 연구」, 서울대학교 법학박사학위논문, 1994, 91~92쪽; 같은 사람, 「한정위헌결정의 기속력」, 『세계헌법연구』 제2호, 국제헌법학회 한국학회, 1997, 558쪽.

는다.427) 그리고 헌법재판소 권한은 다른 효력, 즉 기판력, 법률요건적 효력(이나 형성력 혹은 법률적 효력), 선례적 구속력 등을 통해서도 실현될 수 있다. 기속력이 이러한 권한을 더 효과적으로 실현할 수 있을 뿐이다. 또한, 헌법재판소가 헌법을 최종적으로 해석할지라도, 헌법재판소 결정은 헌법 그 자체는 아니다. 게다가 헌법해석은 헌법재판소의 독점적 권한도 아니다. 즉 다른 국가기관도 최종적인 것은 아닐지라도 헌법을 해석할 권한이 있다. 그 밖에 헌법재판소뿐 아니라 모든 국가기관은 국민의 기본권을 최대한 보장하여야 하는 의무가 있다(헌법 제10조 제2문). 이러한 점에서 기속력은 단지 법률적 효력에 불과한 것으로 보아야 할 것이다.

그러나 헌법재판소는 "모든 국가기관은 헌법의 구속을 받고 헌법에의 기속은 헌법재판을 통하여 사법절차적으로 관철되므로, 헌법재판소가 헌법에서 부여받은 위헌심사권을 행사한 결과인 법률에 대한 위헌결정은 법원을 포함한 모든 국가기관과 지방자치단체를 기속한다. 따라서 헌법재판소가 위헌으로 결정하여 그 효력을 상실한 법률을 적용하여 한 법원의 재판은 헌법재판소 결정의 기속력에 반하는 것일 뿐 아니라, 법률에 대한 위헌심사권을 헌법재판소에 부여한 헌법의 결단(헌법 제107조 및 제111조)에 정면으로 위배된다. 결국, 그러한 판결은 헌법의 최고규범성을 수호하기 위하여 설립된 헌법재판소의 존재의의, 헌법재판제도의 본질과 기능, 헌법의 가치를 구현함을 목적으로 하는 법치주의의 원리와 권력분립의 원칙 등을 송두리째 부인하는 것이라 하지 않을 수 없는 것이다."428)라고 하여 헌법에서 직접 기속력을 도출할 수 있다고 해석할 여지를 남긴 것이 있다. 그리고 헌법재판소의 소수의견 중에는 "… 기속력은 헌법재판소법 제47조 제1항, 제75조 제6항에 규정되어 있지만, 법률에 대한 위헌심사권을 헌법재판소에 부여한 헌법의 결단(헌법 제111조)에서 우러나오는 것이다."429)라고 하여 기속력이 헌법 제111조에서 도출된다고 밝힌 것이 있다.

(4) 기속력의 내용

① 기속력의 범위

(i) 확정력 있는 본안결정

확정력 있는 헌법재판소 결정이 기속력을 가질 수 있다.430) 헌법재판소 결정이

---

427) Steffen Detterbeck, Streitgegenstand und Entscheidungswirkungen im öffentlichen Recht, Tübingen 1995, S. 352 f.

428) 헌재 1997. 12. 24. 96헌마172등, 판례집 9–2, 842, 859–860.

429) 헌재 2006. 3. 30. 2005헌마598, 판례집 18–1상, 439, 454 재판관 조대현의 반대의견.

430) Christian Pestalozza, Verfassungsprozeßrecht, 3. Aufl., München 1991, § 20 Rdnr. 89.

확정되어야 기속력의 내용과 범위가 밝혀질 수 있기 때문이다. 기속력은 그러한 범위에서 불가쟁력을 전제한다. 그리고 기속력은 절차결정이 아니고 단지 본안결정과 관련이 있다.[431] 절차결정은 심판 대상에 관해서 결정하지 않기 때문이다.

(ii) 사법적 헌법해석

기속력은 최종적 헌법해석에 관한 헌법재판소의 과제와 권한에 근거하므로, 헌법재판소법 조항의 문언이나 의미에서 도출될 수 없을지라도 헌법재판소 결정 중에서 원칙적으로 사법적(司法的) 헌법해석만 기속력이 있을 수 있다. 따라서 개별 하위법규범[432] 해석은 그것이 결정주문의 필수적 전제조건이더라도 기속력이 없다.[433]

---

431) 남복현, 「헌법재판소 결정의 기속력」, 『한양법학』 제4·5(통합)집, 한양법학회, 1994, 153쪽; 이성환, 「헌법재판소 결정의 효력에 관한 연구」, 서울대학교 법학박사학위논문, 1994, 93쪽; BVerfGE 78, 320 (328); 92, 91 (107); Ernst Benda/Eckart Klein/Oliver Klein, Verfassungsprozessrecht, 3. Aufl., Heidelberg/München/Landsberg/Frechen/Hamburg 2012, § 40 Rdnr. 1445; Herbert Bethge, Verbindlichkeit der Entscheidung, in: Theodor Maunz/Bruno Schmit−Bleibtreu/Franz Klein/Gerhard Ulsamer/Herbert Bethge/Karin Grasshof/Rudolf Mellinghoff/Jochen Rozek, Bundesverfassungsgerichtsgesetz − Kommentar, Bd. 1, München 2017 (Stand: Januar 2017), § 31 Rdnr. 83; Steffen Detterbeck, Normwiederholungsverbote aufgrund normverwerfender Entscheidungen des Bundesverfassungsgerichts, in: AöR 116 (1991), S. 420; ders., Streitgegenstand und Entscheidungswirkungen im öffentlichen Recht, Tübingen 1995, S. 363 f.; Christoph Gusy, Parlamentarischer Gesetzgeber und Bundesverfassungsgericht, Berlin 1985, S. 235; Andreas Heusch, Bindungswirkung und Gesetzeskraft der Entscheidungen, in: Christian Burkiczak/Franz−Wilhelm Dollinger/Frank Schorkopf (Hrsg.), Bundesverfassungsgerichtsgesetz − Heidelberger Kommentar, Heidelberg 2015, § 31 Rdnr. 52; Kai−Oliver Knops, Bundesverfassungsgericht und die Bindungskraft seiner Entscheidungen, in: KritV 1997, S. 48; Andreas Voßkuhle, in: Hermann von Mangoldt/Friedrich Klein/Christian Starck (Hrsg.), Kommentar zum Grundgesetz, Bd. 3, 7. Aufl., München 2018, Art. 94 Rdnr. 32. 그러나 절차규정도 때에 따라 기속력이 있을 수 있다는 견해(Christian Pestalozza, Verfassungsprozeßrecht, 3. Aufl., München 1991, § 20 Rdnr. 89)도 있다.

432) 여기서 개별 하위법규범은 헌법을 제외한 모든 법규범을 말한다.

433) BVerfGE 19, 377 (392); 40, 88 (93 f.); Herbert Bethge, Verbindlichkeit der Entscheidung, in: Theodor Maunz/Bruno Schmit−Bleibtreu/Franz Klein/Gerhard Ulsamer/Herbert Bethge/Karin Grasshof/Rudolf Mellinghoff/Jochen Rozek, Bundesverfassungsgerichtsgesetz − Kommentar, Bd. 1, München 2017 (Stand: Januar 2017), § 31 Rdnr. 88; Steffen Detterbeck, Streitgegenstand und Entscheidungswirkungen im öffentlichen Recht, Tübingen 1995, S. 355; Wolfgang Endemann, Zur Bindungswirkung von Entscheidungen des Bundesverfassungsgerichts im Verfassungsbeschwerdeverfahren, in: Theo Ritterspach/Willi Geiger (Hrsg.), Festschrift für Gebhard Müller: Zum 70. Geburtstag des Präsidenten des Bundesverfassungsgerichts, Tübingen 1970, S. 26 f.; Kai−Oliver Knops, Bundesverfassungsgericht und die Bindungskraft seiner Entscheidungen, in: KritV 1997, S. 47; Klaus Lange, Rechtskraft, Bindungswirkung und Gesetzeskraft der Entscheidungen des Bundesverfassungsgerichts, in: JuS 1978, S. 5; Christian Pestalozza, Verfassungsprozeßrecht, 3. Aufl., München 1991, § 20 Rdnr. 92; Alfred Rinken, in: Erhard Denninger/Wolfgang Hoffmann−Riem/Hans−Peter Schneider/Ekkehart Stein (Hrsg.), AK−GG, 3. Aufl., Neuwied/Kriftel 2001 (Stand: August 2002), Art. 94 Rdnr. 66; Hans G. Rupp, Zur Bindungswirkung der Entscheidungen des Bundesverfassungsgerichts, in: die Rechtswissenschaftliche Abteilung der Rechts− und Wirtschaftswissenschaftlichen Fakultät der Universität Tübingen (Hrsg.), Tübinger Festschrift für Eduard

개별 하위법규범의 구속적 해석과 적용은 헌법적 권한분배에 따라 일반 법원의 몫이다(헌법 제101조 제1항, 제107조 제2항).[434] 그러나 헌법재판소는 탄핵심판에서 공무원이 그 직무집행에서 헌법이나 '법률'을 위배하였는지(헌법재판소법 제48조)를 그리고 권한쟁의심판에서 헌법이나 '법률'이 부여한 청구인의 권한이 침해되었는지(헌법재판소법 제61조 제2항)를 심사하여야 하므로, 이러한 헌법재판소 결정에 수반되는 법률 해석은 기속력이 있을 수밖에 없다.[435] 그리고 예외적으로 헌법에서 개별 하위법규범 해석이 도출된다면, 즉 헌법재판소가 개별 하위법규범을 헌법합치적으로 해석하거나 개별 하위법규범의 특정해석을 위헌으로 선언하였다면, 헌법재판소가 한 개별 하위법규범 해석도 기속력이 있을 수 있다. 그러한 범위에서 위헌적 해석 가능성은 구속적으로 제거된다.[436] [437]

(ⅲ) 같은 심판 대상

헌법재판소 결정은 추상적이거나 일반적 분쟁이 아니라 단지 구체적 분쟁을 해결할 뿐이다. 즉 헌법재판소 결정은 개별 사건 결정이지 헌법이나 법률, 즉 법규범이 아니다. 그래서 규범통제에서 심판 대상은 구체적으로 문제가 된 법규범의 위헌

Kern, Tübingen 1968, S. 406; Günther Willms, Was bindet nach § 31 I BVerfGG?, in: JZ 1954, S. 528; Wolfgang Zeidler, Die Verfassungsrechtsprechung im Rahmen der staatlichen Funktionen − Arten, Inhalt und Wirkungen der Entscheidungen über die Verfassungsmäßigkeit von Rechts- normen, in: EuGRZ 1988, S. 215; Jan Ziekow, Rechtsmittelrecht und Verfassungsgerichtsbarkeit, in: Die Verwaltung 27 (1994), S. 486.

434) BVerfGE 40, 88 (94) 참조.

435) 참고로 독일에서 구체적 규범통제나 추상적 규범통제에서 연방법을 심사기준으로 심사할 때 이러한 연방법 해석도 예외적으로 기속력이 있다.

436) BVerfGE 19, 377 (392); 40, 88 (94); 42, 258 (260); 72, 119 (121).

437) 황우여, 「위헌결정의 효력」, 『헌법재판의 이론과 실제』(금랑 김철수교수 화갑기념), 박영사, 1993, 309쪽; Herbert Bethge, Verbindlichkeit der Entscheidung, in: Theodor Maunz/Bruno Schmit− Bleibtreu/Franz Klein/Gerhard Ulsamer/Herbert Bethge/Karin Grasshof/Rudolf Mellinghoff/Jochen Rozek, Bundesverfassungsgerichtsgesetz − Kommentar, Bd. 1, München 2017 (Stand: Januar 2017), § 31 Rdnr. 88; Andreas Heusch, Bindungswirkung und Gesetzeskraft der Entscheidungen, in: Christian Burkiczak/Franz−Wilhelm Dollinger/Frank Schorkopf (Hrsg.), Bundesverfassungsgerichtsgesetz − Heidelberger Kommentar, Heidelberg 2015, § 31 Rdnr. 57; Kai−Oliver Knops, Bundesverfassungsgericht und die Bindungskraft seiner Entscheidungen, in: KritV 1997, S. 47 f.; Alfred Rinken, in: Erhard Denninger/Wolfgang Hoffmann−Riem/Hans−Peter Schneider/Ekkehart Stein (Hrsg.), AK−GG, 3. Aufl., Neuwied/Kriftel 2001 (Stand: August 2002), Art. 94 Rdnr. 66; Hans G. Rupp, Zur Bindungswirkung der Entscheidungen des Bundesverfassungsgerichts, in: die Rechtswissenschaftliche Abteilung der Rechts− und Wirtschaftswissenschaftlichen Fakultät der Universität Tübingen (Hrsg.), Tübinger Festschrift für Eduard Kern, Tübingen 1968, S. 407 f.; Klaus Schlaich/Stefan Korioth, Das Bundesverfassungsgericht − Stellung, Verfahren, Entscheidungen, 11. Aufl., München 2018, Rdnr. 445; Jan Ziekow, Rechtsmittelrecht und Verfassungsgerichtsbarkeit, in: Die Verwaltung 27 (1994), S. 486; ders., Die Bindungswirkung der Entscheidungen des Bundesverfassungsgerichts, in: Jura 1995, S. 527 f. 참조.

성이다.438) 그리고 헌법소원심판이나 권한쟁의심판에서도 구체적인 국가기관 행위의 위헌성이나 위법성이 문제 된다. 따라서 확정력처럼 기속력도 구체적 심판 대상에 한정된다. 구체적 심판 대상을 넘어선 헌법재판소 결정에 대한 국가기관의 구속은 헌법적으로나 법률적으로나 주어지지 않는다.

유사규범439)은 형식적으로 심판 대상이 아니어서, 헌법재판소는 그에 관해서 결정하지도 않고 결정할 수도 없다. 그리고 법규범 문언이 같더라도 유사규범의 의미는 때에 따라 다양할 수 있다.440) 게다가 문제가 되는 법규범의 실질적 유사성을 판단하기도 쉽지 않다. 그래서 기속력은 유사규범을 포섭하지 못한다. 법원이나 관련자가 유사규범에 대해서 심판 청구를 하였을 때, 헌법재판소는 비로소 유사규범의 위헌성을 심사할 수 있다.441)

② 준수의무

기속력 때문에 모든 국가기관은 앞날에 처분을 내릴 때 헌법재판소 결정을 준수하고 존중하여야 한다. 이러한 준수의무는 반복금지의무와 반응의무로 구성된다. 반복금지의무는 준수의무의 소극적 측면이고, 반응의무는 준수의무의 적극적 측면이다.

(ⅰ) 반복금지의무

모든 국가기관은 자신이 앞날에 처분을 내릴 때 헌법재판소 결정에 근거하여야 한다. 따라서 기속력은 다투어진 통제대상뿐 아니라 같은 상황에서 같은 근거로 같은 내용이 있는 공권력의 행사나 불행사도 금지한다.442) 그에 따라 다른 국가기관이 같은 당사자에 대해서 같은 근거로 같은 처분을 하는 것은 금지된다. 즉 입법자가 같은 법률을 다시 제정하고 행정기관과 법원이 위헌으로 선언된 규범을 적용하는 식으로 헌법재판소 결정과 모순되는 국가행위를 반복하는 것은 금지된다.

---

438) BVerfGE 20, 56 (86); 92, 91 (107) 참조.
439) 유사규범은 문언과/또는 내용 측면에서 헌법재판소 심판 대상이었던 법규범과 일치하는 법규범을 말한다.
440) 같은 견해: 이성환, 「헌법재판소 결정의 효력에 관한 연구」, 서울대학교 법학박사학위논문, 1994, 98~99쪽.
441) 이성환, 「헌법재판소 결정의 효력에 관한 연구」, 서울대학교 법학박사학위논문, 1994, 98~99쪽; 전정환, 「헌법재판소 결정의 효력에 관한 일반적 고찰」, 문광삼/남복현/전정환, 『헌법재판소결정의 효력에 관한 연구』(헌법재판연구 제7권), 헌법재판소, 1996, 54~55쪽; Andreas Heusch, Bindungswirkung und Gesetzeskraft der Entscheidungen, in: Christian Burkiczak/Franz−Wilhelm Dollinger/Frank Schorkopf (Hrsg.), Bundesverfassungsgerichtsgesetz − Heidelberger Kommentar, Heidelberg 2015, § 31 Rdnr. 69; Christian Pestalozza, Verfassungsprozeßrecht, 3. Aufl., München 1991, § 20 Rdnr. 85.
442) BVerfGE 1, 14 (37) 참조.

（ⅱ) 반응의무

헌법재판소는 위헌상태를 제거하는 데 필요한 처분을 스스로 할 수 없다. 그래서 헌법재판소 결정을 실현하는 것은 다른 국가기관의 몫이다. 이것은 다른 지시가 없는 한 다른 국가기관이 확인된 위헌상태를 즉시 헌법합치적 상태로 바꾸어야 한다는 것을 뜻한다. 따라서 다른 모든 국가기관은 자신의 권한범위 안에서 개별 사건에서 선고된 구체적 헌법재판소 결정을 관철하는 데 필요한 모든 것을 하여야 한다.443) 예를 들어 권한쟁의심판에서 헌법재판소가 부작위에 대한 심판청구를 인용하는 결정을 하면 피청구인은 결정 취지에 따른 처분을 하여야 하고(헌법재판소법 제66조 제2항 후단), 헌법소원심판에서 공권력의 불행사에 대한 헌법소원을 인용하는 결정을 하면 피청구인은 결정 취지에 따라 새로운 처분을 하여야 한다(헌법재판소법 제75조 제4항). 그러나 헌법재판소는 국회의장의 법률안 가결선포행위가 국회의원들의 법률안 심의·표결권을 침해한 것임을 확인한 권한침해확인결정의 기속력 내용에는 국회의장이 구체적으로 특정한 조치를 취할 작위의무가 포함된다고 볼 수 없다는 것 등의 이유로 권한침해확인결정 이후 국회의장의 부작위가 국회의원들의 법률안 심의·표결권을 침해한다며 제기된 권한쟁의심판 청구를 1(기각) : 4(각하) : 4(인용)로 기각하였다.444)

(5) 기속력의 대상

① 한정적으로 규정한 헌법재판소법

연방헌법재판소 '재판'이 연방과 주의 헌법기관과 모든 법원 그리고 관청을 구속한다고 규정한 독일 연방헌법재판소법 제31조 제1항과 달리 헌법재판소법은 모든 헌법재판소 결정에 기속력을 부여하지 않는다. 즉 제47조 제1항과 제75조 제6항은 법률의 위헌결정이 법원과 그 밖의 국가기관 및 지방자치단체를 기속한다고 규정하

---

443) BVerfGE 2, 139 (142) 참조.

　헌재 1993. 11. 25. 93헌마113, 판례집 5-2, 551, 557-558: "헌법재판소법 제75조 제1항에는 헌법소원의 인용결정은 모든 국가기관과 지방자치단체를 기속한다고 규정되어 있다. 이 규정이 헌법소원의 피청구인에 대하여 가지는 뜻은 헌법소원의 인용결정이 있으면 피청구인은 모름지기 그 인용결정의 취지에 맞도록 공권력을 행사하여야 한다는 데에 있다고 할 것이다. 헌법재판소법 제75조 제4항은 헌법재판소가 공권력의 불행사에 대한 헌법소원을 인용하는 결정을 한 때에는 피청구인은 결정취지에 따라 새로운 처분을 하여야 한다고 규정함으로써, 공권력의 불행사에 대한 헌법소원의 인용결정에 관하여는 이 뜻을 명백히 하고 있다. 따라서 검사의 불기소처분을 취소하는 헌법재판소의 결정이 있는 때에 그 결정에 따라 불기소한 사건을 재기수사하는 검사로서는 헌법재판소가 그 결정의 주문 및 이유에 설시한 취지에 맞도록 성실히 수사하여 결정을 하여야 할 것이다." 같은 취지로는 헌재 2011. 3. 31. 2010헌마312, 판례집 23-1상, 449, 454-455.

444) 헌재 2010. 11. 25. 2009헌라12, 판례집 22-2하, 320, 325.

고, 제67조 제1항은 권한쟁의심판의 결정이 모든 국가기관과 지방자치단체를 기속한다고 규정하며, 제75조 제1항은 헌법소원의 인용결정이 모든 국가기관과 지방자치단체를 기속한다고 규정한다. 권한쟁의심판에서는 단순히 '결정'이라고 규정한다. 여기서 결정은 본안에 관한 판단을 가리키는 것으로 각하결정은 제외된다.445) 본안에 관한 판단인 이상 내용은 가리지 않는다. 즉 국가기관이나 지방자치단체의 권한 유무나 범위에 관한 판단을 물론 권한침해의 원인이 된 피청구인의 처분을 취소하거나 그 무효를 확인하는 것에도 기속력이 부여된다. 이것은 권한쟁의심판의 결정 내용이 심판 대상이 된 국가기관이나 지방자치단체의 권한의 유무나 범위를 판단한다는 점(헌법재판소법 제66조 제1항)에서 심판 청구의 인용 여부에 관계없이 결정형식이 달라지지 않는다는 점을 고려한 것으로 보인다. 따라서 권한쟁의심판에서는 기속력 대상에 관해서 특별한 문제가 발생하지 않는다. 그러나 규범통제절차에서는 단지 위헌결정에만 기속력을 부여한다. 이에 따라 (단순)위헌결정 이외에 합헌결정과 변형결정도 기속력이 있는지가 다투어진다. 헌법소원심판에서는 기속력의 대상에 관해서 논의가 거의 없지만, 규범통제절차와 같은 맥락에서 헌법소원의 기각결정이 기속력이 있는지가 문제 된다.

② 규범통제

(ⅰ) (단순)위헌결정

헌법재판소가 법률을 위헌으로 결정하면, 헌법재판소법 제47조 제1항과 제75조 제6항에 따라서 이러한 위헌결정에 기속력이 부여된다. 위헌으로 결정된 법률은 다른 절차 없이 그 효력을 상실하므로(헌법재판소법 제47조 제2항, 제75조 제6항), 국가권력의 어떤 행위도 이러한 법률에 근거하지 못한다. 위헌결정 전에 헌법소원이 이미 제기되었을지라도446) 심판 대상이 더는 없으므로, 위헌으로 결정된 법률에 근거한 법률의 제청447)과 위헌으로 결정된 법률에 대한 헌법소원은 허용되지 않는다.

(ⅱ) 합헌결정

ⓐ 학설과 판례

헌법재판소법 제47조 제1항의 문언과 상관없이 기속력은 합헌결정에도 귀속된

---

445) 권한쟁의심판에 관한 헌법재판소 권한 행사 자체의 존부와 범위에 관해서, 다른 국가기관이나 지방자치단체가 헌법재판소 결정과 다른 판단을 할 우려가 전혀 배제되었다고 볼 수 없어서 각하결정에도 기속력이 인정된다는 견해로는 황도수, 「헌법재판소 결정의 기속력」, 『헌법의 규범력과 법질서』(연천 허영 박사 정년기념논문집), 박영사, 2002, 776쪽.

446) 헌재 1994. 4. 28. 92헌마280, 판례집 6－1, 443, 446.

447) 헌재 1994. 8. 31. 91헌가1, 판례집 6－2, 153, 161－162.

다는 견해가 있다.448) 이 견해는 헌법재판소가 '헌법 수호자'로서 헌법문제에 관한, 내용상으로 통일적이고 확정력 있는 결정을 내려야 하는 과제가 있다고 한다. 이때 위헌결정뿐 아니라 합헌결정도 기초적인 법적 상황을 확인한다고 한다. 따라서 일단 내려진 헌법재판소 결정은 사실관계와 법적 상황이 바뀌지 않는 한 더는 규범통제 대상이 되지 않는다고 한다. 그러나 합헌결정의 기속력이 부정된다면, 같은 법적 문제와 관련하여 반복적으로 제청 신청이나 제청할 수 있게 될 것이라고 한다. 그리고 한정합헌결정이 선고되면 위헌인 부분에는 기속력이 부여되고 합헌인 부분에는 기속력이 부여되지 않는 문제가 발생한다고 한다. 또한, 위헌결정이든 합헌결정이든 헌법재판소 결정은 기존 법적 상태를 확인하는 의미가 있다고 한다. 그 밖에 헌법재판소가 결정이유에서 명백히 헌법합치적으로 해석하였는데도 주문에서는 단순히 합헌으로 결정하면,449) 기속력이 헌법재판소 결정에 부여되지 않을 수도 있다고 한다.

　　이에 대해서 다른 견해450)와 헌법재판소의 소수의견451)은 헌법재판소법 제47조

448) 남복현, 「헌법재판소 결정의 기속력」, 『한양법학』 제4·5(통합)집, 한양법학회, 1994, 180~182쪽; 같은 사람, 「법률의 위헌결정의 효력에 관한 연구」, 한양대학교 법학박사학위논문, 1994, 82~85쪽; 같은 사람, 「헌법재판소 결정의 효력에 관한 쟁점 및 해결방안」, 문광삼/남복현/전정환, 『헌법재판소결정의 효력에 관한 연구』(헌법재판연구 제7권), 헌법재판소, 1996, 301~303쪽; 박찬주, 「위헌심판결정의 기속력」, 『외법논집』 제34집 제4호, 한국외국어대학교 법학연구소, 2010, 141쪽; 이성환, 「헌법재판소 결정의 효력에 관한 연구」, 서울대학교 법학박사학위논문, 1994, 92~93, 97~98쪽; 같은 사람, 「한정위헌결정의 기속력」, 『세계헌법연구』 제2호, 국제헌법학회 한국학회, 1997, 557~560쪽; 전정환, 「헌법재판소 결정의 효력에 관한 일반적 고찰」, 문광삼/남복현/전정환, 『헌법재판소결정의 효력에 관한 연구』(헌법재판연구 제7권), 헌법재판소, 1996, 60쪽; 한수웅/정태호/김하열/정문식(정태호 집필), 『주석 헌법재판소법』, 헌법재판소 헌법재판연구원, 2015, 582쪽; 허 영, 『헌법소송법론(제13판)』, 박영사, 2018, 238~240쪽; Young-Chul Chang, Die konkrete Normenkontrolle in der Verfassung der Republik Korea, Diss. jur. Köln, 1998, S. 208.
449) 예를 들어 헌재 1989. 7. 14. 88헌가5등, 판례집 1, 69; 헌재 1990. 1. 15. 89헌가103, 판례집 2, 4; 헌재 1993. 5. 13. 92헌가10등, 판례집 5-1, 226.
450) 김지형, 「헌법재판결정의 기판력」, 『헌법논총』 제3집, 헌법재판소, 1992, 315쪽; 김하열, 『헌법소송법(제3판)』, 박영사, 2018, 256쪽; 김학성, 『헌법학원론(전정2판)』, 피앤씨미디어, 2018, 1150~1151쪽; 손상식, 「한정합헌결정과 한정위헌결정에 관한 소고」, 『헌법학연구』 제18권 제3호, 한국헌법학회, 2012, 484~485쪽; 신 평, 『헌법재판법(전면개정판)』, 법문사, 2011, 415쪽; 양 건, 『헌법강의(제7판)』, 법문사, 2018, 1414쪽; 이경주, 『헌법 Ⅱ』, 법영사, 2013, 593쪽; 이준일, 『헌법학강의(제6판)』, 홍문사, 2015, 1010, 1053쪽; 장영수, 『헌법학(제10판)』, 홍문사, 2017, 1272쪽 주 100; 장윤기, 「헌법재판소에서 위헌으로 결정된 법률의 효력」, 『사법행정』 제34권 제6호(통권 제390호), 한국사법행정학회, 1993. 6., 57쪽 주 46; 전광석, 「헌법재판에 있어서의 결정주문의 유형과 효력」, 『헌법재판 및 제도의 활성화에 관한 연구』(헌법재판연구 제2권), 헌법재판소, 1991, 180쪽; 같은 사람, 『한국헌법론(제13판)』, 집현재, 2018, 820쪽; 정종섭, 『헌법소송법(제8판)』, 박영사, 2014, 185쪽; 같은 사람, 『헌법학원론(제12판)』, 박영사, 2018, 1513쪽; 최희수, 「법률의 위헌결정의 효력에 관한 연구 - 소송법적 효력을 중심으로 -」, 고려대학교 법학박사학위논문, 2001, 111~113쪽; 같은 사람, 「헌법재판소 결정의 결정이유의 기속력에 관한 연구」, 『공법연구』 제33집 제1호, 한국공법학회, 2004, 449~450쪽; 같은 사람, 『헌법소송법 요론(개정판)』, 대명출판사, 2015, 47쪽; 한수웅/정태호/김하열/

제1항의 문언에 따라 합헌결정의 기속력을 부정한다. 이 견해를 따르면 헌법재판소
법 제47조 제1항은 위헌결정에 대해서만 기속력을 인정하고 합헌결정의 기속력에
관해서는 규정하지 않으므로, 기속력은 오로지 위헌결정에만 귀속된다고 한다. 헌
법재판소법 제47조 제1항의 문언과 달리 해석하려면 명확하고 적절한 근거가 필요
하다고 한다. 그러나 그러한 근거 찾기는 어렵다고 한다. 그리고 객관적 재판인 규
범통제의 법적 성격에 따라 제청법원 주장에 구속되지 않고 객관적으로 결정할 수
있을지라도, 헌법재판소가 모든 적용사건을 심사함으로써 다투어진 법률의 위헌성
을 심사할 수 없다고 한다. 또한, 헌법재판소는 법률의 해석 · 적용에 관한 의견을
변경할 수 있다고 한다(헌법재판소법 제23조 제2항 단서 제2호). 그 밖에 헌법재판소는
상황 변화나 재판관 교체에 따라 의견을 달리할 수 있다고 한다.

　　헌법재판소는 합헌으로 결정된 법률을 다시 달리 판단하여야 할 별다른 사정
변경이 없는 한 다시 합헌으로 선언하였다.[452] 합헌으로 결정된 법률을 다시 판단
하더라도 당사자와 구체적 사건이 다르면 심판 대상이 달라져 기속력이 미치지 않
는다. 따라서 헌법재판소는 그 심판 대상의 위헌성을 다시 심사하여야 하고, 그 위
헌성을 확인하지 못하면 다시 합헌결정을 내려야 한다.

　　ⓑ 사견

　　기속력이 헌법재판소법에 따라서 비로소 창조되거나 구체화가 이루어지는 한,
기속력의 내용과 범위 그리고 한계는 헌법재판소법에서 도출되어야 한다. 헌법재판
소법 제47조 제1항과 제75조 제6항을 따르면 기속력은 합헌결정에 부여되지 않는
다. 그러나 법률 문언과 상관없이 합헌결정의 기속력은 그 필요성과 정당성이 헌법
적으로 논증되어 헌법에서 그 근거를 찾을 수 있는 한 예외적으로 인정될 수도 있

————————————

　　정문식(김하열 집필),『주석 헌법재판소법』, 헌법재판소 헌법재판연구원, 2015, 590~591쪽; 황도수,
　　「헌법재판소 결정의 기속력」,『헌법의 규범력과 법질서』(연천 허영 박사 정년기념논문집), 박영사,
　　2002, 774~775쪽; 황우여, 「위헌결정의 효력」,『헌법재판의 이론과 실제』(금랑 김철수교수 화갑기
　　념), 박영사, 1993, 310~311쪽.

451) 헌재 1990. 6. 25. 90헌가11, 판례집 2, 165, 173의 재판관 변정수의 반대의견; 헌재 1992. 2. 25. 89
　　헌가104, 판례집 4, 64, 102의 재판관 변정수의 전부위헌의견; 헌재 1992. 2. 25. 89헌가104, 판례집
　　4, 64, 113의 재판관 조규광의 보충의견.

452) 헌재 1989. 9. 29. 89헌가86, 판례집 1, 284, 288; 헌재 2001. 7. 19. 2001헌바6, 판례집 13－2, 60,
　　65. 특히 헌법재판소는 위헌결정(헌재 2015. 2. 26. 2009헌바17등, 판례집 27－1상, 20)을 내리기 전
　　에 배우자 있는 자의 간통 및 그와 한 상간을 처벌하는 형법 제241조에 대해서 무려 4차례에 걸쳐
　　합헌결정을 내렸다(헌재 1990. 9. 10. 89헌마82, 판례집 2, 306; 헌재 1993. 3. 11. 90헌가70, 판례집
　　5－1, 18; 헌재 2001. 10. 25. 2000헌바60, 판례집 13－2, 480; 헌재 2008. 10. 30. 2007헌가17, 공보
　　145, 1384).

다. 따라서 이러한 필요성이 먼저 검토되어야 한다.

합헌결정은 최종적으로 법률의 합헌성을 확인한다. 그러나 법률에 대한 합헌결정은 법률에 어떠한 것도 추가하지 않는다.[453] 그리고 법률은 일반구속성이 있으므로, 합헌결정의 기속력과 관계없이 법률은 모든 국민과 국가기관을 구속한다. 그래서 합헌결정의 기속력은 법률의 위헌성이 다시 다투어질 때만 의미가 있을 수 있다. 그러나 심판 대상이 같으면 기판력이 이러한 가능성을 제거한다. 심판 대상이 다른데도 이러한 가능성이 제외된다면, 헌법재판소는 이러한 심판 대상을 아직 심사하지 않았으므로, 기속력은 심사 없이 발생하게 될 것이다. 따라서 이러한 효력이 사법판결인 헌법재판소 결정에 부여될 수는 없다. 그 밖에 합헌결정은 법률이 구체적 사건과 관련하여 합헌이라는 것만을 확인한다. 즉 법률의 위헌성에 관한 모든 가능성이 심사되지 않는다. 결국, 법률의 합헌성은 잠정적으로만 확인될 뿐이다. 따라서 심사되지 않은 다른 가능성을 심사할 필요성은 여전히 남는다.

요컨대 모든 국가기관은 합헌인 '법률'에 구속되는 것이지 헌법재판소의 합헌결정에 구속되는 것이 아니다. 집행부와 법원은 합헌으로 결정된 법률 적용을 거부하지 못한다. 입법자도 그가 법률을 개정하거나 폐지하지 않는 한 합헌으로 결정된 법률에 구속된다. 그리고 합헌결정의 기판력 때문에 일반 법원은 해당 사건과 관련하여 헌법재판소의 심판을 다시 구하지 못한다. 그러나 입법자는 합헌결정이 있어도 합헌으로 결정된 법률을 제한 없이 개정하거나 폐지할 수 있다. 따라서 합헌결정의 기속력은 불필요하고 의미 없다고 보아야 할 것이다.[454]

(ⅲ) 한정합헌결정과 한정위헌결정

ⓐ 학설

헌법재판소법을 엄격하게 해석하는 견해는 헌법 제107조 제1항, 헌법재판소법 제41조 제1항과 제45조 그리고 제47조 제1항을 근거로 헌법재판소가 변형결정을 내릴 수 없고 오로지 합헌이나 위헌만을 선언할 수 있으므로, 한정합헌결정과 한정위헌결정을 포함한 모든 변형결정은 기속력이 없다고 한다.[455] 이 견해는 지위와

---

453) Klaus Lange, Rechtskraft, Bindungswirkung und Gesetzeskraft der Entscheidungen des Bundesverfassungsgerichts, in: JuS 1978, S. 6.

454) 독일 기본법 제94조 제2항과 연방헌법재판소법 제31조 제정사에서 연방헌법재판소는 긍적적 재판 (positive Entscheidungen)에서 단지 선언적으로 확인하므로, 기속력은 부정적 재판(negative Entscheidungen)에만 부여하려던 것이 나타난다(Hans Schäfer, Gesetzeskraft und bindende Wirkung der Entscheidungen des Bundesverfassungsgerichts, in: NJW 1954, S. 1467).

455) 헌재 1990. 6. 25. 90헌가11, 판례집 2, 165, 172−174의 재판관 변정수의 반대의견.

기능의 측면에서 한국 헌법재판소와 독일 연방헌법재판소의 차이점을 강조한다. 헌법재판소법 제47조 제1항의 '위헌결정'을 헌법재판소가 주문에서 해당 법률 또는 법률조항의 전부나 일부에 대해서 헌법에 위반된다고 명시한 결정이라고 해석함으로써 한정합헌결정과 한정위헌결정의 기속력을 부인하는 견해도 있다.[456]

그러나 지배적 견해를 따르면 기속력은 한정합헌결정과 한정위헌결정에도 귀속된다고 한다.[457] 이 견해는 다음과 같은 근거를 제시한다:

㈎ 법률의 헌법합치적 해석도 헌법해석이므로, 여기에도 기속력이 부여된다.

㈏ 합헌결정도 기속력이 있으므로, 한정합헌결정도 당연히 기속력이 있다.

㈐ 한정합헌결정과 한정위헌결정은 위헌결정에 포함된다.

㈑ 헌법재판소법 제47조 제1항을 한정적이 아니라 예시적으로 해석하여야 한다.

㈒ 한정합헌결정과 한정위헌결정의 필요성이 인정되는 한, 이들의 기속력도 인정되어야 한다. 이것이 부정된다면, 헌법재판소가 한정합헌결정이나 한정위헌결정을 내릴 필요가 없기 때문이다.

㈓ 법률에 대한 위헌심사에는 당연히 해당 법률에 대한 해석이 전제된다.

그 밖에 기속력은 오로지 위헌으로 해석된 부분에만 귀속된다는 견해가 있다. 그 근거와 관련하여 헌법재판소법 제47조 제1항은 결정의 종류로서 위헌결정에만 국가기관에 대한 기속력을 인정한 것이 아니고, 어떠한 종류의 결정이든 그 결정에

---

456) 장윤기, 「헌법재판소에서 위헌으로 결정된 법률의 효력」, 『사법행정』 제34권 제6호(통권 제390호), 한국사법행정학회, 1993. 6., 57~58쪽.

457) 권영성, 『헌법학원론(개정판)』, 법문사, 2010, 1160쪽; 김학성, 『헌법학원론(전정2판)』, 피앤씨미디어, 2018, 1151~1152쪽; 김현철, 『판례 헌법소송법(제4판)』, 전남대학교출판부, 2016, 132, 209~210쪽; 남복현, 「헌법재판소 결정의 효력에 관한 쟁점 및 해결방안」, 문광삼/남복현/전정환, 『헌법재판소결정의 효력에 관한 연구』(헌법재판연구 제7권), 헌법재판소, 1996, 322~326쪽; 방승주, 「국가배상법 제2조 제1항 단서에 대한 한정위헌결정의 기속력」, 『인권과 정의』 제304호, 한국변호사협회, 2001. 12., 117쪽; 성낙인, 『헌법학(제18판)』, 법문사, 2018, 823쪽; 신봉기, 「헌법불합치결정의 이유에 기초한 개선입법의무」, 『헌법논총』 제7집, 헌법재판소, 1996, 358쪽; 이기철, 「헌법재판소결정은 주된 이유에도 기속력이 미치는가?」, 『한양법학』 제13집, 한양법학회, 2002, 113~115쪽; 이성환, 「헌법재판소 결정의 효력에 관한 연구」, 서울대학교 법학박사학위논문, 1994, 98쪽; 같은 사람, 「한정위헌결정의 기속력」, 『세계헌법연구』 제2호, 국제헌법학회 한국학회, 1997, 557~560쪽; 이준일, 『헌법학강의(제6판)』, 홍문사, 2015, 1010, 1058쪽; 장영수, 『헌법학(제10판)』, 홍문사, 2017, 1272~1274쪽; 전정환, 「헌법재판소 결정의 효력에 관한 일반적 고찰」, 문광삼/남복현/전정환, 『헌법재판소결정의 효력에 관한 연구』(헌법재판연구 제7권), 헌법재판소, 1996, 61쪽; 정연주, 『헌법소송론』, 법영사, 2015, 188쪽; 정종섭, 『헌법소송법(제8판)』, 박영사, 2014, 385쪽; 같은 사람, 『헌법학원론(제12판)』, 박영사, 2018, 1548쪽; 최희수, 『헌법소송법 요론(개정판)』, 대명출판사, 2015, 114쪽; 한수웅/정태호/김하열/정문식(김하열 집필), 『주석 헌법재판소법』, 헌법재판소 헌법재판연구원, 2015, 598~600쪽; 허 영, 『헌법소송법론(제13판)』, 박영사, 2018, 251~252, 254~255쪽; Young-Chul Chang, Die konkrete Normenkontrolle in der Verfassung der Republik Korea, Diss. jur. Köln, 1998, S. 209 f.

포함된 위헌성 확인은 기속력이 있다고 해석할 수 있다는 것을 근거로 드는 견해가 있다.458) 합헌으로 해석된 부분에서 나중에 위헌성이 발견될 가능성을 옹글게(완벽하게) 배제할 수 없다는 것을 근거로 드는 견해도 있다.459) 그리고 한정위헌결정은 위헌결정으로서 기속력이 있지만, 한정합헌결정에 따른 해석대로 해석하지 않는다고 하여서 곧바로 위헌을 의미하지 않으므로, 한정합헌결정은 위헌결정의 성격이 없는 합헌결정의 일종으로서 기속력이 없다는 견해도 있다.460) 또한, 한정위헌결정은 결정주문에서 한정되는 범위 안에서 기속력이 있고, 한정합헌결정은 결정주문에 특정된 부분 이외의 나머지 부분이 위헌이라는 것을 전제로 한정위헌결정을 선고하는 것과 그 나머지 부분에 대한 위헌 여부 판단을 유보한 상태에서 특정부분을 한정하여 한정합헌결정을 선고하는 것이 있는데, 후자는 단순한 합헌결정이고, 전자는 위헌판단이 전제되었다는 점에서 위헌결정의 한 유형이라서 기속력이 있다는 견해도 있다.461)

ⓑ 판례

헌법재판소는 한정위헌결정과 한정합헌결정을 질적인 부분위헌선언으로 본다.462) 그리고 헌법재판소는 헌법재판소의 법률에 대한 위헌결정에는 단순위헌결정은 물론 한정합헌결정, 한정위헌결정과 헌법불합치결정도 포함되고 이들은 모두 당연히 기속력이 있고, 헌법재판소의 한정위헌결정은 결코 법률 해석에 대한 헌법재판소의 단순한 견해가 아니라, 헌법에 정한 권한에 속하는 법률에 대한 위헌심사의 한 유형이라고 한다.463) 또한, 헌법재판소는 한정합헌결정을 내리고 나서 그 결정의 논리적 또는 현실적 근거가 된 사실에 근본적인 변화가 있었다고 할 수 없고, 지금에 이르러 달리 판단하여야 할 다른 사정변경이 있다고 인정되지 않는다고 하면서, 전에 한정위헌으로 결정하였던 법률조항을 다시 한정위헌으로 다시 결정하였다.464)

---

458) 전광석, 「헌법재판에 있어서의 결정주문의 유형과 효력」, 『헌법재판 및 제도의 활성화에 관한 연구』 (헌법재판연구 제2권), 헌법재판소, 1991, 180쪽.
459) 최희수, 「법률의 위헌결정의 효력에 관한 연구 – 소송법적 효력을 중심으로 –」, 고려대학교 법학박사학위논문, 2001, 114~115쪽; 같은 사람, 「헌법재판소 한정합헌·한정위헌 결정의 기속력」, 『고려법학』 제61호, 고려대학교 법학연구원, 2011, 191~199쪽; 홍성방, 『헌법소송법』, 박영사, 2015, 154쪽.
460) 손상식, 「한정합헌결정과 한정위헌결정에 관한 소고」, 『헌법학연구』 제18권 제3호, 한국헌법학회, 2012, 497~499쪽.
461) 황도수, 「헌법재판소 결정의 기속력」, 『헌법의 규범력과 법질서』(연천 허영 박사 정년기념논문집), 박영사, 2002, 773쪽.
462) 헌재 1992. 2. 25. 89헌가104, 판례집 4, 64, 99; 헌재 1994. 4. 28. 92헌가3, 판례집 6−1, 203, 221−222; 헌재 1997. 12. 24. 96헌마172, 판례집 9−2, 842, 861.
463) 헌재 1997. 12. 24. 96헌마172, 판례집 9−2, 842, 860−864.
464) 헌재 1997. 1. 16. 92헌바6, 판례집 9−1, 1, 24−26.

그러나 대법원은 한정위헌결정의 기속력을 부정하였다.[465] 대법원을 따르면 한정위헌결정은 헌법재판소 결정이 내려져도 법률이나 법률조항은 그 문언이 전혀 달라지지 않은 채 그냥 존속한다고 한다. 따라서 법률이나 법률조항의 문언이 변경되지 아니한 이상 이러한 한정위헌결정은 법률이나 법률조항의 의미, 내용과 적용범위를 정하는 법률해석이라고 한다. 그러나 구체적 사건에서 해당 법률이나 법률조항의 의미·내용과 적용범위가 어떠한 것인지를 정하는 권한, 곧 법령의 해석·적용 권한은 바로 사법권의 본질적 내용을 이루는 것으로서, 전적으로 대법원을 최고법원으로 하는 법원에 전속한다고 한다. 따라서 한정위헌결정에 표현되는 헌법재판소의 법률해석에 관한 견해는 법률의 의미·내용과 그 적용범위에 관한 헌법재판소의 견해를 일단 표명한 것에 불과하여 법원에 전속되는 법령의 해석·적용 권한에 대해서 어떠한 영향력을 미치거나 기속력도 가질 수 없다고 한다.

ⓒ 사견

헌법 제107조 제1항은 법원이 개별 법률을 해석할 권한이 있긴 하지만, 법원이 해석한 개별 법률의 내용이 위헌인지는 법원이 아닌 헌법재판소가 결정한다고 규정한다. 그래서 법원의 개별 법률을 해석할 권한은 제한된다. 그리고 규범통제는 법률 내용을 확인하는 절차를 불가피하게 포함하며, 헌법재판소법 제45조는 헌법재판소가 제청된 법률이나 법률조항의 위헌 여부만을 결정한다고 규정하므로, 법률 일부로 볼 수 있는 법률조항도 위헌으로 결정할 수 있다. 따라서 역시 법률 일부로 볼 수 있는 해석 가능성도 헌법재판소가 위헌으로 결정할 수 있다고 보아야 한다. 이러한 점에서 특정 해석 가능성을 위헌으로 선언하는 한정합헌결정과 한정위헌결정에도 부분위헌결정의 효력이 부여되어야 한다. 또한, 헌법재판소법 제47조 제1항의 관점에서 헌법재판소가 법률 전체를 위헌으로 결정하는 것과 단지 법률의 특정한 해석이 구체화한 '변형규범(Normvariante)'을 위헌으로 결정하는 것은 차이가 없다.[466] 게다가 법률에 대한 위헌심사는 해당 법률이나 법률조항의 의미내용을 확정하는 절차를 불가피하게 포함한다.[467] 따라서 이러한 절차에서 심사기준인 헌법의

---

465) 대법원 1996. 4. 9. 선고 95누11405 판결(집44-1, 762; 공1996상, 1442); 대법원 2001. 4. 27. 선고 95재다14 판결(공2001상, 1220).

466) BVerfGE 40, 88 (94) 참조.

467) 같은 견해: 박경철, 「대법원 2001. 4. 27. 선고 95재다14판결의 문제점 — 한정위헌결정의 당위성과 기속력을 중심으로 —」, 『헌법학연구』 제8권 제2호, 한국헌법학회, 2002, 415쪽; 방승주, 「국가배상법 제2조 제1항 단서에 대한 한정위헌결정의 기속력」, 『인권과 정의』 제304호, 한국변호사협회, 2001. 12., 110쪽; 황치연, 「대법원 1996. 4. 9. 선고 95누11405 판결과 관련된 쟁점들에 대한 비판적 고찰」, 『인권과 정의』 제240호, 대한변호사협회, 1996. 8., 156쪽.

내용을 밝히는 헌법해석을 하여야 할 뿐 아니라 심판 대상인 법률의 내용을 확인하는 법률해석도 당연히 하여야 한다. 따라서 헌법재판소는 법률해석권을 당연히 가진다. 특히 헌법재판소법 제23조 제2항 단서 제2호는 종전에 헌법재판소가 판시한 헌법이나 '법률의 해석적용'에 관한 의견을 변경할 때 헌법재판소 재판관 6명 이상 찬성이 있어야 한다고 규정한다. 이 조항은 헌법재판소 법률해석권한을 실정법적으로 인정한 것으로 해석할 수 있다.[468] 그 밖에 한정합헌결정과 한정위헌결정 허용은 그 기속력을 전제한다. 따라서 기속력은 한정합헌결정과 한정위헌결정에도 귀속된다. 그러나 합헌으로 해석된 부분은 실질적으로 합헌결정과 같으므로, 합헌결정의 기속력이 부정되는 것과 마찬가지 이유로 기속력이 부여되지 되지 않는다. 따라서 한정합헌결정과 한정위헌결정에서 단지 위헌으로 해석된 부분만 기속력이 있다.

(ⅳ) 헌법불합치결정

ⓐ 학설과 판례

헌법재판소법 제47조 제1항에서 '위헌결정'을 헌법재판소가 주문에서 해당 법률이나 법률조항의 전부나 일부에 대해서 헌법에 위반된다고 명시한 결정으로 해석함으로써 헌법불합치결정의 기속력을 부인하는 견해가 있다.[469] 그러나 지배적 견해[470]

---

468) 같은 견해: 박경철, 「대법원 2001. 4. 27. 선고 95재다14판결의 문제점 － 한정위헌결정의 당위성과 기속력을 중심으로 －」, 『헌법학연구』 제8권 제2호, 한국헌법학회, 2002, 415쪽; 방승주, 「국가배상법 제2조 제1항 단서에 대한 한정위헌결정의 기속력」, 『인권과 정의』 제304호, 한국변호사협회, 2001. 12., 109쪽.

469) 장윤기, 「헌법재판소에서 위헌으로 결정된 법률의 효력」, 『사법행정』 제34권 제6호(통권 제390호), 한국사법행정학회, 1993. 6., 57~58쪽.

470) 권영성, 『헌법학원론(개정판)』, 법문사, 2010, 1160쪽; 김현철, 『판례 헌법소송법(제4판)』, 전남대학교출판부, 2016, 209~210쪽; 남복현, 「헌법재판소 결정의 효력에 관한 쟁점 및 해결방안」, 문광삼/남복현/전정환, 『헌법재판소결정의 효력에 관한 연구』(헌법재판연구 제7권), 헌법재판소, 1996, 347~349쪽; 박찬주, 「위헌심판결정의 기속력」, 『외법논집』 제34집 제4호, 한국외국어대학교 법학연구소, 2010, 144쪽; 성낙인, 『헌법학(제18판)』, 법문사, 2018, 823쪽; 성낙인/이효원/권건보/정 철/박진우/허진성, 『헌법소송론』, 법문사, 2012, 208쪽; 신봉기, 「헌법불합치결정의 이유에 기초한 개선입법의무」, 『헌법논총』 제7집, 헌법재판소, 1996, 358쪽; 양 건, 『헌법강의(제7판)』, 법문사, 2018, 1416, 1433쪽; 이성환, 「헌법재판소 결정의 효력에 관한 연구」, 서울대학교 법학박사학위논문, 1994, 98쪽; 같은 사람, 「한정위헌결정의 기속력」, 『세계헌법연구』 제2호, 국제헌법학회 한국학회, 1997, 557~560쪽; 이준일, 『헌법학강의(제6판)』, 홍문사, 2015, 1010, 1059쪽; 장영수, 『헌법학(제10판)』, 홍문사, 2017, 1273~1274쪽; 전정환, 「헌법재판소 결정의 효력에 관한 일반적 고찰」, 문광삼/남복현/전정환, 『헌법재판소결정의 효력에 관한 연구』(헌법재판연구 제7권), 헌법재판소, 1996, 60~61쪽; 정연주, 『헌법소송론』, 법영사, 2015, 191쪽; 최희수, 「법률의 위헌결정의 효력에 관한 연구 － 소송법적 효력을 중심으로 －」, 고려대학교 법학박사학위논문, 2001, 116~118쪽; 같은 사람, 『헌법소송법요론(개정판)』, 대명출판사, 2015, 54쪽; 허 영, 『헌법소송법론(제13판)』, 박영사, 2018, 260~261쪽; 황도수, 「헌법재판소 결정의 기속력」, 『헌법의 규범력과 법질서』(연천 허영 박사 정년기념논문집), 박영사, 2002, 773~774쪽.

를 따르면 헌법불합치결정도 위헌결정에 포함되거나 합헌결정도 기속력이 있으므로, 헌법불합치결정에도 기속력이 부여된다고 한다.

헌법재판소는 헌법재판소의 법률에 대한 위헌결정에는 단순위헌결정은 물론 한정합헌결정, 한정위헌결정과 헌법불합치결정도 포함되므로, 이들은 모두 당연히 기속력이 있고, 헌법불합치결정은 법률개선 시점까지 심판 대상인 법률조항은 법률문언 변화 없이 계속 존속하나, 헌법재판소의 위헌성 확인 효력은 기속력이 있다고 하였다.471)

ⓑ 사견

헌법불합치결정도 단순위헌결정과 마찬가지로 법률의 위헌성을 확인하는 헌법재판소 결정이다. 헌법재판소는 단순위헌결정이 일으키는 문제를 피하려고 불가피하게 단순위헌결정 대신에 헌법불합치결정을 선택한다. 따라서 헌법불합치결정은 본질에서 위헌결정이다. 이러한 헌법불합치결정에 기속력이 부여되지 않는다면 헌법재판소가 헌법불합치결정을 내리는 근거가 사라지게 되어 헌법재판소는 단순위헌결정을 내릴 수밖에 없다. 따라서 헌법불합치결정이 허용되는 한 헌법불합치결정에도 단순위헌결정과 마찬가지로 기속력이 귀속되어야 한다.

③ 헌법소원심판

헌법소원의 인용결정에는 기속력이 부여된다(헌법재판소법 제75조 제1항). 헌법소원이 인용되면, 공권력의 행사나 불행사가 청구인의 기본권을 침해하였음이 확정된다(헌법재판소법 제75조 제2항). 그와 함께 기본권 침해 원인이 된 공권력의 행사가 취소되거나 그 불행사가 위헌임이 확인된다(헌법재판소법 제75조 제3항). 공권력 불행사의 위헌이 확인되면 피청구인은 결정취지에 따라 새로운 처분을 하여야 한다(헌법재판소법 제75조 제4항). 이러한 점은 헌법소원심판에 준용되는 행정소송법에서도 확인된다(헌법재판소법 제40조 제1항 제2문, 행정소송법 제30조). 따라서 국가기관과 지방자치단체는 이전에 한 공권력의 행사나 불행사를 반복하지 못하고 헌법재판소 결정 취지에 맞는 새로운 처분을 하여야 한다. 그러나 헌법소원이 기각되면 다투어진 공권력의 행사나 불행사에는 아무런 변화가 없다. 공권력 행사는 본래 지니는 구속력에 따라서 전과 다름없이 효력을 발생할 뿐이다. 공권력의 행사나 불행사가 다시 다투어질 가능성은 같은 심판 대상 범위 안에서 기판력이 제거한다. 다른 심판 대상이 문제 되면 헌법재판소가 이에 관해서 아직 심판하지 않았다는 점에서 이를 저

---

471) 헌재 1989. 9. 8. 88헌가6, 판례집 1, 199, 261; 헌재 1997. 12. 24. 96헌마172, 판례집 9-2, 842, 860-861.

지할 근거가 없다. 특히 헌법재판소가 모든 침해 가능성을 빠짐없이 검토할 수 없
다. 따라서 헌법소원의 기각결정에 기판력 이외에 기속력을 부여할 필요는 없다.

(6) 기속력의 범위

① 주관적 범위

(ⅰ) 모든 국가기관

기판력과 비교되는 주관적 범위 확장은 기속력에 대한 헌법재판소법 조항(제47
조 제1항, 제67조 제1항, 제75조 제1항, 제6항)에서 도출할 수 있으므로, 기속력의 주관
적 범위를 확정하는 것은 어렵지 않다. 기판력은 당사자, 즉 청구인, 피청구인 그리
고 참가인(보조참가인 제외)과 관련되지만, 헌법재판소법 조항을 따르면 모든 국가기
관은 그가 절차에 참여하였는지와 상관없이 헌법재판소 결정에 구속된다. 기속력은
오직 공권력의 보유자만을 겨냥한다. 법원이 헌법재판소 결정에 구속된다고 하여도
헌법재판소가 법원인 이상 사법권 독립은 침해되지 않는다. 사법권 독립은 사법권
의 내부관계가 아니라 사법부와 다른 국가권력의 관계에서 문제가 되기 때문이다.
기속력은 국가기관이 아닌 당사자와 소송에 참가하지 않은 사람에게는 미치지 않는
다. 따라서 일반 사인은 기속력의 수범자에서 제외된다. 일반 사인은 법률요건적
효력(이나 형성력 혹은 법률적 효력)의 수범자가 될 뿐이다. 이러한 점에서 기속력에
관한 헌법재판소법 조항은 헌법재판소 결정의 기판력을 주관적으로 확장한다.

(ⅱ) 헌법재판소 자신

연방헌법재판소법 제31조 제1항의 문언에 따라서 법원이며 헌법기관인 헌법재
판소도 기속력의 수범자라는 독일 견해가 있다.[472] 그러나 이러한 견해는 타당하지
않다. 먼저 헌법재판소는 자신이 선고한 자기 결정을 폐기할 수 없다. 즉 결정주문
에서 표현된 법적 효과는 더는 바뀔 수 없다(불가변력). 그리고 헌법재판소는 기판
력 때문에 이미 자기 결정에 구속된다.[473] 또한, 국가기관이 기속력에 따라서 그리

---

472) BVerfGE 1, 89 (90); Albrecht Zeuner, Über die Geltungsdauer der Entscheidungen des
    Bundesverfassungsgerichts und die Möglichkeit späterer abweichender Entscheidungen, in: DÖV
    1955, S. 338. 같은 견해: 성낙인, 『헌법학(제18판)』, 법문사, 2018, 800쪽; 성낙인/이효원/권건보/
    정 철/박진우/허진성, 『헌법소송론』, 법문사, 2012, 199쪽.
473) 같은 견해: BVerfGE 4, 31 (38 f.); 5, 34 (37 f.); 20, 56 (87); 33, 199 (203); 78, 320 (328); Ernst
    Benda, Die Verfassungsgerichtsbarkeit der Bundesrepublik Deutschland, in: Christian Starck/
    Albrecht Weber (Hrsg.), Verfassungsgerichtsbarkeit in Westeuropa, Teilband 1, Baden – Baden
    1986, S. 138; Hans Brox, Zur Zulässigkeit der erneuten Überprüfung einer Norm durch das
    Bundesverfassungsgericht, in: Gerhard Leibholz/Hans Joachim Faller/Paul Mikat/Hans Reis (Hrsg.),
    Menschenwürde und freiheitliche Rechtsordnung: Festschrift für Willi Geiger zum 65. Geburtstag,
    Tübingen 1974, S. 819; Kai – Oliver Knops, Bundesverfassungsgericht und die Bindungskraft seiner

고 일반 사인은 법률요건적 효력(이나 형성력 혹은 법률적 효력)에 따라서 헌법재판소 결정에 구속되고 헌법재판소는 심판 청구 없이 능동적으로 결정할 수 없으므로, 헌법재판소는 자기 결정을 수정할 가능성이 없다. 따라서 헌법재판소를 기속력의 수범자에 포함할 필요가 없다. 기속력이 이미 헌법재판소를 수범자로 하는 기판력의 주관적 확장이라는 점에서도 논리적 모순이 발생한다. 게다가 기판력을 넘어서는 헌법재판소 구속은 헌법 수호자로서 최종적 헌법해석자인 헌법재판소의 특별한 기능과 합치하지 않는다.[474] 그러므로 기속력은 헌법재판소 자신에게 미치지 않는다.[475] 이

Entscheidungen, in: KritV 1997, S. 56 f.; Michael Sachs, Bindungswirkungen bei verfassungskon-former Gesetzesauslegung durch das Bundesverfassungsgericht, in: NJW 1979, S. 345.

474) Steffen Detterbeck, Streitgegenstand und Entscheidungswirkungen im öffentlichen Recht, Tübingen 1995, S. 370.

475) 김하열, 『헌법소송법(제3판)』, 박영사, 2018, 259쪽; 김학성, 『헌법학원론(전정2판)』, 피앤씨미디어, 2018, 1150쪽; 김현철, 『판례 헌법소송법(제4판)』, 전남대학교출판부, 2016, 135쪽; 남복현, 「법률의 위헌결정의 효력에 관한 연구」, 한양대학교 법학박사학위논문, 1994, 63쪽; 신 평, 『헌법재판법(전면개정판)』, 법문사, 2011, 288쪽; 양 건, 『헌법강의(제7판)』, 법문사, 2018, 1416쪽; 이성환, 「헌법재판소 결정의 효력에 관한 연구」, 서울대학교 법학박사학위논문, 1994, 106~107쪽; 같은 사람, 「한정위헌결정의 기속력」, 『세계헌법연구』 제2호, 국제헌법학회 한국학회, 1997, 560~561쪽; 전정환, 「헌법재판소 결정의 효력에 관한 일반적 고찰」, 문광삼/남복현/전정환, 『헌법재판소결정의 효력에 관한 연구』(헌법재판연구 제7권), 헌법재판소, 1996, 69~70쪽; 정연주, 「안마사 결정의 재검토 − 위헌결정 기속력의 주관적·객관적 범위의 문제를 중심으로 −」, 『홍익법학』 제10권 제2호, 홍익대학교 법학연구소, 2009, 332쪽; 같은 사람, 『헌법소송론』, 법영사, 2015, 173쪽; 정종섭, 『헌법소송법(제8판)』, 박영사, 2014, 365쪽; 같은 사람, 『헌법학원론(제12판)』, 박영사, 2018, 1542쪽; 최희수, 「법률의 위헌결정의 효력에 관한 연구 − 소송법적 효력을 중심으로 −」, 고려대학교 법학박사학위논문, 2001, 92쪽; 같은 사람, 「헌법재판소 결정의 결정이유의 기속력에 관한 연구」, 『공법연구』 제33집 제1호, 한국공법학회, 2004, 449쪽; 한수웅, 『헌법학(제8판)』, 법문사, 2018, 1404쪽; 한수웅/정태호/김하열/정문식(김하열 집필), 『주석 헌법재판소법』, 헌법재판소 헌법재판연구원, 2015, 593쪽; 허 영, 『헌법소송법론(제13판)』, 박영사, 2018, 176쪽; 황도수, 「헌법재판소 결정의 기속력」, 『헌법의 규범력과 법질서』(연천 허영 박사 정년기념논문집), 박영사, 2002, 788쪽; 황우여, 「위헌결정의 효력」, 『헌법재판의 이론과 실제』(금랑 김철수교수 화갑기념), 박영사, 1993, 308쪽; BVerfGE 4, 31 (38); 20, 56 (87); 77, 84 (104); 78, 320 (328); 85, 117 (121); Ernst Benda, Die Verfassungsgerichtsbarkeit der Bundesrepublik Deutschland, in: Christian Starck/Albrecht Weber (Hrsg.), Verfassungsgerichtsbarkeit in Westeuropa, Teilband 1, Baden−Baden 1986, S. 138; ders./Eckart Klein/Oliver Klein, Verfassungsprozessrecht, 3. Aufl., Heidelberg/München/Landsberg/Frechen/Hamburg 2012, § 40 Rdnr. 1474; Herbert Bethge, Verbindlichkeit der Entscheidung, in: Theodor Maunz/Bruno Schmit−Bleibtreu/Franz Klein/Gerhard Ulsamer/Herbert Bethge/Karin Grasshof/Rudolf Mellinghoff/Jochen Rozek, Bundesverfassungsgerichtsgesetz − Kommentar, Bd. 1, München 2017 (Stand: Januar 2017), § 31 Rdnrn. 118 f.; Steffen Detterbeck, Streitgegenstand und Entscheidungswirkungen im öffentlichen Recht, Tübingen 1995, S. 369 f.; Rainer Eckertz, Die Kompetenz des Bundesverfassungsgerichts und die Eigenheit des Politischen, in: Der Staat 17 (1978), S. 186; Willi Geiger, Die Grenzen der Bindung verfassungsgerichtlicher Entscheidungen (§ 31 Abs. 1 BVerfGG), in: NJW 1954, S. 1058; Christoph Gusy, Parlamentarischer Gesetzgeber und Bundesverfassungsgericht, Berlin 1985, S. 236; Andreas Heusch, Bindungswirkung und Gesetzeskraft der Entscheidungen, in:

것은 헌법재판소가 심판 대상이 다르면 자기 결정에서 벗어날 수 있다는 것을 뜻한다(헌법재판소법 제23조 제2항 단서 제2호). 그래서 헌법재판소는 헌법 범위에서 계속 발전을 고려할 수 있고, 결정 이후에 더 좋은 인식과 판단을 근거로 언제나 자신의 법적 견해에서 벗어날 수 있다. 즉 헌법재판소는 다른 후행 사건에서 자신의 구속적 결정 내용을 고수할 것인지 또는 자신의 법적 견해를 바꿀 것인지에 관해서 결정하여야 한다. 후행 사건에서 기속력 자체가 제거되는 것이 아니라 단지 그 관계 대상이 바뀌는 것이고 그와 함께 새로운 결정은 다시 기속력을 발휘한다.[476]

(ⅲ) 입법자

ⓐ 입법자와 관련된 특별한 문제

입법자 이외의 다른 국가기관은 법률에 구속되므로, 국가기관은 합헌결정이 선고되면 존재하는 법률에, 위헌결정이 선고되면 위헌결정이 수정한 법적 상황에 구속된다. 그래서 기속력이 이러한 때에 거의 문제 되지 않는다. 그러나 입법자는 법률을 제정하거나 개정 또는 폐지할 수 있으므로, 입법자가 위헌으로 결정한 법률과 내용상으로 같거나 비슷한 새로운 법률을 제정할 수 있는지가 특별하게 문제 된다.[477]

Christian Burkiczak/Franz－Wilhelm Dollinger/Frank Schorkopf (Hrsg.), Bundesverfassungsgerichtsgesetz － Heidelberger Kommentar, Heidelberg 2015, § 31 Rdnr. 65; Wolfgang Hoffmann－Riem, Beharrung oder Innovation － Zur Bindungswirkung verfassungsgerichtlicher Entscheidungen, in: Der Staat 13 (1974), S. 342; Hans Hugo Klein, Probleme der Bindung des „einfachen Richters" an Entscheidungen des BVerfG, in: NJW 1977, S. 700; Kai－Oliver Knops, Bundesverfassungsgericht und die Bindungskraft seiner Entscheidungen, in: KritV 1997, S. 57; Klaus Lange, Rechtskraft, Bindungswirkung und Gesetzeskraft der Entscheidungen des Bundesverfassungsgerichts, in: JuS 1978, S. 4; Alfred Rinken, in: Erhard Denninger/Wolfgang Hoffmann－Riem/Hans－Peter Schneider/Ekkehart Stein (Hrsg.), AK－GG, 3. Aufl., Neuwied/Kriftel 2001 (Stand: August 2002), Art. 94 Rdnr. 66; Michael Sachs, Der Fortbestand der Fristenlösung für die DDR und das Abtreibungsurteil des Bundesverfassungsgerichts, in: DtZ 1990, S. 195; Klaus Schlaich, Das Bundesverfassungsgericht － Stellung, Verfahren, Entscheidung, in: JuS 1982, S. 598; ders./Stefan Korioth, Das Bundesverfassungsgericht － Stellung, Verfahren, Entscheidungen, 11. Aufl., München 2018, Rdnr. 482; Helmuth Schulze－Fielitz, Wirkung und Befolgung verfassungsrechtlicher Entscheidungen, in: Peter Badura/Horst Dreier (Hrsg.), Festschrift 50 Jahre Bundesverfassungsgericht: Verfassungsgerichtsbarkeit － Verfassungsprozeß, Bd. Ⅰ, Tübingen 2001, S. 393; Klaus Stern, Das Staatsrecht der Bundesrepublik Deutschland, Bd. Ⅱ, München 1980, S. 1042; Gregor Stricker, Subjektive und objektive Grenzen der Bindungswirkung verfassungsgerichtlicher Entscheidungen gemäß § 31 Abs. 1 BVerfGG, in: DÖV 1995, S. 980; Andreas Voßkuhle, in: Hermann von Mangoldt/Friedrich Klein/Christian Starck (Hrsg.), Kommentar zum Grundgesetz, Bd. 3, 7. Aufl., München 2018, Art. 94 Rdnr. 33; Jan Ziekow, Abweichung von bindenden Verfassungsgerichtsentscheidungen?, in: NVwZ 1995, S. 248.

476) Jan Ziekow, Die Bindungswirkung der Entscheidungen des Bundesverfassungsgerichts, in: Jura 1995, S. 525.

477) 헌법재판소는 위헌으로 결정된 법률조항의 반복입법에 해당하는지는 단지 위헌으로 결정된 법률조

즉 입법자가 특히 동일규범반복제정금지와 관련하여 헌법재판소 결정에 구속되는
지 그리고 구속된다면 어떤 범위에서 구속되는지가 다투어진다.

ⓑ 학설과 판례

헌법재판소 결정이 입법자를 구속할 수 없다는 견해가 있다.[478] 이 견해는 입법
자의 입법형성권을 강조한다. 그리고 헌법재판소뿐 아니라 입법자도 헌법의 구체화
에 참여한다는 점을 지적한다. 따라서 헌법해석권은 헌법재판소에만 부여되는 것이
아니라 입법자에게도 부여된다고 한다. 단지 최종적인 헌법해석권만 헌법재판소에
귀속된다고 한다.

이에 대해서 많은 학자[479]는 다음을 근거로 입법자도 헌법재판소 결정에 구속
된다고 한다.

항 내용을 일부라도 내포하는지에 따라서 판단할 것이 아니라, 입법목적이나 입법동기, 입법당시의
시대적 배경 및 관련 조항들의 체계 등을 종합하여 실질적 동일성이 있는지에 따라 판단하여야 한
다고 한다(헌재 2010. 12. 28. 2008헌바89, 판례집 22−2하, 659, 668; 헌재 2013. 7. 25. 2012헌바
409, 판례집 25−2상, 230, 238).

478) 박진완, 「헌법재판소와 국회와의 관계: 규범반복금지」, 『헌법학연구』 제11권 제2호, 한국헌법학회,
2005, 107~108쪽; 양 건, 『헌법강의(제7판)』, 법문사, 2018, 1415쪽; 이기철, 「헌법재판소결정은 주
된 이유에도 기속력이 미치는가?」, 『한양법학』 제13집, 한양법학회, 2002, 74~75쪽; 정연주, 「위헌
결정의 기속력」, 『헌법논총』 제17집, 헌법재판소, 2006, 413~416쪽; 같은 사람, 「안마사 결정의 재
검토 − 위헌결정 기속력의 주관적·객관적 범위의 문제를 중심으로 −」, 『홍익법학』 제10권 제2호,
홍익대학교 법학연구소, 2009, 332쪽; 같은 사람, 『헌법소송론』, 법영사, 2015, 110~112쪽[기관상호
존중의 원칙에 따른 제한을 인정한다(기관상호존중설)]; 정종섭, 『헌법소송법(제8판)』, 박영사,
2014, 189~190, 367~368쪽; 같은 사람, 『헌법학원론(제12판)』, 박영사, 2018, 1542쪽; 한수웅, 『헌법
학(제8판)』, 법문사, 2018, 1404~1405쪽(입법자는 헌법재판소 결정에 단지 상대적으로만 구속된다
고 하는데, 입법자는 헌법이 헌법재판소에 부여한 헌법재판권과 헌법기관 상호 간의 존중의무에 근
거하여 원칙적으로 헌법재판소 결정을 존중하여야 할 의무가 있다고 하면서, 상호 간의 존중의무는
헌법재판소 결정이 있고 나서 얼마 지나지 않아 근본적인 법적·사실적 변화가 없는데도 다시 같은
내용의 규범을 제정하는 것을 금지한다고 한다).

479) 계희열, 「헌법재판과 국가기능」, 『헌법재판의 회고와 전망 −창립 10주년 기념세미나−』, 헌법재판
소, 1998, 236쪽; 김하열, 『헌법소송법(제3판)』, 박영사, 2018, 261쪽; 남복현, 「헌법재판소 결정의 기
속력」, 『한양법학』 제4·5(통합)집, 한양법학회, 1994, 173~178쪽; 박찬주, 「위헌심판결정의 기속력」,
『외법논집』 제34집 제4호, 한국외국어대학교 법학연구소, 2010, 150쪽; 성낙인/이효원/권건보/정 철/
박진우/허진성, 『헌법소송론』, 박영사, 2012, 199쪽; 신 평, 『헌법재판법(전면개정판)』, 법문사,
2011, 289쪽; 이성환, 「헌법재판소 결정의 효력에 관한 연구」, 서울대학교 법학박사학위논문, 1994,
108~110쪽; 같은 사람, 「한정위헌결정의 기속력」, 『세계헌법연구』 제2호, 국제헌법학회 한국학회,
1997, 561쪽; 전정환, 「헌법재판소 결정의 효력에 관한 일반적 고찰」, 문광삼/남복현/전정환, 『헌법
재판소결정의 효력에 관한 연구』(헌법재판연구 제7권), 헌법재판소, 1996, 56~57쪽; 최희수, 「법률
의 위헌결정의 효력에 관한 연구 − 소송법적 효력을 중심으로 −」, 고려대학교 법학박사학위논문,
2001, 94~95쪽; 한수웅/정태호/김하열/정문식(김하열 집필), 『주석 헌법재판소법』, 헌법재판소 헌법
재판연구원, 2015, 594~595쪽; 황도수, 「헌법재판소 결정의 기속력」, 『헌법의 규범력과 법질서』(연
천 허영 박사 정년기념논문집), 박영사, 2002, 787~788쪽. 국회에 대해서는 상대적 구속성에 그쳐야
한다는 견해(김학성, 『헌법학원론(전정2판)』, 피앤씨미디어, 2018, 1150쪽)도 있다.

㈎ 헌법재판소법 제47조 제1항은 모든 국가기관을 헌법재판소 결정에 구속하고 입법자를 특별히 다루지 않으므로, 입법자도 기속력 적용을 피할 수 없다.

㈏ 입법자의 입법형성권과 사실관계 및 법적 상황 변화와 관련하여 동일규범반복제정금지를 엄격하게 요구하는 것이 합리적이지 않더라도, 반복규범의 제한 없는 허용은 규범통제의 본질에 비추어 매우 큰 문제를 일으킨다.

㈐ 기속력은 순수한 법률적 근거뿐 아니라 헌법적 근거가 있고, 기속력이 법률적 효력에 불과하더라도, 입법자는 스스로 법률을 폐지하지 않는 한 법률에 따라야 한다.

㈑ 입법자 스스로 헌법재판소가 위헌으로 결정한 것과 같은 내용의 규정을 반복한다면 헌법재판소법의 기속력 규정뿐 아니라 헌법 제10조의 기본권보장의무 규정에 어긋난다.

㈒ 기속력은 시간적 한계가 있으므로 사정변경이 발생하면 입법자는 위헌으로 선언된 규범과 같은 내용의 규범을 새롭게 제정할 수 있다.

그 밖에 입법권자의 입법형성권과 시대상황이나 생활감각의 변화를 고려하면 반복입법금지를 엄격하게 요구하는 것은 불합리하지만, 반복입법을 무제한 허용하는 것은 규범통제제도의 본질상 더 큰 문제점을 일으키므로, 입법자는 원칙적으로 반복입법금지원칙을 준수하되 특별한 사정이 있는 때에 한하여 예외적으로 반복입법이 허용된다는 견해(이른바 제한적 기속설)도 있다.[480] 그리고 헌법재판의 절대적 우위를 인정할 수 없는 바에는 국회의 정치적 결단에 따른 입법형성권을 존중하여야 한다고 하면서, 헌법재판소와 국회 사이의 헌법적 의견 충돌은 헌법심급인 헌법재판소의 전문성과 국가의사결정의 정치적 중심인 국회의 대표성을 조화시키는 방향의 적절한 대화구조 속에서 상호존중을 기초로 해결되어야 할 것이라는 견해도 있다.[481] 이 견해는 헌법재판소의 사법적 논리구조와는 조금 다른 방향에서 국회는 국가의 이익을 더욱더 넓은 차원에서 고려할 수 있으므로 일정한 범위에서 반복입법이 불가피하여서, 헌법재판소와 국회의 기능 차이를 고려하면 엄격하게 이른바 기속설을 따르는 것은 맹목적이고, 위헌결정 기속력의 시간적 한계를 인정하는 것만으로는 기속력 문제를 극복하기는 어렵다고 한다. 그리고 헌법재판소법 제47조 제1항 문언에 비추어 국회 반응에 아무런 제약도 하지 않는 이른바 비기속설도 문

---

480) 허 영, 『헌법소송법론(제13판)』, 박영사, 2018, 176쪽.
481) 김선택, 「헌법적 대화에 있어서 헌법재판소의 역할」, 『공법연구』 제41집 제4호, 한국공법학회, 2013, 40~41쪽.

제가 있는데, 이른바 비기속력을 따르면 극단적으로는 국회와 헌법재판소의 핑퐁게임이 무한대로 이어질 수도 있다고 한다. 또한, 이른바 제한적 기속설은 반복입법을 할 정당한 사유가 있는지를 둘러싸고 국회와 헌법재판소 사이의 의견대립이 있을 수 있고, 그때도 양자 사이의 핑퐁게임이 벌어질 수 있다고 한다.

헌법재판소는 종전 위헌결정의 기초가 된 사실관계 등의 근본적인 변화에 따른 특별한 정당화 사유가 있으면 반복입법이 허용된다고 한다.[482]

ⓒ 사견

㉮ **헌법재판소 결정에 대한 입법자 구속**　　기속력에 관한 조항(제47조 제1항, 제67조 제1항, 제75조 제1항, 제6항)은 입법자를 특별하게 다루지 않는다. 따라서 입법자를 기속력의 수범자에서 제외할 실정법적 근거는 없다. 그리고 헌법재판소 결정이 입법자를 구속할 수 없다면, 규범통제의 의미를 찾기 어렵다. 즉 헌법재판소의 최종적 해석권은 입법자 동의를 조건으로만 인정될 수 있다. 또한, 헌법은 입법자에게 법률을 제정할 권한을 부여하기는 하지만(헌법 제40조, 제51조, 제52조, 제53조), 법률의 일반적 구속성에서 벗어날 특권을 부여하지는 않는다. 따라서 입법자가 법률을 폐지하거나 개정하지 않는 한 입법자도 법률에 따라야 한다.[483] 그 밖에 체계정당성(Systemgerechtigkeit)[484] 때문에 특히 법률 표현이 명확하면 모순되는 다른 법률 제정을 통한 묵시적인 법률 개정은 원칙적으로 허용될 수 없다. 게다가 입법자에게 부여된 폭넓은 입법형성권이 위헌적인 입법행위를 허용하는 것은 아니므로, 입법자는 법률제정권한을 언제나 헌법합치적으로만 행사하여야 한다. 따라서 입법

---

482) 헌재 2012. 12. 27. 2012헌바60, 판례집 24−2하, 529, 535−536: "헌법재판소법은 위헌으로 결정된 법률 또는 법률조항은 원칙적으로 그 결정이 있는 날로부터 효력을 상실하도록 규정하고 있다(제47조 제2항, 제75조 제6항). 이에 따라 법률 또는 법률조항에 대한 위헌 결정은 일반적 기속력과 대세적·법규적 효력을 가진다. 즉 법규범에 대한 헌법재판소의 위헌결정은 소송 당사자나 국가기관 이외의 일반 사인에게도 그 효력이 미치고, 종전 위헌결정의 기초가 된 사실관계 등의 근본적인 변화에 따른 특별한 정당화 사유가 있어 반복입법이 이루어지는 경우가 아닌 한, 일반 국민은 헌법재판소가 위헌으로 선언한 법규범이 적용되지 않는 것을 수인해야 하고, 위헌으로 선언한 법규범에 더 이상 구속을 받지 않게 된다. 이러한 효력은 법원에서의 구체적·개별적 소송사건에서 확정된 판결이 그 기속력이나 확정력에 있어서 원칙적으로 소송 당사자에게만 한정하여 그 효력이 미치는 것과 크게 다른 것이다."

483) Steffen Detterbeck, Streitgegenstand und Entscheidungswirkungen im öffentlichen Recht, Tübingen 1995, S. 367 참조.

484) 헌재 1995. 7. 21. 94헌마136, 판례집 7−2, 169, 192−193; 헌재 2004. 11. 25. 2002헌바66, 판례집 16−2하, 314, 333−334; 헌재 2005. 6. 30. 2004헌바40, 판례집 17−1, 946, 962−963; BVerfGE 59, 36 (49); 81, 156 (206 f.); 85, 238 (247); Christoph Degenhart, Systemgerechtigkeit und Selbstbindung des Gesetzgebers als Verfassungspostulat, München 1976 참조.

자도 헌법재판소 결정에 구속된다고 보아야 할 것이다.

(나) **입법자의 구속범위**   헌법재판소는 자기 결정에서 단지 해당 사건과 관련하여 헌법을 해석하지만, 헌법 내용을 확정하거나 고정하지는 않는다. 따라서 헌법재판소 결정은 법규범처럼 확정된 지속적인 기준을 제공하지 않는다. 헌법재판소는 (특별한) 법원일 뿐이고 입법기관이 아니기 때문이다. 그래서 헌법재판소 결정은 해당 사건과 관련하여서만 기속력이 있는 것이지 모든 사건에서 기속력을 발휘하는 것은 아니다. 그리고 해당 사건과 관련된 모든 헌법적 관점이 심사되는 것도 아니므로, 헌법재판소 결정의 기속력은 해당 사건 안에서도 한계에 부딪힌다. 결국, 헌법재판소 결정은 최종적이기는 하지만, 일반적이거나 지속적이지 않다.[485] 그러므로 기속력은 구체적 심판 대상에 한정된다. 그래서 기속력은 다른 심판 대상에 미치지 않는다. 입법자가 위헌으로 결정된 법률과 같거나 비슷한 내용의 법률을 제정하더라도, 이러한 법률은 위헌으로 결정된 이전 법률과 최소한 형식적으로 같지 않다.[486] 따라서 반복법률과 위헌으로 결정된 이전 법률은 다른 심판 대상이므로, 헌법재판소는 반복법률에 관해서 아직 심사하지 않은 상태이다.[487] 결국, 반복법률은 헌법재판소가 다시 위헌으로 결정하지 않는 한 유효한 법률로 존속한다. 이러한 결론은 입법자가 헌법의 1차적 해석자로서 법률을 통해서 가장 먼저 헌법을 구체화한다는 점에서도 도출된다. 이러한 지위 때문에 입법자는 법률을 제정할 때 헌법에만 구속된다. 그러나 헌법재판소 결정은 언제나 헌법 자체는 아니다. 그러므로 입법자의 입법형성권은 헌법재판소 결정에 구속되지 않는다. 게다가 법률은 다른 국가기관의 행위와는 비교할 수 없는 일반적·추상적 성격이 있어서 구체적 심판 대상과 관련된 심판결과인 헌법재판소 결정이 모든 헌법적 관점을 검토하는 것은 사실적 측면에서 불가능하다. 따라서 입법자가 위헌결정 이후 헌법적 상황을 다시 자세히 검토하여도 이전과 같은 결론에 도달한다면, 입법자는 위헌결정에 어긋나는 반복법률도 제정할 수 있다.

그러나 위헌결정에 어긋나는 내용을 담은 법률은 헌법재판소가 이전 법률을 위

---

485) 김선택, 「헌법적 대화에 있어서 헌법재판소의 역할」, 『공법연구』 제41집 제4호, 한국공법학회, 2013, 36쪽: "헌법재판소가 헌법의 의미에 관하여 내리는 결정은 독점적이지도 않고 최종적인 것도 아니다."

486) 같은 견해: 정연주, 「위헌결정의 기속력」, 『헌법논총』 제17집, 헌법재판소, 2006, 414쪽; Brun - Otto Bryde, Verfassungsentwicklung, Baden - Baden 1982, S. 407.

487) Uwe Kischel, Darf der Gesetzgeber das Bundesverfassungsgericht ignorieren? - Zum erneuten Erlaß für nichtig erklärter Gesetze, in: AöR 131 (2006), S. 233 참조.

헌으로 결정한 시점까지 소급하여 적용될 수는 없다. 헌법재판소가 선고 시점의 사
실관계와 법적 상황을 고려하여 법률의 위헌성에 관하여 종국적으로 결정하여서 헌
법재판소를 포함한 누구도 이러한 결정을 바꾸거나 없앨 수 없기 때문이다. 이러한
결론은 헌법재판소가 최종적인 헌법해석자라는 점에서 비롯하고, 기속력에 관한 조
항은 이러한 지위를 명확하게 뒷받침한다(헌법재판소법 제47조 제1항, 제67조 제1항,
제75조 제1항과 제6항). 위헌결정에 어긋나는 내용을 담은 법률에 이러한 소급효가
허용된다면, 입법자는 사실적 측면에서 헌법재판소의 위헌결정을 폐지하거나 변경
할 수 있게 된다. 결과적으로 이러한 소급효는 입법자를 법률의 위헌결정에서 자유
롭게 하여 규범통제 자체를 (최소한 부분적으로) 무력하게 만들 것이다.

다만, 계획법률을 포함한 앞날을 규율하는 법률(장래규율법률)[488]처럼 법률이 현
재의 사실관계와 법적 상황이 아니라 앞날의 사실관계와 법적 상황을 규율한다면,
입법자에 대한 기속력의 적용범위는 법률이 규율하는 앞날의 사실관계와 법적 상황
까지 확장될 수 있다. 이때 입법자에 대한 위헌결정의 기속력은 사정변경에 매우
강하게 영향을 받을 것이다. 즉 헌법재판소는 선고 시점에 파악하거나 예상할 수
있는 앞날의 사실관계와 법적 상황을 바탕으로 결정을 내릴 수밖에 없다. 그러므로
파악되거나 예상된 사실관계와 법적 상황이 달라지거나 사실관계와 법적 상황을 잘
못 파악하거나 예상한 것으로 밝혀진다면, 새롭게 파악되거나 예상된 혹은 올바르
게 확인된 사실관계와 법적 상황을 바탕으로 헌법재판소가 다시 판단하여야 할 것
이다. 이러한 점 때문에 앞날의 사실관계와 법적 상황을 규율하는 법률에 대하여
위헌결정의 기속력은 사정변경이 없는 범위 안에서만 미친다고 보아야 한다. 결론
적으로 앞날의 사실관계와 법적 상황을 규율하는 장래규율법률에 대한 위헌결정의
기속력은 확정적이 아닌 잠정적 성격이 있어서, 위헌결정에 어긋나는 내용을 담은
장래규율법률은 파악되거나 예상된 사실관계와 법적 상황이 바뀌지 않는 범위 안에
서 상대적으로만 금지될 뿐이다.

요컨대 위헌결정 기속력의 적용범위는 원칙적으로 헌법재판소가 이전 법률을
위헌으로 선고한 시점에 국한된다. 즉 이전 법률에 대한 위헌결정 선고 시점을 규
율하는, 위헌결정에 어긋나는 내용을 담은 법률만 입법자는 제정할 수 없다. 입법
자가 이전 법률에 대한 위헌결정의 선고 시점을 규율하는, 위헌결정에 어긋나는

---

488) 장래규율법률은 ① 제정 시점부터 앞날을 규율하는 법률이 아니라 제정 시점 이후 일정 기간이 지
  난 장래 시점을 규율하는 법률(예를 들어 효력 발생 시점을 1년 후로 정한 법률)과 ② 특정 입법목
  적을 달성하기 위한 절차와 과정을 규율하는 법률을 아우른다.

내용을 담은 법률을 제정한다면, 이러한 법률은 헌법재판소 결정의 기속력에 저촉되어 위헌이다. 하지만 이러한 법률은 헌법재판소가 위헌결정을 내릴 때까지 존속한다.[489] 즉 이러한 법률에 대해서 헌법재판소가 위헌심사를 거쳐서 위헌결정을 내려야 비로소 그 법률은 효력을 상실한다. 오로지 헌법재판소만 법률이 재생법률(Wiederholungsgesetz)인지를 최종적으로 확인하여 그 효력을 상실시킬 수 있기 때문이다. 헌법재판소가 위헌으로 결정한 법률이 앞날의 사실관계와 법적 상황을 규율하지 않는다면 입법자는 선고 시점 이후를 규율하는, 위헌결정에 어긋나는 내용을 담은 법률을 제정할 수 있다. 그러나 헌법재판소가 위헌으로 결정한 법률이 앞날의 사실관계와 법적 상황을 규율한다면, 위헌결정에 어긋나는 내용을 담은 법률은 파악되거나 예상된 사실관계와 법적 상황이 바뀌지 않는 범위 안에서만 금지된다.

② 객관적 범위

(ⅰ) 논란이 되는 중요이유의 기속력

기속력의 객관적 내용 확정은 기속력의 객관적 한계 확정을 뜻한다.[490] 기속력이 심판 대상에 관한 결정인 결정주문에 미친다는 것은 의문이 없다. 그리고 소수의견이나 결정요지가 기속력에 포섭되지 않는다는 것도 다툼이 없다.[491] 그러나 기속력이 결정이유에도 미치는지는 논란이 있다. 결정이유는 중요이유[주요한 (결정)이유, 중요한 (결정)이유, 핵심적인 결정이유, 주된 이유, 주론: ratio decidendi, tragender Entschendungsgrund]와 방론(부수적 의견, 부수적 이유: obiter dictum)으로 구성된다. 중요이유는 일반적으로 주문에 표현된 결론을 바꾸지 않고는 헌법재판소의 추론에서 배제할 수 없는 이유로 정의된다.[492] 방론은 논의되는 부수적 근거를 말한다. 기

489) Stefan Korioth, Die Bindungswirkung normverwerfender Entscheidungen des Bundesverfassungsgerichts für den Gesetzgeber, in: Der Staat 30 (1991), S. 554 (슈테판 코리오트, 허완중 옮김, 「입법자에 대한 연방헌법재판소 규범폐기재판의 기속력」, 『헌법판례연구』 제12권, 집현재, 2011, 247~248쪽) 참조.

490) 최희수, 「법률의 위헌결정의 효력에 관한 연구 – 소송법적 효력을 중심으로 –」, 고려대학교 법학 박사학위논문, 2001, 96쪽.

491) Herbert Bethge, Verbindlichkeit der Entscheidung, in: Theodor Maunz/Bruno Schmit – Bleibtreu/ Franz Klein/Gerhard Ulsamer/Herbert Bethge/Karin Grasshof/Rudolf Mellinghoff/Jochen Rozek, Bundesverfassungsgerichtsgesetz – Kommentar, Bd. 1, München 2017 (Stand: Januar 2017), § 31 Rdnrn. 90 ff.; Andreas Heusch, Bindungswirkung und Gesetzeskraft der Entscheidungen, in: Christian Burkiczak/Franz – Wilhelm Dollinger/Frank Schorkopf (Hrsg.), Bundesverfassungsgerichtsgesetz – Heidelberger Kommentar, Heidelberg 2015, § 31 Rdnr. 61.

492) Willi Geiger, Die Grenzen der Bindung verfassungsgerichtlicher Entscheidungen (§ 31 Abs. 1 BVerfGG), in: NJW 1954, S. 1060; Klaus Lange, Rechtskraft, Bindungswirkung und Gesetzeskraft der Entscheidungen des Bundesverfassungsgerichts, in: JuS 1978, S. 5; Gregor Stricker, Subjektive und objektive Grenzen der Bindungswirkung verfassungsgerichtlicher Entscheidungen gemäß § 31 Abs. 1 BVerfGG, in: DÖV 1995, S. 984 참조.

속력이 방론에서 도출되지 않는다는 것에는 견해가 일치한다. 그러나 중요이유에 기속력이 있는지는 다툼이 있다. 중요이유의 기속력이 논란이 되는 이유는 헌법재판의 특수성에서 비롯된다. 헌법재판에서는 일반 사법재판과 달리 단순히 소송 승패만 중요한 것이 아니라 올바른 헌법해석을 찾아내는 것이 주된 문제이다. 헌법의 개방성, 추상성, 불명확성 등 때문에 헌법 규정에서는 다양한 해석 가능성이 도출될 수 있고, 이러한 해석 가능성 중 하나(때로는 둘 이상)를 선택하는, 헌법재판소 결정의 구체적이고 명확한 내용은 간결한 결론의 표현인 결정주문만으로는 명확하게 드러나지 않는 때가 잦다. 따라서 일반 사법재판보다 헌법재판에서는 중요이유의 도움을 받아서 결정주문을 명확하게 할 필요성이 훨씬 크고 그렇게 하여야 할 때가 빈번하다. 따라서 기속력의 객관적 범위와 관련하여 중요이유는 특별하게 다룰 필요가 있다.

(ⅱ) 학설과 판례

헌법재판소 판례에서 기속력의 객관적 범위는 아직 다루어지지 않았다.[493] 그러나 독일 연방헌법재판소 재판과 학설을 언급하면서 이 문제를 다루는 견해가 많다.

중요이유에도 기속력을 부여하려는 견해[494]는 헌법재판소 결정의 내용과 법적

---

[493] 다만, 헌법재판소는 "헌법재판소법 제47조에 정한 기속력을 명백히 하기 위하여는 어떠한 부분이 위헌인지 여부가 그 결정의 주문에 포함되어야 하므로, 이러한 내용을 결정의 이유에 설시하는 것만으로는 부족하고 결정의 주문에까지 등장시켜야 한다."라고 한 적이 있다(헌재 1994. 4. 28. 92헌가3, 판례집 6-1, 203, 222).

[494] 계희열, 「헌법재판과 국가기능」, 『헌법재판의 회고와 전망 -창립 10주년 기념세미나-』, 헌법재판소, 1998, 237쪽; 김하열, 『헌법소송법(제3판)』, 박영사, 2018, 258쪽; 김학성, 『헌법학원론(전정2판)』, 피앤씨미디어, 2018, 1149~1150쪽; 남복현, 「헌법재판소 결정의 기속력」, 『한양법학』 제4·5(통합)집, 한양법학회, 1994, 154~170쪽; 같은 사람, 「법률의 위헌결정의 효력에 관한 연구」, 한양대학교 법학박사학위논문, 1994, 80~82쪽; 같은 사람, 「헌법재판소 결정의 효력에 관한 쟁점 및 해결방안」, 문광삼/남복현/전정환, 『헌법재판소결정의 효력에 관한 연구』(헌법재판연구 제7권), 헌법재판소, 1996, 184~186쪽; 방승주, 「국가배상법 제2조 제1항 단서에 대한 한정위헌결정의 기속력」, 『인권과 정의』 제304호, 한국변호사협회, 2001. 12., 117쪽; 성낙인/이효원/권건보/정 철/박진우/허진성, 『헌법소송론』, 박영사, 2012, 126쪽; 신봉기, 「헌법불합치결정의 이유에 기초한 개선입법의무」, 『헌법논총』 제7집, 헌법재판소, 1996, 358쪽; 이성환, 「헌법재판소 결정의 효력에 관한 연구」, 서울대학교 법학박사학위논문, 1994, 101~105쪽; 이준일, 『헌법학강의(제6판)』, 홍문사, 2015, 1011쪽; 장영수, 『헌법학(제10판)』, 홍문사, 2017, 1272쪽; 전광석, 『한국헌법론(제13판)』, 집현재. 2018, 822~823쪽; 전정환, 「헌법재판소 결정의 효력에 관한 일반적 고찰」, 문광삼/남복현/전정환, 『헌법재판소결정의 효력에 관한 연구』(헌법재판연구 제7권), 헌법재판소, 1996, 64~67쪽; 정연주, 「안마사 결정의 재검토 - 위헌결정 기속력의 주관적·객관적 범위의 문제를 중심으로 -」, 『홍익법학』 제10권 제2호, 홍익대학교 법학연구소, 2009, 333~334쪽; 같은 사람, 『헌법소송론』, 법영사, 2015, 113~114쪽; 정재황, 「헌법재판소와 국회·법원과의 관계」, 『고시연구』 제19권 제1호(통권 제214호), 고시연구사, 1992. 1., 46쪽; 최희수, 「법률의 위헌결정의 효력에 관한 연구 - 소송법적 효력을 중심으로 -」, 고려대학교 법학박사학위논문, 2001, 106~110쪽; 같은 사람, 「헌법재판소 결정의 결정이유의 기속력에 관한 연

효과는 헌법재판소 결정과 부딪히는 모든 국가기관의 행위를 금지할 뿐 아니라 일반적 지침으로서 앞날의 행위에서도 존중되어서 헌법재판소의 헌법해석은 모든 국가기관의 행위기준이 되어야 한다고 주장한다. 따라서 중요이유도 구체적 사건과 상관없이 기속력이 있다고 한다. 이 견해는 다음과 같은 구체적 근거를 언급한다:

ⓐ 중요이유에 기속력을 인정하면 헌법해석 통일성과 법적용 일관성을 확보할 수 있다.

ⓑ 위헌으로 결정된 행위가 반복되면, 중요이유의 기속력은 그에 대한 통제수단으로 고려될 수 있다.

ⓒ 법원의 재판이 헌법소원심판 대상에서 제외되었으므로, 법적용자와 맺는 관계에서 헌법재판소 결정이 지닌 실질적 효과를 담보하기 어렵다. 중요이유의 기속력은 이에 대한 보완책으로 작용할 수 있다.

ⓓ 헌법재판소가 법률에 대해서 위헌결정을 할 때, 기속력은 모든 결정이유가 아니라 단지 주문을 근거 지우는 결정이유의 중요한 부분에만 부여된다. 그리고 중요이유는 일반적이고 추상적인 법원칙이 아니라 다투어진 심판 대상과 같거나 비슷한 사건에서 문제가 되는 구체적 헌법해석에 한정된다면, 입법형성권 침해는 전혀 문제가 되지 않는다.

ⓔ 헌법재판소는 기속력의 수범대상에서 제외되고, 기속력은 다투어진 심판 대상과 같거나 비슷한 사건에 국한되며, 기속력은 시간적 한계가 있어서 법발전 경직화는 일어나지 않는다.

ⓕ 헌법 수호자라는 헌법재판소 기능을 수행하려면 중요이유의 기속력은 필요하다.

ⓖ 헌법재판소 결정의 사실적 구속력, 법률요건적 효력 등에 비추어 보면, 기속력을 중요이유에 확장하는 것은 과도하지 아니하다.

ⓗ 헌법국가에서 헌법기관의 정당성은 국민이 제정한 헌법이 부여하므로, 민주적 정당성은 문제가 되지 않는다.

구」,『공법연구』제33집 제1호, 한국공법학회, 2004, 462~466쪽; 같은 사람,『헌법소송법 요론(개정판)』, 대명출판사, 2015, 56쪽; 한수웅/정태호/김하열/정문식(김하열 집필),『주석 헌법재판소법』, 헌법재판소 헌법재판연구원, 2015, 592쪽; 허 영,『헌법소송론(제13판)』, 박영사, 2018, 177~178쪽; 홍성방,『헌법학(하)(제3판)』, 박영사, 2014, 357~358쪽; 같은 사람,『헌법소송법』, 박영사, 2015, 150~151쪽; 황도수,「헌법재판소 결정의 기속력」,『헌법의 규범력과 법질서』(연천 허영 박사 정년기념논문집), 박영사, 2002, 780~781쪽; 황우여,「위헌결정의 효력」,『헌법재판의 이론과 실제』(금랑 김철수교수 화갑기념), 박영사, 1993, 311~312쪽.

ⓘ 개별 사안에서 중요이유를 파악하기 어렵다는 것은 그것의 불가능을 뜻하지는 않는다. 그리고 중요이유가 있다는 것은 부정할 수 없다.

ⓙ 상황에 따라 주문만으로 내용을 파악하기 어려우면 기속력은 의미를 잃는다.

이에 대해서 기속력을 주문에 한정시키는 견해495)는 다음과 같은 근거를 토대로 비판한다:

ⓐ 사법작용인 헌법재판의 한계와 권력분립원리 때문에 중요이유는 입법자를 구속할 수 없다.

ⓑ 중요이유가 무엇인지가 명확하지 않다. 그에 따라 법적 안정성과 법적 명확성이 침해될 수 있다.

ⓒ 해당 사건과 비슷한 후속사건이나 해당 사건과 비슷한 병행사건은 헌법재판소가 다시 심사함으로써 해결될 수 있다.

(ⅲ) 사견

ⓐ 사법판결의 효력인 기속력

헌법재판소 결정은 사법판결이므로, 기속력은 사법판결의 효력 중 하나이다. 사법판결의 효력은 원칙적으로 법원이 심판하여야 하는 소송물이나 심판 대상에 미친다. 헌법재판에서 심판 대상은 다투어진 법규범이나 국가기관 행위의 위헌성이다. 그러므로 다투어진 법규범이나 국가기관 행위의 위헌성은 (그에 관한 근거가 아니라) 원칙적으로 기속력이 있다. 헌법재판소의 헌법해석이 모든 국가기관의 행위기준으로 기능하는 것은 그러한 해석이 앞날의 헌법분쟁에 적용되는 한 재판의 본질에 어긋난다. 헌법재판소는 결정을 선고할 때 다투어지는 구체적 사건을 해결하기 위해서 선고 시점의 사실관계와 법적 상황만을 고려할 수 있어서, 아직 앞날의 헌법분쟁에 관해서 심판하지 않았기 때문이다. 따라서 중요이유는 기속력이 없다. 그리고 중요이유에 기속력이 있다는 것은 중요이유가 해당 사건을 벗어나 효력을 미칠 수 있을 때 비로소 실질적 의미가 있을 수 있다. 그런데 중요이유에 기속력이 있다는 것은 헌법재판소 결정의 기속력이 해당 사건을 넘어 미치는 근거가 될 수 없다. 즉 중요이유에 기속력을 부여하여도 당연히 헌법재판소 결정의 기속력이 해당 사건이 아닌 다른 사건에 미치는 것은 아니다. 요컨대 중요이유에 기속력이 있는지와 무관하게

---

495) 헌재 1992. 2. 25. 89헌가104 판례집 4, 64, 113 재판관 조규광의 소수의견; 신 평, 『헌법재판법(전면개정판)』, 법문사, 2011, 287~288쪽; 이기철, 「헌법재판소결정은 주된 이유에도 기속력이 미치는가?」, 『한양법학』 제13집, 한양법학회, 2002, 112쪽; 정종섭, 『헌법소송법(제8판)』, 박영사, 2014, 188쪽; 같은 사람, 『헌법학원론(제12판)』, 박영사, 2018, 1543쪽.

헌법재판소 결정의 기속력이 해당 사건을 벗어나 미칠 수 있는지가 논증되어야 한다.

ⓑ 결정주문의 해석 필요성

주문은 그 명확한 의미내용이 일반적으로 그 자체에서 도출될 수 없어서 법규범처럼 해석이 필요하다.[496] 특히 헌법재판소 결정의 주문은 중요이유에 기초한 간략하고 함축적인 내용을 담을 뿐이다. 그리고 헌법재판의 기능은 개별적 기본권 보호에 그치지 않는다. 헌법재판은 객관적 헌법을 보장하고 그 해석과 계속형성에 이바지하는 기능도 있다(2중 기능). 개별적 기본권 보호 측면에서는 결정이유에 상관없이 오로지 당사자의 기본권이 보장되는지만 중요하다. 그래서 거의 모든 문제는 결정주문에 드러난 내용을 통해서 해결될 수 있다. 그러나 객관적 기능 측면에서 헌법재판소 결정 대부분은 절차에 참가하지 않은 국가기관이나 사람에게도 효력을 미친다. 따라서 헌법재판소는 다른 국가기관의 행위지침을 제시하여야 한다. 위헌결정만으로는 헌법질서가 회복될 수 없을 때가 드물지 않기 때문이다. 결정주문의 구체적 내용을 확정하는 것은 이러한 기능을 수행하기 위해서 필수적이다. 또한, 다른 법원과 달리 헌법재판소는 자기 결정을 관철할 강제수단이 없다.[497] 그래서 헌법재판소 결정 관철은 다른 국가기관이 헌법재판소 결정을 따르는지에 달렸다.[498] 그러나 헌법재판소 결정 이행을 제한 없이 다른 국가기관에 맡길 수는 없다. 즉 헌법재판소는 다른 국가기관에 적절한 이행 기준을 제시하여야 한다. 그러나 결정주문에서 이러한 기준이 명확하게 그리고 구체적으로 도출될 수 없을 때가 대부분이다. 그리고 논증과정에서 헌법재판소가 다루지 않은 법적 고려가 결정주문과 같은 결론을 도출할 수도 있고, 헌법재판소는 모든 근거를 검토할 수도 없다. 이러한 점에서도 결정주문은 일반적으로 법규범과 같이 해석을 요구한다.

결정주문을 해석할 때 우선적인 기준은 결정주문을 근거 짓는 결정이유일 수밖에 없다. 따라서 중요이유는 결정주문 해석에 절대적 영향을 미친다. 해석과정에서 결정주문은 중요이유를 수용할 수밖에 없기 때문이다. 그래서 중요이유를 통해서 해석된 결정주문 내용에서 기속력이 발생한다.[499] 중요이유는 그러한 범위에서 해

496) Christian—Friedrich Menger, Anmerkung zu zwei Beschlüssen des OVG Lüneberg und des Bundesverfassungsgerichts, in: AöR 80 (1955/1956), S. 226; Walter Seuffert, Über Gesetzgebung, Rechtsprechung und Bindungswirkungen, in: AöR 104 (1979), S. 178 참조.
497) BVerfGE 2, 79 (89); 비슷한 것으로는 6, 257 (266).
498) Kai—Oliver Knops, Bundesverfassungsgericht und die Bindungskraft seiner Entscheidungen, in: KritV 1997, S. 57.
499) Klaus Lange, Rechtskraft, Bindungswirkung und Gesetzeskraft der Entscheidungen des Bundesverfassungsgerichts, in: JuS 1978, S. 3; Christian—Friedrich Menger, Anmerkung zu zwei

석 도우미로서 기능한다. 이러한 과정에서 중요이유는 결정주문 해석을 통하여 간
접적으로 기속력이 있다. 따라서 중요이유의 기속력을 긍정하는 견해와 부정하는
견해의 차이는 그리 크지 않고, 심지어 사실적 측면에서는 그러한 차이가 없다고
볼 수 있다. 양자의 유일한 차이점은 중요이유가 직접적으로 또는 간접적으로 기속
하는지에 있기 때문이다.[500] 특히 중요이유의 기속력을 긍정하는 견해도 기속력의
해당 사건 관련성으로 말미암아 다른 사건에 영향을 미칠 수 없어서 그 실익이 크
지 않다.

ⓒ 기속력과 관련 있는 결정이유

모든 결정이유가 기속력과 관련이 있는 것은 아니다. 결정이유는 결정주문을 근
거 지을 수 있을 때 비로소 의미가 있으므로, 결정주문을 직접 근거 짓는 결정이유
만 간접적으로든 혹은 직접적으로든 기속력이 있을 수 있다. 따라서 방론과 소수의
견은 기속력과 무관하다. 방론도 기속력과 관련을 맺는 것은 법원의 소극적 성격에
어긋나고, 소수의견은 법원의 공식견해가 아니기 때문이다. 판결 요지는 헌법재판
소 재판관이 작성하는 것이 아니므로 판결 '이유'를 구성하지 않아서 기속력과 관련
이 없다.

중요이유와 방론을 구별하기는 쉽지 않다. 그러나 구별이 어렵다는 것이 그 구
별이 필요 없거나 의미가 없다는 것을 뜻하지는 않는다. 중요이유는 헌법재판소의
결정주문을 도출하기 위한 연속적인 논리적 사고과정에서 불가결한 것을 의미하
고, 방론은 어떤 법적 문제에 대한 답변이 없더라도 헌법재판소 결정이 여전히 논
리적이고 이해될 수 있을 때 그 법적 문제를 말한다.[501] 결정의 판시부분이 중요
이유인지는 그 결정 자체만을 놓고 판단하여야 한다. 다른 이론 구성을 통해서 그
결정과 같은 결과에 도달할 수 있는지를 기준으로 중요이유인지를 결정한다면, 중

Beschlüssen des OVG Lüneberg und des Bundesverfassungsgerichts, in: AöR 80 (1955/1956), S. 226 참조.

500) Gernot Biehler, Zur Bindungswirkung von Urteilen des Bundesverfassungsgerichts, in: DVBl. 1991, S. 1238; Wolfgang Endemann, Zur Bindungswirkung von Entscheidungen des Bundesverfassungsgerichts im Verfassungsbeschwerdeverfahren, in: Theo Ritterspach/Willi Geiger (Hrsg.), Festschriftfür Gebhard Müller: Zum 70. Geburtstag des Präsidenten des Bundesverfassungsgerichts, Tübingen 1970, S. 25; Ulrich Scheuner, Das Verfassungsgericht und die Bindungskraft seiner Entscheidungen, in: DÖV 1954, S. 642 참조.

501) 윤진수, 「독일법상 《판례》의 의미 -우리 법에의 시사-」, 『판례실무연구』 제6권, 박영사, 2003, 220~221, 231쪽; 이기철, 「헌법재판소의 부수적 의견과 그 문제점」, 『21세기 한양법학에의 낙수』 (석하 김기수교수 정년기념논문집), 언약, 1997, 1151쪽; 같은 사람, 「헌법재판소의 방론은 바람직한 가?」, 『공법학연구』 제7권 제1호, 한국비교공법학회, 2006, 322쪽 참조.

요이유인지를 결정하는 것이 매우 불명확해지기 때문이다.502) 그리고 결정주문 자체에 아무런 영향을 주지 않더라도 결정의 내용과 효력에 관한 법적 의미가 달라질 때도 중요이유가 될 수 있다. 또한, 중요이유가 결정주문을 근거 짓는 유일한 이유일 필요는 없다. 결정주문은 중요이유가 병렬적으로 근거 지을 수도 있고, 때로는 선택적으로 근거 지을 수도 있다. 여기서 중요한 것은 중요이유가 결정주문을 옹글게(완벽하게) 근거 지을 수 있는 지이다. 그래서 결정주문을 지탱하는 이유가 여러 개이면 각 이유가 단독으로 혹은 여러 개의 이유가 함께 결합하여 다른 이유의 유무에 관계없이 결정주문을 근거 지을 수 있다면 모두 중요한 이유가 될 수 있다.

헌법재판소는 결정이유에 기속력을 인정하더라도, 결정주문을 뒷받침하는 결정이유에 대해서 적어도 위헌결정 정족수인 재판관 6명 이상 찬성이 있을 때에 한하여 결정이유에 기속력이 인정된다고 하였다.503) 이러한 헌법재판소 결정을 비판하는 견해가 있다.504) 이 견해는 먼저 ㈎ 결정이유의 기속력문제는 결정주문을 뒷받침하는 논거인 결정이유, 그중에서도 법정의견에 대해서만 논의되는데, 이것은 주문의 기속력을 전제로 그것을 보완하는 차원에서 논의된다는 점, ㈏ 주문의 제시요건에 해당하는 법정의견이 전개하는 논거가 결정이유의 핵심이 된다는 점, ㈐ 결정이유, 즉 법정의견에 설시된 논거에 모두 기속력이 부여되는 것이 아니라 주문을 끌어내는 핵심적인 논거에만 기속력이 부여된다는 점을 근거로 위헌결정 정족수와 기속력이 무관함을 주장한다. 그리고 이 견해는 결정주문이 도출된 과정이 상세하게 소개된 전반적인 내용을 수록하는 것이 결정이유라면, 그중에서도 결정주문을 논증하는 핵심적인 근거가 헌법재판소 결정에서 법정의견이라고 한다. 이때 법정의견은 반드시 재판관 6명 찬성이 있어야 하는 것은 아니라고 한다. 그리고 헌법재판소 견해를 따르면 상황에 따라서는 어떠한 주된 논거나 이유도 기속력이 없는 모순

---

502) 윤진수, 「독일법상 《판례》의 의미 ―우리 법에의 시사―」, 『판례실무연구』 제6권, 박영사, 2003, 232쪽 참조.

503) 헌재 2008. 10. 30. 2006헌마1098등, 판례집 20―2상, 1089, 1103~1104: "…설령 결정이유에까지 기속력을 인정한다고 하더라도, 이 사건의 경우 위헌결정 이유 중 비맹제외기준이 과잉금지원칙에 위반한다는 점에 대하여 기속력을 인정할 수 있으려면, 결정주문을 뒷받침하는 결정이유에 대하여 적어도 위헌결정의 정족수인 재판관 6인 이상의 찬성이 있어야 할 것이고(헌법 제113조 제1항 및 헌법재판소법 제23조 제2항 참조), 이에 미달할 경우에는 결정이유에 대하여 기속력을 인정할 여지가 없다…"

504) 남복현, 「헌법재판소 결정주문의 합의방식과 중요한 결정이유의 기속력」, 『헌법학연구』 제15권 제1호, 한국헌법학회, 2009, 215~219쪽; 같은 사람, 『헌법재판소 결정의 소송법적 효력』, 한국학술정보, 2013, 333쪽.

에 빠지고 결국 무한대로 반복입법이 허용되어 위헌결정 기속력의 의미와 실효성이 퇴색되므로, 각각의 중요이유가 재판관 6명 이상 찬성이 없더라도 기속력이 있다는 견해도 있다.505)

　결정주문은 언제나 재판관 6명 찬성을 얻어야 하는 것은 아니다. 심지어 재판관 6명 찬성 없이, 특히 선례적 구속력(헌법재판소법 제23조 단서 제2호) 때문에 소수의 의견에 따라서 위헌결정이 내려질 수도 있다.506) 헌법재판소법은 법률의 위헌결정 (제47조 제1항, 제75조 제6항), 권한쟁의심판의 결정(제67조 제1항) 그리고 헌법소원의 인용결정(제75조 제1항)에서만 기속력이 발생한다고 규정할 뿐이지, 이러한 결정이 기속력을 가지려면 재판관 6명 찬성을 얻어야 한다는 것을 규정하지 않는다. 따라서 재판관 6명 찬성을 얻지 못한 법률의 위헌결정과 권한쟁의심판의 결정 그리고 헌법소원의 인용결정도 기속력이 있다고 보아야 한다.

　사법재판에서 원칙적으로 의미 있는 것은 소송물이나 심판 대상에 대한 판단인 주문이다. 그래서 사법재판의 효력은 원칙적으로 주문을 기준으로 부여된다. 결정 이유는 결정주문에 종속적인 것에 불과하다. 즉 결정이유는 언제나 결정주문을 전제로 의미가 있을 수 있다. 따라서 결정이유에 간접적인 기속력을 부여할 때는 물론 직접적인 기속력을 부여할 때도 결정이유는 결정주문과 독립하여 의미가 있을 수 없다. 그래서 결정주문에 기속력이 부여되면, 그에 대한 중요이유도 (주문 해석을 위해서) 기속력과 관련을 맺는다고 보아야 한다. 특히 결정이유의 기속력이 문제 되는 것은 오로지 결정주문만으로 헌법재판소 결정의 내용을 확정하기 어려울 때뿐이다. 그런데 결정주문에도 요구하지 않는 재판관 6명 이상 찬성을 결정이유에 요구하는 것은 간접적으로든 직접적으로든 결정이유에 기속력을 인정하는 취지에 어긋난다. 즉 재판관 6명 찬성 여부에 따라 결정이유를 기속력과 관련시키는 것은 결정주문의 불명확성을 결정문 자체를 통해서 제거하는 길을 봉쇄하여 사실적 측면에서 결정주문의 기속력을 무력하게 만든다. 따라서 기속력과 관련되는 결정이유인지는 결정정족수가 아닌 오로지 결정주문과 맺는 관계를 기준으로만 판단하여야 할 것이다.

---

505) 정연주,「안마사 결정의 재검토 — 위헌결정 기속력의 주관적·객관적 범위의 문제를 중심으로 —」,『홍익법학』제10권 제2호, 홍익대학교 법학연구소, 2009, 335~337쪽; 같은 사람,『헌법소송론』, 법영사, 2015, 115~117쪽.
506) 헌재 1998. 7. 16. 95헌바19, 판례집 10-2, 89, 112-114 재판관 김용준, 신창언, 이영모, 한대현의 반대의견 참조.

③ 시간적 범위

헌법재판소 결정의 효력은 결정 선고와 함께 발생한다. 헌법재판소는 실제로 고려할 수 있었던 것에 관해서만 판단할 수 있으므로, 모든 헌법적 이해는 그 시점에 있는 관계에서 출발한다. 따라서 헌법재판소 결정의 기속력은 언제나 헌법재판소 결정이 선고된 시점과 관련된다. 즉 헌법재판소는 심판 대상을 오로지 선고 당시의 사실관계와 법적 상황과 관련하여서만 심사한다. 그래서 헌법재판소 결정은 결정 이후에 비로소 나타난 변화를 포섭할 수 없다. 즉 사실관계와 법적 상황이 나중에 바뀌면 헌법재판소는 그것을 아직 판단하지 않은 상태이다. 따라서 기속력은 결정 이후에 비로소 발생한 새로운 사실에 근거한 행위 반복을 저지하지 않는다. 헌법재판소는 이러한 행위를 새로 심사하여야 한다. 법적 상황 변화는 심사기준이 되는 헌법의 명시적 변화뿐 아니라 헌법의 묵시적 의미변화도 포함한다. 그리고 생활관계나 일반적인 법적 견해의 근본적인 변화도 헌법재판소 결정의 내용에 영향을 미치면 고려되어야 한다. 그 밖에 기속력은 헌법재판소 결정 존재에 근거한다. 따라서 헌법재판소 결정 자체가 더는 없으면, 즉 재심으로 헌법재판소 결정이 폐기되면 기속력은 사라진다.

4. 형성력

(1) 형성력의 의의

① 형성력의 개념

형성력(Gestaltungswirkung)은 일반 소송법이론을 따르면 형성판결이 확정되었을 때 재판내용대로 새로운 법적 관계가 생기거나 종래 법적 관계가 바뀌거나 사라지는 효력을 말한다. 형성력은 모든 재판에 인정되는 것이 아니라 특정한 판결에만 귀속되는 특별한 효력이다. 즉 형성력은 형성판결, 즉 형성의 소를 인용하는 판결에서만 발생하고, 형성의 소를 기각하는 판결과 확인판결을 포함한 다른 판결에서는 생기지 아니한다.[507] 형성력은 별도의 다른 행위 매개 없이 판결 그 자체에서

---

507) 강현중, 『민사소송법(제7판)』, 박영사, 2018, 217쪽; 민일영, 「제4절 재판」, 『주석 신민사소송법(Ⅲ)』, 한국사법행정학회, 2004, 331쪽; 백춘기, 「판결의 효력」, 『사법논집』 제36집, 법원도서관, 2003, 526쪽; 손한기, 『민사소송법』, 홍문사, 2017, 123쪽; 송상현/박익환, 『민사소송법(신정7판)』, 박영사, 2014, 198, 469쪽; 이명환, 「민사판결의 인적효력범위」, 『사회과학논총』 제1집, 계명대학교 사회과학연구소, 1983, 135쪽; 이시윤, 『신민사소송법(제12판)』, 박영사, 2018, 210, 672쪽; 정동윤/유병현/김경욱, 『민사소송법(제6판)』, 법문사, 2017, 75, 815쪽; 조상혁, 「형성판결의 효력 서설」, 『재산법연구 제21권 제2호』, 한국재산법학회, 2005, 407쪽; 호문혁, 『민사소송법(제13판)』, 법문사, 2016, 82, 746쪽; Leo Rosenberg/Karl Heinz Schwab/Peter Gotteald, Zivilprozessrecht, München 2010, 17. Aufl.,

주문 내용대로 직접 발생한다.508) 형성력은 원칙적으로 실정법적 근거가 있을 때만
인정된다.509) 즉 판결에서 형성력이 발생하려면 적어도 실정법에 그러한 형성판결을
내릴 수 있다는 명시적 근거가 반드시 있어야 한다. 이때 실정법적 근거는 대부분
법률이지만, 헌법일 수도 있다. 예를 들어 피청구인을 해당 공직에서 파면하는 결정
에 관한 헌법재판소법 제53조 제1항의 내용은 헌법 제65조 제4항의 내용을 확인하
는 것에 불과하다. 따라서 피청구인을 해당 공직에서 파면하는 결정은 헌법 제53조
제1항을 직접 근거로 볼 수 있다. 형성판결이 확정되면, 그 판결은 판단내용에 따라
실체적인 또는 소송적인 법적 관계 변동을 일으키는 형성력 이외에 표준시를 기준
으로 형성권의 존재 여부(나 법률관계 형성을 구할 법적 지위 존재 여부) 판단에 관한 기
판력을 포함한 확정력이 발생한다.510) 형성력은 실정법상 인정되는 효력이지만, 정
확하게 말하면 판결에 따라서 발생하는 효력이므로 판결의 형성력이라고 한다.511)

② 형성력의 본질

(ⅰ) 학설 검토

형성력의 본질과 관련하여서 세 가지 견해가 대립한다.512)

먼저 ⓐ 형성판결을 사인의 의사표시나 행정청의 행정처분과 같은 것으로 보아
형성력을 국가의 처분적 의사표시에 따른 효력이라는 의사표시설(국가적 처분행위설)
이 있다. 다음 ⓑ 판결의 본질은 의사표시가 아니라 판단작용이고, 형성판결도 하
나의 판결이며, 형성권이나 형성요건의 존재가 기판력을 통해서 확정되면 다툴 수
없어서 형성의 효과도 다툴 수 없게 되는 것이 형성력이라는 기판력(근거)설이 있
다. 그런데 의사표시설은 형성판결이 판단작용인 점을 간과한다. 그리고 기판력설

---

§ 149 Rdnr. 5.

508) 류지태, 「행정소송의 판결의 효력」, 고시계 제38권 제5호(통권 제435호), 국가고시학회, 1993. 5.,
    87~101쪽.

509) 대법원 1993. 9. 14. 선고 92다35462 판결(공1993하, 2751): "기존 법률관계의 변동 형성의 효과를
    발생함을 목적으로 하는 형성의 소는 법률에 명문의 규정이 있는 경우에 한하여 인정되는 것이고
    법률상의 근거가 없는 경우에는 허용될 수 없는 것이다."

510) 백춘기, 「판결의 효력」, 『사법논집』 제36집, 법원도서관, 2003, 526~527쪽.

511) 조상혁, 「형성판결의 효력 서설」, 『재산법연구』 제21권 제2호, 한국재산법학회, 2005, 408~409쪽.
    대법원 2006. 4. 7. 선고 2005도9858 전원합의체 판결(집54-1, 805; 공2006하, 2106): "… 판결이 갖
    는 자체의 효력, 즉 기판력, 집행력 및 형성력 등…."

512) 이에 관해서는 백춘기, 「판결의 효력」, 『사법논집』 제36집, 법원도서관, 2003, 527쪽; 이명환, 「민
    사판결의 인적효력범위」, 『사회과학논총』 제1집, 계명대학교 사회과학연구소, 1983, 135~136쪽; 손
    한기, 『민사소송법』, 홍문사, 2017, 304쪽; 정동윤/유병현/김경욱, 『민사소송법(제6판)』, 법문사,
    2017, 815~816쪽; 조상혁, 「형성판결의 효력 서설」, 『재산법연구』 제21권 제2호, 한국재산법학회,
    2005, 411~419쪽.

을 따르면 형성력도 기판력처럼 당사자 사이에서만 미치는 것이 원칙이고, 일반 제 3자에 대한 확장은 예외가 되어서 형성력의 대세효를 설명하기 어렵고, 확인소송이 원형이라는 점을 토대로 형성소송의 독자적 기능을 부정하며, 형성력을 기판력과 결부시키면 형성력을 상대화하는 문제점이 있다. 그래서 ⓒ 확정된 형성판결 존재가 법률요건을 이루고, 형성판결 확정에 따라서 후소 법원을 비롯하여 누구라도 여기에 구속되는 효과인 형성력이 발생한다는 법률요건적 효력설이 등장하였다. 법률요건적 효력설은 형성력을 실체법적으로 설명한다는 특징이 있다. 즉 실체법이 형성판결 존재를 구성요건으로 일정한 법적 효과 발생을 규정하므로 형성력이 생긴다고 한다. 형성력은 법률이 규정한 때만 발생하고, 해당 법률이 형성판결 존재를 구성요건으로 삼아야 비로소 형성력이 생길 뿐 아니라 형성력의 구체적 내용도 해당 법률 내용에 따라서 결정되며 대세효가 있는 형성력의 법적 명확성과 법적 안정성을 확보할 수 있다는 점에서 법률요건적 효력설이 타당하다고 생각한다. 형성력의 본질은 형성력의 효력 범위와 밀접한 관련이 있다. 즉 기판력설을 따르면 형성력은 기판력이 미치는 범위까지만 미치고, 국가적 처분행위설이나 법률요건적 효력설을 따르면 기판력과 무관하게 대세적 효력을 인정할 수 있다.

(ⅱ) 형성력과 고유한 법률요건적 효력의 비교

ⓐ 일정한 내용이 있는 유효한 판결 존재가 실정법적 법률요건(이나 헌법요건)이고, 그를 통해서 법적 관계 변동이 발생하며, ⓑ 기판력에 기초한 효력이 아니고, 효력이 소송물이나 심판 대상과 일치하지 않는다는 점에서 형성력과 고유한 법률요건적 효력은 같다. 그러나 형성력이 고유한 법률요건적 효력과 옹글게(완벽하게) 일치하는 것은 아니다. 먼저 ⓐ 형성력은 형성판결의 목적이고, 주된 효력이며, 내용적 효력이라서 판결주문에서 선언된다. 하지만 고유한 법률요건적 효력은 부수적 효력이므로 판결주문에 나타나지 않는다. 다음 ⓑ 형성판결은 법적 관계 형성의 명확성과 안정성 확보가 실정법 규정의 목적이다. 하지만 부수적 효력인 고유한 법률요건적 효력은 실정법 규정 목적이 다양하고 조건이 붙을 수도 있다. 끝으로 ⓒ 고유한 법률요건적 효력에서는 판결이 선고되면 법적 관계 당사자는 변동이나 청구권 발생을 다툴 수 없다. 그러나 이때 당사자가 판결의 판단내용에 구속받지 않는다. 하지만 형성력에서 구속력은 판결 존재라는 사실적 차원에 그치지 않고, 판결 내용인 판단 자체에 미친다. 이러한 점에서 형성력과 고유한 법률요건적 효력은 다르다.513) 따라서 법률

---

513) 이상 조상혁, 「형성판결의 효력 서설」, 『재산법연구』 제21권 제2호, 한국재산법학회, 2005, 418~419쪽.

요건적 효력설을 따르더라도 형성력은 고유한 법률요건적 효력이 아니라 특별한 법률요건적 효력이다. 이러한 점 때문에 일반적으로 형성력은 법률요건적 효력과 구별하여 논의한다. 그리고 형성력은 본래적 효력이지만, 고유한 법률요건적 효력은 파생적 효력이라는 점도 잊지 말아야 한다.

(2) 형성판결에 속하는 헌법재판소 결정

판결에 형성력이 부여되려면 형성 대상이 되는 법적 관계가 있어야 하고, 그 소송이 당사자적격이 있는 주체 사이에서 수행되어야 한다.[514] 형성 대상이 되는 법적 관계는 소를 제기하여 법원 판결을 받아야 비로소 변동되는 법적 관계이다. 따라서 형성력은 형성의 소가 인용되는 형성판결에서만 발생한다. 그래서 헌법재판소 결정도 형성의 소를 인용하는 결정에 해당하면 당연히 형성력이 인정된다. 형성력은 헌법재판소법을 비롯한 법률이 인정하는 효력이지만, 헌법재판소 결정에 따라서 발생하는 효력이므로 헌법재판소 결정의 효력이다.[515] 헌법재판소의 개별 심판 중에서 피청구인을 해당 공직에서 파면하는 결정(헌법재판소법 제53조 제1항), 정당 해산을 명하는 결정(헌법재판소법 제59조), 권한침해 원인이 된 피청구인의 처분을 취소하는 결정(헌법재판소법 제66조 제2항), 기본권 침해 원인이 된 공권력 행사를 취소하는 결정(헌법재판소법 제75조 제3항)이 형성판결에 해당한다.

(3) 형성력의 범위

① 주관적 범위

형성력은 종래 법적 관계를 바꾸거나 사라지게 하거나 새로운 법적 관계를 생기게 한다. 따라서 형성력은 해당 심판의 관계인뿐 아니라 제3자에게도 효력을 미친다. 이러한 점은 당사자나 헌법재판소에만 효력이 미치는 확정력 혹은 기판력이나 국가기관에만 효력이 미치는 기속력과 구별된다.[516] 이처럼 형성력에 대세적 효력을 인정하는 이유는 헌법재판이 사인의 권리구제만을 목적으로 하는 것이 아니라 객관적 헌법질서 보장을 목적으로 하기 때문이다(헌법재판의 2중적 성격).[517] 그리고 헌법재판은 공법적 효과나 공법관계를 대상으로 하는데, 이것은 획일적으로 규율되

---

514) 정동윤/유병현/김경욱, 『민사소송법(제6판)』, 법문사, 2017, 815쪽.
515) 조상혁, 「형성판결의 효력 서설」, 『재산법연구 제21권 제2호』, 한국재산법학회, 2005, 408~409쪽 참조.
516) 따라서 형성판결에서 기판력과 형성력의 주관적 범위는 다르다[대법원 1960. 8. 31. 선고 4291행상 118 판결; 대법원 1972. 10. 31. 선고 72누89 판결(집20-3, 007)].
517) 같은 견해: 이성환, 「헌법재판소 결정의 효력에 관한 연구」, 서울대학교 법학박사학위논문, 1993, 126쪽.

어야 하며, 특정인에게는 효력이 존속하고 다른 특정인에게는 효력이 미치지 않는 결과가 되어서는 많은 사람을 대상으로 통일적으로 규율하여야 할 헌법관계 안정이라는 요청에 부합하지 않기 때문이다. 또한, 형성의 소에서 형성판결의 존재는 실정법이 그것에 일정한 법적 상태 변동이라는 법적 효과를 결부시킨 일종의 법률요건이라서 형성판결의 형성력은 일종의 법률요건적 효력으로서 당연히 제3자에게 효력이 미친다.[518] 이러한 대세적 효력으로 말미암아 법적 안정성이 흔들릴 수 있다. 그러므로 형성력이 발생하는 형성의 소는 명문 규정으로 허용되는 때만 인정하는 것이 원칙이다(형성의 소 법정주의).[519] 그리고 형성력의 내용은 명문 규정이 구체화하여야 한다. 따라서 헌법재판소법은 개별 심판절차에서 형성력을 구체적으로 규정한다(헌법재판소법 제53조 제1항, 제59조, 제66조 제2항, 제75조 제3항). 그리고 대세적 효력 때문에 법적 안정성을 위해서 형성의 소는 명문으로 제소권자와 제소기간을 한정하는 때가 많다.[520] 헌법재판소법도 형성의 소에 해당하는 개별 심판절차에서 청구권자와 제소기간을 명확하게 규정한다. 헌법재판과 마찬가지로 객관소송에 속하는 행정소송에서도 형성의 소에 해당하는 취소소송의 인용판결(취소판결)에 형성력이 인정된다(행정소송법 제29조). 그러나 해당 규정은 취소판결을 내릴 수 있다고 규정하지 않고 제3자에 대해서도 효력이 있다고 규정할 뿐이다. 취소의 개념 자체가 이미 법적 관계 변동을 포함하기 때문이다. 다만, 형성력의 대세효를 제한 없이 인정하면 헌법재판에 관여하지 않은 제3자가 예측할 수 없는 손해를 입을 수도 있다. 따라서 때에 따라서는 이러한 제3자를 보호하려고 형성력의 대세효를 제한할 수 있다. 이러한 제한은 형성력의 예외이므로 원칙적으로 명문 규정이 있을 때만 허용된다(예를 들어 헌법재판소가 국가기관이나 지방자치단체의 처분을 취소하는 결정을 하더라도 그 처분 상대방에 대해서 이미 생긴 효력에는 영향을 미치지 아니한다고 규정하는 헌법재판소법 제67조 제2항).

② 객관적 범위

(i) 탄핵심판의 탄핵결정은 피청구인을 해당 공직에서 파면시키고(헌법재판소법 제53조 제1항), (ii) 정당해산심판의 정당해산결정은 정당을 해산시킨다(헌법재판소법 제59조). 그리고 (iii) 권한쟁의심판의 취소결정은 청구인의 권한을 침해한 피청구기

---

518) 백춘기, 「판결의 효력」, 『사법논집』 제36집, 법원도서관, 2003, 527쪽 참조.
519) 대법원 1993. 9. 14. 선고 92다35462 판결(공1993하, 2751); 대법원 2001. 1. 16. 선고 2000다45020 판결(공2001상, 446); 강현중, 『민사소송법(제7판)』, 박영사, 2018, 217쪽; 이시윤, 『신민사소송법(제12판)』, 박영사, 2018, 206쪽; 정동윤/유병현/김경욱, 『민사소송법(제6판)』, 법문사, 2017, 69쪽.
520) 이시윤, 『신민사소송법(제11판)』, 박영사, 2017, 206쪽.

관의 처분을 취소시키고(헌법재판소법 제66조 제2항), (ⅳ) 헌법소원심판의 취소결정
은 기본권 침해 원인이 된 공권력 행사를 취소시킨다(헌법재판소법 제75조 제3항). 형
성력의 객관적 범위는 이러한 의도된 법적 관계 변동이라는 실질적 내용이 결정한
다. 따라서 형성력의 객관적 범위는 곧 형성력의 내용이다. 형성력은 절차에 참여
하지 않은 사람에게도 미치는 대세적 효력이므로 형성력의 내용은 명확하게 확정되
거나 확정될 수 있어야 한다. 따라서 형성력은 결정주문에 한정된다.521) 그러나 형
성의 소에 해당하는 심판절차에서 헌법재판소가 내리는 결정의 주문 전체에서 언제
나 형성력이 생기는 것은 아니다. 결정주문에 형성판결과 무관한 내용이 있을 수
있기 때문이다. 따라서 실정법에서 형성판결 대상으로 명시한 부분에서만 형성력이
생긴다. 결정이유는 결정주문 해석을 위해서 원용될 수 있다. 그러나 형성력의 내
용은 명문 규정이 구체적으로 규정하고 이것을 결정주문에 표시하므로 형성력과 관
련하여 결정이유를 원용할 가능성은 거의 없다. 헌법재판소 결정의 주문 내용은 실
정법에 따라서 확정된다. 그러므로 헌법재판소는 표현을 달리할 수는 있어도 내용
을 추가하거나 변경할 수는 없다.

③ 시간적 범위

형성력은 형성판결이 확정되었을 때 발생한다. 따라서 형성판결에 해당하는 헌
법재판소 결정도 확정되었을 때 형성력이 생긴다. 따라서 형성력은 원칙적으로 해
당 헌법재판소 결정의 선고일에 앞날을 향해서 발생한다(헌법재판소법 제40조 제1항
전문, 민사소송법 제205조). 다만, 소급효를 인정하는 명문 규정이 있거나 형성대상의
성질에 비추어 소급효가 인정되면 예외적으로 형성력은 소급효가 있다. 그러나 헌
법재판소 스스로 형성력의 효력 발생 시점을 마음대로 정할 수는 없다. 형성력은
오로지 법률이 부여한 범위에서만 헌법재판소 결정에 부여되기 때문이다.

(ⅰ) 탄핵결정의 효력 발생 시점에 관해서는 명문 규정이 없다. 그러나 탄핵심
판에는 별도의 이의절차가 없어서 결정이 선고되면 바로 결정이 확정되므로 결정이
선고된 때부터 효력이 발생한다.522) 이러한 해석이 피소추자의 권한을 정지시키는

---

521) 대법원 2006. 9. 28. 선고 2006두8334 판결(공2006하, 1849); 대법원 2012. 12. 13. 선고 2011다
89910 판결(공2013상, 141): "판결 주문의 내용이 모호하면 기판력의 객관적 범위가 불분명해질 뿐
만 아니라 집행력·형성력 등의 내용도 불확실하게 되어 새로운 분쟁을 일으킬 위험이 있으므로 판
결 주문에서는 청구를 인용하고 배척하는 범위를 명확하게 특정하여야 한다."
522) 김하열, 『헌법소송법(제3판)』, 박영사, 2018, 725~726쪽; 이승우/정만희/음선필, 『탄핵심판제도에
관한 연구』(헌법재판연구 제12권), 헌법재판소, 2001, 163쪽; 한수웅/정태호/김하열/정문식(김하열
집필), 『주석 헌법재판소법』, 헌법재판소 헌법재판연구원, 2015, 696쪽.

헌법 제65조 제3항에도 들어맞는다. 따라서 탄핵결정의 형성력도 결정이 선고된 때부터 생긴다.

（ⅱ） 정당해산결정은 창설적 효과가 있어서 그에 따른 정당해산 효과는 해산결정이 있는 날부터 앞날을 향해서 발생한다. 이날부터 해당 정당은 법적으로 존속하지 않는다. 나아가 정당해산결정에 소급효를 인정할 것인지가 문제 된다. 해산결정에는 정당의 위헌성을 확인하는 의미가 내포되고, 위헌성 확인의 효과는 위헌사유가 발생한 시점까지 소급한다는 견해가 있다.523) 이 견해를 따르면 정당특권의 소급 박탈이 가능하므로 자진해산한 정당에 대해서도 해산결정의 효과를 귀속시킬 수 있고 위헌적 정당활동에 대한 형사법적 책임 추궁도 가능하다고 한다. 그러나 정당의 존속과 활동은 헌법재판소의 해산결정이 있을 때까지는 합헌으로 간주하겠다는 것이 정당해산심판의 제도적 취지이다. 그러므로 정당해산 효과는 해산결정일부터 앞날을 향해서 발생할 뿐이고, 해산되기 전의 정당활동에 해산결정만을 이유로 불이익을 가할 수 없다.524)

（ⅲ） 권한쟁의심판의 취소결정은 행정소송상 취소판결의 형성력과 마찬가지로 성질상 소급효가 있을 수 없는 때를 제외하고는 원칙적으로 소급효가 있다.525) 국가기관이나 지방자치단체의 처분을 취소하는 결정은 그 처분의 상대방에 대해서 이미 생긴 효력에 영향을 미치지 않는다는 헌법재판소법 제67조 제2항은 이러한 소급효를 전제한다.

（ⅳ） 헌법소원심판의 취소결정도 권한쟁의심판의 취소결정과 마찬가지로 성질상 소급효가 있을 수 없는 때를 제외하고는 원칙적으로 소급효가 있다.

형성력은 헌법재판소 결정 선고와 동시에 직접 법적 관계를 발생·변경·소멸시킨다. 따라서 형성력에서 시간적 한계는 문제가 되지 않는다. 즉 형성력은 시간상으로 헌법재판소 결정의 선고일에 관련되지 않고, 앞날을 향해서 법적 관계를 변동시킨다는 점에서 확정력이나 기속력과 구별된다. 따라서 확정력이나 기속력은 헌법재판소 결정 이후 사실관계나 법적 상황이 바뀌면 구속력을 상실하지만, 형성력은 이러한 변화에 상관없이 효력이 유지된다. 오로지 재심을 통한 형성판결 취소를 통해서만 형성력은 제거될 수 있다.

---

523) 이성환/정태호/송석윤/성선제, 『정당해산심판제도에 관한 연구』(헌법재판연구 제15권), 헌법재판소, 2004, 189~196쪽.

524) 김하열, 『헌법소송법(제3판)』, 박영사, 2018, 757~758쪽.

525) 김하열, 『헌법소송법(제3판)』, 박영사, 2018, 661쪽.

5. 법률요건적 효력

(1) 법률요건적 효력의 개념

법률요건적 효력(Tatbestandswirkung)은 법률이 확정판결 존재를 구성요건으로 하여 일정한 실체법적 법률효과를 발생시키는 것을 말한다. 법률요건적 효력을 구성요건적 효력526)이나 사실효527)라고도 부른다. 여기서는 행정법에서 행정행위의 구성요건적 효력이라는 용어를 사용하여 이것과 구별할 필요가 있고, 확정판결이 법률이 규정한 요건이라는 점을 강조하여 법률요건적 효력이라는 용어를 사용하고자 한다.

(2) 법률요건적 효력의 본질

법률요건적 효력은 판결 본래의 효력이 아니다. 그래서 법률요건적 효력은 반사적 효력과 더불어 판결의 실체법적 · 부수적 효과라고 한다.528) 즉 법률요건적 효력은 판결에서 도출되는 판결 자체의 효력 문제가 아니라 판결 존재에 따른 부수적 효과 문제이다.529) 법률요건적 효력이 판결내용에 따른 효력이 아니라는 점에서 법률요건적 효력은 판결의 파생적 효력이라고 한다.530) 법률요건적 효력은 기판력을 포함한 확정력이나 그 주관적 혹은 주관적 · 객관적 확장인 기속력과 달리 소송법적 효력이 아니라 실체법적 효력이다.531) 즉 법률요건적 효력은 실체법 규정에 근거하여 자동으로 발생하는 효력이다. 따라서 법률요건적 효력은 법원과 당사자의 의사와 상관없이 생긴다.532)

법률요건적 효력은 개념상 법률이 확정판결 존재를 요건으로 규정함으로써 발생하므로, 명문의 법률 규정을 통해서만 인정된다.533) 다만, 이러한 법률규정이 헌

---

526) 김용진, 『다시본 민사소송법』, 청목출판사, 2012, 476쪽; 백춘기, 「판결의 효력」, 『사법논집』 제36집, 법원도서관, 2003, 529쪽.

527) 강승준, 「제4절 재판」, 민일영/김능환 편집대표, 『주석 민사소송법(Ⅲ)(제7판)』, 한국사법행정학회, 2012, 379쪽.

528) 이시윤, 『신민사소송법(제12판)』, 박영사, 2018, 673쪽.

529) 김용진, 『다시본 민사소송법』, 청목출판사, 2012, 476쪽.

530) 강현중, 「판결의 파생적 효력」, 『사법행정』 제27권 제12호, 한국사법행정학회, 1986. 12., 59쪽.

531) 강현중, 「판결의 파생적 효력」, 『사법행정』 제27권 제12호, 한국사법행정학회, 1986. 12., 59쪽; 같은 사람, 『민사소송법 강의』, 박영사, 2013, 427쪽; 김홍엽, 『민사소송법(제7판)』, 박영사, 2018, 877쪽; 손한기, 『민사소송법』, 홍문사, 2017, 305쪽; 정동윤/유병현/김경욱, 『민사소송법(제6판)』, 법문사, 2017, 818쪽; 정영환, 『신민사소송법』, 세창출판사, 2009, 1046쪽.

532) 이명환, 「민사판결의 인적효력범위」, 『사회과학논총』 제1집, 계명대학교 사회과학연구소, 1983, 138쪽.

533) 강현중, 『민사소송법 강의』, 박영사, 2013, 427쪽; 같은 사람, 『민사소송법(제7판)』, 박영사, 2018,

법규정의 내용을 확인하거나 구체화할 수도 있다. 이때는 법률요건적 효력이 법률 규정이 아니라 헌법규정에서 생긴다고 볼 수도 있다. 법률요건에 해당하는 확정판결 존재는 소송절차에서 당사자가 주장하고 증명하여야 하므로 변론주의 지배를 받는다.[534] 이러한 점에서 법률요건적 효력은 변론주의가 적용되지 않는 기판력을 포함한 확정력 및 기속력과 다르다. 다만, 직권주의를 채택할 뿐 아니라 위헌법률심판처럼 당사자를 찾기 어려운 때도 있는 헌법재판에서는 법률요건적 효력과 관련하여서도 변론주의가 적용되지 않는다. 즉 법률의 수범자인 국가는 당사자의 주장과 상관없이 법률요건적 효력에 구속된다.

(3) 법률요건적 효력에 속하는 헌법재판소 결정의 효력

① 법률의 위헌결정에 따른 법률요건적 효력

(i) 헌법재판소법 제47조 제2항과 제3항에 따른 효력을 법률적 효력(법규적 효력)으로
     보는 다수설과 판례

독일 기본법 제94조 제2항[535])은 연방헌법재판소 재판의 법률적 효력을 연방법률에 위임한다. 연방헌법재판소법 제31조 제2항[536])은 연방헌법재판소가 추상적 규범통제(연방헌법재판소법 제13조 제6호와 제6a호)와 구체적 규범통제(연방헌법재판소법 제13조 제11호), 본안적(연방헌법재판소법 제95조 제3항 제1문) 및 부수적(연방헌법재판소법 제95조 제3항 제2문) 규범통제형 헌법소원(연방헌법재판소법 제13조 제8a호), 국제법규의 규범성 검증(연방헌법재판소법 제13조 제12호)과 구법의 연방법률성 확인(연방헌법재판소법 제13조 제14호)에 관한 절차에서 내린 재판은 법률적 효력이 있다고 규정한다. 그리고 법률적 효력이 있는 연방헌법재판소 재판의 주문은 연방법무부가 연방법률공보에 공표하여야 한다(연방헌법재판소법 제31조 제2항 제3문). 독일에서 법

730쪽; 김홍엽, 『민사소송법(제7판)』, 박영사, 2018, 877쪽; 손한기, 『민사소송법』, 홍문사, 2017, 305쪽; 정동윤/유병현/김경욱, 『민사소송법(제6판)』, 법문사, 2017, 818쪽; Leo Rosenberg/Karl Heinz Schwab/Peter Gotteald, Zivilprozessrecht, München 2010, 17. Aufl., § 149 Rdnr. 6.

534) 정동윤/유병현/김경욱, 민사소송법(제6판), 법문사, 2017, 818쪽; 정영환, 『신민사소송법』, 세창출판사, 2009, 1046쪽; 백춘기, 「판결의 효력」, 『사법논집』 제36집, 법원도서관, 2003, 529쪽; Leo Rosenberg/ Karl Heinz Schwab/Peter Gotteald, Zivilprozessrecht, München 2010, 17. Aufl., § 149 Rdnr. 8.

535) "연방법률은 연방헌법재판소의 조직과 절차를 규정하고, 어떠한 때에 그 재판이 법률적 효력이 있는지를 결정한다. 연방법률은 헌법소원에 대해서 권리구제절차를 사전에 모두 거칠 것을 요건으로 할 수 있고, 특별한 수리절차를 규정할 수도 있다."

536) "제13조 제6호, 제6a호, 제11호, 제12호 그리고 제14호의 사건에서 연방헌법재판소 재판은 법률적 효력이 있다. 연방헌법재판소가 법률이 독일 기본법에 합치 혹은 불합치하거나 무효라고 선언하는 때는 제13조 제8a호의 사건에서도 위와 같다. 법률이 독일 기본법이나 그 밖의 연방법에 합치 혹은 불합치하거나 무효라고 선언하는 때는 연방법무부가 연방법률공보를 통해서 재판주문을 공고하여야 한다. 제13조 제12호와 제14호 사건의 재판주문도 마찬가지이다."

률적 효력은 대세적으로 구속력이 있는 일반적 구속성으로 이해된다. 따라서 연방
헌법재판소 재판의 구속력은 법률적 효력을 통해서 확정력과 기속력이 포섭하지 못
하는 일반 국민에게까지 미친다.[537] 독일 연방질서와 19세기 입헌주의가 법률적 효
력의 역사적 근원으로 논의된다.[538]

　이러한 독일 논의를 받아들여 헌법재판소 결정에 법률적 효력을 인정하는 견해
를 따르면, 법률적 효력은 법규범에 대한 헌법재판소 결정이 일반적 구속력이 있고
일반 국민에게도 효력이 미친다는 것을 뜻한다.[539] 따라서 헌법재판소 결정은 당사
자를 수범자로 하는 기판력의 주관적 범위뿐 아니라 국가기관을 수범자로 하는 기

---

[537] Ernst Benda/Eckart Klein/Oliver Klein, Verfassungsprozeßrecht, 3. Aufl., Heidelberg 2012, § 40
　Rdnr. 1439; Herbert Bethge, Verbindlichkeit der Entscheidung, in: Theodor Maunz/Bruno
　Schmit－Bleibtreu/Franz Klein/Gerhard Ulsamer/Herbert Bethge/Karin Grasshof/Rudolf Mellinghoff/
　Jochen Rozek, Bundesverfassungsgerichtsgesetz － Kommentar, Bd. 1, München 2017 (Stand:
　Januar 2017), § 31 Rdnr. 123; Brun－Otto Bryde, Verfassungsentwicklung, Baden－Baden 1982,
　S. 406; Hans－Joachim Cremer, Die Wirkungen verfassungsgerichtlicher Entscheidungen, in:
　Jochen Abr. Frowein/Thilo Marauhn (Hrsg.), Grundfragen der Verfassungsgerichtsbarkeit in
　Mittel－ und Osteuropa, Berlin/Heidelberg 1998, S. 290; Christoph Gusy, Parlamentarischer
　Gesetzgeber und Bundesverfassungsgericht, Berlin 1985, S. 250; Andreas Heusch, Bindungswirkung
　und Gesetzeskraft der Entscheidungen, in: Christian Burkiczak/Franz－Wilhelm Dollinger/Frank
　Schorkopf (Hrsg.), Bundesverfassungsgerichtsgesetz － Heidelberger Kommentar, Heidelberg 2015,
　§ 31 Rdnr. 73; Stefan Korioth, Staatsrecht Ⅰ, 4. Aufl., Stuttgart 2018, Rndr. 798; Klaus Lange,
　Rechtskraft, Bindungswirkung und Gesetzeskraft der Entscheidungen des Bundesverfassungsgerichts,
　in: JuS 1978, S. 6; Christian Pestalozza, Verfassungsprozeßrecht, 3. Aufl., München 1991, S. 334 f.;
　Hans Schäfer, Gesetzeskraft und bindende Wirkung der Entscheidungen des Bundesverfassungsgerichts,
　in: NJW 1954, S. 1468; Klaus Schlaich/Stefan Korioth, Das Bundesverfassungsgericht － Stellung,
　Verfahren, Entscheidungen, 11. Aufl., München 2018, Rdnr. 496; Klaus Stern, in: Rudolf
　Dolzer/Klaus Vogel/Karin Graßhof (Hrsg.), BK, München 2007 (Stand: Juni 2007), Art. 94 Rdnr.
　128; Klaus Vogel, Rechtskraft und Gesetzeskraft der Entscheidungen des Bundesverfassungsgerichts,
　in: Christian Starck (Hrsg.), Bundesverfassungsgericht und Grundgesetz: Festgabe aus Anlaß des
　25jährigen Bestehens des Bundesverfassungsgerichts, Bd. I, Verfassungsgerichtsbarkeit, Tübingen
　1976, S. 614; Andreas Voßkuhle, in: Hermann von Mangoldt/Friedrich Klein/Christian Starck
　(Hrsg.), Kommentar zum Grundgesetz, Bd. 3, 7. Aufl., München 2018, Art. 94 Rdnr. 36.

[538] Klaus Schlaich/Stefan Korioth, Das Bundesverfassungsgericht － Stellung, Verfahren, Entscheidungen,
　11. Aufl., München 2018, Rdnrn. 498 ff.; Helmuth Schulze－Fielitz, Wirkung und Befolgung ver－
　fassungsrechtlicher Entscheidungen, in: Peter Badura/Horst Dreier (Hrsg.), Festschrift 50 Jahre
　Bundesverfassungsgericht: Verfassungsgerichtsbarkeit － Verfassungsprozeß, Bd. I, Tübingen 2001,
　S. 395; Andreas Voßkuhle, in: Hermann von Mangoldt/Friedrich Klein/Christian Starck (Hrsg.),
　Kommentar zum Grundgesetz, Bd. 3, 7. Aufl., München 2018, Art. 94 Rdnr. 35.

[539] 신 평, 『헌법재판법(전면개정판)』, 법문사, 2011, 295쪽; 전정환, 「헌법재판소 결정의 효력에 관한
　일반적 고찰」, 문광삼/남복현/전정환, 『헌법재판소결정의 효력에 관한 연구』(헌법재판연구 제7권),
　헌법재판소, 1996, 79쪽; 최희수, 「법률의 위헌결정의 효력에 관한 연구 － 소송법적 효력을 중심으
　로 －」, 고려대학교 법학박사학위논문, 2001, 123~124쪽; 같은 사람, 『헌법소송법 요론(개정판)』,
　대명출판사, 2015, 60쪽.

속력의 주관적 범위를 넘어서 일반 사인에게도 그 효력이 미치는 일반적 구속성이 있다고 한다(대세적 효력).[540] 그러나 헌법재판소 결정은 일반구속적인 법규성을 발생시키거나 포함하는 행위가 아니라, 오히려 현행법을 수정하지 않고 단지 현행법을 합헌이나 위헌으로 선언하는 것이라고 한다. 따라서 헌법재판소 결정은 형식적·실질적 의미의 법률이 아니고 단지 재판에 불과하다고 한다. 헌법재판소 결정은 법률유사성이 있을 뿐이라고 한다.[541] 법률적 효력을 통해서 헌법재판소 결정은 헌법적 등급이 있는 것이 아니라 심판된 규범과 같은 등급이 있다고 한다. 즉 법률을 심판 대상으로 한 결정은 법률에 해당하는 등급을, 명령·규칙을 대상으로 한 결정은 그와 같은 등급을 부여받는다고 한다.[542] 법률적 효력은 기판력의 주관적 확장으로서[543] 헌법재판소 결정의 구속범위를 확대하기는 하지만, 구속 정도를 강화하는 것은 아니라고 한다.[544] 헌법재판소는 원래 위헌결정 효과에는 법률 폐지의 법률적 효력이 따르는 것이라고 하였고,[545] 구 헌법재판소법 제47조 제2항과 헌법재판소법 제75조 제6항을 법률적 효력의 근거로 제시하였다.[546]

---

540) 남복현, 「법률의 관한 위헌여부 결정의 법규적 효력」, 『공법연구』 제21집, 한국공법학회, 1993, 322쪽; 같은 사람, 「법률의 위헌결정의 효력에 관한 연구」, 한양대학교 법학박사학위논문, 1994, 64~65쪽; 전정환, 「헌법재판소 결정의 효력에 관한 일반적 고찰」, 문광삼/남복현/전정환, 『헌법재판소결정의 효력에 관한 연구』(헌법재판연구 제7권), 헌법재판소, 1996, 81쪽; 같은 사람, 「헌법재판소결정의 법규적 효력」, 『고시계』 제48권 제9호(통권 제559호), 고시계사, 2003. 9., 7~8쪽.

541) 남복현, 「법률의 관한 위헌여부 결정의 법규적 효력」, 『공법연구』 제21집, 한국공법학회, 1993, 1993, 315~316쪽; 같은 사람, 「법률의 위헌결정의 효력에 관한 연구」, 한양대학교 법학박사학위논문, 1994, 64쪽; 전정환, 「헌법재판소 결정의 효력에 관한 일반적 고찰」, 문광삼/남복현/전정환, 『헌법재판소결정의 효력에 관한 연구』(헌법재판연구 제7권), 헌법재판소, 1996, 77쪽; 같은 사람, 「헌법재판소결정의 법규적 효력」, 『고시계』 제48권 제9호(통권 제559호), 고시계사, 2003. 9., 5~6쪽; 최희수, 「법률의 위헌결정의 효력에 관한 연구 - 소송법적 효력을 중심으로 -」, 고려대학교 법학박사학위논문, 2001, 124쪽; 황우여, 「위헌결정의 효력」, 『헌법재판의 이론과 실제』(금랑 김철수교수 화갑기념 논문집), 박영사, 1993, 313쪽.

542) 남복현, 「법률의 관한 위헌여부 결정의 법규적 효력」, 『공법연구』 제21집, 한국공법학회, 1993, 318~319쪽; 전정환, 「헌법재판소 결정의 효력에 관한 일반적 고찰」, 문광삼/남복현/전정환, 『헌법재판소결정의 효력에 관한 연구』(헌법재판연구 제7권), 헌법재판소, 1996, 78쪽.

543) 전정환, 「헌법재판소 결정의 효력에 관한 일반적 고찰」, 문광삼/남복현/전정환, 『헌법재판소결정의 효력에 관한 연구』(헌법재판연구 제7권), 헌법재판소, 1996, 80쪽.

544) 남복현, 「법률의 관한 위헌여부 결정의 법규적 효력」, 『공법연구』 제21집, 한국공법학회, 1993, 317쪽.

545) 헌재 1993. 5. 13. 92헌가10등, 판례집 5-1, 226, 244.

546) 헌재 2012. 12. 27. 2012헌바60, 판례집 24-2하, 529, 535: "헌법재판소법은 위헌으로 결정된 법률 또는 법률조항은 원칙적으로 그 결정이 있는 날로부터 효력을 상실하도록 규정하고 있다(제47조 제2항, 제75조 제6항). 이에 따라 법률 또는 법률조항에 대한 위헌 결정은 일반적 기속력과 대세적·법규적 효력을 가진다." 구 헌법재판소법 제47조 제2항을 근거로 법률적 효력을 인정하는 소수의견으로는 헌재 1992. 12. 24. 92헌가8, 판례집 4, 853, 887-888 재판관 한병채, 재판관 이시윤, 재판관 김문희의 보충의견.

헌법재판소 결정의 법률적 효력을 명문으로 직접 언급한 헌법 규정이나 헌법재
판소법 규정은 없다. 그러나 구 헌법재판소법 제47조 제2항 본문(현행 헌법재판소법
제47조 제2항)은 "위헌으로 결정된 법률 또는 법률의 조항은 그 결정이 있는 날부터
효력을 상실한다."라고 규정하고, 헌법재판소법 제75조 제6항은 같은 조 제5항(헌법
재판소법 제68조 제1항에 따라 통상의 일반적인 헌법소원을 인용하면서 부수적으로 공권력
의 행사 또는 불행사의 근거 법률이나 법률조항이 위헌임을 선고하는 때)과 헌법재판소법
제68조 제2항의 헌법소원심판절차에서 법률이나 법률조항이 위헌이라는 인용결정
을 하는 때는 제47조 제2항을 준용하도록 규정한다(헌법재판소법 제68조 제1항에 따
른 법률에 대한 헌법소원을 인용하는 때도 마찬가지로 준용될 것이다). 헌법재판소 결정에
법률적 효력을 인정하는 견해는 이들 조항의 내용이 법률적 효력과 내용상으로 어
긋나지 않으므로 법률적 효력의 직접적 또는 간접적 근거로 볼 수 있다고 한다.[547]

(ⅱ) 헌법재판소법 제47조 제2항과 제3항에 따른 효력을 법률적 효력(법규적 효력)으로
　　볼 때 문제점

독일 기본법과 달리 한국 헌법은 헌법재판소 결정에 법률적 효력(법규적 효력)을
부여하지 않는다. 헌법재판소법도 마찬가지이다. 즉 한국 실정법에는 헌법재판소
결정의 법률적 효력(법규적 효력)에 관해서 아무런 규정을 두지 않는다. 이러한 점에
서 헌법재판소 결정에 특별한 효력인 법률적 효력(법규적 효력)을 인정하기 어렵다.
그리고 독일 기본법이 규정한 법률적 효력(법규적 효력)은 소송법상 효력에 불과하
여 법률의 효력을 상실시키는 실체법적 내용을 포함하지 않는다. 따라서 위헌으로
결정된 법률이나 법률조항의 효력을 상실한다고만 규정한 헌법재판소법 제47조 제
2항과 제3항에서 법률적 효력(법규적 효력)을 도출할 수도 없다. 또한, 위헌으로 결
정된 법률이나 법률조항의 효력이 상실되는 것은 위헌결정에서 직접 도출되는 것이
아니라 헌법재판소법 제47조 제2항과 제3항에 따라서 발생하는 효력이다. 즉 위헌
으로 결정된 법률이나 법률조항의 효력 상실은 정확하게 말하면 헌법재판소 결정의
효력이 아니라 헌법재판소법 제47조 제2항과 제3항의 효력이다. 그러나 법률적 효
력(법규적 효력)은 기판력이나 확정력의 주관적 확장이므로 헌법재판소 결정 자체의

---

547) 김현철,『판례 헌법소송법(제4판)』, 전남대학교출판부, 2016, 139쪽; 전정환,「헌법재판소 결정의
　　효력에 관한 일반적 고찰」, 문광삼/남복현/전정환,『헌법재판소결정의 효력에 관한 연구』(헌법재판
　　연구 제7권), 헌법재판소, 1996, 79~80쪽; 같은 사람,「헌법재판소결정의 법규적 효력」,『고시계』
　　제48권 제9호(통권 제559호), 고시계사, 2003. 9., 7쪽; 최희수,「법률의 위헌결정의 효력에 관한 연
　　구 - 소송법적 효력을 중심으로 -」, 고려대학교 법학박사학위논문, 2001, 124쪽; 허 영,『헌법소
　　송법론(제13판)』, 박영사, 2018, 178~179쪽.

효력이다. 이러한 점에 비추어 헌법재판소법 제47조 제2항과 제3항에서 헌법재판소 결정의 법률적 효력(법규적 효력)을 도출할 수 없다고 생각한다. 특히 헌법재판소 결정에 법률적 효력(법규적 효력)을 인정하는 유일한 실익은 대세효인데, 헌법재판소 결정에 대세효를 부여할 수 있는 길은 법률적 효력(법규적 효력) 인정만이 아니다. 다양한 방법을 통해서 헌법재판소 결정에 대세효를 인정할 수 있다. 소송법적 측면에서 대표적인 것이 형성력과 법률요건적 효력이다.

(iii) 헌법재판소법 제47조 제2항과 제3항에 따른 효력을 형성력으로 보는 견해의 타당성

헌법재판소법 제47조 제2항과 제3항에 따른 효력을 형성력으로 이해하려는 견해가 있다.[548] 법률의 위헌결정을 형성판결로 분류하는 견해[549]도 같은 견해로 볼 수 있다. 형성판결에서만 형성력이 도출되기 때문이다. 그러나 헌법재판소법 제47조 제2항과 제3항에 따른 효력을 형성력으로 보려면 법률의 위헌결정을 형성판결로 볼 수 있어야 한다. 그러나 먼저 법률의 위헌결정은 법률이 위헌이라고 선언할 뿐이다. 그리고 헌법재판소는 특별한 법원으로서 법률의 위헌성을 확인할 권한이 있을 뿐이다. 따라서 헌법재판소는 법률의 위헌성을 창조할 수 없다. 이러한 점에서 헌법재판소의 위헌결정은 이미 있는 법률의 위헌성을 확인한다고 선언하는 것에 그친다. 이러한 점에서 법률의 위헌결정은 형성판결이 아닌 확인판결에 불과하다. 확인판결에서는 형성력이 생길 수 없으므로 헌법재판소법 제47조 제2항과 제3항에 따른 효력은 형성력으로 볼 수 없다. 특히 형성력의 내용은 반드시 형성판결 주문에 드러나야 한다. 그러나 법률의 위헌결정 주문에는 위헌으로 결정된 법률이나 법률조항의 효력 상실에 관한 내용이 전혀 드러나지 않는다. 따라서 헌법재판소법 제47조 제2항과 제3항에 따른 효력을 형성력으로 이해하는 견해는 타당하지 않다고 생각한다.

(iv) 헌법재판소법 제47조 제2항과 제3항에 따른 효력을 법률요건적 효력으로 볼 가능성과 그 장점

헌법재판소법 제47조 제2항과 제3항에서 해당 법률이나 법률조항이 효력을 상실하려면 그에 대한 위헌결정이 있어야 한다. 즉 헌법재판소법 제47조 제2항과 제3항은 법률의 위헌결정 존재를 해당 법률이나 법률조항 효력 상실의 요건으로 삼는

---

548) 이성환,「헌법재판소 결정의 효력에 관한 연구」, 서울대학교 법학박사학위논문, 1994, 124~125쪽; 정종섭,『헌법소송법(제8판)』, 박영사, 2014, 190쪽.
549) 자세한 설명 없이 위헌제청과 헌법소원을 실체법상 형성의 소로 분류하는 견해로는 이시윤,『신민사소송법(제12판)』, 박영사, 2018, 207쪽; 정동윤/유병현/김경욱,『민사소송법(제6판)』, 법문사, 2017, 70쪽.

다. 이것은 법률요건적 효력의 전형적인 모습이다. 헌법재판소는 이미 있는 해당 법률의 위헌성을 확인하는 결정을 내리면, 헌법재판소법 제47조 제2항과 제3항의 요건이 충족되어서 해당 법률은 효력을 상실한다. 따라서 헌법재판소법 제47조 제2항과 제3항에 따른 효력은 법률요건적 효력으로 볼 수 있다.

헌법재판소법 제47조 제2항과 제3항에 따른 효력을 법률요건적 효력으로 보면, 법률적 효력(법규적 효력)의 가장 큰 약점인 실정법적 근거 결여가 옹글게(완벽하게) 해결된다. 헌법재판소법 제47조 제2항과 제3항을 법률요건적 효력의 근거규정으로 삼는데 아무런 문제가 없기 때문이다. 그리고 헌법재판소법 제47조 제2항과 제3항의 규정 내용과 법률적 효력(법규적 효력) 내용이 일치하지 않는 점도 해결된다. 법률요건적 효력의 내용은 해당 규정의 내용이기 때문이다. 또한, 헌법재판소법 제47조 제2항과 제3항의 내용은 실체법적 변동인데 법률적 효력(법규적 효력)은 소송법상 효력이라는 문제도 깔끔히 해결된다. 법률요건적 효력은 소송법상 효력이 아니라 실체법상 효력이기 때문이다.

(ⅴ) 법률요건적 효력이 도출되는 위헌결정의 범위

헌법재판소법 제47조 제2항과 제3항은 해당 법률의 효력 상실 요건으로 위헌결정 존재를 규정한다. 그런데 헌법재판소가 내리는 위헌결정에는 정형결정인 단순위헌결정뿐 아니라 변형결정인 한정위헌결정과 한정합헌결정 그리고 헌법불합치결정이 있다.

먼저 단순위헌결정은 오로지 해당 법률이나 법률조항의 위헌성을 확인하는 내용만을 품은 결정으로서 위헌결정에 해당한다는 것에 아무런 의문이 없다. 그리고 한정위헌결정도 위헌대상 범위를 좁힌다는 점을 제외하면 단순위헌결정과 아무런 차이가 없다. 따라서 한정위헌결정도 위헌결정에 속하는 것으로 보는 데 장애가 없다. 한정합헌결정은 외형상으로 합헌결정으로 볼 수 있다. 하지만 한정합헌결정은 해당 법률에 위헌 부분이 있음을 전제한다. 즉 합헌으로 선언하는 부분이 아닌 다른 부분을 합헌이라고 선언하거나 판단을 하지 않은 것이 아니라 위헌 부분이 있다고 선언하는 것이다. 따라서 한정합헌결정이 품은 위헌선언에 관한 내용에서 해당 부분 효력 상실이라는 법률요건적 효력이 발생한다. 이러한 점에서 한정합헌결정은 그 내용 중 일부분에서만 법률요건적 효력이 생긴다. 헌법불합치결정도 해당 법률이 헌법에 합치하지 않는다고 하여 위헌선언을 한다. 따라서 헌법불합치결정도 위헌결정으로 볼 수 있다. 하지만 헌법불합치결정은 해당 법률을 입법자가 개선할 때까지 형식적으로 존속시킨다. 즉 기한이 설정되면 기한까지 그리고 기한이 설정되지 않으면 상당한 기간까지 해당 법률은 효력을 상실하지 않는다. 그리고 입법자가 해당 법률을 개선하면 불합치로 선언된 법률은 개선된 법률로 대체되어 폐지되므로 헌법재판소법 제47조 제2항과 제3항은 적용될 여지가 없다. 그러나 입법자가 기한이 지나도 해당 법률을 개선하지 않으면 해당 법률은 헌법재판소법 제47조 제2항과 제3항에 따라 효력을 상실한다. 이때 해당 법률은 기한이 설정되면 기한의 다음 날부터, 기한이 설정되지 않으면 상당한 기간이 지난 다음 날부터 효력을 상실한다. 이러한 점에서 헌법불합치결정은 입법자가 법률개선의무를 위반하는 예외적인 때만 위헌결정에 속한다. 헌법불합치결정 주문에는 기한이 설정되고 그 기한이 지나면 해당 법률이 효력을 상실한다는 내용이 포함되는 때도 있다. 그러나 이러한 내용은 헌법재판소법 제47조 제2항과 제3항의 규정 내용을 확인하는 것에 불과하다.

결론적으로 단순위헌결정과 한정위헌결정뿐 아니라 한정합헌결정과 헌법불합치결정도 헌법재판소법 제47조 제2항과 제3항이 규정한 위헌결정에 속한다. 다만, 한정합헌결정에서는 위헌부분이 있다는 내용만 위헌결정에 속하고, 헌법불합치결정은 입법자가 법률개선의무를 위반하는 예외적인 때만 위헌결정에 속한다.

(ⅵ) 법률의 위헌결정에 따른 재심 청구(헌법재판소법 제47조 제4항)

유죄 확정판결의 근거인 법률을 헌법재판소가 위헌으로 결정하여도 확정판결의 기판력에 영향을 미치지 않는다. 유죄판결을 받은 사람이 재심 청구를 통해서 확정된 유죄판결을 다툴 수 있을 뿐이다(헌법재판소법 제47조 제4항). 이것은 헌법재판소가 내린 법률의 위헌결정에 따라서 유죄판결을 받은 사람에게 재심을 청구할 권리가 생기는 것으로 법률의 위헌결정에 따른 법률요건적 효력으로 볼 수 있다.

(ⅶ) 헌법재판소법 제68조 제2항에 따른 헌법소원 인용에 따른 재심 청구(헌법재판소법 제75조 제7항)

헌법재판소법 제68조 제2항에 따른 헌법소원이 제기되어도 재판이 정지되지 않는다. 그래서 행정처분의 근거법률에 대한 헌법재판소법 제68조 제2항에 따른 헌법소원이 인용되었을 때 해당 사건에 대한 재판이 확정될 수 있다. 이때 당사자는 이러한 확정판결에 대해서 재심을 청구할 수 있다(헌법재판소법 제75조 제7항). 이것도 인용결정에 따라서 당사자에게 재심을 청구할 권리가 생기는 것이라서 확정판결에 따른 법률요건적 효력에 해당한다.

② 탄핵결정에 따른 법률요건적 효력

(ⅰ) 민사상 또는 형사상 책임 불면제

헌법재판소법 제54조 제1항은 탄핵결정은 피청구인의 민사상 또는 형사상 책임을 면제하지 않는다고 규정한다. 이러한 내용은 탄핵심판의 본질이 형사재판이 아니라 징계적 처벌(징계처분)이라는 것에서 비롯하는 당연한 것으로 단순한 확인에 불과하다. 특히 헌법재판소법 제54조 제1항은 "탄핵결정은 공직으로부터 파면함에 그친다. 그러나 이에 의하여 민사상이나 형사상의 책임이 면제되지 아니한다."라고 규정한 헌법 제65조 제4항을 그대로 반복한 것에 불과하다. 그리고 민사상 또는 형사상 책임 불면제는 법적 관계를 변동시키는 것이 아니라 법적 관계 변동이 없음을 명확하게 확인하는 것에 그친다. 따라서 탄핵결정에 따른 효력이라고 보기 어렵다.

(ii) 공직 취임과 전문직업 보유의 제한

헌법재판소법 제54조 제2항은 "탄핵결정에 의하여 파면된 자는 결정선고가 있은 날부터 5년이 경과하지 아니하면 공무원이 될 수 없다."라고 하여 일정 기간의 공직 취임을 금지한다. 나아가 탄핵결정으로 파면된 사람은 특정 전문직업 보유에서 일정 기간 제한을 받는다[변호사법 제5조(5년), 변리사법 제4조(2년), 세무사법 제4조(3년), 공인회계사법 제4조(5년), 공증인법 제13조(5년)]. 이러한 공직 취임과 전문직업 보유의 제한은 탄핵결정 존재를 요건으로 개별 법률 규정에 따라서 발생하는 결과이다. 공직 취임과 전문직업 보유의 제한은 당사자의 법적 자격을 일정 기간 박탈하는 것이므로 당사자의 법적 관계에 변동을 일으킨다. 따라서 이러한 제한은 탄핵결정에 따른 법률요건적 효력이다.

(iii) 사면 금지

대통령의 사면권 행사는 탄핵제도를 유명무실하게 할 가능성이 있으므로 (탄핵제도의 본질상) 허용되지 않는다고 한다.[550] 그러나 대통령의 사면권 행사 금지는 실

---

550) 권영성, 『헌법학원론(개정판)』, 법문사, 2010, 920쪽; 김도협, 『헌법재판개설』, 진원사, 2017, 105쪽; 김하열, 『헌법소송법(제3판)』, 박영사, 2018, 727~728쪽; 김철수, 『학설·판례 헌법학(전정신판)(중)』, 박영사, 2009, 1296쪽; 김학성, 『헌법학원론(전정판)』, 피앤씨미디어, 2017, 1179쪽; 김현철, 『판례 헌법소송법(제4판)』, 전남대학교출판부, 2016, 572쪽; 성낙인, 『헌법학(제18판)』, 법문사, 2018, 912~913쪽; 성낙인/이효원/권건보/정 철/박진우/허진성, 『헌법소송론』, 박영사, 2012, 364쪽; 신 평, 『헌법재판법(전면개정판)』, 법문사, 2011, 500쪽; 양 건, 『헌법강의(제6판)』, 법문사, 2016, 1393쪽; 이승우/정만희/음선필, 『탄핵심판제도에 관한 연구』(헌법재판연구 제12권), 헌법재판소, 2001, 165~166쪽; 이준일, 『헌법학강의(제6판)』, 홍문사, 2015, 1136쪽; 장영수, 『헌법학(제10판)』, 홍문사, 2017, 1281쪽; 정종섭, 『헌법소송법(제8판)』, 박영사, 2014, 454쪽; 같은 사람, 『헌법학원론(제12판)』, 박영사, 2018, 1549쪽; 최희수, 『헌법소송법 요론(개정판)』, 대명출판사, 2015, 322쪽; 한수웅/정태호/김하열/정문식(김하열 집필), 『주석 헌법재판소법』, 헌법재판소 헌법재판연구원, 2015, 701쪽; 허 영, 『헌법이론과 헌법(신8판)』, 박영사, 2017, 1045~1046쪽; 같은 사람, 『한국헌법론(전정14판)』, 박영사, 2018, 919~920쪽; 같은 사람, 『헌법소송법론(제13판)』, 박영사, 2018, 285~286쪽. 참고로 미국 연방헌법은 명문으로 탄핵받은 사람에 대한 사면을 부정한다(미국 연방헌법 제2조 제2절 제1항 "… 대통령은 합중국에 대한 범죄에 대해서 탄핵을 당한 때를 제외하고 형의 집행 유예나 사면을 명할

정법적 근거가 없으므로 법률요건적 효력에 해당한다고 보기는 어렵다.

③ 정당해산결정에 따른 법률요건적 효력

정당해산결정에 따른 효력에 관해서 헌법재판소법은 정당해산결정이 선고되면 해당 정당이 해산된다는 것(헌법재판소법 제59조) 이외에는 아무것도 규율하지 않는다. 그러나 정당법은 정당해산결정에 따른 효력에 관해서 몇 가지 규정한다. 먼저 정당이 헌법재판소 결정으로 해산되면 그 정당의 대표자와 간부는 해산된 정당의 강령(기본정책)과 같거나 비슷한 것으로 정당을 창설하지 못한다(정당법 제40조). 다음 헌법재판소 결정에 따라서 해산된 정당 명칭과 같은 명칭은 정당 명칭으로 다시 사용하지 못한다(정당법 제41조 제2항). 끝으로 헌법재판소의 해산결정에 따라서 해산된 정당의 잔여재산은 국고에 귀속된다(정당법 제48조 제2항). 이러한 세 가지 효과는 모두 정당해산결정을 요건으로 하는 것이고 정당해산결정을 구성요건으로 하여 정당법상 명문규정에 근거하는 것이므로 정당해산결정에 따른 법률요건적 효력에 해당한다.

헌법재판소는 정당해산이 이루어지는 상황에서는 국회의원의 국민대표성이 부득이 희생될 수밖에 없고, 헌법재판소 해산결정으로 해산되는 정당 소속 국회의원의 의원직 상실은 정당해산심판제도의 본질에서 인정되는 기본적 효력이므로, 지역구에서 당선된 국회의원이든 비례대표로 당선된 국회의원이든 모두 명문의 규정 없이도 의원직을 상실시킬 수 있다고 하였다.551) 헌법재판소는 위헌정당 소속 국회의원의 의원직 상실을 결정주문에 명시하였다. 따라서 이러한 효력은 정당해산결정에 따른 형성력으로 볼 여지가 있다. 하지만 법률요건적 효력과 마찬가지로 형성력도 명시적인 실정법적 근거가 있어야 할 뿐 아니라 정당해산결정에는 기속력이 없고 위헌정당 소속 국회의원은 정당해산심판의 당사자도 아니다. 이러한 점에 비추어 소송법상 헌법재판소는 위헌정당 소속 국회의원의 의원직 상실을 명할 권한이 없다고 보아야 할 것이다.

④ 권한쟁의심판 결정에 따른 법률요건적 효력?

부작위에 대한 심판 청구를 인용하는 결정에 따른 피청구인의 처분의무를(헌법재판소법 제66조 제2항 후단) 법률요건적 효력으로 볼 여지도 있다. 그러나 피청구인이 결정취지에 따른 처분을 하여야 하는 것은 부작위에 대한 심판 청구 인용결정에 따른 법률요건적 효력이 아니라 기속력에 해당한다.

권한이 있다.").
551) 헌재 2014. 12. 19. 2013헌다1, 판례집 26-2하, 1, 113-114.

⑤ 헌법소원 인용결정에 따른 법률요건적 효력?

공권력 불행사의 위헌이 확인되면 피청구인은 결정취지에 따라 새로운 처분을 하여야 한다(헌법재판소법 제75조 제4항). 이러한 점은 헌법소원심판에 준용되는 행정소송법에서도 확인된다(헌법재판소법 제40조 제1항 제2문, 행정소송법 제30조). 따라서 국가기관과 지방자치단체는 이전에 한 공권력의 행사나 불행사를 반복하지 못하고 헌법재판소 결정 취지에 맞는 새로운 처분을 하여야 한다. 공권력 불행사 위헌 확인결정에 따른 피청구인의 처분의무는 권한쟁의심판에서 부작위에 대한 심판 청구를 인용하는 결정에 따른 피청구인의 처분의무와 마찬가지로 반응의무를 구체화한 것으로서 법률요건적 효력이 아니라 기속력에 해당한다.

(4) 법률요건적 효력의 범위

① 주관적 범위

법률요건적 효력은 법률 규정에 근거하여 종래 법적 관계를 바꾸거나 사라지게 하거나 새로운 법적 관계를 생기게 한다. 그러므로 법률요건적 효력은 해당 심판의 관계인뿐 아니라 제3자에게도 미친다. 이러한 점은 당사자나 헌법재판소에만 효력이 미치는 기판력을 포함한 확정력이나 국가기관에만 효력이 미치는 기속력과 다르다. 법률요건적 효력에 대세적 효력이 인정되는 이유는 법률의 효력에 기반을 두기 때문이다. (형식적) 법률은 헌법을 제외한 모든 법규범보다 우위에 있는 법규범으로서 국가기관과 국민을 구속한다. 법률요건적 효력은 이러한 법률의 효력이 확정판결 존재를 구성요건으로 삼을 때 발생한다. 따라서 법률요건적 효력은 모든 국가기관과 국민을 구속한다. 이러한 법률요건적 효력의 대세적 효력성은 사인의 권리구제뿐 아니라 객관적 헌법질서 보호도 목적으로 하는 헌법재판의 성격에 들어맞는다. 그리고 헌법재판 대상은 법규범과 국가행위라서 일반적 구속성이 있다는 점과도 법률요건적 효력의 대세적 효력성은 잘 어울린다. 이러한 대세적 효력성은 법률요건적 효력이 명시적인 법률 규정을 통해서만 인정되어야 하는 이유 중 하나이다. 실체법관계를 직접 변동시키는 법률요건적 효력은 법적 안정성을 위협할 수 있기 때문이다.

② 객관적 범위

법률요건적 효력의 객관적 범위는 해당 법률 규정이 규정한 실체법관계 변동이라는 실질적 내용이 결정한다. 법률요건적 효력은 당사자와 헌법재판소를 넘어 다른 국가기관이나 제3자인 일반 국민에게도 미치므로, 법률요건적 효력은 명확하게 확정되거나 확정될 수 있어야 한다. 따라서 법률요건인 확정판결 존재는 결정주문을 통해서 확인되어야 한다. 여기서 확정판결은 형성력과 달리 형성판결에 국한되지 않는다. 이때 결정주문은 형식이 아니라 내용으로 결정된다. 즉 법률에서 요구하는 확정판결의 존재 여부는 특정 형식의 확정판결이 있는지가 아니라 특정 내용을 담은 확정판결이 있는지에 따라 결정된다. 결국, 법률요건에 해당하는 확정판결이 있다는 것은 해당 내용을 담은 헌법재판소 결정이 확정되어야 한다는 것을 말한다. 이것은 법률요건적 효력이 확정력을 전제한다는 것을 뜻한다. 그런데 확정력은 오로지 결정주문에만 귀속된다. 따라서 오로지 결정주문만 법률요건적 효력과 관련된다. 일반적으로 결정주문을 해석할 때 결정이유가 원용될 수 있다. 그러나 법률요건적 효력의 구체적 내용은 법률이 규정하고, 법률요건인 헌법재판소 결정이 확정되는 것으로 충분하다. 따라서 법률요건적 효력과 관련하여 결정이유를 원용할 가능성은 거의 없다.

③ 시간적 범위

법률요건적 효력은 확정된 헌법재판소 결정을 전제한다. 따라서 법률요건으로 규정된 헌법재판소 결정이 확정될 때 법률요건적 효력이 생긴다. 즉 헌법재판소가 해당 결정을 선고하면 선고 시점부터 법률요건적 효력이 발생한다(헌법재판소법 제40조 제1항 전문, 민사소송법 제205조).

그러나 법률이 명시적으로 소급효를 인정하면 예외적으로 법률요건적 효력이 선고 시점 이전까지 미칠 수 있다. 예를 들어 헌법재판소법 제47조 제3항에 따라서 형벌에 관한 법률이나 법률조항은 소급하여 그 효력을 상실하는데, 해당 법률이나 법률조항에 대해서 종전에 합헌으로 결정한 사건이 있으면 그 결정이 있는 날의 다음 날로 소급하여 효력을 상실한다. 그런데 명시적인 소급효 규정이 없는데도 헌법재판소가 결정주문이나 중요이유에서 소급효를 인정하거나 심지어 법률 규정 혹은 결정주문이나 중요이유에 소급효에 관한 언급이 없는데도 예외적으로 인정할 수 있는지는 의문이다. 이러한 소급효 인정은 법률 규정에 명시적으로 어긋나기 때문이다. 헌법재판소법 제47조 제2항과 제3항의 해석과 관련하여 폐지설(혹은 폐지무효설)을 따르는 학설과 판례는 광범위한 소급효를 인정한다. 그러나 이 견해는 헌법재판소법 제47조 제2항과 제3항에 따른 헌법재판소 결정의 효력을 법률적 효력(법규적 효력)으로 이해한다. 법률적 효력(법규적 효력)은 일반적 효력이 아닌 특별한 효력이라서 이러한 예외적 소급효를 인정하는 데 이론적 장애가 없는 것으로 보인다. 다만, 법률적 효력(법규적 효력)은 법률을 통해서만 인정될 수 있다는 점에서 법률이 규정하지 않은 소급효를 오로지 해석을 통해서만 인정할 수 있는지는 의문이다. 하

지만 헌법재판소법 제47조 제2항과 제3항에 따른 헌법재판소 결정의 효력을 법률
요건적 효력으로 이해하면, 이러한 예외적 소급효를 인정하기 어렵다. 결국, 이러한
견해는 예외적 소급효를 인정하는 것이 아니라 헌법재판소법 제47조 제2항과 제3
항의 해석을 통해서 문제를 해결하여야 한다. 헌법재판소가 선고 시점을 스스로 정
할 수 있다는 점 및 권력분립원리에 따른 사법권의 한계와 입법권 존중 필요성 그
리고 부여받은 권한을 제한적으로 행사하는 것으로 볼 수 있다는 점을 고려할 때
법률요건적 효력을 선고 시점 이후의 특정 시점에 발생하도록 하는 것은 가능하다
고 보아야 할 것이다.

법률요건적 효력은 헌법재판소 결정 선고와 동시에 직접 법적 관계를 발생·변
경·소멸시킨다. 따라서 법률요건적 효력에서 시간적 한계는 문제가 되지 않는다.
즉 법률요건적 효력은 시간상으로 헌법재판소 결정의 선고일에 관련되지 않고, 앞
날을 향해서 법적 관계를 변동시킨다는 점에서 확정력이나 기속력과 구별되고, 형
성력과 같다. 따라서 확정력이나 기속력은 헌법재판소 결정 이후 사실관계나 법적
상황이 바뀌면 구속력을 상실하지만, 형성력처럼 법률요건적 효력은 이러한 변화와
상관없이 효력이 유지된다. 오로지 재심을 통해서 해당 헌법재판소 결정이 취소될
때만 법률요건적 효력은 제거될 수 있다.

6. 선례적 구속력

(1) 선례적 구속력의 의의

헌법재판소 결정은 사법판결이므로 사법판결에 일반적으로 귀속되는 효력이
헌법재판소 결정에서도 발생한다. 이러한 효력에 속하지 않는 것은 헌법이나 법률
이 직접 규정하거나 헌법이나 법률에서 도출될 수 있는 때만 헌법재판소 결정에
귀속될 수 있다. 선례적 구속력은 사법판결의 일반적인 (법적) 효력이 아니다. 그러
나 헌법재판소법 제23조 제2항 단서 제2호는 이러한 효력을 전제한다. 그러므로
헌법재판소 결정은 헌법재판소법에 따라서 선례적 구속력이 있다. 이러한 점에서
선례적 구속력은 헌법재판소법이 인정한, 즉 법률적 근거가 있는 헌법재판소 결정
의 효력이다. 다만, 선례적 구속력은 법률적 근거가 없어도 사실적 효력으로 인정
된다.

선례적 구속력은 헌법재판소 결정이 구체적 개별 사건을 넘어 일반적인 기준이
되기 위한 조건이다. 즉 선례적 구속력은 헌법재판소 결정을 통한 법적 안정성의
형성과 유지, 당사자에 대한 동등한 대우, 헌법재판소 결정에 대한 예견 가능성의

조건이다.552) 선례적 구속력을 통해서 헌법재판소는 구체적 절차에서 모든 법해석
학적 논쟁을 새롭게 전개하여야 하는 부담을 면한다. 즉 구체적 개별 사건 해결을
위해서 일정한 법적 견해가 형성되면 이러한 법적 견해는 이후 법적 결정의 근거가
되고, 이것은 새로운 반대논거를 통해서만 수정되거나 폐기되어 발전하게 된다. 따
라서 선례적 구속력은 이것이 없으면 헌법재판소가 부담하여야 할 논증책임을 면제
시켜준다.553) 이것을 통해서 법관은 시간과 노력을 절약할 수 있게 되어 새롭게 내
리는 결정에 집중할 수 있게 된다. 그에 따라 법관은 새롭게 내리는 결정을 더욱더
신중하고 객관적으로 숙고할 수 있게 되어서 법발전에 충실하게 이바지할 수 있게
된다.554) 그리고 헌법재판소는 선례적 구속력 때문에 자기 결정이 앞날에 선례로서
기능한다는 점을 고려하여야 한다. 특히 새로운 법문제에 관해서 처음 결정을 내릴
때 더욱 그러하다. 이것은 헌법재판소가 구체적 법적용자일 뿐 아니라 규범유사적
기준 형성에도 참여한다는 것을 말한다.555) 이것은 헌법재판의 특수성에 들어맞는
다. 그러나 선례적 구속력은 판례 고착화와 비판 불수용을 뜻하지는 않는다. 선례
적 구속력은 추정적 구속력(präsumtive Verbindlichkeit)으로서 헌법재판소는 언제나
새로운 인식이나 상황을 고려할 수 있고 자기 판례를 바꿀 수 있기 때문이다.556)
하지만 이러한 판례 변경은 충분한 근거가 있을 때만 가능하므로, 의심스러울 때
헌법재판소는 판례 지속에 무게를 두게 된다.557)

---

552) 최경옥, 「헌법판례의 선례구속성과 법원성」, 『대학원논문집』 제22집, 동아대학교, 1997, 65쪽; Martin
　　 Kriele, Theorie der Rechtsgewinnung, 2. Aufl., Berlin 1976, S. 259 f. (마르틴 크릴레, 홍성방 옮김,
　　 『법발견의 이론』, 유로서적, 2013, 360~361쪽); ders., Recht und praktische Vernunft, Göttingen
　　 1979, S. 96 (마르틴 크릴레, 홍성방 옮김, 『법과 실천이성』, 유로서적, 2013, 144쪽); ders.,
　　 Grundrechte und demokratischer Gestaltungsspielraum, in: Josef Isensee/Paul Kirchhof (Hrsg.),
　　 Handbuch des Staatsrechts der Bundesrepublik Deutschland, Bd. V, Heidelberg 2000, § 110 Rdnr. 30.
553) 이재승, 「선결례와 법발견」, 『법제』 제479호, 법제처, 1997. 11., 77~78쪽; Martin Kriele, Theorie
　　 der Rechtsgewinnung, 2. Aufl., Berlin 1976, S. 262 (마르틴 크릴레, 홍성방 옮김, 『법발견의 이론』,
　　 유로서적, 2013, 365~366쪽); ders., Recht und praktische Vernunft, Göttingen 1979, S. 97 (마르틴
　　 크릴레, 홍성방 옮김, 『법과 실천 이성』, 유로서적, 2013, 145쪽).
554) 최경옥, 「헌법판례의 선례구속성과 법원성」, 『대학원논문집』 제22집, 동아대학교, 1997, 65쪽;
　　 Martin Kriele, Theorie der Rechtsgewinnung, 2. Aufl., Berlin 1976, S. 267 f. (마르틴 크릴레, 홍성
　　 방 옮김, 『법발견의 이론』, 유로서적, 2013, 373쪽); ders., Recht und praktische Vernunft, Göttingen
　　 1979, 98 f. (마르틴 크릴레, 홍성방 옮김, 『법과 실천 이성』, 유로서적, 2013, 146~147쪽).
555) Martin Kriele, Grundrechte und demokratischer Gestaltungsspielraum, in: Josef Isensee/Paul
　　 Kirchhof (Hrsg.), Handbuch des Staatsrechts der Bundesrepublik Deutschland, Bd. V, Heidelberg
　　 2000, § 110 Rdnr. 31.
556) 권영성, 「헌법판례의 체계적 연구」, 『논문집』 제3집, 한국방송통신대학, 1984, 217쪽 참조.
557) Martin Kriele, Grundrechte und demokratischer Gestaltungsspielraum, in: Josef Isensee/Paul
　　 Kirchhof (Hrsg.), Handbuch des Staatsrechts der Bundesrepublik Deutschland, Bd. V, Heidelberg

(2) 선례적 구속력의 내용

헌법재판소 결정이 선고되면 이후에 헌법재판소는 이전 결정에서 판시한 헌법이나 법률의 해석적용에 관한 의견에 일단 구속된다. 그러나 헌법재판소 결정의 선례적 구속력은 추정적 구속력에 그친다. 즉 선례적 구속력은 절대적 구속력이 아니라 상대적 구속력에 불과하다.[558] 헌법재판소는 판례가 옳지 않거나 더는 헌법현실에 맞지 않는다고 생각하면 혹은 더 좋은 의견을 발견하면 헌법재판소 재판관 6명 이상 찬성을 조건으로 선례적 구속력에서 벗어날 수 있다(헌법재판소법 제23조 제2항 단서 제2호).

헌법재판소 결정의 선례적 구속력은 헌법재판소의 특별한 심판정족수 때문에 일반 사법판결의 선례적 구속력과는 다른 중요한 의미가 있다. 먼저 청구요건 해석과 관련하여 판례를 따르면 각하되어야 할 때 판례와 다른 해석을 하는 헌법재판소 재판관이 5명이라서 다수일지라도 6명 이상 찬성을 얻지 못하여 판례를 바꾸지 못하면 헌법재판소는 각하결정을 할 수밖에 없다.[559] 반대로 판례를 따르면 적법한 청구일 때 각하하여야 한다는 헌법재판소 재판관이 5명일지라도 헌법재판소는 판례를 따라 본안판단에 들어가야 한다. 그리고 법률의 위헌결정, 탄핵결정, 정당해산결정이나 헌법소원의 인용결정을 내리려면 헌법재판소 재판관 6명 이상 찬성이 있어야 한다(헌법 제113조 제1항, 헌법재판소법 제23조 제2항 단서 제1호). 그러나 종전에 헌법재판소가 판시한 헌법이나 법률의 해석적용에 관한 의견을 변경하기 위해서도 헌법재판소 재판관 6명 이상 찬성이 있어야 한다(헌법재판소법 제23조 제2항 단서 제2호). 따라서 어떤 헌법이나 법률의 해석적용에 관한 의견이 헌법재판소 재판관 5명

2000, § 110 Rdnr. 32.

558) 판례의 법원성을 인정하면서 판례법의 구속력은 상대적이라고 하는 견해도 있다(윤일영, 「판례의 기능」, 『민사판례연구(제2판)』 제1권, 박영사, 1992, 363쪽). 그리고 영미법에서 선례구속성의 원칙이 실정법적 근거 없이 인정되는 것과 마찬가지로, '사법제도에 내재하는 전문직업적 통제력에서 유래하는 선례의 구속력'은 한국 법제도에서도 그대로 승인될 수 있고, 그 근거는 바로 '공평·평등의 요청'이라고 하면서, 다만 그 구속력 정도는 제정법에 비교해서 약한 것이라는 견해도 있다(이광범, 「『판례』의 의미와 구속력에 관한 소고」, 『판례실무연구』 제6권, 박영사, 2003, 255쪽).

559) 법령에 영업의 자유를 제한하는 규정을 신설하고 경과조치로서 유예기간을 두면 헌법소원 청구기간 기산점과 관련하여 법령시행일부터 기산하여야 한다는 판례(헌재 1996. 3. 28. 93헌마198, 판례집 8-1, 241, 251; 헌재 1996. 10. 4. 94헌마68등, 공보 18, 590, 592; 헌재 1996. 11. 28. 95헌마67, 공보 19, 90, 92-93; 헌재 1996. 12. 26. 95헌마383, 공보 19, 178, 180-181; 헌재 1997. 2. 20. 95헌마389, 판례집 9-1, 186, 191; 헌재 1999. 7. 22. 98헌마480, 공보 37, 715, 718-719; 헌재 2002. 4. 25. 2001헌마614, 판례집 14-1, 410, 422; 헌재 2002. 8. 13. 2002헌마499)에 반대하여 헌법소원 청구기간을 유예기간이 종료한 다음부터 기산하여야 한다는 재판관이 5명이었으나 헌법재판소는 판례를 따라 각하결정을 하였다(헌재 2003. 1. 30. 2002헌마516, 판례집 15-1, 161).

찬성이 있어 다수의견일지라도 이에 어긋나는 종전 의견, 즉 판례가 있으면 헌법재판소는 판례를 따라 결정주문을 작성하여야 한다. 이때 종전 의견이 법률의 위헌결정, 탄핵결정, 정당해산결정이나 헌법소원의 인용결정을 하기 위한 결정적 근거로서 작용하면, 결과적으로 헌법재판소 재판관 6명 이상 찬성을 얻지 못하더라도 헌법재판소는 이러한 결정을 내릴 수 있게 된다.560) 즉 선례적 구속력 때문에 소수의 의견561)에 따라 법률의 위헌결정, 탄핵결정, 정당해산결정이나 헌법소원의 인용결정이 선고될 수 있다. 또한, 권한쟁의심판에 대한 결정을 내리려면 헌법재판소 재판관 과반수 찬성이 필요하다(헌법재판소법 제23조 제2항 본문). 그러나 선례적 구속력 때문에 심판정족수가 달라질 수 있다. 판례가 없으면 헌법재판소 재판관 과반수 찬성으로 권한쟁의심판에 대한 결정이 내려진다. 그러나 판례가 있으면 헌법재판소 재판관 과반수로도 권한쟁의심판에 대한 결정을 내리지 못할 수 있다. 즉 판례가

---

560) 헌재 1998. 7. 16. 95헌바19, 판례집 10-2, 89, 112-114 재판관 김용준, 신창언, 이영모, 한대현의 반대의견 참조 참조. 이때 헌법재판소법 제23조 제2항 단서 제1호와 제2호가 충돌하는 것으로 보고, 헌법재판소법 제23조 제2항 단서 제1호가 우선하는 것으로 해석하여 합헌결정을 내려야 한다는 견해가 있다(공진성, 「반복입법금지에 관한 소고」, 『헌법학연구』 제16권 제4호, 한국헌법학회, 2010, 382~385쪽; 한수웅/정태호/김하열/정문식(정태호 집필), 『주석 헌법재판소법』, 헌법재판소 헌법재판연구원, 2015, 292쪽). 그러나 헌법재판소법 제23조 제2항 단서 제1호가 헌법 제113조 제1항을 확인하는 조항이기는 하지만, 법치국가의 양대 이념인 법적 안정성과 실질적 정의는 원칙적으로 서로에게 절대적 우위에 있지 아니하고, 개별 상황에 따라 상대적 우위를 획득하는 것에 그친다. 이러한 상대적 우위는 구체적 상황에 따라 수시로 바뀔 수 있다. 따라서 헌법 제113조 제1항이 법적 안정성을 우위에 두는 결정을 하였더라도, 이것은 헌법적 정당화를 바탕으로 한 예외가 인정될 수 있는 '원칙'으로 보아야 한다. 이것은 헌법 제113조 제1항의 내용이 절대적인 것이 아니라 헌법 전체의 체계 속에서 제한적으로 해석되거나 그에 대한 예외를 인정할 수도 있다는 것이다. 게다가 헌법재판소법 제23조 제2항 단서 제2호도 법적 안정성에 무게를 두는 것으로서 이에 위헌결정이 헌법 제113조 제1항의 취지에 어긋난다고 보기도 어렵다. 특히 재판관 6명이 찬성하지 않는 위헌결정이 내려지는 것은 선례에서 드러난 헌법과 해석의 해석적용에 관한 의견을 바꾸지 못하는 것에 따른 논리적 결론일 뿐이다. 즉 위헌결정 주문에 관한 재판관 6명 찬성이 없는데도 위헌결정을 내리는 것이 아니라 재판관 6명 찬성이 없어서 헌법이나 법률의 해석적용에 관한 선례를 바꾸지 못할 때 그 해석적용에 따른 논리적 결론이 위헌결정인 것이다. 이러한 점에서 보면 이때 헌법재판소법 제23조 제2항 단서 제1호와 제2호가 충돌하는 것은 아니라서 이러한 위헌결정이 헌법 제113조 제1항에 어긋난다고 보기 어렵다. 따라서 주문을 결정하는 해석적용에 관한 의견에 관해서 선례 유지로 결론이 나면 이미 주문은 확정된 것이라서 헌법재판소는 다른 의견 표시 없이 바로 결정을 내리는 것이 이론적으로 타당하다. 그리고 이렇게 하는 것이 실무적 혼란을 일으키지 않는 합리적 선택이다.

561) '소수의견'은 헌법재판소의 법정의견이 아닌 의견을 말한다. '소수의견'은 일반적으로 헌법재판소 재판관의 의견이 다수와 소수로 갈릴 때 소수의 의견을 말한다. 그러나 헌법재판소 재판관 6명 이상 찬성이 필요할 때(헌법재판소법 제23조 제2항 단서) 법률의 위헌의견, 탄핵 결정의견, 정당해산 결정의견이나 헌법소원에 관한 인용결정 또는 종래의 해석적용을 바꾸자는 의견이 5명이고 그에 반대하는 견해가 4명이면 5명의 의견이 소수의견이 된다(헌재 1999. 7. 22. 98헌가3, 판례집 11-2, 1 참조). 여기서는 이러한 '소수의견' 개념을 따르면서, '소수의 의견'을 헌법재판소 재판관의 의견이 대립할 때 숫자상 소수인 의견이라는 의미로 사용하여 '소수의견'과 구별하고자 한다.

있을 때 판례에 반대하는 헌법재판소 재판관이 6명 미만이면 판례에 따라 권한쟁
의심판에 대한 결정을 내려야 한다. 판례에 반대하는 헌법재판소 재판관이 6명 이
상이면 비로소 판례에서 벗어나 권한쟁의심판에 대한 결정을 선고할 수 있다. 즉
헌법재판소 재판관 6명 이상 찬성을 얻지 못하여 헌법이나 법률의 해석적용에 관
한 종전 의견을 바꾸지 못하면, 헌법재판소는 소수의 의견에 따라 결정주문을 작성
하여야 한다. 결과적으로 헌법재판소 결정의 선례적 구속력 때문에 헌법재판소의
심판정족수가 부분적으로 수정되는 결과가 발생한다. 특히 선례적 구속력 때문에
소수의 의견에 따라 헌법재판소 결정의 주문이 작성될 수도 있다.

(3) 선례적 구속력의 범위

① 주관적 범위

사법판결의 효력은 법치국가원리를 따라 원칙적으로 구체적 심판 대상과 관련
하여 재판절차에 참여한 당사자와 법원에만 미친다. 스스로 권리주장이나 방어기회
를 얻지 못한 제3자에게까지 소송결과를 강요하는 것은 제3자의 절차 보장 관점에
서 부당하기 때문이다. 그러나 선례적 구속력은 헌법재판소 결정의 계속성과 통일
성을 형성·유지하여 법적 안정성과 결정의 예측 가능성을 확보하기 위한 것이므
로, 헌법재판소 결정의 선례적 구속력은 오로지 헌법재판소에만 미친다. 이것은 헌
법재판소가 오로지 심판 청구에 따라서만 결정을 내릴 수 있고 언제든지 판례를 바
꿀 가능성이 있다는 점에서 비롯된다. 헌법재판은 단심제라서 일반 법원의 선례적
구속력과는 달리 하급심 법원을 구속하는 수직적 구속력은 없고, 자기 자신만을 구
속하는 수평적 구속력만 있다. 선례적 구속력이 헌법재판소 이외의 국민과 모든 국
가기관에도 미친다면, 헌법재판소 스스로 판례를 바꾸거나 헌법이나 법률의 변경이
없는 한 심판 청구를 할 수 없게 될 것이다. 그런데 국민이나 다른 국가기관이 심
판을 청구하지 않는다면, 헌법재판소는 판례를 변경할 기회를 얻지 못한다. 따라서
헌법재판소가 한 헌법해석이나 법률해석은 화석화할 것이다. 이러한 위험을 제거하
려면 일반 국민이나 다른 국가기관을 선례적 구속력의 수범자에서 제외하여야 한
다. 그리고 헌법해석이나 법률해석이 헌법재판소의 전유물이 아니라는 점에서 헌법
재판소의 헌법해석이나 법률해석을 구체적 사건을 넘어서 일반 국민이나 다른 국가
기관에 강요할 수도 없다. 다만, 이러한 헌법해석이나 법률해석과 관련하여 다툼이
있으면 결국 헌법재판소가 최종적으로 결정하므로, 헌법재판소 이외의 일반 국민과
다른 국가기관에 판례의 사실적 구속력이 미친다는 것은 부정할 수 없다. 단지 사
실적 구속력만 미치므로 일반 국민과 다른 국가기관은 여전히 판례에 어긋나는 주

장을 할 수는 있지만, 헌법재판소가 그러한 주장을 받아들이지 않을 위험은 감수하여야 한다. 이러한 사실적 구속력을 통해서 판례에 따른 헌법해석과 법률해석의 통일은 일반 국민과 다른 국가기관 사이에서도 간접적으로 달성될 수 있다.

헌법재판소 재판관 개개인은 판례에 구속되지 않는다. 헌법재판소 재판관 6명 이상 찬성이 필요하다는 것은 헌법재판소 재판관이 다른 의견을 제시할 수 있음을 뜻하기 때문이다. 특히 심판에 참여한 헌법재판소 재판관은 결정서에 의견을 표시하여야 한다(헌법재판소법 제36조 제3항). 그리고 이러한 전제 아래에서만 헌법재판소가 판례를 변경할 가능성이 열린다. 따라서 헌법재판소 재판관은 언제나 판례에 구속되지 않고 자기 의견을 제시할 수 있다. 판례가 헌법이나 법률이 아니라는 점에서, 이것은 헌법재판소 재판관이 헌법과 법률에만 구속된다는 점에서도 확인된다(헌법 제103조, 헌법재판소법 제4조).

② 객관적 범위

선례적 구속력은 결정주문이 아닌 결정이유에 귀속된다.[562] [563] 결정주문은 심판 대상에 관한 구체적 결정이므로 다른 사건에 적용할 수 있는 일반적·추상적 성격이 없기 때문이다. 특히 결정주문에는 확정력, 기속력, 법률요건적 효력(이나 형성력 혹은 법률적 효력) 등이 귀속되므로 별도로 선례적 구속력을 인정할 실익을 찾기도 어렵다. 한정합헌결정이나 한정위헌결정에서는 판례 대상이 되는 내용(해석)이 결정주문에 표현된다.[564] 그러나 이러한 해석은 결정이유에서 더욱 명확하고 구체

---

562) 같은 견해: 김시철, 「헌법해석에 관한 결정이유와 선례구속의 원칙」, 『헌법논총』 제17집, 2006, 67~68쪽. 강일신, 『헌법재판소 선례변경에 관한 연구』, 헌법재판소 헌법재판연구원, 2017, 11~13쪽; 권영성, 「헌법판례의 체계적 연구」, 『논문집』 제3집, 한국방송통신대학, 1984, 227쪽; 김대휘, 「법원론에 관한 연구」, 서울대학교 법학박사학위논문, 1992, 240쪽 참조.

563) 헌재 1997. 1. 16. 92헌바6, 판례집 9－1, 1, 126 참조: "다만, 위에서 본 우리 재판소 결정들의 주문은 모두 "국가보안법 제7조 제1항 및 제5항(1980. 12. 31. 법률 제3318호)은 각 그 소정행위가 국가의 존립·안전을 위태롭게 하거나 자유민주적 기본질서에 위해를 줄 경우에 적용된다고 할 것이므로 이러한 해석하에 헌법에 위반되지 아니한다"고 표시하고 있으나, 그 결정의 이유를 보면 "국가보안법 제7조 제1항 및 제5항은 각 그 소정행위가 국가의 존립·안전을 위태롭게 하거나 자유민주적 기본질서에 위해를 줄 명백한 위험성이 있는 경우에 적용된다고 할 것이므로 이와 같은 해석하에서는 헌법에 위반되지 아니한다고 할 것이다"(1990. 4. 2. 선고, 89헌가113 결정의 이유 중 "결론"부분 참조)라고 설시하고 있는 점, "위해를 줄 명백한 위험성이 있는 경우"라는 표현은 "위해(危害)"라는 용어와 유사성이 있는 "위험"이라는 용어가 겹쳐 있어 그리 적절하지는 않다고 보여지는 점 등을 고려하여 결정이유의 설시내용에 보다 더 부합하도록 "구법 제7조 제1항·제3항 및 제5항은, 각 그 소정의 행위가 국가의 존립·안전이나 자유민주적 기본질서에 해악을 끼칠 명백한 위험이 있는 경우에 적용된다고 할 것이므로, 그러한 해석하에 헌법에 위반되지 아니한다"고 설시하고자 한다. 이러한 표현은 앞서 본 우리 재판소의 종전 결정들의 주문내용과는 약간의 차이가 있으나, 그 기본적 견해에 변경이 있는 것은 아니므로 종전의 판례를 변경하는 것은 아니다."

564) 헌재 1997. 1. 16. 92헌바6등, 판례집 9－1, 1, 26 참조.

적으로 표현될 뿐 아니라 이것은 이러한 해석에 확정력과 기속력, 법률요건적 효력 (이나 형성력 혹은 법률적 효력)을 부여하기 위한 것일 뿐이고, 이러한 해석의 선례적 구속력에 어떠한 새로운 의미를 부여하는 것은 아니다. 법률적 효력이 있는 결정주 문만 연방법률공보에 게재되는 독일 연방헌법재판소 재판(연방헌법재판소법 제31조 제2항)과 달리 헌법재판소 결정의 주문뿐 아니라 이유까지 관보나 헌법재판소의 인 터넷 홈페이지에 게재하는 것(헌법재판소법 제36조 제5항, '헌법재판소 심판 규칙' 제49 조의2 제1항과 제2항)은 이러한 판례의 객관적 범위를 고려하면 중요한 의미가 있다. 즉 선례적 구속력이 발생하는 결정이유를 공시함으로써 일반 국민이나 다른 국가기 관이 헌법재판소 결정을 가늠할 기회를 부여한다.

　헌법재판소법 제23조 제2항 단서 제2호에는 헌법재판소 결정유형에 관한 어떠 한 제한도 없으므로, 그 심판사건의 종류가 무엇인지를 불문하고 모든 심판유형의 결정이유가 선례적 구속력을 가질 수 있다. 따라서 심판절차에 관계없이 선례적 구 속력이 미친다. 실체결정은 물론 형식결정의 결정이유도 선례적 구속력을 가질 수 있다. 헌법소원심판에서 지정재판부 결정도 종국결정이고 전원재판부 결정과 같은 효력이 있으므로, 지정재판부결정의 이유에서도 선례적 구속력이 발생한다. 규범통제 결정에서 위헌결정과 합헌결정은 물론 변형결정도 선례적 구속력을 가질 수 있다. 그러나 중간결정은 아직 확정된 것이 아니므로 선례적 구속력이 귀속되지 않는다.

　모든 결정이유에 선례적 구속력이 미치는 것은 아니다. 결정이유는 결정주문을 근거 지울 수 있을 때 비로소 의미가 있으므로, 결정주문을 직접 근거 지우는 결정 이유(중요이유)에만 선례적 구속력이 귀속된다. 따라서 방론565)과 소수의견566)에는 선례적 구속력이 인정되지 않는다. 방론에도 선례적 구속력이 인정되는 것은 법원 의 소극적 성격에 어긋나고, 소수의견은 법원의 공식적 견해가 아니기 때문이다. 판결의 요지는 헌법재판소 재판관이 작성하는 것이 아니어서 판결의 '이유'를 구성 하지 않으므로 선례적 구속력이 없다.567)

---

565) 같은 견해: 윤일영, 「판례의 기능」, 『민사판례연구(제2판)』 제1권, 박영사, 1992, 364~366쪽; 최병 조, 「제1조(법원)」, 곽윤직 편집대표, 『민법주해[Ⅰ] - 총칙(1)』, 박영사, 2004, 59~60쪽. 상고심절 차에 관한 특례법 제4조 제3항 제2호도 비슷한 취지이다. 헌법재판소의 방론에 관해서는 이기철, 「헌법재판소의 부수적 의견과 그 문제점」, 『21세기 한양법학에의 낙수』(석하 김기수교수 정년기념 논문집), 언약, 1997, 1148~1169쪽; 같은 사람, 「헌법재판소의 방론은 바람직한가?」, 『공법학연구』 제7권 제1호, 한국비교공법학회, 2006, 319~363쪽 참조.

566) 같은 견해: 홍일표, 「판례의 형성과 구속력의 범위」, 『일감법학』 제12호, 건국대학교 법학연구소, 2007, 14쪽.

567) 같은 견해: 이광범, 「『판례』의 의미와 구속력에 관한 소고」, 『판례실무연구』 제6권, 박영사, 2003,

선례적 구속력은 헌법이나 법률의 해석적용에 관한 의견에만 발생한다(헌법재판소법 제23조 제2항 단서 제2호). 즉 해당 사건을 해결하기 위해서 직접적이고 필요한 범위에서 이루어진 헌법해석이나 법률해석만 판례로서 구속력이 있을 수 있다. 여기서 청구인의 주장은 심판 대상을 확정하기 위한 기본적인 기준으로 기능하기는 하지만, 헌법재판소가 청구인의 주장을 기준으로 심판 대상을 직권으로 확정하므로 절대적 기준이 되지는 못한다. 심판 대상에 직접 관련되는 것은 물론 심판 대상의 선결문제와 관련된 것이라도 결정주문을 직접 근거 지우는 것이라면 선례적 구속력이 있다. 법률해석에는 형식적 법률은 물론 실질적 법률과 (헌법과 법률을 보충하는) 법률의 규범서열이 있는 관습법에 관한 해석도 포함된다. 법률의 해석과 적용은 헌법의 권한분배에 따라 원칙적으로 일반 법원이 관장하므로, 모든 법률해석에서 선례적 구속력이 발생하는 것이 아니라 법률해석이 헌법해석과 밀접한 관련이 있는 때만 선례적 구속력이 귀속된다. 즉 그러한 법률해석이 헌법에 따라서 주어지거나 헌법의 구체적 실현에 직접 이바지하는 때만 선례적 구속력이 부여된다. 헌법에 따라서 주어진 법률해석은 헌법에서 법률해석의 내용이 도출되는 때를 말한다. 헌법의 구체적 실현에 직접 이바지하는 법률해석은 헌법을 구체화하거나 헌법실현을 위해서 법률적 보충이 필요한 때를 뜻한다. 다만, 탄핵심판과 권한쟁의심판에서는 헌법뿐 아니라 법률도 심사기준이 되므로 여기서 심사기준인 법률에 관한 해석에는 당연히 선례적 구속력이 생긴다.

③ 시간적 범위

헌법재판소 결정은 선고된 때부터 선례적 구속력이 발생한다. 변경된 판례는 (판례 변경 전의 행위가 문제가 된 때를 포함한) 그 후의 모든 사건(정확하게는 해당 결정을 내리고 나서 헌법재판소가 다루는 모든 사건)에 적용된다.[568] 관보나 헌법재판소의 인터넷 홈페이지에 헌법재판소 결정을 게재하는 것은 일반 국민에게 헌법재판소 결정을 알리는 공시 효과만 있을 뿐이고, 헌법재판소 결정의 효력 발생과는 아무런 관계가 없다. 위헌결정이 선고되면 비형벌법규에 대한 위헌결정의 법률요건적 효력 (이나 형성력 혹은 법률적 효력)이 선고일부터 발생하지만, 형벌에 관한 법률이나 법률의 조항에 대한 위헌결정의 법률요건적 효력(이나 형성력 혹은 법률적 효력)은 소급

242쪽; 홍일표, 「판결이유와 선례로서의 구속력의 범위」, 『민사판례연구』 제13권, 박영사, 1991, 245~246쪽; 같은 사람, 「판례의 형성과 구속력의 범위」, 『일감법학』 제12호, 건국대학교 법학연구소, 2007, 16쪽.

568) 윤일영, 「판례의 기능」, 『민사판례연구(제2판)』 제1권, 박영사, 1992, 367쪽.

하여 발생한다(헌법재판소법 제47조 제2항과 제3항). 그리고 법률에 대한 헌법불합치
결정에서 법률의 적용금지 및 (계류)절차중지 그리고 임시규율 형성의 기속력은 선
고일부터 발생하지만, 위헌법률 효력 상실의 법률요건적 효력(이나 형성력 혹은 법률
적 효력)은 기한이 있으면 기한이 지나고 나서 그리고 기한이 없으면 상당한 기간이
지나고 나서 발생한다. 그러나 다른 효력의 이런 다양한 효력 발생 시점은 선례적
구속력의 효력 발생 시점에 아무런 영향을 주지 못한다. 즉 다른 효력의 효력 발생
시점이 선고 시점이 아니어도 선례적 구속력의 효력 발생 시점은 여전히 선고 시점일
뿐이다.

헌법재판소 판례는 일반적·추상적 성격이 있어서 구체적 사건과 분리되므로
확정력이나 기속력과는 달리 사정변경에 따라서 영향을 받지 않는다. 따라서 판례
변경 없이 사정변경을 이유로 판례에서 벗어날 수는 없다. 사정변경은 판례를 폐기
하거나 변경할 수 있는 근거로 기능할 수 있을 뿐이다. 유일한 판례에 대한 재심에
서는 재심 대상인 헌법재판소 결정 자체가 판례가 될 수 없다. 따라서 이때는 판례
가 없는 때와 마찬가지로 선례적 구속력이 문제 되지 않는다. 판례 변경에는 소급
효가 없다. 따라서 판례 변경은 재심의 사유가 되지 않는다.

(4) 선례적 구속력의 한계

헌법재판소 결정의 선례적 구속력은 절대적 구속력이 아니라 상대적 구속력이
다. 즉 헌법재판소 판례는 헌법재판소 자신을 추정적으로만 구속한다. 따라서 헌법
재판소는 언제든지 6명 이상의 헌법재판소 재판관이 찬성하면 판례를 폐기하거나
바꿀 수 있다(헌법재판소법 제23조 제2항 단서 제2호).[569] 이때 헌법재판소는 판례 전
부를 폐기하거나 변경할 수 있는 것은 물론 일부만을 폐기하거나 변경[570]할 수도
있다. 판례는 법규범이 아니므로 판례를 변경하는 것이 법관의 헌법과 법률에 대한
구속(헌법 제103조, 헌법재판소법 제4조)을 침해하지 않는다.[571] 헌법재판소가 판례를
변경하면 선례적 구속력이 옹글게(완벽하게) 배제되는 것은 아니다. 이때 선례적 구
속력은 논증책임을 헌법재판소에 부담시키는 모습으로 나타난다.[572] 따라서 헌법재

---

[569] BVerfGE 38, 386 (396); 84, 212 (227) 참조.

[570] 예를 들어 헌재 2006. 7. 27. 2003헌마758, 판례집 18−2, 190 결정은 헌재 2003. 9. 25. 2003헌마
106, 판례집 15−2상, 516 결정을 부분적으로 변경하였다.

[571] BVerfGE 84, 212 (227) 참조.

[572] Martin Kriele, Theorie der Rechtsgewinnung, 2. Aufl., Berlin 1976, S. 260 (마르틴 크릴레, 홍성방
옮김, 『법발견의 이론』, 유로서적, 2013, 363쪽). Karl Larenz/Claus−Wilhelm Canaris, Methodenlehre
der Rechtswissenschaft, 3. Aufl., Berlin/Heidelberg 1995, S. 256 f. 참조.

판소가 판례와 다른 의견을 표명할 때는 이에 관한 충분한 근거를 제시하여야 한다. 판례 변경이 예견될 수 없으면 판례를 신뢰한 사람에게 불이익을 일으킬 수 있다.573) 따라서 판례 존속에 관한 신뢰는 신뢰보호원칙에 따라 보호되어야 한다.574) 다만, 헌법재판소 결정이 해당 사건과 관련된 결정이고 판례는 변경될 수 있다는 점에서 그 보호범위는 매우 좁을 수밖에 없을 것이다.

헌법재판소가 판례를 바꿀 때는 원칙적으로 대상판례를 명시하여 그러한 판례가 폐기되었거나 바뀌었다는 것을 분명히 밝혀야 한다.575) 그러나 판례에 대한 언급 없이 판례와 다른 의견을 제시하는 때도 헌법재판소가 판례를 묵시적으로 폐기하거나 바꾼 것으로 보아야 할 것이다.576) 즉 대립하는 판례가 있으면 최근 판례가 이전 판례를 폐기하거나 바꾼 것으로 보아 최근 판례만 선례적 구속력이 있는 것으로 보아야 한다. 다수의견이 판례를 고려하지 않고 명백히 종래 판례 취지를 축소하거나 변경한다고 비판하는 헌법재판소 소수의견이 있다.577) 그러나 이 헌법재판소 결정에서 7명의 재판관이 다수의견에 찬성하므로 판례는 이미 바뀌었다고 보아야 한다. 따라서 이러한 지적은 아무런 법적 의미가 없는 것으로 보인다. 그러나 6명 이상 재판관이 찬성하지 않았는데도 판례에 어긋나는 결정을 내리면 중대한 문제가 발생한다. 예를 들어 헌법재판소가 판례에 어긋나는 결정을 하였는데, 단지 5명의 재판관이 이러한 결정에 찬성하면 판례가 변경되지 않는다. 따라서 이때 헌법재판소는 판례를 따라 결정주문을 작성하는 것이 옳다. 판례에 어긋나는 헌법재판소 결정은 잘못된 결정이다. 이러한 헌법재판소 결정은 헌법재판소 결정으로서 외관은 갖추어 그 존재는 인정되지만, 절차적으로 중대한 잘못이 있어 무효이므로, 이러한 결정에는 기판력, 기속력, 법률요건적 효력(이나 형성력 혹은 법률적 효력)이

---

573) BVerfGE 74, 129 (155 ff.) 참조.

574) 미국의 판례 불소급적 변경 제도를 소개하면서 이러한 제도를 앞으로 채용할 가치가 있다는 견해도 있다(윤일영, 「판례의 기능」, 『민사판례연구(제2판)』 제1권, 박영사, 1992, 368~369쪽).

575) 헌재 1996. 3. 28. 93헌마198, 판례집 8-1, 241, 250-251; 헌재 2002. 8. 29. 2001헌마788등, 판례집 14-2, 219, 229; 헌재 2006. 7. 27. 2003헌마758, 판례집 18-2, 190, 199; 헌재 2007. 3. 29. 2005헌바33, 판례집 19-1, 211, 227-228 참조.

576) 예를 들어 헌법재판소는 처음에 헌법재판소법 제62조를 한정적 열거규정으로 보고 국회 구성원으로서도 국회의원에게 당사자능력을 인정하지 않았으나(헌재 1995. 2. 23. 90헌라1, 판례집 7-1, 140, 147-150), 그 후 판례를 변경하여 같은 조를 예시규정으로 보고, 국회의원과 국회의장의 당사자능력(청구인능력)을 인정하였다(헌재 1997. 7. 16. 96헌라2, 판례집 9-2, 154, 162-165). 이때 소수의견에서 선행 결정을 언급하기는 하지만(헌재 1997. 7. 16. 96헌라2, 판례집 9-2, 154, 167), 후행 헌법재판소 결정에서 선행 결정의 직접적인 언급이 없었다. 그러나 이후에 후행 결정이 판례로 기능하였다(헌재 1998. 7. 14. 98헌라3, 판례집 10-2, 74, 80).

577) 헌재 2002. 4. 25. 98헌마425, 판례집 14-1, 351, 372-372.

발생하지 않는다고 볼 수도 있다(헌법재판소 결정의 무효). 그러나 헌법재판은 객관소송으로서 당사자의 권리구제는 물론 객관적 질서 보호도 그 기능으로 한다. 그리고 헌법재판은 다른 사법재판보다 훨씬 강한 정치성이 있고, 헌법재판소 결정에는 다른 사법판결에는 없는 기속력과 법률요건적 효력(이나 형성력 혹은 법률적 효력) 같은 특별한 효력이 인정된다. 따라서 헌법재판소 결정에는 그 의미와 효력에 비추어 법적 안정성이 강하게 요구된다. 게다가 판례의 내용과 범위가 무엇인지는 언제나 명확한 것이 아니므로 판례에 어긋나는 헌법재판소 결정인지가 언제나 다툼이 없는 것은 아니다. 그 밖에 대법원 판례의 변경절차를 위반하면 무효에 이르지 않고 재심사유가 되는 것에 그친다는 점을 고려할 필요가 있다. 따라서 판례와 모순되면서 판례 변경의 심판정족수를 충족하지 못한 헌법재판소 결정은 무효가 아니라 재심 대상이 된다고 보는 것이 타당할 것이다.

판례는 헌법이나 법률에 관한 해석적용에 대한 의견이므로 헌법이나 법률에 절대적으로 의존한다. 즉 판례는 헌법이나 법률에 대해서 언제나 열위에 있고, 헌법이나 법률은 판례의 전제이다. 판례 대상이 되는 헌법이나 법률이 폐지되거나 개정되면 이에 의존하는 판례도 당연히 그 선례적 구속력을 상실한다. 헌법이나 법률의 개정내용이 판례와 모순되는 때도 판례는 선례적 구속력을 잃는다. 이때 부분적으로 어긋나면 그 범위에서만 판례는 선례적 구속력을 잃는다. 헌법이나 법률의 개정 내용이 판례 내용을 담은 때도 마찬가지로 판례는 선례적 구속력을 잃는다. 이때는 판례가 아니라 헌법이나 법률이 직접 구속력을 갖기 때문이다. 그러나 판례가 이러한 개정내용을 구체화하는 내용을 담으면 판례는 여전히 선례적 구속력을 유지한다.

7. 위헌으로 결정된 법률의 효력 상실 시기

(1) 헌법재판소법 제47조 제2항과 제3항의 기존 해석에 대한 반성적 고찰 필요성

헌법재판소법 제47조 제2항과 제3항을 해석할 때 일반적으로 독일과 오스트리아는 물론 미국과 그 밖의 나라의 입법례와 학설 그리고 판례가 먼저 검토된다.[578]

---

578) 계희열, 「법률에 대한 위헌판결의 효력」, 『법률의 위헌결정과 헌법소원의 대상』(헌법재판연구 제1권), 헌법재판소, 1989, 182~230쪽; 김운용, 『위헌심사론』, 삼지원, 1998, 539~558쪽; 남복현, 「법률의 위헌결정의 효력에 관한 연구」, 한양대학교 법학박사학위논문, 1994, 107~208쪽; 박일환, 「위헌판결의 효력(상)」, 『대한변호사협회지』 제151호, 대한변호사협회, 1989. 3., 9~19쪽; 같은 사람, 「위헌판결의 효력(하)」, 『인권과 정의』 제152호, 대한변호사협회, 1989. 4., 39~41쪽; 같은 사람, 「법률의 시적 효력범위」, 『법조』 제38권 제11호(통권 제398호), 법조협회, 1989. 11., 43~49쪽; 손용근, 「위헌결정의 소급효가 미치는 범위에 관한 비판적 고찰」, 『사법논집』 제24집, 법원도서관, 1993, 21~37쪽; 같은 사람, 「위헌결정의 소급효에 관한 재검토」, 『헌법문제와 재판(중)』(재판자료 제76집), 법원

한국 헌법학이 계수헌법학이라는 한계에서 크게 벗어나지 못하는 것이 현실이고, 이 조항을 만들 때 외국의 입법례와 이론 그리고 학설을 참고한 것이 사실이므로 이러한 것이 불가피한 측면이 있다는 것은 부정하기 어렵다. 학설 대부분과 헌법재판소 및 대법원의 판례[579]는 이러한 검토에서 다루어지는 당연무효설(무효설: Nichtigkeitslehre)과 폐지설(폐지무효설, 취소설: Vernichtbarkeitslehre)[580] 중 하나를 토대로 헌법재판소법 제47조 제2항과 제3항을 해석한다.

당연무효설을 따르면 헌법에 어긋나는 법률은 처음부터, 별도의 조치 없이도 당연히 효력이 없다. 그러나 헌법재판소법 제47조 제2항은 상실되는 효력이 이미 있다는 것을 전제하고, 같은 조 제3항은 당연무효설과 어울릴 수 없는 '소급'이라는 용어를 사용하며, 당연무효설에 필수적인, 위헌 발생 시점부터 위헌 확인 시점까지 위헌법률을 바탕으로 형성된 법적 관계를 규율하는 규정을 헌법재판소법에서 찾을 수 없다는 점에서 헌법재판소법 제47조 제2항과 제3항의 해석틀로서 적합하지 않

도서관, 1997, 30~44쪽; 윤진수, 「위헌법률의 효력」, 『헌법논총』 제1집, 헌법재판소, 1990, 287~306쪽; 같은 사람, 「헌법재판소 위헌결정의 소급효」, 『헌법문제와 재판(상)』(재판자료 제75집), 법원도서관, 1996, 651~664쪽; 이강국, 「위헌법률의 효력」, 『공법학의 현대적 지평』(심천 계희열 박사 화갑기념논문집), 박영사, 1995, 372~375쪽; 이기철, 「헌법재판소의 결정은 당연무효인가 폐지무효인가?」, 『강의중교수정년기념논문집』, 교학사, 2002, 22~23, 26~35쪽; 이상훈, 「위헌결정과 헌법불합치결정의 효력 및 그 재판실무상 적용」, 『사법논집』 제38집, 법원도서관, 2004, 11~13쪽; 장윤기, 「헌법재판소에서 위헌으로 결정된 법률의 효력」, 『사법행정』 제34권 제6호(통권 제390호), 사법행정학회, 1993. 6., 50~56쪽; 조배숙, 「위헌결정의 소급효」, 『취봉 김용철선생 고희기념 법학논집』, 박영사, 1993, 207~216쪽 참조.

579) 학설과 판례에 관해서는 김운용, 『위헌심사론』, 삼지원, 1998, 558~566쪽; 남복현, 「법률의 위헌결정의 효력에 관한 연구」, 한양대학교 법학박사학위논문, 1994, 209~227쪽; 같은 사람, 「위헌결정의 효력에 있어 폐지무효설의 이론적 전개」, 『공법학의 현대적 지평』(심천 계희열 박사 화갑기념논문집), 박영사, 1995, 391~409쪽; 같은 사람, 「헌법재판소 결정의 효력에 관한 쟁점 및 해결방안」, 『헌법재판소의 효력에 관한 연구』(헌법재판연구 제7권), 헌법재판소, 1996, 230~257쪽 참조.

580) 양설에 관해서는 계희열, 「법률에 대한 위헌판결의 효력」, 『법률의 위헌결정과 헌법소원의 대상』(헌법재판연구 제1권), 헌법재판소, 1989, 182~230쪽; 남복현, 「법률의 위헌결정의 효력에 관한 연구」, 한양대학교 법학박사학위논문, 1994, 210~219쪽; 같은 사람, 「위헌결정의 효력에 있어 폐지무효설의 이론적 전개」, 『공법학의 현대적 지평』(심천 계희열 박사 화갑기념논문집), 박영사, 1995, 383~386쪽; 같은 사람, 「헌법재판소 결정의 효력에 관한 쟁점 및 해결방안」, 『헌법재판소의 효력에 관한 연구』(헌법재판연구 제7권), 헌법재판소, 1996, 224~228쪽; 방승주, 「독일연방헌법재판소에 의한 경과규정의 허용성」, 『안암법학』 제4집, 안암법학회, 1996, 191~205쪽; 윤진수, 「위헌법률의 효력」, 『헌법논총』 제1집, 헌법재판소, 1990, 293~297쪽; 전광석, 「헌법재판에 있어서의 결정주문의 유형과 효력」, 『헌법재판 및 제도의 활성화에 관한 연구』(헌법재판연구 제2권), 헌법재판소, 1991, 122~129쪽; 정종섭, 『헌법소송법(제8판)』, 박영사, 2014, 347~348쪽; 최희수, 「법률의 위헌결정의 효력에 관한 연구 – 소송법적 효력을 중심으로 –」, 고려대학교 법학박사학위논문, 2001, 134~153쪽; Klaus Schlaich/Stefan Korioth, Das Bundesverfassungsgericht – Stellung, Verfahren, Entscheidungen, 11. Aufl., München 2018, Rdnr. 379 ff. 참조.

은 것으로 보인다.

그리고 폐지설은 헌법에 어긋나는 법률도 특별한 취소행위를 통해서 폐지될 때까지 유효하다고 한다. 폐지설을 따르는 견해는 헌법재판소법 제47조 제2항과 제3항의 '효력 상실'을 '폐지'로서 이해한다. 그러나 폐지의 결과로서 효력이 상실되는 것은 당연하지만, 효력 상실이 폐지로 당연히 이어지지는 않는다. 효력 상실의 핵심내용인 법률 적용 배제는 명령이나 규칙의 규범통제에서 볼 수 있듯이 법률이 폐지되지 않아도 가능하다. 특히 헌법재판소가 결정유형의 하나로 사용하고 그 허용성에 의문을 제기하는 견해가 거의 없는 헌법불합치결정은 법률이 형식적으로 존재하면서도 적용되지 않을 수 있음을 명확하게 보여준다. 따라서 폐지설의 출발점인 위헌법률이 폐지된다는 전제 자체에 의문이 제기된다. 그리고 한국의 입법례에서 효력 상실이 폐지의 뜻으로 사용되는 예를 찾을 수도 없다. 또한, 헌법재판소법 제47조 제2항과 제3항의 근거조항인 헌법 제107조 제1항이 명백히 요구하는, 해당 사건에서 위헌법률 적용이 배제되는 것은 폐지설에 따른 해석에서 이끌어낼 수 없다. 이러한 불합리를 폐지설에 따른 견해는 헌법 제107조 제1항을 근거로 예외적으로 해당 사건에는 위헌결정의 소급효를 인정하거나 헌법재판소법 제47조 제2항 및 제3항과 상관없이 당연히 인정되거나 전제되는 것으로 봄으로써 해결하려고 한다.581)

---

581) 헌법재판소는 ① 법원의 제청·헌법소원의 청구 등을 통하여 헌법재판소에 법률의 위헌결정을 위한 계기를 부여한 당해 사건, ② 위헌결정이 있기 전에 이와 동종의 위헌 여부에 관하여 헌법재판소에 위헌제청을 하였거나 법원에 위헌제청 신청을 한 경우의 당해 사건, ③ 따로 위헌제청 신청을 하지 아니하였지만 당해 법률 또는 법률의 조항이 재판의 전제가 되어 법원에 계속 중인 사건, ④ 당사자의 권리구제를 위한 구체적 타당성의 요청이 현저하지만 소급효를 인정하여도 법적 안정성을 침해할 우려가 없고 나아가 구법에 의하여 형성된 기득권자의 이득이 침해될 사안이 아닌 경우로서 소급효의 부인이 오히려 정의와 형평 등 헌법적 이념에 심히 배치되는 때에 예외적으로 소급효를 인정한다(헌재 1993. 5. 13. 92헌가10등, 판례집 5−1, 226, 250; 헌재 2000. 8. 31. 2000헌바6, 공보 49, 744, 745).

대법원은 ① 헌법재판소 위헌결정의 효력은 위헌제청을 한 당해 사건, ② 위헌결정이 있기 전에 이와 동종의 위헌 여부에 관하여 헌법재판소에 위헌여부심판 제청을 하였거나 법원에 위헌여부심판 제청 신청을 한 경우의 당해 사건과 ③ 따로 위헌제청 신청은 아니 하였지만 당해 법률 또는 법률의 조항이 재판의 전제가 되어 법원에 계속 중인 사건뿐 아니라[대법원 1991. 6. 11. 선고 90다5450 판결(집 39−3, 1; 공1991,1895); 대법원 1991. 6. 28. 선고 90누9346 판결(집39−3, 479; 공1991, 2056); 대법원 1991. 12. 24. 선고 90다8176 판결(공1992, 640); 대법원 1992. 2. 14. 선고 91누1462 판결(공1992, 1065); 대법원 1993. 11. 26. 선고 93다30013 판결(공1994상, 196) 각 참조] ④ 위헌결정 이후에 위와 같은 이유로 제소된 일반사건에도 미친다고 할 것이나[대법원 1993. 1. 15. 선고 92다12377 판결(공1993상, 698); 대법원 1993. 1. 15. 선고 91누5747 판결(공1993상, 735); 대법원 1993. 7. 16. 선고 93다3783 판결(공1993하, 2290) 등], 그 미치는 범위가 무한정일 수는 없고 법원이 위헌으로 결정된 법률 또는 법률의 조항을 적용하지는 않더라도 다른 법리에 의하여 그 소급효를 제한하는 것까지 부정되는 것은 아니라 할 것이며, 법적 안정성의 유지나 당사자의 신뢰보호를 이러한 해결은 그러한 내용을 헌법재판소법 자체에서 찾기 어렵고 헌법과 헌법을 구체화하는 헌법재판소법 사이의 관계를 제대로 규명하지 못하는 한계가 있다. 그리고 이 견해는 너무 넓은 예외나 전제를 인정함으로써 헌법재판소법 제47조 제2항과 제3항의 원칙성을 훼손한다. 따라서 폐지설도 헌법재판소법 제47조 제2항과 제3항에 대한 적절한 해석틀로서 기능하지 못하는 것으로 보인다.

(2) 헌법재판소법 제47조 제2항의 구체적 해석

① 위헌으로 결정된 법률이나 법률조항의 효력 규율

헌법재판소 결정도 사법판결이므로 선고 시점부터 효력이 생기고(헌법재판소법 제40조 제1항 전문, 민사소송법 제205조), 사법판결에 일반적으로 귀속되는 효력이 헌법재판소 결정에 부여된다. 그러나 헌법재판소법 제47조 제2항은 위헌으로 결정된 법률의 효력 상실이라는 창설적 효력을 규정한다. 즉 이 조항은 헌법재판소 결정의 효력이 아닌 위헌으로 결정된 법률이나 법률조항의 효력을 규율한다. 이러한 점에서 위헌으로 결정된 법률의 효력 상실이라는 효력은 법률요건적 효력(이나 형성력 혹은 법률적 효력)으로서 일반적인 사법판결의 효력인 확정력이나 확정력 또는 기판력의 주관적 확장으로서 헌법재판소 결정에 특별히 인정되는 기속력과는 다른 성질이 있다. 특히 확정력과 기속력은 해당 사건과 관련되는 범위 안에서만 효력이 미치므로, 이러한 범위에 국한되지 않고 대세적으로 효력이 미치는 법률요건적 효력이나 형성력과는 구별된다. 따라서 기속력을 근거로 소급효를 인정하는 견해[582]는 잘못된 이해에서 출발한 것으로 보인다. 이러한 점에서 확정력이나 기속력에 관한 논의는 원칙적으로 헌법재판소법 제47조 제2항에 전용될 수 없다.

② 법률의 범위

헌법재판소법 제47조 제2항은 '법률'의 효력 상실을 규정한다. 상위법규범과 충돌하는 하위법규범을 법질서에서 제거하거나 그 적용을 배제하는 것을 목적으로 하는 규범통제에서 법규범이 상실하는 효력은 법규범을 법규범으로서 존재할 수 있게 하는 규범적 효력일 수밖에 없다. 따라서 위헌법률심판에서 법률이 상실하는 효력은 법률의 효력이다. '법률'이라는 용어가 언제나 '형식적 법률'을 뜻하는 것도 아니고, 법률의 효력이 형식적 법률의 전유물도 아니며, 위헌법률심판의 1차적 기능은

위하여 불가피한 경우에 위헌결정의 소급효를 제한하는 것은 오히려 법치주의의 원칙상 요청되는 것이라고 한다[대법원 1994. 10. 25. 선고 93다42740(공1994하, 3077)].

582) 장윤기, 「헌법재판소에서 위헌으로 결정된 법률의 효력」, 『사법행정』 제34권 제6호(통권 제390호), 사법행정학회, 1993. 6., 58~59쪽; 허 영, 『헌법소송법론(제13판)』, 박영사, 2018, 248쪽.

당사자의 권리구제라는 점에서 그 존재의미를 국회 통제에 국한할 수 없으므로, 법률의 효력이 있는 모든 법규범은 위헌법률심판 대상이 된다. 따라서 헌법재판소법 제47조 제2항의 '법률'에는 형식적 법률뿐 아니라 법률의 효력이 있는 실질적 법률도 포함된다. 실질적 법률에는 법률대위명령(헌법 제76조)과 국회 동의가 필요한 조약(헌법 제6조 제1항, 제60조 제1항) 그리고 법률의 효력이 있는 일반적으로 승인된 국제법규(헌법 제6조 제1항)가 포함된다.[583] 법률의 규범서열이 있는 관습법도 형식적 법률이나 실질적 법률은 아니지만, '준법률'로서 헌법재판소법 제47조 제2항의 '법률'에 포함된다고 보아야 할 것이다.[584]

원칙적으로 법률이 현재 유효한 때만 법률은 효력을 상실할 수 있다. 따라서 원칙적으로 현재 유효한 법률만 헌법재판소법 제47조 제2항의 '법률'에 포함된다. 그러나 헌법 제107조 제1항은 법률이 헌법에 위반되는지가 재판의 전제가 될 때 규범통제가 필요함을 규정한다. 재판의 전제가 된다는 것은 해당 사건에 적용된다는 것을 의미한다. 따라서 이미 폐지되거나 위헌으로 결정된 법률이라도 해당 사건에 아직도 적용된다면 당연히 헌법재판소의 규범통제 대상이 되어야 할 것이다. 따라서 여기의 '법률'을 '현재 유효한 법률'이 아니라 '해당 사건에 적용되는 법률'로 보는 것이 정확하다. 헌법재판소도 해당 사건에 적용되는 한 폐지된 법률도 위헌법률심판의 심판 대상으로 인정한다.[585]

③ 위헌결정의 범위

법률이나 법률조항의 효력을 상실시키는 헌법재판소 결정은 위헌결정이다. 위헌결정은 법률의 위헌성을 최종적으로 확인하는 결정이다. 법률뿐 아니라 법률조항의 위헌성도 확인할 수 있다는 점에서 역시 법률 일부인 법률의 해석 가능성 중 일부의 위헌성을 확인하는 결정도 위헌결정에 포함된다. 즉 단순위헌결정뿐 아니라 한정위헌결정과 한정합헌결정도 위헌결정에 포함된다. 특히 단순위헌결정도 해당 법률이나 법률조항을 폐지하는 것이 아니라 효력을 상실시키는 것에 그치므로 위헌으로 결정된 법률이나 법률조항이 법전에서 제거되지 않는다는 점에서 단순위헌결정과 한정위헌결정이나 한정합헌결정 사이의 형식적 차이는 없다. 그러나 헌법불합치결정은 헌법재판소법 제47조 제2항의 규율에서 벗어나는 것을 목적으로 하는 헌

---

583) 헌재 1995. 12. 28. 95헌바3, 판례집 7-2, 841, 846(조약); 헌재 1996. 2. 29. 93헌마186, 판례집 8-1, 111, 116(긴급재정경제명령) 참조.
584) 이에 관해서 자세한 것은 허완중, 「관습법과 규범통제」, 『공법학연구』 제10권 제1호, 한국비교공법학회, 2009, 171~176쪽 참조.
585) 헌재 1989. 7. 14. 89헌가5등, 판례집 1, 69, 80; 헌재 1989. 12. 18. 89헌마32등, 판례집 1, 343, 347.

법재판소 결정이다. 이러한 헌법불합치결정 자체의 본질적 특성 때문에 헌법불합치
결정은 헌법재판소법 제47조 제2항의 위헌결정에서 배제된다.

④ 효력 상실

헌법재판소법 제47조 제2항은 "효력을 상실한다."라고만 규정한다. 효력이 상실
되려면 상실 대상이 있어야 한다. 그래서 효력 상실은 위헌법률의 효력이 발생하여
적용된다는 것을 전제한다. 따라서 이 조항이 위헌법률의 당연무효를 인정한다고
보기는 어렵다. 그리고 법률이 폐지되면 당연히 법률의 효력도 상실되지만, 법률의
효력이 상실된다는 것에서 법률이 폐지된다는 결과를 당연히 도출할 수는 없다. 헌
법은 입법자인 국회만 법률을 폐지할 수 있다고 규정할 뿐이고 헌법재판소에 법률
을 폐지할 권한을 부여하지 않는다. 즉 법률의 제·개정과 폐지는 입법권의 핵심적
인 내용으로서 국회의 전속적 권한이다(헌법 제40조). 따라서 헌법에 별도 규정이 없
는 한 헌법재판소는 법률을 폐지할 수 없다. 헌법재판소가 법원이고 위헌결정이 사
법판결이라는 점에서도 헌법과 법률에 명문 규정이 없는 한 사법판결이 법률을 폐
지한다고 볼 수도 없다. 그리고 일반 법원의 명령이나 규칙에 대한 규범통제에서 위
헌이나 위법으로 결정된 명령이나 규칙이 무효가 되거나 폐지되는 것이 아니라 적
용만 배제된다는 점을 고려하면 위헌인 법규범의 무효나 폐지는 필연적이거나 논리
적인 결론으로 볼 수 없다. 따라서 위헌으로 결정된 법률이나 법률조항은 무효이거
나 폐지된다고 볼 수 없고 조항의 문언대로 단지 그 효력을 상실하며 법전에서 제
거되지 않는다. 즉 법률의 껍데기, 즉 형식적 외관은 여전히 존재하고 단지 법률의
알맹이인 효력만 사라진다.586) 이러한 형식적 외관을 제거할 수 있는 것은 입법자인
국회뿐이다. 실무에서도 위헌으로 결정된 법률은 법전에서 제거되지 않는다.587)

이러한 점에서 행위시법과 재판시법의 논의는 헌법재판소법 제47조 제2항에서
문제가 되지 않는다. 형식적인 면에서 법률 변화가 없고, 법률 적용 배제를 일으키
는 위헌성은 이미 위헌 발생 시점부터 있었기 때문이다. 위헌(의심을 받는)법률은 위
헌결정이 없음을 조건으로 잠정적으로 적용될 뿐이다. 행위시법과 재판시법이 다르

---

586) 그러나 위헌으로 결정된 법률이나 법률조항이 효력을 상실한다는 것은 그것이 법령집에서 제거된
다는 것을 의미한다는 견해(장윤기, 「헌법재판소에서 위헌으로 결정된 법률의 효력」, 『사법행정』 제
34권 제6호(통권 제390호), 사법행정학회, 1993. 6., 57쪽)가 있다.
587) 위헌결정 선고로 소극적인 공포의 효력이 발생하므로, 위헌결정이 있은 날에 법률이 폐지된 것과
같이 취급되어 위헌으로 결정된 법률을 법령집에서 삭제하고 헌법재판소 결정이 있었음을 삭제부분
에 표시한다는 견해(황우여, 「위헌결정의 효력」, 『사법논집』 제21집, 법원행정처, 1990, 24쪽)가 있
으나 헌법실무는 그렇지 않다.

다는 논리는 오로지 법률의 효력 상실을 법률 폐지로 이해하였을 때만 성립할 수 있다.[588] 위헌으로 결정된 법률의 형식적 외관이 사라진 것이 아니므로 입법자의 형식적 외관 제거가 필수적이라는 주장이 있을 수 있다. 그러나 유효한 법률을 정확하게 인식하려면 위헌으로 결정된 법률을 법전에서 제거하는 것이 바람직하다. 하지만 위헌으로 결정된 법률의 효력이 종국적으로 사라진다는 점에서 반드시 입법자가 그러한 외형을 제거하여야 하는 것은 아니다. 따라서 법률 외형 제거는 입법자의 재량에 달렸다. 때에 따라서 효력 상실되었던 법률이 사정변경 때문에 그 효력을 회복할 수 있다고 주장할 수도 있다. 그러나 헌법재판소의 위헌결정은 종국적인 위헌확정이라는 점에서 이러한 주장은 타당하지 않다. 즉 위헌으로 결정된 법률의 효력은 더는 회복될 수 없고 오직 (동일규범반복제정금지에 어긋나지 않는 범위에서) 입법자의 재입법이 가능할 뿐이다.

⑤ 결정이 있는 날

헌법재판소법 제47조 제2항은 위헌으로 결정된 법률이 '결정이 있는 날부터' 효력을 상실한다고 규정한다. 여기서 '결정이 있는 날부터'의 해석과 관련하여 위헌결정일 0시부터 위헌으로 결정된 법률의 효력이 상실된다는 견해(위헌결정일 0시설), 실제로 위헌결정이 선고된 때부터 위헌으로 결정된 법률의 효력이 상실된다는 견해(실제선고시설) 그리고 위헌결정이 관보에 게재된 날부터 위헌으로 결정된 법률의 효력이 상실된다는 견해(관보게재일설)가 있을 수 있다. 먼저 관보게재일설은 헌법재판소법 제36조 제5항과 '헌법재판소 심판 규칙' 제49조의2 제1항을 근거로 하는 것으로 볼 수 있으나, 헌법재판소 결정을 관보에 게재하는 것은 위헌결정의 효력 발생 요건이 아니라 단순한 법정공시절차에 지나지 않으므로 채택할 수 없다.[589] 그리고 헌법재판소법 제47조 제2항이 명시적으로 위헌으로 결정된 법률의 효력 상실 시점을 선고 시점을 피해서 '그 결정이 있는 날'로 규정하였으므로 선고 시점은 효력 상실 시점이 될 수 없다. 법률요건적 효력(이나 형성력 혹은 법률적 효력)은 확정력이나 기속력과는 다른 성질의 효력으로서 일반적인 사법판결의 효력이 아니라는

588) 같은 견해: 남복현, 「법률의 위헌결정의 효력에 관한 연구」, 한양대학교 법학박사학위논문, 1994, 227, 231쪽; 같은 사람, 「위헌결정의 효력에 있어 폐지무효설의 이론적 전개」, 『공법학의 현대적 지평』 (심천 계희열 박사 화갑기념논문집), 박영사, 1995, 389쪽; 같은 사람, 「헌재법 제47조 제2항의 해석과 적용에 관한 비판적 고찰」, 『법학논총』 제12집, 한양대학교 법학연구소, 1995, 384, 387쪽; 같은 사람, 「헌법재판소 결정의 효력에 관한 쟁점 및 해결방안」, 『헌법재판소의 효력에 관한 연구』(헌법재판연구 제7권), 헌법재판소, 1996, 238, 243~244쪽.
589) 같은 견해: 사봉관, 「위헌결정의 효력발생시기」, 『헌법논총』 제18집, 헌법재판소, 2007, 209~210쪽; 황우여, 「위헌결정의 효력」, 『사법논집』 제21집, 법원행정처, 1990, 24쪽.

점에서도 효력 상실 시점이 선고 시점이어야 할 필요는 없다. 따라서 '결정이 있는 날부터'는 문리해석대로 위헌결정일 0시부터로 해석하여야 할 것이다.[590] 즉 위헌으로 결정된 법률은 위헌결정일 0시부터 효력을 상실한다. 위헌결정일 0시부터 위헌으로 결정된 법률의 효력이 상실되는 것은 법적 안정성과 법적 명확성을 보장하기 위한 것이다. 이것은 효력 상실의 효력이 법률요건적 효력(이나 형성력 혹은 법률적 효력)으로서 대세적인 효력이 있다는 점에서 비롯한다. '법령 등 공포에 관한 법률' 제12조의 유추해석을 통해서 위헌결정일 0시부터라는 결론을 얻는 견해가 있다.[591] 그러나 이 견해는 위헌결정은 입법행위가 아닌 사법행위이고 법률이 폐지되는 것이 아니라 효력이 상실될 뿐이라는 점에서 설득력이 있다고 보기 어렵다. 오히려 일반법인 민법 제157조 단서를 근거로 하여야 할 것이다.[592] 선고일보다 뒤에 효력이 상실되는 것은 개인의 권리 보호라는 측면에서 인정되기 어렵기 때문이다.

⑥ 상실되는 효력

법률이나 법률조항에서 상실되는 효력은 법률이 법규범으로서 가지는 효력, 즉 법률의 효력일 수밖에 없다. 법률의 효력은 우위적 효력과 규율우선적 효력으로 구성된다.[593] 우위적 효력 측면에서 법률은 헌법을 제외한 모든 법규범과 국가행위에 대해서 효력적 우위가 있다. 그리고 규율우선적 효력 측면에서 법률은 법률유보사항을 포함한 모든 법영역과 법적 규율사항을 헌법에 어긋나지 않는 범위에서 규율할 수 있다. 모든 국가기관은 법률의 효력이 있는 법규범 적용을 거부할 수 없다. 국회도 법률을 제정할 권한이 있지만, 그가 입법절차를 통해서 법률을 폐지하거나 개정하지 않는 한 법률 구속에서 벗어날 수 없다. 따라서 위헌결정이 내려져 법률

---

590) 같은 견해: 대법원 1990. 3. 2.자 89그26 결정(공1990, 1224); 김하열, 『헌법소송법(제3판)』, 박영사, 2018, 331쪽; 사봉관, 「위헌결정의 효력발생시기」, 『헌법논총』 제18집, 헌법재판소, 2007, 218~219쪽; 장윤기, 「헌법재판소에서 위헌으로 결정된 법률의 효력」, 『사법행정』 제34권 제6호(통권 제390호), 사법행정학회, 1993. 6., 57쪽. 2005년 11월 24일에 헌법재판소는 도로교통법 제78조 제1항 제5호(2001. 12. 31. 법률 제6565호로 일부 개정되고 2005. 5. 31. 법률 7545호로 전문 개정되기 전의 것)가 헌법에 위반된다고 위헌결정을 내리고(헌재 2005. 11. 24. 2004헌가28, 판례집 17-2, 378), 대법원은 그 조항을 구체적인 사건에 그대로 적용해 판결을 확정하는(대법원 2005. 11. 24. 선고 2005두8061 판결) 사건이 발생하였다. 이때 헌법재판소의 위헌결정은 선고일 0시부터 효력이 발생하고, 대법원 판결은 선고 시점부터 효력이 발생하므로, 대법원 판결은 위헌으로 결정된 법률조항을 사건에 적용한 것이 된다. 따라서 헌법재판소 판례(헌재 1997. 12. 24. 96헌마172등, 판례집 9-2, 842, 859-862)를 따르면 이 대법원 판결은 예외적으로 재판소원 대상이 될 수 있다.
591) 황우여, 「위헌결정의 효력」, 『사법논집』 제21집, 법원행정처, 1990, 24쪽.
592) 대법원 1989. 3. 10. 선고 88수85 판결(집37-1, 392; 공1989, 552) 참조.
593) 법률의 효력에 관해서는 허완중, 「법률과 법률의 효력」, 『공법학연구』 제11권 제1호, 한국비교공법학회, 2010, 194~207쪽 참조.

이나 법률조항이 법률의 효력을 상실하면 법률이나 법률조항의 구속에서 모든 국민과 국가기관은 벗어난다. 즉 법률의 효력이 상실되면 법률의 일반적 구속력이 사라진다. 법률의 효력이 상실됨으로써 같은 법률이나 법률조항에 대한 불필요한 심판반복을 피할 수 있고 국가질서 통일성을 확보할 수 있으며 법적용 평등을 실현할 수 있다.

구체적 규범통제는 이미 발생한 위헌상태를 사후적으로 구제하는 것이다. 따라서 필연적으로 언제 위헌상태가 발생하였는지나 위헌법률과 관련된 사건이 언제 발생하였는지가 중요한 것이 아니라 현재 그것이 다투어질 수 있는지가 중요하다. 그리고 위헌이 의심되는 법률은 헌법재판소의 위헌결정이 없다는 것을 조건으로 '잠정적으로' 적용될 뿐이다. 따라서 위헌법률 구속에서 벗어나는 국가행위는 그 행위가 언제 이루어졌는지에 관계없이 선고일 당시 사법적 구제가 허용되는 것은 모두 포함된다. 즉 법률요건 완성시기가 아니라 재판청구 가능성이 법률 적용을 배제하는 기준이 된다. 결정일 이전에 법률요건이 완성된 국가행위도 법원에 계류 중이거나 재판 청구가 가능하다면, 위헌결정의 효력이 미쳐 위헌으로 결정된 법률 구속에서 벗어난다. 법률이 헌법과 어긋난다는 성질은 헌법과 법률이 충돌하는 시점부터 발생하고 위헌결정이 법률의 위헌성을 확인하는 결정에 불과하다는 점에서 선고일 이전에 이루어진 국가행위에 효력 상실이 소급하여 적용되는 것이 아니라 '잠정적으로' 적용되던 위헌법률의 효력이 위헌결정의 선고일을 기준으로 확정적으로 상실되는 것에 불과하다. 그러나 이미 국가행위에 대한 법원의 재판이 확정되거나 기간 경과로 국가행위에 대한 재판 청구가 허용되지 않으면 이러한 국가행위는 위헌법률 구속에서 벗어나지 못한다. 즉 위헌으로 결정된 법률의 효력 상실은 사법판결의 기판력과 행정행위의 존속력을 깨뜨리지 못한다.594) 이러한 때는 재판의 전제가 될 가능성이 없기 때문이다. 이러한 점에서 폐지설이 예외적으로 소급효가 미치는 것으로 인정하는 사건은 헌법재판소법 제47조 제2항의 적용범위에 포섭될 수 있다. 따라서 해석을 통해서 소급효를 예외적으로 인정할 필요는 없다고 생각한다.

---

594) 참고로 대법원은 확정판결이 내려진 사건[대법원 1993. 4. 27. 선고 92누9777 판결(공1993하, 1609); 대법원 1995. 1. 24. 선고 94다28017 판결(공1995상, 1128); 대법원 2003. 7. 11. 선고 2003다19572(공2003하, 1720)]과 확정된 행정처분[대법원 1994. 10. 28. 선고 92누9463 판결(공1994하, 3139); 대법원 1994. 10. 28. 선고 93다41860 판결(공1994하, 3109); 대법원 2000. 6. 9. 선고 2000다16329 판결(공2000, 1641); 대법원 2002. 11. 8. 선고 2001두3181(공2003상, 75)]에는 위헌결정의 소급효가 미치지 않는다고 하였다.

(3) 헌법재판소법 제47조 제3항의 구체적 해석

① 헌법재판소법 제47조 제3항 본문 해석

(ⅰ) 효력 상실에 따른 효과

형벌에 관한 법률이나 법률조항은 다른 법률이나 법률조항과는 달리 헌법재판소의 위헌결정에 따라서 소급하여 효력이 상실된다(헌법재판소법 제47조 제3항 본문, 제75조 제7항, 제8항). 형벌에 관한 법률이나 법률조항에 대해서 헌법재판소가 위헌결정을 내렸을 때, 수사단계에서는 위헌으로 결정된 법률이나 법률조항이 아닌 다른 규정을 적용할 수 있으면 이에 따라 사건을 처리하고, 달리 적용할 규정이 없으면 수사를 종결하여야 한다. 해당 법률이나 법률조항의 유효성을 전제로 한 피의사건에 대해서 검사는 불기소처분은 하여야 한다. 검사가 기소유예처분을 내리고 나서 처분의 근거법률에 대해서 위헌결정이 내려지면 검사는 기소유예처분을 취소하여야 한다.[595] 기소되었다면 검사는 다른 공소사실로 공소장을 변경할 수 있고, 이러한 공소장 변경을 할 수 없으면 공소취소를 하여야 한다. 검사의 공소취소가 없으면 법원은 면소판결이 아니라 무죄를 선고하여야 한다(형사소송법 제325조).[596] 위헌결정으로 말미암아 형벌에 관한 법률이나 법률조항이 소급하여 그 효력을 상실하면 해당 법률이나 법률조항을 적용하여 기소한 사건이 범죄 후의 법령개폐로 형이 폐지되거나 공소장에 기재된 사실이 진실하더라도 범죄가 될 만한 사실이 포함되지 아니한 것이 아니라 범죄로 되지 아니한 때에 해당하기 때문이다.[597] 이것은 형벌에 관한 법률이나 법률조항의 위헌성은 이미 행위 시에 있었고, 헌법재판소가 위헌결정을 통해서 이것을 선고 시점에 확인한 것에 불과하다는 것에 따른 당연한 결과이다. 법원의 판결 후 확정되기 이전에 헌법재판소가 위헌결정을 내리면 판결에 미친 헌법이나 법률의 위반이 있는 때에 해당하여 항소와 상고의 이유가 된다(형사소송법 제361조의5 제1호, 제383조 제1호). 위헌으로 결정된 법률이나 법률조항이 헌법에 어긋나는 시점 전에 범한 공소사실은 사건이 법원에 계속 중이면 법률 변경으로 말미암아 그 행위가 범죄를 구성하지 아니하는 때에 해당하여 면소가 선고되어야

---

595) 헌재 2010. 7. 29. 2009헌마205, 판례집 22-2상, 456, 460.
596) 대법원 1992. 5. 8. 선고 91도2825 판결(공1992, 1918).
597) 대법원 1992. 5. 8 선고 91도2825 판결(공1992, 1918); 대법원 1999. 12. 24. 선고 99도3003 판결(공2000상, 353); 대법원 2003. 6. 27. 선고 2002도7403 판결; 대법원 2005. 3. 10. 선고 2001도3495 판결; 대법원 2005. 4. 15. 선고 2004도9037 판결; 대법원 2006. 6. 9. 선고 2006도1955 판결; 대법원 2010. 12. 16. 선고 2010도5986 전원합의체 판결(공2011상, 259); 대법원 2011. 5. 13. 선고 2009도9949 판결; 대법원 2011. 6. 23. 선고 2008도7562 전원합의체 판결(공2011하, 1487); 대법원 2011. 9. 29. 선고 2009도12515 판결.

한다(형사소송법 제326조 제4항). 폐지설을 따르면 당연히 범죄 후에 법률이 폐지되어 형이 폐지된 때에 해당한다. 그리고 효력상실설을 따르더라도 범죄 당시에 합헌이었던 법률이 이후 그 위헌성이 확인되어 그 효력을 상실함으로써 더는 적용될 수 없어 법적 상황 변경에 따라 형이 폐지되는 것과 같은 결과가 발생하여 형이 폐지된 때와 다름없기 때문이다.

그러나 소급효가 인정되어도 법원이 이미 선고한 유죄판결 자체를 무효로 만들거나[598] 유죄확정판결 집행을 정지시키거나[599] 진행 중인 형의 집행을 금지하는 것이 아니다. 즉 유죄 확정판결의 근거인 법률을 헌법재판소가 위헌으로 결정하여도 확정판결의 기판력에 영향을 미치지 않는다. 유죄판결을 받은 사람이 재심 청구를 통해서 확정된 유죄판결을 다툴 수 있을 뿐이다(헌법재판소법 제47조 제4항). 일단 판결이 확정된 이상 판결 집행 전에는 물론이고 판결 집행 중에도 재심을 청구할 수 있다. 그리고 판결 집행이 종료되고 나서도 재심을 청구할 수 있다. 재심 청구에는 형 집행을 정지하는 효력이 없다. 다만, 관할 법원에 대응하는 검찰청 검사는 재심 청구에 대한 재판이 있을 때까지 형 집행을 정지할 수 있다(형사소송법 제428조). 이 때의 재심 청구에는 형사소송법 규정을 준용한다(헌법재판소법 제47조 제5항, 제75조 제8항). 그런데 헌법재판소법 제47조 제4항과 제75조 제7항이 규정하는 재심은 형사소송법 제420조에서 규정하는 재심사유와는 별개로 헌법재판소법이 규정한 절대적 재심사유에 따른 절차이다. 즉 이때의 형사 재심은 사실적 사유에 따른 재심이 아니라 원판결의 법률 적용에 변경을 가져오는 법률적 사유에 따른 재심이다. 따라서 형사소송법 규정을 준용하는 때도 형사소송법 제420조, 제421조, 제422조는 준용되지 않는다.[600]

(ⅱ) 위헌으로 결정된 형벌법규의 효력이 상실되는 소급 시점

ⓐ 소급 시점을 규정하지 않은 헌법재판소법 제47조 제3항 본문

위헌으로 결정된 형벌법규의 효력을 소급하여 상실시킬 것인지 아니면 앞날을 향하여 상실시킬 것인지는 헌법이 정하지 않은 이상 입법자가 법적 안정성과 개인

---

598) 헌재 1993. 7. 29. 92헌바34등, 판례집 5-2, 56, 63.

599) 그러나 형법 제1조 제3항의 유추적용을 통해서 유죄판결이 확정되면 그 집행이 정지된다는 견해가 있다(장윤기, 「헌법재판소에서 위헌으로 결정된 법률의 효력」, 『사법행정』 제34권 제6호(통권 제390호), 사법행정학회, 1993. 6., 60쪽). 그리고 재심 청구가 가능한 사건이라면 형법 제1조 제3항을 따라서 형 집행이 면제된다는 견해도 있다[김하열, 『헌법소송법(제3판)』, 박영사, 2018, 346~347쪽; 한수웅/정태호/김하열/정문식 (김하열 집필), 『주석 헌법재판소법』, 헌법재판소 헌법재판연구원, 2015, 632쪽].

600) 정종섭, 『헌법소송법(제8판)』, 박영사, 2014, 362쪽; 황우여, 「위헌결정의 효력」, 『사법논집』 제21집, 법원도서관, 1990, 35쪽.

의 권리구제 등 제반이익을 비교형량하여 결정할 입법정책 문제로 볼 수 있다.[601] 그러나 헌법재판소법 제47조 제3항 본문은 단지 소급한다고만 규정할 뿐이지 소급 시점에 관해서는 침묵한다. 따라서 헌법재판소법 제47조 제3항 본문의 문리적 해석 을 통해서 형벌에 관한 법률이나 법률조항에 대한 위헌결정이 제정 시점이나 개정 시점까지 소급한다는 것이 당연히 도출된다고 보기는 어렵다. 그래서 헌법과 헌법 재판소법의 합리적 해석을 통해서 논증하지 못한다면, 위헌으로 결정된 형벌에 관 한 법률이나 법률조항이 제정 시점이나 개정 시점까지 소급한다고 볼 수는 없다. 이러한 점에서 형벌에 관한 법률이나 법률조항에 대한 위헌결정의 소급효를 제한할 수 있는지보다 형벌에 관한 법률이나 법률조항에 대한 위헌결정의 소급 시점이 언 제인지를 먼저 밝혀야 한다. 즉 형벌에 관한 법률이나 법률조항에 대한 위헌결정의 소급 시점이 확정되지 않고서는 형벌에 관한 법률이나 법률조항에 대한 위헌결정의 소급효 제한을 논할 수 없다. 형벌에 관한 법률이나 법률조항에 대한 위헌결정이 언제까지 소급하는지를 알지 못하고서는 소급효가 일으키는 문제나 소급효 제한 필 요성을 정확하게 혹은 명확하게 확인할 수 없기 때문이다.

소송법의 기본법 역할을 하는 민사소송법(제60조, 제81조)은 소급 시점을 명시 한다. 실체법의 기본법 역할을 하는 민법(제133조, 제167조, 제247조 제1항, 제386조, 제457조, 제860조, 제1015조, 제1042조, 제1074조 제2항)도 소급효를 규정할 때마다 늘 소급 시점을 명확하게 밝힌다. 이러한 점에 비추어 소급효를 규정할 때 소급 시점 을 명시하는 것을 원칙으로 볼 수 있다. 그러나 헌법재판소법 제47조 제3항 본문 은 소급 시점을 명시하지 않는다. 이것은 두 가지로 해석할 수 있다. 먼저 소급 시 점이 헌법재판소법 자체나 헌법 혹은 그 밖의 법률 해석이나 법원리 등을 통하여 명확하게 확정될 수 있어서 별도로 규정하지 않았다고 볼 수 있다. 즉 소급 시점 이 명확하여 별도로 규정할 필요성이 없을 수 있다. 다음 입법자가 소급 시점을 헌법재판소 결정에 맡긴 것으로 해석할 수도 있다.[602] 그러나 헌법재판소 결정에 맡긴 것이라는 해석은 소급 시점이 실정법 해석을 통해서 확정될 수 없다는 것이

---

601) 헌재 1993. 5. 13. 92헌가10등, 판례집 5-1, 226, 249-250.
602) 헌재 1993. 5. 13. 92헌가10등, 판례집 5-1, 226, 245-251: "어떤 사안이 후자와 같은 테두리에 들어가는가에 관하여는 다른 나라의 입법례에서 보듯이 본래적으로 규범통제를 담당하는 헌법재판 소가 위헌선언을 하면서 직접 그 결정주문에서 밝혀야 할 것이나, 직접 밝힌 바 없으면 그와 같은 경우에 해당하는가의 여부는 일반 법원이 구체적 사건에서 해당 법률의 연혁·성질·보호법익 등을 검토하고 제반이익을 형량해서 합리적·합목적적으로 정하여 대처할 수밖에 없을 것으로 본다. 생각 건대, 일률적인 소급효의 인정이 부당한 결과를 발생시키듯이 일률적인 소급효의 완전부인도 부당 한 결과를 발생할 수 있다고 할 것이다."

최종적으로 밝혀졌을 때만 가능하다. 헌법재판소도 헌법과 법률에 구속될(헌법 제103조, 헌법재판소법 제4조) 뿐 아니라 이미 소급 시점이 확정되었다면 입법자의 입법형성권은 인정될 수 없어서 입법자가 소급 시점을 헌법재판소 결정에 맡기는 내용을 담은 법률을 만들 수 없기 때문이다. 입법자에게 맡긴다는 의미는 소급 시점이 확정되지 않아서 입법자가 이것을 확정하도록 하였다는 뜻으로 새기는 것 이외에 소급 시점을 헌법에 간결하게 규정하기 어려워서 입법자에게 법률로 구체화하도록 의무 지운 것으로 이해할 수도 있다. 이때도 실정법, 특히 실정헌법 해석을 바탕으로 한 소급 시점 확정이 선행되어야 할 것이다. 소급 시점을 제정 시점이나 개정 시점으로 당연히 전제하는 태도는 소급 시점이 명확하다는 해석을 따른 것으로 볼 수 있다. 다만, 이러한 해석은 그 명확함에 관한 합리적 논증이 충분히 이루어져야 비로소 가능하다.

ⓑ 위헌결정의 본질과 소급 시점

헌법재판소가 위헌으로 결정한 법률이나 법률조항이 효력을 상실하는 근거는 오로지 헌법재판소가 그 위헌성을 확인하였다는 것뿐이다. 그러므로 효력이 상실되는 범위는 헌법재판소가 법률이나 법률조항의 위헌성을 확인한 범위에 국한된다. 합헌인 법률이나 법률조항에 대해서는 헌법재판소가 위헌결정을 내릴 수도 없을 뿐 아니라 헌법재판소가 위헌성을 확인하지 않은 부분에는 위헌결정의 효력이 미칠 근거가 없기 때문이다. 따라서 형벌에 관한 법률이나 법률조항에 대한 위헌결정의 효력은 해당 법률이나 법률조항에 위헌성이 발생한 시점까지만 소급할 수 있다.[603] 즉 원시적 위헌이면 법률 제정 시점이나 법률 개정 시점(정확하게 말하자면 법률이 제정되거나 개정되어 효력이 발생한 시점)[604], 후발적 위헌이면 사정변경 시점까지만 위

---

603) 독일에서는 당연무효설을 따라서 연방헌법재판소가 무효선언을 하면 해당 법률은 '헌법과 법률이 충돌하는 시점(통상적으로 제정 시점)'으로 소급하여 무효가 된다고 한다(Ernst Benda/Eckart Klein/ Oliver Klein, Verfassungsprozeßrecht, 3. Aufl., Heidelberg/München/Landsberg/Frechen/Hamburg 2012, § 39 Rdnr. 1375; Herbert Bethge, Verbindlichkeit der Entscheidung, in: Theodor Maunz/ Bruno Schmit – Bleibtreu/Franz Klein/Gerhard Ulsamer/Herbert Bethge/Karin Grasshof/Rudolf Mellinghoff/Jochen Rozek, Bundesverfassungsgerichtsgesetz – Kommentar, Bd. 1, München 2017 (Stand: Januar 2017), § 31 Rdnr. 152 f.; Andreas Heusch, Bindungswirkung und Gesetzeskraft der Entscheidungen, in: Christian Burkiczak/Franz – Wilhelm Dollinger/Frank Schorkopf (Hrsg.), Bundesverfassungsgerichtsgesetz – Heidelberger Kommentar, Heidelberg 2015, § 31 Rdnr. 80; Christian Hillgruber/Christoph Goos, Verfassungsprozessrecht, 4. Aufl., Heidelberg 2015, Rdnr. 548; Christian Pestalozza, Verfassungsprozeßrecht, 3. Aufl., München 1991, S. 352).

604) 심사기준인 헌법의 효력이 먼저 발생하고 법률의 효력이 나중에 발생하였다면 법률의 효력이 발생한 시점을, 법률의 효력이 먼저 발생하고 심사기준인 헌법의 효력이 나중에 발생하였다면 헌법의 효력이 발생한 시점을 뜻한다.

헌결정의 효력이 소급할 수 있다.605) 여기서 법률 제정 시점이나 법률 개정 시점은 명확하게 확정할 수 있으나, 사정변경 시점은 확정하기 어렵다. 법적 안정성이나 법적 명확성을 보장하여야 하므로 그리고 형벌에 관한 법률이나 법률조항에 대한 위헌결정은 해당 법률 적용을 받는 사람에게 유리한 때만 소급하고, 형사상 불이익한 결과를 가져오는 때는 소급하지 않으므로, 사정변경 시점을 확정할 수 없다면 당사자에게 유리하게 법률 제정 시점이나 법률 개정 시점까지 소급한다고 볼 수밖에 없다. 이러한 점에서 소급 시점을 확정하기 어렵다는 것이 소급 시점을 확정할 수 없다는 것을 뜻하지 않는다. 그리고 사정변경 시점이 문제가 된다는 점은 사정변경이 있다는 점을 전제한다는 점을 잊지 말아야 한다. 사정변경이 있다는 점이 증명되어야 비로소 사정변경이 언제 있었는지를 문제 삼을 수 있기 때문이다. 그런데 사정변경이 있다는 점이 증명되었다는 것은 정확하게 어느 시점에 사정변경이 있었는지를 알 수 없더라도 적어도 어느 시점을 기준으로 사정변경이 있었거나 없음을 확인할 수 있다는 것을 뜻한다. 어느 시점에서도 사정변경이 있었거나 없음을 모른다는 것은 결국 사정변경이 있다는 것을 증명하는 데 실패하였다는 것이고, 이것은 사정변경을 주장하지 못함을 뜻한다. 따라서 사정변경 시점이 명확하지 않다는 점은 후발적 위헌 자체를 부정하거나 후발적 위헌의 소급 시점을 원시적 위헌과 같이 보아야 한다는 논거가 될 수 없다.

② 헌법재판소법 제47조 제3항 단서 해석

(ⅰ) 헌법재판소법 제47조 제3항 단서의 타당성

합리적인 입법목적을 따르면 헌법재판소법 제47조 제3항 단서의 타당성 근거는 헌법재판소법 제47조 제3항이 원시적 위헌뿐 아니라 후발적 위헌도 규율하므로 위헌으로 결정된 형벌법규는 헌법과 형벌법규가 충돌하는 시점까지 소급하여 그 효력을 상실한다는 것을 전제로 헌법재판소가 합헌결정을 내리고 나서 견해를 바꾸어

---

605) 허완중, 「한국헌법에 따른 헌법재판소법 제47조 제2항의 해석」, 『공법연구』 제37집 제4호, 한국공법학회, 2009, 248쪽. 비슷한 견해로는 황우여, 「위헌결정의 효력」, 『헌법재판의 이론과 실제』(금랑 김철수교수 화갑기념), 박영사, 1993, 330쪽. 결정의 법적 효과를 논할 때 기산점인 규범충돌 시점은 사정변경 때는 사정변경 시점, 시원적인 위헌이면 심판 대상인 법률 제정 시점 그리고 개헌으로 말미암은 때는 개헌 시점이라는 견해(남복현, 「헌법재판소 결정의 효력에 관한 쟁점 및 해결방안」, 문광삼/남복현/전정환, 『헌법재판소결정의 효력에 관한 연구』(헌법재판연구 제7권), 헌법재판소, 1996, 294쪽; 같은 사람, 「헌법불합치결정을 둘러싼 법적 쟁점의 검토 ― 실체적 형벌법규를 중심으로 ―」, 『헌법실무연구』 제10권, 박영사, 2009, 493쪽)가 있다. 헌법개정, 헌법에 대한 일반적 해석 변화, 헌법변천도 사정변경에 해당하므로, 헌법이 개정되거나 헌법에 대한 일반적 해석이 바뀌거나 헌법이 변천하여 법률이 위헌이 되면 그 시점까지 위헌결정의 소급효가 미친다고 보아야 한다.

위헌결정을 내렸다는 것은 형벌법규의 위헌 여부에 관한 최종적 판단이 달라졌다는 것이므로 위헌으로 결정된 형벌법규의 효력은 최소한 이전 합헌결정을 내린 시점을 넘어 소급할 수 없다는 것이다. 그러나 입법과정에서 주장된 입법목적을 따르면 소급 시점이 제정 시점이나 개정 시점이라는 것을 헌법재판소가 형벌법규에 대해서 합헌결정을 내리고 나서 사정변경을 이유로 견해를 바꾸어 같은 형벌법규에 대해서 위헌결정을 내릴 때도 관철하는 것이 문제가 있다고 하면서 종래 합헌결정의 이전 확정판결에 대한 무분별한 재심 청구를 방지하고 합헌결정에 실린 당대의 법감정과 시대 상황에 대한 고려하려고 헌법재판소법 제47조 제3항 단서를 두었다고 한다. 그러나 왜 전소에서 합헌결정을 내린 시점을 소급효를 제한하는 기준으로 삼아야 하는지는 입법목적은 물론 관련 논의에서도 찾기 어렵다. 즉 전소의 합헌결정이 소급 시점을 확정하는 기준이 되어야 하는 근거에 관해서 구체적으로 밝히거나 제시하는 견해는 없는 것으로 보인다. 여기서는 헌법재판소법 제47조 제3항 단서를 정당화하는 근거로서 합헌결정의 최종성에 따른 차단효와 합헌결정의 선례적 구속력을 제시하고자 한다.

ⓐ **합헌결정의 최종성에 따른 차단효**

헌법재판소의 모든 결정은 '사법재판으로서' 선고 시점을 기준으로 최종성이 있다. 이러한 최종성은 재심을 통한 결정 파기 이외에는 침해되지 않는다. 즉 헌법재판소 결정이 내려지면, 재심에 따른 파기 이외에는 이후의 어떠한 헌법재판소 결정도 헌법재판소 결정의 효력(특히 확정력)에 영향을 미칠 수 없다. 따라서 헌법재판소는 전소 결정과 충돌하는 어떠한 결정도 내릴 수 없다. 따라서 헌법재판소의 합헌결정을 바탕으로 형성된 법질서는 재심 허용이라는 예외가 없는 한 최소한 선고 시점에는 무너지지 않는다. 이것은 헌법재판소 결정이 잘못이 없는 결정으로서 언제나 옳은 결정이라서가 아니라 헌법재판소 결정은 그 선고 시점을 기준으로 종국결정이기 때문이다. 그래서 신법우선원칙은 있지만 신재판우선원칙은 없다. 재판은 선고 시점을 기준으로 구체적인 법적 분쟁을 종국적으로 해결하는 데 그치고, 확정력을 통해서 재판 사이의 모순을 방지하기 때문이다. 전소 합헌결정을 건드리지 않는 특별법을 통해서 전소 합헌결정의 최종성을 우회적으로 깨뜨릴 수는 있다. 그러나 재심을 통하지 않고 헌법재판소의 다른 결정을 통해서는 전소 합헌결정의 최종성을 무너뜨릴 방법이 헌법국가에서는 없다. 이것은 헌법재판소 결정에서 직접 도출되는 소송법적 효력은 물론 그에 기반을 둔 실체법적 효력에서도 마찬가지이다. 헌법재판소 결정의 최종성이란 헌법재판소 판단이 헌법질서 안에서 더는 다툴 수 없는 유권적 판단이라는 것이기 때문이다. 바로 이러한 점 때문에 합헌결정 이후에 무슨 사유로 위헌결정이 내려졌는지는 문제가 되지 않는다. 합헌결정을 통해서 선고 시점의 헌법적 문제가 최종적으로 해결되었다는 점이 중요하기 때문이다.

만약 형벌에 관한 법률이나 법률조항에 대한 위헌결정의 소급효가 전소 합헌결정의 효력과 충돌한다면, 이것은 헌법재판소 결정의 최종성을 직접 침해하고 헌법재판소 결정에 대해서 재심을 하는 결과를 낳는다.606) 따라서 이러한 때는 소급 시점이 전소 합헌결정의 선고 시점을 넘어가지 못한다고 보아야 할 것이다. 즉 전소의 합헌결정이 내려진 시점을 기준으로 해당 법률이나 법률조항의 위헌성이 없다는 것이 최종적으로 확인되었으므로, 적어도 그 시점에는 해당 법률이나 법률조항은 합헌임이 확정되어서 그 효력이 상실되지 않는다고 보아야 한다. 따라서 전소에서 합헌결정이 내려지고 나서 후소에서 위헌결정이 내려지면 위헌결정의 소급 시점은 전소 합헌결정의 효력이 발생하는 합헌결정을 선고한 시점(헌법재판소법 제40조 제1항 전문, 민사소송법 제205조)까지 소급하는 것으로 보아야 할 것이다.607) 물론 후소에서 위헌결정을 내린 날과 전소에서 합헌결정을 내린 날 사이의 특정 시점에 사정변경이 있다는 것을 밝힐 수 있다면, 그 시점까지만 후소 위헌결정의 효력은 소급할 것이다. 그러나 사정변경 시점을 확정하기 어렵다면 당사자에게 유리하게 해석하여야 하므로, 전소에서 합헌결정이 내려진 날까지 소급한다고 보아야 할 것이다. 물론 재심을 통해서 전소의 합헌결정을 파기하고 후소에서 위헌결정을 내리면 전소의 합헌결정이 없는 때와 마찬가지로 소급 시점을 확정하게 될 것이다. 전소의 합헌결정에서 심사한 근거가 아닌 다른 근거를 바탕으로 위헌결정을 내린 때도 똑같다. 이때 전소의 합헌결정과 후소의 위헌결정이 서로 모순되지 않기 때문이다.

ⓑ 합헌결정의 선례적 구속력(헌법재판소법 제23조 제2항 단서 제2호)

합헌결정은 해당 사건을 넘어서 효력을 미치지 못한다. 그러나 합헌결정에는 헌법재판소법 제23조 제2항 단서 제2호로 말미암아 선례적 구속력이 귀속된다. 이로 말미암아 합헌결정은 비록 추정적인 것에 그치기는 하지만, 해당 사건을 넘어서 다른 사건에 효력을 미친다. 그리고 판례 변경은 오로지 선고 시점 이후에만 가능하다는 점에서 합헌결정의 선례적 구속력은 최소한 선고 시점에는 해당 사건이 아닌 다른 사건에도 합헌결정에서 판시한 헌법이나 법률의 해석과 적용에 관한 의견이

---

606) 비슷한 견해: 남복현, 『헌법재판소 결정의 소송법적 효력』, 한국학술정보, 2013, 229쪽.
607) 비슷한 견해: 남복현, 「헌법불합치결정을 둘러싼 법적 쟁점의 검토 － 실체적 형벌법규를 중심으로
　　－」, 『헌법실무연구』 제10권, 박영사, 2009, 493~494쪽.

그대로 유지된다는 것을 보장한다. 즉 해당 사건이 아니더라도 같은 헌법이나 법률의 해석과 적용이 문제 되는 사건들에는 헌법재판소가 같은 결정을 내리리라는 것을 담보해준다. 그래서 헌법재판소는 이러한 사건들을 병합하여 결정을 내릴 수 있다. 그리고 선례적 구속력으로 말미암아 합헌결정이 내려지면 그에 따라서 법질서가 형성되고 헌법재판소는 특별한 계기가 없으면 그와 다른 결정을 내리기 어렵다. 이것은 합헌결정의 확정력(기판력)이 선례적 구속력의 도움으로 최소한 선고 시점에 해당 사건을 넘어 다른 사건에까지 미치는 결과를 낳는다. 그에 따라 전소 합헌결정의 확정력과 후소 위헌결정의 법률요건적 효력[혹은 형성력이나 법률적 효력(법규적 효력)]이 충돌하는 범위는 전소의 해당 사건을 넘어 전소와 같은 헌법이나 법률의 해석과 적용이 문제 되는 다른 사건까지 확장하는 것으로 볼 수도 있다.

(ⅱ) 헌법재판소법 제47조 제3항 단서의 구체적 의미

ⓐ 합헌결정

헌법재판소법 제47조 제3항 단서에서 전소의 결정 중 합헌결정만 문제 삼는다. 따라서 전소에서 위헌결정이 내려졌다면 헌법재판소법 제47조 제3항이 적용되지 않는다. 위헌결정이 내려지면 그에 상응한 효력이 이미 발생하고 그에 따라서 새로운 법질서가 형성되었을 것이기 때문이다.608) 합헌결정은 형벌법규의 위헌성을 확인하지 않는 헌법재판소의 종국결정을 말한다. 합헌결정에 단순합헌결정이 속한다는 것에는 이론이 없다. 한정위헌결정과 헌법불합치결정은 해당 법률이나 법률조항의 위헌성을 확인하는 위헌결정이다. 그런데 한정합헌결정은 위헌을 확인하는 내용뿐 아니라 합헌을 확인하는 내용도 포함한다. 특히 한정합헌결정은 범위를 명시하여 합헌을 확인한다. 따라서 한정합헌결정의 합헌적 내용도 헌법재판소법 제47조 제3항 단서의 합헌결정에 포함된다고 보아야 할 것이다.

헌법재판소가 해당 형벌법규에 대해서 위헌결정을 내리기 전에 오직 한 번 합헌결정을 내릴 수도 있으나, 때에 따라서는 여러 차례 합헌결정을 내리고 나서 비로소 위헌결정을 내릴 수도 있다. 이때는 위헌결정을 내리기 직전에 내린 마지막 합헌결정만 헌법재판소법 제47조 제3항 단서의 합헌결정으로 보아야 할 것이다.609)

---

608) 비슷한 견해: 남복현, 「형벌법규에 대한 위헌결정의 효력을 둘러싼 쟁점」, 공법연구 제43집 제1호, 한국공법학회, 2014, 239쪽.

609) 같은 견해: 한수웅/정태호/김하열/정문식(김하열 집필), 『주석 헌법재판소법』, 헌법재판소 헌법재판연구원, 2015, 630쪽; 남복현, 「형벌법규에 대한 위헌결정의 효력을 둘러싼 쟁점」, 공법연구 제43집 제1호, 한국공법학회, 2014, 252쪽; 박승호, 「형벌규정에 대한 헌법불합치결정」, 『아주법학』 제8권 제4호, 아주대학교 법학연구소, 2015, 156쪽.

여러 차례의 합헌결정은 헌법재판소가 자기 견해를 계속 유지한다는 증명이기 때문이다.

합헌결정은 본안결정이다. 따라서 절차결정인 각하결정은 합헌결정에 속하지 않는다. 각하결정에서는 본안에 관한 아무런 심사가 이루어지지 않아서 위헌결정과 충돌할 수 없기 때문이다. 다만, 각하결정을 내린 이유가 반복청구와 같이 전소 합헌결정의 확정력(기판력)이라면 이러한 각하결정은 합헌결정에 포함하여야 할 것이다.[610] 이러한 각하결정은 헌법재판소가 이러한 합헌결정을 바꿀만한 사정변경이 없음을 확인하기 때문이다.

헌법재판소법 제68조 제1항에 따른 헌법소원심판에서 법령소원이 이유가 없으면 헌법재판소는 기각결정을 내린다. 이러한 기각결정은 법령의 위헌성을 확인하지 못하였다는 것이므로 합헌결정에 해당한다. 합헌결정도 규범통제심판에서 내리는 기각결정이다. 따라서 이러한 기각결정도 헌법재판소법 제47조 제3항 단서의 합헌결정에 해당한다.[611]

ⓑ 합헌으로 결정한 사건

㉮ 판단기준　　헌법재판소법 제47조 제3항 단서의 합헌으로 결정한 사건이 되려면 반드시 위헌결정과 심판 대상이 같아야 한다. 즉 헌법재판소가 위헌으로 내린 것과 같은 형벌법규에 대한 합헌결정이어야 한다. 위헌결정의 법률요건적 효력(이나 형성력 혹은 법률적 효력)으로 말미암아 효력의 주관적 한계는 극복되어 당사자가 달라도 합헌으로 결정한 사건이 될 수 있다. 그러나 효력의 객관적 한계는 여전히 남는다. 따라서 이전에 합헌결정이 있었어도 심사한 구체적 내용이 다르면 헌법재판소법 제47조 제3항 단서의 합헌으로 결정한 사건이 될 수 없다. 하지만 심사한 내용이 전부 같아야 하는 것은 아니다. 심사한 내용이 부분적으로 같아도 헌법재판소법 제47조 제3항 단서의 합헌으로 결정한 사건에 해당할 수 있다. 여기서 중요한 것은 전소와 후소에서 심사한 내용이 (최소한 부분적이라도) 충돌할 수 있는 지이다. 따라서 심사한 내용이 충돌한다면 그 범위는 중요하지 않다.

㉯ 대상범위　　종전에 합헌으로 결정한 사건은 헌법재판소가 합헌결정을 내리게 된 계기가 된 사건으로 볼 수 있다. 그러나 종전에 합헌으로 결정한 사건은 소

급 시점을 확정하는 기준이고, 효력 상실에 따른 효과는 결국 재심 청구를 허용하는 것이라는 점에서 헌법재판소법 제47조 제3항 단서에서 문제가 되는 사건은 종전 합헌결정을 내린 시점을 기준으로 재심 청구를 허용할 수 있는 사건으로 이해하여야 할 것이다. 따라서 합헌결정을 내린 시점을 기준으로 어느 범위로 잘라야 하는지가 다투어질 수 있다. 즉 엄격하게 해석하면, ㉠ 전소의 합헌결정 이전에 이미 유죄로 확정판결을 받고 집행까지 완료된 사건으로 한정할 수도 있고, ㉡ 전소의 합헌결정 이전에 이미 유죄로 확정판결을 받은 사건으로 이해할 수도 있다. 그리고 ㉢ 헌법재판소법 제47조 제2항에서 예외적으로 소급효를 인정하는 것에 준하여 전소의 합헌결정 당시 이미 유죄의 확정판결을 받은 사건뿐 아니라 합헌결정의 원인을 제공한 해당 사건, 동종사건과 병행사건도 포함할 수도 있다. 또한, ㉣ 전소의 합헌결정을 내린 취지를 존중하여 전소의 합헌결정 당시 이미 유죄 확정판결을 받은 사건과 합헌결정의 원인을 제공한 해당 사건에 국한할 수도 있다.

종전에 합헌으로 결정한 사건에 동종사건과 병행사건까지 포함하는 것은 해당 사건에 국한되는 합헌결정의 확정력에 비추어 타당하지 않다. 그리고 헌법 제107조 제1항으로 말미암아 법원이 합헌결정에 따라서 재판을 하여야 하지만, 이것은 제청한 법원이 제청한 심판에 관한 헌법재판소 결정에 반드시 구속되어야 한다는 것을 뜻하는 것이 아니라 재판할 당시에 확인한 헌법재판소 판단에 따라서 재판을 하여야 한다는 것으로서 판례 변경을 도외시한 것이 아니다. 그러므로 법원이 판결을 확정하기 전에 판례 변경이 있으면, 즉 헌법재판소가 자기 판단을 바꾸면 바뀐 판단에 따라서 재판을 하여야 할 것이다. 이러한 점에서 합헌결정의 원인을 제공한 해당 사건을 종전에 합헌으로 결정한 사건에 포함하기는 곤란하다. 또한, 헌법재판소법 제47조 제4항과 제5항이 재심을 규정함으로써 헌법재판소법 제47조 제3항이 판결의 확정력 제거와 밀접한 관련이 있음을 말한다. 그런데 형 집행 여부는 판결의 확정력과 밀접한 관련이 없고, 헌법재판소의 위헌결정에 따른 효력 상실은 형법 제1조 제3항의 법률 변경이 아니며, 형 집행이 종료되어도 재심을 청구하여야 한다는 점에서 형 집행 중에 헌법재판소의 위헌결정이 형 집행 정지나 종료의 사유라고 볼 수도 없다. 이러한 점에 비추어 종전에 합헌으로 결정한 사건은 전소의 합헌결정 이전에 이미 유죄로 확정판결을 받은 사건으로 보는 것이 타당하다. 입법목적에서도 종래 합헌결정 이전의 확정판결에 대한 무분별한 재심 청구를 방지한다는 목적이 명확하게 제시되었다.

㈐ 소급 시점을 확정하는 다른 기준   헌법재판소법 제47조 제3항 단서는 헌

법재판소가 형벌법규에 대해서 위헌결정을 내려도 해당 형벌법규에 대해서 종전에
합헌으로 결정한 사건이 있으면 그 결정이 있는 날의 다음 날로 소급하여 효력을
상실한다고 규정한다. 그런데 헌법재판소법 제47조 제3항 단서가 이러한 때의 절대
적 소급 시점을 규정한 것인지 아니면 원칙적인 소급 시점을 확인하는 것에 그치는
것인지가 문제 된다. 즉 형벌법규에 대한 위헌결정의 소급효가 언제나 합헌결정이
있는 날의 다음 날로 소급하는지가 다투어질 수 있다. 이와 관련하여 입법자가 헌
법재판소법 제47조 제3항 단서를 통해서 소급 시점을 확정하는 다른 기준을 허용
하지 않는다는 의사를 표현한 것으로 볼 수도 있다. 즉 헌법재판소법 제47조 제3항
단서가 소급 시점 확정을 사법기관에 맡기지 않으려는 입법자의 의사를 명확하게
표현한 것으로 이해할 수도 있다. 그러나 입법과정을 살펴보면, 헌법재판소가 종전
에 합헌결정을 내리고 나서 위헌결정을 내렸을 때 제정 시점이나 개정 시점으로 소
급하는 것이 부당하다는 문제를 해결하는 것에 논의가 집중되었고, 소급 시점에 관
한 문제를 일괄적으로 해결하려는 의도가 있었음을 확인하기 어렵다. 오히려 이론
없이 합의할 수 있거나 명확한 것을 명문으로 규정하자는 의도로 개정이 이루어졌
다고 봄이 타당한 것으로 보인다. 게다가 입법자가 명확한 법률을 통해서 해석자의
자의나 재량을 통제할 수는 있지만, 해석자의 해석권 자체를 박탈할 수는 없다. 법
률은 입법자의 의사대로만 존재하는 것이 아니라 헌법질서 안에서 객관적 의미로
존재하는 것이기 때문이다. 따라서 헌법재판소법 제47조 제3항 단서가 소급 시점을
확정하는 기준을 제시한 것은 사법기관(특히 헌법재판소)이 마음대로 소급 시점을 확
정할 수 없음을 명백히 밝힌 것이지만, 이에 관한 해석권 자체를 사법기관에서 박
탈한 것으로는 볼 수 없다. 이러한 점에서 헌법재판소법 제47조 제3항 단서는 소급
시점을 확정하는 명확한 기준을 제시하는 데 그치고, 그 밖의 다른 기준의 인정 여
부에 관해서는 아무런 결론을 내리지 않은 것으로 볼 수 있다. 결국, 소급 시점이
합헌결정이 있는 날의 다음 날이 아닌 다른 시점으로 볼 합리적 기준을 제시할 수
있는지에 따라서 헌법재판소법 제47조 제3항 단서의 원칙규정성 여부가 판가름날
것이다.

　　㉠ 심판 대상 동일성　　심판 대상이 다르면 위헌결정의 효력도 미칠 수 없다.
사법판결은 사법기관이 판단한 범위에서만 효력이 미치고, 위헌결정의 효력은 해당
법률의 위헌성을 확인한 헌법재판소 판단에 기초한 것이기 때문이다. 심판 대상은
청구취지(와 청구 이유)를 기초로 헌법재판소가 확정한다. 법률은 제정되고 나서 여
러 차례 개정될 수도 있다. 그리고 법률이 합쳐지거나 쪼개질 수도 있다. 이때 헌법

재판소 심판 대상은 형식적 기준에 따라 결정된다. 즉 내용의 동일성이 아니라 형식의 동일성에 따라서 헌법재판소 심판 대상은 확정된다.612) 따라서 전소의 합헌결정 이후 후소의 위헌결정 전에 심판 대상인 형벌법규가 개정되면, 전소와 후소의 관계에서 형벌법규의 내용이 실질적으로 같아도 양 심판 대상의 동일성은 부인될 수밖에 없다. 헌법실무적 차원에서 헌법재판소도 모든 결정에서 언제나 형식적 기준에 따라 먼저 심판 대상을 확정한다.613) 특히 결정주문에는 이에 따라서 대상법률을 특정한다. 예를 들어 헌법재판소 심판 대상은 제정 시점부터 현재까지의 해당 법률 전체일 수도 있지만, 특정 기간의 해당 법률이나 특정 개정 시점부터 현재까지 해당 법률에 국한될 수도 있다. 따라서 헌법재판소가 제정 시점부터 현재까지의 해당 법률 전체를 심판 대상으로 하지 않는다면, 소급 시점은 제정 시점이 될 수 없고, 개정 시점까지만 소급할 수도 있다. 전소의 합헌결정 이후 심판 대상인 형벌법규가 개정되고 나서 헌법재판소가 변경된 형벌법규에 대해서 위헌결정을 내리면 양 심판 대상의 내용이 같더라도 위헌결정에 따른 효력은 개정 시점을 넘지 못한다.614)

　　그러나 심판 대상 동일성을 실질적 기준에 따라서, 즉 형벌법규의 내용에 따라서 판단하지 않는 한, 헌법재판소법 제47조 제3항 단서와 관련한 소급 시점 확정과 관련하여 심판 대상 동일성은 문제 되지 않는다. 전소와 후소의 심판 대상이 같지 않으면 이미 종전에 합헌으로 결정한 사건은 없기 때문이다. 즉 전소와 후소의 심판 대상이 (최소한 부분적으로라도) 같아야 비로소 헌법재판소법 제47조 제3항 단서가 적용되므로, 헌법재판소법 제47조 제3항 단서는 심판 대상 동일성을 전제한다. 따라서 전소와 후소의 심판 대상이 다르면 헌법재판소법 제47조 제3항 단서가 적용되지 않아서 후소 위헌결정의 소급효가 전소의 합헌결정 시점에 제한되지 않는다. 즉 후소의 위헌결정은 형벌법규가 헌법과 충돌하는 시점까지 소급한다.615)

　　ⓒ 사정변경　　심판 대상이 같더라도 합헌결정 이후에 사정변경으로 말미암아

---

612) 물론 헌법재판소는 내용의 동일성을 이유로 심판 대상을 확장할 수 있다.

613) 그러나 대법원은 심판 대상의 동일성을 실질적 기준에 따라 판단하는 것으로 보인다[대법원 2014. 8. 28. 선고 2014도5433 판결(공2014하, 1955) 참조]. 실질적 측면에서 실제로 심판 대상을 심사할 헌법재판소가 아닌 다른 국가기관이 심판 대상을 확정할 수는 없다. 따라서 대법원을 비롯한 다른 국가기관은 헌법재판소가 확정한 심판 대상을 늘 수용하여야 할 것이다. 이러한 점에서 헌법재판소와 달리 심판 대상을 확정하는 대법원 태도는 문제가 있다.

614) 같은 견해: 남복현, 「형벌법규에 대한 위헌결정의 효력을 둘러싼 쟁점」, 공법연구 제43집 제1호, 한국공법학회, 2014, 250쪽.

615) 같은 견해: 남복현, 「형벌법규에 대한 위헌결정의 효력을 둘러싼 쟁점」, 공법연구 제43집 제1호, 한국공법학회, 2014, 258쪽.

형벌법규가 위헌이 되면, 위헌결정은 사정변경 시점을 넘어서 소급할 수 없다. 후발적으로 형벌법규가 위헌이 되면 사정변경 시점 이전의 해당 형벌법규는 합헌이기 때문이다. 그리고 합헌결정의 확정력도 사정변경 시점을 넘어서 미치지 못한다. 헌법재판소는 선고 시점의 사실관계와 법적 상황에 근거하여 결정을 내리므로, 이러한 사실관계나 법적 상황이 바뀌면 이에 관해서는 판단하지 않은 것이기 때문이다. 따라서 이러한 변화가 있으면 합헌결정의 확정력이 합헌결정 선고 이후에 비로소 생긴 새로운 사정 원용을 막지 못한다. 결론적으로 헌법재판소가 합헌결정을 내리고 나서 사정변경으로 말미암아 위헌결정을 내리면, 위헌결정의 효력은 합헌결정 선고 시점이 아니라 사정변경 시점까지만 소급한다.616)

사정변경 시점을 확정하기 어렵다는 비판이 있다.617) 그러나 사정변경이 문제가 되는 것은 그러한 사정이 있다는 것이 증명되었다는 것을 전제로 한다. 이때 사정변경이 소급 시점과 관련하여 의미가 있으려면, 사정변경이 일어난 정확한 시점을 특정하지는 못할지라도 최소한 특정 시점에 사정변경이 일어나지 않았거나 사정변경이 일어난 상태라는 것도 증명되어야 한다. 사정변경이 일어난 특정 시점이 증명되면 그 시점까지 소급하게 될 것이고, 사정변경이 일어나지 않은 특정 시점이 증명되면 그 시점에는 해당 법률이 합헌인 것으로 추정되므로 당사자에게 유리하게 그 시점까지 소급하게 될 것이며, 사정변경이 일어난 특정 시점이 증명되면 최소한 그 시점에는 해당 법률이 위헌이므로 그 시점까지 소급하게 될 것이다. 이러한 시점 중 어느 것도 증명하지 못하면 사정변경을 주장할 수 없다. 결국, 이러한 때는 법적으로는 사정변경이 없는 것으로 처리된다. 따라서 헌법재판소가 이유에서 사정변경과 관련한 내용을 근거로 제시하더라도 그와 관련한 특정 시점을 어느 것도 적시하지 않았다면 이것은 소급 시점 확인에 아무런 영향을 미칠 수 없다. 이러한 점에서 선례변경 시점을 확정하기 어렵다는 것은 적절한 비판이 될 수 없다고 생각한다. 다만, 이러한 점이 사정변경이 인정될 범위가 협소할 수밖에 없는 이유가 된다. 그래서 사정변경 시점이 소급 시점으로 인정되는 때는 원칙이 아니라 예외일 수밖에 없다. 소급효는 당사자에게 유리한 때만 허용되는 것이므로, 소급 시점을 늦추는 사유는 상대방, 즉 국가가 증명하여야 한다. 따라서 사정변경이 없음은 추정되어서 사정변경 시점을 포함한 사정변경이 있음을 국가가 증명할 때만 소급 시점 확

---

616) 같은 견해: 최희수, 『헌법소송법 요론(개정판)』, 대명출판사, 2015, 109쪽.
617) 김현철/박경철/박진영/홍영기, 『형벌규정에 대한 위헌결정의 시적효력에 관한 연구』(헌법재판연구 제24권), 헌법재판소, 2013, 257쪽.

정에 반영된다.

ⓒ 실제로 심사한 내용 변론주의가 아닌 직권탐지주의가 적용되는 헌법소송에서 결정의 효력은 오로지 헌법재판소가 실제 심사한 내용에만 미친다. 이러한 점에서 전소의 합헌결정과 후소의 위헌결정은 심판 대상이 같더라도 실제 심사한 내용이 다르면 서로 충돌하지 않는다. 예를 들어 전소에서는 위임입법금지원칙 위반 여부를 심사하여 합헌결정을 내렸지만, 후소에서는 위임입법금지원칙 위반 여부를 심사하지 않고 오로지 과잉금지원칙 위반 여부만을 심사하여 위헌결정을 내렸다면, 전소와 후소 사이에 아무런 일치점이 없다. 따라서 후소 위헌결정의 소급효와 관련하여 전소의 합헌결정은 아무런 영향을 미치지 못한다. 결국, 형벌법규에 대한 위헌결정의 소급 시점을 확정할 때는 실제로 심사한 내용이 같은지도 살펴보아야 한다. 이때 실제로 심사한 내용은 주문을 근거 지우는 중요이유를 통해서 확정된다. 따라서 방론이나 소수의견은 실제로 심사한 내용에 해당하지 않는다. 심사한 내용이 옹글게(완벽하게) 같아야 하는 것은 아니고 부분적으로 같아도 상관없다.

ⓔ 형벌법규의 시행일 법률이 헌법소원심판 대상이 되려면 원칙적으로 현재 시행 중인 유효한 법률이어야 한다. 그러나 법률이 효력을 발생하기 전이라도 공포되고, 그로 말미암아 사실상 위험성이 이미 발생하면 예외적으로 침해의 현재성을 인정하여 이에 대한 헌법소원을 바로 제기할 수 있다.618) 따라서 전소의 심판 대상이 된 형벌법규가 헌법재판소가 합헌결정을 내린 시점에도 시행되지 않을 수도 있다. 즉 형벌법규가 전소의 합헌결정 이후에 비로소 시행될 수 있다. 이러한 때는 헌법재판소법 제47조 제3항 단서가 적용될 수 없다. 즉 이때 후소 위헌결정의 소급효는 전소의 합헌결정 이후 해당 형벌법규의 시행일까지만 소급한다.

8. 위헌법률에 근거한 행정처분의 효력

(1) 위헌결정에 따른 위헌법률의 효력 상실과 그 위헌법률에 근거한 행정처분의 효력

① 위헌법률에 근거한 행정처분은 무효인가? 아니면 취소대상인가?

일반적으로 행정법학계에서는 형식요건을 갖추어 성립한 행정처분에 하자가 있을 때, 그 하자를 무효사유와 취소사유로 나눈다. 행정처분으로서 외형을 갖추었으나, 그 효력이 전혀 없는 행정처분을 무효인 행정처분이라고 하고, 성립에 하자가 있는데도 공정력으로 말미암아 권한이 있는 기관인 행정청이나 법원의 취소가 있을

---

618) 헌재 1994. 12. 29. 94헌마2, 판례집 6−2, 510, 523−524; 헌재 2000. 6. 1. 99헌마553, 판례집 12−1, 686, 703−704; 헌재 2000. 6. 29. 99헌마289, 판례집 12−1, 913, 935.

때까지 유효한 행정처분을 취소할 수 있는 행정처분이라고 한다. 이러한 구분에 기
초하여 위헌법률에 근거한 행정처분은 무효인 행정처분인지 아니면 취소할 수 있는
행정처분에 불과한 것인지가 다투어진다. 여기서는 해당 행정처분의 근거법률에 대
하여 헌법재판소가 위헌결정을 내려서 위헌임이 확정된 것을 전제한다. 이와 관련
하여 먼저 위헌법률에 근거한 행정처분의 효력을 일반적인 행정법이론에 따라 결정
할 수 있는지 아니면 헌법이나 헌법재판소법을 통해서 독자적으로 판단하여야 하는
지가 문제 된다. 즉 위헌법률에 근거한 행정처분의 하자를 행정처분의 일반적인 하
자에 포함할 수 있는지 아니면 행정처분의 특별한 하자로 별도로 다루어야 하는지
가 논란이 된다. 이것은 중대명백설을 일반적으로 수용할 것인지에 관한 다툼으로
구체화한다. 여기서 주의할 것은 위헌법률에 근거한 행정처분이 무효인지 아니면
취소대상인지는 헌법재판소가 아니라 해당 사건을 재판하는 법원이 판단할 사항이
라는 것이다.619)

② 판례

(ⅰ) 헌법재판소

헌법재판소는 판례나 통설은 행정처분이 당연무효인지는 그 행정처분의 하자가
중대하고 명백한지에 따라 결정된다고 보지만, 행정처분의 근거가 되는 법규범이
상위법규범에 위반되어 무효인지는 그것이 헌법재판소나 대법원이 유권적으로 확
정하기 전에는 누구에게도 명백한 것이라고 할 수 없어서 원칙적으로 당연무효사유
에는 해당할 수 없다고 한다. 그러나 행정처분 자체의 효력이 제소기간이 지나고
나서도 존속 중인 때, 특히 그 처분이 위헌법률에 근거하여 내려진 것이고 그 행정
처분의 목적을 달성하려면 후행 행정처분이 필요한데 후행 행정처분은 아직 이루어
지지 않은 때, 그 행정처분을 무효로 하더라도 법적 안정성을 크게 해치지 않지만,
그 하자가 중대하여 그 구제가 필요하면 그 예외를 인정하여 이를 당연무효사유로
보아서 제소기간이 지나고 나서도 무효 확인을 구할 수 있는 것이라고 보아야 할
것이라고 한다.620)

그러나 예외적으로 무효를 인정하는 헌법재판소의 견해가 일관성 있게 관철되
는지는 의문이다. 즉 헌법재판소는 "두 개 이상의 행정처분이 연속적으로 행하여지

---

619) 헌재 1999. 9. 16. 92헌바9, 판례집 11−2, 262, 270; 헌재 2007. 10. 4. 2005헌바71, 판례집 19−2,
     377, 387; 헌재 2010. 9. 30. 2009헌바101, 판례집 22−2상, 651, 657; 헌재 2014. 1. 28. 2010헌바251,
     판례집 26−1상, 1, 7 참조.
620) 헌재 1994. 6. 30. 92헌바23, 판례집 6−1, 592, 604−605; 헌재 2001. 9. 27. 2001헌바38, 공보 61,
     930, 932−933.

는 경우 선행처분과 후행처분이 서로 독립하여 별개의 법률효과를 목적으로 하는 때에는 선행처분에 불가쟁력이 생겨 그 효력을 다툴 수 없게 된 경우에 선행처분의 하자가 중대하고 명백하여 당연무효인 경우를 제외하고는 선행처분의 하자를 이유로 후행처분의 효력을 다툴 수 없는 것이 원칙이라고 할 것이고(대법원 1994. 1. 25. 선고 93누8542 판결 참조), 조세의 부과처분과 압류 등의 체납처분은 별개의 행정처분으로서 독립성을 가지므로 부과처분에 하자가 있더라도 그 부과처분이 취소되지 아니하는 한 그 부과처분에 의한 체납처분은 위법이라고 할 수는 없다(대법원 1987. 9. 22. 선고 87누383 판결 ; 1988. 6. 28. 선고 87누1009 판결 참조). 따라서 설령 이 사건 각 부과처분의 근거법률이 위헌이라고 하더라도 그 위헌성이 명백하다는 등 특별한 사정이 있다고 볼 자료가 없는 한 위 각 부과처분에는 취소할 수 있는 하자가 있음에 불과하"621)다고 하여 예외적인 무효사유가 있는데도 해당 처분을 취소할 수 있는 행정처분으로 본 예가 있다.

(ⅱ) 대법원

대법원은 법률에 근거하여 행정처분이 내려지고 나서 그 행정처분의 근거가 된 법률을 헌법재판소가 위헌으로 결정하였다면, 결과적으로 행정처분은 법률의 근거가 없이 내려진 것과 마찬가지가 되어 하자 있는 것이 되나, 하자 있는 행정처분이 당연무효가 되려면 하자가 중대할 뿐 아니라 명백한 것이어야 하는데, 일반적으로 법률이 헌법에 위반된다는 사정은 헌법재판소가 위헌결정을 내리기 전에는 객관적으로 명백한 것이라고는 할 수 없어서, 헌법재판소의 위헌결정 전에 행정처분의 근거가 되는 해당 법률이 헌법에 위반된다는 사유는 특별한 사정이 없으면 그 행정처분 취소를 구하는 소의 전제가 될 수 있을 뿐이고 당연무효사유는 아니라고 보는 것이 타당하다고 한다. 만일 이와는 달리 위헌인 법률에 근거한 행정처분이 일반적으로 당연무효라고 한다면 이것은 법적 안정성을 크게 위협하는 결과를 초래하여서 법치국가원리에 비추어 보더라도 부당하다고 하지 않을 수 없다고 한다.622) 여기서 특별한 사정이 있는 때를 법령의 위헌이나 위법이 명백한 때를 뜻한다고 볼 수 있

---

621) 헌재 2004. 1. 29. 2002헌바73, 판례집 16−1, 103, 109.
622) 대법원 1994. 10. 28. 선고 92누9463 판결(공1994하, 3139); 대법원 1994. 10. 28. 선고 93다41860 판결(공1994하, 3109); 대법원 1995. 3. 3. 선고 92다55770 판결(공1995상, 1550); 대법원 1995. 9. 26. 선고 94다54160 판결(공1995하, 3519); 대법원 1995. 12. 5. 선고 95다39137 판결(공1996상, 206); 대법원 1996. 6. 11. 선고 96누1689 판결(공1996하, 2246); 대법원 1998. 4. 10. 선고 96다52359 판결(집46−1, 168; 공1998상, 1267); 대법원 2001. 3. 23. 선고 98두5583 판결(공2001상, 1032); 대법원 2002. 11. 8. 선고 2001두3181 판결(공2003상, 75); 대법원 2009. 5. 14. 선고 2007두16202 판결.

다는 견해가 있다.623) 그러나 법령의 위헌이나 위법이 명백하면 중대명백설을 따라서 해당 행정처분은 무효가 된다는 점에서 이러한 사유를 특별한 사정으로 보기는 어렵다.

대법원은 국가보위입법회의법 부칙 제4항에 따른 면직처분과 관련한 사건에서 위헌법률에 근거한 행정처분을 계속 무효로 보았다.624) 그러나 이러한 사건들은 1980년 헌법 부칙 제6조 제3항 때문에 제소 자체가 금지되어 그 처분의 취소를 구하는 것 자체가 불가능하였던 특수한 경우라서 이것을 일반화하기는 어렵다.625)

③ 학설

(i) 무효설626)은 헌법재판소에서 위헌으로 결정한 법률은 무효이고, 이러한 무효인 법률에 근거한 행정처분은 당연히 무효라고 한다. 따라서 이러한 행정처분의 하자를 다투려면 무효 확인의 소(청구기간 제한이 없음)를 제기하면 된다고 한다. 무효설은 위헌법률에 근거한 행정처분의 효력을 일반적인 행정법이론에 따라 판단하지 않는다. (ii) 취소사유설에는 먼저 ⓐ 중대명백설을 수용하는 견해627)가 있다. 다음 ⓑ 개별행위 독자성 원칙을 근거로 위헌법률에 근거한 행정처분을 취소대상으로 보는 견해가 있다.628) 개별행위 독자성 원칙은 법규범에 대해서 위헌결정이 선고되었더라도 위헌으로 결정된 법규범에 근거한 법적 행위는 위헌결정의 법적 효과가 그대로 적용되어서는 아니 된다는 원칙을 말한다. 끝으로 ⓒ 헌법재판소법 제

---

623) 박균성, 『행정법론(상)(제17판)』, 박영사, 2018, 427~428쪽.

624) 대법원 1991. 6. 28. 선고 90누9346 판결(집39－3, 479; 공1991, 2056); 대법원 1993. 1. 15. 선고 91누5747 판결(공1993상, 735); 대법원 1993. 2. 26. 선고 92누12247 판결(공1993상, 1100); 대법원 1996. 7. 12. 선고 94다52195 판결(공1996하, 2462).

625) 같은 견해: 김인현, 「근거법률의 위헌결정과 행정처분의 효력」, 『군사법론집』 제2집, 공군본부, 1995, 142쪽; 윤진수, 「행정처분 무효확인청구가 기판력에 저촉되는 경우 근거법률의 위헌결정이 무효확인청구에 미치는 영향」, 『법조』 제43권 제3호(통권 제450호), 법조협회, 1994. 3., 152쪽.

626) 이상규, 「위헌법률에 근거한 처분의 효력」, 『판례연구』 제9집, 서울지방변호사회, 1996, 30~33쪽; 정남철, 「법률의 위헌결정의 효력과 행정처분의 법적 효과」, 『행정판례연구』제20집 제1호, 박영사, 2015, 143~144쪽; 정종섭, 『헌법소송법(제8판)』, 박영사, 2014, 361쪽; 같은 사람, 『헌법학원론(제12판)』, 박영사, 2018, 1541~1542쪽; 허 영, 『헌법소송법론(제13판)』, 박영사, 2018, 243쪽.

627) 김인현, 「근거법률의 위헌결정과 행정처분의 효력」, 『군사법론집』 제2집, 공군본부, 1995, 143~144쪽; 이 원, 「위헌법률에 근거한 행정처분의 효력과 그 집행력의 인정여부」, 『법제연구총서』 5, 법제처, 2000, 24~25쪽; 전광석, 『한국헌법론(제13판)』, 집현재, 2018, 827쪽; 정호경, 「행정처분 발령후 근거법률이 위헌결정된 경우의 행정처분의 효력」, 『행정법연구』 제17호, 행정법이론실무학회, 2008, 104~105쪽;

628) 남복현, 「위헌법률에 기한 처분의 법적 성격」, 『법률신문』 2386호, 1995. 2. 27., 15쪽; 같은 사람, 「헌법재판소 결정의 효력과 법원의 기속」, 『공법연구』 제24집 제1호, 한국공법학회, 1996, 250쪽; 같은 사람, 「헌법재판소 결정의 효력에 관한 쟁점 및 해결방안」, 『헌법재판소의 효력에 관한 연구』(헌법재판연구 제7권), 헌법재판소, 1996, 274~277쪽.

47조 제2항의 취지를 고려하는 견해[629]와 ⓓ 이익형량에 따라 판단하여야 한다는 견해[630]가 있다.

④ 검토와 사견

(ⅰ) 위헌결정의 범위

위헌성이 다투어지는 법률은 헌법재판소의 위헌결정을 통해서 비로소 위헌법률로 확정된다. 따라서 위헌법률에 근거한 행정처분의 효력은 위헌결정이 내려졌음을 전제로 한다. 여기서 위헌결정은 법률의 위헌성을 확인하는 모든 헌법재판소의 종국결정을 아우른다. 따라서 위헌결정에는 단순위헌결정과 헌법불합치결정 그리고 한정합헌결정과 한정위헌결정도 포함한다.[631] 그러나 헌법재판소가 헌법불합치결정을 내리면서 계속 적용을 명령하면, 이것은 위헌법률이 개선될 때까지 해당 법률을 잠정적으로 합헌화하는 효과가 있다.[632] 그러므로 계속 적용명령에 따라 적용되는 위헌법률에 근거한 행정처분은 효력을 유지한다. 그래서 계속 적용 헌법불합치결정은 위헌결정에서 배제된다. 결국, 위헌법률에 근거한 행정처분의 효력은 단순위헌결정과 적용 중지 헌법불합치결정 그리고 한정합헌결정과 한정위헌결정이 내려질

629) 김유환, 「위헌법률에 근거한 행정처분의 효력」, 『행정판례연구』 제5집, 서울대학교출판사, 2000, 81~83쪽; 한수웅/정태호/김하열/정문식(정문식 집필), 『주석 헌법재판소법』, 헌법재판소 헌법재판연구원, 2015, 623~624쪽.

630) 나 현, 「위헌(위법)인 법률, 명령, 규칙(조례)에 근거한 행정행위의 효력」, 『사법연구자료』 제23집, 대법원 법원행정처, 1996, 395~398쪽; 이기중, 「행정처분의 근거법령이 무효로 된 경우 그 행정처분의 효력」, 『판례연구』 제6집, 서울지방변호사회, 1996, 596~597쪽.

631) BVerfGE 115, 51 (64 f.); Ernst Benda/Eckart Klein/Oliver Klein, Verfassungsprozessrecht, 3. Aufl., Heidelberg/München/Landsberg/Frechen/Hamburg 2012, § 39 Rdnr. 1383; Herbert Bethge, Entscheidungswirkung, in: Theodor Maunz/Bruno Schmit‒Bleibtreu/Franz Klein/Gerhard Ulsamer/Herbert Bethge/Karin Grasshof/Rudolf Mellinghoff/Jochen Rozek, Bundesverfassungsgerichtsgesetz ‒ Kommentar, Bd. 2, München 2017 (Stand: Januar 2017), § 79 Rdnr. 18, 45 f., 49, 59; Malte Graßhof, Wirkung der Entscheidung, in: Christian Burkiczak/Franz‒Wilhelm Dollinger/Frank Schorkopf (Hrsg.), Bundesverfassungsgerichtsgesetz ‒ Heidelberger Kommentar, Heidelberg 2015, § 79 Rdnr. 6; Udo Steiner, Wirkung der Entscheidungen des Bundesverfassungsgerichs auf rechtskräftige und unanfechtbare Entscheidungen (§ 79 BVerfGG), in: Christian Starck (Hrsg.), Bundesverfassungsgericht und Grundgesetz: Festgabe aus Anlaß des 25jährigen Bestehens des Bundesverfassungsgerichts ‒ Verfassungsgerichtsbarkeit, Bd. 1, Tübingen 1976, S. 631 참조.

632) Ernst Benda/Eckart Klein/Oliver Klein, Verfassungsprozessrecht, 3. Aufl., Heidelberg/München/Landsberg/Frechen/Hamburg 2012, § 39 Rdnr. 1383; Herbert Bethge, Entscheidungswirkung, in: Theodor Maunz/Bruno Schmit‒Bleibtreu/Franz Klein/Gerhard Ulsamer/Herbert Bethge/Karin Grasshof/Rudolf Mellinghoff/Jochen Rozek, Bundesverfassungsgerichtsgesetz ‒ Kommentar, Bd. 2, München 2017 (Stand: Januar 2017), § 79 Rdnr. 59; Malte Graßhof, Wirkung der Entscheidung, in: Christian Burkiczak/Franz‒Wilhelm Dollinger/Frank Schorkopf (Hrsg.), Bundesverfassungsgerichtsgesetz ‒ Heidelberger Kommentar, Heidelberg 2015, § 79 Rdnr. 6 참조.

때 문제가 된다.

(ⅱ) 자기집행력이 있는 법률

자기집행력이 있는 법률에서는 명령과 집행이 동시에 일어난다. 이러한 법률에서는 법적용적 국가기능을 통한 (추가적) 집행이 필요하지 않다.633) 이때는 행정처분의 효력이 아니라 법률 자체의 효력이 문제 된다. 따라서 이러한 문제는 헌법재판소법 제47조 제2항과 제3항에 따라서 해결된다. 자기집행력이 있는 법률이 위헌으로 선언되어 효력을 상실하면 해당 행정처분은 해당 법률이 효력을 상실하는 시점부터 없는 것이 된다. 예를 들어 법률이 특정한 행정처분이 있는 것으로 의제할 때 해당 법률이 위헌으로 선언되어 효력을 상실하면 그때부터 의제된 행정처분 자체는 없는 것이 된다.634) 즉 행정처분이 있는 것으로 의제하는 법률이 효력을 상실하면 그 행정처분은 무효가 되거나 취소대상이 되는 것이 아니라 부존재에 해당한다. 결국, 자기집행력이 있는 법률은 위헌법률에 근거한 행정처분과 관련하여 근거법률이 될 수 없다.

(ⅲ) 실정법적 해결

먼저 ⓐ 헌법재판소의 위헌결정은 유죄의 확정판결에 따른 행정처분(형집행처분)에 아무런 영향을 미치지 않는다. 위헌으로 결정된 법률이나 법률조항에 근거한 유죄의 확정판결은 재심 대상이 될 뿐이다(헌법재판소법 제47조 제4항). 다음 ⓑ 행정처분의 근거법률에 대한 헌법재판소법 제68조 제2항에 따른 헌법소원이 인용되었을 때 해당 사건에 대한 재판이 확정될 수 있다. 이때 당사자는 이러한 확정판결에 대해서 재심을 청구할 수 있다(헌법재판소법 제75조 제7항). 끝으로 ⓒ 예외적으로 허용되는 재판소원이 인용될 때 헌법재판소는 법률을 위헌이라고 선언하면서 그에 근거한 행정처분을 취소할 수 있다(헌법재판소법 제75조 제3항).635)

(ⅳ) 원칙적으로 취소대상인 위헌법률에 근거한 행정처분

헌법 우위는 행정처분이 헌법에 어긋나면 가능한 한 빨리 최적의 방법으로 그 효력을 제거할 것만을 요구한다. 따라서 위헌법률에 근거한 행정처분이 무효인지 아니면 취소대상인지는 헌법과 헌법재판소법을 중심에 놓고 행정처분의 하자 논의

---

633) Herbert Bethge, Entscheidungswirkung, in: Theodor Maunz/Bruno Schmit－Bleibtreu/Franz Klein/ Gerhard Ulsamer/Herbert Bethge/Karin Grasshof/Rudolf Mellinghoff/Jochen Rozek, Bundesverfassungsgerichtsgesetz － Kommentar, Bd. 2, München 2017 (Stand: Januar 2017), § 79 Rdnr. 76.

634) 같은 견해: 헌재 2014. 1. 28. 2010헌바251, 판례집 26－1상, 1, 14 재판관 이정미, 재판관 김이수, 재판관 이진성, 재판관 강일원의 반대의견.

635) 헌재 1997. 12. 24. 96헌마172등, 판례집 9－2, 842, 865－867.

를 참고하면서 결정하여야 할 것이다. 헌법 제107조 제1항과 헌법재판소법 제47조 제2항은 법적 안정성을 실질적 정의보다 우위에 둔다. 이러한 점에서 위헌법률에 근거한 행정처분은 취소대상으로 추정하는 것이 타당할 것이다.

유죄 확정판결의 근거인 법률을 헌법재판소가 위헌으로 결정하여도 그 효력이 확정판결의 확정력에 영향을 미치지 않는다. 유죄판결을 받은 사람은 재심 청구를 통해서 확정된 유죄판결을 다툴 수 있을 뿐이다(헌법재판소법 제47조 제4항). 이것을 반대로 해석하면 헌법재판소가 근거법률에 대해서 위헌결정을 내려도 그에 근거한 확정판결의 효력은 그대로 유지되고, 그에 대한 재심도 원칙적으로 인정되지 않는다. 따라서 재판의 대상이 되는 위헌법률에 근거한 행정처분도 무효가 아니라 원칙적으로 취소대상으로 보아야 할 것이다. 이러한 내용은 헌법재판소법 제75조 제2항과 제3항 그리고 제5항에서 실정법적으로 명확하게 확인할 수 있다. 즉 기본권을 침해하는 공권력에는 당연히 행정처분도 포함된다. 헌법재판소법 제68조 제1항에 따른 헌법소원에서 헌법재판소는 행정처분을 특정하여 취소할 수 있다(헌법재판소법 제75조 제2항과 제3항). 이때 해당 행정처분의 위헌성이 근거법률에서 기인한 것이면 헌법재판소는 해당 법률을 위헌이라고 선고할 수 있다(헌법재판소법 제75조 제5항). 이러한 점에 비추어 위법한 근거법률에 근거한 행정처분은 당연히 무효가 아니라 취소대상에 해당한다.

다만, 근거법률의 효력 상실에 따라 무효 원인이 발생하면 그에 근거한 행정처분은 무효가 될 것이다. 그리고 중대명백설에 따라 하자가 중대하고 명백하여도 해당 행정처분은 무효가 된다. 그러나 중대명백설은 명백하게 무효인 행정행위만을 걸러내는 성긴 체에 불과하다. 따라서 중대명백설을 적용하고 나서도 법적 안정성을 보호할 필요가 없으면 해당 행정처분은 무효가 될 수 있다. 즉 중대하고 명백한 하자가 없는 행정처분이라고 하여서 당연히 취소대상인 것은 아니다. 그리고 행정처분의 근거법률이 헌법에 어긋난다는 사실이 곧 행정처분 하자의 중대성을 뜻한다고 보기는 어렵다. 즉 근거법률의 위헌인 이유와 그것이 행정처분에 미치는 영향 등을 종합적으로 고려하여 해당 행정처분의 하자가 중대한 것인지를 판단하여야 할 것이다. 따라서 행정처분 근거법률의 위헌성은 하자의 중대성을 추정하는 것에 그치고 실제 검토를 통해서 하자가 중대하지 않음이 증명되면 그러한 추정은 깨질 수 있다.

(ⅴ) 직권취소 가능성

위헌결정은 행정기관에 위헌으로 선언된 법률에 근거한, 존속력이 있는 행정처분을 취소할 의무를 부과하지는 않는다.636) 하지만 이것은 행정기관이 행정처분을 직권으로 취소할 수 없음을 뜻하지 않는다.637) 즉 위헌결정은 행정처분을 취소하거나 변경할 근거가 될 수 있는 하자를 확인할 뿐이다. 그리고 행정기관은 이러한 하자를 근거로 해당 행정처분을 취소하거나 변경할 수 있다. 행정처분에 대한 판결이 확정되어 확정력이 발생하거나 그에 대한 제소기간이 지나 존속력이 발생하여도 위헌법률에 근거한 행정처분의 하자는 사라지지 않기 때문이다.638)

(vi) 행정처분의 발령 시점과 효력 발생 시점

행정처분은 발령하자마자 효력이 발생할 수도 있지만, 발령 이후 일정한 시점에 효력이 발생할 수도 있다. 이때 행정처분이 발령되고 나서 효력이 발생하기 전에 헌법재판소가 근거법률에 대해서 위헌결정을 내리면 해당 행정처분에 존속력이 발생하더라도 당사자는 사정변경을 이유로 해당 행정처분을 다툴 수 있어야 할 것이다. 특히 취소소송의 제소기간은 처분 등이 있음을 안 날부터 90일 이내, 처분 등이 있은 날부터 1년 이내로(행정소송법 제20조) 다른 소송보다 짧아서 이러한 필요성이 크다. 그리고 행정처분이 개인에게 지속적인 급부의무를 지우는 것처럼 지속적인 법적 관계를 발생시킬 수도 있다. 이러한 지속적인 법적 관계는 행정처분에 존속력이나 확정력이 발생하여도 반복적으로 행정처분이 내려지는 것과 마찬가지이므로 당사자는 헌법재판소의 위헌결정을 근거로 이러한 행정처분을 변경하거나 취소할 수 있다고 보아야 할 것이다.639) 아직 효력이 발생하지 않은 행정처분이나 지속적인 법적 관계에 관한 행정처분을 취소하여도 법적 안정성에 관한 문제가 발생

---

636) Herbert Bethge, Entscheidungswirkung, in: Theodor Maunz/Bruno Schmit – Bleibtreu/Franz Klein/ Gerhard Ulsamer/Herbert Bethge/Karin Grasshof/Rudolf Mellinghoff/Jochen Rozek, Bundesverfassungsgerichtsgesetz – Kommentar, Bd. 2, München 2017 (Stand: Januar 2017), § 79 Rdnr. 56 참조.

637) 정광현,「행정처분 무효확인소송에서 법률의 위헌 주장과 재판의 전제성」,『헌법논총』제23집, 헌법재판소, 2012, 341쪽; Ernst Benda/Eckart Klein/Oliver Klein, Verfassungsprozessrecht, 3. Aufl., Heidelberg/München/Landsberg/Frechen/Hamburg 2012, § 39 Rdnr. 1379; Herbert Bethge, Entscheidungswirkung, in: Theodor Maunz/Bruno Schmit – Bleibtreu/Franz Klein/Gerhard Ulsamer/ Herbert Bethge/Karin Grasshof/Rudolf Mellinghoff/Jochen Rozek, Bundesverfassungsgerichtsgesetz – Kommentar, Bd. 2, München 2017 (Stand: Januar 2017), § 79 Rdnr. 56; Wolfgang Löwer, Zuständigkeiten und Verfahren des Bundesverfassungsgerichts, in: Josef Isensee/Paul Kirchhof (Hrsg.), HStR, Bd. Ⅲ, 3. Aufl., Heidelberg 2005, § 70 Rdnr. 118 참조.

638) 서보국,「합헌적 집행법률에 근거한 압류처분의 위헌적 결과에 대한 권리구제의 직접근거로서 헌법 제107조 제2항」,『행정판례연구』제18집 제1호, 박영사, 2013, 12~13쪽 참조.

639) Udo Steiner, Wirkung der Entscheidungen des Bundesverfassungsgerichs auf rechtskräftige und unanfechtbare Entscheidungen (§ 79 BVerfGG), in: Christian Starck (Hrsg.), Bundesverfassungsgericht und Grundgesetz: Festgabe aus Anlaß des 25jährigen Bestehens des Bundesverfassungsgerichts – Verfassungsgerichtsbarkeit, Bd. 1, Tübingen 1976, S. 652 f. 참조.

하지 않기 때문이다.

(2) 위헌법률에 근거한 행정처분과 재판의 전제성

① 위헌여부심판의 적법요건인 재판의 전제성

법원은 법률이 헌법에 위반되는지가 재판의 전제가 된 때만 헌법재판소에 위헌여부심판을 제청할 수 있다(헌법 제107조 제1항, 헌법재판소법 제41조 제1항). 따라서 당사자가 법률의 위헌 여부를 사법적으로 다툴 수 있을 때만 위헌법률심판을 청구할 수 있다. 즉 재판의 전제성이 인정되지 않으면 헌법재판소는 법률의 위헌 여부를 심사할 수 없다. 그래서 위헌법률에 근거한 행정처분이 취소대상이 되는 것에 그치면, 이미 위헌법률에 근거한 행정처분에 존속력이 발생하면 위헌법률에 근거한 행정처분을 다투면서 헌법재판소에 해당 법률의 위헌 여부 심사를 구할 수 없게 된다. 헌법재판소가 법률을 위헌으로 선언하여 그 효력을 상실시켜도 행정처분의 존속력을 깨뜨리지 못해서 이때는 재판의 전제가 될 가능성이 없기 때문이다. 대법원도 확정판결이 내려진 사건[640]과 확정된 행정처분[641]에는 위헌결정의 소급효가 미치지 않는다고 하였다. 헌법재판소도 비록 위헌법률에 근거한 행정처분이더라도 그 행정처분에 대하여 법령에 정한 제소기간이 모두 경과하는 것 등 더는 취소의 소를 제기하여 다툴 수 없게 되면 그 뒤에 한 위헌결정의 효력이 이에 미치지 않는다고 하였다.[642] 하지만 위헌법률에 근거한 행정처분이 무효라면 무효 확인의 소는 제소기간 제한이 없어서 당사자는 언제든지 무효 확인의 소를 제기할 수 있고, 이러한 소가 계속 중일 때 헌법재판소에 근거법률의 위헌 여부 심사를 구할 수 있게 된다. 위헌법률(정확하게는 위헌이라고 주장되는 법률)에 근거한 행정처분의 효력이 위헌법률심판이나 헌법재판소법 제68조 제2항에 따른 헌법소원심판에서 문제가 되는 것은 오로지 재판의 전제성과 관련하여서이다. 위헌법률에 근거한 행정처분이 무효인지 아니면 취소대상인지를 판단하는 것은 헌법재판소가 아니라 법원의 몫이기 때문이다. 헌법재판소는 재판의 전제성을 판단하려고 부수적으로 위헌법률(정확하게는 위헌이라고 주장되는 법률)에 근거한 행정처분의 효력을 살펴볼 뿐이다. 여기서는 근거법률에 대한 위헌결정이 내려지기 전에 근거법률에 따른 행정처분의 효력을 다투는

---

640) 대법원 1993. 4. 27. 선고 92누9777 판결(공1993하, 1609); 대법원 1995. 1. 24. 선고 94다28017 판결(공1995상, 1128); 대법원 2003. 7. 11. 선고 2003다19572(공2003하, 1720).

641) 대법원 1994. 10. 28. 선고 92누9463 판결(공1994하, 3139); 대법원 1994. 10. 28. 선고 93다41860 판결(공1994하, 3109); 대법원 2000. 6. 9. 선고 2000다16329 판결(공2000, 1641); 대법원 2002. 11. 8. 선고 2001두3181(공2003상, 75).

642) 헌재 2014. 1. 28. 2010헌바251, 판례집 26-1상, 1, 6.

상황이 전제됨을 잊지 말아야 한다.

② 판례

(ⅰ) 헌법재판소

헌법재판소는 행정처분의 근거법률이 헌법에 위반된다는 사정은 헌법재판소의 위헌결정이 있기 전에는 객관적으로 명백한 것이라고 할 수는 없으므로 특별한 사정이 없으면 그러한 하자는 행정처분의 취소사유에 해당할 뿐이지 당연무효사유는 아니라고 전제하고 나서, 제소기간이 지난 뒤에는 행정처분의 근거법률이 위헌임을 이유로 무효 확인의 소 등을 제기하더라도 행정처분의 효력에는 영향이 없음이 원칙이므로, 행정처분의 근거가 된 법률조항의 위헌 여부에 따라 해당 행정처분의 무효 확인을 구하는 해당 사건 재판의 주문이 달라지거나 재판의 내용과 효력에 관한 법률적 의미가 달라지는 것은 아니므로 재판의 전제성이 인정되지 아니한다고 하였다.643) 다만, 헌법재판소는 행정처분의 근거가 된 법률을 통해서 침해되는 기본권이 중요하고 그 법률에 대한 헌법적 해명이 긴요히 필요하면 근거법률에 대한 위헌결정이 행정처분의 효력에 영향을 미칠 여지가 없는 때도 헌법질서의 수호자로서 사명을 다하기 위하여 예외적으로 본안 판단에 나아갈 수 있다고 하였다.644)

그러나 소수의견은 행정처분의 하자가 무효사유인지 취소사유인지를 가리는 것은 구체적인 사실관계를 토대로 그 처분의 근거가 되는 법률의 목적과 기능 등을 고려하여 이를 법적으로 평가하여 내리는 판단으로서, 이에 관한 법원의 판단 이전에 헌법재판소가 재판의 전제성을 판단하면서 행정처분의 무효 여부를 논리적·가정적으로 단정하여 판단할 수는 없으므로, 행정처분에 대한 무효 확인의 소나 그 효력 유무를 선결문제로 하는 민사소송에서 행정처분의 근거법률이 위헌이 되면, 그 행정처분이 무효가 될 가능성이 남으므로, 그 처분에 대한 취소소송의 제소기간이 지났는지와는 상관없이 해당 사건 재판의 주문이 달라지거나 그 내용과 효력에 관한 법률적 의미가 달라질 여지가 없음이 명백하다고 볼 수는 없어 행정처분 근거법률의 위헌 여부는 재판의 전제가 된다고 보아야 한다고 하였다.645)

---

643) 헌재 2001. 9. 27. 2001헌바38, 공보 61, 930, 932－933; 헌재 2005. 3. 31. 2003헌바113, 판례집 17－1, 413, 422; 헌재 2006. 11. 30. 2005헌바55, 판례집 18－2, 479, 484; 헌재 2007. 10. 4. 2005헌바71, 판례집 19－2, 377, 387－388; 헌재 2014. 1. 28. 2010헌바251, 판례집 26－1상, 1, 8－9.

644) 헌재 2014. 1. 28. 2010헌바251, 판례집 26－1상, 1, 9.

645) 헌재 2014. 1. 28. 2010헌바251, 판례집 26－1상, 1, 15－16 재판관 이정미, 재판관 김이수, 재판관 이진성, 재판관 강일원의 반대의견.

(ⅱ) 대법원

대법원은 위헌인 법률에 근거한 행정처분이 당연무효인지는 위헌결정의 소급효와는 별개의 문제로서, 위헌결정의 소급효가 인정된다고 하여 위헌인 법률에 근거한 행정처분이 당연무효가 된다고는 할 수 없고, 오히려 이미 취소의 소 제기기간이 지나서 확정력이 발생한 행정처분에는 위헌결정의 소급효가 미치지 않는다고 보아야 할 것이므로, 어느 행정처분에 대해서 그 행정처분의 근거가 된 법률이 위헌이라는 이유로 무효확인청구의 소가 제기되면 다른 특별한 사정이 없으면 법원으로서는 그 법률이 위헌인지에 관해서는 판단할 필요 없이 위 무효 확인 청구를 기각하여야 할 것이라고 하였다.646)

③ 학설

(ⅰ) 헌법재판소가 위헌결정을 내리기 전에 위헌을 이유로 하는 무효 주장이 제기되면 대법원은 이를 위헌심사 없이 기각할 것이 아니라 위헌제청 등 위헌심사 과정을 거쳐야 하고, 헌법재판소도 위헌 주장이 있으면 아직 유권적 결정이 없어서 하자의 명백성이 없어서 무효가 될 수 없다는 전제 아래 재판의 전제성을 부정할 것이 아니라 무효인지에 대한 최종적 판단을 위해서 근거법률이 위헌인지를 판단하여야 하고, 이러한 논리에서 마땅히 재판의 전제성을 인정하여야 한다는 견해가 있다.647) 이 견해는 재판의 전제성을 인정하는 것이 위헌법률심사제도의 제도논리에 비추어도 적당하다고 한다.648)

(ⅱ) 재판의 전제성을 판단하는 헌법재판소로서는 그 법률이 해당 사건에 적용될 법률이고 그 법률이 위헌이면 합헌일 때와 다른 판단을 할 가능성이 있다면 재판의 전제성을 인정하여야 하고, 이때 재판의 전제성은 본안인 법률의 위헌성 판단에 앞서서 판단하여야 할 심판요건에 불과할 뿐 아니라 일반 소송사건과는 달리 그 위헌심판의 계기가 된 사건은 일반 법원에 계속되어 있다는 점을 고려하여, '위헌일 때에 합헌일 때와 다른 판단을 할 가능성'은 제청법원이나 소원제기인의 의견 자체로 보아 '위헌이라고 할지라도 합헌일 때와 다른 판단을 할 가능성'이 없는 것이 명백한 때가 아닌 이상 그 가능성을 인정하여 재판의 전제성을 넓게 인정하여야

---

646) 대법원 1994. 10. 28. 선고 92누9463 판결(공1994하, 3139).
647) 김유환, 「위헌법률에 근거한 행정처분의 효력」, 『행정판례연구』 제5집, 서울대학교출판사, 2000, 82~83쪽. 이를 따르는 견해로는 성중탁, 「선행 과세처분의 근거 법률이 위헌선고된 경우, 과세채권의 집행을 위한 체납처분의 효력」, 『저스티스』 제136호, 한국법학원, 2013. 6., 241쪽.
648) 김유환, 「위헌법률에 근거한 행정처분의 효력」, 『행정판례연구』 제5집, 서울대학교출판사, 2000, 73~74쪽.

한다는 견해가 있다.649)

(ⅲ) 취소소송에서도 위헌제청에 따른 결과를 제청 당시에는 알 수 없는 일이라서 취소소송에서 제청, 아니 모든 법원재판에서 제청은 앞으로 법률의 위헌결정이 내려질 것인지가 불확실하므로 모두 재판의 전제성이 없다는 결과를 낳을 것이므로, 재판의 전제성 단계에서 이를 차단할 것이 아니라 재판의 전제성을 원칙적으로 인정하여야 한다는 견해가 있다.650)

(ⅳ) 위헌결정의 소급효가 미치는지는 해당 행정처분이 하자 있는 것으로 될 것인지에 관한 것으로서 해당 하자가 중대·명백하여 제소기간 제한 없이 소송으로 다툴 수 있는 것인지와 별개 문제이고, 대법원이 구체적인 사건과 관련하여 중대명백설을 채택하였더라도 명백성 의미에 대해서는 논란이 있고 그 판례가 다른 행정법원이나 그 밖의 법원들에 대해서 기속력이 없다는 점에서(법원조직법 제8조) 해당 법원은 위헌법률에 근거한 행정행위의 하자를 판단할 수 있고 확정적으로 취소사유라고 볼 수 없는 이상 해당 법원이나 헌법재판소는 재판의 전제성을 인정할 필요가 있다는 견해가 있다.651)

(ⅴ) 행정처분의 근거법률이 위헌임을 이유로 무효 확인의 소를 제기하면, 원칙적으로 법원이 무효로 판단할 가능성을 명백하게 배제할 수 있는 때가 아니면 재판의 전제성을 인정하여야 한다는 견해가 있다.652)

④ 검토와 사견

헌법재판소가 위헌성이 의심되는 법률의 위헌심사를 할 기회가 있었는데도 이를 거부하여 그 법률이 계속 적용되도록 내버려두는 것은 헌법의 수호자로서 국민의 기본권을 적극적으로 보호하여야 할 헌법재판소의 의무를 이행하지 않는 것으로 볼 여지가 있다. 그리고 추상적 규범통제가 도입되지 않아서 법률의 위헌심사를 사후적으로만 할 수 있는 현실에서는 더욱 헌법재판소가 적극적으로 권한을 행사하여야 한다. 더구나 헌법재판소가 재판의 전제성을 인정하여 근거법률을 위헌이라고 선언하여도 그 법률에 근거한 행정처분이 무효인지는 해당 사건을 재판하는 법원이 판단할 사항이다. 따라서 위헌법률(정확하게는 위헌이라고 주장되는 법률)에 근거한 행

---

649) 나 현, 「위헌(위법)인 법률, 명령, 규칙(조례)에 근거한 행정행위의 효력」, 『사법연구자료』 제23집, 대법원 법원행정처, 1996, 406쪽.

650) 정재황, 『판례헌법(제2판)』, 길안사, 1997, 884쪽.

651) 성낙인/이효원/권건보/정 철/박진우/허진성, 『헌법소송론』, 법문사, 2012, 203~204쪽.

652) 황치연, 「위헌결정의 시간적 효력」, 『헌법재판의 새로운 지평』(이강국 헌법재판소장 퇴임기념논문집), 박영사, 2013, 560쪽.

정처분의 효력이 위헌법률심판이나 헌법재판소법 제68조 제2항에 따른 헌법소원심판에서 재판의 전제성과 관련하여 문제가 될 때, 헌법재판소가 위헌법률에 근거한 행정처분이 취소대상임을 적극적으로 증명하지 못하는 한, 즉 해당 행정처분이 무효가 될 가능성이 없다는 점을 증명하지 못하면 헌법재판소는 재판의 전제성을 부정하여서는 아니 될 것이다. 물론 헌법재판소가 위헌법률에 근거한 행정처분이 무효가 아님을 적극적으로 논증한다면 재판의 전제성을 부정할 수 있다.

(3) 위헌법률에 근거한 행정처분의 후속 행정처분의 효력

① 존속력이 발생한 위헌법률에 근거한 행정처분과 그 후속 행정처분

위헌법률에 근거한 행정처분이 취소대상일 때 제소기간이 지나 그 행정처분의 존속력이 발생하였으나, 그 행정처분에 따른 후속절차가 남아 있을 수 있다. 이때 이러한 후속절차 집행이 가능한 것인지, 즉 위헌법률에 근거한 행정처분의 후속절차가 허용될 것인지가 문제 된다. 이때 후속 행정처분 자체는 아무런 하자가 없어야 한다. 후속 행정처분에 고유한 하자가 있다면 그 하자를 근거로 해당 행정처분을 다툴 수 있기 때문이다. 그리고 후속 행정처분은 사법적으로 다툴 가능성이 있어야 한다. 즉 후속 행정처분에 대한 제소기간이 지나서 존속력이 발생하여서는 아니 된다. 후속 행정처분을 사법적으로 다툴 가능성이 없다면 그 취소 여부는 문제되지 않기 때문이다. 또한, 선행 행정처분을 사법적으로 다툴 수 있었어야 한다. 즉 선행 행정처분을 사법적으로 다툴 가능성이 있었는데도 당사자가 이것을 사법적으로 다투지 않아서 존속력이 발생한 때만 후행 행정처분을 사법적으로 다투면서 선행 행정처분의 주장할 수 있는지가 문제 된다. 따라서 당사자가 선행 행정처분을 사법적으로 다툴 가능성이 없었다면 당사자는 후행 행정처분을 다투면서 당연히 선행 행정처분의 하자를 주장할 수 있다. 그렇지 않다면 당사자는 선행 행정처분의 하자를 다툴 가능성을 보장받지 못하기 때문이다. 끝으로 선행 행정처분의 근거법률에 대해서는 헌법재판소가 이미 위헌결정을 내렸음을 전제한다. 선행 행정처분 근거법률의 위헌 여부를 다툴 수 있는지는 존속력이 발생한 행정처분의 후행 행정처분에서 선행 행정처분의 하자를 다툴 수 있는지가 해결되어야 비로소 검토할 수 있는 문제이기 때문이다.

② 판례

(ⅰ) 헌법재판소

헌법재판소는 일반적으로 행정처분의 집행이 이미 종료되었고 그것이 번복되면 법적 안정성을 크게 해치게 되면 후에 행정처분의 근거가 된 법규가 헌법재판소에서

위헌으로 선고되더라도 (처분의 근거법규가 위헌이었다는 하자는 중대하기는 하나 명백한 것이라고는 할 수 없다는 의미에서) 그 행정처분이 당연무효가 되지는 않는다고 할 수 있어서, 행정처분에 대한 제소기간 안에 그 취소를 구하는 소를 제기한 때는 별론으로 하고 제소기간이 지나고 나서는 처분의 근거법규가 위헌임을 이유로 무효 확인의 소 등을 제기하더라도 행정처분의 효력에 영향이 없음이 원칙이라고 하였다.653)

그러나 헌법재판소는 행정처분 자체의 효력이 제소기간이 지나고 나서도 존속 중이면, 특히 그 처분이 위헌법률에 근거하여 내려진 것이고 그 행정처분의 목적달성을 위해서는 후행 행정처분이 필요한데 후행 행정처분은 아직 이루어지지 않은 때처럼 그 행정처분을 무효로 하더라도 법적 안정성을 크게 해치지 않지만, 그 하자가 중대하여 그 구제가 필요하면 그 예외를 인정하여 이를 당연무효사유로 보아서 제소기간이 지나서도 무효 확인을 구할 수 있는 것이라고 봐야 할 것이라고 하였다.654)

(ⅱ) 대법원

대법원은 과세처분이나 압류처분에 확정력이 생겼더라도 그 후속 절차를 진행하려면 후속 처분 당시 유효한 법률상 근거가 있어야 하고, 법률 전부에 대한 위헌결정으로 말미암아 과세처분뿐 아니라 강제징수처분의 근거법률에 대해서도 위헌결정이 내려지면 후속 체납처분 절차를 진행할 수 없다고 한 적이 있다. 즉 위헌결정 이후에 이루어진 체납처분절차 등 후속절차는 당연무효이고,655) 위헌결정 이후 부담금 징수를 위한 압류처분에 따른 압류등기는 해제되어야 하며,656) 위헌결정 이후 그 집행이나 집행력을 획득하려는 제소행위도 허용되지 않을 뿐 아니라657) 위헌결정 후 납부의무 없이 자유로운 의사에 어긋나게 낸 부담금은 부당이득반환청구를 할 수 있다고 하였다.658) 그러나 이러한 판결들은 집행처분의 근거법률에도 위헌결

---

653) 헌재 1994. 6. 30. 92헌바23, 판례집 6-1, 592, 604-605; 헌재 1999. 9. 16. 92헌바9, 판례집 11-2, 262, 270; 헌재 2001. 9. 27. 2001헌바38, 공보 61, 930, 932; 헌재 2004. 1. 29. 2002헌바73, 판례집 16-1, 103, 109.

654) 헌재 1994. 6. 30. 92헌바23, 판례집 6-1, 592, 605-606; 헌재 2001. 9. 27. 2001헌바38, 공보 61, 930, 932-933.

655) 대법원 2002. 4. 12. 선고 2002다2294 판결(집50-1, 386; 공2002상, 1122); 대법원 2002. 6. 28. 선고 2001다60873 판결(공2002하, 1803); 대법원 2002. 11. 22. 선고 2002다46102 판결(공2003상, 159); 대법원 2005. 4. 15. 선고 2004다58123 판결.

656) 대법원 2002. 8. 23. 선고 2002두4372 판결; 대법원 2002. 8. 23. 선고 2001두2959 판결(공2002하, 2216); 대법원 2002. 8. 27. 선고 2002두2383 판결(공2002하, 2344).

657) 대법원 2002. 8. 23. 선고 2002두4372 판결.

658) 대법원 2003. 9. 2. 선고 2003다14348 판결(공2003하, 1948).

정이 내려진 사례라서 위헌법률에 근거한 행정처분의 후속 행정처분의 효력을 직접 다루는 것이라고 보기는 어려운 점이 있다.

대법원은 헌법재판소법 제47조 제1항에 따른 위헌결정의 기속력과 헌법을 최고규범으로 하는 법질서의 체계적 요청에 비추어 국가기관과 지방자치단체는 위헌으로 선언된 법률규정에 근거하여 새로운 행정처분을 할 수 없음은 물론이고, 위헌결정 전에 이미 형성된 법률관계에 근거한 후속처분이라도 그것이 새로운 위헌적 법률관계를 생성·확대하면 이것을 허용할 수 없으므로, 조세 부과의 근거가 되었던 법률규정이 위헌으로 선언되면, 비록 그에 근거한 과세처분이 위헌결정 전에 이루어졌고, 과세처분에 대한 제소기간이 이미 지나서 조세채권이 확정되었으며, 조세채권 집행을 위한 체납처분의 근거규정 자체에 대해서는 따로 위헌결정이 내려진 바 없다고 하더라도, 이러한 위헌결정 이후에 조세채권 집행을 위한 새로운 체납처분에 착수하거나 이를 속행하는 것은 더는 허용되지 않고, 나아가 이러한 위헌결정의 효력에 어긋나게 이루어진 체납처분은 그 사유만으로 하자가 중대하고 객관적으로 명백하여 당연무효라고 보아야 한다고 하였다.659)

③ 학설

(ⅰ) 하자 승계 이론 적용설

위헌법률에 근거한 행정처분의 효력을 인정한다면 그에 따른 후속 조치(집행력)도 인정하는 것이 수미일관하고, 위헌결정의 기속력에 대한 해석론을 통해서 이것을 전면 부정하는 것은 타당하지 않다는 견해가 있다.660)

(ⅱ) 헌법재판소법 제47조 적용설

ⓐ 위헌법률에 근거한 행정처분의 후속 행정처분의 효력 문제는 하자승계로 접근할 문제가 아니고, 위헌결정의 효력(특히 소급효)과 관련된 문제라는 견해가 있다.661) 이 견해는 위헌결정의 기속력은 법원뿐 아니라 행정청에도 미치는데, 행정청에는 처분청뿐 아니라 관계 행정청도 포함된다고 한다. 따라서 위헌결정 이후에 그 규범에 근거한 처분 집행을 허용하는 것은 위헌결정의 기속력에 어긋난다고 한다.

ⓑ 법률적 근거로서 헌법재판소법 제47조 제1항과 제2항(법률적 근거) 그리고 국가의 기본권보장의무를 규정한 헌법 제10조 후단, 합헌적인 법률에 따른 재판을

---

659) 대법원 2012. 2. 16. 선고 2010두10907 전원합의체 판결(공2012상, 468).
660) 이 원, 「위헌법률에 근거한 행정처분의 효력과 그 집행력의 인정여부」, 『법제연구총서』 5, 법제처, 2000, 29~35쪽.
661) 정남철, 「법률의 위헌결정의 효력과 행정처분의 법적 효과」, 『행정판례연구』 제20집 제1호, 박영사, 2015, 144~145쪽.

받을 권리를 규정한 헌법 제27조, 헌법과 법률에 따라서 재판하도록 규정한 헌법 제103조, 기본권제한 한계를 규정한 헌법 제37조 제2항, 위헌법률심판을 규정한 헌법 제107조(헌법적 근거) 등을 근거로 위헌법률에 근거한 행정처분의 집행력을 배제하는 견해가 있다.662)

ⓒ 하자 승계 일반론보다는 헌법재판소법 제47조 제2항 자체의 해석론에서 문제를 해결하는 것이 더 헌법정신에 합치된다는 견해가 있다.663) 이 견해는 하자의 승계이론을 따라 불합리한 결과가 발생하면 하자 승계 이론을 매개시켜 위헌판단의 즉시효를 제한할 것이 아니라 위헌결정의 후속행위에 대한 구속력을 널리 인정함으로써 합헌적 행정을 담보하는 것이 타당하다고 한다.

ⓓ 헌법재판소법 제47조 제1항의 기속력에서 도출되는 결정준수의무에 근거하는 것이 결론은 물론이고 논리전개 과정에서 가장 무리 없는 견해라는 주장이 있다.664)

ⓔ 위헌법률에 근거한 행정처분에 대해서는 위헌결정의 기속력에 어긋나므로 집행력이 부여되지 않는다는 견해도 있다.665)

ⓕ 처분 근거법령에 대한 위헌·위법결정의 구속력은 처분 근거법령의 위헌·위법에만 미치고 강제집행 근거규정에까지 미치지는 않으므로, 위헌·위법인 법령에 근거한 존속력이 발생한 취소할 수 있는 처분의 집행력은 인정되는 것으로 보는 것이 타당하다는 견해도 있다.666)

(ⅲ) 후행처분의 근거규정은 합헌이나 결과적으로 처분이 위헌이어서 결국 위법이라는
　　　견해

이 견해는 압류처분에 고유한 하자가 있고 그 하자는 직접적인 근거규범과 관련하여 위법·위헌이라는 법논리가 아니라 적법·위헌이라는 구조를 취한다. 이것이 독일 조세법상 '불형평한(unbillig) 처분'이고, 그 근거규범은 합헌이고 적법하게 적용하였으나 결과적으로 위헌이 될 수밖에 없는 처분을 의미한다고 한다. 독일 법이론에서 형평은 법적용 전에 추상적인 규범적 상태에 대한 정의가 아니라 개별적 사건

---

662) 남복현, 「헌법재판소 결정의 효력과 법원의 기속」, 『공법연구』 제24집 제1호, 한국공법학회, 1996, 250~251쪽; 같은 사람, 「헌법재판소 결정의 효력에 관한 쟁점 및 해결방안」, 『헌법재판소의 효력에 관한 연구』(헌법재판연구 제7권), 헌법재판소, 1996, 282~283쪽; 같은 사람, 「위헌법률에 기한 행정처분의 집행력 허용여부에 관한 검토」, 『헌법실무연구』 제1권, 박영사, 2000, 448~449쪽.
663) 김유환, 「위헌법률에 근거한 행정처분의 효력」, 『행정판례연구』 제5집, 서울대학교출판사, 2000, 84~85쪽.
664) 허성욱, 「위헌·위법인 법령에 근거한 처분의 집행력」, 『행정판례평선』, 박영사, 2011, 286쪽.
665) 정하중, 『행정법총론(제12판)』, 법문사, 2018, 265쪽.
666) 박균성, 『행정법론(상)(제17판)』, 박영사, 2018, 432쪽.

에 적용한 구체적 결과를 대상으로 한 개별적 정의를 뜻한다고 한다. 따라서 법률적 정의는 충족되나 개별적 형평은 충족되지 않는 사례를 불형평한 사건이라고 할 수 있다고 한다. 이때 법률은 합헌으로 판단 받게 되나 이러한 법률을 적법하게 적용한 개별적 처분 결과가 위헌적이어서 결국 해당 처분은 위법하다고 한다. 이러한 불형평한 처분은 규범통제 차원에서 다루어지는 법률적 또는 유형적 정의와 처분에 대한 항고소송에서 다루는 개별적 정의가 일치하지 않는 영역에서 발생한다고 한다. 사법심사 기준이 일치하지 않는 이유는 예외적인 개별적 사례나 처분이 그 근거규범을 대상으로 하는 규범통제소송에서 위헌판단에 고려되는 정도와 개별 처분을 대상으로 하는 항고소송에서 위법성 판단에 고려되는 정도가 다르기 때문이라고 한다. 선행처분의 근거규범에 대한 위헌결정으로 말미암아 후행처분의 근거규범이 포섭하는 범위가 축소되었는데도 해당 관청이 형식논리적으로 후행처분을 발령함으로써 적법하나 위헌적인 결과를 발생시키게 된다고 한다. 이러한 법률 규정의 포섭범위가 축소하는 만큼 숨겨진 법률 공백이 발생하게 되고 이것은 목적론적 축소 적용이나 합헌적 축소 적용을 통해서 개별 처분의 위헌성이 제거되어야 한다고 한다.[667]

④ 검토와 사견

헌법과 헌법재판소법에 따른 위헌법률심판제도는 법률을 통해서 형성된 법적 관계는 그에 대한 사법심사 가능성이 사라지면 그대로 유지된다는 현상유지원칙에 기초한다. 현상유지원칙을 따르면 국가행위에 이미 위법성이 있어도 국가행위의 효력은 그대로 유지된다. 하지만 행정처분에 존속력이 생겨서 더는 다툴 수 없게 되더라도 그 위법성이 사라지는 것은 아니다. 더하여 현상유지원칙은 새로운 위법성 발생을 허용하거나 위법성 확대를 정당화하지 않는다. 그리고 연속되는 행정처분이 서로 밀접하게 관련되면 연속되는 행정처분 전부가 완료되지 않는 한 그 전체 행정처분이 완료되었다고 볼 수 없다. 따라서 후속 행정처분을 다투면서 선행 행정처분의 하자를 주장할 수 있게 한다고 하여서 법적 안정성을 침해한다고 보기 어렵다. 이러한 점에 비추어 후행 행정처분을 다투면서 존속력이 발생한 선행 행정처분이 위헌법률에 근거하였다는 것을 주장하는 것은 허용될 수 있다. 이것은 실체법적으로는 목적론적 축소를 통해서, 절차법적으로는 사정변경(법적 상황 변경)을 통해서 정당화할 수 있다. 먼저 후속 행정처분의 근거법률이 적용되는 데 필요한 선행 행정처분에서 위헌법률에 근거한 행정처분은 제외된다. 후속 행정처분 근거법률의 적

---

667) 서보국,「합헌적 집행법률에 근거한 압류처분의 위헌적 결과에 대한 권리구제의 직접근거로서 헌법 제107조 제2항」,『행정판례연구』제18집 제1호, 박영사, 2013, 17~19쪽.

용요건은 위헌이 아닌 선행 행정처분 존재이기 때문이다. 따라서 이러한 범위에서 후속 행정처분 근거법률의 적용범위는 축소되고 그에 따라 은폐된 흠결이 발생한다. 그래서 위헌인 선행 행정처분과 관련된 부분에 후속 행정처분의 근거법률이 더는 적용될 수 없다. 다음 선행 행정처분에 따르는 후행 행정처분의 취소를 다툴 때, 선행 행정처분이 하자가 있는지는 후행 행정처분의 고유한 하자가 없을 때 선결문제가 된다. 이러한 선결문제에도 선행 행정처분의 존속력이 미친다. 그러나 후행 행정처분 취소의 소가 확정되기 전에 선행 행정처분의 근거법률이 위헌으로 확정되면 법적 상황 변경을 이유로 선행 행정처분의 존속력은 차단된다. 따라서 당사자는 이러한 존속력에 기속되지 않고 위헌으로 확정된 법률에 근거한 선행 행정처분의 하자를 주장할 수 있다.

   ⑤ 후행 행정처분을 다투면서 존속력이 발생한 선행 행정처분 근거법률의 위헌성을 주장할 수 있는가?

   선행 행정처분의 근거법률에 대한 위헌 여부에 대한 헌법재판소 판단이 아직 없을 때, 선행 행정처분의 제소기간이 지나고 나서 후행 행정처분을 다툴 수 있다. 이때 후행 행정처분 자체를 사법적으로 다툴 가능성은 있으나, 즉 후행 행정처분에 대한 제소기간이 지나지 않았으나, 후행 행정처분 자체에는 하자가 없고 선행 행정처분의 근거법률이 위헌임을 주장할 수도 있다. 여기서 선행 행정처분 근거법률의 위헌 여부는 당연히 헌법재판소만 판단할 수 있고, 이러한 판단을 위해서는 해당 법률에 대해서 재판의 전제성이 인정되어야 한다.

   선행 행정처분의 하자가 후행 행정처분의 효력에 아무런 영향을 미칠 수 없다면 후행 행정처분을 다투면서 선행 행정처분 근거법률의 위헌성을 주장하여도 재판의 전제성을 인정할 수 없다. 그러나 선행 행정처분의 하자가 후행 행정처분의 효력에 영향을 미친다면 선행 행정처분의 위헌 여부는 후행 행정처분의 효력을 다툴 때 재판의 전제가 될 수 있다. 선행 행정처분의 위헌 여부에 따라 법원의 재판결과가 달라질 것이기 때문이다. 헌법재판소는 두 개 이상의 행정처분이 연속적으로 내려질 때, 선행 행정처분과 후행 행정처분이 서로 결합하여 1개의 법률효과를 완성하면 선행 행정처분의 하자가 후행 행정처분에 승계되므로 선행 행정처분에 존속력이 생겨 그 효력을 다툴 수 없게 되어도 선행 행정처분의 하자를 이유로 후행 행정처분의 효력을 다툴 수 있어서 재판의 전제성이 인정되지만, 선행 행정처분과 후행 행정처분이 서로 독립하여 별개의 법률효과를 목적으로 할 때 선행 행정처분에 존속력이 생겨 그 효력을 다툴 수 없게 되면 선행 행정처분의 하자가 중대하고 명백하여 당연무효인 때를 제외하고는 선행 행정처분의 하자를 이유로 후행 행정처분의 효력을 다툴 수 없어서 재판의 전제성이 부정된다고 한다.[668]

　선행 행정처분을 다툴 기회가 당사자에게 없었다면 당사자는 후행 행정처분을 다투면서 선행 행정처분의 근거법률이 위헌임을 주장할 수 있어야 한다. 이것을 부정하면 당사자는 선행 행정처분을 다투어 권리구제를 받을 가능성을 보장받지 못하기 때문이다. 따라서 이러한 때는 후행 행정처분을 다투면서 선행 행정처분의 근거법률에 대한 위헌판단을 헌법재판소에 구하면 재판의 전제성이 인정되어야 한다.

　그런데 헌법재판소는 도시계획시설사업의 사업시행자지정고시처분의 하자가 그 실시계획인가고시처분에 승계되는지에 관한 명시적 대법원 판례가 없는 상황에서 하자승계가 부정됨을 근거로 실시계획인가고시처분의 효력을 다투는 취소의 소에서 사업시행자시행자지정고시처분 근거법률의 재판 전제성을 부정하였다.[669] 즉 하자 승계 이론을 전제로 형식적 측면에서 해당 법률조항은 해당 사건에 직접 적용되는 법률이 아니고, 그 위헌 여부에 따라 직접 적용되는 법률의 위헌 여부가 결정된다고도 할 수 없어서 원칙적으로 재판의 전제성이 인정되지 아니한다고 하였다. 하지만 사업시행자지정처분으로는 피수용자의 재산권이 제약되지 않아 피수용자는 사업시행자지정처분을 다툴 원고적격이 없다.[670] 따라서 피수용자는 사업시행자지정처분의 효력을 다툴 수 없다. 그러나 실시계획인가를 통해서 사업인정이 의제되면 사업시행자에게 수용권이 부여된다. 피수용자는 이러한 사업시행자의 수용권 행사로 말미암아 자기 재산권이 제약된다. 그런데 헌법재판소 결정을 따르면 이른바 사인에 의한 수용이 문제 되는 상황에서 피수용자는 선행 행정처분인 사업시행자지정고시처분의 하자는 원고적격이 없어서 이에 대한 취소의 소를 제기할 수 없고, 후행 행정처분인 실시계획인가고시처분을 다투면서 선행 행정처분인 사업시행자지정고시처분의 근거법률이 위헌인지는 재판의 전제성이 없어서 다툴 수 없게 되는 불합리한 결과가 발생한다. 따라서 이러한 때에는 후행 행정처분을 다투면서 피수용자가 청구한 헌법소원심판에서 헌법재판소는 재판의 전제성을 인정하여 당사자에게 권리구제 가능성을 열어주어야 한다. 헌법재판소는 구 사회간접자본시설에 대한 민간투자법 제9조 위헌소원 사건에서 민간투자사업이 문제 되었을 때 후행 행정처분인 실시계획승인처분을 다투는 것을 해당 사건으로 하여 사업시행자지정처

---

668) 헌재 2015. 1. 29. 2013헌바136.
669) 헌재 2010. 12. 28. 2009헌바429, 공보 171, 176, 180.
670) 대법원 2009. 4. 23. 선고 2008두242 판결 참조.

분의 근거조항에 대해서 제기한 헌법재판소법 제68조 제2항에 따른 헌법소원에서
재판의 전제성이 인정됨을 근거로 본안 판단을 한 바 있다.[671]

---

671) 헌재 2009. 10. 29. 2007헌바63, 판례집 21−2하, 103.

제 2 장 직접적 기본권보호수단

제 1 절 구체적 규범통제

I. 규범통제일반론

1. 개념

규범통제는 법규범이 상위법규범에 위반되는지를 심사하여 상위법규범에 어긋나는 하위법규범 적용을 배제하는 것을 말한다. 규범통제는 다양한 규범서열을 전제한다. 즉 효력을 기준으로 법규범을 여러 단계로 나누어 서열화하는 법단계설이 인정될 때만 규범통제를 할 수 있다.

2. 유래

규범통제는 미국 연방대법원이 1803년 마베리 대 매디슨(Marbury v. Madison) 사건에서 명확히 밝힌 법관의 규범심사권에서 유래한다. 독립한 사법기관이 규범통제를 담당하는 것은 1920년 오스트리아에서 헌법재판소가 설립되면서 시작되었다. 그러나 헌법재판소를 설치한 많은 나라의 기본모델은 1949년 서독 기본법에 따라서 설치되어 1951년에 활동을 개시한 독일 연방헌법재판소이다. 그래서 독립한 법원에 헌법재판권을 집중시키는 헌법재판제도를 '오스트리아 체계'[1]나 '오스트리아―독일 모델'[2]이라고 한다.

3. 기능

(1) 헌법질서 유지 · 보호

규범통제는 위헌인 하위법규범 적용을 배제함으로써 헌법을 중심으로 형성되는 법질서를 유지하고 보호한다.

(2) 다수 횡포 방지

규범통제는 다수가 소수 의사를 무시하거나 소수 이익을 고려하지 않고 제정한

---

1) Mauro Cappelletti/Theodor Ritterspach, Die gerichtliche Kontrolle der Verfassungsmäßigkeit der Gesetze in rechtsvergleichender Betrachtung, in: JöR 1971, S. 81 ff.
2) Klaus Schlaich/Stefan Korioth, Das Bundesverfassungsgericht ― Stellung, Verfahren, Entscheidung, 11. Aufl., München 2018, Rdnr. 3 참조.

법규범이 상위법규범에 위반되면, 이러한 법규범 적용을 배제함으로써 다수 횡포를
방지한다.

(3) 부당한 입법으로 말미암아 국민의 기본권이 침해되었을 때 구제

규범통제는 부당한 입법의 결과로 제정된 법규범이 국민의 기본권을 침해하면,
이러한 법규범 적용을 배제함으로써 국민의 기본권을 구제한다.

4. 규범통제의 제도유형

(1) 규범통제가 심판 대상인지에 따른 분류

규범통제가 심판 대상인지에 따라 본원적(주위적) 규범통제와 부수적 규범통제
로 나눈다.

① 본원적 규범통제

본원적 규범통제는 법규범의 상위법규범 위반 여부를 심판 대상으로 삼는다.[3]

② 부수적 규범통제

부수적 규범통제는 구체적 사건 해결과 관련하여 재판의 전제가 되는 법규범의
상위법규범 위반 여부를 심사하는 것이다.

(2) 규범통제의 시기와 계기에 따른 분류

규범통제의 시기와 계기에 따라 예방적 규범통제 그리고 추상적 규범통제와 구
체적 규범통제로 나눈다.

① 예방적 규범통제

예방적 규범통제(사전적 위헌심사)는 법규범이 공포 · 시행되기 전에 법규범안이
상위법규범에 위반되는지를 심사하여 상위법규범에 위반되는 법규범안의 입법화를
막는 제도를 말한다. 프랑스에서 예방적 규범통제를 한다.[4]

② 추상적 규범통제

추상적 규범통제는 법규범이 공포 · 시행되고 나서 법규범이 적용되는 구체적
사건이 없어도 그 법규범이 상위법규범에 위반되는지에 관한 의문이나 다툼이 생기

---

3) 일반적으로 본원적 규범통제의 심판 대상은 법규범이라고 한다. 하지만 본원적 규범통제의 정확한
   (구체적) 심판 대상은 법규범이 상위법규범에 어긋나는지이다.
4) 프랑스는 2008년 7월 21일 헌법을 개정하여 종래 예방적 규범통제(사전적 위헌심사)를 그대로 두고
   추가로 구체적 규범통제(사후적 위헌심사)를 도입하였다. 이에 관해서 자세한 소개는 전학선, 「프랑
   스 헌법재판제도의 개혁과 한국 헌법재판의 비교」, 『공법학연구』 제10권 제1호, 한국비교공법학회,
   2009, 267~300쪽; 정재황, 「프랑스에서의 헌법재판제도에 관한 헌법개정」, 『성균관법학』 제20권 제3
   호, 성균관대학교 법학연구소, 2008, 483~507쪽 참조.

면 그 법규범이 상위법규범에 위반되는지를 심사하는 것을 말한다. 추상적 규범통제에서는 재판의 전제성을 요구하지 않는다. 추상적 규범통제는 분쟁 발생 전 사전심사를 통해서 위헌결정에 따른 사회적 파문을 줄일 수 있는 장점이 있다. 그리고 여당과 야당의 기능적 권력통제를 실현함으로써 소수자 보호에 이바지할 수 있다.

③ 구체적 규범통제

구체적 규범통제는 법규범이 적용되는 구체적 사건이 있을 때 당사자 신청이나 법원 직권으로 그 법규범이 상위법규범에 위반하는지를 심사하는 것이다. 구체적 규범통제에서는 재판의 전제성을 요구한다.

5. 현행 헌법이 채택하는 규범통제의 종류

(1) 위헌법률심판

위헌법률심판은 법률의 위헌 여부가 일반 법원에서 재판의 전제가 될 때 법원이 헌법재판소에 위헌법률심판을 제청하면 헌법재판소가 그 법률의 위헌 여부를 심사·판단하는 사후적·구체적인 규범통제제도이다(헌법 제107조 제1항, 제111조 제1항 제1호).

(2) 헌법재판소법 제68조 제2항에 따른 헌법소원심판(위헌소원심판)

당사자가 신청한 법률의 위헌여부심판 제청이 기각되면, 그 신청을 한 당사자는 헌법재판소에 헌법소원심판을 청구할 수 있다(헌법재판소법 제68조 제2항). 이것은 법원의 소극적인 위헌여부심판 제청으로 위헌법률심판제도가 형해화하는 것을 막으려고 도입한 제도이다. 이것은 당사자의 위헌여부심판 제청 신청에 대한 구제제도로서 본질은 위헌법률심판이다.

(3) 법규범 자체에 대한 헌법소원심판

입법행위의 산물인 법규범도 공권력 행사로서 헌법소원심판 대상이 될 수 있다. 이때 헌법재판소는 법규범의 위헌성을 심사하게 된다.

(4) 헌법소원심판에서 이루어지는 부수적인 규범통제

공권력의 행사나 불행사가 위헌인 법률이나 법률조항에 기인하는지가 문제 되면 헌법재판소는 그 법률이나 법률조항의 위헌성을 심사할 수 있다(헌법재판소법 제75조 제5항).[5]

---

5) 헌법재판소는 중앙선거관리위원회 조치가 대통령의 기본권을 침해하는지가 문제 된 사건에서 선결문제인 공직선거법 제9조의 위헌 여부를 판단한 적이 있다(헌재 2008. 1. 17. 2007헌마700, 판례집 20−1상, 139, 161−171).

(5) 권한쟁의심판에서 이루어지는 규범통제

권한쟁의심판에서 입법행위를 통해서 다른 국가기관이나 지방자치단체의 권한을 침해하였는지가 문제 되면 입법행위 자체가 아니라 입법행위의 결과인 법규범의 위헌성이나 위법성을 심사하게 된다.

(6) 명령·규칙에 대한 법원의 위헌·위법심사

명령이나 규칙이 헌법이나 법률에 위반되는지가 재판의 전제가 되면 법원은 이 것을 심사할 수 있다(헌법 제107조 제2항). 이것은 헌법재판소가 아닌 법원이 심사주체인 부수적·구체적 규범통제제도이다.

Ⅱ. 법원 제청에 따른 법률의 위헌여부심판(위헌법률심판)

1. 제청권자

(1) 제청(할 수 있는)법원

위헌여부심판의 제청권자는 해당 사건을 담당하는 법원이다. 대법원뿐 아니라 지방법원의 단독판사든 군사법원이든 불문하고 어느 하급법원이라도 고유한 권한으로 위헌제청을 할 수 있다. 파기 환송심 법원도 위헌제청할 수 있다.[6] 법원은 '직권이나 당사자 신청에 따른 결정'으로 위헌제청할 수 있다. 즉 헌법소원심판이 아닌 위헌법률심판은 구체적 사건에서 법률의 위헌 여부가 재판의 전제가 되어 법원 제청이 있는 때에 한하여 할 수 있고, 개인의 제소나 심판 청구만으로는 위헌법률심판을 할 수 없다.[7]

해당 사건 당사자는 사건을 담당하는 법원에 위헌제청 신청을 할 수 있을 뿐이고, 직접 헌법재판소에 위헌법률심판을 청구할 수는 없다. 해당 사건의 보조참가인도 피참가인의 소송행위와 저촉되지 아니하는 한 일체의 소송행위를 할 수 있으므로 헌법재판소법에 따른 위헌제청 신청을 할 수 있는 '당사자'에 해당한다.[8] 위헌여부심판 제청에 관한 결정에 대해서는 그것이 기각결정이든 각하결정이든 항고할 수 없다(헌법재판소법 제41조 제4항). 다만, 헌법재판소법 제68조 제2항에 따른 헌법소원심판을 헌법재판소에 청구할 수 있을 따름이다.

---

6) 헌재 2016. 2. 25. 2013헌바175등, 판례집 28−1상, 70.

7) 헌재 1994. 6. 30. 94헌아5, 판례집 6−1, 714, 716.

8) 헌재 2003. 5. 15. 2001헌바98, 판례집 15−1, 534, 543; 헌재 2008. 4. 24. 2004헌바44, 판례집 20−1상, 453, 462.

수소법원은 물론 집행법원도 제청권한이 있고, 비송사건 담당법관도 재판사건
과 마찬가지로 제청권이 있다. 그리고 민사조정위원회(민사조정법 제8조 이하)와 가
사조정위원회(가사소송법 제49조 이하)는 사법적 분쟁해결절차의 한 종류로서 법관이
아닌 조정위원이 참여하기는 하나 법관이 주도하는 이상 법원의 성격을 잃지 않으
므로, 제청권이 있는 법원으로 보아야 한다는 주장이 있을 수 있다. 그러나 헌법 제
107조 제3항과 행정심판법 등에 근거를 두고 설치되어 행정심판을 담당하는 각종
행정심판기관은 제청권이 있는 법원이라고 볼 수 없다.[9] 그렇지만 헌법상 특별법원
으로 예외적으로 인정된(헌법 제110조 제1항) 군사법원에는 제청권이 있다(헌법재판소
법 제41조 제1항). 헌법재판소는 제청권이 있는 법원이 아니다.

제청권자인 법원은 사법행정상 관청인 법원이 아니라 개개의 소송사건에 관해
서 재판권을 행사하는 재판기관인 법원을 말한다. 따라서 단독판사 관할사건에서
해당 소송의 담당법관 개인이 여기서 말하는 '법원'으로서 제청권이 있고, 합의부
관할사건에서는 합의부가 원칙적으로 제청권 있는 '법원'이지만 예외적으로 소송법
상 문제의 재판을 단독으로 할 수 있으면 그 재판할 권한이 있는 법관 개인도 '법
원'에 해당한다.

대한민국 법원만 위헌제청권이 있다. 따라서 법원조직법과 군사법원법에 따른
각급 법원이 아닌, 국내 사설 중재재판소나 외국 법원 등에게는 위헌제청을 할 권
한이 없다.

(2) 법률의 위헌성에 대한 의심 정도

법원은 재판에 적용할 법률의 위헌 여부에 관한 심사권이 있고, 그 법률에 위헌
의심이 있으면 스스로 위헌 여부를 판단하는 대신에 헌법재판소에 위헌제청을 하여
그 판단에 따라 재판을 하여야 한다. 헌법 제107조 제1항과 헌법재판소법 제41조,
제43조 등의 각 규정 취지에 비추어 법원은 문제가 되는 법률조항이 담당법관 자
신의 법적 견해에 따라서 단순한 의심을 넘어선 합리적인 위헌 의심이 있으면 위헌
여부심판을 제청하여야 한다.[10] 따라서 제청법원은 제청결정에서 오로지 위헌 의심
만을 진술하는 것으로는 부족하고, 법률이 위헌이라는 합리적인 의심을 헌법재판소
에 설득력 있게 논증하여야 한다. 그렇지 않으면 위헌제청은 부적법한 것으로 각하
될 수 있다.

9) 김하열, 『헌법소송법(제3판)』, 박영사, 2018, 291쪽.
10) 헌재 1993. 12. 23. 93헌가2, 판례집 5-2, 578, 592.

(3) 직권에 따른 위헌법률심판 가능성

헌법재판소가 그 관할 아래에 있는 다른 심판절차에서 사건을 심판할 때 법률의 위헌 여부가 그 심판의 전제가 되면 어떻게 하여야 하는지가 문제 된다. 헌법재판소법은 헌법소원심판절차에 관한 제75조 제5항에서 공권력의 행사나 불행사가 위헌인 법률이나 법률조항에 기인한 것이라고 인정되면 인용결정에서 해당 법률이나 법률조항이 위헌임을 선고할 수 있도록 규정한다.[11] 이것을 부수적 위헌선언이라고 한다. 그 취지는 구체적인 공권력의 행사나 불행사와 관련한 헌법문제의 일관적 해명, 반복되는 기본권 침해 사전 예방, 소송경제의 관점을 고려한 것이다.

부수적 위헌선언과 다른 심판절차에서 전제문제로서 법률의 위헌 여부를 판단하는 것은 서로 구조적인 차이는 있지만, 모두 헌법적 분쟁의 일괄적 해결과 사전 예방적인 기본권 보장, 소송경제 측면에서 심판 대상 외의 관련 법률이나 법률조항의 위헌 여부를 심리·판단한다는 점에서 그 본질이 같다. 이러한 관계를 고려할 때 헌법재판소가 심판사건을 심리하면서 관련 법률이나 법률조항의 위헌 여부가 선결문제가 되면, 헌법과 법률에 따라서 헌법재판소에 부여된 심판권한을 제대로 수행하기 위해서 불가피하게 그 법률이나 법률조항의 위헌 여부를 판단할 수밖에 없다.[12] 그렇게 하지 않으면 사법작용으로서 헌법재판소 판단이 헌법적 분쟁을 해결하는 데 무용할 뿐 아니라 선결문제인 법률이나 법률조항의 위헌성 판단을 도외시함으로써 사건의 본질을 왜곡할 수도 있고, 이 문제를 법원 등 다른 국가기관에 맡기면 헌법 제107조 제1항에 어긋나는 결과를 초래할 수도 있기 때문이다.[13]

---

11) 그러한 사례로서 헌재 1992. 1. 28. 91헌마111, 판례집 4, 51; 헌재 1995. 7. 21. 92헌마144, 판례집 7−2, 94 참조.

12) 성낙인/이효원/권건보/정 철/박진우/허진성, 『헌법소송론』, 법문사, 2012, 159~160쪽; 양 건, 『헌법강의(제7판)』, 법문사, 2018, 1400~1401쪽; 최희수, 『헌법소송법 요론(개정판)』, 대명출판사, 2015, 71~72쪽.

13) 헌법재판소는 지방자치단체의 자치사무에 대한 감사원 합목적성 감사의 지방자치권 침해 확인을 구하는 권한쟁의 사건에서, 합목적성 감사의 법적 근거인 감사원법 제24조 제1항 제2호의 지방자치권 침해 여부를 판단하여 그 결정이유에서 이러한 감사원법 조항이 지방자치권의 본질을 훼손하지 않는다고 판단하였다(헌재 2008. 5. 29. 2005헌라3, 판례집 20−1하, 41, 50−51). 그리고 헌법재판소는 대통령 발언이 공무원의 선거중립의무를 규정한 공직선거법 제9조에 위반된다고 하여 중앙선거관리위원회 위원장이 한 '대통령의 선거중립의무 준수 요청' 조치에 대한 헌법소원 사건에서, 전제문제로서 공직선거법 제9조의 위헌 여부를 판단하여 그 결정이유에서 공직선거법 조항이 헌법에 위반되지 않는다고 판단하였고(헌재 2008. 1. 17. 2007헌마700, 판례집 20−1상, 139. 171), 공소시효를 정한 형사소송법 제249조가 위헌임을 전제로 불기소처분 취소를 구하는 헌법소원 사건에서도 이러한 형사소송법 조항이 헌법에 위반되지 아니함을 결정이유에서 밝혔는데(헌재 1995. 7. 21. 95헌마8등, 판례집 7−2, 206, 212−213), 이들 사건에서 헌법재판소는 헌법소원심판에 대하여 기각결정을 하면서도 결정이유에서 심판의 전제문제로서 해당 법률조항의 위헌 여부를

2. 제청절차

(1) 모든 법원의 고유권한인 위헌여부심판 제청

모든 법원이 직접 독자적인 결정으로 위헌여부심판을 제청할 고유권한이 있다. 헌법 제111조 제1항 제1호, 제107조 제1항, 헌법재판소법 제41조, 제45조를 따르면 대법원과 각급 법원은 법률의 합헌성·위헌성의 심사권을 가지고 재판하지만, 그 법률에 대해서 합헌이나 위헌이라고 규범적 효력을 확정하는 합헌성 여부에 대한 최종적인 결정권은 헌법재판소의 배타적 전속권한이다. 법원의 제청서에는 ① 제청법원 표시, ② 사건과 당사자 표시, ③ 위헌이라고 해석되는 법률이나 법률조항, ④ 위헌이라고 해석되는 이유, ⑤ 그 밖에 필요한 사항(해당 사건이 형사사건이면 피고인의 구속 여부와 그 기간, 해당 사건이 행정사건이면 행정처분의 집행정지 여부)을 기재하여야 한다(헌법재판소법 제43조, '헌법재판소 심판 규칙' 제54조). 그 밖에 제청서에는 필요한 증거서류나 참고자료를 첨부할 수 있다(헌법재판소법 제26조 제2항).

(2) 대법원 이외의 법원

대법원 이외의 법원이 위헌제청결정을 하면 대법원을 거쳐야 한다(헌법재판소법 제41조 제5항). 그러므로 해당 법원은 위헌제청결정서 정본을 법원행정처장에게 법원장이나 지원장 명의로 송부하게 된다('위헌법률심판제청사건의 처리에 관한 예규' 제8조). 이때 대법원은 각급 법원의 위헌법률심판 제청을 심사할 권한이 없다. 그래서 법원행정처장은 이 위헌제청결정서 정본을 그대로 헌법재판소에 송부하고 이로써 위헌법률심판 제청이 이루어진다(헌법재판소법 제26조 제1항 단서). 즉 대법원을 경유하는 것은 형식적인 행정상 사무적 절차에 불과하다.

(3) 상급법원 관여 방지

헌법재판소법 제41조 제4항은 "위헌여부심판의 제청에 관한 결정에 대하여는 항고할 수 없다."라고 규정하므로 위헌제청 신청을 기각하는 결정에 관해서는 항고나 재항고를 할 수 없다. 그뿐 아니라 재판의 전제가 되는 어떤 법률이 위헌인지는 재판을 담당한 법원이 직권으로 심리하여야 한다. 그러므로 당사자가 그 본안사건에 관해서 상소를 제기하면 그 법률이 위헌인지는 상소심이 독자적으로 심리하여 판단하여야 한다. 따라서 위헌제청 신청 기각결정은 본안에 관한 종국재판과 함께 상소심 심판을 받는 중간적 재판의 성질이 있는 것으로서 '특별항고 대상이 되는

판단하였다.

불복을 신청할 수 없는 결정'에도 해당하지 않는다.[14] 이것은 하급법원의 제청권 독립을 보장하려는 것이다. 법원이 위헌제청 신청을 기각하면 그 신청을 한 당사자는 헌법재판소에 헌법소원심판을 청구할 수 있다. 이때 그 당사자는 해당 사건의 소송절차에서 같은 사유를 이유로 다시 위헌여부심판 제청을 신청할 수 없다(헌법재판소법 제68조 제2항).

(4) 위헌제청서 송달과 의견서 제출

위헌법률심판 제청이 있으면 법무부 장관과 해당 소송사건 당사자에게 그 제청서 등본을 송달한다(헌법재판소법 제27조 제2항). 해당 소송사건의 당사자, 참가인 및 법무부 장관은 헌법재판소에 법률이나 법률조항의 위헌 여부에 대한 의견서를 제출할 수 있다(헌법재판소법 제44조, '헌법재판소 심판 규칙' 제56조). 법무부 장관은 정부의 법무에 관한 사항을 관장하는 기관이고, 해당 사건 당사자는 심판 대상인 법률의 위헌 여부와 관련하여 직접적인 이해관계가 있으므로, 헌법재판소 심리를 충실하게 하는 취지에서 의견서를 제출할 수 있도록 한 것이다. '헌법재판소 심판 규칙'은 의견서를 제출할 수 있는 범위를 더욱 확대하여 헌법재판소의 심판에 이해관계가 있는 국가기관이나 공공단체는 헌법재판소에 의견서를 제출할 수 있고, 헌법재판소는 이들에게 의견서를 제출할 것을 요청할 수 있으며, 헌법재판소는 필요하다고 인정하면 해당 심판에 이해관계가 있는 사람에게 의견서를 제출할 수 있음을 통지할 수 있도록 규정한다('헌법재판소 심판 규칙' 제10조). 헌법재판의 객관적 측면을 고려하여 헌법재판소법 제44조 취지를 규칙으로 확장한 것이다. 한편, 제청법원도 (위헌법률심판절차의 당사자인지는 다툼이 있지만) 위헌심사권에 근거한 제청권자로서 심판에 필요한 의견서를 제출할 수 있다('헌법재판소 심판 규칙' 제55조).

(5) 자료 제출 요구

재판부는 결정으로 다른 국가기관이나 공공단체의 기관에 심판에 필요한 사실을 조회하거나 기록 송부나 자료 제출을 요구할 수 있다(헌법재판소법 제32조 본문). 그리고 제청법원은 위헌법률심판을 제청한 후에도 심판에 필요한 자료 등을 헌법재판소에 제출할 수 있다('헌법재판소 심판 규칙' 제55조). 위헌법률심판에서 재판의 전제성과 위헌 여부를 판단하려면 해당 사건의 구체적 내용을 알아야 할 때가 있으므로 필요하면 서기로 지명된 서기관, 사무관은 재판부 명에 따라서 제청법원에 대하여 해당 사건기록의 인증등본을 송부해주도록 촉탁하여야 한다.

---

14) 대법원 1993. 8. 25.자 93그34 결정(공1993하, 2728).

(6) 위헌제청 철회

법원이 위헌제청결정을 하고 나서 헌법재판소가 다른 사건에서 해당 법률을 위헌이라고 결정하거나 그 법률이 폐지되거나 당사자의 소송종료를 초래하는 행위(소·항소·상고 등의 취하, 화해, 청구 포기, 인낙 등)가 있거나 소송수계가 불가능한 사건에서 당사자가 사망하는 것 등의 사유로 위헌제청 사유가 소멸하면 위헌제청법원은 위헌제청결정을 취소하고 그 취소결정 정본을 헌법재판소에 송부함으로써 위헌여부심판 제청을 철회한다('위헌법률심판제청사건의 처리에 관한 예규' 제7조 제4항). 이러한 위헌제청 철회에 대해서 헌법재판소는 예외적으로 헌법적 해명을 위해서 본안 판단을 하는 때가 아닌 한 별다른 절차 없이 위헌심판절차가 종료된 것으로 처리한다. 그러나 이러한 제한적인 사유에 해당하지 않는 한 위헌 여부에 관한 견해 변경 등으로 법원이 임의로 제청 신청을 철회하는 것은 허용되지 않는다. 철회 사유가 있는데도 법원이 제청을 철회하지 않으면 헌법재판소는 재판의 전제성 소멸을 이유로 그 위헌제청을 각하한다.[15] 다만, 예외적으로 해당 법률의 위헌 여부에 대한 헌법적 해명이 필요하면 헌법재판소는 심리를 진행하여 본안 판단을 할 수 있다.

3. 제청대상: '법률'

(1) 국회에서 제정한 (형식적) '법률'

① 대한민국 법률

원칙적으로 국회가 헌법과 법률이 정한 입법절차에 따라 의결을 거쳐 제정한 이른바 '형식적 (의미의) 법률'만 법원의 위헌제청 대상이 될 수 있는 법률에 해당한다.[16] 그리고 여기서 법률은 대한민국 국회가 제정한 법률만을 말한다. 따라서 대한민국의 입법권에 기초를 두고 제정된 대한민국 법률이 아닌 외국 법률은 제청대상적격이 없다.

② 시행되어 효력이 발생한 법률

위헌법률심판은 최고규범인 헌법 해석을 통해서 헌법에 어긋나는 법률의 효력을 상실시키는 것이므로, 특별한 사정이 없는 한 현재 시행 중이거나 과거에 시행되었던 것이어야 하고 제청 당시에 공포는 되었으나 시행되지 않은 법률은 위헌여

---

15) 헌재 1989. 4. 17. 88헌가4, 판례집 1, 27; 헌재 2000. 8. 31. 97헌가12, 판례집 12-2, 167.
16) 헌재 1996. 6. 13. 94헌바20, 판례집 8-1, 475, 482; 헌재 1996. 10. 4. 96헌가6, 판례집 8-2, 308, 320.

부심판의 대상법률에서 제외된다.[17]

③ 유효한 법률

위헌제청 대상이 될 수 있는 법률은 헌법재판소가 위헌법률심판을 할 때 '유효한 법률'이어야 함이 원칙이다. 그러므로 헌법재판소에서 이미 위헌결정이 선고된 법률조항에 대한 위헌법률심판은 부적법하다.[18] 그러나 헌법재판소가 위헌으로 선언한 법률과 같거나 비슷한 내용을 담은 새로운 법률을 국회가 제정하면, 새로운 법률은 위헌으로 선언된 법률과 형식상 다른 법률이므로 위헌법률심판 대상이 된다. 헌법재판소가 위헌으로 선언한 법률로 개정하기 이전 법률도 형식상 다른 법률이므로 위헌법률심판 대상이 된다.[19] 그리고 폐지된 법률에 대한 위헌제청은 원칙적으로 부적법하다.[20] 그러나 폐지된 법률이더라도 해당 소송사건에 적용될 수 있어 재판의 전제가 되면 예외적으로 위헌제청 대상이 될 수 있다. 예를 들어 보호감호처분에 대해서는 소급입법이 금지되므로 비록 구법이 개정되어 신법이 소급 적용되도록 규정되었더라도 실체적인 규정에 관한 한 오로지 구법이 합헌적이어서 유효하였다는 것을 전제로 하고 다시 신법이 더 유리하게 변경되었을 때만 신법이 소급 적용될 것이므로 폐지된 구법에 대한 위헌 여부 문제는 신법이 소급 적용될 수 있기 위한 전제문제로서 판단 이익이 있어 위헌제청은 적법하고,[21] 비록 조합 구역

---

17) 헌재 1997. 9. 25. 97헌가4, 판례집 9－2, 332, 337－338.

18) 헌재 1989. 9. 29. 89헌가86, 판례집 1, 284, 288; 헌재 1994. 8. 31. 91헌가1, 판례집 6－2, 153, 161; 헌재 1997. 1. 16. 93헌바54, 공보 20, 217.

19) 헌법재판소는 구 군인연금법(2000. 12. 30. 법률 제6327호로 개정되기 전의 것) 제21조 제5항 제2호 내지 제5호는 헌법에 위반된다고 선언하고 나서(헌재 2003. 9. 25. 2001헌가22, 판례집 15－2상, 231), 구 군인연금법(1995. 12. 29. 법률 제5063호로 개정되기 전의 것) 제21조 제5항 제3호도 헌법에 위반된다고 선언하였다(헌재 2005. 12. 22. 2004헌가24, 판례집 17－2, 625). 이에 대해서 대법원은 "제3호 관련 2차 위헌결정은 위에서 본 바와 같이 이미 1차 위헌결정이 위헌으로 결정함으로써 그 효력을 상실한 '1982. 12. 28. 법률 제3587호로 개정된 후 2000. 12. 30. 법률 제6327호로 삭제되기 전'의 구 군인연금법 제21조 제5항 제3호 중 일부에 대한 것으로 보아야 하는바, 이러한 제3호 관련 2차 위헌결정은 그 위헌결정에 이르게 한 당해 사건에 대해 그 위헌결정의 소급효를 인정할 수는 있음은 별론으로 하더라도, 그 밖의 다른 사건에 대해서 소급효를 인정할 것은 아니다."라고 하여[대법원 2009. 6. 25. 선고 2006두17802 판결(공2009하, 1310)] 나중의 위헌결정을 처음 위헌결정의 재확인에 불과하다고 하였다[원심인 서울고법 2006. 10. 20. 선고 2004누19271 판결(각공2006, 2639) 참조: "이 사건 1차 위헌결정의 기속력이 이 사건 2차 위헌결정에도 미친다 할 것이므로, 이 사건 2차 위헌결정은 이미 이 사건 1차 위헌결정에 의하여 위헌임이 선언되어 법으로서의 효력을 이미 상실한 동일한 법률조항에 대하여 그 효력이 없음을 재차 확인한 정도에 불과하다 할 것인바, 비록 이 사건 소가 이 사건 2차 위헌결정 이전에 제기되었다 하더라도 병행사건에 해당하여 그 효력이 미친다 할 수 없다."]. 그러나 이것은 대법원이 두 위헌결정의 심판 대상이 다름을 무시한 것으로 타당하지 않다.

20) 헌재 1989. 5. 24. 88헌가12, 판례집 1, 45, 46.

21) 헌재 1989. 7. 14. 88헌가5등, 판례집 1, 69, 82. 같은 취지로 헌재 1994. 6. 30. 92헌가18, 판례집

안에 같은 업종의 조합을 2개 이상 설립할 수 없도록 한 구 축산업협동조합법 제 99조 제2항이 축산업협동조합법 개정으로 삭제되기는 하였으나 농림수산부 장관 조합설립인가처분의 위법·부당 여부는 특별한 사정이 없는 한 위 처분 시의 법규에 비추어 판단하여야 할 것이고, 위 처분 당시 유효한 법률조항이었던 이 사건 심판 대상 조항의 재판 전제성이 인정되므로 심판 청구 이익이 인정된다.[22] 한편, 국적법 제2조 제1항 제1호 위헌제청 사건에서는 심판계속 중 제청대상 법률조항이 개정되어 해당 사건에 신법을 적용하게 되었으므로 재판의 전제성을 상실하였다는 이유로 각하결정이 내려졌다.[23]

④ 입법부작위

위헌법률심판제도는 국회가 제정한 법률이 헌법에 위반되는지를 심사하는 것이 므로 국회의 입법부작위는 위헌여부심판 제청 대상이 될 수 없다. 다만, 법률이 불완전·불충분하게 제정된 이른바 '부진정입법부작위'는 입법부작위로 다룰 것이 아니라 불완전한 법률조항 자체를 대상으로 위헌여부심판을 제청하여야 한다.[24] 헌법재판소법 제68조 제2항에 따른 헌법소원은 '법률'의 위헌성을 적극적으로 다투는 제도이므로, '법률의 부존재' 즉, 입법부작위를 다투는 것은 그 자체로 허용되지 아니한다.[25] 다만, 법률이 불완전·불충분하게 규정되었음을 근거로 법률 자체의 위헌성을 다투는 취지로 이해되면 그 법률이 해당 사건의 재판 전제가 된다는 것을 요건으로 허용될 수 있다.[26] 불완전·불충분한 법률 내용에 따라서는 헌법재판소가 그 위헌성을 확인하더라도 불완전·불충분한 입법을 적용하였을 때와 다른 내용의 재판을 하기 어려울 수 있기 때문이다.

(2) 법률대위명령

재정·경제적인 혹은 국가안전보장과 관련한 위기상황이 발생하여 헌법이 예정하는 통상적인 방법과 절차를 통해서 극복하기 어려우면 대통령은 국가긴급권을 발동할 수 있다. 이러한 국가긴급권 발동을 통해서 대통령은 국회입법절차에 대한 중대한 예외로서 법률의 효력이 있는 명령을 발할 수 있다(헌법 제76조). 이러한 명령

6-1, 557, 563.

22) 헌재 1996. 4. 25. 92헌바47, 판례집 8-1, 370, 377. 같은 취지로 헌재 1995. 1. 20. 90헌바1, 판례집 7-1, 1, 7.

23) 헌재 2000. 8. 31. 97헌가12, 판례집 12-2, 167, 178.

24) 헌재 1996. 3. 28. 93헌바27, 판례집 8-1, 179, 185; 헌재 2006. 7. 27. 2004헌바20, 판례집 18-2, 52, 60.

25) 헌재 2001. 1. 27. 98헌바12, 공보 42, 136, 140; 헌재 2014. 4. 24. 2012헌바332.

26) 헌재 2004. 1. 29. 2002헌바36, 판례집 16-1, 87, 95.

을 법률대위명령이라고 한다. 긴급재정경제명령과 긴급명령이 여기에 속한다. 법률대위명령은 법률의 효력이 있는 법규범이므로 실질적 법률이고, 위헌법률심판 대상이 된다.[27]

국가긴급권을 행사하여 법률대위명령을 발하는 것이 개인의 기본권을 제약하면 헌법 제76조 제1항의 요건에 따라 발동되었는지와 헌법 제37조 제2항이 요구하는 기본권제한의 한계를 준수하였는지라는 두 가지 방향에서 그 합헌성이 검토되어야 하고, 양자 모두 합헌적인 것으로 평가될 때만 정당한 제약(제한)으로 인정된다. 전자는 성립요건이고, 후자는 효력요건이다. 그러나 헌법재판소는 "긴급재정경제명령이 헌법 제76조 소정의 요건과 한계에 들어맞는다면, 그 자체로 목적의 정당성, 수단의 적정성, 피해의 최소성, 법익의 균형성이라는 기본권 제한의 한계로서의 과잉금지원칙을 준수하는 것이 되는 것"이라고 판시하여 국가긴급권이 행사될 때는 다시 과잉금지원칙을 검토할 필요가 없다는 견해를 취한다.[28] 국가긴급권이 적법하게 행사되었는지와 이로 말미암은 국민의 기본권 제약이 정당한지는 구별되는 것이고, 법률대위명령은 법률에 대한 절차적 예외에 불과하다는 점에서 법률의 내용적 한계를 충족하여야 하므로 헌법재판소 견해는 타당하지 않다고 생각한다.

1972년 헌법에 근거한 대통령 긴급조치의 위헌 여부와 관련하여 대법원은 헌법재판소의 위헌심사 대상이 되는 '법률'은 '국회의 의결을 거친 이른바 형식적 의미의 법률'을 뜻하고, 위헌심사 대상이 되는 규범이 형식적 의미의 법률이 아니면 그러한 효력이 있는 데 국회의 승인이나 동의가 필요한 것 등 국회의 입법권 행사라고 평가할 실질을 갖추어야 하는데, 긴급조치는 사전적으로는 물론 사후적으로도

---

27) 권영성, 『헌법학원론(개정판)』, 법문사, 2010, 1150쪽; 김도협, 『헌법재판개설』, 진원사, 2017, 75쪽; 김철수, 『학설·판례 헌법학(전정신판)(중)』, 박영사, 2009, 1134쪽; 김하열, 『헌법소송법(제3판)』, 박영사, 2018, 282쪽; 김학성, 『헌법학원론(전정2판)』, 피앤씨미디어, 2018, 1165쪽; 김현철, 『판례 헌법소송법(제4판)』, 전남대학교출판부, 2016, 154, 157쪽; 남복현, 「헌법 제107조」, 『헌법주석[법원, 경제질서 등]』, 경인문화사, 2018, 1079쪽; 성낙인, 『헌법학(제18판)』, 법문사, 2018, 789쪽; 성낙인/이효원/권건보/정 철/박진우/허진성, 『헌법소송론』, 법문사, 2012, 182쪽; 신 평, 『헌법재판법(전면개정판)』, 법문사, 2011, 409쪽; 양 건, 『헌법강의(제7판)』, 법문사, 2018, 1401~1402쪽; 이준일, 『헌법학강의(제6판)』, 홍문사, 2015, 1019쪽; 장영수, 『헌법학(제10판)』, 홍문사, 2017, 1269쪽; 전광석, 『한국헌법론(제13판)』, 집현재, 2018, 813~814쪽; 정연주, 『헌법소송론』, 법영사, 2015, 140쪽; 정재황, 『신헌법입문(제8판)』, 박영사, 2018, 838쪽; 정종섭, 『헌법소송법(제8판)』, 박영사, 2014, 252쪽; 같은 사람, 『헌법학원론(제12판)』, 박영사, 2018, 1526쪽; 최희수, 『헌법소송법 요론(개정판)』, 대명출판사, 2015, 74쪽; 한수웅, 『헌법학(제8판)』, 법문사, 2018, 1417쪽; 한수웅/정태호/김하열/정문식 (김하열 집필), 『주석 헌법재판소법』, 헌법재판소 헌법재판연구원, 2015, 460쪽; 허 영, 『헌법소송법론(제13판)』, 박영사, 2018, 215쪽; 홍성방, 『헌법학(하)(제3판)』, 박영사, 2014, 339쪽.

28) 헌재 1996. 2. 29. 93헌마186, 판례집 8-1, 111, 119-120.

그 효력을 발생하거나 유지하는 데 국회의 동의나 승인 등을 얻지 않으므로, 긴급
조치는 국회의 입법권 행사라는 실질이 전혀 없는 것으로서 헌법재판소의 위헌법률
심판 대상이 되는 '법률'에 해당하지 않고, 긴급조치의 위헌 여부에 대한 심사권은
최종적으로 대법원에 속한다고 하면서 긴급조치 제1호가 헌법에 위배되어 무효라
고 하였다.[29] 그러나 헌법재판소는 헌법 제107조 제1항, 제2항은 법원의 재판에 적
용되는 규범의 위헌 여부를 심사할 때, '법률'의 위헌 여부는 헌법재판소가, 법률의
하위 규범인 '명령·규칙 또는 처분' 등의 위헌이나 위법 여부는 대법원이 그 심사
권한을 갖는 것으로 권한을 분배하는데, 이 조항에 규정된 '법률'인지는 그 제정 형
식이나 명칭이 아니라 규범의 효력을 기준으로 판단하여야 하고, '법률'에는 국회
의결을 거친 이른바 형식적 의미의 법률은 물론이고 그 밖에 조약 등 '형식적 의미
의 법률과 동일한 효력'이 있는 규범들도 모두 포함되므로, 최소한 법률과 같은 효
력이 있는 긴급조치의 위헌 여부 심사권한도 헌법재판소에 전속한다고 하면서, 대
통령긴급조치 제1호와 제2호 그리고 '국가안전과 공공질서의 수호를 위한 대통령긴
급조치'는 위헌이라고 선언하였다.[30] 위헌법률심판 대상은 국회의 입법권 행사가
아니라 법률의 효력이 있는 법규범이므로 헌법재판소 견해가 타당하다.

(3) 조약

조약이 헌법이 정한 절차를 위반하여 체결·공포되면 국내법적으로 효력을 획
득할 수 없으므로 소송절차에서 이 조약을 원용할 수 없다. 그러나 조약이 합헌적
절차에 따라 성립되어 국내법적 효력이 있으나, 그 내용이 헌법에 합치되는지가 의
심스러우면 조약도 국내법규와 마찬가지로 규범통제 대상이 되는지가 문제 된다.
조약의 체결·비준 등의 외교행위 자체는 국가이익을 먼저 고려하여야 하는 고도의
정치성을 띤 정치문제(이른바 통치행위)로서 사법심사 대상으로 삼기에는 적절하지
않은 면이 있는 것이 사실이다. 그러나 일단 성립되어 국내법질서 안에서 적용되어

---

29) 대법원 2010. 12. 16. 선고 2010도5986 전원합의체 판결(공2011상, 259).

30) 헌재 2013. 3. 21. 2010헌바132등, 판례집 25-1, 180. 특히 "현행헌법과 같이 법률의 위헌심사권과
　　명령, 규칙 등 하위 법령의 위헌(위법)심사권을 이원화하여 전자를 헌법위원회에, 후자를 대법원에
　　귀속시키고 있던 제헌헌법 제81조와 관련하여, 6·25 발발 당일 대통령이 제정, 공포한 긴급명령인
　　'비상사태하의범죄처벌에관한특별조치령'(대통령긴급명령 제1호)에 대한 법원의 위헌제청에 따라 헌
　　법위원회가 그 위헌 여부를 심사하여 위헌으로 결정하였으며(헌법위원회 1952. 9. 9. 결정 4285년
　　헌위 제2호), 대법원도 헌법 제정 이전에 제정된 군정법령(제88호)에 대해 헌법위원회에 위헌제청하
　　면서, 헌법위원회에 위헌제청할 수 있는 법률은 헌법 공포 이후에 제정된 법률은 물론이고 헌법 공
　　포 이전에 시행된 법령이라도 소위 입법사항을 규정한 것은 법령, 규칙 등 형식과 명칭 여하에 불구
　　하고 헌법위원회의 심사대상이라고 판시한 바 있다(대법원 1960. 2. 5.자 4292행상110 결정)."(헌재
　　2013. 3. 21. 2010헌바132등, 판례집 25-1, 180, 192-193)

야 하는 조약 내용에 위헌 의심이 있으면 그에 관해서 사법부가 심사할 수 있는지 가 문제 된다. 조약은 국제법주체 사이의 합의라는 특수성이 있으므로 어느 한 쪽 국제법주체가 일방적으로 그 효력을 상실시킬 수는 없다고 하여 사법심사 대상이 되지 않는다거나 국제법 우위의 견해에서 사법심사를 부정하는 견해가 제기될 수 있다. 그러나 조약도 국내법적 효력이 있는 이상 그 위헌성에 관한 사법심사는 가 능하다고 보아야 한다.31) 즉 헌법은 조약에 대해서 우월적 효력이 있고, 조약은 헌 법에 따라서 체결·공포되므로, 조약이 헌법에 합치하는지가 의심스러우면 사법심 사 대상이 된다고 보아야 한다.32) 다만, 위헌법률심판은 국내법질서 안에서 법규범 을 통제하는 절차이므로, 위헌으로 결정되어 국내법적 효력이 일반적으로 상실되어 더는 국내에서 적용되지 못하더라도, 국제법규로서 국제법질서 안에서 가지는 효력 에 관해서는 영향을 미치지 않는다는 점을 주의하여야 한다. 즉 조약의 의무이행 곤란으로 국가 사이의 신뢰문제가 발생할 수 있으므로, 사법심사를 할 때 조약의 헌법합치적 해석(favor conventionis)이나 사법자제(judicial self-restraint)가 요청된

---

31) 헌재 2013. 3. 21. 2010헌바132등, 판례집 25-1, 180, 193; 계희열, 『헌법학(상)(신정2판)』, 박영사, 2005, 184쪽; 권영성, 『헌법학원론(개정판)』, 법문사, 2010, 177, 1150쪽; 김도협, 『헌법재판개설』, 진 원사, 2017, 75쪽; 김선택, 「헌법 제60조 제1항에 열거된 조약의 체결·비준에 대한 국회의 동의권」, 『헌법실무연구』 제8권, 박영사, 2007, 92쪽; 김 참, 「국제법규와 헌법재판」, 고려대학교 법학석사학 위논문, 2012, 124쪽; 김철수, 『학설·판례 헌법학(전정신판)(상)』, 박영사, 2009, 700쪽; 같은 사람, 『학설·판례 헌법학(전정신판)(중)』, 박영사, 2009, 1134쪽; 김하열, 『헌법소송법(제3판)』, 박영사, 2018, 278~279쪽; 김학성, 『헌법학원론(전정2판)』, 피앤씨미디어, 2018, 1166쪽; 김현철, 『판례 헌법 소송법(제4판)』, 전남대학교출판부, 2016, 154, 157쪽; 남복현, 「헌법 제107조」, 『헌법주석[법원, 경제 질서 등]』, 경인문화사, 2018, 1079~1080쪽; 남복현/전학선/이경주/성선제, 『국제조약과 헌법재판』 (헌법재판연구 제18권), 헌법재판소, 2007, 394~401쪽; 성낙인, 『헌법학(제18판)』, 법문사, 2018, 790쪽; 성낙인/이효원/권건보/정 철/박진우/허진성, 『헌법소송론』, 법문사, 2012, 183쪽; 신 평, 『헌 법재판법(전면개정판)』, 법문사, 2011, 400쪽; 양 건, 『헌법강의(제7판)』, 법문사, 2018, 1401쪽; 이 준일, 『헌법학강의(제6판)』, 홍문사, 2015, 190~191, 1019쪽; 장영수, 『헌법학(제10판)』, 홍문사, 2017, 244, 1269쪽; 전광석, 『한국헌법론(제13판)』, 집현재, 2018, 165, 813~814쪽; 정연주, 『헌법소 송론』, 법영사, 2015, 142~143쪽; 정재황, 『신헌법입문(제8판)』, 박영사, 2018, 838쪽; 정종섭, 『헌법 소송법(제8판)』, 박영사, 2014, 256쪽; 같은 사람, 『헌법학원론(제12판)』, 박영사, 2018, 265쪽; 최희 수, 『헌법소송법 요론(개정판)』, 대명출판사, 2015, 74쪽; 한수웅, 『헌법학(제8판)』, 법문사, 2018, 1417쪽; 한수웅/정태호/김하열/정문식(김하열 집필), 『주석 헌법재판소법』, 헌법재판소 헌법재판연 구원, 2015, 459쪽; 허 영, 『헌법소송법론(제13판)』, 박영사, 2018, 215~216쪽; 홍성방, 『헌법학 (하)(제3판)』, 박영사, 2014, 339쪽. 하지만 비자기집행적 조약은 국내입법을 매개하여서만 적용할 수 있으므로 비자기집행적 조약의 위헌 여부가 해당 사건 재판의 전제가 되는지를 살펴보아야 한다 [김 참, 「국제법규와 헌법재판」, 고려대학교 법학석사학위논문, 2012, 133~134쪽; 한수웅/정태호/ 김하열/정문식(김하열 집필), 『주석 헌법재판소법』, 헌법재판소 헌법재판연구원, 2015, 459쪽].

32) 헌재 1995. 12. 28. 95헌바3, 판례집 7-2, 841, 846; 헌재 2001. 9. 27. 2000헌바20, 판례집 13-2, 322, 327(위헌소원심판 대상); 헌재 1999. 4. 29. 97헌가14, 판례집 11-1, 273, 282(위헌법률심판 대상); 헌재 2001. 3. 21. 99헌마139등, 판례집 13-1, 676, 692(헌법소원심판 대상).

다. 국회 동의가 필요한 조약은 법률의 효력이 있으므로 실질적 법률에 속한다. 따라서 재판에서 원용된 이러한 조약이 헌법에 위반된다는 의심이 있고 재판의 전제성을 갖추면, 법원은 헌법재판소에 위헌여부심판을 제청하여 헌법재판소 결정에 따라 재판하여야 한다(헌법 제107조 제1항). 국회 동의가 필요하지 않은 조약은 대통령령(때에 따라서는 규칙)과 같은 효력이 있으므로, 각급 법원이 이러한 조약의 위헌성이나 위법성을 심사하며 대법원이 최종적으로 심사한다(헌법 제107조 제2항). 따라서 법원은 재판에서 원용된 조약이 헌법이나 법률에 합치하지 않는다고 판단되면 해당 사건에서 그 적용을 거부하여야 한다. 헌법재판소도 이러한 조약에 대한 헌법소원이 허용되면 헌법재판소는 그 위헌 여부를 판단할 수 있다.

(4) 일반적으로 승인된 국제법규

일반적으로 승인된 국제법규도 국내법적 효력이 있으므로 다른 국내법과 마찬가지로 그 위헌성에 대한 사법심사도 가능하다고 보아야 한다.[33] 헌법 제정이나 헌법 개정의 한계에 해당하거나 헌법률의 효력이 인정되면 헌법적 효력이 있는 규범 사이의 충돌이므로 실체법적 판단과는 상관없이 현행 헌법 아래에서는 사법심사가 어렵다. 법률과 같은 효력이 있으면 헌법재판소가 위헌법률심판이나 헌법소원심판을 통해서 일반적으로 승인된 국제법규의 위헌성을 심사할 수 있다. 헌법재판소가 위헌으로 선언하면 국제법규는 효력을 상실한다. 명령이나 규칙과 같은 효력이 있으면 각급 법원이 위헌여부를 판단하며 대법원이 최종적으로 판단한다(헌법 제107조 제2항). 위헌으로 판단하면 법원은 해당 사건에서 해당 국제법규 적용을 거부하여야 한다. 이러한 국제법규에 대한 헌법소원이 허용되면 헌법재판소도 그 위헌 여부를 판단할 수 있다. 이때 헌법재판소가 위헌결정을 하면 이 국제법규는 효력을 상실한다.

(5) 관습법

일반 법원이나 헌법재판소가 관습법의 존재를 승인하더라도 이러한 관습법이 헌법에 합치되는지가 의심스러운 때가 있을 수 있다. 관습법의 합헌성은 성립요건이 아니라 유효요건이므로 관습법의 존재 인정이 관습법의 합헌성을 담보하지 못하기 때문이다. 이때 관습법은 성문법과 마찬가지로 규범통제 대상이 되어야 할 것이다. 규범통제와 관련하여 헌법은 2원적으로 규율한다. 따라서 법률의 위헌성[위헌법

---

33) 헌재 2013. 3. 21. 2010헌바132등, 판례집 25−1, 180, 193; 김현철, 『판례 헌법소송법(제4판)』, 전남대학교출판부, 2016, 154쪽; 신 평, 『헌법재판법(전면개정판)』, 법문사, 2011, 400쪽; 정연주, 『헌법소송론』, 법영사, 2015, 142~143쪽; 정종섭, 『헌법소송법(제8판)』, 박영사, 2014, 256쪽; 같은 사람, 『헌법학원론(제12판)』, 박영사, 2018, 265쪽; 허 영, 『헌법소송법론(제13판)』, 박영사, 2018, 216~217쪽.

률심판(과 위헌소원심판) 그리고 법률에 대한 헌법소원심판]과 재판의 전제가 되지 않는 때의 명령과 규칙의 위헌성(명령과 규칙에 대한 헌법소원)에 관한 심사는 헌법재판소가 담당하고, 재판의 전제가 되면 명령과 규칙의 위헌성과 위법성에 관한 심사는 일반 법원이 담당한다.34) 이에 따라서 조례의 규범서열이 있는 관습법에 대한 규범통제는 쉽게 해결된다. 즉 조례의 규범서열이 있는 관습법이 재판의 전제가 되는 한 각급 법원이 그것의 위헌성과 위법성을 심사하고, 대법원이 최종적으로 그것에 대한 심사권을 가진다. 위헌으로 판단하면 일반 법원은 해당 조례의 규범서열이 있는 관습법의 해당 사건에 대한 적용을 거부하여야 한다. 조례의 규범서열이 있는 관습법이 직접 그리고 현재 청구인의 기본권을 침해하면, 그에 대한 헌법소원이 허용되어 헌법재판소는 그에 대한 위헌 여부를 심사할 수 있다. 이때 헌법재판소가 위헌결정을 하면 조례의 규범서열이 있는 관습법은 효력을 상실한다.35)

법률의 규범서열이 있는 관습법이 당사자의 기본권을 직접 그리고 현재 침해하여 헌법소원이 허용되면 헌법재판소가 그에 대한 위헌 여부를 심사할 수 있다.36) 이때 헌법재판소가 위헌결정을 하면 법률의 규범서열이 있는 관습법은 효력을 상실할 것이다. 그러나 재판의 전제가 되면 법률의 규범서열이 있는 관습법의 위헌성에 대한 심사권을 누가 갖는지는 불명확하다. 관습법은 위헌법률심판 대상이 되지 못한다는 견해37)가 있

---

34) 헌법재판소도 이렇게 해석한다(헌재 1990. 10. 15. 89헌마178, 판례집 2, 365, 369−370; 헌재 1996. 4. 25. 95헌마331, 판례집 8−1, 465, 469−470; 헌재 1997. 6. 26. 94헌마52, 판례집 9−1, 659, 667−668; 헌재 1997. 12. 24. 96헌마172, 판례집 9−2, 842, 854; 헌재 2000. 6. 29. 98헌마36, 판례집 12−1, 869, 875−876). 헌법재판소 판례에 대한 비판은 법원행정처 헌법재판연구반, 「명령·규칙에 대한 위헌심사권」, 1990 참조.

35) 헌재 1993. 5. 13. 92헌마80, 판례집 5−1, 365, 384 참조.

36) 같은 견해: 전광석, 『한국헌법론(제13판)』, 집현재, 2018, 811쪽; 정연주, 『헌법소송론』, 법영사, 2015, 144쪽; 정종섭, 『헌법소송법(제8판)』, 박영사, 2014, 246쪽, 같은 사람, 『헌법학원론(제12판)』, 박영사, 2018, 1526쪽; 최희수, 『헌법소송법 요론(개정판)』, 대명출판사, 2015, 75쪽; 허 영, 『헌법소송법론(제13판)』, 박영사, 2018, 217쪽. 법률적 효력이 있는 관습법은 위헌법률심사 대상이 될 수 있으나, 관습법이 문서화한 것이 아니고, 법률에 대해서 보충적 법원 성격이 있으며 성문법과 달리 재판작용을 통해서 법의 성립과 효력을 받으므로 이러한 관습법까지 그 법률적 효력 측면만 주목하여 이것을 위헌법률심사 대상으로 삼는 것은 신중하여야 한다면서, 관습법 위헌 여부가 모두 법원 관할은 아니고, 법원이 인정한 관습법이 성문 법률을 대신하거나 법원이 반복하여 확인한 관습법의 위헌 여부를 다투면 헌법재판소 심사권한이 인정될 수 있다는 견해도 있다(김학성, 『헌법학원론(전정2판)』, 피앤씨미디어, 2018, 1166~1167쪽).

37) 김시철, 「우리 위헌법률심판제도와 헌법재판소 결정의 효력」, 『저스티스』 제90호, 한국법학원, 2006. 4., 17쪽; 박선영, 「관습법에 관한 사법부 해석의 범위와 한계 − 여성의 종중원자격을 중심으로 −」, 『공법학연구』 제8권 제4호, 한국비교공법학회, 2008, 28쪽; 윤진수, 「상속회복청구권의 소멸시효에 관한 구관습의 위헌 여부 및 판례의 소급효」, 『민사재판의 제문제』 제13권, 한국사법행정학회, 2004, 108~111쪽; 조병훈, 「위헌법률제청의 요건」, 『헌법문제와 재판(중)(재판자료 제76집)』, 법원도서관, 1997, 204쪽; 조재현, 『헌법재판론』, 박영사, 2013, 110쪽.

다. 대법원은 그동안 종중 구성원에 대한 우리 사회 일반의 인식 변화와 아울러 전체 법질서의 변화로 말미암아 성년 남자만을 종중의 구성원으로 하는 종래 관습법이 더는 우리 법질서가 지향하는 남녀평등 이념에 들어맞지 않는다는 이유로 기존에 인정하였던 관습법의 법적 효력을 위헌제청 없이 스스로 부정하였다.[38] 그리고 대법원은 헌법 제111조 제1항 제1호 및 헌법재판소법 제41조 제1항에서 규정하는 위헌심사 대상이 되는 법률은 국회 의결을 거친 이른바 형식적 의미의 법률을 의미하고, 민사에 관한 관습법은 법원이 발견하고 성문 법률에 반하지 아니하는 때에 한하여 보충적인 법원이 되는 것에 불과하여(민법 제1조) 관습법이 헌법에 위반되면 법원이 그 관습법의 효력을 부인할 수 있으므로, 결국 관습법은 헌법재판소의 위헌법률심판 대상이 아니라고 하면서, 관습법에 대한 위헌제청 신청이 부적법하다고 각하하였다.[39] 이러한 대법원 판결과 관련하여 대법원이 실질적으로 관습법에 대한 위헌심사를 한 것이고, 이러한 판례 태도는 입법권과 헌법재판소의 위헌법률심사권을 침해하는 위헌적 행위라고 할 수 있다는 견해가 있다.[40] 이 견해는 관습법도 위헌법률심판 대상이 된다고 한다. 헌법재판소는 위헌법률심판 대상인 '법률'은 국회 의결을 거친 이른바 형식적 의미의 법률뿐 아니라 법률과 같은 효력이 있는 조약 등도 포함되는데, 법률과 동일한 효력이 있는 조약 등을 위헌법률심판 대상으로 삼음으로써 헌법을 최고규범으로 하는 법질서의 통일성과 법적 안정성을 확보할 수 있을 뿐 아니라, 합헌적인 법률에 다른 재판을 가능하게 하여 궁극적으로는 국민의 기본권 보장에 이바지할 수 있다고 하면서, 법률과 같은 효력이 있는 관습법도 당연히 헌법소원심판 대상이 되고, 단지 형식적인 의미의 법률이 아니라는 이유로 그 예외가 될 수는 없다고 하였다.[41] 그리고 ① 위헌제청제도의 취지는 입법자의 권위 보호가 아니라 형식적 의미의 법률과 그와 같은 효력이 있는 법규범처럼 국내법질서에서 중요한 법규범의 위헌 여부를 헌법재판기관인 헌법재판소가 독점적·전문적

38) 대법원 2003. 7. 24. 선고 2001다48781 전원합의체 판결(집51 – 2, 156; 공2003하, 1785); 대법원 2005. 7. 21. 선고 2002다1178 전원합의체 판결(공2005하, 1326); 대법원 2005. 7. 21. 선고 2002다13850 전원합의체 판결.

39) 대법원 2009. 5. 28.자 2007카기134 결정.

40) 박찬주, 「대법원에 의한 관습법의 폐지」, 『법조』 제55권 제7호(통권 제598호), 법조협회, 2006. 7., 64~67쪽; 같은 사람, 「불문법의 법원성에 대한 새로운 이해(상)」, 『법조』 제56권 제9호(통권 제612호), 법조협회, 2007. 9., 52쪽.

41) 헌재 2013. 2. 28. 2009헌바129, 판례집 25 – 1, 15, 18 – 19; 헌재 2016. 4. 28. 2013헌바396등, 판례집 28 – 1상, 603, 609. 특히 이러한 헌법재판소 결정들에서 문제가 된 것은 민법 시행 전의 구 관습법이었다.

으로 판단함으로써 법적 안정성과 법적 통일성을 확보하는 것에 있어서, 어떤 법규범의 성립이나 존속에 입법자인 국회가 관여한 정도나 관여방식은 제청적격성 획득에 중요하지 않고, 법규범의 위헌제청적격성 판단 기준은 그 법규범이 법질서에서 중요한 지위를 점하는 형식적 의미의 법률과 같은 효력이 있는지이며, ② 관행의 존재와 법적 확신은 관습법의 성립요건이자 존속요건이지만, 관행의 합헌성은 관습법의 유효요건으로 보면, 법률적 효력이 있는 관습이 위헌 여부에 관해서는 법원의 위헌제청에 기하여 헌법재판소가 판단하여야 한다는 법리 구성이 가능하고, 그러한 이론 구성이 헌법재판소의 위헌결정에 부여되는 기속력에 비추어 법적 통일성과 법적 명확성은 물론 문제의 관습법 위헌 여부가 재판의 전제가 되는 사건들에 대한 신속한 처리를 위해서도 바람직하며, ③ 현행 헌법 이전에 성립한 관습법과 현행 헌법의 충돌 문제는 단순한 신구법의 충돌이 아닌 상위법인 현행 헌법과 하위법의 충돌로서 그러한 관습법이 현행 헌법에 배치되는지에 관한 판단권도 법원이 아닌 헌법재판소에 있으므로 형식적 의미의 법률과 같은 효력이 있는 관습법도 위헌제청적격이 있고, 헌법소원심판 대상이 된다는 견해도 있다.[42]

　　법률의 규범서열이 있는 관습법이 위헌법률심판 대상이 되지 않는다는 판례와 학설의 견해는 위헌법률심판이 입법부를 통제하는 제도라는 것을 전제하는 것으로 보인다. 즉 위헌법률심판은 입법부를 통제하는 제도이므로, 입법부가 제정하지 않은, 법률의 규범서열이 있는 관습법은 그 심판대상이 아니라는 논리를 펼치는 것처럼 보인다. 그러나 위헌법률심판 대상은 입법부인 국회가 만든 형식적 법률에 국한되지 않는다는 점에서 이러한 견해는 출발점부터 문제가 있다. 즉 형식적 법률 이외에 실질적 법률도 위헌법률심판 대상이 된다.[43] 이것은 입법부인 국회 통제가 위헌법률심판의 중심기능이 될 수는 있지만, 그것만 위헌법률심판의 기능인 것은 아니라는 것을 말한다. 실질적 법률 제정도 본래 입법부인 국회의 권한이지만, 규율대상의 성질이나 특별한 헌법적 상황 때문에 다른 국가기관이 그 권한을 행사하는 것이라는 반론이 제기될 수도 있다. 그러나 이러한 논리는 법률의 규범서열이 있는 관습법이 입법부에 위임한 입법권을 국민이 예외적으로 행사하는 것이라는 점에서 법률의 규범서열이 있는 관습법에도 똑같이 적용될 수 있으므로 이러한 반론은 타

---

42) 정태호, 「법률적 효력 있는 관습법의 위헌제청적격성」, 『경희법학』 제46권 제4호, 경희법학연구소, 2011, 344~370쪽.

43) 헌재 1995. 12. 28. 95헌바3, 판례집 7 - 2, 841, 846(조약); 헌재 1996. 2. 29. 93헌마186, 판례집 8 - 1, 111, 116(긴급재정경제명령) 참조.

당성이 없다. 그리고 위헌법률심판은 당사자 청구가 필요한 주관적 권리구제수단[44] 이므로, 입법부인 국회의 통제 측면보다는 당사자의 권리구제 측면이 더 강조되어야 할 것이다. 따라서 위헌법률심판의 기능을 입법부인 국회 통제에 국한하면서, 관습법을 그 심판 대상에서 제외하는 것은 수긍하기 어렵다. 또한, 위헌법률심판을 통해서 발생하는 법적 효과는 효력 상실이라는 점(헌법재판소법 제47조 제2항)에서 '법률'이라는 형식보다는 '법률의 효력'이라는 실질이 더 중요하다. 즉 법률 형식이 있는지가 아니라 법률의 효력이 있는지가 위헌법률심판 대상을 정하는 중심기준이다. 그래서 형식적 법률 이외에 법률의 효력이 있는 실질적 법률도 위헌법률심판 대상이 된다. 이러한 점에서 법률유사적 효력이 있는 법률의 규범서열이 있는 관습법도 위헌법률심판 대상이 될 수 있다.

  법률의 규범서열이 있는 관습법은 법률과 옹글게(완벽하게) 같은 규범적 효력이 없지만, 그에 근접하는 법률유사적 효력이 있고, 최소한 명령보다는 우위의 규범적 효력이 있다. 이러한 점에서 법률의 규범서열이 있는 관습법은 명령이 아니라 법률에 가까운 법규범(준법률)으로 볼 수 있다. 따라서 법률의 규범서열이 있는 관습법은 헌법 제107조 제2항의 명령보다는 헌법 제107조 제1항의 법률에 포섭시키는 것이 타당하다. 이것은 법관을 구속하는 '법률'(헌법 제103조)에 관습법이 포함된다는 일반적 해석[45]에도 들어맞는다. 즉 법원은 헌법과 합헌적인 법률에 구속되는데, 법률의 합헌성은 헌법재판소가 심사한다(헌법 제107조 제1항, 제111조 제1항 제1호). 이때 법률에는 법률의 규범서열이 있는 관습법도 포함되므로, 이러한 규범통제권한은 법원의 권한에서 제외되는 것으로 볼 수 있다. 결국, 효력 측면에서 명령보다 우위에 있는 법률의 규범서열이 있는 관습법에 대한 위헌심사권은 법률의 규범서열이 있는 관습법보다 하위에 있는 명령과 규칙에 대한 위헌심사권만 있는 일반 법원이 아니라 법률의 규범서열이 있는 관습법과 비슷한 효력이 있는 법률에 대한 위헌심사권이 있는 헌법재판소가 가져야 할 것이다. 따라서 일반 법원은 법률의 규범서열이 있는 관습법의 위헌성이 재판의 전제가 되면 헌법재판소에 제청하여 그 심판에 따라 재판하여야 할 것이다. 이러한 해석은 헌법재판소가 최종적 헌법해석권이 있

---

44) 법원이 직권으로 위헌법률심판 제청을 할 수 있지만(헌법 제111조 제1항 제1호, 헌법재판소법 제41조 제1항), 당사자가 소를 제기하여 재판의 전제성이 충족될 때만 위헌법률심판 제청이 가능하므로 언제나 당사자의 적극적 행위를 필요로 한다.

45) 권영성, 『헌법학원론(개정판)』, 법문사, 2010, 1071쪽; 이준일, 『헌법학강의(제6판)』, 홍문사, 2015, 958쪽; 장영수, 『헌법학(제10판)』, 홍문사, 2017, 1217~1218쪽; 전광석, 『한국헌법론(제13판)』, 집현재, 2018, 769쪽; 홍성방, 『헌법학(하)(제3판)』, 박영사, 2014, 265쪽.

어 헌법재판소 결정에 일반적 구속력이 귀속된다는 점에서 법질서의 통일성과 법적
안정성에도 이바지할 수 있다. 헌법재판소가 법률의 규범서열이 있는 관습법을 위
헌으로 선언하면, 법률의 규범서열이 있는 관습법은 효력을 상실한다(헌법재판소법
제47조 제2항).

(6) 헌법(규정)

① 문제의 소재

구체적 규범통제대상인 법률에 헌법(규정)도 포함되는지 그리고 헌법의 위헌법
률심판 대상적격이 문제 된다.

② 소극설(부정설)

헌법 규정 사이에 효력 차이를 인정할 수 없고, 헌법의 개별 규정을 위헌법률심
판 대상인 '법률'로 이해할 수 없으며, 헌법 개별 규정은 주권자인 국민이 정한 것
이라서 헌법이 창설한 기관인 헌법재판소는 헌법에서 명시하지 않는 한 이것을 심
사할 수 없다고 한다.[46]

③ 적극설

헌법규범 중에서 근본규범이 아닌 헌법률은 위헌법률심판 대상이 된다는 견해
가 있다.[47]

④ 판례

헌법재판소는 "헌법 제111조 제1항 제1호, 제5호 및 헌법재판소법 제41조 제1
항, 제68조 제2항은 위헌심사의 대상이 되는 규범을 '법률'로 명시하며, 여기서 '법
률'이라 함은 국회의 의결을 거쳐 제정된 이른바 형식적 의미의 법률을 의미한다.
따라서 위와 같은 형식적 의미의 법률과 같은 효력을 갖는 조약 등이 위헌심사의
대상이 포함되는 것은 별론으로 하고 헌법의 개별규정 자체가 위헌심사의 대상이
될 수 없음은 위 각 규정의 문언에 의하여 명백하다."[48]라고 하여 부정한다.

---

46) 김도협, 『헌법재판개설』, 진원사, 2017, 75~76쪽; 성낙인, 『헌법학(제18판)』, 법문사, 2018, 792쪽(다만,
   헌법규범이 권리구제형 헌법소원 대상이 될 가능성을 전적으로 배제할 수 없다고 한다); 성낙인/이효
   원/권건보/정 철/박진우/허진성, 『헌법소송론』, 법문사, 2012, 185쪽; 전광석, 『한국헌법론(제13판)』,
   집현재, 2018, 813쪽; 정종섭, 『헌법소송법(제8판)』, 박영사, 2014, 260쪽; 같은 사람, 『헌법학원론(제12
   판)』, 박영사, 2018, 1527쪽; 최희수, 『헌법소송법 요론(개정판)』, 대명출판사, 2015, 76쪽; 홍성방, 『헌
   법학(하)(제3판)』, 박영사, 2014, 339쪽; 허 영, 『헌법소송법론(제13판)』, 박영사, 2018, 217~218쪽.
47) 김철수, 『학설·판례 헌법학(전정신판)(중)』, 박영사, 2009, 1135쪽.
48) 헌재 1996. 6. 13. 94헌바20, 판례집 8-1, 475, 482. 동지 - 헌재 1995. 12. 28. 95헌바3, 판례집
   7-2, 841, 846; 헌재 2001. 2. 22. 2000헌바38, 판례집 13-1, 289, 294; 헌재 2005. 5. 26. 2005헌바
   28. 1972년 헌법(이른바 유신헌법) 조항은 위헌법률심판 대상이 되지 않는다는 것으로는 헌재 2010.
   3. 9. 2010헌바97.

⑤ 사견

법률을 실질적 의미로 해석하면 헌법(규정)도 법률에 포함될 수 있기는 하나, 현행법상 위헌법률심판절차는 국회가 제정한 형식적 법률을 전제한 것으로 보이므로, 위헌법률심판절차를 통해서 헌법(규정)을 심사하는 것은 불가능할 것이다. 즉 헌법 제107조 제1항은 제111조 제1항을 구체화한 것으로 '법률이 헌법에 위반될 때에는'에서 법률의 의미를 헌법으로 보기는 어렵다. 따라서 헌법(규정)에 대해서 위헌법률심판을 청구한다면, 부적법 각하될 것이다.

(7) 법규명령

법규명령은 행정기관이 헌법에 근거하여 국민의 권리·의무에 관한 사항을 규정하는 명령을 말한다. 법규명령은 법률과 같은 법규적 구속력이 있는 실질적 의미의 법률에 속한다.

① 법규명령만을 심판 대상으로 한 위헌법률심판 제청

법규명령만을 심판 대상으로 위헌법률심판을 제청하면 법규명령은 법률이 아니므로 헌법재판소는 부적법 각하결정을 내려야 한다.[49] 법규명령이 헌법에 위반되는지가 재판의 전제가 되면 대법원이 최종적으로 심사할 권한이 있으므로(헌법 제107조 제2항), 법원 스스로 이것을 판단할 수 있다.

② 법규명령의 근거가 된 법률(모법)을 심판 대상으로 한 위헌법률심판 제청

법률과 시행령·규칙 등이 결합하여 전체로서 하나의 완결된 법적 효력을 발휘하면 법률 위임에 따른 시행령·규칙 등 하위법규범이 부수적으로 법률 내용을 판단하는 자료가 될 수 있다.[50] 이때 법률과 하위법규범을 따로 심사하면 법률에 대해서는 위임의 형식과 내용을, 하위법규범에 대해서는 위임 범위 준수 여부를 각각 심사하게 되어 규율내용 전체의 의미 있는 판단이 어려울 수 있기 때문이다.

(8) 조례

헌법 제117조 제1항은 지방자치단체는 "법령의 범위 안에서 자치에 관한 규정을 제정할 수 있다."라고 규정하여, 법률과 조례는 성질과 효력에서 구별될 뿐 아니라 조례는 상위의 법률과 명령에 구속되어 법률과 동위의 성격이 없다. 따라서 지방의회가 제정한 조례는 위헌법률심판 대상이 될 수 없다.[51]

49) 헌재 1996. 10. 4. 96헌가6, 판례집 8-2, 308, 320-321.
50) 예를 들어 헌재 1992. 6. 26. 90헌가23, 판례집 4, 300; 헌재 1995. 11. 30. 94헌바40등, 판례집 7-2, 616 참조.
51) 헌재 1998. 10. 15. 96헌바77, 판례집 10-2, 573, 580.

(9) 폐지된 법률(실효된 법률 포함)

① 원칙

폐지되어 이미 효력을 상실한 법률에 대해서 헌법재판소가 위헌결정을 통하여
다시 효력을 상실시킬 실익이 없다. 위헌으로 결정된 법률이나 법률조항은 그 결정
이 있는 날부터 효력을 상실한다(헌법재판소법 제47조 제2항). 따라서 이러한 법률이
나 법률조항은 위헌법률심판 대상이 될 수 없다.[52] 그러나 헌법재판소는 헌법재판
소법 제68조 제2항에 따른 헌법소원 계속 중 심판 대상이 된 법률조항이 이미 다
른 사건에서 위헌으로 결정된 사안에서, 청구인의 권리 구제를 도모하려는 의도에
서 위헌확인결정을 한 적이 있다.[53]

② 예외

법률이 폐지되어도 그 법률 시행 당시에 발생한 구체적 사건에서 국민의 기본권
이 침해되고 그 침해상태가 계속되면 (법률의 성질상 더는 적용될 수 없거나 특별한 구제
절차 규정이 없는 한) 폐지된 법률에 따라서 재판이 진행될 수밖에 없다. 이때 폐지된
법률의 위헌 여부가 문제로 제기될 수밖에 없고, 그 위헌여부심판은 헌법재판소가
할 수밖에 없다. 만약 이것을 거부하거나 회피하면 구체적 사건에 대한 법적 분쟁을
해결하여야 하는 법원으로서는 법률에 대한 위헌결정권이 없다는 것을 이유로 위헌
문제가 제기된 법률을 그대로 적용할 수밖에 없는 불합리한 결과가 생긴다.[54]

(10) 1948년 헌법 이전의 법령

1948년 헌법이 제정되기 전에도 미국 군정청이 발한 법령과 대일항쟁기(이른바
일본강점기) 조선총독이 발한 법령처럼 시행되던 법령이 있었다. 이러한 법령들은
대한민국이 제정한 것이 아닐뿐더러 절차적·형식적으로 법률로 보기 어려운 때가
잦다. 그러나 이러한 법령들도 1948년 헌법 시행 후에는 "현행법령은 이 헌법에 저
촉되지 아니하는 한 효력을 가진다."라고 규정한 1948년 헌법 제100조에 따라서
대한민국 법령으로서 효력이 부여되었다. 이러한 법령들이 위헌법률심판 대상이 되
는지가 문제 된다. 이러한 법령이 법률과 같은 기능을 수행하는 한 위헌법률심판
대상으로 인정하여야 할 것이다. 헌법재판소는 당시 과도기적 상황에서 법체계가
정비되지 않았던 점을 고려하여 형식과 명칭보다는 입법사항을 규정하면 위헌법률

심판 대상이 된다고 하였다.[55]

4. 제청요건(적법요건)

제청요건은 청구가 적법한 취급을 받으려면 갖추어야 하는 소송요건을 말한다. 제청요건이 흠결되면 부적법 각하하여야 하고, 본안심리 중에 흠결이 드러나면 심리를 중단하고 부적법 각하하여야 한다.

(1) 재판의 전제성

① 재판의 '전제성'의 의미

재판의 전제성은 원칙적으로 첫째, 구체적인 사건이 법원에 계속 중이어야 하고, 둘째, 위헌 여부가 문제 되는 법률이 해당 소송사건 재판에 적용되는 것이어야 하며, 셋째, 그 법률이 헌법에 위반되는지에 따라 해당 사건을 담당하는 법원이 다른 내용의 재판을 하게 되는 때를 말한다.[56]

(ⅰ) 사건의 법원계속성: 구체적인 사건이 법원에 계속 중일 것

'구체적인 사건이 계속 중이어야' 한다는 것은 헌법재판소법 제41조 소정의 위헌법률심판제청사건에서 위헌제청결정 당시는 물론이고 헌법재판소가 결정을 내릴 때까지 구체적 사건이 법원에 계속 중이어야 한다는 뜻이고, 헌법재판소법 제68조 제2항에 따른 헌법소원심판사건에서는 최소한 위헌제청을 신청할 때 구체적 사건이 법원에 계속 중이어야 한다는 의미이다.[57] 해당 사건이 법원에 원칙적으로 '적법'하게 계속되어야 한다. 그러므로 해당 사건이 부적법한 것이어서 법률의 위헌 여부를 따져 볼 필요조차 없이 각하를 면할 수 없으면 위헌여부심판 제청 신청을 적법요건인 '재판의 전제성' 흠결을 이유로 각하하여야 한다.[58] 다만, 헌법재판소법

---

55) 헌재 2001. 4. 26. 98헌바79등, 판례집 13−1, 799, 826: "미군정기의 법령체계나 제정, 공포방식은 지금과는 차이가 많은 과도기적인 것으로서 "법령 기타 법규"의 형식을 가진 법령이 반드시 "법률"보다 하위의 규범이라 할 수 없고 그 공포방식도 정형화되어 있지 않았던바, 구 국방경비법은 군정장관이 직권에 의하여 "법령"으로 제정한 것이거나 "조선경비청에 대한 규정"을 개정하는 "기타 법규"로서 군정청관보에의 게재가 아닌 다른 방법에 의하여 공포한 것이거나 특히 구 국방경비법 제32조, 제33조는 1946. 6. 15. 당시 이미 존재하고 있었다고 볼 수 있는 점, 대한민국 정부수립후 구 국방경비법은 1962. 1. 20. 폐지될 때까지 아무런 의심없이 국민들에 의해 유효한 법률로 취급받았고 유효한 법률이었음을 전제로 입법이 되는 등 실질적으로 규범력을 갖춘 법률로 승인된 점 등을 종합하여 볼 때, 비록 구 국방경비법의 제정, 공포경위가 명백히 밝혀지지 않기는 하나 그 유효한 성립을 인정함이 합리적이다."

56) 헌재 1993. 12. 23. 93헌가2, 판례집 5−2, 578, 587; 헌재 2000. 6. 29. 99헌바66등, 판례집 12−1, 848, 864.

57) 헌재 1995. 2. 23. 92헌바18, 판례집 7−1, 177, 186−187.

58) 헌재 1992. 8. 19. 92헌바36, 판례집 4, 572, 574; 헌재 2000. 11. 30. 98헌바83, 판례집 12−2, 278,

제68조 제2항에 따른 헌법소원심판에서는 해당 소송사건이 헌법소원 제기로 확정
되어 종료되는 때가 있을 수 있으나, 헌법재판소법 제68조 제2항에 따른 헌법소원
이 인용되면 해당 헌법소원과 관련된 소송사건이 이미 확정된 때라도 당사자는 재
심을 청구할 수 있으므로(헌법재판소법 제75조 제7항), 판결이 확정되었더라도 재판의
전제성이 소멸한다고 볼 수 없다.[59] 항소심에서 유죄판결을 선고받고 나서 상고도
없이 위헌여부심판 제청 신청을 하였다가 그 유죄판결이 확정되고 나서 그 신청이
각하되자 제기한 헌법소원심판 청구는 재판의 전제성이 흠결되므로 부적법하고,[60]
해당 소송사건이 법원에 일단 적법하게 계속되었더라도 위헌제청 이후 헌법재판소
심리기간 중의 사후적인 사정변경, 예를 들어 해당 사건이 소 취하(취하 간주 포함)
로 말미암아 종료되면(민사소송법 제267조 제1항 참조) 재판의 전제성이 인정되지 않
는다.

(ii) 법률의 사건관련성: 위헌 여부가 문제 되는 법률이 해당 소송사건의 재판에 적용
    될 것

ⓐ 적용 여부 결정기준

어떤 법률 규정이 위헌 의심이 있더라도 그것이 해당 사건에 적용될 것이 아니
라면, 재판의 전제성 요건은 충족되지 않는다.[61] 해당 사건에 적용된다는 것은 법
률이 해당 사건을 해결하는 기준이 된다는 것으로 법률이 해당 사건을 직접 규율
대상으로 하는 때는 물론 해당 사건을 직접 규율대상으로 하지 않아도 유추를 통
해서 규율하는 때도 포함한다. 형사소송법은 재심 절차를 재심 청구에 대한 심판
과 본안사건에 대한 심판으로 구분한다. 따라서 해당 재심사건에서 아직 재심 개
시 결정이 확정되지 않았을 때 위헌법률심판 제청이 적법하려면 심판 대상 법률조
항의 위헌 여부가 본안사건에 대한 심판에 앞서 재심 청구에 대한 심판의 전제가
되어야 한다.[62]

ⓑ 간접적용되는 법률

심판 대상이 되는 법률은 법원의 해당 사건에 직접 적용되는 법률인 때가 대부

284; 헌재 2005. 3. 31. 2003헌바113, 판례집 17-1, 413, 420; 헌재 2007. 10. 4. 2005헌바71, 공보
    132, 1029, 1033.
59) 헌재 1998. 7. 16. 96헌바33등, 판례집 10-2, 116, 142.
60) 헌재 2000. 6. 1. 99헌바73, 공보 46, 462, 465.
61) 헌재 1995. 7. 21. 93헌바46, 판례집 7-2, 48, 59.
62) 헌재 1993. 11. 25. 92헌바39, 판례집 5-2, 410, 415-416; 헌재 2010. 11. 25. 2010헌가22, 공보
    170, 2023, 2025; 헌재 2016. 3. 31. 2015헌가36, 공보 234, 544, 545.

분이겠지만, 해당 재판에 적용되는 법률이라면 반드시 직접 적용되는 법률이어야 하는 것은 아니고, 양 규범 사이에 내적 관련이 있으면 간접 적용되는 법률 규정에 대해서도 재판의 전제성이 인정될 수 있다.63) 재판에 직접 적용되는 시행령 위헌 여부가 위임규정 위헌 여부에 달렸다면 위임규정을 심판 대상으로 삼는 때도 여기에 포함할 수 있다.64) 그리고 해당 법률 규정의 해석기준이 되거나 해석방향을 지시하는 때도 여기에 포함할 수 있다.

　(ⅲ) 심판 필요성: 그 법률이 헌법에 위반되는지에 따라 해당 사건을 담당하는 법원이
　　　　다른 내용의 재판을 하게 되는 때일 것

　다른 내용의 재판을 하게 되는 때는 원칙적으로 법원이 심리 중인 해당 사건 재판의 결론이나 주문에 어떤 영향을 주는 때뿐 아니라 문제가 된 법률의 위헌 여부가 비록 재판 주문 자체에는 아무런 영향을 주지 않더라도 재판의 결론을 이끌어 내는 이유를 달리하는데 관련되거나 재판의 내용과 효력에 관한 법률적 의미가 달라지는 때도 포함된다.65)

　그러나 최근에 헌법재판소는 법률의 위헌 여부가 재판의 전제가 된다고 하려면, 그 법률이 법원의 재판에 적용되고, 그 위헌 여부에 따라 해당 사건 재판의 주문이 달라지거나 재판의 내용과 효력에 관한 법률적 의미가 달라져야 한다고 하여66) ‘재판의 결론을 이끌어 내는 이유를 달리하는데 관련되거나’를 언급하지 않는다.

　(ⅳ) 평등원칙 위반과 재판의 전제성

　ⓐ 수혜대상에서 제외된 사람이 청구한 소송에서 드러나는 문제

　해당 소송의 원고를 평등원칙에 어긋나게 특정한 급부 수혜대상에서 제외하는 법률 규정에서는 그 법률 규정이 합헌으로 선언되는 때뿐 아니라 그 법률 규정이 위헌이나 헌법불합치로 선언되는 때도 해당 소송의 원고는 아무것도 요구할 수 없다. 이처럼 법률 규정이 평등원칙에 위반된다는 의심이 있으면 재판의 전제성이 있다고 볼 수 있는지에 관해서 헌법재판소는 처음에 재판의 전제성이 없다고 하기도

---

63) 헌재 2000. 1. 27. 99헌바23, 판례집 12−1, 62, 71; 헌재 2001. 10. 25. 2000헌바5, 판례집 13−2, 465, 475.

64) 헌재 1994. 6. 30. 92헌가18, 판례집 6−1, 557, 564.

65) 헌재 1993. 12. 23. 93헌가2, 판례집 5−2, 578, 587; 헌재 2000. 6. 29. 99헌바66등, 판례집 12−1, 848, 864.

66) 헌재 1993. 7. 29. 90헌바35, 판례집 5−2, 14, 28; 헌재 1995. 7. 21. 93헌바46, 판례집 7−2, 48, 58; 헌재 2002. 11. 28. 2000헌바70, 판례집 14−2, 626; 헌재 2005. 3. 31. 2003헌바113, 판례집 17−1, 413, 419; 헌재 2012. 8. 23. 2010헌바471, 판례집 24−2상, 512, 521; 헌재 2016. 3. 31. 2013헌바190, 공보 234, 552, 555.

하였다. 즉 '1980년 해직공무원의 보상 등에 관한 특별조치법' 제2조와 제5조에 대한 헌법소원에서 5명의 재판관이 재판의 전제성을 인정하여 본안 판단을 하였으나,[67) 동 법률에 대한 유사한 유형의 다른 사건에서는 재판관 6명이 재판의 전제성을 부인하여 각하한 바 있다.[68) 그러나 그 후 이러한 유형의 사건에서 평등원칙 위반 의심을 받는 법률에 대해서 재판의 전제성을 인정한다.[69)

ⓑ 수혜대상에 포함된 사람이 청구한 소송에서 발생하는 문제

수혜적·수익적 법률의 피적용자가 법원에 제소한 사건에서 그 법률이 제소자를 포함한 특정집단에만 적용되는 것은 헌법에 위반된다는 이유로 법원이 직권으로 위헌제청을 할 수 있는지가 문제 된다. 이러한 위헌상태를 제거하는 방법이 다른 집단에 대해서도 그 법률이 적용되도록 개정하는 것밖에 없다면 재판의 전제성은 부정하여야 할 것이다. 하지만 위헌상태를 제거하는 방법으로 제소자를 포함하는 수혜집단에 대해서까지 법률 적용을 배제하는, 즉 해당 법률을 폐지하는 것을 생각할 수 있다면 재판의 전제성은 인정될 수 있다.

② 제청법원 견해 존중

법원의 위헌여부심판 제청에서 위헌 여부가 문제 되는 법률이나 법률조항이 재판의 전제성 요건을 갖추는지는 되도록 이것에 관한 제청법원의 법률적 견해를 존중함이 원칙이다.[70) 제청 기초가 되는 법률 해석에서 그 이유가 일부 명시되지 않은 점이 있더라도 먼저 나서서 법률해석을 확정하여 제청법원 판단을 명백히 불합리하여 유지될 수 없는 것이라고 단정하기보다는 제청법원의 제청취지를 존중하여 재판의 전제성을 긍정하여야 할 것이다.[71) 재판의 전제성 요건 판단에는 문제가 되는 법률조항이 해당 사건에 적용되는지, 그 위헌 여부에 따라 담당법원이 다른 내용의 재판을 하게 되는지가 검토되어야 하는데, 이것은 해당 사건에서 법률의 해석·적용 권한이 있는 법원의 1차적 권한이기 때문이다.

헌법재판소는 재판의 전제성에 관한 제청법원의 법률적 견해가 명백히 유지될 수 없으면 이것을 직권으로 조사할 수 있다.[72) 그 결과 전제성이 없다고 판단되면

---

67) 헌재 1993. 5. 13. 90헌바22등, 판례집 5-1, 253, 262.

68) 헌재 1993. 11. 25. 90헌바47등, 판례집 5-2, 378, 385.

69) 헌재 1999. 7. 22. 98헌바14, 판례집 11-2, 205, 216; 헌재 2000. 8. 31. 98헌바100, 판례집 12-2, 211, 219; 헌재 2006. 4. 27. 2005헌바69, 판례집 18-1상, 561, 567.

70) 헌재 1996. 10. 4. 96헌가6, 판례집 8-2, 308, 321; 헌재 1999. 9. 16. 98헌가6, 판례집 11-2, 228, 235; 헌재 2007. 6. 28. 2006헌가14, 판례집 19-1, 783, 792.

71) 헌재 2007. 4. 26. 2004헌가29, 판례집 19-1, 349, 365.

72) 헌재 1993. 5. 13. 92헌가10등, 판례집 5-1, 226, 239; 헌재 1999. 9. 16. 99헌가1, 판례집 11-2,

그 제청을 각하할 수 있다. 재판에 적용되는 법률에 대한 해석·적용의 문제를 넘어 헌법문제가 선결문제가 되는 때나 헌법재판소가 그 판례를 통해서 구체화한 헌법 규정 내용이 해당 사건에서 적용되면 그러한 범위에서 헌법재판소는 제청법원 견해에 구속되지 아니한다. 따라서 헌법재판소는 이 문제들에 관한 제청법원 판단을 전면적으로 심사할 수 있다. 즉 재판의 전제성 유무가 헌법과 헌법재판소법이 정한 헌법소송의 기능·본질 및 효력 등 헌법재판제도에 관한 헌법적 선결문제 해명에 따라 전적으로 좌우되면 헌법재판소는 법원의 법률적 견해에 구애받지 아니하고 법원의 위헌법률심판 제청이 적법한 것인지를 독자적으로 결정한다. 실체법에 관한 것이든 절차법에 관한 것이든 헌법이나 헌법재판제도 문제에 관한 해명은 헌법재판소의 독자적 판단사항이기 때문이다.[73]

③ '재판'의 의미

(ⅰ) 개요

재판이란 인적·물적으로 독립한 제3자인 법원이 법률이 정한 절차에 따라 구체적인 분쟁이나 법위반 여부를 법규범을 기준으로 하여 유권적으로 판단하는 작용이다. 따라서 법원이 하는 사법행정은 재판이 아니다.

헌법재판소법 제41조 제1항에서 말하는 '재판'은 원칙적으로 그 형식 여하와 본안에 관한 재판이거나 소송절차에 관한 것인지를 불문한다. 판결과 결정 그리고 명령이 여기에 포함된다. 심급을 종국적으로 종결시키는 종국재판뿐 아니라 중간재판도 이것에 포함된다. 법률이 위헌으로 심판되는지가 법원이 앞으로 진행될 소송절차와 관련한 중요한 문제점을 선행결정하여야 하는지에 관한 판단에 영향을 주는 때도 헌법재판소법 제41조 제1항에서 요구하는 '재판'의 전제성이 있다고 보아야 한다.[74]

(ⅱ) '재판'의 개념과 관련된 특수 문제

ⓐ 체포·구속·압수·수색영장, 구속적부심사 청구, 보석허가에 관한 재판도 여기서 말하는 재판의 개념에 포함한다.

ⓑ 본안에 관한 재판뿐 아니라 소송비용이나 가집행에 관해서도 그리고 종국재판이 아니라 중간재판에서도 위헌제청이 가능하다.

ⓒ 해당 사건이 재심사건일 때 재판의 전제성이 인정되려면, '재심 청구에 관한

245, 252.

73) 헌재 1994. 6. 30. 92헌가18, 판례집 6-1, 557, 571.

74) 헌재 1994. 2. 24. 91헌가3, 판례집 6-1, 21, 30.

심판'에 적용되는 법률조항이거나 재심 사유가 있으면 '본안사건에 관한 재심심판'에 적용되는 법률조항이어야 한다.[75]

④ 전제성 판단 기준 시점과 사정변경

(ⅰ) 전제성 판단 기준 시점

재판의 전제성은 법원이 위헌법률심판을 제청할 때뿐 아니라 헌법재판소의 위헌법률심판 시점에도 충족되어야 함이 원칙이다(위헌법률심판의 제청·존속·결정요건).[76]

(ⅱ) 제청 후의 사정변경과 그 법적 효과

해당 사건 당사자는 해당 법원에 계속된 소송 종료를 가져오는 소송행위(소·항소·상고 등의 취하, 화해, 인낙 등)를 함으로써 해당 소송절차를 종료시킬 수 있다. 이때 법원에 계속된 구체적 사건 존재를 전제로 하는 그 '구체적' 규범통제절차로서 본질상 헌법재판소에 계속된 위헌법률심판절차도 의미가 없어진다. 따라서 제청법원은 이때 그 위헌제청을 철회하여야 한다.

비슷한 문제는 제청법원이 위헌제청 이후에 새롭게 발생하거나 확인된 사실, 법률 개정, 법률 위헌 여부에 대한 헌법재판소 결정에 따라 헌법재판소법 제41조 제1항의 위헌제청 요건이 더는 충족되지 않는다는 판단에 이른 때도 발생한다. 가령 제청법원은 위헌제청 이후에 해당 소송의 당사자가 사망하거나 법률이 개정·폐지되면 제청요건이 아직도 존재하는지를 검토하여야 하고, 만일 그 요건이 더는 존재하지 않으면 그 위헌제청을 철회하여야 한다.

실무상으로는 제청법원이 그 위헌제청을 철회하면 헌법재판소는 예외적으로 헌법적 해명을 위해서 본안 판단을 하는 때가 아닌 한 별다른 재판 없이 위헌심판절차가 종료된 것으로 처리한다. 만일 제청법원이 재판의 전제성이 제청 이후의 사정변경으로 소멸하였는데도 그 제청을 철회하지 않으면 헌법재판소가 그 위헌제청을 전제성이 없어 부적법한 것으로 각하하여야 할 것이다.[77]

(ⅲ) 재판의 전제성과 헌법적 해명

헌법재판소는 해당 소송사건이 종료되어 재판의 전제성이 소멸하거나 심판 대상 조항에 대한 헌법소원이 인용되더라도 해당 소송사건에 영향을 미칠 수 없어 재판의 전제성이 없어도 헌법적 해명이 필요한 긴요한 사안이면 예외적으로 본안

---

75) 헌재 1993. 11. 25. 92헌바39, 판례집 5-2, 410, 415-417; 헌재 1999. 3. 10. 99헌바21; 헌재 2000. 2. 24. 98헌바73, 공보 43, 247, 250.

76) 헌재 1993. 12. 23. 93헌가2, 판례집 5-2, 578, 588.

77) 헌재 1989. 4. 17. 판례집 1, 27, 29.

판단을 한다. 즉 법원의 보석허가결정 등에 대한 검사의 즉시항고를 허용하는 형사소송법 제97조 제3항에 대한 위헌법률심판에서 "위헌심판제청된 법률조항에 의하여 침해되는 기본권이 중요하여 동 법률조항의 위헌 여부의 해명이 헌법적으로 중요성이 있는데도 그 해명이 없거나, 동 법률조항으로 인한 기본권의 침해가 반복될 위험성이 있는데도 좀처럼 그 법률조항에 대한 위헌심판의 기회를 갖기 어려운 때에는 위헌제청 당시 재판의 전제성이 인정되는 한 해당 소송이 종료되었더라도 예외적으로 객관적인 헌법질서의 수호·유지를 위하여 심판의 필요성을 인정하여 적극적으로 그 위헌 여부에 대한 판단을 하는 것이 헌법재판소의 존재 이유에도 들어맞고 그 임무를 다하는 것이 된다."라고 판시하였다.78) 한편, 1980년 국가보위비상대책위원회의 정화계획에 따라 해직된 공무원 중 6급 이하의 공무원에 한하여 특별채용을 하도록 한 '1980년 해직공무원의 보상 등에 관한 특별조치법' 제4조에 대한 위헌소원에서 청구인들은 이 사건 헌법소원이 인용되더라도 공직에 복귀할 수 없어 헌법소원의 전제가 된 법원에서 쟁송사건과 관련하여 보면 권리보호이익이 없으나, 헌법소원제도는 개인의 주관적인 권리구제에만 그 목적이 있는 것이 아니고 객관적인 헌법질서의 유지·수호에도 있으므로, 이 사건 헌법소원에서 문제 되는 5급 이상 공무원 특별채용 배제 문제는 비단 청구인 한 사람에게만 국한된 것이 아니고 비슷한 처지에 있는 1980년도 해직공무원 1367명에게 이해관계가 있고 헌법적 해명이 필요한 중요한 의미가 있는 사안이므로 본안 판단 필요성이 있다고 판시하였다.79)

(2) 일사부재리원칙

헌법재판소법 제39조는 "헌법재판소는 이미 심판을 거친 동일한 사건에 대하여는 다시 심판할 수 없다."라고 규정하여 헌법재판소 결정에 대한 일사부재리원칙을 명문으로 규정한다. 따라서 같은 법원이 같은 법률이나 법률조항에 대해서 사정변경이 없는데도 다시 헌법재판소에 위헌제청하는 것은 허용되지 아니한다.

5. 위헌심사기준

(1) 기본권 조항을 비롯한 모든 헌법 규정

위헌법률심판은 법원에 계속된 구체적 사건에서 적용될 법률이나 법률조항이 헌법에 위반되는지가 문제 되는 객관소송의 성격이 있다(헌법 제107조 제1항, 법 제

---

78) 헌재 1993. 12. 23. 93헌가2, 판례집 5-2, 578, 591.
79) 헌재 1993. 9. 27. 92헌바21, 판례집 5-2, 267, 273.

41조 제1항 참조). 따라서 모든 헌법 규정이 위헌심사기준이 될 수 있다. 즉 주관적 권리로서 기본권을 보장하는 헌법 규정으로 위헌심사기준이 국한되지 않는다.

심사기준으로서 헌법은 헌법의 특정 부분이나 조항이 아니라 전체로서 헌법이다. 해당 사건 당사자나 제청법원이 심사기준을 헌법의 특정 내용으로 축소할 수 없다. 헌법재판소는 언제나 제청된 법률이 전체로서 헌법에 위반되는지를 심사하여야 한다. 다만, 법률이 특정 헌법의 특정 부분이나 조항에 위반된다고 인정하면 나머지 부분에 관해서는 판단하지 않을 수 있다. 그리고 심사기준으로서 헌법은 헌법의 실체법규범은 물론 절차법규범도 포함한다. 따라서 입법권한이나 입법절차에 관한 헌법규범도 심사기준이다.[80]

심사기준으로서 헌법은 현행 헌법을 뜻한다. 현행 헌법만 국민주권 발현으로서 모든 국가권력을 구속하고 규범통제 근거가 될 수 있고, 시대 변천과 역사 발전을 반영하는 헌법의 역사성에 근거하기 때문이다. 그래서 구 헌법 아래 제정·시행된 법률의 위헌 여부 심사기준도 현행 헌법이다(헌법 부칙 제5조 참조).[81] 이러한 취지에서 헌법재판소는 1972년 헌법(이른바 유신헌법) 제53조에 근거하여 발령된 대통령 긴급조치 제1호 등에 대한 헌법재판소법 제68조 제2항에 따른 헌법소원사건에서, "현행 헌법은 전문에서 '1948. 7. 12.에 제정되고 8차에 걸쳐 개정된 헌법을 이제 국회의 의결을 거쳐 국민투표에 의하여 개정한다.'라고 하여, 제헌헌법 이래 현행 헌법에 이르기까지 헌법의 동일성과 연속성을 선언하고 있으므로 헌법으로서의 규범적 효력을 가지고 있는 것은 오로지 현행 헌법뿐이라고 할 것이다."라고 판단하였다.[82] 그러나 대법원은 같은 대통령 긴급조치의 위헌 여부를 심사하면서, "긴급조치 제1호가 해제 내지 실효되기 이전부터 유신헌법에 위배되어 위헌이고, 나아가 긴급조치 제1호에 의하여 침해된 위 각 기본권 보장 규정을 두고 있는 현행 헌법에 비추어 보더라도 위헌이다."라고 판시하여 1972년 헌법이 주된 심사기준이 된다고 보았다.[83]

심사기준으로서 헌법은 원칙적으로 형식적 의미의 헌법전을 말한다. 그렇다고 여기서 말하는 '헌법'이 헌법전에 있는 개별 규정들의 단순한 총합을 뜻하는 것은 아니다. 이것은 개별 규정들의 근저에 놓인 헌법상 원리나 원칙을 모두 포함하는

---

80) 김하열, 『헌법소송법(제3판)』, 박영사, 2018, 318쪽.
81) 김하열, 『헌법소송법(제3판)』, 박영사, 2018, 319쪽; 정연주, 『헌법소송론』, 법영사, 2015, 162쪽.
82) 헌재 2013. 3. 21. 2010헌바132등, 판례집 25-1, 180, 194.
83) 대법원 2010. 12. 16. 선고 2010도5986 전원합의체 판결(공2011상, 259).

개념이다. 따라서 민주주의원리, 법치국가원리, 사회국가원리, 문화국가원리, 권력분립원리를 비롯하여 신뢰보호원칙, 명확성원칙, 비례성원칙 등 헌법상 원리나 원칙들이 위헌심사기준이 된다.[84]

(2) 관습헌법과 국제법규

헌법재판소는 신행정수도의 건설을 위한 특별조치법 위헌 확인 사건에서, 일반적인 헌법사항에 해당하는 내용 중에서 특히 국가의 기본적이고 핵심적인 사항으로서 법률로 규율하는 것이 적합하지 아니한 사항에 관하여 형성된 관행이나 관례로서, 관습법의 요건(반복계속성, 항상성, 명료성, 국민적 합의성)을 갖춘 것은 관습헌법으로서 성문헌법과 동일한 효력이 있고 위헌심사기준이 될 수 있다고 판시하였다.[85] 그러나 헌법 우위와 성문법 존재를 전제하는 헌법재판의 본질에 비추어 관습헌법에 성문헌법과 동등한 효력이 있을 수 없으므로 위헌심사기준이 될 수 없다고 생각한다.[86]

그리고 조약이나 국제인권법 등 국제법규가 위헌심사기준이 되는지가 문제 된다. 국제법규는 헌법을 통해서 비로소 국내법질서로 수용되므로(헌법 제6조 제1항) 심사기준이 될 수 없다.[87]

(3) 위헌심사 관점

헌법재판소는 위헌법률심판절차에서 규범의 위헌성을 제청법원이나 제청신청인이 주장하는 법적 관점뿐 아니라 심판 대상 규범의 법적 효과를 고려하여 모든 헌법적인 관점에서 심사한다. 법원의 위헌제청을 통해서 제한되는 것은 오로지 심판

---

84) 예를 들어 "수신료의 금액은 이사회가 심의·결정하고, 공사가 공보처장관의 승인을 얻어 이를 부과·징수한다."라고 규정한 한국방송공사법 조항은 법률유보(의회유보)원칙에 어긋나는 것이어서 헌법 제37조 제2항과 '법치주의원리' 및 '민주주의원리'에 위반된다고 하였고(헌재 1999. 5. 27. 98헌바70, 판례집 11-1, 633, 646), "자기책임의 원리는 인간의 자유와 유책성, 그리고 인간의 존엄성을 진지하게 반영한 것으로 그것이 비단 민사법이나 형사법에 국한된 원리라기보다는 근대법의 기본이념으로서 법치주의에 당연히 내재하는 원리"라고 판시(헌재 2004. 6. 24. 2002헌가27, 판례집 16-1, 706, 715)하여 이것을 위헌심사기준으로 활용하였다.

85) 헌재 2004. 10. 21. 2004헌마554등, 판례집 16-2하, 1. 이를 따르는 견해로는 권영성, 『헌법학원론(개정판)』, 법문사, 2010, 1150쪽; 양 건, 『헌법강의(제7판)』, 법문사, 2018, 1411쪽; 정종섭, 『헌법학원론(제12판)』, 박영사, 2018, 1533쪽; 허 영, 『헌법소송법론(제13판)』, 박영사, 2018, 234쪽; 홍성방, 『헌법소송법』, 박영사, 2015, 119쪽. 헌법핵을 이루거나 자연법규범이 되면 심사기준이 될 수 있다는 견해로는 김철수, 『학설·판례 헌법학(전정신판)(중)』, 박영사, 2009, 1145쪽.

86) 이에 관해서 자세한 검토는 허완중, 「관습법과 규범통제」, 『공법학연구』 제10권 제1호, 한국비교공법학회, 2009, 176~185쪽 참조.

87) 헌재 2005. 10. 27. 2003헌바50등, 판례집 17-2, 238, 257-259; 김하열, 『헌법소송법(제3판)』, 박영사, 2018, 320~321쪽; 김현철, 『판례 헌법소송법(제4판)』, 전남대학교출판부, 2016, 179쪽; 정종섭, 『헌법학원론(제12판)』, 박영사, 2018, 1533쪽.

대상인 법률조항이지 위헌심사 기준이 아니다.[88]

6. 제청결정기간

위헌제청 신청에 대한 법적인 결정의무나 어느 정도 기간 안에 제청여부결정을 내려야 하는지에 관한 명문 규정은 없다. 따라서 법원은 제청 여부뿐 아니라 언제 제청 여부를 결정할 것인지를 재판 선고를 하기 전까지 자유롭게 결정할 수 있다.

7. 위헌제청에 따른 재판 정지

법원이 위헌법률심판을 제청하면 해당 소송사건 재판은 헌법재판소의 위헌여부 심판 결정이 있을 때까지 정지된다. 다만, 법원이 긴급하다고 인정하면 종국재판 외의 소송절차를 진행할 수 있다(헌법재판소법 제42조 제1항). 그리고 당사자의 소송 종료를 초래하는 행위가 있으면 제청 철회가 가능하다. 그런데 이러한 소송행위가 절차적으로 허용되어야 비로소 제청 철회가 가능하다. 따라서 제청결정이 있어도 당사자의 소송종료를 초래하는 행위(소·항소·상고 등 취하, 화해, 포기, 인낙 등)와 위헌제청결정 취소는 가능하다('위헌법률심판제청사건의 처리에 관한 예규' 제4조 제4호, 제7조 제4항). 재판정지기간 기산점은 법원이 헌법재판소에 제청한 때이고, 만료점은 헌법재판소의 위헌 여부 결정이 있는 때이다. 법원은 재판정지기간의 기산점을 법원이 위헌제청결정을 한 때로, 그 만료점을 헌법재판소의 위헌여부결정서 정본이 위헌제청법원에 송달된 때로 보고, 위헌제청결정에 대한 취소결정을 하면 재판정지기간이 만료된 것으로 본다('위헌법률심판제청사건의 처리에 관한 예규' 제9조의2). 재판정지기간은 형사소송절차에서 구속기간(형사소송법 제92조 제1항, 제2항, 군사법원법 제132조 제1항, 제2항)과 민사소송절차에서 종국판결 선고기간(민사소송법 제199조)에 이를 산입하지 아니한다(헌법재판소법 제42조 제2항).

---

88) 헌법재판소는 자도소주 구입의무에 관해서 청구인인 주류판매업자에 미치는 기본권 제한적 효과에 한하지 않고 관련자인 주류제조업자나 소비자에게 미치는 효과까지 헌법적 관점에서 심사하였고(헌재 1996. 12. 26. 96헌가18, 판례집 8-2, 680, 690-691), 과외교습 금지에 관해서는 청구인인 과외교습자의 직업의 자유뿐 아니라 학부모나 학생 등의 교육 관련 기본권에 미치는 제한의 효과까지 고려하여 위헌 여부를 심사하였다(헌재 2000. 4. 27. 98헌가16등, 판례집 12-1, 427, 454-457). 그리고 1세대 3주택 이상에 해당하는 주택에 대해서 양도소득세를 중과하는 소득세법 조항에 관한 헌법소원사건에서도, 심판 대상 조항이 청구인에게 미치는 기본권 제한적 효과에 한하지 아니하고 청구인과 혼인한 배우자에게 미치는 효과까지 헌법적 관점에서 심사할 필요가 있다고 판시하였다(헌재 2011. 11. 24. 2009헌바146, 판례집 23-2하, 222, 234).

Ⅲ. 헌법소원심판절차에 따른 규범통제(개인적 규범통제)

1. 헌법재판소법 제68조 제2항에 따른 헌법소원(위헌소원)

(1) 법적 성격

① 본질

헌법재판소법 제68조 제2항에 따른 헌법소원[위헌소원 혹은 규범통제형(위헌심사형) 헌법소원89)]은 다른 나라에서 그 유래를 찾기 어려운 독특한 헌법재판절차이다.90) 헌법재판소법 제68조 제2항은 국민의 위헌여부심판 제청 신청이 기각되면 국민이 직접 법률에 대한 헌법소원을 제기할 가능성을 인정한다. 재판에 적용되는 법률이 위헌일 때 법원이 스스로 위헌여부심판 제청을 하지 않는다면, 재판의 당사자로서는 원칙적으로 모든 심급을 경유하고 나서 위헌적인 법률을 적용한 재판에 대해서 헌법소원을 제기할 수밖에 없다. 그러나 법원의 재판을 헌법소원심판 대상에서 원칙적으로 제외하는 한국 헌법재판제도에서는 재판의 당사자가 법원을 경유하고 나서는 헌법소원 형태로 법규범의 위헌성을 물을 길이 막힌다. 헌법재판소법 제68조 제2항은 이러한 때도 법률에 대해서 직접 헌법소원을 제기할 길을 열어 놓았다. 따라서 헌법재판소법 제68조 제2항의 헌법소원제도는 재판소원을 배제하는 헌법소원제도의 결함을 일부 보완하는 기능을 한다.

헌법재판소는 초기에 헌법재판소법 제68조 제2항에 따른 헌법소원제도가 헌법소원심판의 절에 규정되었다는 점과 국민이 직접 심판을 청구할 수 있다는 점에 주목하여 그 성질을 헌법소원제도의 한 유형으로 이해하는 태도를 보였다. 그리하여 헌법재판소법 제68조 제1항에 따른 헌법소원심판 청구와 마찬가지로 헌법재판소법 제68조 제2항에 따른 헌법소원심판 청구에 대해서도 '헌마'라는 사건부호를 부여하였고, 몇몇 결정에서는 심판 청구의 적법성을 판단하면서 청구인 권리침해의 현재성 등 개념을 사용하기도 하였다.91) 그러나 1990년부터는 헌법재판소법 제68조 제2항에 따른 헌법소원심판 청구에 대해서는 '헌바'라는 별도의 사건부호를 부여하고,

---

89) 헌재 1997. 8. 21. 94헌바2, 판례집 9－2, 223: "… 헌법소원의 적법요건으로서의 자기관련성·현재성·직접성이란 헌법재판소법 제68조 제1항에 규정한 헌법소원에서 요구되는 요건이고, 이 사건과 같이 법 제68조 제2항에 규정한 이른바 규범통제형(위헌심사형) 헌법소원에 있어서 요구되는 것이 아니다 ……."

90) 최근에 오스트리아는 헌법재판소법 제68조 제2항에 따른 헌법소원과 비슷한 법률소원제도를 도입하였다(연방헌법 제140조 제1항 제1호 d목). 이에 관해서는 허완중, 『오스트리아 헌법재판제도에 관한 연구』, 헌법재판소 헌법재판연구원, 2016, 57~58쪽 참조.

91) 헌재 1989. 9. 29. 89헌마53, 판례집 1, 302, 304; 헌재 1989. 12. 18. 89헌마32등, 판례집 1, 343, 347.

그 심판 청구의 적법성은 청구인의 소 이익 유무가 아니라, 심판 대상이 된 법률이 해당 소송에서 재판의 전제성이 있는지에 따라서 판단하였다.[92] 결국, 헌법재판소법 제68조 제2항의 헌법소원심판은 법원이 제청하는 위헌법률심판과 함께 구체적 규범통제의 한 유형으로서 법률의 위헌 여부를 심판하는 제도로 확립되었다.

　헌법재판소법 제68조 제2항의 헌법소원심판은 법원이 위헌법률심판 제청 신청을 기각한 때의 구제수단으로서 법원이 위헌법률심판을 무력화하는 것을 방지하기 위한 것이다. 따라서 그 본질은 위헌법률심판으로 보아야 한다.[93] 헌법재판소도 헌법재판소법 제68조 제2항에 따른 헌법소원심판의 본질을 위헌법률심판으로 본다.[94]

② 재판소원적 성격

　법원의 재판에는 판결은 물론 명령과 결정도 모두 포함된다. 따라서 위헌법률심판 제청 신청을 기각한 법원의 결정도 당연히 법원의 재판에 속한다. 헌법재판소법 제68조 제2항에 따른 헌법소원에서 심판 대상은 해당 사건에 적용되는 법률이 헌법에 위반되는 지이다. 이 과정에서 헌법재판소는 해당 사건 당사자의 위헌법률심판 제청 신청을 기각한 법원의 결정이 타당한 것인지를 (최소한 부수적으로라도) 심사할 수밖에 없다. 헌법재판소는 실질적 측면에서 기각결정의 타당성을 직접 심사하는 것이 아니라 기각결정의 심판 대상인 해당 법률해석의 위헌성을 심사한다. 하지만 이 과정에서 헌법재판소는 해당 헌법소원심판의 이해관계기관인 법원의 주장이 담긴 기각결정의 이유가 타당한 것인지를 검토하여 결정을 내릴 수밖에 없다. 따라서 헌법재판소 결정은 법원이 내린 기각결정의 옳고 그름을 판단하는 결과를 낳는다. 그리고 재판소원의 목적은 관할법원이 헌법재판소 인용결정에 따라 재판을 다시 하게 하는 것인데, 헌법재판소법 제68조 제2항 헌법소원에서는 헌법소원과 관련된 소송 사건이 확정되지 않으면 법원은 당연히 헌법재판소 인용결정에 따라 재판을 하여야 한다(헌법재판소법 제75조 제1항과 제5항, 제6항, 제47조). 그리고 헌법재판소법 제42조

---

92) 헌재 1990. 6. 25. 89헌마107, 판례집 2, 178.
93) 성낙인/이효원/권건보/정　철/박진우/허진성, 『헌법소송론』, 법문사, 2012, 152쪽; 장영수, 『헌법학(제10판)』, 홍문사, 2017, 1275쪽; 정종섭, 『헌법소송법(제8판)』, 박영사, 2014, 276쪽; 한수웅/정태호/김하열/정문식(김하열 집필), 『주석 헌법재판소법』, 헌법재판소 헌법재판연구원, 2015, 1137쪽; 홍성방, 『헌법학(하)(제3판)』, 박영사, 2014, 353쪽; 같은 사람, 『헌법소송법』, 박영사, 2015, 140~141쪽.
94) 헌재 1997. 7. 16. 96헌바36등, 판례집 9-2, 44, 54: "헌법재판소법 제68조 제2항 소정의 헌법소원은 그 본질이 헌법소원이라기 보다는 위헌법률심판이므로 헌법재판소법 제68조 제1항 소정의 헌법소원에서 요구되는 보충성의 원칙은 적용되지 아니한다."
　헌재 2003. 5. 15. 2001헌바98, 판례집 15-1, 534, 543: "헌법재판소법 제68조 제2항에 의한 헌법소원은 그 형식에도 불구하고 실질은 위헌법률심판제도이다."

가 준용되지 않아서(헌법재판소법 제75조 제6항), 헌법재판소법 제68조 제2항에 따른 헌법소원심판이 청구되어도 해당 사건의 재판은 정지되지 않는다. 따라서 헌법소원과 관련된 소송사건이 확정되어도, 당사자는 재심을 청구하여(헌법재판소법 제75조 제7항) 헌법재판소의 인용결정에 따른 새로운 재판을 보장받는다. 또한, 재판소원은 사법부를 통제하기 위해서 인정되는 것인데, 헌법재판소법 제68조 제2항 헌법소원은 1972년 헌법과 1980년 헌법 아래에서 대법원이 위헌법률심판을 제청하지 않음으로써 위헌법률심판제도가 형해화한 것에 대한 반성으로 법원의 위헌법률심판제청권을 통제하기 위해서 도입된 것이다. 이러한 점에서 헌법재판소법 제68조 제2항에 따른 헌법소원이 헌법소원의 한 형태라는 점을 부정하지 않는 한[95] (엄격한 뜻에서 재판소원이라고 볼 수는 없다고 할지라도 최소한) 법원의 재판이 정당한 것인지를 심사하는(법원의 법률해석을 심사하는) 재판소원의 성격이 있다고 볼 수 있다.[96] [97]

(2) 위헌소원(심판청구)권자

위헌소원권자는 일반 법원의 재판절차에서 재판의 전제가 되는 법률에 대해서 위헌여부심판 제청 신청을 하였다가 법원에서 이러한 신청이 이유 없다고 하여 기각결정을 받은 (소송)당사자이다. 그런데 해당 법원이 실질적으로 헌법문제에 관한 판단을 하였으므로 제청 신청을 기각하여야 하는데도 각하결정이라는 재판형식으로 배척한 때도 당사자는 위헌소원심판을 청구할 수 있다.[98] 청구인이 해당 소송법원에 위헌여부심판 제청 신청을 하지 않아서 법원의 기각결정도 없는 부분에 대한 심판 청구는 그 요건을 갖추지 못하여 적법하지 않다.[99] 해당 사건의 보조참가인은 피참가인의 소송행위와 저촉되지 아니하는 한 소송에 관해서 공격·방어·이의·상소, 그 밖의 모든 소송행위를 할 수 있으므로 위헌소원심판을 청구할 수 있다(헌법

95) 헌법재판소법 제68조 제2항에 따른 헌법소원의 본질이 위헌법률심판이라는 점을 강조하여 헌법재판소법 제68조 제2항에 따른 헌법소원은 헌법소원이 아니라고 본다면, 헌법재판소법 제68조 제2항에 따른 헌법소원은 헌법재판소법 제68조 제1항에 따른 헌법소원과 구별되는, 별개의 심판청구 형태로서 헌법재판소법 제68조 제1항(재판소원 금지) 위반과 아무런 관련이 없게 된다.

96) 헌법재판소법 제68조 제2항에 따른 헌법소원을 일종의 재판소원적 성격을 포함한 헌법소원으로 이해하려는 견해가 있다(방승주, 「헌법재판소의 2012. 5. 31. 2009헌바123·126(병합) 구 조세감면규제법 부칙 제23조 위헌소원 결정을 둘러싼 헌법소송법적 쟁점에 대한 검토」, 『헌법실무연구』 제13권, 헌법재판소, 2012, 595~598쪽).

97) 허완중, 「한정위헌청구의 허용 여부」, 『법조』 제62권 제1호(통권 제676호), 법조협회, 2013. 1., 237~239쪽.

98) 헌재 1989. 12. 18. 89헌마32등, 판례집 1, 343, 346.

99) 헌재 1997. 8. 21. 93헌바51, 판례집9-2, 177, 188; 헌재 1999. 12. 23. 99헌가5등, 판례집11-2, 703, 715; 헌재 2006. 7. 27. 2005헌바19, 판례집 18-2, 125, 130; 헌재 2008. 12. 26. 2005헌바34, 공보 147, 73, 76 등 참조.

재판소법 제40조, 민사소송법 제76조 제1항 본문).[100]

(3) 위헌소원절차

위헌제청신청기각결정을 받은 당사자가 (대리인 변호사를 선임하여) 직접 헌법재판소에 헌법소원심판을 청구한다(헌법재판소법 제68조 제2항). 헌법소원심판을 청구하려면 청구서를 헌법재판소에 제출하여야 한다(헌법재판소법 제26조 제1항). 전자문서로도 청구서를 제출할 수 있다(헌법재판소법 제76조). 심판청구서 기재사항은 법원이 헌법재판소에 제출하는 제청서와 같다. 이때 '제청법원의 표시'는 청구인 및 '대리인의 표시'로 본다(헌법재판소법 제71조 제2항, 제43조). 다만, '헌법재판소 심판 규칙' 제68조 제2항은 위헌소원의 특성에 비추어 몇 가지 사항을 추가한다. 결국 위헌소원의 심판청구서에는 ① 청구인과 대리인의 표시, ② 사건과 당사자의 표시, ③ 위헌이라고 해석되는 법률이나 법률 조항, ④ 위헌이라고 해석되는 이유, ⑤ 법률이나 법률 조항의 위헌 여부가 재판의 전제가 되는 이유, ⑥ 청구기간 준수에 관한 사항을 기재하여야 한다. 그리고 청구서를 제출할 때 ① 위헌법률심판제청신청서 사본, ② 위헌법률심판제청신청 기각결정서 사본, ③ 위헌법률심판제청신청 기각결정서 송달증명원, ④ 당해사건의 재판서를 송달받으면 그 재판서 사본도 함께 제출하여야 한다('헌법재판소 심판 규칙' 제69조 제2항).

(4) 위헌소원 대상

위헌법률심판 대상과 같다.

(5) 위헌소원요건

① 위헌제청 신청

헌법재판소법 제68조 제2항에 따른 헌법소원심판은 위헌법률심판 제청 신청을 하였다가 기각당한 당사자가 청구할 수 있다. 헌법재판소법 제40조에 따라 준용되는 민사소송법을 따르면 보조참가인은 피참가인의 소송행위와 저촉되지 아니하는 한 소송에 관하여 공격·방어·이의·상소, 그 밖의 모든 소송행위를 할 수 있으므로 제청 신청을 하였다가 기각되면 헌법소원심판을 청구할 수 있다.[101] 이때 청구인은 사인(私人)에 한정되지 않는다. 따라서 공권력 행사 주체인 행정청도 법원 재판의 당사자인 이상 제청 신청을 할 수 있고, 신청이 기각되면 헌법재판소법 제68조 제2항에 따른 헌법소원심판을 청구할 수 있다.[102] 행정처분 주체인 행정청도 해

---

100) 헌재 2003. 5. 15. 2001헌바98, 판례집 15−1, 534, 543.
101) 헌재 2003. 5. 15. 2001헌바98, 판례집 15−1, 534, 543 참조.
102) 헌재 2008. 4. 24. 2004헌바44, 판례집 20−1상, 453, 462: "헌법재판소법 제68조 제2항은 기본권의

당 사건의 당사자나 보조참가인으로서 위헌여부심판 제청 신청을 할 수 있고, 그 신청이 기각되면 헌법재판소법 제68조 제2항에 따른 헌법소원을 제기할 수 있다.103) 이것은 헌법재판소법 제68조 제1항에 따른 헌법소원에서는 기본권주체로서 일반 사인만이 헌법소원심판을 청구할 수 있고, 국가기관이나 지방자치단체 또는 공법인은 원칙적으로 청구인이 될 수 없는 것과 다르다. 헌법재판소는 법원이 실질적으로 제청 신청된 법률조항의 위헌 여부에 관해서 판단한 결과인 기각결정에 대해서만 적법한 청구로 받아들이는 것이 아니라, 기각결정인지 각하결정인지의 형식에 구애됨이 없이 해당 청구의 적법성을 직권으로 심사하여 청구의 적법성이 인정되면 재판의 전제성 등 적법요건을 갖춘 것으로 보고 본안 판단으로 나아간다.

헌법재판소법 제68조 제2항 후문을 따르면, 법률에 대한 위헌여부심판 제청 신청을 하였으나 그 신청을 법원이 기각(이나 각하)하여 헌법소원심판을 청구한 사람은 해당 사건의 소송절차에서 동일한 사유를 이유로 위헌여부심판 제청 신청을 할 수 없다. 이때 해당 사건의 소송절차란 해당 사건 상소심의 소송절차를 포함한다.104) 따라서 같은 심급뿐 아니라 다른 심급에서도 다시 동일한 사유로 위헌여부심판 제청 신청을 하는 것은 허용되지 않는다.105) 대법원106)과 헌법재판소107)도 같

침해가 있을 것을 그 요건으로 하고 있지 않을 뿐만 아니라 청구인적격에 관하여도 '법률의 위헌여부심판의 제청신청이 법원에 의하여 기각된 때에는 그 신청을 한 당사자'라고만 규정하고 있는바, 위 '당사자'는 행정소송을 포함한 모든 재판의 당사자를 의미하는 것으로 새겨야 할 것이고, 행정소송의 피고인 행정청만 위 '당사자'에서 제외하여야 할 합리적인 이유도 없다. 행정청이 행정처분 단계에서 당해 처분의 근거가 되는 법률이 위헌이라고 판단하여 그 적용을 거부하는 것은 권력분립의 원칙상 허용될 수 없지만, 행정처분에 대한 소송절차에서는 행정처분의 적법성·정당성뿐만 아니라 그 근거 법률의 헌법적합성까지도 심판대상으로 되는 것이므로, 행정처분에 불복하는 당사자뿐만 아니라 행정처분의 주체인 행정청도 헌법의 최고규범력에 따른 구체적 규범통제를 위하여 근거 법률의 위헌 여부에 대한 심판의 제청을 신청할 수 있고 헌법재판소법 제68조 제2항의 헌법소원을 제기할 수 있다고 봄이 상당하다. 청구인은 당해사건의 당사자가 아니라 보조참가인이지만, 헌법재판소법 제40조에 의하여 준용되는 행정소송법 제17조 및 민사소송법 제76조에 따라 피참가인의 소송행위와 저촉되지 아니하는 한 일체의 소송행위를 할 수 있으므로 헌법재판소법 소정의 위헌법률심판제청신청 및 헌법소원의 '당사자'에 해당된다(헌재 2003. 5. 15. 2001헌바98)."
103) 헌재 2008. 4. 24. 2004헌바44, 판례집 20−1상, 453, 462.
104) 헌재 2007. 7. 26. 2006헌바40, 판례집 19−2, 86, 88−8; 헌재 2009. 9. 24. 2007헌바118, 판례집 21−2상, 588, 594.
105) 그러나 위헌법률심판절차에서 당사자가 재판의 전제가 된 법률이나 법률조항에 대해서 위헌여부심판 제청을 신청하고 이 신청이 기각되면 헌법재판소법 제68조 제2항에 따른 헌법소원심판을 청구할 수 있게 한 것은 제청 신청에 대한 법원의 기각으로 말미암아 당사자가 제기한 위헌 여부 다툼이 종결되지 않도록 하려는 것일 뿐이지 당사자가 이러한 헌법소원심판청구권을 행사하지 않았다는 것이 그 다음 상소심의 소송절차에서 위헌여부심판 제청을 신청할 길을 차단하는 효력이 있는 것은 아니고, 법원도 심급을 달리하면 각 심급 법원마다 다시 재판의 전제가 된 같은 법률이나 법률조항에 대해서 위헌여부심판을 제청할 수 있으므로 당사자 역시 심급을 달리하면 위헌여부심판 제청을

은 견해이다. 그러나 제청 신청이 기각되고 나서 사정변경으로 말미암아 이전 제청 신청 때와 상황이 달라지면 다시 제청 신청하는 것이 허용된다고 생각한다.[108]

헌법재판소법 제68조 제2항에 따른 헌법소원은 위헌여부심판 제청 신청을 하여 그 신청이 기각된 때만 청구할 수 있다. 따라서 청구인이 해당 소송법원에 위헌여부심판 제청 신청을 하지 않아서 법원의 기각결정도 없었던 부분에 대한 심판 청구는 그 심판청구요건을 갖추지 못하여 부적법하다.[109] 그러나 당사자가 위헌법률심판 제청 신청 대상으로 삼지 않았고 법원이 기각결정 대상으로도 삼지 않았음이 명백한 법률조항이더라도, 예외적으로 위헌제청 신청을 기각이나 각하한 법원이 해당 조항을 실질적으로 판단하였거나 해당 조항이 명시적으로 위헌제청 신청을 한 조항과 필연적 연관관계를 맺어서 법원이 이러한 조항을 묵시적으로 위헌제청 신청 대상으로 판단한 것으로 볼 수 있으면 이러한 법률조항에 대한 심판 청구도 적법하다.[110]

② 기각결정

헌법재판소법 제68조 제2항에 따른 헌법소원은 해당 사건에 적용되는 법률의 위헌 여부에 관한 법원의 1차적 위헌심사에 대해서 당사자가 불복하는 것이다. 따라서 헌법재판소법 제68조 제2항에 따른 헌법소원은 당사자의 위헌제청을 법원이

다시 신청할 수 있다는 견해가 있다(정종섭, 『헌법소송법(제8판)』, 박영사, 2014, 275쪽). 그리고 헌법재판소법 제68조 제2항에 따른 헌법소원심판청구권은 제청신청인의 권리이므로 그 행사 여부는 권리자 의사에 따라야 하고, 위헌법률심판제청권을 해당 사건의 법원에 부여하여 각 심급법원이 각자 제청권을 행사할 수 있는데 해당 사건 당사자에게만 제청신청권을 제한할 이유가 없어서 상소심법원은 전심법원과 다른 법원으로 구성되고 이 법원이 각자 제청권을 보유하는 이상 이 제청권 행사를 촉구하는 신청권도 당사자에게 새롭게 부여된다는 해석이 상소제도와 위헌법률심판제청제도의 취지에 들어맞으므로 헌법재판소법 제68조 제2항의 '당해사건의 소송절차'는 해당 사건의 동일한 심급의 소송절차만을 뜻한다는 견해도 있다(성낙인/이효원/권건보/정 철/박진우/허진성, 『헌법소송론』, 법문사, 2012, 151~152쪽).

106) 대법원 2000. 4. 11. 98카기137 판결; 대법원 2000. 6. 23. 200카기44.
107) 헌재 2007. 7. 26. 2006헌바40, 판례집 19－2, 86, 88－89; 헌재 2009. 9. 24. 2007헌바118, 판례집 21－2상, 588, 594; 헌재 2011. 5. 26. 2009헌바419, 공보 176, 817, 818. 헌법재판소는 파기환송 전후의 소송절차 역시 헌법재판소법 제68조 제2항 후문의 해당 사건 소송절차에 포함되는 것으로 본다(헌재 2013. 6. 27. 2011헌바247, 판례집 25－1, 467, 473).
108) 김하열, 『헌법소송법(제3판)』, 박영사, 2018, 395~396쪽.
109) 헌재 1994. 4. 28. 89헌마221, 판례집 6－1, 239, 256－257; 헌재 1997. 8. 21. 93헌바51, 판례집 9－2, 177, 188; 헌재 2006. 7. 27. 2005헌바19, 판례집 18－2, 125, 130; 헌재 2009. 9. 24. 2007헌바17, 판례집 21－2상, 469, 475; 헌재 2011. 11. 24. 2010헌바412, 공보 182, 1841, 1842.
110) 헌재 1998. 3. 26. 93헌바12, 판례집 10－1, 226, 231－232; 헌재 2001. 2. 22. 99헌바93, 판례집 13－1, 274, 280－281; 헌재 2005. 2. 24. 2004헌바24, 공보 102, 393, 397; 헌재 2012. 3. 29. 2010헌바432, 판례집 24－1상, 494, 503; 헌재 2012. 4. 24. 2010헌바1, 판례집 24－1하, 38, 45 등 참조.

거부하였을 것을 요건으로 한다. 기각결정이 아직 내려지지 않았다면 제청 여부 결정이 지연되더라도 바로 헌법재판소법 제68조 제2항에 따른 헌법소원심판을 청구할 수 없다.[111] 복수의 법률조항에 대한 헌법소원심판 청구가 있으면 제청 신청이나 기각결정 대상이 되지 않았던 법률에 대한 청구 부분은 부적법하다.[112] 다만, 명시적으로 기각결정 대상에 포함되지 않은 법률조항이라도 법원이 그에 대해서 실질적·묵시적으로 위헌 여부에 관해서 판단하였다면 그 조항에 대한 헌법소원심판 청구는 적법하다.[113]

기각결정에는 문제가 된 법률의 위헌 여부에 관한 법원의 실체적 판단뿐 아니라 제청신청이 적법한 것인지에 관한 판단도 포함한다. 그리고 법원의 재판형식이 기각인지 각하인지도 중요하지 않다.[114] 따라서 법원이 헌법소원심판 대상적격이 없다거나 재판의 전제성이 없거나 한정위헌청구라는 이유로 제청신청이 부적법하다고 결정하여도 당사자는 헌법소원심판을 청구할 수 있다. 이렇게 청구된 헌법소원심판을 (법원과 같은 이유로 혹은 법원과 다른 이유로) 헌법재판소가 각하할 수도 있지만, 법원 판단과 달리 적법요건을 갖춘 것으로 보아 본안 판단을 할 수도 있다.[115]

③ 재판의 전제성

헌법재판소법 제68조 제2항에 따른 헌법소원은 실질이 위헌법률심판제도이므로, 여기서도 구체적인 사건에 적용될 법률의 위헌 여부가 재판의 전제가 되어야 한다.[116] 여기서 재판의 전제성은 위헌법률심판의 재판 전제성과 같다. 다만, 재판의 전제성 요건 중 '구체적인 사건이 법원에 계속 중일 것'은 부분적으로 적용되지 않을 수 있다. 즉 판결이 확정되어도 재판의 전제성이 소멸한다고 볼 수 없다.[117] 헌법재판소법 제68조 제2항에 따른 헌법소원에서 재판의 전제성은 당사자가 위헌제청을 신청할 때 구체적 사건이 법원에 계속 중이어야 함을 뜻한다.

---

111) 헌재 1999. 4. 29. 98헌바29등, 판례집 11−1, 474, 475−476.
112) 예를 들어 헌재 1997. 11. 27. 96헌바12, 판례집 9−2, 607, 618.
113) 헌재 1998. 3. 26. 93헌바12, 판례집 10−1, 227, 233−234; 헌재 2001. 1. 18. 2000헌바29, 판례집 13−1, 111, 114; 헌재 2001. 2. 22. 99헌바93, 판례집 13−1, 274, 280−281; 헌재 2010. 9. 30. 2009헌바2, 판례집 22−2상, 1, 16.
114) 헌재 1989. 12. 18. 89헌마32등, 판례집 1, 343, 346.
115) 예를 들어 헌재 1989. 12. 18. 89헌마3등, 판례집 1, 3432; 헌재 1999. 12. 23. 98헌바33, 판례집 11−2, 732; 헌재 2009. 5. 28. 2007헌바244, 판례집 21−1하, 599; 헌재 2009. 12. 29. 2008헌바171, 판례집 21−2하, 817; 헌재 2013. 2. 28. 2009헌바129, 판례집 25−1, 15.
116) 헌재 1995. 7. 21. 93헌바46, 판례집 7−2, 48, 58; 헌재 2003. 5. 15. 2001헌바98, 판례집 15−1, 534, 543.
117) 헌재 1998. 7. 16. 96헌바33등, 판례집 10−2, 116, 142.

헌법재판소법 제68조 제2항에 따른 헌법소원에서는 해당 소송사건이 헌법소원 제기로 정지되지 않으므로 헌법소원심판의 종국결정 이전에 해당 소송사건이 확정되어 종료될 수 있다. 그러나 헌법소원이 인용되면 해당 사건이 이미 확정된 때라도 당사자는 재심을 청구할 수 있으므로(헌법재판소법 제75조 제7항), 판결이 확정되었더라도 재판의 전제성이 소멸되지 않는다.[118) 따라서 1심 법원에 소송 계속 중에 위헌제청 신청을 하였으나 상소를 하지 않아 해당 사건의 재판이 확정되고 나서 헌법재판소법 제68조 제2항에 따른 헌법소원을 제기하여도 재판의 전제성이 인정된다.[119) 이와 달리 항소심에서 유죄판결을 선고받고 나서 위헌법률심판 제청 신청을 하였으나 상고를 하지 않아 위 유죄판결이 확정되었고, 그 이후 제청 신청이 각하되자 헌법소원심판을 청구한 사건에서 헌법재판소는 재판의 전제성이 없어 부적법하다고 하였다.[120) 이에 대해서는 위헌결정과 그 효과로서 재심이라는 구제절차를 이용하려고 반드시 상고 부담을 해당 사건 당사자에게 지우는 것이 필요한 것인지 의문이라는 견해가 있다.[121) 대법원 판결까지 선고되고 나서 법원에 위헌여부심판 제청 신청을 하였다면 재판의 전제성이 없다.[122) 위헌소원심판 청구 후 법원의 해당 소송에서 청구인의 승소가 확정되면 헌법재판소가 위헌결정을 내리더라도 이미 청구인 승소로 확정된 해당 사건 재판의 결론이나 주문에 영향을 미칠 수 없어서 재판의 전제성은 소멸한다.[123)

④ 동일한 사유를 이유로 한 재청 재신청 금지(반복제청신청 금지)

위헌여부심판 제청을 신청하였으나 그 신청을 법원이 기각하면 해당 사건의 소송절차에서 동일한 사유를 이유로 한 위헌여부심판 제청 신청을 할 수 없다(헌법

---

118) 헌재 1998. 7. 16. 96헌바33등, 판례집 10−2, 116, 142.
119) 헌재 2002. 7. 18. 2000헌바57, 판례집 14−2, 1, 5; 헌재 2010. 7. 29. 2006헌바75, 판례집 22−2상, 232, 249.
120) 헌재 2000. 6. 1. 99헌바73, 공보 46, 462, 465.
121) 김하열, 『헌법소송법(제3판)』, 박영사, 2018, 403쪽.
122) 헌재 1996. 5. 16. 96헌바23.
123) 헌재 2000. 7. 20. 99헌바61, 판례집 12−2, 108, 112−113; 헌재 2001. 6. 28. 2000헌바61, 공보 58, 664, 666; 헌재 2010. 2. 25. 2008헌바159, 판례집 22−1상, 247, 253−254. 다만, 헌법재판소는 대법원이 긴급조치 위반에 대한 재심청구 사건에서 긴급조치 1호 위반의 점에 관해서 무죄판결을 선고한 사안에서, 법률과 같은 효력이 있는 유신헌법에 따른 긴급조치 위헌 여부를 심사할 권한은 본래 헌법재판소 전속적 관할 사항이고, 법률과 같은 효력이 있는 규범인 긴급조치의 위헌 여부에 대한 헌법적 해명이 필요하며, 해당 사건 대법원 판결은 대세적 효력이 없지만, 형벌조항에 대해나 헌법재판소 위헌결정은 대세적 효력이 있고 유죄확정판결에 대한 재심사유가 된다는 것 등에 비추어 예외적으로 재판의 전제성을 인정한 적이 있다(헌재 2013. 3. 21. 2010헌바132등, 판례집 25−1, 180, 195−196).

재판소법 제68조 제2항 후문).¹²⁴⁾ 여기서 해당 사건의 소송절차에는 상소심 소송절
차¹²⁵⁾는 물론 파기환송되기 전후의 소송절차¹²⁶⁾도 포함된다. 이러한 반복제청신청
에는 ① 반복된 두 개의 위헌소원심판이 계속 중일 때 동일한 사건이 전·후 양 심
판으로 반복 청구되고 나서 어느 청구에 대해서도 아직 종국결정이 내려지지 않은
때(중복제소 금지와 겹치는 영역),¹²⁷⁾ ② 반복청구된 위헌소원심판의 선행청구와 후행
청구 중 어느 청구에 대해서 헌법재판소가 종국결정을 내렸을 때(일사부재리와 겹치
는 영역),¹²⁸⁾ ③ 위헌제청 신청을 하였다가 기각결정을 받았지만, 위헌소원심판을
청구하지 않았던 당사자가 해당 사건 소송절차에서 다시 동일한 사유로 위헌제청
신청을 하였다고 기각결정을 받고 나서 위헌소원심판을 청구한 때(고유영역)¹²⁹⁾를
아우른다. 헌법재판소법 제68조 제2항 후문은 오로지 위헌소원심판에만 적용되는
특별규정이므로, 중복제소 금지와 일사부재리에 우선한다. 따라서 중복제소 금지나
일사부재리와 겹치는 영역에서도 헌법재판소는 반복제청신청 금지를 이유로 해당
청구에 대해서 각하결정을 내려야 한다.¹³⁰⁾

---

124) 예를 들어 헌법소원심판의 전제가 된 해당 사건의 항소심절차에서 위헌제청 신청이 기각되었는데
   도 이에 대해서 헌법소원심판을 청구하지 않고 또다시 같은 항소심절차에서 같은 법률조항에 관해
   서 동일한 사유를 이유로 위헌제청 신청을 하고서 그것이 기각되자 헌법재판소법 제68조 제2항에
   따라 헌법소원심판을 청구하는 것은 부적법하다(헌재 1994. 4. 28. 91헌바14, 판례집 6−1, 281,
   293−294).
125) 헌재 2007. 7. 26. 2006헌바40, 판례집 19−2, 86, 88−89; 헌재 2009. 9. 24. 2007헌바118, 판례집
   21−2상, 588, 594; 헌재 2012. 12. 27. 2011헌바155, 판례집 24−2하, 433, 438; 대법원 1996. 5. 14.
   자 95부13 결정(공1996하, 1886); 대법원 2000. 4. 11.자 98카기137 결정(공2000상, 1229); 대법원
   2000. 6. 23.자 2000카기44 결정(공2000하, 1821).
126) 헌재 2008. 5. 6. 2008헌바29; 헌재 2010. 2. 9. 2009헌바418; 헌재 2013. 6. 27. 2011헌바247, 판례
   집 25−1, 467, 473.
127) 전형적인 사건으로는 위헌제청을 하였다가 기각결정을 받고 위헌소원심판을 청구한 당사자가 (아
   직 이 위헌소원이 계속 중인 상태에서) 해당 사건의 소송절차에서 동일한 사유로 위헌제청 신청을
   하였다가 기각결정을 받고 다시 위헌소원심판을 청구할 때: 헌재 2011. 5. 26. 2009헌바419, 공보
   176, 817, 818; 헌재 2014. 1. 7. 2013헌바427; 헌재 2015. 2. 3. 2015헌바38.
128) 전형적인 사건으로는 위헌제청 신청을 하였다가 기각결정을 받은 당사자가 위헌소원심판을 청구하
   였다가 헌법재판소 종국결정을 받고 나서 해당 사건의 소송절차에서 다시 동일한 사유로 위헌제청
   신청을 하고 기각결정을 받은 후 위헌소원심판을 청구할 때: 헌재 2008. 6. 3. 2008헌바36; 헌재
   2010. 2. 9. 2009헌바418; 헌재 2012. 7. 31. 2012헌바265; 헌재 2012. 9. 25. 2012헌바326; 헌재 2012.
   11. 6. 2012헌바380; 헌재 2017. 1. 17. 2017헌바21; 헌재 2017. 9. 5. 2017헌바385.
129) 헌재 1994. 4. 28. 91헌바14, 판례집 6−1, 281, 293−294; 헌재 2007. 7. 26. 2006헌바40, 판례집
   19−2, 86, 89; 헌재 2009. 9. 24. 2007헌바118, 판례집 21−2상, 588, 594; 헌재 2013. 6. 27. 2011헌
   바247, 판례집 25−1, 467, 473.
130) 이에 관해서 자세한 검토는 공진성, 「헌법재판소 제68조 제2항에 의한 헌법소원에서 반복제청신청
   금지에 대한 연구」, 『법학논총』 제38권 제1호, 전남대학교 법학연구소, 2018, 297~327쪽.

(6) 청구기간

위헌소원심판은 위헌여부심판 제청 신청을 기각하는 결정을 통지받은 날부터 30일 이내에 청구하여야 한다(헌법재판소법 제69조 제2항). 이때 기각된 날은 특별한 사정이 없는 한 제청 신청에 대한 기각결정을 송달받은 날이다.[131] 이 기간은 불변 기간이 아니어서 기간 준수에 관한 소송행위 추후보완이 허용되지 않는다.[132] 결정 을 통지받은 날부터 30일이 지나서 청구된 심판 청구는 부적법하다. 다만, 헌법소 원심판을 청구하려는 사람이 국선대리인 선임 신청을 하면, 그 신청이 있는 날을 기준으로 청구기간을 정하므로(헌법재판소법 제70조 제1항), 국선대리인 선임 신청이 있으면 비록 헌법소원심판 청구가 청구인에 대한 제청 신청 기각결정을 통지받은 날부터 30일이 경과한 후에 이루어졌더라도 청구인이 그 결정을 통지받은 날부터 30일 이내에 국선대리인 선임 신청을 하였다면 청구기간은 준수된 것이다.[133] 국선 대리인 선임 신청이 기각되면 신청인이 선임 신청을 한 날부터 기각통지를 받은 날 까지의 기간은 헌법재판소법 제69조의 청구기간에 이것을 산입하지 않는다(헌법재 판소법 제70조 제4항). 그리고 법률의 위헌여부심판 제청 신청절차는 해당 소송사건 과 전혀 다른 별개의 절차라기보다는 해당 사건에서 부수·파생하는 절차로 보아야 할 것이어서 해당 소송사건의 공동소송대리인은 특별한 사정이 없는 한 위헌여부심 판 제청 신청에 관해서도 소송대리권이 있으므로, 이들 중 1인에게 한 위헌제청 신 청 기각결정 송달은 적법하게 송달된 것으로 본다.[134] 한편, 헌법재판소법 제68조 제2항에 따라 법률조항의 위헌 확인을 구하는 헌법소원심판을 청구하였다가 이후 청구취지 변경을 통해서 심판 대상 조항을 추가하면 청구기간 준수 여부를 헌법재 판소법 제40조 제1항과 민사소송법 제265조에 따라 추가된 청구서가 제출된 시점 을 기준으로 하여 판단한다.[135]

헌법소원심판이 비록 청구기간을 지나 청구된 것이라도 정당한 사유가 있으면 이것을 허용하는 것이 헌법재판소법 제40조에 따라 준용되는 행정소송법 제20조 제2항 단서에 부합하는 해석이다. 여기서 '정당한 사유'는 청구기간 도과 원인 등 여러 가지 사정을 종합하여 지연된 심판 청구를 허용하는 것이 사회통념상 상당한

---

131) 헌재 1989. 7. 21. 89헌마38, 판례집 1, 131, 134; 헌재 1992. 1. 28. 90헌바59, 판례집 4, 36, 38.
132) 헌재 2001. 4. 26. 99헌바96, 공보 56, 447, 449.
133) 헌재 1994. 12. 29. 92헌바31, 판례집 6-2, 367, 372; 헌재 2001. 3. 21. 99헌바7, 판례집 13-1, 525, 538-539 등 참조.
134) 헌재 1993. 7. 29. 91헌마150, 판례집 5-2, 159, 164-165.
135) 헌재 2008. 10. 30. 2007헌바109등, 판례집 20-2상, 941, 964.

경우를 뜻한다. 헌법재판소는 청구인이 위헌제청 신청 기각결정의 송달을 알지 못한 점에 과실이 없다는 점을 들어 정당한 사유가 있다고 주장한 것에 대하여, 같은 날 송달된 본안사건에 대해서는 항소기간을 준수하여 항소를 제기하면서 통상 본안 판결과 같이 송달되는 위헌제청 신청 기각결정 정본을 챙겨보지 않은 것은 쉽사리 납득하기 어렵다고 하여 정당한 사유에 해당하지 않는다고 하였다.136) 그리고 위헌법률심판 제청 신청에 대한 각하결정에 대상조항이 재판의 전제가 되지 못한다는 이유가 제시되어 있어 이것을 믿고 헌법소원을 제기하지 않다가 해당 사건의 상고심 판결에서 비로소 재판의 전제가 됨이 확인되어 심판 청구에 이르러도, 헌법재판소법 제69조 제2항에 대해서는 이것을 불변기간이라고 규정하는 법규정이 없어서 그 기간 준수에 대하여 추후보완이 허용되지 않을 뿐 아니라, 불변기간이더라도 이때는 당사자가 책임질 수 없는 사유가 사라진 후 2주일 안에 해태된 소송행위를 추후보완하여야 하는데, 대법원 판결을 송달받은 날부터 2주일이 지나 헌법소원심판 청구를 한 것은 부적법하다고 하였다.137)

(7) 변호사강제주의

위헌소원심판에서는 당사자가 사인이므로 그가 변호사 자격이 없으면 변호사를 대리인으로 선임하여야 한다(헌법재판소법 제25조 제3항).

(8) 사전심사

헌법재판소법 제68조 제2항에 따른 헌법소원심판이 청구되면 헌법재판소법 제68조 제1항에 따른 헌법소원심판과 마찬가지로 지정재판부의 사전심사절차가 진행된다. 사전심사 결과 해당 헌법소원심판이 재판부의 심판에 회부되면, 그 사실은 법무부 장관과 청구인이 아닌 해당 사건의 당사자에게 즉시 통지되고(헌법재판소법 제73조 제2항 제2호), 법무부 장관과 해당 사건의 당사자에게 청구서 등본이 송달된다(헌법재판소법 제74조 제2항, 제27조 제2항).

(9) 해당 소송사건의 재판 부정지

위헌소원심판에는 헌법재판소법 제42조가 준용되지 않는다(헌법재판소법 제75조 제6항). 따라서 위헌소원심판이 청구되어도 해당 소송사건의 재판은 정지되지 않는다.

(10) 재심

위헌소원심판이 청구되어도 해당 소송사건의 재판이 정지되지 않으므로, 위헌소원이 인용된 때에 해당 헌법소원과 관련된 소송사건이 이미 확정되면 당사자는 재

---

136) 헌재 1993. 3. 11. 91헌바22, 판례집 5-1, 23, 26.
137) 헌재 2001. 4. 26. 99헌바96, 공보 56, 447, 449.

심을 청구할 수 있다(헌법재판소법 제75조 제7항). 헌법재판소법 제68조 제2항에 따른 헌법소원심판을 청구하여 인용결정은 받은 당사자만 재심을 청구할 수 있다.[138] '해당 헌법소원과 관련된 소송사건'은 해당 헌법소원 전제가 된 해당 소송사건만을 가리킨다.[139] 그리고 '헌법소원이 인용된 경우'는 단순위헌결정은 물론 헌법불합치결정과 한정위헌결정도 포함한다. 그러나 대법원은 '헌법소원이 인용된 경우'는 법원에 기속력이 있는 위헌결정이 선고된 경우인데 한정위헌결정이 내려지면 재심을 청구할 수 없다고 한다.[140] 이러한 재심에서 형사사건에 대해서는 형사소송법 규정을, 그 외의 사건에 대해서는 민사소송법 규정을 준용한다(헌법재판소법 제75조 제8항).

2. 법령 자체에 대한 헌법소원심판

법규범도 입법작용의 결과물이므로 공권력 행사에 해당한다. 따라서 법규범이 구체적인 집행행위를 기다리지 않고 직접·현재·자기의 기본권을 침해하면 당사자는 그 법규범에 대해서 헌법소원심판을 청구할 수 있다. 이때 헌법재판소는 해당 법규범의 위헌 여부를 심사하게 된다.

3. 헌법소원심판에서 부수적인 규범통제

헌법재판소는 공권력의 행사나 불행사가 위헌인 법률이나 법률조항에 기인한 것이라고 인정되면 인용결정에서 해당 법률이나 법률조항이 위헌임을 선고할 수 있다(헌법재판소법 제75조 제5항). 이때 헌법재판소는 관련 법률이나 법률조항의 위헌 여부를 부수적으로 심사하게 된다.

Ⅳ. 권한쟁의심판에 따른 규범통제

입법행위가 단순히 다른 기관의 입법권한을 침해한 때가 아니라 입법행위의 결과물인 법규범이 다른 기관의 권한을 침해하면, 이러한 법규범의 위헌성이나 위법성도 권한쟁의심판의 심판 대상이 된다.[141] 이때 헌법재판소는 사실상 규범통제를

---

138) 헌재 2000. 6. 29. 99헌바66, 판례집 12－1, 848, 868.
139) 헌재 2000. 6. 29. 99헌바66등, 판례집 12－1, 848, 866; 헌재 2002. 3. 28. 2001헌바42, 판례집 14－1, 197, 203; 대법원 1993. 7. 27. 선고 92누13400 판결(공1993하, 2448).
140) 대법원 2001. 4. 27. 95재다14 판결(공2001상, 1220).
141) 헌법재판소는 법률에 대한 권한쟁의심판도 허용되지만, '법률 그 자체'가 아니라 '법률제정행위'를 그 심판 대상으로 한다고 한다(헌재 2006. 5. 25. 2005헌라4, 판례집 18－1하, 28, 35).

하게 된다. 이때 헌법재판소법 제66조 이외에 헌법재판소법 제75조 제4항, 제5항, 제6항이 준용된다.

V. 명령·규칙에 대한 법원의 위헌·위법심사

1. 의의

(1) 개념

명령·규칙이 헌법이나 법률에 위반되는지가 재판의 전제가 되면 대법원은 이 것을 최종적으로 심사할 권한이 있다(헌법 제107조 제2항). 이것을 명령·규칙에 대한 법원의 위헌·위법심사권이라고 한다. 명령·규칙에 대한 법원의 위헌·위법심사권은 구체적으로 법원이 재판의 대상이 되는 구체적 사건에 적용할 명령·규칙의 효력을 심사하여 그것이 위헌이거나 위법이라고 판단하면, 그 명령·규칙을 해당 사안에 적용하는 것을 거부할 수 있는 권한을 말한다. 이것은 명령·규칙의 합헌성과 합법성을 보장함으로써 법질서의 통일성을 유지하고 위헌이거나 위법인 명령·규칙이 국민의 기본권을 침해하는 것을 막기 위한 것이다. 헌법재판소의 위헌법률심판권과 비교하면, 심사기준이 헌법에 국한되지 않고, 법률도 심사기준이 된다는 점 그리고 법원이 명령·규칙이 위헌이거나 위법이라고 선언하여도 그 명령·규칙은 효력을 잃지 않고 해당 사건에 적용되지 않을 뿐이라는 점에 특색이 있다. 그리고 헌법재판소의 위헌법률심판은 헌법재판소 자신의 단심으로 끝나지만, 명령과 규칙에 대한 법원의 위헌·위법심사는 심급제에 따라 최대 3번까지 할 수 있다.

(2) 위헌심사권과 위법심사권

명령·규칙에 대한 법원의 위헌·위법심사권은 위헌심사권과 위법심사권으로 구성된다. 법원은 위헌심사권을 행사하면 명령·규칙이 위헌이나 합헌이라고, 위법심사권을 행사하면 명령·규칙이 위법이나 합법이라고 선언한다. 위헌으로 판단된 명령·규칙은 이것을 폐지하거나 헌법에 맞게 개정함으로써 합헌적 질서를 회복할 수 있다. 위법으로 판단된 명령·규칙도 이것을 폐지하거나 법률에 맞게 개정함으로써 합법적 질서를 회복할 수도 있으나, 명령·규칙과 같은 내용의 법률을 제정하거나 심사기준인 법률을 폐지 혹은 개정함으로써 합법적 질서를 회복할 수도 있다. 이러한 점에서 위헌심사권과 위법심사권은 구별할 필요가 있다. 그런데 헌법에서 구체적 심사기준을 직접 도출하기는 쉽지 않고, 오히려 법률이 헌법을 구체화하여야 하는 때가 잦다. 따라서 위헌심사권 행사인지 혹은 위법심사권 행사인지를 구분하기는 어렵다. 이러한 점에 비추어 위헌심사는 헌법 자체의 해석을 통해서 도출된 구체적 내용을 기준으로 심사하는 것에 국한하고, 법률의 해석·적용에 관한 문제뿐 아니라 헌법과 법률이 함께 심사기준으로 기능하더라도 헌법의 내용이 추상적이거나 개방적이어서 법률의 내용이 헌법을 해석하거나 구체화하는 때도 위법심사라고 보아야 할 것이다. 물론 위헌심사와 위법심사가 경합할 수도 있는데, 이때는 위법심사가 위헌심사에 흡수되는 것이 아니라 동시에 이루어진다. 명령·규칙이 헌법소원심판 대상이 되면, 명령·규칙에 대한 위헌심사권은 법원과 헌법재판소가 함께 행사하게 된다. 이때 심사요건 해석에 따라 법원과 헌법재판소의 심사권이 경합할 수도 있다.

(3) 부수적·구체적 규범통제

법원은 명령·규칙이 헌법이나 법률에 위반되는지가 '재판의 전제가 된 때에' 위헌·위법심사를 할 수 있다(헌법 제107조 제2항). 따라서 명령·규칙에 대한 법원의 위헌·위법심사는 (명령·규칙에 대한 법원의 직접적 통제가 가능한 것인지는 일단 별론으로 하고) 헌법재판소의 위헌법률심판과 달리 부수적 규범통제에 해당한다. 부수적 규범통제에서는 법규범의 상위법규범 위반 여부가 심판 대상이 아니므로, 이것을 주문에 표시할 수 없다.[142] 따라서 법원이 명령·규칙에 대한 위헌·위법 여부를 심사한 결과는 주문이 아니라 이유에 표시된다. 그러나 명령·규칙의 위헌·위법 여부는 재판의 전제로서 재판의 결과와 내용을 좌지우지하므로 방론이 아니라 주요이유이다.[143] 그리고 재판의 전제가 되려면 반드시 구체적 사건이 있어야 하므로, 명령·규칙에 대한 법원의 위헌·위법심사는 구체적 규범통제이다.

2. 헌법 제107조 제2항의 법적 성격

(1) 권한확인규정인가? 권한창설규정인가?

헌법 제107조 제1항은 헌법 제111조 제1항 제1호와 함께 헌법재판소의 위헌법률심판권을 규정하는데, 이 조항이 헌법재판소의 위헌법률심판권을 창설한다는 것에 관해서는 이론이 없다. 즉 헌법 제107조 제1항과 제111조 제1항 제1호를 통해서 헌법재판소는 비로소 법률의 위헌 여부를 심사할 권한을 부여받는다. 이와 마찬

---

142) 물론 헌법재판소법 제75조 제5항과 같은 특별규정이 있으면 법규범의 상위법규범 위반 여부를 주문에 표시할 수 있다. 이러한 때는 부수적 규범통제의 결론에도 재판의 효력이 부여된다.

143) 그러나 이것을 소송물 외의 쟁점에 관한 방론이라는 견해도 있다(서보국,「명령·규칙에 대한 행정소송법적 규범통제의 헌법적 한계」,『행정판례연구』제16집 제2호, 박영사, 2011, 158~159쪽).

가지로 법원도 헌법 제107조 제2항을 통해서 명령·규칙에 대한 위헌·위법심사권을 부여받는다는 주장이 있을 수 있다.[144] 즉 헌법재판소 설치로 말미암아 법원은 명령·규칙의 위헌이나 위법 여부를 심사할 권한이 없는데, 특히 제101조 제1항의 사법권에는 이러한 권한이 포함되지 않는데, 이러한 심사를 할 수 있는 것은 헌법 제107조 제2항이 있기 때문이라고 볼 수도 있다.

그러나 헌법 제107조 제2항은 권한창설규정이 아니라 권한확인규정으로 보아야 할 것이다.[145] 법관이 법규범을 적용하려면 먼저 법규범을 해석하여야 한다. 그런데 해석에는 반드시 그 대상이 있어야 한다. 따라서 법규범을 해석하기 전에 적용할 법규범을 찾는 것이 우선된다. 즉 해결하여야 할 법적 문제를 규율하는 법규범을 발견하는 것이 법관이 가장 먼저 할 일이다. 이때 법적 문제를 규율하는 법규범이 하나가 아니라 둘 이상일 수 있고, 이러한 둘 이상의 법규범이 서로 충돌되는 내용을 담을 수도 있다. 이러한 규범충돌은 상위법우선원칙, 특별법우선원칙, 신법우선원칙을 통해서 해결한다. 여기서 법관이 해결하여야 할 법적 문제를 규율하는 둘 이상의 법규범 내용이 서로 충돌할 때 상위법우선원칙에 따라 적용할 법규범을 확정하는 것이 부수적 규범통제에 해당한다. 즉 규범서열이 다른 둘 이상의 법규범이 법적 문제 해결과 관련하여 충돌하는 내용을 담고 있으면, 법관은 상위법우선원칙에 따라 하위법규범 적용을 배제할 수밖에 없다. 바로 이러한 과정이 전형적인 부수적 규범통제이다.[146] 이것은 헌법과 법률의 기속성에서 비롯하는 법치국가적 요청의 당연한 결과로서, 이로 말미암아 부수적 규범통제는 헌법과 법률의 기속을 받는(헌법 제103조) 법관의 권한이면서도 의무이다. 따라서 헌법 제107조 제2항은 법원의 재판권에 당연히 부수되는 명령·규칙에 대한 부수적 규범통제권을 확인하는 것에 불과하다. 그에 반해서 헌법 제107조 제1항은 법원의 재판권에 당연히 부수되는 법률에 대한 부수적 규범통제권을 빼앗아 헌법재판소에 독점시키므로, 법원

---

144) 손상식, 「헌법재판과 명령·규칙에 대한 규범통제」, 연세대학교 법학박사학위논문, 2011, 87~88쪽은 그렇게 볼 여지가 있다.

145) 이 조항의 초안자 역시 같은 생각인 것으로 보인다. 유진오, 『신고 헌법해의』, 일조각, 1957, 247쪽: "명령과 규칙이 헌법 또는 법률에 위반되는 여부를 법원이 심사할 수 있음은 세계 각민주국가에서 인정되어 있는 원칙이므로 특히 설명의 필요가 없고, ……". 같은 취지로는 하명호/윤영미/김판기/홍종현, 「우리나라의 헌법상 규범통제제도에 관한 연혁적 연구」, 법원행정처, 2009, 150~151쪽.

146) Klaus Schlaich/Stefan Korioth, Das Bundesverfassungsgericht — Stellung, Verfahren, Entscheidungen, 11. Aufl., München 2018, Rdnrn. 134 f.도 비슷한 취지이다. 그리고 헌법과 법률이 서로 충돌하면 사법부는 당연히 헌법을 우선시하여서 헌법이 그 사건을 규율하도록 하여야 한다는 미국 연방대법원의 마버리 대 매디슨 판결[Marbury v. Madison, 5 U.S. 137, 178 (1803)]도 같은 취지로 보인다.

에는 권한박탈규정147)으로, 헌법재판소에는 권한창설규정으로 기능한다.148)

(2) 명령·규칙에 대한 본원적·추상적 규범통제

① 명령·규칙에 대한 본원적·추상적 규범통제 도입 가능성

헌법 제107조 제2항을 따르면, 법원이 명령·규칙이 재판의 전제가 되면 명령·규칙이 헌법이나 법률에 위반되는지를 심사할 수 있다. 이것을 헌법 제107조 제2항이 부수적·구체적 규범통제만 인정하고 본원적·추상적 규범통제는 인정하지 않는 것으로 해석하는 것이 일반적이었다.149) 대법원도 이러한 해석을 따랐다.150) 그런데 헌법 제107조 제2항을 명령·규칙에 대한 (대)법원의 본원적 규범통제권의 근거로 보는 견해가 제기되면서 명령·규칙에 대한 본원적·추상적 규범통제 도입 가능성에 관한 논의가 촉발되었다.151)

② 학설

먼저 헌법 제107조 제2항의 해석을 통해서 명령·규칙에 대한 본원적·추상적 규범통제의 도입 가능성을 적극 긍정하는 견해가 있다.152) 이 견해에서 제시하는

147) (헌법재판소의 위헌판단 가능성을 유보하기는 하지만) 법원에 합헌판단권은 남아있다는 점에서 부분적인 권한박탈에 그친다(정태호, 「명령·규칙에 대한 규범통제기관 이원화의 부작용과 헌법 제107조 제2항의 개정방향」, 『헌법재판연구』 창간호, 헌법재판소 헌법재판연구원, 2014, 47쪽).

148) 비슷한 견해: 홍준형, 『행정구제법』, 도서출판 오래, 2012, 417쪽. 이를 따르는 견해로는 정태호, 「명령·규칙에 대한 규범통제기관 이원화의 부작용과 헌법 제107조 제2항의 개정방향」, 『헌법재판연구』 창간호, 헌법재판소 헌법재판연구원, 2014, 47쪽.

149) 권영성, 『헌법학원론(개정판)』, 법문사, 2010, 1096쪽; 김철수, 『학설·판례 헌법학(중)(전정신판)』, 박영사, 2009, 1029~1030쪽; 남복현, 「헌법 제107조」, 『헌법주석[법원, 경제질서 등]』, 경인문화사, 2018, 1135쪽; 장영수, 「규범통제의 본질에 비추어 본 대법원과 헌법재판소의 역할」, 『고려법학』 제55권, 고려대학교 법학연구원, 2009, 59~60쪽; 정덕장, 「§ 107 [법원과 헌법재판소, 대법원의 명령·규칙·처분심사권, 행정심판]」, 김철수 외, 『주석헌법(개정2판)』, 법원사, 1996, 598쪽; 정하중, 『행정법총론(제12판)』, 법문사, 2018, 131쪽; 홍광식, 「명령·규칙에 대한 위헌심사권」, 『헌법문제와 재판[중]』(재판자료 제76집), 법원도서관, 1997, 340쪽; 홍준형, 「항고소송의 대상 확대」, 『공법연구』 제33집 제5호, 한국공법학회, 2005, 490~491쪽; 같은 사람, 『행정구제법』, 도서출판 오래, 2012, 415~416쪽.

150) 대법원 1994. 4. 26.자 93부32 결정(공1994상, 1705): "헌법 제107조 제2항은 "명령, 규칙 또는 처분이 헌법이나 법률에 위반되는 여부가 재판의 전제로 된 경우에는 대법원은 이를 최종적으로 심사할 권한을 가진다"라고 규정하여 행정입법의 심사는 일반적인 재판절차에 의하여 구체적 규범통제의 방법에 의하도록 명시하고 있으므로, 당사자는 구체적 사건의 심판을 위한 선결문제로서 행정입법의 위법성을 주장하여 법원에 대하여 당해 사건에 대한 적용여부의 판단을 구할 수 있을 뿐 행정입법 자체의 합법성의 심사를 목적으로 하는 독립한 신청을 제기할 수는 없는 것이다."

151) 외국의 행정입법규범통제에 관해서 자세한 소개는 서보국, 「명령·규칙에 대한 행정소송법적 규범통제의 헌법적 한계」, 『행정판례연구』 제16집 제2호, 박영사, 2011, 161~169쪽 참조.

152) 김대환, 「위헌심사의 대상의 관점에서 본 법원과 헌법재판소의 관계」, 『공법연구』 제40집 제4호, 한국공법학회, 2012, 11~12쪽; 김해룡, 「행정소송법 개정안에 대한 고찰」, 『공법연구』 제34집 제3호, 한국공법학회, 2006, 381쪽; 박균성, 「처분과 명령의 대한 항고소송」, 『고시계』 제46권 제11호 (통권 제609호), 고시계사, 2007. 11., 19~20쪽; 같은 사람, 『행정법론(상)(제17판)』, 박영사, 2018,

근거는 다음과 같다: (ⅰ) 헌법 제107조는 부수적 규범통제에 관한 규정으로서 통제대상에 따라 그 차이를 규정하는 것에 불과하고, 헌법 제107조 제2항은 부수적 규범통제 이외의 통제에 관해서는 침묵하는데, 이것을 반대해석하여 다른 방식의 통제방법을 위헌이라고 해석할 수는 없다.[153] (ⅱ) 헌법 제107조 제2항은 명령·규칙과 함께 처분에 관해서도 규정한다.[154] (ⅲ) '재판의 전제'를 구체적 사건성으로 해석하는 것은 처분뿐 아니라 명령·규칙에 대해서도 마찬가지이므로, 행정입법도 구체적 사건성을 갖추면 직접 항고소송 대상이 된다.[155] (ⅳ) '재판의 전제'를 선결문제로 한정하더라도 헌법 제107조 제2항은 구체적 규범통제권에 관한 대법원의 최종적 심사권을 규정한 것에 불과하므로, 행정입법에 대한 직접적 통제는 입법재량에 속한다.[156] (ⅴ) 행정입법에 대한 본원적·추상적 규범통제를 법률로 도입하면 권력분립원리에 어긋난다는 것은 권력분립원리를 피상적으로 바라본 것으로, 권력분립은 국민의 자유를 신장하기 위한 원리이지 그 자체가 통치의 목적이 아니고, 지방자치법에서는 이미 추상적 규범통제를 제도화한다.[157] (ⅵ) 법원에서 위헌법률심판 제청은 해당 사건에 대한 부수적 사건이지만, 헌법재판소에서 위헌법률심판은 본안 사건이란 점에서 판단주체 설정에 따라 본안인지 부수적 사건인지는 달라질 수 있다.[158] (ⅶ) 규범통제의 '요건'인 재판의 전제성과 규범통제의 '효력'인 규범폐지권한 부여 문제는 구별되어야 한다.[159] (ⅷ) 헌법재판소가 일반적 효력통제방식

228쪽; 박정훈, 「행정소송법 개정의 주요쟁점」, 『공법연구』 제31집 제3호, 한국공법학회, 2003, 75~76쪽; 같은 사람, 「항고소송의 대상 및 유형」, 『행정소송법개정자료집 Ⅱ』, 법원행정처, 2007, 811~814쪽; 선정원, 「권위들의 충돌과 합법성심사의 발전방향」, 『공법연구』 제32집 제1호, 한국공법학회, 2003, 69~72쪽; 이원우, 「행정입법에 대한 사법적 통제방식의 쟁점」, 『행정법연구』 제25호, 행정법이론실무학회, 2009, 12~19쪽; 장영철, 「행정입법에 대한 추상적 규범통제의 도입방안에 관한 연구」, 『공법연구』 제37집 제1-2호, 한국공법학회, 2008, 160~163쪽.

153) 김대환, 「위헌심사의 대상의 관점에서 본 법원과 헌법재판소의 관계」, 『공법연구』 제40집 제4호, 한국공법학회, 2012, 11~12쪽; 이원우, 「행정입법에 대한 사법적 통제방식의 쟁점」, 『행정법연구』 제25호, 행정법이론실무학회, 2009, 14쪽.

154) 이원우, 「행정입법에 대한 사법적 통제방식의 쟁점」, 『행정법연구』 제25호, 행정법이론실무학회, 2009, 13~14쪽.

155) 박정훈, 「행정소송법 개정의 주요쟁점」, 『공법연구』 제31집 제3호, 한국공법학회, 2003, 75~76쪽; 같은 사람, 「항고소송의 대상 및 유형」, 『행정소송법개정자료집 Ⅱ』, 법원행정처, 2007, 813~814쪽.

156) 박정훈, 「행정소송법 개정의 주요쟁점」, 『공법연구』 제31집 제3호, 한국공법학회, 2003, 75쪽; 같은 사람, 「항고소송의 대상 및 유형」, 『행정소송법개정자료집 Ⅱ』, 법원행정처, 2007, 811쪽.

157) 장영철, 「행정입법에 대한 추상적 규범통제의 도입방안에 관한 연구」, 『공법연구』 제37집 제1-2호, 한국공법학회, 2008, 160쪽.

158) 장영철, 「행정입법에 대한 추상적 규범통제의 도입방안에 관한 연구」, 『공법연구』 제37집 제1-2호, 한국공법학회, 2008, 160쪽.

159) 이원우, 「행정입법에 대한 사법적 통제방식의 쟁점」, 『행정법연구』 제25호, 행정법이론실무학회, 2009,

을 통해서 법률의 위헌심사를 할 수 있다면, 헌법 제107조 제2항을 통해서 법원이 행정입법에 대해서 일반적 효력통제방식의 위법심사를 할 수 있는 것은 당연한 해석이다.160) (ix) 헌법 제107조 제1항과 제2항은 원칙적으로 법률에 대한 심사권을 헌법재판소에 배분하고, 행정입법에 대한 심사권을 법원에 배분한 규정으로 해석하는 것이 헌법제정자 의도에 들어맞는 해석이다.161) (x) 헌법 제107조 제2항은 원칙상 법규명령에 대한 법원의 간접적 통제 근거로 보고, 법규명령에 대한 직접적 통제 근거는 헌법 제101조에서 구하는 것이 타당하다.162) (xi) 법규명령은 본질적으로 집행작용으로서 행정작용에 속하는데, 법규명령이 직접·구체적으로 국민의 법적 이익을 침해하는 때만 항고소송으로 그 위법성이 직접 다투어질 수 있어서 남소 위험은 적고, 국민 권익을 직접·구체적으로 침해하는 법규명령은 처분과 크게 다르지 않다.163) (xii) 법규명령에 대한 직접적 통제도 법원의 권한으로 하여 법규명령의 위법성 통제에 통일성을 도모하는 것이 타당하다.164)

이와 반대로 헌법 제107조 제2항 취지는 추상적 규범통제를 부인하고 구체적 규범통제만 할 수 있다는 것이라는 견해도 있다.165) 이 견해의 논거는 다음과 같다: (ⅰ) 현행 헌법이 위헌법률폐기권을 헌법재판소에 부여하므로, 법률만으로 법률하위법규범에 대한 폐기권을 (대)법원에 부여하는 것은 정당성이 부족하다.166) (ⅱ)

14~19쪽.

160) 선정원, 「권위들의 충돌과 합법성심사의 발전방향」, 『공법연구』 제32집 제1호, 한국공법학회, 2003, 69쪽.
161) 선정원, 「권위들의 충돌과 합법성심사의 발전방향」, 『공법연구』 제32집 제1호, 한국공법학회, 2003, 71쪽.
162) 박균성, 「처분과 명령의 대한 항고소송」, 『고시계』 제46권 제11호(통권 제609호), 고시계사, 2007. 11., 19쪽; 같은 사람, 『행정법론(상)(제17판)』, 박영사, 2018, 220쪽.
163) 박균성, 「처분과 명령의 대한 항고소송」, 『고시계』 제46권 제11호(통권 제609호), 고시계사, 2007. 11., 20쪽.
164) 박균성, 「처분과 명령의 대한 항고소송」, 『고시계』 제46권 제11호(통권 제609호), 고시계사, 2007. 11., 20쪽.
165) 김중권, 「명령(법률하위적 법규범)에 대한 사법적 통제에 관한 소고」, 『고시연구』 제31권 제6호(통권 제363호), 고시연구사, 2004. 6., 676쪽; 같은 사람, 「행정규칙과 헌법소원심판」, 『헌법실무연구』 제8권, 박영사(2007), 514쪽; 남복현, 「헌법 제107조」, 『헌법주석[법원, 경제질서 등]』, 경인문화사, 2018, 1135~1136쪽; 서보국, 「명령·규칙에 대한 행정소송법적 규범통제의 헌법적 한계」, 『행정판례연구』 제16집 제2호, 박영사, 2011, 169~177쪽; 같은 사람, 「행정소송법개정의 주요쟁점에 대한 비교법적 고찰」, 『공법학연구』 제13권 제2호, 한국비교공법학회, 2012, 85~87쪽; 석종현/송동수, 「일반행정법(상)(제15판)」, 삼영사, 2015, 183~184쪽; 손상식, 「헌법재판과 명령·규칙에 대한 규범통제」, 연세대학교 법학박사학위논문, 2011, 91~92쪽; 이상천, 「헌법 제107조 제1·2항은 추상적 규범통제를 배척하는 의미인가」, 『행정법연구』 제28호, 행정법이론실무학회, 2010, 243~244쪽; 정태호, 「명령·규칙에 대한 규범통제기관 이원화의 부작용과 헌법 제107조 제2항의 개정방향」, 『헌법재판연구』 창간호, 헌법재판소 헌법재판연구원, 2014, 53~71쪽.
166) 서보국, 「명령·규칙에 대한 행정소송법적 규범통제의 헌법적 한계」, 『행정판례연구』 제16집 제2호, 박영사, 2011, 169~170쪽; 같은 사람, 「행정소송법 개정의 주요쟁점에 대한 비교법적 고찰」, 『공

1962년 이전 헌법에 '재판의 전제가 된 경우'라는 문언이 없어서 본원적·추상적 규범통제를 할 수 있다는 해석은 당시 논의 수준이나 미국형 사법심사제도를 염두에 둔 부수적 규범통제로 보는 것에 비추어 무리이다.[167] (iii) 헌법 제107조 제2항에서 '처분'이 병렬적으로 함께 규율된다는 점을 근거로 '재판의 전제가 된 경우'를 '법원에 계속된 특정 사건의 해결을 위한 필요성'으로 해석하는 견해가 동 조항을 '처분'에 대한 행정재판권의 근거조항으로 해석하지 않으면 안 된다는 것은 제5차 개헌 이전의 역사적 해석을 문언이 바뀌고 나서도 무리하게 유지하는 것이고, 명령·규칙에 대한 부분까지 실무상 필요에 따른 목적론적 해석을 하는 것은 문언적 해석을 배제할 만한 정당성이 없다.[168] (iv) 같은 구속력이 있는 추상적 규범은 지역적으로 효력이 달라질 위험이 있어서 규범의 지역적 효력범위와 판결의 지역적 효력범위는 최소한 같거나 후자가 더 넓어야 한다. 따라서 본원적 규범통제소송은 규범의 지역적 효력범위와 최소한 같거나 더 넓은 지역을 담당하는 법원에 맡겨야 한다. 그러나 대법원에 명령·규칙에 대한 추상적 규범통제를 전속시키지 않으면, 판결의 지역적 효력범위가 규범의 지역적 효력범위보다 좁아지고, 대법원에 명령·규칙에 대한 추상적 규범통제를 전속시키면, 헌법 제107조 제2항에 어긋나게 된다.[169] (ⅴ) 헌법 제107조 제2항이 행정입법에 대한 항고소송을 허용한다면, 같은 조 제1항을 따라 법률에 대한 취소소송도 할 수 있다는 것이다. 게다가 헌법재판소법 제68조 제2항을 따라 제청신청의 기각결정에 대해서는 헌법소원을 제기할 수 있으므로, 일반 국민은 재판의 전제와 상관없이 법률의 위헌 여부를 무한정 다툴 수 있게 되어 민중소송을 허용하는 결과를 낳는다.[170] (ⅵ) 행정입법에 대한 항고소송을 허용하면 행정법원이 헌법소원을 사실상 수행하게 된다.[171] (ⅶ) 행정입법의 취소소송을 인정하고 나서, 그 판결주문에서 행정입법 취소를 명시하고 대세적 효력을 부여하는 것은 구체적인 사건에서 법적 분쟁을 해결하는 헌법 제101조 제1항의 사법권 본질에 어긋난다.[172]

　　　　법학연구』 제13권 제2호, 한국비교공법학회, 2012, 85~86쪽.

167) 서보국, 「명령·규칙에 대한 행정소송법적 규범통제의 헌법적 한계」, 『행정판례연구』 제16집 제2호, 박영사, 2011, 170~171쪽.

168) 서보국, 「명령·규칙에 대한 행정소송법적 규범통제의 헌법적 한계」, 『행정판례연구』 제16집 제2호, 박영사, 2011, 171~172쪽.

169) 서보국, 「명령·규칙에 대한 행정소송법적 규범통제의 헌법적 한계」, 『행정판례연구』 제16집 제2호, 박영사, 2011, 173, 176~177쪽; 같은 사람, 「행정소송법개정의 주요쟁점에 대한 비교법적 고찰」, 『공법학연구』 제13권 제2호, 한국비교공법학회, 2012, 86~87쪽.

170) 남복현, 「헌법 제107조」, 『헌법주석[법원, 경제질서 등]』, 경인문화사, 2018, 1135~1136쪽.

171) 남복현, 「헌법 제107조」, 『헌법주석[법원, 경제질서 등]』, 경인문화사, 2018, 1136쪽.

172) 남복현, 「헌법 제107조」, 『헌법주석[법원, 경제질서 등]』, 경인문화사, 2018, 1136쪽.

(ⅷ) 본원적·추상적 규범통제제도를 도입하는 것은 현행 헌법의 의미내용에 어긋날 뿐 아니라 권력분립원리에 대한 중대한 수정이기에 반드시 헌법에 그 근거규정이 있거나 최소한 (이를 부정하는 식의) 반대규정이 없을 때만 본원적·추상적 규범통제를 도입할 수 있다.173) (ⅸ) 헌법 제107조 제2항 문리해석을 따르더라도 법원의 명령·규칙에 대한 위헌심사는 재판의 전제가 될 때만 할 수 있다. '재판의 전제'라는 것은 법원이 구체적 쟁송사건에서 명령·규칙을 해당 사건의 재판에 적용할 때 그 필요한 범위 안에서 심사권이 있는 것이라고 보아야 할 것이다. 따라서 행정재판권 근거는 헌법 제101조 제1항이고, 제107조 제2항은 명령·규칙에 대한 부수적 규범통제만 특별히 허용하는 규정이다.174) (ⅹ) 헌법 제107조 제2항이 법원의 재판권에 내재하는 명령·규칙에 대한 부수적인 구체적 규범심사권을 굳이 명시적으로 확인한 것은 명령·규칙에 대한 법원의 본안적 규범통제권한을 법원에 부여하지 않겠다는 의지를 밝힌 것이다.175)

③ 사견 - 명령·규칙에 대한 본원적·추상적 규범통제와 무관한 헌법 제107조 제2항

(ⅰ) 권력분립원리의 의의와 내용

권력분립은 국가권력을 그 성질에 따라 둘 이상으로 나누고 이들을 해당 기능에 맞게 구성된 다른 기관에 배정하여 서로 견제와 균형을 이룰 수 있도록 '기능을 분리하여 기능이 서로 통제할 수 있게 하는 체계'이다.176) 기본권 보장이 법치국가원리의 실질적 요소라면, 권력분립은 법치국가원리의 형식적·조직적 요소이다. 절대권력은 반드시 자의적이 된다. 그러므로 개인의 자유와 권리를 보장하려면 국가권력에 재갈을 물려 권력의 절대화와 그 결과인 자의성을 방지하여야 한다. 이것을 위해서 국가권력 서로가 견제하고 균형을 이룰 수 있도록 국가조직을 형성하여야 한다. 즉 국가기능을 분리하고, 기능별로 담당기관을 구성하여 권한을 배정하며, 그

---

173) 김중권, 「명령(법률하위적 법규범)에 대한 사법적 통제에 관한 소고」, 『고시연구』 제31권 제6호(통권 제363호), 고시연구사, 2004. 6., 676쪽; 같은 사람, 「행정규칙과 헌법소원심판」, 『헌법실무연구』 제8권, 박영사, 2007, 514쪽; 이상천, 「헌법 제107조 제1·2항은 추상적 규범통제를 배척하는 의미인가」, 『행정법연구』 제28호, 행정법이론실무학회, 2010, 243~244쪽.

174) 손상식, 「헌법재판과 명령·규칙에 대한 규범통제」, 연세대학교 법학박사학위논문, 2011, 91~92쪽.

175) 정태호, 「명령·규칙에 대한 규범통제기관 이원화의 부작용과 헌법 제107조 제2항의 개정방향」, 『헌법재판연구』 창간호, 헌법재판소 헌법재판연구원, 2014, 54쪽.

176) 헌재 2008. 1. 10. 2007헌마1468, 판례집 20-1상, 1, 33: "헌법상 권력분립의 원칙이란 국가권력의 기계적 분립과 엄격한 절연을 의미하는 것이 아니라, 권력 상호간의 견제와 균형을 통한 국가권력의 통제를 의미하는 것이다."

권한을 행사하는 방법과 절차를 규정함으로써 상호견제와 균형을 확보하여야 한다. 이렇게 일정한 형태로 국가를 조직함으로써 개인의 자유와 권리를 보장하는 원리가 권력분립원리이다.[177]

그러나 헌법의 (국가)조직과 권한배정은 경직되고(고정적이고) 도식적인 질서에 기초하지 않는다. 권력분립은 오로지 원칙적인 효력(관철)을 요구할 뿐이고, (예외가) 원칙의 본질내용을 침해하지 않으면 예외를 허용한다. 헌법에 따른 권력분립원리는, '각 기능의 핵심영역을 다른 기능이 침해하는 것에서 지켜주는 원칙'으로 이해된다. 기능의 절대적 분리란 없고, 각 기능주체에 각각의 실질적 기능에 해당하는 활동과 권한의 중점 및 실체를 맡기면 된다. 각 실질적 기능에는 그것이 '본래 자신의 생명적 요소가 되는'(그 실질적 기능이 있을 수 있도록 하는) 하나의 '주담당자(주체)'가 있어야 한다. 해당 기능의 정체성을 형성하는, 해당 기능의 본질에 전형적인 영역은 해당 기능의 주담당자에게 남아 있어야 한다. 기능적 핵심영역의 명제는 각각의 기능주체에서 그의 주과제 영역을 공동화하지 않으면서 국가현실에 필요한 정도의 상호교차를 허용한다. 그러나 기능의 핵심영역은 절대적으로 보호된다.[178]

(ⅱ) 권력분립원리에 따른 헌법 제101조 제1항의 해석

헌법 제101조 제1항은 "사법권은 법관으로 구성된 법원에 속한다."라고, 같은 조 제2항은 "법원은 최고법원인 대법원과 각급법원으로 조직된다."라고 규정한다. 이것을 근거로 헌법에 다른 규정이 없는 한 법원이 원칙적으로 사법권을 행사한다고 해석할 수 있다. 그러나 핵심영역 보호로 축소된 권력분립원리를 따라서, 헌법 제40조가 "입법권은 국회에 속한다."라고, 헌법 제66조 제4항이 "행정권은 대통령을 수반으로 하는 정부에 속한다."라고 규정하여도, 이들 조항을 근거로 헌법에 다른 규정이 없는 한 국회가 입법권을, 정부가 행정권을 독점한다고 해석하지 않는다. 국회가 입법작용에서 그리고 정부가 행정작용에서 중심적인 역할을 하고, 국회가 핵심적인 입법권만은 그리고 정부가 핵심적인 행정권만은 반드시 행사하여야 한다고 해석한다. 이러한 맥락에서 헌법 제101조 제1항도 헌법에 다른 규정이 없는 한 법원이 사법권을 독점하는 것이 아니라, 법원이 사법작용에서 중심적인 역할을 하고, 핵심적인 사법권만은 반드시 법원이 행사하여야 한다는 뜻으로 새겨야 할 것

---

177) 이상 허완중, 「한정위헌청구의 허용 여부」, 『법조』 제62권 제1호(통권 제676호), 법조협회, 2013. 1., 230쪽.
178) 이상 허완중, 「한정위헌청구의 허용 여부」, 『법조』 제62권 제1호(통권 제676호), 법조협회, 2013. 1., 231쪽.

이다.179) 180) 그리고 헌법 제101조 제1항은 법원에는 사법권만 귀속될 수 있다는 것을 뜻하지 않는다. 즉 법원은 사법권이 아닌 권한도 행사할 수 있다.

헌법 제101조 제1항에서 법원이 반드시 행사하여야 하는 핵심적인 사법권은 언제나 법원이 행사하였던, 전통적인 사법권에 속하는 민사재판권과 형사재판권에 국한한다고 보아야 할 것이다. 행정재판권은 일반 법원이 행사하는 영미의 사법국가형과 특별법원이 행사하는 대륙의 행정국가형이 있다는 점과 더불어 헌법 제107조 제2항이 '처분'을 언급하여 최소한 대법원이 최종적인 재판권을 가져야 한다고 규정한 것으로 보아, 헌법 제101조 제1항의 핵심적인 재판권에 포함된다고 보기 어렵다.181) 몽테스키외가 말한 3권분립의 사법권에 헌법재판권이 포함되지 않는 것에서 보듯이 헌법재판권은 전통적인 사법권에 포섭되지 않는 새로운 사법권이다. 그래서 헌법재판권은 그것을 규정하는 헌법 규정이나 최소한 법률 규정이 있을 때만 행사할 수 있다. 한국 헌법도 언제나 헌법재판을 규율하는 별도 규정을 두었다. 심지어 법률에 대한 위헌심사권을 대법원에 부여한 1962년 헌법도 마찬가지였다. 그리고 현행 헌법이 제5장 법원 이외에 제6장 헌법재판소를 별도로 두었다. 이러한 점에 비추어 재판권에 수반되는 것으로 볼 수 있는 부수적 규범통제권 이외의 헌법재판권은 헌법 제101조 제1항의 사법권에서 배제되는 것으로 보아야 할 것이다.182) 요컨대 헌법 제101조의 사법권에는 핵심적 영역인 민사재판권과 형사재판권은 물론 행정재판권, 가사재판권 등의 각종 재판권이 포함되고, 재판권에 부수되는 부수적 규범통제권도 속하지만, 부수적 규범통제권을 제외한 헌법재판권은 포섭되지 않는다. 따라서 민사재판권과 형사재판권은 반드시 법원이 행사하여야 하지만, 그 밖의 사법권에 속하는 재판권은 헌법에 다른 규정이 없는 한 법률을 통해서 다른 국가기관이 행사하게 할 수 있다. 그러나 부수적 규범통제권을 제외한 헌법재판권은 사법권에 속하지 않아 법원이 헌법 제101조 제1항을 근거로 행사할 수 없다.

---

179) 그러나 대법원은 헌법 제101조를 근거로 구체적 분쟁사건의 재판에 즈음하여 법률이나 법률조항의 의미내용과 적용 범위가 어떠한 것인지를 정하는 권한, 곧 법률의 해석·적용 권한은 사법권의 본질적 내용을 이루고, 법률이 헌법규범과 조화되도록 해석하는 것은 법률의 해석·적용상 대원칙이므로, 법률의 해석·적용 권한은 대법원을 최고법원으로 하는 법원에 전속하는 것이라고 한다[대법원 2001. 4. 27. 선고 95재다14(공2001상, 1220)].

180) 허완중, 「한정위헌청구의 허용 여부」, 『법조』 제676호, 법조협회, 2013. 1., 231~232쪽.

181) 물론 헌법 제107조 제2항을 따라서 행정재판권 중 최종재판권은 반드시 대법원에 귀속되어야 한다. 유진오, 『신고 헌법해의』, 일조각, 1957, 247~248쪽 참조.

182) 허완중, 「명령·규칙에 대한 법원의 위헌·위법심사권」, 『저스티스』 제135호, 한국법학원, 2013. 4., 51쪽.

(ⅲ) 헌법적 근거가 필수적인 추상적 규범통제

추상적 규범통제는 헌법재판의 하나로서 구체적인 법적 분쟁을 전제로 하지 않으므로, 전통적인 사법에 포섭되지 않는다. 따라서 헌법 제101조 제1항은 추상적 규범통제권 근거가 되지 못한다. 그리고 헌법 제107조 제1항과 제2항은 재판의 전제성을 요건으로 하는 구체적 규범통제에 관한 규정이어서 추상적 규범통제 도입 가능성과는 아무런 관련이 없다. 그러므로 헌법 제107조 제1항과 제2항도 추상적 규범통제의 근거가 될 수 없다. 추상적 규범통제는 법규범이 일반적으로 적용되지 않도록 함으로써[183] 소극적 입법권을 행사하는 결과를 낳는다. 입법의 핵심은 법규범의 제정과 폐지이므로, 헌법이 부여한 입법권의 핵심영역은 적극적 입법권인 법규범제정권과 소극적 입법권인 법규범폐지권이다. 권력분립원리에 따라서 헌법이 부여한 입법권의 핵심영역인 소극적 입법권은 오로지 헌법을 통해서만 제한될 수 있다. 즉 입법권의 핵심영역에 대한 직접적 제한은 헌법이 정한 권한질서를 바꾸므로, 법률을 통해서는 할 수 없다. 따라서 해당 사건에 법규범 적용을 배제하는 것에 그치는 법원의 구체적 규범통제와 달리 법규범을 폐기하는 추상적 규범통제를 도입하려면 반드시 헌법적 근거가 필요하다. 따라서 헌법적 근거 없이 법률을 통해서 추상적 규범통제를 도입하면 권력분립원리에 어긋나게 된다. 헌법은 각 국가기관에 명시적으로 행정입법권을 부여하는데(헌법 제64조 제1항, 제75조, 제95조, 제108조, 제113조 제2항, 제114조 제6항, 제117조 제1항), 헌법 제101조 제1항과 제107조 제2항은 추상적 규범통제의 근거가 되지 못하므로, 헌법을 개정하여 별도의 근거규정을 마련하지 않는 한, 법률을 통해서 명령·규칙에 대한 추상적 규범통제를 도입할 수 없다고 생각한다.

3. 내용

(1) 심사 주체

재판의 전제일 때 명령·규칙에 대한 위헌·위법심사를 할 수 있는데, 재판을 담당하는 국가기관이 법원이고(헌법 제101조 제1항), 헌법 제107조 제2항이 속한 제5장은 법원을 다루며, 대법원이 심사를 독점하는 것이 아니다. 그러므로 심사 주체

---

183) 이것은 법규범의 무효를 확인하거나 법규범을 폐지하거나 법규범의 효력을 상실시킴으로써 가능하다(법규범의 효력 상실이 법규범의 무효 확인이나 폐지의 효과이기는 하지만, 법규범의 효력 상실이 오로지 법규범의 무효나 폐지에 따라서만 발생하는 것은 아니므로, 법규범의 효력 상실을 법규범의 무효 확인이나 폐지와 구별하여야 한다). 따라서 입법자의 법규범 '폐지'와 규범통제기관의 법규범 '폐기'는 구별되어야 한다.

는 재판하는 모든 법원이다. 법원은 최고법원인 대법원과 각급 법원으로 조직된다 (헌법 제101조 제2항). 군사법원은 군사재판을 담당하는 특별법원이므로(헌법 제110 조) 심사 주체이다. 다만, 최종적인 심사권은 대법원에 있다(헌법 제107조 제2항). 대법원이 명령이나 규칙이 헌법이나 법률에 위반된다고 인정할 때는 전원합의체에서 재판하여야 한다(법원조직법 제7조 제1항 제1호와 제2호). 대법원에 최종적인 심사권이 있는 것은 법령해석 통일성을 확보하기 위한 것이다. 하지만 각급 법원에 심사권이 있으므로, 당사자가 상소하지 않아서 종래 대법원 판단에 어긋나는 하급심 심사내용이 확정되면 법령해석 통일성이 깨질 수 있다. 게다가 대법원 재판은 일반적 효력이 아니라 개별적 효력만 있어서, 법령해석 통일성을 옹글게(완벽하게) 확보할 수도 없다. 물론 대법원 판결의 선례적 구속력(추정적 구속력)으로 말미암아 사실적 측면에서 법령해석 통일성이 달성될 수는 있다. 대법원의 최종적인 심사권은 심급제를 채택한 사법제도 아래에서 행정소송을 포함한 일반소송을 법원이 담당하고(헌법 제101조 제1항, 제107조 제2항, 법원조직법 제2조 제1항), 최고법원이 대법원이라는 점 (헌법 제101조 제2항)에서 도출되는 당연한 결과이다. 헌법 제107조 제2항에서 대법원이 최종적 심사권이 있다고 규정한 것은 각급 법원이 그 심급에 상응하는 심사권이 있다는 것을 전제한다. 따라서 재판이 2심 이상으로 구성되면, 반드시 모든 심급의 법원이 명령과 규칙에 대한 위헌·위법심사권을 똑같이 가져야 한다.

(2) 심사기준

① 헌법과 법률

헌법 제107조 제2항은 심사기준으로 헌법과 법률만 규정한다. 규범통제는 법단계설을 전제한다. 즉 효력을 기준으로 상위법규범과 하위법규범이 나뉠 수 있을 때만 규범통제를 할 수 있다. 이러한 점에서 규범통제에서 심사기준은 효력을 기준으로 파악되어야 한다. 따라서 헌법 제107조 제2항에서 헌법은 헌법의 효력이 있는 법규범으로, 법률은 법률의 효력이 있는 법규범으로 이해하여야 할 것이다. 그에 따르면 헌법 제107조 제2항의 헌법은 헌법의 효력이 있는 법규범으로서 헌법전에서 직접 도출될 수 있는 모든 법규범내용인 성문헌법이고, 관습헌법은 여기에 속하지 않는다.[184] 그리고 헌법 제107조 제2항의 법률은 법률의 효력이 있는 법규범으

---

184) 헌법적 관습(권영성, 『헌법학원론(개정판)』, 법문사, 2010, 1096쪽; 홍광식, 「명령·규칙에 대한 위헌심사권」, 『헌법문제와 재판[중]』(재판자료 제76집), 법원도서관, 1997, 340쪽)이나 실질적 의미의 헌법(김철수, 『학설·판례 헌법학(중)(전정신판)』, 박영사, 2009, 1030쪽; 정덕장, 「§ 107 [법률과 헌법재판소, 대법원의 명령·규칙·처분심사권, 행정심판]」, 김철수 외, 『주석헌법(개정2판)』, 법원사, 1996, 598~599쪽), 불문의 헌법원리(차진아, 「대법원의 명령·규칙심사권의 의미와 한계」, 『인권과 정의』 제369호,

로서 형식적 법률뿐 아니라 실질적 법률(법률대위명령, 국회 동의가 필요한 조약, 법률의 효력이 있는 일반적으로 승인된 국제법규)과 법률의 규범서열이 있는 관습법을 포함한다.

② 상위법규범

헌법 제107조 제1항과 제2항은 구체적 규범통제권을 헌법재판소와 법원에 배분하는 것인데, 그 배분은 법률과 명령·규칙 사이에서 나뉜다. 재판의 전제가 되는 구체적 규범통제는 법원의 재판에 부수하는 권한이므로, 헌법과 법률에 규정이 없더라도 당연히 재판권에 따르는 법원의 권한이다. 그리고 헌법 제107조 제2항의 내용 자체는 법원의 권한인 부수적·구체적 규범통제권을 확인하는 것에 불과하다. 그러므로 물론해석의 결과로 헌법 제107조 제2항은 명령·규칙이 헌법과 법률뿐 아니라 법률하위법규범에 어긋나는지를 심사할 권한도 당연히 포함하는 것으로 보아야 할 것이다. 이러한 점에서 헌법 제107조 제2항에서 심사기준은 헌법과 법률에 국한되는 것이 아니라 심사대상인 명령·규칙보다 상위에 있는 모든 법규범을 포함하는 것으로 볼 수 있다. 즉 국회규칙, 대통령령, 대법원규칙, 헌법재판소규칙, 내부규율에 관한 중앙선거관리위원회규칙에 대한 심사에서는 헌법과 법률이 심사기준이 되고, 총리령과 부령, 선거관리·국민투표관리 또는 정당사무에 관한 중앙선거관리위원회규칙[185]에 대한 심사에서는 헌법과 법률뿐 아니라 대통령령도 심사기준이 되며, 조례와 규칙에 대한 심사에서는 헌법과 법률뿐 아니라 대통령령과 총리령, 부령도 심사기준이 될 수 있다(헌법 제117조 제1항, 지방자치법 제22조). 조례가 위임한 범위에서 제정한 규칙에 대한 심사에서는 조례도 심사기준이 될 수 있다(지방자치법 제23조). 시·군 및 자치구의 조례나 규칙은 시·도의 조례나 규칙에 어긋나서는 아니 된다(지방자치법 제24조). 그러므로 시·군 및 자치구의 조례나 규칙에 대한 심사에서는 시·도의 조례나 규칙도 심사기준이 될 수 있다. 하지만 시·도와 시·군 및 자치구는 상·하관계에 있지 않아서 지방자치법 제24조는 위헌 의심이 있다.

대한변호사협회, 2007. 5., 184쪽)도 헌법에 포함된다는 견해가 있다. 그리고 헌법재판소는 관습헌법을 법률에 대한 위헌결정의 유일한 판단기준으로 삼은 바 있다(헌재 2004. 10. 21. 2004헌마554, 판례집 16-2하, 1, 39~41). 그러나 헌법전에서 도출할 수 없는 것은 헌법의 효력이 있다고 보기 어렵다. 헌법의 효력이 있는 관습법의 인정 가능성에 관해서 자세한 검토는 허완중, 「관습법과 규범통제」, 『공법학연구』 제10권 제1호, 한국비교공법학회, 2009, 176~184쪽 참조.

185) 예를 들어 공직선거법이 위임한 사항을 규율하는 공직선거법 시행령이 있는 공직선거관리규칙, 주민소환에 관한 법률이 위임한 사항을 규율하는 주민소환에 관한 법률 시행령이 있는 주민소환관리규칙, 국민투표법이 위임한 사항을 규율하는 국민투표법 시행령이 있는 국민투표법시행규칙.

(3) 심사대상

① 헌법이 규정하는 법규범

헌법은 다양한 법규범을 규정한다. 먼저 헌법을 1차적으로 구체화하는 법률이 있다(헌법 제52조, 제53조). 긴급재정경제명령(헌법 제76조 제1항)과 긴급명령(헌법 제76조 제2항)은 법률의 효력이 있다. 법률이 위임한 사항과 법률을 집행하는 데 필요한 사항을 규율하는 대통령령(헌법 제75조)은 법률보다 하위에 있다. 총리령과 부령은 대통령령의 위임을 받으므로(헌법 제95조), 대통령령보다 하위의 효력이 있다. 대통령과 대등한 지위에 있는 국회, 대법원, 헌법재판소가 법률에 저촉되지 않는 범위 안에서 제정할 수 있는 국회규칙(제64조 제1항), 대법원규칙(제108조), 헌법재판소규칙(제113조 제2항)은 대통령령과 같은 규범서열이 있다. 대통령과 대등한 지위에 있는 중앙선거관리위원회가 제정하는 내부규율에 관한 중앙선거관리위원회규칙도 대통령령과 같은 효력이 있으나, 선거관리·국민투표관리 또는 정당사무에 관한 중앙선거관리위원회규칙은 법령의 범위 안에서 제정할 수 있으므로 대통령령보다 하위의 효력이 있다(제114조 제6항). 자치에 관한 규정은 법령의 범위 안에서 제정할 수 있으므로(헌법 제117조 제1항), 명령보다 하위에 있다. 자치에 관한 규정 중 규칙(지방자치법 제23조)에 조례(지방자치법 제22조)가 위임할 수 있으므로, 조례가 규칙보다는 규범서열이 높다고 볼 수 있다. 조약 중에서 국회 동의가 필요한 조약은 법률의 효력이 있으나, 국회 동의가 필요하지 않은 조약은 대통령이 체결·공포하므로 원칙적으로 대통령령과 같은 효력이 있다고 보아야 할 것이다(헌법 제6조 제1항, 제60조 제1항).[186] 일반적으로 승인된 국제법규가 국내에 적용될 때 그 규범서열은 획일적으로 정할 수 없고, 구체적 사건이 계속된 법원이 그 구체적 내용에 따라서 판단하여야 할 것이다(헌법 제6조 제1항).[187] 요컨대 효력을 기준으로 헌법이 규정한 법규범을 정리하면, 법률과 긴급재정경제명령, 긴급명령, 국회 동의가 필요한 조약, 법률의 효력이 있는 일반적으로 승인된 국제법규가 가장 위에 있고, 대통령령, 국회규칙, 대법원규칙, 헌법재판소규칙, 내부규율에 관한 중앙선거관리위원회규칙, 국회 동의가 필요하지 않은 조약이 그다음이며, 총리령과 부령, 선거관리·국민투표관리 또는 정당사무에 관한 중앙선거관리위원회규칙이 그 밑에 있고, 자치에 관한 규정이 맨 아랫니다.

---

186) 허완중, 「법률과 법률의 효력」, 『공법학연구』 제11권 제1호, 한국비교공법학회, 2010, 192~193쪽.
187) 허완중, 「법률과 법률의 효력」, 『공법학연구』 제11권 제1호, 한국비교공법학회, 2010, 193~194쪽.

② 명령과 규칙의 구별

헌법 제107조 제2항은 법원의 위헌·위법심사 대상으로 명령과 규칙을 규정한다. 헌법과 법률이 심사기준이라는 점에서 명령과 규칙은 법률보다는 하위법규범이어야 한다. 이것은 법률에 대한 위헌심사를 규정하는 헌법 제107조 제1항과 맺는 관계 속에서도 명확하다. 따라서 명령·규칙에는 헌법과 법률보다 하위에 있는 대통령령, 총리령, 부령, 국회규칙, 대법원규칙, 헌법재판소규칙, 중앙선거관리위원회규칙, 국회 동의가 필요하지 않은 조약, 헌법과 법률의 효력이 없는 일반적으로 승인된 국제법규, 자치에 관한 규정만 포함할 수 있다. 여기서 명령과 규칙으로 나누어 규정한 점에 비추어 이들 법규범을 어떻게 명령과 규칙으로 분류할 것인지가 문제 된다. 명령과 규칙을 강학상 법규명령과 행정규칙에 대응하는 것은 분류대상 법규범 중 행정규칙이 없는데다가 행정규칙은 대외적 효력이 없음과 사법심사 대상이 안 됨을 개념요소로 한다는 점에서 고려할 수 없다고 생각한다.

헌법전의 용어들은 먼저 헌법전 안에서 개념을 찾는 것이 원칙이다. 이것을 통해서만 헌법전 전체의 통일성이 확보될 수 있기 때문이다. 헌법전에는 '명령'이라는 이름이 붙은 법규범은 없지만, '－령'으로 끝나는 법규범이 있다. 대통령령, 총리령, 부령이 그것이다. 그리고 '－규칙'으로 끝나는 국회규칙, 대법원규칙, 헌법재판소규칙, 중앙선거관리위원회규칙이 있다. 따라서 이름을 기준으로 대통령령, 총리령, 부령을 명령으로, 국회규칙, 대법원규칙, 헌법재판소규칙, 중앙선거관리위원회규칙을 규칙으로 묶을 수 있다. 대통령령, 총리령, 부령을 규율하는 헌법 규정을 살펴보면, 명령은 집행부가 소관사무와 관련하여 법률이나 대통령령의 위임이나 직권으로 정립한 법규범이라고 개념을 정의할 수 있다(헌법 제75조, 제95조 참조). 그리고 국회규칙, 대법원규칙, 헌법재판소규칙, 중앙선거관리위원회규칙을 다루는 헌법 규정을 정리하면, 규칙은 대통령이 아닌 독립한 최고의 국가기관이 법률이나 법령에 저촉되지 아니하는 범위 안에서 자기 사무와 내부규율에 관하여 제정하는 법규범(헌법 제64조 제1항, 제108조, 제113조 제2항, 제114조 제6항 참조)으로 정의할 수 있다.

규범통제의 본질을 바탕으로 명령과 규칙을 구별할 수도 있다. 즉 규범통제는 법규범의 규범서열을 전제한다는 점에서 헌법과 법률보다 하위에 있는 명령과 규칙을 나누는 기준도 규범서열에서 찾을 수 있다. 규범서열에 따라 헌법전에 법률보다 헌법이 먼저 언급되는 것(즉 우열이 있는 규범을 나열할 때 상위에 있는 규범을 먼저 언급하는 것)처럼 규칙보다 먼저 언급되는 명령이 규범서열이 위라는 추론도 가능하다. 법률의 하위법규범 중에서 국회규칙, 대통령령, 대법원규칙, 헌법재판소규칙 그리고 내부규율에 관한 중앙선거관리위원회규칙은 같은 규범서열이 있고, 그 밑에 총리령, 부령, 선거관리·국민투표관리 또는 정당사무에 관한 중앙선거관리위원회규칙, 자치에 관한 규정이 있다. 국회규칙, 대통령령, 대법원규칙, 헌법재판소규칙 그리고 내부규율에 관한 중앙선거관리위원회규칙은 헌법과 법률의 범위 안에서 헌법과 법률을 구체화하거나 헌법과 법률이 규율하지 않은 내용을 규율한다는 점에서 같다. 그리고 이들 법규범을 제정하는 국가기관은 헌법이 성질에 따라 나눈 국가기능을 독립적으로 행사하는 최고 국가기관이다. 즉 이들 국가기관이 제정하는 법규범은 해당 국가기능에서 헌법과 법률 이외의 다른 어떤 법규범보다 상위에 있고, 그 자신을 비롯한 모든 해당 국가기능을 수행하는 모든 국가기관을 구속한다. 그 밖에 현재 대통령령과 총리령 및 부령은 이름으로 구별된다는 점을 주목할 필요가 있다. 즉 대통령령에는 '－시행령'과 '－령'이라는 이름이[188], 총리령과 부령에는 '－시행규칙'과 '－규칙'이라는 이름이 붙는다. '－규정'이라는 이름은 대통령령, 총리령, 부령의 구별 없이 붙기도 하는데, 이것은 법, 시행령, 시행규칙의 내용 중 일부만을 규정할 때 붙는다. 여기서 실무적으로 대통령령은 명령으로, 총리령과 부령은 규칙으로 분류한다고 볼 수도 있다. 이것은 실무에서 명령과 규칙을 규범서열에 따라서 구별한다고 볼 가능성을 제공한다. 이러한 점을 고려하면, 명령은 헌법이 성질에 따라 나눈 국가기능을 담당하는 최고 국가기관이 헌법과 법률에 근거하여 제정하는 법규범으로 정의할 수 있다. 그리고 규칙은 헌법이 성질에 따라 나눈 국가기능을 담당하는 최고 국가기관이 아닌 국가기관이 헌법과 법률 그리고 명령에 근거하여 제정하는 법규범을 말한다고 볼 수 있다. 이것을 따르면 대통령령, 국회규칙, 대법원규칙, 헌법재판소규칙, 내부규율에 관한 중앙선거관리위원회규칙, 국회동의가 필요하지 않은 조약이 명령에 해당하고, 총리령과 부령, 선거관리·국민투표관리 또는 정당사무에 관한 중앙선거관리위원회규칙, 자치에 관한 규정이 규칙에 속한다. 조례와 같은 규범서열이 있는 관습법은 규칙에 포함된다.

규범서열을 기준으로 명령과 규칙을 구분하는 것도 나름대로 합리성이 있으나, 그렇게 복잡한 논리구성을 하여야 할 실익을 찾기 어렵다. 즉 이름을 기준으로 하

---

188) 그러나 국가법령정보센터[http://www.law.go.kr/ (2018년 12월 28일 방문)]에서 검색하면, 국세물납재산취급규칙(대통령령 제358호, 1950. 5. 22. 제정), 농산장려보조금교부규칙(대통령령 제28946호, 2018. 6. 5. 타법개정), '수형자 등 호송규칙'(대통령령 제28660호, 2018. 2. 20. 일부개정)은 대통령령인데도 '규칙'이라는 이름이 붙는다. 그러나 이 대통령령들은 본래 '－규정'이라는 이름을 붙여야 할 것이다.

든 규범서열을 기준으로 하든 법원의 실제 위헌·위법심사에 아무런 영향을 미치지 않는 것으로 보인다. 이에 반해서 이름을 기준으로 명령과 규칙을 나누는 것은 분류기준이 명확하여 구별이 쉽고 간명하다. 특히 헌법전에서 사용되는 용어들과 완벽하게 조화를 이룰 수 있다는 점이 매우 매력적이고, 중앙선거관리위원회규칙을 쪼개서 보지도 않는다. 이러한 점에서 이름에 따라 명령과 규칙을 구별하는 것이 타당하다고 생각한다. 학설 대부분도 명확한 기준을 제시하지는 않지만, 대체로 이름을 기준으로 구별하는 것 같다.[189] 다만, 이름을 기준으로 명령과 규칙을 엄격하게 구별하는 것이 바람직하다고 생각한다. 즉 대통령령, 총리령, 부령을 명령으로, 국회규칙, 대법원규칙, 헌법재판소규칙, 중앙선거관리위원회를 규칙으로 나누고 나서, 대통령령에 상응하는 국회 동의가 필요하지 않은 조약을 명령에 넣고, 헌법과 법률의 효력이 없는 일반적으로 승인된 국제법규를 상응하는 법규범에 맞추어 각각 명령과 규칙으로 구분하여야 할 것이다. 그러나 자치에 관한 규정은 '－령'이나 '－규칙'의 이름도 붙지 않고, 그에 속하는 법규범에 상응하지도 않으므로 명령과 규칙이 아니라고 보아야 할 것이다. 그에 따라 조례와 같은 규범서열이 있는 관습법도 명령과 규칙에 속하지 않을 것이다.[190] 이것은 헌법 제107조 제2항의 명령과

---

189) 권영성, 『헌법학원론(개정판)』, 법문사, 2010, 1097쪽; 김성수, 『일반행정법(제8판)』, 홍문사, 2018, 347쪽; 김철수, 『학설·판례 헌법학(중)(전정신판)』, 박영사, 2009, 1028~1029쪽; 김학성, 『헌법학원론(전정2판)』, 피앤씨미디어, 2018, 1105쪽; 남복현, 「헌법 제107조」, 『헌법주석[법원, 경제질서 등]』, 경인문화사, 2018, 1136쪽; 박균성, 『행정법론(상)(제17판)』, 박영사, 2018, 220쪽; 박종보, 「법령에 대한 헌법소원」, 서울대학교 법학박사학위논문, 1994, 53쪽; 서보국, 「명령·규칙에 대한 행정소송법적 규범통제의 헌법적 한계」, 『행정판례연구』 제16집 제2호, 박영사, 2011, 155쪽; 석종현/송동수, 『일반행정법(상)(제15판)』, 삼영사, 2015, 184쪽; 성낙인, 『헌법학(제18판)』, 법문사, 2018, 715쪽; 손상식, 「헌법재판과 명령·규칙에 대한 규범통제」, 연세대학교 법학박사학위논문, 2011, 48~49쪽; 이준일, 『헌법학강의(제5판)』, 홍문사, 2013, 972쪽; 정덕장, 「§ 107 [법원과 헌법재판소, 대법원의 명령·규칙·처분심사권, 행정심판]」, 김철수 외, 『주석헌법(개정2판)』, 법원사, 1996, 598쪽; 차진아, 「대법원의 명령·규칙심사권의 의미와 한계」, 『인권과 정의』 제369호, 대한변호사협회, 2007. 5., 181~182쪽; 최정일, 「제6조(명령·규칙의 위헌판결등 공고)」, 『주석 행정소송법』, 박영사, 2004, 132~133쪽; 하명호/윤영미/김판기/홍종현, 「우리나라의 헌법상 규범통제제도에 관한 연혁적 연구」, 법원행정처, 2009, 173~174쪽; 홍광식, 「명령·규칙에 대한 위헌심사권」, 『헌법문제와 재판[중]』(재판자료 제76집), 법원도서관, 1997, 324쪽; 홍정선, 『행정법원론(상)(제26판)』, 박영사, 2018, 252쪽 참조. 대법원은 명령이나 규칙은 국가와 국민에 대하여 일반적 구속력을 가지는 이른바 법규로서의 성질을 가지는 명령이나 규칙을 뜻한다고 하고[대법원 1990. 2. 27. 선고 88재누55 판결(집38－1, 394; 공1990, 785); 대법원 1997. 6. 19. 선고 95누8669 전원합의체 판결(집45－2, 573; 공1997하, 1913)], 규칙에는 지방자치단체의 조례와 규칙이 포함된다고 한다(대법원 1995. 7. 11. 선고 94누4615 전원합의체 판결(집 43－2, 495; 공1995하, 2633)].

190) 다만, 헌법 제107조 제2항의 위헌·위법심사 대상을 모두 아우르는 용어로 '명령·규칙'을 쓸 수 있다. 이때 '명령·규칙'은 자치에 관한 규정과 조례와 같은 규범서열이 있는 관습법을 포함한 법률 하위의 모든 법규범을 포함하게 된다. 여기서도 '명령·규칙'을 그러한 용어로 사용한다.

규칙이 헌법전에 언급된 모든 법규범을 포괄하여야 할 필연적 이유가 없고, 헌법 제107조 제1항과 제2항이 구체적 규범통제권을 헌법재판소와 법원에 배분하는 것으로 본다면, 법률과 명령·규칙은 배분기준으로 기능하는 것으로 충분하며, 자치에 관한 규정만 강학상 법규명령에 포섭되지 않고, 자치에 관한 규정은 명령과 규칙에 포함되지 않더라도 명령과 규칙보다 하위법규범이므로 당연히 법원의 규범통제대상에 속하기 때문이다. 명령과 규칙은 법률보다 하위에 있는 법규범이므로, 법률의 효력이 있는 법률대위명령, 국회 동의가 필요한 조약, 법률의 효력이 있는 일반적으로 승인된 국제법규는 명령과 규칙이 아니다. 이러한 맥락에서 법률의 효력이 있는 긴급조치는 법원이 아니라 헌법재판소의 규범통제대상이라고 보아야 할 것이다. 행정규칙은 개념상 사법심사 대상이 되지 않으므로, 명령·규칙에 포함될 수 없다.[191] 그러나 행정규칙이 대외적 효력이 있다면, 국민의 권익을 보호하기 위해서 그 행정규칙의 위헌성이나 위법성을 다툴 수 있도록 할 필요성은 있다.

(4) 심사범위

명령·규칙에 대한 법원의 위헌·위법심사는 명령·규칙의 내용이나 형식이 헌법과 법률(정확하게는 상위법규범)에 합치하는지를 결정하는 것이다. 따라서 법원의 심사는 권한 있는 국가기관이 자기 권한 범위 안에서 적법한 절차를 거쳐 명령·규칙을 제정한 것인지에 관한 형식적 심사는 물론 해당 명령·규칙이 헌법과 법률에 내용적 측면에서 들어맞는지에 관한 실질적 심사도 포함한다. 다만, 명령·규칙의 합목적성에 관한 판단은 해당 국가기관의 몫이므로, 법원이 이것을 심사할 수는 없다. 심사범위는 원칙적으로 당사자의 청구취지(와 청구원인)에 따라 확정된다. 하지만 법원은 당사자의 청구취지(와 청구원인)에 구속되지 않는다. 즉 법원은 당사자의 청구를 '해석하여' 심사범위를 확정할 수 있다. 그러나 심사범위는 해당 사건 해결과 관련되는 범위를 넘을 수는 없다. 따라서 법원은 해당 사건 해결과 관련 없는 명령·규칙의 위헌성이나 위법성은 심사할 수 없다.

(5) 심사요건(재판의 전제성)

① 학설과 판례

법원이 명령과 규칙을 심사하려면 명령과 규칙이 헌법이나 법률에 위반되는지

---

191) 대외적 효력이 있는 행정규칙은 법적 성질을 논의하지 않고 헌법적 근거가 없는 위임입법으로서 위헌이라고 보는 것(류지태, 「행정입법의 형식성 논의의 헌법적 평가」, 『토지공법연구』 제25집, 한국토지공법학회, 2005, 446~451쪽)이 이론적으로 타당하고 명쾌하다. 그러나 그러한 행정규칙이 너무 많아 모두 위헌으로 판단하기에는 현실적 어려움이 있다(같은 견해: 정남철, 「법령보충적 성격의 행정규칙의 정비방향과 위임사항의 한계」, 『행정판례연구』 제12집, 박영사, 2007, 106쪽).

가 재판의 전제가 되어야 한다(헌법 제107조 제2항). 지배적 견해192)와 판례193)는 재판의 전제성을 선결문제로 이해한다.

　그런데 헌법 제107조 제2항에 '처분'이 명령·규칙과 병렬적으로 함께 규율된다는 점을 근거로 '재판의 전제성'을 '법원에 계속된 특정 사건의 해결을 위한 필요성'으로 새겨야 한다는 견해가 있다.194) 그리고 헌법 제107조 제2항은 명령·규칙과 처분을 함께 규정하므로, '재판의 전제'를 구체적 사건성으로 해석하여야 한다는 견해도 있다.195) 이 견해는 '재판의 전제'를 좁은 의미의 '선결문제'에 한정하면, 처분에 대한 심사는 행정소송이 아니라 민사·형사소송 등에서 처분의 위법성이 선결문제로 된 때만을 뜻하게 된다고 한다. 그러나 헌법 제107조 제2항은 줄곧 행정소송의 근거조항으로 이해되었으므로, '재판의 전제'는 선결문제가 아니라 항고소송에서 처분을 취소하거나 무효 확인하기 위한 (본안)요건을 뜻하는 것으로 해석하여야 한다고 한다. 이러한 해석은 '처분'에 국한한 것이 아니라 '명령·규칙'에도 똑같이 적용되어야 한다고 한다. 또한, 헌법 제107조 제1항과 제2항에서 '재판의 전제'라는 같은 문언을 사용하는 데도 이것을 서로 다르게 해석하는 것은 부자연스럽다는 견해가 있다.196) 이 견해는 양자를 모두 '구체적 사건성'으로 해석하면, 헌법 제107조 제2항에 따라서 행정입법에 대한 법원의 직접통제 가능성이 열리고, 이 규정은 행정소송의 근거조항으로 이해할 수 있으나, 헌법의 제정과 개정의 역사나 취지에 비

---

192) 권영성, 『헌법학원론(개정판)』, 법문사, 2010, 1096쪽; 김철수, 『학설·판례 헌법학(중)(전정신판)』, 박영사, 2009, 1029~1030쪽; 김철용, 『행정법(전면개정판 제5판)』, 고시계사, 2016, 112쪽; 김학성, 『헌법학원론(전정2판)』, 피앤씨미디어, 2018, 1105쪽; 박균성, 『행정법론(상)(제17판)』, 박영사, 2018, 221쪽; 석종현/송동수, 『일반행정법(상)(제15판)』, 삼영사, 2015, 183~184쪽; 성낙인, 『헌법학(제18판)』, 법문사, 2018, 716쪽; 장태주, 『행정법개론(제9판)』, 법문사, 2011, 350쪽; 한수웅, 『헌법학(제8판)』, 법문사, 2018, 1348~1349쪽; 홍정선, 『행정법원론(상)(제26판)』, 박영사, 2018, 252쪽.

193) 대법원 1994. 4. 26.자 93부32 결정(공1994상, 1705); 헌재 2000. 6. 29. 98헌마36, 판례집 12−1, 869, 875: "헌법 제107조 제2항은 "명령·규칙 또는 처분이 헌법이나 법률에 위반되는 여부가 재판의 전제가 된 경우에는 대법원은 이를 최종적으로 심사할 권한을 가진다"고 규정하고 있다. 위 규정에 따른 대법원의 명령·규칙에 대한 최종심사권은 구체적인 소송사건에서 명령·규칙의 위헌 여부가 재판의 전제가 되었을 경우 법률과는 달리 헌법재판소에 제청할 것 없이 대법원이 최종적으로 심사할 수 있다는 것을 의미하고, 명령·규칙 그 자체에 의하여 직접 기본권이 침해된 경우에는 헌법 제111조 제1항 제5호, 헌법재판소법 제68조 제1항에 근거하여 헌법소원심판을 청구하는 것이 허용된다고 할 것이다(헌재 1996. 4. 25. 95헌마331, 판례집 8−1, 465, 469−470)."

194) 최완주, 「원처분의 헌법소원대상성에 관한 고찰」, 『헌법문제와 재판(상)』(재판자료 제75집), 법원도서관, 1997, 470~472쪽.

195) 박정훈, 「행정소송법 개정의 주요쟁점」, 『공법연구』 제31집 제3호, 한국공법학회, 2003, 75~76쪽; 같은 사람, 「항고소송의 대상 및 유형」, 『행정소송법개정자료집 Ⅱ』, 법원행정처, 2007, 813~814쪽.

196) 이원우, 「행정입법에 대한 사법적 통제방식의 쟁점」, 『행정법연구』 제25호, 행정법이론실무학회, 2009, 11~14쪽.

추어 보면, 헌법 제107조 제1항의 '재판의 전제'는 선결문제를 해결하기 위한 규정
이었음을 부인하기 어렵다고 한다. 그리고 양자를 모두 '구체적 사건성'으로 해석하
면, 헌법 제107조 제2항에서 규정하는 규범통제는 선결문제를 전제로 하는 부수적
규범통제가 될 것인데, 헌법 제107조 제2항이 명령·규칙과 함께 처분도 함께 규정
하고 헌법 제107조는 대법원의 지위와 권한 및 그 행사절차를 규율하는 데 그 규
율목적이 있으므로, 부수적 규범통제에 관한 규정일 뿐이지 다른 방식의 규범통제
를 금지하는 것은 아니라고 보아야 한다고 한다. 그 밖에 헌법사적 고찰을 통해서
헌법 제107조 제1항과 제2항의 '재판의 전제'는 각각 '선결문제'와 '사건쟁송성'으로
서로 다르게 해석할 수밖에 없다는 견해도 있다.197)

　　이에 대해서 헌법은 법률과 명령·규칙에 대한 규범통제권은 법원에 전속하는
의미의 헌법 제101조의 '사법권'으로 예정하지 않았고, 헌법 제107조는 이것을 전
제로 예외적으로 법원에 인정되는 규범통제 관련 권한을 설정하기 위한 특별규정으
로 보는 견해가 있다.198) 이 견해는 재판의 전제를 재판의 대상이 된 경우(구체적
사건성)로 보는 견해는 헌법해석의 통일성, 헌법 제107조의 연혁, 법원 자신의 헌법
해석에 어긋나는 해석으로 성립하기 어렵다고 한다. 즉 헌법 제107조 제2항의 알기
쉬운 해석을 따르더라도 '재판의 대상이 된 경우'라고 하지 않고 '재판의 전제가 된
경우'라고 한 이유를 설명할 수 없고, 통일적 헌법해석의 요청상 헌법 제107조 제1
항의 '재판의 전제' 역시 똑같이 해석하여야 하나, 이것은 도저히 유지할 수 없다고
한다. 그리고 헌법 제107조 제2항의 규정내용상 재판의 전제성이 없는 명령·규칙
에 대한 규범통제에 관한 관할권을 법률 개정을 통해서 법원에 부여할 수 없다고
한다. 헌법 제107조 제2항의 '재판의 전제가 된 경우'를 구체적 사건성으로 해석하
는 것은 헌법 제107조 제1항의 같은 문구 해석과 일관성을 갖기 어려울 뿐 아니라
헌법 제107조 제2항의 입법연혁에 비추어 보아도 설득력이 없다는 견해도 있다.199)
이 견해는 무엇보다도 이러한 해석을 따르면, 명령·규칙의 위헌·위법성이 실질적
으로는 재판의 대상 그 자체가 된 때도 '재판의 전제가 된 경우'에 포함되므로, 명

---

197) 신우철, 「재판의 전제성 - 그 개념의 굴곡의 헌법사 -」, 『법사학연구』 제41호, 한국법사학회,
　　2010, 107~141쪽.
198) 김하열, 「명령·규칙에 대한 사법심사」, 『헌법판례연구』 제9권, 박영사, 2008, 279~281쪽. 이에 동
　　조하는 견해로는 홍준형, 「항고소송의 대상 확대」, 『공법연구』 제33집 제5호, 한국공법학회, 2005,
　　488~489쪽.
199) 차진아, 「대법원의 명령·규칙심사권의 의미와 한계」, 『인권과 정의』 제369호, 대한변호사협회,
　　2007. 5., 183~184쪽.

령·규칙의 위헌·위법성이 동 조항의 '재판의 전제가 된 경우'가 아닌 경우를 찾기 어렵다고 한다. 그리고 이렇게 되면 현행 헌법이 (대)법원의 명령·규칙심사방식에 관하여 1948년 헌법과는 달리 입법자의 형성 자유에 맡기는 대신, '재판의 전제가 된 경우'라는 문구를 규정한 것이 어떠한 기능이나 의미도 갖지 못하게 될 것이라고 한다.

② 사견 - 선결문제인 재판의 전제성

헌법 제107조 제2항은 명령·규칙에 대한 위헌·위법심사와 처분에 대한 위헌·위법심사를 함께 규율한다. 그런데 (i) 명령·규칙이 헌법이나 법률에 위반되는지를 심사하는 것은 구체적 규범통제권이고, 처분이 헌법이나 법률에 위반되는지를 심사하는 것은 행정재판권이므로, 양 권한의 본질이 다르다. 그리고 (ii) 대법원이 명령·규칙이 헌법이나 법률에 위반되는지를 최종적으로 심사하는 것은 헌법 제107조 제1항과 관련하여 구체적 규범통제권을 헌법재판소와 법원에 분배하는 것이고, 대법원이 처분이 헌법이나 법률에 위반되는지를 최종적으로 심사하는 것은 헌법 제107조 제3항과 관련하여 '행정쟁송'을 규율하는 것으로 양 규율내용의 성격이 같지 않다. 또한, (iii) 명령·규칙은 행정입법이지만, 처분은 행정행위라는 점에서 양자는 구별되고, 이러한 점에서 명령과 규칙은 헌법 제107조 제1항의 법률과 호응하지만, 처분은 헌법 제107조 제1항의 법률에 대응되지 않는다. 게다가 (iv) 대법원이 명령·규칙이 헌법이나 법률에 위반되는지를 최종적으로 심사하는 것은 대법원의 재판권에 수반되는 당연한 내용을 확인하는 것에 불과하지만, 대법원이 처분이 헌법이나 법률에 위반되는지를 최종적으로 심사하는 것은 행정재판권 관할을 확정하는 창설적 의미가 있다. 나아가 (v) 처분이 헌법이나 법률에 위반되는지에 관한 심사와 관련하여 재판의 전제를 선결문제로 이해하면, 이러한 요건을 충족하는 구체적 사건을 찾기 어려울 뿐 아니라 헌법 제107조 제3항과 맺는 관련성을 찾을 수 없게 된다. 그러나 재판의 전제를 구체적 사건성으로 해석하면 행정소송과 관련하여 사법국가형을 채택한 역사적 의미가 여전히 남게 된다. 그리고 (vi) 1948년 헌법부터 법률의 위헌심사와 관련하여 재판의 전제라는 요건이 있었고, 이것을 선결문제로 해석하는데 지금까지 아무런 이론이 없는데, 1962년 헌법부터 명령·규칙의 위헌·위법심사와 관련하여 같은 조 제1항과 같은 재판의 전제라는 요건을 삽입하면서 이것을 다른 의미로 사용한다고 볼 사정을 발견할 수 없고, 이것은 일반적인 용어 사용과 완벽하게 다르다. 또한, (vii) 헌법사적으로 1962년 헌법에서 '법률의 정하는 바에 의하여'를 '재판의 전제가 된 때에는'으로 바꾸면서 특별한 논의가 없고, 이러한 변화 전후로 해당 조항의 해석 변화나 관련 법률 개정이 없었다는 점을 고려하면, 특히 1948년 헌법을 제정할 때 추상적 규범통제에 관한 논의가 없었던 점에 비추어 '법률의 정하는 바에 의하여'라는 문구를 현재 관점에서 해석하는 것처럼 구체적 규범통제와 추상적 규범통제를 아우르는 의미로 보기 어렵다는 점을 고려하면, 이러한 개정으로 말미암아 해당 조항에 특별한 의미 변화가 생겼다고 보기 어렵다. 이러한 점에서 '법률의 정하는 바에 의하여'를 '재판의 전제가 된 때에는'으로 바꾸면서 명령·규칙과 처분에 미치는 의미가 서로 다르다는 점을 충분히 고려하지 않은 입법적 잘못이 있었던 것으로 보인다.[200] 따라서 명령·규칙 및 처분과 관련하여 '재판의 전제가 된 경우'를 똑같은 뜻으로 해석하기는 어렵다. 즉 헌법 제107조 제2항을 '명령·규칙이 헌법이나 법률에 위반되는 여부가 재판의 전제가 된 경우에는 대법원은 이를 최종적으로 심사할 권한을 가진다'와 '처분이 헌법이나 법률에 위반되는 여부가 재판의 전제가 된 경우에는 대법원은 이를 최종적으로 심사할 권한을 가진다'로 나누어 이해하고, '재판의 전제가 된 경우'를 전자는 헌법 제107조 제1항처럼 선결문제로, 후자는 행정쟁송과 관련하여 구체적 사건성으로 파악하는 것이 합리적이라고 생각한다. 물론 헌법 제107조 제2항을 '명령·규칙이 헌법이나 법률에 위반되는 여부가 재판의 전제가 된 경우에는 대법원은 이를 최종적으로 심사할 권한을 가진다'와 '처분이 헌법이나 법률에 위반되는 여부는 대법원이 이를 최종적으로 심사할 권한을 가진다'로 나누는 것이 헌법제정자의 의사에 정확하게 들어맞는 해석으로 볼 수 있다. 하지만 이러한 해석은 헌법의 문리적 한계를 명확하게 벗어나서 채택하기 어렵다. 요컨대 헌법 제107조 제2항의 명령·규칙의 위헌·위법심사와 관련하여 재판의 전제가 된다는 것은 해당 재판에서 구체적 사건에 적용되는 명령·규칙의 위헌·위법 여부가 해당 재판의 선결문제가 된다는 것, 즉 명령·규칙의 위헌·위법 여부에 따라 해당 사건을 담당하는 법원이 다른 내용의 재판을 하게 되는 때(해당 재판의 결과가 달라지는 때)로 보는 것이 타당하다고 생각한다.

---

200) 같은 견해: 한수웅, 『헌법학(제8판)』, 법문사, 2018, 1346쪽: "헌법 제107조 제2항이 처분의 경우에도 '재판의 전제성'이란 표현을 사용한 것은 명령·규칙과 처분이라는 서로 상이한 유형의 집행행위를 함께 규율하는 과정에서 발생한 입법기술적인 결함으로 보아야 할 것이므로, 이를 명확히 하는 헌법개정의 필요성이 있다." 이 견해는 명령·규칙과 처분을 분리하여 처분에 관하여 "헌법 제107조 ② 처분이 헌법이나 법률에 위반되는 여부가 문제 된 경우에는 대법원은 이를 최종적으로 심사할 권한을 가진다."라는 별도 규정을 두는 것이 바람직하다고 한다.

(6) 심사절차

명령·규칙에 대한 법원의 위헌·위법심사는 일반 소송절차에 따라서 이루어진 다. 그러나 대법원이 심사할 때는 특별한 절차에 따라 이루어진다. 즉 대법원은 대 법관 전원의 3분의 2 이상이 출석하고 대법원장이 재판장이 되는 전원합의체에서 만 과반수 찬성으로 명령·규칙이 헌법이나 법률에 위반함을 인정할 수 있다(법원조 직법 제7조 제1항 단서 제1호와 제2호). 합의심판은 헌법과 법률에 다른 규정이 없으면 과반수로써 결정하기 때문이다(법원조직법 제66조 제1항). 그러나 명령·규칙이 헌법 이나 법률에 위반하지 않음은 대법관 3명 이상으로 구성되는 부에서 의견이 일치 한 때에 한하여 인정할 수 있다(법원조직법 제7조 제1항 단서). 따라서 부에서 명령· 규칙이 헌법이나 법률에 위반한다고 판단하거나 이에 관한 의견이 일치하지 않으면 전원합의체에 회부하여야 한다. 그리고 명령·규칙이 헌법이나 법률에 위반된다는 대법원 선례를 바꾸려면 전원합의체에서 재판하여야 한다(법원조직법 제7조 제1항 단 서 제3호). 즉 명령·규칙이 헌법이나 법률에 위반된다는 대법원 판례가 있으면, 부 에서 의견이 일치하여도 그 명령·규칙이 헌법이나 법률에 위반되지 않음을 인정할 수 없고, 반드시 전원합의체에 회부하여야 한다. 하급심에서 명령·규칙에 대한 위 헌·위법심사가 이루어졌으나, 명령·규칙 적용 배제로 말미암아 소송상 불리함이 초래되어도 당사자가 상소를 포기하면 하급심 판결만으로 명령·규칙에 대한 위헌· 위법심사가 끝나게 된다.

4. 명령·규칙에 대한 위헌·위법심사에 관한 법원판결의 효력

(1) 개별적 효력이 있는 것에 불과한 명령·규칙의 위헌·위법판결

구체적 사건 해결이 법원의 과제인데, 명령·규칙에 대한 법원의 위헌·위법심 사는 부수적 규범통제에 불과하여, 명령·규칙의 효력 자체를 심사하는 것은 아니 다. 그리고 판결의 효력은 개별적 효력인 것이 원칙이고, 판결에 일반적 효력을 부 여하려면 이것에 관한 특별규정이 필요한데, 그러한 규정이 없다. 그러므로 명령· 규칙이 위헌·위법이면 법원은 해당 사건에서 그 적용을 거부할 수 있을 뿐이고, 그 명령·규칙 자체의 무효를 선언할 수 없다.[201] 즉 법원은 명령·규칙의 위헌성이

---

201) 대법원 1971. 6. 22. 선고 70다1010 전원합의체 판결(집19-2, 민110): "법원의 법률, 명령, 규칙 또 는 그 법률 등의 조항의 위헌 결정의 효력은 그 법률 등을 무효화 하는 것이 아니고 다만 구체적 사건에 그 법률, 명령, 규칙 또는 그 일부 조항의 적용을 거부함에 그치는 것이고, ……". 그러나 아무런 근거 제시 없이 대법원은 무효화선언을 할 수 있다고 주장하는 견해도 있다(성낙인, 『헌법 학(제18판)』, 법문사, 2018, 716쪽).

나 위법성을 확인하여도 해당 사건에 그 명령·규칙을 적용하지 아니하는 '적용 배제'에 그친다. 따라서 법원이 명령·규칙이 위헌이거나 위법이라고 선언하여도 그 명령·규칙은 여전히 효력이 있다. 그래서 명령·규칙의 위헌이나 위법 선언은 판결 주문이 아니라 판결이유에서만 할 수 있다. 판결이유에서 법원은 명령·규칙이 위헌·위법이라고만 선언하거나 명령·규칙이 위헌·위법이라서 해당 사건에 적용할 수 없다고 선언할 수밖에 없다. 그러나 대법원은 명령·규칙의 위헌성이나 위법성을 확인하면 그 명령·규칙이 무효라고 선언한다.[202] 그리고 위법한 명령을 적용하여서는 아니 되는 의무를 부담하는 행정기관은 대법원이 위법으로 최종 판단한 명령을 적용하여 행정처분을 하면, 그 행정처분은 이제는 당연히 무효인 행정처분이 된다고 보아야 하므로, 행정입법의 위헌·위법을 대법원이 인정하고 관보에 게재하면 결과적으로 행정입법이 위헌·위법이라는 대법원 판결은 대세효가 있는 것과 같게 된다는 견해가 있다.[203] 하지만 법원이 아무리 명령·규칙이 위헌이나 위법이어서 무효라고 선언하여도 그 명령·규칙은 무효가 되지 않고, 해당 사건의 소송당사자와 하급심을 기속할 뿐이다(법원조직법 제8조). 다만, 중대명백설에 따라 처분의 무효 여부를 결정할 때 대법원의 위헌·위법선언이 있었다는 것은 명백성을 인정하는 결정적 근거가 될 수 있다. 법원의 명령·규칙의 위헌성이나 위법성 확인은 중요이유에 해당하므로, 기판력을 포함한 확정력은 없으나 선례적 구속력(추정적 구속력)은 있다.

(2) 명령·규칙의 위헌·위법판결 공고

행정소송에 대한 대법원 판결을 통해서 명령·규칙이 헌법이나 법률에 위반된다는 것이 확정되면, 대법원은 즉시 그 사유를 행정안전부 장관에게 통보하여야 한다(행정소송법 제6조 제1항). 이러한 통보를 받은 행정안전부 장관은 즉시 이것을 관보에 게재하여야 한다(행정소송법 제6조 제2항). 이것은 같은 사안이 되풀이되는 것을 막고, 해당 명령·규칙을 개폐하도록 촉구하는 것이다. 즉 위헌이나 위법인 명령·규칙을 관계 행정청이나 이해관계인에게 알려서, 관계 행정청이 그 명령·규

---

202) 대법원 1964. 5. 21. 선고 63누161 판결(집12-1, 행038); 대법원 1966. 12. 6. 선고 63누197 판결(집14-3, 행063); 대법원 1980. 10. 14. 선고 80누166 판결(집28-3, 행81; 공1980, 13336); 대법원 1980. 12. 9. 선고 79누325 판결(집28-3, 행124; 공1981, 13469); 대법원 1982. 3. 23. 선고 80누195 판결(공1982, 474); 대법원 1983. 7. 12. 선고 82누148 판결(공1983, 1272); 대법원 1985. 3. 26. 선고 84누384 판결(공1985, 638); 서울행정법원 2005. 4. 7. 선고 2004구합36557 판결(각공2005, 965).
203) 박균성, 「행정입법에 대한 사법적 통제」, 『고시계』 제35권 제12호(통권 제478호), 고시계사, 1996. 12., 81~82쪽.

칙을 더는 적용하지 않도록 하고, 이해관계인은 행정청이 그 명령·규칙을 적용하면 위헌·위법을 주장하여 막도록 하며, 그 명령·규칙을 제정한 국가기관이 그것을 개정하거나 폐지하도록 하려는 것이다. 특히 명령·규칙이 위헌이거나 위법이라는 것은 재판이유에 기재되므로, 국민이나 국가기관이 이러한 내용을 알기가 쉽지 않다. 따라서 이것을 관보에 게재하는 것은 이러한 심사결과를 널리 알린다는 측면에서 정당성이 인정된다. 그러나 이러한 공고가 있어도 해당 명령·규칙은 폐기되지 않는다. 일반적 효력이 있는 재판만 공고 대상이 되는 것이 아니라서(헌법재판소법 제36조 제5항 참조), 행정소송법 제6조를 대법원 판결에 일반적 효력을 부여하는 특별규정으로 볼 수 없기 때문이다.

(3) 명령·규칙의 위헌심사에서 (대)법원 판결과 헌법재판소 결정의 충돌 가능성

명령·규칙에 대해서 (대)법원뿐 아니라 헌법재판소도 구체적 규범통제권이 있다면, 같은 명령·규칙에 대해서 (대)법원과 헌법재판소가 함께 규범통제를 할 수도 있다. 이에 따라 명령·규칙의 위헌심사에서 (대)법원과 헌법재판소가 서로 다른 판단을 함으로써 (대)법원 판결과 헌법재판소 결정이 충돌할 가능성이 있다. 실제로 이러한 충돌로 말미암은 문제점을 지적하는 견해도 있다.[204]

먼저 (대)법원이 판결을 통해서 명령·규칙이 위헌 혹은 위법이라고 선언하거나 합헌 혹은 합법이라고 선언하고 나서 헌법재판소가 그 명령·규칙의 위헌성을 심사할 때가 있을 수 있다. 이때 (대)법원이 명령·규칙이 합헌이거나 합법이라고 선언하면, 해당 사건에 그 명령·규칙이 적용되지만, (대)법원이 명령·규칙이 위헌이거나 위법이라고 선언하면, 해당 사건에 그 명령·규칙은 적용되지 않는다. 하지만 (대)법원이 명령·규칙이 합헌이거나 합법이라고 선언할 때는 물론 명령·규칙이 위헌이거나 위법이라고 선언하여도 그 명령·규칙은 계속하여 존속한다. 따라서 해당 사건이 아닌 다른 사건에 그 명령·규칙은 여전히 적용될 수 있다. 그런데 (대)법원 판결은 개별적 효력이 있을 뿐이라서 [특히 명령·규칙의 위헌·위법심사 판결에는 기판력을 포함한 확정력도 없을 뿐 아니라 대법원 판결의 선례적 구속력(추정적 구속력)은 헌법재판소에 미치는 아니하므로] 헌법재판소 심사에 아무런 영향을 미치지 못한다. 즉 (대)법원 판결은 헌법재판소를 구속하지 못한다. 따라서 헌법재판소는 (대)법원 판결에 구애됨이 없이 자유롭게 결정을 내릴 수 있다. 즉 대법원이 위헌으로 선언한 명령·규칙을 헌법재판소가 합헌이라고 결정할 수도 있고, 대법원이 합헌으로 선언

---

204) 법원행정처 헌법재판연구반, 「명령·규칙에 대한 위헌심사권에 관한 연구보고서」, 『저스티스』 제29호, 한국법학원, 1990. 12., 179쪽.

한 명령·규칙을 헌법재판소가 위헌이라고 결정할 수도 있다.

다음 헌법재판소가 명령·규칙에 대해서 위헌이라고 선언하면, 그 명령·규칙은 효력을 잃는다. 따라서 헌법재판소가 명령·규칙에 대해서 위헌결정을 내리면, 그 명령·규칙은 더는 적용될 수 없다. 그로 말미암아 (대)법원은 어떤 사건에도 그 명령·규칙을 판결 근거로 삼을 수 없다(헌법재판소법 제75조 제1항). 다만, 명령·규칙에 대한 헌법재판소 위헌결정은 법원의 기판력을 깨뜨릴 수는 없다.

끝으로 헌법재판소가 명령·규칙에 대해서 합헌이라고 선언하면, 그 명령·규칙은 전과 다름없이 계속 적용된다. 그리고 헌법소원심판에서는 오로지 인용결정에만 기속력이 있다(헌법재판소법 제75조 제1항). 헌법재판소 기각결정에는 기속력이 없어서 헌법소원의 계기가 된 사건에만 기각결정의 효력이 미친다. 즉 명령·규칙에 대한 합헌결정에는 일반적 구속력이 없다. 따라서 헌법소원의 계기가 된 사건 이외의 사건에서 (대)법원은 헌법재판소 결정에 구애됨 없이 자유롭게 헌법재판소가 합헌으로 결정한 명령·규칙에 대해서 위헌·위법심사를 할 수 있다. 헌법소원의 계기가 된 사건에서도 헌법재판소 결정의 확정력은 심사한 사항에 대해서만 미치므로, (대)법원은 헌법재판소가 심사하지 않은 사항을 근거로 헌법재판소가 합헌으로 결정한 명령·규칙을 위헌이거나 위법이라고 선언할 수도 있다.

이러한 점에 비추어 명령·규칙의 위헌심사에서 (대)법원과 헌법재판소가 서로 다른 판단을 함으로써 (대)법원판결과 헌법재판소결정이 직접 충돌할 가능성은 없다고 생각한다.

5. 법원 규범통제권과 헌법재판소 규범통제권의 관계

(1) 2원적으로 분배된 구체적 규범통제권

헌법 제107조 제1항과 제2항은 법률에 대한 구체적 규범통제권은 헌법재판소에, 명령·규칙에 대한 구체적 규범통제권은 법원에 각각 부여한다. 구체적 규범통제권을 2원적으로 분배하고, 법원의 재판에 대한 헌법소원이 허용되지 않음으로써 (헌법재판소법 제68조 제1항) 법률에 대한 최종적 위헌심사권과 명령·규칙에 대한 최종적 위헌심사권이 각각 헌법재판소와 법원으로 귀속되는 결과를 낳는다. 그런데 헌법 제107조 제2항은 명령·규칙에 대한 부수적·구체적 규범통제만을 규정하고, 헌법 제111조 제1항 제5호를 구체화하는 헌법재판소법 제68조 제1항은 행정입법권도 당연히 포함하는 공권력의 행사나 불행사를 헌법소원심판 대상으로 규정한다. 따라서 기본권을 직접 침해하는 명령·규칙이 헌법소원심판 대상이 되는지가 문제

된다. 이것은 특히 헌법해석 통일성이 확보될 수 있는지와 밀접한 관련이 있다. 명령·규칙에 대한 구체적 규범통제가 2원적으로 운영되면, ① 헌법재판소가 법률의 위헌성을 심사하려는 헌법해석과 법원이 명령·규칙의 위헌성을 심사하려는 헌법해석이 달라질 수 있고, ② 같은 명령·규칙에 대해서 헌법재판소와 법원이 다른 헌법적 판단을 내릴 수 있기 때문이다. 이와 관련하여 먼저 헌법 제107조 제2항의 '최종적'의 의미를 밝혀야 한다. 이에 관한 해석에 따라 명령·규칙에 대한 규범통제권을 법원이 독점하는지가 결정되기 때문이다.

(2) 헌법 제107조 제2항의 '최종적'에 관한 해석

① 학설과 판례

헌법 제107조 제2항은 대법원에 명령·규칙 또는 처분이 헌법이나 법률에 위반되는지가 재판의 전제가 되면 대법원에 최종적 심사권을 부여한다. 여기서 대법원에 부여되는 '최종적' 심사권이 어떠한 의미가 있는지가 다투어진다.

먼저 헌법 제107조 제2항의 명령·규칙·처분에 대해서 대법원이 갖는 '최종적' 심사권의 의미는 법원의 심급 안에서 최종적이라고 해석하여야 한다는 견해가 있다.[205] 즉 헌법 제107조 제2항이 대법원의 독점적 심사권을 인정하거나 다른 국가기관의 심사를 배제하는 것은 아니라고 한다. 이 견해는 (i) 헌법 제107조가 헌법 안에서 '제5장 법원'에 위치하므로, 법원의 권한, 즉 권능과 한계를 정한 규정이라

---

205) 김학성, 「헌법소원의 쟁송대상」, 『인권과 정의』 제167호, 대한변호사협회, 1990. 7., 80쪽; 김문현, 「헌법해석에 있어 헌법재판소와 법원과의 관계」, 『헌법재판의 이론과 실제』(금랑 김철수교수 화갑 기념논문집), 박영사, 1993, 102~103쪽; 남복현, 「헌법의 최종적인 해석기관」, 『한양법학』 제2집, 한양법학회, 1991, 234~235쪽; 같은 사람, 「헌법재판소와 대법원의 관할문제」, 공법연구 제32집 제1호, 한국공법학회, 2003, 186쪽; 박종보, 「법령에 대한 헌법소원」, 서울대학교 법학박사학위논문, 1994, 59쪽; 변정일, 「명령·규칙에 관한 헌법소원」, 『헌법논총』 제1집, 헌법재판소, 1990, 86~89쪽; 서보국, 「행정법상 선결문제와 헌법 제107조 제2항에서의 '처분' 및 '재판의 전제'와의 관계」, 『행정법연구』 제25호, 행정법이론실무학회, 2009, 155쪽; 손상식, 「헌법재판과 명령·규칙에 대한 규범통제」, 연세대학교 법학박사학위논문, 2011, 78~79쪽; 이석연, 「명령·규칙에 대한 헌법재판소의 위헌 여부 심사권」, 『저스티스』 제29호, 한국법학원, 1990. 12., 195쪽; 장영수, 「규범통제의 본질에 비추어 본 대법원과 헌법재판소의 역할」, 『고려법학』 제55권, 고려대학교 법학연구원, 2009, 60쪽; 차진아, 「대법원의 명령·규칙심사권의 의미와 한계」, 『인권과 정의』 제369호, 대한변호사협회, 2007. 5., 179~180쪽; 최봉석, 「행정입법의 규율적 특성과 규범통제」, 『공법학연구』 제7권 제2호, 한국비교공법학회, 2006, 367~368쪽; 하명호/윤영미/김판기/홍종현, 「우리나라의 헌법상 규범통제제도에 관한 연혁적 연구」, 법원행정처, 2009, 154쪽; 홍성방, 「헌법재판소법 제68조 제1항 본문은 위헌이다」, 『판례월보』 제335호, 판례월보사, 1998. 8., 21쪽; 같은 사람, 『헌법학(하)(제3판)』, 박영사, 2014, 324쪽; 황도수, 「원처분에 대한 헌법소원」, 『헌법논총』 제6집, 헌법재판소, 1995, 216~217쪽; 황치연, 「재판소원금지의 위헌성」, 『한국헌법학의 현황과 과제』(금랑김철수교수 정년기념논문집), 박영사, 1998, 995~996쪽.

고 보아야 하고,206) (ⅱ) 1960년 헌법은 현행 헌법 제107조 제2항과 비슷하게 제
81조에 "대법원은 법률의 정하는 바에 의하여 명령·규칙과 처분이 헌법과 법률에
위반되는 여부를 최종적으로 심사할 권한이 있다."라고 규정함과 아울러 제83조의3
제2호는 헌법재판소에 헌법에 관한 최종적인 해석권을 부여하고, 당시 헌법재판소
법은 제9조 제1항에서 법원과 당사자에게 헌법에 관한 최종적인 해석을 헌법재판
소에 제청할 수 있도록 하였는데, 이로 말미암아 대법원이 최종적인 위헌심사권이
있다는 의미는 사법부 안에서 명령·규칙의 심사에서 최종적인 권한이라는 의미로
이해되며,207) (ⅲ) 현행 헌법 아래에서도 이렇게 해석하지 않으면, 헌법의 최종적인
유권해석기관은 계속 2원화하지 않을 수 없고, 헌법해석에서 대법원의 2중적 지위,
즉 법률과 관련한 피통제기관의 지위와 명령·규칙 및 처분에서 통제기관의 지위를
초래하는 모순을 없앨 수 없으며,208) (ⅳ) 헌법재판소는 헌법재판에 관한 최고의
유권적 기관이고,209) (ⅴ) 헌법 제107조 제2항은 헌법재판소제도가 도입되기 이전
규정을 그대로 존치한 것일 뿐이지, 헌법재판소와 맺는 관계를 염두에 두고 비로소
만든 규정이 아니라서 대법원과 헌법재판소의 관계를 규율하는 규정이라고 해석하
기 어려우며,210) (ⅵ) 법질서 통일성 확보라는 헌법재판의 본질적 기능에 비추어
헌법 제107조 제2항은 헌법재판소의 명령·규칙에 대한 심사권을 배제하는 것으로
해석될 수 없다고 한다.211) 헌법재판소도 이러한 견해를 취한다.212)

이에 대해서 헌법 제107조 제2항의 최종성은 헌법재판소와 대법원의 양자관계
에서 최종성을 뜻하는 것으로 보아야 한다는 견해가 있다.213) 이 견해는 헌법 제

---

206) 김학성, 「헌법소원의 쟁송대상」, 『인권과 정의』 제167호, 대한변호사협회, 1990. 7., 80쪽; 변정일,
   「명령·규칙에 관한 헌법소원」, 『헌법논총』 제1집, 헌법재판소, 1990, 86~87쪽; 이석연, 「명령·규칙
   에 대한 헌법재판소의 위헌여부 심사권」, 『저스티스』 제29호, 한국법학원, 1990. 12., 195쪽.
207) 남복현, 「헌법의 최종적인 해석기관」, 『한양법학』 제2집, 한양법학회, 1991, 235쪽.
208) 남복현, 「헌법의 최종적인 해석기관」, 『한양법학』 제2집, 한양법학회, 1991, 235쪽.
209) 황치연, 「재판소원금지의 위헌성」, 『한국헌법학의 현황과 과제』(금랑김철수교수 정년기념논문집),
   박영사, 1998, 995~996쪽.
210) 장영수, 「규범통제의 본질에 비추어 본 대법원과 헌법재판소의 역할」, 『고려법학』 제55권, 고려대학교 법
   학연구원, 2009, 60쪽; 최봉석, 「행정입법의 규율적 특성과 규범통제」, 『공법학연구』 제7권 제2호, 한
   국비교공법학회, 2006, 367~368쪽.
211) 차진아, 「대법원의 명령·규칙심사권의 의미와 한계」, 『인권과 정의』 제369호, 대한변호사협회,
   2007. 5., 179쪽.
212) 헌재 1990. 10. 15. 89헌마178, 판례집 2, 365, 369-370; 헌재 1996. 4. 25. 95헌마331, 판례집
   8-1, 465, 469-470; 헌재 2000. 6. 29. 98헌마36, 판례집 12-1, 869, 875; 헌재 2001. 11. 29. 2000
   헌마84, 판례집 13-2, 750, 757.
213) 한수웅, 「헌법재판소법 제68조 제1항의 위헌 여부」, 『헌법논총』 제10집, 헌법재판소, 1999, 287~
   291쪽.

107조와 같이 규율이 명백하고 구체적으로 관할을 확정하는 규정은 전통적인 법해석방법에서 출발하여야 한다고 한다. 그런데 제한하는 다른 수식어가 없는 한, '최종적'이란 표현은 '무조건적, 무제한적' 최종성을 뜻한다고 한다. 그리고 헌법 제107조 제1항과 제2항의 연관관계 속에서 제1항이 위헌법률심사제도와 관련하여 법원의 위헌제청의무와 헌법재판소의 최종적인 위헌결정권을 확정함으로써 법원이 헌법재판소와 맺는 관계에서 최종적으로 결정할 수 없다는 것을 규정한다고 한다. 하지만 제2항에서 법원의 최종적 심사권을 명시적으로 언급하였다면 이것은 헌법재판소와 법원의 양자관계에서 최종성이라고 한다. 또한, 법원의 권한이나 관할은 다른 헌법기관과 맺는 관계에서도 결국 법원의 장에 규정될 수밖에 없고, 대법원이 법원 안에서 최고법원으로서 당연히 법원 안에서 최종적 심사권이 있으므로 '최종적'이란 표현은 다른 헌법기관과 맺는 관계에서 최종적인 것으로 해석하여야 한다고 한다. 그리고 헌법에서 헌법기관의 최종적 심사권을 규정하면, 이것은 다른 헌법기관과 맺는 관계에서 규정하는 것이 합리적인데, 헌법 제107조 제2항이 재판에서 문제가 된 명령·규칙의 위헌 여부에 관한 최종적 심사권을 헌법기관인 대법원에 귀속시켰으므로, 헌법재판소 관장사항을 정한 헌법 제111조가 명령 등의 위헌 여부에 관한 심판을 헌법재판소 권한으로 규정하지 않은 것으로 보는 것이 체계적이고 조화로운 해석이라고 하면서, 헌법 제107조가 헌법 제5장에 규정되었다고 하여 법원 내부관계만 정한 것일 뿐이고, 다른 헌법기관에 대한 관계를 정한 것이 아니라고 보기는 어렵다는 견해도 있다.[214] 또한, 헌법 제107조 제2항을 명령·규칙·처분에 대한 위헌·위법심사권이 사법부에 배타적이거나 독점적으로 부여하는 것으로 볼 수 없다는 축소해석은 타당하지 않다는 견해도 있다.[215] 이 견해는 명령·규칙·처분의 위헌·위법심사권을 법원 이외의 다른 기관에 부여한다는 헌법 규정은 없어서, 헌법 제107조 제2항은 본래 문리해석을 따르더라도 다른 헌법 규정과 모순되지 않는다고 한다. 그리고 헌법재판소에 헌법의 최종해석권을 부여한 1960년 헌법 아래서도 명령·규칙·처분에 대한 대법원의 최종적인 위헌심사권과 헌법재판소의 헌법해석권은 충돌되지 않으므로, 현행 헌법상 헌법의 최종해석권이 헌법재판소에 있더라도 이것과 헌법 제107조 제2항의 본래 문리해석이 모순되지 않는다고 한

---

214) 유남석, 「재판에 대한 헌법소원 금지의 논리 및 정책적 이유」, 『헌법문제와 재판(상)』(재판자료 제75집), 법원도서관, 1997, 310쪽.

215) 최완주, 「원처분의 헌법소원대상성에 관한 고찰」, 『헌법문제와 재판(상)』(재판자료 제75집), 법원도서관, 1997, 474~476쪽.

다. 오히려 현행 헌법 제101조를 따르면, 헌법에 다른 규정이 없는 한 일체의 재판
권이 사법부에 부여되므로, 일체의 재판권에 처분의 위헌·위법 심사권, 즉 행정재
판권도 포함된다고 한다. 그리고 법관은 헌법과 법률에 따라 심판하여야 하므로(헌
법 제103조), 명령·규칙의 위헌·위법심사권은 헌법상 다른 특별한 규정이 없는 한
재판권에 포함된다고 보아야 한다고 한다. 따라서 축소해석을 하면 헌법 제101조와
모순관계가 생긴다고 한다.

② 사견 - 부분적인 최종적 심사권만 있는 대법원

일반 사법권은 헌법 제101조 제1항이, 헌법재판권은 헌법 제111조 제1항이 각
각 규정한다. 헌법 제101조 제1항의 사법권에는 재판권에 따르는 구체적 규범통제
권이 포함된다. 따라서 헌법 제107조 제2항은 명령·규칙에 대한 부수적 규범통제
권을 대법원에 귀속시키거나 헌법재판소 관할에서 배제하는 것으로 볼 수 없다. 헌
법 제107조 제1항과 제2항은 헌법 제101조 제1항으로 말미암아 원칙적으로 법원에
속하는 구체적 규범통제권 중에서 법률에 대한 구체적 규범통제권을 헌법재판소에
독점시키고, 법률하위법규범에 대한 구체적 규범통제권은 법원에 남긴다. 즉 헌법
제107조 제1항과 제2항은 구체적 규범통제권을 헌법재판소와 법원에 분배하는 규
정이다. 따라서 명령·규칙이 헌법이나 법률에 어긋나는지가 재판의 전제가 되면
대법원은 헌법재판소에 제청할 필요 없이 스스로 심사한다. 헌법 제107조 제2항은
명령·규칙에 대한 위헌·위법심사권이 헌법 제101조 제1항으로 말미암아 예외 없
이 당연히 법원에 귀속되는 것은 아니라는 것을 전제한다. 즉 명령·규칙에 대한
위헌·위법심사권이 다른 국가기관에 귀속될 가능성이 없다면, 헌법 제107조 제2항
을 헌법 제101조와 별개로 따로 규정할 필요가 없다. 그리고 헌법 제107조 제2항
은 헌법 제107조 제1항과 함께 구체적 규범통제권을 분배한다는 점에서 엄격하게
해석하여야 한다. 특히 본원적·추상적 규범통제권은 입법권을 직접 제한하여 헌법
이 정한 권한질서를 수정한다는 점에서 별도의 헌법적 근거가 있어야 한다. 따라서
헌법 제107조 제2항은 문언에 따라 명령·규칙에 대한 구체적 규범통제권만 규율
하는 것으로 해석하여야 한다. 또한, 1960년 헌법 제83조의3 제2호가 헌법에 관한
최종적 해석을 헌법재판소 관할로 함으로써 대법원에 명령·규칙에 대한 최종적 위
헌심사권이 부여될 수 없는데도, 현행 헌법 제107조 제2항과 같은 내용을 담은 제
81조를 개정하지 않은 것은 헌법 제107조 제2항의 '최종적'이 법원 안에서 최종성
을 뜻한다는 것을 말한다. 이러한 맥락에서 대법원의 최종적 심사권은 오로지 재판
의 전제가 되는 때에 국한되는 것으로 이해하여야 한다. 그래서 헌법 제107조 제2

항은 명령·규칙의 위헌·위법 여부가 재판의 대상이 되는 때와 무관하다고 해석하여야 한다. 이러한 점에서 헌법 제107조 제2항은 명령·규칙의 위헌 여부를 심판대상으로 삼는 헌법 제111조 제1항 제5호의 헌법소원에 아무런 영향을 미치지 않는다고 보아야 한다. 요컨대 헌법 제107조 제2항의 최종성은 법원의 심급 안에서 최종적이라고 해석하여야 한다. 따라서 명령·규칙이 재판의 전제가 되면, 헌법 제107조 제2항에 따라 대법원이 최종적인 위헌·위법심사권을 가진다. 하지만 명령·규칙이 재판의 대상이 되면, 헌법 제107조 제2항에서 이에 대한 대법원의 최종적인 위헌·위법심사권을 도출할 수 없다.

(3) 재판의 전제성이 없는 명령·규칙에 대한 규범통제

① 학설과 판례

헌법 제107조 제2항은 오로지 재판의 전제가 되는 명령·규칙만 법원이 위헌·위법심사를 할 수 있다고 한다. 따라서 재판의 전제가 되지 않는 명령·규칙은 법원의 위헌·위법심사권의 대상이 되지 않는다. 그런데 명령·규칙 중에는 처분과 같은 효과를 발생시키는 처분적(조치적) 명령·규칙이 있다. 일반적 견해는 명령·규칙에 대한 항고소송은 원칙적으로 허용되지 않지만, 처분적(조치적) 명령·규칙은 항고소송 대상이 된다고 한다.[216] 항고소송의 유형과 관련하여 처분적(조치적) 명령·규칙은 무효 확인 대상이 된다는 견해[217]와 취소소송 대상이 된다는 견해[218]가 대립한다. 대법원은 항고소송 대상이 되는 행정처분의 개념을 다른 집행행위 매개 없이 그 자체로서 직접 국민의 구체적인 권리의무나 법률관계를 규율하는 성격이 있는 명령·규칙도 포함하는 것으로 확대해 왔다.[219] 그리고 명령·규칙이 직접 기본권을 침해하면, 그 명령·규칙은 헌법소원심판의 대상이 될 수 있다는 것이 지배적

216) 김남진/김연태, 『행정법 I (제22판)』, 법문사, 2018, 174쪽; 김철용, 『행정법(전면개정판 제5판)』, 고시계사, 2016, 110쪽; 박균성, 『행정법론(상)(제17판)』, 박영사, 2018, 223~224쪽; 법원행정처 헌법재판연구반, 「명령·규칙에 대한 위헌심사권에 관한 연구보고서」, 『저스티스』 제29호, 한국법학원, 1990. 12., 175쪽; 석종현/송동수, 『일반행정법(상)(제15판)』, 삼영사, 2015, 185쪽; 장태주, 『행정법개론(제9판)』, 법문사, 2011, 349~350쪽; 정하중, 『행정법총론(제12판)』, 법문사, 2018, 131쪽; 홍광식, 「명령·규칙에 대한 위헌심사권」, 『헌법문제와 재판[중]』(재판자료 제76집), 법원도서관, 1997, 313쪽; 홍정선, 『행정법원론(상)(제26판)』, 박영사, 2018, 253쪽; 홍준형, 『행정구제법』, 도서출판 오래, 2012, 415쪽.

217) 장태주, 『행정법개론(제9판)』, 법문사, 2011, 349~350쪽.

218) 박균성, 『행정법론(상)(제17판)』, 박영사, 2018, 227쪽; 정하중, 『행정법총론(제12판)』, 법문사, 2018, 131쪽.

219) 대법원 1954. 8. 19. 선고 4286행상37 판결(집1─4, 행034); 대법원 1996. 9. 20. 선고 95누7994 판결(집44─2, 665; 공199하, 3207); 대법원 1996. 9. 20. 선고 95누8003 판결(집44─2, 686; 공1996하, 3210).

견해220)와 헌법재판소 판례221)이다.

이와 관련하여 명령·규칙에 대한 헌법소원은 허용되지 않는다는 견해가 있다.222) 이 견해는 (ⅰ) '재판의 전제가 된 경우에'라는 문구는 구체적 규범통제의 원칙을 규정한 것일 뿐이지, '재판의 전제가 된 때에는 대법원이 심사하고, 그렇지 않으면 다른 기관이 심사한다'나 '원칙적으로 다른 기관이 심사하되, 재판의 전제가 된 때에 한하여 대법원도 심사할 수 있다'는 취지로 새길 수 없고, (ⅱ) 헌법 제107조 제2항은 1948년 헌법 이래로 줄곧 있던 조항인데, 과거 어느 때도 대법원 아닌 다른 기관이 명령·규칙에 대한 위헌여부심사권이 있다고 주장된 적이 없었고, 헌법소원이 새로 도입되었다는 이유만으로 대법원과 헌법재판기관(헌법위원회나 헌법재판소) 사이의 권한분배에 관한 헌법해석이 달라질 수는 없으며, (ⅲ) '재판의 전제가 되지

---

220) 권영성, 『헌법학원론(개정판)』, 법문사, 2010, 1176쪽; 김문현, 「헌법재판과 행정재판」, 『고시계』 제38권 제9호(통권 제439호), 국가고시학회, 1993. 8., 84~85쪽; 김철수, 『학설·판례 헌법학(중)(전정신판)』, 박영사, 2009, 1028, 1373~1374쪽; 김학성, 『헌법학원론(전정2판)』, 피앤씨미디어, 2018, 1222~1223쪽; 김현철, 『판례 헌법소송법(제4판)』, 전남대학교출판부, 2016, 307~308쪽; 남복현, 「법규명령의 위법성통제」, 『현대공법이론의 전개』(석정허영민박사화갑기념), 문성사, 1993, 19~21쪽; 같은 사람, 「헌법 제107조」, 『헌법주석[법원, 경제질서 등]』, 경인문화사, 2018, 1060쪽; 류지태/박종수, 『행정법신론(제16판)』, 박영사, 2016, 320쪽; 박균성, 『행정법론(상)(제17판)』, 박영사, 2018, 230쪽; 박승호, 「헌법 제111조」, 『헌법주석[법원, 경제질서 등]』, 경인문화사, 2018, 1216쪽; 박종보, 「법령에 대한 헌법소원」, 서울대학교 법학박사학위논문, 1994, 57~59쪽; 변정일, 「명령·규칙에 관한 헌법소원」, 『헌법논총』 제1집, 헌법재판소, 1990, 90~93쪽; 석종현/송동수, 『일반행정법(상)(제15판)』, 삼영사, 2015, 186쪽; 성낙인, 『헌법학(제18판)』, 법문사, 2018, 836쪽; 성낙인/이효원/권건보/정 철/박진우/허진성, 『헌법소송론』, 법문사, 2012, 242쪽; 손상식, 「헌법재판과 명령·규칙에 대한 규범통제」, 연세대학교 법학박사학위논문, 2011, 137~139쪽; 신 평, 『헌법재판법(전면개정판)』, 법문사, 2011, 593쪽; 양 건, 『헌법강의(제7판)』, 법문사, 2018, 1336, 1448쪽; 이승우, 「법무사법시행규칙에 대한 헌재의 위헌결정과 대법원측 견해의 검토」, 『인권과 정의』 제174호, 대한변호사협회, 1991. 2., 74~86쪽; 이준일, 『헌법학강의(제6판)』, 홍문사, 2015, 973, 1074쪽; 장영수, 『헌법학(제10판)』, 홍문사, 2017, 1290쪽; 전광석, 『한국헌법론(제13판)』, 집현재, 2018, 775~776, 843쪽; 정연주, 『헌법소송론』, 법영사, 2015, 324쪽; 정종섭, 『헌법소송법(제8판)』, 박영사, 2014, 589쪽; 정태호, 「명령·규칙에 대한 규범통제기관 이원화의 부작용과 헌법 제107조 제2항의 개정방향」, 『헌법재판연구』 창간호, 헌법재판소 헌법재판연구원, 2014, 49쪽; 최희수, 『헌법소송법 요론(개정판)』, 대명출판사, 2015, 148~149쪽; 한수웅, 『헌법학(제8판)』, 법문사, 2018, 1459쪽; 허 영, 『한국헌법론(전정14판)』, 박영사, 2018, 932쪽; 같은 사람, 『헌법소송법론(제13판)』, 박영사, 2018, 377~378쪽; 홍정선, 『행정법원론(상)(제26판)』, 박영사, 2018, 256쪽; 황치연, 「헌법이란 무엇인가?」, 『연세법학연구』 제2집, 연세법학연구회, 1992, 160~181쪽.

221) 헌재 1990. 10. 15. 89헌마178, 판례집 2-1, 365, 369-371; 헌재 1991. 7. 22. 89헌마174, 판례집 3-1, 484, 487; 헌재 1993. 5. 13. 92헌마80, 판례집 5-1, 365, 371; 헌재 1994. 12. 29. 92헌마216, 판례집 6-2, 451, 457; 헌재 1995. 2. 23. 90헌마214, 판례집 7-1, 245, 254; 헌재 1996. 4. 25. 95헌마331, 판례집 8-1, 465, 469-470; 헌재 2001. 4. 26. 2000헌마372, 공보 56, 488, 489-490.

222) 법원행정처 헌법재판연구반, 「명령·규칙에 대한 위헌심사권에 관한 연구보고서」, 『저스티스』 제29호, 한국법학원, 1990. 12., 172~174쪽. 이상규, 「명령·규칙의 위헌심사권」, 『저스티스』 제30호, 한국법학원, 1991. 6., 236~237쪽도 같은 견해이다.

않은 경우'에 헌법재판소에도 명령·규칙의 위헌심사권을 부여하려는 것이 헌법제정자 의사라면 헌법재판소의 그러한 권한과 임무에 관한 명문규정을 두었을 것이고, (ⅳ) 헌법 제107조 제2항이 대법원을 '최종적인' 판단기관으로 규정한 이상 대법원 이외의 '최종적인' 판단기관은 있을 수 없으며, (ⅴ) 현행법상 명령·규칙에 대해서 대법원의 최종적 판단을 받을 수 없는 사안이 없어서 예외적인 구제절차로서 헌법소원을 허용할 필요가 없고, (ⅵ) 단일한 명령·규칙에 대해서 두 기관이 서로 다른 최종적 판단을 함으로써 생기는 법적 혼란은 대단히 크다고 한다.

이에 반해서 처분적 명령도 헌법재판소의 헌법소원심판 대상으로 삼아야 한다는 견해가 있다.223) 이 견해는 (ⅰ) 헌법 제107조 제2항이 명령과 처분을 구별하고, 명령은 구체적 사안 해결을 위한 간접적 심사대상임을 전제하며, 행정소송법 제2조 제1항 제1호가 행정소송 대상인 처분에서 명령을 당연히 제외한다는 점에서 실질적 기능뿐 아니라 그 형식과 절차 측면에서도 명실상부한 행정처분만을 행정소송 대상으로 보아야 하고, 행정소송법 제2조 제1항 제1호의 '법집행'에서 '법'은 넓은 뜻의 (행정법의 법원인) 법규범을 의미하는 것으로 보아야 하므로, 그 실질적 내용 및 기능과 상관없이 명령은 처분에서 제외된다고 보아야 하며, (ⅱ) 직접성과 처분의 구별이 어려워 처분성 인정 여부와 관련하여 헌법재판소와 대법원이 관할권을 다툴 수 있다는 점에서 처분적 명령도 헌법소원심판 대상으로 삼아 1원화하는 것이 타당하고, (ⅲ) 헌법 제107조 제2항은 헌법소원이 없던 때부터 있던 조항으로서 헌법소원을 통한 법규범에 대한 심사와 통제를 전혀 예상하지 못한 것이므로, 법질서 통일성을 수호하고 법규범을 무효로 할 수 있는 헌법재판소의 헌법소원제도를 통해서 처분적 명령도 심사·통제하는 것이 바람직하며, (ⅳ) 대법원이 법규명령을 취소한 예가 단 한 건도 없었다는 점에서 처분적 명령을 행정소송 대상으로 삼아야 하는지가 의심스럽다고 한다.

② 사견 - 항고소송 대상이 아닌 처분적(조치적) 명령·규칙

다른 법률에 구제절차가 있으면 그 절차를 모두 거치고 나서 헌법소원심판을 청구할 수 있는데, 법원의 재판은 헌법소원심판 대상에서 배제된다(헌법재판소법 제68조 제1항). 따라서 법원과 헌법재판소의 규범통제권이 경합하면 법원의 규범통제권이 헌법재판소의 규범통제권을 배제한다.224) 그러나 (ⅰ) 행정행위와 행정입법이

---

223) 정연주, 「법규명령에 대한 헌법소원」, 『헌법판례연구』 제1권, 박영사, 1999, 375~378쪽.
224) 헌재 2005. 9. 13. 2005헌마829, 공보 108, 994; "헌법소원심판은 다른 법률에 구제절차가 있는 경우에는 그 절차를 모두 거친 후가 아니면 청구할 수 없다(헌법재판소법 제68조 제1항 단서). 그런

개념과 요건, 효과 등에서 서로 명확하게 구별된다면, 명령·규칙이 처분적 성격이 있어도 명령·규칙이 법규명령이 아닌 행정행위로 바뀌는 것이 아니고, 특히 처분적 성격이 있는 명령·규칙을 처분으로 볼 수 있다면 처분적 성격이 있는 법률도 처분으로 보는 것이 논리적인데 이렇게 보는 것은 무리이며, 국가기관이 특정한 법적 효과를 발생시키려고 그에 맞는 법적 형식을 선택하였는데, 법원이 이것을 부정하거나 수정하는 것은 그 국가기관의 권한을 침해하는 것이고, (ⅱ) 명령·규칙에 처분적 성격이 있는지에 따라 소송 대상이 될 수 있는지가 결정되는 것이 아니라 명령·규칙 자체가 소송 대상이 된다는 전제 아래 법원이 위헌·위법심사를 할 수 있는 적법요건으로서 명령·규칙의 처분적 성격이 요구되는 것에 지나지 않으며, (ⅲ) 명령·규칙에 대한 직접적 규범통제는 추상적 규범통제로서 명시적인 헌법 규정이 있어야 비로소 할 수 있는 것인데, 1948년 헌법부터 현행 헌법까지 어느 헌법에서도 그러한 규정을 찾을 수 없고, (ⅳ) 헌법 제107조 제2항이 있어도 법원은 명령·규칙을 무효로 선언할 권한이 없는데, 이러한 법원이 헌법이 부여한 행정입법권을 직접 제한하는 결과를 낳는, 명령·규칙의 무효 선언을 전제로 하는 명령·규칙에 대한 직접적 규범통제를 헌법적 근거 없이 할 수 있다고 볼 수 없으며, (ⅴ) 명령·규칙이 헌법소원심판 대상이 되더라도 대법원 판결에는 일반적 효력이 없어서 헌법재판소의 규범통제권과 대법원의 규범통제권은 충돌하지 않고, (ⅵ) 헌법재판소가 명령·규칙에 대해서 위헌심사를 하기 이전에 법원이 명령·규칙에 대한 직접적인 위헌·위법심사를 단 한 번도 하지 않았는데, 헌법재판소가 헌법소원심판 대상으로 삼는 현재에 그것을 할 필요성이 있다고 볼 수는 없으며, (ⅶ) 법원이 처분적(조치적) 명령·규칙의 직접적 통제를 할 수 있다면, 모든 법원이 이러한 통제를 할 수 있고, 법원이 처분적(조치적) 명령·규칙의 효력을 일반적으로 상실시킬 수 있어야 하는데, 같은 구속력이 있는 명령·규칙이 지역적으로 효력이 달라질 위험이 있어서 명령·규칙의 지역적 효력범위와 판결의 지역적 효력범위는 최소한 같거나 후자가 넓어야 하므로,225) 명령·규칙의 지역적 효력범위보다 좁은 지역을 담

데, 대법원은 지목변경신청반려처분을 종래 행정소송의 대상으로 보지 않다가 판례를 변경하여 행정소송의 대상으로 삼고 있으므로(대법원 2004. 4. 22. 선고 2003두9015), 위 판례 변경 이후인 청구인의 2005. 7. 27.자 지목정정신청에 대한 반려처분에 관하여 헌법소원심판을 청구하기 위하여는 먼저 법원에 그 취소를 구하는 소송을 거쳐야 한다. 그럼에도 불구하고 법원에 행정소송을 제기하지도 않은 채 바로 청구한 이 사건 헌법소원심판은 다른 권리구제절차를 모두 거치지 않은 것으로서 부적법하다고 할 것이다."

225) 서보국, 「명령·규칙에 대한 행정소송법적 규범통제의 헌법적 한계」, 『행정판례연구』 제16집 제2호, 박영사, 2011, 173, 176~177쪽; 같은 사람, 「행정소송법개정의 주요쟁점에 대한 비교법적 고찰」,

당하는 법원은 이러한 통제를 할 수 없고, (ⅷ) 서로 다른 지역을 관할하는 법원이 같은 명령·규칙에 대해서 서로 다른 판단을 내리면 법적 혼란이 발생할 수 있다. 따라서 처분적(조치적) 명령·규칙에 대해서 법원은 직접적 통제를 할 수 없다고 생각한다. 즉 처분적(조치적) 명령·규칙은 항고소송 대상이 될 수 없다.226) 명령·규칙을 제정하는 행정입법권은 입법권의 하나로서 공권력에 속함은 부정할 수 없고, 헌법과 헌법재판소법에 명령·규칙의 헌법소원대상성을 부정하는 규정을 찾을 수 없다. 그리고 처분적(조치적) 명령·규칙에 대한 법원의 직접적 통제가 허용되지 않으므로, 처분적(조치적) 명령·규칙이 별도의 집행행위를 기다리지 않고 직접 기본권을 침해할 때 명령·규칙에 대한 헌법소원을 부정하면 이에 대한 구제수단이 없다. 따라서 별도의 집행행위를 기다리지 않고 직접 기본권을 침해하는 명령·규칙은 헌법소원심판 대상으로 보아야 할 것이다.

제 2 절 헌법소원심판

Ⅰ. 헌법소원제도 일반론

1. 개념

헌법소원은 모든 국가작용의 기본권 합치성을 확보하기 위해서 국민에게 주어진 특별한(예외적인) 법적 권리구제수단이다. 헌법재판소법을 따르면 헌법소원은 공권력의 행사나 불행사로 말미암아 헌법이 보장한 기본권이 침해되면 헌법재판소에 심판을 청구하여 그 침해 원인이 된 공권력 행사를 취소하거나 그 불행사가 위헌임을 확인받는 법적 권리구제방법이다(제68조 제1항, 제75조 제3항). 헌법재판소법 제68조 제1항에 따른 헌법소원과 헌법재판소법 제68조 제2항에 따른 헌법소원은 별개의 심판유형이다. 그래서 헌법재판소는 하나의 헌법소원으로 헌법재판소법 제68조 제1항에 따른 청구와 헌법재판소법 제68조 제2항에 따른 청구를 병합하여 청구할 수 있다고 한다.227)

『공법학연구』 제13권 제2호, 한국비교공법학회, 2012, 86~87쪽 참조.
226) 법규명령이나 조례가 '처분'의 성질이 있으면, 그에 대한 취소소송이 가능하다는 것이 학설과 판례의 경향이나, '규범통제'라는 정도를 통해 문제를 해결하는 방법을 모색하여야 할 것이라는 주장도 있다[김남진, 「행정상 확인소송의 가능성과 활용범위」, 『고시연구』 제32권 제5호(통권 제374호), 고시연구사, 2005. 5., 22쪽 주 15].
227) 헌재 2010. 3. 25. 2007헌마933, 판례집 22─1상, 496, 502─503: "① 헌법재판소법 제68조 제1항에

2. 기능

(1) 주관적 기능: 기본권 보장(구제)

헌법소원제도는 개인이 직접 헌법재판소에 공권력이 침해한, 헌법이 보장한 자신의 권리(기본권) 구제를 청구할 수 있는 권리구제제도이다.

(2) 객관적 기능: 공권력의 기본권 기속성을 확보함으로써 헌법질서 보장

헌법소원은 주관적 권리구제 기능 이외에도 객관적 헌법을 수호하고 그것의 해석과 형성에 봉사하는 기능이 있다.228) 따라서 헌법소원은 동시에 객관적 헌법의 특수한 보호제도로 평가될 수 있다.

3. 한국 헌법소원제도의 특징

(1) 규범통제형 헌법소원(위헌소원) 인정

헌법재판소법 제68조 제2항은 법원이 법률의 위헌여부심판 제청 신청을 기각한 때의 구제수단으로서 규범통제형 헌법소원을 규정한다. 이것은 법원이 위헌여부심판을 제청하지 않음으로써 위헌법률심판을 무력화하였던 불행한 과거에 대한 반성으로 도입된 제도이다.

의한 헌법소원과 헌법재판소법 제68조 제2항에 의한 헌법소원은 비록 그 요건과 대상은 다르다고 하더라도 헌법재판소라는 동일한 기관에서 재판을 받고, 개인에 의한 심판청구라는 헌법소원의 측면에서는 그 성질이 동일한 점, ② 헌법재판소 판례 중에는 헌법재판소법 제68조 제2항의 헌법소원 절차에서 청구변경의 방법으로 예비적 청구를 헌법재판소법 제68조 제2항에 의한 청구에서 위 법 제68조 제1항에 의한 청구로 변경하는 것을 허용한 예(헌재 2007. 10. 25. 2005헌바68, 공보 133, 1088, 1090), 법원에 위헌법률심판제청신청을 한 적이 없는 청구인의 헌법소원심판청구를 헌법재판소법 제68조 제1항에 의한 헌법소원심판청구로 본 예(헌재 2007. 11. 29. 2005헌바12, 공보 134, 1289, 1307), 헌법재판소법 제68조 제1항에 의한 헌법소원심판청구와 위 법 제68조 제2항에 의한 헌법소원심판청구를 병합하여 심판한 예{헌재 2003. 10. 30. 2001헌마700, 2003헌바11(병합), 판례집 15－2하, 137}가 있는 점, ③ 헌법재판소가 헌법재판소 사건의 접수에 관한 규칙에 의하여 헌법재판소법 제68조 제1항의 헌법소원사건의 사건부호를 '헌마'로, 헌법재판소법 제68조 제2항의 헌법소원사건의 사건부호를 '헌바'로 달리 부여하고 있지만 이는 편의적인 것에 불과한 점, ④ 만약 이를 허용하지 않을 경우 당사자는 관련청구소송을 하나는 헌법재판소법 제68조 제1항에 의한 헌법소원으로, 다른 하나는 헌법재판소법 제68조 제2항에 의한 헌법소원으로 제기하여야 하는데 이는 소송경제에 반하는 점 등을 살펴볼 때, 하나의 헌법소원으로 헌법재판소법 제68조 제1항에 의한 청구와 헌법재판소법 제68조 제2항에 의한 청구를 함께 병합하여 제기함이 가능하다고 할 것이다."

228) 헌재 1992. 1. 28. 91헌마111, 판례집 4, 51, 56; 헌재 1994. 12. 29. 91헌마57, 판례집 6－2, 424, 431; 헌재 1995. 5. 25. 92헌마269등, 판례집 7－1, 768, 776; 헌재 1999. 5. 27. 97헌마137, 판례집 11－1, 653, 660 참조.

(2) 재판소원의 명시적 배제

헌법재판소법 제68조 제1항은 법원의 재판을 헌법소원심판 대상에서 명시적으로 제외한다.

Ⅱ. 헌법소원(심판 청구)요건

1. 헌법소원심판 대상 – 공권력의 행사나 불행사

(1) 공권력의 개념

공권력은 헌법이 창설한 모든 권력을 말한다. 여기에는 입법·행정·사법작용이 모두 포함된다. 헌법재판소는 헌법소원심판의 대상이 되는 공권력을 입법권·행정권·사법권을 행사하는 모든 국가기관·공공단체 등의 고권적 작용이라고 본다.[229] 행사는 작위를, 불행사는 부작위를 뜻한다.

① 외국 공권력

헌법소원심판 대상이 되는 공권력의 행사나 불행사는 헌법소원의 본질에 비추어 대한민국 국가기관의 공권력작용을 가리키고, 외국이나 국제기구의 공권력작용은 헌법소원심판을 청구할 수 있는 공권력에서 제외된다.[230]

② 간접적 공권력작용

공권력에는 간접적인 국가행정(공법상 사단, 재단, 국립대학교와 같은 영조물, 공무수탁사인)도 포함된다.[231] 따라서 공권력 행사 주체가 반드시 국가기관이어야 하는 것은 아니다.

(2) 입법작용

① 헌법 개정

헌법개정권력은 헌법제정권력과 달리 헌법이 창설하고 조직하는 권력이고 국가 내적인 권력으로서 이것을 행사하는 국민을 일종의 국가기관으로 볼 수 있으므로 헌법 개정을 공권력 행사로 볼 수 있다. 따라서 헌법 규정도 헌법소원심판 대상이 될 수 있다.[232] 그러나 헌법재판소는 "헌법은 그 전체로서 주권자인 국민의 결단

---

229) 헌재 2001. 3. 21. 99헌마139등, 판례집 13-1, 676, 692.

230) 헌재 1997. 9. 25. 96헌마159, 판례집 9-2, 421, 427.

231) 헌재 1992. 10. 1. 92헌마68등, 판례집 4, 659, 667-669; 헌재 1998. 8. 27. 97헌마372등, 판례집 10-2, 461, 470.

232) 상세한 내용은 김선택, 「형식적 헌법의 실질적 위헌성에 대한 헌법재판」, 『법학논집』 제32집, 고려대학교 법학연구소, 1996, 347~353쪽 참조. 비슷한 견해로는 정연주, 『헌법소송론』, 법영사, 2015,

내지 국민적 합의의 결과라고 보아야 할 것으로, 헌법의 개별규정을 헌법재판소법 제68조 제1항 소정의 공권력 행사의 결과라고 볼 수도 없다."[233]라고 하여 부정하는 견해에 서 있다.

② **법률**(국회가 제정한 형식적 법률)

모든 법률이 헌법소원심판 대상이 되는 것이 아니다. 헌법소원심판 대상인 법률은 별도의 구체적 집행행위를 기다리지 않고 직접 그리고 현재 헌법이 보장한 기본권을 침해하는 것에 한정됨을 원칙으로 한다. 헌법재판소법 제68조 제1항 단서는 다른 법률에 구제절차가 있으면 그 절차를 모두 거치고 나서가 아니면 헌법소원심판을 청구할 수 없도록 규정한다. 그러나 법률 자체의 기본권 침해가 문제가 되면 그 법률 자체의 효력을 직접 다투는 것을 소송물로 하여 일반 법원에 소를 제기할 길이 없어 구제절차가 있는 때에 해당하지 않아서 다른 구제절차를 거치지 아니하고 곧바로 헌법소원심판을 청구할 수 있다.[234]

법률이 헌법소원심판 대상이 되려면 현재 시행 중인 유효한 것이어야 함이 원칙이다. 그러나 법률이 일반적 효력을 발생하기 전이라도 이미 공포되고, 청구인이 불이익을 입게 될 수 있음을 충분히 예측할 수 있으면 그 법률에 대해서 예외적으로 헌법소원심판을 청구할 수 있다.[235] 다만, 법률안에 대한 헌법소원이라도 심판청구 후에 이것이 유효하게 공포·시행되었다면 헌법소원심판 대상성을 부인할 수 없다.[236] 폐지된 법률도 본안 판단 필요성이 인정된다면 예외적으로 헌법소원심판 대상이 될 수 있다.[237] 다만, 법률 개폐는 입법기관 소관사항이므로 헌법소원심판 청구 대상이 될 수 없고,[238] 헌법재판소에서 이미 위헌결정이 선고된 법률조항에 대한 헌법소원심판 청구도 부적법하다.[239]

319~320쪽; 한수웅/정태호/김하열/정문식(한수웅 집필), 『주석 헌법재판소법』, 헌법재판소 헌법재판연구원, 2015, 992쪽.

233) 헌재 1996. 6. 13. 94헌바20, 판례집 8-1, 475, 483. 이를 따르는 견해로는 김철수, 『학설·판례 헌법학(전정신판)(중)』, 박영사, 2009, 1352쪽; 김학성, 『헌법학원론(전정2판)』, 피앤씨미디어, 2018, 1221쪽; 양　건, 『헌법강의(제7판)』, 법문사, 2018, 1447쪽; 홍성방, 『헌법소송법』, 박영사, 2015, 224~225쪽.

234) 헌재 1990. 6. 25. 89헌마220, 판례집 2, 200, 203-204.

235) 헌재 1994. 12. 29. 94헌마201, 판례집 6-2, 510, 523.

236) 헌재 2001. 11. 29. 99헌마494, 판례집 13-2, 714, 723.

237) 헌재 1995. 5. 25. 91헌마67, 판례집 7-1, 722, 735; 헌재 2012. 3. 29. 2010헌마693, 공보 186, 722, 725.

238) 헌재 1992. 6. 26. 89헌마132, 판례집 4, 387, 405-406; 헌재 2001. 7. 19. 2000헌마703, 판례집 13-2, 113, 118.

239) 헌재 1994. 4. 28. 92헌마280, 판례집 6-1, 443, 446.

집행행위가 있어도 그 집행행위를 대상으로 하는 구제절차가 없거나 구제절차
가 있다고 하더라도 권리구제 기대 가능성이 없는 것 등 해당 법률에 대한 전제 관
련성이 확실하다고 인정되면 그 법률에 대해서 헌법소원심판을 청구할 수 있다.

③ 입법부작위

입법부작위는 넓은 뜻으로는 입법권자가 법률을 제정·개정·폐지하지 않거나
불충분한 입법을 하는 것을 뜻하나, 좁은 뜻으로는 입법의무가 있는데도 상당기간
의무를 이행하지 않아 기본권을 침해하게 되는 때를 뜻한다.

(ⅰ) 진정입법부작위

진정입법부작위는 입법자가 헌법상 입법의무가 있는 어떤 사항에 관해서 전혀
입법하지 아니함으로써 '입법행위 흠결이 있는 때'(즉 입법권 불행사)이다.[240] 언제
어떠한 입법을 할 것인지 말 것인지의 판단은 원칙적으로 국회 재량에 속한다. 입
법하지 않은 채 방치되는 진정입법부작위가 헌법소원심판 대상이 되려면 ⓐ 헌법
에서 기본권 보장을 위해서 명시적인 입법위임을 하였는데도 입법자가 이것을 이행
하지 않은 명시적 입법위임과 ⓑ 헌법해석상 특정인에게 구체적인 기본권이 생겨
이것을 보장하기 위한 국가의 작위의무나 보호의무가 발생하였음이 명백한데도 입
법자가 아무런 입법조치를 취하지 않은 묵시적 입법위임이어야 한다.[241] 입법자가
입법의무를 진다고 하여서 그 불이행 모두가 헌법 위반인 것은 아니다. 즉 입법자
에게는 형성의 자유나 입법재량이 인정되므로 입법 시기 역시 원칙적으로 입법자가
자유롭게 결정할 수 있다. 그러나 입법자는 헌법이 구체적으로 위임한 입법을 거부
하거나 자의적으로 입법을 지연시킬 수는 없다. 따라서 입법자가 입법을 하지 않기
로 결의하거나 상당한 기간 안에 입법을 하지 않으면 입법재량 한계를 넘어 이러한
입법부작위는 위헌이 된다.[242]

(ⅱ) 부진정입법부작위(불완전입법)

부진정입법부작위는 입법자가 어떤 사항에 관해서 입법은 하였으나, 그 입법의
내용·범위·절차 등이 해당 사항을 불완전, 불충분 또는 불공정하게 규율함으로써
'입법행위에 결함이 있는 때'이다.[243] 입법자가 어떤 사항에 관해서 입법은 하였으
나 그 입법의 내용·범위·절차 등이 해당 사항을 불완전, 불충분 또는 불공정하게

240) 헌재 1996. 10. 31. 94헌마108, 판례집 8-2, 480, 489.
241) 헌재 1989. 3. 17. 88헌마1, 판례집 1, 9, 16; 헌재 1993. 3. 11. 89헌마79, 판례집 5-1, 92, 102.
242) 헌재 1994. 12. 29. 89헌마2, 판례집 6-2, 395, 413.
243) 헌재 1996. 10. 31. 94헌마108, 판례집 8-2, 480, 489.

규율하는 부진정입법부작위에서는 그 불완전한 법규범 자체를 대상으로 하여 그것이 헌법 위반이라는 적극적인 헌법소원은 별론으로 하고, 부진정입법부작위는 입법부작위로서 헌법소원심판 대상으로 삼을 수는 없다.[244) 즉 입법자가 적극적으로 입법행위를 하였고 그 결과인 법률이 불완전하여 기본권이 침해되었다면, 국민은 원칙적으로 입법자의 잘못된 입법행위에 대해서 대항하여야지 입법부작위로서 다투어서는 안 된다.

(ⅲ) 헌법재판소 소수의견에 따른 구별

ⓐ 헌법상 입법의무 대상이 되는 입법사항이 여러 가지로 나뉘면 각 입법사항을 모두 규율하나 입법자가 질적·상대적으로 불완전·불충분하게 규율하는 때가 부진정입법부작위이고, ⓑ 위 입법사항 중 일부 입법사항에 관여서는 규율하면서 나머지 일부 입법사항에 관하여서는 전혀 규율하지 아니한 때, 즉 양적·절대적으로 규율하고 있지 아니한 때는 진정입법부작위로 보자는 헌법재판소 소수의견이 있다.[245)

④ 법률대위명령

법률의 효력이 있는 명령인 대통령의 긴급명령(헌법 제76조 제2항)과 긴급재정경제명령(헌법 제76조 제1항)의 제정행위는 공권력 행사에 해당하여 헌법소원심판 대상이 된다. 헌법재판소도 대통령의 긴급재정경제명령을 헌법소원심판 대상으로 인정하였다.[246)

⑤ 조약과 일반적으로 승인된 국제법규

헌법 제6조 제1항에 따라 국내법과 같은 효력이 있는 조약의 체결행위는 고권적 행위로서 공권력 행사에 해당하여 헌법소원심판 대상이 된다.[247) 조약에는 자기집행적 조약과 비자기집행적 조약이 있다. 자기집행성은 별도 국내입법 없이도 조약 그 자체로 국내법적 효력이 발생하는 것을 가리킨다. 자기집행적 조약이든 비자기집행적 조약이든 헌법 제6조 제1항에 따라 국내법적 효력이 있다면 헌법소원심판 대상이 된다.[248) 다만, 비자기집행적 조약은 국내이행 입법이 있어야 비로소 국

244) 헌재 1987. 7. 28. 89헌마1등, 판례집 1, 157, 163−164; 헌재 1996. 10. 31. 94헌마108, 판례집 8−2, 480, 489.

245) 헌재 1996. 10. 31. 94헌마108, 판례집8−2, 480, 499−500; 헌재 1999. 1. 28. 97헌마9, 판례집 11−1, 45, 52 재판관 이재화·조승형의 소수의견.

246) 헌재 1996. 2. 29. 93헌마186, 판례집 8−1, 111, 116.

247) 헌재 2001. 3. 21. 99헌마139등, 판례집 13−1, 676, 692.

248) 김하열, 『헌법소송법(제3판)』, 박영사, 2018, 445쪽; 이준일, 『헌법학강의(제6판)』, 홍문사, 2015, 190~191, 1074쪽; 정연주, 『헌법소송론』, 법영사, 2015, 313쪽. 자기집행적 조약만 헌법소원심판 대

내법 일부가 되므로 직접성이 인정되지 않는다.[249]

일반적으로 승인된 국제법규도 국내법과 같은 효력이 있다(헌법 제6조 제1항). 일반적으로 승인된 국제법규는 국제법의 법원(法源) 중에서 세계의 의미 있는[250] 다수국가가 승인한 국제법규를 말한다. 여기서 '승인된'이란 말은 한국 승인과 상관없이 일반적으로 승인된 때를 말한다. 일반적으로 승인된 국제법규의 성립과 효력 발생에는 한국 공권력 작용이 전혀 개입하지 않는다는 점에 비추어, 일반적으로 승인된 국제법규는 공권력 행사가 아니므로 헌법소원심판 대상이 되지 않는다는 견해가 있다.[251] 그러나 일반적으로 승인된 국제법규가 국내에 적용되려면 한국 공권력이 매개되어야 하므로 일반적으로 승인된 국제법규도 헌법소원심판 대상이 된다고 보아야 할 것이다.

⑥ 법규명령(실질적 의미의 '법률'), 특히 명령·규칙

법규명령은 위임에 따라 또는 법률을 집행하기 위해서 성립되고 법률과 같은 법규적 구속력이 있는 실질적 의미의 법률에 속하는 법규이다. 이것에는 대통령령(헌법 제75조), 총리령·부령(헌법 제95조), 국회규칙(헌법 제64조 제1항), 대법원규칙(헌법 제108조), 헌법재판소규칙(헌법 제113조 제2항), 중앙선거관리위원회규칙(헌법 제114조 제6항)이 속한다. 법규명령이 별도의 집행행위를 기다리지 않고 직접 기본권을 침해하면 헌법소원심판 대상이 될 수 있는지가 문제 된다. 이것은 헌법 제107조 제2항(의 해석)과 명령·규칙에 대한 헌법소원 인정 여부 문제이다.

헌법재판소는 "헌법 제107조 제2항이 규정한 명령·규칙에 대한 대법원의 최종심사권이란 구체적인 소송사건에서 명령·규칙의 위헌 여부가 재판의 전제가 되었을 경우 법률의 경우와는 달리 헌법재판소에 제청할 것 없이 대법원이 최종적으로 심사할 수 있다는 의미이며, 명령·규칙 그 자체에 의하여 직접 기본권이 침해되었음을 이유로 하여 헌법소원심판을 청구하는 것은 위 헌법 규정과는 아무런 상관이 없는 문제이다. 따라서 입법부·행정부·사법부에서 제정한 규칙이 별도의 집행행위를 기다리지 않고 직접 기본권을 침해하는 것일 때에는 모두 헌법소원심판의 대

상이 될 수 있다는 견해로는 한수웅/정태호/김하열/정문식(한수웅 집필), 『주석 헌법재판소법』, 헌법재판소 헌법재판연구원, 2015, 989쪽.

249) 김 참, 「국제법규와 헌법재판」, 고려대학교 법학석사학위논문, 2012, 133~134쪽.

250) 여기서 '의미 있는' 다수국가란 세계 200여 개 국가 가운데에서 근대적인 법률문화를 공유하는 주요 선진제국이 포함된 다수국가를 뜻한다. 이들이 외면한 채 단순히 수적으로만 다수국가의 승인이 있다고 하여 일반적으로 승인받았다고 하기에는 현실상 어려운 점이 있기 때문이다.

251) 김하열, 『헌법소송법(제3판)』, 박영사, 2018, 445쪽. 자기집행적 국제법규만 헌법소원심판 대상이 된다는 견해로는 한수웅/정태호/김하열/정문식(한수웅 집필), 『주석 헌법재판소법』, 헌법재판소 헌법재판연구원, 2015, 989쪽.

상이 될 수 있는 것"이라고 한다.[252] 대법원 판례 중에는 "원래 대통령령은 법령의 효력을 가진 것으로서 행정처분이라 할 수 없으므로 행정소송의 대상이 되지 아니한다 할 것이나, 법령의 효력을 가진 명령이라도 그 효력이 다른 행정행위를 기다릴 것이 없이 직접적으로 또 현실적으로 그 자체로서 국민의 권리훼손 기타 이익침해의 효과를 발생케 하는 성질의 것이라면 행정소송법상 처분이라고 보아야 할 것이고, 따라서 그에 관한 이해관계자는 그 구체적 관계사실과 이유를 주장하여 그 명령의 취소를 법원에 구할 수 있을 것이다."라고 한 것이 있다.[253]

법규명령이 별도의 집행행위를 기다리지 않고 직접 기본권을 침해할 때 명령과 규칙에 대한 헌법소원을 부정하면 이것에 대한 구제수단이 없고, 헌법 제107조 제2항에서 최종성은 일반 법원 안에서 등장하는 최종성이므로 명령과 규칙에 대한 헌법소원은 인정되어야 한다.

⑦ 행정입법부작위

3권분립원칙, 법치행정원칙을 당연한 전제로 하는 한국 헌법에서 행정권의 행정입법 등 법집행의무는 헌법적 의무이다. 행정입법 자체가 위법이 되어 그에 대한 법적 통제가 가능하려면 ① 행정청에 시행명령을 제정(개정)할 법적 의무가 있어야 하고, ② 상당한 기간이 지났는데도, ③ 명령제정(개정)권이 행사되지 않아야 한다.[254] 따라서 행정입법의무가 인정되지 않는 단순한 행정입법 부존재는 헌법소원심판 대상이 되지 않는다.[255] 행정청의 입법의무는 헌법에서 직접 도출되는 의무뿐 아니라 법률 규정에 따라서 인정되는 행정입법의무도 포함한다.[256] 법률 위임에 따라 행정규칙이나 조례를 제정할 의무가 있는데도 행정규칙이나 조례를 제정하지 않는 것도 행정입법부작위에 해당한다.[257] 상위법령에서 하위 행정입법 제정을 예정하였더라도 그 행정입법의 제정·시행이 필수불가결한 것이 아니라서 상위법령만으로도 법집행을 할 수 있으면 행정입법을 하여야 할 헌법적 작위의무가 인정되지 않는다.[258] 행정입법부작위에서도 그것이 부진정입법부작위에 해당하면 불완전한 행정입법에

---

252) 헌재 2008. 12. 26. 2006헌마384, 판례집 20-2하, 734, 738.
253) 대법원 1954. 8. 19. 선고 4286행상37 판결(집1-4, 행34).
254) 헌재 1998. 7. 16. 96헌마246, 판례집 10-2, 283, 305-306; 헌재 2005. 12. 22. 2004헌마66, 공보 111, 146, 149; 헌재 2013. 5. 30. 2011헌마198, 판례집 25-1, 378, 390.
255) 헌재 2003. 7. 24. 2002헌마378, 판례집 15-2상, 145.
256) 김하열, 『헌법소송법(제3판)』, 박영사, 2018, 462쪽.
257) 헌재 2002. 7. 18. 2000헌마707, 판례집 14-2, 65(행정규칙); 헌재 2009. 7. 30. 2006헌마358, 판례집 21-2상, 292(조례).
258) 헌재 2005. 12. 22. 2004헌마66, 공보 111, 146, 149.

대해서 적극적으로 헌법소원을 제기하여야 한다.[259] 헌법에서 유래하는 행정입법의
무를 이행하지 않았다고 하여서 바로 행정입법부작위가 위헌인 것은 아니다. 행정입
법부작위에 정당한 이유가 있으면 합헌이 될 수도 있다. 정당한 이유가 인정되려면
그 위임입법 자체가 헌법에 위반된다는 것이 누가 보아도 명백하거나, 위임입법에
따른 행정입법의 제정이나 개정이 당시 실시되는 전체적인 법질서 체계와 조화되지
아니하여 그 위임입법에 따른 행정입법의무 이행이 오히려 헌법질서를 파괴하는 결
과를 가져올 것이 명백할 정도가 되어야 한다.[260]

⑧ 조례와 규칙

조례는 지방자치단체가 그 자치입법권에 근거하여 자주적으로 지방의회 의결을
거쳐 제정한 법규이다. 그러므로 조례 자체로 말미암아 직접 그리고 현재 자기의 기
본권을 침해받은 사람은 그 권리구제 수단으로서 조례에 대한 헌법소원심판을 청구
할 수 있다.[261] 이에 대해서 대법원은 조례가 집행행위 개입 없이 그 자체로서 직접
국민의 구체적인 권리의무나 법적 이익에 영향을 미치는 것 등의 법률상 효과를 발
생하면 그 조례는 항고소송 대상이 되는 행정처분에 해당한다고 판시한 바 있다.[262]

지방자치단체장은 법령이나 조례가 위임한 범위에서 그 권한에 속하는 사무에
관하여 규칙을 제정할 수 있다(지방자치법 제23조). 이러한 규칙이 기본권을 제한하
면 헌법소원심판 대상이 된다.[263]

⑨ 행정규칙(행정명령)

고시나 공고의 법적 성질은 일률적으로 판단할 것이 아니라 고시에 담겨진 내
용에 따라 구체적인 경우마다 달리 결정된다. 즉 고시가 일반·추상적인 성격이 있
으면 법규명령이나 행정규칙에 해당하지만, 고시가 구체적인 규율 성격이 있으면
행정처분에 해당한다.[264] 이른바 행정규칙은 일반적으로 행정조직 내부에서만 효력
이 있고 대외적인 구속력이 있는 것이 아니어서 원칙적으로 헌법소원심판 대상이

259) 헌재 1998. 11. 26. 97헌마310, 판례집 10-2, 782, 791; 헌재 1998. 11. 26. 97헌마310, 판례집
    10-2, 782, 791; 헌재 2013. 5. 30. 2011헌마198, 판례집 25-1, 378, 390.
260) 헌재 2004. 2. 26. 2001헌마718, 판례집 16-1, 313, 321.
261) 헌재 1995. 4. 20. 92헌마264등, 판례집 7-1, 564, 571; 헌재 2016. 3. 31. 2014헌마794, 공보 234,
    651, 654-655. 심판 대상인 조례는 단순히 행정기관 내부의 사무처리지침에 불과하다고 볼 수 없고,
    지방자치단체와 주민의 관계를 규율하는 외부효가 있는 조례로서 헌법소원심판 대상이 되는 공권력
    행사에 해당한다고 한 것으로는 헌재 2008. 12. 26. 2007헌마1387, 판례집 20-2하, 882, 893-894.
262) 대법원 1996. 9. 20. 선고 95누8003 판결, 공1996하, 3210.
263) 헌재 2009. 10. 29. 2009헌마127, 공보 157, 2098 참조.
264) 헌재 1998. 4. 30. 97헌마141, 판례집 10-1, 496, 505-506; 헌재 2004. 1. 29. 2001헌마894, 판례집
    16-1, 114, 125.

아니다.265) 그러나 법령의 직접적인 위임에 따라 수임행정기관이 그 법령을 시행
하는 데 필요한 구체적 사항을 정한 것이면(이른바 법률보충적 행정규칙), 그 제정형
식은 비록 법규명령이 아닌 고시·훈령·예규 등과 같은 행정규칙이더라도 그것이
상위법령의 위임한계를 벗어나지 아니하는 한, 상위법령과 결합하여 대외적인 구
속력이 있는 법규명령으로 기능하므로, 청구인이 법령과 예규의 관계규정으로 말
미암아 직접 기본권 침해를 받았다면, 이에 대해서 바로 헌법소원심판을 청구할
수 있다.266) 그리고 행정규칙이 재량권 행사의 준칙으로서 그 정한 바에 따라 되
풀이 시행되어 행정관행을 이루게 되어 평등원칙이나 신뢰보호원칙에 따라 행정기
관이 그 상대방에 대한 관계에서 그 규칙에 따라야 할 자기구속을 당하면 대외적
인 구속력이 있게 되어 헌법소원심판 대상이 된다.267) 그런데 대법원은 어떠한 고
시가 일반적·추상적 성격이 있으면 법규명령이나 행정규칙에 해당하지만, 다른 집
행행위 매개 없이 그 자체로서 직접 국민의 구체적인 권리의무나 법률관계를 규율
하는 성격이 있으면 항고소송 대상이 되는 행정처분에 해당한다고 한다.268) 그런
데도 헌법재판소는 고시에 대한 헌법소원심판 청구를 허용한다.269)

⑩ 예산

예산도 법규범에 해당하고, 법률과 마찬가지로 국회 의결을 거쳐 제정된다. 하지
만 예산은 법률과 달리 국가기관만을 구속하고 일반 국민을 구속하지 않는다. 따라
서 국회가 의결한 예산이나 국회의 예산안 의결은 헌법소원심판 대상이 아니다.270)

---

265) 헌재 1991. 7. 8. 91헌마42, 판례집 3, 380, 383-384; 헌재 2000. 6. 29. 2000헌마325, 판례집
     12-1, 963, 970-971.
266) 헌재 1990. 9. 3. 90헌마13, 판례집 2, 298, 303; 헌재 1992. 6. 26. 91헌마25, 판례집 4, 444, 449;
     헌재 2002. 7. 18. 2001헌마605, 판례집 14-2, 84, 93; 헌재 2004. 1. 29. 2001헌마894, 판례집
     16-1, 114, 125; 헌재 2007. 8. 30. 2004헌마670, 판례집 19-2, 297, 305.
267) 헌재 1990. 9. 3. 90헌마13, 판례집 2, 298, 303; 헌재 2002. 7. 18. 2001헌마605, 판례집 14-2, 84,
     93; 헌재 2005. 5. 26. 2004헌마49, 판례집 17-1, 754, 761; 헌재 2007. 8. 30. 2004헌마670, 판례집
     19-2, 297, 306; 헌재 2011. 10. 25. 2009헌마588, 판례집 23-2하, 51, 60.
268) 대법원 2003. 10. 9자 2003무232 결정(공2004, 355); 대법원 2004. 5. 12.자 2003무41 결정; 대법원
     2006. 9. 22. 선고 2005두2506 판결(공2006, 1828); 대법원 2006. 12. 21. 선고 2005두16161 판결.
269) 헌재 2009. 9. 24. 2007헌마1092, 판례집 21-2상, 765; 헌재 2010. 9. 30. 2008헌마758, 판례집
     22-2상, 739. 법원에서 보건 분야 관련 고시에 대해서 행정처분성을 인정하는 판결이 선고된 일이
     있더라도, 보건 분야 관련 고시의 내용과 성격이 다양하여 법원에서 모든 보건 분야 관련 고시에 대
     해서 행정처분성을 인정할 것이라고 단정할 수 없으므로 이 사건 고시조항에 대한 행정소송이 적법
     할지는 객관적으로 명확하지 않아서 보충성 예외에 해당한다고 본 것으로는 헌재 2010. 10. 28.
     2008헌마408, 판례집 22-2하, 150, 162.
270) 헌재 2006. 4. 25. 2006헌마409, 공보 115, 604, 605.

⑪ 입법절차 하자

헌법재판소는 법률의 입법절차가 헌법이나 국회법에 어긋나더라도 그러한 사유만으로는 해당 법률로 말미암아 청구인이 현재·직접 기본권을 침해받은 것으로 볼 수 없다고 하여 입법절차 하자를 다투는 헌법소원 가능성을 부정한다.[271] 그러나 ① 권한쟁의심판이나 위헌법률심판이 가능하여도 입법절차 하자를 다투는 헌법소원 가능성을 원천적으로 봉쇄할 근거는 없고, ② 입법절차 하자를 다투는 헌법소원의 적정한 형태는 절차적 행위 자체를 다투는 헌법소원이 아니라 그러한 절차를 거쳐 공포·시행된 법률을 다투는 헌법소원이며, ③ 문제가 된 법률은 내용상 기본권 제한적이어야 하고, 청구인은 자기관련성이 있어야 하며, ④ 헌법 제37조 제2항은 국민의 기본권을 법률로써 제한할 수 있도록 하지만, 그 법률은 내용뿐 아니라 성립과정에서도 헌법질서와 헌법 규정에 부합하여야 하고, ⑤ 헌법에 위반한 입법절차에 따라서 성립한 법률에 따른 기본권 제약이 있으면, 그 내용상 헌법 제37조 제2항에 규정된 '필요한 제한'인지에 관한 심사를 할 필요 없이 곧바로 국민의 기본권을 '침해'하는 부당한 제약임이 확정되며, ⑥ 절차적 하자는 헌법 위반이어야 하는데, 헌법원리나 헌법 규정 위반뿐 아니라 입법절차의 본질과 핵심을 이루는 국회법 규정 위반도 헌법 위반으로 평가된다면서 입법절차 하자를 다투는 헌법소원을 허용하여야 한다는 견해가 있다.[272] 헌법이 법률을 형식적으로만 정의하고, 합헌적으로 성립한 법률만 국민의 기본권을 제한할 수 있을 뿐 아니라 입법절차 하자는 심판대상이 아니라 위헌근거에 해당한다는 점에서 입법절차 하자를 다투는 헌법소원은 허용되어야 할 것이다.

(3) 집행작용

① 정치문제(이른바 통치행위)

정치문제(이른바 통치행위)를 포함하여 모든 국가작용은 국민의 기본권적 가치를 실현하기 위한 수단이라는 한계를 반드시 지켜야 한다. 그리고 헌법재판소는 헌법의 수호와 국민의 기본권 보장을 사명으로 하는 국가기관이다. 그러므로 비록 고도의 정치적 결단에 따라 하는 국가작용이라도 그것이 국민의 기본권 침해와 직접 관련되면 당연히 헌법재판소 심판 대상이 될 수 있다. 대통령의 긴급재정경제명령은 국가긴급권의 일종으로서 고도의 정치적 결단을 통해서 발동되는 행위이고 그 결단

---

271) 헌재 1998. 8. 27. 97헌마8등, 판례집 10-2, 439, 442. 이것을 따르는 견해로는 김현철, 『판례 헌법소송법(제4판)』, 전남대학교출판부, 2016, 357쪽.

272) 김하열, 『헌법소송법(제3판)』, 박영사, 2018, 451~452쪽.

을 존중하여야 할 필요성이 있는 행위라는 의미에서 정치문제(이른바 통치행위)에 속한다고 할 수 있다.273) 다만, 헌법재판소는 대통령과 국회의 외국에 대한 국군 파병 결정은 고도의 정치적 결단이 요구되는 사안이므로 될 수 있으면 존중되어야 하고 헌법재판소가 사법적 기준만으로 이것을 심판하는 것은 자제하여야 한다고 하였다.274)

② 검사 처분

헌법재판소는 검사가 불기소처분을 마음대로 하면 형사피해자는 헌법 제27조 제5항의 공판절차에서 인정되는 진술권과 제11조의 평등권을 침해당하였다고 주장할 수 있다고 판시함으로써 검사의 불기소처분이 헌법소원심판 대상이 됨을 밝혔다.275) 다만, 고소인이 수사 중에 고소를 취소하였다면 그는 그 불기소처분에 대해서 헌법소원심판을 청구할 수 없다고 하였다.276)

헌법재판소가 검사의 불기소처분을 헌법소원심판 대상에 포함한 주된 이유는 형사소송법상 재정신청절차가 지극히 제한적으로 규정되어 검찰의 기소독점주의와 기소편의주의를 채택하는 한국 법제에서는 헌법 제27조 제2항의 형사피해자진술권을 보장하고, 고소인의 권리를 보호하기 위해서 검찰의 기소권 행사에 대한 유효한 견제수단이 필요하기 때문이었다.277)

그러나 2008년 1월 1일부터 시행된 형사소송법 개정(법률 제8496호)으로 재정신청 대상범죄가 모든 범죄로 확대됨에 따라 피의자가 제기하는 헌법소원을 제외한 불기소처분 대부분이 헌법소원심판 대상에서 제외되었다. 즉 모든 범죄에 대해서 고소권자로서 고소를 한 사람과 형법상 공무원 직무에 관한 죄 중 직권남용(형법 제123조), 불법체포·감금(형법 제124조), 폭행·가혹행위(형법 제125조)에 대해서 고발을 한 사람은 불기소처분을 한 검사 소속의 지방검찰청 소재지를 관할하는 고등법원에 불기소처분의 당부에 관한 재정을 신청할 수 있다(개정 형사소송법 제260조 제1항). 따라서 이에 해당하는 불기소처분은 헌법소원심판 대상에서 제외된다. 이러한 재정 신청에 관한 개정규정은 개정 형사소송법 시행 이후 최초로 불기소처분된 사건, 개정 형사소송법 시행 전에 검찰청법에 따라 항고나 재항고를 제기할 수 있는 사건, 개정 형사소송법 시행 당시 고등검찰청이나 대검찰청에 항고나 재항고가 계

---

273) 헌재 1996. 2. 29. 93헌마186, 판례집 8-1, 111, 116.
274) 헌재 2004. 4. 29. 2003헌마814, 판례집 16-1, 601, 606-607.
275) 헌재 1989. 4. 17. 88헌마3, 판례집 1, 31, 36.
276) 헌재 1998. 8. 27. 97헌마79, 판례집 10-2, 444, 455.
277) 헌재 1999. 1. 28. 98헌마85, 판례집 11-1, 73, 79.

속 중인 사건에 적용한다(개정 형사소송법 부칙 제5조 제1항). 다만, 이렇게 형사소송법이 개정되었어도 재정 신청을 통해서 구제될 수 없는 검사 처분에 대해서는 여전히 헌법소원심판을 청구할 수 있다.

(ⅰ) 범죄피해자인 고소인이 청구하는 헌법소원심판

고소인은 불기소처분 대상이 된 범죄에 대해서 재정 신청을 할 수 있다. 따라서 이것을 거치지 않은 헌법소원심판 청구는 보충성원칙(헌법재판소법 제68조 제1항 단서) 위반으로 부적법하다.[278] 그리고 재정 신청을 거쳐 기각결정을 받고 나서 헌법소원심판을 청구하더라도 법원의 재판을 거친 행정처분으로서 역시 부적법하다. 결국 범죄피해자인 고소인의 불기소처분에 대한 헌법소원심판 청구 가능성은 사라졌다.

고소인의 재정 신청은 검사에게서 공소를 제기하지 아니한다는 통지를 받은 때에 할 수 있다. 그러므로 검찰사건사무규칙상 협의의 불기소처분뿐 아니라 검사의 공소제기가 없는 기소중지, 참고인중지, 공소보류, 공람종결 처분도 재정 신청이 가능하고, 이에 대한 헌법소원심판 청구는 인정되지 않는다. 다만, 범죄피해자가 구체적으로 범죄사실을 적시하여 고소하였고, 그 고소가 부적법하다고 볼 만한 특별한 사정이 없는데도 적법한 절차에 따라 고소사건으로 처리하지 아니하고 진정사건으로 공람종결처분을 하면 이에 대해서 헌법소원심판을 청구할 수 있다.[279]

(ⅱ) 고소하지 않은 범죄피해자가 청구하는 헌법소원심판

범죄피해자는 그가 고소를 제기한 바 없어도 헌법상 재판절차진술권과 평등권의 주체로서 검사의 불기소처분에 대해서 헌법소원심판을 청구할 자격이 있고, 고소인이 아니어서 불기소처분에 대한 검찰법상 항고, 재항고나 형사소송법상 재정 신청 절차에 따른 구제를 받을 방법이 없으므로 헌법소원심판을 청구할 수 있다.[280] 형사소송법 개정으로 재정 신청 대상이 확대되었지만, 그러한 절차로 보호되지 않으면 헌법소원심판 청구가 제한되지 않는다.

(ⅲ) 피의자가 청구하는 헌법소원심판

피의자는 재정 신청을 할 수 없다. 따라서 피의자는 여전히 기소유예처분이나 기소중지처분 등에 대해서 헌법소원심판을 청구할 수 있다. ⓐ 기소유예처분은 공

---

278) 헌재 2008. 8. 12. 2008헌마508, 공보 143, 1211, 1212.

279) 헌재 1999. 1. 28. 98헌마85, 판례집 11-1, 73, 77; 헌재 2000. 11. 30. 2000헌마356, 공보 52, 23, 24.

280) 헌재 1992. 1. 28. 90헌마227, 판례집 4, 40, 44; 헌재 1992. 7. 23. 91헌마142, 판례집 4, 527, 531; 헌재 1998. 10. 29. 98헌마292, 공보 30, 819, 820; 헌재 2008. 11. 27. 2008헌마399등, 판례집 20-2하, 500, 503; 헌재 2008. 12. 26. 2008헌마387, 공보 147, 241, 242; 헌재 2010. 6. 24. 2009헌마482 등.

소를 제기할 충분한 혐의가 있고 소송조건이 구비되었는데도 검찰관이나 검사가 제
반사항을 고려하여 공소를 제기하지 않는다는 내용의 처분이다. 범죄혐의가 없음이
명백한 사안을 놓고 자의적이고 타협적으로 기소유예처분을 하였다면 헌법이 금하
는 차별적인 공권력 행사가 되어 그 처분을 받은 사람은 평등권 침해를 이유로 헌
법소원심판을 청구할 수 있다.281) 검사의 재량권 행사에는 스스로 합리적인 한계가
있어야 한다. 따라서 기소하여 법원의 심판을 받도록 함이 마땅한 사안을 자의적으
로 기소유예처분을 내리는 것은 형사피해자의 재판절차진술권과 평등권을 침해한
다고 볼 수 있다.282) ⓑ 기소중지처분은 검사가 피의자의 소재불명 등을 이유로 수
사를 종결할 수 없으면 그 사유가 해소될 때까지 수사를 일시 중지하는 처분으로
이 처분 역시 재정 신청 대상이 되지 아니하고 다른 법률에 그 구제절차가 마련되
어 있지 않아서 피의자는 헌법소원심판을 청구할 수 있다.283) 그러나 ⓒ '공소권 없
음' 처분과 '죄가 안 됨' 처분은 피의자에게 범죄혐의가 있음을 확정하는 것이 아니
어서 검사가 청구인(피의자)에게 '공소권 없음'이나 '죄가 안 됨' 처분을 내렸더라도
이것을 가리켜 피의자인 청구인의 헌법상 기본권을 침해하는 공권력 행사라고 할
수 없다. 따라서 이러한 처분을 대상으로 한 헌법소원심판 청구는 부적법하다.284)

  (iv) 고발인이 청구하는 헌법소원심판

  고발인은 불기소처분에 대해서 검찰청법 제10조에 따른 항고·재항고를 할 수
있다. 그러나 고발인은 재정 신청을 할 수는 없다. 그러므로 고발인이 항고·재항고
를 거쳐 헌법소원심판을 청구하였다면 이것은 적법하다.285) 그리고 고소인의 지위
에 있지 아니한 사람, 즉 형사피해자가 아닌 사람의 고소는 고발과 다르지 않다. 따
라서 피해자가 아닌 고소인은 자신에 대한 불기소처분이더라도 항고, 재항고를 거
쳐 헌법소원심판을 청구할 수 있다.286)

  (v) 기소처분

  검사의 공소 제기가 청구인(피고인)의 기본권을 침해하였는지는 해당 형사재판

---

281) 헌재 1989. 10. 27. 89헌마56, 판례집 1, 309, 316; 헌재 2001. 4. 26. 2001헌마15, 판례집 13−1,
    1012, 1016.
282) 헌재 1999. 3. 25. 98헌마303, 판례집 11−1, 251, 258.
283) 헌재 1997. 2. 20. 95헌마362, 판례집 9−1, 179, 182; 헌재 2009. 9. 24. 2008헌마210, 공보 156,
    1813, 1813−1814 참조.
284) 헌재 1996. 11. 28. 93헌마229, 판례집 8−2, 610, 617; 헌재 2003. 1. 30. 2002헌마323; 헌재 2003.
    2. 27. 2002헌마309, 판례집 15−1, 241, 245.
285) 헌재 2011. 12. 29. 2011헌마2; 헌재 2013. 8. 29. 2011헌마613 등 참조.
286) 헌재 2014. 3. 27. 2013헌마750; 헌재 2014. 6. 26. 2014헌마14 등 참조.

절차를 통해서 권리구제가 가능하다. 그러므로 형사재판을 위한 사전준비행위로서 기소처분은 독립하여 헌법소원심판 대상이 될 수 없다.287) 검사의 약식명령 청구도 공소제기의 일종이다. 따라서 검사의 약식명령 청구에 대한 헌법소원심판 청구도 부적법하다.288)

③ 행정지도

행정지도는 행정기관이 그 소관 사무 범위에서 일정한 행정목적을 실현하려고 특정인에게 일정한 행위를 하거나 하지 아니하도록 지도, 권고, 조언 등을 하는 행정작용을 말한다(행정절차법 제2조 제3호).289) 행정지도라도 그에 따르지 않으면 일정한 불이익조치를 예정하는 것 등 단순한 행정지도로서 가지는 한계를 넘어 규제적·구속적 성격이 있으면 헌법소원심판 대상이 되는 공권력의 행사에 해당한다.290)

④ 권력적 사실행위

행정상 사실행위는 법적 효과 발생을 의도하는 행위가 아니라 단순히 사실상 결과 실현을 목적으로 하는 일체의 행위형식이다. 행정상 사실행위는 경고, 권고, 시사와 같은 정보제공행위나 단순한 지식표시행위인 행정지도와 같이 대외적 구속력이 없는 '비권력적 사실행위'와 행정청이 우월적 지위에서 일방적으로 강제하는 '권력적 사실행위'로 나눌 수 있다. 이 중에서 권력적 사실행위는 헌법소원심판 대상이 되는 공권력 행사에 해당한다.291) 권력적 사실행위는 공권력 행사 중, 행정주체의 행정행위 그 밖의 일정한 법적 효과 발생을 목적으로 하는 행위가 아니라 직접적으로 일정한 사실상 결과 발생만을 목적으로 하는 행정상 사실행위이다.292) 일반적으로 어떤 행정행위가 헌법소원심판 대상이 되는 권력적 사실행위에 해당하는지는 해당 행정주체와 상대방의 관계, 그 사실행위에 대한 상대방의 의사·관여 정도·태도, 그 사실행위의 목적·경위, 법령에 따른 명령·강제수단 발동 가부 등

---

287) 헌재 1992. 12. 24. 90헌마158, 판례집 4, 922, 928; 헌재 1996. 11. 28. 96헌마256, 공보 19, 107, 109; 헌재 2012. 7. 26. 2011헌바268, 판례집 24−2상, 118, 121.

288) 헌재 1993. 6. 2. 93헌마104, 판례집 5−1, 431, 434; 헌재 1998. 6. 25. 97헌마271.

289) 헌재 2008. 10. 30. 2006헌마1401등, 판례집 20−2상, 1115, 1129: "… 행정지도는 일반적으로 '행정주체가 소관사무에 관하여 행정객체의 임의적 의사에 따른 협력을 기대하고 행정목적달성을 위해 행하는 비권력적인 사실행위'를 말하지만, ……"

290) 헌재 2003. 6. 26. 2002헌마337등, 판례집 15−1, 772, 783.

291) 헌재 1994. 5. 6. 89헌마35, 판례집 6−1, 462, 485−486; 헌재 2003. 12. 18. 2001헌마754, 판례집 15−2하, 609, 624; 헌재 2005. 3. 31. 2003헌마87, 판례집 17−1, 437, 446; 헌재 2014. 5. 29. 2013헌마280, 판례집 26−1하, 483, 487.

292) 헌재 1994. 5. 6. 89헌마35, 판례집 6−1, 462, 481; 헌재 2009. 10. 29. 2007헌마992, 판례집 21−2하, 288, 293−294.

그 행위를 할 당시의 구체적 사정을 종합적으로 고려하여 개별적으로 판단하여야 한다.293)

⑤ 행정부작위

행정청의 부작위는 헌법재판소법 제68조 제1항에 따라서 헌법소원심판 대상이 된다. 공권력 주체에 헌법에서 유래하는 작위의무가 특별히 구체적으로 규정되어 이에 따라서 기본권주체가 행정행위를 청구할 수 있는데도 공권력 주체가 그 의무를 해태하면 허용된다.294) 여기서 작위의무는 (i) 헌법상 명문으로 공권력 주체의 작위의무가 규정되어 있을 때뿐 아니라 (ii) 헌법의 해석상 공권력 주체의 작위의무가 도출되거나 (iii) 공권력 주체의 작위의무가 법령에 구체적으로 규정되어 있을 때도 포함한다.295) 그러므로 기본권 침해가 없는 행정청의 단순한 부작위는 헌법소원심판 대상이 될 수 없다.296) 그런데 법원은 당사자의 법규상 또는 조리상 권리에 따른 신청에 대해서 행정청이 상당한 기간 안에 일정한 처분을 하여야 할 법규상 또는 조리상 의무가 있는데도, 그 신청을 인용하는 적극적 처분이나 기각하는 소극적 처분 등을 하지 않으면 행정소송 대상이 되는 부작위가 성립한다고 한다.297) 따라서 일반 국민 신청에 따른 것으로서 이러한 요건에 해당하는 부작위는 헌법소원의 보충성 요건에 따라 사실상 헌법소원심판 대상에서 배제될 것이다. 그러나 신청에 따르지 않은 행정부작위는 부작위위법확인소송 대상이 될 수 없어서 헌법재판소는 헌법에서 유래하는 작위의무 존부를 심사하고 나서 이것이 긍정되면 본안 판단에 나갈 수 있다.298) 국가가 공권력을 행사하였더라면 사인(私人)에 의한 기본권 침해 상태가 제거될 수 있었는데도 이를 행사하지 아니하여 사인에 의한 기본권 침해

---

293) 헌재 1994. 5. 6. 89헌마35, 판례집 6-1, 462, 485-486; 헌재 2004. 8. 26. 2003헌마505, 판례집 16-2상, 364, 368; 헌재 2004. 11. 25. 2004헌마178, 판례집 16-2하, 438, 442; 헌재 2005. 3. 31. 2003헌마87, 판례집 17-1, 437, 446; 헌재 2009. 12. 29. 2008헌마617, 공보 159, 142, 144; 헌재 2012. 10. 25. 2011헌마429, 판례집 24-2하, 72, 74-75; 헌재 2014. 5. 29. 2013헌마280, 판례집 26-1하, 483, 487-488.

294) 헌재 1996. 6. 13. 94헌마118등, 판례집 8-1, 500, 509

295) 헌재 2004. 10. 28. 2003헌마898, 판례집 16-2하, 212, 219; 헌재 2011. 8. 30. 2006헌마788, 판례집 23-2상, 366, 382; 헌재 2016. 5. 26. 2014헌마1002, 공보 236, 957, 958; 헌재 2018. 3. 29. 2016헌마795, 공보 258, 580, 582.

296) 헌재 1991. 9. 16. 89헌마163, 판례집 3, 505, 513; 헌재 1996. 6. 13. 95헌바39등, 판례집 8-1, 500, 509; 헌재 1996. 11. 28. 92헌마237, 판례집 8-2, 600, 606; 헌재 2002. 12. 18. 2002헌마52, 판례집 14-2, 904, 908.

297) 대법원 1990. 9. 25. 선고 89누4758 판결(집38-3, 142; 공1990, 2174); 대법원 2000. 2. 25. 선고 99두11455 판결(공2000상, 866).

298) 사봉관, 「행정청의 부작위로 인한 기본권 침해의 구제」, 『헌법학연구』, 제13권 제4호, 한국헌법학회, 2007, 130쪽.

상태가 계속되는 것도 공권력의 불행사로 말미암은 기본권 침해에 해당한다.299)

⑥ 행정청의 사법상 행위

행정기관 행위라도 사법상 행위는 헌법소원심판 대상이 되지 아니한다. 따라서 '공공용지의 취득 및 손실보상에 관한 특례법'에 따른 토지 등의 협의취득에 따르는 보상금 지급행위300)와 폐천부지 교환행위301)는 헌법소원심판 대상이 되는 공권력 행사라고 볼 수 없다. 그리고 특별한 공법적 규제 없이 한국방송공사 자율에 맡긴 셈이 되는 한국방송공사 직원 채용관계는 사법적인 관계에 해당한다고 봄이 상당하고 그러한 채용에 필수적으로 따르는 사전절차로서 채용시험의 응시자격을 정한 공고도 사법적인 성격이 있으므로 공권력 행사에 해당하지 않는다고 보았다.302)

⑦ 행정계획

행정계획이란 행정에 관한 전문적·기술적 판단을 기초로 특정한 행정목표를 달성하려고 서로 관련되는 행정수단을 종합·조정함으로써 앞날의 일정한 시점에 일정한 질서를 실현하기 위한 활동기준으로 설정된 것을 말한다.303) 이러한 행정계획이 헌법소원심판 대상이 되는 공권력 행사에 해당하는지는 일률적으로 말할 수 없다. 대외적 구속력이 있는 행정계획은 공권력 행사로 볼 수 있다. 하지만 구속력이 없고 사실상 준비행위나 사전안내 또는 행정기관 내부 지침에 지나지 않는 행정계획은 원칙적으로 헌법소원심판 대상이 되는 공권력 행사라고 할 수 없다. 다만, 비구속적 행정행위라도 국민의 기본권에 직접적으로 영향을 끼치고, 앞으로 법령의 뒷받침으로 그대로 실시될 것이 틀림없을 것으로 예상되면, 공권력 행사로서 헌법소원심판 대상이 된다.304)

헌법재판소는 "서울대학교의 "94학년도 대학입학고사 주요요강"은 교육부가 마련한 대학입시제도 개선안에 따른 것으로서 대학입학방법을 규정한 교육법시행령 제71조의2의 규정이 교육부의 개선안을 뒷받침할 수 있는 내용으로 개정될 것을 전제로 하여 제정된 것이고 위 시행령이 아직 개정되지 아니한 현 시점에서는 법적 효력이 없는 행정계획안이어서 이를 제정한 것은 사실상의 준비행위에 불과하고 이

---

299) 헌재 1997. 3. 27. 94헌마277, 판례집 9-1, 404, 409.
300) 헌재 1992. 11. 12. 90헌마160, 판례집 4, 787, 793; 헌재 1992. 12. 24. 90헌마182, 판례집 4, 942, 949; 헌재 1994. 2. 24. 93헌마213등, 판례집 6-1, 183, 189.
301) 헌재 1992. 11. 12. 90헌마160, 판례집 4, 787, 794.
302) 헌재 2006. 11. 30. 2005헌마855, 판례집 18-2, 541, 545-546.
303) 대법원 1996. 11. 29. 선고 96누8567 판결(공1997상, 210).
304) 헌재 2000. 6. 1. 99헌마538등, 판례집 12-1, 665, 680-682; 헌재 2011. 12. 29. 2009헌마330등, 판례집 23-2하, 784, 791 참조.

를 발표한 행위는 앞으로 그와 같이 시행될 것이니 미리 그에 대비하라는 일종의 사전안내에 불과하므로 위와 같은 사실상의 준비행위나 사전안내는 행정심판이나 행정쟁송의 대상이 될 수 있는 행정처분이나 공권력의 행사는 될 수 없다. 그러나 이러한 사실상의 준비행위나 사전안내라도 그 내용이 국민의 기본권에 직접 영향을 끼치는 내용이고 앞으로 법령의 뒷받침에 의하여 그대로 실시될 것이 틀림없을 것으로 예상될 수 있는 것일 때에는 그로 인하여 직접적으로 기본권 침해를 받게 되는 사람에게는 사실상의 규범작용으로 인한 위험성이 이미 발생하였다고 보아야 할 것이므로 이러한 것도 헌법소원심판 대상은 될 수 있다고 보아야 하고 서울대학교의 "94학년도 대학입학고사 주요요강"은 교육법시행령 제71조의2의 규정이 개정되어 그대로 시행될 수 있을 것이, 그것을 제정하여 발표하게 된 경위에 비추어 틀림없을 것으로 예상되므로 이를 제정·발표한 행위는 헌법소원의 대상이 되는 헌법재판소법 제68조 제1항 소정의 공권력의 행사에 해당된다."라고 하였다.305) 그리고 다가구주택 가구수를 3가구로 제한하는 '고양일산지구 단독, 상업 등 단지(단독, 근린생활, 상업, 업무, 공공건축물) 도시설계시행지침' 제33조 제3항은 구 건축법 제60조와 제62조에 근거하여 고양시장이 그 계획형성 범위 안에서 작성한 것으로 구 건축법 조항과 결합하여 고양일산지구 내 단독주택용지의 모든 다가구주택에 적용되는 법규적 효력이 있는 구속적 행정계획이라고 보았다.306) 그러나 도시계획법 제21조에 따라 개발제한구역 지정권한이 있는 건설교통부장관이 개발제한구역의 해제나 조정을 위한 일반적인 기준을 제시하는 내용을 담은 '개발제한구역 제도개선방안'은 개발제한구역 운용에 관한 국가 기본방침을 천명하는 정책계획안이며, 장차 이루어질 개발제한구역의 해제나 조정에 대한 정보를 국민에게 사전에 제공하는 행정계획안으로서 이것을 입안한 것은 사실상 준비행위에 불과하고, 이것은 대외적 효력이 없는 비구속적 행정계획안에 불과하며, 나아가 그것이 청구인들의 기본권에 직접적으로 영향을 끼친다고 할 수 없고, 장차 도시계획법령에 따른 도시계획결정을 통해서 그대로 실시될 것이 틀림없다고 예상되지도 아니하므로 헌법소원심판 대상이 되는 공권력 행사에 해당하지 않는다고 하였다.307)

⑧ 공고

공고는 일반적으로 특정 사실을 불특정 다수에게 알리는 행위로서 그것이 어떠

---

305) 헌재 1992. 10. 1. 92헌마68등, 판례집 4, 659, 668-669.
306) 헌재 2003. 6. 26. 2002헌마402, 판례집 15-1, 787, 796-800.
307) 헌재 2000. 6. 1. 99헌마538등, 판례집 12-1, 665, 680.

한 법률효과가 있는지는 일률적으로 말할 수 없고, 개별 공고 내용과 관련 법령 규정에 따라 구체적으로 판단하여야 한다.308) 공고가 법령에 근거하여 법령 내용을 구체적으로 보충하거나 세부적인 것을 확정하면 공권력 행사에 해당한다.309) 그러나 공고가 법령에 정해지거나 이미 다른 공권력 행사를 통해서 결정된 사항을 단순히 알리는 것 혹은 대외적 구속력이 없는 행정관청 내부의 해석지침에 불과하면 공권력 행사에 해당하지 않는다.310)

헌법재판소는 해당 공고가 기존 법령 내용을 단순히 알리는 것에 지나지 않으면 공권력 행사성을 부정하여 헌법소원심판 대상성을 인정하지 않고, 공고를 통해서 세부 내용들이 비로소 확정되면 헌법소원심판 대상이 된다고 본다.311) 해당 공고가 확인적 의미만 있을 뿐이고, 청구인의 법적 지위에 아무런 영향을 미치지 않으면 헌법소원심판 대상성이 부정된다.

⑨ 단순한 사실 고지

행정청이 한 행위라도 그것이 단순한 사실 고지에 불과하면 공권력 행사에 해당하지 않는다. 따라서 행정안전부 장관이 사법시험 제1차 시험의 불합격처분을 직권으로 취소하면서 추가 합격한 사람에게 그가 부여받게 되는 사법시험 제2차 시험 응시자격 범위를 통보한 것은, 대법원 판결에 따라 관련 규정을 해석하고 이것을 근거로 청구인들에게 제1차 시험의 불합격처분을 취소하고 추가 합격조치를 하였음과 추후 치러질 제2차 시험에 응시할 자격이 부여되었음을 알려준 단순한 사실 고지에 불과하여 기본권을 침해하는 공권력 행사로는 볼 수 없다.312)

⑩ 각종 위원회 결정

각종 위원회 행위는 그것이 법상 부여받은 권한에 근거하여 공권력 행사로 하였다면 행정소송으로 다툴 수 있다. 다만, 그 여부가 불분명하거나 다툴 수 없으면 헌법소원심판을 청구할 수 있다. 공정거래위원회 심사불개시결정은 공권력

---

308) 헌재 2000. 1. 27. 99헌마123, 판례집 12-1, 75, 83; 헌재 2001. 9. 27. 2000헌마159, 판례집 13-2, 353, 359-360.

309) 헌재 1996. 4. 25. 94헌마119, 판례집 8-1, 433, 442; 헌재 2000. 1. 27. 99헌마123, 판례집 12-1, 75, 83-84; 헌재 2001. 9. 27. 2000헌마159, 판례집 13-2, 353, 359; 헌재 2004. 3. 25. 2001헌마882, 판례집 16-1, 441, 450; 헌재 2010. 6. 24. 2010헌마41, 공보 165, 1210, 1212; 헌재 2015. 4. 30. 2013헌마504, 판례집 27-1하, 93, 97.

310) 헌재 1997. 7. 16. 97헌마70, 판례집 9-2, 131, 141; 헌재 1997. 12. 19. 97헌마317, 판례집 9-2, 751, 760-761; 헌재 2001. 2. 22. 2000헌마29, 판례집 13-1, 414, 424-425.

311) 헌재 2000. 1. 27. 99헌마123, 판례집 12-1, 75, 83-84; 헌재 2004. 3. 25. 2001헌마882, 판례집 16-1, 441, 450; 헌재 2007. 5. 31. 2004헌마243, 공보 128, 628, 631 등 참조.

312) 헌재 1999. 11. 30. 99헌마625, 공보 40, 940, 941.

행사에 해당하고, 그 결정이 자의적이면 '독점규제 및 공정거래에 관한 법률' 위반 행위로 말미암아 피해자(신고인)의 평등권을 침해할 수 있어서 헌법소원심판 대상이 되고,313) 공정거래위원회 무혐의처분도 헌법소원심판 대상이 된다.314) 그리고 부패방지법(제40조)상 국민감사청구제도는 일정한 요건을 갖춘 국민이 감사청구를 하면 감사원장이 감사청구권 사항에 대해서 감사 실시 여부를 결정하고 그 결과를 감사청구인에게 통보하도록 의무를 지우므로(동법 제42조, 제43조), 이러한 국민감사 청구에 대한 기각결정은 공권력 주체의 고권적 처분이라는 점에서 헌법소원심판 대상이 될 수 있는 공권력 행사라고 보아야 할 것이다.315) 그런데 헌법재판소는 국가인권위원회의 진정 각하 결정316)과 진정 기각 결정317)이 헌법소원심판 대상이 되고 보충성 예외에 해당한다고 하였다가, 이들 결정이 항고소송 대상이 되는 행정처분에 해당하므로 행정소송을 거쳐야 한다고 판례를 변경하였다.318)

⑪ 간접적인 국가행정

헌법소원심판 대상이 되는 공권력은 입법·집행·사법 등의 모든 국가기관뿐 아니라 간접적인 국가행정, 예를 들어 공법상 사단, 재단 등의 공법인, 국립대학교와 같은 영조물 등의 작용도 포함된다. 따라서 대통령선거방송위원회는 공직선거법 규정에 따라 설립되고 같은 법에 따른 법적 업무를 수행하는 공권력 주체이므로, 대통령선거방송토론위원회가 공영방송과 일체가 되어 대통령후보자를 초청하여 합동방송토론회를 개최하기로 정한 결정과 그 공표행위는 헌법소원심판 대상이 되는 공권력 행사이다.319)

⑫ 교육부장관이 발표하는 '대학입시기본계획'이나 '대학입학전형기본계획'

"교육부장관이 매년 발표하는 대학입시기본계획은 교육법 제84조에 규정된 교육부장관의 공·사립 대학에 대한 지휘·감독권의 행사로서(이 사건 기본계획 발표 후인 1996. 8. 23. 대통령령 제15141호로 제정된 교육법시행령에 제71조의5를 신설하여 교육부장관이 대학입학전형기본계획을 수립하여 고시하는 직접적인 근거를 마련하였다), 그 내

---

313) 헌재 2004. 3. 25. 2003헌마404, 판례집 16-1, 491, 495.
314) 헌재 2002. 6. 27. 2001헌마381, 판례집 14-1, 679, 683-684; 헌재 2004. 8. 26. 2004헌마80, 판례집 16-2상, 370.
315) 헌재 2006. 2. 23. 2004헌마414, 판례집 18-1상, 248, 256.
316) 헌재 2004. 4. 29. 2003헌마538, 판례집 16-1, 589, 593-594.
317) 헌재 2010. 12. 28. 2010헌마101, 공보 171, 222, 223.
318) 헌재 2015. 3. 26. 2013헌마214등, 판례집 27-1상, 302, 310-311.
319) 헌재 1998. 8. 27. 97헌마372등, 판례집 10-2, 461, 470-471.

용에 따라 법령의 범위 내에서 대학입시제도의 내용을 구체화하거나 보충하는 행정규칙의 성질의 것도 있고, 대학입시제도에 관한 국가의 기본방침을 천명하는 행정계획의 성질을 가지고 있는 것도 있다. 그리고 행정기관 내부를 규율하는 행정규칙도 법령의 직접적인 위임을 받아 이를 구체화하거나 법령의 내용을 구체적으로 보충하는 경우에는 공권력의 행사에 해당한다고 할 것이므로 교육부장관이 발표하는 대학입시기본계획도 법령의 내용을 구체적으로 보충하는 경우에만 공권력의 행사에 해당한다 할 것이다(1990. 9. 3. 선고, 90헌마13 결정; 1992. 6. 26. 선고, 91헌마25 결정; 1996. 4. 25. 선고, 94헌마119 결정 등 참조). 그런데 이 사건 심판 대상 부분은 피청구인이 발표한 1996학년도 대학입시기본계획 중 전국의 대학에 대하여 대학별고사에서 국·영·수 위주의 필답고사 실시에 신중을 기하여 줄 것을 권고하고, 그 세부사항으로 계열별·학과별 특성에 따라 대학수학능력시험이나 고등학교 내신성적을 보완하는 선에서 교과목을 최소화하도록 권고하는 내용으로서 이는 법령의 위임을 받아 그 내용을 구체화하거나 법령의 구체적인 내용을 보충하는 것으로 볼 수 없어 청구인들의 기본권을 침해하는 공권력의 행사에 해당한다고 할 수 없고, 또한 청구인들에게 적용될 "1998학년도 대학입학전형기본계획"이 1997. 2. 24. 이미 발표되어 1995. 3. 20. 발표된 1996학년도 대학입시기본계획은 청구인들의 1998학년도 대학입학시험과 직접 관련이 있다고 할 수 없으므로 이 부분에 대한 심판 청구는 부적법하다."[320]

⑬ 행정청의 거부행위

국민 신청에 대한 행정청의 거부행위가 헌법소원심판 대상인 공권력 행사가 되려면 국민이 행정청에 대해서 신청에 따른 행위를 해 달라고 요구할 권리가 있어야 한다.[321] 그런데 법원은 행정청의 거부행위가 거부처분이 되려면 국민이 행정청에 그 신청에 따른 처분을 해 줄 것을 요구할 법규상 또는 조리상 권리가 있어야 한다고 한다.[322] 따라서 신청권에 근거한 신청에 대한 거부행위는 거부처분으로서 행정소송 대상이 되므로 그에 대한 헌법소원은 보충성 요건 흠결로 부적법하다.[323] 결국, 법원에서는 거부처분에 해당하지 않는다고 보지만, 헌법재판소는 공권력 행사

---

320) 헌재 1997. 7. 16. 97헌마70, 판례집 9-2, 131, 141-142.
321) 헌재 1999. 6. 24. 97헌마315, 판례집 11-1, 802, 816; 헌재 2000. 2. 24. 97헌마13등, 판례집 12-1, 252, 266.
322) 대법원 1990. 9. 28. 선고 89누8101 판결(공1990, 2187)
323) 헌재 2007. 10. 25. 2003헌마95, 공보 133, 1111, 1112; 헌재 2011. 10. 25. 2009헌마647, 판례집 23-2하, 71, 78.

에 해당한다고 보는 거부행위만 헌법소원심판 대상이 될 수 있다.324)

⑭ 행정기관 서로 간의 내부적 의사결정

행정기관의 내부적 의사결정에 불과하여 직접 국민의 권리의무에 어떠한 영향
을 미치지 않으면 헌법소원심판 대상이 되는 행정관청의 처분으로 볼 수 없어서,
결국 헌법소원심판 대상이 되지 아니한다. 그러나 헌법재판소는 세무대학장이 인사
위원회 동의를 얻어 재무부 장관에게 청구인의 재임용을 추천하였다가 청구인이 전
국교직원노동조합 활동을 하고 그 탈퇴약속을 지키지 아니하였다고 하여 이것을 일
방적으로 철회하고 청구인의 재임용추천을 하지 아니한 '재임용추천거부행위'와 같
은 총·학장의 임용 제청이나 그 철회는 행정기관 서로 간의 내부적인 의사결정과
정일 뿐이고 행정소송 대상이 되는 행정처분이라고 볼 수 없다는 것이 대법원의 일
관된 판례임을 확인한 뒤, 세무대학장이 청구인의 조교수 재임용 추천을 하지 아니
한 공권력 불행사가 헌법소원심판 대상이 됨을 전제로 본안 판단을 하였다.325)

⑮ 내부적 행위

헌법재판소는 정부의 법률안 제출권 행사는 공권력성이 있으나, 제출된 법률안
이 법률로서 확정되려면 국회 의결과 대통령의 공포절차를 거쳐야 하므로, 법률안
제출은 국가기관 사이의 내부적 행위에 불과하고 국민에 대해서 직접적인 법률효과
를 발생시키는 행위가 아니라고 판시하였다.326) 그리고 헌법재판소는 예산편성 행
위는 국무회의 심의, 대통령 승인과 국회의 예산안 심의·확정을 위한 전 단계 행
위로서 국가기관 사이의 내부적 행위에 불과하므로, 헌법소원 대상이 되는 '공권력
행사'에 해당하지 않는다고 하였다.327)

⑯ 법원의 재판을 거친 원행정처분(원처분소원의 허용 가능성)

(ⅰ) 문제의 소재

헌법소원심판 대상에서 법원의 재판을 제외한 헌법재판소법 제68조 제1항 본문
이 합헌이라고 한다면, 행정처분은 공권력 행사로서 헌법소원심판 대상이 되나 보
충성 요건과 재판소원 불허로 말미암아 그에 대한 헌법소원이 사실상 봉쇄된다. 이
러한 권리구제 공백을 메우기 위해서 재판을 거친 원행정처분을 헌법소원심판 대상
으로 인정할 수 있을 것인지가 헌법 제107조 제2항의 해석 문제 및 판결의 기판력

---

324) 헌재 2000. 2. 24. 97헌마13등, 판례집 12−1, 252.
325) 헌재 1993. 5. 13. 91헌마190, 판례집 5−1, 312, 318.
326) 헌재 1994. 8. 31. 92헌마174, 판례집 6−2, 249, 265.
327) 헌재 2017. 5. 25. 2016헌마383, 공보 248, 564.

과 관련하여 문제 된다.

(ⅱ) 학설과 판례

ⓐ 소극설(부정설)

㉮ 행정처분에 대한 헌법소원을 인정하는 것은 헌법 제107조 제2항에 어긋나고, ㉯ 원행정처분에 대한 헌법소원을 인정하게 되면, 재판소원 금지를 규정한 헌법재판소법 제68조 제1항을 우회적으로 회피하는 탈법이 되며, ㉰ 이것을 인정하더라도 확정판결의 기판력을 배제하는 명문 규정이 없는 한 확정판결의 기판력을 배제할 수 있는 헌법소원심판의 기속력은 인정되지 않으므로 실효성이 없다는 점 등을 근거로 원행정처분에 대한 헌법소원을 부정한다.[328]

ⓑ 적극설(긍정설)

㉮ 보충성 요건을 갖춘 원행정처분에 대한 헌법소원을 금지하는 명문 규정이 없고, ㉯ 헌법 제107조 제2항이 처분에 대해서 대법원의 최종적인 심판권을 규정한 것은 사법부 내부에서 최종적으로 심사한다는 것이지 헌법재판소와 맺는 관계에서까지 최종적으로 심사한다는 것을 의미하는 것은 아니며, ㉰ 원행정처분에 대한 헌법소원을 인정하지 않는다면 헌법재판소법 제75조 제5항은 무의미한 규정이 될 것이라는 점 등을 근거로 원행정처분에 대한 헌법소원을 인정한다.[329]

ⓒ 헌법재판소 판례

헌법재판소는 원행정처분에 대해서 법원에 행정소송을 제기하여 패소판결을 받고 그 판결이 확정되면 당사자는 그 판결의 기판력에 따른 기속을 받게 되므로, 별도 절차에 따라서 이러한 판결의 기판력이 제거되지 않는 한, 행정처분의 위법성을 주장하는 것은 확정판결의 기판력에 어긋나므로 원행정처분은 헌법소원심판 대상이 되지 않는다고 판시한 바 있다.[330] 다만, 예외적으로 원행정처분을 심판 대상으로 삼았던 법원의 재판이 헌법소원심판 대상이 되어 그 재판이 취소되면 원행정처분에 대한 헌법소원심판 청구를 받아들여 이것을 취소할 수 있다고 하였다.[331]

---

328) 곽태철, 「법원의 재판을 거친 행정처분의 헌법소원심판 대상성」, 『헌법문제와 재판(상)』(재판자료 제75집), 법원도서관, 1997, 341~425쪽; 정태호, 「원처분에 대한 헌법소원대상성에 관한 소고」, 『헌법논총』 제6집, 헌법재판소, 1995, 249~304쪽; 최완주, 「원처분의 헌법소원 대상성에 관한 고찰」, 『헌법문제와 재판(상)』(재판자료 제75집), 법원도서관, 1997, 427~488쪽.
329) 김학성, 「헌법소원에 관한 연구」, 서울대학교 법학박사학위논문, 1989, 224~229쪽; 신봉기, 「원행정처분의 헌법소원심판 대상성」, 『법학논총』 제21집, 단국대학교 법과대학, 1995, 199~217쪽; 황도수, 「원처분에 대한 헌법소원」, 『헌법논총』 제6집, 헌법재판소, 1995, 191~248쪽.
330) 헌재 1998. 5. 28. 91헌마98등, 판례집 10-1, 660, 671.
331) 헌재 1997. 12. 24. 96헌마172등, 판례집 9-2, 842, 865; 헌재 1998. 5. 28. 91헌마98등, 판례집

(ⅲ) 소결

원칙적으로 원행정처분에 대한 헌법소원을 인정하지 않는 것이 헌법 제107조 제2항 해석과 헌법이 재판소원을 배제하고 처분의 최종적 심사권을 대법원에 부여한 취지에 맞을 것이다. 그러나 법관이 위헌이나 한정위헌으로 결정된 법률을 적용하여 예외적으로 재판소원이 인정되면 원처분에 대한 헌법소원도 인정하여야 할 것이다. 그렇지 않으면 국민의 기본권 구제에 공백이 발생하여 흠결 없는 기본권 구제에 그 본질이 있는 헌법소원제도 자체를 형해화하는 결과가 되기 때문이다.

⑰ 정부투자기관에 대한 감독작용

헌법재판소는 경제기획원 장관이 정부투자기관에 통보한 1993년도 정부투자기관예산편성공통지침은 각 정부투자기관의 출자자인 정부가 정부투자기업의 경영합리화와 정부출자의 효율적인 관리를 도모하려고 예산편성에 관한 일반적 기준을 제시하여 출자자로서 의견을 개진하는 것에 지나지 아니한다고 할 것이고, 이러한 예산편성공통지침의 통보행위는 성질상 정부의 그 투자기관에 대한 내부적 감독작용에 해당할 뿐이고 국민에 대해서 구체적으로 어떠한 권리를 설정하거나 의무를 명하는 법률적 규제작용으로서 공권력작용에 해당한다고 볼 수 없으며 나아가 이러한 예산편성지침에 임금에 관한 부분이 포함되더라도 이것은 사용자 측이라고 할 수 있는 정부가 그 투자기관에 대해서 내부적 지표로서 임금에 관한 예산편성의 공통지침을 시달하여 임금협상에 관한 유도적 기준을 제시한 것이지 단체교섭에 직접 개입하거나 이를 강제하는 것이 아니므로 헌법소원심판 대상이 되는 공권력 행사라고 볼 수 없다고 하였다.332) 이와 비슷한 결정으로, 기획예산처장관의 정부투자기관에 대한 예산편성지침 통보행위와 예산배정유보방침 통보행위가 헌법소원심판 대상이 되는 공권력 행사에 해당하지 않는다고 한 사례가 있다.333)

⑱ 국회의 국회의원에 대한 징계권 행사

헌법 제64조 제4항은 '법원'에 제소할 수 없다고 규정하였을 뿐이고 '헌법재판소'에 대한 제소 여부에 관해서는 아무런 언급이 없다. 여기서 국회의 국회의원에 대한 징계권 행사를 헌법재판소에 제소할 수 있는지가 문제 된다. 헌법 제64조 제4항의 문구해석에 충실하면 헌법이 헌법재판소에 대한 제소를 명문으로 금지하지 않으므로 헌법재판소에 헌법소원심판을 청구할 수 있다고 볼 수 있다. 그러나 헌법

10-1, 660, 671; 헌재 1999. 1. 28. 98헌마16, 판례집 11-1, 65, 68.
332) 헌재 1993. 11. 25. 92헌마293, 판례집 5-2, 510, 516.
333) 헌재 2002. 1. 31. 2001헌마228, 판례집 14-1, 78, 84-86.

제64조 제4항의 입법취지를 고려하면 국회의 자율성과 자주성을 강화한다는 측면에서 헌법재판소에 대한 심판 청구도 부정된다고 볼 여지가 있다. 헌법 제64조가 국회의 자율권을 규정하면서, 그 가운데서도 특히 국회의 의원 자격심사와 징계에 대한 법원사법에 따른 심사를 명시적으로 배제하는 것은 국회의원 신분에 관한 국회 자체의 처분에 대해서 다른 국가기관, 무엇보다도 사법기관의 간섭·개입을 배제하려고 한 것으로 보인다. 헌법이 국회의원 신분에 관한 국회의 자율적 결정에 관해서는 다른 국가기관을 통한 다툼을 더는 허용하지 않고 존중하자고 하여 스스로 예외규정을 둔 입법취지를 고려하면, 사법심사 가능성을 (그것이 법원이든 헌법재판소든 불문하고) 배제하는 쪽으로 해석하는 것이 옳다고 생각한다. 따라서 국회의 국회의원에 대한 징계권 행사에 대한 헌법소원심판 청구는 부적법하다.

(4) 사법작용

① 법원의 재판

(ⅰ) 문제의 소재

헌법 제111조 제1항 제5호는 '법률이 정하는 헌법소원'이라고 하여 헌법소원의 구체화를 입법에 포괄적으로 위임하고, 헌법재판소법 제68조 제1항은 법원의 재판을 헌법소원심판 대상에서 제외한다. 헌법재판소법 제68조 제1항이 규정하는 '법원의 재판'은 소송사건을 해결하려고 법원이 내리는 종국적 판단 표시인 종국결정과 같은 의미로 사용되기도 하나, 소송법상으로는 법원이 하는 공권적 법판단이나 의사표현을 지칭하는 것이고, 이러한 의미에서는 사건을 종국적으로 해결하기 위한 종국판결 외에 본안전 종국판결과 중간판결이 모두 포함되고 그 밖에 소송절차의 파생적·부수적인 사항에 대한 공권력 판단도 포함한다고 봄이 일반적이다.334) 일반 법원의 재판뿐 아니라 군사법원의 재판도 포함한다.335)

법원의 재판을 헌법소원심판 대상에서 배제하는 헌법재판소법 제68조 제1항이 헌법상 입법위임에 근거한 입법 한계를 넘어 헌법소원제도의 본질적 내용을 침해하여 위헌인지가 문제 된다. 이것은 헌법소원의 본질상 법원의 재판을 포함한 모든 공권력의 행사·불행사가 헌법소원심판 대상이 되어야 하는지 아니면 어떤 공권력 작용을 헌법소원심판 대상에서 제외하는 것은 입법재량 문제에 불과한 것인지의 문제이다. 그리고 헌법재판소법 제68조 제1항 단서가 보충성 요건을 요구하여 행정재판 대상이 되는 행정처분에 대해서는 먼저 행정재판을 거칠 것이 요구되고, 다음

---

334) 헌재 1992. 12. 24. 90헌마158, 판례집 4, 922, 928; 헌재 2004. 9. 23. 2003헌마19.
335) 헌재 2008. 4. 15. 2008헌마267; 헌재 2008. 5. 20. 2008헌마359; 헌재 2008. 8. 19. 2008헌마523.

헌법재판소법 제68조 제1항의 재판소원배제규정으로 말미암아 행정재판은 헌법소원심판 대상에서 배제된다. 결국, 행정처분으로 말미암아 침해된 기본권에 대한 헌법소원심판을 통한 구제가 불가능하므로, 헌법재판소법 제68조 제1항 본문이 국민의 재판청구권과 평등권을 침해하여 위헌인지도 문제 된다.

(ii) 학설과 판례

ⓐ 위헌설

㈎ 집행권의 기본권 침해에 대한 방어수단이 행정쟁송제도이고, 입법권의 기본권 침해에 대한 방어수단이 규범통제제도라고 한다면 헌법소원제도는 사법권의 기본권 침해에 대한 방어수단으로 창안·발전된 것으로서 헌법소원제도의 본질은 사법통제이고, 헌법소원심판 청구요건으로서 보충성원칙도 사법통제를 전제로 하는 때만 요구될 수 있다. 따라서 이것을 배제한 것은 헌법소원제도의 본질에 어긋난다.[336]

㈏ 헌법재판소법 제68조 제1항은 상호모순된 내용을 하나의 법조문에 결합한 것으로서 체계정당성에 어긋나는 규정이다. 같은 조항 단서 규정의 '다른 법률의 구제절차'라고 하는 것은 일반적으로 법원의 재판절차를 의미하는데, 동 조항에 따라 법원의 재판을 거치면 헌법소원을 제기할 수 없게 되고, 이것은 결국 다른 법률의 구제절차를 거치고 나서 헌법소원을 제기할 수 있도록 하는 같은 조항 단서 규정의 보충성원칙 이념에 정면으로 어긋나는 것이기 때문이다.[337]

㈐ 법원의 재판을 헌법소원심판 대상에서 제외하고 보충성을 요구하면 집행작용의 기본권 침해를 당한 사람은 다른 국가작용의 기본권 침해를 당한 사람과 달리 헌법소원을 제기할 수 없으므로 평등권과 재판청구권을 침해하여 위헌이다.[338]

㈑ 헌법 제111조 제1항 제5호에서 '법률이 정하는 헌법소원심판'이라고 규정한 것은 헌법소원제도의 본질을 훼손하지 않는 범위에서 입법형성의 자유가 있다는 뜻이고, 헌법소원심판청구권이라는 절차적 기본권을 더욱 두텁게 보장하는 방향으로 법률로 헌법소원의 절차와 방법 등을 정하는 것인데, 헌법재판소법 제68조 제1항 제1문은 이러한 입법위임 한계를 넘어선다.[339]

---

336) 정연주, 『헌법소송론』, 법영사, 2015, 350쪽; 홍성방, 『헌법학(하)(제3판)』, 박영사, 2014, 324~325쪽.
337) 정연주, 『헌법소송론』, 법영사, 2015, 351~352쪽; 허 영, 「헌법소원제도의 이론과 우리 제도의 문제점」, 『고시연구』 제16권 제4호(통권 제181호), 고시연구사, 1989. 4., 56쪽; 홍성방, 「헌법재판소법 제68조 제1항 본문은 위헌이다」, 『판례월보』 제335호, 판례월보사, 1998. 8., 12쪽.
338) 정연주, 『헌법소송론』, 법영사, 2015, 350~351쪽; 홍성방, 『헌법학(하)(제3판)』, 박영사, 2014, 325쪽; 황치연, 「재판소원금지의 위헌성」, 『한국헌법학의 현황과 과제』(금랑 김철수교수 정년기념논문집), 박영사, 1998, 1002~1005쪽.
339) 정연주, 「법원의 재판 및 헌법규정에 대한 헌법소원」, 『법률행정논문집』 제2권, 전남대학교 법률행

(ⅲ) 가장 강력한 민주적 정당성이 있는 입법권을 통제하면서 (보충성원칙 때문에) 민주적 정당성이 약한 집행권과 사법권을 통제하지 못하고, 헌법재판을 사법작용으로 보더라도 헌법재판의 주된 기능이 헌법심에 있으며, 법원은 사실심과 법률심을 그 주된 임무로 하므로, 재판소원을 금지시키는 것은 기능적 권력분립원리에 어긋난다.[340]

ⓑ 합헌설

(ㄱ) 입법례를 보더라도 주관적인 권리구제라는 개념요소 외에 헌법소원의 본질이라고 규정할 수 있는 것은 명확하지 않다. 결국, 이것은 입법형성 영역이므로 재판소원 배제가 곧바로 헌법소원제도의 본질에 어긋나는 것은 아니다.[341]

(ㄴ) 집행작용의 기본권 침해에 대해서 법원의 재판 외에 헌법소원을 청구하지 못하게 되었더라도, 법원의 재판에 따른 기본권 보호가 이미 기본권 영역에서 청구권을 충족시키고, 잠재적인 기본권 침해자인 입법이나 집행작용과는 달리 사법작용의 기본권 보호자적 기능이 합리적 차별의 본질적 요소가 되므로 평등권을 침해하는 것도 아니다.[342]

(ㄷ) 집행작용에서 기본권이 문제 되면 법원이 그 구제의무를 질 뿐 아니라 법률문제와 헌법문제의 구별이 쉽지 않다는 점, 일반 법원의 재판에서도 기본권의 방사효 인정 등으로 기본권적 판단을 한다는 점으로 미루어 보아 이때 헌법소원을 배제한 것이 바로 위헌은 아니고, 비록 입법적 개선 여지가 있다고 하더라도 이것이 바로 위헌을 의미하지는 않는다.[343]

(ㄹ) 헌법소원 본질이 선험적으로 주어져 있다기보다는 각국 사정과 정책에 따라 헌법소원제도는 다르게 형성될 수 있고, 헌법도 제111조 제1항 제5호에서 입법자가 제도를 형성할 것을 예정하므로, 재판소원 금지로 헌법소원 형태가 기형적으로 되기는 하였지만 위헌에 이를 정도는 아니다.[344]

정연구소, 1992, 83쪽.

340) 정연주, 『헌법소송론』, 법영사, 2015, 351쪽.

341) 유남석, 「재판에 대한 헌법소원 금지의 논리 및 정책적 이유」, 『헌법문제와 재판(상)』(재판자료 제75집), 법원도서관, 1997, 306~307쪽; 한수웅, 「헌법재판소법 제68조 제1항의 위헌 여부」, 『헌법논총』 제10집, 헌법재판소, 1999, 305쪽.

342) 유남석, 「재판에 대한 헌법소원 금지의 논리 및 정책적 이유」, 『헌법문제와 재판(상)』(재판자료 제75집), 법원도서관, 1997, 325~326쪽; 한수웅, 「헌법재판소법 제68조 제1항의 위헌 여부」, 『헌법논총』 제10집, 헌법재판소, 1999, 323쪽.

343) 유남석, 「재판에 대한 헌법소원 금지의 논리 및 정책적 이유」, 『헌법문제와 재판(상)』(재판자료 제75집), 법원도서관, 1997, 325~326쪽; 한수웅, 「헌법재판소법 제68조 제1항의 위헌 여부」, 『헌법논총』 제10집, 헌법재판소, 1999, 317쪽.

344) 김하열, 『헌법소송법(제3판)』, 박영사, 2018, 485~486쪽.

㈐ 재판청구권은 '법관에 대한 권리보호' 자체를 목표로 하는 것이 아니고, 재판청구권은 '법관에 의한 권리보호'로 종료될 수 있어서, 설사 재판청구권 내용이 헌법 제111조에 따라서 확장되어 헌법재판청구권까지 포함하더라도 모든 경우에 누구라도 헌법재판을 청구할 수 있는 것까지 보장하는 것은 아니고, 입법자가 일정한 헌법소원은 허용하면서 일정한 헌법소원을 배제하였지만 본질적 형해화가 아닌 이상 그러한 권리 침해라고 단정하기 어렵다.345)

ⓒ 헌법재판소 견해 - 한정위헌설

㈎ 재판소원의 원칙적 부인   헌법재판소는 대체로 합헌설의 논거를 들어 재판소원을 원칙적으로 부인하면서 헌법재판소법 제68조 제1항 본문에 따른 기본권 침해는 없다고 한다.

㈏ 재판소원의 예외적 인정   헌법재판소는 원칙적으로 재판소원을 인정하지 않으면서도, "헌법재판소법 제68조 제1항의 '법원의 재판'에 헌법재판소가 위헌으로 결정하여 그 효력을 상실한 법률을 적용함으로써 국민의 기본권을 침해하는 재판도 포함되는 것으로 해석하는 한도 안에서 헌법재판소법 제68조 제1항은 헌법에 위반된다."라는 한정위헌결정을 내림으로써 예외적으로 재판소원을 인정한다.346) 헌법재판소의 법률에 대한 위헌결정(한정합헌결정, 한정위헌결정, 헌법불합치결정 포함)에 어긋나는 법원의 재판에 대해서는 헌법소원심판을 청구할 수 있으나, 위헌으로 결정된 법률조항은 그 결정이 있는 날부터 효력을 상실하므로(헌법재판소법 제47조 제2항), 원칙적으로 동 위헌결정일 이후의 재판이 이에 해당할 것이다.347) 그리고 헌법재판소가 위헌이라고 결정한 법령에 따른 행정처분이 당연무효가 아니라 취소할 수 있는 행정행위에 불과하다고 판단한 법원의 재판은 헌법재판소의 헌법소원심판이 되는 재판에 해당하지 아니한다.348)

---

345) 김하열, 『헌법소송법(제3판)』, 박영사, 2018, 486쪽.

346) 헌재 1997. 12. 24. 96헌마172등, 판례집 9-2, 842, 859.

347) 헌재 1998. 4. 30. 92헌마239, 판례집 10-1, 435, 441.

348) 헌재 1998. 4. 30. 95헌마93등, 판례집 10-1, 452, 462. "헌법 제111조 제1항 제5호가 '법률이 정하는 헌법소원에 관한 심판'이라고 규정한 뜻은 결국 헌법이 입법자에게 공권력작용으로 인하여 헌법상의 권리를 침해받은 자가 그 권리를 구제 받기 위한 주관적 권리구제절차를 우리의 사법체계, 헌법재판의 역사, 법률문화와 정치·사회적 현황 등을 고려하여 헌법의 이념과 현실에 맞게 구체적인 입법을 통하여 구현하게끔 위임한 것으로 보아야 할 것이므로, 헌법소원은 언제나 '법원의 재판에 대한 소원'을 그 심판의 대상에 포함하여야만 비로소 헌법소원제도의 본질에 부합한다고 단정할 수 없다 할 것이다. 다만 법원의 재판도 헌법소원심판의 대상으로 하는 것이 국민의 기본권보호의 실효성 측면에서 바람직한 것은 분명하다."(헌재 1997. 12. 24. 96헌마172등, 판례집 9-2, 842, 855, 858; 헌재 2001. 2. 22. 99헌마461등, 판례집 13-1, 328, 337)

(ⅲ) 검토와 사견

ⓐ 먼저 법원의 재판이 헌법소원심판 대상이 될 수 있는지와 관련하여 입법부 및 집행부와 달리 사법부가 기본권보호기관이라는 점을 강조하는 헌법재판소 견해는 문제가 있다. 모든 국가기관은 헌법 제10조 제2문에 따라 기본권보장의무를 지기 때문이다. 즉 사법부는 물론 입법부와 집행부도 국민의 기본권을 보호하려고 권한을 행사하고, 그렇지 못하면 입법부와 집행부는 물론 사법부의 권한 행사는 위헌이 될 수 있다. 침해 빈도 차이라는 양적인 측면이 입법부와 집행부와 다른 정당성을 사법부에 부여할 수는 없다.

ⓑ 헌법재판소가 헌법에 관한 최종적인 해석권자인데도, 헌법은 제107조 제2항에서 명령·규칙이나 처분이 헌법이나 법률에 위반되는지가 재판의 전제가 되면 대법원이 최종적인 심사권을 갖도록 함으로써 그에 관한 한 대법원이 헌법의 최종적인 해석권자가 되도록 하였다. 결국, 같은 헌법 규정에 대한 최종적이고 기속적인 해석이 하나가 아닐 수 있게 되었다. 한국 헌법이 추상적 규범통제를 도입하지 않았으므로 법률 개정을 통해서 재판소원을 인정하여 이러한 위험성을 제거할 수 있다.

ⓒ 헌법재판에서는 일반 재판과 달리 그에게 주어진 헌법 수호라는 과제를 효과적으로 수행하려면 이른바 변형결정이 필수불가결하다. 이러한 변형결정이 실질적으로 의미를 갖고 현실적으로 집행되려면 헌법재판소가 한 헌법해석을 일반 법원이 존중하는지를 통제할 수단을 헌법재판소가 갖고 있어야 한다. 그러한 의미에서도 재판에 대한 헌법소원은 요청된다고 생각한다.

ⓓ 헌법재판소법이 보충성을 원칙적으로 요구하면서 동시에 재판소원을 금지하는바, 이것을 따르면 법원의 재판은 물론이고, 행정처분 대부분도 헌법소원심판 대상에서 제외되게 된다. 이것은 (기본권 침해를 주로 집행권이 한다는 것을 생각하면) 기본권 구제를 핵심으로 하는 헌법소원 기능의 형해화를 가져올 우려가 있다. 이것은 보충성과 재판소원금지를 함께 규정한 체계부조화가 근본원인이므로 재판소원을 허용하는 것이 타당하다고 생각한다.

ⓔ 그러나 이러한 논거들은 모두 입법적 개선 필요성에 관한 것에 불과하다. 헌법 제111조 제1항 제5호 '법률이 정한 헌법소원'의 의미는 헌법소원의 제도적 취지와 본질 및 기능을 최대한 구현하고 보장하는 방향으로 그 요건과 절차 및 방법 등을 법률로 정하라는 것이고, 이것은 입법형성 영역이므로 재판소원 배제가 곧바로 헌법소원제도의 본질에 어긋나는 것은 아니라고 할 것이다.

ⓕ 다만, 헌법소원의 본질은 당사자의 권리구제이다. 따라서 헌법소원의 본질을

통제라는 측면에서 파악하는 것은 문제가 있다. 특히 헌법소원을 사법부 통제로 한정시키는 것은 수긍하기 어렵다. 이러한 점에서 법률을 통해서 형성된 헌법소원제도가 당사자의 권리를 충실하게 구제할 수 있는지를 살펴볼 필요가 있다. 즉 헌법 제111조 제1항 제5호에 따라서 헌법재판소법으로 헌법소원을 구체화할 때 당사자의 권리구제 측면에서 접근하여야 한다. 그리고 재판소원이 헌법해석을 통일하여 헌법 우위를 보장하는 가장 유효한 수단이라는 점을 부정할 수 없다. 하지만 재판소원이 그것을 위한 유일한 수단은 아니다. 또한, 헌법 해석을 통해서 확정할 수 있는 헌법 소원의 구체적 내용이 그리 많지 않아서 헌법소원제도를 형성할 입법자의 재량이 클 수밖에 없다. 따라서 재판소원 금지를 위헌이라고 판단할 기준을 헌법에서 직접 도출하기는 어렵다. 그러나 법원이 헌법재판소 결정을 무시하여 헌법재판소 권한을 무력화하는 때까지 헌법소원심판 대상에서 법원의 재판을 제외하는 것은 헌법 제111조에 어긋나서 위헌이므로 헌법재판소의 한정위헌설이 타당하다고 생각한다.

(ⅳ) 법원의 재판이 헌법소원심판 대상이 되기 위한 구체적 요건

헌법재판소의 기속력 있는 위헌결정에 어긋나게 국민의 기본권을 침해하는 법원의 재판을 어떠한 경우이든 헌법재판소가 최종적으로 다시 심사함으로써 헌법의 최고규범성을 관철하고 손상된 자기 헌법재판권을 회복하려고 헌법재판소는 예외적으로 법원의 재판에 대한 헌법소원심판 청구를 허용한다.[349] 따라서 예외적으로 헌법소원심판 대상이 되는 법원의 재판은 헌법의 최고규범성과 헌법이 부여한 헌법 재판소의 헌법재판권을 관철하기 위해서 부득이 취소되어야 하는 재판이다.

ⓐ 기속력이 있는 헌법재판소 결정

기속력이 있는 헌법재판소 결정만 (당사자가 아닌) 법원을 구속할 수 있다. 법률 에 대한 헌법재판소 결정 중 인용결정인 위헌결정만 기속력이 있다(헌법재판소법 제47조 제1항과 제75조 제6항). 따라서 헌법소원심판 대상이 되는 법원의 재판은 법률의 위헌결정에 어긋나야 한다. 이때 위헌결정에는 단순위헌결정은 물론 한정합헌결 정과 한정위헌결정 그리고 적용 중지 헌법불합치결정이 포함된다.[350] 적용 중지 헌 법불합치결정에 따라서 개선된 법률이 소급규정을 두지 않았을 때 개선된 법률이 당연히 소급효가 있다고 보면, 개선된 법률이 아닌 헌법불합치로 결정된 법률(구 법

---

349) 헌재 1997. 12. 24. 96헌마172등, 판례집 9-2, 842, 859-860; 헌재 2003. 2. 11. 2001헌마386, 판례 집 15-1, 443, 463 재판관 김영일, 재판관 송인준의 반대의견.
350) 헌재 1997. 12. 24. 96헌마172등, 판례집 9-2, 842, 860-861; 헌재 2003. 2. 11. 2001헌마386, 판례 집 15-1, 443, 459-462 재판관 김영일, 재판관 송인준의 반대의견.

률)을 적용한 법원의 재판도 헌법소원심판 대상이 될 수 있다. 그러나 개선된 법률이 당연히 소급효가 있는 것이 아니라고 보면 개선된 법률에 대한 위헌법률심판 제청이나 위헌소원심판 청구만 가능할 것이다. 계속 적용 헌법불합치결정이 내려지면 해당 법률이 계속 적용되므로 해당 법률을 적용한 법원의 재판은 헌법소원심판 대상에서 배제된다. 법률에 위헌결정이 내려지면 해당 법률은 효력을 상실한다(헌법재판소법 제47조 제2항과 제3항, 제75조 제6항). 이러한 법률요건적 효력(이나 형성력 혹은 법률적 효력)에 따라서 법률의 위헌결정은 확정력이나 기판력의 주관적 확장인 기속력이 미치는 해당 사건을 넘어 해당 법률이 효력을 상실한 이후에 내려진 모든 사건에 효력이 미친다. 결국, 해당 법률에 대한 위헌결정이 내려진 날 이후의 모든 법원의 재판이 헌법소원심판 대상이 될 수 있다.[351] 즉 헌법재판소가 어떤 법률에 대해서 위헌결정을 내렸으나 청구인이 다투는 재판이 그 법률에 대한 위헌결정이 내려지기 전에 선고되어 확정되었다면, 그 재판은 헌법소원심판 대상이 되지 아니한다.[352] 비록 나중에 해당 법률을 헌법재판소가 위헌으로 판명하더라도 헌법재판소 위헌결정이 있기 전의 단계에서 법관이 법률을 적용하는 것은 제도적으로 정당성이 보장되기 때문이다.[353] 그런데 형벌에 관한 법률에 대해서 위헌결정이 내려지면 해당 법률은 소급하여 효력을 상실한다(헌법재판소법 제47조 제3항). 하지만 형벌에 관한 법률이 헌법과 충돌하는 시점 이후에 해당 법률을 근거로 한 유죄의 확정판결은 재심 대상이 되므로 헌법소원심판 대상에서 제외된다(헌법재판소법 제47조 제4항). 법원의 재판이 위헌결정일과 같은 날에 선고되면, 설사 먼저 선고되거나 동시에 선고되더라도 그 재판은 헌법소원심판 대상이 될 수 있다.[354] 법원의 재판은 선고한 시점부터 효력이 발생하지만(민사소송법 제205조), 헌법재판소 위헌결정은 선고일 0시부터 효력이 발생하므로(헌법재판소법 제47조 제2항)[355] 대법원 판결은 위헌으로 결

351) 헌재 1998. 4. 30. 92헌마239, 판례집 10-1, 435, 441 참조.
352) 헌재 1998. 6. 25. 92헌마261; 헌재 1998. 7. 16. 95헌마77, 판례집 10-2, 267, 273-274.
353) 헌재 2001. 2. 22. 99헌마461, 판례집 13-1, 328, 343.
354) 같은 견해: 허 영, 『헌법소송법론(제13판)』, 박영사, 2018, 388~389쪽. 실제로 2005년 11월 24일에 헌법재판소는 도로교통법 제78조 제1항 제5호(2001. 12. 31. 법률 제6565호로 일부 개정되고 2005. 5. 31. 법률 7545호로 전문 개정되기 전의 것)가 헌법에 위반된다고 위헌결정을 내리고(헌재 2005. 11. 24. 2004헌가28, 판례집 17-2, 378), 대법원은 그 조항을 구체적인 사건에 그대로 적용해 판결을 확정하는(대법원 2005. 11. 24. 선고 2005두8061 판결) 사건이 발생하였다. 이 대법원 판결 취소를 구하는 재판소원 사건(2005헌마1198 및 2005헌마1231)에서 헌법재판소는 재판소원의 적법성을 인정함은 물론 대법원의 이 판결을 취소하는 내용의 평의를 끝냈으나 청구인의 청구 취하로 별도 선고 없이 심판절차가 종료되고 말았다.
355) 대법원 1990. 3. 2.자 89그26 결정(공1990, 1224); 사봉관, 「위헌결정의 효력발생시기」, 『헌법논총』

정된 법률조항을 사건에 적용한 것이 되기 때문이다.

기속력은 법률의 위헌결정뿐 아니라 권한쟁의심판 결정과 헌법소원심판 인용결정에도 부여된다(헌법재판소법 제67조 제1항과 제75조 제1항). 따라서 권한쟁의심판 결정과 헌법소원의 인용결정도 법원을 구속한다. 결국, 권한쟁의심판 결정과 헌법소원 인용결정에 어긋나는 법원의 재판도 헌법소원심판 대상이 될 수 있다. 다만, 권한쟁의심판 결정과 헌법소원심판 인용결정에는 법률요건적 효력(이나 형성력 혹은 법률적 효력)이 부여되지 않는다. 따라서 권한쟁의심판 결정과 헌법소원심판 인용결정은 해당 사건을 벗어나 효력을 미치지 못한다. 이러한 점에서 권한쟁의심판 결정과 헌법소원심판 인용결정에 어긋나는 법원의 재판은 헌법재판소 결정이 내려진 사건을 대상으로 할 때만 헌법소원심판 대상이 될 수 있다.

헌법재판소는 헌법소원심판 대상이 될 수 있는 재판의 범위를 '헌법재판소가 위헌으로 결정한 법령을 적용한 재판'에서 '헌법재판소 위헌결정의 기속력을 부정하는 모든 재판'으로 조금이나마 확대하려고 한 적이 있다.356) 이러한 헌법재판소 의사는 소수의견을 통해서 드러났다.357) 이러한 소수의견은 종전의 예외 인정만으로는 헌법재판소법 제68조 제2항에 따른 헌법소원 제기를 통하여 헌법재판소에서 법률 규정에 대한 한정위헌결정을 받아도 한정위헌결정은 헌법재판소의 위헌결정 전에 이미 확정된 해당 사건에 대한 재심 청구의 길을 열어놓는 헌법재판소법 제76조 제6항의 '헌법소원이 인용된 경우'에 해당하지 아니하여 기속력이 없다는 이유로 재심 청구를 기각하여 한정위헌결정의 기속력을 부정하는 법원의 재판 때문에 헌법재판소의 규범통제권한을 충분히 지킬 수 없다는 반성에서 비롯한 것이라는 평가가 있다.358) 즉 헌법재판소법 제76조 제6항은 '헌법소원이 인용된 경우'에 한정위헌결정이 포함되지 않는다고 해석하는 한 위헌이라는 결정에 따라서 이 결정이 내려지기 전에 선고된 재심 청구에 대한 대법원 기각판결을 취소함으로써 한정위헌결

제18집, 헌법재판소, 2007, 218~219쪽; 장윤기, 「헌법재판소에서 위헌으로 결정된 법률의 효력」, 『사법행정』 제34권 제6호(통권 제390호), 사법행정학회, 1993. 6., 57쪽; 허완중, 「한국헌법에 따른 헌법재판소법 제47조 제2항의 해석」, 『공법연구』 제37집 제4호, 한국공법학회, 2009, 246~247쪽.

356) 김현철, 『판례 헌법소송법(제4판)』, 전남대학교출판부, 2016, 364~367쪽; 정호경, 「재판소원의 예외적 허용 범위: 헌재 2003. 4. 24. 선고 2001헌마386 결정을 중심으로」, 『법학논총』 제22권 제2호, 한양대학교 법학연구소, 2005, 236~237쪽; 한수웅/정태호/김하열/정문식(정태호 집필), 『주석 헌법재판소법』, 헌법재판소 헌법재판연구원, 2015, 1046쪽.

357) 헌재 2003. 2. 11. 2001헌마386, 판례집 15-1, 443, 463 재판관 김영일, 재판관 송인준의 반대의견.

358) 한수웅/정태호/김하열/정문식(정태호 집필), 『주석 헌법재판소법』, 헌법재판소 헌법재판연구원, 2015, 1046~1047쪽.

정의 기속력을 관철할 수 있도록 뒷받침하려는 것이라고 한다. 예외적인 재판소원 허용이 헌법재판소 결정의 기속력을 관철하기 위한 것이라는 점에서 이러한 헌법재판소 견해는 타당하다. 그러나 헌법재판소 견해가 기속력 대상을 법률의 위헌결정에 국한하는 것이라면 수긍하기 어렵다. 권한쟁의심판 결정과 헌법소원 인용결정의 기속력도 위헌결정의 기속력과 마찬가지로 그 관철이 보장되어야 하기 때문이다. 결국, (법률의 위헌결정은 물론 권한쟁의심판 결정과 헌법소원 인용결정도 포함한) 헌법재판소 결정의 기속력을 부정하는 모든 재판이 헌법소원심판 대상이 되어야 할 것이다.

더하여 헌법재판소 권한을 명확하게 침해하는 법원의 재판도 헌법소원심판 대상이 될 수 있다. 즉 헌법재판소의 전속 권한을 법원이 행사하여 재판한다면, 그러한 재판은 헌법소원심판 대상이 될 것이다. 예를 들어 관습법이 준법률로서 위헌법률심판 대상이 된다면,359) 관습법을 위헌이라고 선언하면서 그 적용을 배제한 대법원 판결360)은 법률에 대한 헌법재판소의 전속적인 규범통제권을 침해한 것이 된다. 따라서 해당 대법원 판결은 헌법소원심판 대상이 될 수 있다. 다만, 관습법이 위헌이라고 주장하는 사람은 기본권을 침해당하지 않아서 적법한 재판소원을 제기할 수 없다. 그래서 관습법이 합헌이라고 주장하는 사람만 헌법재판소에 적법한 헌법소원심판을 청구할 수 있다. 반대로 당사자가 관습법에 대해서 위헌법률심판 제청을 신청하였는데도 대법원이 위헌법률심판 제청 없이 합헌이라고 판단하여 관습법을 적용하여 재판하면, 당사자는 헌법재판소법 제68조 제2항에 따른 헌법소원심판을 청구할 수 있다. 그리고 당사자가 관습법에 대해서 위헌법률심판 제청을 하지 않을 때 대법원이 위헌법률심판 제청 없이 합헌이라고 판단하여 관습법을 적용하여 재판하면, 당사자는 해당 판결에 대해서 헌법소원심판을 청구할 수 없다. 당사자가 위헌법률심판 제청 신청이라는 권리구제수단을 행사하지 않아 보충성원칙에 어긋나기 때문이다.

요컨대 헌법재판소 결정의 기속력을 부정하거나 헌법재판소 권한을 찬탈한 법원의 재판은 예외적으로 헌법소원심판 대상이 될 수 있다.

ⓑ 효력이 상실된 법규범

헌법재판소 판례는 위헌결정에 따라 효력이 상실된 법률만 재판소원 허용 여부와 관련하여 언급한다. 그러나 법률에 대한 위헌결정뿐 아니라 명령이나 규칙에 대

---

359) 헌재 2013. 2. 28. 2009헌바129, 판례집 25-1, 15, 18-19.
360) 예를 들어 대법원 2005. 7. 21. 선고 2002다1178 전원합의체 판결(집53민, 87; 공2005하, 1326); 대법원 2005. 7. 21. 선고 2002다13850 전원합의체 판결.

한 위헌결정에도 기속력과 법률요건적 효력(이나 형성력 혹은 법률적 효력)이 부여된
다. 따라서 이러한 위헌결정도 법원을 구속한다. 이러한 점에서 효력이 상실된 법
률은 물론 효력이 상실된 명령이나 규칙을 적용한 법원의 재판도 헌법소원심판 대
상이 될 수 있다.361) 결국, 헌법재판소의 위헌결정으로 말미암아 효력이 상실된 모
든 법규범을 적용한 법원의 재판이 재판소원 대상이 될 수 있다.

그러나 권한쟁의심판 결정과 헌법소원심판 인용결정이 언제나 법규범과 관련이
되는 것은 아니다. 따라서 권한쟁의심판 결정과 헌법소원심판 인용결정에 어긋나는
법원의 재판에는 헌법재판소의 위헌결정으로 말미암아 효력이 상실된 법규범 적용
이라는 요건이 늘 요구되지 않는다. 즉 권한쟁의심판 결정과 헌법소원심판 인용결
정이 법규범과 관련이 있을 때만 헌법재판소의 위헌결정으로 말미암아 효력이 상실
된 법규범 적용이 재판소원 대상성과 관련하여 요구된다. 그리고 헌법재판소 권한
을 찬탈한 법원의 재판에도 헌법재판소의 위헌결정으로 말미암아 효력이 상실된 법
규범 적용이라는 요건이 요구되지 않는다.

ⓒ 적용한 법원의 재판

보충성원칙(헌법재판소법 제68조 제1항 단서)으로 말미암아 기속력이 있는 헌법재
판소 결정에 어긋나는 모든 법원의 재판이 헌법소원심판 대상이 될 수 있는 것은
아니다. 심급제 때문에 확정된 최종심의 종국재판만 헌법소원심판 대상이 될 수 있
다. 따라서 종국판결만 헌법소원심판 대상이 되고, 중간판결은 헌법소원심판 대상
이 되지 않는다. 중간판결의 하자는 그 판결을 기초로 선고된 종국판결에 대한 헌
법소원을 통해서 시정될 수 있다. 따라서 중간판결을 독립한 재판소원 대상으로 삼
을 필요는 없다.362) 민사소송법에서도 중간판결을 독립한 상소 대상으로 삼지 않는
다. 독일에서는 중간판결을 예외적으로 재판소원 대상으로 삼기도 한다. 그러나 이
것은 독일 민사소송법 제304조와 제280조에서 청구근거와 청구금액에 관하여 각각
다툼이 있을 때 그 원인에 관한 중간판결이나 소의 적법요건에 관한 변론을 분리하
여 재판하였다면 그러한 중간판결을 종국판결로 간주하는 것에서 비롯한다. 그러나

---

361) 헌재 1997. 12. 24. 96헌마172등, 판례집 9-2, 842, 861. 헌법재판소가 위헌으로 결정한 '법령'을 적
    용함으로써 국민의 기본권을 침해하는 법원의 재판이 헌법소원심판 대상이 된다고 헌법재판소는 표
    현한다(헌재 1997. 12. 24. 96헌마172등, 판례집 9-2, 842, 848-849; 헌재 1998. 4. 30. 92헌마239,
    판례집 10-1, 435, 441; 헌재 1998. 7. 16. 95헌마77, 판례집 10-2, 267; 헌재 2009. 4. 30. 2007헌
    마589, 판례집 21-1하, 379, 389; 헌재 2012. 12. 27. 2008헌마214등).

362) BVerfGE 21, 139 (143); 101, 106 (120); Rüdiger Zuck, Das Recht der Verfassungsbeschwerde, 5.
    Aufl., München 2017, Rdnr. 557 참조.

한국 민사소송법에는 이러한 간주규정이 없어서 이러한 견해를 수용할 수 없다. 그리고 확정된 최종심의 종국재판이더라도 그에 대한 재심이 가능하면 헌법소원은 허용되지 않을 수 있다. 다만, 재심은 예외적으로만 허용되어 그 허용 여부가 명확하지 않으므로, 법원의 재판이 확정되고 나서 재심 청구를 하지 않고 재판소원을 제기하더라도 보충성원칙의 예외에 해당하여 적법할 수 있다. 즉 (재심과 재판소원이 동시에 허용될 가능성이 있을 때) 재심 허용 여부가 확실하지 않으면 당사자는 재심과 재판소원 중 하나를 선택할 수 있다고 보아야 할 것이다. 법원의 재판이 확정되면 재판 선고를 통지받은 날부터 30일 이내에 법원의 재판에 대해서 헌법소원심판을 청구하여야 한다. 물론 재심을 청구하여 기각재판을 받으면 헌법소원을 제기할 수 없다. 재심 청구에 대한 기각재판은 독립한 법원의 재판이기 때문이다.

ⓓ 재판주문이나 중요이유

법원의 재판주문에는 승소 여부만 나타난다. 따라서 재판주문만 보아서는 기속력 있는 헌법재판소 결정에 어긋나는지를 확인하기 어렵다. 법원의 재판 대부분에서는 그 이유를 살펴보아야 비로소 기속력 있는 헌법재판소 결정에 어긋나는지가 드러난다. 그러므로 재판주문은 물론 재판이유도 헌법소원심판 대상이 될 수 있다.[363] 물론 이때 재판이유는 재판주문을 근거 지우는 중요이유에 국한된다. 다만, 예외적으로 객관적 권리보호이익이 인정되면 재판주문에 영향을 주지 않는 중요이유에 대해서도 헌법소원심판을 청구할 수 있다. 헌법소원제도는 주관적으로 개인의 권리를 구제하는 것뿐 아니라 객관적으로는 헌법질서 보장을 그 목적으로 하기 때문이다. 따라서 침해행위가 이미 종료되어 이것을 취소할 여지가 없어서 헌법소원이 주관적 권리구제에 별 도움이 안 되는 때라도 그러한 침해행위가 앞으로도 반복될 위험이 있거나 해당 분쟁 해결이 헌법질서의 수호·유지를 위해서 긴요한 사항이어서 그 해명이 헌법적으로 중대한 의미가 있으면 헌법소원 이익을 인정하여야 할 것이다.[364]

ⓔ 기본권 침해

헌법재판소에 헌법소원심판을 청구하려면 공권력의 행사나 불행사로 말미암아 기본권이 침해되어야 한다(헌법재판소법 제68조 제1항 본문). 따라서 법원의 재판이

---

363) Christian Burkiczak/Franz−Wilhelm Dollinger/Frank Schorkopf (Hrsg.), Bundesverfassungsgerichtsgesetz − Heidelberger Kommentar, Heidelberg 2015, § 95 Rdnr. 58; Christian Hillgruber/Christoph Goos, Verfassungsprozessrecht, 4. Aufl., Heidelberg 2015, Rdnr. 160 참조.
364) 헌재 1992. 1. 28. 91헌마111, 판례집 4, 51, 56−57; 헌재 1992. 4. 14. 90헌마82, 판례집 4, 194, 204; 헌재 1997. 3. 27. 92헌마273, 판례집 9−1, 337, 342; 헌재 1997. 11. 27. 94헌마60, 판례집 9−2, 675, 688; 헌재 2008. 12. 26. 2007헌마775, 판례집 20−2하, 844, 850−851 참조.

당사자의 기본권을 침해하여야 비로소 헌법소원을 제기할 수 있다. 이러한 점에서 법원의 재판이 기속력이 있는 헌법재판소 결정에 어긋나기는 하지만, 그에 대한 헌법소원이 인용되어도 재판 결과가 달라지지 않는다면, 정확하게 말하면 헌법재판소 결정에 따른다고 하더라도 다른 이유로 같은 재판 결과가 나온다면 재판소원은 허용되지 않는다. 예를 들어 헌법재판소가 가령 헌법불합치결정을 내리면서 적용중지를 명령한 법령을 적용하여 행정처분의 적법 여부를 판단한 것은 그 헌법불합치결정의 기속력에 어긋난다. 그러나 위헌성이 제거된 개정신법을 따를 때와 처분 내용이 달라지지 않아 결과적으로 그로 말미암아 청구인의 기본권이 침해되었다고 볼 수 없으면 '위헌으로 결정한 법령을 적용함으로써 국민의 기본권을 침해한 재판'에 해당하지 않아 헌법소원심판 대상이 될 수 없다.[365] 그러나 재판의 결과가 달라질 가능성이 있다면 가능성 크기에 상관없이 재판소원은 허용되어야 할 것이다.

(v) 대법원 파기환송판결의 헌법소원심판 대상 여부

ⓐ 종국판결인지가 문제 되는 대법원의 파기환송판결

법원의 재판이 헌법소원심판 대상이 되려면 확정력이 있어야 한다. 법원의 재판이 확정력이 있으려면 법원의 재판이 확정되어야 한다. 그래서 일반적으로 최종심의 종국판결이 재판소원 대상이 된다. 그런데 상고법원이 원심 판결을 파기하면 사실심리를 새롭게 하여야 할 때가 잦아서 원칙적으로 사건을 환송하거나 이송한다(민사소송법 제436조 제1항, 형사소송법 제393조, 제394조, 제395조, 제397조, 행정소송법 제8조 제2항). 파기환송은 원심 판결을 파기하고 사건을 원심법원에 되돌려 보내 다시 심리하도록 하는 것이고, 파기이송은 원심 판결을 파기하고 사건을 원심법원이 아닌 법원에 이송하여 다시 심사하도록 하는 것이다.[366] 따라서 대법원이 파기환송판결을 내리면 해당 사건은 여전히 해결되지 않고 해당 소송은 확정되지 않는다. 이러한 점 때문에 대법원의 파기환송판결이 중간판결인지 아니면 종국판결인지가 다투어진다. 나아가 대법원의 파기환송판결을 종국판결로 보더라도 그것이 '확정된' 종국판결인지와 관련하여 견해가 갈린다.

ⓑ 파기환송판결이 종국판결인지 여부

㈎ 대법원 판례   대법원은 본래 대법원의 파기환송판결은 원심 판결을 파기

---

365) 헌재 1999. 10. 21. 96헌마61등, 판례집 11−2, 461, 476−484; 헌재 1999. 10. 21. 978헌마301, 판례집 11−2, 496, 508−516 참조.

366) 파기환송판결과 파기이송판결은 사건을 돌려받는 법원이 원심법원인지 아닌지에 따라 구별되는데, 종국판결성 및 재판소원대상성과 관련한 논의에서는 차이점이 없다. 따라서 이하 논의에서 파기환송판결은 파기이송판결을 포함한다.

환송하여 파기환송된 사건을 원심에서 다시 심리판결하게 하는 것이라서 중간판결이라는 견해를 취하여 왔다.367) 그러나 대법원은 관여 대법관 전원의 일치된 의견으로 이러한 판례를 변경하였다.368) 즉 대법원은 종국판결은 소나 상소를 통해서 계속 중인 사건의 전부나 일부에 대해서 심판을 마치고 그 심급을 이탈시키는 판결이라고 하면서, 대법원의 환송판결도 해당 사건에 대해서 재판을 마치고 그 심급을 이탈시키는 판결이라서 당연히 제2심의 환송판결369)과 마찬가지로 종국판결이라고 하였다.

(나) 학설　　종국판결과 중간판결의 개념은 사건의 종국적 해결과 무관한데, 종국판결을 사건을 종국적으로 해결하는 판결이 아니라 심급을 종결하는 판결로 보면, 환송판결은 당연히 종국판결이라는 견해가 있다.370) 그리고 종국판결과 중간판결의 구분은 주로 그 판결을 통해서 해당 사건이 해당 심급을 이탈하게 되는지에 따라 이루어지는데, 대법원의 파기환송판결을 통해서 해당 사건의 대법원 심리는 일단 종결되고 사건이 대법원에서 이탈하여 항소심으로 되돌아가므로, 대법원의 환송판결은 중간판결이 아니라 종국판결로 보아야 한다는 견해도 있다.371) 또한, 상고심의 환송판결을 종국판결로 보면 상고심의 파기환송판결은 판결 선고와 동시에 확정되고 당사자는 이 판결에 대해서 즉시 재심을 제기할 수 있는데, 이때 환송판결이 취소되면 환송판결 이후에 진행되는 절차는 무용한 것이 되는 문제는 재상고심에서 바로 환송판결을 파기하고 새로운 판결을 할 수 있도록 하는 것이 타당하다고 하면서, 환송판결을 종국판결로 보면 이미 확정된 환송판결은 종전판례와 같이 취급할 수 있고, 중간판결로 보면 재상고심에서 이것을 다시 심사하는 것은 자연스러운 일이라고 하는 견해도 있다.372)

(다) 사견　　종국판결은 소나 상소를 통해서 계속된 사건의 전부나 일부를 그 심

---

367) 대법원 1959. 6. 25. 선고 4291민상419 판결(판례카드 5648); 대법원 1971. 6. 22. 선고 71사43 판결(집29－1, 민72); 대법원 1979. 11. 13. 선고 78사20 판결(공1980, 12338); 대법원 1981. 2. 24. 선고 80다2029 전원합의체 판결(집29－1, 민58; 공1981, 13735); 대법원 1981. 7. 7. 선고 80다2955 판결(공1981, 14163).

368) 대법원 1995. 2. 14. 선고 93재다27, 34 전원합의체 판결(집43－1, 58; 공1995, 1330).

369) 대법원은 이미 제2심의 환송판결을 종국판결이라고 판시한 바 있다[대법원 1981. 9. 8. 선고 80다3271 전원합의체 판결(집29－3, 민50)].

370) 유병현, 「파기환송판결과 재심의 대상」, 『인권과 정의』 제232호, 대한변호사협회, 1995. 12., 86~87쪽.

371) 윤진수/강용현, 「대법원의 파기환송판결이 재심적격이 되는지 여부」, 『인권과 정의』 제226호, 대한변호사협회, 1995. 6., 66~67쪽.

372) 이용훈, 「선박우선특권의 시효중단과 대법원의 소부에서 한 파기환송판결의 대법원에 대한 기속력」, 『민사판례연구』 제4집, 민사판례연구회, 1982, 187~189쪽.

급으로서 완결시키는 판결을 말한다(민사소송법 제198조).[373] 종국판결은 그 심급의
소송을 완결시키는 것이므로 그에 따라서 소송이 종료되지 않고 그 후 다른 심급에
서 소송이 계속하여 심리되어도 상관이 없다. 즉 사건 자체를 종결시키는지는 종국
판결과 관련이 없다. 따라서 종국판결이 내려져도 해당 소송은 확정되지 않을 수
있다. 이러한 점에 비추어 해당 판결이 종국판결인지는 심급을 완결하여서 해당 심
급에서 이탈시키는지에 따라 결정된다.

대법원의 파기환송판결은 상고심을 완결시켜서 상고심에서 이탈시키므로 종국
판결에 해당한다. 파기환송판결을 종국판결로 보지 않으면 해당 심급의 종국판결이
없게 되는 결과가 발생할 수 있다. 당사자가 재상고하리라는 보장이 없기 때문이
다.[374] 즉 재항소심에서 사건이 종결되면 파기환송판결이 내려진 상고심에는 종국
판결이 없게 된다. 그리고 1심과 항소심을 거쳐 상고심에 이르러 사건이 종결되면
종국판결은 최소 3개가 있게 된다. 이러한 점에서 사건이 1심으로 끝나지 않는 한
사건이 종결될 때까지 둘 이상의 종국판결이 있게 된다. 따라서 사건의 종료 여부
와 종국판결이 이미 있는지는 종국판결 해당 여부를 결정하는 데 아무런 관련이 없
다. 결국, 대법원의 파기환송판결로 사건이 종료되지 않고 이로 말미암아 종국판결
이 4개 이상 있을 수 있다는 것은 대법원의 파기환송판결을 종국판결로 보는 데 아
무런 방해가 되지 않는다.

ⓒ 대법원의 파기환송판결이 헌법소원심판 대상이 되는지 여부

국민의 권리 보호를 빈틈없이 하려면 대법원의 파기환송판결에 재판소원 대상
적격을 인정하여야 한다는 견해가 있다.[375] 그리고 실제로는 환송받은 하급심에서
다시 심리를 계속하므로 대법원의 환송판결은 소송절차를 최종적으로 종료시키는
판결은 아니고, 환송판결도 동일절차 안에서는 철회하거나 취소될 수 없다는 의미
에서 기속력이 인정될 뿐 아니라 소송물에 관해서 직접 재판하지 아니하고 원심재
판을 파기하여 다시 심리 판단하라는 종국적 판단을 유보한 재판의 성질상 기판력
이나 실체법상 형성력과 집행력이 직접 생기지 않아서 중간판결의 특성이 있는 판

---

373) 김홍엽,『민사소송법(제7판)』, 박영사, 2018, 780쪽; 이시윤,『신민사소송법(제12판)』, 박영사, 2018,
　　611쪽; 정동윤/유병현/김경욱,『민사소송법(제6판)』, 법문사, 2017, 732쪽; 정영환,『신민사소송법』,
　　세창출판사, 2009, 957쪽; 호문혁,『민사소송법(제13판)』, 법문사, 2016, 592쪽; 홍기문,『민사소송법
　　(제7판)』, 대명출판사, 2016, 531쪽.
374) 이러한 지적으로는 이용훈,「선박우선특권의 시효중단과 대법원의 소부에서 한 파기환송판결의 대
　　법원에 대한 기속력」,『민사판례연구』제4집, 민사판례연구회, 1982, 186쪽.
375) 계성윤,「재판소원의 적법요건과 심사범위: 재판소원 운용시의 문제점과 해결방안」, 고려대학교 법
　　학석사학위논문, 2001, 49~50쪽.

결로서 '실질적으로 확정된 종국판결'이 아니므로 재판소원의 대상이 될 수 있는 최종심 종국판결이 아니라는 견해도 있다.[376] 확정력 있는 종국판결의 정의는 물론 당사자의 신속한 권리구제와 법적 안정성 보장 그리고 헌법재판소법 제68조 제2항에 따른 헌법소원에 비추어 환송 후 확정된 원심 판결이 아니라 대법원의 파기환송 판결을 헌법소원심판 대상으로 삼는 것이 타당하다고 생각한다.

② 재판장의 소송지휘 또는 재판진행

재판장의 소송지휘권 행사에 관한 사항은 그 자체가 명령으로서 법원의 재판에 해당하거나 재판형식이 아닌 권력적 사실행위로 하였더라도 종국판결이 선고되고 나서는 종국판결에 흡수·포함되어 그 불복방법은 그 판결에 대한 상소를 통해서만 가능하므로 재판장이 변론지휘권을 부당하게 행사한 것을 대상으로 하는 헌법소원심판 청구나 재판장의 소송지휘 또는 재판진행에 관한 헌법소원심판 청구는 결국 법원의 재판을 직접 그 대상으로 하여 청구한 때에 해당하므로 적법하지 않다.[377]

③ 재판부작위(재판 지연)

헌법소원심판 대상에서 제외되는 '법원의 재판'에는 재판 자체뿐 아니라 '재판절차에 관한 법원의 판단'도 포함되므로, '재판 지연'은 결국 법원의 재판절차에 관한 것이라서 헌법소원심판 대상이 아니다.[378]

④ 법원행정처장의 법령 질의에 대한 회신

법원행정처장의 민원인에 대한 법령 질의 회신은 법규나 행정처분과 같은 법적 구속력이 있는 것이 아니므로 이에 대한 헌법소원심판 청구는 적법하지 않다.[379]

⑤ 헌법재판소 결정

헌법재판소 결정은 그 결정의 자기기속력이나 법적 안정성 때문에 이것을 취소·변경할 수 없으므로 헌법소원심판 대상으로는 적합하지 않다.[380]

2. 헌법상 보장된 기본권을 침해받은 자

(1) 헌법상 보장된 기본권

먼저 어떤 권리가 헌법상 보장된 기본권인지가 문제 된다. 한국 헌법 어디에도

---

376) 현경희, 「재판소원 도입의 필요성과 그 허용범위에 관한 연구」, 이화여자대학교 법학석사학위논문, 2013, 64~65쪽.

377) 헌재 1992. 6. 26. 89헌마271, 판례집 4, 413, 418.

378) 헌재 1998. 5. 28. 96헌마46.

379) 헌재 1992. 6. 26. 89헌마132, 판례집 4, 387, 402.

380) 헌재 1989. 7. 24. 89헌마141, 판례집 1, 155, 156; 헌재 1990. 5. 21. 90헌마78, 판례집 2, 129, 130.

명시적으로 기본권 개념을 규정하거나 범위를 한정하지 않기 때문이다. 이 문제는 결국 헌법 해석을 통해서 해명되어야 할 문제이다. 그러나 일단 헌법상 보장된 기본권이란 '헌법이 직접 국민에게 부여한 주관적 권리, 즉 국민의 국가에 대한 헌법적 권리'라고 볼 수 있다.381) 이 기본권은 주로 국민의 권리와 의무에 관한 제2장에 포함될 것이지만, 거기에만 국한된 것은 아니다. 예를 들면 헌법 제8조의 정당조항, 제116조의 평등한 선거운동, 공영선거원칙도 개인 기본권의 근거가 될 수 있다. 그러므로 어떤 헌법규범이 개인의 기본권을 보장하는지는 결국 개별 헌법 규정 해석을 통해서 밝혀져야 할 것이다.382)

헌법재판소는 "제도적 보장은 객관적 제도를 헌법에 규정하여 당해 제도의 본질을 유지하려는 것으로서 헌법제정권자가 특히 중요하고도 가치가 있다고 인정되고 헌법적으로도 보장할 필요가 있다고 생각하는 국가제도를 헌법에 규정함으로써 장래의 법발전, 법형성의 방침과 범주를 미리 규율하려는 데 있다. 이러한 제도적 보장은 주관적 권리가 아닌 객관적 법규범이라는 점에서 기본권과 구별된다."라고 하였다.383) 물론 문제가 된 제도적 보장이 보호하는 주관적 권리인 기본권 침해를 주장하여 헌법소원을 제기할 수 있으나, 이것은 별개 문제이다.

나아가 '헌법에 의해 직접 보장된' 개인의 주관적 권리만을 의미한다. 여기서 '직접' 보장된다는 것은 헌법에서 명문규정으로 보장한 것만을 의미하는 것이 아니라 헌법에서 도출된 것도 포함한다.

(2) 헌법소원심판 청구인능력

헌법소원심판은 헌법이 보장한 기본권을 '침해받은 자'가 청구할 수 있다. 그러므로 기본권주체가 될 수 있는 사람이 헌법소원심판청구인이 될 수 있다. 즉 기본권능력이 있는 사람만 헌법소원심판을 청구할 수 있다.

① 자연인

(ⅰ) 대한민국 국민

대한민국 국적이 있는 모든 자연인은 기본권의 주체가 된다. 따라서 대한민국 국적이 있는 모든 국민이 헌법소원심판을 청구할 수 있다.384) 아동이나 미성년자도 청구인능력이 있다. 다만, 이들은 원칙적으로 소송능력이 없어서(헌법재판소법 제40

---

381) 헌재 2001. 3. 21. 99헌마139등, 판례집 13-1, 676, 692-693; 헌재 2004. 12. 16. 2002헌마579, 판례집 16-2하, 568, 575.
382) 헌재 2001. 3. 21. 99헌마139등, 판례집 13-1, 676, 692-693.
383) 헌재 1997. 4. 24. 95헌바48, 판례집 9-1, 435, 444.
384) 헌재 1994. 12. 29. 93헌마120, 판례집 6-2, 477, 480.

조, 민사소송법 제51조, 제55조), 이들의 헌법소원심판 청구는 친권자 등의 법정대리인이 수행한다. 대통령도 국민의 한 사람으로서 제한으로나마 기본권주체가 될 수 있으므로, 그러한 범위에서 헌법소원심판을 청구할 수 있다.[385]

(ⅱ) 외국인이나 무국적자

외국인이나 무국적자는 기본권의 성질에 따라 기본권주체가 될 수 있는 때만 헌법소원심판을 청구할 수 있다.[386]

(ⅲ) 출생 이전과 사망 이후

자연인은 원칙적으로 살아 있는 동안에 기본권주체이다. 다시 말하면 기본권능력은 출생으로 발생하고 사망으로 소멸한다. 문제는 출생 이전과 사망 이후에도 기본권능력이 있는 지이다. 태아도 기본권의 성질에 비추어 기본권의 주체가 될 수 있으면 대리인을 통해서 헌법소원심판을 청구할 수 있다. 헌법재판소는 생명권에 관해서 태아의 기본권능력을 인정하였으나,[387] 수정 후 14일이 지나서 원시선이 나타나기 전의 수정란 상태, 즉 일반적인 임신이면 수정란이 모체에 착상되어 원시선이 나타나는 그 시점의 배아 상태에 이르지 않은 배아, 즉 초기배아의 청구인능력은 인정하지 않았다.[388]

사망으로 심판청구인이 될 능력도 소멸하는 것이 원칙이다. 따라서 헌법소원심판청구인이 사망하면 기본권은 일반적으로 일신전속적이므로 보통 헌법재판소에

---

385) 헌재 2008. 1. 17. 2007헌마700, 판례집 20−1상, 139, 159−160; "… 대통령도 국민의 한사람으로서 제한적으로나마 기본권의 주체가 될 수 있는바, 대통령은 소속 정당을 위하여 정당활동을 할 수 있는 사인으로서의 지위와 국민 모두에 대한 봉사자로서 공익실현의 의무가 있는 헌법기관으로서의 지위를 동시에 갖는데 최소한 전자의 지위와 관련하여는 기본권 주체성을 갖는다고 할 수 있다(헌재 2004. 5. 14. 2004헌나1, 판례집 16−1, 609, 638 참조). …… 청구인은 이 사건 조치로 인하여 대통령으로서의 정치적 표현의 자유가 아닌 개인으로서의 정치적 표현의 자유가 침해되었다고 주장하고 있는바, 앞에서 본 바와 같이 이 사건 조치로 청구인 개인으로서의 표현의 자유가 제한되었을 가능성이 있으므로, 이 사건헌법소원에 있어서 청구인의 기본권 주체성 내지 청구인적격이 인정된다고 할 것이다."

386) 헌재 2001. 11. 29. 99헌마494, 판례집 13−2, 714, 723−724: "우리 재판소는, 헌법재판소법 제68조 제1항 소정의 헌법소원은 기본권을 침해받은 자만이 청구할 수 있고, 여기서 기본권을 침해받은 자만이 헌법소원을 청구할 수 있다는 것은 곧 기본권의 주체라야만 헌법소원을 청구할 수 있고 기본권의 주체가 아닌 자는 헌법소원을 청구할 수 없다고 한 다음, '국민' 또는 국민과 유사한 지위에 있는 '외국인'은 기본권의 주체가 될 수 있다 판시 하여(헌재 1994. 12. 29. 93헌마120, 판례집 6−2, 477, 480) 원칙적으로 외국인의 기본권 주체성을 인정하였다. 청구인들이 침해되었다고 주장하는 인간의 존엄과 가치, 행복추구권은 대체로 '인간의 권리'로서 외국인도 주체가 될 수 있다고 보아야 하고, 평등권도 인간의 권리로서 참정권 등에 대한 성질상의 제한 및 상호주의에 따른 제한이 있을 수 있을 뿐이다."

387) 헌재 2008. 7. 31. 2004헌바81, 판례집 20−2상, 91, 101: "모든 인간은 헌법상 생명권의 주체가 되며, 형성 중의 생명인 태아에게도 생명에 대한 권리가 인정되어야 한다. 따라서 태아도 헌법상 생명권의 주체가 되며, 국가는 헌법 제10조에 따라 태아의 생명을 보호할 의무가 있다."

388) 헌재 2010. 5. 27. 2005헌마346, 판례집 22−1하, 275, 291−292.

계속된 헌법소원은 종료된다.389) 그러나 재산권과 같이, 일신전속성이 상대적으로 약한 기본권에서는 심판청구인 사망 이후에도 그 상속인의 헌법소원심판절차 수계가 가능하다.390) 헌법재판소는 "수계할 당사자가 없거나 수계의사가 없는 때에는 청구인의 사망에 의하여 헌법소원심판절차는 원칙적으로 종료된다고 할 것이고, 다만, 수계의사표시가 없는 때에도 이미 결정을 할 수 있을 정도로 사건이 성숙되어 있고, 그 결정에 의하여 유죄판결을 받은 자의 이익을 위하여 결정의 필요성이 있다고 판단되는 때에 한하여 종국결정을 할 수 있다."라고 판시하였다.391) 그리고 헌법재판소는 인격권과 관련하여 사자의 기본권능력을 인정하는 듯한 견해를 보인 적이 있다.392)

② 단체

(i) 법인격 있는 사법상 사단이나 재단

사법인이나 그 밖의 권리능력 없는 결사도 누릴 수 있는 기본권 침해가 문제되면 헌법소원심판을 청구할 수 있다. 그런데 어떤 종류의 인적 결합체에 대해서 헌법소원심판을 청구할 자격이 있다고 볼 수 있는지가 문제 된다.

법인격이 있는 사법상 사단이나 재단이 성질상 기본권주체가 될 수 있는 범위 안에서 청구인능력이 있다는 점은 명백하다. 헌법재판소는 '사단법인 한국영화인협회'는 민법상 비영리 사단법인으로서 성질상 법인이 누릴 수 있는 기본권에 관한한 그 이름으로 헌법소원심판을 청구할 수 있다고 하였다.393)

(ii) 법인격(권리능력) 없는 단체

법인 아닌 사단·재단이라도 대표자의 정함이 있고 독립된 사회적 조직체로서 활동하면 성질상 법인이 누릴 수 있는 기본권을 침해당할 때 그의 이름으로 헌법소원심판을 청구할 수 있다.394) 헌법재판소는 노동조합은 법인 아닌 사단으로서 기본

---

389) 헌재 1992. 11. 12. 90헌마33, 판례집 4, 782, 784 참조.

390) 헌재 1993. 7. 29. 92헌마234, 판례집 5－2, 196, 201 참조.

391) 헌재 1994. 12. 29. 90헌바13, 판례집 6－2, 351, 354. 같은 취지로 헌재 1997. 1. 16. 89헌마240, 판례집 9－1, 45, 70.

392) 헌재 2010. 10. 28. 2007헌가23, 판례집 22－2상, 761, 767－768.

393) 헌재 1991. 6. 3. 90헌마56, 판례집 3, 289, 296.

394) 헌재 1991. 6. 3. 90헌마56, 판례집 3, 289, 295－296: "우리 헌법은 법인의 기본권향유능력을 인정하는 명문의 규정을 두고 있지 않지만, 본래 자연인에게 적용되는 기본권규정이라도 언론·출판의 자유, 재산권의 보장 등과 같이 성질상 법인이 누릴 수 있는 기본권을 당연히 법인에게도 적용하여야 할 것으로 본다. 따라서 법인도 사단법인·재단법인 또는 영리법인·비영리법인을 가리지 아니하고 위 한계내에서는 헌법상 보장된 기본권이 침해되었음을 이유로 헌법소원심판을 청구할 수 있다. 또한, 법인 아닌 사단·재단이라고 하더라도 대표자의 정함이 있고 독립된 사회적 조직체로서 활동하는 때에는 성질상 법인이 누릴 수 있는 기본권을 침해당하게 되면 그의 이름으로 헌법소원심판을

권능력이 인정되고, 특히 헌법 제33조가 정하는 바에 따라 기본권주체성이 인정되므로, 그 범위에서는 헌법소원심판을 청구할 수 있다고 하였고,395) 권리능력 없는 사단의 일종인 정당에 대해서 심판청구능력을 인정하였으며,396) 대한예수교장로회 총회신학연구원 이사회에 대해서도 장로회총회의 단순한 내부기구가 아니라 그와는 별개의 비법인 재단에 해당한다고 하여 심판청구능력을 인정하였다.397) 그리고 헌법재판소는 국립대학교의 독자적인 청구인능력을 인정한다.398) 그러나 한국영화인협회 감독위원회는 영화인협회에서 독립된 별개의 단체가 아니고, 영화인협회 내부에 설치된 8개의 분과위원회 가운데 하나에 지나지 아니하며, 달리 단체로서 실체를 갖추어 당사자능력이 인정되는 법인 아닌 사단으로 볼 자료가 없으므로 헌법소원심판의 청구능력이 있다고 할 수 없다고 하여 단체의 부분기관에는 청구인능력을 부인하였다.399)

(ⅲ) 공법인

ⓐ 원칙

헌법재판소법 제68조 제1항이 "공권력의 행사 또는 불행사로 인하여 기본권을 침해받은 자는 헌법소원의 심판을 청구할 수 있다."라고 규정한 것은 기본권주체라야 헌법소원심판을 청구할 수 있고, 기본권주체가 아닌 자는 헌법소원심판을 청구할 수 없다는 것을 뜻한다. 기본권 보장 규정인 헌법 제2장의 제목이 '국민의 권리와 의무'이고 그 제10조 내지 제39조에서 "모든 국민은 …… 권리를 가진다."라고 규정하므로 이러한 기본권 보장에 관한 각 헌법규정 해석상 국민만 기본권주체라고 할 것이고, 공권력 행사인 국가, 지방자치단체나 그 기관 또는 국가조직 일부나 공법인은 기본권의 '수범자'이지 기본권주체가 아니고 오히려 국민의 기본권을 보호하거나 실현하여야 할 '책임'과 '의무'를 지닐 뿐이다.400) 헌법재판소는 이러한 견지에서 국회의 노동위원회,401) 국회의원,402) 공법인인 지방자치단체의 장403)이나

청구할 수 있다(민사소송법 제48조 참조)."

395) 헌재 1999. 11. 25. 95헌마154, 판례집 11-2, 555, 573.
396) 헌재 1991. 3. 11. 91헌마21, 판례집 3, 91, 98.
397) 헌재 2000. 3. 30. 99헌바14, 판례집 12-1, 325, 335.
398) 헌재 2015. 12. 23. 2014헌마1149, 판례집 27-2하, 710.
399) 헌재 1991. 6. 3. 90헌마56, 판례집 3, 289, 296.
400) 헌재 1994. 12. 29. 93헌마120, 판례집 6-2, 477, 480-481; 헌재 1995. 2. 23. 90헌마125, 판례집 7-1, 238, 242; 헌재 2006. 2. 23. 2004헌바50, 판례집 18-1상, 170, 179.
401) 헌재 1994. 12. 29. 93헌마120, 판례집 6-2, 477, 480.
402) 헌재 1995. 2. 23. 90헌마125, 판례집 7-1, 238, 243.
403) 헌재 1997. 12. 24. 96헌마365.

의결기관404)은 기본권주체가 될 수 없다고 하여 헌법소원심판 청구능력을 부인하였
다. 그리고 교육위원은 기본권주체가 아니라 공법인인 지방자치단체의 합의체기관
인 교육위원회 구성원으로서 공법상 권한을 행사하는 공권력 행사의 주체일 뿐이라
고 하여 청구인능력을 부인하였고,405) 농지개량조합에 대해서도 공익적 목적을 위
해서 설립되어 활동하는 공법인이라고 봄이 상당하다고 하여 헌법소원심판 청구능
력을 부인하였다.406)

   ⓑ 예외

공권력 주체라고 할지라도 국·공립대학이나 공영방송국과 같이 국가에 대해서
독립성이 있는 독자적인 기구로서 해당 기본권영역에서 개인의 기본권 실현에도 이
바지하면 예외적으로 기본권주체가 될 수 있으므로, 헌법소원심판을 청구할 수 있
다. 헌법재판소도 영조물인 국립서울대학교에 대해서 학문의 자유 및 대학의 자치
와 관련한 기본권주체성을 인정한 적이 있다.407) 그리고 축산협동조합중앙회는 회
원의 임의탈퇴나 임의해산이 불가능한 점 등 공법인적 특성이 많이 있지만, 그 존
립목적과 설립형식에서 드러나는 자주적 성격에 비추어 사법인성도 겸유한 특수한
법인으로서 기본권주체가 된다고 인정하였고, 다만 예외적으로 공법인적 성질이 있
는 법인이 기본권주체가 되어도 그 공법인적 성격으로 말미암아 제한을 받지 않을
수 없다고 하였다.408)

   (3) 기본권 침해 가능성

기본권 침해란 공권력 주체가 기본권규범이 보장한 기본권의 내용이나 보호영역
에 가하는 위법한 제약을 말한다. 그러므로 원칙적으로 기본권규범의 수범자가 아닌
사인, 즉 기본권의 구속을 당하지 아니하는 사인은 기본권적 보호법익에 사실적 제
약을 가할 수는 있으나, '침해'할 수 없다. 여기서 유의할 것은 적법요건으로서 헌법
재판소법 제68조 제1항의 '헌법상 보장된 기본권을 침해받은 자'는 '헌법상 보장된
기본권을 침해받았다고 주장하는 자'로 해석하여야 하며, 심판청구인은 자기 기본권
에 대한 공권력 주체의 제약행위가 위헌임을 어느 정도 구체적으로 주장하여야 한
다. 그러므로 심판청구인이 기본권 침해 가능성을 확인할 정도의 구체적 주장을 하

---

404) 헌재 1998. 3. 26. 96헌마345, 판례집 10-1, 295, 300.
405) 헌재 1995. 9. 28. 92헌마23등, 판례집 7-2, 343, 352.
406) 헌재 2000. 11. 30. 99헌마190, 판례집 12-2, 325, 336-340.
407) 헌재 1992. 10. 1. 92헌마68등, 판례집 4, 659, 670. 대학의 자율권과 관련하여 국립강원대학교의
    주체성을 인정한 것으로는 헌재 2015. 12. 23. 2014헌마1149, 판례집 27-2하, 710, 715-716.
408) 헌재 2000. 6. 1. 99헌마553, 판례집 12-1, 686, 709 참조.

지 않고 막연한 주장만 하면 그 심판 청구는 부적법한 것이 될 것이다.409) 헌법소원 심판이 청구되면 헌법재판소는 청구인 주장에 얽매여 판단을 한정하지 않고 가능한 한 모든 범위에서 헌법상 기본권 침해 여부를 직권으로 심사한다.410) 그리고 헌법재 판소법 제68조 제1항 본문은 "공권력의 행사 또는 불행사로 인하여 헌법상 보장된 기본권을 침해받은 자는 …… 헌법재판소에 헌법소원심판을 청구할 수 있다."라고 규정하는바, 이것은 공권력의 행사나 불행사로 말미암아 헌법상 보장된 자신의 기본 권을 현재 직접 침해당한 사람만 헌법소원심판을 청구할 수 있다는 뜻이다. 따라서 공권력 행사로 말미암아 헌법소원심판을 청구하고자 하는 사람의 법적 지위에 아무 런 영향이 미치지 않는다면 기본권 침해의 가능성이나 위험성이 없으므로 그 공권 력 행사를 대상으로 헌법소원심판을 청구하는 것은 허용되지 아니한다.411)

(4) 헌법소원심판 청구인적격(법적 관련성)

헌법재판소법 제68조 제1항을 따르면 헌법소원은 공권력의 행사나 불행사로 말 미암아 헌법상 보장된 기본권을 침해받은 사람이 그 심판을 구하는 제도로서, 이때 심판을 구하는 사람은 심판 대상인 공권력의 행사나 불행사로 말미암아 자기 기본 권이 현재 그리고 직접 침해받는 사람이어야 한다.412)

① 자기관련성

청구인은 공권력 작용에 자기 스스로 법적으로 관련되어야 한다. 원칙적으로 기 본권을 침해당하는 사람만 헌법소원심판을 청구할 수 있고, 제3자는 특별한 사정이 없는 한 기본권 침해에 직접 관련되었다고 볼 수 없다.413) 자기관련성은 헌법소원 제도가 민중소송 형태로 흐르는 것을 차단하려는 방편이다.414) 법률에 따른 기본권 침해에서 어떠한 때에 제3자인 청구인의 자기관련성을 인정할 수 있는지의 문제는 무엇보다도 법의 목적과 실질적인 규율대상, 법규정의 제한이나 금지가 제3자에게 미치는 효과나 진지함의 정도 등을 종합적으로 고려하여 판단하여야 한다.415) 공권 력작용이 단지 간접적, 사실적 또는 경제적인 이해관계로만 관련되는 제3자, 나아

---

409) 헌재 2005. 2. 3. 2003헌마544, 판례집 17-1, 133, 142; 헌재 2007. 1. 16. 2006헌마1458 제2지정부.
410) 헌재 1989. 9. 4. 88헌마22, 판례집 1, 176; 헌재 1993. 5. 13. 92헌마80, 판례집 5-1, 365.
411) 헌재 1999. 5. 27. 97헌마368, 판례집 11-1, 667, 671; 헌재 1999. 6. 24. 97헌마315, 판례집 11-1, 802, 817 참조.
412) 헌재 1992. 9. 4. 92헌마175, 판례집 4, 579, 580-581; 헌재 1995. 3. 23. 93헌마12, 판례집 7-1, 416, 421; 헌재 2008. 12. 26. 2005헌마971등, 판례집 20-2하, 666, 683.
413) 헌재 1997. 3. 27. 94헌마277, 판례집 9-1, 404, 409.
414) 헌재 1994. 6. 30. 91헌마162, 판례집 6-1, 672, 677; 헌재 2006. 4. 27. 2004헌마562, 판례집 18-1 상, 574, 583; 헌재 2006. 12. 28. 2004헌마229, 공보 123, 74, 76.
415) 헌재 1997. 9. 25. 96헌마133, 판례집 9-2, 410, 416.

가 반사적으로 불이익을 받은 사람에게는 자기관련성이 인정되지 않는다.416) 그러나 공권력 작용이 제3자의 기본권을 직접적이고 법적으로 침해하면 제3자에게도 자기관련성이 인정된다.417)

법률에 대한 헌법소원심판 청구는 해당 법률이 청구인 자신의 기본권을 침해할 가능성이 없는 때, 즉 자기관련성이 없는 때는 허용되지 않는다. 하지만 평등권 침해를 주장하는 헌법소원사건에서는 비교집단에 혜택을 부여하는 법규정이 위헌이라고 선고되어 그러한 혜택이 제거된다면 비교집단과 맺는 관계에서 청구인의 법적 지위가 상대적으로 향상된다고 볼 여지가 있으면 청구인이 그 법규정의 직접적인 적용을 받는 사람이 아니더라도 그의 자기관련성을 인정할 수 있다.418) 헌법재판소는 일반 법원과는 달리 일반 법률해석이나 사실 인정의 문제를 다루는 기관이 아니라 사실문제에 깊이 관여할 수 없는 헌법해석기관이고, 헌법소원에는 주관적 기본권 보장기능과 객관적 헌법 보장기능이 함께 있으므로, 권리귀속에 대한 소명만으로써 자기관련성 구비 여부를 판단할 수 있다.419)

제3자가 자신의 이름으로 다른 사람의 이익을 위해서 헌법소원심판을 청구할 수 있는지가 문제 된다. 이 문제와 관련하여 지금까지 사건은 단체가 단체구성원을 위해서 자신의 이름으로 헌법소원심판을 청구한 것이었다. 헌법재판소는 이러한 유형의 헌법소원을 부적법한 것으로 각하하였다.420)

② 현재(관련)성

청구인은 공권력 작용과 현재 관련이 있어야 하고, 앞날의 어느 때에 관련될 수 있으리라는 것만으로는 헌법소원심판을 청구하기에 충분하지 않다. 즉 청구인이 현재 기본권을 침해당하여야 한다. 그래서 일반 국민을 수범자로 하는, 추상적이고 일반적인 성격을 지닌 법률에 대해서 모든 국민 개개인에게 어느 시점에서나 헌법

---

416) 헌재 1993. 3. 11. 91헌마233, 판례집 5-1, 104, 111; 헌재 1995. 5. 25. 94헌마100, 판례집 7-1, 806, 808; 헌재 1996. 6. 30. 92헌마61, 판례집 6-1, 680, 684; 헌재 1997. 3. 27. 94헌마277, 판례집 9-1, 404, 409.

417) 헌재 1993. 3. 11. 91헌마233, 판례집 5-1, 104, 111.

418) 헌재 2001. 11. 29. 2000헌마84, 판례집 13-2, 750, 756; 헌재 2008. 12. 26. 2007헌마1149, 판례집 20-2하, 866, 873.

419) 헌재 1994. 12. 29. 89헌마2, 판례집 6-2, 395, 407.

420) 예를 들어 "단체와 그 구성원을 서로 별개의 독립된 권리주체로 인정하고 있는 현행의 우리나라 법제 아래에서는 원칙적으로 헌법상 기본권을 직접 침해당한 권리주체만이 헌법소원심판절차에 따라 권리구제를 청구할 수 있고, 비록 단체의 구성원이 기본권의 침해를 당했다고 하더라도 단체가 구성원의 권리구제를 위하여 그를 대신하여 헌법소원심판을 청구하는 것은 허용될 수 없어 부적법하다."라고 보았다(헌재 1991. 6. 3. 90헌마56, 판례집 3, 289, 297; 헌재 2007. 7. 26. 2003헌마377, 공보 130, 851, 855).

소원심판을 청구할 수 있게 하는 것은 민중소송을 인정하는 것에 다름 아니어서 헌법재판제도상 허용될 수 없다. 그러므로 그러한 법률에 대한 헌법소원심판 청구가 적법하려면 청구인에게 해당 법률에 해당되는 사유가 발생함으로써 그 법률이 청구인의 기본권을 명백히 구체적으로 현재 침해하였거나 침해가 확실히 예상되는 경우에 한정된다.[421] 다만, 기본권 침해가 앞날에 발생하더라도 그 침해가 틀림없을 것으로 현재 확실히 예측된다면 기본권구제 실효성을 위해서 침해의 현재성이 인정된다.[422] 법률이 헌법소원심판 대상이 되려면 현재 시행 중인 유효한 법률이어야 함이 원칙이다. 그러나 법률이 일반적 효력을 발생하기 전이라도 공포되고, 그로 말미암아 사실상 위험성이 이미 발생하면 예외적으로 침해의 현재성을 인정하여, 이에 대해서 곧 헌법소원심판을 청구할 수 있다. 그렇게 보지 않고 법률이 시행된 다음에야 비로소 헌법소원심판을 청구할 수 있다면, 장기간의 구제절차 등으로 말미암아 기본권을 침해받는 사람에게 회복불능이거나 중대한 손해를 강요하는 결과가 될 수도 있기 때문이다.[423] 지난날에 기본권 침해가 있었더라도 그 침해가 청구 당시에도 계속 유지되면 현재성이 인정된다.

　　현재성과 권리보호이익의 관계와 관련하여 선고 시점을 현재성 판단 시점으로 보고 심판을 청구할 때 현재성을 구비하더라도 선고 시점에 기본권 침해가 종료하였다면 현재성이 없지만, 예외적으로 객관적 권리보호이익이 인정되면 현재성의 예외도 인정된다는 견해가 있다.[424] 이에 대해서 적법요건 체계를 구성할 때 가급적이면 요건 적용이 중복·교차하는 것을 억제하는 것이 바람직하므로, 현재성은 앞날의 막연한 기본권 침해 주장을 제어하는 개념으로, 권리보호이익은 이미 종료된 기본권 침해 주장을 제어하는 것으로 그 역할을 나누어 헌법소원심판 청구 시점을 기준으로 현재성을 심사하는 것이 타당하다는 견해가 있다.[425] 헌법재판소는 심판 청구 시점을 기준으로 아직 발생하지 않은 기본권 침해를 현재성 흠결로 각하할 것인지 아니면 확실한 예측 가능성을 이유로 예외적으로 현재성 충족을 인정

421) 헌재 1994. 6. 30. 91헌마162, 판례집 6-1, 672, 677-678.
422) 헌재 1992. 10. 1. 92헌마68등, 판례집 4, 659, 669; 헌재 1996. 8. 29. 95헌마108, 판례집 8-2, 167, 175.
423) 헌재 1994. 12. 29. 94헌마2, 판례집 6-2, 510, 523-524; 헌재 2000. 6. 1. 99헌마553, 판례집 12-1, 686, 703-704; 헌재 2000. 6. 29. 99헌마289, 판례집 12-1, 913, 935.
424) 정종섭, 『헌법소송법(제8판)』, 박영사, 2014, 705쪽; 한수웅, 『헌법학(제8판)』, 법문사, 2018, 1469쪽; 한수웅/정태호/김하열/정문식(정문식 집필), 『주석 헌법재판소법』, 헌법재판소 헌법재판연구원, 2015, 1101~1103쪽.
425) 김하열, 『헌법소송법(제3판)』, 박영사, 2018, 506~507, 551쪽.

할 것인지만을 현재성과 관련하여 심사하고, 심판을 청구하고 나서 기본권 침해가
종료한 사안은 현재성이 아닌 권리보호이익과 관련하여 심사한다.426) 어느 견해를
취하더라도 결론에는 차이가 없다. 여기서 문제가 되는 상황은 심판을 청구할 때
는 기본권 침해의 현재성이 있었으나 청구 이후 기본권 침해가 종료된 때이다. 이
때 현재성 판단 시점을 선고 시점으로 보면 현재성 심사는 권리보호이익 심사에
연동된다. 즉 권리보호이익 심사 결과에 따라 현재성 인정 여부가 결정된다. 이것
은 현재성과 권리보호이익이 서로 독립한 적법요건이라는 것에 어긋난다. 게다가
권리보호이익이 현재성보다 나중에 심사되므로 현재성 심사는 잠정적 결론을 도출
하는 것에 불과하게 된다. 이를 막기 위해서 객관적 권리보호이익이 인정되는 예
외에 해당하는지를 현재성을 심사할 때 판단하면 권리보호이익을 심사할 때 무의
미한 반복심사를 하게 되거나 권리보호이익 심사 없이 청구가 각하된다. 이러한
점에서 현재성 심사와 권리보호이익 심사를 명확하게 나누어 현재성 심사는 심판
청구 시점을 기준으로 판단하고, 권리보호이익은 선고 시점을 기준으로 심사하여야
한다고 생각한다.

③ 직접(관련)성

청구인은 공권력 작용으로 말미암아 직접 기본권이 침해되어야 한다. 이 직접성
요건은 법령에 대한 헌법소원에서는 특히 중요한 의미가 있다. 즉 법률이나 법률조
항에 따라서 구체적인 집행행위를 기다리지 아니하고 직접·현재·자기의 기본권을
침해받아야 하는 것을 요건으로 한다. 여기서 말하는 기본권 침해의 직접성이란 집
행행위에 의하지 아니하고 법률 그 자체에 의해서 자유 제한, 의무 부과, 권리나 법
적 지위 박탈이 생긴 때를 뜻한다.427) 정의규정·선언규정과 같이 그 법령조항 자
체로 기본권 침해가 발생할 수 없거나 법령이 구체적인 집행행위를 예정하면 직접
성 요건이 결여된다. 그러므로 법률에 따라서 기본권을 침해받으면 법률에 따라서
자신의 기본권을 직접 침해당하는 사람만 헌법소원심판을 청구할 수 있고, 법률의
직접적인 규율당사자가 아닌 제3자는 기본권 침해에 직접 관련되었다고 볼 수 없
어서 헌법소원심판을 청구할 수 없다.428) 법령에 대한 헌법소원에서 '기본권 침해의
직접성'을 요구하는 이유는 법령은 일반적으로 구체적인 집행행위를 매개로 비로소

---

426) 예를 들어 헌재 2001. 6. 28. 2000헌마111, 판례집 13-1, 1418, 1423-1426.
427) 헌재 1992. 11. 12. 91헌마192, 판례집 4, 813, 823; 헌재 2008. 12. 26. 2006헌마1192, 판례집 20-2
　　하, 787, 799.
428) 헌재 1997. 3. 27. 94헌마277, 판례집 9-1, 404, 409; 헌재 2003. 10. 30. 2000마563, 판례집 15-2,
　　84, 91-92; 헌재 2008. 12. 26. 2005헌마971등, 판례집 20-2하, 666, 683-684.

기본권을 침해하므로 기본권 침해를 받은 개인은 먼저 일반쟁송의 방법으로 집행행
위를 대상으로 기본권 침해에 대한 구제절차를 밟는 것이 헌법소원의 성격상 요청
되기 때문이다.429)

　법률이나 법률조항이 구체적 집행행위를 예정하면 직접성 요건인 결여된다. 그
러나 국민에게 행위의무나 금지의무를 부과하고 나서 그 위반행위에 대한 제재로서
형벌이나 행정벌 등을 부과할 것을 정하면 그 형벌이나 행정벌 부과를 직접성에서
말하는 집행행위라고 할 수 없다. 국민은 별도의 집행행위를 기다릴 필요 없이 제
재의 근거가 되는 법률 시행 자체로 행위의무나 금지의무를 직접 부담하기 때문이
다.430) 여기의 집행행위에는 입법행위도 포함하므로 법령이 그 규정의 구체화를 위
해서 하위규범 시행을 예정하면 해당 법령의 직접성은 부인된다.431) 그러나 하위규
범 시행을 예정하더라도 권리 제한·의무 부과가 법률 자체에서 직접 이루어지면
기본권 침해의 직접성은 인정된다.432)

　구체적 집행행위가 있다고 언제나 반드시 법률 자체에 대한 헌법소원심판 청구
의 직접성이 부정되는 것은 아니다. 즉 (i) 집행행위가 있어도 그 집행행위를 대
상으로 하는 구제절차가 없거나 구제절차가 있더라도 권리구제의 기대 가능성이 없
고, 다만 기본권 침해를 당한 청구인에게 불필요한 우회절차를 강요하는 것밖에 되
지 않으면 해당 법률을 직접 헌법소원심판 대상으로 삼을 수 있다.433) 그러나 명령
이나 규칙을 합헌으로 판단하는 대법원 판례가 형성되어서 행정소송절차를 밟더라
도 기각될 것이 뻔한 때에 곧바로 처분의 근거인 법령에 대하여 헌법소원을 제기하
면 부적법 각하된다. 명령이나 규칙에 따른 구체적인 집행행위가 있고 그 집행행위
을 통해서 비로소 기본권 침해가 현실적으로 발생하면 헌법재판소가 명령이나 규칙
의 위헌성을 판단할 수 있는 때에 해당하지 않아서 해당 명령이나 규칙에 대해서는
직접성이나 보충성 요건의 예외를 인정할 여지가 없기 때문이다.434) 그리고 (ii)
법규범이 집행행위를 예정하더라도 법규범 내용이 집행행위 이전에 이미 국민의 권

429) 헌재 1998. 4. 30. 97헌마141, 판례집 10−1, 496, 504.
430) 헌재 1996. 2. 29. 94헌마213, 판례집 8−1, 147, 154; 헌재 1998. 3. 26. 97헌마194, 판례집 10−1,
　　302, 312.
431) 헌재 1996. 2. 29. 94헌마213, 판례집 8−1, 147, 154−155; 헌재 1996. 2. 29. 94헌마213, 판례집
　　8−1, 147; 헌재 2018. 3. 29. 2015헌마1060등, 공보 258, 574, 579.
432) 헌재 2004. 1. 29. 2001헌마894, 판례집 16−1, 114, 126.
433) 헌재 1992. 4. 14. 90헌마82, 판례집 4, 194, 202−203; 헌재 1997. 8. 21. 96헌마48, 판례집 9−2,
　　295, 303−304.
434) 헌재 1998. 5. 28. 96헌마151, 판례집 10−1, 695, 702−703.

리관계를 직접 변동시키거나 국민의 법적 지위를 결정적으로 정하는 것이어서 국민의 권리관계가 집행행위의 유무나 내용에 따라서 좌우될 수 없을 정도로 확정된 상태라면 그 법규범의 권리침해 직접성이 인정된다.435) 그러나 최근에는 일의적으로 명백한 법률 규정일지라도 법규범이 집행행위를 법률사실로 규정하는 한 그 법규범의 직접성을 부인하는 헌법재판소 결정이 있었다.436) 또한, (iii) 헌법소원심판 대상이 되는 법령은 그 법령에 따른 다른 집행행위를 기다리지 않고 직접 국민의 기본권을 침해하는 법령이어야 하지만, 예외적으로 법령이 일의적이고 명백한 것이어서 집행기관이 심사와 재량의 여지없이 그 법령에 따라 일정한 집행행위를 하여야 하면 해당 법령을 헌법소원심판의 직접대상으로 삼을 수 있다.437) 통상 법률조항이 정관에 위임할 때 그 조항 자체가 기본권을 침해하는 것으로 볼 수 없지만, 청구인

---

435) 헌재 1997. 7. 16. 97헌마38, 판례집 9−2, 94, 104; 헌재 2004. 8. 26. 2003헌마337, 판례집 16−2상, 334, 343; 헌재 2004. 9. 23. 2004헌마192, 판례집 16−2상, 604, 611; 헌재 2007. 12. 27. 2004헌마1021, 공보 115, 695, 702; 헌재 2008. 12. 26. 2006헌마1192, 판례집 20−2하, 787, 799.
   헌재 1997. 5. 29. 94헌마33, 판례집 9−1, 543, 551: "이 사건 생계보호기준은 생활보호법 제5조 제2항의 위임에 따라 보건복지부장관이 보호의 종류별로 정한 보호의 기준으로서 일단 보호대상자로 지정이 되면 그 구분(거택보호대상자, 시설보호대상자 및 자활보호대상자)에 따른 각 그 보호기준에 따라 일정한 생계보호를 받게 된다는 점에서 직접 대외적 효력을 가지며, 공무원의 생계보호급여 지급이라는 집행행위는 위 생계보호기준에 따른 단순한 사실적 집행행위에 불과하므로, 위 생계보호기준은 그 지급대상자인 청구인들에 대하여 직접적인 효력을 갖는 규정이다."
436) 헌재 2006. 4. 27. 2004헌마562, 판례집 18−1상, 574, 580: "우리 헌법 제8조 소정의 '정당의 특권과 자유'의 주체가 될 수 있는 정당은 정당법 소정의 요건을 구비하여 중앙선거관리위원회에 등록함으로써 성립되고 정당법 소정의 등록취소사유에 해당되는 경우 중앙선거관리위원회의 등록취소에 의하여 비로소 소멸하게 된다. 그렇다면 이 사건 등록취소규정에 의하여 곧바로 청구외 사회당이 소멸하여 그 결과 청구인 주장의 기본권이 침해되는 것이 아니라 위 규정 소정의 등록취소사유에 해당되는지 여부에 대한 중앙선거관리위원회의 심사 및 그에 이은 등록취소라는 집행행위에 의하여 비로소 정당이 소멸하게 된다고 할 것이다. 그리고 중앙선거관리위원회의 이 사건 사회당에 대한 등록취소처분이 행정소송의 대상이 됨은 명백하다고 할 것이고 그 정당 등록취소처분의 취소소송절차에서 위 규정에 의한 등록취소사유(예컨대 소정의 득표율에 미달되었는지 여부)에 대한 사실관계 확정과 더불어 얼마든지 위 규정에 대한 위헌 여부의 제청을 구할 수 있는 것이며 그 외 달리 그러한 절차경유가 곤란하거나 부당하다고 볼 사정 또는 그러한 절차의 경유가 실효성이 없다고 볼 사정은 찾아보기 어렵다. 따라서 이 사건 등록취소 규정은 기본권 침해의 직접성을 결하고 있으므로 그에 대한 위헌확인 청구는 부적법하다."
   헌재 2013. 7. 25. 2012헌마934, 판례집 25−2상, 339, 343: "법령의 규정에 따라 구체적인 집행행위가 필요적으로 예정되어 있는 경우에도 그 집행행위를 대상으로 행정소송 등 구제절차를 먼저 거치지 않은 상태에서 헌법소원심판을 허용한다면, 설령 그 근거 법령에 대하여 위헌결정이 있더라도 이미 집행행위가 확정되어 당연히 무효로 되거나 취소될 수 없는 경우가 발생할 수 있다. 이 경우 헌법소원심판을 청구한 사람은 오히려 권리구제를 받지 못하게 된다. 그러므로 법령에서 특정한 집행행위를 필요적으로 하도록 일의적으로 요구하고 있다는 사정만으로 그 법령 자체가 당연히 헌법소원의 대상이 된다고 볼 수는 없다."
437) 헌재 1995. 2. 23. 90헌마214, 판례집 7−1, 245, 254.

이 그 조항의 규정 형식 자체를 문제 삼고, 입법부가 정관에 기본권 관련 사항을 위임할 수 있는지는 특수한 헌법적 성격이 있어서, 헌법소원의 직접성 요건을 인정할 수 있다.[438] 직접성 요건을 충족시키는 규정과 직접성 요건이 결여된 규정이 그 내용상 서로 내적인 연관관계에 있으면서 통일적인 청구취지를 구성하여서, 후자 규정 내용을 고려하지 않고서는 전자 규정의 위헌 여부를 판단할 수 없으면 후자 규정이 직접성 요건을 충족시키는지와 상관없이 후자의 위헌 여부도 판단할 수 있다.[439] 직접성 요건 불비는 사후에 치유될 수 없다.[440]

3. 보충성

(1) 원칙인 보충성

헌법소원은 다른 법률에 구제절차가 있으면 그 절차를 모두 거치고 나서 심판을 청구하여야 한다(헌법재판소법 제68조 제1항 단서). 이것을 헌법소원의 보충성이라고 한다. 헌법재판소법 제68조 제1항 단서의 뜻은 헌법소원이 그 본질상 헌법상 보장된 기본권 침해에 대한 예비적이고 보충적인 최후의 구제수단이므로 공권력 작용으로 말미암아 기본권 침해가 있으면 먼저 다른 법률이 정한 절차에 따라 침해된 기본권의 구제를 받기 위한 모든 수단을 다하였는데도 그 구제를 받지 못한 때에 비로소 헌법소원심판을 청구할 수 있다는 것을 밝힌 것이다.[441] 다만, 먼저 헌법소원을 제기하고 나서 종국결정 전에 권리구제절차를 거쳤다면 사전에 구제절차를 거치지 않은 하자가 치유될 수 있다.[442] 그러나 여기서 말하는 권리구제절차는 공권력의 행사나 불행사를 직접 대상으로 하여 그 효력을 다툴 수 있는 권리구제절차를 의미하는 것이지, 사후적·보충적 구제수단인 손해배상청구나 손실보상청구를 뜻하는 것은 아니다.[443] 청원제도[444]나 진정서·탄원서 제출[445]도 사전권리

438) 헌재 2001. 4. 26. 2000헌마122, 판례집 13-1, 962, 969-970.

439) 헌재 2000. 6. 29. 99헌마289, 판례집 12-1, 913, 936-937.

440) 헌재 2009. 9. 24. 2006헌마1298, 판례집 21-2상, 68, 698: "한편, 청구인은 자신이 반민규명위원회를 상대로 이 사건 결정의 취소를 구하는 행정소송을 제기하여 그 소송계속 중 당해 사건을 담당하는 법원으로부터 위헌제청신청기각결정까지 받은 만큼, 직접성의 요건을 충족하지 못한 하자는 사후에 치유된 것이라고 주장하나, 헌법재판소법 제68조 제1항에 의한 헌법소원심판청구에 있어서 직접성 요건의 불비는 사후에 치유될 수 있는 성질의 것이라 볼 수 없다."

441) 헌재 1993. 12. 23. 92헌마247, 판례집 5-2, 682, 692.

442) 헌재 1996. 3. 28. 95헌마211, 판례집 8-1, 273, 278.

443) 헌재 1989. 4. 17. 88헌마3, 판례집 1, 31, 35.

444) 헌재 1998. 10. 29. 98헌마4, 판례집 10-2, 637, 644.

445) 헌재 1992. 11. 12. 91헌마146, 판례집 4, 802, 806-807: "위의 경우 형사피의자로 입건되었던 자는 검찰청에 진정이나 탄원서를 제출하거나 수사재기를 신청함으로써 자신의 억울함을 호소할 수도 있

구제절차에 해당하지 않는다. 그리고 '다른 법률에 의한 구제절차를 거친 후'란 다른 법률에 따른 구제절차를 '적법하게' 거친 때를 말하므로, 과세처분 취소를 구하는 행정소송을 제기하였다가 그 소송을 취하하였거나 취하간주하면 그 과세처분 취소를 구하는 헌법소원심판 청구는 다른 법률에 따른 적법한 구제절차를 거쳤다고 볼 수 없어 부적법하다.446) 사전권리구제절차에 신청기간이 정해져 있는데도 그 기간을 넘겨 신청하였다면 그 구제절차를 적법하게 거친 것이 아니므로 보충성 요건을 갖추지 못하여 헌법소원심판 청구는 부적법하게 된다.447) 이처럼 다른 법률에 의한 구제절차가 적법한 절차임을 요구하는 것은 그렇게 하지 않으면 청구인이 일부러 부적법한 구제절차를 거침으로써 부당하게 청구기간을 몰각시켜버릴 염려가 있기 때문이다.

(2) 보충성 요건이 적용되지 아니하는 때

① 법령헌법소원

법령 자체의 직접적인 기본권 침해가 문제 되면 그 법령 자체의 효력을 다투는 것을 소송물로 하여 일반 법원에 소송을 제기하는 길이 없어,448) 구제절차가 있는 때가 아니므로 바로 헌법소원심판을 청구할 수 있다.449) 그러나 대법원은 조례가 집행행위 개입 없이 그 자체로서 직접 국민의 구체적인 권리의무나 법적 이익에 영향을 미치는 것 등의 법률상 효과를 발생시키면 그 조례는 항고소송 대상이 되는 행정처분에 해당한다고 판시한 바 있다.450)

그리고 헌법재판소는 고시가 행정규칙 형식의 법규명령으로서 일반적·추상적인 성격이어서 처분성이 결여된 법규명령이라면 법령 자체에 의한 직접적인 기본권 침해가 문제 될 때 그 법령 자체의 효력을 직접 다투는 것을 소송물로 하여 일반 법원에 그 소송을 제기하는 길이 없어 구제절차가 있는 때가 아니므로, 다른 구제절차를 거치지 아니한 채로 바로 헌법소원심판을 청구할 수 있다고 한다.451) 그러

겠으나, 그것은 검사의 직권발동을 촉구하는 하나의 방법일 뿐 검사가 그에 따라 의무적으로 어떠한 조처를 해야 하는 것도 아니어서 그것은 헌법재판소법 제68조 제1항 단서 소정의 구제절차에 해당하는 것이라고 할 수 없으며, 위와 같은 사건은 법률상 구제절차가 없는 경우에 해당한다고 할 것이므로 헌법재판소에 직접 제소하는 것이 가능하며, ……"
446) 헌재 1999. 9. 16. 98헌마265, 공보 38, 793, 795.
447) 헌재 1993. 7. 29. 91헌마47, 판례집 5-2, 137, 142-143.
448) 대법원 1994. 4. 26.자 93부32 결정(공1994상, 1705) 참조.
449) 헌재 1996. 10. 4. 94헌마68등, 공보 18, 590.
450) 대법원 1996. 9. 20. 선고 95누8003 판결(공1996하, 3210).
451) 헌재 2010. 9. 30. 2008헌마758, 판례집 22-2상, 739, 754-755.

나 대법원은 고시가 일반적·추상적 성격이 있으면 법규명령이나 행정규칙에 해당
하지만, 다른 집행행위 매개 없이 그 자체로서 직접 국민의 구체적인 권리의무나
법률관계를 규율하는 성격이 있으면 항고소송 대상이 되는 행정처분에 해당한다고
보았다.452)

② 진정입법부작위에 대한 헌법소원

진정입법부작위에 대해서는 법률상 다른 구제절차가 없다. 따라서 진정입법부
작위에 대한 헌법소원에서 보충성원칙은 문제 되지 않는다.

(3) 보충성과 재판소원 금지

보충성 요건은 재판에 대한 헌법소원을 금지하는 헌법재판소법 제68조 제1항의
규정과 함께 행정작용에 대한 헌법소원을 크게 제한하여 현행 헌법이 공권력 행사
로 말미암은 기본권 침해에 대한 구제절차로서 헌법소원제도를 새로 마련한 의의를
충분히 살릴 수 없다. 행정소송 대상에 관해서 개괄주의를 취하는 현행 행정소송법
체제를 따르면 행정처분에 대해서 이의가 있으면 거의 언제나 행정소송을 제기할
수 있는데, 이 보충성 요건 때문에 바로 헌법소원을 제기할 수 없고, 만일 행정소송
을 제기하였다면 재판소원금지규정(헌법재판소법 제68조 제1항) 때문에 헌법소원이
허용되지 않기 때문이다. 따라서 행정작용의 기본권 침해를 이유로 헌법소원이 허
용되는 때는 재정 신청 대상이 아닌 검사의 불기소처분, 행정입법이 구체적 집행행
위를 거치지 않고 기본권을 직접 침해하는 때, 헌법상 유래하는 작위의무 위반의
행정(입법)부작위 등 원칙적으로 행정소송 제기가 불가능하거나 판례상 행정소송
대상이 되지 아니한다고 하여 구제수단이 없는 때로 사실상 국한한다.

(4) 보충성의 예외

① 헌법소원심판청구인이 그의 불이익으로 돌릴 수 없는 정당한 이유 있는 착
오로 전심절차를 밟지 않은 때, ② 전심절차로 권리가 구제될 가능성이 거의 없거
나453) ③ 권리구제절차가 허용되는지가 객관적으로 불확실하여 전심절차 이행 가

---

452) 대법원 2003. 10. 9.자 2003무23 결정(공2004상, 355).

453) 이미 종료된 사실행위 - 헌재 1992. 1. 28. 91헌마111, 판례집 4, 5, 55 - 56: "형사소송법 제417조
는 "검사 또는 사법경찰관의 구금·압수 또는 압수물의 환부에 관한 처분에 대하여 불복이 있으면
그 직무집행지의 관할 법원 또는 검사의 소속 검찰청에 대응한 법원에 그 처분의 취소 또는 변경을
청구할 수 있다."라고 규정하고 있으므로 국가안전기획부 소속 수사관이 구속당한 사람의 변호인
접견에 참여하여 대화내용을 듣는 등, 자유로운 접견방해를 하는 것을 사법경찰관의 구금에 관한
처분으로 보아 위 법률조항에 따라 그 처분의 취소 또는 변경을 법원에 청구할 수 있을 것처럼도
보인다. 그러나 가사 그러한 청구를 하더라도 취소·변경 청구의 대상이 되어야 할 접견방해행위는
계속 중인 것이 아니라, 이미 종료된 사실행위여서 취소·변경할 여지가 없기 때문에 법원으로서는

재판할 이익이 없다고 하여 청구를 각하할 수밖에 없을 것이므로 형사소송법 제417조 소정의 불복방법은 이 사건의 경우와 같은 수사기관에 의한 접견방해에 대한 구제방법이 될 수 없고 헌법소원의 심판청구이외에 달리 효과있는 구제방법을 발견할 수 없다.”

권력적 사실행위 — 헌재 1995. 7. 21. 92헌마144, 판례집 7−2, 94, 102: “다음으로 피청구인의 위 각 서신검열과 서신의 지연발송 및 지연교부행위를 대상으로 한 심판청구부분이 적법한지 여부에 관하여 살펴본다. 이에 관하여 피청구인은 사전구제절차를 거치지 아니하였다거나 또는 이미 청구인 이○호가 출소하여 권리보호이익이 소멸하였다고 주장한다. 그러나 위 각 행위는 이른바 권력적 사실행위로서 행정심판이나 행정소송의 대상이 된다고 단정하기도 어려울 뿐 아니라 설사 그 대상이 된다고 하더라도 이미 종료된 행위로서 소의 이익이 부정될 가능성이 많아 헌법소원심판을 청구하는 외에 달리 효과적인 구제방법이 있다고 보기 어려우므로 보충성의 원칙에 대한 예외에 해당한다고 할 것….”

법률상 작위의무 없는 행정부작위 — 헌재 1995. 7. 21. 94헌마136, 판례집 7−2, 169, 174−175: “행정청의 부작위에 대하여는 원칙적으로 행정심판법에 정한 행정심판(행정심판법 제3조 참조)과 행정소송법에 정한 항고소송(행정소송법 제4조 제3호 참조)의 구제절차가 마련되어 있음에도 불구하고 청구인이 이 사건 심판대상인 피청구인의 부작위에 대하여 위와 같은 행정심판 내지 행정소송 절차를 거치지 아니한 채 곧 바로 이 사건 헌법소원심판청구를 제기하였음은 기록상 명백하다. 그런데 행정심판 및 행정소송의 대상이 되는 “부작위”가 성립되기 위하여는 ① 당사자의 신청의 존재를 전제로 ② 행정청이 상당한 기간 내에 ③ 일정한 처분을 하여야 할 법률상(혹은 조리상) 의무가 있음에도 불구하고 ④ 그 처분을 하지 아니할 것이 필요하고, 여기에서 적법한 신청이란 법령에 의거한 신청을 뜻하는 것으로서 법령이 당사자가 행정청에 대하여 일정한 신청을 할 수 있음을 명문으로 규정한 경우 뿐만 아니라 법해석상 당해규정이 특정인의 신청을 전제로 하는 것이라고 인정되는 경우의 당해신청을 말하는 것이나, 공정거래법은 고발에 대한 이해관계인의 신청권을 인정할 수 있는 규정을 두고 있지 아니할 뿐만 아니라, 법해석상으로도 공정거래위원회의 고발권행사가 청구인의 신청이나 동의 등의 협력을 요건으로 하는 것이라고 보아야 할 아무런 근거도 없다. 그렇다면 이 사건 심판대상 행정부작위는 더 나아가 살필 여지도 없이 행정심판 내지 행정소송의 대상이 되는 “부작위”로서의 요건을 갖추지 못하였다고 할 것이므로 이러한 경우에도 청구인에게 위와 같은 행정쟁송절차의 사전 경유를 요구한다면 이는 무용한 절차를 강요하는 것으로 되어 부당하다고 하지 아니할 수 없다(헌재 1989.9.4. 선고, 88헌마22 결정; 1992.4.14. 선고, 90헌마82 결정 참조). 따라서 청구인이 이 사건 심판대상 행정부작위에 대하여 위와 같은 행정쟁송절차의 경유 없이 곧바로 헌법소원심판청구를 한 것은 보충성의 예외로서 적법하다고 보아야 할 것이다.”

헌재 2006. 6. 29. 2005헌마415, 공보 117, 1017, 1020−1021: “(2) 한편 이러한 행정소송을 통한 권리구제가 청구인에게 직접적이고 실효적인 권리구제수단이 되려면 적어도 선거방송토론이 개최되는 2005. 4. 20. 이전에 그 취소를 명하는 판결이 있거나 또는 그와 동일한 효과를 가지는 집행정지결정 등의 조치가 있어야 할 것이고, 만일 그렇지 않다면 이 사건 결정에 대한 헌법소원에 앞서 행정소송을 거치도록 하는 것은 실효성 없는 우회절차를 강요하는 것에 지나지 아니한다. 그런데 이 사건의 경우 후보자등록 마감일의 다음날부터 선거일 전일까지의 십여 일 남짓한 선거운동기간(공선법 제59조)에 선거방송토론이 개최되어야 하고, 게다가 이 사건 결정의 처분일자와 선거방송토론일과의 기간이 사흘 정도에 불과한 점을 감안할 때, 이 기간 내에 청구인이 행정소송을 제기하고 법원이 그에 대하여 종국판결을 선고할 수 있으리라 기대하기는 사실상 어렵다. 나아가 이 사건 결정과 같이 일회적(一回的)인 선거방송토론에의 참여를 배제하는 결정의 경우 청구인에게 사실상 선거방송토론에 참여할 기회를 부여하는 집행정지절차나 초청대상 후보자로서의 임시지위를 정하는 가처분절차로도 충분히 행정소송에서의 종국판결과 실질적으로 동일한 효과를 가질 수 있지만, 집행정지결정으로 당연히 선거방송토론에 참여할 수 있는 법적 지위가 부여된다고 단정할 수 없고, 실무관행상 취소소송 등 행정소송에 민사소송법상의 가처분절차가 준용된다고 보기도 어려워, 이들 절차 역시 직접적이고 실효적인 권리구제수단이라고 볼 수 없다. (3) 결국 이 사건 결정이 행정소송

능성이 없을 때[454]는 보충성의 예외로서 바로 헌법소원을 제기할 수 있다.[455]

의 대상이 되는 처분에 해당하고 그 처분의 성질상 본안소송 전의 가구제절차로도 충분히 권리구제를 받을 수 있다고 하더라도, 위와 같은 이유로 권리구제의 기대가능성이 없어 불필요한 우회절차를 강요하는 것밖에 되지 않으므로 헌법재판소법 제68조 제1항 단서의 예외에 해당한다."

헌재 1998. 10. 29. 97헌마285, 판례집 10-2, 615, 619: "청구인은 이 사건 과세처분에 대하여 행정심판, 행정소송 등을 제기하더라도 대법원의 확립된 판례에 비추어 청구기각될 것이 명백히 예견되어 곧바로 헌법소원에 이르렀다고 주장하나, 조세법령의 해석과 적용에 관한 <u>대법원의 확립된 판례에 비추어 패소할 것이 예견된다는 점만으로는 전심절차로 권리가 구제될 가능성이 거의 없어 전심절차이행의 기대가능성이 없는 경우에 해당한다고 볼 수 없으므로,</u> 청구인으로서는 이 사건 헌법소원심판을 청구하기에 앞서 국세기본법에 따른 이의신청 등의 구제절차와 행정소송에 의한 구제절차를 모두 거쳤어야 할 것이었다."

454) 헌재 1998. 8. 27. 97헌마372등, 판례집 10-2, 46, 472: "우선 공직선거법은 후보자가 토론위원회의 결정에 불복하여 이의 시정을 구할 수 있는 장치를 명시적으로 두고 있지 않다. 즉 토론위원회 자체에 그 결정의 시정을 구하는 절차나, 감독기관이라고 할 수 있는 중앙선거관리위원회에 불복하는 절차를 전혀 두고 있지 아니하므로 토론위원회의 결정에 대한 공직선거법상의 구제절차는 없다 할 것이다. 그밖에 토론위원회의 결정을 일종의 행정처분으로 보아 행정심판이나 행정소송 등에 의하여 그 시정을 구할 수 있다는 견해가 있을 수도 있으나 토론위원회의 결정이 행정쟁송의 대상인 처분, 즉 행정청이 행하는 구체적 사실에 대한 법집행으로서 공권력의 행사 또는 거부에 해당하는지 여부는 객관적으로 불확실하며, 나아가 가사 처분에 해당한다고 하더라도 후보자 등록일부터 선거 일전날까지라는 짧은 법정선거운동기간에 행정쟁송절차가 완료되어 구제될 가능성은 기대하기 어려우므로, 토론위원회의 결정을 다툼에 있어 행정쟁송을 거칠 것을 요구하는 하는 것은 실효성없는 우회절차를 요구하는 것 밖에 되지 않는다 할 것이다. 그렇다면 이 사건 헌법소원은 법률상 구제절차가 없는 경우에 해당하거나 사전에 구제절차를 거칠 것을 기대하기가 곤란한 경우에 해당하여(헌재 1989. 9. 4. 88헌마22, 판례집 1, 187 참조) 보충성의 요건을 충족하였다고 할 것이다."

헌재 1998. 10. 29. 98헌마4, 판례집 10-2, 637, 644: "피청구인이 위 신문들을 일부 삭제한 직접적인 법적 근거는 행형법 제34조와 법무부장관의 '수용자 교육·교화운영지침'(법무부, 1998년도)의 관련 내용에 따른 것이다. 그런데 위 지침에 따르더라도 기사삭제 행위에 대한 권리구제수단에 관하여 아무런 규정이 없으므로 그 삭제행위에 대해 어떠한 구제수단이 있을 것인가가 청구인으로서는 명확히 알 수 없다. 물론 이러한 행위에 대해 행형법상(제6조)의 청원의 대상이 될 수 있음은 명백해 보이나, 그러한 청원제도를 헌법소원에 앞서 필요한 사전권리구제절차라고는 보기 어려울 뿐 아니라, 일반국민이 위와 같은 기사삭제행위가 행정심판이나 행정소송의 대상이 될 수 있을 것이라고 쉽게 판단하기는 어렵다고 할 것이다. 이러한 사정과 청구인이 당시 구금자로서 활동의 제약을 받고 있었던 점을 아울러 고려할 때 청구인의 입장에서는 위와 같은 절차 이행의 기대가능성이 없었다고 보아야 할 것이다. 따라서 이 사건 청구 중 위 부분의 경우는 보충성의 예외인 경우로 인정되어 적법하다."

헌재 2018. 5. 31. 2014헌마346, 공보 260, 871, 874: "송환대기실의 설치·운영에 관하여 피청구인의 권한을 정하는 법령상의 근거가 없다. 피청구인은 이와 같이 자신에게 송환대기실에 수용된 사람의 변호인 접견을 허가할 권한이나 의무가 없다는 이유를 들어 변호인 접견신청을 거부하였다. 따라서 청구인이 피청구인을 상대로 이 사건 변호인 접견신청 거부의 취소를 구하는 행정심판이나 행정소송을 제기한다 하더라도 이 사건 변호인 접견신청 거부가 구체적 사실에 관한 "법집행"이 아니어서 행정소송법상 "처분"에 해당되지 않는다는 이유로 각하될 가능성이 크다. 따라서 이 사건 심판청구는 행정심판이나 행정소송이라는 권리구제절차가 허용되는지 여부가 객관적으로 불확실하여 전심절차이행의 기대가능성이 없는 경우에 해당한다(헌재 1991. 5. 13. 90헌마133 참조)."

455) 헌재 1995. 12. 28. 91헌마80, 판례집 7-2, 851, 865.

4. 청구기간

(1) 청구기간의 의의

① 개념

청구기간이란 법정기간으로서 해당 기간 안에 특정한 심판 청구를 하여야 하는 것으로 정한 행위기간이다.

② 입법목적

청구기간의 입법목적은 법률이 정한 기간 안에 헌법재판을 신속하고 명확하게 처리함으로써 개인의 권리구제와 더불어 법적 안정성을 신속히 확보하자는 것이다.[456]

③ 효과

청구인이 행위기간 중에 소정의 소송행위를 하지 않고 그 기간이 지나면 청구인은 심판청구권을 상실한다.

④ 헌법재판소법 규정

2003년 3월 12일 법률 제6861호로 개정된 헌법재판소법 제69조 제1항은 "제68조 제1항의 규정에 의한 헌법소원의 심판은 그 사유가 있음을 안 날부터 90일 이내에, 그 사유가 있은 날부터 1년 이내에 청구하여야 한다. 다만, 다른 법률에 의한 구제절차를 거친 헌법소원의 심판은 그 최종결정을 통지받은 날부터 30일 이내에 청구하여야 한다."라고 규정한다. 이것은 헌법소원의 심판청구기간 중 그 사유가 있음을 안 날부터 '60일 이내'를 '90일 이내'로, 그 사유가 있은 날부터 '180일 이내'를 '1년 이내'로 바꿈으로써, 행정소송의 제소기간과 같도록 한 것이다(행정소송법 제20조 참조). 이처럼 청구기간을 연장한 것은 헌법소원심판 청구는 개인 사이의 쟁송과는 달리 공익성이 강한데도 그 심판청구기간이 행정소송의 제소기간보다도 오히려 단기간이어서 국민의 기본권구제나 헌법질서의 유지와 보장에 미흡하였던 점을 바로잡기 위한 것이다. 개정된 청구기간 조항이 구법 시행 당시 청구된 사건으로서 신법 시행 이후에 종결된 헌법소원 사건에도 적용될 것인지와 관련하여 헌법재판소는 청구기간이 헌법소원심판청구인에게 유리하게 개정되었고, 그러한 사건에도 신법상 청구기간을 적용한다고 하여서 헌법소원심판청구인 사이에 심한 형평성 문제가 있다거나 법적 안정성이 침해되는 것이라고 볼만한 사정이 없으므로 그러한

---

456) 헌재 2001. 9. 27. 2001헌마152, 판례집 13−2, 447, 455; 헌재 2007. 10. 25. 2006헌마904, 판례집 19−2, 507, 511.

사건에 대해서도 신법의 청구기간 규정이 적용된다고 보았다.[457]

(2) 청구기간 계산

기간 계산에 관한 법의 일반원칙에 따른다(헌법재판소법 제40조 제1항, 민사소송법 제170조). 기간이 오전 0시부터 시작하는 때를 제외하고는 일로 정한 기간은 초일을 산입하지 아니하므로, 송달을 받으면 그 다음 날부터 기간이 진행된다(민법 제157조). 기간 말일 종료로 청구기간이 만료된다(민법 제159조). 그리고 1년의 청구기간을 계산할 때는 역에 따라서 계산한다(민법 제160조). 기간 말일이 토요일이나 공휴일이면 청구기간은 그 다음 날로 만료된다(민법 제161조). 국가의 변란 등 부득이한 사태로 심판청구서 제출이 늦어지면 그 기간은 제출할 수 있는 날까지 연장된다고 보아야 한다.

헌법소원심판 청구기간은 헌법이나 헌법재판소법에 특별한 규정이 없는 이상 일반원칙인 도달주의에 따라 헌법재판소에 심판청구서가 접수된 날부터 기산하여야 하고, 예외적으로 법률에 규정이 있을 때 인정되는 발신주의에 따라 심판청구서 발송일을 기준으로 할 것은 아니다.[458] 그러므로 청구인이 심판청구서를 발송한 시점을 기준으로 하면 청구기간 안이더라도 동 심판청구서가 헌법재판소에 도달한 시점에 이미 청구기간이 지나면 부적법한 청구이다.[459] 그러나 기본권 침해가 헌법재판소 발족하기 이전의 일이면 그 청구기간 기산점은 헌법재판소가 구성된 1988년 9월 19일이라는 것이 헌법재판소의 확립된 판례이다.[460]

헌법재판소에 국선대리인 선임을 신청할 때는 국선대리인 선임 신청이 있는 날을 기준으로 청구기간을 계산한다(헌법재판소법 제70조 제1항 후문).[461] 심판청구서를 제출하기 전에 먼저 국선대리인 선임 신청을 할 때 헌법재판소가 국선대리인을 선정하지 아니한다는 결정을 하면 신청인이 선임 신청을 한 날부터 이러한 결정통지를 받은 날까지의 기간은 청구기간에 산입하지 않는다(헌법재판소법 제70조 제4항). 그리고 대리인 선임 없이 심판청구서가 먼저 제출되거나 국선대리인신청서와 함께 제출되면 청구기간은 심판청구서가 접수된 날을 기준으로 한다. 청구기간 안에 청구인 본인 명의로 헌법소원심판을 청구하여 대리인을 선임하라는 보정명령을 받고

---

457) 헌재 2003. 7. 24. 2003헌마97, 판례집 15−2상, 181, 184−185.
458) 헌재 1990. 5. 21. 90헌마78, 판례집 2, 129, 130−131.
459) 헌재 1990. 4. 10. 90헌마50.
460) 헌재 1991. 9. 16. 89헌마151, 판례집 3, 501; 헌재 1995. 3. 23. 91헌마143, 판례집 7−1, 398, 414.
461) 헌재 1998. 7. 16. 96헌마268, 판례집 10−2, 312, 336; 헌재 2000. 6. 29. 98헌마36, 판례집 12−1, 869, 876−877.

대리인을 선임하여 그 대리인 명의의 심판청구서가 청구기간이 지나고 나서 다시 제출되면 그 사건 심판 청구가 청구기간 안에 적법하게 청구된 것으로 본다.

(3) 다른 법률에 따른 구제절차가 있는 때의 청구기간

다른 법률에 따른 구제절차(예를 들어 불기소처분에 대한 검찰청법상 항고·재항고)를 거치면 헌법소원심판은 그 최종결정을 통지받은 날부터 30일 이내에 청구하여야 한다(헌법재판소법 제69조 제1항 단서).[462] '다른 법률에 따른 구제절차'는 적법한 구제절차이어야 한다. 그렇게 보지 않으면 청구인이 일부러 부적법한 구제절차를 거침으로써 부당하게 청구기간을 연장할 수 있어서 청구기간 한정 취지가 몰각될 우려가 있기 때문이다.[463] 따라서 행정소송 대상이 아닌 행정작용에 대해서 행정소송절차를 거치는 것은 무익한 절차를 거친 것에 불과하고, 그 청구기간은 헌법재판소법 제69조 제1항 단서가 아닌 본문에 따라서 산정된다.[464] 통지가 있었는지는 통지에 관한 법령 규정에 따라서 판단한다. 문서로 된 최종결정을 송달받았다면 송달받은 날이 통지를 받은 날이다. 따라서 최종결정을 송달받은 다음 날부터 기간을 계산한다. 불기소처분은 검사의 수사종결처분으로서 재판이 아니므로 불복기간이 지나더라도 확정력이 발생하지 않는다. 따라서 형사피해자라고 주장하는 사람이 고소를 제기하였다가 혐의 없음의 불기소처분이 있고 나서 바로 검찰청법에 따른 항고를 제기하지 아니하고 그 항고기간이 지나고 나서 다시 고소를 제기하고 다시 있은 불기소처분을 대상으로 검찰항고를 거쳐 헌법소원심판을 청구하였더라도 헌법재판소법 제69조가 정한 청구기간 제한의 입법목적에 어긋나는 부적법한 심판 청구라고 보기는 어렵다.[465]

(4) 다른 법률에 따른 구제절차가 없는 때의 청구기간

다른 법률에 따른 구제절차가 없거나 보충성 요건에 대한 예외가 인정되어 다른 법률에 따른 구제절차를 거칠 필요가 없으면 그 사유가 있음을 안 날부터 90일 이내에, 그 사유가 있은 날부터 1년 이내에 청구하여야 한다(헌법재판소법 제69조 본문). 그러므로 헌법소원심판 청구의 사유, 즉 기본권 침해가 있음을 안 날부터 90일이 지나거나 그 사유가 있은 날부터 1년이 지나면(즉 둘 중 어느 하나의 기간이 지나면) 그 심판 청구는 적법하지 않다.[466]

---

462) 헌재 1992. 7. 23. 92헌마103, 판례집 4, 554, 558.
463) 헌재 1993. 7. 29. 91헌마47, 판례집 5-2, 137, 141-142.
464) 헌재 2003. 9. 25. 2002헌마789, 판례집 15-2상, 492, 496-497.
465) 헌재 1993. 3. 11. 92헌마142, 판례집 5-1, 151, 155.
466) 헌재 2004. 4. 29. 2004헌마93, 공보 92, 554, 556-557; 헌재 2006. 12. 28. 2006헌마226, 공보 123,

그 사유가 있음을 '안 날'은 적어도 공권력 행사에 따른 기본권 침해의 사실관계를 특정할 수 있을 정도로 현실적으로 인식하여 심판 청구가 가능해진 때를 뜻한다.467) 그리고 헌법소원심판 청구기간의 기산점인 '사유가 있음을 안 날'은 '법령의 제정 등 공권력 행사에 따른 기본권 침해의 사실관계를 안 날'을 뜻하는 것이지 법률적으로 평가하여 그 위헌성 때문에 헌법소원심판 대상이 됨을 안 날을 뜻하는 것이 아니므로, 헌법소원심판 대상이 됨을 안 날은 '청구기간을 도과한 헌법소원을 허용할 정당한 사유'의 평가자료로 참작됨은 별론으로 하고 청구기간 기산점과는 무관하다.468) 법률에 따라서 기본권 침해 사유가 발생하였음을 안 후 부적법한 구제절차를 거치면, 이러한 구제절차 이행은 법적으로 아무런 의미가 없으므로 그로 말미암아 '기본권 침해 사유가 발생하였음을 안 날'이 '부적법한 구제절차의 결과를 안 날'로 바뀌지 않는다.469)

그 사유가 '있은 날'은 공권력 행사를 통해서 기본권 침해가 발생한 날을 말한다. 예를 들면 법률이 정한 요건을 그 법률 시행 당시 이미 충족하여 그 법률로 말미암아 기본권을 침해받은 사람은 법률이 시행된 날, 법률이 시행된 뒤 비로소 동법률이 정한 요건을 충족하게 되어 기본권을 침해받게 된 사람은 법정요건을 충족하게 된 날이나 기본권을 침해하는 권력적 사실행위를 실제로 한 날을 말한다.

청구인이 고소인이나 고발인이 아니어서 검사의 불기소처분에 대해서 다른 법률에 구제절차가 인정되지 아니한 때나 형사피의자로 입건되어 기소유예 처분이나 공소권 없음 처분을 받은 사람을 위한 법률상 구제절차는 없다. 그러므로 헌법재판소에 직접 제소하려면 그 불기소처분이 있은 사실을 안 날부터 90일 이내에, 늦어도 검사가 불기소처분을 한 날부터 1년 이내에 헌법소원심판을 청구하여야 한다.470) 그리고 기소유예 처분의 결과통지를 받아 그 처분이 있은 사실을 알았다면 그날부터 90일 이내에 헌법소원심판을 청구하여야 한다.471)

(5) 부작위에 대한 헌법소원심판의 청구기간

공권력 불행사로 말미암은 기본권 침해는 그 불행사가 계속되는 한 기본권 침해의 부작위가 계속된다. 그러므로 가령 입법권 불행사, 즉 진정입법부작위에 대한

82, 84; 헌재 2008. 3. 27. 2005헌마138, 판례집 20-1상, 390, 393.
467) 헌재 1993. 7. 29. 89헌마31, 판례집 5-2, 87, 109.
468) 헌재 1993. 11. 25. 89헌마36, 판례집 5-2, 418, 425.
469) 헌재 1993. 7. 29. 92헌마6, 판례집 5-2, 167, 173.
470) 헌재 1998. 8. 27. 97헌마79, 판례집 10-2, 444, 453.
471) 헌재 1993. 7. 29. 92헌마217, 판례집 5-2, 189, 192.

헌법소원심판은 그 불행사가 계속되는 한 기간 제약 없이 적법하게 청구할 수 있고, 이것은 행정입법부작위도 마찬가지이다.[472] 그러나 부진정입법부작위, 즉 결함이 있는 입법권 행사를 다툴 때는 입법부작위 위헌 확인의 심판 청구가 아니라 그 불완전한 입법규정 자체가 헌법 위반이라는 적극적인 헌법소원을 제기하여야 하고, 이때는 헌법재판소법 제69조 제1항의 적용을 받는다.[473]

(6) 일정 기간 계속되는 공권력 행사에 대한 헌법소원심판의 청구기간

공권력 행사가 기본권을 침해하는 상태가 계속되면 청구기간 계산과 관련하여 논란이 생길 수 있다. 공권력 행사로 말미암아 곧바로 기본권 침해가 발생하고 그 후에는 그 행위의 결과인 침해 상태가 계속되는 것에 불과하다고 보면 처음 기본권이 침해된 때를 기준으로 청구기간을 계산하여야 한다. 하지만 기본권 침해행위가 계속되는 것으로 보면 기본권 침해 사유가 종료된 때를 기준으로 청구기간을 계산하여야 한다. 일반적으로 헌법재판소는 기본권 침해 상태가 계속되면 최초 기본권 침해가 발생한 때를 청구기간 기산점으로 삼는다.[474] 다만, 경찰청장이 주민등록증 발급신청서에 날인된 지문정보를 보관·전산화하고 보관일 무렵부터 이것을 범죄수사 목적에 이용한 행위와 관련하여서는, 이러한 경찰청장 행위는 보관 또는 전산화한 날 이후 헌법소원심판 청구 시점까지 계속되었다고 할 것이므로, 이러한 계속되는 권력적 사실행위를 대상으로 하는 심판 청구의 청구기간 도과 문제는 발생하지 않는다고 한 바 있다.[475]

(7) 기본권 침해가 계속되거나 주기적으로 반복되는 때

법령에 따른 기본권 침해는 한 번으로 끝나기도 하지만, 그 속성상 침해가 계속되거나 간격을 두고 반복적으로 이루어질 수도 있다. 이때 청구기간 기산을 어떻게 하여야 할지에 관하여 논란이 있다. 헌법재판소는 청구기간 기산점이 되는 '법령에 해당하는 사유가 발생한 날'이란 법령의 규율을 구체적이고 현실적으로 적용받게

---

472) 헌재 1994. 12. 29. 89헌마2, 판례집 6−2, 395, 408; 헌재 1998. 7. 16. 96헌마246, 판례집 10−2, 283, 298−299.
473) 헌재 1996. 10. 31. 94헌마204, 공보 18, 648.
474) 헌법재판소는 징벌혐의자로서 조사 중에 있는 수용자를 11일 동안 조사실에 수용하고 운동, 텔레비전 (TV) 시청 등을 금지한 행위와 관련하여, 최초 조사실 수용 시를 청구기간 기산일로 삼았고(헌재 2007. 11. 29. 2005헌마616), 수용자를 폐쇄회로텔레비전(CCTV)이 설치된 거실에 1년 이상 수용한 행위와 관련하여서도 최초 수용시를 청구기간 기산일로 삼은 바 있으며(헌재 2010. 10. 28. 2009헌마438, 공보 169, 1956, 1957 참조), 미결수용자를 구치소에 수감하면서 약 3개월간 수형자용 의류를 입도록 한 행위와 관련하여서도 수의를 처음 입은 날을 청구기간 기산일로 삼았다(헌재 1996. 4. 25. 93헌마280).
475) 헌재 2005. 5. 26. 99헌마513등, 판례집 17−1, 668, 679.

된 최초의 날을 뜻하는 것으로 보아, 일단 '법령에 해당하는 사유가 발생'하면 그 때부터 해당 법령에 대한 헌법소원심판 청구기간이 진행되고, 그 이후에 새로이 '법령에 해당하는 사유가 발생'하더라도 새로운 청구기간 진행이 개시된다고 볼 수는 없다고 판단한다.[476)

일정 기간을 두고 주기적으로 반복되는 공직선거와 관련하여서는 사안에 따라 청구기간 기산일이 다르다. 예를 들어 대한민국에 주민등록이 되어 있지 아니한 국외거주자는 부재자 투표권을 행사할 수 없도록 한 '공직선거 및 선거부정 방지법'에 대한 헌법소원 사건에서는, 국회의원선거가 이미 실시되었고 그로부터 90일이 지나고 나서 심판이 청구되었지만, 주기적으로 반복되는 선거에서는 매번 새로운 후보자들이 입후보하고 매번 새로운 범위의 선거권자들이 투표를 할 뿐 아니라 선거 효과도 차기 선거에 따른 효과가 발생할 때까지로 한정되므로 매 선거는 새로운 선거에 해당하고, 헌법소원의 진정한 취지도 앞날에 실시될 선거에서 발생할 수 있는 기본권 침해를 문제 삼는 것으로 볼 수 있으므로 청구기간 도과 문제가 발생할 여지가 없다고 하였다.[477) 그런데 이와는 달리 선거가 주기적으로 이루어지는 행위인데도 형이 확정된 사람에 대한 선거권이나 피선거권 제한과 관련하여서는 형이 확정된 때를 기본권 침해 사유가 발생한 날로 본 때도 있고,[478) 형 확정 후 처음 실시되는 선거일에 기본권 침해 사유가 발생하는 것으로 본 때도 있다.[479) 공직선거는 주기적으로 실시되고 매 선거는 새로운 선거로 볼 수 있지만 형 확정을 매개로 선거권이나 피선거권이 제한되는 자격상실 효과는 구체적인 선거와 상관없이 형이 확정된 때 발생하므로, 부재자 투표 사건과는 달리 선거권 등의 자격상실에는 형이 확정된 때를 청구기간 기산일로 삼는다. 다만, 동일한 사안에서 형이 확정된 날이 아닌 형 확정 이후 처음 실시되는 선거일에 기본권 침해 사유가 발생한다고 본 것에 대해서 헌법재판소는 그 이유를 명확히 밝히지 않았다.

(8) 법령에 대한 헌법소원심판의 청구기간

법령은 한 번 제정되어 시행되면 입법자가 스스로 그 법률을 개폐하기 전이나

---

476) 헌재 2004. 4. 29. 2003헌마484, 판례집 16−1, 574, 584; 헌재 2006. 7. 27. 2004헌마655, 판례집 18−2, 242, 248; 헌재 2007. 10. 4. 2006헌마648, 판례집 19−2, 423, 429; 헌재 2013. 2. 28. 2011헌마666, 판례집 25−1, 134, 136; 헌재 2014. 6. 26. 2013헌마119.

477) 헌재 2007. 6. 28. 2004헌마644등, 판례집 19−1, 859, 872.

478) 헌재 2004. 1. 6. 2003헌마915; 헌재 2008. 1. 17. 2004헌마41, 판례집 20−1상, 97, 102; 헌재 2011. 12. 29. 2009헌마476, 판례집 23−2하, 806, 818.

479) 헌재 2009. 10. 29. 2007헌마1462, 판례집 21−2하, 327, 338; 헌재 2012. 12. 27. 2011헌마32; 헌재 2013. 12. 26. 2012헌마1014; 헌재 2014. 1. 28. 2013헌마105, 판례집 26−1상, 189, 195.

헌법재판소가 그 위헌성을 확인하기 전에는 계속하여 효력이 있다. 이러한 사정에 비추어 보면 헌법재판소법 제69조 제1항 본문의 청구기간을 법령에 대한 헌법소원에 문자 그대로 적용하면 법령으로 말미암은 기본권 침해를 그에 대한 헌법소원을 통해서 구제받을 가능성은 현저히 축소되고, 결과적으로 헌법소원을 통한 기본권구제 실효성이 현저하게 저하된다. 그리하여 헌법재판소는 법령에 대한 헌법소원심판의 청구기간을 해석을 통해서 법령 시행과 동시에 기본권을 침해받는 때와 법령이 시행된 때로 나누어 기산함으로써, 결과적으로 법령에 대한 헌법소원심판의 청구기간을 확장한다. 즉 법령에 대한 헌법소원심판의 청구기간은 그 법률 시행과 동시에 기본권 침해를 받게 되면 그 법률이 시행된 사실을 안 날부터 90일 이내에, 법률이 시행된 날부터 1년 이내에 헌법소원을 제기하여야 한다.[480] 법률이 시행되고 나서 비로소 그 법률에 해당하는 사유가 발생하여 기본권 침해를 받게 되면 그 사유가 발생하였음을 안 날부터 90일 이내에,[481] 그 사유가 발생한 날부터 1년 이내에[482] 헌법소원심판을 청구하여야 한다. 법령에 대한 헌법소원에도 헌법재판소법 제69조 제1항의 청구기간제도가 적용되는 것은 법규정립행위(입법행위)는 그것이 국회입법이든 행정입법이든 막론하고 일종의 법률행위이므로 그 행위의 속성상 행위 자체는 한 번에 끝나는 것이고, 그러한 입법행위의 결과인 권리침해 상태가 계속될 수 있을 뿐이므로,[483] 기본권 침해 행위는 한 번에 끝났는데도 그 결과가 계속 남았다고 하여 청구기간 제한을 배제한다는 것은 법적 안정성 확보를 위해서 청구기간을 설정한 취지에 어긋나는 것으로서 부당하기 때문이다.[484]

　　법령 시행 후 어느 시점에 청구인의 기본권이 구체적으로 침해받거나 그 침해가 확실히 예상되었다고 볼 수 있는지에 관하여 기록상 이것을 인정할 명백한 자료가 없으면, 권리구제 및 헌법질서의 수호·유지라는 헌법소원제도 기능에 비추어 가능한 한 청구인에게 유리하게 해석하여야 할 것이다.[485] 한편, 심판 대상 조항이 그 자구만 수정되었을 뿐이지 이전의 조항과 비교하여 실질적인 내용에 변화가 없어 청구인이 기본권을 침해당하고 있다고 주장하는 내용에 전혀 영향을 주지 않는

---

480) 헌재 1999. 4. 29. 96헌마352등, 판례집 11-1, 477, 496.
481) 헌재 1996. 8. 29. 94헌마113, 판례집 8-2, 141, 153.
482) 헌재 1998. 7. 16. 95헌바19등, 판례집 120-2, 89, 101.
483) 헌재 1992. 6. 26. 91헌마25, 판례집 4, 444, 450.
484) 헌재 1996. 8. 29. 92헌마137, 판례집 8-2, 127, 137.
485) 헌재 2001. 6. 28. 2000헌마111, 판례집 13-1, 1418, 1424; 헌재 2012. 6. 27. 2010헌마716, 판례집 24-1하, 754, 763.

다면, 법령조항이 일부 개정되었더라도 청구기간 기산은 이전 법령을 기준으로 한다.[486] 다만, 법령조항 개정 전부터 청구인의 기본권이 침해되었는지를 판단할 자료들이 충분하지 않다면 가능한 한 청구인에게 유리한 해석을 하여야 할 것이다. 그러나 개정을 통해서 규제 실질에 변화가 있다면 청구기간 기산은 이전 법령으로 소급하지 않고, 문제가 된 법령을 기준으로 한다.[487]

'법령에 해당하는 사유가 발생'하여 청구기간 진행이 개시되고 나서 다시 '법령에 해당하는 사유'가 발생하면 새로이 청구기간 진행이 개시되는지와 관련하여 헌법재판소는 법령에 대한 헌법소원심판에서 청구기간 기산점이 되는 '법령에 해당하는 사유가 발생한 날'이란 법령의 규율을 구체적이고 현실적으로 적용받게 된 최초의 날을 뜻하는 것으로 보는 것이 상당하다고 보아, 일단 '법령에 해당하는 사유가 발생'하면 그때부터 해당 법령에 대한 헌법소원심판의 청구기간이 진행되기 시작하여 그 이후에 새로이 '법령에 해당하는 사유가 발생'한다고 하여서 일단 개시된 청구기간 진행이 정지되고 새로운 청구기간 진행이 개시된다고 볼 수 없다고 판단하였다.[488] 이에 대해서 기본권을 침해하는 원인이 공권력의 불행사나 법규의 내용인 때와 같이 그로 말미암은 기본권 침해가 계속되면 헌법재판소법 제69조 제1항상 기본권 침해 사유도 계속하여 생긴다고 보아야 한다는 반대의견이 있었다.[489]

여기의 사유가 발생한 날이란 해당 법률이 청구인의 기본권을 명백히 구체적이고 현실로 침해한 때를 말한다. 헌법재판소는 초기에 상황성숙론에 따라 상황성숙 시점이 마치 청구기간 기산점이 되는 것으로 보는 듯한 결정을 내린 바 있다.[490] 그러나 이러한 판례를 따르면 청구기간 기산점이 앞당겨지므로 청구기간이 단축되는 부작용이 발생한다. 이에 헌법재판소는 이러한 오해를 불식시키려고 상황성숙이론과 청구기간의 기산점을 분리하는 방향으로 판례를 변경하였다.[491] 그래서 아직

---

486) 헌재 2011. 11. 24. 2009헌마415, 판례집 23−2하, 487, 493; 헌재 2013. 11. 28. 2007헌마1189등, 판례집 25−2하, 398, 423; 헌재 2014. 1. 28. 2012헌마654, 판례집 26−1상, 169, 180; 헌재 2014. 4. 21. 2014헌마117.
487) 헌재 2007. 2. 22. 2003헌마428등, 판례집 19−1, 118, 133.
488) 헌재 2004. 4. 29. 2003헌마484, 판례집 16−1, 574, 584; 헌재 2006. 7. 27. 2004헌마655, 판례집 18−2, 242, 248; 헌재 2007. 10. 4. 2006헌마648, 판례집 19−2, 423, 428−429.
489) 헌재 2007. 10. 4. 2006헌마648, 판례집 19−2, 423, 429−430 재판관 조대현, 재판관 송두환의 반대의견.
490) 헌재 1990. 6. 25. 89헌마220, 판례집 2, 200, 204: "'사유가 발생한 날'은 당해법률이 청구인의 기본권을 명백히 구체적으로 현실 침해하였거나 그 침해가 확실히 예상되는 등 실체적 제요건이 성숙하여 헌법판단에 적합하게 된 때를 말한다."
491) 즉 헌법재판소는 법령에 대한 헌법소원심판의 청구기간도 기본권을 침해받은 때부터 가산하여야 할 것이지 기본권을 침해받기도 전에 그 침해가 확실히 예상되는 것 등 실체적 제요건이 성숙하여

기본권 침해가 없으나 앞날에 확실히 기본권 침해가 예측되므로 미리 앞당겨 현재
성을 인정하여도 청구기간 도과 문제가 발생할 여지가 없다.⁴⁹²⁾ 그러나 헌법재판소
는 기본권 침해가 앞날에 예정되어도 이미 법령 적용을 받아 자신의 지위가 변동하
면 법령 시행일이 청구기간 기산점이 되는 것으로 본다.⁴⁹³⁾

　　법령 시행과 관련하여 유예기간을 두면 청구기간 기산점이 되는 기본권 침해가
발생하는 시점이 문제 된다. 헌법재판소는 개정된 법령이 종전에 허용하던 영업을
금지하는 규정을 신설하면서 부칙에서 유예기간을 두면 그 법령시행 전부터 영업을
해오던 사람은 그 법령 시행일에 이미 유예기간 이후부터는 영업할 수 없도록 기간
을 제한받는 것이므로, 부칙에 따른 유예기간과 관련 없이 그 법령 시행일에 기본
권 침해를 받은 것으로 본다.⁴⁹⁴⁾

(9) 처벌조항과 청구기간

　　처벌조항을 위반하여 형사재판을 받게 된 사람이나 받게 될 우려가 있는 사람
이 헌법재판소법 제68조 제1항에 따른 헌법소원심판을 청구하면 청구기간 기산점
이 문제 된다. 헌법재판소는, 처벌조항에 따른 기본권 침해 사유가 발생한 시점은
청구인의 행위로 형사처벌을 받을 가능성이 발생하는 시점, 즉, 해당 법령 위반을
이유로 검사가 공소를 제기한 시점이고, 공소장에는 반드시 적용 법조를 기재하여
야 하고(형사소송법 제254조 제3항 제4호) 법원은 공소 제기가 있으면 즉시 공소장 부
본을 피고인이나 변호인에게 송달하여야 한다는 점에서(형사소송법 제266조) 기본권
침해 사유가 발생하였음을 안 날이란 공소장 부본을 송달받은 날을 해당 법령에 따
라서 기본권 침해 사유가 발생하였음을 안 날이라고 본다.⁴⁹⁵⁾ 그리고 청구인에게

　　헌법판단에 적합하게 된 때부터 기산할 것은 아니므로, 종전에 이와 견해를 달리하여 법령에 대한
　　헌법소원심판의 청구기간 기산점에 관해서 기본권 침해가 확실히 예상되는 때부터도 청구기간을 기
　　산한다는 취지로 판시한 헌법재판소 견해를 변경하였다(헌재 1996. 3. 28. 93헌마198, 판례집 8-1,
　　241, 251).

492) 헌재 1999. 12. 23. 98헌마363, 판례집 11-2, 770, 780; 헌재 2001. 2. 22. 2000헌마25, 판례집
　　13-1, 386, 398; 헌재 2006. 2. 23. 2005헌마403, 판례집 18-1상, 320, 328.

493) 교원이나 공무원의 정년을 단축하는 법률 개정과 관련하여 헌법재판소는 이 조항 시행으로 청구인
　　은 그 즉시 정년이 단축된 교원이나 공무원의 지위가 있는 것이지, 실제 정년퇴직에 이르러서야 비
　　로소 기본권 제한을 받게 되는 것은 아니라고 하여 청구기간 기산일을 개정 법률조항의 공포일(시
　　행일)로 보았다[헌재 2002. 1. 31. 2000헌마274, 판례집 14-1, 72, 76(중등교원 정년 62세로 단축);
　　헌재 2008. 10. 30. 2006헌마217, 공보 145, 1528, 1530(기능직 공무원 정년 57세로 단축)].

494) 헌재 1996. 3. 28. 93헌마198, 판례집 8-1, 241, 251; 헌재 2003. 1. 30. 2002헌마516, 판례집
　　15-1, 161, 169; 헌재 2011. 5. 26. 2009헌마285, 판례집 23-1하, 180, 189-190; 헌재 2013. 11.
　　28. 2011헌마372, 판례집 25-2하, 521, 529 등 참조.

495) 헌재 2011. 7. 28. 2010헌마432, 공보 178, 1127, 1129; 헌재 2011. 9. 29. 2010헌마361; 헌재 2011.
　　12. 29. 2009헌마476, 판례집 23-2하, 806, 818 등 참조. 지정재판부 사건은 헌재 2001. 9. 11. 2001

적용될 법률이 공소장 변경으로 바뀌면 공소장 변경 시점이 청구기간 기산점이 된다.[496] 다만, 헌법재판소는 해당 법령 위반 시를 기준으로 청구기간을 계산한 때도 있는데, 무면허의료행위 처벌과 관련해서는 그 위반행위를 한 때를,[497] 모의총포 소지와 관련하여서는 모의총포를 구입함으로써 소지한 때를[498] 기본권 침해사유가 발생한 날로 보았다. 이러한 청구기간 기산은 공소 제기 시보다 청구기간 기산일을 앞당긴다는 점에서 청구인에게 불리하지만, 이러한 행위를 하기 위해서는 일정한 자격이 요구되거나 사전에 허가나 신고가 필요하다는 점에서 청구기간 기산일을 앞당길 특수한 사정이 있었다고 볼 수 있다. 한편, 처벌규정과 관련하여 기본권 침해 사유가 발생하였음을 안 날을 기준으로 청구기간을 계산한 결정 중에는 해당 처벌 조항 위반으로 유죄판결을 선고받았을 때나[499] 1심 유죄판결에 대한 항소제기일[500] 을 기준으로 한 때도 있다. 이러한 결정들이 있는 이유는 청구인에게 공소장 부본 을 송달받은 날보다 유리한 기산점을 적용하더라도 청구기간이 지났음이 명백하여 엄격하게 따질 필요가 없었기 때문으로 보인다. 실제 지정재판부 사건에서 이러한 기준을 적용하여 각하한 사례가 많이 발견된다.[501]

(10) 당연퇴직 조항과 청구기간

공무원이 형사처벌을 받으면 그 직에서 당연퇴직하도록 정하는 법령에서 청구 기간 기산점인 법률에 해당하는 '사유가 있는 날'은 당연퇴직 사유로서 확정판결을 받은 날을 말하고, '사유가 있음을 안 날'은 그 확정판결이 있음을 안 날이다.[502] 당 연퇴직 조항과 관련한 청구기간 계산은 판결확정일이 기준이 된다.

헌마619; 헌재 2007. 5. 1. 2007헌마446; 헌재 2008. 12. 9. 2008헌마705; 헌재 2009. 1. 13. 2008헌마 756; 헌재 2009. 11. 3. 2009헌마589 등 참조.

496) 헌재 2007. 10. 4. 2005헌마1148, 공보 132, 1047, 1049.

497) 헌재 2010. 7. 29. 2008헌마664등, 판례집 22-2상, 427, 437; 헌재 2011. 10. 25. 2010헌마648, 공보 181, 1663, 1665.

498) 헌재 2009. 9. 24. 2007헌마949, 판례집 21-2상, 749, 758.

499) 헌재 1999. 9. 16. 99헌마275.

500) 헌재 2011. 3. 31. 2008헌마738, 공보 174, 611, 612-613.

501) 특히 유죄판결 시를 기준으로 각하한 지정재판부 결정으로는 헌재 2000. 4. 11. 2000헌마181; 헌재 2001. 9. 11. 2001헌마619; 헌재 2007. 5. 1. 2007헌마446; 헌재 2007. 11. 27. 2007헌마1283; 헌재 2008. 12. 9. 2008헌마705; 헌재 2008. 12. 30. 2008헌마713; 헌재 2009. 4. 7. 2009헌마153; 헌재 2009. 6. 16. 2009헌마260; 헌재 2009. 9. 8. 2009헌마468; 헌재 2010. 2. 16. 2010헌마52; 헌재 2010. 7. 20. 2010헌마422; 헌재 2010. 9. 7. 2010헌마501; 헌재 2010. 11. 23. 2010헌마654.

502) 헌재 1998. 4. 30. 96헌마7, 판례집 10-1, 465, 473; 헌재 2004. 9. 23. 2003헌마815; 헌재 2005. 9. 29. 2004헌마449, 공보 108, 1052, 1053; 헌재 2008. 12. 26. 2007헌마803, 공보 147, 194, 196.

(11) '정당한 사유가 있는' 청구기간 도과

헌법재판소법 제40조 제1항을 따르면 행정소송법이 헌법소원심판에 준용된다. 그러므로 정당한 사유가 있으면 제소기간이 지난 행정소송을 허용하는 행정소송법 제20조 제2항 단서가 헌법소원심판에도 준용된다. 따라서 '정당한 사유'가 있으면 청구기간이 지나도 헌법소원심판 청구는 적법하다고 해석하여야 할 것이다. 여기의 '정당한 사유'는 청구기간 경과의 원인 등 여러 가지 사정을 종합하여 지연된 심판 청구를 허용하는 것이 사회통념상으로 보아 상당한 때를 뜻한다.503) 다만, 기본권 을 침해받은 사람이 어떤 경위로든 기본권 침해 사유가 있었음을 알았거나 쉽게 알 수 있었던 때라면 청구기간 도과에 대해서 정당한 사유를 주장하기 어렵다.504)

(12) 청구취지 변경과 청구기간

헌법소원심판 청구에 대한 청구취지 변경(추가적 또는 교환적 변경 모두 포함)이 이루어지면 청구기간 준수 여부는 헌법재판소법 제40조 제1항과 민사소송법 제265 조에 따라서 추가 또는 변경된 청구서 등이 제출된 시점을 기준으로 판단한다.505) 다만, 청구취지 변경 등 청구서 내용이 기존 청구를 유지하면서 내용을 보충하는 것이면 기존 청구 시가 청구기간 기산점이 된다.

5. (일반적) 권리보호이익

(1) 원칙

헌법소원제도는 국민의 기본권 침해를 구제하는 제도이다. 그러므로 그 제도의 목적상 권리보호이익이 있는 때에 비로소 이것을 제기할 수 있다. 즉 권리보호이익 이 없는 헌법소원심판 청구는 부적법하여 각하를 면할 수 없다.506) 권리보호이익은 소송제도에 필연적으로 내재하는 요청으로 헌법소원제도의 목적상 필수적인 요건 이다. 따라서 이로 말미암아 본안 판단을 받지 못하여도 재판을 받을 권리의 본질 적인 부분에 대한 침해가 있다고 보기 어렵다. 다만, 권리보호이익을 지나치게 좁 게 인정하면 헌법재판소의 본안 판단 부담을 절감할 수 있지만, 재판을 받을 권리

---

503) 헌재 1993. 7. 29. 89헌마31, 판례집 5-2, 87, 111; 헌재 2001. 12. 20. 2001헌마39, 공보 64, 79, 81.
504) 헌재 2001. 7. 19. 2001헌마335, 대법원 2002. 5. 24. 선고 2000두3641 등 참조.
505) 헌재 1992. 6. 26. 91헌마134, 판례집 4, 457, 459; 헌재 1998. 5. 28. 96헌마151, 판례집 10-1, 695, 703; 헌재 2002. 12. 18. 2001헌마111, 판례집 14-2, 872, 879; 헌재 2004. 4. 29. 2003헌마641; 헌재 2009. 7. 30. 2007헌마870, 판례집 21-2상, 348, 355; 헌재 2013. 9. 26. 2011헌마398, 판례집 25-2 하, 26, 33.
506) 헌재 1997. 1. 16. 90헌마110, 판례집 9-1, 90, 107.

를 부당하게 박탈하는 결과에 이르게 될 것이다. 그러므로 권리보호이익은 다른 분쟁의 해결수단, 행정적 구제·입법적 구제 여부 등을 기준으로 신중히 판단하여야 할 것이다.507)

먼저 기본권 침해를 받은 사람이 그 구제를 받기 위한 헌법소원심판을 청구한 뒤 기본권 침해 원인이 된 공권력 행사가 취소되거나 새로운 공권력 행사 등 사정 변경으로 말미암아 기본권 침해 행위가 배제되어 청구인이 더는 기본권을 침해받지 아니하게 되면 달리 불분명한 헌법문제 해명이나 침해반복 위험 등을 이유로 한 심판 이익이 있다고 할 특별한 사정이 없는 한 그 헌법소원심판 청구는 권리보호이익이 없게 되어 더는 적법하지 않다.508) 그리고 피고소인이 이미 사망해 버리면 검사의 불기소처분에 대한 헌법소원심판 청구는 권리보호이익이 없다.509) 친고죄에 대해서는 범인을 알게 된 날부터 6월을 경과하면 고소하지 못한다(형사소송법 제230조 제1항). 그런데 청구인은 법률이 정한 고소기간을 경과하고 나서 피고소인을 고소하였으므로 검사는 피고소인을 기소할 수 없어서 이 부분에 관한 헌법소원심판 청구는 권리보호이익이 없어서 적법하지 않다.510) 일죄 일부에 대해서 확정판결이 있으면 나머지 범죄사실에 대해서도 기판력이 미쳐 따로 공소를 제기할 수 없다. 그러므로 이 부분의 불기소처분에 대해서 헌법소원심판을 청구하는 것은 권리보호이익이 없어 부적법하다.511) 또한, 사건의 수사나 처분에 관여한 경찰관과 검사들을 직권남용권리행사방해나 직무유기 등의 죄로 고소하고, 고소를 각하한 검사를 고소하는 일을 되풀이하면서 각 불기소에 대해서 항고·재항고를 거쳐 헌법소원심판을 청구하는 일을 반복하는 것은 권리남용에 해당함이 명백하므로, 그 목적으로 청구된 헌법소원심판은 권리보호이익이 없어 적법하지 않다.512) 그 밖에 대통령의 재직 중 범죄에 대해서는 헌법 제84조에 "대통령은 내란 또는 외환의 죄를 범한 때를 제외하고는 재직 중 형사상의 소추를 받지 아니한다."라고 규정될 뿐이고 헌법이나 형사소송법 등의 법률에 대통령의 재직 중 공소시효 진행이 정지된다고 명백히 규정되지는 않더라도, 헌법 규정의 근본취지를 대통령의 재직 중 형사상 소추를 할 수

---

507) 헌재 2001. 9. 27. 2001헌마152, 판례집 13-2, 447, 454.
508) 헌재 1993. 11. 25. 92헌마169, 판례집 5-2, 489, 492; 헌재 2008. 12. 26. 2007헌마775, 판례집 20-2하, 844, 850.
509) 헌재 1992. 11. 12. 91헌마176; 1992. 11. 12. 91헌마222.
510) 헌재 1998. 5. 28. 98헌마62.
511) 포괄일죄 - 헌재 1999. 7. 22. 98헌마473, 공보 37, 712, 714; 헌재 2000. 8. 31. 99헌마250, 공보 49, 749, 750; 상상적 경합 - 헌재 2000. 7. 20. 99헌마186, 공보 48, 680, 681.
512) 헌재 2007. 10. 16. 2006헌마1475, 공보 124, 120, 121.

없는 범죄에 대한 공소시효 진행은 정지되는 것으로 해석하는 것이 원칙이다.513)

권리보호이익은 심판 청구 당시는 물론 헌법재판소 결정 당시에도 있어야 한
다.514) 그러므로 헌법소원심판 청구 당시 권리보호이익이 인정되더라도 심판계속
중에 사실관계나 법률관계의 변동으로 말미암아 청구인이 주장하는 기본권 침해가
종료되면 원칙적으로 권리보호이익이 없다.515) 청구인이 비록 심판절차 계속 중에
사망하였더라도 헌법재판소가 헌법소원을 인용하였다면 형사소송법상 그 배우자가
직계친족 등은 확정된 유죄판결에 대해서 재심을 청구할 수 있으므로 권리보호이익
이 있다.516)

(2) 예외

헌법소원제도는 주관적으로 개인의 권리를 구제하는 것뿐 아니라 객관적으로는
헌법질서를 보장하는 것을 그 목적으로 한다. 그러므로 헌법소원에서 권리보호이익
은 일반 법원의 소송사건에서처럼 주관적 권리를 기준으로 엄격하게 해석하여서는
안 된다. 따라서 침해행위가 이미 종료되어서 이것을 취소할 여지가 없으므로 헌법
소원이 주관적 권리구제에 별 도움이 안 되는 때라도 그러한 침해행위가 앞으로도
반복될 위험이 있거나 해당 분쟁 해결이 헌법질서의 수호·유지를 위해서 긴요한
사항이어서 그 해명이 헌법적으로 중대한 의미가 있으면 헌법소원 이익을 인정하여
야 할 것이다.517) 여기서 침해반복 위험성이란 단순히 추상적·이론적인 가능성이
아닌 구체적·실제적이어야 하고, 이 점은 청구인이 입증할 책임이 있다.518)

6. 변호사강제주의

(1) 변호사강제주의의 내용

헌법소원심판에서 청구인은 변호사를 대리인으로 선임하지 아니하면 심판 청구
를 하거나 심판수행을 하지 못한다(헌법재판소법 제25조 제3항). 대리인 선임 없이 헌

---

513) 헌재 1995. 1. 20. 94헌마246, 판례집 7-1, 15, 49.
514) 헌재 1999. 11. 25. 95헌마154, 판례집 11-2, 555, 571; 헌재 2007. 12. 27. 2004헌마218, 공보 135,
    93, 96.
515) 헌재 1997. 3. 27. 93헌마251, 판례집 9-1, 366, 370; 헌재 1999. 11. 25. 95헌마154, 판례집 11-2,
    555, 571.
516) 헌재 1999. 9. 16. 98헌마265, 공보 38, 793, 795.
517) 헌재 1992. 1. 28. 91헌마111, 판례집 4, 51, 56-57; 헌재 1992. 4. 14. 90헌마82, 판례집 4, 194,
    204; 헌재 1997. 3. 27. 92헌마273, 판례집 9-1, 337, 342; 헌재 1997. 11. 27. 94헌마60, 판례집
    9-2, 675, 688; 헌재 2008. 12. 26. 2007헌마775, 판례집 20-2하, 844, 850-851.
518) 헌재 1991. 7. 8. 89헌마181, 판례집 3, 356, 367; 헌재 1997. 6. 26. 97헌바4, 판례집 9-1, 649,
    653-654.

법소원심판이 청구되면 헌법재판소는 지정재판부의 사전심사단계에서 상당한 기간 (7−10일)을 정하여 대리인을 선임하도록 보정명령을 발한다. 변호사 자격이 없는 사인인 청구인이 한 헌법소원심판 청구나 주장 등 심판수행은 변호사인 대리인이 추인하면 적법한 헌법소원심판 청구와 심판수행으로서 효력이 있고 헌법소원심판 대상이 된다.

(2) 국선대리인제도

헌법재판소법 제70조에서 국선대리인제도를 두어 헌법소원심판 청구에서 변호사를 대리인으로 선임할 자력이 없으면 당사자 신청에 따라 국고에서 그 보수를 지급하는 국선대리인을 선정해 주도록 한다. 따라서 국선대리인 선임을 원하는 사람은 헌법소원 사유를 명시한 국선대리인 선임선청서를 제출하여야 하고, 이때 변호사를 대리인으로 선임할 자력이 없음을 소명하는 자료를 첨부하여야 한다('헌법재판소 국선대리인의 선임 및 보수에 관한 규칙' 제4조). 헌법재판소는 초기에는 이 규정을 따라 영세민증명서·생활보호대상자증명서(이상 현행수급자증명서)·지방세미과세증명서(현행 지방세 세목별 과세증명서) 등 객관적인 무자력 소명서면을 제출받아 신청인의 무자력 여부를 판단하였다. 그러나 1994년 이후에는 이외에도 대리인을 선임할 자력이 없다는 신청인의 진술이나 채무증명서, 경매통지서 등도 무자력 소명자료로 인정하였다.

'헌법재판소 국선대리인의 선임 및 보수에 관한 규칙' 제4조 제1항에서는 헌법재판소법 제70조 제1항에서 규정한 변호사를 대리인으로 선임할 자력이 없는 사람의 기준을 다음과 같이 예시한다.

（ⅰ）월평균수입이 150만원 미만인 자

（ⅱ）국민기초생활보장법에 의한 수급자

（ⅲ）'국가유공자 등 예우 및 지원에 관한 법률'에 의한 국가유공자와 그 유족 또는 가족

（ⅳ）위 각호에는 해당하지 아니하나, 청구인이나 그 가족의 경제능력에 비추어 보아 변호사를 대리인으로 선임하는 것을 기대하기 어려운 때

그리고 헌법재판소법 제70조 제2항은 "제1항의 규정에 불구하고 헌법재판소가 공익상 필요하다고 인정할 때에는 국선대리인을 선임할 수 있다."라고 규정하여 국선대리인 선임요건으로 종래의 무자력 요건 이외에 공익상 요건을 추가함으로써 국민의 헌법소원심판을 받을 권리를 실질적으로 보장하고자 하였다.

7. 일사부재리

헌법재판소는 이미 심판을 거친 같은 사건에 대해서는 다시 심판할 수 없다(헌법재판소법 제39조). 헌법재판소가 이미 한 결정에 대해서는 자기기속력 때문에 이것을 취소·변경할 수 없다. 이것은 법적 안정성을 위해서 불가피한 일이기 때문이다. 헌법재판소 결정에 대해서는 상급심이 없으므로 불복신청도 허용될 수 없을 뿐 아니라 즉시항고는 헌법재판소법상 인정되지 아니한다. 불복신청이 허용되지 아니하므로 당사자는 확정된 해당 심판은 물론이고, 후행 심판에서 같은 사항에 대해서 다시 심판을 청구할 수 없다.519) 헌법재판소가 심판한 사건에 대해서 다시 헌법소송을 제기하거나 헌법재판소 결정에 대해 불복을 하는 헌법소송을 제기하게 되면, 이것은 헌법소송 요건을 갖추지 못한 것으로서 부적법하여 각하된다.520) 헌법소원심판 청구가 부적법하다고 하여 헌법재판소가 각하결정을 하였다면, 그 각하결정에서 판시한 요건 흠결을 보정할 수 있는 때에 한하여 그 요건 흠결을 보정하여 다시 심판 청구를 하는 것은 모르되, 그러한 요건 흠결을 보완하지 아니한 채로 같은 내용의 심판 청구를 되풀이하는 것은 허용될 수 없다.521) 변호사인 대리인 선임이 없어 각하된 때나 다른 법률에 따른 구제절차를 거치지 아니하여 각하된 때에 대리인 선임이나 구제절차 경료 등 그 흠결을 보정하여 다시 청구하면 일사부재리가 적용되지 않는다.

헌법재판에 이러한 일사부재리 규정을 두는 이유는 법적 분쟁을 조기에 종결시켜 법적 안정 상태를 조속히 회복하고, 동일 분쟁에 대해 반복적으로 소송이 제기되는 것을 미연에 방지하여 소송경제를 이루기 위함이다. 헌법재판은 헌법 해석을 주된 임무로 하고, 그 결정의 효력은 당사자만이 아니라 국가기관은 물론, 일반 국민에 대해서도 미치므로, 헌법재판소 결정에 대해서 후에 불복할 수 있도록 하여 확정적인 효력이 없게 한다면, 문제가 된 법령 등은 계속적인 동일 소송 반복 제기로 그 시행 여부가 불투명해질 것이고, 당사자가 소송을 멈추지 않는 한 법적 불안정상태는 지속될 것이다.522)

일사부재리에 해당하여 부적법한 청구가 되려면 이미 심판을 거친 사건과 계속

---

519) 헌재 2005. 12. 22. 2005헌마330; 헌재 2007. 6. 28. 2006헌마1482, 공보 129, 793, 795.
520) 헌재 2005. 12. 22. 2005헌마330 참조.
521) 헌재 1995. 2. 23. 94헌마105, 판례집 7－1, 282, 286.
522) 헌재 2007. 6. 28. 2006헌마1482, 공보 129, 793, 795 참조.

중인 사건의 헌법소원을 제기하게 된 기초사실관계와 당사자, 심판 대상, 쟁점 등이 모두 같아야 한다.[523] 헌법재판소는 이미 심판을 거친 사건과 계속 중인 사건의 청구원인이 기본적으로 같더라도, 심판을 거친 사건은 헌법재판소법 제68조 제2항에 따른 헌법소원이고, 계속 중인 사건은 제68조 제1항에 따른 헌법소원이라면 동일한 사건이라고 볼 수 없고,[524] 두 사건의 심판 대상이 중복되더라도 종전 사건에서 판단한 바 없고, 청구인들이 동일하지 않다면 동일한 사건이라고 볼 수 없다고[525] 판시한 바 있다.

8. 공탁금

헌법재판소는 헌법소원심판청구인에 대해서 헌법재판소규칙으로 정하는 공탁금 납부를 명할 수 있다(헌법재판소법 제37조 제2항). 헌법재판소는 ① 헌법소원심판을 각하할 때와 ② 헌법소원심판 청구를 기각하는 때에 그 심판 청구가 권리 남용이라고 인정되면 헌법재판소규칙이 정하는 바에 따라 공탁금 전부나 일부의 국고귀속을 명할 수 있다. 이러한 공탁금제도는 헌법소원심판 남소를 방지하기 위한 것이다. 그러나 현재 해당 헌법재판소규칙이 제정되지 않아서 실무적으로 운용되지 않는다.

Ⅲ. 헌법소원심판절차

1. 개관

헌법소원심판절차는 헌법소원심판청구서가 접수됨으로써 개시된다. 접수된 헌법소원심판사건은 지정재판부의 사전심사를 받는다. 지정재판부는 재판관 전원의 일치된 의견에 따른 결정으로 각하결정을 내릴 수 있다(헌법재판소법 제72조 제3항). 그리고 지정재판부는 심판 청구가 부적법하나 보정할 수 있다고 인정되면 상당한 기간을 정하여 보정명령을 내릴 수 있다. 지정재판부는 전원의 일치된 의견으로 각하결정을 하지 아니하면 결정으로 헌법소원을 재판부 심판에 회부하여야 한다(헌법재판소법 제72조 제5항, 제28조). 헌법소원심판 청구 이후 30일이 지날 때까지 각하결정이 없으면 심판에 회부하는 결정이 있는 것으로 본다(헌법재판소법 제72조 제4항).

---

523) 헌재 2001. 6. 28. 98헌마485, 판례집 13-1, 1379, 1389; 헌재 2002. 12. 18. 2002헌마279, 공보 76, 94, 99 등 참조.
524) 헌재 1994. 4. 28. 89헌마221, 판례집 6-1, 239, 256-257.
525) 헌재 1997. 8. 21. 96헌마48, 판례집 9-2, 295, 303.

심판회부결정이 내려진 헌법소원심판사건은 전원재판부의 심리·평의를 거쳐 종국
결정이 내려진다.

2. 헌법소원심판청구서

(1) 필수적 기재사항

헌법소원심판청구서에는 ① 청구인과 대리인의 표시, ② 침해된 권리, ③ 침해
원인이 되는 공권력의 행사나 불행사, ④ 청구이유, ⑤ 그 밖에 필요한 사항을 기
재하여야 한다(헌법재판소법 제71조 제1항).

(2) 첨부서류

헌법소원심판청구서에는 대리인 선임을 증명하는 서류나 국선대리인선임통지서
를 첨부하여야 한다(헌법재판소법 제71조 제3항).

3. 지정재판부 사전심사

(1) 의의

헌법재판소장은 헌법재판소에 재판관 3명으로 구성되는 지정재판부를 두어 헌
법소원심판 사전심사를 담당하게 할 수 있다(헌법재판소법 제72조 제1항). 지정재판부
사전심사는 남소를 방지하기 위한 것이다.

(2) 심사 범위

지정재판부 사전심사에서는 심판청구요건(적법요건) 구비 여부만을 심사하고 본
안 판단은 하지 않는다.

(3) 심판 청구 각하

지정재판부는 ① 다른 법률에 따른 구제절차가 있으면 그 절차를 모두 거치지
않거나 법원의 재판에 대해서 헌법소원심판이 청구된 때, ② 헌법재판소법 제69조
에 따른 청구기간이 지나고 나서 헌법소원심판이 청구된 때, ③ 헌법재판소법 제25
조에 따른 대리인 선임 없이 청구된 때, ④ 그 밖에 헌법소원심판 청구가 부적법하
고 그 흠결을 보정할 수 없는 때에 지정재판부 재판관 전원의 일치된 의견에 따른
결정으로 헌법소원심판 청구를 각하한다(헌법재판소법 제72조 제3항).526) 재판장은 심

---

526) 헌재 2004. 4. 29. 2003헌마783, 판례집 16-1, 596, 600: "변호사의 선임이라는 소송요건은 그 구비
  여부가 객관적으로 명백히 드러나서 누구나 그 구비 여부를 쉽게 판별할 수 있기 때문에 이를 구비
  하지 아니한 소원을 지정재판부에서 바로 각하하여도 그 재판이 잘못될 염려가 없다. 오히려 이렇
  게 하는 것이 전원재판부의 업무부담을 줄여주고 소송의 결과에 대한 관계 당사자들의 공연한 기대
  를 조기에 차단하여 그들로 하여금 선후책을 강구할 수 있도록 도와주는 이점이 있다. 그러므로 변

판 청구가 부적법하나 보정할 수 있다고 인정하면 상당한 기간을 정하여 보정을 요구하여야 한다(헌법재판소법 제72조 제5항, 제28조).

(4) 심판 회부

지정재판부는 전원의 일치된 의견으로 각하결정을 하지 아니하면 결정으로 헌법소원을 재판부 심판에 회부하여야 한다. 헌법소원심판 청구 이후 30일이 지날 때까지 각하결정이 없으면 심판에 회부하는 결정이 있는 것으로 본다(헌법재판소법 제72조 제4항). 다만, 지정재판부 재판장이 심판 청구 보정을 요구하면서 정한 보정기간은 헌법재판소법 제72조 제5항에 따라 지정재판부 심리에도 준용되는 헌법재판소법 제28조에 따라 헌법재판소법 제72조 제4항이 정한 지정재판부 사전심사기간에서 제외되고, 헌법재판소법 제24조 제6항에 따라 기피 신청에 관해서는 민사소송법 제44조가 준용되어 기피 신청에 대한 결정이 있을 때까지 심판절차가 정지되므로 재판부 기피 신청으로 말미암아 심판절차가 정지된 기간도 지정재판부 사전심사기간에 산입하지 아니한다.527)

(5) 각하와 심판회부결정의 통지

지정재판부는 헌법소원을 각하하거나 심판회부결정을 하면 그 결정일부터 14일 이내에 청구인이나 그 대리인과 피청구인에게 그 사실을 통지하여야 한다. 헌법재판소법 제72조 제4항 후단의 심판회부결정이 있는 것으로 간주한 때도 같다. 헌법재판소장은 헌법재판소법 제72조 제4항의 규정에 따라서 재판부 심판에 회부되면 법무부 장관에게 즉시 그 사실을 통지하여야 한다(헌법재판소법 제73조).

4. 심리절차

(1) 심리정족수

재판부는 재판관 7명 이상 출석으로 사건을 심리한다(헌법재판소법 제23조 제1항).

(2) 서면심리원칙

헌법소원에 관한 심판은 서면심리에 의한다. 다만, 재판부는 필요하다고 인정하면 변론을 열어 당사자, 이해관계인, 그 밖의 참고인의 진술을 들을 수 있다(헌법재판소법 제30조 제2항).

호사를 선임하지 아니한 채 제기된 헌법소원을 지정재판부에서 각하하도록 법 제72조 제3항이 규정한 것은 합리적인 이유가 있는 것이고 이 규정이 재판청구권의 본질을 침해할 정도로 입법의 재량을 현저히 일탈한 것이라고 볼 수는 없다. 따라서 이 규정은 청구인의 재판청구권을 침해하는 것은 아니다."

527) 헌재 1993. 10. 29. 93헌마222, 판례집 5－2, 372, 375－377.

(3) 증거조사

재판부는 사건 심리를 위해서 필요하다고 인정하면 당사자의 신청이나 직권으로 ① 당사자나 증인을 신문하는 일, ② 당사자나 관계인이 소지하는 문서·장부·물건이나 그 밖의 증거자료 제출을 요구하고 이것을 영치하는 일, ③ 특별한 학식과 경험이 있는 사람에게 감정을 명하는 일, ④ 필요한 물건·사람·장소나 그 밖의 사물의 성상이나 상황을 검증하는 일의 증거조사를 할 수 있다. 재판장은 필요하다고 인정하면 재판관 중 1명을 지정하여 이러한 증거조사를 하게 할 수 있다(헌법재판소법 제31조).

(4) 자료 제출 요구

재판부는 결정으로 다른 국가기관이나 공공단체의 기관에 심판에 필요한 사실을 조회하거나 기록 송부나 자료 제출을 요구할 수 있다. 다만, 재판·소추나 범죄수사가 진행 중인 사건의 기록에 대해서는 송부를 요구할 수 없다(헌법재판소법 제32조).

(5) 심판 장소

심판의 변론과 종국결정 선고는 심판정에서 한다. 다만, 헌법재판소장이 필요하다고 인정하면 심판정 외의 장소에서 이것을 할 수 있다(헌법재판소법 제33조).

(6) 심판의 변론·결정 선고 공개, 서면심리·평의 미공개

심판의 변론과 결정 선고는 공개하지만, 서면심리와 평의는 공개하지 아니한다(헌법재판소법 제34조 제1항). 다만, 심리는 국가의 안전보장·안녕질서 또는 선량한 풍속을 해할 우려가 있으면 결정으로 이것을 공개하지 않을 수 있다. 이러한 결정은 이유를 개시하여 선고한다. 이러한 결정을 한 때도 재판장은 적당하다고 인정되는 사람의 재정을 허가할 수 있다(헌법재판소법 제34조 제2항, 법원조직법 제57조 제1항 단서, 제2항과 제3항).

(7) 가처분규정 미비

헌법재판소는 헌법소원심판 절차에서도 가처분 필요성은 있을 수 있고, 달리 가처분을 허용하지 아니할 상당한 이유를 찾아볼 수 없으므로 가처분이 허용된다고 한다.[528] 헌법소원심판절차에 명문의 가처분규정이 없을지라도 가처분권한은 모든 재판에 있고, 헌법재판 실효성을 확보하려면 가처분 결정이 허용되어야 할 것이다. 따라서 헌법재판소법 제40조에 따라서 행정소송법 제23조(집행정지), 민사집행법 제300조 이하의 가처분규정을 준용할 수 있다. 즉 헌법소원심판 대상이 되는 공권력

---

528) 헌재 2000. 12. 8. 2000헌사471, 판례집 12-2, 381, 384-385.

작용을 집행정지하여도 중대한 손해가 생길 염려가 없고, 오히려 집행을 정지하지 아니하면 청구인에게 회복할 수 없는 손해가 발생할 염려가 있으면 행정소송법이나 민사소송법에 따라 청구인의 신청이나 직권으로 가처분 결정을 할 수 있다.

5. 종국결정

(1) 심판결정정족수

재판부가 심리를 마치면 종국결정을 한다. 종국결정은 종국심리에 관여한 재판관 과반수 찬성으로 성립된다. 다만, 헌법소원에 대한 인용결정을 하는 때와 종전에 헌법재판소가 판시한 헌법이나 법률의 해석적용에 관한 의견을 변경하는 때는 재판관 6명 이상 찬성이 있어야 한다(헌법재판소법 제23조 제2항). 따라서 헌법재판소는 재판관 5명이 인용의견이어도 나머지 재판관이 기각 또는 각하의견을 내면 '기각'주문을 내어야 한다. 이러한 주문례로는 인용의견 5명, 기각의견 4명인 때 기각주문을 낸 것529)과 인용의견이 5명이고 각하의견이 4명인 때 기각주문을 낸 것530)이 있다.

(2) 종류

종국결정에는 ① 심판 청구가 부적법한 때에 내리는 각하결정, ② 심판 청구가 이유 없는 때에 내리는 기각결정, ③ 심판 청구가 이유 있는 때에 내리는 인용결정 그리고 ④ 심판절차종료선언의 4가지가 있다.

(3) 인용결정에 대한 특별규정(헌법재판소법 제75조)

헌법소원에서 헌법재판소가 인용결정을 내리는 때는 인용결정서 주문에서 침해된 기본권과 침해 원인이 된 공권력의 행사나 불행사를 특정하여야 한다(헌법재판소법 제75조 제2항). 그러나 헌법소원 중 법령소원을 인용하는 때는 주문에 침해된 기본권을 표시하지 않는데, 그 이유는 법령에 대한 헌법소원에서는 청구인의 침해된 기본권을 구제한다는 측면도 있으나 객관적인 헌법질서 확립이라는 성질이 더 주목받아야 할 것이고, 헌법재판소법 제75조 제2항의 취지가 같은 조 제3항 내지 제5항과 맺는 관계에서 보면 입법권, 즉 법률에 따른 기본권 침해에 들어맞는 규정이라고 보이지 않고, 오히려 같은 조 제6항이 헌법소원을 인용하여 법률의 위헌을 선고할 때는 헌법재판소법 제45조와 제47조의 규정을 준용하도록 하여서 구태여 주문

---

529) 헌재 1999. 1. 28. 98헌마85, 판례집 11-1, 73, 74; 헌재 2000. 12. 14. 2000헌마659, 판례집 12-2, 437, 440; 헌재 2003. 3. 27. 2002헌마573, 판례집 15-1, 319, 323.
530) 헌재 2000. 2. 24. 97헌마13등, 판례집 12-1, 252, 259

에 침해된 기본권을 표시할 필요까지는 없다고 해석되기 때문이다.531) 헌법소원을 인용할 때 헌법재판소는 기본권 침해 원인이 된 공권력 행사를 취소하거나 그 불행사가 위헌임을 확인할 수 있다(헌법재판소법 제75조 제3항). 이때 헌법재판소가 공권력 행사를 취소할 뿐 아니라 그 무효를 확인할 수 있는지가 문제 된다. 헌법재판소는 헌법소원을 인용하는 무효확인결정은 아직 내리지 않았다. 헌법소원심판에 준용되는 행정소송법은 무효확인소송을 규정할 뿐 아니라(행정소송법 제35조) 취소사유보다 무효사유가 더 중대한 하자라는 점에 비추어 헌법재판소가 무효확인결정을 내릴 수 있다고 볼 여지가 있다. 하지만 권한쟁의심판에서 보는 것처럼 헌법재판소법은 무효와 취소를 명확하게 구별하고(헌법재판소법 제66조 제2항), 무효사유를 근거로 취소결정을 내릴 수 있을 뿐 아니라 무효확인결정과 관련하여서도 헌법소원심판의 청구기간은 준수되어야 하므로 취소결정 이외에 무효확인결정을 내릴 실익이 없다. 따라서 헌법소원을 인용할 때는 취소결정만 내릴 수 있다고 보아야 할 것이다. 헌법소원을 인용할 때 공권력의 행사나 불행사가 위헌인 법률에 기인한 것이라고 인정되면 인용결정에서 해당 법률이 위헌임을 선고할 수 있는데(헌법재판소법 제75조 제5항), 이러한 때를 이른바 '부수적 규범통제'라고 부른다. 헌법소원의 인용결정은 모든 국가기관과 지방자치단체를 기속한다(헌법재판소법 제75조 제1항). 헌법재판소가 공권력의 불행사에 대한 헌법소원을 인용하는 결정을 하면 피청구인은 결정취지에 따라 새로운 처분을 하여야 한다(헌법재판소법 제75조 제4항).

6. 심판비용

헌법재판소 심판비용은 국가부담으로 한다. 다만, 당사자 신청에 따른 증거조사 비용은 헌법재판소규칙이 정하는 바에 따라 그 신청인에게 부담시킬 수 있다(헌법재판소법 제37조 제1항).

7. 준용법령

헌법소원심판절차에 관해서는 헌법재판소법에 특별한 규정이 있는 때를 제외하고는 헌법재판의 성질에 어긋나지 아니하는 한도 안에서 민사소송에 관한 법령과 행정소송법을 함께 준용한다. 행정소송법이 민사소송에 관한 법령과 저촉되면 민사소송에 관한 법령은 준용하지 아니한다(헌법재판소법 제40조).

---

531) 헌재 1991. 3. 11. 91헌마21, 판례집 3, 91, 115.

제 3 장 간접적 기본권보호수단

제 1 절 탄핵심판

Ⅰ. 탄핵심판의 의의: 헌법수호(헌법보호, 헌법보장)의 제도적 수단

1. 개념

탄핵제도는 일반 사법절차를 따라 책임을 추궁하거나 행정상 징계절차를 따라 징계하기 곤란한 고위공직자나 헌법상 독립된 기관의 신분이 보장된 공직자가 직무집행에서 헌법과 법률을 위반하면, 의회가 이들을 소추하여 법적 추궁을 하는 제도이다.[1] 탄핵제도는 의회를 통한 국민주권 실현으로서 의회의 탄핵소추 의결은 탄핵대상자에 대한 대의적 책임추궁으로 볼 수 있다.[2] 현행 헌법상 탄핵제도는 탄핵소추와 탄핵심판의 두 절차로 구성되어, 탄핵소추는 국회 권한이고(헌법 제65조), 탄핵심판은 헌법재판소 권한이다(헌법 제111조 제1항).

2. 성격

탄핵제도는 권력통제의 빈틈을 메우기 위해서 창안된 것이다. 즉 의회를 비롯한 어떠한 국가기관에도 책임을 지지 않는 국왕(그 보호를 받는 신하도 포함)과 법관에 대한 권력통제 필요성 때문에 탄핵제도가 도입되었다. 시간이 흐름에 따라 탄핵제도의 실용성이 인정되고 법관과 같은 신분보장을 받는 사람이 늘면서 탄핵대상 범위도 확대되었다.[3] 이러한 점에서 탄핵제도는 헌법과 법률의 우위를 고위직 공직자나 신분이 보장된 공직자에게도 관철하려는 권력통제수단으로 볼 수 있다. 탄핵제도는 파면을 하는 데 그쳐서 형사처벌도 아니고 직무수행상 무능이나 정치적 실패 혹은 정치적 이유에 따른 책임을 지우는 것이 아니다.[4] 탄핵심판도 징계적 처벌(징

---

1) 헌재 1996. 2. 29. 93헌마186, 판례집 8–1, 111, 118: "탄핵이란 일반적인 사법절차나 징계절차에 따라 소추하거나 징계하기가 곤란한 행정부의 고위직 공무원이나 법관 등과 같이 신분이 보장된 공무원이 직무상 중대한 비위를 범한 경우에 이를 의회가 소추하여 처벌하거나 파면하는 절차로서, ······"

2) 김하열, 『헌법소송법(제3판)』, 박영사, 2018, 675쪽; 한수웅/정태호/김하열/정문식(김하열 집필), 『주석 헌법재판소법』, 헌법재판소 헌법재판연구원, 2015, 640쪽.

3) 이승우/정만희/음선필, 『탄핵심판제도에 관한 연구』(헌법재판연구 제12권), 헌법재판소, 2001, 5~6쪽.

* 4) 김하열, 『헌법소송법(제3판)』, 박영사, 2018, 683쪽; 한수웅/정태호/김하열/정문식(김하열 집필), 『주석 헌법재판소법』, 헌법재판소 헌법재판연구원, 2015, 641쪽.

계처분)의 성질이 있는 것으로서 형사재판이 아니다(헌법 제65조 제4항, 헌법재판소법 제54조 제1항).[5]

3. 기능

역사적인 경험에 비추어 보면 대통령제 국가에서는 탄핵제도가 거의 운용되지 않았다. 그러므로 탄핵제도는 심리적·사회적 효과가 있는 것일 뿐이고 비현실적인 제도라고 하면서, 의회의 대집행부, 대사법부 통제수단인 탄핵제도의 정치적 가치에 관해서 그 무용성을 주장할 수 있다. 그러나 고위직 공직자의 권력남용과 부패를 방지하기 위해서도 탄핵제도를 무용한 것이라고 할 수 없다. 그리고 탄핵제도는 이념적으로 국민주권원리를 구현하고, 제도적으로는 집행부와 사법부에 대한 감시·통제기능 외에 헌법수호기능[6])까지 수행한다. 제도의 활용 빈도가 제도의 효용성과 비례하는 것은 아니다. 따라서 탄핵제도의 효용성은 부정될 수 없다.[7] 현실적으로도 국무총리, 국무위원, 행정 각부의 장은 국회의 해임의결 대상이 아니라 해임건의 대상이 되는데 지나지 않는다. 따라서 탄핵제도를 통해서만 그 책임을 물을 수 있다는 점에서 실제적 의미도 있다. 탄핵대상자가 탄핵이라는 엄격한 절차를 통해서만 그 직에서 배제되므로 특별히 보호된다고 볼 여지가 있다. 그러나 탄핵제도는 신분이 특별히 보장되거나 일반 절차로 징계하기 어려운 사람의 헌법적 책임을 물으려는 것이다. 따라서 탄핵제도는 특별한 보호를 하려는 것이 아니라 특별한 보호를 받는 사람의 헌법적 책임을 추궁하여 공직에서 추방하는 제도이다.

---

5) 헌재 2017. 3. 10. 2016헌나1, 판례집 29-1, 1, 15.

6) 검찰이 공소권을 독점하고 법원은 불고불리의 원칙에 따라 검찰이 기소하지 않는 고급공무원의 위헌·위법행위를 법원이 교정할 수 없다. 따라서 검찰이 기소하기 어려운 고급공무원의 위헌·위법행위에 대해서 국민대표기관인 국회에서 소추하고 헌법수호기관인 헌법재판소에서 심판하게 함으로써 헌법을 수호한다.

헌재 2004. 5. 14. 2004헌나1, 판례집 6-1, 609, 632: "탄핵심판절차는 행정부와 사법부의 고위공직자에 의한 헌법침해로부터 헌법을 수호하고 유지하기 위한 제도이다. 헌법 제65조는 행정부와 사법부의 고위공직자에 의한 헌법위반이나 법률위반에 대하여 탄핵소추의 가능성을 규정함으로써, 그들에 의한 헌법위반을 경고하고 사전에 방지하는 기능을 하며, 국민에 의하여 국가권력을 위임받은 국가기관이 그 권한을 남용하여 헌법이나 법률에 위반하는 경우에는 다시 그 권한을 박탈하는 기능을 한다. 즉, 공직자가 직무수행에 있어서 헌법에 위반한 경우 그에 대한 법적 책임을 추궁함으로써, 헌법의 규범력을 확보하고자 하는 것이 바로 탄핵심판절차의 목적과 기능인 것이다."

7) 김하열, 『헌법소송법(제3판)』, 박영사, 2018, 685~686쪽; 이승우/정만희/음선필, 『탄핵심판제도에 관한 연구』(헌법재판연구 제12권), 헌법재판소, 2001, 10~12쪽; 한수웅/정태호/김하열/정문식(김하열 집필), 『주석 헌법재판소법』, 헌법재판소 헌법재판연구원, 2015, 644쪽.

4. 사례

(1) 상해 임시정부 시절

상해 임시정부 시절 임시정부 대통령 이승만8)은 1925년 3월 탄핵을 당하였다.9) 이미 1919년 3월 '국제연맹 위임통치안' 제출로 신망을 상실한 이승만은 대통령으로 선출되고 나서도 헌법 규정(제16조: "대통령은 의정원의 허락 없이 국경을 마음대로 떠날 수 없다.")과 달리 상해에는 6개월밖에 머물지 않았다.10) 그리고 그가 주장하던 이른바 '외교독립론'의 무소득, 의정원 동의를 받지 않은 교령 남발, 미주 재정의 독자적 처리 등의 문제로 불신임을 받아 기어이 1924년 6월에는 유고안이 통과되었다. 그러나 대통령 탄핵심판서를 따르면 이승만은 유고안이 통과되고 나서도 기존 모습을 바꾸지 않고 오히려 "1. 하와이 교민단장과 부인회장에게 상해에 납부하던 돈을 전부 중지하라고 명령한 것은 본인이니 하와이 교민단장을 문책하지 말라. 2. 임시정부를 그대로 두고 태평양의 동서를 나누어 극동지방은 상해에서 관할하고 미주는 워싱턴에서 관할하되 중요사항은 협의하자. 3. 의정원이 가결한 유고안은 무효다."와 같은 주장을 하였다. 이러한 주장을 분석하면 이승만은 마땅히 정부에 귀속되어야 할 정부재산을 멋대로 빼돌린 것이고 정부파괴를 획책하였으며 의정원 결의를 무시한 것으로 볼 수 있다. 이러한 까닭에 임시정부 의정원은 이승만을 탄핵하였고,11) 박은식을 새 임시대통령으로 선출하였다.

---

8) 이승만은 원래 3·1 혁명 직후 결성된 상해 임시정부에서는 국무총리로, 한성 정부에서는 집정관 총재로 선출되었다. 이승만을 정부 수반으로 선출한 두 정부 어디에도 대통령이란 직제는 없었다. 그런데도 이승만은 자신을 대통령(President)으로 칭하며 다녔다. 안창호는 상해 임시정부는 국무총리제, 한성 정부는 집정관총재 제도를 채택하였으므로 어느 정부에도 대통령 직명이 없다면서, 현행 헌법 아래에서 이승만이 대통령 행세를 하는 것은 명백한 헌법 위반이라는 경고 편지를 보냈다. 이에 이승만은 "이미 대통령 명의로 각국에 국서를 보냈으니 문제 제기를 해서 우리끼리 떠들어서 행동 일치를 하지 못한 소문이 세상에 전파되면 독립운동에 큰 방해가 될 것이며, 그 책임이 당신들에게 돌아갈 것이니 떠들지 마시오."라는 오만한 답장을 보냈다. 황당하기 짝이 없는 노릇이었지만, 그래도 안창호가 동분서주하며 사람들을 설득하여 통합 정부로 새 출발하는 상해 임시정부의 헌법을 대통령제로 변경하였다.

9) "대통령 탄핵안이 통과", "작년에 의정원 회의에서 이승만 대통령의 유고안이 통과된 이후로 대통령의 행동은 더욱 위헌적 과실이 다한지라. 차로 인하여 의정원 내에서는 대통령에 대한 의론이 자못 불일하던 바, 마침내 대통령 탄핵안이 상안되어 거 18일 회의에 해 탄핵안이 통과되고…"(임시정부 기관지 『독립신문』, 1925. 3. 23.).

10) 1920년 12월 임시정부의 임시대통령 이승만은 대통령직에 선출된 지 무려 15개월 만에 상해에 도착하였다. 그리고 5개월여가 지난 1921년 5월 말 이승만은 일본 첩자를 따돌린다는 핑계로 훌쩍 상해를 떠났다.

11) "임시헌법에 의하여 의정원의 선거를 받아 취임한 대통령이 자기 지위에 불리한 결의라 하여 의정원의 결의를 부인하는 자를 1일이라도 국가원수의 직에 둠은 대업의 진행을 바라기 불능하고 국법

(2) 대한민국 정부 수립 이후

① 1985년 10월 18일 신한민주당 소속 국회의원 102명은 당시 유태흥 대법원장에 대해서 탄핵소추를 발의하였다. 이유는 많은 법관에게 형평에 어긋나는 인사를 하여 당시 헌법 제104조를 침해하였다는 것이었다. 이 사건에서 탄핵소추 여부는 무기명투표 표결로 이루어졌는데(국회법 제128조), 동년 10월 21일 재석의원 247명 가운데 찬성 95표, 반대 146표, 기권 5표, 무효 1표로써 국회에서 부결되어 탄핵소추 의결이 이루어지지 않았다.

② 1994년 12월 19일에는 12·12사건 관련자들의 군형법상 반란죄를 인정하면서 기소유예 처분을 하였다는 이유로 김도언 검찰총장에 대한 탄핵소추가 발의되었으나 부결되었다.

③ 1999년 4월 7일에는 검찰이 수사권을 남용하여 선거에 깊이 개입하고 1997년 대통령선거 당시 김대중 후보의 비자금에 대한 수사를 꺼렸다는 것 등의 이유로 김태정 검찰총장에 대한 탄핵소추가 발의되었으나 부결되었다. 재석의원 291명 가운데 찬성 145표, 반대 140표, 기권 2표, 무효 4표로써 과반수인 146표에 1표가 모자라 부결되었다. 그리고 ④ 김태정 검찰총장에 대해서는 정치권에 대한 편파적인 수사와 정치적인 발언 및 대전 법조비리사건 처리에서 공정성을 잃은 수사를 하였다는 이유로도 탄핵소추가 발의되었다. 그러나 김태정 검찰총장이 그해 5월 24일 검찰총장에서 해임되어 법무부 장관으로 취임하여 의결이 이루어지지 않은 상태에서 1999년 6월 1일 폐기되었다.

⑤ 2000년 5월에는 한국조폐공사파업유도사건과 속칭 '옷 로비 사건'의 진상조사를 위해서 검찰청에 요청한 자료 제출 요구에 불응하고 국정조사특별위원회의 국회 출석·보고 요구에 정당한 이유 없이 불출석하였다는 이유로 박순용 검찰총장에 대한 탄핵소추가 발의되었으나 국회의원 임기가 만료되어 처리되지 못하고 5월 29일에 폐기되었다.

⑥ 2001년 11월 18일에는 야당인 한나라당 소속 후보자에 대해서 수사권을 남용하였다는 이유로 박순용 검찰총장과 신승남 대검찰청 차장에 대한 탄핵소추가 발의되었으나 처리시한이 지나서 처리되지 못하고 폐기되었다.

⑦ 2001년 12월 9일에는 이용호 의혹사건과 관련하여 국회법과 국정감사및조사에관한법률에 따라 증인으로 소환하였으나 이것을 무시하고 국회에 출석하지 않

의 신성을 보존하기 어려울 뿐더러 순국제현의 명목치 못할 바요, 살아있는 충용의 소망이 아니라. 고로 주문과 여히 심판함"(독립운동사편찬위원회, 『임시정부사』(독립운동사 제4권), 1972, 544쪽).

았다는 이유로 신승남 검찰총장에 대한 탄핵소추가 발의되었으나 투표를 하고 나서 개표되지 않은 상태에서 처리시한이 지나서 처리되지 못하고 폐기되었다. 이 당시 여당인 민주당 소속 국회의원은 표결에 불참하고 개표절차에서 감표위원도 내지 않았다. 감표위원이 없는 상태에서 개표할 수 있는지에 관해서 논란을 벌이다가 국회의장이 개표할 수 있는 상황이 이루어질 때까지 투표함을 봉인하고 나서 처리시한 까지 여당이 감표위원을 내는 것을 거부하여 결국 처리되지 못하고 폐기되었다.

⑧ 2004년 3월 12일 국회에서 여야 사이의 충돌 끝에 헌법과 법률을 위반하여 국법질서를 문란하게 하고, 측근·참모들의 권력형 부정부패로 국정수행에 필요한 최소한의 도덕적·법적 정당성을 상실하였으며, 국민경제와 국정을 파탄시켜 민생을 도탄에 빠뜨렸다는 이유로 노무현 대통령에 대한 탄핵소추가 의결되었다. 이에 대해서 촛불집회로 표현된 국민의 거센 저항이 있었고, 헌법재판소는 동년 5월 14일에 기각결정을 내렸다.[12]

⑨ 2009년 11월 6일 민주당, 친박연대, 민주노동당, 창조한국당, 진보신당의 의원과 무소속 의원 3명을 포함한 의원 106명은 촛불집회 관련 사건을 특정 재판부에 지정 배당하는 것 등 몰아주기식 재판 배당으로 헌법과 법원조직법을 위반하였다는 이유로 신영철 대법관의 탄핵소추안을 발의하였다. 그러나 한나라당이 이번 탄핵안에 지적된 행위는 대법관이 되기 이전의 행위라서 탄핵안 표결은 적절하지 않다고 주장하면서 국회 본회의 표결처리를 반대하여 2009년 11월 12일 10시에 자동폐기되었다.

⑩ '비선 실세' 최순실이 대통령 연설문 수정은 물론 미르·K스포츠재단 설립, 인사 등 국정 전반에 대해 개입한 사실이 드러나면서 대한민국을 '공황' 상태로 빠뜨렸다. 박근혜 대통령 지지율은 역대 대통령 중 최악 수준인 4%까지 곤두박질쳤고 국민은 하야를 외치며 촛불시위를 이어갔다. 박근혜 대통령은 3차례에 걸친 대국민담화를 하였으나 말 바꾸기와 임기 연장 등의 '꼼수'라는 비난이 이어졌다. 국정농단 의혹을 수사한 검찰은 박근혜 대통령을 최순실·안종범·정호성과 공범으로 적시하였고, 수차례 출석을 요구했으나 박근혜 대통령은 한 차례도 응하지 않았다. 이에 따라 국회는 '즉각 퇴진'이라는 민의를 받들어 2016년 12월 9일 박근혜 대통령에 대한 탄핵소추안을 234표의 압도적 찬성으로 통과시켰다. 이로써 박근혜 대통령은 헌정 사상 첫 여성 대통령에서 피의자 신분으로 탄핵심판대에 오른 최초의 대

---

12) 헌재 2004. 5. 14. 2004헌나1, 판례집 16-1, 609.

통령이 되었다. 그리고 헌법재판소가 2017년 3월 10일 박근혜 대통령에게 파면결
정을 내림으로써[13] 1948년 헌법 제정 이후 탄핵심판이 인용된 첫 번째 대통령이
되었다. 임시정부 헌법부터 따지면 탄핵된 두 번째 대통령이다.

Ⅱ. 국회의 탄핵소추

1. 탄핵 대상 공직자

헌법은 탄핵소추를 국회 권한으로 하며, 탄핵소추 대상자로 ① 대통령, 국무총
리, 국무위원과 행정 각부의 장, ② 헌법재판소 재판관, 법관과 중앙선거관리위원회
위원, ③ 감사원장과 감사위원, ④ 그 밖에 법률에서 정한 공무원을 든다(헌법 제65
조 제1항, 헌법재판소법 제48조). 7명 이상의 헌법재판소 심리정족수 때문에 헌법재
판소 재판관이 탄핵대상이 될 때 재판관 3명 이상을 동시에 소추할 수 없다(헌법재판
소법 제23조 제1항, 제50조). '그 밖에 법률에서 정한 공무원'은 탄핵제도 취지에 비추
어 일반 사법절차나 징계절차에 따른 소추나 징계처분이 곤란한 고위직이나 특정직
공무원을 뜻한다.[14] '그 밖에 법률에서 정한 공무원'에는 경찰법 제11조 제6항에 규
정된 경찰청장과 '방송통신위원회의 설치 및 운영에 관한 법률' 제6조 제5항의 방
송통신위원회 위원장이 있다. 그 밖에 현행법상 검찰청법 제37조("검사는 탄핵 또는
금고 이상의 형을 받거나 징계처분에 의하지 아니하면 파면·정직 또는 감봉의 처분을 받지
아니한다."), 선거관리위원회법 제9조 제2호("각급선거관리위원회의 위원은 다음 각호의
1에 해당할 때가 아니면 해임·해고 또는 파면되지 않는다. 2. 탄핵결정으로 파면된 때")를
따라 검사와 각급 선거관리위원회 위원을 탄핵대상으로 예상할 수 있고, 그 밖에
탄핵제도 취지를 생각하면 일반 사법절차에 의한 소추나 징계절차에 의한 징계처분
이 곤란한 고위직 공무원이 여기에 속한다고 볼 수 있다.[15]

대통령은 전형적인 탄핵대상자이다. 그러나 대통령 취임 전의 대통령당선인은
탄핵대상자가 아니다. 국무총리와 국무위원 그리고 행정 각부의 장도 탄핵대상자이
다. 이들에 대한 탄핵이 대통령에 대한 탄핵을 대신하는 것이라는 견해가 있다.[16]

---

13) 헌재 2017. 3. 10. 2016헌나1, 판례집 29-1, 1.
14) 이승우/정만희/음선필, 『탄핵심판제도에 관한 연구』(헌법재판연구 제12권), 헌법재판소, 2001, 149쪽.
15) 이승우/정만희/음선필, 『탄핵심판제도에 관한 연구』(헌법재판연구 제12권), 헌법재판소, 2001, 149
   쪽; 한수웅/정태호/김하열/정문식(김하열 집필), 『주석 헌법재판소법』, 헌법재판소 헌법재판연구원,
   2015, 652쪽.
16) 이승우/정만희/음선필, 『탄핵심판제도에 관한 연구』(헌법재판연구 제12권), 헌법재판소, 2001, 149쪽.

물론 대통령 탄핵이 어려울 때 대통령을 압박하려고 이들에 대한 탄핵을 할 수도
있다. 그러나 대통령과 별개로 이들 스스로 위법행위를 저질러 그 책임을 추궁할
필요가 있는데도 대통령이 이들을 비호하고 그 법적 책임을 추궁하지 않을 때 이들
에 대한 탄핵은 고유한 의미가 있다.17)

　국회의원은 탄핵 대상자가 아니다. 하지만 국회의원이 국무총리나 국무위원을
겸직하면, 그 국회의원은 해당 공직의 보유자로서 당연히 탄핵대상이 된다. 이때
국회의원으로서 한 직무상 행위를 사유로 그를 국무총리나 국무위원직에서 파면하
도록 탄핵소추할 수 있는지가 문제 될 수 있다. 비록 같은 사람이 국회의원과 국무
총리나 국무위원을 겸하더라도 직책이 구별되는 만큼 국회의원으로서 한 직무행위
를 이유로 탄핵소추를 할 수 없다.18) 겸직한 국회의원에 대한 탄핵결정이 있어도
국회의원직은 탄핵절차에서 문제 삼는 직이 아니라서 파면되는 '해당 공직'에 속하
지 않는다. 따라서 탄핵결정을 받은 해당 국회의원은 의원직을 박탈당하지 않는
다.19) 그런데 탄핵결정에 따라 파면된 사람은 결정 선고가 있은 날부터 5년이 지나
지 않으면 공무원이 될 수 없다(헌법재판소법 제54조 제2항). 이때 공무원은 선거직
공무원도 포함한다. 따라서 해당 공무원은 피선거권이 없게 된다. 결국 해당 국회
의원은 탄핵결정이 선고된 날에 국회의원직에서 퇴직한다(국회법 제136조 제2항).

　법관에는 법원조직법상 대법원장, 대법관, 판사가 속한다. 그러나 군사법원상
군판사는 군사법원의 재판관일 뿐이지 탄핵대상인 '법관'은 아니다. 헌법은 '법관'
(헌법 제65조 제1항, 제101조 제1항)과 군사법원의 '재판관'(헌법 제110조 제3항)을 구별
할 뿐 아니라 군사법원은 일반 법원과 조직·권한과 구성원의 자격이 다른 특별법
원이기 때문이다. 따라서 군판사는 헌법 제65조 제1항의 법관이 아니고 '그 밖에
법률에서 정한 공무원'에 해당될 수 있을 뿐이다.20)

　탄핵대상자의 권한대행자나 직무대리자는 원래 대상자와 같은 지위에서 같은
직무를 수행하므로 탄핵 대상이 된다.21) 물론 권한대행자나 직무대리자는 자신의

---

17) 김하열, 『헌법소송법(제3판)』, 박영사, 2018, 691쪽.
18) 김하열, 『헌법소송법(제3판)』, 박영사, 2018, 691쪽; 이승우/정만희/음선필, 『탄핵심판제도에 관한
　　연구』(헌법재판연구 제12권), 헌법재판소, 2001, 149쪽; 한수웅/정태호/김하열/정문식(김하열 집필),
　　『주석 헌법재판소법』, 헌법재판소 헌법재판연구원, 2015, 650쪽.
19) 김하열, 『헌법소송법(제3판)』, 박영사, 2018, 691쪽; 한수웅/정태호/김하열/정문식(김하열 집필), 『주
　　석 헌법재판소법』, 헌법재판소 헌법재판연구원, 2015, 650쪽.
20) 김하열, 『헌법소송법(제3판)』, 박영사, 2018, 692쪽; 한수웅/정태호/김하열/정문식(김하열 집필), 『주
　　석 헌법재판소법』, 헌법재판소 헌법재판연구원, 2015, 650~651쪽.
21) 김하열, 『헌법소송법(제3판)』, 박영사, 2018, 694쪽; 신 평, 『헌법재판법(전면개정판)』, 법문사,

본래 직무집행 중의 위법행위에 대해서는 본래 신분으로서 탄핵 대상이 된다.[22] 국무총리이나 국무위원이 대통령 권한대행을 하면(헌법 제71조), 이들은 대통령 권한대행자의 지위가 있어서 탄핵소추 및 심판결정 정족수는 대통령에 준하여 판단하여야 한다는 견해가 있다.[23] 그러나 대통령 권한대행자는 권한만 대행할 뿐이지 대통령 지위가 있는 것은 아니므로 그에 대한 탄핵소추 및 심판결정 정족수는 본래 지위에 따라야 한다고 생각한다. 대통령이어서 대통령 권한을 행사하는 것이 아니라 국무총리나 국무위원이어서 대통령 권한을 대행하는 것이므로 권한대행자는 대통령이 아니다. 국무총리나 국무위원은 대통령 권한을 대행하여서 대통령 지위를 인정받을 뿐이다. 그리고 권한대행자의 행위를 본래 직무행위인지 대행하는 직무행위인지를 명확하게 구별하기 어려울 수 있다. 또한, 이렇게 해석하는 것이 대통령 권한대행자가 현상유지를 넘어 마치 대통령이 된 것처럼 권한 행사를 하는 것을 막는 수단이 될 것이다. 권한대행자나 직무대리자가 탄핵결정을 받으면 결정 선고가 있은 날부터 5년이 지나지 않으면 공무원이 될 수 없으므로(헌법재판소법 제54조 제2항), 본래 직도 상실한다고 보아야 할 것이다.[24]

2. 탄핵사유: 그 직무집행에서 헌법이나 법률을 위반한 때

헌법 제65조 제1항과 헌법재판소법 제48조는 탄핵소추 사유를 탄핵 대상이 되는 공직자에 따라 달리 규정하지 않고, '직무집행에 있어서 헌법이나 법률을 위배한 때'라고 포괄적으로 규정한다(헌법 제65조 제1항).

(1) 직무집행

직무는 법제상 소관 직무의 고유업무와 통념상 이와 관련된 업무를 말한다.[25]

2011, 483쪽; 정종섭, 『헌법소송법(제8판)』, 박영사, 2014, 432쪽; 한수웅/정태호/김하열/정문식(김하열 집필), 『주석 헌법재판소법』, 헌법재판소 헌법재판연구원, 2015, 653쪽; 홍성방, 『헌법소송법』, 박영사, 2015, 165쪽.

22) 한수웅/정태호/김하열/정문식(김하열 집필), 『주석 헌법재판소법』, 헌법재판소 헌법재판연구원, 2015, 654쪽.

23) 김하열, 『헌법소송법(제3판)』, 박영사, 2018, 694쪽; 이승우/정만희/음선필, 『탄핵심판제도에 관한 연구』(헌법재판연구 제12권), 헌법재판소, 2001, 148~149쪽; 한수웅/정태호/김하열/정문식(김하열 집필), 『주석 헌법재판소법』, 헌법재판소 헌법재판연구원, 2015, 653쪽.

24) 김하열, 『헌법소송법(제3판)』, 박영사, 2018, 695쪽; 한수웅/정태호/김하열/정문식(김하열 집필), 『주석 헌법재판소법』, 헌법재판소 헌법재판연구원, 2015, 653~654쪽.

25) 헌재 2004. 5. 14. 2004헌나1, 판례집 16-1, 609, 633; 헌재 2017. 3. 10. 2016헌나1, 판례집 29-1, 1, 20; 김진욱, 「탄핵요건으로서 헌법이나 법률 위반의 중대성」, 『저스티스』 제161호, 2017. 7., 16쪽; 이승우/정만희/음선필, 『탄핵심판제도에 관한 연구』(헌법재판연구 제12권), 헌법재판소, 2001, 150쪽.

직무는 법령에 근거한 행위뿐 아니라 해당 지위에서 국정수행과 관련하여 하는 모든 행위를 포괄한다.[26] 직무집행은 소관 직무로 말미암은 의사결정·집행·통제행위를 포괄하여 법령에 규정된 추상적 직무에 근거하여 구체적으로 외부에 표출되고 현실화하는 작용을 말한다.[27] 따라서 순수한 직무행위 그 자체만을 뜻하는 것은 아니고 직무행위 외형을 갖춘 행위까지도 포함한다.[28] 결과적으로 직무집행과 관계가 없는 행위는 탄핵 사유가 될 수 없다. 그리고 직무집행은 자기 소관 아래의 모든 직무, 감독행위를 말하고, 현직 중의 행위에 국한한다. 따라서 직무집행과 무관한 사생활이나 취임 전이나 퇴임 후의 행위뿐 아니라 겸직하는 직에 관한 직무행위도 여기에 포함되지 않는다. 공직사퇴와 동시에 탄핵사유는 소멸한다.[29] 대통령이 탄핵대상자이면 당선하고 나서 취임할 때까지의 기간에 이루어진 행위는 탄핵사유가 될 수 없다.[30] 피소추자의 행위는 자기책임이라서 다른 공직자에게 행위를 지시하거나 다른 공직자와 공범관계에 있지 않는 한 다른 공직자의 행위는 탄핵사유가 되지 않는다.[31]

탄핵대상자가 다른 공직을 거쳐 현 공직에 취임할 때 전직과 현직 모두 소추대상 직이면 전직 때의 위법행위는 탄핵사유에 포함된다. 임명에 국회 동의가 필요한 공직자가 동의를 받기 전 서리 신분으로 한 직무집행행위는 탄핵대상 행위에 포함

---

26) 헌재 2017. 3. 10. 2016헌나1, 판례집 29-1, 1, 20.

27) 김하열, 『헌법소송법(제3판)』, 박영사, 2018, 701~702쪽; 송기춘, 「우리 헌법상 대통령 탄핵제도에 관한 소고」, 『공법연구』 32집 제5호, 한국공법학회, 2004, 416쪽; 이승우/정만희/음선필, 『탄핵심판제도에 관한 연구』(헌법재판연구 제12권), 헌법재판소, 2001, 150쪽; 한수웅/정태호/김하열/정문식(김하열 집필), 『주석 헌법재판소법』, 헌법재판소 헌법재판연구원, 2015, 659쪽.

28) 김하열, 『헌법소송법(제3판)』, 박영사, 2018, 702쪽; 송기춘, 「우리 헌법상 대통령 탄핵제도에 관한 소고」, 『공법연구』 32집 제5호, 한국공법학회, 2004, 417쪽; 이승우/정만희/음선필, 『탄핵심판제도에 관한 연구』(헌법재판연구 제12권), 헌법재판소, 2001, 150쪽; 정연주, 『헌법소송론』, 법영사, 2015, 198쪽.

29) 김하열, 『헌법소송법(제3판)』, 박영사, 2018, 702쪽; 이승우/정만희/음선필, 『탄핵심판제도에 관한 연구』(헌법재판연구 제12권), 헌법재판소, 2001, 150~151쪽; 정연주, 『헌법소송론』, 법영사, 2015, 198~199쪽; 최희수, 『헌법소송법 요론(개정판)』, 대명출판사, 2015, 312쪽; 한수웅/정태호/김하열/정문식(김하열 집필), 『주석 헌법재판소법』, 헌법재판소 헌법재판연구원, 2015, 660~661쪽; 홍성방, 『헌법소송법』, 박영사, 2015, 167쪽.

30) 헌재 2004. 5. 14. 2004헌나1, 판례집 16-1, 609, 651-652; 김도협, 『헌법재판개설』, 진원사, 2017, 98쪽; 김하열, 『헌법소송법(제3판)』, 박영사, 2018, 704쪽; 한수웅/정태호/김하열/정문식(김하열 집필), 『주석 헌법재판소법』, 헌법재판소 헌법재판연구원, 2015, 661쪽. 그러나 대통령으로 선출되기 위한 선거과정에서 선거법을 위반한 때와 당선자로서 하는 직무집행도 탄핵사유가 될 수 있다는 견해도 있다(송기춘, 「우리 헌법상 대통령 탄핵제도에 관한 소고」, 『공법연구』 32집 제5호, 한국공법학회, 2004, 420~421쪽).

31) 송기춘, 「우리 헌법상 대통령 탄핵제도에 관한 소고」, 『공법연구』 32집 제5호, 한국공법학회, 2004, 418쪽.

된다. 그리고 탄핵소추절차가 개시되고 나서 탄핵소추를 면하게 하려고 임명권자가 피소추자를 전직시키면 전직 이전 행위는 현직 중의 행위로 볼 것이다. 이때 탄핵 결정을 받으면 현직에서 파면된다.[32]

그러나 다른 탄핵대상 공직에 있다가 대통령이 된 사람을 다른 탄핵대상 공직 시의 행위로 탄핵할 수는 없다. 선거로 선출되는 대통령은 다른 탄핵대상 공직자와 취임 정당성이 다르고, 탄핵소추의 발의·의결 정족수도 다를 뿐 아니라 '파면할만 한 탄핵사유' 존부 판단에서도 차별이 있을 수 있기 때문이다.[33]

(2) '헌법이나 법률을 위배한 때'

헌법은 명문의 헌법 규정뿐 아니라 헌법재판소 결정에 따라서 형성되어 확립된 불문헌법도 포함된다.[34] 법률도 형식적 법률뿐 아니라 법률과 동등한 효력이 있는 조약, 일반적으로 승인된 국제법규 그리고 긴급명령·긴급재정경제명령도 포함한 다.[35] 그리고 법률의 규범서열이 있는 관습법도 법률에 속한다. 그러나 법률 하위 의 명령·규칙은 포함되지 않는다. 구체적 행위명령이나 행위금지를 내포하지 않는 추상적·지침적 법규는 규범내용을 확정할 수 없어서 탄핵사유를 한정할 수 없다. 따라서 추상적·지침적 법규 위반을 탄핵사유로 삼으면 탄핵제도는 법적 책임이 아 니라 정치적 책임을 추궁하는 제도로 전락할 수 있다. 이러한 점에서 추상적·지침

---

32) 이승우/정만희/음선필, 『탄핵심판제도에 관한 연구』(헌법재판연구 제12권), 헌법재판소, 2001, 151~152쪽; 최희수, 『헌법소송법 요론(개정판)』, 대명출판사, 2015, 313쪽.

33) 김하열, 『헌법소송법(제3판)』, 박영사, 2018, 703~704쪽; 송기춘, 「우리 헌법상 대통령 탄핵제도에 관한 소고」, 『공법연구』 32집 제5호, 한국공법학회, 2004, 419~420쪽; 한수웅/정태호/김하열/정문식 (김하열 집필), 『주석 헌법재판소법』, 헌법재판소 헌법재판연구원, 2015, 661쪽.

34) 헌재 2004. 5. 14. 2004헌나1, 판례집 16-1, 609, 633; 헌재 2017. 3. 10. 2016헌나1, 판례집 29-1, 1, 20-21; 김도협, 『헌법재판개설』, 진원사, 2017, 98쪽; 김선택, 「탄핵의 성질, 보호법익, 절차 및 증거기준」, 『헌법연구』 제4권 제2호, 헌법이론실무학회, 2017, 8쪽; 송기춘, 「우리 헌법상 대통령 탄 핵제도에 관한 소고」, 『공법연구』 32집 제5호, 한국공법학회, 2004, 421쪽; 이승우/정만희/음선필, 『탄핵심판제도에 관한 연구』(헌법재판연구 제12권), 헌법재판소, 2001, 152~153쪽. 규범통제와 달리 공직자 개인에 대한 책임추궁 성격이 있는 탄핵심판에서는 성문헌법과 같은 법적 명확성과 안정성 이 없는 관습헌법을 내세워 파면이라는 개인적 불이익을 주는 것은 법치국가원리에 비추어 허용되 기 어려워서 관습헌법 위반은 탄핵사유가 되지 않는다는 견해도 있다[김하열, 『헌법소송법(제3판)』, 박영사, 2018, 696~697쪽; 한수웅/정태호/김하열/정문식(김하열 집필), 『주석 헌법재판소법』, 헌법 재판소 헌법재판연구원, 2015, 655쪽]. 하지만 관습헌법의 성립요건(특히 법적 확신)에 따라서 관습 헌법이 엄격하게 인정된다면 법적 명확성과 안정성이 관습헌법에 없다고 볼 수는 없다.

35) 헌재 2004. 5. 14. 2004헌나1, 판례집 16-1, 609, 633; 헌재 2017. 3. 10. 2016헌나1, 판례집 29-1, 1, 21; 김도협, 『헌법재판개설』, 진원사, 2017, 98쪽; 송기춘, 「우리 헌법상 대통령 탄핵제도에 관한 소고」, 『공법연구』 32집 제5호, 한국공법학회, 2004, 421쪽; 이승우/정만희/음선필, 『탄핵심판제도에 관한 연구』(헌법재판연구 제12권), 헌법재판소, 2001, 153쪽; 한수웅/정태호/김하열/정문식(김하열 집필), 『주석 헌법재판소법』, 헌법재판소 헌법재판연구원, 2015, 655쪽.

적 법규 위반은 탄핵사유가 될 수 없다.36) 헌법이나 법률을 위배한 때에 국한되므로 위법차원이 아닌 부당한 정책결정행위나 정치적 무능력으로 말미암아 일어나는 행위 등은 탄핵의 사유가 되지 아니한다. 그리고 단순한 부도덕이나 정책결정상 과오도 탄핵사유가 될 수 없다.37)

헌법과 법률을 위배하였다는 것은 주로 직무집행에서 헌법과 법률상 권한을 유월하거나 작위·부작위의무를 이행하지 않는 것을 뜻한다.38) 헌법이나 법률을 위배한 위법행위에는 고의나 과실을 반드시 요하지 않는다. 따라서 법의 무지로 말미암은 행위도 포함한다.39) 헌법이나 법률을 위반한 행위를 명시적으로 예시한 입법례도 있다. 그러나 한국 헌법은 이것을 구체적으로 적시하지 않고 단지 포괄적으로 규정해 둠으로써 해석론에 맡긴다.

(3) 위법행위의 명백하고 중대함 필요 여부

탄핵사유규정 해석은 탄핵제도의 성질, 탄핵소추 의결과 탄핵결정의 효과 그리고 정치적 현실 등을 종합적으로 고려하여 합목적적으로 이루어져야 할 것이다. 현행 헌법에서는 일단 탄핵소추 의결이 이루어지면 권한 행사가 정지된다. 이러한 권한 행사 정지에는 대통령도 예외가 아니다. 직무행위에서 법률을 위배한 모든 경우

---

36) 김하열, 『헌법소송법(제3판)』, 박영사, 2018, 697~698쪽; 한수웅/정태호/김하열/정문식(김하열 집필), 『주석 헌법재판소법』, 헌법재판소 헌법재판연구원, 2015, 655~656쪽. 그러나 헌법재판소는 헌법 제66조 제2항과 헌법 제69조가 규정한 대통령의 헌법을 준수하고 수호하여야 할 의무 위반을 탄핵사유로 인정하였다(헌재 2004. 5. 14. 2004헌나1, 판례집 16-1, 609, 646). 그리고 추상적·지침적 법규 위반은 탄핵사유가 될 수 없다는 견해는 헌법과 법률의 준수의무·국가수호의 의무는 자명한 공직자뿐 아니라 모든 국민의 자명한 의무라는 점을 간과한 것이라는 비판도 있다(홍성방, 『헌법소송법』, 박영사, 2015, 168쪽).

37) 김도협, 『헌법재판개설』, 진원사, 2017, 98쪽; 김하열, 『헌법소송법(제3판)』, 박영사, 2018, 696쪽; 박종보, 「헌법 제65조」, 『헌법주석[국회, 정부]』, 경인문화사, 2018, 430~431쪽; 송기춘, 「우리 헌법상 대통령 탄핵제도에 관한 소고」, 『공법연구』 32집 제5호, 한국공법학회, 2004, 422쪽; 이승우/정만희/음선필, 『탄핵심판제도에 관한 연구』(헌법재판연구 제12권), 헌법재판소, 2001, 152쪽; 정연주, 『헌법소송론』, 법영사, 2015, 199쪽.

헌재 2004. 5. 14. 2004헌나1, 판례집 16-1, 609, 654: "헌법 제65조 제1항은 탄핵사유를 '헌법이나 법률에 위배한 때'로 제한하고 있고, 헌법재판소의 탄핵심판절차는 법적인 관점에서 단지 탄핵사유의 존부만을 판단하는 것이므로, 이 사건에서 청구인이 주장하는 바와 같은 정치적 무능력이나 정책결정상의 잘못 등 직책수행의 성실성여부는 그 자체로서 소추사유가 될 수 없어, 탄핵심판절차의 판단대상이 되지 아니한다."

38) 이승우/정만희/음선필, 『탄핵심판제도에 관한 연구』(헌법재판연구 제12권), 헌법재판소, 2001, 153쪽.

39) 김진욱, 「탄핵요건으로서 헌법이나 법률 위반의 중대성」, 『저스티스』 제161호, 2017. 7., 8쪽; 송기춘, 「우리 헌법상 대통령 탄핵제도에 관한 소고」, 『공법연구』 32집 제5호, 한국공법학회, 2004, 422쪽; 이승우/정만희/음선필, 『탄핵심판제도에 관한 연구』(헌법재판연구 제12권), 헌법재판소, 2001, 153~154쪽; 정연주, 『헌법소송론』, 법영사, 2015, 199쪽; 한수웅, 『헌법학(제8판)』, 법문사, 2018, 1529쪽; 홍성방, 『헌법소송법』, 박영사, 2015, 167쪽.

에 당연히 권한행사가 정지되는 것은 위법행위 혐의로써 행정작용이나 사법작용에 혼란과 불안을 가져올 우려가 있다. 더구나 이른바 여소야대정국으로 말미암아 야당 주도로 탄핵소추 의결이 이루어질 가능성이 크면 탄핵소추 발의 시도가 적지 않을 수 있다. 따라서 탄핵소추 의결과 함께 자동적으로 권한 행사가 정지되면 탄핵사유 확대해석은 탄핵을 둘러싼 정쟁을 불러일으킴으로써 정치적 불안정을 일으킬 수 있다. 그리고 탄핵사유가 인정되면 선택의 여지없이 파면하도록 규정하므로(헌법재판소법 제53조 제1항) 모든 위헌·위법행위를 탄핵사유로 보는 것이 합리적인지 의문이다. 요컨대 탄핵심판은 일반 재판작용과 달리 헌법보호 기능을 더 중시한다. 따라서 탄핵사유를 헌법과 법률에 대한 '중대한' 위배로 제한하여 해석하는 것이 바람직하고, 특히 대통령에 대한 탄핵에서는 더욱 그렇다. 대통령에 대한 탄핵소추에 가중된 정족수가 요구된다는 사실이 이것을 보여준다. 여기서 위배의 중대성은 위배의 고의나 과실과 같은 주관적·정신적 요소 유무가 아니라 위배 결과로 나타난 국민의 기본권, 국가안전, 헌법질서 등에 끼친 해악 정도를 기준으로 객관적으로 판단하여야 한다.[40] 헌법재판소는 '탄핵심판청구가 이유 있는 때'란 공직자의 파면을 정당화할 정도로 '중대한' 법위반이 있는 때를 말하고, '법위반의 중대성'이란 한편으로는 법위반이 어느 정도로 헌법질서에 부정적 영향이나 해악을 미치는지의 관점과 다른 한편으로는 피청구인을 파면할 때 발생하는 효과를 서로 형량하여 결정하여야 한다고 한다.[41]

---

40) 박종보, 「헌법 제65조」, 『헌법주석[국회, 정부]』, 경인문화사, 2018, 442~444쪽; 송기춘, 「우리 헌법상 대통령 탄핵제도에 관한 소고」, 『공법연구』 32집 제5호, 한국공법학회, 2004, 426~430쪽; 이승우/정만희/음선필, 『탄핵심판제도에 관한 연구』(헌법재판연구 제12권), 헌법재판소, 2001, 154~156쪽.

41) 헌재 2004. 5. 14. 2004헌나1, 판례집 16-1, 609, 654-655: "헌법은 제65조 제4항에서 "탄핵결정은 공직으로부터 파면함에 그친다."고 규정하고, 헌법재판소법은 제53조 제1항에서 "탄핵심판청구가 이유 있는 때에는 헌법재판소는 피청구인을 당해 공직에서 파면하는 결정을 선고한다."고 규정하고 있는데, 여기서 '탄핵심판청구가 이유 있는 때'를 어떻게 해석할 것인지의 문제가 발생한다. 헌법재판소법 제53조 제1항은 헌법 제65조 제1항의 탄핵사유가 인정되는 모든 경우에 자동적으로 파면결정을 하도록 규정하고 있는 것으로 문리적으로 해석할 수 있으나, 이러한 해석에 의하면 피청구인의 법위반행위가 확인되는 경우 법위반의 경중을 가리지 아니하고 헌법재판소가 파면결정을 해야 하는바, 직무행위로 인한 모든 사소한 법위반을 이유로 파면을 해야 한다면, 이는 피청구인의 책임에 상응하는 헌법적 징벌의 요청 즉, 법익형량의 원칙에 위반된다. 따라서 헌법재판소법 제53조 제1항의 '탄핵심판청구가 이유 있는 때'란, 모든 법위반의 경우가 아니라, 단지 공직자의 파면을 정당화할 정도로 '중대한' 법위반의 경우를 말한다. …… '법위반이 중대한지' 또는 '파면이 정당화되는지'의 여부는 그 자체로서 인식될 수 없는 것이므로, 결국 파면결정을 할 것인지의 여부는 공직자의 '법위반 행위의 중대성'과 '파면결정으로 인한 효과' 사이의 법익형량을 통하여 결정된다고 할 것이다. 그런데 탄핵심판절차가 헌법의 수호와 유지를 그 본질로 하고 있다는 점에서, '법위반의 중대성'이란 '헌법질서의 수호의 관점에서의 중대성'을 의미하는 것이다. 따라서 한편으로는 '법위반이 어느

정도로 헌법질서에 부정적 영향이나 해악을 미치는지의 관점'과 다른 한편으로는 '피청구인을 파면하는 경우 초래되는 효과'를 서로 형량하여 탄핵심판청구가 이유 있는지의 여부 즉, 파면여부를 결정해야 한다."

헌재 2004. 5. 14. 2004헌나1, 판례집 16-1, 609, 655-657: "'대통령을 파면할 정도로 중대한 법위반이 어떠한 것인지'에 관하여 일반적으로 규정하는 것은 매우 어려운 일이나, 한편으로는 탄핵심판절차가 공직자의 권력남용으로부터 헌법을 수호하기 위한 제도라는 관점과 다른 한편으로는 파면결정이 대통령에게 부여된 국민의 신임을 박탈한다는 관점이 함께 중요한 기준으로 제시될 것이다. 즉, 탄핵심판절차가 궁극적으로 헌법의 수호에 기여하는 절차라는 관점에서 본다면, 파면결정을 통하여 헌법을 수호하고 손상된 헌법질서를 다시 회복하는 것이 요청될 정도로 대통령의 법위반행위가 헌법수호의 관점에서 중대한 의미를 가지는 경우에 비로소 파면결정이 정당화되며, 대통령이 국민으로부터 선거를 통하여 직접 민주적 정당성을 부여받은 대의기관이라는 관점에서 본다면, 대통령에게 부여한 국민의 신임을 임기 중 다시 박탈해야 할 정도로 대통령이 법위반행위를 통하여 국민의 신임을 저버린 경우에 한하여 대통령에 대한 탄핵사유가 존재하는 것으로 판단된다. 구체적으로, 탄핵심판절차를 통하여 궁극적으로 보장하고자 하는 헌법질서, 즉 '자유민주적 기본질서'의 본질적 내용은 법치국가원리의 기본요소인 '기본적 인권의 존중, 권력분립, 사법권의 독립'과 민주주의원리의 기본요소인 '의회제도, 복수정당제도, 선거제도' 등으로 구성되어 있다는 점에서(헌재 1990. 4. 2. 89헌가113, 판례집 2, 49, 64), 대통령의 파면을 요청할 정도로 '헌법수호의 관점에서 중대한 법위반'이란, 자유민주적 기본질서를 위협하는 행위로서 법치국가원리와 민주국가원리를 구성하는 기본원칙에 대한 적극적인 위반행위를 뜻하는 것이고, '국민의 신임을 배반한 행위'란 '헌법수호의 관점에서 중대한 법위반'에 해당하지 않는 그 외의 행위유형까지도 모두 포괄하는 것으로서, 자유민주적 기본질서를 위협하는 행위 외에도, 예컨대, 뇌물수수, 부정부패, 국가의 이익을 명백히 해하는 행위가 그의 전형적인 예라 할 것이다. 따라서 예컨대, 대통령이 헌법상 부여받은 권한과 지위를 남용하여 뇌물수수, 공금의 횡령 등 부정부패행위를 하는 경우, 공익실현의 의무가 있는 대통령으로서 명백하게 국익을 해하는 활동을 하는 경우, 대통령이 권한을 남용하여 국회 등 다른 헌법기관의 권한을 침해하는 경우, 국가조직을 이용하여 국민을 탄압하는 등 국민의 기본권을 침해하는 경우, 선거의 영역에서 국가조직을 이용하여 부정선거운동을 하거나 선거의 조작을 꾀하는 경우에는, 대통령이 자유민주적 기본질서를 수호하고 국정을 성실하게 수행하리라는 믿음이 상실되었기 때문에 더 이상 그에게 국정을 맡길 수 없을 정도에 이르렀다고 보아야 한다. 결국, 대통령의 직을 유지하는 것이 더 이상 헌법수호의 관점에서 용납될 수 없거나 대통령이 국민의 신임을 배신하여 국정을 담당할 자격을 상실한 경우에 한하여, 대통령에 대한 파면결정은 정당화되는 것이다."

헌재 2017. 3. 10. 2016헌나1, 판례집 29-1, 1, 21: "대통령에 대한 파면결정은 국민이 선거를 통하여 대통령에게 부여한 민주적 정당성을 임기 중 박탈하는 것으로서 국정 공백과 정치적 혼란 등 국가적으로 큰 손실을 가져올 수 있으므로 신중하게 이루어져야 한다. 따라서 대통령을 탄핵하기 위해서는 대통령의 법 위배 행위가 헌법질서에 미치는 부정적 영향과 해악이 중대하여 대통령을 파면함으로써 얻는 헌법 수호의 이익이 대통령 파면에 따르는 국가적 손실을 압도할 정도로 커야 한다. 즉, '탄핵심판청구가 이유 있는 경우'란 대통령의 파면을 정당화할 수 있을 정도로 중대한 헌법이나 법률 위배가 있는 때를 말한다. 대통령의 파면을 정당화할 수 있는 헌법이나 법률 위배의 중대성을 판단하는 기준은 탄핵심판절차가 헌법을 수호하기 위한 제도라는 관점과 파면결정이 대통령에게 부여한 국민의 신임을 박탈한다는 관점에서 찾을 수 있다. 탄핵심판절차가 궁극적으로 헌법의 수호에 기여하는 절차라는 관점에서 보면, 파면결정을 통하여 손상된 헌법질서를 회복하는 것이 요청될 정도로 대통령의 법 위배 행위가 헌법 수호의 관점에서 중대한 의미를 가지는 경우에 비로소 파면결정이 정당화된다. 또 대통령이 국민으로부터 직접 민주적 정당성을 부여받은 대의기관이라는 관점에서 보면, 대통령에게 부여한 국민의 신임을 임기 중 박탈하여야 할 정도로 대통령이 법 위배 행위를 통하여 국민의 신임을 배반한 경우에 한하여 대통령에 대한 탄핵사유가 존재한다고 보아야 한다(헌재 2004. 5. 14. 2004헌나1)."

3. 탄핵소추절차

(1) 탄핵소추기관: 국회

탄핵의 소추기관은 대의기관인 국회이다. 따라서 국회가 하는 탄핵소추 의결은 탄핵대상자에 대한 대의적 책임추궁 의미도 함께 있다.

(2) 탄핵소추 발의

탄핵소추는 국회 재적의원 3분의 1 이상 발의로 한다. 다만, 대통령에 대한 탄핵소추 발의만은 국회 재적의원 과반수 발의가 있어야 한다(헌법 제65조 제2항). 탄핵소추 발의 여부는 국회의 재량적 판단사항이다. 탄핵소추 발의에는 피소추자의 성명·지위와 탄핵소추의 사유·증거, 그 밖에 조사상 참고가 될 만한 자료를 제시하여야 한다(국회법 제130조 제3항). 이때 증거와 그 밖의 참조자료를 첨부하지 않은 발의서는 명문 규정이 없으나 헌법과 법률을 위배한 공직자를 징계하려는 탄핵절차는 적법하여야 하므로 부적법한 것으로 보아 국회의장이 이것을 보정하도록 요구하여야 한다.42) 탄핵소추 발의가 있으면 국회의장은 즉시 본회의에 보고하고 본회의는 의결로 법제사법위원회에 회부하여 조사하게 할 수 있다(국회법 제130조 제1항). 법제사법위원회가 탄핵소추 발의를 회부받았다면 즉시 조사·보고하여야 하고, 그 조사에서는 '국정감사 및 조사에 관한 법률'이 규정하는 조사의 방법과 조사상 주의의무규정이 준용된다(국회법 제131조 제1항, 제2항). 국회의원이 탄핵소추사건을 조사할 때 주의의무규정을 위반하면 국회 의결로 징계를 받게 된다(국회법 제155조 제2항 제6호). 조사를 받은 국가기관은 그 조사를 신속히 완료시키기 위해서 충분한 협조를 하여야 한다(국회법 제132조).

현행법은 탄핵사유 시효에 관해서는 규정하지 않는다. 그러므로 국회는 탄핵대상자가 공직에 있는 한 언제든지 탄핵소추를 발의할 수 있다. 그러나 이미 헌법재판소에서 탄핵심판을 받은 사건은 일사부재리원칙(헌법재판소법 제39조)에 따라서 국회에서 다시 소추발의 대상이 될 수 없다.

탄핵심판절차에는 국가기관이 국민에 대해서 공권력을 행사할 때 준수하여야 하는 법원칙으로 형성된 적법절차원칙은 국가기관에 대해서 헌법을 수호하고자 하는 탄핵소추절차에 직접 적용되지 않는다.43)

---

42) 이승우/정만희/음선필, 『탄핵심판제도에 관한 연구』(헌법재판연구 제12권), 헌법재판소, 2001, 157쪽.
43) 헌재 2017. 3. 10. 2016헌나1, 판례집 29－1, 1, 18－19.

(3) 탄핵소추 의결

탄핵소추 의결은 국회 재적의원 과반수 찬성이 있어야 한다. 다만, 대통령에 대한 탄핵소추 의결만은 국회 재적의원 3분의 2 이상 찬성이 있어야 한다(헌법 제65조 제2항). 국회 본회의가 조사를 위해서 법제사법위원회에 회부하기로 의결하지 아니하면 본회의에 보고된 때부터 24시간 이후 72시간 이내에 탄핵소추 여부를 무기명 투표로 표결한다. 이 기간 안에 표결하지 아니하면 그 탄핵소추안은 폐기된 것으로 본다(국회법 제130조 제2항). 24시간은 숙고기간이므로 24시간 이내에 한 표결은 효력이 없다고 할 것이다.[44] 폐기도 부결에 해당하므로 폐기된 탄핵소추안은 같은 회기 중에 다시 제출하지 못한다(국회법 제92조). 그러나 사유가 다른 별도의 탄핵소추안은 동일회기에 제출할 수 있고, 다음 회기에 같은 내용의 탄핵소추안을 제출할 수 있다.[45] 법제사법위원회에 회부하지 않은 탄핵소추안에 관해서 질의와 토론마저 생략하고 표결하면 국회의사결정의 정당성을 담보할 최소한의 요건도 갖출 수 없게 되므로 법제사법위원회에 회부하지 않은 탄핵소추안에 대한 질의와 토론을 생략할 수 없다고 생각한다.[46] 그러나 헌법재판소는 법제사법위원회에 회부하지 않은 탄핵소추안에 대해서도 질의·토론 없이 표결할 수 있다고 한다.[47]

국회가 탄핵소추를 하기 전에 소추사유에 관하여 충분한 조사를 하는 것이 바람직하다는 것은 의문의 여지가 없다. 그러나 국회 의사절차에 헌법이나 법률을 명백히 위반한 흠이 있는 때가 아니면 국회 의사절차의 자율권은 권력분립원리상 존중되어야 하고, 국회법 제130조 제1항은 탄핵소추 발의가 있을 때 그 사유 등에 대한 조사 여부를 국회 재량으로 규정한다.[48] 따라서 국회가 탄핵소추사유에 대하여 별도 조사를 하지 않았다거나 국정조사결과나 특별검사의 수사결과를 기다리지 않고 탄핵소추안을 의결하였다고 하여 그 의결이 헌법이나 법률을 위반한 것이라고 볼 수 없다.[49]

---

44) 한수웅/정태호/김하열/정문식(김하열 집필), 『주석 헌법재판소법』, 헌법재판소 헌법재판연구원, 2015, 664쪽.

45) 한수웅/정태호/김하열/정문식(김하열 집필), 『주석 헌법재판소법』, 헌법재판소 헌법재판연구원, 2015, 664쪽.

46) 한수웅/정태호/김하열/정문식(김하열 집필), 『주석 헌법재판소법』, 헌법재판소 헌법재판연구원, 2015, 665~666쪽.

47) 헌재 2004. 5. 14. 2004헌나1, 판례집 16-1, 609, 630-631.

48) 이러한 조항이 위헌의 소지가 있다는 견해로는 송기춘, 「우리 헌법상 대통령 탄핵제도에 관한 소고」, 『공법연구』 32집 제5호, 한국공법학회, 2004, 433~434쪽.

49) 헌재 2004. 5. 14. 2004헌나1, 판례집 16-1, 609, 628-629; 헌재 2017. 3. 10. 2016헌나1, 판례집 29-1, 1, 17.

본회의의 탄핵소추 의결은 피소추자의 성명·직위와 탄핵소추의 사유를 표시한 문서(소추의결서)로 하여야 한다(국회법 제133조). 탄핵소추 의결은 개별 사유별로 이루어지는 것이 국회의원의 표결권을 제대로 보장하기 위해서 바람직하다. 그러나 국회법상 이에 관한 명문규정이 없다. 그러므로 여러 소추사유를 하나의 안건으로 표결할 것인지는 기본적으로 표결한 안건의 제목설정권이 있는 국회의장에 달렸다.50) 탄핵소추 의결이 있으면 국회의장은 즉시 소추의결서 정본을 소추위원인 법제사법위원장에게 송달하고, 그 등본을 헌법재판소·피소추자와 그 소속기관의 장에게 송달한다(국회법 제134조 제1항).

헌법이 국회의 탄핵소추 의결이 국회의 재량행위임을 명문으로 밝혔고, 헌법해석상으로도 국정통제를 위해서 헌법상 국회에 인정된 다양한 권한 중 어떠한 것을 행사하는 것이 적절한 것인지에 관한 판단권은 오로지 국회에 있다. 나아가 청구인에게 국회의 탄핵소추 의결을 청구할 권리에 관해서도 아무런 규정이 없고 헌법해석상으로도 그러한 권리를 인정할 수 없다. 그러므로 대통령의 헌법 등 위배행위가 있을 때 탄핵소추 의결을 하여야 할 헌법상 작위의무가 국회에 있다고 할 수 없다.51)

4. 탄핵소추 효과

탄핵소추가 의결된 피소추자는 소추의결서가 본인에게 송달된 때부터 헌법재판소의 탄핵심판이 있을 때까지 권한 행사가 정지된다(헌법 제65조 제3항, 헌법재판소법 제50조, 국회법 제134조 제2항). 따라서 권한 행사가 정지되는 시점은 국회의 탄핵소추 의결 시점이 아니라 소추의결서가 피소추자에게 송달된 때이다.52) 그러나 권한 행사 정지의 효력이 종료하는 시점은 헌법재판소의 탄핵심판에 대한 종국결정이 송달된 때가 아니라 선고된 때로 보아야 할 것이다.53) 권한 행사 정지 기간 중에 한 피소추자의 직무행위는 위헌이라서 무효이다.

소추의결서가 송달되면 임명권자는 피소추자의 사직원을 접수하거나 해임할 수 없다(국회법 제134조 제2항). 당사자 사임이나 임명권자 해임으로 탄핵을 면할 수 있

---

50) 헌재 2004. 5. 14. 2004헌나1, 판례집 16-1, 609, 631.
51) 헌재 1996. 2. 29. 93헌마186, 판례집 8-1, 111, 118-119.
52) 김하열, 『헌법소송법(제3판)』, 박영사, 2018, 709쪽; 한수웅/정태호/김하열/정문식(김하열 집필), 『주석 헌법재판소법』, 헌법재판소 헌법재판연구원, 2015, 683쪽.
53) 김하열, 『헌법소송법(제3판)』, 박영사, 2018, 709, 725쪽; 한수웅/정태호/김하열/정문식(김하열 집필), 『주석 헌법재판소법』, 헌법재판소 헌법재판연구원, 2015, 683쪽.

다면 탄핵제도가 유명무실하게 될 것이기 때문이다.[54] 이것에 위반한 사직원 접수
나 해임은 무효이다. 그러나 국회법 제134조 제2항을 반대로 해석하면 소추의결서
가 송달되기 전에는 피소추자가 사직하거나 피소추자를 해임할 수 있다. 이것은 탄
핵심판절차는 사법절차이지만, 탄핵소추절차는 정치절차라는 점에서 비롯한다. 게
다가 사임하거나 해임된 사람은 더는 공직자가 아니라서 탄핵소추대상자도 아니다.
하지만 소추의결서가 송달된 이후의 피소추자 사임이나 임명권자 해임이 전혀 효력
이 없는 것은 아니다. 즉 이때 피소추자 사임이나 임명권자 해임은 탄핵기각결정을
정지조건부로 효력이 있다.[55] 즉 소추의결서가 송달된 이후의 피소추자 사임이나
임명권자 해임은 탄핵기각결정이 내려지면 효력이 발생한다. 이것은 탄핵소추가 의
결되어도 피소추자는 권한이 정지될 뿐이지 해당 신분을 박탈당하지 않아서 피소추
자는 여전히 자기 신분의 유지나 포기에 관한 결정을 할 수 있기 때문이다. 따라서
피소추자 사임이나 임명권자 해임의 효력이 확정되지 않는 것은 피소추자의 이익이
아니라 불이익을 위한 것이므로, 탄핵기각결정이 내려지고 나서는 물론 탄핵기각결
정이 내려지기 전에도 피소추자 사임이나 임명권자 해임은 철회될 수 없다. 대통령

---

54) 김하열, 『헌법소송법(제3판)』, 박영사, 2018, 710쪽; 박진우, 「탄핵제도에 관한 입법론적 연구」, 『공
    법연구』 제38집 제1-2호, 한국공법학회, 2009, 99쪽; 이승우/정만희/음선필, 『탄핵심판제도에 관한
    연구』(헌법재판연구 제12권), 헌법재판소, 2001, 159쪽.
55) ① 탄핵제도는 고위공직자의 위헌·위법행위를 이유로 공직에서 그를 파면하여 헌법질서를 수호·
    유지하고 헌법적 갈등상황을 해소하려는 것이므로 국회의 탄핵소추의결 이후에는 대통령은 사임할
    수 없고, 대통령의 사임은 헌법재판소 탄핵심판절차에 영향을 미치지 못한다고 보아야 한다는 견해
    로는 박진우, 「탄핵제도에 관한 입법론적 연구」, 『공법연구』 제38집 제1-2호, 한국공법학회, 2009,
    101쪽. ② 대통령은 탄핵소추 의결이 있어도 사임할 수 있으나, 탄핵심판제도 취지에 비추어 헌법재
    판소는 심판절차를 종료하지 않고 대통령의 법위반을 확인할 수 있다는 견해로는 이준일, 『헌법학
    강의(제6판)』, 홍문사, 2015, 1133쪽. ③ 대통령이 사임하면 형사소추를 통해서 유죄의 확정판결(일
    정 형벌 이상)을 받으면 일정 기간 공직취임이 금지되고 탄핵심판이 징계처분 성격이 있으므로 대
    통령이 사임과 동시에 탄핵소추사유가 소멸되는 것이 타당하므로 굳이 사임 후에도 탄핵심판절차를
    계속할 필요는 없다는 견해로는 송기춘, 「우리 헌법상 대통령 탄핵제도에 관한 소고」, 『공법연구』
    제32집 제5호, 한국공법학회, 2004, 436~437쪽. ④ 대통령의 사임을 명시적으로 금지하는 법규정이
    없어서 사임은 할 수 있으나, 대통령 사임은 탄핵절차 진행에 아무런 영향을 미치지 않는다는 견해
    로는 한수웅, 『헌법학(제8판)』, 법문사, 2018, 1525쪽. ⑤ 사임이 가능할 때, (ⅰ) 탄핵소추가 의결되
    어 탄핵심판이 개시되면, 심판절차를 계속한 결과 피소추자의 헌법이나 법률 위반이 인정되어도 피
    소추자가 사임하였으므로 파면결정을 할 수 없고, 파면결정을 할 수 없다면 5년간의 공무원 자격
    박탈이라는 부수적 효과도 기대할 수 없으며(헌법재판소법 제54조 제2항), 이러한 결정을 할 수 없
    다면 심판절차를 계속할 이익이 부정될 수밖에 없고, (ⅱ) 탄핵심판 변론이 종결되었거나 그렇지 않
    더라도 곧 변론을 종결하고 종국결정을 할 수 있을 정도로 심리가 충분히 진행되어도 탄핵심판절차
    는 객관적 기능이 인정되기는 하지만, 대단히 주관적인 성격의 재판이면서 고도로 정치적 색채를
    띠므로 헌법재판소가 그 분쟁의 당부에 관해서 다시 판단할 필요는 없다는 견해로는 김하열, 『헌법
    소송법(제3판)』, 박영사, 2018, 710~711쪽; 한수웅/정태호/김하열/정문식(김하열 집필), 『주석 헌법
    재판소법』, 헌법재판소 헌법재판연구원, 2015, 667~668쪽.

과 같이 임명권자가 없는 피소추자의 사직원도 탄핵기각을 정지조건부로 효력이 있다. 대통령과 같이 임명권자가 없는 피소추자도 소추의결서가 송달되고 나서 사직할 수 있다. 따라서 소추의결서가 송달되고 나서 피소추자가 사직원을 제출하면 헌법재판소가 결정을 내리기 전까지 효력이 없다. 그러다가 헌법재판소가 탄핵결정을 내리면 피소추자는 파면되고 피소추자의 사임은 무효로 확정된다. 그러나 헌법재판소가 탄핵기각결정을 내리면 피소추자는 선고 시점에 사직하게 된다(정확하게는 사직원을 수리할 수 있다). 그리고 소추의결서가 송달되고 나서 임명권자가 피소추자를 해임하면, 탄핵 여부가 결정되기 전에는 그 효과가 발생하지 않다가 헌법재판소가 탄핵결정을 내리면 피소추자는 파면되고, 헌법재판소가 탄핵기각결정을 내리면 피소추자는 선고 시점에 해임되게 된다. 탄핵소추 당한 사람을 탄핵소추를 받지 않은 사람보다 우대할 이유가 없을 뿐 아니라 국회법 제134조 제2항의 취지는 탄핵제도의 실효성을 보장하는 데 이러한 해석이 이러한 취지에 어긋나지 않고, 오히려 이러한 행위의 효력을 부정하면 파면의 효과를 회피하려고 이러한 행위를 오·남용할 때 막을 방법이 없으며, 피소추자나 임명권자의 의사는 헌법재판소 결정과 상관없는 사임이나 해임이라고 보아야 하므로 탄핵심판절차 취지에 어긋나지 않는 한 존중되어야 하고, 헌법재판소가 결정을 내리기 전까지 사임이나 해임의 효과를 무효로 보아도 어차피 피소추자의 권한은 그때까지 행사가 정지되어서 사실상 사임이나 해임과 같은 법적 상태에 있기 때문이다. 그러나 탄핵소추를 받은 사람이 결정 선고 이전에 파면되면 탄핵 목적이 달성된 것이므로,[56] 탄핵심판 청구를 기각하여야 한다(헌법재판소법 제53조 제2항).

　피소추자가 탄핵소추의결 이후에 사망하면 피소추자가 방어권을 행사할 수 없을 뿐 아니라 파면에 따른 효과가 의미가 없으므로, 피소추자 사망으로 탄핵심판절차는 종료된다.[57] 탄핵소추를 의결한 국회 입법기가 종료하거나 탄핵대상자 임기가 만료되어도 탄핵심판절차는 영향을 받지 않는다.[58] 국회 구성원이 달라져도 국회의 동일성은 유지되고, 탄핵대상자 임기가 만료되어도 파면에 따른 효과는 의미가 있기 때문이다.

---

56) 징계로 파면처분을 받은 때부터 5년이 지나지 아니한 사람은 공무원으로 임용될 수 없다(국가공무원법 제33조 제7호, 지방공무원법 제31조 제7호).

57) 박진우, 「탄핵제도에 관한 입법론적 연구」, 『공법연구』 제38집 제1-2호, 한국공법학회, 2009, 101쪽; 한수웅, 『헌법학(제8판)』, 법문사, 2018, 1525쪽.

58) 박진우, 「탄핵제도에 관한 입법론적 연구」, 『공법연구』 제38집 제1-2호, 한국공법학회, 2009, 101~102쪽; 한수웅, 『헌법학(제8판)』, 법문사, 2018, 1524~1525쪽.

Ⅲ. 헌법재판소의 탄핵심판

1. 탄핵심판기관

1948년 헌법은 탄핵재판소를 탄핵심판기관으로 하였다. 탄핵재판소는 부통령을 소장으로 하여 대법관 5명과 국회의원 5명으로 구성되었다. 탄핵대상이 대통령이나 부통령이면 부통령 대신 대법원장이 소장이 되었다. 1960년 헌법에서는 헌법재판소, 1962년 헌법에서는 대법원장을 위원장으로 하여 대법원판사 3명과 국회의원 5명으로 구성되는 탄핵심판위원회, 1972년 헌법과 1980년 헌법은 헌법위원회를 각각 탄핵심판기관으로 하였다. 그리고 현행 헌법은 헌법재판소를 탄핵심판기관으로 한다. 참고로 영국과 미국은 상원, 독일과 이탈리아는 헌법재판소 그리고 일본은 탄핵재판소를 각각 탄핵심판기관으로 한다.

2. 탄핵심판절차

탄핵심판사건은 헌법재판소 재판관 전원으로 구성되는 전원재판부에서 관장한다. 재판부는 재판관 7명 이상 출석으로 사건을 심리한다. 재판관 6명 이상 찬성으로 탄핵의 결정을 한다(헌법 제113조 제1항, 헌법재판소법 제23조 제1항, 제2항 제1호).

헌법 제111조 제2항과 제3항은 대통령이 임명하는 3명, 국회가 선출하는 3명, 대법원장이 지명하는 3명 모두 9명의 재판관으로 헌법재판소를 구성한다고 규정한다. 이와 같이 입법·집행·사법 3부가 동등하게 참여하는 헌법재판소 구성방식에 비추어 볼 때, 헌법재판은 9명의 재판관으로 구성된 재판부가 하는 것이 원칙이다. 그러나 현실적으로는 재판관의 공무상 출장이나 질병 또는 재판관 퇴직 이후 후임 재판관 임명까지 사이의 공백 등 다양한 사유로 일부 재판관이 재판에 참여할 수 없는 때가 발생할 수밖에 없다. 이럴 때마다 헌법재판을 할 수 없다고 한다면 헌법재판소의 헌법 수호 기능에 심각한 제약이 따르게 된다. 이에 헌법과 헌법재판소법은 재판관 중 결원이 발생한 때도 헌법재판소의 헌법 수호 기능이 중단되지 않도록 7명 이상의 재판관이 출석하면 사건을 심리하고 결정할 수 있음을 분명히 밝힌다. 즉 헌법 제113조 제1항은 헌법재판소에서 법률의 위헌결정, 탄핵의 결정, 정당해산의 결정 또는 헌법소원에 관한 인용결정을 할 때는 재판관 6명 이상 찬성이 있어야 한다고 규정한다. 그리고 헌법재판소법 제23조 제1항은 헌법재판관 7명 이상 출석으로 사건을 심리한다고 규정하고, 제36조 제2항은 결정서를 작성할 때 '심판에 관여한' 재판관 전원이 서명날인하여야 한다고 규정한다. 특히 재판관에 대한 탄핵소

추가 의결되면 재판관 9명으로 재판부를 구성하는 것이 처음부터 불가능하다. 재판
관 결원이 발생하더라도 시급하게 결정할 필요가 없는 사건이라면 재판관 공석 상
황이 해소될 때까지 기다려 9명의 재판관이 결정하는 것이 바람직할 수 있다. 하지
만 탄핵소추가 의결되면 헌법 제65조 제3항에 따라 피소추자의 권한 행사가 정지
된다. 게다가 탄핵 결정을 하기 위해서는 재판관 6명 이상 찬성이 있어야 하는데
결원 상태인 1명의 재판관은 사실상 탄핵에 찬성하지 않는 의견을 표명한 것과 같
은 결과를 가져 오므로, 재판관 결원 상태가 오히려 피청구인에게 유리하게 작용할
것이라는 점에서 피청구인의 공정한 재판받을 권리가 침해된다고 보기도 어렵다.[59]

(1) 심판 청구

탄핵심판은 국회 법제사법위원장이 소추위원이 되어 소추의결서 정본을 헌법재
판소에 제출함으로써 개시된다(헌법재판소법 제49조). 즉 소추의결서 정본이 탄핵심
판청구서로 갈음된다. 이때 필요한 증거서류나 참고자료를 첨부할 수 있다(헌법재판
소법 제26조). 현행법에는 소추의결서를 작성하고 나서 언제까지 헌법재판소에 제출
하여야 하는지에 관한 명문 규정이 없다. 그러나 권한 행사 정지 기간을 최소화하
고 탄핵을 둘러싼 정치적 불안정을 신속히 해결하기 위해서 즉시 제출하여야 할 것
이다.[60] 소추위원은 변호사를 대리인으로 선임하여 탄핵심판을 수행하게 할 수 있
다('헌법재판소 심판 규칙' 제57조).

탄핵소추사유는 '그 직무집행에 있어서 헌법이나 법률을 위배한' 사실이고, 여기
서 법률은 형사법에 한정되지 아니한다. 그런데 헌법은 물론 형사법이 아닌 법률
규정이 형사법과 같은 구체성과 명확성이 없는 때가 잦으므로, 탄핵소추사유를 형
사소송법상 공소사실과 같이 특정하도록 요구할 수 없고, 소추의결서에는 피청구인
이 방어권을 행사할 수 있고 헌법재판소가 심판 대상을 확정할 수 있을 정도로 사
실관계를 구체적으로 기재하면 된다.[61]

헌법재판소는 원칙적으로 국회의 소추의결서에 기재된 소추사유에 구속을 받고,
소추의결서에 기재되지 아니한 소추사유를 판단 대상으로 삼을 수 없다. 그러나 소
추의결서에서 그 위반을 주장하는 '법규정의 판단'에 관하여 헌법재판소는 원칙적
으로 구속을 받지 않는다. 그러므로 청구인이 그 위반을 주장한 법규정 외에 다른

59) 헌재 2017. 3. 10. 2016헌나1, 판례집 29-1, 1, 19-20.
60) 김하열, 『헌법소송법(제3판)』, 박영사, 2018, 714쪽; 이승우/정만희/음선필, 『탄핵심판제도에 관한
   연구』(헌법재판연구 제12권), 헌법재판소, 2001, 160쪽.
61) 헌재 2017. 3. 10. 2016헌나1, 판례집 29-1, 1, 15.

관련 법규정에 근거하여 탄핵 원인이 된 사실관계를 판단할 수 있다. 그리고 헌법
재판소는 소추사유를 판단할 때 국회의 소추의결서에서 분류된 소추사유 체계에 구
속되지 않는다. 따라서 소추사유를 어떤 연관관계에서 법적으로 고려할 것인지는
전적으로 헌법재판소 판단에 달려있다.[62]

헌법재판소가 소추의결서를 접수하면 즉시 그 등본을 피소추자에게 송달한다(헌
법재판소법 제27조 제1항). 송달을 받은 피소추자는 헌법재판소에 답변서를 제출할
수 있다(헌법재판소법 제29조). 탄핵심판이 청구되고 나서 국회 입법기가 종료하고
선거에 따라 새로운 국회가 구성되었더라도 기존 탄핵심판 청구는 그대로 유효하
다. 소추위원인 국회 법제사법위원장이 그 자격을 잃으면 탄핵심판절차는 중단된
다. 이때 새로 국회 법제사법위원장이 된 사람이 심판절차를 수계하여야 한다. 다
만, 소추위원의 대리인이 있으면 탄핵심판을 중단되지 아니한다('헌법재판소 심판 규
칙' 제58조).

탄핵심판이 청구되고 나서도 국회는 탄핵심판 변론종결 전에는 원래의 탄핵소
추 발의·의결과 같은 절차와 방식을 거쳐서 탄핵소추사유를 추가·철회 및 변경할
수 있다. 다만, 기존 소추사유와 기본적 사실관계의 동일성이 인정되는 범위에서
형사소송법 제298조를 준용하여 소추위원은 별도의 국회절차 없이 소추사유를 추
가할 수 있다.[63] 소추위원은 소추사유의 추가·철회 및 변경을 서면으로 신청하여
야 한다(헌법재판소법 제40조, 형사소송법 제298조, 형사소송규칙 제142조). 소추사유는
직무집행에서 헌법·법률 위배가 되는 구체적 사실과 그에 적용되는 법조문을 통일
적으로 가리킨다. 동일사실에 적용되는 법조문을 단순히 추가·철회 또는 변경하는
것은 소추사유의 추가·철회·변경에 해당하지 않는다. 소추사유 추가는 기존 소추
사유에 새로운 헌법이나 법률 위반 사실을 소추사유로 덧붙이는 것을 말한다. 소추
사유 철회는 단일의 소추사실에서 그 부분사실에 대한 소추의사를 거두는 것을 말
한다. 여러 소추사실의 전부나 일부를 철회하거나 부분사실 없는 단일의 소추사실
을 온전히 철회하여 탄핵심판 계속을 전부나 일부 종료시키는 것은 소추사유 철회
가 아닌 소추의 전부나 일부 취하에 해당한다. 소추사유 변경은 소추사실의 추가와
철회를 함께 하는 것이다.[64]

---

62) 헌재 2017. 3. 10. 2016헌나1, 판례집 29-1, 1, 16-17.
63) 헌재 2004. 5. 14. 2004헌나1, 판례집 16-1, 609, 634: "소추의결서에 기재되지 아니한 새로운 사실
   을 탄핵심판절차에서 소추위원이 임의로 추가하는 것은 허용되지 아니한다."
64) 한수웅/정태호/김하열/정문식(김하열 집필), 『주석 헌법재판소법』, 헌법재판소 헌법재판연구원,
   2015, 674~676쪽.

국회가 탄핵심판절차가 개시되고 나서 자기 의결로 탄핵심판 청구를 취하할 수 있는지에 관해서는 명문 규정이 없다. 제1심 판결 선고 전까지 공소를 취소할 수 있다는 민사소송법이나 형사소송법을 준용하여서 헌법재판소 결정 선고 이전까지 국회는 탄핵심판 청구를 취하할 수 있다(헌법재판소법 제40조 제1항, 민사소송법 제266조, 형사소송법 제255조).[65] 이때 정족수는 독일 입법례에 비추어 탄핵소추 의결을 좌절하는 데 필요한 정족수 이상의 정족수가 최소한으로 요구된다고 본다는 견해가 있다.[66] 이 견해를 따르면 대통령 탄핵심판 청구를 취하하는 데는 과반수 의결이 필요하다고 하고, 그 밖의 탄핵대상자에 대한 탄핵심판 청구를 취하하는 데는 통상의 의결방식에 따라 역시 과반수 의결이 필요하다고 한다. 그리고 현행 법체계 아래에서는 헌법 제49조에 따라야 한다는 견해도 있다.[67] 헌법 제65조 제3항은 국회재적의원을 기준으로 탄핵소추 발의와 의결의 표수를 정하므로 그 취소도 재적의원 수를 기준으로 삼는 것이 합리적이라고 하면서, 국회재적의원 3분의 2 이상 찬성을 요건으로 하는 대통령에 대한 탄핵소추뿐 아니라 국회재적의원 과반수 찬성을 요건으로 하는 다른 소추대상자에 대한 탄핵소추도 취소하려면 재적과반수 찬성이 필요하다는 견해도 있다.[68] 탄핵심판 청구 취하는 탄핵심판 청구에 대응하는 반대행위이므로 탄핵소추 의결 정족수 규정을 유추적용하는 것이 타당하다고 생각한다.[69] 취하는 탄핵심판 결정 선고 전까지 할 수 있다. 국회의 탄핵소추철회의결서 정본을 소추위원이 헌법재판소에 제출함으로써 탄핵심판 청구를 취하한다(헌법재판소법 제40조, 민사소송법 제266조 제2항, 헌법재판소법 제49조 제2항).

피청구인도 탄핵심판 유지에 중대한 이해관계가 있고, 탄핵심판 유지 여부를 소추 측인 국회의 일방적 의사에 맡기는 것은 정치적 형평에 어긋나며, 탄핵소추 철회

---

65) 김하열, 『헌법소송법(제3판)』, 박영사, 2018, 720쪽; 박종보, 「헌법 제65조」, 『헌법주석[국회, 정부]』, 경인문화사, 2018, 448~449쪽; 박진우, 「탄핵제도에 관한 입법론적 연구」, 『공법연구』 제38집 제1－2호, 한국공법학회, 2009, 104쪽; 송기춘, 「우리 헌법상 대통령 탄핵제도에 관한 소고」, 『공법연구』 32집 제5호, 한국공법학회, 2004, 437쪽; 이승우/정만희/음선필, 『탄핵심판제도에 관한 연구』(헌법재판연구 제12권), 헌법재판소, 2001, 161쪽; 정종섭, 『헌법소송법(제8판)』, 박영사, 2014, 441쪽; 한수웅/정태호/김하열/정문식(김하열 집필), 『주석 헌법재판소법』, 헌법재판소 헌법재판연구원, 2015, 677쪽; 홍성방, 『헌법소송법』, 박영사, 2015, 172쪽.

66) 이승우/정만희/음선필, 『탄핵심판제도에 관한 연구』(헌법재판연구 제12권), 헌법재판소, 2001, 161쪽.

67) 홍성방, 『헌법소송법』, 박영사, 2015, 172쪽.

68) 박종보, 「헌법 제65조」, 『헌법주석[국회, 정부]』, 경인문화사, 2018, 449~450쪽.

69) 김하열, 『헌법소송법(제3판)』, 박영사, 2018, 721쪽; 박진우, 「탄핵제도에 관한 입법론적 연구」, 『공법연구』 제38집 제1－2호, 한국공법학회, 2009, 103쪽; 정종섭, 『헌법소송법(제8판)』, 박영사, 2014, 441쪽; 한수웅/정태호/김하열/정문식(김하열 집필), 『주석 헌법재판소법』, 헌법재판소 헌법재판연구원, 2015, 678쪽.

이후 국회가 다시 탄핵심판을 청구할 수 있다는 점에서 형사소송법 제255조가 아닌 민사소송법 제266조 제2항을 준용하여 탄핵심판 청구 취하는 피청구인 동의를 받아야만 효력이 있다고 생각한다.[70] 탄핵심판 청구 취하 서면이 송달된 날부터 2주 이내에 피청구인이 이의를 제기하지 않으면 취하에 동의한 것으로 본다(헌법재판소법 제40조, 민사소송법 제266조 제6항). 적법한 취하가 있으면 탄핵심판 청구는 처음부터 계속되지 않은 것으로 본다(헌법재판소법 제40조, 민사소송법 제267조 제1항). 탄핵심판 청구 철회에 피청구인 동의를 요구하여 피소추자를 보호하므로, 국회는 탄핵심판을 취하하고 나서 같은 피소추자에 대해서 다시 탄핵심판 청구를 할 수 있다.[71]

탄핵심판절차는 피소추자의 파면 여부를 결정하는 대단히 주관적인 성격의 재판이면서 고도의 정치적 색채가 있으므로, 피청구인이 취하에 동의함으로써 당사자 사이의 분쟁이 종결되었는데도 헌법재판소가 그 분쟁 당부를 다시 판단할 필요는 없어서 탄핵심판 청구가 취하되면 객관적 권리보호이익을 이유로 헌법재판소가 본안결정을 할 수 없다고 보아야 할 것이다.[72]

(2) 구두변론과 증거조사

탄핵사건 심판은 구두변론에 의한다(헌법재판소법 제30조 제1항). 탄핵심판의 구두변론은 공개한다(헌법재판소법 제34조). 재판부가 변론을 열 때는 기일을 정하고 당사자와 관계인에게 출석을 요구하여야 한다(헌법재판소법 제30조 제3항). 당사자가 변론기일에 출석하지 아니하면 다시 기일을 정하여야 한다. 다시 정한 기일에도 당사자가 출석하지 아니하면 그 출석 없이 심리할 수 있다(헌법재판소법 제52조 제1항, 제2항). 소추위원은 심판 변론에서 피청구인을 신문할 수 있다(헌법재판소법 제49조 제2항). 이처럼 피청구인을 재판부가 아닌 소추위원이 신문할 수 있도록 한 것은 탄핵심판절차가 형사소송에 준하기 때문이다.[73]

변론기일은 사건과 당사자의 이름을 부름으로써 시작한다('헌법재판소 심판 규칙' 제59조). 소추위원은 먼저 소추의결서를 낭독하여야 하는데, 재판장은 원활한 심리를 위해서 필요하다고 인정하면 소추사실 요지만을 진술하게 할 수 있다('헌법재

---

70) 김하열, 『헌법소송법(제3판)』, 박영사, 2018, 721~722쪽; 한수웅/정태호/김하열/정문식(김하열 집필), 『주석 헌법재판소법』, 헌법재판소 헌법재판연구원, 2015, 678~679쪽.

71) 한수웅/정태호/김하열/정문식(김하열 집필), 『주석 헌법재판소법』, 헌법재판소 헌법재판연구원, 2015, 679쪽

72) 김하열, 『헌법소송법(제3판)』, 박영사, 2018, 722쪽; 한수웅/정태호/김하열/정문식(김하열 집필), 『주석 헌법재판소법』, 헌법재판소 헌법재판연구원, 2015, 680쪽.

73) 이승우/정만희/음선필, 『탄핵심판제도에 관한 연구』(헌법재판연구 제12권), 헌법재판소, 2001, 161쪽.

소 심판 규칙' 제60조 제2항). 재판장은 피청구인에게 소추에 대한 의견을 진술할 기
회를 주어야 한다('헌법재판소 심판 규칙' 제61조).

재판부는 탄핵심판 심리를 위해서 필요하다고 인정하면 당사자의 신청이나 직
권으로 증거조사를 할 수 있다(헌법재판소법 제31조). 소추위원이나 피청구인은 증거
로 제출된 서류를 증거로 하는 것에 동의하는지에 관한 의견을 진술하여야 한다('헌
법재판소 심판 규칙' 제62조). 소추위원은 탄핵소추에 관해서 최종 의견을 진술할 수
있고, 소추위원이 출석하지 아니하면 소추의결서 정본의 기재사항에 따라서 의견을
진술한 것으로 본다('헌법재판소 심판 규칙' 제63조 제1항). 재판장은 피청구인에게 최
종 의견을 진술할 기회를 주어야 한다('헌법재판소 심판 규칙' 제63조 제2항). 재판장은
심리의 적절한 진행을 위해서 필요하면 소추위원과 피청구인의 의견진술 시간을 제
한할 수 있다('헌법재판소 심판 규칙' 제63조 제3항). 재판부는 다른 국가기관이나 공공
단체의 기관에 대해서 심판에 필요한 사실을 조회하거나 기록 송부나 자료 제출을
요구할 수 있다. 다만, 재판·소추 또는 범죄수사가 진행 중인 사건의 기록에 대해
서는 송부를 요구할 수 없다(헌법재판소법 제32조). 이것은 탄핵심판으로 말미암은
재판·소추나 범죄수사에 방해나 지장을 주지 않게 하는 데 있다. 그러므로 그러한
위험이 없다면 헌법재판소는 탄핵심판에 필요한 기록 송부를 검찰과 특검, 법원에
요구할 수 있다.

탄핵심판절차에는 헌법재판소법에 특별규정이 있는 때를 제외하고는 헌법재판
의 성질에 어긋나지 아니하는 한도에서 민사소송에 관한 규정과 형사소송에 관한
규정이 준용된다. 이때 형사소송에 관한 법령이 민사소송에 관한 법령에 저촉되면
민사소송에 관한 법령은 준용되지 아니한다(헌법재판소법 제40조). 따라서 민사소송
에 관한 법령보다 형사소송에 관한 법령이 먼저 적용된다. 다만, 형사소송에 관한
법령은 피청구인의 방어권을 형사소송에 버금가게 보장하려는 취지이므로 그러한
목적 달성을 위해서만 형사소송에 관한 법령이 적용된다고 보아야 할 것이다. 특히
국회는 검사와 달리 수사권이 없을 뿐 아니라 탄핵심판은 형사소송을 전제하지 않
는다는 점을 고려하여야 한다. 이러한 점에 비추어 무기대등을 위해서 헌법재판소
의 적극적 개입이 요구된다. 그리고 탄핵심판절차는 신속하게 진행되어야 한다는
점도 고려하여야 한다.

(3) 심판절차 정지

피청구인에 대한 탄핵심판 청구와 동일한 사유로 형사소송이 진행되면 재판부는
심판절차를 정지할 수 있다(헌법재판소법 제51조). 여기서 동일한 사유는 피청구인과

피고인이 같고, 소추사유와 공소사실의 기본적 사실관계가 같은 것을 뜻한다.[74] 따라서 공범의 형사소송이 진행되어도 피청구인에 대한 탄핵심판절차는 정지되지 않는다. 그리고 소추사유 일부에 대한 형사소송이 진행되면 형사소송과 관련된 소추사유에 관한 심판절차만 정지될 수 있다. 대통령은 내란이나 외환의 죄가 아니면 소추할 수 없으므로 내란이나 외환의 죄로 기소되지 않는 한 대통령 탄핵사건에서 피청구인과 피고인이 같은 때는 없어서 형사소송 진행을 이유로 심판절차를 정지할 수 없다. 특히 탄핵심판절차는 피청구인의 권한 행사가 정지되어서 신속하게 진행될 필요가 있으므로 그 정지는 불가피한 때로 한정하여야 한다. 따라서 형사소송이 조만간 종결될 가능성이 없다면 어차피 탄핵심판절차와 형사소송절차는 별개이므로 탄핵심판절차는 정지되어서는 아니 될 것이다. 심판절차의 정지기간과 재개시기 등에 관한 규정이 없으나 이것은 재판부의 재량사항으로 볼 수 있다. 그렇지만 탄핵소추에 따라 권한 행사가 정지되는 것 등 불안정한 상태가 발생하므로 정지기간 장기화로 말미암아 헌법재판소법 제38조의 심판기간규정(180일)을 지나서는 아니 될 것이다.[75]

3. 탄핵심판 결정

(1) 탄핵의 결정과 주문형식

헌법재판소는 재판관 6명 이상 찬성으로 탄핵의 결정을 할 수 있다(헌법 제113조 제1항, 헌법재판소법 제23조 제2항 단서 제1호). 탄핵심판 청구가 이유 있으면 헌법재판소는 피청구인을 해당 공직에서 파면하는 결정을 선고한다(헌법재판소법 제53조 제1항). 탄핵결정 주문은 예를 들어 "피청구인을 파면한다." 또는 "피청구인 '공직명' ○○○을(를) 파면한다."라는 형식을 취한다. 탄핵심판 청구가 이유 없으면 "이 사건 심판 청구를 기각한다."라는 주문형태를 취한다. 그리고 피청구인이 결정을 선고하기 전에 해당 공직에서 파면되면 심판 청구를 기각하여야 한다(헌법재판소법 제53조 제2항). 탄핵심판 청구 취하로 말미암은 심판절차종료선언은 "이 사건 탄핵심판절차는 ○. ○. ○. 청구인의 심판 청구 취하로 종료되었다.", 피고인 사망에 따른 심판절차종료선언은 "이 사건 탄핵심판절차는 ○. ○. ○. 피청구인의 사망으로 종료되었다."라는 주문형태를 취한다.

당사자가 출석하지 아니하여도 종국결정을 선고할 수 있다('헌법재판소 심판 규칙'

---

74) 김하열, 『헌법소송법(제3판)』, 박영사, 2018, 719~720쪽; 한수웅/정태호/김하열/정문식(김하열 집필), 『주석 헌법재판소법』, 헌법재판소 헌법재판연구원, 2015, 689쪽.
75) 이승우/정만희/음선필, 『탄핵심판제도에 관한 연구』(헌법재판연구 제12권), 헌법재판소, 2001, 162쪽.

제64조). 소추사유 모두를 심리하지 않아도 심리한 일부 소추사유만으로 피청구인을 파면하기에 충분하다면 헌법재판소는 탄핵결정을 내릴 수 있다. 개별 소추사실 인정 여부가 심판 대상이 아니라 모든 소추사유를 종합하여 피소추자를 파면할 것인지가 심판 대상이기 때문이다. 물론 탄핵기각결정을 내릴려면 소추사유를 모두 심리하여야 한다.

(2) 탄핵심판결정의 효력

탄핵심판결정의 효력 발생 시점에 관해서는 명문 규정이 없다. 그러나 탄핵심판에는 별도의 이의절차가 없어서 결정이 선고되면 바로 결정이 확정되므로 결정이 선고된 때부터 효력이 발생한다.[76] 이러한 해석이 피소추자의 권한을 정지시키는 헌법 제65조 제3항에도 들어맞는다. 탄핵심판 결정이 선고되면 헌법재판소 서기는 즉시 결정서 정본을 작성하여 당사자에게 송달하여야 한다(헌법재판소법 제36조 제4항) 그리고 이것을 관보에 게재하여 공시하여야 한다(헌법재판소법 제36조 제5항).

① 공직자 파면

피청구인은 탄핵결정 선고를 통해서 그 공직에서 파면된다. 그러나 탄핵의 결정으로 민사상 책임이나 형사상 책임이 면제되는 것은 아니다(헌법 제65조 제4항, 헌법재판소법 제54조 제1항). 징계적 처벌에 해당하는 탄핵결정과 민·형사재판 사이에는 일사부재리원칙이 적용되지 않는다. 따라서 탄핵결정이 있고 나서 별도로 민사소송이나 형사소송이 제기될 수 있다. 형사상 책임 불면제는 대통령에게 특별한 의미가 있다. 대통령은 그 형사상 특권(헌법 제84조)으로 말미암아 내란·외란의 죄를 제외하고는 재직 중 형사상 소추를 받지 않으므로 파면결정으로 대통령 신분이 상실되면 곧바로 그에 대한 형사소추를 할 수 있기 때문이다. 대통령이 탄핵으로 말미암아 파면되면 필요한 기간의 경호와 경비 외에는 전직대통령 예우를 받을 수 없다('전직 대통령 예우에 관한 법률' 제7조 제2항 제1호). 탄핵당한 피청구인의 퇴직급여는 5년 미만 근무자이면 ¼, 5년 이상 근무자이면 ½이 감액되고, 퇴직수당은 ½이 감액된다(공무원연금법 제64조 제1항 제2호, '공무원연금법 시행령' 제55조 제1항 제1호).

② 공직 취임 금지

헌법재판소법 제54조 제2항은 "탄핵결정에 의하여 파면된 자는 결정선고가 있은 날부터 5년이 지나지 아니하면 공무원이 될 수 없다."라고 하여 일정 기간의 공

---

76) 김하열, 『헌법소송법(제3판)』, 박영사, 2018, 725쪽; 이승우/정만희/음선필, 『탄핵심판제도에 관한 연구』(헌법재판연구 제12권), 헌법재판소, 2001, 163쪽; 한수웅/정태호/김하열/정문식(김하열 집필), 『주석 헌법재판소법』, 헌법재판소 헌법재판연구원, 2015, 696쪽.

직 취임을 금지한다. 이에 대해서 동 조항을 국민의 공무담임권을 박탈하는 것이므로 위헌이라고 하는 견해도 있다.[77] 그러나 일정 기간 공직 취임을 금지하지 않는다면, 탄핵결정(이나 징계처분)에 따라 파면된 자가 즉시 공무원에 재임용될 수 있어서 탄핵결정(이나 징계처분)은 그 실효성을 상실하게 될 것이다. 그리고 헌법 제65조 제4항은 어떤 불이익도 줄 수 없다는 의미는 아니다. 이러한 점에서 동 조항은 합헌이라고 생각한다.[78] 될 수 없는 공무원에는 제한이 없으므로 여기에는 선거직 공무원도 포함된다.[79]

공직 취임 제한 규정은 종전 1980년 헌법 아래의 헌법위원회법 제31조보다 기간과 범위 면에서 더욱 강화하였는데, 취임금지기간은 종전 3년에서 5년으로, 취임할 수 없는 공무원 범위도 탄핵 대상이 되는 공무원뿐 아니라 모든 공무원으로 확대하였다. 나아가 파면된 자는 특정 전문직업의 보유에서 일정 기간 제한을 받는다[변호사법 제5조(5년), 변리사법 제4조(2년), 세무사법 제4조(3년), 공인회계사법 제4조(5년), 공증인법 제13조(5년)]. 전문직업에 따라 보유 제한 기간이 다른데, 전문직업에 따라 보유 제한 기간을 다르게 할 특별한 사유가 없는데다가 공직 취임 제한 기간과 균형을 맞출 필요가 있으므로 모두 5년으로 통일하는 것이 타당하다고 생각한다.

③ 사면 금지

대통령의 사면권 행사는 탄핵제도를 유명무실하게 할 가능성이 있으므로 (탄핵제도의 본질상) 허용되지 않는다고 한다.[80] 이러한 사면권 행사를 한국 헌법은 명문

---

77) 박일경, 『유신헌법』, 박영사, 1972, 366쪽.

78) 이승우/정만희/음선필, 『탄핵심판제도에 관한 연구』(헌법재판연구 제12권), 헌법재판소, 2001, 165쪽; 한수웅/정태호/김하열/정문식(김하열 집필), 『주석 헌법재판소법』, 헌법재판소 헌법재판연구원, 2015, 700쪽.

79) 김하열, 『헌법소송법(제3판)』, 박영사, 2018, 726쪽; 한수웅/정태호/김하열/정문식(김하열 집필), 『주석 헌법재판소법』, 헌법재판소 헌법재판연구원, 2015, 700쪽.

80) 권영성, 『헌법학원론(개정판)』, 법문사, 2010, 920쪽; 김도협, 『헌법재판개설』, 진원사, 2017, 105쪽; 김하열, 『헌법소송법(제3판)』, 박영사, 2018, 727~728쪽; 김철수, 『학설·판례 헌법학(전정신판)(중)』, 박영사, 2009, 1296쪽; 김학성, 『헌법학원론(전정2판)』, 피앤씨미디어, 2018, 1191~1192쪽; 김현철, 『판례 헌법소송법(제4판)』, 전남대학교출판부, 2016, 572쪽; 박진우, 「탄핵제도에 관한 입법론적 연구」, 『공법연구』 제38집 제1-2호, 한국공법학회, 2009, 107쪽; 성낙인, 『헌법학(제18판)』, 법문사, 2018, 912~913쪽; 성낙인/이효원/권건보/정 철/박진우/허진성, 『헌법소송론』, 박영사, 2012, 364쪽; 송기춘, 「우리 헌법상 대통령 탄핵제도에 관한 소고」, 『공법연구』 32집 제5호, 한국공법학회, 2004, 439쪽; 신 평, 『헌법재판법(전면개정판)』, 법문사, 2011, 500쪽; 양 건, 『헌법강의(제7판)』, 법문사, 2018, 1478쪽; 이승우/정만희/음선필, 『탄핵심판제도에 관한 연구』(헌법재판연구 제12권), 헌법재판소, 2001, 165~166쪽; 이준일, 『헌법학강의(제6판)』, 홍문사, 2015, 1136쪽; 장영수, 『헌법학(제10판)』, 홍문사, 2017, 1281쪽; 정종섭, 『헌법소송법(제8판)』, 박영사, 2014, 454쪽; 같은 사람, 『헌법학원론(제12판)』, 박영사, 2018, 1559쪽; 최희수, 『헌법소송법 요론(개정판)』, 대명출판사, 2015, 322쪽; 한수웅/정태호/김하열/정문식(김하열 집필), 『주석 헌법재판소법』, 헌법재판소 헌법재판연구원,

으로 금지하지 않는다. 그러나 (ⅰ) 국회법 제134조 제2항에서는 국회의 소추의결
서가 피소추자에게 송달되면 임명권자는 피소추자의 사직원을 접수하거나 해임할
수 없도록 한다. 이것은 사직원 접수나 해임으로 파면이라는 탄핵결정의 법적 효과
를 관철할 수 없게 되어 헌법상 탄핵제도를 유명무실하게 만드는 것을 방지하려는
것이다. 이렇게 탄핵결정의 실효성을 확보하려고 사직원 접수나 해임을 금지하는
것에 비추어 그에 대한 사면도 불가능하다고 보아야 한다. 그리고 (ⅱ) 헌법재판소
법 제54조 제2항에서는 파면공무원의 일정 기간 공직취임을 금지하는데, 탄핵결정
에 따라 파면된 사람을 사면을 통해서 재임용하거나 유임한다면 동 규정 역시 유명
무실해질 것이고, 탄핵결정(이나 징계처분)의 실효성도 상실될 것이다. 따라서 탄핵
결정을 통해서 파면된 공무원에 대한 사면은 금지된다고 보아야 할 것이다. 탄핵결
정으로 파면당한 사람은 사면법이 규정한 사면 대상도 아니다(사면법 제3조).

제 2 절 정당해산심판

Ⅰ. 의의와 연혁

1. 의의

위헌정당해산제도는 정당의 목적이나 활동이 자유민주적 기본질서에 위배되면
이러한 정당을 헌법소송절차에 따라 해산시킴으로써 정당 형식으로 조직된 헌법의
적에게서 헌법 침해를 방지하기 위한 헌법내재적 헌법보호수단이다.

헌법 제8조 제4항은 "정당의 목적이나 활동이 민주적 기본질서에 위배될 때에
는 정부는 헌법재판소에 그 해산을 제소할 수 있고, 정당은 헌법재판소의 심판에
의하여 해산된다."라고 규정한다. 정당의 강제해산을 규정한 이 조항은 정당해산에
엄격한 요건과 절차를 요구함으로써 정당에 다른 일반 결사보다 강력한 존속을 가
능케 하는 이른바 존립특권을 보장함과 동시에, 정당의 의무와 정당활동 자유의 한
계를 명시함으로써 정당 형식으로 조직된 민주주의의 적에게서 자유민주적 기본질
서를 수호한다. 따라서 헌법 제8조 제4항의 위헌정당 해산은 헌법수호 수단으로서

2015, 701쪽; 허 영, 『헌법이론과 헌법(신8판)』, 박영사, 2017, 1045~1046쪽; 같은 사람, 『한국헌법
론(전정14판)』, 박영사, 2018, 919~920쪽; 같은 사람, 『헌법소송법론(제13판)』, 박영사, 2018, 285~
286쪽. 참고로 미국 연방헌법은 명문으로 탄핵받은 사람에 대한 사면을 부정한다(미국 연방헌법 제
2조 제2절 제1항 "… 대통령은 합중국에 대한 범죄에 대해서 탄핵을 당한 때를 제외하고 형의 집행
유예나 사면을 명할 권한이 있다.").

방어적 민주주의(이나 전투적 민주주의)를 선언한 것으로 이해된다.[81]

　　그러나 정당해산제도 도입이 곧 방어적 민주주의 수용을 뜻하는지는 의문이다. 즉 방어적 민주주의는 독일의 특유한 시대상황에 기속되는 예외적인 창조물이고, 정당해산제도와 방어적 민주주의의 견련성이 반드시 필연적이 아니며, 방어적 민주주의 수용을 위한 여러 전제요건이 한국에서는 충족되지 않고, 한국에서 규범화한 정당해산제도의 핵심은 헌법재판소의 해산결정 독점을 통한 강화한 정당보호로서 도입 당시에는 방어적 민주주의가 논의조차 되지 않은 점을 고려하면 헌법에 정당해산제도가 있다는 것만으로 방어적 민주주의를 계수하거나 수용하였다고 결론 짓기는 어렵다.[82] 그리고 방어적 민주주의를 수용함으로써 얻는 실익이 무엇인지도

---

81) 계희열, 『헌법학(상)(신정2판)』, 박영사, 2005, 296쪽; 김문현, 「정당해산심판에 관한 소고」, 『성균관법학』 제19권 제2호, 성균관대학교 비교법연구소, 2007, 3쪽; 김철수, 『학설판례 헌법학(상)』, 박영사, 2009, 177쪽; 김하열, 『헌법소송법(제3판)』, 박영사, 2018, 735쪽; 김학성, 『헌법학원론(전정2판)』, 피앤씨미디어, 2018, 168쪽; 박승호, 「헌법 제111조」, 『헌법주석[법원, 경제질서 등]』, 경인문화사, 2018, 1242쪽; 성낙인/이효원/권건보/정　철/박진우/허진성, 『헌법소송론』, 법문사, 2012, 366쪽; 신　평, 『헌법재판법(전면개정판)』, 법문사, 2011, 504쪽; 양　건, 『헌법강의(제7판)』, 법문사, 2018, 199쪽; 이성환/정태호/송석윤/성선제, 『정당해산심판제도에 관한 연구』(헌법재판연구 제15권), 헌법재판소, 2004, 25쪽; 이준일, 『헌법학강의(제6판)』, 홍문사, 2015, 220, 1137쪽; 장영수, 『헌법학(제10판)』, 홍문사, 2017, 274, 1282쪽; 전광석, 『한국헌법론(제13판)』, 집현재, 2018, 130쪽; 정만희, 「제8조」, 『헌법주석[Ⅰ]』, 박영사, 2013, 260쪽; 정연주, 『헌법소송론』, 법영사, 2015, 217쪽; 정종섭, 『헌법소송법(제8판)』, 박영사, 2014, 465~466쪽; 조재현, 『헌법재판론』, 박영사, 2013, 179쪽; 최희수, 『헌법소송법 요론(개정판)』, 대명출판사, 2015, 323쪽; 한수웅, 『헌법학(제8판)』, 법문사, 2018, 228, 1537쪽; 한수웅/정태호/김하열/정문식(정태호 집필), 『주석 헌법재판소법』, 헌법재판소 헌법재판연구원, 2015, 704쪽; 허　영, 『헌법소송법론(제13판)』, 박영사, 2018, 289~290쪽; 홍성방, 『헌법소송법』, 박영사, 2015, 180쪽; 같은 사람, 『헌법학(상)(제3판)』, 박영사, 2016, 193~194쪽 참조. 한국 헌법이 방어적 민주주의를 채택하고 있다는 헌법재판소 판례로는 헌재 1999. 12. 23. 99헌마135, 판례집 11－2, 800, 814; 헌재 2006. 4. 27. 2004헌마562, 판례집 18－1상, 574, 584; 헌재 2014. 12. 19. 2013헌다1, 판례집 26－2하, 1, 113.

82) 이종수, 「우리 헌법상 "방어적 민주주의"의 수용 부인론」, 『법과 사회』 제48호, 법과사회이론학회, 2015, 217~248쪽. 이를 따르는 견해로는 김현철, 「정당해산심판의 목적 및 해산사유」, 『헌법학연구』 제22권 제2호, 한국헌법학회, 2016, 372~374쪽. 독일에서는 정당을 제한하는 방법을 추구하는 것이 입법취지이고, 처음부터 자신들이 세울 새로운 민주주의의 기본성격부터 논의하고 이를 가치구속적·방어적 민주주의로 결단하고 각종 제도로 전 편에 걸쳐 이를 명백히 밝히지만, 한국에서는 정당을 제한하는 방법을 추구하는 것이 입법취지이고, 정당의 자유를 정부에서 방어하기 위한 목적으로 적극적으로 정당보호조항을, 소극적으로 정당해산조항을 규정하였을 뿐이라서 한국 헌법의 정당조항과 독일식 방어적 민주주의는 관련이 없다는 주장으로는 김선택, 「정당해산의 실체적 요건의 규범적합적 해석」, 『헌법연구』 제1권 제1호, 헌법이론실무학회, 149~150쪽. 그리고 1960년 헌법 제13조는 과거 이승만 정부에 대한 반성으로 정당의 국가보호조항을 통해서 민주적 기본질서를 추구하려는 정당의 정치적 활동의 자유를 보호하려는 것이라서 서독 연방헌법재판소가 판례로 형성·발전시킨 방어적 민주주의 이론이 1960년 헌법에 수용된 것이라는 주장에 의문을 제기하는 견해로는 양정윤, 「헌법상 정당조항의 변천」, 『안암법학』 제44권, 안암법학회, 2014, 51~59쪽. 또한, 한국 헌법상 정당해산심판제도의 핵심은 방어적 민주주의 수용이라기보다는 오히려 헌법재판소의 해산결정

명확하지 않다. 특히 위헌정당해산제도를 제외하면 딱히 헌법상 방어적 민주주의의 근거를 찾는 것이 쉽지 않다. 또한, 방어적 민주주의를 언급하지 않더라도 위헌정당해산제도를 해석하는 데 무리가 없을 뿐 아니라 오히려 방어적 민주주의를 끌어들임으로써 위헌정당해산제도의 정당보호적 기능이 퇴색할 위험마저 있다. 이러한 점에서 위헌정당해산제도는 정당의 자유를 보호하는 것을 주된 내용으로 하되 정당의 자유는 무한의 자유가 아니라 다른 기본권처럼 한계가 있음을 명확하게 확인하는 것으로 보는 것이 타당할 것이다.[83]

위헌정당해산제도는 민주주의 방어를 위한 비민주적 수단으로서 '양날의 칼'과 같은 제도이다. 즉 이 제도가 오·남용되면 본래 취지와는 반대로 민주주의를 위협할 수 있는 지극히 위험한 제도이다. 따라서 ① 그 행사에 가장 엄격한 요건을 요구하여 엄격한 해석을 하여야 한다. 그리고 ② 요건이 충족되더라도 이것을 행사할 때 최대한 자제하고 신중을 기하여야 할 것이다.

2. 연혁

1960년 헌법은 정당의 목적이나 활동이 헌법의 민주적 기본질서에 어긋나면 정부가 대통령 승인을 얻어 소추하고 헌법재판소가 판결로써 그 정당의 해산을 명하도록 규정하여(제13조 제2항 단서, 제83조의3 제4호) 위헌정당해산제도를 처음 도입하였다. 이것은 과거 진보당에 대한 탄압과 민주혁신당에 대한 정당등록 거부 등처럼 집행부가 지나치게 야당을 탄압하였던 사실에 대한 반성의 결과이었다. 특히 이른바 '진보당사건'에서는 당수인 조봉암이 간첩죄로 사형선고를 받아 처형되었고,[84] 이에 앞서 1958년 2월 25일 진보당은 정부의 공보실이 등록을 취소하여 해체되었다. 즉 행정조치로 정당이 해산되었다.[85]

독점을 통한 정당보호에 있다고 이해하여야 한다는 견해로는 김현철, 「정당해산심판의 목적 및 해산사유」, 『헌법학연구』 제22권 제2호, 한국헌법학회, 2016, 373~374쪽.

83) 정당해산제도는 무제한의 자유나 "자유의 적에게는 자유가 없다."라는 식의 극단적인 선택을 지양하고 자유를 보호하려면 자유 제한이 있을 수밖에 없다는 기본권 제한의 기본원리에 기초한다는 견해로는 송석윤, 「정당해산심판의 실체적 요건 - 정당해산심판제도의 좌표와 관련하여 -」, 『법학』 제51권 제1호, 서울대학교 법학연구소, 2010, 43쪽.

84) 대법원 1959. 2. 27. 선고 4291형상559 판결. 이 판결은 재심을 통해서 파기되었다[대법원 2011. 1. 20. 선고 2008재도11 전원합의체 판결(공2011상, 508)].

85) 공보실장 명의로 된 진보당 등록취소 이유는 다음과 같다. "1. 진보당은 대한민국의 국법과 유엔의 결의에 위반되는 통일방안을 주장하고 있다. 그들은 1954년 제네바회의에서 천명된 바 한국통일은 대한민국 헌법에 의거하여 유엔 감시하에 민주주의적 선거를 실시하여 성취되어야 한다는 우리 국민과 유엔의 입장을 무시하고 북한괴뢰집단과 소련 및 중공이 주장하고 있는 적성국가를 주로 하여 구성되는 감시단의 감시하에 남북통일총선거를 실시할 것을 공식으로 선언하고 있다. 2. 진보당 간부들

이러한 점에서 정당해산심판에서는 정당을 보호하기 위한 절차적 성격이 부각된다. 모든 정당의 존립과 활동은 최대한 보장되고, 어떤 정당이 민주적 기본질서를 부정하고 이것을 적극적으로 공격하는 것처럼 보여도 국민의 정치적 의사 형성에 참여하는 정당으로서 있는 한 헌법을 통해서 최대한 두텁게 보호된다. 단순히 집행부의 통상적인 처분으로는 정당이 해산될 수 없고, 오로지 헌법재판소가 그 정당의 위헌성을 확인하고 해산 필요성을 인정한 때만 정당정치 영역에서 해당 정당은 배제된다.[86]

Ⅱ. 정당해산의 요건

1. 실질적 요건

(1) 정당

① 원칙적으로 등록을 마친 기성 정당

해산 대상은 헌법적 의미의 정당이다. 정당법 제4조에서 요구하는 등록을 마친 기성정당은 물론이고 헌법상 정당의 개념표지를 충족하는 모든 정치적 결사도 정당해산심판 대상이다. 정당 등록은 국고보조금이나 기탁금 분배 등에서는 창설적 효력이 있지만, 정당의 성립과 관련하여서는 확인적 성격만 있기 때문이다. 정당의 방계조직, 위장조직, 대체정당 등은 정당의 개념에서 제외된다. 이들은 일반결사에 해당하므로 헌법 제21조가 적용된다.

② 헌법에 따른 정당의 개념

정당법을 따르면 정당은 형식상으로는 정당법 제17조(법정시·도당수)와 제18조(시·도당의 법정당원수)의 요건을 갖추어 중앙선거관리위원회에 등록한 결사체를 일컫는다(정당법 제4조).[87] 그러나 헌법 자체에는 정당의 개념 정의가 없다. 하지만 헌법 우위로 말미암아 정당법의 정당 개념이 헌법에 합치하는지가 심사되어야 한다.

은 북한괴뢰집단이 밀파한 간첩과 밀사와 파괴공작들과 항상 접선하여 왔다. 그들 진보당 간부들이 반역죄를 범했는지 아니했는지는 법정이 결정할 문제이지만, 동당이 북한 공산당과 접선해왔다는 사실만으로도 진보당은 대한민국의 합법적인 정당으로서 인정받을 자격이 없는 것이다. 3. 진보당은 그들의 목적달성의 전제단계로서 공산당 비밀당원과 공산당 방조자들을 의회의원에 당선시켜 가지고 그들을 통하여 대한민국을 파괴하려고 기도하여 왔다." 1948년 헌법 이래 당시의 1954년 헌법에는 정당특권에 관한 규정을 두지 않았으므로 공보실장 명령만으로 진보당이 등록이 취소될 수 있었다. 이러한 진보당 등록취소는 미국군정 법령 제55호인 정당등록법에 법적 근거를 둔 것이었다.

86) 헌재 2014. 12. 19. 2013헌다1, 판례집 26-2하, 1, 19-20 참조.
87) 헌재 1991. 3. 11. 91헌마21, 판례집 3, 91, 113도 헌법 제8조의 정당 개념을 이렇게 정의한다.

따라서 정당법에 따라 정당 개념을 정의하는 것은 타당하지 않다. 정당 개념은 헌법을 해석하여 정의되어야 한다. 먼저 (i) 어떤 결사가 정당이 되려면 국민의 정치의사 형성에 직접 참여하여야 한다(헌법 제8조 제2항 참조). 대의제를 중심으로 민주주의를 구체화하는 한국 헌법에서 국민이 자신의 정치적 의사를 공식적으로 표현하는 핵심적 방식은 선거이다. 따라서 정당이 국민의 정치적 의사 형성에 참여한다는 것은 무엇보다 정당이 선거에 참여한다는 것을 뜻한다. 이것은 정당이 정치적 견해를 주장하여 유권자의 의사 형성에 영향을 미치거나 공직선거에 후보를 추천하고 지원하는 것으로 나타난다. 최종적으로 정당은 국민 다수의 지지를 얻어 정권을 획득하는 것을 목표로 한다. 따라서 선거에 후보자를 내지 않고 이념만을 내세우는 결사는 헌법상 정당으로 볼 수 없다. 그러나 선거에 참여하여 원내의석을 얻지 못하여도 정당 개념에서 배제되는 것은 아니다.[88] 단독 수권능력(정권을 인수할 능력)이 정당 자격을 가늠하는 기준도 아니다. 정당이 선거에 참여한다는 점에서 정당은 선거준비조직의 속성이 있다. 그러나 정당은 유권자의 의사를 선거 이외의 방법으로도 국가의사 형성에 반영되도록 한다는 점에서 선거준비조직 이상의 의미가 있다. 다음 (ii) 정당은 국민의 정치의사 형성에 참여하는 데 필요한 객관적 조건을 확보하여야 한다(헌법 제8조 제2항 참조). 정당이 국민의 정치의사 형성에 직접 참여하려면 적지 아니한 인적·물적 자원이 필요하다. 그러나 이것을 모든 정당이 같은 정도로 확보할 수는 없다. 특히 창당과정에 있거나 갓 만들어진 신생 정당에 기성 정당과 같은 정도의 객관적 조건을 갖추라고 요구할 수는 없다. 창당을 통해서 국민의 정치의사 형성에 참여하려는 의도의 진지성을 표출하고 나서(이때 참여의지가 중요하다) 이후 자신의 사실적 상태, 특히 조직의 범위와 공고성, 구성원의 수, 대중 앞에 출현하는 빈도, 국민의 인지도 등을 기준으로 목표 추구의 진지성을 충분히 보증하여야 한다. 이러한 점에서 어떤 정치적 결사의 존속기간을 포함한 그 사실적 상태를 종합적으로 평가하여, 그 결사가 천명한 국민의 정치의사 형성에 참여하려는 의도를 진지하게 추구한다고 추론할 수 있으면, 그 결사는 헌법상 정당이다. 따라서 그 조직의 정도와 활동에 비추어 보면 명백히 국민의 정치적 의사 형성에 영향을 미칠 수 없고 이 목표 추구가 명백히 비현실적이고 가망이 없어서 진지성이 있다고 볼 수 없는 정치적 결사는 헌법상 정당으로 볼 수 없다. 끝으로 (iii) 정당은 국민의 자발적 조직이어야 한다(헌법 제8조 제1항 참조). 정당이 국민의 정치적 참

---

88) 정만희, 「제8조」, 『헌법주석[I]』, 박영사, 2013, 216쪽.

여 수단이라는 점에서 정당의 구성원은 대한민국 국적자이어야 한다. 따라서 외국인은 헌법이 보장한 정당설립의 자유 주체가 될 수 없다(정당법 제22조 제2항). 그리고 주권자인 국민에 대한 직접적인 영향력 행사를 위해서 자연인만 정당 구성원이될 수 있다. 또한, 정당설립의 자유라는 측면에서 정당은 국민의 '자발적 조직'이어야 한다. 따라서 관권이 강제적으로 조직한 정치단체는 헌법상 정당이 될 수 없다. 요컨대 헌법 제8조의 정당은 지속해서 또는 비교적 장기간 대한민국 영역 안에서국민의 정치적 의사 형성에 영향을 미치고 대의기관에 관여하려는 목적이 있으며, 그 사실적 상태, 특히 조직의 범위와 공고성, 구성원의 수, 대중 앞에 출현하는 빈도, 국민의 인지도 등을 종합하면, 자신의 정치적 목적에 대한 진지성을 충분히 보증할 수 있는 국민의 자발적인 정치적 결사를 말한다. 정당의 부분조직은 정당의본질적 구성부분이지만 정당 자체는 아니므로 언제나 전체로서 정당만 정당해산심판절차의 당사자가 될 수 있다.89) 정당법은 정당법에 따라서 등록된 정당만 '정당'이라는 명칭을 사용할 수 있다고 규정한다(제41조 제1항). 그러나 정당이라는 명칭을 사용하는지는 어떤 조직이 정당인지를 가리는 기준이 될 수 없다. 그리고 어떤조직의 이름 자체도 그 조직이 정당인지를 판명하는 기준이 될 수 없다. 정당의 등록 여부도 정당 개념의 표지가 아니다. 현행 정당법이 등록을 정당의 성립요건으로규정하나(제4조), 이것은 헌법에 위반된다. 정당의 지위, 특히 헌법 제8조 제4항의특권은 헌법이 요구하는 정당 표지를 충족시킴으로써 자동으로 발생하는 것이지, 법률상 제도인 등록 여부에 따라서 좌우되는 것이 아니기 때문이다.90) 정당이 여타의 견지에서 사실상 헌법적 질서에 어긋나지 않는다는 것도 정당의 개념 표지는 아니다.91) 어떤 조직이 설사 자유민주적 기본질서를 침해하더라도, 그것은 헌법적 의미의 정당이다.92)

③ 창당준비위원회

창당준비위원회는 발기인이 구성되어 중앙선거관리위원회에 신고한 때부터 창당등록을 마칠 때까지 창당을 목적으로 하는 정치결사를 가리키며, 결성단계에 있

---

89) 정태호, 「정당해산심판절차에 대한 민사소송법령 준용과 한계」, 『경희법학』 제49권 제4호, 경희법학연구소, 2014, 131쪽.

90) 김하열, 『헌법소송법(제3판)』, 박영사, 2018, 738쪽; 정태호, 「정당설립의 자유와 현행 정당등록제의 위헌성에 대한 관견」, 『인권과 정의』 제343호, 대한변호사협회, 2005. 3., 104~105, 113쪽.

91) 헌법상 정당이 되려면 먼저 그것이 국가와 헌법질서를 긍정하는 정치단체이어야 한다는 견해도 있다(정만희, 「제8조」, 『헌법주석[I]』, 박영사, 2013, 216쪽).

92) 이상 정태호, 「정당설립의 자유와 현행 정당등록제의 위헌성에 대한 관견」, 『인권과 정의』 제343호, 대한변호사협회, 2005. 3., 98~105쪽.

는 정당이다. 정당은 중앙당이 중앙선거관리위원회에 등록함으로써 성립한다. 정당이 등록할 때까지 업무를 담당하기 위해서 창당준비위원회가 구성되고(정당법 제5조), 이 창당준비위원회는 선거관리위원회에 일정한 사항을 신고하여야 한다(정당법 제7조). 창당준비위원회는 오로지 창당의 목적범위 안에서만 활동할 수 있고, 결성신고일부터 6월 이내에 한하여 창당활동을 할 수 있으며, 그 이후 등록신청을 하지 않으면 소멸하고, 정당으로 등록되어도 소멸하게 된다(정당법 제8조). 따라서 모든 창당준비위원회에 곧 정당과 같은 지위를 부여할 수는 없다. 그러나 중앙선거관리위원회는 정당등록 요건에 관한 실질적 심사권은 없고 형식적 요건만 갖추면 등록을 거부할 수 없어서(정당법 제15조 본문), 등록은 확인적 성질이 있는 것에 불과하다. 따라서 등록 여부가 정당의 실질을 결정하는 것은 아니다. 위헌정당해산제도를 통해서 정당의 존립특권을 보장하는 것은 헌법(제8조 제4항)이다. 그러므로 창당준비위원회에 헌법상 존립특권이 미치는지는 헌법(제8조 제4항) 해석에 따라 결정될 문제이다. 결국, 헌법 제8조 제4항의 '정당' 개념을 어떻게 파악하는지가 문제된다.

정당에 관해서 규정하는 헌법 제8조는 '정당' 개념을 직접 정의하지 않는다. 그러나 같은 조 제2항에서 "정당은 그 목적·조직과 활동이 민주적이어야 하며, 국민의 정치적 의사형성에 참여하는 데 필요한 조직을 가져야 한다."라고 규정하여 헌법상 어떤 결사가 정당으로 인정받기 위한 최소한의 징표로서 '국민의 정치적 의사형성에 참여하는 데 필요한 조직'을 든다. 정당법 제2조는 정당을 "국민의 이익을 위하여 책임 있는 정치적 주장이나 정책을 추진하고 공직선거의 후보자를 추천 또는 지지함으로써 국민의 정치적 의사형성에 참여함을 목적으로 하는 국민의 자발적 조직"이라고 유권해석함으로써 헌법상 정당 개념을 구체화한다. 문제는 어느 정도의 조직화가 이루어져야 '국민의 정치적 의사형성에 참여하는 데 필요한' 정도에 도달한 것으로 볼 수 있느냐이다. 이에 관해서는 입법자가 정당법 제4조 제2항에서 ① 정당은 5 이상의 시·도당을 가질 것(정당법 제17조 － 법정시·도당수)과 ② 시·도당은 1천인 이상의 당원을 가질 것(정당법 제18조 － 시·도당의 법정당원수)을 정당의 형식적 성립요건으로 규정하는 것을 일단 기준으로 볼 수 있다. 다만, 창당과정에 있거나 정치의사형성과정에 처음 발을 내딛는 신생정당에 이러한 형식적 성립요건을 철저히 요구하기는 어렵다. 따라서 정치적 결사가 국민의 정치의사 형성에 참여하려는 목적의 진지성이 명확하게 인정되면 객관적 전제인 형식적 성립요건은 이러한 목적을 실현해 가는 과정을 확인하는 수준으로 충분하다고 생각한다. 결국 정치적 결사의 주관적 의도를 실현하는 과정을 확인하는 수준으로 정당법상 형식적 성립요건을 어느 정도 갖춘 정치결사는 등록 여부와 상관없이 헌법 제8조의 정당의 개념범주에 포함되므로, 같은 조 제4항의 존립특권 부여대상이 된다.[93]

(2) 목적이나 활동

헌법재판소는 정당의 목적이나 활동 중 어느 하나라도 민주적 기본질서에 어긋나면 정당해산의 사유가 될 수 있다고 한다.[94] 그러나 목적이 민주적 기본질서에 어긋나도 그를 위한 구체적 활동이 없으면 구체적 위험이 있다고 볼 수 없고, 민주적 기본질서를 침해할 목적 없이 이루어진 개별 활동이 결과적으로 민주적 기본질서에 어긋났다면 이러한 개별 활동에 개별적 책임을 지우는 것은 몰라도 그 정당 자체를 해산하는 것은 정당 보호를 1차적 목적으로 하는 위헌정당해산제도의 취지에 들어맞지 않는다. 따라서 목적과 활동은 서로 분리할 수 없고 함께 고려하여 민주적 기본질서 위반 여부를 판단하여야 할 것이다.[95]

① 목적

정당의 목적은 어떤 정당이 추구하는 정치적 방향이나 지향점 혹은 현실 속에서 구현하고자 하는 정치적 계획 등을 통칭한다.[96] 정당의 목적은 정당의 공식적인 강령, 기본적인 정책과 당헌·당규, 당수와 당간부의 연설, 당기관지, 당의 출판물, 선전자료, 그 밖의 당원 태도 등을 종합하여 판단할 수 있다.[97] 만약 정당의 진정

---

93) 같은 견해: 김문현, 「정당해산심판에 관한 소고」, 『성균관법학』 제19권 제2호, 성균관대학교 비교법연구소, 2007, 4쪽; 김현철, 『판례 헌법소송법(제4판)』, 전남대학교출판부, 2016, 579~580쪽; 이성환/정태호/송석윤/성선제, 『정당해산심판제도에 관한 연구』(헌법재판연구 제15권), 헌법재판소, 2004, 125~126쪽; 이재희, 「전투적 민주주의로부터의 민주주의 수호」, 『공법학연구』 제15권 제2호, 한국비교공법학회, 2014, 119~120쪽; 전민형, 「정당해산심판 결정의 유형과 법적 효과」, 『안암법학』 제44권, 안암법학회, 2014, 479쪽; 한수웅/정태호/김하열/정문식(정태호 집필), 『주석 헌법재판소법』, 헌법재판소 헌법재판연구원, 2015, 736쪽.

94) 헌재 2014. 12. 19. 2013헌다1, 판례집 26−2하, 1, 22.

95) 같은 견해: 김선택, 「정당해산의 실체적 요건의 규범적합적 해석」, 『헌법연구』 제1권 제1호, 헌법이론실무학회, 164~165쪽; 김하열, 『헌법소송법(제3판)』, 박영사, 2018, 739쪽; 김현철, 「정당해산심판의 목적 및 해산사유」, 『헌법학연구』 제22권 제2호, 한국헌법학회, 2016, 378쪽; 박승호, 「헌법 제111조」, 『헌법주석[법원, 경제질서 등]』, 경인문화사, 2018, 1244~1245쪽; 이재희, 「전투적 민주주의로부터의 민주주의 수호」, 『공법학연구』 제15권 제2호, 한국비교공법학회, 2014, 129~130쪽; 전민형, 「정당해산심판 결정의 유형과 법적 효과」, 『안암법학』 제44권, 안암법학회, 2014, 483~484쪽; 정연주, 『헌법소송론』, 법영사, 2015, 222쪽.

96) 헌재 2014. 12. 19. 2013헌다1, 판례집 26−2하, 1, 21; 김현철, 「정당해산심판의 목적 및 해산사유」, 『헌법학연구』 제22권 제2호, 한국헌법학회, 2016, 377쪽; 한수웅/정태호/김하열/정문식(정태호 집필), 『주석 헌법재판소법』, 헌법재판소 헌법재판연구원, 2015, 742쪽.

97) 김문현, 「정당해산심판에 관한 소고」, 『성균관법학』 제19권 제2호, 성균관대학교 비교법연구소, 2007, 5쪽; 김현철, 「정당해산심판의 목적 및 해산사유」, 『헌법학연구』 제22권 제2호, 한국헌법학회,

한 목적이 숨겨진 상태라면 공식 강령은 이른바 허울이나 장식에 불과할 것이다. 이러한 때는 강령 이외의 자료를 통해서 진정한 목적을 파악하여야 한다.[98]

② 활동

정당의 활동은 정당 기관의 행위나 주요 정당관계자, 당원 등의 행위로서 그 정당에게 귀속시킬 수 있는 활동 일반을 뜻한다.[99] 정당의 활동에는 당수와 당간부의 활동뿐 아니라 당의 막후 실세, 나아가 평당원의 활동도 포함된다. 다만, 평당원의 활동은 개인적인 동기에 따른 활동이 아니라 당명에 따른 활동과 같이 정당의 활동으로 간주할 수 있는 범위 안의 것만 검토대상이 될 수 있다.[100] 정식 당원이 아닌 정당 추종자의 활동까지 고려할 수 있는지가 문제 되는데, 명문 규정은 없지만, 정당의 활동은 당원뿐 아니라 대외적으로 명백하게 그 정당을 지지하고 옹호하는 추종자를 통해서도 추정될 수 있다. 다만, 추종자임을 자처하는 사람의 소행이라는 이유로 당연히 검토 대상이 되는 것은 아니고 그의 행위가 정당이나 정당원의 목적 및 활동과 일정한 관련이 인정되는 때로 제한할 필요가 있다.[101]

2016, 377쪽; 이성환/정태호/송석윤/성선제, 『정당해산심판제도에 관한 연구』(헌법재판연구 제15권), 헌법재판소, 2004, 128쪽; 정만희, 「제8조」, 『헌법주석[Ⅰ]』, 박영사, 2013, 261쪽.

98) 헌재 2014. 12. 19. 2013헌다1, 판례집 26−2하, 1, 21; 한수웅/정태호/김하열/정문식(정태호 집필), 『주석 헌법재판소법』, 헌법재판소 헌법재판연구원, 2015, 743쪽. 은폐된 목적을 찾아내 그것을 정당에 귀속시키는 입증작업이 지극히 어려울 뿐 아니라 그러한 정당을 해산할 실익 자체가 별로 없을 것이라는 견해로는 김선택, 「정당해산의 실체적 요건의 규범적합적 해석」, 『헌법연구』 제1권 제1호, 헌법이론실무학회, 162∼163쪽.

99) 헌재 2014. 12. 19. 2013헌다1, 판례집 26−2하, 1, 21; 한수웅/정태호/김하열/정문식(정태호 집필), 『주석 헌법재판소법』, 헌법재판소 헌법재판연구원, 2015, 743쪽.

100) 김현철, 「정당해산심판의 목적 및 해산사유」, 『헌법학연구』 제22권 제2호, 한국헌법학회, 2016, 382쪽; 이성환/정태호/송석윤/성선제, 『정당해산심판제도에 관한 연구』(헌법재판연구 제15권), 헌법재판소, 2004, 132쪽; 정연주, 『헌법소송론』, 법영사, 2015, 221쪽.

101) 헌재 2014. 12. 19. 2013헌다1, 판례집 26−2하, 1, 21−22: "정당의 활동이란, 정당 기관의 행위나 주요 정당관계자, 당원 등의 행위로서 그 정당에게 귀속시킬 수 있는 활동 일반을 의미한다. 여기에서는 정당에게 귀속시킬 수 있는 활동의 범위, 즉 정당과 관련한 활동 중 어느 범위까지를 그 정당의 활동으로 볼 수 있는지가 문제된다. 구체적으로 살펴보면, 당대표의 활동, 대의기구인 당대회와 중앙위원회의 활동, 집행기구인 최고위원회의 활동, 원내기구인 원내의원총회와 원내대표의 활동 등 정당 기관의 활동은 정당 자신의 활동이므로 원칙적으로 정당의 활동으로 볼 수 있고, 정당의 최고위원 등 주요 당직자의 공개된 정치 활동은 일반적으로 그 지위에 기하여 한 것으로 볼 수 있으므로 원칙적으로 정당에 귀속시킬 수 있을 것으로 보인다. 정당 소속의 국회의원 등은 비록 정당과 밀접한 관련성을 가지지만 헌법상으로는 정당의 대표자가 아닌 국민 전체의 대표자이므로 그들의 행위를 곧바로 정당의 활동으로 귀속시킬 수는 없겠으나, 가령 그들의 활동 중에서도 국민의 대표자의 지위가 아니라 그 정당에 속한 유력한 정치인의 지위에서 행한 활동으로서 정당과 밀접하게 관련되어 있는 행위들은 정당의 활동이 될 수도 있을 것이다. 그 밖의 정당에 속한 개인이나 단체의 활동은 그러한 활동이 이루어진 구체적인 경위를 살펴서 그것을 정당의 활동으로 볼 수 있는 사정이 있는지를 판단해야 한다. 예컨대, 활동을 한 개인이나 단체의 지위 등에 비추어 볼 때 정당이 그

정당이 개별 당원의 행위를 막지 않고 방치할 때 이것을 문제 삼을 수는 없다. 정당이 민주적 기본질서에 위배되는 행위를 적극적으로 방지하여야 할 법적 의무를 지지 않기 때문이다. 하지만 이러한 행위가 정당 행사에서 발생하면 이것에 대해서는 정당이 방어조치를 취하여야 한다.[102] 국민주권원리와 민주주의에서 일반적 관용의 원칙상 폭력 행사나 폭력 행사 조종이 아닌 민주적 기본질서에 위배되는 행위만으로는 정당해산의 요건을 충족하지 못한다.[103]

(3) 민주적 기본질서 위배

① 문제의 소재

헌법이 규정하는 '민주적 기본질서에 위배'라는 정당해산사유는 엄격하게 해석하여야 한다. 그렇지 않으면 위헌정당해산제도가 야당탄압 수단으로 악용될 위험이 있고, 민주주의를 지키기 위한 제도가 오히려 민주주의를 파괴하는 제도로 역기능할 수 있기 때문이다. 정당해산 사유가 엄격하게 제한되는 것은 국민의 정치적 의사 형성에 참여하는 것을 목적으로 하는 정당의 특수한 성격에 비추어 정당을 일반 결사와는 달리 그 존립을 헌법적으로 보호하려는 것이다. 여기서 위배는 헌법질서를 자유민주적이게 하는 헌법의 기초적 원리를 정당이 폐지하려는 의도를 가지고 배척함을 말한다.[104] 그러나 정당의 목적이나 활동이 민주적 기본질서에 위배된다는 것을 정당 스스로 인식하여야 하는 것은 아니다.[105] 정당에 대한 해산결정은 민주주의원리와 정당의 존립과 활동에 대한 중대한 제약이다. 따라서 정당의 목적과

러한 활동을 할 권한을 부여하거나 그 활동을 독려하였는지 여부, 설령 그러한 권한의 부여 등이 없었다 하더라도 사후에 그 활동을 적극적으로 옹호하는 등 그 활동을 사실상 정당의 활동으로 추인한 것과 같다고 볼 수 있는 사정이 있는지 여부, 혹은 사전에 그 정당이 그러한 활동의 계획을 알았더라도 이를 정당 차원에서 지원하고 지지했을 것이라고 가정적으로 판단할 수 있는 사정이 있는지 여부 등을 구체적으로 살펴 전체적이고 종합적으로 판단해야 한다. 반면, 정당대표나 주요 관계자의 행위라 하더라도 개인적 차원의 행위에 불과한 것이라면 이러한 행위에 대해서까지 정당해산심판의 심판대상이 되는 활동으로 보기는 어렵다."

102) 이성환/정태호/송석윤/성선제, 『정당해산심판제도에 관한 연구』(헌법재판연구 제15권), 헌법재판소, 2004, 133쪽; 한수웅/정태호/김하열/정문식(정태호 집필), 『주석 헌법재판소법』, 헌법재판소 헌법재판연구원, 2015, 744쪽.

103) 이성환/정태호/송석윤/성선제, 『정당해산심판제도에 관한 연구』(헌법재판연구 제15권), 헌법재판소, 2004, 133쪽.

104) 한수웅/정태호/김하열/정문식(정태호 집필), 『주석 헌법재판소법』, 헌법재판소 헌법재판연구원, 2015, 753쪽.

105) 김현철, 「정당해산심판의 목적 및 해산사유」, 『헌법학연구』 제22권 제2호, 한국헌법학회, 2016, 382쪽; 이성환/정태호/송석윤/성선제, 『정당해산심판제도에 관한 연구』(헌법재판연구 제15권), 헌법재판소, 2004, 133쪽; 한수웅/정태호/김하열/정문식(정태호 집필), 『주석 헌법재판소법』, 헌법재판소 헌법재판연구원, 2015, 743쪽.

활동에 관련된 모든 사소한 위헌성까지도 문제 삼아 정당을 해산하는 것은 적절하지 않다. 이러한 점에서 위배 정도는 적어도 민주적 기본질서의 전부나 일부를 제거할 수도 있는 구체적 위험이 있어야 한다. 그러나 그러한 위험은 구체적 위험이 충분히 임박한 것으로 충분하고, 민주적 기본질서의 전부나 일부를 제거할 명백한 가능성이 있어야 하는 것은 아니다.[106]

헌법 전문과 제4조의 '자유민주적 기본질서'와는 달리 헌법 제8조 제4항은 '민주적 기본질서'라고 규정한다. 제8조 제4항의 '민주적 기본질서' 해석과 관련하여 '사회'민주적 기본질서까지 포함한다는 견해와 '자유'민주적 기본질서만을 의미한다는 견해[107]가 대립한다.

② 학설

(ⅰ) 사회민주적 기본질서까지 포함한다는 견해

민주적 기본질서를 자유민주적 기본질서와 사회민주적 기본질서의 총합개념이라는 견해가 있다.[108] 그리고 헌법 제34조 제2항을 따르면 현대적 복지주의적 헌법으로서 복지주의를 헌법의 기본이념의 하나로 하므로 자유민주적 기본질서는 물론이고 이외에 복지주의 등을 그 내용으로 하는 사회복지적 민주적 기본질서(사회민주적 기본질서)도 민주적 기본질서의 중요한 다른 축으로 하므로 민주적 기본질서는 자유민주적 기본질서뿐 아니라 사회민주적 기본질서도 포함한다는 견해도 있다.[109]

(ⅱ) 자유민주적 기본질서라는 견해

민주적 기본질서를 자유민주적 기본질서와 사회민주적 기본질서로 나누어 그 의미를 파악하고자 하는 논의는 불필요할 뿐 아니라 헌법이론적으로 받아들일 수 없으므로 헌법 제8조 제4항의 민주적 기본질서는 자유민주적 기본질서보다 상위의 개념이나 포괄적 개념이 아니라 자유민주적 기본질서와 같은 개념으로 보아야 한다

---

106) 헌재 2014. 12. 19. 2013헌다1, 판례집 26-2하, 1, 23-24; 김선택, 「정당해산의 실체적 요건의 규범적합적 해석」, 『헌법연구』 제1권 제1호, 헌법이론실무학회, 165~166쪽; 김하열, 『헌법소송법(제3판)』, 박영사, 2018, 739쪽; 김현철, 「정당해산심판의 목적 및 해산사유」, 『헌법학연구』 제22권 제2호, 한국헌법학회, 2016, 382~383쪽; 송석윤, 「정당해산심판의 실체적 요건 - 정당해산심판제도의 좌표와 관련하여 -」, 『법학』 제51권 제1호, 서울대학교 법학연구소, 2010, 60쪽; 이성환/정태호/송석윤/성선제, 『정당해산심판제도에 관한 연구』(헌법재판연구 제15권), 헌법재판소, 2004, 154~155쪽; 정만희, 「제8조」, 『헌법주석[Ⅰ]』, 박영사, 2013, 261~262쪽; 한수웅/정태호/김하열/정문식(정태호 집필), 『주석 헌법재판소법』, 헌법재판소 헌법재판연구원, 2015, 757~761쪽.
107) 홍성방, 『헌법소송법』, 박영사, 2015, 185쪽.
108) 김철수, 『학설판례 헌법학(상)』, 박영사, 2009, 419쪽.
109) 정재황, 『신헌법입문(제8판)』, 박영사, 2018, 102, 136, 855쪽.

는 견해가 있다.[110] 민주적 기본질서의 핵심은 자유민주적 기본질서이므로 민주적 기본질서는 자유민주적 기본질서라는 견해도 있다.[111] 그리고 헌법이 지향하는 기본적인 질서가 자유민주주의에 입각한 사회복지국가원리를 도입하므로 민주적 기본질서와 자유민주적 기본질서는 서로 충돌하는 개념이 아니라 상호융합적으로 조응하는 개념으로 이해하여야 한다는 견해도 있다.[112] 또한, 위헌정당해산제도가 정당을 보호하는 제도라는 측면을 고려하면 그리고 적어도 개념적으로는 민주주의원리와 사회복지주의(사회국가원리)가 구분된다는 점을 고려하면 자유민주적 기본질서에 국한한다는 견해가 있다.[113] 한국 헌법상 정당조항은 독일 기본법의 정당조항 영향을 받아 채택된 것이고, 정당해산규정은 동시에 정당존립의 특권보장적 의미가 있으므로 그 요건은 협의로 해석하는 것이 타당하여서 정당해산의 실질적 요건으로서 민주적 기본질서의 개념은 광의의 헌법질서 그 자체가 아니라 헌법질서 중에서 자유민주적 기본질서만을 의미하는 것으로 해석하여야 한다는 견해도 있다.[114] 더하여 헌법의 통일성이라는 해석지침을 따를 때 민주적 기본질서와 자유민주적 기본질서는 같고, 민주주의는 고정된 개념이 아니어서 그 구성요소는 확장되고 발전하며, (자유)민주주의는 평등한 자유를 통해서 인간의 존엄을 지키려는 것이므로 민주적 기본질서는 자유민주적 기본질서라는 견해[115]와 모든 유형의 민주주의는 본질에서 같고, 민주주의 앞에 붙인 여러 형용사들은, 특히 자유나 사회민주주의는 민주주의의 본질적 요소인 자유와 평등 중 어느 편을 더 강조하는지의 문제나 다른 유형의 민주주의와 구별하는 문제이지 그 본질에서는 같으며, 자유민주적 기본질서에서 자유는 인민민주주의(공산주의)와 구별하려는 의미 이상 있다고 보기 어려우므로 자유민주적 기본질서와 헌법상 민주적 기본질서는 같다는 견해[116]가 있다. 그 밖에 ⓐ 헌법이 사회민주주의의 주요내용을 따로 규정하고, 국가기본질서가 자유민주주의와 사회민주주의를 포괄한다고 하여 정당 해산사유까지 반드시 양자를 포괄할 필요는 없으며, ⓑ 헌법 제8조 제4항은 정당의 존립과 활동의 자유에 일정한 한계를

---

110) 한수웅, 『헌법학(제8판)』, 법문사, 2018, 1544~1545쪽.
111) 양 건, 『헌법강의(제7판)』, 법문사, 2018, 199쪽.
112) 성낙인, 『헌법학(제18판)』, 법문사, 2018, 146, 917쪽; 성낙인/이효원/권건보/정 철/박진우/허진성, 『헌법소송론』, 법문사, 2012, 374쪽.
113) 이준일, 『헌법학강의(제6판)』, 홍문사, 2015, 222쪽.
114) 정만희, 「제8조」, 『헌법주석[Ⅰ]』, 박영사, 2013, 261쪽.
115) 홍성방, 『헌법소송법』, 박영사, 2015, 185쪽; 같은 사람, 『헌법학(상)(제3판)』, 박영사, 2016, 131~132, 196쪽.
116) 계희열, 『헌법학(상)(신정2판)』, 박영사, 2005, 298쪽 주 207.

설정하면서 정당의 존립과 활동의 자유를 최대한 보장하기 위한 것이므로 민주적 기본질서를 제한적으로 해석하여야 하고, ⓒ 자유민주적 기본질서는 대한민국 헌법 질서의 중핵으로서 어떠한 경우라도 수호하지 않으면 아니 될 헌법의 최후보루라는 점에서 민주적 기본질서는 자유민주적 기본질서를 뜻한다는 견해가 있다.[117]

③ 사견

정당의 강제해산제도는 상대주의 철학에 따라 절대적 가치를 인정하지 아니하는 민주주의국가에서 '양쪽에 날이 있는 칼'처럼 위험한 제도이다. 특히 그 악용 가능성을 염두에 둔다면 적용의 실질적 요건은 가능한 한 엄격히 새겨야 한다. 현행 헌법상 복수정당제가 제도적으로 보장되고, 헌법 제8조 제4항은 정당존립 특권을 보장하는 것으로서 역으로 정당해산 구실로 넓게 해석되어서는 아니 된다. 국정운영 철학이 다른 모든 세력이 정당으로 조직화하여 집권경쟁을 벌이는 것이 민주주의국가의 전제조건인 만큼, 어느 정당도 더는 다툴 수 없는 것으로서 만약 이것을 다투면 해당 정당이 강제해산을 감수하여야 할 정도의 사항이려면 이론의 여지없는 국가의 존립기반인 국민의 기본적 가치 합의에 국한되어야 한다. 이러한 사항은 한국 헌법의 핵심내용으로서 헌법 개정의 내재적 한계에 해당하는 헌법 전문과 제4조의 '자유민주적 기본질서'라고 할 것이다.[118] 헌법해석론상 '자유민주적 기본질서' 개념에는 사회국가원리의 핵심내용도 포함된다는 점을 고려한다면 이러한 학설 대립은 무의미할 뿐 아니라 유해하기까지 하다.[119]

---

117) 권영성, 『헌법학원론(개정판)』, 법문사, 2010, 195쪽.
118) '민주적 기본질서'는 국가의 정당보호의무를 원칙으로 규정한 한국 헌법에서 예외적으로 정당을 해산하는 데 적용되는 실체적 기준으로서 엄격하게 해석되어야 하므로, 독일 기본법의 자유민주적 기본질서와 개념범주적으로 가깝지만, 헌법 전문과 헌법 제4조의 '자유민주적 기본질서'는 대한민국의 국가체제 자체를 가리키는 개념으로서 북한의 인민민주주의 체제와 대립하는 개념으로 쓰여서 자유민주적 기본질서가 민주적 기본질서보다 넓은 개념이라는 견해로는 김선택, 「정당해산의 실체적 요건의 규범적합적 해석」, 『헌법연구』 제1권 제1호, 헌법이론실무학회, 153~158쪽. 그리고 헌법 전문과 헌법 제4조는 그 구조상 더욱 확고히 하여야 할 기본질서이자, 통일정책 수립·추진시 그러한 바탕에서 지향하여야 할 기본질서로서, 즉 적극적 지향 대상으로서 자유민주적 기본질서를 규정하고, 자유민주적 기본질서를 지향할 때 이들 규정을 해석하고 구체화할 여지도 비교적 넓지만, 헌법 제8조 제4항의 민주적 기본질서는 그것에 위배되어서는 아니 되고 위배되면 정당을 해산까지 할 수 있는 한계선으로서 소극적 방어 대상인, 헌법의 민주주의 보장을 위한 최소핵심 개념이고, 이 규정은 가능한 한 엄격하게 해석하여서 정말 수호하여야 할 최소한의 핵심질서를 보장하고, 대신에 그 핵심질서에 대한 침해가 없다면 여하한 정치적 이념 차이로 정당을 함부로 해산시킬 수 없도록 보호하는 역할을 하여야 한다면서 헌법 제8조 제4항의 민주적 기본질서를 헌법 전문과 헌법 제4조의 자유민주적 기본질서와 구별하여야 한다는 견해로는 이재희, 「전투적 민주주의로부터의 민주주의 수호」, 『공법학연구』 제15권 제2호, 한국비교공법학회, 2014, 124쪽.
119) 비슷한 견해: 김학성, 『헌법학원론(전정2판)』, 피앤씨미디어, 2018, 171~172쪽; 이성환/정태호/송석윤/성선제, 『정당해산심판제도에 관한 연구』(헌법재판연구 제15권), 헌법재판소, 2004, 140~142쪽; 한수웅/

자유민주적 기본질서라는 개념은 독일 기본법상 '자유롭고 민주적인 기본질서'[120]
에서 비롯한다. 자유민주적 기본질서는 사회민주주의와 대립하는 개념인 자유민주
주의와 다르다. 오히려 자유민주적 기본질서는 자유로운 기본질서와 민주적인 기본
질서의 결합으로 이해되어야 한다.[121] 여기서 자유로운 기본질서란 자유가 보장되
는, 즉 기본적 인권이 보장되는 기본질서를 말한다. 이때의 기본질서는 헌법질서를
가리킨다. 따라서 자유민주적 기본질서란 기본적 인권이 보장되는 민주주의 헌법질
서를 뜻한다. 이러한 점에서 자유민주적 기본질서는 사회민주주의가 아니라 국민의
기본적 인권을 보장하지 아니하고, 민주적 정당성도 확보되지 아니하는 전체주의
(특히 파시즘과 나치즘, 인민민주주의)와 대립한다. 요컨대 기본적 인권 보장이 법치국
가원리의 핵심내용인 점에 비추어 자유민주적 기본질서는 민주주의와 법치국가의
결합, 즉 법치국가적 민주주의를 가리킨다. 이러한 내용은 헌법의 핵심사항이므로,
자유민주적 기본질서를 '요약한 헌법'이라고 부를 수도 있다.

헌법재판소는 "자유민주적 기본질서에 위해를 준다 함은 모든 폭력적 지배와
자의적 지배 즉 반국가단체의 일인독재 내지 일당독재를 배제하고 다수의사에 의한
국민의 자치, 자유·평등의 기본원칙에 의한 법치주의적 통치질서의 유지를 어렵게
만드는 것이고, 이를 보다 구체적으로 말하면 기본적 인권의 존중, 권력분립, 의회
제도, 복수정당제도, 선거제도, 사유재산과 시장경제를 골간으로 한 경제질서 및 사
법권의 독립 등 우리의 내부체제를 파괴·변혁시키려는 것으로 풀이할 수 있을 것
이다."[122]라고 판시하여 자유민주적 기본질서의 적극적 내용을 독일 연방헌법재판
소[123]와는 다소 다르게 구성하였다. 특히 사유재산과 시장경제를 골간으로 한 경제

정태호/김하열/정문식(정태호 집필), 『주석 헌법재판소법』, 헌법재판소 헌법재판연구원, 2015, 747~748쪽.
120) Freiheitliche demokratische Grundordnung (독일 기본법)이나 Freiheitlich–demokratische Grundordnung.
121) 제4대 제35회 제34차 국회본회의 회의록 17쪽 헌법개정안기초위원장(정헌주): "그 다음에 물으신
    것은 헌법에 민주적 기본질서의 한계는 무엇인가 이것을 물으셨는데 이것은 여러번 되풀이해서 말
    씀드리는 것입니다마는 자유스럽고 민주적인 사회질서와 정치질서를 말하는 것입니다."
122) 헌재 1990. 4. 2. 89헌가113, 판례집 2, 49, 64; 헌재 2001. 9. 27. 2000헌마238, 판례집 13–2, 383,
    400–402.
123) 독일 연방헌법재판소는 자유민주적 기본질서를 구성하는 적극적 내용을 "독일 기본법에서 내려진
    헌법정책적 결단을 따르면, 결국 자유민주적 기본질서의 기초가 되는 것은 인간은 창조질서 안에서
    고유의 독자적 가치를 지니며 자유와 평등은 국가적 통일의 항구적 기본가치라는 생각이다. 그러므
    로 기본질서는 가치구속적인 질서이다. 이것은 인간의 존엄과 자유와 평등을 거부하는 배타적인 통
    치권력으로서 전체국가의 반대개념이다. … 그러므로 자유민주적 기본질서는 모든 폭력적 지배와
    자의적 지배를 배제하고 그때그때의 다수의사에 따른 국민의 자기 결정과 자유 및 평등에 기초하는
    법치국가적 통치질서를 말한다. 이 질서의 기본적 원리에는 적어도 다음과 같은 것이 포함되어야
    한다: 기본법이 구체화하는 기본적 인권, 특히 생명권과 인격의 자유로운 발현권 존중, 국민주권, 권
    력분립, 정부의 책임성, 행정의 합법률성, 사법권 독립, 복수정당제의 원리와 헌법상 야당을 결성하

질서를 포함한 점이 특이하다.[124] 자유민주적 기본질서는 정치질서를 가리킬 뿐 아니라 경제질서는 양 극단 사이에서 다양한 형태가 있어서 그 자체로 불명확한 개념이라는 점에서 자유민주적 기본질서에 경제질서를 포함시키는 것은 타당하지 않다고 생각한다.[125] 헌법재판소도 헌재 2004. 5. 14. 2004헌나1 결정에서 "구체적으로, 탄핵심판절차를 통하여 궁극적으로 보장하고자 하는 헌법질서, 즉 '자유민주적 기본질서'의 본질적 내용은 법치국가원리의 기본요소인 '기본적 인권의 존중, 권력분립, 사법권의 독립'과 민주주의원리의 기본요소인 '의회제도, 복수정당제도, 선거제도' 등으로 구성되어 있다는 점에서(헌재 1990. 4. 2. 89헌가113, 판례집 2, 49, 64),"[126]라고 하여 자유민주적 기본질서를 법치국가원리의 기본요소와 민주주의원리의 기본요소로 나누어 이전 선례에서 언급한 요소들을 모두 그대로 반복하면서도, 두 기본요소 어디에도 포함하기 곤란한 '사유재산과 시장경제질서를 골간으로 하는 경제질서'만 빼버렸다.[127] 헌재 2014. 12. 19. 2013헌다1 결정에서는 "입헌적 민주주의의 원리, 민주 사회에 있어서의 정당의 기능, 정당해산심판제도의 의의 등을 종합해 볼 때, 우리 헌법 제8조 제4항이 의미하는 민주적 기본질서는, 개인의 자율적 이성을 신뢰하고 모든 정치적 견해들이 각각 상대적 진리성과 합리성을 지닌다고 전제하는 다원적 세계관에 입각한 것으로서, 모든 폭력적·자의적 지배를 배제하고, 다수를 존중하면서도 소수를 배려하는 민주적 의사결정과 자유·평등을 기본원리로 하여 구성되고 운영되는 정치적 질서를 말하며, 구체적으로는 국민주권의 원리, 기본적 인권의 존중, 권력분립제도, 복수정당제도 등이 현행 헌법상 주요한 요소라고 볼 수

고 활동할 권리를 포함하는 정당에 대한 기회균등."이라고 판시한 바 있다[BVerfGE 2, 1 (12 f.); 5, 85 (140)].

124) 이에 관해서 부정적인 견해로는 송석윤, 「정당해산심판의 실체적 요건 −정당해산심판제도의 좌표와 관련하여−」, 『법학』 제51권 제1호, 서울대학교 법학연구소, 2010, 57∼59쪽; 이성환/정태호/송석윤/ 성선제, 『정당해산심판제도에 관한 연구』(헌법재판연구 제15권), 헌법재판소, 2004, 149∼153쪽.

125) 제4대국회 제35회 국회임시회의속기록 제34호, 국회사무처, 1960. 6. 11., 17쪽(정헌주 헌법개정안 기초위원장: "그 다음에 물으신 것은 헌법에 민주적 기본질서의 한계는 무엇인가 이것을 물으셨는데 이것은 여러 번 되풀이해서 말씀드리는 것입니다마는 자유스럽고 민주적인 사회질서와 정치질서를 말하는 것입니다. 그렇기 때문에 이 경제적 질서를 말하는 것은 아닙니다. 헌법에 있어서 가지고도 자유로운 기본질서라고 하는 것은 이것은 정치적 사회적 질서를 말하는 것이지 경제적 질서까지를 말하는 것은 아니다 이렇게 본 위원회는 해석하고 있습니다.") 참조. 같은 견해로는 이재희, 「전투적 민주주의로부터의 민주주의 수호」, 『공법학연구』 제15권 제2호, 한국비교공법학회, 2014, 124∼125, 127∼128쪽; 이황희, 「민주적 기본질서 위배의 의미 −헌법재판소의 해석(2013헌다1)에 관한 분석−」, 『법조』 제65권 제5호(통권 제716호), 법조협회, 2016. 5., 25∼28쪽.

126) 헌재 2004. 5. 14. 2004헌나1, 판례집 16−1, 609, 656.

127) 헌법재판소 판례에 관한 비판적 평가로는 한수웅/정태호/김하열/정문식(정태호 집필), 『주석 헌법재판소법』, 헌법재판소 헌법재판연구원, 2015, 750∼753쪽.

있다."라고 하여128) 국민주권의 원리를 추가하면서 '사유재산과 시장경제질서를 골
간으로 하는 경제질서'뿐 아니라 의회제도와 선거제도까지 제외하였다.

　민주적 기본질서를 부정하지 않는 한 정당은 각자가 옳다고 믿는 다양한 이념
적 지향을 자유롭게 추구할 수 있다. 오늘날 정당은 자유민주주의 이념을 추구하는
정당부터 공산주의 이념을 추구하는 정당에 이르기까지 그 이념적 지향점이 매우
다양하다. 그러므로 어떤 정당이 특정 이념을 표방하더라도 그 정당의 목적이나 활
동이 민주적 기본질서의 내용을 침해하는 것이 아닌 한 그 특정 이념의 표방 그 자
체만으로 곧바로 위헌적인 정당으로 볼 수는 없다.129)

(4) 헌법 제37조 제2항의 보충적 적용 가능성

　위헌정당의 해산요건으로 제8조 제4항 이외에 일반결사에 적용되는 제37조 제2
항이 보충적용할 수 있는지가 문제 될 수 있다. 헌법 제21조의 일반결사규정과 제8
조의 정당규정은, 정당이 일반결사보다 제한된 범위의 물적 적용범위가 있는 조항
이므로, 일반 – 특별의 관계에 놓인다. 따라서 특별조항인 헌법 제8조 제4항이 먼저
적용되고, 제21조의 중복되는 요건 규정은 적용이 배제된다. 정당의 특권으로 강제
해산요건을 엄격하게 제한하는 것은, 국민의 정치적 의사결정에 참여하는 것을 목
적으로 한 정당의 특수한 성격에 비추어 정당을 헌법적으로 보호하려는 것이다. 그
러므로 '민주적 기본질서'는 일반적인 기본권 제한사유인 '국가안전보장, 질서유지,
공공복리'와는 별개의 개념으로 이해되어야 한다. 그리고 수단의 비례성과 관련하
여서 민주적 기본질서를 보호할 목적으로 위헌정당을 해산하는 것이므로 목적의 정
당성은 충족되고, 위헌정당을 해산하면 민주적 기본질서에 대한 침해가 사라져 수
단의 적합성도 인정된다. 그리고 위헌정당 해산은 다른 대체수단이 없을 때 허용된
다는 점에서 최소침해성이 인정되고, 결코 포기할 수 없는 민주적 기본질서의 중요
성에 비추어 법익균형성도 충족된다. 따라서 정당의 해산요건으로 제37조 제2항이
보충적으로 적용될 여지가 없으며 배제된다고 생각한다.

　그러나 헌법재판소는 정당해산심판제도에서는 헌법재판소 정당해산결정이 정당
의 자유를 침해할 수 있는 국가권력에 해당하므로 헌법재판소가 정당해산결정을 내
리려면 그 해산결정이 비례성원칙에 부합하는지를 고려하여야 한다고 한다. 이때 비
례성원칙 준수 여부는 그것이 통상적으로 기능하는 위헌심사 척도가 아니라 헌법재
판소 정당해산결정이 충족하여야 할 일종의 헌법적 요건 혹은 헌법적 정당화 사유

---

128) 헌재 2014. 12. 19. 2013헌다1, 판례집 26 – 2하, 1, 22 – 23.
129) 헌재 2014. 12. 19. 2013헌다1, 판례집 26 – 2하, 1, 22 – 23.

에 해당한다고 한다. 따라서 헌법 제8조 제4항의 명문 규정상 요건이 구비되어도 해당 정당의 위헌적 문제성을 해결할 수 있는 다른 대안적 수단이 없고, 정당해산결정을 통해서 얻을 사회적 이익이 정당해산결정으로 초래되는 정당의 정당활동 자유 제한으로 말미암은 불이익과 민주주의 사회에 대한 중대한 제약이라는 사회적 불이익을 초과할 정도로 큰 때에 한하여 정당해산결정을 헌법적으로 정당화할 수 있다고 한다.[130] 정당해산조항은 정당의 자유 보호를 1차적으로 의도하므로, 헌법보장 법리를 앞세워 정당해산이 초래하는 당사자의 자유 제한의 헌법적 정당성을 심사하는 기준의 하나인 비례성이 배제된다고 해석하여서는 아니 된다는 견해도 있다.[131] 헌법 제8조 제4항이 헌법 제37조 제2항의 특별규정이고, 정당의 자유도 그 본질은 국민의 정치적 의사 형성에 대한 참여라는 정치적 자유일 뿐이라서 이를 제한할 때도 헌법 제37조 제2항이 보충적으로 적용되어야 하므로, 헌법 제8조 제4항의 실체적 요건과 절차적 요건을 제외하고는 헌법 제37조 제2항의 비례성원칙이 그대로 적용되어야 한다는 견해도 있다.[132] 그리고 강제적 정당해산은 헌법상 핵심적인 정치적 기본권인 정당활동의 자유에 대한 근본적인 제한이므로 헌법재판소는 이에 관한 결정을 할 때 헌법 제37조 제2항이 규정하는 비례원칙을 준수하여야 한다는 견해도 있다.[133] 이에 관해서는 정당해산사유인 '민주적 기본질서 위배' 여부를 인정하려면 이에 대해서 '실질적인 해약을 끼칠 수 있는 구체적 위험성'이 있다고 보면 여기서 이미 비례성원칙에 따른 심사가 이루어지므로 추가로 비례성원칙 준수 여부를 심사하는 것이 과연 필요한지, 수사적 중복에 그치는 것이 아닌지 의문이라는 비판이 있다.[134]

2. 절차적 요건

(1) 정부 제소

① 제소권자

정부는 정당의 목적이나 활동이 민주적 기본질서에 위배되면 국무회의 심의를

---

130) 헌재 2014. 12. 19. 2013헌다1, 판례집 26−2하, 1, 24−25. 이를 따르는 견해로는 김현철, 「정당해산심판의 목적 및 해산사유」, 『헌법학연구』 제22권 제2호, 한국헌법학회, 2016, 383~384쪽.

131) 김선택, 「정당해산의 실체적 요건의 규범적합적 해석」, 『헌법연구』 제1권 제1호, 헌법이론실무학회, 166쪽.

132) 최희수, 「위헌정당해산제도에 관한 연구」, 『정당과 헌법질서』(심천 계희열 박사 화갑기념논문집), 박영사, 1995, 465쪽.

133) 김현철, 「정당해산심판의 목적 및 해산사유」, 『헌법학연구』 제22권 제2호, 한국헌법학회, 2016, 383~384쪽.

134) 김하열, 『헌법소송법(제3판)』, 박영사, 2018, 743~744쪽.

거쳐 헌법재판소에 그 해산을 제소할 수 있다(헌법 제8조 제4항, 헌법재판소법 제55조). 현행 헌법은 제소권자를 정부로 규정한다. 여기서 정부는 대한민국이라는 국가가 아니라, 입법부·사법부와 대등한 지위에 있는 정부135)를 뜻한다.136) 정당해산제소는 국무회의의 필요적 심의사항인데, 국무회의는 심의기관에 불과하므로 여기서 정부는 실질적 측면에서 대통령으로 보아야 한다.137)

정부의 정당해산 제소는 국무회의의 필수적 심의사항이라서(헌법 제89조 제14호), 국무회의 심의를 거치지 않은 정당해산심판 청구는 부적법하다. 다만, 대통령이 사고로 직무를 수행할 수 없으면 국무총리가 그 직무를 대행하므로, 대통령이 해외순방 중인 때와 같이 일시적으로 직무를 수행할 수 없으면(직무대리규정 제2조 제4호 참조), 국무총리가 주재한 국무회의에서 한 정당해산심판청구서 제출안 의결도 적법하다.138)

법원의 소송절차에서 정당이 민주적 기본질서에 위반되는지가 선결문제로 제기되어도 법률의 위헌제청절차(헌법 제107조 제1항)와 비슷한 방식으로 헌법재판소에 정당의 위헌성 확인을 구할 수 없다. 정당 자신이 자기 목적이나 활동이 민주적 기본질서에 위반되지 않는다는 확인을 받으려고 정당해산심판을 청구할 수도 없다. 정당해산결정 취소를 구하거나 정당의 복권을 구하는 정부 청구도 허용되지 않는다.139)

② 제소 여부와 그 시기 결정

(ⅰ) 학설

어떤 정당이 위헌정당해산의 실질적 요건을 충족하는 것으로 정부가 판단하면

---

135) 한국 헌법 제4장은 대통령과 행정부(국무총리, 국무위원, 국무회의, 행정 각부, 감사원)를 '정부'로 규정한다.
136) 이성환/정태호/송석윤/성선제, 『정당해산심판제도에 관한 연구』(헌법재판연구 제15권), 헌법재판소, 2004, 162쪽; 한수웅/정태호/김하열/정문식(정태호 집필), 『주석 헌법재판소법』, 헌법재판소 헌법재판연구원, 2015, 724~725쪽.
137) 김재영, 「정당해산심판의 절차적 요건에 대한 소고」, 『헌법연구』 제1권 제1호, 헌법이론실무학회, 2014, 180쪽; 김하열, 『헌법소송법(제3판)』, 박영사, 2018, 746쪽; 신 평, 『헌법재판법(전면개정판)』, 법문사, 2011, 506쪽; 이성환/정태호/송석윤/성선제, 『정당해산심판제도에 관한 연구』(헌법재판연구 제15권), 헌법재판소, 2004, 162~163쪽; 한수웅/정태호/김하열/정문식(정태호 집필), 『주석 헌법재판소법』, 헌법재판소 헌법재판연구원, 2015, 724쪽.
138) 헌재 2014. 12. 19. 2013헌다1, 판례집 26-2하, 1, 15; 한수웅/정태호/김하열/정문식(정태호 집필), 『주석 헌법재판소법』, 헌법재판소 헌법재판연구원, 2015, 728쪽.
139) 김하열, 『헌법소송법(제3판)』, 박영사, 2018, 746쪽; 정태호, 「정당해산심판절차에 대한 민사소송법령 준용과 한계」, 『경희법학』 제49권 제4호, 경희법학연구소, 2014, 129쪽; 한수웅/정태호/김하열/정문식(정태호 집필), 『주석 헌법재판소법』, 헌법재판소 헌법재판연구원, 2015, 724~725쪽.

반드시 제소하여야 하는지에 관해서 학설 대립이 있다.

ⓐ 의무설

정부에 위헌정당해산 제소권을 부여한 결과, 특정정당에 대한 위헌 여부의 1차적 판단은 정부의 권한이고 의무라는 견해가 있다.[140]

ⓑ 재량설

㉮ 헌법 제8조 제4항이 제소'할 수 있다'고 규정하고, ㉯ 강제해산보다는 민주적인 공개경쟁을 통해서 해당 정당의 지지층이나 사회적 기반을 붕괴시키는 것이 민주주의 보호에 더 효과적일 것이며, ㉰ 정당해산제도는 민주적 기본질서를 지키는 다양한 수단 중 하나에 불과하고, ㉱ 헌법적대적 정당의 강제해산이 헌법보호를 오히려 더 어렵게 할 수도 있으며, ㉲ 위헌정당해산 이익과 그 정당의 계속적 존재 이익 등을 형량하여 해산심판 청구 여부를 결정할 여지가 있으므로 정부는 해산 제소 여부에 관한 정치적 재량이 있다고 한다.[141]

（ⅱ） 사견

헌법문언상으로나 제도의 성격상으로나 정부의 제소의무는 원칙적으로 인정하기 어렵다. 다만, 예외적으로 자유민주적 기본질서를 위협하는 세력의 조직화가 상당히 진전되어 활동을 광범위하게 전개함으로써 자유민주적 기본질서에 대한 위험이 명백하게 현재 있어서 그 중심에 있는 위헌정당의 강제해산 외에는 효과적인 다른 수단이 없을 때까지 정부가 이를 내버려둔다면 이는 헌법수호의 1차적 책임을 지는 정부의 의무를 유기하는 것이라고 보지 않을 수 없다.[142] 특히 이것은 위헌정

---

140) 권영성, 『헌법학원론(개정판)』, 법문사, 2010, 196쪽; 김문현, 「정당해산심판에 관한 소고」, 『성균관법학』 제19권 제2호, 성균관대학교 비교법연구소, 2007, 10쪽; 정만희, 「제8조」, 『헌법주석[Ⅰ]』, 박영사, 2013, 262쪽.

141) 김재영, 「정당해산심판의 절차적 요건에 대한 소고」, 『헌법연구』 제1권 제1호, 헌법이론실무학회, 2014, 185~186쪽; 김하열, 『헌법소송법(제3판)』, 박영사, 2018, 746~747쪽; 김학성, 『헌법학원론(전정2판)』, 피앤씨미디어, 2018, 173쪽; 성낙인/이효원/권건보/정 철/박진우/허진성, 『헌법소송론』, 법문사, 2012, 367쪽; 양 건, 『헌법강의(제7판)』, 법문사, 2018, 212쪽; 이성환/정태호/송석윤/성선제, 『정당해산심판제도에 관한 연구』(헌법재판연구 제15권), 헌법재판소, 2004, 170~176쪽; 이준일, 『헌법학강의(제6판)』, 홍문사, 2015, 224쪽; 장영수, 『헌법학(제10판)』, 홍문사, 2017, 277~278쪽; 전광석, 『한국헌법론(제13판)』, 집현재, 2018, 132쪽; 정연주, 『헌법소송론』, 법영사, 2015, 232~233쪽; 최희수, 「위헌정당해산제도에 관한 연구」, 『정당과 헌법질서』(심천 계희열 박사 화갑기념논문집), 박영사, 1995, 465쪽; 같은 사람, 『헌법소송법 요론(개정판)』, 대명출판사, 2015, 331쪽; 한수웅, 『헌법학(제8판)』, 법문사, 2018, 1540쪽; 한수웅/정태호/김하열/정문식(정태호 집필), 『주석 헌법재판소법』, 헌법재판소 헌법재판연구원, 2015, 727~728쪽; 허 영, 『헌법이론과 헌법(신8판)』, 박영사, 2017, 1046쪽; 같은 사람, 『한국헌법론(전정14판)』, 박영사, 2018, 920쪽; 홍성방, 『헌법학(하)(제3판)』, 박영사, 2014, 364쪽.

142) 비슷한 견해로는 신 평, 『헌법재판법(전면개정판)』, 법문사, 2011, 507쪽; 허 영, 『헌법소송법론

당해산제도를 형해화하는 것으로 헌법재판소의 정당해산심판권을 박탈하는 것과 다름없다. 따라서 이러한 명백하고 현존하는 위험이 있으면 정부에 제소의무가 있다고 보아야 할 것이다. 그리고 위헌정당해산제도가 민주주의를 지키는 최후의 보루로서 정당을 해산시킨다는 것보다는 정당 해산을 어렵게 하여 정당의 자유를 충실히 보호하려는 것에 방점이 있다는 점과 정부에 제소재량을 부여한 것은 정부에 위헌정당에 관한 1차적 판단권을 부여한 것으로서 불필요한 제소를 하지 말라는 헌법적 의사가 있다고 볼 수 있다는 점에서 명확하게 확인된 구체적 사실에 기초한 합리적 의심이 없으면 정부는 제소하여서는 아니 된다. 따라서 정부가 이러한 제소를 하면 헌법재판소는 해당 사건에 대해서 각하결정을 내려야 할 것이다.[143]

(2) 심판 청구 절차

국무회의가 위헌정당 제소를 의결하면 법무부 장관이 정부를 대표하여 정당해산의 심판청구서를 헌법재판소에 제출하여야 한다(헌법재판소법 제25조 제1항). 심판청구서에는 해산을 요구하는 정당을 표시하여야 하고 청구 이유를 기재하여야 한다(헌법재판소법 제56조). 정당해산심판의 청구서에는 정당해산 제소에 관해서 국무회의 의결을 거쳤음을 증명하는 서류를 붙여야 하고, 중앙당등록대장 등본 등 피청구인이 정당해산심판 대상이 되는 정당임을 증명할 수 있는 자료를 붙여야 한다(헌법재판소 심판 규칙 제65조). 청구사유가 있는 한 정부는 언제든지 심판 청구를 할 수 있다. 지난날의 위헌적 활동은 원칙적으로 청구사유가 될 수 없다. 다만, 지난날의 위헌적 활동은 현재 그 정당의 목적과 활동이 위헌성을 띠는지를 판단할 때 참고자료가 될 수는 있다.[144]

(3) 헌법재판소 결정

① 심판정족수

재판부는 재판관 7명 이상 출석으로 사건을 심리한다(헌법재판소법 제23조 제1항). 헌법재판소에서 정당해산결정을 내리면 재판관 6명 이상 찬성이 있어야 한다(헌법 제113조 제1항, 헌법재판소법 제23조 제2항 단서 제1호).

(제13판)』, 박영사, 2018, 298쪽.

143) 이상 허완중, 「헌법기관충실원칙」, 『공법연구』 제42집 제2호, 한국공법학회, 2013, 49~50쪽. 이를 따르는 견해로는 전민형, 「정당해산심판 결정의 유형과 법적 효과」, 『안암법학』 제44권, 안암법학회, 2014, 478~479쪽.

144) 이성환/정태호/송석윤/성선제, 『정당해산심판제도에 관한 연구』(헌법재판연구 제15권), 헌법재판소, 2004, 178쪽; 한수웅/정태호/김하열/정문식(정태호 집필), 『주석 헌법재판소법』, 헌법재판소 헌법재판연구원, 2015, 728쪽.

② 일사부재리

헌법재판소가 일단 위헌이 아니라고 결정하면, 정부는 동일정당에 대해서 같은 사유로 제소할 수 없다(헌법재판소법 제39조). 이때의 동일성은 정당 명칭과 같은 외관이 아니라 구성원이나 추진하는 정강정책 등의 실질에 변경이 있는지를 기준으로 판단하여야 한다. 그러한 변경이 인정되면 다시 적법하게 제소할 수 있다. 같은 정당에 대해서 '새로운 사실'에 근거하여 거듭 해산심판 청구를 하는 것은 허용된다. 새로운 사실은 헌법재판소가 구두변론 종결 시까지 없어서 정당 해산 여부를 결정할 때 고려할 수 없었던 사실이다.[145]

Ⅲ. 정당해산심판 절차

1. 사건 통지

헌법재판소가 정당해산심판 청구를 받으면 그 청구서 등본을 피청구인에게 송달하여야 한다(헌법재판소법 제27조). 송달받은 피청구인은 헌법재판소에 답변서를 제출할 수 있다(헌법재판소법 제29조). 정당해산심판의 청구나 청구 취하가 있으면 헌법재판소장은 국회와 중앙선거관리위원회에 청구서 부본이나 취하서 부본을 붙여 그 사실을 통지하여야 한다(헌법재판소법 제58조 제1항, '헌법재판소 심판 규칙' 제66조 제1항).

2. 청구 취하

정부가 국무회의 심의까지 거쳐서 특정 정당에 대한 해산심판 청구를 신중하게 하여야 할 뿐 아니라 정당해산심판 청구 자체가 매우 중대한 문제로서 고도의 정치적 책임을 동반하는 문제이다. 그러므로 헌법재판소에 해산 제소가 이루어지고 나서 심판 청구를 취하하는 것은 극히 이례적인 일이다. 그래서 이러한 문제는 실체적 의미가 크지 않다. 어쨌든 정부가 심판 청구 행사 여부에 관해서 정치적 재량이 있다고 보는 한, 정부는 원칙적으로 심판 청구 이후의 상황변화 등을 이유로 헌법재판소가 결정을 선고하기 전까지는 청구를 취하할 수 있다고 보는 것이 법리적으로 일관성이 있다.[146] 다만, 자유민주적 기본질서에 대한 위험이 명백하게 현재 있

---

145) 이성환/정태호/송석윤/성선제, 『정당해산심판제도에 관한 연구』(헌법재판연구 제15권), 헌법재판소, 2004, 185쪽; 한수웅/정태호/김하열/정문식(정태호 집필), 『주석 헌법재판소법』, 헌법재판소 헌법재판연구원, 2015, 732쪽.

146) 김재영, 「정당해산심판의 절차적 요건에 대한 소고」, 『헌법연구』 제1권 제1호, 헌법이론실무학회, 2014, 191쪽; 김하열, 『헌법소송법(제3판)』, 박영사, 2018, 750쪽; 이성환/정태호/송석윤/성선제, 『정

어서 그 중심에 있는 위헌정당의 강제해산 외에는 효과적인 다른 수단이 없어서 정부에 제소의무가 인정되면 청구를 취하할 수 없다.

청구를 취하할 때는 민사소송법의 관련 규정이 준용된다(헌법재판소법 제40조 제1항 제1문). 청구는 헌법재판소가 결정을 내릴 때까지 그 전부나 일부를 취하할 수 있다(민사소송법 제266조 제1항). 청구 취하는 서면으로 하여야 하지만, 변론이나 변론준비기일에 말로 할 수도 있다(민사소송법 제266조 제3항). 심판청구서가 송달된 뒤에는 취하 서면을 피청구인 정당에 송달하여야 한다(민사소송법 제266조 제4항). 피청구인 정당이 변론이나 변론준비기일에 출석하지 아니한 때에 청구인인 정부가 구두로 심판 청구를 취하하면 그 기일의 조서 등본을 피청구인인 정당에 송달하여야 한다(민사소송법 제266조 제5항). 조건부 취하는 허용되지 아니하고, 취하의 취소나 철회도 원칙적으로 허용되지 않는다. 유효한 취하가 있으면 소송계속은 소급적으로 소멸한다.[147] 제소권자가 정부이고, 정당해산심판 청구가 국무회의의 필수적 심의사항이므로 그 청구를 취하할 때도 국무회의 심의를 거쳐야 한다. 따라서 정부를 대표하는 법무부 장관이 단독으로 심판 청구 취하 여부를 결정할 수 없다.[148]

정당해산심판절차에서 피청구인인 정당도 절차 속행 여부에 대해서 정당한 이익이 있다. 특히 정부가 정당해산심판을 청구하였으나 심판절차가 진행되면서 승소 가능성이 없음이 드러나자 청구를 취하하면, 해당 정당으로서는 자기 목적과 활동이 헌법에 위배되지 않음을 헌법재판소 결정을 통해서 확인받는 것은 법적·정치적으로 매우 중요한 의미가 있다. 정부가 그 정당을 탄압하려고 정당해산 제소를 하면 더욱 더 그렇다. 그렇다면 정당해산심판절차에서는 정당에 심판청구권도 반소권도 없지만, 심판 청구 취하에 대한 동의권은 있다고 보아야 할 것이다. 따라서 피청구인 정당이 본안에 관해서 답변서를 제출하거나 변론준비기일에서 진술하거나 변론을 하고 나서는 피청구인 정당의 동의를 받아야 취하의 효력이 있다(헌법재판소법

당해산심판제도에 관한 연구』(헌법재판연구 제15권), 헌법재판소, 2004, 180쪽; 정연주, 『헌법소송론』, 법영사, 2015, 233쪽; 한수웅/정태호/김하열/정문식(정태호 집필), 『주석 헌법재판소법』, 헌법재판소 헌법재판연구원, 2015, 730쪽; 홍성방, 『헌법소송법』, 박영사, 2015, 188쪽.

147) 이성환/정태호/송석윤/성선제, 『정당해산심판제도에 관한 연구』(헌법재판연구 제15권), 헌법재판소, 2004, 179쪽; 한수웅/정태호/김하열/정문식(정태호 집필), 『주석 헌법재판소법』, 헌법재판소 헌법재판연구원, 2015, 732쪽.

148) 김하열, 『헌법소송법(제3판)』, 박영사, 2018, 750쪽; 이성환/정태호/송석윤/성선제, 『정당해산심판제도에 관한 연구』(헌법재판연구 제15권), 헌법재판소, 2004, 185쪽; 한수웅/정태호/김하열/정문식(정태호 집필), 『주석 헌법재판소법』, 헌법재판소 헌법재판연구원, 2015, 732쪽; 홍성방, 『헌법소송법』, 박영사, 2015, 188쪽.

제40조, 민사소송법 제266조 제2항). 심판 청구 취하의 서면이 피청구정당에 송달된 날부터 2주 이내에 그 정당이 이의를 제기하지 아니하면 정부의 청구 취하에 동의한 것으로 간주된다(헌법재판소법 제40조, 민사소송법 제266조 제6항).[149]

청구가 취하되면 헌법재판소는 심판절차종료선언을 하는 것이 원칙이다. 그러나 심판청구권자인 정부가 구두변론을 거쳐 실체적 심리가 (거의) 종결되어 종국결정 선고를 앞둔 상황에서 (정부 청구가 기각될 것이라고 예상되는 가운데) 심판 청구를 취하하고 피청구인인 정당도 이해할 수 없는 이유로 취하에 동의한 때처럼 정부가 취하권을 남용하였다고 판단할 수 있으면 예외적으로 절차를 속행할 수 있다고 볼 수도 있다. 하지만 이때도 헌법재판이 불고불리원칙을 내용으로 하는 사법의 본질을 유지하여야 한다는 원칙상 심판절차를 종료하여야 할 것이다.[150]

3. 가처분

헌법재판소는 정당해산심판 청구를 받으면 청구인의 신청이나 직권으로 종국결정을 선고할 때까지 피청구인의 활동을 정지하는 가처분 결정을 할 수 있다(헌법재판소법 제57조). 정당해산심판의 헌법보호라는 측면에 비추어 헌법질서의 유지·수호를 위해서 일정한 요건 아래 정당 활동을 임시로 정지하는 것이 필요하기 때문이다. 다만, 가처분 인용결정을 하려면 정당해산 요건이 소명되었는지 등에 관한 엄격한 심사가 이루어져야 하고, 인용 범위도 가처분의 목적인 종국결정의 실효성을 확보하고 헌법질서를 보호하기 위해서 필요한 범위로 한정하여야 한다.[151]

가처분 결정을 하면 헌법재판소장은 가처분 결정서 등본을 붙여 그 사실을 국회와 중앙선거관리위원회에 통지하여야 한다(헌법재판소법 제58조 제1항, 헌법재판소 심판 규칙 제66조 제1항). 헌법재판소법 제57조의 법문은 가장 대표적인 가처분 결정 내용을 예시한 것으로 해석된다. 그러므로 헌법재판소는 피청구인의 활동을 정지하

---

149) 김하열, 『헌법소송법(제3판)』, 박영사, 2018, 750~751쪽; 이성환/정태호/송석윤/성선제, 『정당해산심판제도에 관한 연구』(헌법재판연구 제15권), 헌법재판소, 2004, 184쪽; 한수웅/정태호/김하열/정문식(정태호 집필), 『주석 헌법재판소법』, 헌법재판소 헌법재판연구원, 2015, 731쪽.

150) 이성환/정태호/송석윤/성선제, 『정당해산심판제도에 관한 연구』(헌법재판연구 제15권), 헌법재판소, 2004, 182~183쪽; 한수웅/정태호/김하열/정문식(정태호 집필), 『주석 헌법재판소법』, 헌법재판소 헌법재판연구원, 2015, 730~731쪽. 정당해산심판절차는 헌법 보호를 이념으로 하는 절차라서 다른 헌법재판과 마찬가지로 일정하게 객관적 기능이 인정되는 심판절차이나 정당해산심판절차는 고도로 정치적 색채를 띠고, 피청구인 정당이 취하에 동의하여 당사자 사이에 분쟁이, 특히 정치적으로 종식되었는데도 헌법재판소가 그 분쟁 당부에 관해서 다시 판단할 필요가 없다는 견해도 있다(김하열, 『헌법소송법(제3판)』, 박영사, 2018, 751쪽).

151) 헌재 2014. 2. 27. 2014헌마7, 판례집 26-1상, 310, 319.

는 가처분이 아닌 다른 내용의 가처분도 할 수 있다.

4. 소송계속 중 자진해산과 분당·합당의 가능성

정당해산심판이 청구되고 나서도 피청구인인 정당은 자진해산을 할 수는 있다. 그러나 정당해산결정의 효력에 내포된 정당의 위헌성 확인 효과가 예외적으로 위헌사유가 발생한 시점까지 소급하면 정당해산제도의 실효성을 효과적으로 확보하기 위해서 자진해산한 정당에 대하여 해산결정을 하는 실익이 있어서 유효한 자진해산이 있더라도 헌법재판소는 절차를 속행할 수 있다.[152) 그리고 헌법이나 법률에 정당해산심판절차의 실효성을 확보하려고 소송계속 중 분당과 합당을 금지하는 명문규정이 없는 한, 정당활동의 자유에 비추어 아직 위헌이 확인되지 아니한 정당은 특별한 사정이 없다면 분당이나 합당을 자유롭게 할 수 있다. 다만, 헌법재판소는 가처분을 통해서 이러한 정당활동을 정지시킬 수는 있다.[153) 또한, 정당활동의 자유를 보장한다는 측면에서 정당해산심판이 청구되고 나서도 피청구인인 정당은 자진해산과 분당·합당을 할 수 있다. 다만, 이러한 자진해산과 분당·합당은 해제조건부로만 효력이 있어서 해산결정이 내려지면 자진해산과 분당·합당은 소급하여무효가 되고, 해산결정의 효력이 미치게 될 것이다. 그리고 헌법재판소는 해산결정의 효력을 담보하기 위해서 가처분을 통하여 정당활동을 제한할 수 있다. 이에 대해서 명문 규정이 없지만 정당해산심판 목적과 해산결정의 실효성을 확보하기 위해서 정당해산심판 청구 후에는 피청구인 정당은 자진해산, 분당·합당을 할 수 없다는 견해가 있다.[154) 이 견해는 심판 청구 후 자진해산, 분당·합당을 허용하면 해산결정의 효과를 전면적 혹은 부분적으로 관철할 수 없게 된다고 한다.

---

152) 이성환/정태호/송석윤/성선제, 『정당해산심판제도에 관한 연구』(헌법재판연구 제15권), 헌법재판소, 2004, 196쪽; 한수웅/정태호/김하열/정문식(정태호 집필), 『주석 헌법재판소법』, 헌법재판소 헌법재판연구원, 2015, 739~740쪽; 홍성방, 『헌법소송법』, 박영사, 2015, 189쪽. 정당해산심판이 형사벌이나 행정벌과 달리 과거행위에 대한 제재가 아니라 앞날을 향해서 헌법을 보호하는 것이므로 피청구인인 정당이 자진해산할 수 있다는 견해로는 정종섭, 『헌법소송법(제8판)』, 박영사, 2014, 473쪽.
153) 김재영, 「정당해산심판의 절차적 요건에 대한 소고」, 『헌법연구』 제1권 제1호, 헌법이론실무학회, 2014, 191~192쪽; 이성환/정태호/송석윤/성선제, 『정당해산심판제도에 관한 연구』(헌법재판연구 제15권), 헌법재판소, 2004, 196~197쪽; 한수웅/정태호/김하열/정문식(정태호 집필), 『주석 헌법재판소법』, 헌법재판소 헌법재판연구원, 2015, 740~741쪽. 소송계속 중 분당과 합당을 할 수 없다는 견해로는 정종섭, 『헌법소송법(제8판)』, 박영사, 2014, 474쪽.
154) 김하열, 『헌법소송법(제3판)』, 박영사, 2018, 749쪽.

5. 정당해산심판 심리

정당해산심판 심리는 구두변론에 의한다(헌법재판소법 제30조 제1항). 당사자는
정부가 청구인이 되고 제소된 정당이 피청구인이 된다. 재판부가 변론을 열면 기일
을 정하고 당사자와 관계인에게 출석을 요구하여야 하고(헌법재판소법 제30조 제3항),
변론은 공개한다(헌법재판소법 제34조 제1항). 재판부는 정당해산심판 심리를 위해서
필요하다고 인정하면 당사자의 신청이나 직권으로 증거조사를 할 수 있다(헌법재판
소법 제31조). 그리고 재판부는 다른 국가기관이나 공공단체의 기관에 심판에 필요한
사실을 조회하거나 기록 송부나 자료 제출을 요구할 수 있다(헌법재판소법 제32조).

6. 민사소송에 관한 법령 준용

정당해산심판 심리에 관해서 헌법재판소법에 특별한 규정이 있는 때를 제외하
고는 헌법재판의 성질에 반하지 아니하는 한도 안에서 민사소송에 관한 법령의 규
정이 준용된다(헌법재판소법 제40조). 여기서 '헌법재판의 성질에 반하지 않는' 때란
다른 절차법 준용이 헌법재판의 고유한 성질을 훼손하지 않는 때로 해석할 수 있
다. 이때 헌법재판의 성질, 특히 정당해산심판의 성질에 반하는지는, 정당의 법적
성격·정당보호와 헌법보호라는 이중적 의미가 있는 정당해산심판의 성질·준용절
차 및 준용대상의 성격 등을 종합적으로 고려하여 헌법재판소가 구체적·개별적으
로 판단할 수밖에 없다. 구체적인 절차에서 특정한 법령 준용 여부가 헌법재판의
성질에 반하는지에 관한 판단은 헌법에 따라 정당해산에 관한 독자적인 심판권을
부여받은 헌법재판소 고유 권한에 속한다.[155]

정당해산심판절차에 민사소송에 관한 법령을 준용한다는 것은 정당해산심판절
차가 민사소송절차와 비슷하다는 것을 전제한다. 그런데 민사소송의 목적은 사인
사이의 법적 분쟁에서 사인의 사법적 권리를 확정하고 이러한 권리를 실현하는 것
이지만, 정당해산심판의 목적은 정당 형태로 조직화한 잠재적 헌법의 적에게서 자
유민주적 기본질서를 수호하는 것이다. 그리고 정당해산결정의 효과(정당 해산, 대체
조직 금지 등)는 일종의 집단적 형벌이고, 정당해산결정에 따른 정당재산의 국고 귀
속은 형사절차의 몰수와 비슷하다. 게다가 이미 발생한 범죄에 대한 사후적 진압이
초점인 형사절차와 달리 정당해산제도는 자유민주적 기본질서를 위협하는 정당을

---

155) 헌재 2014. 2. 27. 2014헌마7, 판례집 26-1상, 310, 317.

해산시키는 예방적 헌법보호제도라서 야당 탄압 수단으로 악용될 가능성이 크다. 따라서 법치국가원리는 정당에 형사소송절차 이상으로 고도의 법적 안정성, 신뢰성, 투명성을 보장하는 방향으로 정당해산절차를 구체화할 것을 요구하여서 요증사실에 대한 증명 정도나 증거의 증거능력과 관련하여 까다로운 법치국가적 요건이 충족되어야 한다. 이러한 점에 비추어 정당해산심판절차는 민사소송이 아니라 형사소송에 훨씬 가깝다고 보아야 할 것이다. 따라서 정당해산심판절차에 민사소송에 관한 법령을 준용하는 것은 입법적 오류로 볼 수 있다.156) 결국, 헌법재판소가 민사소송에 관한 법령 준용 여부를 결정할 때는 정당해산심판의 특성을 충분히 고려하여야 하고, 민사소송에 관한 법령을 준용할 수 없다고 판단하면 형사소송에 관한 법령과 행정소송법을 참고하여 헌법과 헌법재판소법에 내포된 흠결을 메워야 할 것이다. 물론 기존 법령에서 준용할 내용을 찾지 못하면 헌법재판소 스스로 정당해산심판의 특성에 맞게 합리적인 규율을 만들 수밖에 없다.

Ⅳ. 정당해산의 효과

1. 주문형식

정당해산심판 청구가 이유 있으면 헌법재판소는 피청구정당 해산을 명하는 결정을 선고한다(헌법재판소법 제59조). 해산결정은 예를 들어 "피청구인 ○○정당을 해산한다."라는 형식을 취한다. 정당해산심판 청구가 이유 없으면 기각결정을 한다. 결정 선고 전에 스스로 해산하면 헌법재판소는 기각결정을 내린다.

2. 헌법재판소 결정의 창설적 효력

헌법재판소가 정당 해산을 명하는 결정을 선고하면 그 정당은 해산된다(헌법재판소법 제59조). 중앙당뿐 아니라 정당 일부를 이루는 시·도당도 함께 해산된다. 헌법재판소의 정당해산결정은 창설적 효력이 있다. 즉 이러한 정당해산의 효과는 헌법재판소 결정에 따라서 비로소 발생하고, 중앙선거관리위원회가 헌법재판소 통지를 받고 정당법 제47조에 따라 그 정당 등록을 말소하고 이것을 공고하는 행위는 단순한 사후적 행정조치에 불과하다. 즉 중앙선거관리위원회 해산 공고는 선언적·

---

156) 이상 정태호, 「정당해산심판절차에 대한 민사소송법령 준용과 한계」, 『경희법학』 제49권 제4호, 경희법학연구소, 2014, 127~128쪽; 한수웅/정태호/김하열/정문식(정태호 집필), 『주석 헌법재판소법』, 헌법재판소 헌법재판연구원, 2015, 719~720쪽.

확인적 효력이 있을 뿐이다. 해산결정이 확정된 정당은 그때부터 불법결사가 되므로 행정청이 행정처분으로 그 정당의 존립과 활동을 금지할 수 있다. 정당조직 일부를 구성하는 부분조직이나 정당의 부분으로서 특수한 과제를 담당하는 특별조직도 해산되는 정당과 운명을 같이한다. 시·도당별로 창당절차를 거치는(정당법 제9조와 제13조 참조) 등 시·도당의 독자성을 인정할 수 있고, 정당해산결정에도 비례성원칙이 적용되므로 정당의 가분적 일부에 대한 해산결정도 헌법재판소는 내릴 수 있다.[157]

정당해산 효과는 해산결정이 있는 날부터 앞날을 향해서 발생한다. 이 날부터 해당 정당은 법적으로 존속하지 않는다. 나아가 정당해산결정에 소급효를 인정할 것인지가 문제 된다. 해산결정에는 정당의 위헌성을 확인하는 의미가 내포되고, 위헌성 확인 효과는 위헌사유가 발생한 시점까지 소급한다는 견해가 있다.[158] 이 견해를 따르면 정당특권의 소급적 박탈이 가능하므로 자진해산한 정당에 대해서도 해산결정의 효과를 귀속시킬 수 있고 위헌적 정당활동에 대한 형사법적 책임 추궁도 가능하다고 한다. 그러나 정당의 존속과 활동은 헌법재판소의 해산결정이 있을 때까지는 합헌으로 간주하겠다는 것이 정당해산심판의 제도적 취지이므로 정당해산 효과는 해산결정일부터 앞날을 향해서 발생할 뿐이고, 해산되기 전의 정당활동에 해산결정만을 이유로 불이익을 가할 수 없다.[159]

3. 잔여재산 국고 귀속

헌법재판소의 해산결정에 따라서 해산된 정당의 잔여재산은 국고에 귀속된다(정당법 제48조 제2항). 이것은 위헌정당의 물적 기반을 소멸시켜 위헌정당 해산의 실효성을 확보하기 위한 것이다. 이때 잔여재산은 정당 명의의 재산에 국한한다. 따라서 정당재산이 사유재산으로 명의전환되었다면 원칙적으로 몰수 대상이 아니다.[160] 이러한 명의전환을 막기 위한 헌법재판소의 가처분이 필요하다.

---

157) 이성환/정태호/송석윤/성선제, 『정당해산심판제도에 관한 연구』(헌법재판연구 제15권), 헌법재판소, 2004, 227쪽; 한수웅/정태호/김하열/정문식(정태호 집필), 『주석 헌법재판소법』, 헌법재판소 헌법재판연구원, 2015, 794쪽.
158) 이성환/정태호/송석윤/성선제, 『정당해산심판제도에 관한 연구』(헌법재판연구 제15권), 헌법재판소, 2004, 189~196쪽.
159) 김하열, 『헌법소송법(제3판)』, 박영사, 2018, 758쪽.
160) 전민형, 「정당해산심판 결정의 유형과 법적 효과」, 『안암법학』 제44권, 안암법학회, 2014, 486쪽.

4. 대체정당 금지

정당이 헌법재판소 결정으로 해산되면 그 정당의 대표자와 간부는 해산된 정당의 강령(기본정책)과 같거나 비슷한 것으로 정당을 창설하지 못한다(정당법 제40조). 대체정당 여부는 강령(기본정책), 대표자·간부 등 인적 조직, 명칭의 동일·유사성 등을 기준으로 전체적으로 파악하여 종합적으로 판정한다.[161] 대체정당으로 인정되면 그 정당은 정당특권이 인정되지 않으므로 행정처분으로 해산할 수 있다. 대체정당 판단에 관한 실정법이 없으므로 실질적으로 대체정당 해당 여부를 판단할 기관이 없어서 또 다시 정부가 위헌정당해산심판을 청구할 수밖에 없다는 견해가 있다.[162] 그러나 정당에 관한 사무는 직무의 독립성이 보장된 국가기관인 선거관리위원회가 처리하는 데다(헌법 제114조 제1항), 대체정당 창당 금지는 해산결정 효과라서 이것을 관철하는 것은 헌법재판소법 제60조에서 말하는 해산결정 '집행'에 해당한다고 볼 수 있다. 따라서 현행법상 대체정당인지를 판정하고 행정적 조치를 취하는 것은 중앙선거관리위원회 권한으로 보아야 할 것이다. 중앙선거관리위원회는 대체정당이라고 판단하면 정당 등록을 거부하여야 하고, 등록 후에 대체정당임이 판명되면 등록을 취소하여야 할 것이다(헌법재판소법 제60조, 정당법 제40조 참조). 중앙선거관리위원회가 이러한 조치를 취하지 않으면 정부가 대체정당에 대해서 정당해산심판을 청구할 수 있다.[163]

5. 동일명칭 사용 금지

헌법재판소 결정에 따라서 해산된 정당 명칭과 같은 명칭은 정당 명칭으로 다시 사용하지 못한다(정당법 제41조 제2항). 이때 동일한 명칭인지는 형식적 일치 여부에 따른다. 따라서 해산된 정당 명칭과 옹글게(완벽하게) 같은 명칭만 사용할 수 없고, 비슷한 명칭이나 단어 배열 순서가 다른 명칭은 사용할 수 있다.

---

161) 한수웅/정태호/김하열/정문식(정태호 집필), 『주석 헌법재판소법』, 헌법재판소 헌법재판연구원, 2015, 810쪽.
162) 이성환/정태호/송석윤/성선제, 『정당해산심판제도에 관한 연구』(헌법재판연구 제15권), 헌법재판소, 2004, 262~263쪽.
163) 김하열, 『헌법소송법(제3판)』, 박영사, 2018, 759쪽.

6. 소속 국회의원의 의원직 상실 여부?

(1) 의원직이 상실되지 않는다는 견해

국회의원의 전국민대표성과 자유위임원칙을 강조하는 견해로, 정당이 해산되어도 해산정당 소속 국회의원은 의원직을 상실하지 않고 무소속으로 남는다는 견해이다.

① 의원직 상실을 규정하는 명문 규정이 없고, ② 국회의장에게 해산을 통보하는 규정(헌법재판소법 제58조 제2항)은 국회 차원에서 필요하면 해산된 정당 소속 국회의원의 자격심사나 징계를 위한 규정으로 볼 수 있으며, ③ 이론적으로도 정당해산제도가 오늘날 중요한 기능은 방어적 민주주의나 예방적 헌법수호보다 정당의 존속보호이고, ④ 단체와 구성원의 법적 지위가 언제나 일치하는 것은 아니므로 위헌인 정당을 해산하는 것과 그 정당에 소속된 국회의원의 의원직을 상실시키는 것이 논리필연적이 아니며, ⑤ 정당국가원리보다는 대의제를 구체화하는 자유위임원리가 원칙적으로 우선하고, ⑥ 공직선거법 제192조 제4항의 '해산'을 자진해산만으로 한정할 근거가 없고, ⑦ 헌법재판소 결정의 집행 방법과 종류를 헌법재판소에 포괄적으로 위임하는 규정도 없을 뿐 아니라 ⑧ 국회의원은 정당해산심판절차에 직접 참여하는 당사자도 아니며, ⑨ 정당법에서 지역구 국회의원보다 정당대표성이 더 강한 비례대표 국회의원도 의원직을 상실하지 않도록 규정하였는데, 지역구 국회의원이 정당해산결정으로 의원직을 상실한다고 하는 것은 지나치게 무리한 해석이므로 정당해산결정이 내려져도 원칙적으로 소속 국회의원은 의원직을 상실하지 않는다고 한다.[164]

(2) 비례대표 국회의원만 의원직을 상실한다는 견해

정당해산은 가치상대주의를 내용을 하는 민주주의 헌법원리에 대한 중대한 예

---

164) 강현중, 「헌재의 해산 정당 소속 국회의원직 상실 결정의 소송법상 효력」, 『법률신문』 제4423호, 2016. 6. 20., 12쪽; 김문현, 「정당해산심판에 관한 소고」, 『성균관법학』 제19권 제2호, 성균관대학교 비교법연구소, 2007, 13쪽; 김철수, 『학설판례 헌법학(상)』, 박영사, 2009, 421쪽; 같은 사람, 『학설·판례 헌법학(전정신판)(중)』, 박영사, 2009, 1298쪽; 신　평, 『헌법재판법(전면개정판)』, 법문사, 2011, 520쪽; 양　건, 『헌법강의(제7판)』, 법문사, 2018, 213쪽; 이성환/정태호/송석윤/성선제, 『정당해산심판제도에 관한 연구』(헌법재판연구 제15권), 헌법재판소, 2004, 265~266쪽; 이재희, 「정당해산과 해산정당 소속 의원의 의원직 상실」, 『헌법연구』 제3권 제1호, 헌법이론실무학회, 2016, 229~280쪽; 이준일, 『헌법학강의(제6판)』, 홍문사, 2015, 225, 1141쪽; 전광석, 『한국헌법론(제13판)』, 집현재, 2018, 134~135쪽; 전민형, 「정당해산심판 결정의 유형과 법적 효과」, 『안암법학』 제44권, 안암법학회, 2014, 505~507쪽; 정연주, 『헌법소송론』, 법영사, 2015, 241~245쪽; 정재황, 『신헌법입문(제8판)』, 박영사, 2018, 138쪽; 한수웅/정태호/김하열/정문식(정태호 집필), 『주석 헌법재판소법』, 헌법재판소 헌법재판연구원, 2015, 797~798쪽.

외로서 남용되면 민주주의에 대한 중대한 위협이 되므로, 그 효과도 엄격하여야 한
다면서 비례대표 의원직의 자격 박탈은 정당하지만 지역구 출신 국회의원의 자격도
함께 박탈하는 것은 정당해산 효과에만 주목한 것으로 대의제를 뛰어 넘는 것이 되
어 적절하지 않다는 견해가 있다.165)

(3) 의원직을 상실한다는 견해

정당의 주된 활동은 선거를 통해서 당선된 소속 의원들을 중심으로 이루어지므
로 소속 의원들이 의원직을 그대로 유지하고 자유롭게 의정활동을 하도록 허용하는
것은 헌법 제8조 제4항에서 위헌정당해산제도를 둔 목적과 들어맞지 않고, 위헌정
당해산제도가 민주적 기본질서에 대한 직접적이고 심각한 위협 존재를 인정하고 그
에 대한 강력한 대책으로 마련된 것이라는 점을 고려할 때, 일단 위헌정당해산 요
건을 갖추면 강력한 제재수단이 동원되는 것이므로 정당활동의 실질적 주체가 되었
던 국회의원들의 의원직이 계속 유지된다고 보기 어려우며, 헌법재판소가 정당해산
결정을 내릴 때 소속 국회의원 지위 문제는 정상적 상황에서 국회의원의 정당기속
성과 국민대표성 사이의 문제가 아니라 예외적 상황에서 헌법수호에 관한 문제라서
헌법수호 요청이 자유위임에 우선하고, 정당해산제도의 특별한 헌법보호수단으로서
의미와 기능에 비추어 보면 해산된 정당의 소속의원은 당연히 의원직을 상실한다고
한다.166)

(4) 헌법재판소 판례

헌법재판소는 정당해산이 이루어지는 상황에서는 국회의원의 국민대표성이 부
득이 희생될 수밖에 없고, 헌법재판소 해산결정으로 해산되는 정당 소속 국회의원
의 의원직 상실은 정당해산심판제도의 본질에서 인정되는 기본적 효력이므로, 지역
구에서 당선된 국회의원이든 비례대표로 당선된 국회의원이든 모두 명문의 규정 없
이도 의원직을 상실시킬 수 있다고 하였다.167)

165) 김학성, 『헌법학원론(전정2판)』, 피앤씨미디어, 2018, 174, 1194쪽.
166) 권영성, 『헌법학원론(개정판)』, 법문사, 2010, 1165쪽; 김도협, 『헌법재판개설』, 진원사, 2017,
    113쪽; 장영수, 『헌법학(제10판)』, 홍문사, 2017, 278~279, 1283쪽; 정만희, 「제8조」, 『헌법주석
    [Ⅰ]』, 박영사, 2013, 264쪽; 정종섭, 『헌법소송법(제8판)』, 박영사, 2014, 492쪽; 같은 사람, 『헌법
    학원론(제12판)』, 박영사, 2018, 1564쪽; 최희수, 『헌법소송법 요론(개정판)』, 대명출판사, 2015,
    336~338쪽; 한수웅, 『헌법학(제8판)』, 법문사, 2018, 1552~1553쪽; 허 영, 『헌법이론과 헌법(신8
    판)』, 박영사, 2017, 281, 1047~1048쪽; 같은 사람, 『한국헌법론(전정14판)』, 박영사, 2018, 921쪽;
    같은 사람, 『헌법소송법론(제13판)』, 박영사, 2018, 305~306쪽; 홍성방, 『헌법학(하)(제3판)』, 박영
    사, 2014, 365쪽; 같은 사람, 『헌법소송법』, 박영사, 2015, 192쪽; 같은 사람, 『헌법학(상)(제3판)』,
    박영사, 2016, 199쪽.
167) 헌재 2014. 12. 19. 2013헌다1, 판례집 26-2하, 1, 113-114.

이 결정에 대해서 위헌정당을 해산한다고 선언하면서 해당 정당 소속 국회의원의 의원직을 상실시키는 결정은 소속 국회의원은 정당해산심판에서 청구인도 피청구인도 아니라서 당사자가 아니므로 그에게 효력이 없고, 정당해산결정은 형성판결이라서 그에 관한 법률 규정이 필요한데 정당해산결정에 관한 규정에는 위헌정당 소속 국회의원의 의원직 상실에 관한 내용이 없어서 헌법재판소가 내릴 수 없다는 비판이 있다.[168]

(5) 사견

소송법적 측면에서 먼저 형성판결에 따르는 형성력은 당사자가 아닌 일반 제3자에게도 미친다는 점에서 위헌정당 소속 국회의원이 위헌정당해산심판의 당사자가 아니더라도 위헌정당 소속 국회의원의 의원직이 상실된다는 형성판결을 헌법재판소가 내릴 수 있다면 아무런 문제가 되지 않는다. 따라서 관건은 헌법재판소가 이러한 형성판결을 내릴 수 있는지이다. 그런데 형성판결은 반드시 실정법적 근거가 있어야 한다. 하지만 헌법은 물론 헌법재판소법과 국회법, 정당법을 비롯한 실정법 어디에도 이에 관한 언급이 전혀 없다. 즉 위헌정당 소속 국회의원의 의원직 상실에 관한 실정법적 근거는 전혀 찾을 수 없다. 특히 국회법 제136조는 국회의원의 퇴직을 규정하는데 여기에 위헌정당 해산과 관련된 내용은 없다. 따라서 적어도 소송법적 측면에서 헌법재판소는 이러한 결정을 내릴 수 없다고 보아야 할 것이다.

헌법재판소의 해산결정으로 위헌정당이 해산되면 그 정당 소속 국회의원이 그 의원직을 유지하는지 혹은 상실하는지에 관하여 헌법이나 법률에 명문 규정이 없는데도 피청구인 정당 소속 국회의원들이 의원직을 상실한다고 하면서 내세우는 근거는 '국회의원의 국민대표성과 정당기속성의 관계' 그리고 '정당해산심판제도의 본질적 효력'이다.[169] 국회의원의 국민대표성과 정당기속성의 관계, 특히 국회의원의 정당기속성과 정당해산심판제도의 본질적 효력은 피청구인 정당 소속 국회의원들의 의원직을 상실하여야 하는 필요성을 근거 지울 수는 있다. 그러나 형성력을 부여할 필요성을 설명하는 것만으로는 실정법적 근거가 필수적인 형성력을 실정법 없이도 부여할 수 있는 충분한 근거를 제시한 것으로 볼 수 없다. 이러한 점에서 헌법재판소는 정당해산결정과 관련하여 형성력에 관한 진지한 고민이 없었던 것으로 보인

---

168) 강현중, 「헌재의 해산 정당 소속 국회의원직 상실 결정의 소송법상 효력」, 『법률신문』 제4423호, 2016. 6. 20., 12쪽.
169) 헌재 2014. 12. 19. 2013헌다1, 판례집 26-2하, 1, 112-114.

다. 따라서 적어도 소송법적 측면에서 헌법재판소가 정당해산결정을 내리면서 피청구인 정당 소속 국회의원들이 의원직을 상실한다고 한 것은 헌법재판소 권한 밖의 행위로 보인다.

7. 소속 지방의회의원과 지방자치단체 장 지위의 상실 여부?

중앙선거관리위원회는 2014년 12월 22일 헌법재판소 정당해산결정으로 해산된 정당에 소속된 비례대표지방의회의원은 그 직에서 퇴직한다고 결정하였다. 공직선거법 제192조 제4항은 "비례대표지방의회의원은 소속정당의 합당·해산 또는 제명 외의 사유로 당적을 이탈·변경하는 때에는 지방자치법 제78조(의원의 퇴직)의 규정에 불구하고 퇴직된다."라고 규정하고, 이 규정의 해산은 자진해산을 뜻하므로 헌법재판소의 위헌정당 해산결정이 선고된 때부터 그 직에서 퇴직된다는 것이다.[170] 그러나 지역구 지방의회의원은 공직선거법 제192조 제4항에 상당하는 규정이 없는데다가 헌법재판소가 지방의회의원 등의 자격 박탈 선고를 내리지도 않아서 중앙선거관리위원회는 아무런 조치를 취하지 않았다. 중앙선거관리위원회가 정부의 청구와 헌법재판소 관련 규정이 없는데도 위헌 소지가 큰 공직선거법 제192조 제4항 해석을 통해서 비례대표 지방의회의원의 의원직이 상실되었다고 확인한 것은 법리적으로 설득력이 없다고 생각한다. 그러한 해석은 철새정치인 규제라는 공직선거법 제192조 제4항의 입법취지에 어긋난다. 더구나 지방자치단체가 중앙정부와는 달리 지방 차원의 행정작용을 수행한다는 점에 비추어 보면 법률적 근거도 없이 정당 대표가 아니라 지방자치단체 주민 대표인 비례대표 지방의회의원의 의원직을 박탈하여야 할 만큼 민주적 기본질서에 대한 구체적인 위험이 있는 비상상황도 있다고 보기 어렵다. 끝으로 헌법보호 관점에서 보면 비례대표 지방의회의원과 지역구 지방의회의원을 구별할 명분이 없는데도 전자의 의원직만 상실시키는 것도 형평에 맞지 않는다.[171]

---

170) 2014. 12. 22. 중앙선거관리위원회 보도자료 http://www.nec.go.kr/cmm/dozen/view.do?atchFileId=FILE 000000000130882&fileSn=1&bbsId=B0000342 (2018. 12. 28. 최종방문).

171) 정연주, 『헌법소송론』, 법영사, 2015, 245~248쪽; 한수웅/정태호/김하열/정문식(정태호 집필), 『주석 헌법재판소법』, 헌법재판소 헌법재판연구원, 2015, 799~800쪽. 전주지방법원 제2행정부는 침익적 행정처분 근거인 행정법규는 엄격하게 해석·적용하여야 하고 행정처분의 상대방에게 불리한 방향으로 지나치게 확장해석하거나 유추해석하여서는 아니 되고, 그 입법 취지와 목적 등을 고려한 목적론적 해석이 전적으로 배제되는 것은 아니더라도 그 해석이 문언의 통상적인 의미를 벗어나서는 아니 되는데(대법원 2008. 2. 28. 선고 2007두13791 판결 등 참조), 해산은 사전적으로 '(자진하여) 해체하여 없어진다.'라는 것과 '(자신의 의사와 무관하게 타인이) 없어지게 한다.'라는 것을 모두

8. 해산된 정당의 목적달성을 위한 집회나 시위의 주최, 선전, 선동 금지

헌법재판소 결정에 따라서 해산된 정당의 목적을 달성하기 위한 집회나 시위는 누구도 주최할 수 없다('집회 및 시위에 관한 법률' 제5조 제1항 제1호). 이를 위반하면 2년 이하의 징역 또는 200만 원 이하의 벌금에 처해진다('집회 및 시위에 관한 법률' 제22조 제2항). 관할 경찰서장은 헌법재판소 결정에 따라서 해산된 정당의 목적을 달성하기 위한 집회나 시위에 대해서 상당한 시간 안에 자진 해산하라고 요청하고 이에 따르지 아니하면 해산을 명할 수 있다('집회 및 시위에 관한 법률' 제20조 제1항 제1호). 누구든지 헌법재판소 결정에 따라서 해산된 정당의 목적을 달성하기 위한 집회나 시위를 선전하거나 선동하여서는 아니 된다('집회 및 시위에 관한 법률' 제5조 제2항). 이를 위반하면 1년 이하의 징역 또는 100만 원 이하의 벌금에 처해진다('집회 및 시위에 관한 법률' 제22조 제3항).

9. 결정서 송달과 결정 집행

정당해산심판에서 종국결정이 선고되면 헌법재판소는 즉시 결정서 정본을 당사자에게 송달하여야 한다(헌법재판소법 제36조 제4항). 당사자 외에도 국회와 중앙선거관리위원회에 종국결정 등본을 붙여 그 사실을 통지하여야 한다(헌법재판소법 제58조 제1항, '헌법재판소 심판 규칙' 제66조 제1항). 헌법재판소가 정당 해산을 명하는 결정을 하면 그 결정서를 피청구인 외에 정부, 국회와 중앙선거관리위원회에 송달하여야 한다(헌법재판소법 제58조 제2항). 정당해산을 명하는 결정서를 정부에 송달할 때는 법무부 장관에게 송달하여야 한다('헌법재판소 심판 규칙' 제66조 제2항). 따라서 법무부 장관과 피청구인에게는 결정서 정본을 송달하고 국회의장과 중앙선거관리위원회에는 결정서 등본을 송달하여야 한다. 정당 해산을 명하는 헌법재판

포함하는데도, 중앙선거관리위원회 해석은 비례대표 지방의회의원에게 불리한 방향으로 지나치게 유추해석하였고, 공직선거법 제192조 제3항에서 정하는 '합당·해산 또는 제명'이 모두 지방의원 의사와 무관한 것이 분명하고, 이러한 공직선거법 조항은 비례대표 지방의회의원이 '자의'로 당적을 벗어나면 당연퇴직하게 하지만, '타의'로 당적을 이탈·변경하면 그 직을 보장해 주겠다는 의미로 해석하는 것이 자연스러우며, 이것은 입법연혁 측면에서도 이른바 '철새정치인'을 규제하려고 제정된 것이므로 이러한 해석이 타당하다고 하면서, 위헌정당해산결정에 따라 정당이 해산되고 나서 그 정당 소속 비례대표 지방의원이 그 직을 상실하는지는 헌법이나 법률에 아무런 규정이 없고, 지방자치법은 지방의원에 대한 자격상실의결을 할 수 있도록 규정하여 지방의회의 자율권을 일정 부분 보장하는 이상, 중앙선거관리위원회 등이 지방의원직 퇴직이나 의원직 상실 여부를 결정할 아무런 권한이 없다고 하였다(전주지법 2015. 11. 25. 선고 2015구합407 판결).

소 결정은 중앙선거관리위원회가 정당법 규정에 따라서 이것을 집행한다(헌법재판소법 제60조).

제 3 절 권한쟁의심판

Ⅰ. 권한쟁의심판의 의의

1. 개념

권한쟁의심판은 국가기관 등 서로 간에 헌법과 법률이 정한 권한의 유무나 범위에 관한 다툼이 발생하면 이것을 제3의 독립기관(헌법재판소)이 유권적으로 심판함으로써 그 (권한)분쟁을 해결하는 제도이다. 권한쟁의심판제도는 국가기관 사이나 국가기관과 지방자치단체 또는 지방자치단체 사이에 권한의 유무나 범위에 관해서 다툼이 발생하면 헌법재판소가 이것을 심판함으로써 각 기관의 권한을 보호함과 동시에 객관적 권한질서 유지를 통해서 국가기능 수행을 원활하게 하고, 수평적 및 수직적 권력 서로 간의 견제와 균형을 유지하려는 것에 그 제도적 의의가 있다.172) 국가기관 상호간의 권한쟁의에 관한 심판은 국가라는 권리주체의 대내적 관계에서 발생하는 분쟁을 원인으로 하는 자기소송이지만, 국가기관과 지방자치단체 사이의 권한쟁의와 지방자치단체 상호간의 권한쟁의에 관한 심판은 권리주체 서로 간의 분쟁, 즉 대외적 관계에 관한 분쟁이다.173)

---

172) 헌재 1995. 2. 23. 90헌라1, 판례집 7-1, 140, 149: "권한쟁의심판은 공권력을 행사하는 국가기관이나 지방자치단체와 다른 국가기관 또는 지방자치단체 사이에 권한의 존부 또는 범위에 관하여 다툼이 있는 경우 독립한 국가기관인 헌법재판소가 이를 심판하여 그 권한과 의무의 한계를 명확히 함으로써 국가기능의 원활한 수행을 도모하고 권력 상호간의 견제와 균형을 유지시켜 헌법질서를 보호하려는 데 그 제도의 목적이 있다고 할 수 있다."
  헌재 2011. 8. 30. 2011헌라1, 판례집 23-2상, 249, 260-261: "권한쟁의심판은 국가기관 상호간 또는 국가기관과 지방자치단체 간 그리고 지방자치단체 상호간에 헌법과 법률에 의한 권한과 의무의 존부와 범위에 관하여 다툼이 발생한 경우에 헌법소송을 통하여 이를 유권적으로 심판함으로써 각 기관에게 주어진 권한을 보호함과 동시에 객관적 권한질서의 유지를 통해서 국가기능의 수행을 원활히 하고, 국가기관 및 지방자치단체라는 수평적 및 수직적 권력 상호간의 견제와 균형을 유지시켜 헌법이 정한 권능질서의 규범적 효력을 보호하기 위한 제도이다."
173) 정태호, 「국가기관 상호 간의 권한쟁의제도와 정당」, 『정당과 헌법질서』(심천 계희열 박사 화갑기념논문집), 박영사, 1995, 412~413쪽.

2. 역사

1960년 헌법은 제8장에서 헌법재판소를 규정하면서 국가기관 사이의 권한쟁의를 헌법재판소 관장사항으로 하였다. 이후 1961년 4월 17일 헌법재판소법이 공포되었으나, 5·16 국가재건비상조치법 부칙 제5조에서 효력이 정지되었다가 1964년 12월 30일 헌법재판소법폐지에관한법률에 따라서 폐지되었다. 현행 헌법과 헌법재판소법의 권한쟁의는 1960년 헌법의 권한쟁의보다 확대된 것이다. 이것은 지방자치단체의 지위와 권한을 확보해 주기 위한 것이다.[174]

3. 기능

권한쟁의제도는 헌법이 각 국가기관이나 지방자치단체에 배분한 권한이 서로 충돌하지 않고 행사되도록 하여 국가의 기능과 작용이 원활하게 이루어지게 하고, 국가권력의 수평적 통제와 수직적 통제를 통한 권력분립을 실현하고, 소수의 보호를 통해서 민주주의를 실질화하여 헌법질서를 유지하는 기능을 수행한다.

4. 성격: 객관적 쟁송

권한쟁의심판에서 다투는 권한은 직무상 권한이므로 개인의 주관적 권리와 구별하여야 한다. 국가기관이나 지방자치단체는 국민의 기본권을 보장하고 공동체 존속을 유지하려고 부과된 행위의무를 지닐 뿐이고 개인과 같이 행위의 자유가 없다. 따라서 국가기관이나 지방자치단체가 권한쟁의심판절차에서 당사자 지위가 있어도 주관적 쟁송에서 사인이 행위의 자유 주체로서 가지는 주관적 권리능력을 갖출 수 없다.

기관의 권한이 주관적인 권리로 의제된 기능이 있는 부분은 해당 기관이 자기 권한을 스스로 행사할 수 있다는 것과 해당 기관 권한을 다른 기관이 행사할 수 없다는 의미에 한정된다. 국가기관이나 지방자치단체의 권한과 그 행사는 그 자신의 이익이나 문제에 국한되는 것이 아니라 국가 전체의 기능과 활동을 위한 것이고, 이에 관한 분쟁도 해당 국가기관이나 지방자치단체의 이익이나 문제에 그치는 것이 아니라 공동체나 국가 전체의 이익이나 문제에 관한 것이다. 국가기관이나 지방자

---

174) 류지태/신봉기, 「국가기관과 지방자치단체간의 권한쟁의에 관한 연구」. 『『보상없는 재산권제한의 한계』와 『국가기관과 지방자치단체간의 권한쟁의』』(헌법재판연구 제9권), 헌법재판소, 1997, 138~139쪽.

치단체 권한의 이러한 성질로 말미암아 국가기관이나 지방자치단체는 자기 권한을
포기하거나 양도할 수 없다. 이러한 점에서 권한쟁의심판은 기본적으로 객관적 쟁
송의 성격이 있다. 즉 권한쟁의심판은 객관적 법질서의 적정한 집행을 소송 목적으
로 하는 객관적 쟁송이다.

5. 한국 헌법상 권한쟁의심판제도의 특징

(1) 원칙적 · 포괄적 관할 범위

헌법재판소가 관장하는 권한쟁의심판에는 국가기관 사이의 권한쟁의뿐 아니라
서로 다른 법주체인 국가기관과 지방자치단체 사이 및 지방자치단체 서로 간의 권
한쟁의도 포함된다(헌법재판소법 제111조 제1항 제4호). 그리고 권한쟁의심판 대상이
되는 법적 분쟁은 헌법상 분쟁뿐 아니라 법률상 분쟁도 포함된다(헌법재판소법 제61
조 제2항). 따라서 헌법재판소의 권한쟁의심판권은 일반 법원의 행정소송 관할권과
중복될 가능성이 있다. 이러한 권한쟁의심판과 관련한 원칙적 · 포괄적 관할 범위에
관해서는 헌법적 분쟁을 관장하도록 한 헌법재판의 본질에 맞지 않거나[175] 지방자
치단체 서로 간의 권한분쟁은 전적으로 행정법 차원의 분쟁이라서 권한쟁의심판 대
상에서 제외하여 법원의 행정소송 관할로 하여야 한다는[176] 비판이 있다. 이에 대
해서는 지방자치단체가 주체가 되는 분쟁이라도 법률상 분쟁에 그치지 않고, 법률
문제나 법률상 판단이라도 헌법재판소 관장사항에서 모두 배제되어야 하는 것은 아
니라는 반론이 있다.[177]

(2) 헌법재판소의 원칙적 관할

권한쟁의심판은 헌법재판소의 원칙적 관할이다(헌법 제111조 제1항 제4호, 헌법재
판소법 제2조 제4호). 법원의 1차적 권리구제를 요구하여 보충성 요건을 설정한 헌법
소원제도와는 달리, 권한쟁의심판사항과 중첩될 여지가 많은 기관소송에 관해서 헌
법재판소의 관장사항인 소송을 기관소송사항에서 제외함으로써 권한쟁의에 관한
한 헌법재판소에 원칙적이고 포괄적인 관할권을 인정한다(행정소송법 제3조 제4호).

---

175) 정태호, 「국가기관 상호 간의 권한쟁의제도와 정당」, 『정당과 헌법질서』(심천 계희열 박사 화갑기
    념논문집), 박영사, 1995, 416쪽; 박승호, 「권한쟁의심판」, 『공법연구』 제26집 제1호, 한국공법학회,
    1998, 372쪽; 명재진, 「권한쟁의심판제도의 문제점」, 『헌법논총』 제18집, 헌법재판소, 2007, 197~
    199쪽.
176) 홍준형, 「지방자치분쟁의 사법적 해결」, 『공법학의 현대적 지평』(심천 계희열 박사 화갑기념논문
    집), 박영사, 1995, 840~841쪽.
177) 김하열, 『헌법소송법(제3판)』, 박영사, 2018, 593~594쪽.

(3) 주관적인 것으로 의제된 권한

권한쟁의심판에서 '권한(Kompetenz)'은 주관적 권리가 아니다. 권한은 국가나 지방자치단체 등 공법인이나 그 기관에 헌법이나 법률에 따라서 부여되어 법적으로 유효한 행위를 할 능력이나 그 범위이다. 권한의 귀속주체라도 권한을 마음대로 처분하거나 포기할 수 없다. 권한은 적극적 권능으로서 능력을 뜻하기도 하지만, 직무상 의무와 범위를 가리키기도 한다. 이러한 권한은 권력분립에 따른 견제와 균형을 도모하면서 국가의 기능질서를 지키려고 각 국가기관에 나누어 준 독자적인 활동과 결정영역을 뜻한다. 이러한 분배는 객관적 법규범에 따라서 이루어진다. 따라서 권한쟁의심판은 객관소송이라는 특징이 있다. 이러한 특징은 권한쟁의심판의 청구요건이나 이익을 판단할 때 중요하다. 헌법재판소법은 '권한의 유무 또는 범위에 관하여 다툼이 있을 때'(제61조 제1항)와 '헌법 및 법률에 의하여 부여받은 권한이 침해되었을 때'(제61조 제2항)에 권한쟁의심판 청구를 허용한다. 하지만 객관소송에서 주장되는 권한 침해는 소송을 위해서 주관적인 것으로 의제된 권한일 뿐이다.

Ⅱ. 권한쟁의심판의 종류와 당사자능력(청구인능력)

당사자능력(청구인능력)은 권한쟁의심판을 청구할 일반적인 자격을 뜻한다.

1. 국가기관 서로 간의 권한쟁의심판

(1) '국가기관'의 인정기준과 범위

헌법재판소법 제62조 제1항 제1호는 권한쟁의의 당사자가 될 수 있는 국가기관으로서 '국회, 정부, 법원 및 중앙선거관리위원회'만을 규정한다. 헌법재판소는 이러한 권한쟁의심판에 관해서 "헌법상의 국가기관 간의 권한분쟁을 해결함으로써 국가기능의 원활한 수행을 도모하고 국가권력 간의 균형을 유지하여 헌법질서를 수호·유지하고자 하는 제도"라고 판시한 바 있다.[178] 이러한 규정이 열거적인지, 예시적인지에 관해서 논란이 있었다. 헌법재판소는 "여기서 열거되지 아니한 기관이나 열거된 국가기관 내의 각급기관은 비록 그들이 공권적 처분을 할 수 있는 지위에 있을지라도 권한쟁의심판의 대상이 되지 않는다고 볼 수밖에 없다."라고 판시하여 당

---

178) 헌재 1997. 7. 16. 96헌라2, 판례집 9-2, 154, 163.

사자능력의 범위를 엄격하게 한정한 바 있다.[179] 그러나 헌법재판소는 그 후 국회의원과 국회의장 사이의 권한쟁의심판사건에서, 헌법재판소법 제62조 제1항 제1호를 한정적·열거적인 조항이 아니라 예시적인 조항으로 해석하는 것이 헌법에 합치된다고 판시함으로써 종전 견해를 변경하고 당사자 범위를 크게 확대하였다. 즉 헌법재판소는 "헌법 제111조 제1항 제4호에서 헌법재판소의 관장사항의 하나로 "국가기관 상호간, 국가기관과 지방자치단체 간 및 지방자치단체 상호간의 권한쟁의에 관한 심판"이라고 규정하고 있을 뿐 권한쟁의심판의 당사자가 될 수 있는 국가기관의 종류나 범위에 관해서는 아무런 규정을 두고 있지 않고, 이에 관해서 특별히 법률로 정하도록 위임하고 있지도 않다. 따라서 입법자인 국회는 권한쟁의심판의 종류나 당사자를 제한할 입법형성의 자유가 있다고 할 수 없고, 헌법 제111조 제1항 제4호에서 말하는 국가기관의 의미와 권한쟁의심판의 당사자가 될 수 있는 국가기관의 범위는 결국 헌법해석을 통해서 확정하여야 할 문제이다. 그렇다면 헌법재판소법 제62조 제1항 제1호가 비록 국가기관 상호간의 권한쟁의심판을 "국회, 정부, 법원 및 중앙선거관리위원회 상호간의 권한쟁의심판"이라고 규정하고 있다고 할지라도 이 법률조항의 문언에 얽매여 곧바로 이들 기관 외에는 권한쟁의심판의 당사자가 될 수 없다고 단정할 수는 없다."[180]라고 하면서, "헌법 제111조 제1항 제4호 소정의 '국가기관'에 해당하는지 아닌지를 판별함에 있어서는 그 국가기관이 헌법에 의하여 설치되고 헌법과 법률에 의하여 독자적인 권한을 부여받고 있는지 여부, 헌법에 의하여 설치된 국가기관 상호간의 권한쟁의를 해결할 수 있는 적당한 기관이나 방법이 있는지 여부 등을 종합적으로 고려하여" 판단하여야 한다고 그 기준을 제시한다.[181] 이것을 따르면 국회나 정부와 같은 전체기관뿐 아니라 그 부분기관이라도 상대 당사자와 맺는 관계에서 독자적인 지위를 인정해 줄 필요가 있으면 당사자능력이 인정될 수 있다. 다만, 보조기관에 불과하거나 독자적 지위가 인정될 수 없으면 당사자능력이 부인된다.

　　구체적으로 권한쟁의 당사자가 될 수 있는 국가기관 범위를 살펴보면, 먼저 국회에서는 전체기관으로서 국회[182]뿐 아니라 국회의장(헌법 제48조),[183] 국회의원(헌

---

179) 헌재 1995. 2. 23. 90헌라1, 판례집 7-1, 140, 149.
180) 헌재 1997. 7. 16. 96헌라2, 판례집 9-2, 154, 162.
181) 헌재 1997. 7. 16. 96헌라2, 판례집 9-2, 154, 163.
182) 헌재 2005. 12. 22. 2004헌라3, 판례집 17-2, 650.
183) 국회부의장이 국회의장에게서 의사진행을 위임받거나 국회의장을 대리하여 법률안 가결선포를 하면 국회의장이 당사자이고 국회부의장은 당사자가 될 수 없다(헌재 1997. 7. 16. 96헌라2, 판례집

법 제41조 제1항), 국회의 각 위원회(헌법 제62조), 국회 상임위원회 위원장,[184] 국회 원내교섭단체(헌법 제41조, 제8조) 등이 독립한 헌법기관으로서 당사자능력을 갖출 수 있다.[185]

정부에서는 전체로서 정부뿐 아니라 대통령(헌법 제66조), 국무총리(헌법 제86조), 국무위원(헌법 제87조), 행정 각부의 장(헌법 제94조), 감사원(헌법 제97조) 등이 헌법 과 정부조직법에 따라서 독자적인 권한을 부여받은 독립한 헌법기관으로서 당사자 능력을 갖출 수 있다. 다만, 이러한 정부 안 기관들 사이의 권한분쟁이 위계적 행정 조직의 상명하복관계에 따라 상급 기관을 통해서 조정되거나 최종적으로 국무회의 나 대통령을 통해서 자체적으로 해결될 수 있으면 권한쟁의가 허용될 수 없다.[186] 중앙행정기관이 다른 부처와 갈등이 생길 우려가 있으면 대통령의 명을 받아 행정 각부를 통할하는 국무총리나 대통령을 통해서 분쟁이 해결될 수 있고, 국무회의에 출석하여 국무위원들과 토론을 통해서 문제를 해결할 수도 있다.[187] 그러므로 이들 기관이 권한쟁의를 제기할 수 있는 때란 주로 그들이 국회나 지방자치단체 등과 맺 는 대외적 관계에서 권한 다툼이 있는 때가 일반적이다.

헌법재판소법 제62조 제1항 제1호의 명문 규정에 비추어 법원과 중앙선거관리 위원회가 당사자가 될 수 있음은 분명하다. 헌법재판소는 각급 구·시·군 선거관리 위원회도 권한쟁의심판 당사자능력을 인정한다.[188] 법관은 독립하여 심판하는 헌법

9-2, 154, 163; 헌재 2000. 2. 24. 99헌라1, 판례집 12-1, 115, 126; 헌재 2009. 10. 29. 2009헌라8 등, 판례집 21-2하, 14, 35 등 참조).

184) 예를 들어 외교통상통일위원회 위원장(헌재 2010. 12. 28. 2008헌라7등, 판례집 22-2하, 567, 579-580).

185) 국회의장과 국회의원이 당사자가 된 사건으로는 헌재 1997. 7. 16. 96헌라2, 판례집 9-2, 154 이외 에도 헌재 2000. 2. 24. 99헌라1, 판례집 12-1, 115; 헌재 2003. 10. 30. 2002헌라1, 판례집 15-2, 17; 헌재 2006. 2. 2. 2005헌라6, 판례집 18-1상, 82; 헌재 2009. 10. 29. 2009헌라8등, 판례집 21-2 하, 14; 헌재 2010. 11. 25. 2009헌라12, 판례집 22-2하, 320; 헌재 2011. 8. 30. 2009헌라7, 판례집 23-2상, 220; 헌재 2012. 2. 23. 2010헌라6등, 판례집 24-1상, 48 등.

186) 김하열, 『헌법소송법(제3판)』, 박영사, 2018, 617쪽.

187) 헌재 2010. 10. 28. 2009헌라6, 판례집 22-2하, 1, 6 참조.

188) 헌재 2008. 6. 26. 2005헌라7, 판례집 20-1하, 340, 352-353: "우리 헌법은 제114조 제1항에서 선 거와 국민투표의 공정한 관리 및 정당에 관한 사무를 처리하기 위하여 선거관리위원회를 둔다고 하 면서, 제2항에서 제5항까지 중앙선거관리위원회에 대해 규정하고 있는 외에 제6항에서 각급 선거관 리위원회의 조직·직무범위 기타 필요한 사항은 법률로 정한다고 규정하여 각급 선거관리위원회의 헌법적 근거 규정을 마련하고 있다. 또한 헌법 제115조 제1항은 각급 선거관리위원회는 선거인명부 의 작성 등 선거사무와 국민투표사무에 관하여 관계 행정기관에 필요한 지시를 할 수 있다고 규정 하고 있으며, 제2항은 제1항의 지시를 받은 당해 행정기관은 이에 응하여야 한다고 규정하고, 제116 조 제1항은 선거운동은 각급 선거관리위원회의 관리하에 법률이 정하는 범위 안에서 하되 균등한 기회가 보장되어야 한다고 규정하여 각급 선거관리위원회의 직무 등을 정하고 있다. 우리 헌법은

기관으로서(헌법 제103조), 이론적으로는 대법원을 비롯한 각급 법원뿐 아니라 법원으로서 개별 법관(단독판사)도 모두 당사자가 될 수 있다.[189) 그러나 심급제도라든지 사법행정적 위계질서에 따라서 해결할 수 있으면 법원조직 내부의 권한분쟁은 권한쟁의심판 대상이 될 수 없다.[190)

오로지 법률에만 설치근거가 있는 국가기관은 국회의 입법행위에 따라서 존폐와 권한범위가 결정될 수 있다. 따라서 이러한 국가기관은 '헌법에 의하여 설치되고 헌법과 법률에 의하여 독자적인 권한을 부여받은 국가기관'이 아니다. 그러므로 국가인권위원회법에 따라서 비로소 설립된 국가인권위원회는 헌법 제111조 제1항 제4호 소정의 국가기관에 해당하지 않는다.[191)

(2) 정당의 헌법상 지위와 권한쟁의심판의 당사자능력?

헌법 제111조는 '국가기관'에만 권한쟁의가 발생할 법률관계 주체를 한정하고 정당에는 귀속할 수 없는 '권한'을 언급하고, 정당은 국가기관이 아닌 사회단체로서 기회균등원칙 위반 등을 이유로 헌법소원심판을 청구할 수 있으며, 더욱이 정당은 일반적으로 원내교섭단체를 통해서 의회 안에서 자기 권리를 충분히 대변하게 할 수 있으므로 굳이 당사자에 포함할 필요가 없다는 견해가 있다.[192) 그리고 ① 헌법 자체가 정당에 국고보조를 할 수 있음을 밝힘으로써 독일 기본법보다 적극적으로 정당을 헌법구조 안으로 끌어들이고, ② 사회와 국가에 관한 2원적 사고를 통해서는 국가와 사회의 어느 한 영역에 귀속시킬 수 없는, 특이한 지위가 있는 정당의 좌표를 제대로 설정할 수 없으며, ③ 국가기관의 개념이 매우 모호하고, ④ 헌법재판소에 권한쟁의심판 운용과 관련하여 매우 폭넓은 해석 여지를 준 점을 종합적으

　　중앙선거관리위원회와 각급 선거관리위원회를 통치구조의 당위적인 기구로 전제하고, 각급 선거관리위원회의 조직, 직무범위 기타 필요한 사항을 법률로 정하도록 하고 있는 것이다. 그리고 위 헌법규정에 따라 제정된 선거관리위원회법은 각각 9인 또는 7인의 위원으로 구성되는 네 종류의 선거관리위원회를 두고 있고, 공직선거법 제13조 제1항 제3호에 의하면, 이 사건 구·시·군 선거관리위원회는 지역선거구 국회의원 선거, 지역선거구 시·도의회의원 선거, 지역선거구 자치구·시·군 의회의원 선거, 비례대표선거구 자치구·시·군 의회의원 선거 및 자치구의 구청장·시장·군수 선거의 선거구선거사무를 담당한다. 그렇다면 중앙선거관리위원회 외에 각급 구·시·군 선거관리위원회도 헌법에 의하여 설치된 기관으로서 헌법과 법률에 의하여 독자적인 권한을 부여받은 기관에 해당하고, 따라서 피청구인 강남구선거관리위원회도 당사자 능력이 인정된다."

189) 국회의원이 서울남부지방법원 제51민사부를 피청구인으로 하여 권한쟁의심판을 청구한 사례로는 헌재 2010. 7. 29. 2010헌라1, 판례집 22-2상, 201.
190) 김하열, 『헌법소송법(제3판)』, 박영사, 2018, 618쪽.
191) 헌재 2010. 10. 28. 2009헌라6, 판례집 22-2하, 1, 6.
192) 한수웅, 『헌법학(제8판)』, 법문사, 2018, 1501쪽; 한수웅/정태호/김하열/정문식(한수웅 집필), 『주석 헌법재판소법』, 헌법재판소 헌법재판연구원, 2015, 883쪽.

로 고려하면, 비록 정당이 선거와 같은 제한된 영역에서도 조직화한 국가기구 안에 있는 국가기관은 아닐지라도 정당은 국가영역에 매우 가깝게 접근하는 헌법기관의 특질이 있고, 정당을 사회적 결사와는 달리 전적으로 사회 영역에만 귀속시킬 수는 없어서, 정당이 비록 국가기관은 아니지만 국가기관 구성을 위한 선거와 관련하여 서는 국가기관과 같은 차원에 있다고 볼 수 있으므로 헌법재판소는 권한쟁의에 관한 헌법 규정에 내포된 해석 여지를 적극 활용하여 그 권리와 의무의 관철을 위해서도 정당에 국가기관과 같은 헌법소송수단을 부여하는 해석을 할 수 있다는 견해가 있다.193) 이 견해는 이러한 해석이 심판 대상이 매우 제한된 현재의 헌법소원심판절차보다 심판 대상이 포괄적인 권한쟁의심판절차에서 정당이 자신의 헌법적 지위를 관철할 수 있게 하는 장점이 있을 뿐 아니라 정당국가적 현실에서 기관 배후에 실재하는 정치세력의 경쟁과 갈등을 헌법질서 테두리 안에 묶어 두고자 하는 국가기관 상호간의 권한쟁의제도 목적에 부합한다고 한다.

정당의 본질은 사적 결사이고, 정당은 권한을 행사하는 것이 아니라 기본권주체라는 점에 비추어 국가기관으로 보기 어렵다. 그리고 권한쟁의심판의 당사자능력이 인정되지 않아도 정당은 헌법소원심판을 통해서 자신의 기본권을 지킬 수 있다. 따라서 정당에 굳이 권한쟁의심판의 당사자능력을 인정할 이유도 없다. 특히 독일에서 정당을 권한쟁의 당사자로 인정한 것은 헌법소원심판이 없던 과거의 흔적이라는 점을 잊지 말아야 한다. 따라서 정당은 권한쟁의심판의 당사자능력이 없다고 보아야 할 것이다. 또한, 재판소원 금지에 따른 헌법소원의 심판 대상 제한 문제는 헌법소원심판 자체에서 해결할 문제이지 권한쟁의심판으로 우회하여 해결할 것은 아니라고 생각한다.

(3) 국민이나 선거민 – 특히 투표인단, 선거인단

국민이나 선거민을 국가최고기관의 일종으로 보더라도 전체를 하나의 당사자로 조직한다는 것은 기술상 불가능하고 남용 가능성이 있으므로, 국민이나 선거민의 당사자능력을 인정하기 어렵다. 헌법재판소도 '국민'인 청구인은 그 자체로는 헌법에 의하여 설치되고 헌법과 법률에 의하여 독자적인 권한을 부여받은 기관이라고 할 수 없어서 권한쟁의심판의 당사자가 되는 '국가기관'이 아니라고 한다.194)

---

193) 정태호, 「국가기관 상호 간의 권한쟁의제도와 정당」, 『정당과 헌법질서』(심천 계희열 박사 화갑기념논문집), 박영사, 1995, 440~443쪽.
194) 헌재 2017. 5. 25. 2016헌라2, 공보 248, 511, 511–512.

(4) 헌법재판소 자신?

권한쟁의심판에서 심판자가 되는 헌법재판소가 스스로 권한쟁의의 당사자가 될 수 있는지에 관해서는 다툼이 있다.[195] "누구도 자기 사건에 대한 재판관이 될 수 없다."라는 법리를 따르면, 권한쟁의심판을 하는 헌법재판소를 권한쟁의심판의 당사자로 하는 것은 문제가 있다. 그러나 예를 들어 법원과 헌법재판소 사이에 권한 다툼이 있을 때 이것을 입법으로 해결할 때까지 내버려두는 것도 문제이다. 법원과 헌법재판소가 각자 자기 권한이라고 주장하면서 재판을 하면 심각한 문제가 발생할 수 있기 때문이다. 따라서 권한쟁의심판에서는 이러한 불가피한 사유 때문에 헌법재판소를 당사자로 인정할 필요가 있다. 그러나 헌법재판소법 제62조에서 헌법재판소를 권한쟁의심판의 당사자로 규정하지 않는 이상 헌법재판소 자신은 권한쟁의의 당사자가 될 수 없다고 보아야 할 것이다.[196] 다만, 헌법재판소법 제62조를 예시적으로 본다면 확대해석을 통해서 헌법재판소 자신을 권한쟁의 당사자로 볼 여지가 없는 것은 아니다.[197]

2. 국가기관과 지방자치단체 사이의 권한쟁의심판

헌법은 권한쟁의의 한 종류로서 국가기관과 지방자치단체 사이의 권한쟁의를 든다. 이것은 상호 독립한 법인격체로서 국가와 지방자치단체 사이의 수직적 권력분립관계에서 헌법상 제도적으로 보장되는 지방자치권을 보장한다는 측면 이외에 통일적 국가사무 수행에서 국가기관과 지방자치단체 사이의 권한분배에 관한 다툼을 조정하는 의미가 있다. 헌법재판소법 제62조 제1항 제2호는 국가기관과 지방자치단체 사이의 권한쟁의를 "정부와 특별시·광역시·특별자치시·도 또는 특별자치도 간의 권한쟁의, 정부와 시·군 또는 지방자치단체인 구 간의 권한쟁의"로 규정

---

195) 헌법재판소는 헌법재판소법 제62조 제1항 제1호의 권한쟁의심판 당사자를 한정적·열거적인 것으로 보아 스스로 권한쟁의심판 당사자가 될 수 없다고 판시한 바 있다(헌재 1995. 2. 23. 90헌라1, 판례집 7-1, 140, 148). 그러나 이후 헌법재판소법 제62조 제1항 제1호의 권한쟁의심판 당사자를 예시적인 것으로 해석하는 판례 변경(헌재 1997. 7. 16. 96헌라2, 판례집 9-2, 154, 166)을 하였으므로 이러한 견해를 그대로 유지하는지는 명확하지 않다.

196) 김하열,『헌법소송법(제3판)』, 박영사, 2018, 618쪽; 박승호, 「헌법 제111조」,『헌법주석[법원, 경제질서 등]』, 경인문화사, 2018, 1254쪽; 정연주,『헌법소송론』, 법영사, 2015, 263쪽; 한수웅/정태호/김하열/정문식(한수웅 집필),『주석 헌법재판소법』, 헌법재판소 헌법재판연구원, 2015, 881~882쪽; 허 영,『헌법소송법론(제13판)』, 박영사, 2018, 317쪽.

197) 류지태/신봉기, 「국가기관과 지방자치단체간의 권한쟁의에 관한 연구」.『『보상없는 재산권제한의 한계』와『국가기관과 지방자치단체간의 권한쟁의』』(헌법재판연구 제9권), 헌법재판소, 1997, 171~172쪽.

한다.

이러한 권한쟁의에서 헌법재판소법은 일방 당사자가 되는 '국가기관'을 '정부'라고만 규정한다. 그런데 여기서 여타 국가기관은 당사자가 될 수 없는지가 문제 된다. 지방자치단체의 자치권을 침해하는 것은 정부뿐이 아니므로, 여기서 '정부'도 예시적인 것으로 보아야 할 것이다. 그렇다면 정부뿐 아니라 그 부분기관, 국회와 법원 등 그 밖의 국가기관도 당사자가 될 수 있다.198) 그리고 그 범위는 국가기관 서로 간의 권한쟁의심판과 크게 다르지 않을 것이다.199) 헌법재판소는 대통령,200) 행정자치부 장관(이나 행정안전부 장관),201) 건설교통부 장관,202) 해양수산부 장관,203) 교육부 장관204)을 정부의 부분기관으로서 당사자로 인정한다. 지방자치단체장이 행정심판의 재결청 지위에서 한 처분이 관할구역 안에 있는 하급 지방자치단체의 권한을 침해한 것인지에 관한 권한쟁의 사건에서, 그 재결청인 지방자치단체장은 국가기관의 지위에 있다고 보아 그 권한쟁의를 국가기관과 지방자치단체 사이의 권한쟁의로 본 판례가 있다.205)

국회도 국가기관으로서 지방자치단체와 사이에서 권한쟁의심판 당사자가 될 수 있고,206) 감사원도 마찬가지로 지방자치단체와 사이에서 권한쟁의심판 당사자가 될 수 있다.207) 강남구선거관리위원회도 헌법 제114조 제7항 근거를 두고 헌법 제115조, 제116조, 공직선거법 등에 따른 독자적인 권한을 부여받은 당사자이므로 지방자치단체와 사이에서 권한쟁의심판 당사자가 될 수 있다.208) 그러나 부산지방해양수산청은 해양수산부장관의 일부 사무를 관장할 뿐이지 독자적인 권한이 없어서 권한쟁의심판 당사자가 될 수 없다.209) 그리고 헌법재판소는 지방자치단체장인 경기도지사가 재결청의 지위에서 한 처분을 둘러싸고 관할구역 안에 있는 하급 지방자

---

198) 헌재 2008. 6. 26. 2005헌라7, 판례집 20 - 1하, 340, 351; 김하열, 『헌법소송법(제3판)』, 박영사, 2018, 620~621쪽.
199) 헌재 2008. 3. 27. 2006헌라1, 판례집 20 - 1상, 332, 348.
200) 헌재 2002. 10. 31. 2001헌라1, 판례집 14 - 2, 362; 헌재 2007. 7. 26. 2005헌라8, 판례집 19 - 2, 26.
201) 헌재 2002. 10. 31. 2002헌라2, 판례집 14 - 2, 378; 헌재 2009. 5. 28. 2006헌라6, 판례집 21 - 1하, 418, 427.
202) 헌재 2006. 3. 30. 2003헌라2, 공보 114, 523.
203) 헌재 2008. 3. 27. 2006헌라1, 판례집 20 - 1상, 332, 349.
204) 헌재 2013. 9. 26. 2012헌라1, 판례집 25 - 2상, 652, 654.
205) 헌재 1999. 7. 22. 98헌라4, 판례집 11 - 2, 51, 65.
206) 헌재 2008. 6. 26. 2005헌라7, 판례집 20 - 1하, 340, 351.
207) 헌재 2008. 5. 29. 2005헌라3, 판례집 20 - 1하, 41, 44.
208) 헌재 2008. 6. 26. 2005헌라7, 판례집 20 - 1하, 340, 352.
209) 헌재 2008. 3. 27. 2006헌라1, 판례집 20 - 1상, 332, 349.

치단체인 성남시가 청구한 권한쟁의 사건에서 이때 지방자치단체 장은 국가기관 지위에 있으므로 이 사건 권한쟁의는 국가기관과 지방자치단체 사이의 권한쟁의에 해당한다고 보았다.[210)]

3. 지방자치단체 서로 간의 권한쟁의심판

지방자치 활성화는 지방자치단체 사이의 이해상충이나 경쟁관계 확대를 가져온다. 이에 따라 지방자치단체 서로 간의 갈등과 분쟁이 증가하는 것은 불가피하다. 지방자치단체 서로 간의 권한쟁의심판은 이러한 분쟁과 갈등을 사법적·유권적 판단을 통해서 해결하여 분쟁을 종식함으로써 지방자치의 원활한 실현을 도와주는 기능을 한다.

헌법재판소법 제62조 제1항 제3호는 지방자치단체 서로 간의 권한쟁의심판을 특별시, 광역시·특별자치시·도나 특별자치도 서로 간의 권한쟁의심판, 시·군이나 자치구 서로 간의 권한쟁의심판, 특별시, 광역시·특별자치시·도나 특별자치도와 시·군이나 자치구 사이의 권한쟁의심판으로 규정한다. 지방자치단체 서로 간의 권한쟁의에서 당사자는 특별시, 광역시, 특별자치시, 도, 특별자치도, 시, 군, 자치구이다. 각 지방자치단체장이 대표한다(지방자치법 제101조).

헌법은 ‘국가기관’과는 달리 ‘지방자치단체’는 그 종류로 법률로 정하도록 규정하고(헌법 제117조 제2항), 지방자치법은 이러한 헌법 위임에 따라 지방자치단체의 종류를 정하며(지방자치법 제2조 제1항), 헌법재판소법은 지방자치법이 규정하는 지방자치단체의 종류를 감안하여 권한쟁의심판 종류를 정하므로 헌법재판소가 해석을 통해서 권한쟁의심판 당사자가 될 지방자치단체의 범위를 새로이 확정하여야 할 필요성이 적다. 따라서 헌법재판소는 지방자치단체 서로 간의 권한쟁의심판을 규정하는 헌법재판소법 제62조 제1항 제3호는 이것을 예시적으로 해석할 필요성과 법적 근거가 없다고 판시하였다.[211)] 하지만 현실적으로 지방자치법 제2조 제3항이 설치 가능성을 예정하는 ‘특별지방자치단체’는 헌법재판소법 제62조 제1항 제3호를 예시적으로 보거나 이에 대한 입법 흠결로 보아 당사자능력을 인정할 필요성이 있다.

국가사무가 아닌 지방자치단체의 권한에 속하는 사항에 관해서 지방자치단체장

---

210) 헌재 1999. 7. 22. 98헌라4, 판례집 11−2, 51, 65.
211) 헌재 2010. 4. 29. 2009헌라11, 판례집 22−1상, 596, 602; 헌재 2016. 6. 30. 2014헌라1, 판례집 28−1하, 436, 440.

은 원칙적으로 당사자가 될 수 없다.[212] 헌법재판소법 제62조 제2항은 권한쟁의가 '지방교육 자치에 관한 법률' 제2조에 따른 교육·학예에 관한 지방자치단체의 사무에 관한 것이면 교육감이 당사자가 된다고 규정한다. 하지만 그 의미는 교육감이 지방자치단체를 대표한다는 취지라고 할 것이다.[213] 헌법재판소는 청구인 또는 피청구인을 '지방자치단체, 대표자 교육감'으로 표시한다.[214]

헌법 제111조 제1항 제4호는 지방자치단체 '상호간'의 권한쟁의에 대해서 규정하고, 헌법재판소법 제62조 제1항 제3호도 명시적으로 지방자치단체 '상호간'의 권한쟁의에 관한 심판을 규정하므로 여기서 '상호간'은 '서로 상이한 권리주체 간'을 뜻한다.[215] 따라서 지방자치단체의 의결기관을 구성을 하는 지방의회 의원과 그 기관의 대표자인 지방의회 의장 사이의 권한쟁의심판 청구는 지방자치단체 상호간의 권한쟁의심판에 해당하지 않는다.[216] 그리고 지방자치단체의 의결기관인 지방의회와 지방자치단체의 집행기관인 지방자치단체장 사이의 내부적 분쟁은 헌법재판소법에 따른 헌법재판소가 관장하는 지방자치단체 상호간의 권한쟁의심판 범위에 속하지 않고, 헌법재판소법 제62조 제1항 제1호의 국가기관 상호간의 권한쟁의심판이나 같은 법 제62조 제1항 제2호의 국가기관과 지방자치단체 상호간의 권한쟁의심판에도 해당하지 않는다.[217] 교육감은 지방자치단체 그 자체라거나 지방자치단체와 독립한 권리주체로 볼 수 없어서 교육감과 지방자치단체 사이의 권한쟁의심판 청구도 지방자치단체 상호간의 권한쟁의심판으로 볼 수 없다.[218]

지방자치단체장은 기관위임사무의 집행권한과 관련된 범위에서 그 사무를 위임한 국가기관의 지위에 서게 되는 때[219]를 제외하고는 지방자치단체사무의 집행기관에 불과하므로 지방자치단체 기관의 권한쟁의심판 청구를 허용하지 않는 현행법에서는 당사자능력이 없다.[220]

---

212) 헌재 2006. 8. 31. 2003헌라1, 판례집 18-2, 319, 328.
213) 김하열, 『헌법소송법(제3판)』, 박영사, 2018, 625쪽.
214) 헌재 2011. 8. 30. 2010헌라4, 판례집 23-2사, 240, 242; 헌재 2013. 9. 26. 2012헌라1, 판례집 25-2상, 652, 654; 헌재 2013. 12. 26. 2012헌라3등, 판례집 25-2하, 609, 613.
215) 헌재 2010. 4. 29. 2009헌라11, 판례집 22-1상, 596, 601-603; 헌재 2016. 6. 30. 2014헌라1, 판례집 28-1하, 436, 439; 헌재 2018. 7. 26. 2018헌라1, 공보 262, 1236, 1237.
216) 헌재 2010. 4. 29. 2009헌라11, 판례집 22-1상, 596, 601-603.
217) 헌재 2018. 7. 26. 2018헌라1, 공보 262, 1236, 1237.
218) 헌재 2016. 6. 30. 2014헌라1, 판례집 28-1하, 436, 439.
219) 헌재 1999. 7. 22. 98헌라4, 판례집 11-2, 51, 65.
220) 헌재 2006. 8. 31. 2003헌라1, 판례집 18-2, 319, 328.

Ⅲ. 권한쟁의심판권의 범위

1. 소극적 권한쟁의심판

(1) 개념

① 적극적 권한쟁의심판

적극적 권한쟁의심판은 특정 사안에 대해서 자신에게 권한이 있음을 전제로 상대방이 자신의 권한을 침해하였음을 다투는 권한쟁의심판이다.

② 소극적 권한쟁의심판

소극적 권한쟁의심판은 특정사안에 대해서 서로 자신에게 권한이 없음을 다투는 권한쟁의심판이다.

(2) 학설

헌법 제111조 제1항 제4호는 권한쟁의심판을 헌법재판소 관장사항으로 정하고, 헌법재판소법은 제61조 제1항에서 국가기관이나 지방자치단체의 권한의 유무나 범위에 관해서 다툼이 있으면 권한쟁의심판을 청구할 수 있도록 규정한다. 그러나 헌법재판소법 제61조 제2항은 권한쟁의심판의 청구요건으로 '피청구인의 처분 또는 부작위'가 '청구인의 권한'을 침해하거나 침해할 현저한 위험이 있어야 한다고 규정하여 소극적 권한쟁의가 이 요건을 충족하는지와 관련하여 해석상 논란이 있다.

① 인정설

헌법재판소법 제61조 제2항은 권한쟁의심판 청구를 피청구인의 처분이나 부작위가 헌법이나 법률이 부여한 청구인의 권한을 침해하였거나 침해할 위험성이 있는 때로 한정하여 소극적 권한쟁의를 배제하는 듯한 인상을 주나, 이것은 입법적 불비이고, 특히 소극적 권한쟁의를 배제하는 해석은 '권한의 유무 또는 그 범위'에 관한 쟁의는 관계된 둘 이상의 기관이 어떠한 문제에 관한 권한을 서로 자기 것이라고 주장하는 것은 물론 자기 관할에 속하지 않는다고 주장하는 쟁의도 포함하므로 헌법재판소법 제61조 제1항 문언과 일치하지 않으며, 권한쟁의 청구요건으로서 헌법재판소법 제61조 제2항이 피청구인의 처분뿐 아니라 '부작위'를 드는 것은 권한쟁의심판에서는 피청구인의 적극적 태도(나 적극적 권한행사)뿐 아니라 소극적인 태도(나 소극적 권한행사)도 그 대상으로 하려는 의도로 이해하여야 하므로 소극적 권한쟁의와 적극적 권한쟁의 모두 허용되어야 한다는 견해가 있다.[221] 그리고 권한쟁의

---

221) 류지태/신봉기, 「국가기관과 지방자치단체간의 권한쟁의에 관한 연구」, 『『보상없는 재산권제한의 한계』와 『국가기관과 지방자치단체간의 권한쟁의』』(헌법재판연구 제9권), 헌법재판소, 1997, 264~

심판제도 취지가 권능질서 유지를 통한 통치기능 보호에 있다면 적극적 권한쟁의
뿐 아니라 소극적 권한쟁의도 권능질서에 부정적인 영향을 미치는 것은 마찬가지
이고, 더욱이 원활한 통치기능과 국민의 법률생활을 위해서 불가결한 권능작용이
권능주체 사이의 관할 부인이나 회피 사태로 말미암아 행사되지 않거나 방치되는
것은 공공복리 정신에도 어긋나므로, 헌법재판소법 제61조 제2항이 정하는 '권한
침해'와 '부작위'의 개념을 기능적으로 연관 지어 이해한다면 이 개념은 적극적인
침해뿐 아니라 소극적인 침해도 포함한다고 합목적적으로 해석하는 것이 바람직하
다는 견해도 있다.[222] 이 견해는 행정소송법이 정하는 부작위위법확인소송 등 그
밖의 해결방법으로 소극적 권한쟁의의 모든 문제를 해결할 수도 없다고 한다. 그
리고 국가기관이나 지방자치단체가 서로 그 권한을 미룸으로써 일어나는 폐해를
줄이고 국가업무의 지속적 수행을 위해서는 소극적 권한쟁의를 인정할 필요가 있
다는 견해도 있다.[223]

　　② 부정설

　　소극적 권한쟁의는 권한쟁의의 개념본질적 요소가 아니어서, 소극적 권한쟁의
인정 여부는 입법정책적으로 결정할 문제인데, 소극적 권한쟁의는 서로 자신에게
문제가 된 권한이 없다는 주장이어서 주장 자체로 이미 '권한 관련성'이 없어서 헌
법재판소법 제61조 제2항이 요구하는 청구인적격이 없고, 소극적 권한쟁의를 인정
하지 않더라도 국민은 항고소송(거부처분취소나 부작위위법확인)을 제기하여 그 권리
구제를 도모할 수 있고, 국가와 지방자치단체는 그런 분쟁을 '공법상 법률관계'로서
당사자소송을 통해서 해결할 가능성이 열려 있으므로 소극적 권한쟁의는 인정되지
않는다고 한다.[224]

　　(3) 헌법재판소 판례

　　헌법재판소는 어업면허의 유효기간연장 불허가처분에 따른 손실보상금 지급사
무에 대한 권한이 청구인(포항시)이나 피청구인(정부) 중 누구에게 속하는지를 확정
해 달라고 청구한 권한쟁의사건에서, 문제가 되는 다툼은 "유효기간연장의 불허가

---

222) 허　영, 『헌법소송법론(제13판)』, 박영사, 2018, 342쪽.
223) 양　건, 『헌법강의(제7판)』, 법문사, 2018, 1495쪽.
224) 김하열, 『헌법소송법(제3판)』, 박영사, 2018, 638쪽; 성낙인/이효원/권건보/정　철/박진우/허진성,
　　　『헌법소송론』, 법문사, 2012, 327쪽; 신　평, 『헌법재판법(전면개정판)』, 법문사, 2011, 527쪽; 정연
　　　주, 『헌법소송론』, 법영사, 2015, 291~294쪽; 한수웅, 『헌법학(제8판)』, 법문사, 2018, 1506쪽; 한수
　　　웅/정태호/김하열/정문식(한수웅 집필), 『주석 헌법재판소법』, 헌법재판소 헌법재판연구원, 2015,
　　　864~865쪽.

처분으로 인한 손실보상금 지급권한의 존부 및 범위 자체에 관한 청구인과 피청구인 사이의 직접적인 다툼이 아니라, 그 손실보상금 채무를 둘러싸고 어업권자와 청구인, 어업권자와 피청구인 사이의 단순한 채권채무관계에 불과한 것으로 보인다."라고 판시하여 각하한 바 있다.225)

그리고 도로에 연접된 국유의 경사지 암반이 무너져 청구인(서울시 은평구)이 통행 안전 등을 위해서 긴급복구와 안전시설공사를 시행하고 피청구인(기획재정부장관)에게 그 비용 상당의 예산배정을 요청하였으나 거부당하자 권한쟁의심판을 청구한 사건에서도, 이러한 국유지 관리비용 부담을 둘러싼 다툼은 청구인과 피청구인 사이의 단순한 채권채무관계에 관한 다툼에 불과하고, 이러한 토지에 관한 관리권한이나 자치재정권 등 권한의 존부나 범위에 관한 다툼이라고 할 수 없다는 이유로 각하결정을 내렸다.226)

또한, 시화공업단지 안 공공시설의 관리권자가 누구인지를 둘러싸고 시흥시가 청구한 사건에서, 시흥시는 시화공업단지 안 공공시설의 관리권자는 정부임을 전제로 정부가 공공시설을 관리하지 아니함으로 말미암아 시흥시의 지방자치권(자치재정권)을 침해하였다고 주장하였다. 이것에 관해서 헌법재판소는 정부가 아니라 청구인인 시흥시가 공공시설 관리자이므로 권한이 침해되지 않았고, 설사 정부가 관리권자라고 하더라도 청구인으로서는 공공시설을 관리하지 않으면 그뿐이며, 정부의 부작위로 청구인의 권한이 침해될 여지가 없다고 하면서, 심판 청구를 기각하였다.227)

(4) 사견

헌법 제111조 제1항 제4호는 소극적 권한쟁의 인정의 근거가 될 수 없어서 그 인정 여부는 입법자에게 맡겨진 것이다. 헌법재판소법 제61조 제2항은 권한쟁의심판 청구와 관련하여 청구인의 권한이 침해되었거나 침해될 현저한 위험성이 있을 것을 요구하는데, 소극적 권한쟁의는 이러한 요건을 충족할 수 없다. 그리고 현행 사법제도상 소극적 권한쟁의를 법적으로 해결할 길이 전혀 없는 것도 아니다. 즉 거부처분취소소송이나 부작위위법확인소송과 같은 항고소송을 제기하여 구제받을 수 있다. 따라서 소극적 권한쟁의는 인정될 수 없다고 생각한다.

---

225) 헌재 1998. 6. 25. 94헌라1, 판례집 10-1, 739, 754-755.
226) 헌재 2010. 12. 28. 2009헌라2, 판례집 22-2하, 612, 619.
227) 헌재 1998. 8. 27. 96헌라1, 판례집 10-2, 364.

2. 헌법재판소의 권한쟁의심판권과 법원의 행정재판 관할권

(1) 권한쟁의심판에 관한 헌법재판소의 전속적 · 배타적 관할

헌법 제111조 제1항이 규정한 헌법재판소 관할권은 법원과 맺는 관계에서 전속적 · 배타적이다. 따라서 권한쟁의심판권만 달리 볼 이유가 없고, 따로 설치한 헌법재판소에 권한쟁의심판권을 부여한 헌법제정권자가 권한쟁의심판 관할권을 법원에도 이중으로 인정한다는 것은 국가의 기능질서에 들어맞지 않는다. 그리고 행정소송법 제3조 제4호 단서는 헌법재판소의 관장사항은 기관소송 대상에서 제외한다. 그러므로 권한쟁의심판은 법원의 재판권을 배제하는 헌법재판소의 전속적 · 배타적 관할이다.[228) 권한쟁의심판에 관한 헌법재판소의 전속적 · 배타적 관할을 부정하여 헌법재판소는 원칙적인 관할권만 있고, 입법자가 권한분쟁 일부를 법원 관할로 할 수 있다는 견해가 있다.[229) 이 견해는 권한쟁의심판에 관한 헌법의 규율밀도가 상대적으로 낮고, 권한쟁의심판 대상이 포괄적이고 광범위하다는 점을 근거로 든다. 그러나 헌법 제111조 제1항 각호 사이 규율밀도의 상대적 차이만으로 관할권의 근본적 성격이 다르다는 질적인 차이를 도출하기 어렵고, 심판 대상이 포괄적이고 광범위하다는 것은 헌법이 결단한 것으로서 그 자체로 헌법적 문제를 일으키지 않으며, 헌법 제111조 제1항 제4호 스스로 입법위임을 하지도 입법형성권을 인정하지도 않는다.[230) 231)

(2) 권한쟁의심판과 기관소송

권한쟁의심판은 국가기관과 지방자치단체가 당사자이지만, 기관소송은 국가기관과 공공단체의 기관이 당사자이다. 그리고 권한쟁의심판은 권력 서로 간 견제와 균형을 유지하여 헌법의 규범력을 확보하는 것을 목적으로 한다. 하지만 기관소송은 행정감독이나 행정조직의 민주화로 말미암은 기관독립성을 확보하는 것을 목적으로 한다. 또한, 기관소송은 권한의 존부나 그 행사를, 권한쟁의심판은 권한의 유무나 범위에 관한 다툼을 심사범위로 한다.

행정소송법 제3조 제4호는 국가나 공공단체의 기관 서로 간에 권한의 존부나 그 행사에 관한 다툼이 있을 때 제기하는 소송(기관소송)에 관해서 법원 관할을 인

---

228) 김하열, 『헌법소송법(제3판)』, 박영사, 2018, 602~603쪽.
229) 한수웅/정태호/김하열/정문식(한수웅 집필), 『주석 헌법재판소법』, 헌법재판소 헌법재판연구원, 2015, 858~862쪽.
230) 헌법재판소도 같은 견해이다(헌재 1997. 7. 16. 96헌라2, 판례집 9-2, 154, 162).
231) 김하열, 『헌법소송법(제3판)』, 박영사, 2018, 603쪽.

정한다. 기관소송은 법률이 특히 인정하는 때에 한하여, 법률이 개별적으로 인정한 사항에 대해서, 법률이 정하는 사람만 제기할 수 있다(행정소송법 제45조). 그러나 헌법과 헌법재판소법상 국가기관 서로 간의 권한쟁의는 헌법재판소가 관할하고 헌법재판소의 관장사항으로 되는 것은 법원의 기관소송 대상에서 제외된다(행정소송법 제3조 제4호 단서). 그러므로 행정소송법 제3조 제4호에 따른 기관소송은 공공단체 기관 서로 간의 권한분쟁에서 문제가 된다. 따라서 국가기관 서로 간의 권한쟁의심판과 행정소송법상 기관소송은 관할충돌 문제가 발생하지 않는다. 현행법을 따르면 공공단체인 지방자치단체 안에서 지방자치단체의 장(교육감 포함)과 지방의회 사이의 기관소송(지방자치법 제107조 제3항 및 제172조 제3항, '지방교육 자치에 관한 법률' 제28조 제3항)이 인정된다.

(3) 권한쟁의심판과 지방자치법상 소송

① 지방자치법 제169조의 소송(위법·부당한 명령·처분의 취소)

지방자치단체 사무에 관한 그 장의 명령이나 처분이 법령에 위반되거나 현저히 부당하여 공익을 해친다고 인정되면, 시·도에 대해서는 주무부 장관이, 시·군 및 자치구에 대해서는 시·도지사가 기간을 정하여 서면으로 시정할 것을 명하고, 그 기간에 이행하지 아니하면 이것을 취소하거나 정지할 수 있다. 이때 자치사무에 관한 명령이나 처분에 대해서는 법령에 위반하는 것에 한한다(지방자치법 제169조 제1항). 지방자치단체장은 이러한 자치사무에 관한 명령이나 처분의 취소 또는 정지에 대해서 이의가 있으면 그 취소처분이나 정지처분을 통보받은 날부터 15일 이내에 대법원에 소를 제기할 수 있다(지방자치법 제169조 제2항). 이러한 소송은 국가기관인 주무부 장관이나 상급 자치단체가 주어진 권한 범위를 넘어 행위를 하여 지방자치단체의 자치권을 침해하였는지를 다투는 것이다. 그리고 이때 지방자치단체장은 지방자치단체의 일개 기관으로서 자치단체장의 고유한 지위를 다투는 것이 아니라 지방자치단체 대표로서 지방자치단체의 이익을 다투는 것이다. 따라서 이러한 소송은 권한쟁의심판의 요건을 충족한다.[232] 그래서 지방자치단체는 대법원에 제소하는 것과는 별도로 헌법재판소에 권한쟁의심판을 청구할 수 있다. 따라서 대법원과 헌법재판소 사이에 관할권 경합이 발생할 가능성이 있다. 이때 지방자치법 제169조 제2항이 헌법재판소의 권한쟁의심판을 배제하는 취지라면 이것은 헌법 제111조 제1항 제4호에 어긋난다.[233]

---

232) 김하열, 『헌법소송법(제3판)』, 박영사, 2018, 609쪽.
233) 김하열, 『헌법소송법(제3판)』, 박영사, 2018, 609쪽. 지방자치단체장이 권한쟁의심판 청구와 지방자

② **지방자치법 제170조의 소송(지방자치단체장에 대한 직무명령)**

지방자치단체장이 법령 규정에 따라 그 의무에 속하는 국가위임사무나 시·도 위임사무의 관리와 집행을 명백히 게을리한다고 인정되면, 시·도에 대해서는 주무부 장관이, 시·군 및 자치구에 대해서는 시·도지사가 기간을 정하여 서면으로 이행할 사항을 명령할 수 있다(지방자치법 제170조 제1항). 지방자치단체장은 이러한 이행명령에 이의가 있으면 이행명령서를 접수한 날부터 15일 이내에 소를 제기할 수 있다(지방자치법 제170조 제3항). 이러한 소는 지방자치단체의 고유 권한을 다투는 것이 아니라 지방자치단체의 장이 하위 기관의 지위에서 상급 감독기관을 상대로 제기하므로 기관소송의 성격이 있다. 헌법재판소는 국가사무로서 지방자치단체장에게 위임된 '기관위임사무'는 지방자치단체의 권한에 속하지 않으므로 지방자치단체가 그 집행권한의 유무와 범위에 관해서 다투는 권한쟁의심판 청구는 부적법하다고 한다.[234]

③ **지방자치법 제4조 제8항의 소송**

공유수면 매립지와 지적공부 등록 누락지 귀속 여부는 행정안전부 장관이 결정한다(지방자치법 제4조 제3항). 관계 지방자치단체장은 이러한 행정안전부 장관의 결정에 이의가 있으면 그 결과를 통보받은 날부터 15일 이내에 대법원에 소를 제기할 수 있다(지방자치법 제4조 제8항).[235] 지방자치법 제4조 제8항의 명시적 규정이 있어도 공유수면 매립지와 지적공부 등록 누락지 귀속 문제는 지방자치단체의 관할

치법 제169조에 따른 대법원에 대한 제소를 같이 하면 국가와 지방자치단체 사이의 권한쟁의심판을 헌법재판소 관장사항으로 하는 헌법 제111조 제1항 제4호와 헌법재판소법 제62조 제1항 제2호의 취지에 비추어 헌법 규정이 법률 규정보다 우선적인 효력이 있어서 헌법재판소에 우선적인 심판권이 있고, 권한쟁의심판 청구의 길을 봉쇄하지 않는 한 지방자치법 관련 규정은 위헌이 아니라는 견해가 있다(허 영, 『헌법소송법론(제13판)』, 박영사, 2018, 321~322쪽. 이를 따르는 견해로는 정연주, 『헌법소송론』, 법영사, 2015, 267쪽). 그리고 헌법 제111조 제1항 제4호는 '국가기관과 지방자치단체 사이의 권한쟁의'를 헌법재판소의 원칙적이고 1차적인 관할로 규정하면서 이러한 헌법적 지침을 고려하여 구체적으로 형성하도록 입법자에게 위임한 규정이라고 하면서, 입법자가 국가기관과 지방자치단체 사이 권한쟁의의 주된 대상을 박탈하여 법원 관할로 규정하면 위헌이나 개별 규정을 통해서 국가기관과 지방자치단체 사이의 권한쟁의 대상 중 사소한 일부를 법원 관할로 하는 것은 위헌이 아니므로 지방자치법 제169조 제2항은 위헌이 아니라는 견해도 있다[한수웅/정태호/김하열/정문식 (한수웅 집필), 『주석 헌법재판소법』, 헌법재판소 헌법재판연구원, 2015, 867쪽].

234) 헌재 1999. 7. 22. 98헌라4, 판례집 11-2, 51, 64-65; 헌재 2004. 9. 23. 2000헌라2, 판례집 16-2 상, 404, 418; 헌재 2008. 12. 26. 2005헌라11, 판례집 20-2하, 547, 552; 헌재 2013. 12. 26. 2012헌라3등, 판례집 25-2하, 609, 619. 이를 따르는 견해로는 정연주, 『헌법소송론』, 법영사, 2015, 267~268쪽; 한수웅/정태호/김하열/정문식(한수웅 집필), 『주석 헌법재판소법』, 헌법재판소 헌법재판연구원, 2015, 868쪽; 허 영, 『헌법소송법론(제13판)』, 박영사, 2018, 322쪽.

235) 이에 기초한 구체적 사례로는 대법원 2013. 11. 14. 선고 2010추73 판결 참조.

구역에 관한 문제로서 이에 관한 행정안전부 장관 결정이나 다른 지방자치단체의 관할권 행사가 다른 지방자치단체의 자치권을 침해할 가능성이 있다. 그리고 해상 어업면허나 공유수면 해상경계 등을 둘러싼 지방자치단체 사이의 분쟁은 여전히 헌법상이나 법률상 권한 문제에 해당한다. 따라서 지방자치단체의 관할 구역 결정을 둘러싼 이러한 다툼은 국가와 지방자치단체 사이의 권한쟁의로서 권한쟁의심판 대상이 된다. 그래서 지방자치법 제4조 제8항도 제169조 제2항과 같은 위헌 문제가 제기될 수 있다.[236)]

④ 지방자치법 제172조의 소송

지방의회 의결이 법령에 위반되거나 공익을 현저히 해친다고 판단되면 시·도에 대해서는 주무부 장관이, 시·군 및 자치구에 대해서는 시·도지사가 재의를 요구하게 할 수 있고, 재의요구를 받은 지방자치단체장은 의결사항을 이송받은 날부터 20일 이내에 지방의회에 이유를 붙여 재의를 요구하여야 한다(지방자치법 제172조 제1항). 이러한 요구에 대해서 재의 결과 재적의원 과반수 출석과 출석의원 3분의 2 이상 찬성으로 전과 같은 의결을 하면 그 의결사항은 확정된다(지방자치법 제172조 제2항). 지방자치단체장은 이렇게 재의결된 사항이 법령에 위반된다고 판단되면 재의결된 날부터 20일 이내에 대법원에 소를 제기할 수 있다(지방자치법 제172조 제3항). 주무부 장관이나 시·도지사는 재의결된 사항이 법령에 위반된다고 판단되는데도 해당 지방자치단체장이 소를 제기하지 아니하면 그 지방자치단체장에게 제소를 지시하거나 직접 제소할 수 있다(지방자치법 제172조 제4항).

지방자치단체장이 대법원에 소를 제기하면, 지방의회 의결을 둘러싼 지방의회와 지방자치단체장 사이의 분쟁은 형식적으로 지방자치단체라는 같은 법주체 내부 기관 사이의 기관소송으로 볼 수 있다. 그러나 여기서 지방자치단체장은 주무부 장관이나 시·도지사의 하급 기관 지위에서 주무부장관이나 시·도지사를 위해서 활동한다. 여기서 분쟁은 지방의회에 대한 주무부 장관이나 시·도지사의 감독행위 범주 안에서 발생하므로 실질적으로 지방의회와 주무부 장관이나 시·도지사 사이의 다툼으로 볼 수 있다. 지방자치단체장이 소를 제기하지 않으면 주무부 장관이나 시·도지사가 직접 제소할 수 있으므로 이러한 점은 명확하게 드러난다. 그러나 지방의회는 지방자치단체가 아니라 지방자치단체의 기관에 불과하고, 지방자치단체의 기관을 일방 당사자로 하는 권한쟁의심판은 허용되지 않는다. 따라서 지방자치법

---

236) 김하열, 『헌법소송법(제3판)』, 박영사, 2018, 610쪽.

제172조의 소송과 권한쟁의심판 사이에는 관할 중복이 없다.[237]

(4) 권한쟁의심판과 행정소송법상 항고소송 및 당사자 소송

헌법 제111조 제1항 제4호를 따라 헌법재판소가 관장하는 권한쟁의는 헌법뿐 아니라 법률이 부여한 권한 다툼도 포함된다(헌법재판소법 제62조 제1항 제2호). 현행 행정소송법상 법원은 항고소송과 당사자소송을 통해서 국가나 지방자치단체를 둘러싸고 발생하는 공법적 분쟁에 관해서 행정재판 관할권을 행사한다. 따라서 이러한 공법적 분쟁에 관해서는 헌법재판소의 권한쟁의심판권과 일반 법원의 행정재판권이 경합할 수 있고, 이때 양자의 판단이 상충할 수 있다.

① 권한쟁의심판과 항고소송

지방자치단체도 항고소송의 원고가 될 수 있다면, 지방자치단체는 국가나 다른 지방자치단체의 처분이 법령에 위반될 때 그 처분의 취소를 구하는 항고소송을 제기할 수 있다. 그리고 국가나 지방자치단체가 일정한 처분을 내리면 다른 지방자치단체는 그것이 자신의 헌법상 또는 법률상 권한을 침해한다는 이유로 헌법재판소에 권한쟁의심판을 청구할 수도 있다. 따라서 이때는 권한쟁의심판과 행정재판이 중첩될 수 있고, 그 결과가 충돌할 수 있다. 그런데 이러한 다툼의 본질은 지방자치단체와 국가나 상급 지방자치단체 사이의 권한분쟁이다. 따라서 이것은 헌법 제111조 제1항 제4호를 따라 헌법재판소의 전속 관할에 속하고, 이것을 항고소송 대상으로 삼아 법원 관할로 하는 것은 위헌인지가 문제 될 수 있다. 헌법 제111조 제1항 제4호는 국가기관과 지방자치단체 사이의 권한쟁의에 관한 원칙적이고 1차적인 심판권을 헌법재판소에 부여하였고, 국가기관과 지방자치단체 사이의 권한쟁의는 주로 국가의 감독권 행사나 국회의 입법행위와 관련하여 발생하므로, 국가의 감독권 행사를 항고소송 대상으로 법원에 귀속시키는 것은 국가기관과 지방자치단체 사이의 핵심적인 권한분쟁을 헌법재판소 관할에서 박탈하는 것으로, 헌법재판소의 원칙적 관할권을 규정하는 헌법 제111조 제1항 제4호에 어긋난다는 견해가 있다.[238]

이러한 상황은 사인이 제기한 항고소송에서 권한 소재가 선결문제로 되어도 발생할 수 있다. 즉 일반 사인이 국가나 지방자치단체가 내린 일정한 처분이 위법하다는 것 등의 이유로 법원에 그 취소나 무효 확인을 구하는 항고소송을 제기할 수

---

237) 한수웅/정태호/김하열/정문식(한수웅 집필), 『주석 헌법재판소법』, 헌법재판소 헌법재판연구원, 2015, 869쪽.

238) 한수웅/정태호/김하열/정문식(한수웅 집필), 『주석 헌법재판소법』, 헌법재판소 헌법재판연구원, 2015, 870쪽.

도 있는데, 여기서 법원은 그 선결문제로서 해당 행정청에 법률상 권한이 있는지를 판단하여야 할 것이다. 이때 다른 지방자치단체는 그 처분권한은 자신에게 있음을 주장하면서 자신의 헌법상 또는 법률상 권한 침해를 이유로 헌법재판소에 권한쟁의 심판을 청구할 수 있다. 따라서 이 두 절차가 함께 진행되면 권한의 유무나 범위에 관한 판단을 놓고 헌법재판소와 법원이 충돌하는 상황이 발생할 수 있다. 그러나 선결문제에 대한 판단은 판결이유에 설시됨에 불과하여 기판력이 부여되지 못하고, 예외적으로 기판력이 인정되어도 그것은 당사자 사이에서만 효력이 있으며, 기속력도 당사자나 관계 행정청에만 미치지만, 헌법재판소의 권한쟁의심판에서는 관할권의 소재 자체가 심판 대상이 되어 그에 대한 판단은 모든 국가기관을 구속하는 기속력이 인정된다(헌법재판소법 제67조 제1항).

　② 권한쟁의심판과 당사자소송(이나 민사소송)

　지방자치단체가 특정 하천에서 발생하는 오염물질을 매우 급하게 제거하면서 지출한 비용 상환을 국가에 요청하였으나 국가가 이 하천의 관리권한이 자신에게 없다고 주장하며 이것을 지급하지 않으면 지방자치단체는 공법상 비용상환청구소송을 제기할 수 있다. 여기서 법원은 선결문제로서 하천의 관리권한이 누구에게 있는지를 판단하게 된다. 그런데 이때 지방자치단체는 특정하천 관리권한이 국가에 있다고 주장하며 권한쟁의심판을 청구하는 것도 예상할 수 있다. 이러한 이른바 소극적 권한쟁의를 인정한다면 당사자소송과 중복될 수 있다. 이러한 점은 민사소송에서도 마찬가지이다. 다만, 권한쟁의심판을 통해서는 권한의 유무나 범위에 대해서만 기속력을 얻을 수 있을 뿐이고 구체적인 비용상환의무의 존부나 액수는 행정소송을 통해서만 인정될 수 있고, 집행력을 얻으려면 행정소송에 따라야 한다.

Ⅳ. 권한쟁의심판절차

1. 심판 청구의 적법요건

(1) 당사자

① 당사자적격

　'헌법과 법률에 따라서 부여받은 권한'이 있는 자만 그 권한의 침해를 다투며 권한쟁의심판을 청구할 수 있다. 침해당하였다고 주장하는 권한과 적절한 관련성이 있는 기관만 청구인적격이 있는 것으로서, 이것은 마치 헌법소원심판에서 기본권 침해의 자기관련성이 있는 사람만이 적법한 청구권자가 되는 것과 흡사하다. 처분이나 부작위를 한 기관으로서 법적 책임이 있는 기관만 피청구인적격이 있으므로, 심판 청구는 이 기관을 상대로 하여야 한다. 이러한 권한 관련성이 인정되는지는 청구인이 주장하는 바와 같은 권한이 헌법과 법률을 따를 때 과연 당사자에게 부여되는지 혹은 부여된 권한 범위 안에 포함되는지에 따라 판단하여야 할 것이다. 다만, 적법성 심사단계 판단이므로 추상적 권한질서의 틀에 비추어 보아 개연성이 있다고 인정되면 충분하다. 그리고 본안 판단과는 달리 권한의 유무나 범위에 관해서 구체적·종국적으로 판단할 필요는 없다.

지방자치단체에 위임된 기관위임사무는 국가사무이지, 지방자치단체의 권한에 속하지 아니하므로 지방자치단체가 그러한 사무에 관한 권한 침해를 다투는 심판 청구는 적법하지 않다.[239] 그리고 조약의 체결·비준에 대한 동의권은 국회에 속하므로 국회의 조약 체결·비준에 대한 동의권이 침해되었음을 다투는 권한쟁의심판 청구에서 국회의원은 청구인적격이 없고,[240] '예산 외에 국가의 부담이 될 계약' 체결에 대한 동의권도 국회 권한이므로 국회의원은 청구인적격이 없다.[241] 또한, 지방자치단체의 의결기관인 지방의회를 구성하는 지방의회의원과 그 지방의회 대표인 지방의회 의장 사이의 권한쟁의심판은 헌법재판소가 관장하는 지방자치단체 서로 간의 권한쟁의심판 범위에 속한다고 볼 수 없으므로 이들은 권한쟁의심판 사건의 당사자가 될 수 없음은 물론이고 당사자적격도 없고,[242] 부산지방해양수산청장은 해양수산부 장관 명을 받아 소관사무를 통할하고 소속 공무원을 지휘·감독하는 자로서 항만에 관한 독자적인 권한이 없으므로 항만구역 명칭 결정에 관한 권한쟁의심판 당사자가 될 수 없고 당사자적격도 인정되지 않는다.[243] 한편, 국회부의장은 국회의장 직무를 대리하여 법률안을 가결선포할 수 있을 뿐이고, 법률안 가결선포행위에 따른 법적 책임을 지는 주체가 될 수 없으므로 피청구인적격이 인정되지 아니하고,[244] 국회 상임위원회가 그 소관에 속하는 의안, 청원 등을 심사하는 권한은 법률이 부여한 위원회의 고유한 권한이므로, 국회 상임위원회 위원장이 위원

239) 헌재 1999. 7. 22. 98헌라4, 판례집 11-2, 51, 65-66; 헌재 2004. 9. 23. 2000헌라2, 판례집 11-2, 404, 416-420; 헌재 2011. 8. 30. 2011헌라1, 판례집 23-2상, 249, 268; 헌재 2011. 9. 29. 2009헌라3, 판례집 23-2상, 513, 523; 헌재 2013. 12. 26. 2012헌라3등, 판례집 25-2하, 609, 619 등 참조.
240) 헌재 2007. 7. 26. 2005헌라8, 판례집 19-2, 26, 34; 헌재 2007. 10. 25. 2006헌라5, 판례집 19-2, 436, 443; 헌재 2011. 8. 30. 2011헌라2, 판례집 23-2상, 276, 283.
241) 헌재 2008. 1. 17. 2005헌라10, 판례집 20-1상, 70, 76.
242) 헌재 2010. 4. 29. 2009헌라1, 판례집 22-1상, 596, 601 참조.
243) 헌재 2008. 3. 27. 2006헌라1, 판례집 20-1상, 332, 349 참조.
244) 헌재 2009. 10. 29. 2009헌라8등, 판례집 21-2하, 14, 35.

회를 대표해서 의안을 심사하는 권한이 국회의장에게서 위임된 것임을 전제로 한 국회 상임위원회 의원들의 국회의장에 대한 권한쟁의심판 청구는 피청구인적격이 없는 자를 상대로 한 청구로서 부적법하다.245)

② 제3자 소송담당

제3자 소송담당 문제는 권리주체가 아닌 제3자가 자신의 이름으로 권리주체를 위해서 소송을 수행하는 것이 허용되는지에 관한 것이다. 헌법재판소법은 이에 관해서 명문 규정을 두지 않았다. 교섭단체를 구성하지 못한 정당 소속의 국회의원 전원인 청구인들이 국회를 위해서 국회의 조약에 대한 체결·비준동의권한의 침해를 다투는 권한쟁의심판을 청구할 수 있는지가 문제 되는 사안에서 헌법재판소는 다수결의 원리와 의회주의의 본질, 남용 가능성을 들어 제3자 소송담당은 예외적으로 법률 규정이 있는 때만 인정된다고 보아 청구인적격을 부인하였다.246) 이에 대해서는 제3자 소송담당은 의회 안 다수파의 정략적 묵인으로 대정부 견제라는 의회주의 본질이 훼손되는 상황에서 이것을 회복하려고 강구되는 것이므로 오히려 의회주의를 강화하는 수단이고, 권한쟁의심판은 헌법소원과 같이 일반 국민이 아니라 국민 대표자로서 헌법기관인 국회의원이나 이들로 구성되는 국회의 부분기관만 청구할 수 있는 소송유형일 뿐 아니라 제3자 소송담당 자격을 교섭단체나 그에 준하는 정도의 실체가 있는 의원 집단에 한해서 인정하면 더욱 남용 우려가 없다는 비판이 있다.247) 권한쟁의심판에서는 행정소송법과 민사소송법이 함께 준용되는데(헌법재판소법 제40조) 민사소송법에서는 타인의 권리를 자기 이름으로 주장할 고유의 법적 이익이 있으면 임의적 소송담당이 허용된다고 하고, 제3자 소송담당이 인정되지 않으면 국회와 정부 사이의 권한쟁의심판은 사실상 불가능하여 권한쟁의심판의 기능, 특히 소수파보호기능이 제대로 작동할 수 없으므로 제3자 소송담당은 허용되어야 할 것이다.248)

---

245) 헌재 2010. 12. 29. 2008헌라6등, 판례집 22−2하, 567, 578−579.
246) 헌재 2007. 7. 26. 2005헌라8, 판례집 19−2, 26, 33−34; 헌재 2007. 10. 25. 2006헌라5, 판례집 19−2, 436, 442−443; 헌재 2008. 1. 17. 2005헌라10, 판례집 20−1상, 70, 76−77; 헌재 2011. 8. 30. 2011헌라2, 판례집 23−2상, 276, 282−283; 헌재 2015. 11. 26. 2013헌라3, 판례집 27−2하, 126.
247) 김하열, 『헌법소송법(제3판)』, 박영사, 2018, 641쪽.
248) 김하열, 『헌법소송법(제3판)』, 박영사, 2018, 640쪽; 성낙인/이효원/권건보/정 철/박진우/허진성, 『헌법소송론』, 법문사, 2012, 323쪽; 정연주, 『헌법소송론』, 법영사, 2015, 275~276쪽; 정종섭, 『헌법소송법(제8판)』, 박영사, 2014, 519쪽; 정태호, 「국가기관 상호간의 권한쟁의심판절차의 무력화」, 『헌법재판연구』 제3권 제1호, 헌법재판소 헌법재판연구원, 2016, 94~114쪽; 한수웅, 『헌법학(제8판)』, 법문사, 2018, 1496~1498쪽; 한수웅/정태호/김하열/정문식(한수웅 집필), 『주석 헌법재판소법』, 헌법재판소 헌법재판연구원, 2015, 832~833쪽; 허 영, 『헌법소송법론(제13판)』, 박영사, 2018, 327~328

(2) 피청구인의 처분이나 부작위 존재

① 처분

권한쟁의심판 청구 대상인 '처분'은 법적 중요성을 지녀야 하고, 청구인의 법적 지위에 구체적으로 영향을 미칠 가능성이 있어야 한다.[249] 그래서 청구인의 법적 지위에 구체적으로 영향을 미칠 가능성이 없는 행위는 권한쟁의심판 청구 대상이 되는 '처분'이라고 할 수 없다.[250] 단순한 업무협조 요청이나 견해 표명, 상호 협력 차원에서 조언·권고한 것은 법적 구속력이 없어서 권한쟁의심판 대상이 되는 처분이 아니다.[251] 권한쟁의심판 대상이 되는 처분에는 입법부, 집행부, 사법부의 작용도 포함된다.[252]

'처분'에는 개별적 행위뿐 아니라 일반적 규범정립까지도 포함된다. 입법영역에서 처분은 법률의 제정과 관련된 행위[253], 법률제·개정행위,[254] 국회의장의 국회상임위원 사·보임 결재행위,[255] 국회 상임위원회 위원장이 자유무역협정 비준동의안을 상임위원회 전체회의에 상정한 행위와 이 동의안을 법안심사소위원회에 회부한 행위[256] 등을 포함한다. 법률제·개정행위가 심판 대상이면 피청구인은 국회가 된다. 법률에 대한 권한쟁의심판도 허용되지만, 그 심판 대상은 '법률 그 자체'가 아니라, '법률의 제정행위'이다.[257] 행정영역에서 처분은 행정소송법에서 정하는 처분 개념보다 넓어 법규제·개정행위[258]와 개별적 행정행위를 포함한다. 사실행위나 내부적인 행위도 청구인의 권한에 부정적인 영향을 주어 법적으로 문제가 되면 권한쟁의심판 대상이 되는 처분에 해당한다.[259] 건설교통부 장관의 고속철도역 명칭 결

쪽; 홍성방, 『헌법소송법』, 박영사, 2015, 205쪽.

249) 김하열, 『헌법소송법(제3판)』, 박영사, 2018, 625쪽.

250) 헌재 2005. 12. 22. 2004헌라3, 판례집 17-2, 650, 658; 헌재 2006. 3. 30. 2005헌라1, 공보 114, 525, 528; 헌재 2018. 7. 26. 2015헌라4, 공보 262, 1230, 1233.

251) 헌재 2018. 7. 26. 2015헌라4, 공보 262, 1230, 1233.

252) 헌재 2006. 5. 25. 2005헌라4, 판례집 18-1상, 28, 35; 헌재 2008. 6. 26. 2005헌라7, 판례집 20-1 하, 340, 354 등 참조.

253) 예를 들어 국회의장의 법률안가결선포행위: 헌재 1997. 7. 16. 96헌라2, 판례집 7-2, 154; 헌재 2006. 2. 2. 2005헌라6, 판례집 18-1상, 82.

254) 헌재 2005. 12. 22. 2004헌라3, 판례집 17-2, 650; 헌재 2006. 5. 25. 2005헌라4, 판례집 18-1하, 28; 헌재 2008. 6. 26. 2005헌라7, 판례집 20-1하, 340.

255) 헌재 2003. 10. 30. 2002헌라1, 판례집 15-2하, 567, 580.

256) 헌재 2010. 12. 28. 2008헌라7등, 판례집 22-2하, 567, 580.

257) 헌재 2006. 5. 25. 2005헌라4, 판례집 18-1하, 28, 35.

258) 대통령령 제정행위에 대한 헌재 2002. 10. 31. 2001헌라1, 판례집 14-2, 362; 조례개정행위에 대한 헌재 2004. 9. 23. 2003헌라3, 판례집 16-2, 469.

259) 헌재 2006. 3. 30. 2003헌라2, 공보 114, 523, 524.

정행위,[260] 감사원의 지방자치단체를 상대로 한 감사행위[261] 등은 이러한 처분에 해당한다. 그러나 정부의 법률안 제출행위[262], 행정자치부 장관이 지방자치단체에 한 단순한 업무협조 요청, 업무연락, 견해표명행위,[263] 지방선거관리위원회의 지방의회에 대한 지방선거 비용 예산 편성 통보행위[264] 등은 '처분'이라고 할 수 없다.

장래처분을 대상으로 하는 심판 청구는 원칙적으로 허용되지 않는다. 그러나 헌법재판소는 장래처분이 확실히 예정되고, 장래처분이 권한을 침해할 위험성이 있어서 사전에 보호해 주어야 할 필요성이 매우 큰 예외적인 때에는 장래처분에 대해서도 권한쟁의심판을 청구할 수 있다고 한다.[265] 그러나 장래처분을 권한쟁의심판 대상으로 인정하는 것은 분쟁해결 필요성만을 앞세운 것으로서 헌법재판소법 제61조 제2항의 해석 한계를 넘는 것이고, 이 조항을 통해서 요구되는 구체적 쟁송성 요건을 무리하게 완화한 것이라고 의문을 제기하는 견해가 있다.[266] 이 견해는 헌법재판소법 제61조 제1항과 제2항의 관계를 보면 제2항은 제1항에 대한 추가적 요건인데, 장래처분을 권한쟁의심판 대상으로 인정하면 이 추가적 요건이 (예외적이지만) 면제됨으로써 처분을 매개로 구체적 분쟁이 발생하기 전에 분쟁해결 필요성만을 주장하면서 권한쟁의심판이 청구될 가능성이 있어서 적법요건 규정이 갖추어야 할 여과기능을 약화할 뿐 아니라 자칫하면 헌법재판소가 예방적 사법 기능을 수행할 위험이 있다고 한다. 그리고 헌법재판소법 제61조 제2항의 '침해할 현저한 위험이 있는 때'도 처분 자체가 있을 것을 전제하므로 장래처분을 권한쟁의심판 대상으로 삼는 것의 근거가 될 수 없다고 한다. 그리고 헌법재판소법은 제61조 제2항에서 "피청구인의 처분 또는 부작위가 …"라고 하여 명시적으로 처분 존재를 요구하므로 문리적 해석 관점에서 보면 헌법재판소 해석은 명문으로 규정된 '처분' 요건에 어긋나고, 체계적 관점에서 보면 입법자는 헌법재판소법 제61조 제2항에서 "청구인의 권한을 침해하였거나 침해할 현저한 위험이 있는 경우에만"이라고 하여 청구인 권한

---

260) 헌재 2006. 3. 30. 2003헌라2, 공보 114, 523, 524.
261) 헌재 2008. 5. 29. 2005헌라3, 판례집 20–1하, 41, 48.
262) 헌재 2005. 12. 22. 2004헌라3, 판례집 17–2, 650, 658.
263) 헌재 2006. 3. 30. 2005헌라1, 공보 114, 525, 528.
264) 헌재 2008. 6. 26. 2005헌라7, 판례집 20–1하, 340, 355.
265) 헌재 2004. 9. 23. 2000헌라2, 판례집 11–2, 404, 421; 헌재 2008. 12. 26. 2005헌라11, 판례집 20–2하, 547, 551; 헌재 2009. 7. 30. 2005헌라2, 판례집 21–2상, 116, 136–137; 헌재 2010. 6. 24. 2005헌라4등, 판례집 22–1하, 374, 399; 헌재 2011. 9. 29. 2009헌라3, 판례집 23–2상, 513, 524. 이를 따르는 견해로는 홍성방, 『헌법소송법』, 박영사, 2015, 201쪽.
266) 김하열, 『헌법소송법(제3판)』, 박영사, 2018, 628~629쪽.

이 이미 침해된 경우뿐 아니라 현저한 침해 위험이 있는 경우에도 심판 청구를 허용하여 청구인 권한의 사전적 보호 필요성을 인정함으로써 입법자는 예방적 권한보호 범위를 '청구인의 권한을 현저히 침해할 현저한 위험이 있는 경우'로 확장한 것으로 볼 수 있으므로, 헌법재판소가 사전적 권한 보호 필요성을 강조하여 해석을 통해서 '처분' 개념을 장래처분까지 확장한 것은 허용되는 법률해석 한계를 넘은 것이라는 비판도 있다.267)

　　법률 내용이 당사자의 권한을 침해한다고 다투면서 국회의 입법행위를 대상으로 권한쟁의심판을 청구할 수도 있다. 이때 헌법재판소는 입법절차상 하자가 아니라 법률 내용에 위헌성이 있는지를 심사한다. 법률 내용이 헌법에 어긋나는지를 심사한다는 점에서 실질적 측면에서 규범통제와 매우 비슷하다. 국회가 법률을 제·개정하여 다른 국가기관이나 지방자치단체의 권한을 제약하는 것은 언제든지 있을 수 있는 것으로 이러한 것에서 헌법의 권한질서를 지킬 필요가 있다. 하지만 법률 내용을 다투는 권한쟁의심판을 인정하면 결국 규범통제로 변질할 수 있다. 그러나 헌법 우위를 지키는 규범통제는 헌법재판의 핵심으로서 오로지 위헌법률심판에서만 이루어지는 것이 아니라 다른 심판절차에서도 헌법재판소법 제68조 제2항에 따른 헌법소원심판처럼 규범통제 기능 수행이 명시적으로 예정되기도 하고, 법규범에 대한 헌법소원심판처럼 필요할 때 요청되기도 한다. 이러한 점에 비추어 권한쟁의심판에서도 입법을 매개로 하면 규범통제 기능을 수행할 수도 있다. 그리고 법률 내용을 다투는 권한쟁의심판을 인정하지 않으면 중대한 권한질서가 침해되더라도 권한질서가 기본권질서로 환원되지 않으면 이것을 다툴 수 없는 헌법재판 기능의 공백이 발생할 수 있다. 따라서 처분의 개념을 넓게 보아서 법률 내용을 다투는 권한쟁의심판을 인정하여야 한다.268) 법률의 제·개정절차에는 국회뿐 아니라 정부와 대통령이 관여한다. 그러나 심의·의결이 법률 제·개정절차의 핵심이고, 대통령의 공포는 형식적 확인절차에 불과하며 대통령의 재의 요구는 국회의 최종 의결 앞에 무력하다는 점에서 법률 내용을 다투는 권한쟁의심판에서 피청구인은 국회이다.269) 위헌법률심판 및 법률에 대한 헌법소원심판과 구별할 필요가 있고, 피청구인을 국회로 보는 점에 비추어 법률 내용을 다투는 권한쟁의심판에서 심판 대상은 법률 자

---

267) 한수웅/정태호/김하열/정문식(한수웅 집필), 『주석 헌법재판소법』, 헌법재판소 헌법재판연구원, 2015, 847쪽.
268) 김하열, 『헌법소송법(제3판)』, 박영사, 2018, 630쪽.
269) 김하열, 『헌법소송법(제3판)』, 박영사, 2018, 630~631쪽. 헌법재판소도 대한민국 국회를 피청구인으로 한다.

체가 아니라 법률 제·개정행위이다.[270]

② 부작위

부작위는 단순한 사실상 부작위가 아니고 헌법상 또는 법률상 작위의무가 있는데도 이것을 이행하지 아니하는 것을 말한다.[271] 따라서 지방자치단체의 관할구역을 정하는 법률 제정으로 관할이 변경되었는데도 변경 전 지방자치단체가 관할이 변경된 지역에 관한 사무 및 재산의 인계를 하지 아니한 부작위는 권한쟁의심판 청구 대상이 된다.[272] 그러나 국회의장이 국회의 자율권 범위 안이라고 보이는 국무총리 임명동의안에 대한 국회의원들의 투표결과를 선포하지 아니한 부작위[273]와 국회 상임위원회 의안 심사와 관련하여 국회의장이 회의의 원만한 진행을 위한 질서유지조치를 취하지 않은 부작위[274]는 작위의무가 인정되지 않아 권한쟁의심판 대상이 되지 않는다.

(3) '권한의 침해 또는 현저한 침해위험'의 가능성

권한쟁의심판에서 다툼 대상이 되는 '권한'이란 헌법이나 법률이 특정한 국가기관(지방자치단체 포함)에 부여한 독자적인 권능을 의미한다. 따라서 국가기관 행위라도 헌법과 법률에 따라서 그 국가기관에 부여된 독자적인 권능을 행사하는 때가 아니면, 비록 국가기관 행위가 제한을 받더라도 권한쟁의심판에서 말하는 권한이 침해될 가능성은 없다.[275] 그리고 일반적인 권한이 있더라도 권한을 행사할 기간이 정해져 있다면 그 권한은 기간 경과 후 소멸하므로, 그 기간 경과 이후에는 해당 권한에 대한 침해가 발생할 수 없다.[276]

'침해'란 피청구인의 위헌 또는 위법한 행위(작위나 부작위)로 말미암아 청구인의 권한이 박탈당하거나 권한 일부가 잠식당하거나 권한 행사에 중대한 장애가 발생하는 것 등 청구인의 권한법질서상 지위가 불리해지는 때를 말한다. '권한의 침해'는

---

270) 김하열, 『헌법소송법(제3판)』, 박영사, 2018, 631~632쪽.
  헌재 2006. 5. 25. 2005헌라4, 판례집 18−1하, 28, 31: "이 사건 심판의 대상은 피청구인 국회가 법률 제7328호로 종합부동산세법을 제정한 것이 청구인들의 권한을 침해하였는지의 여부이다."; 헌재 2008. 6. 26. 2005헌라7, 판례집 20−1하, 340, 349: "이 사건 심판 대상은 …… 피청구인 국회가 2005. 8. 4. 법률 제7681호로 공직선거법 제122조의2를 개정한 행위가 청구인들의 지방자치권을 침해하는 것으로서 무효인지 여부".
271) 헌재 1998. 7. 14. 98헌라3, 판례집 10−2, 74, 81; 헌재 2006. 8. 31. 2004헌라2, 판례집 18−2, 356, 364; 김하열, 『헌법소송법(제3판)』, 박영사, 2018, 626쪽.
272) 헌재 2006. 8. 31. 2004헌라2, 판례집 18−2, 356, 364.
273) 헌재 1998. 7. 14. 98헌라3, 판례집 10−2, 74, 85.
274) 헌재 2010. 12. 28. 2008헌라6등, 판례집 22−2하, 567, 579.
275) 헌재 2010. 7. 29. 2010헌라1, 판례집 22−2상, 201, 207.
276) 헌재 2013. 9. 26. 2012헌라1, 판례집 25−2상, 652, 658−659.

과거에 발생하였거나 현재까지 지속하는 경우를 말한다. '현저한 침해위험'은 매우 급하게 조만간 권한 침해에 이르게 될 개연성이 현저히 높은 상황을 이른다.277) 국가기관의 부작위에서는 권한 침해 위험이 일어나지 않음이 원칙이다.

적법요건 단계에서 '침해'요건은 청구인의 권한이 구체적으로 관련되어 침해 가능성이 있다고 인정되면 충족된다. 권한 침해가 실제로 있고 위헌이거나 위법인지는 본안결정에서 판단한다.278)

법률안은 국회 의결로 성립하였다고 침해의 현저한 위험이 있는 것이 아니라 대통령이 공포하고 나서 비로소 침해 관련성이 인정된다.279) 그리고 피청구인의 행위가 청구인을 직접 대상으로 이루어지지 않았더라도 청구인 고유의 법적 지위가 영향을 받으면 침해 관련성이 인정된다.280)

국가기관 서로 간에 권한의 침해나 그 위험이 있는 때로는 헌법상 또는 법률상 수권규정과는 달리, 한 국가기관이 월권함으로써 다른 국가기관의 권한을 침범하여 잠식하는 때, 한 국가기관이 다른 국가기관의 정당한 권한 행사를 방해하는 때, 입법을 통해서 집행부나 법원의 권한 일부를 삭제하는 때처럼 국가기관의 권한 행사로 말미암아 다른 국가기관의 권한이 박탈당하는 때 등이 있을 수 있다.

헌법재판소는, 국가정책에 참고하기 위해서 행정안전부 장관 요구에 따라 실시되는 주민투표법 제8조의 주민투표 실시와 관련하여 이것을 요구받지 않은 지방자치단체에는 주민투표 실시에 관한 권한이 발생하였다고 볼 수 없으므로 그 권한 침해 여지가 없고,281) 국회의원의 심의·표결권은 국회의 대내적인 관계에서 행사되고 침해될 수 있을 뿐이지 다른 국가기관과 맺는 대외적인 관계에서는 침해될 수 없는 것이므로, 대통령이 국회 동의 없이 조약을 체결·비준하였더라도 국회의원인 청구인들의 심의·표결권이 침해될 가능성은 없다고 하였다.282) 그리고 특정한 정보를 인터넷 홈페이지에 게시하거나 언론에 알리는 것과 같은 행위는 헌법과 법률이 특별히 국회의원에게 부여한 독자적인 권능이라고 할 수 없으므로 법원이 국회

---

277) 헌재 2006. 5. 25. 2005헌라4, 판례집 18-1하, 28, 35; 헌재 2009. 11. 26. 2008헌라3, 판례집 21-2 하, 456, 465; 헌재 2009. 11. 26. 2008헌라4, 판례집 21-2하, 469, 479.
278) 헌재 2006. 5. 25. 2005헌라4, 판례집 18-1하, 28, 35-36; 헌재 2008. 5. 29. 2005헌라3, 판례집 20-1하, 41, 48; 헌재 2009. 5. 28. 2006헌라6, 판례집 21-1하, 418, 427.
279) 김하열, 『헌법소송법(제3판)』, 박영사, 2018, 645쪽.
280) 김하열, 『헌법소송법(제3판)』, 박영사, 2018, 645쪽.
281) 헌재 2005. 12. 12. 2005헌라5, 판례집 17-2, 667, 675-677.
282) 헌재 2007. 7. 26. 2005헌라8, 판례집 19-2, 26, 34-35; 헌재 2007. 10. 25. 2006헌라5, 판례집 19-2, 436, 441-443; 헌재 2008. 1. 17. 2005헌라10, 판례집 20-1상, 70, 76-77.

의원인 청구인에게 교원노조에 가입한 교원들 명단을 인터넷 등에 공개하여서는 안된다는 가처분 결정과 그 위반에 대한 간접강제 결정을 하였더라도 이것이 국회의원 권한을 침해할 가능성이 있다고 볼 수 없고,[283] 교육과학기술부 장관의 수도권 사립대학 정원규제도 지방자치단체 사무가 아닌 국가사무이므로 지방자치단체 권한을 침해하거나 침해할 현저한 위험이 있다고 볼 수 없다고 하였다.[284] 그러나 헌법재판소는 종래 지방세에 속하던 부동산 보유세를 국세로 전환하는 내용의 법률제정행위에 대해서, 이러한 행위는 지방자치단체의 자치재정권을 침해할 가능성이 있으므로 권한 침해 가능성 요건이 충족되었다고 보았다.[285]

(4) 청구기간

권한쟁의심판은 그 사유가 있음을 '안 날'부터 60일 이내, 그 사유가 '있은 날'부터 180일 이내에 청구하여야 한다(헌법재판소법 제63조 제1항). 권한쟁의심판에서 '그 사유가 있음을 안 날'은 다른 국가기관 등의 처분을 통해서 자신의 권한이 침해되었다는 사실을 특정할 수 있을 정도로 현실적으로 인식하고 이것에 대해서 심판 청구를 할 수 있게 된 때를 말하고, 그 처분 내용이 확정적으로 변경될 수 없게 된 것까지를 필요로 하는 것은 아니다.[286] 권한 침해의 사유가 '있은 날'은 다른 국가기관 등의 처분 등에 따라서 권한 침해가 발생한 날을 말한다.

헌법재판소는 중앙행정기관이 지방자치단체에 '업무처리요령'을 일방적으로 통보함으로써 자치권한 침해 여부가 다투어진 사건에서, 통보받은 무렵부터 권한 침해 사유가 있음을 알았다고 보았다.[287] 업무처리요령을 통보받은 무렵부터 이 처리요령에 따라서 지방공무원 수당업무를 처리하였을 것이라는 것이 이유였다. 이와는 달리 감사원의 지방자치단체에 대한 감사가 문제 된 사안에서는, 권한쟁의심판 청구의 적법요건 단계에서 요구되는 권한 침해 요건은 청구인의 권한이 구체적으로 관련되어 이에 대한 침해 가능성이 있으면 충족되는 것이라는 이유를 들어 감사 통보의 날이 아니라 실제 감사가 이루어진 날을 기준으로 청구기간을 계산한 바 있다.[288] 감사 통보 자체는 권한 침해에 직접적인 영향을 미치지 아니하고, 실제 감사에 이르러야 권한 침해를 현실화한다고 판단한 것으로 보인다. 한편, 국회의 법률

---

283) 헌재 2010. 7. 29. 2010헌라1, 판례집 22-2상, 201, 208-210.
284) 헌재 2012. 7. 26. 2010헌라3, 공보 190, 1299, 1301.
285) 헌재 2006. 5. 25. 2005헌라4, 판례집 18-1하, 28, 35-36.
286) 헌재 2007. 3. 29. 2006헌라7, 공보 126, 276, 278.
287) 헌재 2001. 10. 25. 2000헌라3, 판례집 13-2, 465, 468.
288) 헌재 2009. 5. 28. 2006헌라6, 판례집 21-1하, 418, 427.

제정행위에 대한 권한쟁의심판 청구기간 기산점은 법률이 공포되거나 이와 유사한 방법으로 일반에게 알려진 것으로 간주된 때를 기준으로 한다.[289] 법률안이 법률로서 성립하려면 국회 의결을 거쳐 관보에 게재·공포되어야 하고, 이로써 이해당사자와 국민에게 널리 알려지는 것이기 때문이다. 그리고 시행령 개정이 지방자치단체의 권한을 둘러싼 분쟁의 계기가 되었다면 개정된 시행령의 시행일을 기준으로 청구기간을 계산한다. 헌법재판소는 지방자치단체의 관할구역 변경에 관한 시행령 개정행위를 다투는 권한쟁의 사건에서 개정 시행령이 시행된 날부터 청구기간을 계산하였다.[290] 법률의 개정행위와 관련하여 수차례 개정이 있었던 때는 실제 청구인에게 적용된 법률의 개정을 기준으로 청구기간을 계산한다. 예를 들어 지방자치권을 침해할 가능성이 있는 공직선거법 조항이 수차례 개정되었다면 청구기간 기산점은 실제 청구인에게 적용된 공직선거법 개정이 기준이 된다.[291] 법령이 시행되고 나서 비로소 권한 침해가 발생하면 권한 침해가 발생한 시점을 기산점으로 청구기간을 계산한다.[292]

처분에서는 처분행위가 있으면 권한침해행위는 종료하고 그 위법상태가 계속될 수 있다. 하지만 부작위에서는 부작위가 계속되는 한 권한침해가 계속된다. 따라서 부작위에 대한 권한쟁의심판은 그 부작위가 계속되는 한 기간 제약 없이 적법하게 청구할 수 있다고 보아야 한다.[293] 장래처분에 따른 권한침해를 다투는 심판 청구가 예외적으로 허용되면 장래처분이 내려지지 않은 상태이므로 청구기간 제한이 없다.[294]

청구기간은 불변기간이므로(헌법재판소법 제63조 제2항), 헌법재판소는 이것을 늘이거나 줄일 수 없다. 그러나 주소나 거소가 멀리 떨어진 곳에 있는 사람을 위해서 부가기간을 정할 수 있다(헌법재판소법 제40조, 민사소송법 제172조 제1항 단서, 제2항).

---

289) 헌재 2006. 5. 25. 2005헌라4, 판례집 18-1하, 28, 36; 김하열, 『헌법소송법(제3판)』, 박영사, 2018, 649~650쪽.

290) 헌재 2010. 6. 24. 2005헌라9등, 판례집 22-1하, 374, 397.

291) 헌재 2008. 6. 26. 2005헌라7, 판례집 20-1하, 340, 355-356.

292) 김하열, 『헌법소송법(제3판)』, 박영사, 2018, 650쪽.

293) 헌재 2006. 8. 31. 2004헌라2, 판례집 18-2, 356, 364. 그러나 청구인과 피청구인은 법적 권한과 의무의 상호관계에서, 청구인은 피청구인과 맺는 법적 관계에 근거하여 피청구인에게 의무 이행을 요구하고, 피청구인이 청구인의 요구에도 명시적으로 의무 이행을 거부하면 이러한 거부 시점이 청구기간 기산점이 된다는 견해도 있다[한수웅/정태호/김하열/정문식(한수웅 집필), 『주석 헌법재판소법』, 헌법재판소 헌법재판연구원, 2015, 904~906쪽].

294) 헌재 2004. 9. 23. 2000헌라2, 판례집 11-2, 404, 423; 헌재 2008. 12. 26. 2005헌라11, 판례집 20-2하, 547, 551; 헌재 2009. 7. 30. 2005헌라2, 판례집 21-2상, 116, 139; 헌재 2011. 9. 29. 2009헌라5, 판례집 23-2상, 553, 565.

청구인이 책임질 수 없는 사유로 말미암아 불변기간을 지킬 수 없으면 그 사유가 없어진 날부터 2주일 안에 게을리 한 소송행위를 보완할 수 있다(헌법재판소법 제40조, 민사소송법 제173조 제1항). 불변기간 준수 여부는 헌법재판소의 직권조사사항에 해당한다.

　권한쟁의심판 청구 후 청구취지 변경이 이루어지면 청구기간 준수 여부는 청구취지 변경 신청서가 제출된 시점을 기준으로 판단한다.295) 권한쟁의심판 사건에서도 청구기간 도과에 정당한 사유가 있으면 청구기간 도과 후 심판 청구가 이루어지더라도 적법한 청구로 받아들여질 것이다. '정당한 사유'는 청구기간이 경과된 원인 등 여러 가지 사정을 종합하여 지연된 심판 청구를 허용하는 것이 사회통념상 상당한 경우를 뜻한다.296)

(5) 심판 청구 이익

　권한쟁의심판은 비록 객관소송이더라도 국가기관과 지방자치단체 사이의 권한쟁의로써 해결하여야 할 구체적인 보호이익이 있어야 하고, 그 청구인에 대한 권한침해 상태가 이미 종료되면 심판 청구 이익이 없으므로 이에 관한 권한쟁의심판 청구는 부적법하다.297) 그리고 청구인이 심판 청구를 통해서 구하고자 하는 권한 보호 목적을 헌법재판소의 심판절차 없이도 달성할 수 있으면 예외적으로 심판 청구 이익은 부정될 수 있다.298) 다만, 청구인에 대한 권한 침해 상태가 이미 종료하여 심판 청구 이익을 인정할 수 없더라도, 같은 유형의 침해행위가 앞으로도 계속 반복될 위험이 있고, 헌법질서의 수호·유지를 위해서 그에 대한 헌법적 해명이 긴요한 사항에 대해서는 심판 청구 이익을 인정할 수 있다.299)

　헌법재판소는 국회 상임위원회 위원에 대한 국회의장의 사·보임행위와 관련하여 국회의원이 청구한 권한쟁의심판 사건에서, 청구인이 권한쟁의심판 청구를 통해서 달성하고자 하는 목적은 이미 이루었지만, 상임위원회 위원의 개선행위를 국회법의 근거 아래 국회관행상 빈번하게 하고, 그 과정에서 해당 위원 의사에 반하는 사·보임이 이루어지는 때도 얼마든지 예상할 수 있으므로 이는 청구인에게뿐 아니

---

295) 헌재 2010. 6. 24. 2005헌라9등, 판례집 22-1하, 374, 397; 헌재 2010. 12. 28. 2008헌라6등, 판례집 22-2하, 567, 577.
296) 헌재 2007. 3. 29. 2006헌라7, 공보 126, 276, 278.
297) 헌재 2011. 8. 30. 2010헌라4, 판례집 23-2상, 240, 245.
298) 한수웅/정태호/김하열/정문식(한수웅 집필), 『주석 헌법재판소법』, 헌법재판소 헌법재판연구원, 2015, 855쪽.
299) 헌재 2003. 10. 30. 2002헌라1, 판례집 15-2하, 17, 29; 헌재 2009. 5. 28. 2006헌라6, 판례집 21-1하, 418, 427; 헌재 2011. 8. 30. 2010헌라4, 판례집 23-2상, 240, 245-246.

라 일반적으로도 다시 반복될 수 있는 사안이어서 헌법적 해명의 필요성이 있다고
한 바 있다.300) 그리고 행정안전부 장관의 서울시에 대한 합동감사 실시와 관련하
여서도, 합동감사는 이미 끝나 권한 침해 상태가 종료되었지만, 같은 유형의 침해
행위가 앞으로도 반복될 위험이 있고 중앙행정기관장의 자치단체에 대한 자치사무
감사권의 존부, 감사범위, 감사의 방법 등에 관하여는 헌법적 해명이 긴요하다고
하여 심판 청구 이익을 인정한 바 있다.301) 다만, 전라북도교육감의 자율형사립고
지정·고시 처분 취소에 대해서 교육과학기술부 장관이 이를 취소하라는 취지의 시
정명령을 한 것에 대한 권한다툼에서는, 학교법인이 전라북도교육감을 상대로 제기
한 소에서 자율형사립고 지정 등 취소처분 취소를 명하는 판결이 확정되어 지정 등
취소처분의 효력이 소멸되었으므로 이를 시정대상으로 하던 교육과학기술부 장관
의 시정명령도 그 효력을 상실하였다고 할 것인바, 그 권한침해 상태는 이미 종료
되었고, 이 사건과 같은 경우가 반복될 것이라고 예상하기는 어렵다는 이유로 심판
청구 이익을 인정하지 않았다.302)

2. 심판청구서

(1) 심판청구서 제출

권한쟁의심판청구서는 헌법재판소에 직접 지참하여 제출하거나 우송의 방법으
로 제출할 수 있다(헌법재판소법 제26조 제1항). 청구서는 전자문서로도 할 수 있다
(헌법재판소법 제76조). 다만, 우송에서는 청구기간을 계산할 때 실제로 헌법재판소에
도달될 날짜를 기준으로 한다. 헌법재판소에 청구서를 제출할 때는 9통의 심판용
부본을 함께 제출하여야 하고, 이때 송달용 부본은 따로 제출하여야 한다('헌법재판
소 심판 규칙' 제9조).

(2) 심판청구서 기재사항

헌법재판소에 권한쟁의심판을 청구할 때 심판청구서에는 다음과 같은 사항을
기재하여야 한다(헌법재판소법 제64조).

① 청구인이나 청구인이 속한 기관과 심판수행자나 대리인 표시

청구인이나 청구인이 속한 기관 표시란 청구인이나 청구인이 속한 기관의 명칭,
대표자 성명 등의 기재를 뜻한다. 심판수행자나 대리인 표시란 헌법재판소법 제25

---

300) 헌재 2003. 10. 30. 2002헌라1, 판례집 15-2하, 17, 28-29.
301) 헌재 2009. 5. 28. 2006헌라6, 판례집 21-1하, 418, 427.
302) 헌재 2011. 8. 30. 2010헌라4, 판례집 23-2상, 240, 245-246.

조 제2항을 따라 선임된 변호사인 대리인의 성명, 주소(사무소) 기재를 뜻하고, 변호사 자격이 있는 소속 직원이 심판을 수행하면 그 성명, 직위 기재를 뜻한다. 이때 대리인 선임을 증명하는 위임장을 첨부하여야 한다.

② 피청구인 표시

청구인의 상대방인 피청구인의 명칭, 대표자 성명 등을 표시하여야 한다. 청구인이 피청구인을 잘못 지정하면 청구인 신청에 따라서 결정으로써 피청구인 경정을 허가할 수 있다(헌법재판소법 제40조 제1항, 행정소송법 제14조). 피청구인 경정을 허가한 사례를 보면 피청구인 '정부'를 '정부 및 국회'로,[303] 피청구인 '대한민국 정부'를 '대통령'으로,[304] 피청구인 '대한민국 정부'를 '1. 해양수산부장관, 2. 부산지방해양수산청장'으로[305] 경정을 허가한 바 있다.

③ 심판 대상이 되는 피청구인의 처분이나 부작위

피청구인의 처분이나 부작위의 내용 등을 특정하여 기재하여야 한다.

④ 청구 이유

'청구 이유'에서는 청구인과 피청구인의 권한분배를 다루는 헌법과 법률의 규정을 들어 권한의 소재와 범위를 설명하고, 문제가 되는 권한의 유무나 범위에 관한 다툼이 발생하게 된 경위와 피청구인의 처분이나 부작위를 통하여 헌법과 법률에 따라서 청구인에게 부여된 특정한 권한이 침해받았거나 침해받을 현저한 위험이 있다는 이유와 함께 피청구인의 처분 등이 헌법이나 법률에 위배되어 취소나 무효 확인을 구하는 이유를 기재한다.

⑤ 청구취지

헌법재판소법 제64조는 청구취지를 필요적 기재사항으로 규정하지 않는다. 하지만 실무상으로는 권한쟁의심판을 통해서 달성하려는 목적을 압축적으로 표현하는 청구취지를 기재하는 것이 통상적이다. 청구취지는 권한쟁의심판 대상을 특정하는 의미가 있다. 그리고 청구취지는 인용결정 주문에 대응하는 형태로 기재된다.

(ⅰ) 권한의 유무나 범위 확인

심판 대상이 된 국가기관이나 지방자치단체의 권한의 유무나 범위 확인을 구하는 것이 기본적인 청구취지로 된다(헌법재판소법 제66조 제1항). 실무상으로는 피청구인의 처분이나 부작위를 통해서 청구인의 권한이 침해되었음의 확인을 구하는 사례

---

303) 헌재 2005. 12. 22. 2004헌라3, 판례집 17-2, 650.
304) 헌재 2007. 7. 26. 2005헌라8, 판례집 19-2, 26.
305) 헌재 2008. 3. 27. 2006헌라1, 판례집 20-1상, 332.

가 많은데,[306] 이러한 청구에서도 '권한의 유무나 범위'에 대한 확인을 구하는 청구 취지가 내포된다고 볼 것이다.

한편, 여기 '권한의 유무 또는 범위'의 의미를 '권한 행사'와 구별할 수도 있다. 그러나 권한 행사를 배제할 특별한 이유가 없어서 피청구인의 권한 행사가 권한 침해임을 다투는 권한쟁의심판 청구도 가능하다.

(ⅱ) 처분의 취소나 무효 확인

청구인의 권한이 이미 침해되면 나아가 피청구인 처분의 취소나 무효 확인을 구할 수 있다(헌법재판소법 제66조 제2항).[307]

⑥ 그 밖에 필요한 사항

그 밖에 필요한 사항에는 청구기간 준수 여부 등을 기재한다. 권한쟁의심판서에 는 필요한 증거서류나 참고서류를 첨부할 수 있다(헌법재판소법 제26조 제2항).

3. 권한쟁의심판 청구 통지

권한쟁의심판이 청구되면 헌법재판소장은 법무부 장관, 지방자치단체를 당사자 로 하면 행정안전부 장관(다만, 헌법재판소법 제62조 제2항에 따른 교육·학예에 관한 지 방자치단체의 사무에 관한 것이면 행정안전부 장관과 교육부 장관), 시·군·자치구를 당 사자로 하면 그 지방자치단체가 소속된 특별시·광역시나 도(특별자치도 포함), 그 밖에 권한쟁의심판에 이해관계가 있다고 인정되는 국가기관이나 지방자치단체에 그 사실을 바로 통지하여야 한다('헌법재판소 심판 규칙' 제67조).

---

306) 헌재 1997. 7. 16. 96헌라2, 판례집 9-2, 154; 헌재 1998. 7. 14. 98헌라3, 판례집 10-2, 74; 헌재 2000. 2. 24. 99헌라1, 판례집 12-1, 115; 헌재 2008. 12. 26. 2005헌라11, 판례집 20-2하, 547; 헌 재 2009. 7. 30. 2005헌라2, 판례집 21-2, 116; 헌재 2010. 11. 25. 2009헌라12, 판례집 22-2하, 320; 헌재 2011. 9. 29. 2009헌라3, 판례집 23-2상, 513 등.

307) 예를 들어 지방자치단체의 관할구역을 정하는 법률 제정으로 경상남도 진해시 일부 지역이 부산광 역시 강서구 관할로 변경되었는데도, 진해시가 해당 지역에 관한 사무와 재산 인계를 하지 아니하 고 오히려 이 지역 도로를 점용하는 청구외인에게 도로점용료를 부과한 것에 대해서, 강서구가 진 해시를 상대로 관할구역 변경에 따른 사무 등 인계를 하지 않은 부작위의 위법 확인과 점용료 부과 처분 취소를 구하는 권한쟁의심판을 청구한 사례가 있다(헌재 2006. 8. 31. 2004헌라2, 판례집 18-2, 356, 361). 그리고 법률안 등의 상정에서 심의·의결에 이르기까지 국회의장이 한 일련의 행 위가 국회의원의 심의·표결권을 침해함과 아울러 이러한 권한 침해를 통해서 이루어진 법률안 가 결선포행위는 무효임을 구하는 권한쟁의심판 사건도 있었다(헌재 2009. 10. 29. 2009헌라8등, 판례 집 21-2하, 14, 32; 헌재 2010. 12. 28. 2008헌라7등, 판례집 22-2하, 567, 576; 헌재 2011. 8. 30. 2009헌라7, 판례집 23-2상, 220, 226; 헌재 2012. 2. 23. 2010헌라6등, 판례집 24-1상, 48, 56 등).

4. 변론주의

헌법재판소는 권한쟁의사건을 심리하려면 구두변론을 거쳐야 한다(헌법재판소법 제30조 제1항). 재판부가 변론을 열면 기일을 정하고 당사자와 관계인을 소환(출석요구)하여야 한다(헌법재판소법 제30조 제3항). 부적법한 권한쟁의심판 청구로서 그 흠을 보정할 수 없으면 민사소송법 제219조의 규정을 준용하여 변론 없이 결정으로 심판 청구를 각하할 수 있다(헌법재판소법 제40조).[308]

5. 소송참가

권한쟁의심판은 청구인과 피청구인이 대립하는 대심적 구조를 취한다. 하지만 그에 대한 헌법재판소 결정은 그 절차 당사자 사이의 권한관계뿐 아니라 헌법상 권한질서 전반에 영향을 미칠 수 있고, 모든 국가기관과 지방자치단체를 기속하는 효력이 있다. 그러므로 다른 이해관계 있는 국가기관이나 지방자치단체가 그 절차에 참여할 기회를 마련할 필요가 있다.[309] 이때 헌법재판소의 권한쟁의심판절차에 참가할 수 있는 자는 그 결과에 따른 권한관계 확정으로 영향을 받게 될 국가기관 등이 될 것이다. 그러나 제3자는 쟁의당사자 일방(피참가인)을 위해서만 소송참가할 수 있고, 쟁의절차에 참가한 제3자는 독립한 당사자가 되는 것은 아니다. 현행법상 헌법재판소의 권한쟁의심판에 소송참가를 할 수 있는지와 그 구체적 절차에 관해서는 행정소송법과 민사소송법이 준용된다(헌법재판소법 제40조 제1항, 행정소송법 제17조). 헌법재판소는 다른 국가기관이나 공법인을 소송에 참가시킬 필요가 있다고 인정하면 당사자의 신청이나 직권에 따른 결정으로 그 제3자를 권한쟁의심판에 참가시킬 수 있다(행정소송법 제17조 제1항). 헌법재판소는 권한쟁의사건이 접수되면 이러한 소송참가 기회를 부여하기 위해서 참가할 이익이 있다고 생각되는 국가기관이나 지방자치단체에 권한쟁의심판이 청구된 사실을 알려줄 수 있다. 헌법재판소가 참가 허락 여부에 관한 결정을 하고자 하면 당사자 의견을 들어야 한다(행정소송법 제17조 제2항). 헌법재판소 결정에 따라 권한쟁의심판에 참가한 자는 심판에 관해서 공격, 방어, 이의, 그 밖의 모든 소송행위를 할 수 있다. 다만, 참가할 때의 소송 진

---

308) 헌재 2010. 4. 29. 2009헌라11, 판례집 22-1상, 596; 헌재 2011. 8. 30. 2011헌라2, 판례집 23-2상, 276; 헌재 2013. 12. 26. 2012헌라3등, 판례집 25-2하, 609 등.
309) 헌재 2009. 10. 29. 2009헌라8등, 판례집 21-2하, 14; 헌재 2010. 10. 28. 2007헌라4, 판례집 22-2상, 775 등 참조.

행 정도에 따라 할 수 없는 소송행위는 그러하지 아니하다. 참가인의 소송행위가 피참가인의 소송행위에 어긋나면 그 참가인의 소송행위는 효력이 없다(행정소송법 제17조 제3항, 민사소송법 제76조).

6. 가처분

헌법재판소는 직권이나 청구인 신청에 따라서 종국결정을 선고할 때까지 심판 대상이 된 피청구기관 처분의 효력을 정지하는 결정을 할 수 있다(헌법재판소법 제 65조). 가처분 결정을 할 때 행정소송법이나 민사소송법의 가처분 관련 규정이 준용되므로 권한쟁의심판에서 가처분 결정은 피청구기관의 처분 등이나 그 집행 또는 절차의 속행으로 말미암아 생길 회복하기 어려운 손해를 예방할 필요가 있거나 그 밖에 공공복리상 중대한 사유가 있어야 하고, 그 처분의 효력을 정지시켜야 할 긴급한 필요가 있어야 한다.[310]

헌법재판소는 성남시와 경기도 사이의 권한쟁의사건에서 피청구인 경기도지사 처분의 효력을 정지하는 가처분 결정을 내린 바 있다.[311] 한편, 헌법재판소가 처분의 효력을 정지하는 결정만을 할 수 있다고 하여서는 가처분제도의 실효성을 발휘할 수 없다. 헌법재판소법 제65조 법문은 가장 대표적인 가처분 결정의 내용을 예시한 것으로 해석하여야 하여서, 가처분 신청의 목적을 달성하는 데 필요한 그 밖의 다른 내용의 결정도 할 수 있다고 보아야 한다. 헌법재판소법 제40조에 따라서 행정소송법상 집행정지제도와 민사소송의 가처분제도가 준용될 수 있기 때문이다.

V. 권한쟁의심판의 결정과 그 효력

1. 심판결정정족수

헌법재판소는 권한쟁의심판사건을 9명 재판관으로 구성되는 재판부(헌법재판소법 제22조 제1항)에서 재판관 7명 이상 출석으로 심리한다(헌법재판소법 제23조 제1항). 재판부는 종국심리에 관여한 재판관의 과반수 찬성으로 권한쟁의심판사건에 관한 결정을 한다(헌법재판소법 제23조 제2항).

법률 내용을 다투는 권한쟁의심판에서는 법률 내용으로 말미암은 권한 침해 여부가 심판 대상이므로 판단의 실질적 내용은 법률의 위헌 여부이다. 법률에 대한

---

310) 헌재 1999. 3. 25. 98헌사98, 판례집 11-1, 264, 269-270.
311) 헌재 1999. 3. 25. 98헌사98, 판례집 11-1, 264, 266-267.

위헌결정의 정족수와 권한쟁의심판 결정의 정족수가 달라서 이때 법률 내용을 다투는 권한쟁의심판 결정의 정족수는 어떻게 되는지가 문제 된다.

2. 결정의 내용과 결정주문

헌법재판소는 심판 대상이 된 국가기관이나 지방자치단체의 권한의 유무나 범위를 판단하고(헌법재판소법 제66조 제1항), 나아가 권한 침해 원인이 된 피청구인의 처분을 취소하거나 그 무효를 확인할 수 있고, 헌법재판소가 부작위에 대한 심판청구를 인용하는 결정을 하면 피청구인은 결정취지에 따른 처분을 하여야 한다(헌법재판소법 제66조 제2항). 이처럼 권한쟁의심판에서는 2단계의 판단과 그에 따른 결정을 할 수 있다.

(1) 권한의 유무나 범위 확인

헌법재판소법 제66조 제1항에 따라서 헌법재판소는 심판 대상이 된 국가기관이나 지방자치단체 권한의 유무나 범위를 판단한다. 여기서 헌법재판소는 관련된 헌법이나 법률을 해석하여 관련 기관에 권한이 있는지와 그 권한의 범위를 확정한다. 이 부분은 권한쟁의심판에서 핵심을 이루는 심판 대상인 동시에 결정의 필수적 주문 부분을 이루게 된다. 이 부분 헌법재판소 판단은 객관소송의 특성 때문에 청구인의 청구취지에 구애됨 없이 객관적 권한질서에 따라 다투는 권한이 청구인과 피청구인 어디에 소재하는지를 판단하게 된다. 헌법재판소법 제66조 제1항 문언에 충실하자면 주문은 "ㅇㅇ에 관한 권한은 청구인(피청구인)에게 존재한다(또는 존재하지 아니한다)."와 같은 형태로 표시될 것이다.

헌법재판소는 제방, 도로 등의 관할권한 귀속에 관해서 지방자치단체 서로 간에 권한분쟁이 발생하여 청구된 사건을 인용하면서 문제된 관할권한이 청구인에게 있음을 직접 확인하는 결정을 하였다.[312] 예를 들어 "동경 126° 38', 북위 33° 55'에 위치한 섬에 대한 관할권한이 청구인에게 있음을 확인한다."[313]나 "부산 신항만 내……조성된 공유수면 매립지 ㅇㅇ㎡ 중……의 각 점을 순차 연결한 △△에 대한 관할권한은 청구인에 있고, ㅁㅁ에 대한 관할권한은 피청구인에 있음을 확인한다."[314]와 같은 주문형태이다.

---

312) 헌재 2004. 9. 23. 2000헌라2, 판례집 16-2, 404, 413; 헌재 2006. 8. 31. 2003헌라1, 판례집 18-2, 319, 325; 헌재 2006. 8. 31. 2004헌라2, 판례집 18-2, 356, 360.
313) 헌재 2008. 12. 26. 2005헌라11, 판례집 20-2하, 547, 549.
314) 헌재 2010. 6. 24. 2005헌라9등, 판례집 22-1하, 374, 389.

그러나 권한쟁의심판사건에서는 주로, 일정한 권한사항 소재가 청구인이나 피청구인 중의 누구에게 귀속하는지에 관한 다툼이 아니라 청구인이나 피청구인의 권한 그 자체에 관해서는 다툼이 없고 단지 피청구인의 권한 행사가 헌법이나 법률에 위반되므로 청구인의 권한이 침해되었는지가 쟁점이 될 것이다. 이때 심판 청구가 이유 있는 것으로 인정된다면, 결정 주문은 결국 '청구인에게는 헌법(또는 법률)에 따라서 부여된 ○○권한이 있다.'라는 내용과 '청구인의 이러한 권한이 피청구인의 행위로 말미암아 침해되었다.'라는 내용을 결합하여 "피청구인의 처분(또는 부작위)이 헌법(또는 법률)에 따라서 부여된 청구인의 ○○권한을 침해한 것이다."라는 형태로 표시하게 된다.

헌법재판소는 피청구인이 1996. 12. 26. 06:00경 제182회 임시회 제1차 본회의를 개의하고 국가안전기획부법중개정법률안……을 상정하여 가결선포한 것은 청구인들의 법률안 심의·표결의 권한을 침해한 것이라는 주문을 낸 바 있고,315) 피청구인이 1998. 4. 16. 경기도고시 제1998－142호로 행한 ……에 대한 도시계획사업 시행자지정처분은 도시계획법 제23조 제5항에 의한 청구인의 권한을 침해한 것이라는 주문을 낸 바 있다.316) 그리고 피청구인이 2006. 9. 14.부터 2006. 9. 29.까지 청구인의 자치사무에 대해서 실시한 정부합동감사는 헌법 및 지방자치법에 따라서 부여된 청구인의 지방자치권을 침해한 것이라든지,317) 피청구인 국회 외교통상통일위원회 위원장이 외교통상통일위원회 회의실 출입문을 폐쇄한 상태로 외교통상통일위원회 전체회의를 개의하여 '대한민국과 미합중국 간의 자유무역협정' 비준동의안을 상정한 행위 및 위 비준동의안을 법안심사소위원회로 회부한 행위는 청구인들의 위 비준동의안 심의권을 침해한 것이다318)와 같은 형태의 주문도 있다. 한편 청구인의 권한 침해가 인정되지 않아 심판 청구가 이유 없는 것으로 판명된다면, "이 사건 심판 청구를 기각한다."라는 일반적 주문형태를 취하게 된다.319)

(2) 처분의 취소나 무효 확인

헌법재판소는 권한 침해 원인이 된 피청구인의 처분을 취소하는 결정이나 처분

---

315) 헌재 1997. 7. 16. 96헌라2, 판례집 9－2, 154, 158.
316) 헌재 1999. 7. 22. 98헌라4, 판례집 11－2, 51, 61.
317) 헌재 2009. 5. 28. 2006헌라6, 판례집 21－1하, 418, 420.
318) 헌재 2010. 12. 28. 2008헌라6등, 판례집 22－2하, 567, 575.
319) 헌재 1998. 8. 27. 96헌라1, 판례집 10－2, 364, 376; 헌재 2000. 2. 24. 99헌라1, 판례집 12－1, 115, 120; 헌재 2008. 4. 24. 2006헌라2, 판례집 20－1상, 438, 441; 헌재 2012. 2. 23. 2010헌라5등, 판례집 24－1상, 48, 54; 헌재 2013. 9. 26. 2012헌라1, 판례집 25－2상, 652, 654.

의 무효를 확인하는 결정을 내릴 수 있다(헌법재판소법 제66조 제2항). '권한의 유무나 범위'에 관해서는 헌법재판소법 제66조 제1항을 따라서 헌법재판소가 필수적으로 판단하여야 한다. 하지만 같은 조 제2항은 헌법재판소에 재량을 부여하므로, 재판부 재량에 따라 부가적으로 처분의 취소나 무효 확인을 할 수 있다. 이러한 취소나 무효 확인 결정은 청구인 청구나 헌법재판소 직권으로 내릴 수 있다. 처분의 취소나 무효 확인 결정을 할 때는 "피청구인의 처분을 취소한다." 또는 "피청구인의 처분이 무효임을 확인한다."라고 결정주문을 낸다.[320] 권한쟁의심판의 취소결정은 행정소송상 취소판결의 형성력과 마찬가지로 성질상 소급효가 있을 수 없는 때를 제외하고는 원칙적으로 소급효가 있다.[321] 헌법재판소법 제67조 제2항은 이러한 소급효를 전제한다. 무효확인결정은 해당 처분이 처음부터 처분으로서 아무런 효력이 발생하지 않았음을 확인한다.

　무효확인결정과 관련하여 몇 가지 문제가 있다. 먼저 무효등확인소송에는 취소소송에 적용되는 제한 규정(행정소송법 제20조)을 준용하지 않아서(행정소송법 제38조) 제소기간에 제한이 없는데, 권한쟁의심판에는 청구기간 제한이 있다(헌법재판소법 제63조). 무효확인심판과 관련하여 청구기간 제한이 없다고 보면 이것은 헌법재판소법 제63조 위반이다. 이것은 법적 안정성을 확보하기 위해서 무효등확인소송과 달리 권한쟁의심판에서 특별히 청구기간 제한을 둔 것으로 보아야 할 것이다.[322] 다음 무효사유와 취소사유를 어떻게 구분할 수 있는지가 문제 된다. 헌법재판소는 중대명백설을 이러한 기준으로 채택한 적이 있다.[323]

　한편, 헌법재판소는 피청구인의 처분 등이 권한 침해임을 확인하면서도 해당 처분 등의 무효 확인 청구에 대해서는 기각결정을 할 수도 있다. 예를 들어 국회의장의 신문법안, 방송법안 가결선포행위는 국회의원의 심의·표결권을 침해한다고 보면서도 그 가결선포행위의 무효 확인 청구에 대해서는 이를 기각한 바 있고,[324] 국

---

320) 무효 확인을 한 것으로는 헌재 1999. 7. 22. 98헌라4, 판례집 11-2, 51, 61; 헌재 2006. 8. 31. 2003헌라1, 판례집 18-2, 319, 325. 취소한 것으로는 헌재 2006. 8. 31. 2004헌라2, 판례집 18-2, 356, 36.

321) 김하열, 『헌법소송법(제3판)』, 박영사, 2018, 661쪽.

322) 김하열, 『헌법소송법(제3판)』, 박영사, 2018, 661쪽.

323) 헌재 1999. 7. 22. 98헌라4, 판례집 11-2, 51, 69: "이 사건 지정처분의 권한은 청구인에게 있음이 명백하고, 앞에서 본 바와 같이 이 사건 진입도로부분에 대하여는 장○수의 신청이 없었으므로 청구인의 반려 및 거부처분이 있을 수 없으며, 나아가 피청구인의 인용재결이 있을 여지가 없다. 그러함에도 피청구인이 청구인이 인용재결의 취지에 따른 처분을 하지 않았다는 이유로 이 사건 진입도로에 대하여 지정처분을 한 것은 그 처분에 중대하고도 명백한 흠이 있어 무효라고 할 것이다."

324) 헌재 2009. 10. 29. 2009헌라8등, 판례집 21-2하, 14, 29.

회 상임위원회 위원장이 자유무역협정 비준동의안을 상임위 전체회의에 상정한 행위 등이 회의에 참석하지 못한 소수당 소속 상임위원회 위원들의 조약비준동의안에 대한 심의권을 침해하였음을 확인하면서도 조약비준동의안 상정행위 등에 대한 무효 확인 청구는 기각하였으며,[325] 국회의장이 절차를 위반하여 법률안에 대한 표결절차를 진행하고 법률안을 가결선포한 행위에 대해서는 국회의원의 법률안 심의·표결권을 침해하는 것임을 확인하였으나, 그 법률안 가결선포행위에 대한 무효 확인 청구는 기각한 바 있다.[326]

부작위에서는 헌법재판소법 제66조 제1항에 따라서 부작위의 위헌이나 위법을 확인하는 내용으로 결정하면 피청구인은 결정취지에 따른 처분을 하여야 한다(헌법재판소법 제66조 제2항).

(3) 심판절차종료선언

청구인은 심판 청구를 취하할 수 있다. 이때 원칙적으로 소의 취하에 관한 민사소송법 규정이 준용된다. 권한쟁의심판에서 심판 청구 취하로 말미암아 심판절차종료선언을 한 예가 있다. 이에 관해서는 이미 실체적 심리를 마쳐 심리가 더는 필요하지 않은 단계에 이르렀고 헌법적 해명의 중대성이 인정된다면 예외적으로 민사소송법 규정 준용을 배제하여 취하하여도 평의한대로 결정을 선고하여야 한다는 반대의견이 있었다.[327] 심판 청구 취하로 말미암은 심판절차종료선언 주문은 "이 사건 권한쟁의심판절차는 청구인의 심판 청구 취하로 ○○년 ○○월 ○○일 종료되었다."와 같이 표시한다.

한편, 청구인이 사망하여도 심판절차는 종료될 수 있다. 헌법재판소는 국회의원의 법률안 심의·표결권은 성질상 일신전속적인 것으로서 당사자가 사망하면 승계되거나 상속될 수 없으므로 그와 관련된 권한쟁의심판절차도 수계될 수 없고, 결국 청구인(국회의원)의 사망과 동시에 그 심판절차는 종료된다고 하였다.[328] 이때 주문은 "이 사건 권한쟁의심판절차는 ○○년 ○○월 ○○일 청구인의 사망으로 종료되었다."로 표시한다.

---

325) 헌재 2010. 12. 28. 2008헌라7, 판례집 22-2하, 567, 590-597.
326) 헌재 2011. 8. 30. 2009헌라7, 판례집 23-2상, 220, 224.
327) 헌재 2001. 6. 28. 2000헌라1, 판례집 13-1, 1218.
328) 헌재 2010. 11. 25. 2009헌라12, 판례집 22-2하, 320, 327.

3. 결정의 효력

헌법재판소법 제67조는 결정의 효력에 관해서 제1항에서 "헌법재판소의 권한쟁의심판의 결정은 모든 국가기관과 지방자치단체를 기속한다."라고 규정하여 결정에 기속력을 명문으로 부여한다. 헌법소원에서는 인용결정만 다른 국가기관에 대해서 기속력이 있지만(헌법재판소법 제75조 제1항), 권한쟁의심판에서는 모든 결정에 기속력이 있다. 권한에 관한 아무런 실체적 판단이 없는 각하결정에는 별다른 의미가 없다. 권한쟁의심판의 본안결정이 내려지면 그것이 인용결정이든 기각결정이든, 그것이 헌법재판소법 제66조 제1항에 따른 확인결정이든, 같은 조 제2항에 따른 취소결정이든, 다른 국가기관은 이에 관한 헌법재판소 판단에 저촉되는 다른 판단이나 행위를 할 수 없고, 헌법재판소 결정 내용을 자기 판단과 조치의 기초로 삼아야 한다. 피청구인은 위헌·위법성이 확인된 행위를 반복하여서는 아니 될 뿐 아니라 나아가 자신이 일으킨 기존 위헌·위법상태를 제거하여 합헌·합법적 상태를 회복할 의무를 부담한다. 헌법재판소가 부작위에 대한 심판청구를 인용하는 결정을 하면 피청구인은 결정취지에 따른 처분을 하여야 한다(헌법재판소법 제66조 제2항).

그러나 헌법재판소는 국회의장의 법률안 가결선포행위가 국회의원들의 법률안 심의·표결권을 침해한 것임을 확인한 권한침해확인결정의 기속력 내용에는 국회의장이 구체적으로 특정한 조치를 취할 작위의무가 포함된다고 볼 수 없다는 것 등의 이유로 권한침해확인결정 이후 국회의장의 부작위가 국회의원들의 법률안 심의·표결권을 침해한다며 제기된 권한쟁의심판 청구를 1(기각) : 4(각하) : 4(인용)로 기각하였다.[329] 인용의견에서는, 헌법재판소가 청구인들의 심의·표결권이 침해되었음을 확인하였는데도 국회가 그 위법성을 바로잡고 침해된 청구인들의 권한을 회복시켜 줄 의무를 이행하지 않는 것은 헌법재판소 종전 결정의 기속력을 무시하고 청구인들의 권한 침해상태를 계속 존속시키는 것이므로 그 청구를 받아들여야 한다고 보았다.[330] 권한쟁의심판 결정에 관한 기속력인데도 권한침해 결정을 법적 구속력이 없는 권고적 재판과 같이 취급하는 것은 권한쟁의심판을 통한 구제를 유명무실하게 하는 것이라고 비판한 것이다.

헌법재판소가 국가기관이나 지방자치단체의 처분을 취소하는 결정을 하더라도 그 처분 상대방에 대해서 이미 생긴 효력에는 영향을 미치지 아니한다(헌법재판소법

---

329) 헌재 2010. 11. 25. 2009헌라12, 판례집 22-2하, 320, 325.
330) 헌재 2010. 11. 25. 2009헌라12, 판례집 22-2하, 320, 336.

제67조 제2항). 이 조항은 처분의 유효성을 믿은 제3자의 법적 안정성이나 법적 지위를 보호하기 위해서 처분 상대방에 대한 관계에서는 취소결정의 소급효를 제한하기 위한 것이다. 즉 청구인, 피청구인, 제3자의 3각관계가 형성되면 청구인과 피청구인 사이의 권한분쟁으로 말미암아 선의의 제3자에게 손해를 끼치게 할 수 없다는 고려를 반영한 것이다. 그래서 처분 상대방이 곧 청구인이어서 제3자의 법적 지위에 대한 영향이 있을 수 없으면 이 조항이 적용되지 않는다. 이 조항을 그러한 때도 적용하여 청구인에 대해서 이미 생긴 효력, 즉 청구인이 입은 기존 권한침해 상태를 구제하지 않는 것으로 풀이한다면 권한쟁의심판의 의의나 효용성이 많이 감소하기 때문이다.331) 이 조항이 적용되면 처분 상대방에 대해서 이미 생긴 효력에 영향을 미치지 아니한다. '이미' 생긴 효력만 그대로 인정할 뿐이고 취소결정 이후 앞날까지 그 효력을 계속 주장할 수 있다는 것은 아니다. 무효확인결정은 이러한 효력상 제한을 받지 않는다.

4. 입법 관련 처분에 대한 인용결정의 효력

(1) 입법절차 관련 처분에 대한 인용결정의 효력

입법절차 관련 처분이 헌법이나 법률에 위배된다는 점이 권한쟁의심판 인용결정을 통해서 인정되고 해당 법률이 아직 공포·시행되기 전이면 해당 법률의 입법절차는 문제가 된 개별 절차부터 다시 진행하면 된다. 그런데 이러한 권한쟁의심판 인용결정이 내려질 때 해당 법률이 이미 공포·시행되면 권한쟁의심판 인용결정이 이러한 법률에 영향을 미치는지가 문제 된다. ① 전체 입법절차 일부를 이루는 행위라도 그것이 입법절차의 본질적이거나 중요한 요소를 이루면 법률의 효력에 미치는 것으로 보아야 하고, ② 입법권은 국회에 귀속되고 대통령의 공포행위는 절차적인 보완적 권한일 뿐인데, 대통령의 공포행위가 국회의 입법절차 하자를 치유하는 것 등으로 국회 입법권 행사의 효력을 좌우할 수 없으며, 당사자가 하자를 용인하지 않고 권한쟁의심판을 청구하면서 이것을 다툰다면 하자 치유의 논리는 성립할 수 없고, ③ 공개된 합리적 토론을 생명으로 하는 민주주의의 절차적 의미에 비추어 권한쟁의심판 인용결정이 법률의 효력에 아무런 영향을 미치지 않는다는 견해는 헌법을 정점으로 하는 권한법질서 보호라는 권한쟁의심판제도의 취지와 기능을 몰각시킨다는 견해가 있다.332) 그리고 추상적 규범통제를 도입하지 않은 현행 헌법재

---

331) 김하열, 『헌법소송법(제3판)』, 박영사, 2018, 666~667쪽; 정연주, 『헌법소송론』, 법영사, 2015, 299쪽.
332) 김하열, 『헌법소송법(제3판)』, 박영사, 2018, 668~669쪽.

판제도에서 권한쟁의심판절차에서 법률제정행위에 대해서 권한침해확인결정만을 하고 무효확인결정을 하지 않는다면, 헌법소원심판이나 위헌법률심판을 통해서 사후적으로 법률의 위헌성을 다투는 것이 쉽지 않으므로, 권한쟁의심판 실효성이 매우 약할 수밖에 없으므로 권한쟁의심판제도에서 실효성 확보 관점에서 법률제정행위에 대해서 권한침해확인결정뿐 아니라 무효확인결정까지 내려야 한다는 견해가 있다.333) 이 견해는 법률제정행위에 대한 무효확인결정은 위헌법률심판절차의 위헌결정과 실질적으로 다르지 않으므로 위헌결정을 내리기 위해서 필요한 정족수인 재판관 6명 이상 찬성을 요한다고 해석하여야 하고, 결정의 효력은 헌법재판소법 제47조 제2항에 따라 판단하여야 한다고 주장한다. 이 견해에 대해서는 권한쟁의심판의 본질과 특성을 무시한 채 헌법재판의 실효성 관점만을 무리하게 강조하여 헌법기관 서로 간의 권한분쟁을 규범통제절차로 변형시킨다는 근본적인 문제를 안고 있다는 비판이 있다.334) 이렇게 비판하는 견해는 권한쟁의심판에서 헌법재판소는 단지 청구인 권한이 대상법률 제정으로 말미암아 침해되었다는 확인에 그치고 헌법재판소법 제45조의 위헌결정을 내릴 수 없다고 한다.

입법절차 하자로 말미암은 청구인의 권한 침해를 확인하는 결정은 확인결정으로서 그 자체로 피청구인의 행위를 직접 소멸시키는 형성력이 없다. 그러므로 이러한 인용결정의 기속력은 피청구인이 확인된 위헌·위법성을 제거하여 합헌적 권한질서를 회복할 법적 의무(재입법의무)를 부과한다. 재입법을 할 때까지 법률의 효력은 지속한다. 국회가 상당한 기간이 지나도록 재입법의무를 이행하지 않으면 청구인은 국회의 부작위(재입법의무 불이행)로 말미암은 권한 침해를 다투는 심판을 새롭게 청구하여야 한다.335)

전체 입법절차 일부를 이루는 행위라도 그것이 입법절차의 본질적이거나 중요한 요소를 이루면 법률의 효력에 영향을 미친다. 따라서 이러한 행위에 대한 취소나 무효확인결정이 있으면 이로 말미암아 해당 법률의 효력에 영향을 미친다. 즉 헌법을 통해서는 법률을 형식적으로만 정의할 수 있어서 법률이 성립하려면 반드시 형식적 요건을 모두 갖추어야 한다. 그런데 입법절차 중 일부가 취소되거나 무효로 확인되면 해당 법률은 성립이 되지 않아 존재하지 않게 된다. 따라서 해당 법률은 당연히

333) 차진아, 「권한쟁의심판과 위헌법률심판의 충돌에 관한 고찰」, 『헌법학연구』 제15권 제1호, 한국헌법학회, 2009, 407~411쪽.
334) 한수웅/정태호/김하열/정문식(한수웅 집필), 『주석 헌법재판소법』, 헌법재판소 헌법재판연구원, 2015, 844~845쪽.
335) 김하열, 『헌법소송법(제3판)』, 박영사, 2018, 669~670쪽.

효력이 생기지 않는다. 인용결정의 기속력이 미치는 법원과 그 밖의 국가기관은 해당 법률을 더는 적용할 수 없다. 이러한 점에서 헌법재판소는 이러한 행위에 대한 취소나 무효확인결정을 내리면서 해당 주문에 해당 법률이 부존재함을 명확하게 밝히는 것이 바람직하다. 법률의 효력 상실을 초래하는 취소나 무효확인결정이라도 이것은 권한쟁의심판 인용결정의 하나라서 헌법 제113조 제1항에서 말하는 '법률의 위헌결정'에 해당하지 않으므로 관여 재판관 과반수 정족수로 충분하다고 생각한다.336) 입법절차의 중요한 요소가 취소되거나 무효가 확인되면 해당 법률은 적법하게 성립하지 않은 것이므로 처음부터 해당 법률은 효력이 없게 된다고 생각한다.

   (2) 법률 내용을 다투는 권한쟁의심판 인용결정의 효력

   법률 내용을 다투는 권한쟁의심판에서는 해당 법률이 청구인의 권한을 침해하는 것이 확인되면 해당 법률이 제거되어야 비로소 청구인이 구제를 받을 수 있다. 그런데 해당 법률이 제거되려면 그 위헌성을 확인하여 그 효력을 상실시켜야 한다. 이것은 위헌법률심판을 통해서만 가능하다. 따라서 헌법재판소는 권한쟁의심판을 하기 전에 선결문제로서 해당 법률의 위헌성을 직권으로 심사하여야 한다. 물론 이때 법률의 위헌성은 재판관 6명 이상 찬성으로 확인된다(헌법 제113조 제1항, 헌법재판소법 제23조 제2항 단서 제1호). 법률의 위헌성이 확인되면 헌법재판소는 당연히 권한쟁의심판 인용결정을 내려야 한다. 이때 헌법재판소는 해당 법률의 위헌결정을 내리면서 그와 함께 권한쟁의심판 인용결정을 내려야 한다. 이러한 결정에는 당연히 헌법재판소법 제47조가 적용된다. 법률의 위헌성이 확인되지 않으면 (설사 위헌의견이 재판관 5명이라도) 헌법재판소는 권한쟁의심판 기각결정을 내릴 수밖에 없다.

제 4 절   선거소송

Ⅰ. 선거소송의 의의

1. 선거소송의 개념

   선거소송은 선거나 당선의 효력을 다투는 재판절차를 말한다.337) 즉 선거소송은 선거절차와 당선인 결정의 위법을 이유로 그 효력을 다투는 소송을 모두 아우른다.

---

336) 김하열, 『헌법소송법(제3판)』, 박영사, 2018, 670~671쪽.
337) 이준일, 「선거관리와 선거소송: 헌법적 쟁점을 중심으로」, 『저스티스』 제130호, 한국법학원, 2012. 6., 49쪽.

여기서 선거는 국민이 국가권력을 행사할 대표자를 선출하는 절차로서 국가기관을 구성하는 행위이다. 그리고 당선은 선거 결과로서 대표자를 확정하는 것을 가리킨다. 따라서 선거소송은 선거를 통한 국가기관 구성에 영향을 미친다. 국민이 직접 국가기관을 구성하는 선거에는 국가최고기관에 관한 선거와 지방자치기관에 관한 선거가 있다. 국가최고기관에 관한 선거에는 국회의원선거(헌법 제41조 제1항)와 대통령선거(헌법 제67조 제1항)가 있다. 그리고 지방자치기관에 관한 선거에는 지방의회의원과 지방자치단체장을 뽑는 선거 그리고 교육감선거(헌법 제118조 제2항)가 있다. 공직선거법도 대통령선거·국회의원선거·지방의회의원 및 지방자치단체장의 선거를 규율대상으로 하고[제2조, 교육감선거에도 공직선거법 준용('지방교육자치에 관한 법률' 제49조 제1항)], 이러한 선거에 국한하여 당선소송(제222조)과 무효소송(제223조)을 규정한다.

지방의회의원과 지방자치단체장의 선거 그리고 교육감선거는 투표권이 주민에게 부여된다는 점에서 국민이 투표권자인 대통령선거와 국회의원선거와 구별된다. 선거를 국민이 국가권력을 행사할 대표자를 뽑는 과정이라는 점을 엄격하게 해석하면, 국민이 주체인 대통령선거와 국회의원선거에 관한 소송만 선거소송으로 보고, 지방의회의원과 지방자치단체장 그리고 교육감의 선거에 관한 소송은 선거소송에서 배제하여야 할 것이다. 특히 대통령선거와 국회의원선거만 국민이 주권을 직접 행사하는 것에 해당하고, 지방의회의원과 지방자치단체장 그리고 교육감의 선거는 통치권 행사에 불과하다. 다만, 국가권력에는 주권뿐 아니라 통치권도 포함되므로 국가권력을 행사할 대표자를 뽑는다는 점에서는 대통령선거 및 국회의원선거와 지방의회의원 및 지방자치단체장 그리고 교육감의 선거는 다르지 않다.

국민이 직접 특정사항에 관해서 결정하는 국민투표는 선거에 해당하지 않는다. 헌법 스스로 선거관리와 국민투표관리를 구별한다(헌법 제114조 제1항과 제6항 그리고 제115조 제1항). 따라서 국민투표와 주민투표에 관한 소송까지 선거소송에 포함하는 견해[338]는 타당하지 않다고 생각한다.

선거소송을 넓게 보면 선거범죄재판까지 포함한다고 한다. 공직선거법은 선거범죄의 구성요건과 그에 대한 형벌을 규정하여 이러한 여지를 남긴다.[339] 그러나

---

338) 황치연, 「헌법정책적 측면에서 헌법재판소와 법원의 관계」, 『헌법판례연구』 제11권, 박영사, 2010, 213쪽은 이러한 견해를 취하는 것으로 보인다.

339) 이준일, 「선거관리와 선거소송: 헌법적 쟁점을 중심으로」, 『저스티스』 제130호, 한국법학원, 2012. 6., 50쪽.

선거범죄재판은 범죄행위에 대한 법원의 재판이므로 형사소송에 속한다. 그리고 선거범죄재판에서 당선이 무효가 되는 것은 유죄판결에 따르는 효과에 불과하다. 이러한 점에서 선거범죄재판은 엄격한 의미에서 선거소송으로 보기 어렵다. 다만, 선거범죄재판에서 유죄 선고를 받으면 당선의 효력에 영향을 미칠 수 있어서 간접적 선거소송이라고 할 수는 있다.[340]

2. 선거소청

선거소송과 선거소청을 아울러 선거쟁송이라고 한다(공직선거법 제15장 선거에 관한 쟁송과 '지방교육자치에 관한 법률' 제49조 제1항 참조). 선거소청은 선거에 관한 다툼을 해결하는 절차로서 법원에 선거소송이나 당선소송을 제기하기 전의 전심절차이다. 즉 선거소청은 선거소송에 선행하는 전치적 구제절차이다. 이러한 선거소청은 지방의회의원과 지방자치단체장 그리고 교육감의 선거에서 선거와 당선의 효력에 이의가 있을 때 허용된다. 선거소청에는 선거절차의 흠을 이유로 그 선거 전부나 일부의 효력을 다투는 선거무효소청(공직선거법 제219조 제1항)과 선거 그 자체는 유효하게 시행되었음을 전제로 선거관리위원회의 당선인 결정행위를 위법이라고 하여 그 효력을 다투는 당선무효소청(공직선거법 제219조 제2항)이 있다. 이처럼 선거소청은 적용대상이 지방선거에 국한되고 소송전심적 성격이 있어서 그 중요성은 선거관리 차원에 머무른다.

① 선거에 관한 분쟁을 선거관리기관 스스로 해결하도록 함으로써 그 독자성을 확보하고, ② 정식 사법절차보다 간편하고 신속한 선거소청절차를 통해서 분쟁을 해결함으로써 선거행정 능력을 보장하며, ③ 정식 사법절차보다 시간과 비용이 적게 드는 선거소청절차를 통해서 당사자 이익을 도모하고, ④ 선거분쟁에 관한 전문기관 견해를 미리 정리함으로써 사법기관이 더 합리적으로 선거분쟁을 해결하도록 하며, ⑤ 법원의 선거소송사무 부담을 줄여서 사건 폭주와 그에 따른 재판 지연을 회피하려고 선거소송의 전심절차로서 선거소청을 인정한다고 한다.[341]

선거소청은 성질상 독자적인 면이 있다. 하지만 기본적으로 선거소청은 성질이 행정심판과 비슷하다. 따라서 공직선거법은 선거소청에 관한 독자적 규정을 두지만

---

340) 김종철, 「정치분쟁 해결제도로서의 선거소송의 본질과 관할: 대통령과 국회의원 선거를 중심으로」, 『세계헌법연구』 제21권 제1호, 국제헌법학회 한국학회, 2015, 37쪽.

341) 한견우, 「공직선거및선거부정방지법상 선거쟁송의 현황과 개혁방향」, 『공법연구』 제28집 제4호 제1권, 한국공법학회, 2000, 136~137쪽.

(제219조와 제220조), 공직선거법이 규정한 것 이외에는 행정심판 일부를 준용한다 (제221조). 따라서 선거소청결정은 행정심판법상 재결과 같은 것으로 볼 수 있다(공직선거법 제221조 제1항 참조).[342]

3. 선거소송 유형

선거소송에는 선거무효소송과 당선무효소송이 있다. 선거무효소송이란 선거절차의 흠을 이유로 그 선거 전부나 일부의 효력을 다투는 소송이다. 그리고 당선무효소송이란 선거 그 자체는 유효하게 시행되었음을 전제로 선거관리위원회의 당선인 결정행위를 위법이라고 주장하여 그 효력을 다투는 소송이다. 선거무효소송과 당선무효소송은 서로 내용을 달리하므로 선택적으로 제기될 수도 있으나, 주어진 선거에 동시적인 예비적 병합도 가능하다.[343] 대법원은 원고 자신의 당선 확인을 당선(무효)소송을 통해서 구할 수 없다고 한다.[344]

Ⅱ. 선거소송의 본질

1. 법률상 선거소송의 법적 성격

(1) 선거소송이 민중소송에 해당하는지 여부

① 학설과 판례

행정소송법은 행정소송절차를 통해서 행정청의 위법한 처분, 그 밖에 공권력의 행사·불행사 등으로 말미암은 국민의 권리나 이익 침해를 구제하고, 공법상 권리관계나 법적용에 관한 다툼을 적정하게 해결함을 목적으로 한다(행정소송법 제1조). 행정소송법 제3조는 행정소송을 항고소송, 당사자소송, 민중소송, 기관소송으로 구분한다. 여기서 민중소송은 국가나 공공단체의 기관이 법률에 위반되는 행위를 하면 직접 자기의 법률상 이익과 관계없이 그 시정을 구하려고 제기하는 소송이다(행

---

342) 한견우, 「공직선거및선거부정방지법상 선거쟁송의 현황과 개혁방향」, 『공법연구』 제28집 제4호 제1권, 한국공법학회, 2000, 137쪽.

343) 권영설, 「선거소송의 문제점과 과제」, 『저스티스』 제66호, 한국법학원, 2002. 4., 10쪽.

344) 대법원 1992. 11. 24. 선고 92수99 판결(공1993상, 272): "같은 법 제146조에 의한 당선소송의 성격은 피고의 당선의 효력에 관하여 이의 있는 경우 또는 같은 법 제132조 제1항, 제133조 혹은 제135조 제1항 등에 의한 선거관리위원회의 결정이 위법임을 주장하는 데에 국한되는 형성소송이며 원고 자신의 당선확인을 구함과 같은 것은 위 제146조에 의한 당선소송의 형식으로 다툴 수 없는 것이므로(당원 1965.7.1. 선고 63수13 판결 참조) 이 사건 소 중 피고들에 대하여 원고 이석용의 당선확인을 구하는 소 부분 역시 부적법하다 할 것이다."

정소송법 제3조 제3호). 민중소송은 기관소송과 더불어 객관소송에 속하는 것으로서 선거소송을 이에 포함하는 것이 일반적이다.[345]

그러나 대법원을 따르면 선거무효소송은 다른 소송과 달리 권리 보호 목적보다도 국가와 국민의 협동에 따른 선거의 적법시행과 그 결과의 적정결정 보장을 목적으로 하는 것으로서 제소권자는 선거인이나 후보자이고 그 소권 행사는 일신에 전속하며 소송승계를 허락하지 않고 피고도 당선인이 아닌 위원장 등 선거관리기관으로 하고 선거 전부나 일부의 무효판결이 있으면 재선거할 것을 명령하였으므로 선거무효소송 계속 중, 즉 소송대상이 된 해당 선거의 흠결이 완벽하게 규명되어 무효원인사유가 확정되기 전에는 보궐선거를 확정할 수 없는 것 등의 특성을 보유하는 민중소송에 속하지만, 당선무효소송은 선거 자체의 적법 유효함을 전제로 하는 것으로서 다만 동 선거에서 당선이 결정된 사람의 당선 효력만을 다투는 것에 그치고 그 정당한 당사자인 제소권자는 당선에 실패한 사람, 즉 낙선한 후보자에게 국한되며, 피고도 특수한 경우를 제외하고는 원칙적으로 당선자를 상대하는 것이므로, 동 소송의 승패 결과가 소를 제기하지 아니한 다른 낙선자나 선거인의 이해에 하등 영향을 미치지 아니하므로, 그 소권 행사가 일신에 전속하고 그 소송승계를 허락하지 않는다고 하여도 민중소송의 특성이 있다고 속단할 수 없다고 한다.[346] 따라서 대법원은 당선무효소송을 민중소송이 아닌 주관소송으로 보는 것으로 보인다. 이러한 판례를 따르는 견해도 있다.[347]

이러한 견해에 대해서 당선무효소송을 주관소송이나 객관소송으로 볼 때 차이점은 당선무효소송이 주관소송이면 득표 계산상 도저히 당선인일 가능성이 없는 낙선자의 소송은 소의 이익이 없는 것으로서 각하할 수밖에 없으나, 당선무효소송을 객관소송으로 보면 그러한 사람의 소송도 적법하다는 것인데, 관련 규정은 정당이나 후보자를 원고로 규정하여서 이러한 소 제기도 적법하므로 당선무효소송의 성격을 완벽하게 주관소송으로 보는 것은 타당하지 않다는 비판이 있다.[348] 그리고 선

---

345) 예를 들어 신정치, 「선거소송에 관한 소고」, 『사법논집』 제8집, 법원행정처, 1977, 528쪽; 오윤식, 『후보자와 정당을 위한 공직선거법 해설』, 피앤씨미디어, 2016, 818쪽; 이주영, 「민중소송, 기관소송」, 『행정소송에 관한 제문제[하]』(재판자료 제68집), 법원행정처, 1995, 101~148쪽; 최광률, 「제3조(행정소송의 종류)」, 김철용/최광률 편집대표, 『주석 행정소송법』, 박영사, 2004, 80~84쪽; 홍준형, 『행정구제법』, 오래, 2012, 403, 695쪽.

346) 대법원 1961. 4. 11. 선고 4293선14 판결.

347) 김학세, 『행정소송의 체계(증보개정판)』, 일조각, 1998, 289쪽.

348) 김철수, 「선거소송에 있어서의 당사자적격」, 『법학』 제10권 제2호, 서울대학교 법학연구소, 1968, 131쪽.

거무효소송과 당선무효소송이 명확하게 별개 소송으로 관념적으로 엄격하게 구별되는 것도 아니고 당선결정절차도 국민대표를 선출하는 선거절차 일부인 이상 당선무효소송을 주관소송으로 보는 것은 타당하지 않다는 견해도 있다.349) 또한, 선거소송은 일반적으로 선거의 적법한 시행과 선거결과 적정을 기하기 위하여 인정된다고 하면서 선거소송을 객관소송인 민중소송으로 보고 있으나, 당사자의 선거권이나 피선거권의 침해를 근거로 한다는 점에서 주관적 소송으로 보는 것이 타당하다는 견해도 있다.350)

② 사견

선거소송은 선거권과 피선거권을 아우르는 참정권 행사에 기반을 둔 선거를 대상으로 하여서 기본권 행사라는 당사자의 주관적 측면과 관련됨을 부정할 수 없다. 하지만 선거는 개개인의 참정권 행사가 합쳐져 이루어지는 합성행위로서 개인의 기본권 행사적 측면보다는 국민의 국가권력 행사적 측면이 더 본질적이고 중요하다. 특히 한 개인의 적정한 참정권 행사 여부가 선거결과에 직접 영향을 미치는 경우는 사실 찾기 어렵다. 즉 선거결과에 직접 영향을 미치려면 의미 있는 다수가 참정권 행사를 방해받아야 한다. 이러한 점에서 선거소송의 1차적 목적은 참정권 행사의 충실한 보장이 아니라 선거의 적법한 시행과 선거결과의 적정 보장으로 보아야 할 것이다. 이것은 선거는 단순한 개개 행위의 합이 아니라 하나의 과정으로 바라보아야 한다는 점에서 비롯한다. 그리고 선거무효소송과 당선무효소송에서 주관소송이라면 당연히 인정되어야 할 법률상 이익이 원고적격과 관련하여 요구되지 않는다(공직선거법 제222조와 제223조). 따라서 선거소송이 주관소송이라는 성격이 (적어도 일부라도) 있음을 부정할 수 없지만, 선거소송은 본질적 측면에서 객관소송으로 분류하는 것이 타당하다고 생각한다. 그러나 선거소송이 객관소송이라고 하여서 당연히 민중소송으로 분류되어야 하는 것은 아니다. 선거소송이 민중소송으로 분류되는 것은 선거소송을 대법원과 고등법원의 관할로 규정한 실정법에 근거한 분류일 뿐이기 때문이다.

(2) 행정소송과 다른 선거소송

선거소송은 일반적으로 행정소송의 하나인 민중소송으로 분류된다. 하지만 선거소송은 여러 가지 면에서 행정소송과 다르다. 그러나 이러한 차이는 그동안 크게

---

349) 신정치, 「선거소송에 관한 소고」, 『사법논집』 제8집, 법원행정처, 1977, 528쪽; 오윤식, 『후보자와 정당을 위한 공직선거법 해설』, 피앤씨미디어, 2016, 528쪽.
350) 정연주, 「민중소송과 선거소송」, 『고시연구』 제25권 제2호(통권 제287호), 고시연구사, 1998. 2., 121~127쪽.

주목받지 못하였다.

먼저 선거소송은 본질적 측면에서 주관소송이 아니라 객관소송이라는 점에서 행정소송 중 민중소송과 비슷하지만, 선거소송은 선거권과 피선거권을 아우르는 참정권 행사라는 주관적 측면도 있다는 점은 민중소송과 구별되는 점이다. 그리고 선거소송은 대법원이나 고등법원 관할이라서 단심제나 2심제가 적용되지만, 행정소송에서는 지방법원이 제1심법원으로서 3심제를 채택한다. 또한, 행정소송에서는 위법사유가 확인되는 것만으로 인용판결을 내리기에 충분하지만, 선거소송에서는 위법성이 확인되는 것만으로는 부족하고 '선거의 결과에 영향을 미쳤다고 인정할 때'라는 추가적 요건이 충족되어야 무효가 선언될 수 있다.[351] 이와 더불어 행정소송에서는 구체적 처분이 심판 대상이지만, 선거소송에서는 구체적 행위 자체를 살피지 않는 것은 아니지만, 선거라는 전체 과정을 검토하여 심판한다. 나아가 선거소송이 행정소송의 하나인 민중소송이라면 행정소송법 제46조에 따라서 행정소송법의 규정들이 준용될 것이다. 그런데 공직선거법 제227조는 선거소송에 준용될 행정소송법 규정을 한정적으로 열거한다. 이것은 행정소송법 제46조와 충돌하는 내용이다.[352] 이러한 점에서 실정법상 선거소송을 행정소송과 다른 소송유형으로 볼 여지가 있다. 실정법에서 명시적으로 선거소송을 민중소송으로 분류한 적은 없다.

대법원은 국회의원선거법에서 국회의원에 관한 선거에 관한 쟁송방법으로 선거무효소송과 당선무효소송만 인정하고 이들 소송은 선거일이나 당선인결정일부터 일정한 기간 안에 대법원을 전속 관할법원으로 제기될 수 있도록 규정한 취지에 비추어, 선거종료 전의 선거관리기관의 개개 행위를 대상으로 하는 쟁송은 허용될 수 없고, 설사 선거전 선거관리기관의 어떤 개별적인 위법행위가 있더라도 이에 대해서는 선거종료 후에 선거무효소송으로써만 그 시정을 구할 수 있을 뿐이고 이에 대해서 곧바로 행정소송을 제기할 수 없다고 하였다.[353] 이와 관련하여 선거는 공정한 선거 시행과 그로 말미암은 유권자 의사를 확인하여 당선인을 결정하는 절차로 그 중간에 이루어지는 행위가 그 자체만으로 별개의 독립한 행위로서 인정된다기보다는 하나의 목적을 향한 연속적인 일련의 계속적 과정 중 하나라고 할 것이므로, 그 특정 행위에 대해서 다툴 수 있게 하거나 특히 그에 대해서 집행정지나 가처분 등을 허용하면 그로 말미암아 선거의 본래 목적 달성에 심대한 지장을 초래하여 일

---

351) 권영설, 「선거소송의 문제점과 과제」, 『저스티스』 제66호, 한국법학원, 2002. 4., 16쪽.
352) 권영설, 「선거소송의 문제점과 과제」, 『저스티스』 제66호, 한국법학원, 2002. 4., 15쪽.
353) 대법원 1989. 2. 28.자 88두8 결정(공1989, 545).

련의 과정이 마쳐지고 나서 일괄하여 다투게 하려는 것이 공직선거법의 선거쟁송 규정 취지라고 할 것이므로 이러한 대법원 판례는 타당하다는 견해가 있다.[354] 이 러한 판례와 학설을 따르면 쟁송대상과 관련하여 선거의 집행절차 중에 이루어지는 개개 행위에 대해서 위법하다는 이유로 취소의 소를 제기할 수 없다. 즉 선거기일 의 공시, 선거관리위원회의 후보자등록신청 수리나 불수리에 대한 취소소송, 등록 무효결정에 대한 취소소송, 선거인명부 등록자격의 존재 확인이나 등록자격이 없다 며 명부등록말소를 구하는 소송 등은 당선무효소송이나 선거무효소송에서 심사되 어야 할 사항에 관한 것이므로 모두 선거집행기관 개개 행위의 위법성을 다투는 항 고소송 형식으로 구할 수 없고 공직선거법상 그러한 소송 형태는 인정되지 아니한 다고 한다.[355] 이러한 판례와 학설은 선거소송과 항고소송을 구별하는 것으로 볼 수는 있지만, 선거소송을 행정소송과 다른 소송유형으로 이해한다고 보기는 어렵 다. 하지만 선거소송이 개별 처분의 적법성이 아니라 선거라는 전체 과정의 적정성 을 심판 대상으로 한다는 점을 명확하게 지적한다.

2. 선거소송의 헌법재판 해당 여부

(1) 학설

선거소송은 선거나 당선의 효력을 무효로 만들어 선거를 통한 국가기관 구성에 영향을 미치는 재판절차이므로 일반적인 재판절차와 다르고, 특히 국민을 대표하여 국가의사를 결정하는 의회 구성에 중대한 영향을 끼침으로써 국가의사결정 자체에 도 영향을 미친다는 점에서 선거소송은 헌법재판의 성격이 있다는 주장이 지나치지 않다는 견해가 있다.[356] 무릇 선거소송은 투·개표절차를 포함하는 선거의 모든 과 정에 어떤 형태이든 흠이 있어 국민의사가 왜곡될 때 제기되고, 그러한 왜곡 시정 을 통해서 진정한 주권적 의사를 확보하려는 구제절차이므로, 헌법소송을 통해서 이러한 주권적 의사의 효력 여부를 판가름하는 작용은 당연히 일반재판이라기보다 헌법재판으로 볼 성격이 강하다는 견해도 있다.[357] 그리고 선거소송은 직접적으로 는 선거인과 후보자 등의 권리 보호를 목적으로 하지만, 그것은 동시에 선거의 적 법·공정한 시행을 목적으로 하는 일종의 민중소송으로서 특수한 헌법소송 범주에

354) 김재협, 「선거 쟁송을 둘러싼 몇 가지 문제점」, 『사법논집』 제33집, 법원도서관, 2001, 50쪽.
355) 김재협, 「선거 쟁송을 둘러싼 몇 가지 문제점」, 『사법논집』 제33집, 법원도서관, 2001, 51쪽.
356) 이준일, 「선거관리와 선거소송: 헌법적 쟁점을 중심으로」, 『저스티스』 제130호, 한국법학원, 2012. 6., 49쪽.
357) 권영설, 「선거소송의 문제점과 과제」, 『저스티스』 제66호, 한국법학원, 2002. 4., 13쪽.

속한다는 주장도 있다.358) 또한, 선거쟁송은 선거질서 규율을 통한 헌법질서 회복을 목적으로 하므로 정치적 작용성이 있고, 특히 헌법재판이 지니는 정치성 의미를 국가기관에 대한 통제와 견제를 통한 헌법적 규율 회복이라고 파악하면 선거쟁송도 선거과정에 참여하는 모든 대상에 대한 규율을 통해서 민주주의원리와 같은 헌법적 원리 회복을 목표로 한다는 점에서 정치적 성격을 공유하며, 이러한 정치성은 판결을 통한 사후적 교정 기능에서도 드러나는데, 선거쟁송 판결은 단순히 합법성 회복만이 아닐 국회구성권 변화와 일반 국민의 여론 및 법제도 인식과 같은 다양한 정치적 파급효과를 동반한다는 점에서 다른 재판작용과 다르고, 선거결과에 영향이 미쳤을 때에 한하여 인용판결이 내려지므로 선거쟁송 판결에서는 법위반사실과 선거결과의 인과관계 문제가 먼저 검토되며, 위법행위와 결과의 인과관계 인정 여부에서도 선거가 '선거 준비 – 시행 – 개표 – 당선자 확정'이라는 일련의 과정을 통해서 대표자를 선출하는 행위이고 여기서 위법행위와 선거결과의 인과관계 여부 및 그 위법행위에 선거 결과를 어느 정도 귀속시킬 수 있는지의 문제는 절대 간명하지 않고, 이러한 과정에서 선거의 공정이나 자유가 어느 정도 저해되었는지, 즉 선거결과에 영향을 미쳤는지를 판단할 때는 당시의 정치·사회적 현실에 대한 고려가 필요하여서 재판관의 사실인정 및 법형성의 여지를 넓게 인정한다는 점에서 헌법재판의 성격이 있다는 견해도 있다.359) 그 밖에 선거소송, 특히 대통령선거나 국회의원 선거의 효력에 대한 소송은 주권적 결단 결과에 관해서 판단하여 주권의 대표자들을 결정하는 효과가 있어서 국사재판으로 부를 정도로 정치적 혹은 헌법적 성격이 강한 분쟁을 대상으로 하는 것임을 부인할 수 없고, 위헌법률심판 대상이 되는 법률을 형성하는 입법권의 정당한 구성문제에 관한 분쟁을 해결하며 주권자의 입법권 구성권한을 최종적으로 확장하고, 국가권력의 핵심기관들을 최종적으로 판정하게 된다는 점에서나 주권 행사의 기초를 이루는 선거권과 피선거권의 행사에 결정적 영향을 미친다는 점에서도 헌법이 특정한 헌법재판의 종류들에 못지않은 헌법적 함의가 있으며, 무엇보다도 정치질서를 창설하고 운영하는 기본지침을 제공하는 헌법의 정치적 성격을 고려하면 주권대표자의 운명을 최종적으로 결정하게 되는 선거소송이 법과 정치의 교차로에 선 헌법분쟁을 해결하는 성격, 정치분쟁 해결제도의 성격은 일반사법과는 다른 고도의 합목적적 판단능력을 판관에게 요구한다는 점을 유

---

358) 권영성, 『헌법학원론(개정판)』, 법문사, 2010, 224쪽.
359) 장효준, 「선거쟁송에 관한 헌법적 고찰: 본질과 관할을 중심으로」, 연세대학교 법학석사학위논문, 2015, 49~50쪽.

의할 필요가 있다는 견해도 있다.[360]

(2) 사견

선거소송이 헌법재판인지는 선거소송이 헌법재판의 개념요소를 모두 충족하는 지에 달려 있다. 대통령선거와 국회의원선거는 지방의회의원과 지방자치단체장 그리고 교육감의 선거와 구별되므로 나누어서 살펴보기로 한다.

대통령선거와 국회의원선거에 관한 소송과 관련하여 먼저 ① 선거소송을 관할하는 기관은 국가에 따라 다르다. 즉 선거소송은 일반 법원이 담당하기도 하고, 의회 스스로 선거소송을 처리하기도 하며, 헌법재판소가 선거소송을 관장하기도 한다. 하지만 선거소송 관할기관은 다른 모든 국가기관에서 독립한 기관이라는 점에는 의문이 없다. 다음 ② 일반적으로 선거에 관해서 헌법은 중요사항만 규정한다. 선거에 관한 내용을 구체적으로 형성하고 확정하는 것은 법률을 제정하는 입법자의 몫이다. 이것은 선거에 관한 사항을 헌법에 일일이 규정하는 것이 입법기술적으로 적절하지 않아서 그럴 뿐이다. 대통령선거와 국회의원선거에 관한 사항은 국민이 주권을 직접 행사하는 방법에 관한 사항이면서 국가기관을 구성하는 방식에 관한 사항으로서 당연히 헌법사항에 해당한다. 따라서 선거에 관한 법률은 실질적 헌법에 해당한다. 결국, 선거소송 심사기준에는 헌법뿐 아니라 법률도 포함되지만, 이때 법률은 실질적 헌법에 속한다. 그리고 ③ 선거소송은 일반적으로 사법절차나 그에 버금가는 절차를 통해서 이루어진다. 특히 선거소송 인용결정이 미치는 파급효과로 말미암아 그 절차에서는 공정성과 중립성이 강조된다. 이로 말미암아 선거소송에 관해서는 특별법을 통하여 규율하는 것이 일반적이다. 물론 선거소송절차의 많은 부분을 다른 소송법 준용으로 메우지만, 그래도 다른 소송과 구별되는 특별한 내용이 선거소송법에는 있다. 특히 선거소송에서는 일반소송과는 달리 신속한 처리가 강하게 요구된다. 이것은 법적 안정성을 확보하려면 선거에 따라 선출되는 대표자의 지위가 되도록 빨리 확정되어야 한다는 것과 대표자가 선거를 통해서 부여 받는 (인적) 민주적 정당성이 한시적이어서 선거가 주기적으로 반복된다는 점에서 비롯한다. 또한, ④ 대통령선거와 국회의원선거는 국민이 직접 주권을 행사하고 국가기관을 구성하는 것으로서 선거소송 결과에 따른 정치적 영향이 매우 크다. 그래서 선거에 관해서는 절차와 선고요건 등에 특별규정을 두는 것이 일반적이다. 물론 일반소송에서도 심판 대상에 따라 강한 정치성이 있거나 폭넓은 정치적 영향력을 미

---

360) 김종철, 「정치분쟁 해결제도로서의 선거소송의 본질과 관할: 대통령과 국회의원 선거를 중심으로」, 『세계헌법연구』 제21권 제1호, 국제헌법학회 한국학회, 2015, 42~43쪽.

치는 때가 없는 것이 아니다. 하지만 이것은 어디까지나 예외적인 특수한 경우에 국한된다. 따라서 이러한 것을 일반화할 수는 없다. 그리고 선거소송 판결은 단순히 개인의 선거권과 피선거권을 포함한 참정권 침해 여부를 확인하는 것에 그치는 것이 아니라 선거나 당선의 무효 여부를 결정하는 것으로서 결국 국민 전체에 영향을 미친다. 따라서 구체적 분쟁을 해결하는 것에 최적화한 일반 사법기관이 담당하는 것이 적절하다고 보기 어렵다. 더하여 ⑤ 대통령선거와 국회의원선거를 통해서 국가권력을 행사할 국가기관을 국민이 직접 구성한다. 그리고 이러한 절차를 통해서 국민은 예외적으로 주권을 직접 행사한다. 따라서 선거소송 인용 여부에 따라 국가기관 존립이 좌우되고 국민의 직접적 주권 행사의 향방이 결정된다. 이러한 점에서 선거소송에서 다투는 사항이 헌법구조상 중요하다는 점에는 의문이 없다. 그 밖에 ⑥ 대통령선거와 국회의원선거는 국민의 주권 행사로서 국가기관 존립과 관련된다. 따라서 대통령선거와 국회의원선거에 관한 소송에서 문제가 되는 분쟁은 헌법분쟁에 해당한다는 점에는 의문이 없다. 이것은 대통령선거와 국회의원선거에 관한 소송 심사기준이 헌법과 실질적 헌법에 해당하는 법률이라는 점에서 비롯하는 당연한 결과이다. 끝으로 ⑦ 선거소송은 단심을 채택하든 그렇지 않든 담당기관이 선거에 관한 분쟁을 최종적으로 해결한다. 따라서 선거소송 종결로 선거에 관한 분쟁은 종국적으로 해결된다. 그리고 선거소송 판결에는 일반적 효력이 부여되지 않으므로 단심제를 채택하지 않아도 문제가 없다. 결론적으로 대통령선거와 국회의원선거에 관한 소송은 독립한 기관이 헌법과 실질적 헌법인 법률을 기준으로 사법절차나 그에 버금가는 절차를 통해서 일반사법기관이 판단하기 어렵고 헌법구조상 중요한 헌법분쟁인 대통령선거와 국회의원선거에 관한 분쟁을 종국적으로 결정하는 것이다. 이러한 점에서 대통령선거와 국회의원선거에 관한 소송을 헌법재판으로 분류하는 데 무리가 없다고 생각한다. 그리고 행정소송과 다른 선거소송의 특성은 선거소송을 행정소송으로 보는 것이 적절하지 않음을 강하게 드러낸다.

　　지방의회의원과 지방자치단체장 그리고 교육감의 선거에 관한 소송과 관련하여 먼저 ① 지방자치 실시는 헌법사항임을 부정할 수 없다. 하지만 지방자치에 관한 구체적 내용은 입법자나 주민이 결정할 사항이다. 이것은 지방의회의원과 지방자치단체장 그리고 교육감의 선거에 관한 구체적 내용도 마찬가지이다. 게다가 지방의회의원과 지방자치단체장 그리고 교육감의 선거를 통해서 선출된 대표자는 통치권 일부를 행사할 수 있는 데 불과하다. 이러한 점에서 지방의회의원과 지방자치단체장 그리고 교육감의 선거에 관한 내용을 진정한 헌법사항, 적어도 중요한 헌법사항으로 볼 수 있는지는 의문이다. 그리고 ② 지방의회의원과 지방자치단체장 그리고 교육감의 선거는 주민이 주권이 아닌 통치권 일부를 행사하고 행정하위기관을 구성하는 것으로서 선거소송 결과에 따른 정치적 영향이 제한적일 수밖에 없다. 따라서 일반 법원이 지방의회의원과 지방자치단체장 그리고 교육감의 선거에 관한 소송을 담당하는 것이 큰 부담이라고 보기는 어렵다. 또한, ③ 지방의회의원과 지방자치단체장 그리고 교육감의 선거를 통해서 지방권력을 행사할 지방자치기관을 주민이 직접 구성한다. 그러나 이러한 주민 행위는 주권 행사로 볼 수 없다. 그리고 지방의회의원과 지방자치단체장 그리고 교육감의 선거에 관한 구체적 사항은 국회나 지방의회가 확정한다. 따라서 지방의회의원과 지방자치단체장 그리고 교육감의 선거에 관한 소송에서 문제가 되는 분쟁을 진정한 헌법분쟁, 적어도 중요한 헌법분쟁에 해당한다고 보기는 어렵다. 이러한 점에서 지방의회의원과 지방자치단체장 그리고 교육감의 선거에 관한 소송은 헌법재판의 개념요소를 충족하다고 볼 수 없을 것이다. 따라서 지방의회의원과 지방자치단체장 그리고 교육감의 선거에 관한 소송은 헌법재판으로 보기 어렵다. 물론 조례에 대한 규범통제도 그 중요성이나 정치적 영향력이 작아도 규범통제의 하나로서 헌법재판으로 분류할 수 있는 것처럼 지방의회의원과 지방자치단체장 그리고 교육감의 선거에 관한 소송도 '선거'소송이라는 점을 강조하여 헌법재판으로 분류할 가능성은 있다.

3. 선거소송의 헌법 제101조 제1항 사법권에 대한 포섭 여부

법원이 아닌 국가기관이 선거소송을 담당할 때만 헌법은 선거소송에 관해서 별도로 규정하였다(1960년 헌법 제83조의3 제6호). 그리고 1948년 헌법부터 현행헌법까지 선거재판권을 법원에 부여하는 헌법 규정을 둔 적이 한 번도 없지만, 각종 선거법은 (헌법에 다른 규정이 없는 한) 늘 법원에 선거소송을 담당시켜 왔다. 따라서 선거재판권은 한국의 헌법적 전통에 따라 헌법 제101조 제1항의 사법권에 포섭된다고 볼 수도 있다. 특히 한국의 판례와 학설은 선거소송을 행정소송의 하나로 이해한다고 평가할 수 있다. 이러한 해석이 특별한 규정이 있을 때만 인정되는 헌법재판의 특성에 들어맞는 것으로 보인다.

그러나 이러한 해석이 필연적이거나 유일한 것은 아니다. 게다가 이러한 해석은 헌법 제101조 제1항의 사법권을 전통적인 사법권을 중심으로 이해하는 것에 어긋날 수 있다. 오히려 헌법 제101조 제1항의 사법권을 전통적 사법권을 중심으로 이해하여 (부수적 규범통제권을 제외한) 헌법재판권을 이러한 사법권에서 배제하고, (헌법재판에 속하는 대통령선거와 국회의원선거에 관한 소송을 포함한) 선거소송을 일반 법원에 맡기는 헌법적 전통이 있다고 이해하는 것이 논리적인 해석이라고 생각한다. 그리고 선거소송을 민중소송으로 분류하여 행정소송의 하나로 이해하는 것은 선거소송의 본질에 근거한 것이 아니라 선거소송을 법원에 담당시킨 실정법을 근거로 한 것이고, 헌법재판에 속하는 소송 대부분은 민중소송으로 이해할 수 있다는 점을 고려하면 선거소송이 헌법 제101조 제1항의 사법권에 속한다고 보는 것을 법률합치적 헌법해석으로 볼 수도 있다. 따라서 선거소송의 본질에 맞게 최소한 (헌법재판에 속하는) 대통령선거와 국회의원선거에 관한 소송을 헌법 제101조 제1항의 사법권에서 배제하는 것이 타당하다고 생각한다. 지방의회의원과 지방자치단체장 그리고 교육감의 선거에 관한 소송은 헌법재판에 속하지 않는 것으로 볼 수도 있어서 헌법 제101조 제1항의 사법권에 넣을 수도 있다. 하지만 대표자를 선출한다는 점을 강조하여 선거소송을 포괄적으로 이해하면 지방의회의원과 지방자치단체장 그리고 교육감의 선거에 관한 소송도 헌법 제101조 제1항의 사법권에서 제외할 수 있다.

헌법 제101조 제1항의 사법권에서 대통령선거와 국회의원선거에 관한 소송을 배제하면, 이러한 선거소송을 담당하는 선거재판권의 헌법적 근거도 별도로 찾아야 할 것이다. 이러한 선거재판권의 근거는 헌법 제24조 선거권과 헌법 제25조 공무담임권, 헌법 제27조 재판청구권 그리고 국회의원선거에 관한 헌법 제41조 제1항과 제3항, 대통령선거에 관한 헌법 제67조 제1항과 제5항, 더하여 국민주권을 규정한 헌법 제1조 제2항으로 볼 수 있다. 즉 국민은 선거권(헌법 제24조)과 피선거권(헌법 제25조)을 아우르는 참정권이 있고, 이러한 참정권을 행사할 수 있도록 국회의원선거(헌법 제41조 제1항과 제3항)와 대통령선거(헌법 제67조 제1항과 제5항)가 시행되어야 한다. 이러한 기본권과 선거제도를 실효적으로 보장하려면 이에 관한 재판청구권(헌법 제27조)이 인정될 수밖에 없다. 선거가 국가기관 구성의 직접적 수단이고 국민의 직접적 국가권력 행사 방식이라는 점에서 선거소송은 국가기관의 적정한 구성을 보장하는 것이고, 그에 따른 재판청구권이 인정되어야 비로소 국민주권(헌법 제1조 제2항)은 충실하게 실현될 수 있다. 따라서 선거소송과 그에 따른 선거재판권은 헌법적으로 요구되는 것으로 볼 수 있다. 만약 헌법 제101조 제1항의 사법권에서 배제되는 선거소송에 지방의회의원과 지방자치단체장 그리고 교육감의 선거에 관한 소송까지 추가하면, 이에 관한 헌법 제118조가 근거조항에 추가될 것이다.

Ⅲ. 선거소송의 구체적 내용

1. 선거소송의 목적

선거소송은 주권자인 국민이 대표자를 뽑는 절차의 공정성을 확보하는 데 객관적 목적이 있다. 주관적 측면에서 선거소송은 개인의 선거권과 피선거권을 아우르는 참정권을 보장하는 기능을 수행한다. 하지만 선거는 국민이 직접 국가권력을 행사하는 것이라서 선거소송은 필연적으로 국민의 국가권력 직접 행사에 영향을 미칠 수밖에 없다. 따라서 선거소송에서는 주관적 목적보다 객관적 목적이 우선한다. 그래서 국민이 위임한 통치권 행사와 관련 있는 일반적인 행정소송과 선거소송은 다르다. 그리고 개인 행위의 단순한 합이 아니라 모든 국민의 행위가 하나의 과정 안에 녹아드는 합성행위라는 점에서 선거소송에서는 국가기관 구성을 통한 헌법질서 수립과 안정이라는 객관적 측면이 우선한다. 특히 선거는 대표자에게 (인적) 민주적 정당성을 부여하는 수단이다. 그러므로 선거소송은 부여된 (인적) 민주적 정당성을 부정하는 결과를 낳는다는 점에서 선거소송에서는 실질적 정의보다는 법적 안정성이 더 강조되어야 한다.361) 따라서 선거소송은 신속하게 처리되어야 한다.362)

2. 대법원과 고등법원의 재판 관할

대통령선거와 국회의원선거 그리고 비례대표시·도의원선거와 시·도지사선거, 교육감선거에서 선거소송은 대법원이 담당하여 단심으로 재판이 끝난다(공직선거법 제222조 제1항과 제2항, 제223조 제1항과 제2항, '지방교육자치에 관한 법률' 제49조 제1항). 그리고 지역구시·도의원선거, 자치구·시·군의원선거와 자치구·시·군의 장 선거에서 선거소송은 그 선거구를 관할하는 고등법원이 관할하고 대법원을 최종심으로 하여 2심으로 재판이 확정된다(공직선거법 제222조 제2항과 제223조 제2항). 이것은 선거의 특수성을 고려하여 선거로 말미암은 정국의 불안정 상태를 신속하게 제

---

361) 비슷한 견해: 장효준, 「선거쟁송에 관한 헌법적 고찰: 본질과 관할을 중심으로」, 연세대학교 법학석사학위논문, 2015, 12, 46쪽.

362) 헌재 2004. 8. 26. 2003헌바20, 판례집 16-2상, 205, 211-212: "이 사건 대통령선거에 관한 소송은 전국 유권자들의 이해관계가 걸려있고, 선거무효 소송이든 당선무효 소송이든 그 절차나 권리관계가 복잡하리라는 점을 쉽사리 추단할 수 있으며, 국가원수이자 행정부 수반인 대통령 지위의 법적 불안정성을 제거하기 위하여 신속한 재판이 강하게 요구되므로 대통령선거소송의 경우 다른 비재산권에 관한 소송보다 많은 인지액을 첩부하도록 차등을 두고 있다고 하더라도 이는 대통령선거에 관한 소송에 내재하고 있는 위와 같은 특수성을 반영하여 설정된 것으로서 차별의 목적 및 근거에 합리성이 있다."

거하고 이해관계인의 지위와 선거결과를 조기에 확정하기 위한 것이다.

3. 명확히 규정된 당사자적격

선거소송에서는 원고적격은 물론 피고적격도 공직선거법이 명확하게 규정한다. 원고적격을 제한하는 것은 남소를 방지하기 위한 것이고, 피고적격을 명확히 확정하는 것은 판결의 효력을 확보하기 위한 것이다.

선거무효소송과 관련하여 대통령선거와 국회의원선거에서는 선거인, 후보자를 추천한 정당이나 후보자가, 지방의회의원과 지방자치단체장 그리고 교육감의 선거에서는 선거무효소청 결정에 불복이 있는 소청인[363](당선인 포함)이 소를 제기할 수 있다(공직선거법 제222조 제1항과 제2항, '지방교육자치에 관한 법률' 제49조 제1항). 여기서 선거인은 해당 선거구에 속하는 선거인에 국한하고,[364] 선거인 개인임을 요구하므로 선거인이 조직한 단체는 원고적격성이 없다.[365] 선거 당시에 선거권이 없더라도 나중에 선거권을 취득하면 선거의 위법을 바로잡으려고 소를 제기할 수 있다.[366] 그리고 선거인이 투표한 사람일 필요는 없다.[367] 소를 제기할 때 선거권이 있음이 증명되면 선거인 명부에 등재되지 않았더라도 원고적격이 있다.[368] 또한, 소송 계속 중에 원고가 선거권을 상실하더라도 소송은 중단되지 않는다.[369]

당선무효소송과 관련하여 대통령선거와 국회의원선거에서는 후보자를 추천한 정당이나 후보자가, 지방의회의원과 지방자치단체장 그리고 교육감의 선거에서는 선거소청 결정에 불복이 있는 소청인[370]이나 당선인인 피소청인[371](선거구선거관리

---

363) 선거무효와 관련하여 선거인·정당(후보자를 추천한 정당에 국한)이나 후보자가 소청할 수 있다(공직선거법 제219조 제1항).

364) 대법원 1968. 7. 15. 선고 67수29 판결(집16-2, 선001).

365) 이주영, 「민중소송, 기관소송」, 『행정소송에 관한 제문제[하]』(재판자료 제68집), 법원행정처, 1995, 103쪽.

366) 이주영, 「민중소송, 기관소송」, 『행정소송에 관한 제문제[하]』(재판자료 제68집), 법원행정처, 1995, 104쪽.

367) 이주영, 「민중소송, 기관소송」, 『행정소송에 관한 제문제[하]』(재판자료 제68집), 법원행정처, 1995, 104쪽.

368) 이주영, 「민중소송, 기관소송」, 『행정소송에 관한 제문제[하]』(재판자료 제68집), 법원행정처, 1995, 104쪽.

369) 대법원 1961. 4. 11. 선고 4293선14 판결; 이주영, 「민중소송, 기관소송」, 『행정소송에 관한 제문제[하]』(재판자료 제68집), 법원행정처, 1995, 104쪽.

370) 당선무효와 관련하여 정당이나 후보자가 소청할 수 있다(공직선거법 제219조 제2항).

371) 등록무효와 피선거권 상실로 말미암은 당선무효 등의 사유이면 당선인을, 당선인의 결정·공고·통지에 관한 규정에 따른 결정 위법을 이유로 하면 해당 선거구선거관리위원회 위원장을 각각 피소청인으로 한다(공직선거법 제219조 제2항). 피소청인으로 될 당선인이 사퇴 또는 사망하거나 당선인

위원회 위원장이 피소청인이면 당선인 포함)이 소를 제기할 수 있다(공직선거법 제223조 제1항과 제2항, '지방교육자치에 관한 법률' 제49조 제1항). 선거소송에서 후보자는 해당 선거구에서 낙선한 후보자를 말한다. 따라서 자기가 입후보한 선거구가 아닌 다른 지역구에 관해서는 선거무효나 당선무효의 소를 제기할 수 없다.[372] 그리고 지역구에 입후보한 사람은 비례대표 국회의원 당선 효력을 다투는 원고로서 당사자적격이 없다.[373]

선거무효소송과 관련하여 대통령선거와 국회의원선거에서는 해당 선거구선거관리위원회 위원장을, 지방의회의원과 지방자치단체장 그리고 교육감의 선거에서 기각이나 각하 결정이 있으면(기간 안에 결정하지 아니한 때 포함) 해당 선거구선거관리위원회 위원장을, 인용결정이 있으면 그 인용결정을 내린 선거관리위원회 위원장을 피고로 한다(공직선거법 제222조 제1항과 제2항, '지방교육자치에 관한 법률' 제49조 제1항). 이때 위원장이 궐위되면 해당 선거관리위원회 위원 전원을 피고로 한다(공직선거법 제222조 제3항, '지방교육자치에 관한 법률' 제49조 제1항).

당선무효소송과 관련하여 대통령선거와 국회의원선거에서 등록무효와 피선거권 상실로 말미암은 당선무효 등의 사유이면 당선인을, 당선인의 결정·공고·통지와 당선인 재결정, 의석 배분이나 재배분에 관한 결정의 위법성을 이유로 하면 대통령선거에서는 당선인을 결정한 중앙선거관리위원회 위원장이나 국회의장[374]을, 국회의원선거에서는 해당 선거구선거관리위원회 위원장을 그리고 지방의회의원과 지방자치단체장 그리고 교육감의 선거에서는 기각이나 각하 결정이 있으면(기간 안에 결정하지 아니한 때 포함) 해당 선거구선거관리위원회 위원장을, 인용결정이 있으면 인용결정을 내린 선거관리위원회 위원장을 각각 피고로 한다(공직선거법 제223조 제1항과 제2항, '지방교육자치에 관한 법률' 제49조 제1항). 이때 피고가 될 위원장이 궐위되면 해당 선거관리위원회 위원 전원을 피고로 한다(공직선거법 제223조 제3항, '지방교육자치에 관한 법률' 제49조 제1항).

이 임기 개시 전에 피선거권이 없게 되어 당선의 효력이 상실되거나 당선이 무효로 되면 해당 선거구선거관리위원회 위원장을, 해당 선거구선거관리위원회 위원장이 궐위되면 해당 선거구선거관리위원회위원 전원을 피소청인으로 한다(공직선거법 제219조 제4항).

372) 대법원 1968. 7. 15. 선고 67수29 판결(집16-2, 선001).

373) 대법원 1992. 7. 22. 선고 92수174 판결(공1992, 2564).

374) 최고득표자가 2명 이상이면 중앙선거관리위원회 통지에 따라서 국회는 재적의원 과반수가 출석한 공개회의에서 다수표를 얻은 사람을 당선인으로 결정한다(헌법 제67조 제2항, 공직선거법 제187조 제2항).

4. 짧은 제소기간

행정소송에서 취소소송은 처분 등이 있음을 안 날부터 90일 이내에, 처분 등이 있는 날부터 1년 이내에 소를 제기할 수 있다(행정소송법 제20조). 그러나 대통령선거와 국회의원선거에서 선거무효소송은 선거일부터 30일 이내에(공직선거법 제222조 제1항), 당선무효소송은 당선인결정일부터 30일 이내에(공직선거법 제223조 제1항) 소를 제기할 수 있다. 지방의회의원과 지방자치단체장 그리고 교육감의 선거에서 선거무효소송과 당선무효소송은 결정서를 받은 날부터 10일 이내에, 소청을 접수한 날부터 60일 이내에 결정하지 아니하면 결정기간이 종료된 날부터 10일 이내에 소를 제기할 수 있다(공직선거법 제222조 제1항과 제223조 제2항, '지방교육자치에 관한 법률' 제49조 제1항). 이러한 짧은 제소기간은 선거결과를 빨리 확정하여 선거를 통해서 형성되고 유지되는 헌법질서와 그에 관한 법적 관계의 불안정을 신속하게 제거하기 위한 것이다. 즉 선거결과 불확정이라는 불안정한 상태를 오랜 기간 내버려두지 않기 위한 것이다.[375]

5. 판결기간 법정

선거소송은 다른 쟁송에 우선하여 신속히 재판하여야 하고, 선거소송에서 수소법원은 소가 제기된 날부터 180일 이내에 처리하여야 한다(공직선거법 제225조). 이것은 법적 안정성 확보를 위해서 신속한 처리가 요구되는 선거소송의 특성에 비롯한다. 특히 선거를 통해서 선출된 대표자는 임기가 있어서 선거소송이 지연되면 될수록 선거소송은 점점 실효성을 잃게 된다는 점을 고려한 것이다.

6. 직권심리주의

선거소송에서 법원은 필요하다고 인정하면 직권으로 증거조사를 할 수 있고, 당사자가 주장하지 아니한 사실에 관해서도 판단할 수 있다(공직선거법 제227조, 행정소송법 제26조). 이것은 선거소송이 당사자의 권리 보장을 위한 소송에 그치는 것이 아니라 신속한 대표자 확정을 통한 법적 안정성 확보를 주된 목적으로 하는 소송이라는 점을 반영한 것이다.

---

375) 같은 견해: 한견우, 「공직선거및선거부정방지법상 선거쟁송의 현황과 개혁방향」, 『공법연구』 제28집 제4호 제1권, 한국공법학회, 2000, 157쪽.

7. 사정판결

소장을 접수한 대법원이나 고등법원은 선거소송에서 선거에 관한 규정을 위반한 사실이 있는 때라도 선거 결과에 영향을 미쳤다고 인정하는 때에 한하여 선거 전부나 일부의 무효 또는 당선의 무효를 판결한다(공직선거법 제224조). 이러한 사정판결은 선거 위법성의 중요성과 선출된 대표의 존립성 보호를 서로 형량한 결과물이다. 여기서 선거소송이 주관소송이 아니라 객관소송임이 명확하게 드러난다. 그리고 이를 통해서 사법기관은 선거에 가능한 한 최소한으로 개입할 수 있게 된다. 또한, 사정판결은 선거의 공정한 관리를 위해서 독립적으로 설치된 선거관리위원회(헌법 제114조 제1항)를 존중하는 의미도 있다.

당선무효소송에서는 당선이 무효가 되는 요건을 공직선거법(제223조 제1항과 제2항, 제219조 제2항)이 비교적 엄격하게 규정한다. 따라서 당선인에게 등록무효사유나 당선무효사유에 해당하는 사실이 있거나 각급 선거관리위원회가 당선인 결정이나 비례대표 의원 배분에서 위법한 행위가 있으면 당선무효소송에서 해당 당선인의 당선은 무효가 된다. 그러나 선거가 무효가 되기 위한 요건에 관해서는 공직선거법이 침묵한다. 이와 관련하여 대법원은 선거무효소송은 선거일 지정과 선거인 명부 확정, 후보자 등록, 투표용지의 조제, 선거인들의 투표 및 그 관리, 투표 결과 심사, 당선인 결정 등을 포괄하는 선거에 관한 쟁송이라고 하면서 선거무효의 사유가 되는 '선거에 관한 규정에 위반된 사실'이란 기본적으로 선거관리 주체인 선거관리위원회가 선거의 관리집행에 관한 규정에 위반한 때[376]와 후보자 등 제3자의 선거과정상 위법행위에 대해서 적절한 시정조치를 취함이 없이 묵인·방치하는 것 등 그 책임에 돌릴 만한 선거사무 관리집행상 하자가 따로 있는 때를 말하지만, 그 밖에도 후보자 등 제3자의 선거과정상 위법행위로 말미암아 선거인들이 자유로운 판단을 통해서 투표할 수 없게 됨으로써 선거의 기본이념인 선거의 자유와 공정이 현저히 저해되었다고 인정되는 때[377]를 포함한다고 한다.[378] 그리고 '선거의 결과에 영향을 미쳤다고 인정하는 때'는 선거에 관한 규정 위반이 없었더라면 선거 결과, 즉 후보자의 당락에 관하여 현실로 있었던 것과 다른 결과가 발생하였을지도 모른다고

---

376) 대법원 2001. 3. 9. 선고 2000수124 판결(공2001상, 885).
377) 대법원 2001. 7. 13. 선고 2000수216 판결(공2001하, 1873).
378) 대법원 2000. 10. 13. 선고 2000수87 판결; 대법원 2002. 2. 26. 선고 2000수162 판결(공2002상, 815); 대법원 2005. 6. 9. 선고 2004수54 판결(공2005하, 1160).

인정되는 때를 말한다고 한다.379) 선거무효나 당선무효를 선고하는 데 '선거 결과에
영향을 미쳤다고 인정하는 때'라는 요건을 요구함으로써 법원은 위법을 확인하고도
선거무효나 당선무효를 선고할 수 없을 수도 있다. 이것은 당사자의 권리 보장보다
는 법적 안정성을 중시하는 선거소송의 목적에서 비롯한다. 이와 관련하여 선거 시
행 전에는 선거무효를 주장할 권리가 발생할 수 없으므로 이러한 권리가 있음을 전
제로 후보자등록취소처분에 대한 효력정지가처분명령은 허용될 수 없다.380)

8. 소송승계 부정

선거인이나 후보자 등이 적법하게 선거무효의 소를 제기한 뒤 사망하면 절차
승계를 규정한 행정소송법 제8조 제2항에 따라서 민사소송법이 준용되어(공직선거
법 제227조) 소송승계될 가능성이 있다. 하지만 선거권이나 피선거권은 일신전속권
이라서 선거에 관한 쟁송권도 일신전속권이다. 따라서 원고가 사망하면 그 소송은
승계되지 않고 당연히 종료한다.381) 이것은 선거무효의 소가 참정권에 기반을 둠을
뜻한다.

Ⅳ. 선거소송 관할

1. 한국 실정법에서 선거소송 관할

1948년 국회의원선거법은 국회의원선거에 관한 쟁송을 행정 수반이 임명한 대
법관 2명, 국회에서 선거된 위원 2명, 대법원장이 지명한 위원장 1인으로 구성된
선거심사위원회에 맡겼다(제50조 내지 제52조). 그러나 1949년 법원조직법은 선거소
송을 법원 관할로 규정하였다(제2조). 그것에 맞게 1950년 국회의원선거법도 국회
의원선거에 관한 소송을 대법원 관할로 개정하였다(제90조와 제91조). 1949년 지방
자치법을 따르면 지방선거에 관한 소송은 대법원 관할이었다(제92조). 이것은 1973
년 지방자치법까지 유지되었다(제92조). 1952년 대통령·부통령선거법은 대통령과
부통령의 선거에 관한 소송을 대법원 담당으로 하였다(제71조와 제72조). 1960년 헌
법 제83조의3은 대통령, 대법원장과 대법관의 선거에 관한 소송을 헌법재판소에 관

---

379) 대법원 1999. 8. 24. 선고 99우55 판결(공1999하, 1979); 대법원 2002. 2. 26. 선고 2000수162 판결
     (공2002상, 815); 대법원 2005. 6. 9. 선고 2004수54 판결(공2005하, 1160).
380) 대법원 1958. 4. 30.자 4291선신1 결정.
381) 김학세, 『행정소송의 체계(증보개정판)』, 일조각, 1998, 290쪽; 이주영, 「민중소송, 기관소송」, 『행
     정소송에 관한 제문제[하]』(재판자료 제68집), 법원행정처, 1995, 104쪽.

장시켰다.[382] 그러나 국회의원선거에 관한 소송은 여전히 대법원 관할로 남겼다 (1952년 국회의원선거법 제133조와 제134조). 이것은 이후 변화가 없었다(공직선거법 제 222조 제1항과 제223조 제1항). 1963년 대통령선거법은 대통령선거에 관한 소송을 다 시 대법원에 맡겼다(제123조와 제124조). 이후 대통령선거에 관한 소송은 지금까지 대법원 관할이다(공직선거법 제222조 제1항과 제223조 제1항). 1994년 공직선거및선거 부정방지법은 시·도지사선거에 관한 소송을 대법원 관할로, 지방의회의원선거와 자치구·시·군의 장 선거에 관한 소송을 고등법원 관할로 규정하였다(제222조 제2 항과 제223조 제2항). 2002년 3월 7일에 시행된 공직선거및선거부정방지법은 비례대 표시·도의원선거 및 시·도지사선거에 관한 소송은 대법원 관할로, 지역구시·도의 원선거, 자치구·시·군의원선거 및 자치구·시·군의 장 선거에 관한 소송을 고등 법원 관할로 개정하였다(제222조 제2항과 제223조 제2항). 이것은 지금까지 유지된다 (공직선거법 제222조 제2항과 제223조 제2항).

한국에서 선거소송은 1948년 국회의원선거법에 따른 국회의원선거소송과 1960 년 헌법에 따른 대통령, 대법원장과 대법관의 선거에 관한 소송을 제외하고는 모 두 일반 법원이 담당하였다. 일반 법원에 선거소송을 담당시킬 때 1994년 이후 지 방선거소송 일부 이외에는 모두 대법원이 심판기관이어서 당연히 대부분 단심제를 채택하였다. 이처럼 선거소송을 거의 일반 법원에 맡긴 것은 선거법 제정 과정에 사법부가 주도적으로 관여한 것에서 비롯한 것으로 보인다.[383] 그리고 다른 헌법 재판과 달리 선거소송의 헌법재판적 성격이 주목받지 못하고 행정소송으로 분류되 면서 일반 법원이 담당하는 것에 관한 거부감도 크지 않은 것도 큰 몫을 하였을 것이다.

2. 학설

선거소송이 헌법재판의 성격이 있다면 선고소송은 대법원을 최고법원으로 하는 일반 법원이 아니라 헌법재판을 전담하는 헌법재판소가 담당하는 것이 타당하다는 견해가 있다.[384] 이 견해는 헌법제정자가 헌법재판소 관장사항으로 선거소송을 명

---

382) 대법원장과 대법관을 선거로 뽑으면, 이러한 선거도 국가최고기관을 구성하는 것이므로 헌법재판 에 해당한다.
383) 비슷한 견해: 장효준, 「선거쟁송에 관한 헌법적 고찰: 본질과 관할을 중심으로」, 연세대학교 법학석 사학위논문, 2015, 102쪽.
384) 이준일, 「선거관리와 선거소송: 헌법적 쟁점을 중심으로」, 『저스티스』 제130호, 한국법학원, 2012. 6., 49~50쪽.

시적으로 열거하지 않아도 이것이 헌법재판소의 선거소송 담당을 금지하는 의미는
아니라서 입법자가 법률로써 헌법재판에 관한 권한을 헌법재판소에 부여하더라도
이것을 일반 법원의 권한을 제한하거나 박탈하는 위헌법률이라고 볼 수 없다고 한
다. 헌법이 일반 법원에 부여하는 사법권(헌법 제101조 제1항)은 전통적인 의미의 재
판, 즉 민사재판과 형사재판 등에 국한된다고 보면 본질적 측면에서 헌법재판의 성
격이 있는 선거재판에 관한 권한을 일반 법원이 아닌 헌법재판소에 부여하여도 일
반 법원의 권한을 제한하거나 박탈하는 것은 아니기 때문이라고 한다. 국민주권원
리의 당연한 요청으로 말미암아 주권 행사에 직접 영향을 미치는 판단작용은 그 성
격이나 중요성에서 단순한 일반 사법사건으로 다루어질 수 없고, 선거소송은 헌법
재판에 속하며 일반 법원에 맡겨질 사항이 아니라는 견해도 있다.[385] 그리고 국가
기관을 구성하고 국가권력에 민주적 정당성을 부여하는 선거의 중요성에 비추어 적
어도 국가권력 행사와 관련된 전국적인 차원의 선거인 대통령선거와 국회의원선거
에 대한 심사는 다른 사법적 절차와는 완연하게 구분되는 특수한 법적 심사이고,
국가 대부분이 전국적인 차원의 입법기관 선거에 대한 심사와 국가원수 선거에 대
한 심사는 헌법재판소 관할로 한다는 점에서 선거심사는 헌법재판의 핵심적인 구성
부분이라고 할 수 있으므로, 헌법재판소와 같은 독립한 전문적인 헌법재판기관이
설립된 이상, 대통령선거와 국회의원선거에 관한 심사권을 법원이 아니라 헌법재판
소에 부여하는 것이 바람직하다는 견해도 있다.[386]

국가기관을 구성하고 국가권력에 민주적 정당성을 부여하는 선거의 의미에 비
추어 선거소송은 다른 사법적 절차와는 완연하게 구분되는 특수한 법적 심사이고,
외국 입법례를 보더라도 선거소송은 헌법재판의 핵심적인 구성부분이므로, 헌법재
판소와 같은 독립한 전문헌법재판기관이 설립된 이상, 대통령과 국회의원의 선거를
비롯하여 각종 선거 관련 심사권을 일반 법원이 아니라 헌법재판소 관할로 하는 것
이 바람직하다는 주장이 있다.[387] 대법원의 업무량이 과중한 데다가 선거소송은 신
속하게 처리되어야 하므로 대법원이 선거소송을 관할하는 것은 재고의 여지가 있다
는 견해도 있다.[388] 그리고 선거소송의 본질이나 특수성을 따를 때 선거소송이 행

---

385) 권영설, 「선거소송의 문제점과 과제」, 『저스티스』 제66호, 한국법학원, 2002. 4., 31쪽.
386) 한수웅, 『헌법학(제8판)』, 법문사, 2018, 1347~1348쪽. 이를 따르는 견해로는 고문현, 「선거소송의
    현황과 문제점」, 『토지공법연구』 제77집, 한국토지공법학회, 2017, 423쪽
387) 황치연, 「헌법정책적 측면에서 헌법재판소와 법원의 관계」, 『헌법판례연구』 제11권, 박영사, 2010,
    218쪽.
388) 이병린, 「선거에 관한 소송제도」, 『선거관리』 제3권 제1호, 중앙선거관리위원회, 1970, 27쪽.

정소송이 아닌 헌법소송 범주에 속하면, 선거소송의 관할도 대법원을 최고법원으로 하는 일반 법원이 아니라 헌법재판을 담당하는 헌법재판소로 변경하는 것이 타당할 것이라는 견해도 있다.[389] 당선무효를 포함한 선거무효에 관한 다툼은 국민의 대의기관 구성 하자에 관한 것으로 전형적인 헌법문제에 해당하므로, 이것은 대법원 등이 아닌 헌법적 분쟁 전문담당기관인 헌법재판소 관할로 할 필요가 있다는 지적도 있다.[390]

중추적인 헌법기관인 대통령과 국회의원의 선거소송은 기본적인 국가기관 구성의 효력을 다투어서 통상적인 소송과는 성격이 다르므로, 정당 존립을 다루는 정당해산심판권이나 탄핵심판권을 일반 법원이 아니라 헌법재판소에 부여하는 것과 마찬가지로 대통령과 국회의원의 선거재판권을 일반 법원에 부여하는 것은 적절하지 않다는 비판도 있다.[391] 이 견해는 헌법재판권을 2원화하거나 분산시키는 것은 바람직하지 못하고, 특히 헌법재판권에 속하는 사항을 일반 법원에 주는 것은 적절하지 못하며, 무엇보다도 일반소송을 다루는 사법적 태도와 헌법정책적 고려를 필수적 요소로 하는 헌법소송의 사법적 태도는 달라서 대통령과 국회의원의 선거재판권은 대법원이 아니라 헌법재판소에 부여하는 것이 타당하다고 한다. 그리고 헌법재판소가 효율적으로 기능하기 위해서 선거소송 가운데 지방선거에 관한 소송은 헌법재판소의 관장사항에서 제외하는 것이 적절하다고 한다.[392] 다른 나라의 예와 마찬가지로 대통령과 국회의원의 선거소송을 헌법재판소 관할로 하자는 주장도 있다.[393]

시·도지사선거나 비례대표시·도의원선거를 최고법원인 대법원이 관할하도록 한 것은 문제가 있다는 지적이 있다.[394] 이 견해는 선거로 선출된 대표가 국민 전체의 대표인지 아니면 지역주민의 대표인지가 중요하다고 한다. 즉 비록 선거 규모에서 보면 시·도지사선거나 비례대표시·도의원선거가 국회의원선거와 비교하면 큰 규모의 선거이지만, 선거 규모 때문이 아니라 국민 전체의 대표에 대한 법적 지위 확정이 신속하게 이루어지도록 하려고 대통령과 국회의원의 선거소송을 대법원

---

389) 기현석, 「선거소송의 관할 논의에 대한 고찰」, 『헌법학연구』 제24권 제1호, 한국헌법학회, 2018, 208쪽.
390) 오윤식, 『후보자와 정당을 위한 공직선거법 해설』, 피앤씨미디어, 2016, 840쪽.
391) 양   건/김문현/남복현, 『헌법재판소법의 개정방향에 관한 연구용역보고서』(헌법재판연구 제10권), 헌법재판소, 1999, 5쪽.
392) 양   건/김문현/남복현, 『헌법재판소법의 개정방향에 관한 연구용역보고서』(헌법재판연구 제10권), 헌법재판소, 1999, 8쪽.
393) 이시윤, 「헌법재판 10년의 회고와 전망」, 『공법연구』 제27집 제3호, 한국공법학회, 1999, 113쪽.
394) 이준일, 「선거관리와 선거소송: 헌법적 쟁점을 중심으로」, 『저스티스』 제130호, 한국법학원, 2012. 6., 49~50쪽.

관할로 한 것이라고 한다. 대통령선거와 국회의원선거 그리고 국민투표와 같은 주
권자 국민의 직접적 주권 행사와 성격이 달라서 최고법원이 아닌 심급의 법원이 지
방선거소송을 담당하더라도 큰 무리가 없다는 견해도 있다.[395]

3. 사견

핵심영역 보호로 축소된 권력분립원리를 따라 헌법 제111조 제1항을 해석하면,
헌법 제111조 제1항이 열거한 법원의 제청에 의한 법률의 위헌여부 심판, 탄핵심
판, 정당해산심판, 권한쟁의심판, 헌법소원심판의 다섯 권한은 헌법재판소의 핵심권
한으로서 반드시 헌법재판소가 행사하여야 한다. 그러나 이러한 열거가 헌법재판소
의 권한을 한정하는 것은 아니라서 입법자는 법률을 통하여 헌법재판소에 다른 권
한을 부여할 수도 있다. 그리고 헌법 제101조 제1항의 사법권을 전통적 사법권을
중심으로 이해하면 이것은 최소한 (헌법재판에 속하는) 대통령선거와 국회의원선거에
관한 소송을 포섭할 수 없다. 따라서 선거소송을 일반 법원 관할에서 배제한다고
하여도 헌법 제101조 제1항에 어긋나지 않는다. 설사 헌법 제101조 제1항의 사법
권에 선거재판권이 포함된다고 하여도 선거재판권이 사법권의 핵심은 아니므로 일
반 법원이 아닌 헌법재판소에 선거재판권을 부여하여도 헌법 제101조 제1항에 어
긋나지 않는다. 즉 선거재판권을 일반 법원에 부여하지 않더라도 일반 법원의 권한
을 박탈하거나 제한하는 것으로 볼 수 없다. 이러한 점에서 반드시 일반 법원이 선
거소송을 담당하여야 하는 것은 아니다.

선거재판권은 사법부가 입법부나 집행부를 통제하는 강력한 수단이 될 수 있다.
그러나 선거소송(특히 대통령선거와 국회의원선거에 관한 소송)이 품은 강한 정치성 때
문에 정치에 일정한 거리를 두고 중립성을 유지하여야 하는 일반 법원이 담당하는
것이 적절하다고 보기 어렵다. 특히 엄청난 업무부담을 호소하는 일반 법원이 신속
하게 처리하여야 하는 (헌법재판에 속하는 대통령선거와 국회의원선거에 관한 소송을 포
함한) 선거소송마저 맡는 것은 바람직한 것으로 보이질 않는다. 그리고 법률심을 담
당하는 대법원이 사실심도 포함된 선거소송을 관장하는 것이 바람직한 것인지도 의
심스럽다.[396] 게다가 정치성이 강한 헌법재판을 전담하는 헌법재판소가 별도로 설
립된 상황에서는 일반 법원이 최소한 정치성이 강한 대통령선거와 국회의원선거에

---

395) 권영설, 「선거소송의 문제점과 과제」, 『저스티스』 제66호, 한국법학원, 2002. 4., 32쪽.
396) 대법원 전속관할 아래에 있어 단심에 그치는 선거소송, 국민투표소송, 기관소송이 헌법재판과 관련
    있는 것은 우연이 아니다.

관한 재판을 담당할 이유는 없는 것으로 보인다. 이러한 점에서 최소한 (헌법재판에 속하는) 대통령선거와 국회의원선거에 관한 소송은 다른 헌법재판처럼 헌법재판소가 관장하는 것이 타당하다고 생각한다. 물론 이를 위해서는 헌법재판소의 조사기능을 강화할 필요가 있다.

일반 법원에 선거소송을 담당시켜 온 것을 한국적 전통이라고 볼 수도 있다. 하지만 이것은 헌법재판이 제대로 활성화하지 않은 상황에서 선거소송의 본질을 제대로 고려하지 않고 형성된 것이다. 따라서 헌법재판이 활성화하고 최소한 대통령선거와 국회의원선거에 관한 소송도 헌법재판의 하나라는 이해가 어느 정도 자리 잡은 상황에서는 이러한 전통을 유지할 것인지에 관해서 신중한 재고가 필요하다. 따라서 일반 법원에 선거소송을 맡기는 것을 한국적 전통으로 볼 수 있다고 하여도 그 법적 의미는 크지 않다.

지방자치의 중요성이 점점 강조되기는 하지만 지방의회의원과 지방자치단체장 그리고 교육감의 선거를 국회의원선거나 대통령선거와 같은 반열에 올려놓을 수는 없다.397) 국회의원선거나 대통령선거는 주권 행사이지만, 지방선거는 통치권 일부를 행사하는 것에 불과하기 때문이다. 특히 지방선거는 국민 일부인 주민과 국토 일부에만 관련된다는 점에서 지방의회의원과 지방자치단체장 그리고 교육감의 선거에 관한 소송은 국회의원선거나 대통령선거에 관한 소송과 정치적 영향력이나 중요성 측면에서 서로 대등하게 비교하기 어렵다. 그리고 지방자치기관의 숫자는 국회의원이나 대통령의 숫자에 비해서 너무 많다. 따라서 지방의회의원과 지방자치단체장 그리고 교육감의 선거에 관한 소송까지 헌법심과 법률심은 물론 사실심까지 9명의 재판관으로 구성된 헌법재판소가 맡는 것은 이론적으로나 실무적으로 타당하다고 보기 어렵다. 특히 지방의회를 포함한 지방자치기관의 본질이 하부행정기관이라는 점에서도 국회의원이나 대통령에 관한 선거소송은 지방의회의원과 지방자치단체장 그리고 교육감의 선거에 관한 소송과 구별되어야 할 것이다. 따라서 선거소송 중 국회의원과 대통령에 관한 선거소송만 헌법재판소의 관할 아래 두고 지방의회의원과 지방자치단체장 그리고 교육감의 선거소송은 그대로 일반 법원 관할 아래

397) 비슷한 견해로는 김종철, 「정치분쟁 해결제도로서의 선거소송의 본질과 관할: 대통령과 국회의원 선거를 중심으로」, 『세계헌법연구』 제21권 제1호, 국제헌법학회 한국학회, 2015, 38~39쪽: "대의민주주의의 근간으로서 지위가 있는 선거라는 점에서 양자는 같지만 중핵적 헌법기관을 구성하는 대통령선거와 국회의원선거와 생활공동체이자 지방행정민주화 차원이 강한 지방자치단체의 선거는 헌법적 위상에서 차이가 있고, 개별 선거가 가지는 헌정구조에 대한 파장의 의미도 현격한 차이가 있어 같은 차원에서 논의할 수 없다."

두는 것이 바람직할 것이다.398) 1960년 헌법이 지방의회의원과 지방자치단체장의 선거에 관한 소송을 헌법재판소 관할 아래 두지 않는 것도 이러한 구별에 바탕을 둔 것으로 보인다. 이러한 관할 조정을 통해서 헌법재판에 해당하는 것에 의문이 없는 진정한 선거소송만 헌법재판소 관할 아래 둘 수 있다. 지방의회의원과 지방자치단체장 그리고 교육감의 선거에 관한 소송을 일반 법원에 맡기더라도 대법원의 지위와 기능 그리고 업무량에 비추어 대법원을 법률심으로 남기는 것이 타당하다고 생각한다. 그러므로 모든 지방의회의원과 지방자치단체장 그리고 교육감의 선거에 관한 선거소송의 1심을 고등법원에 맡기고, 대법원은 고등법원 판결의 적정성을 법률심적 관점에서 판단하는 것이 바람직할 것이다. 그리고 관할 배분이 선거소송의 신속성도 담보할 수 있을 것이다.

현행 지방자치기관에 관한 선거소송과 관련하여 비례대표시·도의원선거와 지역구시·도의원선거를 구별하여 관할을 달리하는 것은 문제가 있다고 생각한다. 비례대표시·도의원인지 지역구시·도의원인지는 선출방식 차이에 불과하고 이들의 지위상 차이는 없기 때문이다. 그리고 비례대표선거와 지역구선거의 가치 차이를 인정할 합리적 근거를 발견할 수도 없다. 따라서 비례대표시·도의원선거와 지역구시·도의원선거에 관한 소송 모두 대법원이 관장하도록 하는 것이 바람직하다고 생각한다. 시·도지사선거에 관한 소송이 대법원 관할이므로, 이러한 관할 분배를 통해서 기초자치단체와 광역자치단체의 구별하는 지방자치법 태도에 들어맞게 할 수 있기 때문이다. 물론 비례대표시·도의원선거와 시·도지사선거 모두를 고등법원 관할로 넘겨서 국회의원선거 및 대통령선거와 지방선거를 관할 측면에서도 명확하게 구별하는 것도 이론적 명확성과 현실적 필요성이라는 측면에서 장점이 있다.

선거소송 관할 변경은 공직선거법과 지방자치법 개정만으로 충분하다. 그러나 궁극적으로는 헌법 제111조 제1항을 개정하여 대통령선거와 국회의원선거에 관한 소송을 헌법재판소 관장사항으로 명시함으로써 이러한 선거소송의 헌법재판성을 명확하게 확인하는 것이 바람직하다고 생각한다. 참고로 한국 헌법재판소의 모태로

---

398) 대화문화아카데미 새헌법안 제109조 제1항 제8호도 대통령, 국회의원의 선거 또는 당선의 효력에 관한 심판을 헌법재판소에 관장시켰고(양 건/박명림/박은정/김재원, 『새로운 헌법 필요한가』, 대화문화아카데미 대화출판사, 2008, 426쪽)[이것은 2016 새헌법안에서도 제110조 제1항 제8호에서도 그대로 유지되었다(김문현/김선택/김재원/박명림/박은정, 『대화문화아카데미 2016 새헌법안』, 대화문화아카데미 대화출판사, 2016, 564쪽)], 국회의장 자문기구인 헌법연구자문위원회 결과보고서도 대통령과 국회의원 선거재판을 헌법재판소 관장사항으로 하였다(『헌법연구자문위원회 결과보고서』, 헌법연구자문위원회, 2009, 284쪽).

인정받는 독일 연방헌법재판소(독일 기본법 제41조 제2항, 연방헌법재판소법 제13조 제3호와 제48조)399)와 오스트리아 헌법재판소400)(연방헌법 제141조)는 선거소송을 담당한다. 독일 연방헌법재판소는 선거의 효력이나 연방의회 의원자격의 취득·상실에 관한 연방의회 의결에 대한 소원을 관장한다. 독일에서는 선거소송과 관련하여 연방의회가 먼저 심사하고 나서 그 의결을 연방헌법재판소가 심사한다는 점이 특징이다. 그리고 오스트리아 헌법재판소는 선거재판소로서 선거심사, 해당 직 상실에 관한 재판, 국민발안, 국민표결, 국민의견조사와 유럽연합 시민발의 결과에 관한 심사, 선거인명부 등재와 삭제에 관한 재판의 4가지 권한이 있다. 오스트리아에서는 헌법재판소가 선거와 투표를 나누지 않고 모두 선거재판으로 분류한다는 점이 특징이다.

제 5 절 국민투표소송

Ⅰ. 국민투표소송의 의의

1. 국민투표의 개념과 유형

일반적으로 넓은 뜻의 국민투표는 국민표결과 국민발안, 신임투표, 국민소환 등을 아우른다고 한다.401) 국민표결은 국민이 중요한 정책이나 법안을 투표로써 직접 결정하는 것을 말하고, 국민발안은 국민이 중요한 정책이나 법안에 관한 투표 시행을 직접 제안할 수 있는 것을 말하며, 신임투표는 특정 공직자의 신임 여부를 투표로서 정하는 것을 말하고, 국민소환은 국민 청원에 따라서 임기 중에 있는 선출직 공직자의 해임 여부를 투표로 결정하는 것을 말한다. 하지만 특정 사항이 아닌 특

---

399) 이에 관해서 자세한 것은 홍일선, 「독일의 선거심사제도 연구」, 『헌법학연구』 제22권 제1호, 한국헌법학회, 2016, 107~137쪽 참조.

400) 이에 관해서 자세한 것은 허완중, 『오스트리아 헌법재판제도에 관한 연구』, 헌법재판소 헌법재판연구원, 2016, 64~72쪽 참조.

401) 강태수, 「국민투표에 관한 헌법적 고찰」, 『경희법학』 제42권 제2호, 경희법학연구소, 2007, 47쪽(국민거부도 포함); 구병삭/강경근, 『국민투표』, 민음사, 1991 17쪽(국민거부도 포함); 김대현, 「국민투표의 이론과 그 실시사례」, 『입법조사월보』 제176호, 국회사무처, 1989. 2., 25쪽; 김병록, 「국민투표제도소고」, 『연세법학연구』 제8권 제1호, 연세법학회, 2001, 111~112쪽(국민거부도 포함); 성낙인, 헌법학(제18판), 법문사, 2018, 564~565쪽(국민거부도 포함); 신규하, 「국민투표에 관한 연구」, 서울대학교 법학박사학위논문, 2014, 117쪽(국민거부도 포함); 음선필, 「한국헌법과 국민투표: 입법론적 검토」, 『토지공법연구』 제33집, 한국토지공법학회, 2006, 445쪽; 한수웅, 『헌법학(제8판)』, 법문사, 2018, 129~130쪽(국민질의도 포함); 홍성방, 『헌법학(상)(제3판)』, 박영사, 2016, 141쪽.

정 인물에 대한 투표라는 점에서 신임투표와 국민소환을 국민표결 및 국민발안과 함께 묶는 것은 적절하지 않다고 생각한다.

국민투표를 인물에 대한 투표와 사항에 대한 투표로 나누고, 인물에 대한 국민 투표에는 국민직선제와 국민소환제를, 사항에 대한 투표에는 국민표결제와 국민발 안, 신임투표를 포함하는 견해가 있다.402) 이러한 견해는 국민투표가 선거와 투표 를 모두 아우른다고 이해하는 것으로서 국민의 직접적 주권 행사를 빠짐없이 챙길 수 있다는 장점이 있다. 하지만 이 견해에 대해서는 규범적이고 헌법이론적인 엄밀 성을 담보하지 못하고, 실제로 인물에 대한 투표와 사항에 대한 투표는 기능상 구 분하기 어렵다는 비판이 있다.403) 국민투표를 인물에 대한 투표와 사항에 대한 투 표로 나누는 견해는 선거와 국민투표를 구분하여 국민투표에서 선거를 배제하는 일 반적인 견해에 배치된다. 특히 선거는 대의제와 직접 관련되지만, 국민투표는 직접 민주주의의 주요수단이다.404) 게다가 헌법 스스로 선거와 국민투표를 구별한다(헌법 제114조 제1항, 제115조 제1항). 이러한 점에서 이 견해는 국민투표의 일반적 의미와 들어맞지 않는 면이 있다고 생각한다. 따라서 사항에 대한 투표만 국민투표로 지칭 하고, 인물에 대한 투표는 인물투표라고 달리 부르는 것이 어떨까 한다. 이렇게 보 면 국민투표는 일반 국민이 투표로써 국가의사 성립에 직접 참여하는 것을 말하고, 여기에는 국민표결과 국민발안 등이 포함된다. 인물투표에는 선거와 국민소환 그리 고 신임투표가 속한다. 다만, 좁은 뜻의 국민투표는 국민표결만 가리킨다. 한국 헌 법은 국민투표로서 헌법개정을 위한 국민투표(제130조 제2항)와 중요정책에 관한 국 민투표(제72조)를 규정한다. 이것은 모두 국민표결에 해당한다. 그리고 한국 헌법은 인물투표 중 국민소환과 신임투표는 채택하지 않고 선거로서 국회의원선거(헌법 제 41조 제1항)와 대통령선거(헌법 제67조 제1항) 그리고 지방선거(헌법 제118조 제2항)를 규정한다.

2. 국민투표소송의 개념

국민투표소송은 국민투표의 효력을 다투는 재판절차를 말한다. 즉 국민투표소

---

402) 김선택, 「정책국민투표의 성격과 효력」, 『헌법논총』 제11집, 헌법재판소, 2000, 239쪽.
403) 강태수, 「국민투표에 관한 헌법적 고찰」, 『경희법학』 제42권 제2호, 경희법학연구소, 2007, 47쪽.
404) 헌재 2004. 5. 14. 2004헌나1, 판례집 16-1, 609, 649: "선거는 '인물에 대한 결정' 즉, 대의제를 가 능하게 하기 위한 전제조건으로서 국민의 대표자에 관한 결정이며, 이에 대하여 국민투표는 직접민 주주의를 실현하기 위한 수단으로서 '사안에 대한 결정' 즉, 특정한 국가정책이나 법안을 그 대상으 로 한다."

송은 국민투표절차의 위법을 이유로 그 효력을 다투는 소송을 모두 아우른다. 여기서 국민투표는 실정법상 헌법개정(을 위한) 국민투표(제130조 제2항)와 중요정책(에 관한) 국민투표(제72조)를 가리킨다. 국민투표절차는 국민투표를 치르는 과정에서 거치는 모든 절차, 즉 국민투표안 공고 - 투표인 명부 작성 - 국민투표에 관한 운동 - 투표 - 개표 - 결과 확정을 뜻한다. 국민투표법 제93조는 "국민투표에 관하여 이 법 또는 이 법에 의하여 발하는 명령에 위반하는 사실이 있는 경우"라고 규정하여 위법에는 국민투표법과 국민투표법 시행령 위반만 포함되는 것으로 해석할 수 있다. 그러나 국민투표법 제92조는 "국민투표의 효력에 관하여 이의가 있는"이라고 규정하므로 국민투표의 효력에 영향을 미칠 수 있는 모든 법규범 위반이 위법에 속할 것이다. 따라서 위법에는 헌법과 국민투표법, 국민투표법 시행령, 국민투표법시행규칙은 물론 국민투표에 적용되거나 준용되거나 유추되는 모든 법규범 위반이 포함된다. 헌법이 헌법개정 국민투표(헌법 제130조 제2항)와 중요정책 국민투표(헌법 제72조)를 규정하므로,[405] 그에 따라 국민투표소송은 헌법개정 국민투표소송과 중요정책 국민투표소송으로 나눌 수 있다.

헌법개정 국민투표에서 투표주체인 국민은 투표인단이라는 국가기관을 구성하고, 헌법이 부여한 헌법개정권력을 행사하여 헌법개정을 확정한다. 대의기관인 국회의원 과반수나 대통령이 제안하고 국회가 의결한 헌법개정안을 국민이 직접 최종적으로 확정한다는 점에서 헌법개정 국민투표는 직접민주제적인 결정국민투표로서 헌법개정에 관한 창설적인 법적 효력이 있다(결정적 국민표결). 헌법개정 국민투표는 대의기관이 제안하고 의결한 사항에 대해서 투표하고 대의기관이 확정하지 못하는 사항을 투표로서 확정하는 것이다. 따라서 헌법개정 국민투표는 대의제원리를 보충하거나 대체한다.[406]

중요정책 국민투표에서 투표주체인 국민은 투표인단을 구성하지만, 국가기관이 아니다. 중요정책 국민투표는 대통령이 자기 권한을 행사하기 전에 현실적 국민의사를 확인하는 것이다. 따라서 중요정책 국민투표는 대의제 테두리 안에서 대의제적 결정에 조력하는 것에 불과하다. 그 표결결과도 법적 효력이 아닌 사실적 · 정치

---

[405] 헌재 2007. 6. 28. 2004헌마644등, 판례집 19-1, 859, 885: "헌법 제72조에 의한 중요정책에 관한 국민투표는 국가안위에 관계되는 사항에 관하여 대통령이 제시한 구체적인 정책에 대한 주권자인 국민의 승인절차라 할 수 있고, 헌법 제130조 제2항에 의한 헌법개정에 관한 국민투표는 대통령 또는 국회가 제안하고 국회의 의결을 거쳐 확정된 헌법개정안에 대하여 주권자인 국민이 최종적으로 그 승인 여부를 결정하는 절차이다."

[406] 이상 김선택, 「정책국민투표의 성격과 효력」, 『헌법논총』 제11집, 헌법재판소, 2000, 243쪽.

적 효력이 있는 데 그친다(자문적 국민표결). 중요정책 국민투표로 국가의사가 확정
되지 않는다는 점에서 중요정책 국민투표는 대의제와 대립하지 않는다. 그러므로
중요정책 국민투표는 대의제적 요소와 직접민주제적 요소의 결합이나 대의제적 요
소 보완으로 이해할 수 있다.[407]

　　중요정책 국민투표는 임의적 국민투표이지만, 헌법개정 국민투표는 필수적(의무
적) 국민투표이다. 그리고 중요정책 국민투표는 자문형 국민투표이지만, 헌법개정
국민투표는 확정형 국민투표이다. 즉 헌법개정 국민투표는 국민이 직접 국가의사를
확정하는 것이지만, 중요정책 국민투표는 국가의사 결정에 정당성을 부여하는 것에
불과하다.[408] 그러나 이러한 차이점이 있어도 양자 사이의 절차나 적용규정에 큰
차이가 없다. 따라서 헌법개정 국민투표소송과 중요정책 국민투표소송을 나눌 실익
은 그리 크지 않다고 생각한다. 다만, 헌법개정 국민투표소송은 헌법개정절차의 위
법성을 부분적으로 판단함으로써 헌법개정을 통제하는 수단으로도 기능할 수 있다
는 점을 주목할 필요가 있다.

3. 국민투표소송과 선거소송의 비슷한 점

　　국민투표의 투표권자와 선거의 선거권자는 같다(국민투표법 제7조와 제8조, 제9조,
공직선거법 제15조와 제17조, 제18조).[409] 그리고 국민투표의 투표구는 선거의 투표구
와 같다(국민투표법 제11조). 또한, 국민투표의 단위는 대통령과 비례대표국회의원의
단위와 같다(국민투표법 제10조, 공직선거법 제20조 제1항). 게다가 국민투표와 선거의
절차는 대상이 다른 점만 빼면 별반 다르지 않다. 그래서 선거사무를 관리하는 선
거관리위원회가 국민투표사무도 담당한다(헌법 제114조 제1항). 이러한 맥락에서 국
민투표소송에 관한 법규정은 선거소송에 관한 법규정과 대동소이하다. 그리고 국민
투표와 선거는 국민이 투표로써 자기 의사를 직접 표시하는 행위라는 점에서 같다.
또한, 국민투표와 선거에서 개인의 투표행위가 바로 법적 효과나 결과를 발생시키

---

407) 이상 김선택, 「정책국민투표의 성격과 효력」, 『헌법논총』 제11집, 헌법재판소, 2000, 243~244쪽.
408) 이상 김선택, 「정책국민투표의 성격과 효력」, 『헌법논총』 제11집, 헌법재판소, 2000, 236쪽.
409) 2007년 5월 17일에 국민투표법이 전문 개정되기 전에는 달랐다. 즉 선거권과 달리 한정치산 선고
　　를 받은 자도 투표권이 없었다(2005년 3월 31일 시행 국민투표법 제9조 제1호 참조). 그러나 이것은
　　합리적 근거가 없는 것으로서, 특히 한정치산자는 심신박약자와 재산낭비자로 구분되는데(2013년 7
　　월 1일 시행 이전 민법 참조. 예를 들어 2009년 8월 9일 시행 민법 제9조), 심신박약자는 몰라도 재
　　산낭비자의 국민투표권을 제한하는 것은 명백한 위헌이라고 생각한다. 그리고 여기서 명확하게 드
　　러나는 것은 선거권과 마찬가지로 국민투표권도 모든 국민이 행사할 수는 없다. 결국, 대의제민주주
　　의나 간접민주주의와 직접민주주의에서 실제로 참여하는 주체는 제한된 국민, 즉 유권자로서 같다.

는 것이 아니라 개인의 투표행위가 모여 도출된 결과가 법적 효과나 결과를 발생시
킨다는 점에서도 다르지 않다. 즉 국민투표와 선거는 개인 행위의 단순한 합이 아
니라 모든 국민의 행위가 하나의 과정 안에 녹아드는 합성행위이다. 이러한 점에
비추어 국민투표소송과 선거소송은 비슷하다. 이러한 점 때문에 국민투표 중 사항
에 관한 투표에 국민직선제를 포함하거나[410] 국민투표소송을 선거소송에 넣기도 한
다.[411] 선거는 대의제민주주의 혹은 간접민주주의와 관련되고, 국민투표는 직접민
주주의 주요수단으로 이야기된다. 그러나 대의제민주주의 혹은 간접민주주의와 직
접민주주의는 선택관계에 있지 않고, 국민투표는 대의제를 긍정하는 바탕 위에 인
정되는 보충적인 예외적 수단에 불과하다.[412] 따라서 선거와 국민투표는 서로 대립
하는 것이 아니라 적정한 의사결정을 위한 수단이라는 점에서 같다.

Ⅱ. 국민투표소송의 본질

1. 행정소송과 다른 국민투표소송

국민투표소송은 일반적으로 행정소송의 하나인 민중소송으로 분류된다.[413] 하
지만 국민투표소송은 여러 가지 면에서 행정소송과 다르다.

먼저 국민투표소송은 본질적 측면에서 주관소송이 아니라 객관소송이라는 점에
서 행정소송 중 민중소송과 비슷하지만, 국민투표소송은 직접 참정권 행사라는 주
관적 측면이 있다는 점은 민중소송과 구별되는 점이다. 그리고 국민투표소송은 대
법원 전속 관할이라서 단심제가 적용되지만, 행정소송에서는 지방법원이 제1심법원
으로서 3심제를 채택한다. 또한, 행정소송에서는 위법사유가 확인되는 것만으로 인
용판결을 내리기에 충분하지만, 국민투표소송에서는 위법성이 확인되는 것만으로는
부족하고 '국민투표의 결과에 영향이 미쳤다고 인정하는 때'라는 추가적 요건이 충
족되어야 무효가 선언될 수 있다. 이와 더불어 행정소송에서는 구체적 처분이 심판
대상이지만, 국민투표소송에서는 구체적 행위 자체를 살피지 않는 것은 아니지만,

---

410) 김선택, 「정책국민투표의 성격과 효력」, 『헌법논총』 제11집, 헌법재판소, 2000, 239쪽.
411) 황치연, 「헌법정책적 측면에서 헌법재판소와 법원의 관계」, 『헌법판례연구』 제11권, 박영사, 2010, 213쪽은 이러한 견해를 취하는 것으로 보인다.
412) 이러한 점을 강조하는 것으로는 전광석, 「민주주의의 실현구조와 국민투표」, 『고시연구』 제16권 제5호(통권 제182호), 고시연구사, 1989. 5., 59~68쪽.
413) 예를 들어 김학세, 『행정소송의 체계(증보개정판)』, 일조각, 1998, 301쪽; 이주영, 「민중소송, 기관소송」, 『행정소송에 관한 제문제[하]』(재판자료 제68집), 법원행정처, 1995, 113쪽; 최광률, 「제3조(행정소송의 종류)」, 김철용/최광률 편집대표, 『주석 행정소송법』, 박영사, 2004, 80~81쪽.

국민투표 전체 과정을 검토하여 심판한다. 나아가 국민투표소송이 행정소송의 하나
인 민중소송이라면 행정소송법 제46조에 따라서 행정소송법의 규정들이 준용될 것
이다. 그런데 국민투표법 제95조는 선거소송에 준용될 법규정을 별도로 규정한다.
특히 민사소송법을 제한 없이 준용하는 행정소송과 달리 국민투표소송은 민사소송
법 일부 규정 준용을 배제한다. 이것은 행정소송법 제46조와 충돌하는 내용이다.
이러한 점에서 실정법상 국민투표소송을 행정소송과 다른 소송유형을 볼 여지가 있다.
그리고 실정법에서 명시적으로 국민투표소송을 민중소송으로 분류한 적은 없다.

2. 국민투표소송의 헌법재판 해당 여부

① 국민투표소송은 전통적인 사법에 속하지 않는다. 따라서 반드시 사법기관이
국민투표소송을 담당하여야 하는 것은 아니다. 그러나 국민투표소송도 소송의 하나
인 이상 국민투표소송 담당기관도 다른 모든 국가기관에서 독립한 기관이어야 한
다. 이러한 독립한 기관의 대표적인 것이 일반 법원과 헌법재판소를 아우르는 사법
기관이다. ② 모든 헌법에서 국민투표를 규정하는 것은 아니다. 그리고 헌법이 국
민투표를 규정한다고 하더라도 중요사항만 규정할 따름이다. 국민투표에 관한 내용
을 구체적으로 형성하고 확정하는 것은 법률을 제정하는 입법자의 몫이다. 이것은
국민투표에 관한 사항을 헌법에 일일이 규정하는 것이 입법기술적으로 적절하지 않
아서 그럴 뿐이다. 국민투표에 관한 사항은 국민이 예외적으로 국가권력을 직접 행
사하거나 국가의사 결정에 직접 참여하는 방법에 관한 사항으로서 당연히 헌법사항
에 해당한다. 특히 헌법적 근거 없이 국민투표를 시행할 수 있는지는 의문이다. 따
라서 국민투표에 관한 법률은 실질적 헌법에 해당한다. 결국, 국민투표소송의 심사
기준에는 헌법뿐 아니라 법률도 포함되지만, 이때 법률은 실질적 헌법에 속한다.
③ 국민투표소송은 일반적으로 사법절차나 그에 버금가는 절차로 이루어진다. 국민
투표소송의 인용결정이 미치는 파급효과로 말미암아, 무엇보다도 그 정치적 중요성
때문에 국민투표소송 절차에서는 공정성과 중립성이 강조된다. 그래서 국민투표소
송은 특별법으로 규율하는 것이 일반적이다. 물론 국민투표소송절차의 많은 부분을
다른 소송법 준용으로 메운다. 하지만 그래도 다른 소송과 구별되는 특별한 내용이
많지는 않을지라도 국민투표소송법에는 있다. 특히 국민투표소송에서는 일반소송과
는 달리 신속한 처리가 강하게 요구된다. 이것은 법적 안정성을 확보하려면 국민투
표에 따른 의사 확정이 되도록 빨리 확정되어야 한다는 점에서 비롯한다. 국민투표
로 결정되는 많은 사항은 국민 사이의 심각한 갈등의 원인이거나 그것을 유발한다

는 점도 무시할 수 없다. 따라서 국민통합적 관점에서도 국민투표소송은 가능한 한 빨리 마무리되어야 한다. 다만, 국민투표소송은 그 특별성을 절차적으로 반영하는 이론과 실무 그리고 입법이 아직 성숙하지 않았다는 점은 인정할 수밖에 없다. 그러나 이것은 국민투표소송이 매우 드물다는 것에 비롯한 것으로 보아야 할 것이다. ④ 현대 헌법에서 국가의사는 원칙적으로 국민이 선출한 대표자가 확정하고, 국민 스스로 의사를 표현하지 않는다. 따라서 국민의사는 원칙적으로 추정될 뿐이고 직접 확인되지 않는다. 그러나 국민투표는 국민이 국가권력을 직접 행사하거나 국가의사 결정에 직접 참여하여 의사를 표현하는 것이다. 그러므로 국민투표 대상은 헌법상 중요한 사항일 수밖에 없고 그 결과가 헌법질서나 정치에 미치는 영향력은 매우 크다. 그래서 국민투표에 관해서는 절차와 선고요건 등에 특별규정을 두는 것이 일반적이다. 물론 일반소송에서도 심판 대상에 따라 강한 정치성이 있거나 폭넓은 정치적 영향력을 미치는 때가 없는 것이 아니다. 하지만 그것은 어디까지나 예외적인 특수한 경우에 국한된다. 따라서 이러한 것을 일반화할 수는 없다. 그리고 국민투표소송 판결은 단순히 개인의 국민투표권 침해 여부를 확인하는 것에 그치는 것이 아니라 국민투표의 무효 여부 결정으로 말미암아 결국 국민 전체에 영향을 미친다. 따라서 구체적 분쟁을 해결하는 것에 최적화한 일반 사법기관이 담당하는 것이 적절하다고 보기 어렵다. ⑤ 국민투표로써 국가의사가 직접 혹은 사실상 확정된다. 그리고 이러한 절차로써 국민은 예외적으로 주권을 직접 행사하거나 국가의사 결정에 직접 참여한다. 따라서 국민투표소송 인용 여부에 따라 중요한 국가의사 결정이 좌우되고 국민의 직접적 국가권력 행사의 향방이 결정된다. 특히 헌법개정 국민투표는 헌법개정 확정 여부를 결정한다. 이러한 점에서 국민투표소송에서 다투는 사항이 헌법구조상 중요하다는 점에는 의문이 없다. ⑥ 국민투표는 국민의 국가권력 행사이거나 국가의사 결정에 관한 국민의 직접 참여로서 중요한 국가의사 확정과 관련된다. 따라서 국민투표소송에서 문제 되는 분쟁은 헌법분쟁에 해당한다는 점에는 의문이 없다. 이것은 국민투표소송의 심사기준이 헌법과 실질적 헌법에 해당하는 법률이라는 점에서 비롯하는 당연한 결과이다. ⑦ 국민투표소송 종결로 선거에 관한 분쟁은 종국적으로 해결된다. 결론적으로 국민투표소송은 독립한 기관이 헌법과 실질적 헌법인 법률을 기준으로 사법절차나 그에 버금가는 절차로써 일반 사법기관이 판단하기 어렵고 헌법구조상 중요한 헌법분쟁인 선거에 관한 법적 분쟁을 종국적으로 결정하는 것이다. 이러한 점에서 국민투표소송을 헌법재판으로 분류하는 데 의문이 없다고 생각한다. 그리고 행정소송과 다른 국민투표소송의 특성은 국민투표소송

을 행정소송으로 보는 것이 적절하지 않음을 강하게 암시한다. 게다가 국민투표소송
과 비슷한 선거소송도 헌법재판으로 분류할 수 있다는 점도 간과할 수 없다.

3. 국민투표소송의 헌법 제101조 제1항 사법권에 대한 포섭 여부

국민투표재판권은 본질상 헌법재판권에 속한다. 한국 헌법은 국민투표 담당기
관에 관해서 규정한 적이 없지만, 국민투표법은 줄곧 국민투표소송을 대법원에 담
당시켰다. 따라서 국민투표재판권은 한국의 헌법적 전통에 따라 헌법 제101조 제1
항의 사법권에 포섭된다고 볼 수도 있다. 특히 한국의 학설은 국민투표소송을 행정
소송의 하나로 이해한다고 평가할 수 있다. 이러한 해석이 특별한 규정이 있을 때
만 인정되는 헌법재판의 특성에 들어맞는 것으로 볼 수 있다.

그러나 이러한 해석이 필연적이거나 유일한 것은 아니다. 게다가 이러한 해석은
헌법 제101조 제1항의 사법권을 전통적인 사법권을 중심으로 이해하는 것에 어긋
날 수 있다. 오히려 헌법 제101조 제1항의 사법권을 전통적 사법권을 중심으로 이
해하여 (부수적 규범통제권을 제외한) 헌법재판권을 이러한 사법권에서 배제하고, 헌
법재판의 하나인 국민투표소송을 대법원에 맡기는 헌법적 전통이 있다고 이해하는
것이 논리적인 해석이라고 생각한다. 그리고 국민투표소송을 민중소송으로 분류하
여 행정소송의 하나로 이해하는 것은 국민투표소송의 본질에 근거한 것이 아니라
국민투표소송을 대법원에 담당시킨 실정법을 근거로 한 것이고, 헌법재판에 속하는
소송 대부분은 민중소송으로 이해할 수 있다는 점을 고려하면 국민투표소송이 헌법
제101조 제1항의 사법권에 속한다고 보는 것을 법률합치적 헌법해석으로 볼 수도
있다. 따라서 국민투표소송의 본질에 맞게 국민투표소송을 헌법 제101조 제1항의
사법권에서 배제하는 것이 타당하다고 생각한다.

헌법 제101조 제1항의 사법권에서 국민투표소송을 배제하면, 국민투표재판권의
헌법적 근거도 별도로 찾아야 할 것이다. 국민투표권의 근거는 중요정책 국민투표
를 규정한 헌법 제72조와 헌법개정 국민투표를 규정한 헌법 제130조 제2항 및 제3
항 그리고 헌법 제27조 재판청구권 그리고 더불어 국민주권을 규정한 헌법 제1조
제2항으로 볼 수 있다. 즉 국민은 중요정책(헌법 제72조)과 헌법개정(헌법 제25조)에
관한 직접 참정권이 있고, 이러한 직접 참정권으로 국민은 국가권력을 직접 행사하
거나 국가의사 결정에 직접 참여한다(헌법 제1조 제2항). 이러한 직접 참정권이 충실
히 보장되려면 국민투표에 참여하는 국민이 그 효력을 다툴 수 있는 재판청구권(헌
법 제27조)이 인정되어야 한다. 따라서 국민투표 시행에 따른 국민투표재판권은 헌

법적으로 요구되는 것으로 볼 수 있다.

Ⅲ. 국민투표소송의 구체적 내용

1. 국민투표소송의 목적

국민투표소송은 주권자인 국민이 직접 국가의사를 확정하거나(헌법개정 국민투표) 자기 의사를 명시적으로 표현하여 국가의사 결정에 참여하는(중요정책 국민투표) 절차의 공정성을 확보하는 데 객관적 목적이 있다. 주관적 측면에서 국민투표소송은 직접 참정권에 해당하는 개인의 국민투표권을 보장하는 기능을 수행한다. 국민투표소송은 국민이 국가의사 결정에 직접 참여하는 것과 관련이 있다는 점에서 국민이 선출한 대표자가 행사하는 통치권을 문제 삼는 행정소송과 다르다. 그리고 국민투표는 개인 행위의 단순한 합이 아니라 모든 국민의 행위가 하나의 과정 안에 녹아드는 합성행위라서 개개인의 권리 행사보다는 이러한 과정에서 확정되는 의사가 국민투표소송에서 더 중시된다. 이러한 점 때문에 국민투표소송에서는 주관적 측면보다 객관적 측면이 중시된다. 국민투표법 제95조 단서가 준용을 배제하는 민사소송법 제145조(화해와 권고), 제147조 제2항(제출기간의 제한), 제149조(실기한 공격·방어방법의 각하), 제150조 제1항(자백간주), 제220조(화해, 청구의 포기·인낙조서의 효력), 제225조 내지 제232조(화해권고결정), 제284조 제1항(변론준비절차의 종결), 제285조(변론준비기일을 종결한 효과), 제288조(불요증사실)가 주관소송과 관련된 것도 이것 때문이다.

2. 재판 관할: 대법원 전속

국민투표소송은 대법원이 담당하여 단심으로 재판이 끝난다(국민투표법 제92조). 이것은 국민투표의 특수성을 고려하여 국민의 의사를 신속하게 확정하여 정국을 빨리 안정시키기 위한 것이다. 국민투표소송 이외에 대법원이 전속 담당하여 단심으로 끝나는 것은 대통령·국회의원선거소송과 비례대표시·도의원선거소송, 시·도지사선거소송(공직선거법 제222조, 제223조) 그리고 기관소송(지방자치법 제4조 제8항, 제107조 제3항, 제169조 제2항, 제170조 제3항, 제172조 제3항과 제7항)뿐이다. 대법원은 본래 법률심을 담당한다. 그런데 대법원이 전속 관할하면 사실심을 피할 수 없다. 즉 대법원이 법률심뿐 아니라 사실심까지 담당하여야 한다. 따라서 대법원의 전속 관할은 원칙적으로 적절하지 않다고 생각한다. 이러한 점에서 대법원 전속 관할인

사건이 헌법재판과 관련이 있는 것은 우연한 것이 아니라고 생각한다. 헌법재판은
전통적인 사법재판과 구별되는 특별한 재판으로서 탄핵심판이나 정당해산심판처럼
사실심을 피할 수 없는 때가 적지 않기 때문이다.

3. 당사자적격: 국민투표법이 명확하게 한정

국민투표소송에서는 원고적격은 물론 피고적격도 국민투표법이 명확하게 규정
한다. 원고적격을 제한하는 것은 남소를 방지하기 위한 것이다. 그리고 피고적격을
명확히 확정하는 것은 판결의 효력을 확보하기 위한 것이다.

국민투표소송에서는 국민투표의 효력에 관하여 이의가 있는 투표인이 투표인
10만 명 이상 찬성을 얻어 소를 제기할 수 있다(국민투표법 제92조). 투표인만 원고
적격이 있으므로 투표권이 있는 19세 이상 국민이 소를 제기할 수 있다(국민투표법
제7조). 19세 이상 국민이더라도 투표권이 없으면 소를 제기할 수 없다(국민투표법
제8조, 공직선거법 제18조).414) 찬성하는 10만 명도 투표인이므로 당연히 투표권이 있
어야 한다. 투표인 개인임을 요구하므로 투표인이 조직한 단체는 원고적격성이 없
다. 당연히 찬성하는 10만 명도 개인이어야 한다. 이것은 국민투표권이 각 개인에
전속되는 개인의 권리라는 점에서 비롯한다. 단체에 원고적격을 인정하면 단체 구
성원 중 소 제기에 동의하지 않는 소수의 권리가 제약될 수밖에 없기 때문이다. 국
민투표는 주권자의 국가권력 행사이므로 주권자인 국민 지위에 아무런 영향을 미칠
수 없는 주민등록 여부415)만으로 투표인인지를 결정할 수 없다. 국민투표 당시에
투표권이 없더라도 나중에 투표권을 취득하면 국민투표의 위법을 바로 잡으려고 소
를 제기할 수 있다. 그리고 투표인이 투표한 사람일 필요는 없다. 즉 투표에 참여하

---

414) ① 금치산선고를 받은 자, ② 1년 이상의 징역이나 금고의 형 선고를 받고 그 집행이 종료되지 아
니하거나 그 집행을 받지 아니하기로 확정되지 아니한 사람(다만, 그 형의 집행유예를 선고받고 유
예기간에 있는 사람은 제외), ③ 선거범(공직선거법 제16장 벌칙에 규정된 죄와 국민투표법 위반의
죄를 범한 자), 정치자금법 제45조(정치자금부정수수죄) 및 제49조(선거비용 관련 위반행위에 관한
벌칙)에 규정된 죄를 범한 자나 대통령·국회의원·지방자치단체장으로서 그 재임 중 직무와 관련하
여 형법('특정범죄가중처벌 등에 관한 법률' 제2조에 따라서 가중처벌되는 경우 포함) 제129조(수뢰,
사전수뢰) 내지 132조(알선수뢰)·'특정범죄가중처벌 등에 관한 법률' 제3조(알선수재)에 규정된 죄
를 범한 자로서, 100만 원 이상의 벌금형 선고를 받고 그 형이 확정되고 나서 5년이나 형의 집행유
예 선고를 받고 그 형이 확정되고 나서 10년을 지나지 아니하거나 징역형 선고를 받고 그 집행을
받지 아니하기로 확정되고 나서 또는 그 형 집행이 종료되거나 면제되고 나서 10년을 지나지 아니
한 자(형이 실효된 자도 포함), ④ 법원 판결이나 다른 법률에 따라서 선거권이 정지 또는 상실된
자는 투표권이 없다.
415) 헌재 2007. 6. 28. 2004헌마644등, 판례집 19-1, 859, 885.

지 않은 투표인도 소를 제기할 수 있다. 소를 제기할 때 투표권이 있음이 증명되면 투표인 명부에 등재되지 않았더라도 원고적격이 있다. 또한, 소송 계속 중에 원고가 투표권을 상실하더라도 소송은 중단되지 않는다. 즉 원고의 투표권 여부는 소 제기 시점을 기준으로 판단한다. 투표인 10만 명이 투표권이 있는지도 마찬가지로 판단한다. 투표인 10만 명 이상 찬성을 요구하는 것은 남소를 방지하기 위한 것이고, 사정판결과 관련하여 소 제기의 실효성을 보장하기 위한 측면도 있다.

국민투표소송에서는 중앙선거관리위원회 위원장이 피고가 된다(국민투표법 제92조). 이때 피고가 될 위원장이 궐위되면 중앙선거관리위원회 위원 전원을 피고로 한다(공직선거법 제223조 제3항 유추). 중앙선거관리위원회 위원장이 피고인 것은 중앙선거관리위원회가 국민투표사무를 전담하고(헌법 제114조 제1항), 국민투표에 관한 처분을 내릴 수 있는 주체이기 때문이다.

4. 제소기간: 다른 소송보다 단축

행정소송에서 취소소송은 처분 등이 있음을 안 날부터 90일 이내에, 처분 등이 있는 날부터 1년 이내에 소를 제기할 수 있다(행정소송법 제20조). 그러나 국민투표소송은 투표일부터 20일 이내에 소를 제기할 수 있다(국민투표법 제92조). 이것은 30일 이내에 소를 제기할 수 있는 대통령선거소송과 국회의원선거소송보다도 짧다. 이러한 짧은 제소기간은 투표결과를 빨리 확정하여 국민투표로써 형성되고 유지되는 헌법질서와 그에 관한 법적 관계의 불안정을 신속하게 제거하기 위한 것이다. 즉 투표결과 불확정이라는 불안정한 상태를 오랜 기간 내버려 두지 않기 위한 것이다. 제소기간이 지나면 국민투표소송의 형식요건을 갖추지 못한 것이 되어 해당 국민투표소송은 각하되고, 대상이 되는 국민투표는 불가쟁력이 발생하여 그 효과가 확정된다.

5. 국민투표소송에 관한 통지

국민투표소송이 제기되면 대법원장은 그 사실을 대통령·국회의장과 중앙선거관리위원회 위원장에게 통지하여야 한다. 소송이 계속되지 아니하게 되었거나 판결이 확정된 때도 마찬가지이다(국민투표법 제96조). 이것은 중앙선거관리위원회가 국민투표사무를 관장하고, 대통령과 국회가 국민투표와 관련된 사항의 결정과 집행의 주체로서 국민의 추정적 의사를 확정한다는 점에서 비롯한다. 이러한 통지 의무 부과는 이로써 국민투표 결과의 실효성을 보장하면서 국민투표소송 결과에 따른 처리를 준비하도록 하려는 것이다.

6. 신속한 재판

국민투표소송은 다른 소송에 우선하여 신속히 재판하여야 한다(국민투표법 제94
조). 국민투표법에는 판결기간이 명시되어 있지 않지만, 공직선거법 제225조를 유
추적용하여 대법원은 소가 제기된 날부터 180일 이내에 처리하여야 할 것이다. 제
소기간이 대통령선거소송과 국회의원소송보다도 짧다는 점을 고려하면 국민투표소
송의 재판은 대통령선거소송과 국회의원소송의 재판보다도 신속하게 하여야 할 것
이다. 특히 헌법이 모든 국내법질서의 기초라는 점에서 헌법개정 국민투표는 어떤
소송보다도 우선되어야 할 것이다. 판결기간을 법정하여도 대법원에 신속한 재판을
강제할 수는 없다. 그래도 대법원에 재판을 신속하게 진행하도록 간접적으로 강제
할 수 있다는 점에서 국민투표법에 판결기간을 명시하는 것이 바람직하다. 그리고
판결기간 법정이 아무런 법적 효과가 없다고 할 수도 없다. 즉 대법원은 법정된 판
결기간을 지나서 판결을 내릴 때 그 이유를 명확하게 제시하여야 한다.

7. 직권심리주의

국민투표소송에서 법원은 필요하다고 인정하면 직권으로 증거조사를 할 수 있
고, 당사자가 주장하지 아니한 사실에 관해서도 판단할 수 있다(국민투표법 제95조,
행정소송법 제26조). 즉 국민투표소송에는 직권심리주의가 인정된다. 이것은 국민투
표소송이 당사자의 권리 보장을 위한 소송에 그치는 것이 아니라 신속한 투표결과
확정을 통한 법적 안정성 확보를 주된 목적으로 하는 소송이라는 점을 반영한 것이
다. 이러한 직권심리주의 인정이 변론주의를 배척하는 것은 아니다. 즉 국민투표소
송에서도 민사소송과 마찬가지로 당사자의 사실관계 주장과 증거 제출에 기초한다.
그러나 국민투표의 적법성 보장과 당사자의 국민투표권 보호를 위해서 당사자의 사
실관계 주장과 증거 제출이 있어도 불명확한 사실이 있으면 직권으로 사실관계나
증거를 조사할 수 있다. 즉 변론주의를 보충하려고 국민투표소송에서 직권심리주의
가 적용된다.

8. 사정판결

국민투표소송을 담당하는 대법원은 국민투표에 관하여 국민투표법이나 국민투
표법에 따른 명령을 위반하는 사실이 있는 때라도 국민투표 결과에 영향이 미쳤다

고 인정하는 때에 한하여 국민투표 전부나 일부의 무효를 판결한다(국민투표법 제93
조). 이러한 사정판결은 국민투표 위법성의 중요성과 확정된 국민투표 결과 유지를
서로 형량한 결과물이다. 여기서 국민투표소송이 주관소송이 아니라 객관소송임이
뚜렷하게 드러난다. 그리고 이로써 사법기관은 국민투표에 가능한 한 최소한으로
개입할 수 있게 된다. 또한, 사정판결은 국민투표의 공정한 관리를 위해서 독립적
으로 설치된 중앙선거관리위원회를 존중하는 의미도 있다.

국민투표가 무효가 되려면 국민투표법이나 국민투표에 따른 명령에 위반되는
사실이 있어야 한다. '국민투표법이나 국민투표에 따른 명령에 위반되는 사실'이란
기본적으로 국민투표관리 주체인 중앙선거관리위원회가 국민투표의 관리집행에 관
한 규정을 위반한 때와 제3자의 국민투표과정상 위법행위에 대해서 적절한 시정조
치를 취하지 않고 묵인·방치하는 것 등 그 책임에 돌릴 만한 국민투표사무 관리집
행상 하자가 따로 있는 때뿐 아니라 제3자의 선거과정상 위법행위로 말미암아 투
표인들이 자유로운 판단으로 투표할 수 없게 됨으로써 국민투표 기본이념인 투표의
자유와 공정이 현저히 저해되었다고 인정되는 때를 아우른다. 국민투표의 관리집행
에 관한 규정은 헌법과 국민투표법, 국민투표법 시행령, 국민투표법시행규칙은 물
론 국민투표에 적용되거나 준용되거나 유추되는 모든 법규범에서 찾을 수 있다.

그런데 중앙선거관리위원회가 국민투표의 관리집행에 관한 규정에 부합되는 행
위를 하더라도 해당 규정이 상위법규범에 어긋나면 해당 행위는 위법할 수밖에 없
다. 따라서 국민투표의 위법성을 판단할 때는 그 관리집행에 관한 규정 자체가 적
법한 것인지도 살펴보아야 한다. 이러한 규범통제는 부수적 규범통제로서 국민투표
재판권에 당연히 따르는 대법원의 권한으로 볼 수 있다. 다만, 법률의 위헌심사권
은 헌법재판소의 전속 권한이라서 법률의 위헌 여부가 재판의 전제가 되면 대법원
은 헌법재판소에 위헌여부심판을 제청하여 그 심판에 따라 국민투표의 위법성을 판
단하여야 한다(헌법 제107조 제1항). 물론 국민투표법 조항으로 말미암아 자신의 국
민투표권이 직접 침해되는 당사자는 국민투표 시행 여부와 상관없이 국민투표법 조
항 자체에 대한 헌법소원심판을 청구할 수 있다. 이때 헌법재판소가 국민투표법 조
항의 위헌성을 확인하였으나, 그 조항에 대해서 단순위헌결정을 선고하여 그 효력
을 상실시킬 때 국민투표 시행 자체가 불가능해진다면 헌법재판소는 그 조항에 대
해서 헌법불합치결정을 내려야 할 것이다.416)

---

416) 헌재 2014. 7. 24. 2009헌마256등, 판례집 26-2상, 173, 196: "만약 국민투표법조항이 위헌으로 선
　　언되어 즉시 효력을 상실하면 헌법 제72조의 주요정책 국민투표나 헌법 제130조 제2항의 헌법개정

'국민투표의 결과에 영향이 미쳤다고 인정하는 때'는 국민투표법이나 국민투표에 따른 명령에 위반되는 사실이 없었더라면 국민투표 결과가 현실로 있었던 것과 다른 결과가 발생하였을지도 모른다고 인정되는 때이다. 하지만 대법원이 일부 무효판결을 내려서 국민투표 일부가 무효이어도 다시 투표하지 아니하고 국민투표 결과를 결정할 수 있으면 일부 재투표를 시행하지 아니한다는 점에서(국민투표법 제97조 제7항) 일부 재투표가 국민투표 결과 자체를 바꿀 수 있는지는 '국민투표의 결과에 영향이 미쳤다고 인정하는 때'를 판정할 때 고려되지 않는다. 국민투표 무효를 선고하는 데 '국민투표의 결과에 영향이 미쳤다고 인정하는 때'라는 요건을 요구함으로써 대법원은 국민투표의 위법을 확인하고도 국민투표 무효를 선고하지 않을 때도 있다. 이것은 당사자의 권리 보장보다 법적 안정성을 중시하는 국민투표소송의 목적에서 비롯한다. 국민투표가 시행되기도 전에 국민투표 무효 확인을 구하는 것은 법적 근거가 없는 것으로서 적법하지 않다.[417] 국민투표의 위법성은 오로지 국민투표소송으로만 다툴 수 있으므로, 국민투표과정에서 내려진 개별 처분을 다투는 행정소송은 허용되지 않는다.

9. 무효판결에 따른 재투표

대법원이 국민투표 전부나 일부의 무효판결을 내리면, 재투표를 시행하여야 한다(국민투표법 제97조 제1항). 국민투표 전부 무효판결이 있으면 그 판결이 확정된 날

안 국민투표를 실시하고자 하여도 국민투표의 투표인명부를 작성할 수 없어 국민투표가 제대로 실시될 수 없게 된다. 주민등록이 되어 있거나 국내거소신고를 한 국민의 경우 현 국민투표법조항에 의하면 국민투표권을 행사할 수 있지만, 국민투표법조항이 위헌으로 선언되면 이들도 투표인명부에 등재될 수 없어 국민투표권을 행사할 수 없게 된다. 따라서 입법자가 재외선거인의 국민투표권을 보장하는 방향으로 국민투표법조항을 개선할 때까지 일정 기간 국민투표법조항을 잠정적으로 적용할 필요가 있다. 또한 재외선거인에게 국민투표권을 부여하는 것이 헌법적 요청이라 하더라도, 국민투표의 절차상 기술적인 측면과 국민투표의 공정성 확보의 측면에서 해결되어야 할 많은 문제들이 존재한다. 임기만료에 의한 선거와 달리 국민투표일은 법정되어 있는 것이 아니라 미리 예측할 수 없는 시점에 국민투표가 실시될 수 있다는 점에서 절차상 기술적인 문제에 대한 충분한 검토가 필요하다. 특히 헌법개정안 국민투표의 경우 헌법에 규정된 기한 내에 재외국민투표가 실시되기 위해서는 재외선거인 등록신청기간, 재외선거인명부 작성기간, 열람 및 이의신청기간을 단축하거나 생략하는 등 재외국민투표의 일정을 조율하여야 할 것이다. 궁극적으로 입법자는 이러한 문제에 대한 충분한 논의를 거쳐 재외국민투표제도를 형성하여야 하고, 재외선거인에게 국민투표권을 부여하는 구체적인 방안은 입법자의 입법형성의 범위 내에 있다. 그러므로 국민투표권조항에 대하여 헌법불합치결정을 선고하되, 다만 입법자의 개선입법이 있을 때까지 계속적용을 명하기로 한다. 입법자는 늦어도 2015. 12. 31.까지 개선입법을 하여야 하며, 그때까지 개선입법이 이루어지지 않으면 국민투표법조항은 2016. 1. 1.부터 그 효력을 상실한다."

417) 대법원 1975. 3. 25. 선고 75추1 판결.

부터 30일 이내에 재투표를 시행하여야 하고, 투표일은 늦어도 투표일 전 18일까지 대통령이 공고하여야 한다(국민투표법 제97조 제2항). 국민투표 일부 무효판결이 있으면 중앙선거관리위원회는 투표가 무효로 된 해당 투표구의 재투표를 시행하여 총 집계를 다시 하고 나서 대통령과 국회의장에게 통보하여야 한다(국민투표법 제97조 제3항). 대법원의 일부 무효판결이 확정된 날부터 20일 이내에 해당 투표구의 재투표를 시행하되, 중앙선거관리위원회는 7일 전에 재투표일을 공고하여야 한다(국민투표법 제97조 제4항). 일부 무효판결에 따른 재투표에는 판결에 명시가 없는 한 본래 투표인명부를 사용한다(국민투표법 제97조 제5항). 대통령이 일부 무효판결에 따른 재투표 통보를 받으면 즉시 국민투표에 관한 확정 공포를 다시 하여야 한다(국민투표법 제97조 제6항). 대법원이 일부 무효판결을 내려서 국민투표 일부가 무효이어도 다시 투표하지 아니하고 국민투표 결과를 결정할 수 있으면 일부 재투표를 시행하지 아니한다(국민투표법 제97조 제7항).

Ⅳ. 국민투표소송 관할

1. 실정법에서 국민투표소송 관할

국민투표는 1954년 헌법을 통해서 처음 도입되었다(제7조의2, 제98조 제5항 단서). 그러나 국민투표법은 1962년 10월 8일에 시행된 국가재건비상조치법 제9조를 근거로 1962년에 처음 제정되었다. 이와 더불어 국민투표소송에 관해서 규율되기 시작하였다. 1962년 국민투표법 제68조를 따르면 국민투표의 효력에 관하여 이의가 있는 투표인은 투표인 5천 명 이상 찬성을 얻어 중앙국민투표관리위원회 위원장을 피고로 하여 투표일부터 20일 이내에 대법원에 소를 제기할 수 있었다. 이것은 1963년 국민투표법 제69조에도 그대로 이어졌다. 1969년 국민투표법 제89조를 따르면 국민투표의 효력에 관하여 이의가 있는 투표인은 투표인 10만 명 이상 찬성을 얻어 중앙선거관리위원회 위원장을 피고로 하여 투표일부터 20일 이내에 대법원에 소를 제기할 수 있었다. 이것은 1973년 국민투표법 제72조와 1989년 국민투표법 제92조를 거쳐 현행 국민투표법 제92조로 이어진다.

한국에서 국민투표소송은 언제나 대법원이 담당하였다. 따라서 당연히 단심제를 채택하였다. 이처럼 국민투표소송을 대법원에 맡긴 것은 국민투표법 제정 과정에 사법부가 주도적으로 관여한 것에서 비롯한 것으로 보인다. 그리고 다른 헌법재판과 달리 국민투표소송의 헌법재판적 성격이 주목받지 못하고 행정소송 중 민중소

송으로 분류되면서 대법원이 담당하는 것에 관한 거부감도 크지 않은 것도 큰 몫을
하였을 것이다. 게다가 국민투표소송이 제기된 예를 찾기 어렵다는 점에서 국민투
표소송 관할 자체에 큰 관심이 없고 관련 논의가 거의 없었다. 따라서 국민투표소
송을 선거소송과 비슷한 것으로 여겨 별 검토 없이 대법원 담당으로 하였을 가능성
도 크다.

2. 국민투표소송 관할 이전 필요성

핵심영역 보호로 축소된 권력분립원리를 따라 헌법 제111조 제1항을 해석하면,
헌법 제111조 제1항이 열거한 법원의 제청에 의한 법률의 위헌여부 심판, 탄핵심
판, 정당해산심판, 권한쟁의심판, 헌법소원심판의 다섯 권한은 헌법재판소의 핵심권
한으로서 반드시 헌법재판소가 행사하여야 한다. 그러나 이러한 열거가 헌법재판소
권한을 한정하는 것은 아니라서 입법자는 법률을 통하여 헌법재판소에 다른 권한을
부여할 수도 있다.418) 그리고 헌법 제101조 제1항의 사법권을 전통적 사법권을 중
심으로 이해하면 이것은 헌법재판에 속하는 국민투표재판권을 포섭할 수 없다. 따
라서 국민투표소송을 일반 법원 관할에서 배제한다고 하여도 헌법 제101조 제1항
에 어긋나지 않는다. 설사 헌법 제101조 제1항의 사법권에 국민투표재판권이 포함
된다고 하여도 국민투표재판권이 사법권의 핵심은 아니므로 일반 법원이 아닌 헌법
재판소에 국민투표재판권을 부여하여도 헌법 제101조 제1항에 어긋나지 않는다.
즉 국민투표재판권을 일반 법원에 부여하지 않더라도 일반 법원의 권한을 박탈하거
나 제한하는 것으로 볼 수 없다. 이러한 점에서 반드시 일반 법원이 국민투표소송
을 담당하여야 하는 것은 아니다.

국민투표소송이 품은 강한 정치성 때문에 정치에 일정한 거리를 두고 중립성을
유지하여야 하는 일반 법원이 담당하는 것은 적절하다고 보기 어렵다. 특히 엄청난
업무부담을 호소하는 일반 법원, 특히 대법원이 신속하게 처리하여야 하는 국민투
표소송마저 맡는 것은 바람직한 것으로 보이질 않는다. 그리고 정치성이 강한 헌법
재판을 전담하는 헌법재판소가 별도로 설립된 현실에서는 일반 법원이 헌법재판에
속하는 국민투표소송을 담당할 이유는 없는 것으로 보인다. 또한, 헌법이 법률의
위헌심사는 헌법재판소에(제107조 제1항), 명령과 규칙의 위헌·위법심사권은 법원

---

418) 이러한 점에서 헌법재판소 권한은 법률을 통해서 확대될 수 있다. 물론 이것은 헌법에 어긋나지 않
　　으면서 헌법이 형성한 기능질서를 깨뜨리지 않는 범위에서만 가능하다. 따라서 헌법을 통해서 담당
　　기관이 확정되지 않은 권한만 헌법재판소에 법률로써 부여될 수 있다.

에(제107조 제1항) 부여한 점에 비추어 법률보다 우위에 있는 헌법의 개정 확정 여부를 결정하는 헌법개정 국민투표소송을 대법원이 담당하는 것은 타당하다고 보기 어렵다. 이러한 점에서 국민투표소송을 다른 헌법재판처럼 헌법재판소가 관장하는 것이 타당하다고 생각한다. 참고로 한국 헌법재판소의 모태로 인정받는 오스트리아 헌법재판소(연방헌법 제141조 제1항 e목)는 국민투표소송을 담당한다. 물론 헌법재판소가 국민투표소송도 담당하려면 조사기능을 강화할 필요가 있다.

일반 법원에 국민투표소송을 담당시켜 온 것을 헌법전통이라고 볼 수도 있다. 하지만 이것은 헌법재판이 제대로 활성화하지 않은 상황에서 국민투표소송의 본질을 제대로 고려하지 않고 형성된 것이다. 따라서 헌법재판이 활성화하고 국민투표소송도 헌법재판의 하나라는 이해가 어느 정도 자리 잡은 상황에서는 이러한 전통을 유지할 것인지에 관해서 신중한 재고가 필요하다. 따라서 일반 법원에 국민투표소송을 맡기는 것을 한국적 전통으로 볼 수 있다고 하여도 그 법적 의미는 크지 않다.

이 책의 바탕이 된 지은이의 글(발표순)

허완중, 「헌법재판소결정의 확정력」, 『헌법학연구』 제14권 제4호, 한국헌법학회, 2008, 413~452쪽.

허완중, 「헌법재판에서 필요성이 의심되는 법률적 효력과 형성력에 의한 그 대체 가능성」, 『안암법학』 제28호, 안암법학회, 2009, 33~72쪽.

허완중, 「관습법과 규범통제」, 『공법학연구』 제10권 제1호, 한국비교공법학회, 2009, 161~189쪽.

허완중, 「헌법재판소결정의 선례적 구속력」, 『저스티스』 제110호, 한국법학원, 2009. 4., 5~28쪽.

허완중, 「한국헌법에 따른 헌법재판소법 제47조 제2항의 해석」, 『공법연구』 제37집 제4호, 한국공법학회, 2009, 229~255쪽.

허완중, 「헌법재판소결정의 기속력과 결정이유 – 헌재 2008. 10. 30. 2006헌마1098등 결정에 대한 평석을 중심으로 –」, 『인권과 정의』 제399호, 대한변호사협회, 2009. 11., 20~39쪽.

허완중, 「헌법재판의 한계」, 『사법』 제10호, 사법발전재단, 2009, 169~207쪽.

허완중, 「헌법재판소의 지위와 민주적 정당성」, 『고려법학』 제55호, 고려대학교 법학연구원, 2009, 1~37쪽.

허완중, 「헌법재판소의 헌법불합치결정을 정당화하는 사유」, 『안암법학』 제31호, 안암법학회, 2010, 31~68쪽.

허완중, 「법률과 법률의 효력」, 『공법학연구』 제11권 제1호, 한국비교공법학회, 2010, 187~214쪽.

허완중, 「헌법재판소 종국결정의 본질」, 『영남법학』 제30호, 영남대학교 법학연구소, 2010, 55~84쪽.

허완중, 「형벌에 관한 법률(조항)에 대한 헌법재판소의 헌법불합치결정 – 필요성과 허용 가능성을 중심으로 ─」,『공법연구』제38집 제4호, 한국공법학회, 2010, 133~157쪽.

허완중, 「한정합헌결정은 합헌결정인가?」, 『세계헌법연구』 제16권 제3호, 세계헌법학회 한국학회, 2010, 485~512쪽.

허완중, 「한정위헌결정은 변형결정인가?」, 『헌법학연구』 제16권 제3호, 한국헌법학회, 2010, 695~738쪽.

허완중, 「헌법불합치결정에 따른 입법자의 법률개선의무 위반의 법적 효과」, 『헌법실무연구』 제11권, 박영사, 2010, 321~348쪽.

허완중, 「헌법재판소의 결정유형 선택기준」, 『헌법학연구』 제17권 제1호, 한국헌법학회, 2011, 399~436쪽.

허완중, 「입법자의 법률관찰의무」, 『공법연구』 제39집 제4호, 한국공법학회, 2011, 239~261쪽.

허완중, 「헌법재판소법 일반심판절차의 개정방향」, 『헌법학연구』 제17권 제2호, 한국헌법학회, 2011, 199~234쪽.

허완중, 「헌법재판소결정에 따른 입법자의 의무」, 『헌법논총』 제22집, 헌법재판소, 2011, 357~446쪽.

허완중, 「민주적 정당성」, 『저스티스』 제128호, 한국법학원, 2012. 2., 132~153쪽.

허완중, 「헌법재판소결정의 기속력」, 『헌법판례연구』 제13권, 집현재, 2012, 315~378쪽.

허완중, 「형벌에 관한 법률이나 법률조항에 대한 위헌결정의 소급시점」, 『인권과 정의』 제425호, 대한변호사협회, 2012. 5., 46~62쪽.

허완중, 「헌법재판소의 민주적 정당성」, 『헌법학연구』 제18권 제3호, 한국헌법학회, 2012, 559~600쪽.

허완중, 「한정위헌청구의 허용 여부」, 『법조』 제676호, 법조협회, 2013. 1., 214~254쪽.

허완중, 「명령·규칙에 대한 법원의 위헌·위법심사권」, 『저스티스』 제135호, 한국법학원, 2013. 4., 41~82쪽.

허완중, 「한정위헌청구를 허용하는 헌재 2012. 12. 27. 2011헌바117 결정에 대한 분석적 검토」, 『인권과 정의』 제436호, 대한변호사협회, 2013. 9., 126~147쪽.

허완중, 「위헌결정의 법률요건적 효력」, 『헌법학연구』 제19권 제3호, 한국헌법학회, 2013, 389~430쪽.

허완중, 「명령·규칙에 대한 헌법불합치결정」, 『헌법논총』 제24집, 헌법재판소, 2013, 311~345쪽.

허완중, 「헌법기관충실원칙」, 『공법연구』 제42집 제2호, 한국공법학회, 2013, 27~61쪽.

허완중, 『헌법재판소의 위헌결정에 따른 동일규범반복제정금지의무와 헌법재판소결정존중의무』, 헌법재판소 헌법재판연구원, 2014, 1~148쪽.

허완중, 「한정위헌결정의 기속력을 부정하는 대법원 판례에 대한 비판적 고찰」, 『헌법연구』 제1권 제1호, 헌법이론실무학회, 2014, 251~329쪽.

허완중, 「간추린 한국헌법재판사」, 『헌법재판연구』 창간호, 헌법재판소 헌법재판연구원, 2014, 283~327쪽.

허완중, 「한정위헌결정과 일부위헌결정의 관계」, 『헌법학연구』 제20권 제4호, 한국헌법학회, 2014, 63~103쪽.

허완중, 『사법부의 합헌적 법률해석』, 헌법재판소 헌법재판연구원, 2015, 1~83쪽.

허완중, 「한국 헌법에 따른 헌법재판소법 제47조 제3항의 해석 － 헌법재판소법 제47조 제3항 단서를 중심으로 －」, 헌법재판소 헌법재판연구원, 2015, 1~83쪽.

허완중, 「오스트리아 헌법재판제도에 관한 연구」, 헌법재판소 헌법재판연구원, 2016, 1~126쪽.

허완중, 「위헌법률에 근거한 행정처분의 효력」, 헌법재판소 헌법재판연구원, 2016, 1~77쪽.

허완중, 「헌법재판으로서 선거소송」, 『공법연구』 제45집 제1호, 한국공법학회, 2016, 203~237쪽.

허완중, 「헌법재판으로서 국민투표소송」, 『법학논총』 제36권 제4호, 전남대학교 법학연구소, 2016, 37~67쪽.

허완중, 「대법원의 파기환송판결과 재판소원 대상」, 『저스티스』 제159호, 한국법학
　　　　원, 2017. 4., 71~98쪽.

허완중, 「법형성이 아닌 법발견(법해석)인 합헌적 법률해석」, 『사법』 제41호, 사법
　　　　발전재단, 2017, 557~592쪽.

허완중, 「헌법불합치결정에 따른 입법자의 법률개선의무」, 김현철/남복현/손인혁/
　　　　허완중, 『헌법불합치결정의 기속력과 개선입법의 구제범위에 대한 연구』(헌
　　　　법재판연구 제28권), 헌법재판소, 2017, 280~350쪽.

김현철/남복현/손인혁/허완중, 『헌법불합치결정의 기속력과 개선입법의 구제범위에
　　　　대한 연구』, 헌법재판소, 2017.

허완중, 『헌법재판소 결정이 입법자를 구속하는 범위와 한계』, 전남대학교출판문화
　　　　원, 2017.

허완중, 「법률의 위헌성을 확인하였을 때 독일 연방헌법재판소가 내리는 재판유형」,
　　　　『헌법재판연구』 제4권 제2호, 헌법재판소 헌법재판연구원, 2017, 315~339쪽.

허완중, 「양심적 병역거부 불인정의 위헌성을 확인했을 때 적절한 헌법재판소 결정
　　　　유형」, 『헌법재판연구』 제5권 제1호, 헌법재판소 헌법재판연구원, 2018,
　　　　35~68쪽.

허완중, 「소급 적용 헌법불합치결정 – 입법자에 대한 법률개선의무 부과 없는 헌
　　　　법불합치결정의 허용 가능성」, 『법학논총』 제38권 제3호, 전남대학교 법학
　　　　연구소, 2018, 1~34쪽.

허완중, 「헌법재판소 결정의 형성력」, 『법학논총』 제38권 제4호, 전남대학교 법학
　　　　연구소, 2018, 39~65쪽.

허완중, 「헌법재판소 결정의 법률요건적 효력」, 『헌법논총』 제29집, 헌법재판소,
　　　　2018, 547~593쪽.

허완중, 『헌법재판소 결정의 효력』, 전남대학교출판문화원, 2019.

사 항 색 인

저자 약력

학력 : 고려대학교 법학과 학사/석사, 독일 뮌헨대학교 법학과 박사
경력 :
- 성균관대학교 BK21 글로컬(Glocal) 과학기술법전문가 양성사업단 박사후연구원
  (2008. 9. - 2010. 2.)
- 고려대학교 법학연구원 연구교수(2010. 5. - 2011. 4.)
- 헌법재판소 헌법재판연구원 책임연구관(2011. 5. - 2016. 8.)
- (현) 전남대학교 법학전문대학원 부교수
- (현) 한국헌법학회 학술이사
- (현) 한국국가법학회 학술이사
- (현) 전남대학교 법학연구소 공익인권법센터 센터장
- (현) 광주광역시 정보공개심의회 위원장
- (현) 전남대학교 생명윤리위원회 위원

저서 :
- 헌법재판소 결정이 입법자를 구속하는 범위와 한계, 전남대학교출판문화원, 2017
- 헌법재판소 결정의 효력, 전남대학교출판문화원, 2019
- 허완중 외 13명(공저), 알기 쉬운 헌법, 헌법재판소 헌법재판연구원, 2012(1쇄)/2014(2쇄)
- 허완중 외 9명(공저), 통일과 헌법재판 4, 헌법재판소 헌법재판연구원, 2017
- 김현철/남복현/손인혁/허완중, 헌법불합치결정의 기속력과 개선입법의 구제범위에 대한
  연구(헌법재판연구 제28권), 헌법재판소, 2017
- 허완중 외 8명(공저), 통일과 헌법재판 3, 헌법재판소 헌법재판연구원, 2018

헌법소송법

초판발행   2019년 2월 1일

지은이   허완중
펴낸이   안종만

편 집   한두희
기획/마케팅   이영조
표지디자인   김연서
제 작   우인도·고철민

펴낸곳   (주) **박영사**
                서울특별시 종로구 새문안로3길 36, 1601
                등록 1959. 3. 11. 제300-1959-1호(倫)

전 화   02)733-6771
f a x   02)736-4818
e-mail   pys@pybook.co.kr
homepage   www.pybook.co.kr
ISBN   979-11-303-3269-7   93360

정 가   39,000원